A Constituinte de 1946.
Getúlio, o sujeito oculto

A Constituinte de 1946.
Getúlio, o sujeito oculto

Octaciano Nogueira

Martins Fontes
São Paulo 2005

Copyright © 2005, Livraria Martins Fontes Editora Ltda.,
São Paulo, para a presente edição.

1ª edição
fevereiro de 2005

Acompanhamento editorial
Helena Guimarães Bittencourt
Preparação do original
Maria Luiza Favret
Revisões gráficas
Margaret Presser
Alessandra Miranda de Sá
Dinarte Zorzanelli da Silva
Produção gráfica
Geraldo Alves
Paginação/Fotolitos
Studio 3 Desenvolvimento Editorial

Dados Internacionais de Catalogação na Publicação (CIP)
(Câmara Brasileira do Livro, SP, Brasil)

Nogueira, Octaciano
A Constituinte de 1946 : Getúlio, o sujeito oculto / Octaciano Nogueira. – São Paulo : Martins Fontes, 2005. – (Coleção temas brasileiros)

Bibliografia.
ISBN 85-336-2084-5

1. Assembléia Constituinte – Brasil 2. Brasil – Constituição (1946) I. Título. II. Título: Getúlio, o sujeito oculto. III. Série.

04-8007 CDD-342.4(81) "1946"

Índices para catálogo sistemático:
1. Brasil : Assembléia Nacional Constituinte de 1946 :
Direito constitucional 342.4(81) "1946"

Todos os direitos desta edição para a língua portuguesa reservados à
Livraria Martins Fontes Ltda.
Rua Conselheiro Ramalho, 330 01325-000 São Paulo SP Brasil
Tel. (11) 3241.3677 Fax (11) 3105.6867
e-mail: info@martinsfontes.com.br http://www.martinsfontes.com.br

Índice

Prólogo – A democracia que terminou em tragédia
Constituição, voto e democracia XIII
Fatores condicionantes, resultados condicionados XVIII
Democracia sem democratas XXI
Democracia dos autocratas XXIV
O modelo político: a democracia das minorias XXVIII

1. **O palco da distensão**
   A ditadura comandou o espetáculo 1
   O Rio dos anos 40 5
   A autocracia cevou-se nos votos 8
   A "linha justa" 9
   Antes de reunir, decidir 10
   A constelação das grandes estrelas 13
   A oposição centrifugada 15
   Os figurantes 17
   Os *Conscripta patres patriæ* 18

2. **Sinfonia inacabada**
   A lógica à procura de um ator 21
   Tocando em surdina 27
   O maestro 30
   Os solistas 32
   Democracia não é harmonia 42

3. **Realistas & vocalistas**
   Visão histórica, visão histérica 43
   Os contrastes geram o confronto 46

Double face 48
A claque 53
A lei do ventre fértil 57

4. *Allegro, ma non troppo*
   Ociosidade, a mãe de todos os vícios 61
   Entre mortos e vivos 65
   Adágio 70
   "A democracia que fede" 71

5. *Pianissimo*
   O presidente incorpora Pilatos 79
   Ninguém aceita desarmar o palanque 88

6. O fascismo se recusa a morrer
   Campeonato de utopias 95
   Democracia *versus* fotografia 98
   Os fascistas de lá e os de cá 102

7. Os mortos comandam os vivos
   Esquentando o ambiente, esquentando o debate 109
   Exumando 1937 112
   Idealismo, realismo & surrealismo 119

8. Tia Olga e o geniozinho da matemática
   A arte da discussão: diferença entre decidir e deliberar 127
   Paroquialismo & personalismo, o aprendizado para a democracia 134

9. Andante *moderato*
   As regras do jogo 137
   O pão vosso de cada dia 142
   Contagem regressiva 146

10. Caminho de Sísifo
    Reacionário e o léxico parlamentar 155
    O truste do trigo e a falta de pão 158
    O anti-racismo envergonhado 160
    "Civilizar a política" 162

11. Prestes atravessa o Rubicão
    Cheiro de 37 no ar 171
    O estigma de 35 176

12. A Guerra Fria começou no Brasil
    Reação e reacionários 189
    O PCB vai à Canossa 194
    O racismo em cena outra vez 198
    O racismo desmascarado 201

13. Ecos de 45
    "Queremistas" e "marmiteiros" 205

14. A réplica
    O "mimoso da ditadura" no banco dos réus 223

A tréplica 226
Ecos do Estado Novo 235

15. De réu a réprobo
Borghi sai de cena 241
Maremotos agitam a Assembléia 248
A Constituição volta ao debate 250
As bases americanas no Brasil 251

16. A democracia em questão
A "plantinha tenra" ainda não dá sombra nem abrigo ... 257
Entre risos, morre uma boa idéia 265
O grande ausente 267

17. Moderato, molto moderato
O bacharelismo em cena 269
O paroquialismo domina o debate 272
"Esperando Godot" 274
Com cola e tesoura 276
Muro das lamentações 280

18. Jogo e democracia
O pai e o padrasto dos pobres 283
"A *jungle* mineira é dura e fria como uma pedra" 288
"Política, a madrasta dos homens" 294

19. Do confronto ao conflito
A Bahia entra no jogo 303
Jogo duro 308
Jogo bruto 311

20. A escalada
O dia "D" 323

21. A violência dentro de casa
Afinal, o projeto 339
Provocações e provocadores 341
Rotina de impaciência e inquietações 348
Começa a tramitação 353

22. O triunfo
A volta por cima 357
O mito acuado 360
O amargo triunfo 370

23. "A mais melancólica das Constituintes"
O *day after* 375
O PTB na berlinda 377
O projeto ganha fôlego 378
Dois discursos memoráveis 383
Sistema fiscal e reforma social 388

24. Remando contra a maré
"Fora da lei, até na legalidade" 397

A falta que faz um leguleio 399
Barreto Pinto por fora, Getúlio por dentro 404
Flores e espinhos 411

25. Como embranquecer o Brasil
Devagar com o andor... 415
Amarelos, fora! 418
Brancos, bem-vindos 423

26. O sujeito oculto
Tia Olga e o menino prodígio 431
O beija-mão 434
O sujeito oculto da Constituinte 442

27. Em nome do Pai
As preliminares 451
O projeto e sua estrutura 453
In nomine Patri 454
Repartindo o bolo 456
Autonomia municipal 460
Intermezzo contra o arbítrio 462
Ainda a autonomia 465

28. A construção dos poderes
Legislativo: mandatos e eleições 467
Parlamentarismo: enterro de segunda 473
Judiciário, o julgamento 474

29. À beira do abismo
O passo errado de Draja Mihaïlovitch 485
Mulato pachola 488
Impróprio até para maiores 490
Garantia para as minorias 491
Exclusão para a maioria 493
Pobres direitos, parcos deveres 494
O voto de Minerva salva o país de um vexame 499

30. Democracia das minorias
Ferro velho *versus* ferro novo 503
A classe operária cada vez mais longe do paraíso 508
"O Brasil tem pressa" 511
Os ânimos se exaltam 513
Educação: a cara da ditadura 515
A hora e a vez da burocracia 519

31. Os aviamentos
Quarto de despejo 523
Mais privilégios, mais burocracia 527
O codicilo 531
Os arremates 536

Epílogo – Marasmo ou ditadura
O vaticínio 545

Anexos
Anexo 1 – Representação partidária na Constituinte de 1946 – deputados e senadores.. 553
Anexo 2 – Eleições de 2 de dezembro de 1945 – Presidente da República.. 554
Anexo 3 – Constituintes de 1946 – Ordem alfabética........................ 555
Anexo 4 – Constituintes de 1946 – Ordem por estado e partido............. 572
Anexo 5 – Quadro comparativo: Projeto da Comissão Constitucional, Substitutivo da Comissão, com emendas do plenário e texto da Constituição.. 582

Bibliografia.. 701

*À memória de Adélia,
pela paixão que me fez homem,
pelo amor que me fez pai,
e pela carinhosa solidariedade
que me ajudou a me tornar cidadão.*

Prólogo
A democracia que terminou em tragédia

Constituição, voto e democracia

Constituição e voto são as duas maiores conquistas da democracia. Pode haver voto sem democracia, mas não existe democracia sem voto. O axioma é verdadeiro para o voto, mas não para as Constituições. Existem democracias sem Constituição, e costuma haver Constituição em grande parte das ditaduras. O paradoxo que vale para o voto e a democracia serve também para o cotejo entre Parlamento e governo. Existem países com ou sem Parlamento, mas não se conhece país sem governo.

Voto e Constituição, governo e Parlamento são instituições relevantes e essenciais de toda e qualquer democracia contemporânea. A diferença é que tanto o voto quanto as Constituições são instituições legitimadoras dos governos e dos Parlamentos. Em outras palavras, são instituições condicionantes, enquanto governos e Parlamentos são instituições condicionadas. Tanto na teoria normativa quanto na teoria empírica da democracia, é através das primeiras que podemos caracterizar, avaliar e categorizar as segundas.

O Brasil, do descobrimento à independência, viveu trezentos e vinte e dois anos sem democracia, sem voto e sem Parlamento, embora não lhe faltassem muitos e variados governos. Depois de 1822, passamos a ter voto, Parlamento e governo, mas não chegamos a ter democracia, tal como a conhecemos hoje, pelo menos até 1934. Somados, são quatrocentos e trinta e quatro de nossos mal celebrados quinhentos anos. Um sinal de como é nova e precária a democracia entre nós. Nesses sessenta e sete anos, mal começamos a construí-la, e ainda não acabamos de aprimorá-la. Nem todos foram anos de democracia: vinte e oito deles foram de ditaduras, civil, de 1937 a 1945, e militar, de 1964 a 1984. O Congresso foi dissolvido duas vezes, em 1930 e 1937, e fechado temporariamente em três ocasiões: 1966 (ato complementar 23), 1968-69 (ato complementar 38) e 1977 (ato complementar 102). A dissolução dos partidos ocorreu três vezes, em 1930, 1937 e 1965. Dos vinte e dois presidentes que ocuparam a presidência, de 1926 até hoje (2003), só três, com exceção dos generais da ditadura, concluíram seus mandatos: Dutra, Juscelino e Fernando Henrique Cardoso, que será o primeiro, em todo esse período, a receber a faixa de seu antecessor escolhido por eleição direta e passá-la a um sucessor investido das mesmas condições. Entre esses vinte e dois governantes, houve um suicídio e duas renúncias. Quatro foram depostos, um morreu durante o mandato e outro, antes da posse. Tivemos uma revolução, quatro golpes de Estado, quatro tentativas de golpe e três rebeliões. Entre os generais da ditadura militar, nenhum exerceu um mandato com a mesma duração dos demais. Costa e Silva permaneceu no poder dois anos, Castelo, três, Médici, quatro, Geisel, cinco e Figueiredo, seis. Não tivemos caudilhismo militar, de que acusamos nossos vizinhos da América Latina, mas nem por isso deixamos de ter militarismo. Não chegamos a ser uma democracia estável nem exemplar. Fomos turbulentos e sempre apelamos para a violência, como quase todos os países do continente.

Todos esses fatos nos obrigam a uma nova indagação: O que diferencia os vários e sucessivos regimes não-democráticos que experimentamos daqueles em que passamos a viver com o que entendemos ser democracia? Em primeiro lugar, é bom lembrar a afirmação de Adam Przeworski, segundo a qual a última das grandes invenções da política, o voto, é velha de mais de dois séculos. Mas voto, já vimos, não garante, por si só, a democracia. Então, que requisitos fazem das eleições um dos pressupostos da democracia? Na lição de Giovanni Sartori, elas são um requisito necessário, mas não suficiente, para termos democracia. Para que um regime se caracterize como democrático, é indispensável que as eleições cumpram dois requisitos: sejam livres e competitivas. Para eleições livres se requer que não haja restrições ao exercício do direito de voto – isto é, que ele seja universal e secreto, e pública a apuração. E, para serem competitivas, é indispensável liberdade de organização e atuação partidária ou, em outras palavras, que se assegure o pluralismo político.

O voto, velho de mais de dois séculos, sofreu entre nós várias exceções e sucessivas exclusões. No Império, votavam os analfabetos maiores de 25 anos, se tivessem renda líquida anual de 100 mil-réis, mas não as mulheres. A elas esse direito só foi concedido em 1932. Mas os analfabetos, maioria da população, já tinham perdido essa prerrogativa desde 1891, só recuperada noventa e quatro anos depois, em 1985, ano em que, por fim, se universalizou o voto no Brasil! A rigor, portanto, a prática de uma democracia com Constituição votada pelos representantes de todo o povo, eleições livres e competitivas, voto universalizado e liberdade de organização partidária, só conquistamos a partir de 1987, com a escolha da Constituinte ou, mais precisamente, em 1988, com a atual Constituição. Pode parecer exagero da teoria da democracia partir de tantos requisitos para caracterizar como democrático um sistema político. A democracia calcada nesses pressupostos, porém, não é nova só no Brasil, mas também na maior parte do mundo dito civilizado. A França, por exemplo, só concedeu o direito de voto à mulher em 1945. A Grã-Bretanha só baniu os privilégios eleitorais em 1946 e só terminou com a hereditariedade da representação na Câmara dos Lordes no governo Tony Blair. A igualdade dos direitos civis dos negros, nos Estados Unidos, só foi assegurada em 1954, quando a Corte Suprema, revogando sua decisão prolatada noventa anos antes, considerou inconstitucional a discriminação racial e a doutrina de "iguais mas separados". Falamos de três das maiores e mais antigas democracias do mundo.

A Constituição, o voto e a democracia, como práticas da liberdade e como aspiração de igualdade, ainda dependem, como se vê, de muitas e inumeráveis conquistas. E estamos nos referindo à democracia política, que pressupõe igualdade de direitos políticos, civis e sociais, mas não à democracia econômica, num mundo em que dois terços da população vivem com menos de dois dólares por dia. Desde o fim da Segunda Guerra Mundial e a fundação da ONU, o número de países não parou de crescer. Os cinqüenta países que assinaram a Carta de São Francisco transformaram-se hoje em quase duzentos. Mas isso não significa que a democracia tenha triunfado no mundo. Mais da metade desses países não são regimes democráticos, e a maioria da população mundial ainda não vive sob Constituições e instituições democráticas. Entretanto, nunca houve tanta democracia no mundo quanto atualmente.

Se a Primeira Guerra Mundial marca, como quer Eric Hobsbawm, o início do breve século XX, a Segunda Guerra é, para muitos dos mais importantes países, o começo da vida democrática, inclusive para nós.

Embora os analfabetos, mesmo sendo ainda maioria entre a população no Brasil, não pudessem votar, as eleições de 2 de dezembro de 1945 foram as mais amplas, as mais razoavelmente competitivas e as mais reconhecidamente livres já realizadas no país, até aquela data. O eleitorado tinha crescido de 1.466.700 eleitores, nas eleições de 1934, para 7.425.825, com um aumento de 506%. O que, além disso, confere importância e significado a esse pleito, porém, é o fato de que, pela primeira vez, desde que fundado, em 1922, o Partido Comunista tinha podido concorrer e estava representado na Constituinte instalada sessenta dias depois. Sob o aspecto ideológico, portanto, foi a primeira vez que o pluralismo partidário se expressou de forma irrestrita no país. Esse avanço, como se verá, durou pouco. Concedido durante a ditadura, terminou revogado na democracia que a sucedeu.

O regime de 1946 marca entre nós, tanto quanto a Revolução de 30, o início da chamada modernização. Com a diferença de que, se em 1930 se ampliou o papel do Estado, se as relações sociais começaram a se civilizar e as relações econômicas, a se dinamizar, em 1945 o modelo político que hoje temos começou a se institucionalizar. Primeiro, com a existência de partidos nacionais. Segundo, porque uma parte substancial do eleitorado, aquela que gostamos de chamar de classes populares, passou a protagonizar um papel cada vez mais decisivo no sistema e nas decisões políticas mais relevantes. Se Gilberto Amado, na República Velha, podia falar da "distonia entre as instituições jurídicas e o meio social", na de 1946 não seria impróprio aludirmos a uma distonia ainda mais ampla entre o sistema político, o meio social, as instituições jurídicas e a organização econômica. Sinal evidente de nossa maior complexidade. O Brasil, pela primeira vez em sua história, tinha participado de uma guerra fora do continente, tomando parte, com um contingente de 25 mil homens, de combates no *front* europeu, ao lado das maiores democracias do mundo, ainda que sob uma férrea ditadura. Mesmo que, na escala mundial do conflito, fosse modesta a nossa contribuição e relativamente pequenas as baixas sofridas, tratava-se de uma mobilização inédita em todo o país, provocando internamente escassez, racionamento e inflação. Terminado o confronto militar, o peso do país no cenário mundial passou a ser, independentemente de nossa vontade, muito maior do que em qualquer outra época de nossa história.

A despeito disso, poucos pareciam entender as mudanças que estavam começando a ocorrer. Enquanto a liderança da burguesia brasileira olhava para a frente, vislumbrando possibilidades de lucros como os que tinham enriquecido os especuladores durante a guerra, a elite política tinha os olhos postos no passado, como lembrou Álvaro Lins, um crítico impenitente da realidade brasileira, hoje quase esquecido. O formalismo jurídico, o preciosismo legal, as querelas do direito, as minudências da doutrina e as contradições da jurisprudência continuaram a presidir as mais importantes decisões políticas. A Constituinte de 1946 reflete todas as virtudes dessa época e não esconde nenhum de seus defeitos. Ela já foi razoavelmente estudada sob o ponto de vista jurídico, nos vinte e um anos em que viveu nominalmente e, sobretudo, nos dezoito em que sobreviveu efetivamente. Sua composição, suas comissões, o perfil socioeconômico de cada um de seus integrantes, suas trajetórias políticas, as emendas de cada participante, tudo isso e muito mais pode ser encontrado na dissertação de mestrado do professor Sérgio Soares Braga, "Quem foi quem na Assembléia Constituinte de 1946. Um perfil socioeconômico e regional da Constituinte de 1946", obra publicada em dois volumes pelo Centro de Documentação e Informação da Câmara, em 1988. Trata-se de uma obra de referência indispensável para quem pretende lidar com o tema. A análise política e ideológica e o fundamento doutrinário dos principais debates e de suas mais importantes decisões, por sua vez, encontram-se na obra, por todos os títulos admirável, do escritor, professor e diplomata João Almino: "Os democratas autoritários. Liberdades individuais de associação política e sindical na Constituinte de 1946". Publicado pela Editora Brasiliense em 1980, o livro não aborda, como faz supor o subtítulo, apenas os três temas. Vai muito além, analisando, a partir deles, as questões mais relevantes e sobretudo a conjuntura que marca o período que precede a sua convocação, entre 1943 e 1946. Em 1985, quando a Constituinte de 1987 já tinha se tornado um imperativo da transição, ele atualizou essa análise com uma visão prospectiva que pode ser lida em "Era uma vez uma Constituinte. Lições de 1946 e as questões de hoje", também da Editora Brasiliense. Sem demérito para qualquer um dos títulos referenciados na nota bibliográfica, refiro-me às obras de ambos porque são instrumentos indispensáveis a quem pretenda atualizar-se no tema. Mas tenho esse cuidado, para esclarecer, desde logo, que outros são os meus intuitos e minha visão.

Não pretendi fazer uma obra com o rigor dos cânones acadêmicos com que trabalhou o professor Sérgio Soares Braga, e menos ainda produzir, com a erudição de João Almino, uma análise profunda que permita, como em seu caso, balizar os limites ideológicos do debate político com que a Constituinte reiniciou a vida parlamentar do país, interrompida oito anos antes pelo Estado Novo. O período de decisões da Assembléia é curto, entre 12 de agosto e 17 de setembro, quando é aprovada a redação final. Nos sete meses e meio de funcionamento, no Palácio Tiradentes, não se discutiu apenas uma proposta de Constituição. Isso, aliás, foi o que menos se discutiu. Ali se exercitou o aprendizado para a democracia, depois de oito anos de ditadura. Um duro e muitas vezes dramático aprendizado. Por isso, procurei reproduzir os incidentes, os personagens, os fatos que cercaram o trabalho dos constituintes e como repercutiram os de fora na Assembléia. Pincei alguns pronunciamentos, sem ater-me aos de natureza política, que constituem um volume à parte, sobre a doutrina constitucional brasileira e o pensamento político no Parlamento.

Este trabalho é apenas um pequeno capítulo a mais daquela que um dia, com a vertiginosa explosão dos meios de armazenamento da informação com que mal começamos a contar, será parte da história parlamentar brasileira. A partir dos anos 80, o Parlamento passou a ser objeto de mais estudos e análises do que em todo o período anterior, a partir da independência. Aos poucos, a historiografia e a análise política começam a compreender o papel central que o Congresso, às vezes até mesmo sem ter consciência de seu desempenho, começou a ter no processo político brasileiro, na última metade do século XX. Na raiz dessa mudança estão, a meu ver, a Constituinte e a Constituição de 1946. Exatamente por isso, é hora de voltarmos aos fundamentos da teoria da democracia e das instituições políticas, cada vez mais um tema central da agenda política contemporânea. A Constituição, o voto e a democracia, contudo, não podem ser esquecidos.

Fatores condicionantes, resultados condicionados

Creio não haver dúvidas de que Constituição e voto são, como lembrei no início, instituições políticas condicionantes, enquanto governos e Parlamentos são instituições por ambos condicionadas. Em outras palavras, as Constituições e os sistemas eleitorais, instituições políticas que assumem necessariamente forma jurídica, são responsáveis e terminam por configurar governos e Parlamentos, determinando seu papel, suas atribuições e sua forma de atuação. Simplificando, sob o ponto de vista formal é a engenharia constitucional que determina a forma, a eficiência e a funcionalidade dos sistemas políticos. O conjunto de instituições designadas por essa expressão é o resultado direto desses arranjos e da interação entre elas. Exemplo clássico: Constituições que não prevêem mecanismos de arbitramento de conflitos entre os poderes acabam sendo afetadas por seus confrontos, quando não violadas ou revogadas. Por isso, quem quiser conhecer os delineamentos da história política de qualquer país deve começar a analisar sua história constitucional. Uma sucessão de Constituições que sobrevivem por pouco tempo é sinal evidente de turbulência política, de desagregação econômica ou de conflitos sociais, resultado de instituições mal concebidas e de processos mal resolvidos. Crises políticas são sinais de crises institucionais, e estas, por sua vez, são indicativos de crises constitucionais.

Como ensinou Friederich Hayek, dos pródromos do constitucionalismo até hoje, só conhecemos dois modelos de organização constitucional. O primeiro é chamado por ele de "normas de conduta". São as Constituições sintéticas, aquelas que garantem um mínimo de ordenamento e intervenção do Estado, permitindo autonomia aos cidadãos para que usem a própria diligência para perseguir os fins por eles livremente escolhidos. Seu modelo é o que Benjamin Constant definiu em 1815, afirmando: "Digo já há algum tempo que, tal como uma constituição é a garantia da liberdade de um povo, tudo o que pertence à liberdade é constitucional, ao mesmo tempo que nada há de constitucional no que não lhe diz respeito." Seus fundamentos estão em Kant, segundo o qual "o cidadão é livre para aspirar a própria felicidade", com a única condição de que sua ação não interfira na busca, pelos demais cidadãos, de seus próprios caminhos e objetivos. O segundo é o modelo que Hayek denominou "normas de organização", formado por Constituições que impõem à sociedade determinados fins, em lugar de outros. É o Estado zelando pela felicidade dos cidadãos, como diz Bobbio, "tal como um bom pai de família zela pela felicidade de seus filhos menores". A materialização dos fins determinados pelo Estado pode, nesse caso, constranger e ultrapassar os limites da liberdade individual, em favor da felicidade coletiva. Esses fins são determinados sob a forma de prescrições imperativas e também na modalidade de prescrições desiderativas, ou seja, a serem um dia atingidas. São direitos objetivos e subjetivos, estabelecidos de forma aleatória pelo legislador constitucional, cuja efetividade depende mais da atuação dos organismos do Estado do que de simples e meras promessas de origem constitucional.

O padrão constitucional das normas de conduta é o da primeira Constituição escrita do mundo, a americana, de 1787. Em nosso caso, ele está representado pela Constituição do Império, de 1824, e pela republicana, de 1891. Juntas, duraram cento e cinco anos.

O padrão do segundo modelo é o da Constituição alemã de Weimar de 1919, a primeira do mundo a conter um amplo capítulo dedicado aos direitos sociais. É o paradigma seguido pela Constituição brasileira de 1934 e por todas as subseqüentes. São nada menos do que seis, que, juntas, somam até hoje apenas sessenta e sete anos. Trata-se de textos que Karl Löwestein chamou de "Constituições semânticas", e Sartori, de "Constituições nominais". Segundo sua lição, "seu ponto delicado não diz respeito à circunstância de algumas de suas disposições caírem em desuso, devido a seu anacronismo, senão aquelas normas que nunca são postas em vigor, por falta de vontade ou pela inércia dos poderes legislativo ou executivo". Em grande parte, são as Constituições do pós-guerra, que, no julgamento severo de Sartori, "em geral, são más constituições, tecnicamente falando. Encontram-se nelas deslumbrantes profissões de fé por um lado, e um excesso de detalhes supérfluos, por outro. Algumas delas são já tão *democráticas*, que já não são constituições".

As Constituições brasileiras do primeiro tipo obedecem de tal forma ao paradigma indicado por Benjamin Constant que o artigo 178 da Carta de 1824, outorgada um ano depois da publicação do último volume do seu "Cours de politique constitutionelle", repetia, literalmente, suas palavras, dispondo: "É só constitucional o que diz respeito aos limites e atribuições respectivas dos direitos políticos e individuais dos cidadãos; tudo o que não é constitucional pode ser alterado sem as formalidades referidas, pelas legislaturas ordinárias." Se a duração das Constituições é a medida de sua eficácia, as nossas, baseadas no modelo que Hayek chamou de "normas de conduta", foram as mais eficientes que já tivemos. Ambas sofreram apenas uma emenda cada. A de 1824, o ato adicional de 1834, e a republicana de 1891, a emenda de 1926. Ocorreram, como era natural, no período de formação do Estado, a partir de 1822, revoltas, revoluções, insurreições, sublevações, rebeliões, levantes, ameaças, quarteladas e guerras externas. Os dois monarcas dos sessenta e cinco anos de duração de nosso primeiro texto constitucional foram, é verdade, depostos. Um dos regentes, Feijó, renunciou, e seu sucessor, Pedro de Araújo Lima, foi deposto pelo golpe parlamentar da maioridade. Não é um período de remanso, de tranqüilidade e quietação. Mas duas singularidades marcam essa fase: não se alterou a ordem institucional, e as mudanças foram conquistadas por meios pacíficos, negociação política e concessões mútuas dos partidos que se revezavam no poder, obedientes às regras do jogo. Houve normalidade e continuidade, sem que se tivesse que recorrer a medidas de emergência, estado de sítio ou recursos equivalentes. Na República Velha, igualmente conturbada por sucessivos levantes, guerra civil e quarteladas, ameaças de intervenção estrangeira, rompimentos de relações diplomáticas, estado de sítio e intervenções federais, não se quebrou a ordem constitucional. As instituições resistiram, como no Império, a todas as investidas. Era tal a continuidade que, após a eleição de Júlio Prestes, em 1930, o Foreign Office resolveu consultar sua embaixada no Rio de Janeiro sobre a pretensão do presidente, eleito mas não empossado, de ser recebido pelo monarca britânico, o que contrariava a orientação do governo em relação aos presidentes sul-americanos. Ernest Hambloch, que respondia pelo consulado, na ausência do embaixador, escreveu que o Brasil não deveria ser tratado como uma das muitas republiquetas latino-americanas, pois aqui, esclareceu, existia um regime constitucional, estável desde 1890, em que todos os presidentes passavam regularmente o poder a seus sucessores, legal e legitimamente eleitos. É bem verdade que, mesmo calcado numa tradição de quarenta anos, isso não evitou que errasse no prognóstico, pois Júlio Prestes se tornou, na história política brasileira, exatamente o primeiro chefe de governo a ser eleito mas não empossado... Aí, deu-se a ruptura. Abandonamos o velho e testado modelo constitucional e adotamos o novo paradigma.

Nesse período que sucedeu 1930, tivemos toda ordem de subversão, rompimentos e quebras da ordem institucional. A engenharia constitucional do período não foi capaz de condicionar positiva, senão negativamente, o modelo político, sujeito, desde então, a toda ordem de experiências dramáticas. A ruptura de 1930, com a qual se dissolveu o

Congresso, exilaram-se os adversários, cassando-lhes os direitos políticos, extinguiram-se os partidos, revogou-se a Constituição, suspenderam-se as garantias individuais, instituiu-se a censura e o Executivo passou a legislar por decretos-leis, tornou-se perigoso precedente utilizado sete anos depois, ainda com maiores requintes. É aí que entra a Constituição de 1946, discutida, votada e promulgada, como a promessa de restauração da ordem democrática que, lamentavelmente, frustrou-se mais brevemente do que seria lícito esperar.

Assim como a de 1934, incapaz de cumprir a grande aspiração nacional, terminou em tragédia, com a ditadura civil do Estado Novo, a de 1946 seguiu o mesmo caminho. Esvaiu-se também em trágico destino, com a única diferença de que, se a anterior desembocou numa ditadura civil com apoio militar, a de 1946 nos levou a uma ditadura militar com suporte civil. Os resultados foram os mesmos. Diversos, só alguns personagens.

Democracia sem democratas

Na Constituinte de 1946, há uma figura oracular, Otávio Mangabeira. São poucas mas decisivas as suas intervenções. Apesar de não ser o mais velho constituinte, talvez só fosse superado em experiência pelo mineiro Artur Bernardes, então com 70 anos e que, aos 47, se tornara presidente da República, tendo ocupado, na sua longa vida pública, todos os cargos da carreira política, exceto o de ministro de Estado. Num de seus discursos, Mangabeira, líder da minoria, refere-se às Constituições geradas "no ventre da ditadura". No Brasil, mesmo as Constituições democráticas sempre foram geradas no ventre das ditaduras que as precederam. O resultado é que se pode dizer de nossas democracias, em que a exclusão eleitoral sempre foi maior que a massa dos que eram reconhecidos como cidadãos, o mesmo que se afirmou da Alemanha de Weimar: as nossas foram "democracias sem democratas". Regimes construídos no ventre das ditaduras, como ocorreu em 1934 e 1946, dificilmente poderiam terminar em democracia. Poderiam gerar, na melhor das hipóteses, falsas democracias, democracias sem democratas, e, na pior, democracias de autocratas.

O modelo constitucional de 1934, repetido de lá para cá com sintomática e indesejável freqüência, nada mudou. Fez-se, quando muito, um *aggionarmento* de algumas disposições. Tornou-se um modelo estático, inflexível, imutável, sem nenhuma flexibilidade, muitas promessas e vãs aspirações. Como a estrutura não se alterou e as conjunturas variaram com incrível rapidez, as instituições logo tornaram-se assíncronas, girando em velocidades diferentes. O arcabouço político e a estrutura jurídica andando em ritmo lento e cadenciado e, como até hoje, impermeável a mudanças e à modernização, e o conjunto da economia e a composição social movendo-se em ritmo acelerado. O resultado foram crises, renúncias, golpes, deposições, impedimentos e suicídio, como vimos. Crises acompanhadas sempre de estados de sítio, censura e repressão, mandatos que não chegaram ao fim e processos inacabados, projetos malsucedidos e estruturas em frangalhos, com inflação, perda do valor aquisitivo da moeda e uma sucessão de mudanças do padrão monetário. O seu mal, como assinalou Sartori, é que estabelecia objetivos que os governos não logravam cumprir.

O imobilismo brasileiro, que José Honório chamou de inamovível, está por toda parte e se mostra em todo esse período. Pouco importa que mudem as Constituições e se alterem aqui e ali, formalmente, alguns processos e um número ínfimo de práticas, quase sempre vitimadas pela corrosão social ou pela deterioração econômica. No que é substantivo, o fenômeno quase nunca é perceptível. Da repressão a qualquer forma de inquietação popular, especialmente no campo social, quase nada se vê e pouco se fala. No fim da segunda década do século passado, quando começaram as demonstrações de insatisfação e eclodiram as primeiras greves contra a degradação das condições de trabalho, estimuladas sobretudo pelos imigrantes politizados que se fixaram em São Paulo e em menor escala no Rio, a resposta do governo foi a famosa *Lei Celerada*, de autoria do deputado Adolfo Gordo, que, a partir daí, proibiu todo e qualquer movimento reivindicatório e qualquer manifestação pública de inconformismo. Os estrangeiros eram sumariamente expulsos, por simples suspeita, mediante mero procedimento administrativo e sem direito a defesa. As leis podem ter sido, aqui e ali, ligeiramente abrandadas, porém nunca foram revogadas, mas simplesmente alteradas. A Lei Celerada vigorou até 1934 e, em 1935, foi substituída pelas restrições decorrentes do estado de guerra, decretado de acordo com a emenda constitucional nº 1, promulgada pelo decreto legislativo nº 6, de 18 de dezembro de 1935, que se prolongou por dez anos. As leis do trabalho, consolidadas em 1943, voltaram a tornar explícita a proibição dos movimentos grevistas. Quando se supôs que a democracia estava restaurada, em 1946, e as reivindicações por melhores salários voltaram a ocorrer, o decreto-lei nº 9.070, de 15 de março, prática que continuou a ser usada durante o período de elaboração constitucional, reforçou a proibição, ante o silêncio cúmplice da maioria da Constituinte. Promulgado o texto constitucional, o decreto-lei continuou pacificamente em vigor e sobreviveu à própria Constituição. Como lembra João Almino em seu livro, só foi substituído por outro similar durante a ditadura militar de 1964...

Isso significa dizer que, de 1918 a 1988, quando foi promulgada a Constituição em vigor, as greves, embora nunca tivessem deixado de ser deflagradas nos períodos de menor repressão, sempre estiveram legalmente proibidas. A Constituição de 1988 completou em 2002 catorze anos de vigência, e o problema do direito de greve continua em aberto. No âmbito social, esse não é o único exemplo. O mesmo se pode dizer do modelo de organização sindical, verticalizado, unificado, centralizado e atrelado ao Estado. Criado em pleno regime fascista do Estado Novo, serviu na medida à ditadura civil, ao regime liberal de 1946, à ditadura militar, e continua sendo útil ao regime em vigor. Depois da Segunda Guerra Mundial, a Organização Internacional do Trabalho aprovou a Convenção 87, tratando do pluralismo sindical e recomendando sua adoção a todos os Estados membros. O Brasil a subscreveu em 1948, mas até hoje não a ratificou. Mais de meio século depois, continuamos a praticar a unidade na base e o pluralismo na cúpula, como forma de legitimar as centrais sindicais, legalmente proibidas mas toleradas, pois servem a distintos e variados propósitos políticos, nem todos dos trabalhadores, é claro.

As reminiscências, os escolhos, velhas práticas e antigos usos dos regimes autocráticos que experimentamos continuam tão vivos como antes. Vestidos com roupagem nova, servem aos mesmos senhores. O general Dutra, quando presidente, mereceu da Constituinte moção de aplauso, aprovada por todos os partidos, pela extinção do DIP, o famoso Departamento de Imprensa e Propaganda, a propósito do qual há uma divertida referência neste livro. Ele foi revivido no regime militar com o nome de Assessoria Especial de Relações Públicas da Presidência da República. Virou Secretaria Especial de Comunicação Social, e seu titular tinha até pouco tempo o *status* de ministro. Para que, ainda não se sabe, nem nunca se soube. A diferença é que a propaganda do governo, que nas ditaduras se fazia sem ônus, pelo poder discricionário do Estado, na democracia de hoje é feita à custa do bolso dos contribuintes. Pagantes, por sinal, jamais consultados. Uma prática que se generalizou de tal modo que o setor público é hoje o maior anunciante de todo o país! Seus dispêndios superam – e muito – os dos maiores anunciantes privados. Um caso sem paralelo em toda e qualquer outra democracia.

O que dissemos do direito de greve, do modelo de organização sindical e da propaganda oficial pode ser aplicado à saciedade, para onde quer que nos voltemos. O que dizer, por exemplo, dessa excrescência que ainda hoje sobrevive, com o sugestivo nome de *Voz do Brasil*? O que mudou, senão a circunstância de que, antes servindo ao Executivo, hoje serve também ao Legislativo? Ambos, por sinal, tornaram-se proprietários de uma das maiores redes de emissoras de rádio e TV, de que participam as duas Casas do Congresso e todas as Assembléias Legislativas. Rigorosamente, outro caso único no mundo. Tudo isso faz parte da crença autoritária de que, manipulando a opinião pública, valendo-se dos ensinamentos de Goebbels, essas instituições

conseguem legitimar-se, embora continuem a ser aquelas com os menores índices de credibilidade, de confiabilidade e de popularidade em todo o país.
A democracia desses democratas mostra o sentido autoritário de suas crenças e das práticas a que recorrem. No governo de Juscelino Kubitschek, tão democrata a ponto de conceder anistia antecipada aos militares que se levantaram contra seu governo recém-iniciado, o controle sobre o rádio continuou tão férreo quanto na ditadura do Estado Novo e com os seus próprios instrumentos, a despeito da Constituição. A Carlos Lacerda, seu acérrimo inimigo, o presidente jamais permitiu falar pelo rádio...
Em nossas democracias, como se vê, todos são ávidos em se dizer democratas. Não existem discrepâncias. É como se não houvesse distinção entre o preto e o vermelho. Por isso, não se pode diferençar os que são de uma cor dos que são de outra. E, como não se pode distingui-los, tanto faz que sejam ou não democratas, pois todos acabam sendo iguais. Daí sermos, como a República de Weimar, democracias sem democratas, já que ninguém pode identificá-los nem distingui-los dos autocratas. Singularidades de nossas democracias.

Democracia dos autocratas

A democracia de 1946 começou a ser afrontada quando ainda em gestação. Ao tomar posse, Dutra tinha encontrado em andamento uma greve dos bancários, a que se seguiram algumas outras, sendo a de maior repercussão a da Light, no Rio de Janeiro, que ameaçava os transportes públicos urbanos. Esta última a Constituinte tentou inclusive mediar, como se poderá ver no corpo do livro, até mesmo como forma de prevenir a desmedida e brutal reação que causou a primeira, quando o governo se valeu das armas do Estado Novo ainda a seu dispor. Prendeu o presidente do sindicato, destituiu sua diretoria, decretou a intervenção nesse órgão de classe e submeteu os líderes grevistas à Justiça Militar. A repressão crescia a cada movimento, embora até os mais conservadores constituintes julgassem justas as reivindicações salariais, numa época de escassez, racionamento, câmbio negro e desmedido aumento da inflação. Os dados do próprio governo mostravam que, contra um aumento médio anual de 6,6% do custo de vida, entre 1934 e 1940, os índices tinham se acelerado a partir de 1941, atingindo 10,9% nesse ano, 12% em 1942, 14,9% em 1943, 27,3% em 1944, 16,7% em 1945, e começavam a disparar novamente em 1946, quando chegaram a 22,6%, sem nenhum reajuste para os assalariados. Como eram os mais ativos nesses movimentos reivindicatórios, os comunistas começaram a se tornar as principais vítimas do aparelho repressivo da ditadura, inteiramente intacto e operativo. No dia 15 de março, o governo baixou o decreto-lei nº 9.070, proibindo as greves, e no dia 22 de maio proibiu um comício do PCB no Largo da Carioca, programado para o dia seguinte, permitindo apenas que fosse realizado na praça Nossa Senhora da Paz, em Ipanema, como forma de frustrá-lo. Na data aprazada, a Polícia Especial protagonizou um tiroteio no local, que resultou em mortos e feridos, entre os quais não se encontravam partidários de Prestes, e sim parte da população que ali, no final da tarde, costumava tomar condução para os diferentes bairros da cidade. A escalada não cessou com esses episódios. Em agosto, o ministro da Justiça, ante os protestos gerais, primeiro mandou apreender e em seguida, valendo-se de outro decreto-lei da ditadura, editado dias após o assalto integralista ao Palácio Guanabara, em 1938, suspender a circulação da *Tribuna Popular*, jornal do PCB, por quinze dias. Estavam claros os intuitos do governo Dutra. O cancelamento do registro do PCB, que vinha sendo anunciado desde abril, deu-se oito meses depois de promulgada a Constituição, por decisão do TSE, datada de 7 de maio de 1947, e culminou com a cassação dos mandatos de seus representantes no Senado e na Câmara. No âmbito sindical, como forma de tentar evitar a influência dos comunistas, instituiu o "atestado ideológico", fornecido pela polícia política; sem ele nenhum trabalhador podia ser eleito para qualquer cargo de direção sindical. Estava destruído o princípio do pluralismo político, sem o qual nenhuma democracia sobrevive. Um princípio, como se nota, conquistado na ditadura, mas revogado na democracia...

Na Constituinte, o clamor do deputado conservador udenista Soares Filho, quando se tornou clara a escalada repressiva governamental, sintetizou o que estava por vir ante as primeiras reações do governo: "Sr. Presidente, há uma tese que, certamente, demandaria longa explanação e que pode ser contida na seguinte síntese: o Brasil, mesmo nos períodos de legalidade, vive fora da lei e raramente o direito – a juridicidade – tutela a vida pública no país." Outra das singularidades de nossas democracias, dirigidas por governos que a lei é impotente para conter.

A Constituição, testada no governo Dutra, conheceu sua prova de fogo na primeira eleição sob sua vigência, quando a UDN invocou o princípio da maioria absoluta para tentar impugnar a posse de Vargas, que tinha conseguido 48,7% dos votos nas eleições de 1950. Graças à confissão feita anos depois por um dos seus mais eminentes próceres, Aliomar Baleeiro, deputado e mais tarde ministro do STF, soube-se que a questão não pôde ser dirimida pelo Judiciário, em face das ameaças e pressões do ministro da Guerra de Getúlio, o general Estillac Leal, fiador de sua posse, em nome das Forças Armadas. O episódio mostra a fragilidade de uma democracia em que os derrotados nas urnas buscam solução para uma querela política através da chicana jurídica. E só não envolveu o Judiciário, ameaçando o país com uma crise institucional, porque os militares impediram. Como no regime de 1937, o estamento militar continuava a tutelar o poder civil e arbitrar os conflitos políticos. Ao contrário do que ocorrera no Estado Novo, porém, já não havia nem ameaça nem adversários visíveis, como em 1935, que pudessem justificar suas intervenções. O registro do PCB estava cancelado, seus parlamentares tinham sido cassados e, com isso, encontravam-se todos impedidos de participar do jogo democrático, decidindo divergências pelo voto. Restava-lhes o caminho da clandestinidade.

Como não havia mais um inimigo comum, desapareceu a unidade política que congregava os diferentes grupos das Forças Armadas. Uma realidade que se tornou evidente na Constituinte, em que os militares somavam catorze nos quadros do PSD, seis nos da UDN e dois nos do PTB, além dos quatro ex-militares do PCB.

Essa divisão não ocorria apenas sob o ponto de vista político-partidário, mas também se tornou clara na vertente ideológica, no mesmo ano da eleição de Vargas, 1950. Nesse ano, a Guerra Fria se agravou, com a deflagração da Guerra da Coréia. Cogitou-se o engajamento do Brasil no conflito, inclusive militarmente. A divisão se dava entre nacionalistas, "progressistas" e neutralistas, de um lado, liderados pelo ministro da Guerra, Estillac Leal, que Getúlio fora buscar no Clube Militar por ele presidido, e os não-intervencionistas, conservadores e engajados ao lado dos Estados Unidos, que os primeiros chamavam de "entreguistas". Esse confronto se tornou explícito e agudo quando, na sucessão de Estillac Leal na presidência do Clube Militar, em maio de 1952, os "entreguistas" reagiram às suas posturas e formaram uma chapa denominada Cruzada Democrática que o derrotou, mesmo sendo ministro da Guerra; foram dados 8.288 votos aos candidatos da Cruzada, os generais Alcides Etchegoyen e Nelson de Melo, e 4.489 votos aos seus concorrentes, Estillac Leal e Horta Barbosa. Estava consagrada a divisão dentro do Exército. Essa derrota inviabilizou a permanência de Estillac Leal no Ministério da Guerra, levando à sua substituição, em março de 1953, pelo general Ciro do Espírito Santo Cardoso, chefe da Casa Militar. Era uma tentativa de Getúlio de afastar de seu governo o confronto militar, mantendo-se eqüidistante dos dois grupos.

Para não fazer da substituição do seu ministro da Guerra o móvel da mudança ministerial (os ministros da Marinha e da Aeronáutica permaneceram em seus cargos), Vargas fez algumas outras alterações em sua equipe, colocando novos titulares nas Pastas da Justiça, substituindo Negrão de Lima por Tancredo Neves; das Relações Exteriores, trocando João Neves da Fontoura por Vicente Rao; da Fazenda, Horácio Lafer por Osvaldo Aranha; de Viação e Obras Públicas, substituindo Álvaro de Sousa Lima por José Américo de Almeida; da Educação, Simões Filho por Antônio Balbino; e do Trabalho, Segadas Viana por

João Goulart, jovem e desconhecido presidente do Diretório Regional do PTB no Rio Grande do Sul que, pouco antes, havia assumido a presidência do Diretório Nacional do partido.

A questão operária e o nacionalismo de Vargas iriam marcar seu segundo governo, agravando a dissensão militar, sem superar a tutela que ambos os grupos procuravam exercer sobre o poder civil. O salário mínimo seria o estopim de nova manifestação. Instituído por Vargas em julho de 1940, com o valor de 240 mil-réis, permaneceu nesse mesmo nível até 1º de janeiro de 1943, quando, em virtude da troca do padrão monetário de mil-réis para cruzeiro, teve seu valor reajustado para 300 cruzeiros. Em 1º de dezembro desse mesmo ano, passou a valer 380 cruzeiros e assim permaneceu durante nove anos, quando mais grave foi o processo inflacionário desde a guerra, como já assinalamos. No último mês do seu governo, em janeiro de 1950, Dutra finalmente corrigiu seu valor para 1.200 cruzeiros.

É conhecido o tratamento que o governo Dutra deu às reivindicações dos trabalhadores e às suas greves por melhores salários. Pouco depois de assumir o Ministério do Trabalho e começar a formar sua base de apoio sindical, Jango prometeu corrigir o valor do salário mínimo, propondo-se a dobrar seu valor, como forma de aplacar a greve dos têxteis em São Paulo, mantida mesmo depois de declarada ilegal, com fundamento no decreto-lei nº 9.070/46, e a dos marítimos, ambas de enorme repercussão. Além disso, revogou a exigência de atestado de ideologia para a eleição dos dirigentes sindicais, o que permitiu que os líderes operários ligados ao PCB tivessem atuação mais ativa e ostensiva.

Os militares conservadores que já tinham provocado o afastamento do ministro da Guerra agiram dessa vez ainda com maior desenvoltura. Quando o ministro do Trabalho encaminhou oficialmente a proposta de passar o salário mínimo de 1.200 cruzeiros para 2.400 cruzeiros, nada menos que 81 oficiais do Exército, sendo 42 coronéis e 39 tenentes-coronéis, fizeram circular, em fevereiro de 1954, um documento que ficou conhecido como Manifesto dos Coronéis. Endereçado ao ministro e aos demais comandantes do Exército, os signatários denunciavam "o risco de uma subversão violenta dos quadros institucionais da nação" e utilizavam como pretexto o aumento do salário mínimo, que ultrapassaria os soldos dos graduados do Exército, além das usuais acusações aos "eternos promotores da desordem".

Getúlio, que conhecera a solidariedade dos militares em 1937 e o peso de sua oposição em outubro de 1945, não teve outra alternativa senão provocar nova mudança em seu ministério. A tutela que o estamento militar exercia não podia ser mais ostensiva. Cedendo às ameaças, substituiu o ministro da Guerra, afrontado pela insubordinação de seus comandados, pelo general Zenóbio da Costa, identificado com os manifestantes, e demitiu Jango do Ministério do Trabalho. Estava claro que já não podia contar, num governo constitucional, com a mesma solidariedade e suporte que os militares lhe deram sob o Estado Novo, primeiro garantindo-o no poder e depois banindo-o dele. No dia 4 de julho, quando já estava selado seu destino, assinou o decreto nº 35.450, dobrando o valor do salário mínimo e fixando-o em 2.400 cruzeiros. Um mês e vinte e cinco dias depois, sob ameaça de deposição pelo episódio do assassinato do major Rubem Vaz, da Aeronáutica, protagonizou o mais dramático episódio da República liberal de 1946: suicidou-se com um tiro no coração, um acontecimento inédito nos fastos da história política contemporânea. Paradoxalmente, com o ditador morria um pouco da democracia brasileira.

A República dos autocratas não podia terminar senão em tragédia. A maior delas, porém, só viria a ocorrer dez anos depois, e seu protagonista foi, por ironia do destino, o mesmo João Goulart demitido em 1954 e que, no decênio que se seguiu, parece não ter sido capaz de tirar útil ou proveitosa lição dos acontecimentos.

O modelo político: a democracia das minorias

Quem examina o conjunto do panorama político brasileiro, desde a independência, depara com um enorme contra-senso. O período de maior continuidade política e institucional não foi o da democracia que tentamos em 1934 nem o da que inauguramos em 1946, menos ainda o da ditadura civil de 1937 ou da militar de 1964, mas o meio século do reinado autocrático de Pedro II. Por que a democracia sempre feneceu entre as ditaduras, enquanto a autocracia floresceu durante tanto tempo? Somos vocacionados para um regime e refratários a outro? Será um o nosso destino, e o outro, a sina dos brasileiros?

Se quisermos entender as razões que têm levado a democracia no Brasil a ser breves espasmos entre as diferentes ditaduras sob as quais vivemos, não basta irmos atrás dos hábitos, crenças e valores que conformam nossa cultura política, embora, como já constatou Roberto da Matta, sejamos todos liberais da porta de casa para fora. É preciso um esforço a mais, o de atentarmos para a grande indagação que deve nos inquietar: Por que a engenharia constitucional que adotamos em cada um dos períodos deu certo na autocracia e deu errado na democracia? Esse é o fenômeno pelo qual as democracias sem democratas de um período logo se transformam nas democracias dos autocratas dos períodos seguintes. O jurista Francisco Campos, ideólogo e idealizador da Constituição ditatorial de 1937, quando começou a derruir o Estado Novo, correu aos jornais para justificar que sua obra não era uma Carta fascista! O general Garrastazu Médici, chefe do mais duro e repressor dos governos militares que se sucederam no poder depois de 1964, gostava de lembrar que tinha encontrado o Congresso fechado e o deixara funcionando, sem nunca tê-lo fechado ou dissolvido e sem ter cassado um só mandato parlamentar. Os cinco que se sucederam no poder sempre usaram a existência de um Parlamento em funcionamento para rebater a acusação de serem ditadores. No Brasil tem sido assim: nem a ditadura se assume!

Reconheçamos, porém, que há razões para isso, num país em que, como admitia José Bonifácio, o patriarca, a realidade supera a ficção.

Todos os modelos políticos brasileiros de qualquer uma das Constituições, com exceção da que está em vigor, sempre foram idealizados, concebidos, imaginados, construídos e postos em vigor com um só objetivo: serem instrumentos destinados a proteger os direitos da minoria e manter alijadas do sistema as maiorias que, na visão dessas minorias, poderiam ameaçá-los. É por isso que os regimes, sejam supostamente democráticos ou reconhecidamente autocráticos, jamais se preocuparam em obter a legitimação da maioria. As instituições representativas sempre foram, por isso mesmo, representações das minorias, nunca das maiorias. Traçando a mais ácida das críticas sobre o sistema representativo do Império, o famoso "sorites" de Nabuco de Araújo assim o definiu: "O Poder Moderador pode chamar a quem quiser para organizar ministérios; esta pessoa faz a eleição, porque há de fazê-la; esta eleição faz a maioria. Eis aí o sistema representativo do nosso país!".

O que era no Império continuou na República, pelo menos até 1945. Nas vinte e uma eleições parlamentares realizadas entre 1825 e 1886, o número máximo de votantes se verificou na décima nona legislatura, em 1885, quando alcançou 121.226 eleitores, para uma população que, vinte anos antes, já era de 9,5 milhões, sendo 4,9 milhões de adultos, o que dá a proporção de 2,46%. Na República Velha, a situação não era diferente. Nas eleições de 1934, em que as mulheres puderam votar, compareceram às urnas pouco menos de 1 milhão de eleitores para uma população adulta estimada em 18,6 milhões, o que dá a proporção de 5,37%. A grande conquista que representou a República sobre a Monarquia significou passar de minoria ínfima da primeira a minoria desprezível da última.

A exclusão não se deu só em relação ao eleitorado, fator essencial de legitimação de qualquer democracia. Deu-se também em relação aos direitos. Os de todos os cidadãos, regulados na Constituição de 1946, cabem em apenas um artigo; os dos trabalhadores, em três: os dos militares estão distribuídos em oito, enquanto os dos funcionários públicos exigem onze artigos. Essa é a medida de modelos políticos feitos à medida para as minorias. Para funcionários do Estado, dezenove artigos; para os cidadãos, incluídos os trabalhadores, bastaram quatro. Um modelo que se repete em todas as liberais Constituições brasileiras.

Um modelo construído para benefício e desfrute das minorias, que detêm o maior poder de barganha, resulta necessariamente que a alocação dos recursos, arrecadados de todos, termina, necessariamente, como aqui: nas mãos de poucos e nos bolsos de pouquíssimos, exatamente dos que menos precisam.

É claro que todas essas singularidades nos fazem diferentes e peculiares. Diferenças e singularidades de que certamente nos orgulhamos. A maior de nossas singularidades, porém, não creio que seja motivo de orgulho. Conseguimos o milagre de deformar, embora de modo pouco criativo, o próprio conceito de democracia: o que é o regime da maioria, nós transformamos, por arte e graça de nossa inventividade, exatamente no contrário, o regime da minoria.

É o que mostra este livro. Pena que não seja obra de ficção.

1. O palco da distensão

A ditadura comandou o espetáculo

Na volta à democracia, restaurada com as eleições de 2 de dezembro de 1945, não houve festas, nem comemorações, nem povo, apenas solenidades oficiais. Para isso, bastou um fim de semana. Na quinta-feira, 31 de janeiro de 1946, realizaram-se dois atos. Às 14 horas, no plenário da Câmara dos Deputados, o Tribunal Superior Eleitoral, sob a presidência do ministro Valdemar Falcão e na presença de autoridades e convidados estrangeiros, empossou o general Eurico Gaspar Dutra, décimo sexto presidente da República. Duas horas depois, no salão nobre do Palácio do Catete, recebeu o cargo e a faixa que o simboliza das mãos do ministro José Linhares, ex-presidente do STF e presidente interino da República desde 29 de outubro do ano anterior. Após o discurso, em que prometeu "ser o presidente de todos os brasileiros", ressalvando "em tudo quanto se refira ao interesse nacional, ao deferimento da justiça, ao tratamento imparcial de meus compatriotas pelo reconhecimento de seus direitos e garantias", Dutra investiu em seus cargos os novos ministros: Carlos Luz, 52 anos, deputado do PSD mineiro, na Pasta da Justiça; Pedro Aurélio de Góis Monteiro, 57 anos, general que já ocupava a pasta, no Ministério da Guerra; Gastão Vidigal, 57 anos, deputado do PSD paulista, no da Fazenda; Edmundo de Macedo Soares, 45 anos, coronel, na Pasta da Viação e Obras Públicas; Neto Campelo, 46 anos, suplente de deputado pelo PSD de Pernambuco, na Pasta da Agricultura; Ernesto de Souza Campos, 63 anos, engenheiro e médico paulista, sem vinculação partidária, no Ministério da Educação e Saúde; Otacílio Negrão de Lima, 48 anos, ex-prefeito de Belo Horizonte durante o Estado Novo, na Pasta do Trabalho, Indústria e Comércio; Armando Trompowski, 56 anos, brigadeiro, no Ministério da Aeronáutica; e João Neves da Fontoura, 56 anos, deputado pelo PSD do Rio Grande do Sul, no das Relações Exteriores. No Gabinete Militar, tomou posse o general Álcio Souto, 51 anos, e, no Gabinete Civil, Gabriel Monteiro da Silva, 46 anos, que, embora nascido em Minas, fez carreira em São Paulo, onde foi interventor do Estado Novo no jornal *O Estado de S. Paulo*.

Na sexta-feira, 1º de fevereiro, às 14 horas, também sob a direção do presidente do TSE, realizou-se a primeira sessão preparatória da Assembléia Nacional Constituinte, a quarta a que o Brasil assistiu desde que ficou independente, cento e vinte e quatro anos antes. Nada menos do que 286 deputados e 42 senadores, eleitos, como o novo presidente, em 2 de dezembro, representantes de nove partidos e uma coligação, seriam os responsáveis pela futura Constituição, a quinta que o país iria conhecer.

No dia seguinte, tudo voltou à rotina, mas nada seria como antes. Havia no país um novo governo cujo principal desafio seria tentar superar os traumas do passado, sepultando a triste lembrança de quinze anos de regime discricionário, oito dos quais sob o jugo do Estado Novo. A democracia que estava sendo inaugurada, porém, não era a dos sonhos dos que tinham resistido ao Estado Novo, pela simples razão de o espetáculo ter sido comandado pelos que ajudaram Getúlio a tornar-se e a manter-se como ditador.

Como mais tarde diria Otávio Mangabeira, líder da UDN na Constituinte, a democracia que se começava a viver tinha sido "gerada no ventre da ditadura".

De novo, naquele verão, só o cenário mais uma vez ocupado por antigos e conhecidos personagens em quase todo o país. Era como a encenação de uma nova peça com velhos atores. A quatro meses dos 63 anos que completaria no dia 18 de maio, o general Dutra, matogrossense de Cuiabá, era íntimo do poder. Os brasileiros sabiam tratar-se do braço direito de Getúlio. Chamado de "condestável do Estado Novo", foi ministro da Guerra do ditador, de 1936 a 1945, cargo que deixou para assumir a candidatura à presidência da República. Nos bastidores, agindo com discrição, seu antigo chefe e seus fiéis auxiliares de cena, o PSD (Partido Social Democrata), do qual era presidente, e o PTB (Partido Trabalhista Brasileiro), que ele também liderava, comandava e dirigia. Foi nessa condição, e apoiado na carcomida mas poderosa estrutura do Estado Novo, que o antigo ministro ganhou, no pleito de 2 de dezembro, por maioria absoluta, o cargo mais poderoso do país.

O general era casado havia vinte e sete anos com dona Carmela Leite, dona Santinha para os íntimos, viúva de Ulhoa Cintra, também oficial do Exército. Com o primeiro marido teve dois filhos: o então tenente-coronel José Pinheiro Ulhoa Cintra e Carmelita Ulhoa Cintra, casada com Luís Novelli Júnior, constituinte pelo PSD paulista. Com o presidente, dona Santinha também teve outros dois filhos: o tenente João Dutra e Emília Dutra Leite, esposa de outro deputado constituinte pelo PSD do Piauí, Mauro Renault Leite. Era crença geral no Rio de Janeiro que a primeira-dama teria mais força no novo governo que todos os ministros juntos.

Embora o cargo que a partir daquela data passou a ocupar fosse de natureza civil e tivesse passado para a reserva dois dias antes, o general foi o primeiro, entre os militares que ocuparam a presidência, a tomar posse em seu uniforme de gala, adornado com as insígnias de seu posto e as condecorações ganhas ao longo de sua carreira. Provavelmente para lembrar a seus adversários que ali estava não só na qualidade de ungido pelas urnas, mas também na condição de delegado das armas. Representava a maioria dos eleitores e o poder militar, do qual foi o mais qualificado representante e fiador nos oito anos do Estado Novo, que ele garantiu, aplaudiu e sustentou. Para assegurar a continuidade de seu poder e influência, Vargas, então recolhido à sua fazenda Santos Reis, em São Borja, não poderia ter escolhido melhor herdeiro, nem mais fiel escudeiro.

O segundo personagem da ditadura no centro do palco foi o ministro Valdemar Falcão. Ele não só dirigiu as eleições de dezembro de 1945, como também foi o encarregado de diplomar e dar posse ao novo presidente, além de presidir as sessões preparatórias para a instalação da Constituinte. Nascido no Ceará, onde foi delegado de polícia e professor por concurso de economia política e direito administrativo na Faculdade de Direito de seu estado, mudou-se para o Rio de Janeiro depois de vitoriosa a Revolução de 30 que, como tantos brasileiros, ele também apoiou. Membro do Clube Três de Outubro, participou da comissão que elaborou um projeto de Constituição corporativista. Submetida por Getúlio ao TSE, foi a proposta, por ironia do destino, arquivada por decisão unânime do tribunal que ele mais tarde viria a integrar e presidir.

Eleito deputado constituinte em 1933 pela Liga Eleitoral Católica, fundada pelo cardeal dom Sebastião Leme, fez parte da comissão dos 26 encarregada da elaboração do projeto de Constituição aprovada no ano seguinte. Votado o novo texto constitucional, Valdemar Falcão foi mais uma vez eleito deputado pelo Ceará no pleito de 14 de outubro de 1934 e indicado, no ano seguinte, pela Constituinte de seu estado, como determinava a nova Constituição, para representá-lo no Senado Federal, onde tomou posse em 1º de junho, lá permanecendo até 10 de novembro de 1937. Com a decretação do Estado Novo, Getúlio o nomeou ministro do Trabalho, cargo que ocupou até 13 de junho de 1941. Nessa data, foi indicado ministro do Supremo Tribunal Federal, na vaga do jurista Carlos Maximiliano. Em 29 de outubro de 1945, com a deposição de Vargas e a posse de seu colega José Linhares na presidência da República, sucedeu-o, aos 50 anos de idade, na presidência do STF e, cumulativamente, na do TSE. Como o general Dutra, tratava-se também de político que fez carreira sob as bênçãos do ex-ditador, de quem, como se vê, foi, além de auxiliar direto, homem de confiança.

Não foi diferente o destino de José Linhares, o outro protagonista do dia. Cearense, como Valdemar Falcão, e também como ele jurista de confiança do ex-ditador, sob seu patrocínio fez a carreira de magistrado. Primeiro como desembargador da Corte de Apelação do Rio de Janeiro (atual Tribunal de Justiça), para a qual foi nomeado por decreto de março de 1931. No ano seguinte, integrou o TSE, órgão máximo da Justiça Eleitoral, instituído pelo decreto nº 21.076, de fevereiro de 1932, onde permaneceu até 1937. Finalmente, a partir desse ano, ocupou, como ministro do STF, o mais alto Tribunal de Justiça do país, a vaga de Bento de Faria, aposentado no mesmo mês do golpe do Estado Novo.

A preferência explícita de Getúlio pelo magistrado que ele nomeou três vezes, sucessivamente, em apenas seis anos, ascendendo de juiz criminal de primeira instância a ministro do STF, manifestou-se em dezembro de 1940. Nesse mês, terminou o mandato de Bento de Faria como presidente do Supremo, o último eleito por seus colegas. Justificando que seguia o critério de antiguidade, o ditador ignorou a prerrogativa do Tribunal de eleger seus dirigentes e nomeou para sucedê-lo o ministro Eduardo Espínola. Por esse mesmo critério, o cargo de vice-presidente caberia a Laudo de Camargo. Getúlio, porém, o preteriu, desprezando, nesse caso, o critério de antiguidade e escolhendo, em seu lugar, exatamente José Linhares. Por isso, em 29 de outubro de 1945, quando comunicado de que deveria assumir a presidência com o afastamento de Getúlio, pelo fato de não haver vice-presidente da República nem presidentes da Câmara e do Senado, tradicionais substitutos constitucionais, Linhares consultou seus colegas e ouviu de Laudo de Camargo que, tendo sido nomeado pelo ditador deposto, deveria renunciar ao cargo que ocupava e permitir que o plenário do Tribunal elegesse seu substituto, este sim, legalmente habilitado a ocupar interinamente a presidência da República. Ignorando o conselho, e apoiado pelos demais colegas, compareceu ao Ministério da Guerra na companhia dos ministros Aníbal Freire e Barros Barreto e dos desembargadores Álvaro Ribeiro da Costa e Lafayette da Costa para, aos 60 anos, tornar-se o substituto do padrinho deposto, na mais alta magistratura do país.

A democracia brasileira mostrava assim a sua singularidade. Começava mal, ao ser restaurada em um novo cenário ocupado por antigos personagens da ditadura que ela pretendia, como todos esperavam, não só substituir, mas também sepultar.

O Rio dos anos 40

No início de 1946, o Brasil tinha uma população estimada em pouco mais de 45 milhões de habitantes. O Rio de Janeiro, com quase 2 milhões e 100 mil, era a cidade mais populosa do país, condição que manteve até o fim dos anos 50, quando a capital de São Paulo a suplantou. Possuía a mesma configuração geográfica de hoje, espremida entre a cadeia de montanhas que chega às franjas do mar, deixando um pequeno espaço livre para a ocupação. O centro que se desenvolveu em torno da Avenida Rio Branco, antiga Avenida Central, tinha sofrido, pouco antes, uma pequena revolução urbana, com a inauguração da Avenida Presidente Vargas, um dos marcos de sua modernização, comparável ao desmonte do Morro do Castelo. Aos bairros da Zona Norte tinha-se acesso por grande número de linhas de bonde e ônibus, além dos trens que, partindo da Central do Brasil, demandavam os principais subúrbios. À Zona Sul chegava-se também de ônibus e de bonde, cujas linhas alcançavam Copacabana, Ipanema, o Leblon e a Gávea.

Os jogos de futebol animavam os fins de semana, num período em que os principais clubes tinham seus próprios estádios e o Maracanã ainda não havia sido construído. Essa dispersão pelos bairros, se por um lado facilitava o acesso dos moradores das cercanias, por outro dificultava assistir às partidas disputadas nos bairros e subúrbios mais distantes. Nos cinemas ao longo da Praça Marechal Floriano, no centro, no trecho conhecido como Cinelândia, só se podia entrar de paletó e gravata, traje que, a despeito do terrível verão carioca, a Companhia Carris do Rio de Janeiro, uma das empresas do conglomerado canadense da Brascan, conhecido como Light, impunha a seus motorneiros e condutores de bondes e aos motoristas e trocadores de ônibus. Nos cinemas de bairro não havia essa exigência. As companhias de teatro de caráter permanente, como a de Procópio Ferreira, disputavam o público com os teatros de variedades e de revista, em que brilhavam atrizes como Dercy Gonçalves e vedetes como Virgínia Lane e Mara Rúbia. Três cassinos animavam a vida noturna da burguesia; o da Urca era o mais famoso por seus *shows*, e com ele não chegavam a rivalizar o de Icaraí, na praia do mesmo nome, em Niterói, e o Atlântico, no posto 6, em Copacabana.

No centro, quatro confeitarias tradicionais amenizavam o duro verão carioca com seus conhecidos e apetitosos sorvetes. Na Confeitaria Colombo, que ainda pode ser freqüentada, na Rua Gonçalves Dias, com seu estilo *art déco*, na Cavê, que existia até o ano 2000, na Lallet e na Manon, também já desaparecidas, as *cocottes* da época faziam o seu elegante *trottoir*, exibindo-se de chapéu, complemento praticamente obrigatório da vestimenta feminina carioca quando as mulheres "iam à cidade". Os nomes franceses das duas confeitarias quase vizinhas mereceram de Emílio de Meneses um trocadilho que ajudou a popularizá-las: "quem vem de cá vê, quem vem de lá lê". Nisso, e na freqüência às praias da Zona Sul, cingia-se a vida mundana e a diversão dos que viviam na cidade, havia muito alcunhada de maravilhosa.

Os parlamentares que vieram a integrar a Constituinte recebiam um subsídio mensal fixo de 4 mil cruzeiros e mais 200 cruzeiros de jetom por sessão a que comparecessem. Como havia em média cinco sessões por semana, essa parte variável significava outros 4 mil por mês. Além dessa retribuição de 8 mil cruzeiros por mês, tinham direito a uma ajuda de custo de 3 mil cruzeiros por ano para se deslocar de seus estados de origem até o Distrito Federal.

Com os 4 mil cruzeiros do subsídio fixo era possível alugar um pequeno apartamento na Zona Sul ou uma casa com três quartos em bairros da Zona Norte mais próximos do centro, como a Tijuca. Os representantes dos estados limítrofes, como Rio, São Paulo, Minas e Espírito Santo, em geral continuavam residindo nos locais de origem, tornando-se mais fácil para eles deslocar-se durante a semana, de trem ou de avião. Por essa razão, preferiam residir em hotéis no Rio, que era também a opção dos solteiros, dos casados sem filhos e dos que já os tinham adultos ou adolescentes.

No centro havia dois dos mais conhecidos hotéis, o Avenida e o Palace. O primeiro era o que se podia chamar de um hotel popular, pois além de antigo era visto como decadente, sem nenhum luxo. Para muitos, porém, era ideal, por duas vantagens incomparáveis: o preço módico e a localização estratégica. Realmente, não havia outro hotel mais bem situado. Ocupava todo um quarteirão, de frente para a Avenida Rio Branco, onde hoje está o edifício Avenida Central. Nos fundos, o Largo da Carioca. À direita, a Rua Bittencourt Silva, onde se localizava a sede de *O Globo*, ocupando os andares superiores do edifício cujo térreo era a sede da Livraria Freitas Bastos, das mais sortidas do Rio. À esquerda, a Rua São José. Seguindo por ela, em direção à Praça Quinze de Novembro, com a estação das barcas para Niterói e as ilhas do Governador e de Paquetá, situavam-se, a somente dois quarteirões, o Palácio Tiradentes, sede da Câmara, e logo atrás, separado pela Rua Dom Manoel, o edifício do Ministério da Viação e Obras Públicas, hoje anexo da Assembléia Legislativa. Nesses dois quarteirões que a separavam do hotel, podia-se encontrar a Livraria José Olympio, ponto de encontro de conhecidos intelectuais, e a Leiteria Mineira, onde tanto se podia fazer uma refeição rápida e barata quanto tomar um lanche, saboreando especialidades de Minas, pela manhã ou à tarde. Na Avenida Rio Branco, à distância de três quarteirões à esquerda do hotel, logo após a galeria dos empregados do comércio, localizava-se a redação do *Jornal do Brasil*. Na direção contrária, a um quarteirão do hotel, estava a Avenida Almirante Barroso, com a sede do Clube Naval no lado par. Cruzando-se a Avenida Rio Branco, para o lado ímpar, a do Jockey Clube. Em ambos havia restaurantes que, embora privativos dos sócios, tornavam-se acessíveis com a simples menção de ser convidado de um deles. Do mesmo lado ímpar da Avenida Rio Branco, antes do Jockey, estava o Hotel Palace, onde hoje se localiza o edifício Marquês do Herval. Era de propriedade dos Guinle e um dos mais tradicionais da cidade, mas muitíssimo mais caro que o Hotel Avenida. Este tinha, sobre todos os demais, a vantagem de dispor no térreo de um restaurante estilo *belle époque*, no qual ainda se podia ouvir uma pequena orquestra durante as refeições, para compensar a sofrível qualidade da comida. Além do mais, na fachada que dava para a Avenida Rio Branco, estava a Galeria Cruzeiro, por onde circulavam os bondes que vinham do Largo da Carioca. Nas cadeiras de vime colocadas na larga calçada entre o hotel e a galeria podia-se tomar, a qualquer hora, um dos melhores chopes do Rio.

Subindo a Avenida Rio Branco, dois quarteirões à direita, logo depois do Clube Naval, estavam o Teatro Municipal e a Cinelândia. Do lado oposto do teatro localizava-se o Museu Nacional de Belas-Artes, separado da Biblioteca Nacional pela Rua Araújo Porto Alegre. Uma quadra à esquerda via-se a sede da ABI e, logo em seguida, três ministérios importantes, o da Educação e Saúde, com suas linhas futuristas traçadas por Le Corbusier; atrás o do Trabalho, Indústria e Comércio, em estilo *art nouveau*; e à esquerda, no que se poderia chamar de estilo neoclássico, com suas colunas dóricas, o da Fazenda, projeto de um dos mais conhecidos arquitetos da época, o doutor Memória, co-autor do projeto do Palácio Tiradentes. A esse ministério também se podia chegar tomando a Rua Almirante Barroso, à esquerda da Avenida Rio Branco. Os três prédios foram inaugurados por Getúlio, seguindo o modelo nazista de obras monumentais e de mau gosto com que Hitler inundou a velha Berlim dos anos 30. Não bastasse tudo isso, na mesma Avenida Rio Branco, depois da Biblioteca Nacional, encontravam-se o Supremo Tribunal Federal e a sede social do Clube Militar. Mais adiante, no passeio público, o Palácio Monroe, sede do Senado, construído em 1906 para ser a sede da Conferência Interamericana.

Com dez minutos de caminhada a pé tinha-se acesso a uma boa parte do coração do Rio de Janeiro, sobretudo àquilo que mais interessava a qualquer político: alguns dos principais ministérios, todo o Legislativo, a cúpula do Judiciário e dois dos maiores jornais da capital da República.

A autocracia cevou-se nos votos

A posse de Dutra e a instalação da Constituinte ocorreram pouco mais de noventa dias depois da deposição de Getúlio. Recolhido em seu exílio voluntário, o ex-ditador não compareceu para tomar posse nem para participar das solenidades de investidura de seu ex-ministro da Guerra. De São Borja não saíra nem mesmo para fazer campanha. Sua participação se limitara a mandar ler, no comício de encerramento de Dutra, realizado no dia 28 de novembro de 1945, uma carta de apoio recomendando o voto no candidato do PSD, partido do qual, à semelhança do PTB, era o presidente. Vargas não era só o grande ausente, mas também o grande vencedor, mesmo depois de deposto.

Em dois estados, Rio Grande do Sul e São Paulo, elegera-se simultaneamente, como facultava a legislação, senador e deputado. Em outros cinco – Bahia, Rio de Janeiro, Distrito Federal, Paraná e Minas Gerais –, somente deputado pelo PTB. No Rio Grande do Sul, com uma singularidade, era senador pelo PSD e deputado pelo PTB. Ao todo, conquistara nada menos do que nove mandatos. Podia escolher entre sete estados para representar na Constituinte. Só como deputado amealhara 318.315 votos, uma enormidade para o número de votantes existentes. Seu eleitores, só para esse cargo, representavam mais do que a totalidade dos votantes de cada um dos estados do Amazonas, Pará, Maranhão, Piauí, Ceará, Rio Grande do Norte, Paraíba, Pernambuco, Alagoas, Sergipe, Espírito Santo, Goiás, Mato Grosso, Paraná, Santa Catarina e Acre. Para senador, conseguira 414.943 votos em São Paulo e 461.913 no Rio Grande do Sul. Somando-se os votos obtidos para deputado e senador, totalizando 1.195.171, os brasileiros que votaram no ex-ditador só perdiam para a totalidade dos votantes de São Paulo (1.403.375), superando os de Minas Gerais (1.006.364), os dois maiores colégios eleitorais do Brasil! Em situação semelhante, mas muito atrás dele, só Prestes, o Cavaleiro da Esperança, eleito deputado e senador pelo Distrito Federal e deputado por mais dois estados, Pernambuco e Rio Grande do Sul. Sua votação, porém, estava longe de alcançar a de Getúlio. Para deputado somava 48.783 votos e, para senador, 157.397, totalizando 206.180 votos.

Havia alguns outros casos isolados que ajudavam a reforçar a bancada do Estado Novo. No Pará, o ex-interventor, general Magalhães Barata, elegera-se simultaneamente senador e deputado, o mesmo ocorrendo com Nereu Ramos, ex-interventor em Santa Catarina, e com seu lugar-tenente, Ivo de Aquino.

Pela legislação eleitoral que tinha regulado o pleito de dezembro, os eleitos tinham dois meses depois de instalada a Constituinte para optar pelo mandato que mais lhes conviesse. Se não escolhessem tempestivamente, caberia à Mesa da Constituinte fazê-lo, tendo preferência o estado e o cargo em que tivessem sido mais votados. Com esse estratagema legal, os 116.712 votos de Getúlio como deputado do Distrito Federal tinham garantido a seu partido nada menos do que dez cadeiras, para candidatos que variavam do coronel Rui Almeida, o segundo mais votado, com 3.201 votos, a Barreto Pinto, com meros 537 votos. Dessa maneira, nada menos do que 17 dos 22 deputados que o PTB elegeu em todo o país estavam na Constituinte graças aos votos de Vargas!

A "linha justa"

Se Mangabeira tinha fundadas razões para dizer da tribuna que a democracia que se estava construindo tinha nascido do ventre da ditadura, era preciso reconhecer que o regime fizera uma histórica concessão à democracia brasileira, ao permitir a legalização e o registro do Partido Comunista. Era a primeira vez na trajetória política do país que o PCB, desde a sua fundação, em 1922, participava de uma assembléia política como a Constituinte. Podia ser um bom prenúncio da redemocratização que estava por vir. Seria prova não só de tolerância política, mas indício de pluralismo, requisito de qualquer democracia burguesa.

Os 511.302 votos conseguidos pelos comunistas na disputa da Câmara representavam 8,53% dos votos válidos em todo o país e lhes permitiram eleger 14 dos 286 deputados, ou seja, 4,89% do total. O número de seus eleitores correspondia a pouco menos que os 569.818 votos obtidos por seu candidato à presidência da República no mesmo pleito, o engenheiro e ex-prefeito de Petrópolis, Yedo Fiúza. A diferença de 58.516 votos podia ser atribuída à circunstância de que Fiúza não era militante nem conhecido dos quadros partidários, tendo sido apoiado pelo partido para caracterizar uma candidatura civil contra a dos militares que representavam tanto a situação quanto a oposição burguesas, o general Dutra, do PSD e do PTB, e o brigadeiro Eduardo Gomes, da UDN e do PR. Os estados nos quais o partido conseguiu seu melhor desempenho foram Pernambuco, elegendo três deputados; Bahia, um deputado; Rio, dois; Distrito Federal, três; São Paulo, quatro; e Rio Grande do Sul, um. Para o Senado lograram eleger apenas um constituinte, o legendário Luís Carlos Prestes, que dividiu, com seus 157.397 votos, as preferências dos eleitores cariocas com o médico e líder católico Hamilton Nogueira, da UDN, brindado com 155.491 votos. O resultado apertado entre os dois candidatos vitoriosos demonstra uma polarização ideológica entre direita e esquerda que, se existia, não se refletiu no mapa eleitoral das demais unidades da Federação.

Esses 511.000 votos faziam do PCB o quarto partido no cenário político de 1945, logo atrás do PTB, que obteve 603.500 votos, 10,07% do total. E seus 14 deputados constituíam também a quarta bancada da Câmara, logo abaixo do PTB, com 22 constituintes, representando 7,79% do total. Na representação parlamentar havia apenas um líder, chefe, ao mesmo tempo dirigente máximo e *condottiere* do partido, a quem todos deviam obediência, reverência, submissão e, em matéria ideológica, incontestável vassalagem. Jorge Amado, a figura intelectual mais ilustre do partido, o transformara, graças a seu sofrimento e resignação, numa verdadeira legenda, consagrando-o num livro apologético intitulado *Cavaleiro da Esperança*. Antigo capitão do Exército, líder da coluna revolucionária que leva o seu nome, Prestes foi preso em razão da fracassada intentona de 1935 e passou nove anos nos cárceres da ditadura, boa parte deles em completo isolamento. Anistiado em 1945, aliou-se a Getúlio, algoz de sua mulher Olga, entregue pelo governo brasileiro aos nazistas, apesar de grávida, tendo sido morta em Auschwitz, um dos muitos campos de extermínio de Hitler. Viveu a maior parte de sua existência nas prisões, no exílio e quase sempre na clandestinidade. Na época do stalinismo triunfante, sua autoridade, no partido e na bancada, era incontrastável e incontestada.

Seus companheiros, à exceção de Jorge Amado, eram experimentados militantes, quase todos ex-militares ou líderes sindicais. A maioria deles, como Gregório Bezerra, Carlos Marighela, Maurício Grabois, Trifino Correia e João Amazonas, tornaram-se figuras nacionais e quase todos dissidentes da legenda que abraçaram e a que serviram. O próprio Prestes acabou renunciando à direção do "partidão" quando, sob ameaça de expulsão, viu seu lugar tomado pela nova guarda, uma de suas muitas dissidências.

Antes de reunir, decidir

Se o PTB e o PCB gravitavam em torno de dois líderes carismáticos, o PSD, o maior da Constituinte, era exatamente o contrário. Não tinha um só líder, pois abundava em caciques. Eram todos testados nas manhas do poder e tinham aprendido com Vargas como manipular seus mais eficientes e ostensivos recursos: premiar a fidelidade, punir a hostilidade e seduzir a neutralidade. A dissimulação era a sua arma, e a insinuação, o seu instrumento. Depois de quinze anos, tinham aprendido a amar o poder com tal volúpia e competência que já não podiam viver sem ele, fosse qual fosse o preço. Quando o fim do Estado Novo tornou-se cada vez mais visível e inevitável, trataram de unir-se para impedir a própria ruína.

Ao contrário dos demais partidos, o PSD nasceu como uma constelação de poderes estaduais, organizados todos em torno dos respectivos interventores. A convenção mineira reuniu-se em 8 de abril de

1945, tendo como presidente Benedito Valadares; a do Espírito Santo, em 23 de maio, sendo seu presidente o também interventor Santos Neves; e, no mesmo mês, a de São Paulo, sob a presidência do interventor Fernando Costa. Tudo levava a crer que estavam reeditando o regime da República Velha, com sua constelação de partidos estaduais, prática contra a qual se manifestara a Revolução de 30. Só no dia 28 de maio de 1945, temendo esse risco, o decreto-lei nº 7.586 tornou obrigatória a constituição de partidos de âmbito nacional.

Talvez por isso, a primeira convenção nacional do partido só se realizou no dia 17 de julho de 1945, no Teatro Municipal do Rio de Janeiro, quando foi aclamado candidato do partido à presidência o general Eurico Gaspar Dutra, ministro da Guerra e escolhido, também por aclamação, o Conselho Nacional, composto pelos interventores Benedito Valadares, de Minas Gerais; Fernando Costa, de São Paulo; Agamenon Magalhães, de Pernambuco, na época ocupando o Ministério da Justiça; Ernani do Amaral Peixoto, do estado do Rio; Pinto Aleixo, da Bahia; Ismar de Góis Monteiro, de Alagoas; Álvaro Maia, do Amazonas; e Henrique Dodsworth, prefeito do Distrito Federal. O Conselho Nacional, por sua vez, aclamou a Comissão Diretora, equivalente ao que mais tarde seria a Executiva Nacional, integrada por um presidente, Getúlio Vargas, um primeiro vice-presidente, Benedito Valadares, e um segundo vice, Fernando Costa. Cautelosamente, os demais cargos não foram preenchidos na mesma oportunidade, pois o partido nascia sob o signo da mais escrupulosa prudência. Seus dirigentes não eram de precipitar-se, e muita coisa ainda poderia acontecer. Como registra em seu livro de memórias *Tempos idos e vividos*, Valadares, que veio a se tornar o presidente quase perpétuo do partido, escreveu que os membros da Comissão Diretora foram comunicar ao presidente Getúlio Vargas e ao general Eurico Dutra o resultado das reuniões de fundação do partido e a eleição de seus dirigentes, assinalando não ter o presidente dado "a menor importância à sua eleição, pois já estava com a idéia do PTB" que, segundo ele, ajudou também a fundar em Minas Gerais.

É difícil, até hoje, imaginar o que pensava Getúlio vendo o poder escoar-lhe entre os dedos. Manobrou, antes e depois de deposto. E, embora manifestando ostensivo desprezo pelo cargo de presidente do PSD, não o abandonou. Ao contrário, registrou-se candidato a senador por esse partido, no Rio Grande do Sul, e a deputado, pelo PTB. Como o PSD foi decisivo para a sua vitória cinco anos depois, fica-se em dúvida sobre que sigla era clone da outra. O fato é que, nos vinte e um anos de sua existência, até ser dissolvido pelo AI-2, em 1965, o PSD absorveu alguns dos modos e quase todas as manhas do homem que, depois de dom Pedro II, mais tempo exerceu o poder no Brasil.

Desde o começo, a legenda se dissimulou sob uma denominação que negava suas próprias origens, pois de socialdemocrata só tinha o nome. Em artigo de junho de 1946, Assis Chateaubriand, um confesso ultraconservador, escreveu que "uma das coisas mais deliciosas e destituídas de sentido que apareceram na última campanha eleitoral foi a denominação do partido que congrega os remanescentes da ditadura. Intitularam-se a si próprios, os maiores reacionários do Brasil, de socialdemocratas". E arrematava de forma ferina: "Como ironia, não haverá nada mais divertido."

O partido atuava com eficaz discrição, cumprindo à risca o modelo do conservadorismo brasileiro, traçado cem anos antes pelo jornalista Justiniano José da Rocha, autor do ensaio "Ação, reação, transação". Nessa obra, ele resume o que viria a ser a tática consagrada já no século XX pelo então presidente de Minas, Antônio Carlos, ao fazer a apologia da Revolução de 30: "Façamos a revolução, antes que o povo a faça." A estratégia partidária foi aprendida com Benedito Valadares, que parece ter escrito o roteiro de quase toda a sua existência. Só concordava com reunião se antes fossem tomadas as decisões a serem adotadas. Cauto, na longa convivência com essa tribo de experimentados caciques, sempre que lhe propunham uma reunião, tinha pronta uma invariável contraproposta: "Estou de acordo, desde que seja com um de cada vez." Quando lhe mostravam a impossibilidade de reuniões a dois, sacava sua mais democrática saída: "Está bem, vamos nos reunir, mas, antes, temos que decidir." Em sua filosofia política, a regra era uma só: sem decisão, não há reunião. Tinha horror a esse tipo de encontro, pois dizia que, não se decidindo antes o que dele se pretende, sempre se sabe como começa, mas nunca se pode prever como termina.

Não estranha que um partido com tais características, provado, testado e experimentado no poder, utilizasse com eficiência as máquinas azeitadas dos estados que seus próceres tinham comandado, com maior ou menor intensidade, desde 1930. Dos 5.870.667 votos válidos para os candidatos à presidência da República, nada menos do que 3.251.507 (55,38%) tinham sido dados a seu candidato, o general Dutra. A sua legenda de deputados, porém, obteve 2.531.944 votos, de um total de 5.990.456 válidos, o que representou 42,26%, que lhe proporcionaram 151 dos 286 deputados, ou seja, 52,79% das cadeiras da Câmara. Quando comparados esses resultados com os do PCB e do PTB, em que a proporção de cadeiras é menor que a dos votos obtidos, pode-se ter uma idéia do sistema eleitoral em vigor, o decreto-lei nº 7.586, de 28 de maio de 1945, feito à medida para o partido majoritário. Seu artigo 48 dispunha que "os lugares não preenchidos com a aplicação do quociente eleitoral e dos quocientes partidários são atribuídos ao partido que tiver alcançado maior número de votos".

Por outro lado, comparando-se os votos do partido para a Câmara (2.531.944) com aqueles obtidos por seu candidato à presidência (3.251.507), pode-se estimar que a contribuição do PTB, que também apoiou Dutra, foi de pouco menos que a diferença de 719.563 votos, bem próxima dos 603.500 obtidos pela legenda petebista para a Câmara. O PSD foi o único partido a eleger, sem coligação com nenhum outro, deputados em todos os estados, sendo suas maiores bancadas as de Minas Gerais, com vinte representantes; Rio Grande do Sul, com dezessete; São Paulo, com dezesseis; e Pernambuco, com dez. Com exceção da UDN, que logrou a maior representação da Câmara no Ceará, Piauí, Paraíba e Bahia, foi a bancada majoritária em todos os outros estados e no território do Acre. Sob seu comando não estava só a presidência da República, mas a própria Constituinte, sem que fosse necessário o auxílio de nenhuma outra legenda, desde que não houvesse dissidências, coisa, na época, impensável no mais cartorial dos partidos políticos brasileiros.

Na Constituinte, os papéis decisivos seriam exercidos por Nereu Ramos, ex-interventor em Santa Catarina e futuro vice-presidente de Dutra, como líder da maioria. Além dele, os mais influentes foram Cirilo Júnior, relator-geral da Comissão da Constituição e integrante da representação paulista que deixou os trabalhos de elaboração constitucional para participar, como integrante da delegação brasileira, da Conferência de Paz em Paris; Acúrcio Torres, da representação fluminense; Benedito Costa Neto, substituto de Cirilo como relator-geral; Vieira de Melo, que despontava como jovem líder na representação baiana; e Melo Viana, mineiro de Sabará e vice-presidente de Washington Luís, a quem foi entregue a tarefa de presidir a Assembléia.

A constelação das grandes estrelas

Assim como o PTB gravitava em torno de Getúlio, o PCB em torno de Prestes e o PR em torno de Artur Bernardes, a oposição orbitava em torno da UDN. E na UDN cada um tinha a sua própria trajetória, mais ou menos elíptica, com solstícios diferentes, em função dos que tinham sido e dos que nunca foram amigos, companheiros ou colaboradores de Vargas, antes, durante ou depois de 1930 ou do Estado Novo. Tudo isso o tornava um partido complexo, e essa complexidade afetava seu complicado e muitas vezes incompreensível sistema interno de poder. A UDN, na verdade, não era um partido, era um antipartido. No momento que a precedeu e durante a Constituinte, era o partido anti-Vargas, como mais tarde seria anti-Juscelino e depois anti-Jango. Nos breves e interinos momentos em que esteve no poder ou o apoiou, logrou apenas contaminá-lo de forma fatal. Esse apoio, nos casos de Café Filho e Jânio, teve o mesmo efeito letal que o beijo da morte da máfia. Levou-os à deposição, no primeiro caso, e à renúncia, no segundo. Foi o funeral político de ambos.

A principal diferença entre o PSD e a UDN não era só uma questão de estilo, de estrutura ou de concepção. Era, sobretudo, um problema visceral de identidade e de vocação. O PSD tinha a vocação da autoridade. Sabia utilizá-la, apreciá-la, aproveitar-se dela, manejá-la, usufruí-la. Tinha o dom de domá-la e submetê-la a seus inimagináveis caprichos. Quando a conquistava, sabia como dominá-la, fazendo dela a amante permanentemente disponível, dócil, grata e submissa. As relações de ambos sempre foram carnais. Mais que de amor, eram de verdadeiro desfrute. Getúlio lhe ensinara, como nenhum outro brasileiro seria capaz de fazê-lo, a arte da sedução, a que o PSD se entregou enquanto teve vida e vigor.

A UDN era exatamente o contrário. Adorava o poder, que a fascinava. Abominava a autoridade, que detestava. O exercício da autoridade não era a sua vocação. O poder, como a imagem idealizada da ordem, sim, a atraía. Por isso, passou a vida pensando em conquistá-lo, sem nunca tê-lo conseguido. Secretamente, até que o desejava. Mas sempre o temeu. Seu medo era ser subjugada por ele e ser obrigada a renunciar aos seus próprios pudores. Desejava, mas não queria ser devassada. Se as relações do PSD com o exercício da autoridade eram carnais, dominadoras, as da UDN com o poder eram pudicas, platônicas, distantes, difusas, e por isso conflitantes, conflituosas, incompreensíveis.

A UDN, coitada, como a democracia a que serviu, feneceu sem realizar seus mais secretos e recônditos desejos. Morreu virgem e indevassada. Aderiu precariamente, mas nunca conquistou o poder. O PSD, ao contrário, foi o mais devasso dos amantes que a autoridade já conheceu no Brasil.

Não sem fundadas razões, o PSD era masculino, a UDN, feminina, o que talvez explique a natureza e as ambigüidades das relações de ambos, um com a autoridade que é feminina, a outra com o poder que é do gênero oposto...

Na UDN tinham abrigo muitos dos que vinham da República Velha, chamados pelos neoliberais de 30 de "carcomidos". Eram homens íntegros, vetustos, desapegados, desprendidos, como Otávio Mangabeira, exemplo e ícone da coerência e do sacrifício que, no Brasil, era sinônimo de ser oposição. Ali estavam também os revolucionários de 30, jovens, entusiastas, idealistas, moços, os "tenentes", como Juarez Távora, o "vice-rei" do Nordeste, ou Juraci Magalhães, uma das mais longas vidas públicas do país, inconformados com o golpe de 37. A ela se filiaram os desiludidos, os deserdados de 30, como Virgílio de Melo Franco, preterido, desprezado e rejeitado, depois de ter sido, ao lado de Osvaldo Aranha, a alma pensante, dínamo e motor da revolução. Estavam também os emergentes do fugaz e efêmero regime de 34, como o mineiro Pedro Aleixo, de quem Getúlio se serviu para desbancar da presidência da Câmara seu parceiro e aliado, ex-presidente de Minas, Antônio Carlos, dirigente máximo da Aliança Liberal e que, preterido em seu direito de chegar à presidência segundo os cânones do velho regime, viabilizou a candidatura de Vargas e apoiou, inclusive financeiramente, a Revolução de 30, que o levou ao poder. Aleixo, que era o presidente da Câmara no golpe de 37, protestou em carta ao próprio ditador e ao interventor em Minas, Benedito Valadares, como era da boa tradição mineira, e só voltou à política com a redemocratização do país. Como o dele, era o caso de Odilon Braga, ministro de Getúlio que, à semelhança de Juraci Magalhães e Flores da Cunha, inconformado com o Estado Novo, rompeu com o ditador, tornou-se seu adversário, mas nunca repudiou sua amizade. A todos, muitos antigos adversários, uniam apenas sentimentos comuns: o ódio de uns, o despeito de outros.

Nas eleições para a Câmara, a UDN obteve 1.575.375 votos, 26,29% do total de votantes, ou cerca de 1/4, o que lhe assegurou a segunda bancada, com 77 deputados, 26,92% do total. Na verdade, sua representação era de 83 deputados, pois outros seis foram eleitos em coligação com o PR de Artur Bernardes, sendo três no Maranhão e três em Sergipe. Considerada essa circunstância, foi, ao lado do PSD, o único partido a conseguir representação em todos os estados. Obteve 1,5 milhão de votos para a Câmara, cerca de 500 mil a menos do que os 2 milhões conseguidos por seu candidato à presidência, o brigadeiro Eduardo Gomes. Isso se explica pelo fato de outros partidos menores, como o Partido Republicano de Artur Bernardes, o Partido Republicano Progressista de Café Filho e facções do Partido Democrata Cristão e do Partido Popular Sindicalista, que, juntos, somaram 522.966 votos para a Câmara, terem apoiado o mesmo candidato.

Sendo o maior partido de oposição e o segundo do país, a UDN tinha marcantes diferenças doutrinárias com o majoritário PSD. Se este era um só sistema, com muitos satélites girando sempre em torno de um só e mesmo interesse, a busca da autoridade, a UDN era por si só um vasto conjunto sideral com muitas estrelas, inúmeros sóis e vários planetas. Em suma, uma verdadeira constelação de muitos astros que não conseguiam aglutinar em torno de si nem simples satélites, nem meros asteróides. Vagavam no espaço e nunca encontraram o seu rumo, a órbita que poderia levá-los ao poder, cumprindo o destino de apenas brilhar no seu próprio firmamento de grandes estrelas.

A oposição centrifugada

A oposição que orbitava em torno da UDN não era necessariamente udenista. Seu principal aliado nessa fase da reconstitucionalização era o Partido Republicano, liderado pelo ex-presidente Artur Bernardes, que governou o país durante o quadriênio 1922-26, em estado de sítio, em face da insurreição militar contra o seu governo, depois do episódio das cartas falsas. Por seu apoio à Revolução de 32 e por sua oposição ao Estado Novo, foi confinado em sua fazenda em Viçosa, por ordem do governo federal. Citando correspondência do arquivo de Getúlio Vargas, Edgar Carone, no volume dedicado ao Estado Novo em sua monumental história da República, registra que, a pretexto da morte da irmã, o ex-presidente foi à cidade. Notificado pela polícia de que deveria voltar ao local de seu confinamento, recusou-se a acatar a determinação, alegando ter ordem verbal da polícia do Rio. Meses depois, ainda em 1939, escreveu a Filinto Müller, chefe de polícia, pedindo licença para ir ao Rio. Mesmo sem nenhuma ordem, e burlando a vigilância policial, fugiu para a capital do país em agosto, o que provocou telegrama do interventor Benedito Valadares a Filinto e a Vargas, indagando se poderia "mandar delegado ao Rio para conduzi-lo novamente à sua fazenda". Não admira que dedicasse ostensivo desprezo por Getúlio. Só, sob sua legenda, o PR elegeu seis deputados em Minas e um em São Paulo. Em coligação com a UDN, seis outros, sendo três no Maranhão e três em Sergipe. Considerando-se os votos que obteve apenas em sua legenda, 219.562, podia ser considerado o quinto partido do país, embora 182.186 deles (86,97%) tivessem sido obtidos em Minas Gerais, onde se elegeram Bernardes e seu filho.

Ao lado do PR, também estreou na oposição o efêmero PRP (Partido Republicano Progressista), que mais tarde se juntaria ao PPS (Partido Popular Sindicalista) para formar o PSP (Partido Social Progressista) de Ademar de Barros. O PRP elegeu dois deputados, Café Filho, do Rio Grande do Norte, que foi um dos mais ativos constituintes em 1946, e Campos Vergal, de São Paulo, líder espírita que tentaria, sem sucesso, garantir que da Constituição saísse um Estado leigo, sem vínculos com nenhuma confissão religiosa. Café Filho, que era deputado em 1937 e exilou-se na Argentina, tornou-se conhecido por seu bordão eleitoral "Lembrai-vos de 37!". Por ironia do destino, indicado por Ademar de Barros em sua aliança com Vargas, na eleição de 1950, viria a se tornar seu vice-presidente e sucessor depois de seu suicídio...

O PL (Partido Libertador) era representado pelo professor Raul Pila, apóstolo do parlamentarismo que, usualmente, enquanto foi parlamentar, votou com a UDN, em razão de sua posição política no Rio Grande do Sul.

Essa era a oposição conservadora, já que o PCB podia ser considerado da oposição extremada, pela perseguição implacável que sofria do governo em todo o país, durante a administração Dutra. Em algumas questões políticas, notadamente as que diziam respeito à defesa dos direitos humanos, contava com a solidariedade da ala mais liberal da UDN. Mas nas questões ideológicas e doutrinárias relativas ao texto constitucional em elaboração, executava a sua sonata solo que tinha mais a ver com sua estratégia política de proselitismo ideológico do que com a questão central da Assembléia – a Constituição.

Com esse pequeno poder de fogo, as posturas oposicionistas tinham pouca chance de vingar. Tudo fazia prever que o texto, tal como as eleições, realizadas sob regras estritas elaboradas ao exclusivo arbítrio e atendendo aos interesses do governo em declínio de Vargas, traria a marca fatal do conservadorismo pessedista, com ligeiros e quase imperceptíveis traços de pequenas concessões às aspirações liberais do país. A orquestra que a Constituinte fazia lembrar tinha vários virtuoses em todas as áreas, mas um só maestro, o PSD, serviçal de todos os regimes, aliado de todos os governos.

Os oposicionistas, que já não dispunham de uma bancada muito expressiva, iriam, fatalmente, sofrer as conseqüências das forças centrífugas que, historicamente, sempre atuam sobre os que aspiram ao poder sem uma estratégia eficiente para alcançá-lo. E essa não era a postura apenas da UDN, mas de seus satélites e aliados, que faziam de sua atuação política uma demonstração explícita não do princípio clássico de "dividir para reinar", mas de seu corolário – ser dividido para nunca mandar. Era o que se poderia chamar, como em inúmeras ocasiões na história política brasileira, de oposição centrifugada, por sua tendência a sempre se dispersar, e nunca se unir.

Os figurantes

Além do PSD, UDN, PTB, PCB, PR, PL e PRP, mais dois partidos lograram representação na Câmara, o PDC (Partido Democrata Cristão) e o PPS (Partido Popular Sindicalista). O primeiro obteve quociente partidário apenas em Pernambuco, elegendo monsenhor Arruda Câmara, implacável e ferrenho anticomunista, e em São Paulo, elegendo o líder religioso Manoel Vítor, que defenderia, na Constituinte, as posições da Igreja Católica sem, no entanto, participar da linha tão duramente sectária de seu colega.

O outro partido, o PPS, elegeu quatro deputados: Deodoro Mendonça (PA), Stênio Gomes da Silva e João Nogueira Adeodato (CE), e Manoel Novais (BA).

Os representantes do PDC alinhavam-se invariavelmente com os do PSD, em razão de suas posições ideológicas e doutrinárias. Os do PPS, por sua vez, não tinham postura política definida e as poucas votações nominais registradas durante a Constituinte não foram suficientes para caracterizar o alinhamento da pequena bancada nem com a maioria, nem com a minoria. Durante a Constituinte, o PPS juntou-se ao PRP de Café Filho e ao PAN (Partido Agrário Nacional), que lançou Rolim Teles candidato à presidência da República, em 1945, sem conseguir eleger nenhum deputado, para formar o ultrapopulista PSP (Partido Social Progressista) de Ademar de Barros.

Com exceção de Café Filho, sempre alinhado com a oposição – tanto a conservadora udenista quanto a esquerdista do PCB –, esses seis deputados do PDC e do PPS não eram mais que linha auxiliar das duas maiores correntes que se formaram na Constituinte: os blocos PSD-PTB, como maioria, de apoio ao governo, e UDN-PR, como minoria, de oposição.

Os *Conscripta patres patriæ*

Ser senador, na maioria dos países, sempre foi um cobiçado privilégio. Mesmo nas democracias mais tradicionais, o Senado foi tido invariavelmente como um clube muito exclusivo, por suas origens aristocráticas, como na Grã-Bretanha. No Brasil, não poderia ser diferente. Com exceção do efêmero regime da Constituição de 1934, que o substituiu por um Conselho Federal, com atribuições quase cerimoniais, o cargo de senador era o coroamento de vitoriosas carreiras políticas. No Império, eram vitalícios os seus mandatos, e por isso a instituição a que pertenciam, então chamada "Câmara dos srs. Senadores", não podia ser dissolvida, ao contrário do que se verificava em relação à "Câmara dos srs. Deputados". Na República Velha, seu mandato era de nove anos, o triplo da duração dos mandatos dos deputados, e depois de 1946 passou a ser de oito anos, o dobro do assegurado aos deputados.

Na improvisada transição política de 1945, a convocação de eleições foi feita como um processo meramente formal, para consumar o que deveria ser o segundo período presidencial do Estado Novo, cuja Constituição estabelecia um mandato de seis anos para o presidente da República. Considerando-se que o primeiro mandato dessa fase se iniciou em 10 de novembro de 1937, data do golpe dado por Getúlio, seu termo teria se esgotado na mesma data do ano de 1943, conforme, aliás, dispunha o art. 175 da Constituição. Vargas, porém, usou o pretexto de o Brasil estar em guerra com as potências do Eixo para protelar, pela segunda vez, como em 1937, a sua sucessão. Por outro lado, a Constituição, chamada depreciativamente de "Polaquinha", previa a realização de um plebiscito para sua ratificação pelo voto popular que nunca se realizou, por se tratar de atribuição que Getúlio se auto-outorgou. Sessenta dias depois desse plebiscito, dispunha o art. 178 do texto constitucional, seriam realizadas as eleições para o Parlamento. Nada disso se cumpriu, como era da índole tortuosa do ditador quando se tratava de manipular o incomparável poder concentrado em suas mãos.

Ao se aproximar o fim da guerra, que tornaria inevitável a volta dos 25 mil soldados brasileiros que integravam a FEB, ainda em operação na

Itália, Getúlio começou o longo mas deliberadamente confuso processo de abertura do regime. Em 9 de fevereiro de 1945, exatos noventa dias antes do fim do conflito na Europa, editou a lei constitucional nº 9, que a maioria dos historiadores passou a chamar de ato adicional, estipulando inúmeras mudanças no texto da Carta outorgada de 1937.

Em seus cinco *consideranda*, afirmava terem sido criadas as condições para que entrasse em "funcionamento o sistema de órgãos representativos previstos na Constituição" e substituía a eleição indireta do presidente pela escolha direta do eleitorado. Dispensava o plebiscito que deveria ter se realizado oito anos antes, substituindo a função ratificadora da manifestação popular pela atribuição retificadora do Parlamento, nos seguintes termos: "Considerando que a eleição de um Parlamento dotado de poderes especiais para, no curso de uma legislatura, votar, se o entender conveniente, a reforma da Constituição, supre com vantagem o plebiscito de que trata o art. 187 desta última e que, por outro lado, o voto plebiscitário implicitamente tolheria ao Parlamento a liberdade de dispor em matéria constitucional" [...]

A nova redação dada ao art. 48 da Constituição, por sua vez, dispunha que "o número de deputados será proporcional à população e fixado em lei, não podendo ser superior a 35 membros nem inferior a 5 por estado, ou pelo Distrito Federal". O Conselho Federal, nome adotado pela Carta de 1937, e de acordo com ela composto de um representante por estado, eleito pela respectiva Assembléia Legislativa e ratificado pelo governador, e de mais dez integrantes escolhidos pelo presidente da República, teve sua composição alterada para "dois representantes de cada estado e do Distrito Federal, eleitos por sufrágio direto", com mandato de seis anos. Em face dessa disposição, a eleição de 2 de dezembro para o Parlamento incluiu não só os 286 deputados previstos no art. 134 do decreto-lei nº 7.586, de 28 de maio de 1945, que regulou o alistamento eleitoral e as eleições, como também 42 senadores, representantes dos vinte estados e do Distrito Federal.

Quando recebeu poderes constitucionais ilimitados, num logo processo que adiante se abordará, o Parlamento previsto na lei constitucional editada por Getúlio transformou-se automaticamente em Assembléia Constituinte. Era uma Constituinte exclusiva, na medida em que não tinha poderes de legislatura ordinária, não podendo, portanto, aprovar senão a nova Constituição. Tinha, porém, caráter congressual, já que era composta de deputados e senadores reunidos num só corpo deliberante, como na Constituinte republicana de 1890-91. Como o sistema de escolha dos deputados era proporcional, a apuração da Justiça Eleitoral listou indiferentemente os eleitos e os não-eleitos, indicados todos os últimos como suplentes, na ordem de sua votação. De tal forma que, no caso de vaga por falecimento, renúncia ou licença, era possível a convocação dos substitutos. Para o Senado, entretanto, a eleição era majoritária. E como o § 3º do art. 39 da lei constitucional nº 9 determinava que "as vagas que ocorrerem serão preenchidas por eleição suplementar", o registro dos candidatos ao Senado foi feito sem suplentes. Essa circunstância alterou a composição final da Constituinte, que deveria ser integrada por 328 membros, sendo 286 deputados e 42 senadores. A legislação permitia não só que um mesmo candidato concorresse simultaneamente aos cargos de deputado e senador, como ocorreu com Getúlio, Prestes, Nereu Ramos, Ivo de Aquino e Magalhães Barata, mas também que disputasse as eleições em mais de um estado, como se verificou com os dois primeiros. De tal sorte que, quando Vargas optou pelo cargo de senador pelo PSD do Rio Grande do Sul, São Paulo, estado pelo qual também foi eleito senador, ficou com sua representação desfalcada, sendo representado por apenas um senador, Marcondes Filho, também eleito pela legenda do PTB. O mesmo se deu com o Piauí, uma vez que o senador udenista Esmaragdo de Freitas e Sousa faleceu no exercício do mandato, sem que pudesse ser substituído.

Como eram de início 41, do total de 327 constituintes (em face da opção de Getúlio pelo Rio Grande do Sul), os circunspetos pais da pátria, além de representarem apenas 12,5% da Assembléia, não tinham nenhuma prerrogativa sobre os seus colegas deputados. A despeito disso, ocupavam alguns cargos importantes, como os de presidente e segundo vice-presidente da Constituinte, presidente da Comissão Constitucional e relator-geral. Dessa forma, o *quorum* para as decisões da Constituinte não se contava apenas com o voto dos deputados, mas com o do conjunto de deputados e senadores.

Na disputa pelas vagas de deputados, concorreram doze partidos e uma coligação (UDN-PR), embora apenas nove partidos e a coligação tenham conseguido atingir o quociente necessário para eleger pelo menos um deputado. Para o Senado, apenas cinco partidos e uma coligação, a mesma que concorreu à Câmara, disputaram as 42 vagas existentes, logrando atingir os quocientes partidários seguintes: PSD, vinte e seis; UDN, dez; Coligação UDN-PR, dois; PTB, dois; PPS, um; e PCB, um. Isso explica por que, ao longo de todo o processo de elaboração constitucional, o *quorum* para decisão foi fixado sobre o total de vagas, e não de cadeiras efetivamente ocupadas pelos senadores e deputados de cada partido, pois os primeiros não tinham suplentes.

Com esses personagens, estava montado o espetáculo, e era do desempenho deles que iria depender o futuro político do Brasil, por um período que, na época, todos esperavam fosse suficientemente longo para que todo o país esquecesse uma década e meia de infortúnio, depois das frustradas esperanças que 1930 despertou na consciência nacional.

2. Sinfonia inacabada

A lógica à procura de um ator

O plenário do Palácio Tiradentes não estava engalanado. Não era dia de festa, nem houve instalação solene. Às 14 horas, o ministro Valdemar Falcão, presidente do STF e do TSE, tomou assento junto à Mesa, ligou os microfones acionando o botão indicado pelo secretário-geral da Câmara, postado a seu lado, e suas primeiras palavras fizeram cessar o burburinho que subia do plenário, ao declarar: "Está aberta a sessão." Terminado seu gongórico discurso, notou-se o primeiro sinal de que, antes mesmo de iniciada a guerra, iria começar a batalha. O deputado Maurício Grabois, 33 anos, baiano de nascimento, o segundo mais votado de sua legenda, o PCB do Rio de Janeiro, e líder de sua bancada, pediu a palavra "pela ordem", tornando-se o primeiro constituinte a falar na Assembléia. Depois de aludir à Carta "parafascista" de 1937 e à soberania da Assembléia, leu proposta subscrita por Prestes e dez deputados comunistas de um "Projeto de normas regimentais dos trabalhos iniciais da Assembléia Constituinte", sugerindo suspender a sessão por quinze minutos, findos os quais seria reaberta sob a presidência do mais velho dos diplomados presentes, para se fazer exatamente o que se estava fazendo: receber os diplomas dos eleitos, relacioná-los e em seguida providenciar que fosse nomeada uma comissão para elaborar, em vinte e quatro horas, um Regimento Interno que seria discutido e votado dois dias depois. A proposta, registram os Anais, foi recebida com palmas. O episódio revelava pelo menos duas coisas: a primeira, a disposição dos comunistas de marcar posição; e a segunda, a inexperiência de seus constituintes, nenhum dos quais jamais tinha participado de uma assembléia parlamentar.

Valdemar Falcão, como se assinala no primeiro capítulo, não era jejuno em matéria política. Participara como deputado da Constituinte de 1934, fora senador no ano seguinte e chegara a ministro do STF, ocupando sua presidência e a do TSE, desde o dia 30 de outubro do ano anterior, quando seu antecessor em ambos os cargos foi chamado a substituir Getúlio, deposto na véspera pelos militares. Sem se alterar, declarou que a proposta seria objeto de discussão e deliberação oportunamente, depois de validados os diplomas a serem apresentados pelos presentes à direção dos trabalhos.

O tiroteio, porém, tinha apenas começado.

Café Filho, 47 anos, deputado pelo Rio Grande do Norte, estado que já representara na Câmara de 1935 a 1937, quando se exilou na Argentina, por ter se oposto ao Estado Novo, depois de ter apoiado a campanha da Aliança Liberal e a Revolução de 30, secundou a ação de Grabois, levantando nova questão de ordem, em que se revelou um mestre em firulas jurídicas. Embora não fosse advogado, militou no movimento sindical de seu estado, atuando como causídico no Tribunal de Justiça, como facultava a legislação da época. Alegando que a lei constitucional nº 13, baixada pelo "ditador" José Linhares, determinara a instalação da Assembléia, sessenta dias depois da eleição, cumpridos naquela data, 2 de fevereiro, disse não ser possível realizar uma sessão preparatória, conjuntamente à de instalação, a menos que se tivesse revogado a ordem jurídica imposta pela Constituição de 1937. Indagou dos constituintes se deveria "ser permitida a presença de um membro, ilustre é verdade, dos mais dignos representantes do Poder Judiciário, porém um corpo estranho nesta casa (*palmas da bancada comunista*) porque não recebeu como nós outros mandato do povo". Prolongou sua intervenção lembrando que, embora membros de uma assembléia que considerava já instalada, não tinham os constituintes ainda prestado compromisso. Reclamou da tutela de "elemento estranho à eleição" e declarou seu apoio, apenas parcial, à proposta da bancada comunista. O presidente *ad hoc* da sessão esclareceu que estava ali apenas na condição de intermediário entre os Tribunais Regionais Eleitorais e os constituintes eleitos. Invocou para a legitimidade dos mandatos de todos os presentes o art. 1º, alínea *f* do decreto nº 8.708, baixado pelo presidente interino José Linhares em 17 de janeiro de 1946, alguns dias antes da instalação da Constituinte, dispondo que "os diplomas perfeitos em suas condições extrínsecas, mesmo contestados em seu mérito, darão aos seus portadores todas as garantias e direitos que o Regimento estabelece, até que o Tribunal Regional Eleitoral competente decida o contrário". E deu a mesma solução aplicada à proposta do PCB, afirmando que seria oportunamente objeto de deliberação, "quando a Assembléia já não tiver na presidência um elemento do Poder Judiciário que, como afirmou o nobre deputado, seria o corpo estranho na mesma, mas sim o seu presidente eleito; vale dizer, o mandatário depositário da confiança de sua maioria". Tomando posição pela primeira vez, a solução foi recebida também com aplausos, previsivelmente oriundos da maioria.

Os comunistas, porém, voltaram à carga. Desta vez foi o médico baiano Milton Caires de Brito, 31 anos, eleito primeiro suplente da bancada paulista, que tomou posse no lugar do ferroviário Mário Scott. Em mais uma questão de ordem, apelou ao presidente que passasse a direção dos trabalhos ao constituinte mais velho presente, para que pudessem todos iniciar seus mandatos soberanamente. O ministro Valdemar Falcão retrucou que a insistência do parlamentar na reiteração da mesma tese dos oradores que o antecederam só serviria para postergar por mais tempo a entrega dos diplomas, não podendo ser atendida, além do mais, pela indiscrição que impunha apurar qual dos constituintes era o mais idoso, o que atrasaria ainda mais os trabalhos. Anunciou que, para atender com a maior brevidade ao desejo de todos de serem presididos por um dos seus, iniciaria a chamada pela ordem geográfica das circunscrições eleitorais. A bancada do PCB, porém, se obstinava em tocar a mesma música, com pequenas e imperceptíveis variações, o que começava a irritar o plenário.

Foi a vez de intervir o representante baiano Carlos Marighela, 34 anos, ex-estudante de engenharia em seu estado, experimentado militante do partido desde muito jovem, quando conheceu virtualmente todas as prisões políticas de sua época, inclusive Fernando de Noronha e Ilha Grande, tendo sido barbaramente torturado. Começou afirmando não se dirigir ao presidente, por não lhe reconhecer autoridade para presidir os trabalhos, além de não se submeter à tutela de um governo que já havia expirado e que, portanto, não poderia ditar normas para reger uma assembléia a se instalar quando outro, escolhido legitimamente, já estava no poder. Contestava a legalidade do governo Linhares, por não ter sido eleito pelo povo, recusando-se a aceitar um regimento que subordinava o funcionamento da Constituinte às disposições da Carta de 1937. Não aceitava ser presidido por alguém que estava de acordo com uma Constituição caduca e que ali se encontrava como delegado do governo. Protestou veementemente, exigiu que a proposta de sua bancada fosse submetida a votos, e desde logo afirmou que, não o fazendo, o gesto do presidente mereceria sua pronta repulsa. Como já estava se tornando praxe, seu discurso foi várias vezes interrompido por manifestações de apoio e aplausos de sua bancada e das galerias.

A resposta do presidente, constante dos Anais, é ilustrativa por si mesma:

"O SR. PRESIDENTE – O protesto do nobre representante da bancada comunista constará da ata dos nossos trabalhos. Deixo de submeter a votos a indicação a que S. Exa. se refere por amor à coerência com o próprio ponto de vista em que se coloca o digno Sr. Deputado. Seria a votação de uma proposta presidida pelo mesmo corpo estranho a que S. Exa. alude. (*Palmas prolongadas*) Vai ser feita a chamada pela ordem geográfica das circunscrições eleitorais."

A resposta pôs a nu a contradição lógica desse posicionamento, que constituía o pressuposto da transição política que o país estava vivendo desde o ano anterior: a busca da democracia, feita por métodos autoritários, conduzida pelos dirigentes da ditadura e consumada com seus seguidores no poder. Os que se opunham a esse caminho aceitavam o mais e recusavam o menos. Tinham sido eleitos sob leis, normas e condições editadas pelo ditador que então ocupava o poder, aceitando a canhestra legalidade vigente, mas se recusavam a que a sessão de sua investidura fosse dirigida pelo presidente do Poder Judiciário. Tratava-se da instituição que não só tinha administrado o pleito em que todos indistintamente haviam sido eleitos, mas também tinha expedido os respectivos diplomas, legitimando os mandatos em que seriam investidos, depois de sua entrega à Mesa para que a Assembléia tomasse conhecimento dos que estavam autorizados a integrá-la. Aflorava ali o problema de toda Constituinte, cuja existência depende sempre do poder previamente constituído que invariavelmente a convoca. Assim tem sido em toda a história política e, sem exceções, não se conhece Constituinte autoconvocada. No Brasil, não era e não poderia ser diferente. A Assembléia de 1823 foi convocada pelo imperador que a precedeu no poder, na qualidade de príncipe regente; a de 1891, pelo governo que depôs o imperador e tomou o poder pela simples demonstração de força exibida pelo marechal que proclamou a República; e a de 1934, pelo chefe do governo provisório, no poder desde 1930 por força de um movimento político-militar. Mas na raiz desse problema estava um velho e intrigante desafio: poderia um sistema político regido por uma ordem jurídica, mais que autoritária, autocrática, construir uma nova ordem política democrática? Esse era exatamente o nó górdio de toda transição política. A questão não existe quando se trata da transição da democracia para a ditadura, que se opera, via de regra, de forma rápida, violenta e fulminante. A violência de uma ordem constituída parece sempre, se não mais aceitável, pelo menos mais palatável que a violência de uma situação ainda por constituir, cujos limites são desconhecidos de todos. É a tradição dos exaltados, sem os quais não se pode fazer uma revolução, mas com os quais é impossível governar. A história do Brasil estava cheia de exemplos de todas essas contradições. A de 1945 não teria por que ser diferente. Por isso, recusar o acessório depois de aceitar o principal podia até ser uma postura ideológica aceitável e compreensível, mas era politicamente inócua. Se pretendia constituir uma nova ordem democrática, o primeiro dever da Constituinte era instituir-se para habilitar-se a fazê-lo. O momento anterior à institucionalização ainda em curso era, no mínimo, inadequado, se não fosse, como quase todos já percebiam, rigorosamente inócuo, além de inconveniente. A insistência da bancada do PCB em se incompatibilizar com o Judiciário, que continuaria o mesmo depois da Constituinte, iria custar-lhe um alto preço, como se veria depois, na cassação judicial de seu registro, tão dura e penosamente conseguido, depois de quase vinte e cinco anos de existência.

Mas os preconceitos ideológicos dos que se julgavam capazes de fazer a revolução pela palavra, mais do que pela ação, tornavam a contingência mais forte que a conveniência. Por isso, antes que o presidente pudesse iniciar a chamada dos presentes para a entrega dos diplomas, já anunciada duas vezes, mais um voluntário comunista lançou-se à arena. Dessa vez era João Amazonas, um dos poucos constituintes de 1945 ainda vivos no início deste novo século, quando este livro estava sendo escrito, e, nessa mesma época, presidente do PC do B, dissidência do velho "partidão". Nascido em Belém e eleito pelo Rio de Janeiro, tinha então 34 anos e era membro da Executiva do Comitê Central do partido, depois de ter exercido intensa atividade sindical e de reorganização do PCB. A transcrição dos Anais, sem comentários, torna claro que a insistência dos comunistas começava a incomodar os demais membros da Assembléia:

"O SR. JOÃO AMAZONAS – Peço a palavra pela ordem.
O SR. PRESIDENTE – V. Exa. não permitiria que se fizesse a chamada?
O SR. JOÃO AMAZONAS – Desejo usar da palavra, antes.
O SR. PRESIDENTE – V. Exa. quer pronunciar-se sobre assunto urgente?
O SR. JOÃO AMAZONAS – Perfeitamente. Desejo falar pela ordem.
O SR. PRESIDENTE – Tem a palavra, pela ordem, o Sr. João Amazonas."

Por duas vezes fazendo um apelo "ao espírito democrático tantas vezes demonstrado" pelo ministro Valdemar Falcão, chamado por seus colegas de delegado de um governo ilegítimo e defensor da Carta de 1937, pediu-lhe que abandonasse o recinto, o que foi recebido, como registram os Anais, com palmas e "não apoiados", atitude que começava a revelar não só a divisão que fatalmente ocorreria entre maioria e minoria, mas o isolamento a que estava se condenando a bancada comunista. Isso se tornou claro quando pediu um aparte o deputado Acúrcio Torres, do PSD do estado do Rio. No curso dos trabalhos, seria designado vice-líder da bancada pessedista. Então com 48 anos, era quase um veterano, pois tinha sido vereador, deputado estadual, constituinte e deputado federal por seu estado em 1933 e de 1935 a 1937, participando das lutas políticas desde a República Velha, quando apoiou Nilo Peçanha, candidato à presidência pela Reação Republicana em 1922, tendo se colocado contra a Aliança Liberal e a Revolução de 30. Advogado e promotor, tornou-se, na Constituinte, um dos mais conservadores parlamentares, considerado por muitos ultra-reacionário, além de ser, em suas intervenções, muito agressivo para os padrões parlamentares da época. Era um acirrado anticomunista e participou ativamente da campanha para a cassação do registro do PCB. Em seu aparte, lembrou que Valdemar Falcão estava presidindo a reunião, em decorrência da mesma lei que disciplinou o processo eleitoral segundo o qual foram eleitos todos os que ali estavam.

Ante a inépcia das intervenções, o presidente conseguiu pôr fim à celeuma, ao declarar que, tomando o orador em consideração, atenderia oportunamente ao apelo que lhe era dirigido, e anunciou que se passaria em seguida à chamada, o que foi finalmente feito, do norte para o sul, começando pelos senadores e concluindo, na mesma ordem, pelos deputados. A rigor, se encerraria aí a sessão, mas, antes que o presidente solicitasse a entrega dos diplomas e designasse a ordem do dia da sessão seguinte, o deputado Carlos Marighela pediu a palavra pela ordem, mais uma vez. Denunciou o ministro do Trabalho, o mineiro Otacílio Negrão de Lima, por uma entrevista em que condenava a greve dos bancários, que se arrastava havia quase um mês. Deu-lhe ainda mais publicidade ao transcrevê-la na íntegra e terminou propondo que a Assembléia se manifestasse, enviando o texto de um telegrama redigido por sua bancada ao presidente da República, apelando para atender às reivindicações dos trabalhadores, vítimas da intransigência dos banqueiros. Na verdade, tratava-se de uma nota oficial em que o novo titular da pasta declarava que o governo encarava as reivindicações como justas, mas se recusava a negociar com os líderes do movimento, que julgava intempestivo, antes de esgotados os recursos legais.

Sua intervenção deu oportunidade a que estreasse na tribuna um dos mais polêmicos constituintes, Hugo Borghi, deputado do PTB paulista, autor da famosa expressão "marmiteiros" com a qual, segundo ele, o brigadeiro Eduardo Gomes, durante a campanha, teria qualificado os trabalhadores, dizendo não necessitar de seu voto. Aos 35 anos, filho de italianos, formado em economia no país de seus pais e um bem-sucedido banqueiro e empresário do setor têxtil, tornou-se o arauto do movimento "queremista" em favor de uma "Constituinte com Getúlio", cabendo-lhe ainda ler, no encerramento da campanha de Dutra, a carta de Vargas manifestando apoio a seu ex-ministro da Guerra. Envolvido no chamado "escândalo do algodão", sofreu implacável campanha de Carlos Lacerda, que cobria os trabalhos da Constituinte para o *Correio da Manhã*. O terrível polemista só aludia a ele chamando-o de "curuquerê", nome pelo qual era conhecida a lagarta que ataca os pés de algodão. Borghi fez uma breve e anódina defesa do ministro, seu colega de partido. Já escaldado com a tática da bancada comunista, o presidente da sessão nem sequer deu resposta à proposta de Marighela e mandou proceder à chamada para a entrega dos diplomas aos presentes.

Às 15 horas e 30 minutos, declarou encerrada a primeira sessão da Constituinte e marcou nova reunião para as 14 horas do dia 4, segunda-feira, tendo como ordem do dia a eleição do presidente da Assembléia. Uma hora e meia tinha sido tempo suficiente para que as forças em confronto começassem a esboçar seus primeiros movimentos e demarcar o terreno em que cada uma delas deveria atuar. O país tinha superado uma nova etapa da democratização. A única vítima, felizmente, tinha sido a lógica, perdida à procura de um ator de bom senso daquele primeiro dia de espetáculo.

Tocando em surdina

O fim de semana serviu de refrigério para os constituintes. Na segunda-feira, 4 de fevereiro, voltaram a reunir-se às 14 horas e 15 minutos para a eleição do presidente da Assembléia que, a partir daí, dirigiria os trabalhos. Aberta a sessão, o secretário-geral da Mesa, Otto Prazeres, ao comando do ministro Valdemar Falcão, procedeu à leitura da ata da reunião anterior. Antes mesmo de colocada em votação, Café Filho pediu a palavra para discuti-la. Reclamando não ter ouvido a leitura, apoiou-se na lista de constituintes publicada no *Diário da Assembléia* para reclamar que nela constavam os nomes de pelo menos dois senadores que não haviam estado presentes na sessão anterior, os senhores Olavo de Oliveira, do Ceará, e Getúlio Vargas. Lembrou ainda que, ressalvado o direito de opção dos interessados, aqueles que tivessem sido eleitos para mais de um mandato e por mais de um estado, como era o caso do último, teriam seu nome incluído no cargo e estado em que tivessem obtido o maior número de votos. Entretanto, sem que a Assembléia tivesse tomado conhecimento de nenhuma manifestação escrita, o nome do ex-ditador constava como senador integrante da representação gaúcha, tendo sido excluído da bancada paulista, em que figurava apenas o nome de seu companheiro de partido, Alexandre Marcondes Filho. Por último, reclamou da presença de diversos suplentes na sessão anterior, sem que a lista organizada pela Mesa, constante do *Diário*, relacionasse os titulares e os suplentes, para que se pudesse averiguar a razão de sua presença na sessão.

O presidente reconheceu que a lista dos constituintes e seus suplentes não tinha chegado tempestivamente ao TSE, mas que a falta já tinha sido sanada e a relação seria publicada, depois de ser levada ao conhecimento da Assembléia. Quanto à situação do senador Getúlio Vargas, informou que sua manifestação tinha sido entregue tempestivamente e seu teor constaria da ata, depois de lido no período destinado ao expediente. Assinada a ata, deu conhecimento à Assembléia dos requerimentos de Vargas, comunicando que optava pelo mandato de senador, reservando-se o direito de escolher o estado que representaria, quando da posse, e de Magalhães Barata, eleito senador e deputado pelo PSD do Pará, optando pelo mandato de senador, além de aviso do deputado Gastão Vidigal, representante também pela mesma legenda em São Paulo, informando que deixava de assumir sua cadeira, em virtude de ter sido nomeado e empossado ministro da Fazenda. Procedeu-se à leitura da lista de suplentes, seguida da intervenção de Prestes, renunciando a seu mandato de deputado pelo Distrito Federal e pelos estados de Pernambuco e Rio Grande do Sul. O presidente anunciou a convocação dos suplentes cujos titulares haviam renunciado ou deixado de assumir os respectivos mandatos, suspendendo a sessão por quinze minutos, para que os constituintes pudessem munir-se das cédulas destinadas à eleição do presidente. Reabertos os trabalhos, e feita a chamada dos presentes, constatou-se terem sido apurados 229 votos, com o seguinte resultado: senador Fernando de Melo Viana (PSD-MG), duzentos votos; senador Luís Carlos Prestes (PCB-DF), quinze votos; senador Henrique Novais (PSD-ES), três votos; senador Nereu Ramos (PSD-SC), um voto; senador Novais Filho (PSD-PE), um voto; deputado Antônio Azambuja (PSD-RS), um voto; senador Cícero de Vasconcelos (PSD-AL), um voto. Envelopes sem cédulas, cinco; e cédulas em branco, duas. Total: 229 votos.

Anunciado o resultado, o presidente proclamou eleito o senador Melo Viana e comunicou que iria encerrar a sessão, dando por finda sua incumbência. Antes que o fizesse, o PSD, pela voz trovejante de barítono do deputado José Maria Alckmin (PSD-MG), deu uma demonstração de uma de suas maiores especialidades: o exercício da solidariedade:

"O SR. JOSÉ MARIA ALCKMIN – Procedida a eleição do presidente da Assembléia Constituinte, diplomados que se acham os senadores e deputados, termina com a sessão de hoje a atividade que a Justiça Eleitoral desenvolveu para recomposição de nosso país, nos moldes democráticos, em consonância com a vontade do povo brasileiro, manifestada em urnas livres a 2 de dezembro.

Daqui por diante, começa a nossa atuação como deputados e senadores reunidos em Assembléia Constituinte, para dar à nação, que tanto a reclamava, a carta política que norteará seus destinos. (*Apoiados; palmas*)

Não nos seria possível deixar passar essa oportunidade, sem uma demonstração incisiva, neste plenário, do nosso aplauso e da nossa admiração ao Sr. Presidente e a todos os membros do Tribunal Superior Eleitoral, como aos componentes dos Tribunais Regionais (*apoiados*), pela abnegação e denodo com que deram cumprimento à sua árdua missão, não vendo canseiras e dificuldades para o seu bom desempenho.

Com trabalho insano, feito com austeridade e patriotismo, souberam apurar os sufrágios que traduziam o sentir da nação brasileira. Na hora em que V. Exa. vai deixar definitivamente este recinto, desejo propor diretamente à Assembléia – já não ao presidente da sessão, mas aos senadores e deputados constituintes – que prestemos uma homenagem ao Judiciário Eleitoral, na pessoa do eminente magistrado que se acha presente (*apoiados; palmas*), o Sr. Ministro Valdemar Falcão, saudando-o de pé, numa manifestação de nosso agradecimento e do nosso apreço. (*Muito bem; muito bem. Os srs. constituintes, de pé, aplaudem o Ministro Valdemar Falcão*)"

O desagravo provocou profundo agradecimento do presidente *ad hoc* que, antes de encerrar a sessão, convocou os constituintes para a instalação solene da Assembléia às 14 horas do dia seguinte e para a sessão ordinária que se realizaria, na mesma data, às 15 horas e 30 minutos.

A intervenção da mais prestigiosa bancada pessedista, a de Minas Gerais, dava, com essa intervenção, o tom de diapasão com que seus membros esperavam ver afinada a atuação de sua harmoniosa banda, habituada, desde o começo, a tocar em surdina e de forma sempre sutil e melíflua, emitindo mensagens em código que só os iniciados eram capazes de perceber. A atitude não era só um desagravo ao presidente do STF e do TSE que, à semelhança dos constituintes, desempenhava o papel que lhe tinha sido destinado no *script* traçado pelos herdeiros da ditadura a que ele, como a maioria dos presentes, tinha servido. Era também um aviso à bancada do PCB, pelo contraste que estabelecia entre a agressividade dos seus integrantes, adotando uma retórica grandiloqüente, sem conseqüências práticas, e a retaliação a que estavam sujeitos sempre que ultrapassavam os limites da conveniência e, mais do que isso, os da convivência. Assis Chateaubriand, que não lhes dava tréguas, descreveu alguns dias depois, em seu artigo diário, como via a atuação dos liderados de Prestes, de forma crua e agressiva, como era habitual em seus textos: "Há uma sensível diferença de propósitos entre as três bancadas que se sentam no Parlamento. O PSD e a UDN estão ali para fazer uma constituição e fiscalizar constitucionalmente um governo. Os comunistas se acham na Assembléia apenas para promover uma agitação e provocar barulho. Incluem-se entre os parlamentares mais estúpidos do planeta. Não são apenas chucros. Não são apenas pobres de cultura e de ademanes. São de uma trágica indigência intelectual" (Artigo "Contempteurs da Constituinte", 26/2/46).

Desprezando-se a agressividade que era imanente em seus textos, Chateaubriand traduzia para seus leitores interessados em política em que consistia a tática de ocupar todos os espaços possíveis, que os comunistas executavam com burocrática eficiência, para compensar sua notória falta de poder político, numa Assembléia que eles classificavam como burguesa e reacionária e da qual nada de útil poderiam extrair para a causa que defendiam, com elogiável entrega, muita paixão, mas pouco proveito. Prestes explicitaria essa postura, de forma clara e sem rodeios, em sua primeira intervenção no plenário. O setor mais requerido e operoso do partido nessa fase era o "Agitprop", sigla dos que tinham o encargo de pôr em prática os dois maiores objetivos do partido nessa etapa de sua luta, pela primeira vez na legalidade: a agitação e a propaganda.

O maestro

Nascido em 15 de março de 1878, e faltando a pouco menos de um mês e meio de completar 68 anos, o senador Fernando de Melo Viana, do PSD de Minas Gerais, foi eleito presidente da Constituinte. A sua escolha não obedecia a uma regra escrita, mas a uma norma costumeira, tradicional em todos os Parlamentos democráticos, o princípio da proporcionalidade. Traduzido, significa apenas que se contempla cada grupo parlamentar com um peso político equivalente à resultante de forças que representa no conjunto da Assembléia. Nessas condições, o cargo mais importante, o de presidente, cabe ao maior partido, no caso o PSD, que contava com 177 constituintes (151 deputados e 26 senadores), representando 53,96% da Assembléia. O segundo cargo em importância é destinado à segunda maior bancada, e assim sucessivamente. O princípio da proporcionalidade, que implicava poder e prestígio, distribuídos de forma justa e racional, não se aplicava apenas ao conjunto de todas as bancadas, mas vigorava, também, como norma de conveniência, no interior da quase-totalidade das representações partidárias. A maior bancada do PSD era a de Minas. Contava com vinte deputados e dois senadores. Seguiam-na em importância a do Rio Grande do Sul, com dezessete deputados e dois senadores, e a de São Paulo, com dezesseis deputados e nenhum senador. Embora perdendo em números absolutos, a do Rio Grande do Sul ganhava em termos relativos, pois enquanto Minas tinha trinta e sete constituintes, dispondo o PSD de 62,85% de sua representação, a do Rio Grande do Sul era de vinte e quatro parlamentares, ocupando o PSD 79,16% das vagas. A questão é que em Minas havia completa separação entre o PSD e o PTB, o que não ocorria no Rio Grande do Sul, onde Getúlio era, ao mesmo tempo, senador do PSD, cargo pelo qual iria optar quando da posse, e deputado pelo PTB, uma simbiose à época ainda não decantada, em virtude da enorme influência do ex-ditador, que tinha um pé em cada partido.

No interior da bancada mineira, a indicação do senador Melo Viana para a presidência devia-se à sua posição de neutralidade, uma espécie de elo entre a velha-guarda dos que tinham se posicionado contra a

Revolução de 30, os seus beneficiários e os que eram chamados de emergentes. Nascido em Sabará, formou-se em direito em Belo Horizonte, na turma de 1900, a mesma em que também se diplomaram Raul Soares e Artur Bernardes. Foi promotor e vereador em Mar de Espanha, de 1901 a 1903, e deputado estadual desse último ano até 1905. Advogou em Sete Lagoas, até se tornar juiz de direito em várias comarcas do interior. No governo de Artur Bernardes em Minas, entre 1918 e 1922, ocupou os cargos de subprocurador-geral e advogado-geral, assumindo em seguida, já no governo de Raul Soares, de 1922 a 1924, a função de secretário do Interior. Nessa condição, ascendeu ao governo com a morte do titular, cujo mandato completou. Foi vice-presidente da República no governo Washington Luís, tendo, nessa qualidade, presidido o Senado. Candidato derrotado ao governo de Minas pela Concentração Conservadora, apoiou a candidatura vitoriosa de Júlio Prestes contra a de Getúlio Vargas-João Pessoa, da Aliança Liberal. Opôs-se à Revolução de 30, o que lhe valeu a prisão e o exílio em Portugal e na Espanha, de onde voltou em 1931. Entre 1934 e 1946, foi advogado de Minas no Rio de Janeiro, nomeado pelo interventor Benedito Valadares, tendo ocupado a presidência da OAB entre 1938 e 1944. Foi eleito senador no pleito de 2 de dezembro de 1945, com 461.918 votos, junto com seu colega de partido, Levindo Coelho, escolhido por 469.088 eleitores.

Tratava-se, como se vê, de um "carcomido", como eram chamados os políticos da velha República derrotados em 1930. Embora opondo-se à Revolução de 30, não era considerado um adversário impenitente, mas um dos muitos conformados de Minas, onde essa era a postura mais generalizada, mesmo entre os udenistas mais ativos, como os que assinaram o Manifesto dos Mineiros. Tinha apreciável experiência parlamentar, uma vez que ocupara cargos eletivos tanto em nível municipal e estadual quanto em nível federal. Advogado militante, ex-juiz de direito e ex-promotor, dispunha de razoável cultura jurídica, conhecendo os esconsos caminhos da justiça, tanto em Minas como no Rio, onde advogou por quase quinze anos. Tinha ligações com a vida empresarial, pois, além de ter advogado para inúmeros bancos, foi presidente do Banco de Crédito Pessoal e da Companhia de Seguros Colúmbia. Como os da maioria de sua geração, era um convicto conservador e católico ortodoxo. Representava, em suma, a média do perfil ideológico predominante na Constituinte. Dentro do PSD, sua posição era de um moderado equilíbrio, pois não se alinhava entre os "getulistas", aqueles que tinham sido auxiliares e beneficiários de Vargas nas diferentes etapas de seu governo, nem era um dissidente exaltado, mas, ao contrário, um governista disciplinado.

Cumpriu com zelo, com reconhecida isenção e com inúmeras demonstrações de transigência o papel de árbitro dos trabalhos, reconhecido por seus colegas, quando do encerramento da Constituinte. Em várias e sucessivas ocasiões, atendeu a ponderações feitas por seus colegas em plenário, em relação às questões de ordem que tinha que decidir soberanamente, tendo utilizado, como se verá nos capítulos seguintes, o seu "voto de Minerva" para dirimir uma das mais polêmicas questões da Constituinte.

Era, porém, enérgico e inflexível em tudo quanto dissesse respeito à ordem interna e às manifestações das galerias, que viviam apinhadas de espectadores. Como se descreve em outros capítulos, a rotina do trabalho parlamentar no Palácio Tiradentes era dificultada pela circunstância de que não havia instalações privativas para os constituintes, salvo nas áreas vedadas ao público, como o plenário, as salas das comissões e os gabinetes dos membros da Mesa, além das instalações administrativas.

Entre os parlamentares, havia jejunos e novatos, mas também homens públicos testados na vida parlamentar e na liderança política do país. Muitos tinham sido constituintes em 1934, e a diversidade de suas origens, idades, temperamentos e experiências não tornava fácil a tarefa de presidir uma Assembléia em que a média de presenças por sessão superava duzentos constituintes. Melo Viana navegou nesse microcosmo de interesses – divergentes uns, conflitantes quase todos, raramente convergentes – com muito sucesso, evitando os escolhos partidários com bom senso, que não pode ser-lhe negado. Se a obra da Constituinte não foi a esperada por muitos, a culpa não era sua. Ao contrário, tem que ser repartida entre todos.

Em todo corpo coletivo, como as Constituintes e os Parlamentos em geral, o papel do presidente é, sem dúvida, o mais importante, mas não o único. Quando alguns desafinam, a culpa recai no maestro, e é justo que assim seja. Mas o erro não pode ser reparado. Depois de consumado, restam-lhe apenas dois recursos: pedir desculpas ao público e demonstrar sua contrariedade ao instrumentista desastrado, para evitar que o erro se repita. Afinal, a despeito de sua preeminência, ele também não passa de um músico como os demais do conjunto. A semelhança é que, na política, como na música, nenhuma das alternativas conserta o mal depois de feito. E a diferença é que, na música, o erro é passageiro e sem conseqüências, mas, na política, além de duradouro, costuma ser irreversível.

Os solistas

Há uma regra quase imemorial em política, segundo a qual os triunfadores nem sempre são os mais brilhantes, os mais poderosos, os mais influentes, ou os mais populares. O que não quer dizer que, para vencer, essas qualidades sejam dispensáveis. O sucesso, ensinou Maquiavel há quase quinhentos anos, exige a conjugação de dois atributos, *virtù* e fortuna. O melhor exemplo no Brasil é o de Rui, o mais erudito, o mais festejado, o mais respeitado e o mais reverenciado de nossos políticos, triunfante em todas as causas que abraçou, exceto nas candidaturas à presidência da República. Foi derrotado em 1910 pelo marechal Hermes da Fonseca, um homem público bisonho a quem o povo irreverente do Rio de Janeiro chamava ironicamente de Dudu Corta-Jaca e desistente em 1919, ante o convencimento da inevitabilidade de nova frustração. Na esteira de Rui, a história política brasileira deixou náufragos em todas as latitudes, vítimas em todos os quadrantes.

A liderança política, porém, e em especial a de natureza parlamentar, que não significa necessariamente triunfo nem trunfo, no que diz respeito ao poder, requer qualidades, como talento, rapidez de raciocínio, senso de oportunidade, autodomínio e uma dose razoável de cultura, qualidades sem as quais não se faz um grande orador. Embora nada disso tenha mais importância nos dias de hoje, quando aos líderes não se pede mais que uma pequena dose de histrionismo e uma alentada pitada de cinismo, em 1946 ainda eram qualidades apreciadas e trunfos valiosos. Manter a unidade de um grupo numeroso de triunfadores, mesmo que sem experiência, só se consegue com talento e capacidade de persuasão. Transformar a adversidade em vantagem exige sangue-frio e autodomínio, assim como conhecimento, cultura e informação são essenciais nos debates.

Na Constituinte, havia uma enorme diversidade de líderes. Prestes, por exemplo, então com 48 anos, era o chefe incontestável e incontestado de sua bancada, mas não assumiu sua liderança, tarefa que deixou a cargo de João Amazonas, reservando para si o papel de nume tutelar da religião que professavam seus mais de 500 mil seguidores. O combate do dia-a-dia foi deixado a seus acólitos, testados na militância popular, que executavam, com militar precisão, as tarefas que lhes eram destinadas, como se cada uma delas fosse a mais relevante das missões e um permanente desafio. Em relação a seu partido, portanto, era muito mais que um líder: era "o chefe".

Nereu Ramos, 57 anos, líder do PSD, presidente da Comissão Constitucional e eleito vice-presidente da República pela própria Assembléia, ao fim de seus trabalhos, constituía um milagre de sobrevivência política. Eleito governador de Santa Catarina em 1935, permaneceu no cargo como interventor durante todo o Estado Novo, até a queda de Getúlio, em 1945, embora tivesse apoiado o Movimento Constitucionalista de 1932. Tornou-se, assim, o chefe de governo estadual que mais tempo permaneceu no poder, durante o consulado de Vargas.

Otávio Mangabeira, da UDN, tornou-se líder aos 59 anos, não só pela inflexibilidade da marcada posição antigetulista, assumida desde 1930, a cuja revolução se opôs, mas também pela aura criada em torno de seus longos anos de exílio. Primeiro na Europa, entre 1930 e 1933, para onde seguiu na companhia de Washington Luís, de quem foi ministro das Relações Exteriores; depois, nos Estados Unidos, de 1938 a 1945. O calvário em que fincou seu carisma foi erigido com as pedras da mesquinharia atiradas pelo Estado Novo. Primeiro, com as tentativas de demiti-lo da cátedra que ocupava na Escola de Engenharia de Salvador, perpetradas por Carlos Drummond de Andrade, o grande poeta que, na qualidade de chefe de gabinete do ministro da Educação, Gustavo Capanema, e em seu nome, enviava telegramas ao diretor da faculdade, sugerindo demiti-lo por abandono do serviço, enquanto estava preso. E, depois, pela ação direta do governo brasileiro junto a seu empregador nos Estados Unidos, a revista *Seleções do Reader's Digest*, na qual ele sobrevivia fazendo traduções para a edição em português, alegando que as autoridades do país veriam de muito bom grado a sua demissão. Mangabeira resistiu e, mesmo no exílio, nunca abandonou a atividade oposicionista, não perdendo ocasião de denunciar as mazelas da ditadura. Quando voltou ao Brasil, ninguém nas hostes oposicionistas tinha mais autoridade do que ele para liderar o partido que ajudou a fundar.

Dos três, só Mangabeira era deputado. Nereu e Prestes, ambos eleitos simultaneamente deputados e senadores, optaram pelos mandatos de senador. Nereu era jornalista, advogado, político e professor de direito. Prestes tinha sido militar da arma de engenharia e desde a Grande Marcha, que liderou em 1926, tornou-se insurgente como seus colegas tenentistas, preconizando uma solução política para o Brasil através dos levantes militares e mais tarde, quando aderiu ao comunismo, defendendo a revolução das massas que, em sua longa vida, não chegou a ver materializada. Mangabeira também era engenheiro, profissão que abandonou, cinco anos depois de formado, para se tornar político e parlamentar. Os cinco sucessivos mandatos de deputado federal pela Bahia, exercidos ininterruptamente entre 1912 e 1924, fizeram dele um traquejado orador parlamentar. Os três eram os principais solistas da sinfonia por que todos esperavam, depois de oito anos de completo jejum.

Na sessão de instalação, convocada para o dia 5 de fevereiro, data programada pelo Itamarati para coincidir com as solenidades oficiais de posse do novo governo, na recepção às autoridades estrangeiras, todos esperavam brandir as armas que teriam que terçar, no longo combate que estava apenas começando.

A sessão solene de instalação tinha sido convocada para as 14 horas, e uma reunião ordinária para as 15 horas e 30 minutos, a fim de se iniciar a escolha dos demais membros da Mesa, depois da eleição do presidente, realizada ainda sob a direção do presidente do TSE, no dia anterior. Ao declarar instalados os trabalhos, o senador Melo Viana convidou para completarem a Mesa os senadores Novais Filho (PSD-PE) e Ferreira de Sousa (UDN-RN), os deputados Acúrcio Torres (PSD-RJ) e Rui Almeida (PTB-DF), e em seguida mandou proceder à chamada, a que responderam 237 dos 328 constituintes que a compunham. Ao anunciar que se procederia, em seguida, ao juramento dos presentes, o deputado Barreto Pinto (PTB-DF), que mais tarde se tornaria o primeiro deputado a ter o mandato cassado, pediu a palavra pela ordem para anunciar que, de acordo com o regimento interno da Constituinte de 1934, em vigor enquanto a Assembléia não aprovasse o seu, o juramento deveria ser feito em defesa da Constituição que viesse a ser aprovada, ao passo que o presidente Dutra, no dia de sua diplomação e posse, naquele mesmo recinto, tinha prometido manter e cumprir a Constituição Federal, nos termos da Carta vigente, a Constituição outorgada de 1937.

O presidente declarou que nada havia de excepcional na forma adotada no juramento do presidente da República, pois a Constituição de 1937, com a qual disse individualmente não concordar, estava em vigor "porque assim o proclamou o órgão competente, o Supremo Tribunal Federal". A ata registra: (*Manifestações nas galerias. Soam os tímpanos*). O presidente reage:

"Devo advertir que não permitirei manifestações das galerias. (*Palmas*) Dentro da lei, e apesar do meu espírito liberal, que nunca se confunde com a anarquia, declaro que reprimirei com energia (*aplausos*) as manifestações de quem quer que assista desrespeitosamente às sessões desta Assembléia. (*Muito bem*)"

Depois de ressalvar a atitude de Dutra, prosseguiu:

"Parece-me, entretanto, que a Constituinte, chamada a redigir nova constituição, não se pode logicamente prender por um compromisso à anterior. (*Muito bem*) Estamos aqui para fazer obra nova. Reputo, conseguintemente, lógica, a fórmula regimental, mandando respeitar a constituição que for adotada. (*Muito bem*)"

Como Flores da Cunha (UDN-RS) insistisse em afirmar que desejava, como outros, acatar a Constituição que viesse a ser adotada, Melo Viana atalhou, pondo fim à ociosa questão:

"O SR. PRESIDENTE – Senhores! Iniciar-se-á pelo presidente a solenidade do compromisso, pelo que faço a seguinte declaração: Prometo guardar a Constituição Federal que for adotada, desempenhar fiel e lealmente o mandato que me foi confiado e sustentar a união, a integridade e a independência do Brasil. (*Palmas*)"

Depois que todos, de pé, repetiram o juramento, afirmando "assim o prometo", o senador Melo Viana fez sua alocução inaugural, com sua retórica barroca. Agradeceu a eleição para a presidência, invocou Deus e a religião, disse que "as forças políticas aqui agregadas não se aglutinam por traços ideológicos frangíveis como a luz, mas se articulam por sólidos vínculos de patriotismo e de santo desejo de bem servir", advertindo que "sem Deus a vida se arrasta e não é vivida; não tem encantos, não nos inebria de fé e esperanças", para logo em seguida complementar que "o valor da existência não está em função do número de dias fugazes e transitórios, mas nas realizações objetivas e permanentes". Fez um histórico de todas as Constituintes e Constituições brasileiras, invocando a de 1823, que não concluiu sua obra, dissolvida por dom Pedro I, a republicana de 1891, a tumultuada de 1933 e a outorgada de 1937, para finalmente aludir à que se estava instalando, como depositária da confiança e das esperanças do povo brasileiro. Ao concluir, afirmou:

"Honrada esta Constituinte, com a presença de delegações de nobres nações amigas, me permito, em nome de meus pares, significar-lhes nosso destacado apreço e reconhecimento e assegurar a seus respectivos povos a confiança dos brasileiros nos sinceros propósitos de paz universal e de confraternização, neste instante trágico de fome e miséria para tantas vítimas da prepotência e de desvairada ambição."

Formulou um agradecimento e uma homenagem às Forças Armadas e à FEB, recebidos com intensos aplausos, e anunciou que iria suspender a sessão.

Luís Carlos Prestes pediu a palavra pela ordem, numa clara demonstração de que não pretendia perder a oportunidade de falar pela primeira vez na Constituinte, a despeito do apelo contido na intervenção do presidente:

"O SR. PRESIDENTE – Solicito a atenção da Assembléia pelo fato de estar adiantada a hora, devendo ainda hoje ser convocada nova sessão."

Em seguida, deu a palavra ao líder comunista, com a esperança de que fosse breve sua intervenção.

A maior parte dos constituintes, especialmente os que tinham participado da Assembléia de 1933-34, podia entender o afã com que os representantes do PCB se lançavam à faina de demonstrar sua adesão à causa da democracia que se estava começando a restaurar no país e cumprir seus objetivos de conquistar adeptos e fazer proselitismo de suas idéias. Não só porque era a primeira vez que operavam na legalidade, mas sobretudo porque tinham sido as principais vítimas da repressão policial, em razão do improvisado levante a que se tinham lançado em 1935, sublevando-se sem sucesso no Rio Grande do Norte, em Pernambuco e no Rio, sucessivamente, na Escola de Aviação e no 3º Regimento de Infantaria, na Praia Vermelha. Pesava a seu favor o longo martírio de Prestes nas masmorras do Estado Novo e o fato de que quase todos os seus representantes, à exceção talvez de Jorge Amado, tinham sido vítimas de continuada violência nas prisões, padecendo torturas, espancamentos e agressões de que a maioria se orgulhava, convencida de que esse era o preço a pagar para o sucesso da revolução mundial.

A insistência com que até então vinham fazendo interferências sucessivas e de pouca objetividade, revelando certa impertinência, inoportuna quase sempre, fatalmente despertava a prevenção de muitos dos seus colegas e estimulava a antipatia que lhe votavam os mais conservadores e os reacionários. Prestes ia submeter-se ao que seria o seu vestibular na grande assembléia política do país. Começou cautelosa e prudentemente:

"O SR. LUÍS CARLOS PRESTES – (*Palmas*) Sr. Presidente, pedi a palavra para fazer uma saudação especial da bancada comunista ao ilustre Presidente desta Casa, Sr. Doutor Fernando de Melo Viana. (*Palmas*)
Somos insuspeitos para formular esta saudação. Não votamos no nome de S. Exa. para a Presidência desta Casa. Estamos prontos, como constituintes, a colaborar com a Mesa, na boa ordem dos trabalhos da Assembléia Nacional Constituinte, certos de que o dr. Melo Viana, representante do povo mineiro, saberá, no exercício de sua alta função, mostrar o mesmo espírito liberal e democrático que impera na terra de Tiradentes. (*Muito bem, palmas*)
Sr. Presidente, permita-me estranhemos ainda, em nossa insistente luta pela soberania da Assembléia Constituinte, a maneira por que foi convocada esta sessão de instalação.
Lutamos e lutaremos, persistente e intransigentemente, pela soberania da Assembléia Constituinte (*aplausos nas galerias*) desta que foi hoje convocada, não pela vontade dos constituintes, mas pela vontade, festiva, talvez, do Itamarati."

Afirmou ainda que o PCB, em nome de cuja bancada falava, queria dizer alguma coisa sobre sua atitude naquela Assembléia Constituinte, aduzindo desejar "fazê-lo em face das delegações estrangeiras que honraram nosso povo com sua presença, quando da passagem do governo e da instalação, em nossa pátria, de uma nova democracia. (*Muito bem. Palmas*)".

Prosseguiu com um pequeno histórico da transição que o país estava vivendo:

"Somente há poucos meses, dez no máximo, dispõem os comunistas em nosso país de liberdade de imprensa, de direito de reunião e de associação política, inclusive para seu partido. E foram esses dez meses que nos permitiram dizer alguma coisa e provar quanto eram falsas as calúnias e as infâmias contra nós assacadas. (*Palmas nas galerias*)"

Aludiu ao papel dos comunistas na Segunda Guerra Mundial, prestando um tributo à Resistência francesa e a "Gabriel Péri, que morreu fuzilado pelos bandidos fascistas, cantando a Marselhesa. (*Palmas nas galerias*)."

Afirmando serem os comunistas os "verdadeiros e maiores patriotas", o que mais uma vez provocou palmas nas galerias, justificou o apoio deles a Vargas em 1942, enquanto ainda estava na prisão: "Esqueceram ressentimentos pessoais, sofrimentos e sangue de sua própria carne, afastando todas as paixões subalternas para lutar pela união nacional em torno do governo do Sr. Getúlio Vargas que, ainda naquela época, perseguia o Partido Comunista, que continuava ilegal [...] porque os comunistas colocam o interesse do povo, o interesse da democracia, o progresso e o bem-estar da pátria acima de seus sentimentos pessoais, de suas paixões, ou de seu próprio interesse. (*Muito bem. Palmas*)" Disse estarem prontos a "apoiar o governo do general Dutra, a mobilizar todas as massas que já aceitam nossa direção, para apoiar os seus atos honestos e sinceramente democráticos". Em seguida, esclareceu como encarava o novo presidente: "[...] Vemos o general Dutra como um brasileiro em cujo coração deve existir patriotismo e que, se quiser governar o nosso povo, deve compreender a necessidade de apoio desse povo (*muito bem*) e, naturalmente, da parte mais esclarecida do povo e da parte do proletariado já incluída nas fileiras do Partido Comunista." Falou da crise que o país estava vivendo, da fome e da carestia, apelando para a união nacional acima das divergências políticas, ideológicas e religiosas. Lembrou que "num parlamento, mesmo reacionário, um só homem, patriota e esclarecido, pode, pela sua palavra, e pela sua energia, evitar, muitas vezes, os atos errados e criminosos do Executivo". Aludiu à importância de lutar contra a miséria: "Lutar pela elevação do nível de vida é colocar dinheiro nas mãos do povo, é facilitar e estimular a produção." Pediu ao governo uma atitude firme contra as ditaduras fascistas de Franco e Salazar e contra os focos antidemocráticos na América Latina, citando os governos reacionários de Higino Moriñigo e Trujillo, respectivamente no Paraguai e na República Dominicana. Criticou o chanceler brasileiro, a política externa do governo, e pediu ao nosso delegado no Conselho de Segurança da ONU uma atitude firme para exigir a retirada das tropas britânicas da Grécia e da Indonésia, "para bem do mundo inteiro".

Respondendo ao deputado Bastos Tavares (PSD-RJ), que em aparte o acusava de estar respondendo às galerias que, desde o primeiro dia, apinhadas de assistentes, não deixavam de vaiar e aplaudir as diferentes manifestações, defendeu-se da velada insinuação de que eram seus seguidores mobilizados pelo partido:

"[...] Nas galerias desta Casa, no dia de ontem, não estavam exclusivamente comunistas. Os comunistas são cidadãos que podem permanecer nas galerias. Não cabe, porém, ao Partido Comunista, procurar conter o povo. Nas galerias produziram-se manifestações populares (*muito bem*), não manifestações comunistas; foi a voz do povo que falou e essa voz foi de aplauso para os representantes comunistas. Se foi de aplausos para democratas conhecidos

como o Sr. Otávio Mangabeira (*muito bem*), o Sr. Hermes Lima (*muito bem*) e outros representantes da UDN, se, senhores, foi de reprovação para atitudes de outras pessoas, justas ou injustas, foi a voz do povo. O Partido Comunista não pretende, em absoluto, o monopólio da opinião pública. Nesta casa somos um partido minoritário, e, se esse partido pudesse dirigir todo o povo, evidentemente a composição desta Assembléia não seria da natureza que ora apresenta.
O Sr. Eurico Souza Leão – V. Exa. agiria como se age na Rússia, como a Rússia age, ditatorialmente.
O SR. LUÍS CARLOS PRESTES – A Rússia é a maior democracia do mundo. (*Apoiados e não apoiados*) A Rússia é a democracia do proletariado, mas não estamos tratando da democracia russa, e sim da nossa terra; eu perguntaria ao deputado que me aparteia, querendo levantar calúnias muito conhecidas sobre o povo soviético – esse glorioso povo que, com o glorioso exército vermelho, foi a arma principal da liquidação do fascismo no mundo...
O Sr. Eurico Souza Leão – V. Exa. esquece o papel dos soldados americanos e dos demais países aliados que, de fato, liquidaram o poder nazista.
O SR. LUÍS CARLOS PRESTES – ... perguntaria se S. Exa. é democrata e se, realmente, quer a democracia em nossa terra. Estamos tratando da democracia em nossa pátria; nós, comunistas, que lutamos pela democracia em nossa terra, e disso já demos provas, continuaremos nossa luta."

Parecendo pressentir os rumos que o debate estava tomando, se não impróprios, pelo menos inadequados numa sessão solene, o presidente tratou de atalhar o orador:

"O SR. PRESIDENTE – Estando na hora de terminar a sessão, advirto ao nobre deputado [assim, no original] que findou o seu tempo."

Prestes entendeu o recado e pôs fim, imediatamente, à sua intervenção:

"O SR. LUÍS CARLOS PRESTES – Vou terminar. Bem sabemos quais as responsabilidades que pesam sobre nossos ombros e vai depender da serenidade, do verdadeiro sentimento democrático e patriótico de todos nós, o cumprimento do nosso dever. (*Muito bem, palmas*)"

Nas 412 linhas em duas colunas, nas quatro páginas e meia que o discurso de Prestes ocupa nos Anais da Constituinte, houve 22 manifestações de aplausos, algo que não se repetiria com nenhum outro orador até o fim dos trabalhos. Era uma demonstração clara do entusiasmo que a lendária figura do Cavaleiro da Esperança despertava em seus admiradores e seguidores. Mas significava, também, a rígida disciplina com que os militantes cumpriam as palavras de ordem da direção partidária, o que não ocorria com nenhum líder ou partido, nem mesmo com os adeptos de Getúlio, depois de quinze anos no poder. Os dois apartes com que os deputados do estado do Rio e de Pernambuco interromperam seu discurso eram uma demonstração de que nem mesmo Prestes, com toda a sua aura e o seu prestígio, teria vida fácil na Constituinte.

Os líderes dos demais partidos não se recusaram a apanhar a luva atirada por Prestes na arena e também foram à tribuna. O presidente informou que Mangabeira havia comunicado à Mesa sua intenção de usar a palavra pela ordem e indagou se, esgotada a hora, ainda desejava usar da palavra:

"O SR. OTÁVIO MANGABEIRA – (*Aplausos*) Sr. Presidente, duas palavras, apenas, em honra e para registro do grande momento histórico que, neste momento, precisamente nesta hora, vive – até mesmo porque revive – o país.

Não é sem uma profunda comoção, não é sem um justo júbilo cívico verdadeiramente indescritível que os que nunca cessamos de bradar contra a supressão, no país, da representação nacional, vemos, hoje, a nação restaurada, na posse de si mesma.

É tão lógico em seus fundamentos o governo do povo pelo povo; são tão contrários ao decoro, à própria vida orgânica das nações, os sistemas ou os regimes em que a autoridade não provenha do voto popular (*palmas*) que hão de ser sempre baldados – e hão de ser sempre malditos – os golpes com que se tenta pôr abaixo os regimes ou sistemas, só eles toleráveis, por isso mesmo só eles imorredouros, eternos, em que ninguém pode exercer o governo senão por força de um mandato expresso dos seus concidadãos. (*Palmas*)

Saúdo, em nome da oposição democrática (*muito bem*), as nações aqui presentes, na pessoa de seus delegados, e de cujos esforços, na prática da grande vida internacional, é lícito esperar melhores dias, para todo o gênero humano, maior fraternidade entre as nações, maior justiça entre os homens, o que, aliás, não se conseguirá enquanto não pudermos proclamar que já não há ditaduras à face do planeta. (*Muito bem*)

Saúdo no Parlamento renascido, e acredito reflorescente, com que hoje se recompõe, se reconstitui o panorama, não somente da vida pública, mas da vida moral brasileira (*apoiados*); saúdo neste Parlamento renascido, e acredito reflorescente, as altas e venerandas tradições das instituições parlamentares, no Brasil e no mundo. (*Muito bem*)

Que, acima das diferenças partidárias por que nos encontramos separados, aqui nos reúna a todos, Senhores Constituintes, como se fôssemos um só partido, para não dizer um só homem, a decisão em que nos mantenhamos, de zelar, a todo o transe, a honra desta Assembléia, a sua autoridade, o seu prestígio, tornando-a digna, a todos os títulos, da estima da Nação, pela ordem dos seus trabalhos, pela nobreza e compostura de suas atitudes (*muito bem*), pelo acerto dos seus atos, pelo fiel cumprimento que se dê ao seu destino, elaborando, no devido tempo, e com a audiência de todos que possam contribuir, para o exame da matéria, uma Carta política sincera e visceralmente democrática, à altura, por conseguinte, dos dias que vivemos e que faça honra à cultura, ao civismo, e, sobretudo, ao bom senso da atual geração brasileira. (*Palmas*)"

Aos representantes das minorias seguiu-se o da maioria:

"O SR. NEREU RAMOS – Sr. Presidente, Srs. Constituintes! Transmito a palavra do meu partido, palavra de saudação às Nações aqui representadas, as quais, nesta solenidade memorável, vieram trazer-nos a reafirmação de sua estima e de seus propósitos de uma colaboração harmônica, no sentido da reconstrução de um mundo melhor, em que haja mais fraternidade, mais justiça social. (*Muito bem*)

Trago a palavra de saudação do meu partido aos congressistas de todas as correntes (*muito bem*) que aqui se reúnem para a obra de organização constitucional do país.

Todos os que aqui se encontram, penetrados dos mesmos sentimentos patrióticos, acabam de prestar compromissos de servir ao país com independência, com elevação de propósitos, inspirados unicamente na grandeza e nos destinos da nossa pátria. (*Muito bem, muito bem. Palmas*)"

Os solistas, líderes dos partidos que teriam obrigatoriamente protagonismo e relevo na Constituinte, tinham exibido seus recursos e sua tática. Teria bastado. Entretanto, o coadjuvante PTB também quis se alinhar entre eles. O desafio coube ao deputado Gurgel do Amaral Valente, do PTB do Rio de Janeiro. Disse trazer aos trabalhadores a certeza de que defenderia seus direitos e lamentou que "talvez falte ao partido expressões da mais alta demagogia" [*sic*], mas assegurou que "nas comissões técnicas e no recesso dos gabinetes, onde os projetos são elaborados, o Partido Trabalhista fará valer a sua ação". Realmente, pela amostra, somente mesmo nos gabinetes isso era possível. Tentando alçar-se à altura dos líderes que desfrutavam de fama, prestígio e poder – os solistas dessa orquestra –, o representante do PTB, a essa altura ainda órfão de Getúlio, não era mais que um desafortunado aprendiz, cujos paupérrimos recursos não lhe permitiam mais que desafinar o instrumento que, em vão, e penosamente, se esforçava por tocar!

Ao final da manifestação do deputado trabalhista, ouviram-se aplausos, mas também manifestação ruidosa das galerias, o que levou o presidente, mais uma vez, a lembrar qual seria seu comportamento nesses casos:

"O SR. PRESIDENTE – Peço licença para advertir que não permitirei manifestações das galerias. Estas manifestações não são toleradas pelo Regimento, mas, por um princípio de liberalidade, o Presidente as esteve admitindo. Se, entretanto, continuarem, terei de cumprir rigorosamente o Regimento, fazendo evacuar as galerias."

Como já eram 16 horas e 50 minutos, convocou nova reunião para o dia seguinte, às 14 horas, com a ordem do dia "Eleição dos demais membros da Mesa", que deveria ter se realizado às 15 horas e 30 minutos. o que levaria o término da sessão para além das 22 horas, no dia marcado para a recepção às autoridades estrangeiras no Itamarati, comemorativa da mudança de governo.

Democracia não é harmonia

Estavam todos satisfeitos. Uns mais, outros menos. Os comunistas, por exemplo, mais que contentes, não escondiam a euforia e a emoção com o pronunciamento do "chefe" aureolado pela prisão e pelo sofrimento. Os oposicionistas burgueses, reunidos na UDN, refaziam-se da amargura da derrota de seu candidato em 2 de dezembro, vendo as alvíssaras com que eram saudados os seus líderes, em especial Otávio Mangabeira, o mais inflexível adversário de Getúlio. Os partidários deste, os petebistas, podiam sentir-se frustrados pela ausência de seu líder, mas se reconfortavam com o consagrador desempenho nas urnas que ninguém mais depois dele lograria no país. E os pessedistas, por fim, cientes da força e do poder de sua bancada, augúrio de um longo predomínio no poder, mesmo depois da redemocratização.

Os episódios que todos estavam começando a viver pareciam demonstrar, depois de anos de submissão, autoritarismo e repressão, que a democracia era sinônimo de harmonia, na medida em que, prevalecendo a liberdade, todos, maioria e minoria, oposição e governo, liberais e radicais, direita e esquerda, podiam se manifestar, expor seus pontos de vista e defender suas convicções. E isso era e continua sendo essencial para a condição humana. O que os dias seguintes iriam mostrar, contudo, era exatamente o contrário, que democracia pode ser, mas não é, necessariamente, o reino da harmonia, da conciliação e do entendimento. Pode ser, também, o duro embate, o confronto de idéias e interesses e o regime que não sobrevive sem negociação.

3. Realistas & vocalistas

Visão histórica, visão histérica

A primeira sessão ordinária da Assembléia finalmente se realizou na quarta-feira, 6 de fevereiro. Faltava apenas, entre as providências preliminares para sua completa investidura, a eleição dos demais membros da Mesa, depois de escolhido seu presidente. O desafio dos constituintes não era novo nem inédito na história política do país. Desde a independência, duas Constituições tinham sido discutidas e votadas por delegados do povo brasileiro.

A primeira foi a Constituinte republicana, instalada no dia 15 de novembro de 1890, um ano após a queda do Império. Composta de 205 deputados e 63 senadores, realizou sessões preparatórias na sede do Cassino Fluminense, na Rua do Passeio, onde mais tarde funcionou a sede do Automóvel Clube do Brasil. Nesse local, em 1964, o então presidente João Goulart participou da famosa assembléia dos sargentos que o levou à deposição e ao exílio. Presidida por Prudente de Morais, eleito por 156 dos 231 congressistas presentes, a Constituinte concluiu sua obra com a promulgação, em 24 de fevereiro de 1891, do texto calcado em projeto do Executivo, mandado executar provisoriamente, pelo decreto nº 510, de julho do ano anterior. A sessão solene de instalação teve lugar no Palácio da Quinta da Boa Vista, residência do imperador deposto, mandada adaptar pelo governo provisório, depois de ter a Câmara funcionado no prédio da Cadeia Velha, desde a primeira e frustrada Constituinte de 1823 e, a seguir, com a primeira legislatura ordinária de 1826. Ali também se realizaram as demais sessões, até o golpe da dissolução do Congresso por Deodoro, em 3 de novembro de 1891. Essa mudança provocou uma das muitas deliciosas crônicas de Machado de Assis sobre a vida parlamentar brasileira, em que assinala que esse foi um dos desgostos que lhe causou a República, o de ter de pagar três vinténs pelo bonde, obrigado a tomar, sempre que ia do centro àquele retirado local, onde o velho monarca resguardava sua privacidade. Como a de 1946, a de 1890 foi uma Constituinte congressual, uma vez que era composta de deputados e senadores que, finda a tarefa de elaboração constitucional, passaram a integrar, automaticamente, os dois ramos do Legislativo ordinário, a Câmara e o Senado. A obra de discussão e votação do projeto do governo durou pouco mais de três meses, sendo a mais breve de quantas Constituintes tivemos.

A segunda tinha sido realizada apenas doze anos antes da de 1946. Convocada, como a de 1890, pelo governo provisório, foi eleita em 3 de maio de 1933, por ser a data tradicional de instalação dos trabalhos legislativos, na época em que ainda se supunha fosse esse o dia do descobrimento do Brasil. Realizou suas sessões preparatórias no Palácio Tiradentes, a partir de 10 de novembro, e a de instalação, como a de 1890, em 15 de novembro do mesmo ano. Presidida por Antônio Carlos, ex-presidente de Minas e da Aliança Liberal, concluiu sua tarefa em 16 de julho de 1934. Foi a única Constituinte exclusiva, dissolvendo-se quando da instalação da legislatura ordinária em 1935, e a primeira a contar com a participação de duas mulheres, Berta Lutz e Carlota Pereira de Queiroz. Era integrada por 254 deputados, sendo 214 eleitos pelo voto direto dos eleitores, no primeiro pleito conduzido pela Justiça Eleitoral, e 40 escolhidos pelos órgãos de classe, representando a agricultura, a indústria, o comércio, os funcionários públicos e os profissionais liberais, tudo de acordo com o decreto 22.621, de 5 de abril de 1933.

A Assembléia de 1946 foi a terceira a discutir e a votar uma nova Constituição, mas a quarta a se reunir no país, já que, antes dela e das duas anteriores, de 1890 e de 1933, a de 1823, convocada por dom Pedro I, depois da independência, tinha sido a primeira. Essa, no entanto, não concluiu sua tarefa, tendo sido dissolvida pelo imperador na madrugada do dia 12 de novembro do mesmo ano de sua convocação. Por isso, embora apenas duas Constituições anteriores tivessem sido fruto de aprovação por delegados eleitos pelo povo brasileiro, já tínhamos conhecido quatro textos constitucionais, sendo os de 1824 e de 1937 outorgados pelo Executivo. A história constitucional do país era, como se vê, tão conturbada quanto sua história política, pela simples e óbvia razão de ser apenas um dos capítulos dessa última. Não seria só difícil, seria impossível termos uma história constitucional linear e pacífica, no contexto de uma história política que sempre foi sinuosa, tumultuada e insurreta.

Entretanto, havia traços comuns entre a Constituinte de 1946 e as anteriores. Em primeiro lugar, todas foram convocadas pelos governantes que as precederam no poder e, portanto, delas não dependiam nem faziam derivar sua legitimidade. A de 1823, pelo monarca, já investido do título de imperador e defensor perpétuo do Brasil. A de 1890, pelo governo republicano provisório, instalado um ano antes, o mesmo ocorrendo com a de 1933, depois que Getúlio já se encontrava investido na chefia do Executivo, como líder da revolução vitoriosa havia três anos. Assim também ocorreu com a de 1946, igualmente convocada por Vargas, na condição de ditador, de que se auto-investira, ao dissolver o Congresso e outorgar a Carta totalitária de 1937.

Em segundo lugar, foram os que as convocaram que disciplinaram a eleição de seus membros, sua composição, os locais de suas reuniões, os procedimentos para sua instalação e as normas de seu funcionamento inicial, até que, constituídas as respectivas Mesas, pudessem ser investidas do poder soberano que lhes fora delegado. Ao aceitarem essa situação, por falta de alternativas, os membros dessas Assembléias, em todos esses casos, aceitavam a legitimidade daqueles por cuja iniciativa todos tinham sido investidos do poder constituinte de que passaram a desfrutar depois das respectivas eleições.

Finalmente, em terceiro lugar, o mais importante dos traços comuns é que, até que fossem constituídos a nova ordem política e o novo ordenamento jurídico que aprovassem, continuou o país regido pelas leis, normas, hábitos, costumes e precedentes em uso. Assim tinha sido sempre, era o que ensinava a história. Os que conheciam cada um desses precedentes sabiam que em 1946 não seria diferente. Em qualquer hipótese, a maior contribuição que poderiam dar ao novo regime que deveriam instituir era abreviá-lo, construí-lo o mais rapidamente possível. Só dessa forma uma nova ordem política substituiria a antiga, já que o poder não admite vácuo, embora possa conviver com interrupções, desde que breves, rápidas e curtas, mesmo que violentas.

O pior dos precedentes tinha ocorrido em 1823, quando nossa primeira Constituinte, denominada oficialmente Assembléia Geral Extraordinária Legislativa e Constituinte do Império do Brasil, se atribuiu a condição de única representante da soberania nacional, declarando em vigor, sem a necessidade de sanção do imperador, titular do único poder preexistente, as leis que aprovasse. O confronto entre o poder coletivo e desarmado que era a Assembléia e o poder pessoal dispondo das armas de toda a nação, representado pelo monarca, não poderia ser resolvido senão a favor da força. Sempre que os impulsos irrealistas permitem que a emoção se imponha à razão, é esta que termina por pagar o preço da irrisão.

Entre os constituintes eleitos em 1945, havia os que tinham uma adequada e indispensável visão histórica. Mas também não faltavam os que, como diria anos mais tarde Roberto Campos, à falta dela, tinham, necessariamente, uma visão histérica. E, como sempre, não eram poucos.

Os contrastes geram o confronto

Citando dados de Oliver Onody, em sua obra *A inflação brasileira (1829-1958)*, Edgar Carone, em *O Estado Novo (1937-1945)*, lembra que o custo de vida, entre 1934 e 1940, subiu em média 6,6% ao ano, apesar de todas as crises. A partir do ano seguinte, a inflação se acelerou: atingiu 10,9% em 1941, 12% em 1942, 14,9% em 1943, 27,3% em 1944 e 16,7% em 1945. O acumulado entre 1939 e 1945 era de 176%, um recorde na história republicana. Medidas artificiais, sob justificativa do estado de guerra, se por um lado aliviavam um pouco a angústia dos trabalhadores e dos que viviam de salário, por outro lado geravam escassez. Era o caso do congelamento dos aluguéis, decretado em 1939, e do tabelamento de gêneros de primeira necessidade, como o pão, a carne, o leite, a manteiga e o açúcar, e do racionamento administrado pela Coordenação da Mobilização Econômica, dirigida por João Alberto, homem de confiança de Vargas. O tabelamento gerava escassez, a escassez obrigava ao racionamento, e o racionamento tornava as filas inevitáveis e inesgotáveis. Esse era o tripé econômico da ditadura: congelamento, tabelamento e racionamento, uma fórmula tantas vezes tentada e tantas vezes fracassada na evolução econômica do Brasil.

Quando assumiu o governo, na condição de substituto e sucessor eventual de Getúlio, o presidente José Linhares concedeu aumentos generalizados aos funcionários civis e militares, gerando ainda maior disparidade com os trabalhadores da iniciativa privada. Era o caso dos servidores da principal concessionária de serviços públicos no Rio e São Paulo e uma das maiores empregadoras, a Light (eletricitários, transportes urbanos, telefônicos etc.), de um lado, e dos estivadores, bancários, ferroviários, industriários e comerciários, do outro. As reivindicações salariais iriam tornar-se inevitáveis. Linhares, além de presidente transitório e sem maiores compromissos com seu sucessor, chefiava um governo bicéfalo. Uma cabeça conduzia a política de distensão, acelerando a abertura, enquanto a outra geria, mantendo intacto, o aparelho repressivo e de segurança que herdara de seu antecessor, a começar pelos ministros militares que o tinham convocado para assumir o governo. Num lance de irrealismo político, tentara, inclusive, nomear um novo ministro da Guerra, o general César Obino, mas se vira impossibilitado de fazê-lo, quando o convidado lhe declarou não aceitar o cargo.

De tal sorte que, enquanto o ambiente político era de distensão, o econômico era de compressão, e o social, de opressão.

Ao tomar posse, Dutra deparou com uma greve dos bancários que se generalizara e tinha precedido o seu governo. Por isso, seu ministro do Trabalho se vira na contingência, dois dias depois da posse, de emitir nota oficial advertindo os grevistas, comentada logo na sessão inaugural da Constituinte. O aparelho repressivo intocado e a ideologia predominante levavam o governo a encarar como manifestação do radicalismo comunista tanto as greves reivindicatórias por salários e por melhores condições de trabalho como as de cunho político, em que o PCB tinha notório interesse e ostensiva participação. No âmbito policial, o braço repressivo era comandado pelo Dops, sob a direção do coronel Antônio Imbassahy. Para esse setor, era como se o Partido Comunista não fosse uma agremiação legal, pois continuava sendo tratado com a mesma dureza com que tinha sido reprimido, antes e durante o Estado Novo, em seu longo período de clandestinidade.

Contrastando com esse estado geral de inquietação e insatisfação, a guerra e o esforço exportador tinham gerado improvisadas e surpreendentes fortunas em pouco tempo. Os especuladores, como sempre acontece nos tempos de crise, lucravam com a falta de gêneros essenciais, agravada pelo fim da guerra, pela devastação sofrida pela Europa e pela precária convivência entre as grandes potências, numa antecipação da Guerra Fria ainda por vir. Esse estado pós-conflagração permitia a exportadores e especuladores ganhos extraordinários. O moribundo governo Vargas tinha tentado controlar esses emergentes atores econômicos com os meios a que estava habituado: a lei, a ameaça e a repressão, recursos insuficientes para mudar a realidade, mas férteis em estimular a corrupção. Foi o que ocorreu quando baixou a chamada "lei malaia", de repressão aos trustes e cartéis, assim denominada em alusão a seu autor, o ministro Agamenon Magalhães, que tinha os malares salientes, sugerindo uma ascendência asiática. Depois reforçou o seu arsenal legislativo recorrendo a uma lei de lucros extraordinários, embora ambas nunca tivessem sido efetivamente aplicadas.

Os países europeus, como era o caso da França, da Inglaterra e da Rússia, não estavam só extenuados pelo esforço de guerra, mas também devastados pela ocupação e pela rapinagem nazista. Chamando argentinos e brasileiros de seus filhos diletos, o papa Pio XII chegou a lançar um apelo internacional à Argentina e ao Brasil, como celeiros do mundo, para que socorressem seus irmãos famintos e os milhões de refugiados com seus "incomensuráveis recursos naturais". No entanto, aqui ainda se praticava o racionamento do tempo de guerra, mesmo depois de terminado o conflito. Não éramos auto-suficientes nem em trigo nem em cereais em geral. Dispúnhamos de um razoável rebanho animal, mas não tínhamos condições de estocagem e armazenamento adequados, nem de transporte para fazer chegar o produto à mesa do consumidor nos grandes centros, notadamente Rio e São Paulo. Além de não produzirmos trigo, dependendo do fornecimento do Uruguai e da Argentina, eram também esses países que nos supriam de carne nos períodos de entressafra, quando o produto escasseava e os poucos frigoríficos existentes, nas mãos de empresas estrangeiras, como era o caso da Swift e da Armour, tinham mais interesse nas demandas do mercado externo do que na satisfação do interno.

Os novos-ricos produzidos pela guerra, de que Hugo Borghi era um exemplo, não viviam nem sofriam as agruras da maioria da população. A vida na capital da República, com seus cassinos, seus *shows*, suas vedetes e seus teatros de revista, era alegre e descontraída para um pequeno grupo, contrastando com as dificuldades que a escassez e o racionamento tinham imposto a quase todos os demais brasileiros. Sintetizando essa situação, Edgar Carone escreveu em sua obra *O Estado Novo (1937-1945)*: "Inflação, filas, câmbio negro, baixos salários e alta do custo de vida, enriquecimento rápido e ascensão de novas camadas burguesas caracterizam os anos de 1942, 1943 e 1944" (p. 102).

Esse ambiente repercutia na Constituinte. Enquanto aguardavam os passos preliminares necessários ao pleno desempenho de sua missão histórica, como a elaboração, discussão e aprovação de um regimento interno e, subseqüentemente, de um projeto de Constituição, os deputados e senadores não resistiam à tentação de interferir na vida quotidiana do país e de tentar influir na rotina da administração. Os oito anos de Estado Novo e os quinze anos de um mesmo titular no poder constituíam uma pesada e onerosa herança.

Os contrastes entre a política da distensão, a economia de compressão e as reivindicações sociais sob opressão geravam um necessário e inevitável confronto sob cujas regras a Constituinte teria que trabalhar. Como em toda parte, no Rio os contrastes também geravam confrontos.

Double face

Os partidos representados na Constituinte, com exceção do PCB, se preocupavam em ter uma intensa militância parlamentar, ocasional militância eleitoral e fraca militância ideológica, não necessariamente nessa ordem. O caso do PCB era diferente. Em seu histórico de clandestinidade, praticamente desde que fora fundado, em 1922, tinha se dedicado a uma fortíssima militância ideológica, uma disciplinada militância partidária e uma fraca militância parlamentar. Entre outras razões, porque era a primeira vez que vivia uma precária legalidade e participava de uma instituição parlamentar como a Constituinte. Podia ser considerado, então, o único partido de massas do país, ao contrário dos similares burgueses, partidos de "notáveis", na classificação famosa de Duverger.

O espectro ideológico do país era simples, rude e tosco como nossa civilização na época. Na esquerda, uma só força organizada, atuante e visível: os comunistas. A sua histórica divisão tradicional na Europa, contemplando anarquistas, anarco-sindicalistas, trotskistas e socialistas, não se refletia no Brasil, onde essas correntes não eram mais que pequenos grupos de ínfima ou quase nula expressão. À direita, os ultraconservadores do PSD, os conservadores e liberais da UDN, e no centro, formando-se aos poucos como nebulosa ainda indefinida, o PTB, com seu discurso de esquerda e sua vocação de direita.

Dessa divisão, esquemática e simplificada, decorria a estratégia política de cada grupo e de cada partido. Os que compunham o centro e a direita do espectro ideológico atuavam no interior e na periferia do Estado, sua fonte de poder e de sobrevivência. A esquerda, ao contrário, atuava no âmbito do que se convencionou chamar de "sociedade civil", notadamente entidades de classe, sindicatos, associações e grupos de seu especial interesse, como estudantes, trabalhadores, militares e intelectuais.

Todas essas circunstâncias tornavam necessariamente pequena a influência da bancada comunista na Constituinte. Qualquer acordo que eventualmente conseguisse no âmbito parlamentar seria ocasional e precário. Os demais partidos flutuavam em torno de outros interesses não necessariamente ideológicos, incluindo clivagens não apenas no plano maioria *versus* minoria, mas também nas divisões visíveis entre governo e oposição, parlamentaristas e presidencialistas, intervencionistas e estadistas ou nacionalistas e livre-cambistas. Na verdade, eram divisões mais fisiológicas que ideológicas, prevalecentes na quase-totalidade dos partidos, que foram se multiplicando em torno de novas categorias e interesses que a eles se agregavam, como adesistas, populistas, nepotistas e patrimonialistas. Nisso consistia a prática da política partidária, circunscrita às questões quotidianas e à de pequenos interesses que giravam em torno dos governos, na época ainda mais importantes que os do conjunto da sociedade.

A visão dos dirigentes e adeptos do PCB era exatamente a oposta. Cientes da missão revolucionária que acreditavam cumprir, sabiam de suas limitações quanto às possibilidades de chegar ao poder restrito de prefeituras e até mesmo de governos estaduais. Seu maior objetivo era a mobilização política, o proselitismo ideológico, a doutrinação e organização das massas e a propaganda de suas idéias. Sua presença na Constituinte burguesa e reacionária, como a classificou Prestes, e depois nas demais instituições parlamentares que tinham o mesmo caráter, como foi o caso das Câmaras Municipais a que tiveram acesso, era apenas um instrumento para a realização de seus objetivos. A serviço deles mobilizavam toda a sua capacidade de ação, sempre coordenada, ensaiada, orquestrada e organizada, como se fosse um exercício de ordem unida. Seu interesse primordial estava nas entidades, não nas pessoas, e onde quer que pudessem conseguir adeptos, conquistar aliados e reforçar os seus quadros de militantes. Tinham seus próprios jornais e uma vasta rede de organizações políticas e partidárias, em torno das quais gravitava o seu universo político.

Já tinham passado por muitos reveses, cometido o erro fatal de 1935, e não pretendiam cumprir novas e terríveis quarentenas a que o sistema político os tinha submetido. Até chegar à Constituinte, o partido havia passado por três fases. A primeira começou em 1922, quando foi fundado por nove delegados: Abílio de Nequete, barbeiro; Astrojildo Pereira, jornalista; Cristiano Cordeiro, funcionário; Hermogêneo Silva, eletricista; João da Costa Pimenta, gráfico; Joaquim Barbosa, alfaiate; José Elias da Silva, funcionário; Luís Perez, vassoureiro; e Manuel Cendón, alfaiate, representando os grupos de Porto Alegre, Recife, São Paulo, Cruzeiro (SP), Niterói e Rio de Janeiro. Em reuniões realizadas nos dias 25 e 26 de março, na sede de uma União Operária no Rio, e no dia 27, na casa de Astrojildo Pereira, em Niterói, aprovaram os estatutos e elegeram sua Comissão Central Executiva. Publicados na edição do *Diário Oficial* de 7 de abril de 1922 (p. 6970), eram uma adaptação dos estatutos do PC argentino. Segundo o livro *O ano vermelho*, de Moniz Sodré, Clóvis Melo e A. T. Andrade, do qual foram extraídos esses dados, seu art. 1º prescrevia: "Fica fundada, por tempo indeterminado, uma sociedade civil, no Rio de Janeiro, ramificando-se por todo o Brasil, tendo por título Centro do Partido Comunista do Brasil, mas que será chamado Partido Comunista, Seção Brasileira da Internacional Comunista." O art. 2º, relativo às suas finalidades, dispunha que o partido "tem por fim promover o entendimento, a ação internacional dos trabalhadores e a organização política do proletariado em partido de classe, para a conquista do poder e conseqüente transformação política e econômica da sociedade capitalista em sociedade comunista". O art. 14, por sua vez, tratava da competência da Comissão Central Executiva, "de acordo com o princípio da centralização democrática".

Nessa fase, o PCB requereu seu registro para concorrer às eleições à Constituinte de 1933, realizadas em maio. Na ata da 13ª sessão ordinária do TSE, de 14 de fevereiro do mesmo ano, consta como item 4 da pauta o processo 279 de registro do partido sendo convertido em diligência. O assunto voltou ao plenário na 17ª sessão, em 3 de março, como item 6, e mais uma vez foi protelado por nova diligência. A ata da 25ª sessão, em 31 de março, finalmente, traz a decisão que denegou o pedido, restaurada do esquecimento graças à iniciativa do ministro Walter Costa Porto, do TSE, que, na qualidade de fundador e editor da revista *Estudos Eleitorais*, divulgou, em seu nº 2 (maio-ago. de 1997), toda a documentação não só desse episódio, mas também da cassação ocorrida em 1947. Diz o documento:

"Às 13 horas, presentes os juízes: ministros Eduardo Espínola e Carvalho Mourão, desembargadores José Linhares e Renato Tavares, drs. Monteiro de Sales e Miranda Valverde, e tendo deixado de comparecer, com causa justificada, o dr. Afonso Pena Júnior, abre-se a sessão. É lida e sem debate aprovada a ata da sessão anterior.

O Sr. Presidente (ministro Hermenegildo de Barros) lê um requerimento do secretário-geral do Partido Comunista, pedindo urgência para o julgamento do registro do mesmo partido e reclamando contra a coação que diz sofrerem os correligionários no saguão do tribunal; e declara o Sr. Presidente que o julgamento se dará na sessão de hoje, mas que o deixará para mais tarde, a fim de que possam ser avisados os membros ou correligionários do partido que queiram assistir ao julgamento, que é público e pode ser assistido por quem quer que seja, desde que se mantenham em atitude ordeira.

O Sr. Miranda Valverde relata o processo 279 (registro do Partido Comunista) e vota no sentido de ser negado registro ao Partido Comunista porque, como filiado à 3ª Internacional de Moscou, é uma associação para fins ilícitos e, como tal, nula de pleno direito. No mesmo sentido votam os srs. Eduardo Espínola, José Linhares, Renato Tavares. O Sr. Carvalho Mourão, embora considerasse o Partido Comunista como sociedade para fins ilícitos, manifesta-se pela incompetência do tribunal para declarar essa nulidade, o que deverá ser feito pela justiça ordinária. Também assim entendeu o Sr. Monteiro de Sales, manifestando-se pela necessidade de ser ouvida a parte interessada. O tribunal negou registro ao Partido Comunista por quatro votos contra dois.

Nada mais havendo a tratar, o Sr. Presidente declara encerrada a sessão. Levanta-se a sessão às quinze horas e dez minutos."

A decisão é o retrato da época e das condições sob as quais se operou a institucionalização do regime decorrente da Revolução de 30, uma suposta transição para a democracia. As razões dos dois únicos juízes que votaram contra a maioria, justamente os que não integravam os quadros da magistratura, são tão evidentes que dispensam maiores comentários, pois não só contrariavam a própria legislação em vigor, editada ou mantida pelo governo provisório, como era o caso do Código Civil, como foram ditadas sem que os interessados pudessem manifestar-se. O partido poderia continuar funcionando, mas não concorrer às eleições...

Com o registro negado, o PCB valeu-se do que fora concedido à União Operária e Camponesa para participar do pleito no Rio de Janeiro, onde nada menos do que vinte partidos e duzentos candidatos concorreram às dez vagas existentes. Todos os eleitos eram candidatos ligados ao governo e ao Movimento Tenentista. Nenhum representante da esquerda logrou êxito. A despeito de impedidos de participar com sua própria legenda, os comunistas conseguiram ser representados na Assembléia Constituinte de 1933 pelo deputado Zoroastro Gouveia, eleito pelo Partido Democrático de São Paulo, e que na primeira intervenção no plenário fez profissão de fé marxista.

Aí termina a segunda fase, iniciando-se a terceira, quando, aderindo ao marxismo-leninismo e assumindo a direção suprema do partido, Prestes participou da estratégia de fundação da Aliança Libertadora Nacional, com o objetivo de unir todas as forças por ele consideradas progressistas. Depois da dissolução da ALN e da volta de Prestes da União Soviética, já com os planos do levante de 1935, o PCB aventurou-se no mais ousado de seus lances. Apostou na revolução dos trabalhadores e camponeses, transformada, por falta de apoio popular, em mais uma insurreição militar, prontamente reprimida, com trágicas conseqüências para seu líder, toda a sua direção e estrutura partidária. Condenado pelo Tribunal de Segurança Nacional, Prestes, preso e confinado por quase dez anos, levou o PCB a passar por um período de virtual acefalia e de sucessivas tentativas de organização, que só conseguiram êxito na Conferência da Mantiqueira, realizada em agosto de 1943.

Em 1945, com a decretação da anistia e a libertação de Prestes, começou a terceira fase, em que o partido conseguiu não só seu registro para concorrer ao pleito de 2 de dezembro, mas também atuar na legalidade. Durante a transição, sua tática foi dúbia, incerta e de precários resultados, sobretudo quando se aliou a Vargas, cujo declínio era evidente e cujo destino não seria difícil antever. Seus quadros, atuando durante tantos anos na clandestinidade, puderam emergir e mostrar a força de sua capacidade de mobilização política, fundando comitês, participando das assembléias sindicais e dos movimentos operários que lutavam por aumentos que lhes permitissem enfrentar a perda de poder aquisitivo e o agravamento das condições de vida. Em muitas oportunidades, mostrou que continuava jungido às diretrizes do Comintern revigorado pela vitória da URSS na Segunda Guerra e atuando com inflexibilidade, porém com desenvoltura, no cenário internacional. É preciso assinalar que estávamos no auge do stalinismo. Uma dessas evidências foi quando se empenhou, desperdiçando energias tão necessárias em outras causas de resultados mais imediatos, na condenação ao regime de Franco na Espanha, já alijado pela força e pelo poder da URSS de sua pretensão de participar da ONU, o que significou um longo período de isolamento internacional. Com esse objetivo, liderou a greve dos estivadores de Santos que, sob sua orientação, se negavam a carregar e descarregar um navio espanhol lá atracado. A outra iniciativa foi a estratégia, então adotada com algum êxito em outros países, de tentar unificar os trabalhadores e suas entidades de representação num só e amplo mutirão, o MUT (Movimento Unificador dos Trabalhadores), com o que esperava enfrentar os pelegos atrelados à máquina oficial do Ministério do Trabalho que dominavam a maioria dos sindicatos.

Todo esse envolvimento com suas atividades extraparlamentares, que constituíam sua prioridade e despertavam o entusiasmo juvenil de alguns de seus representantes na Constituinte, foi criando arestas cada vez mais visíveis e diminuindo a influência que o partido poderia ter tido nos trabalhos de elaboração constitucional.

Sua atuação era linear, orientada pela ortodoxia ideológica, e sua ação se assemelhava à de alguém que, dispondo de uma capa *double face*, na época uma novidade, teimasse em usá-la sempre de um lado só, em qualquer estação do ano...
Atuando dessa forma, o partido recusava-se a usar a tática de seus concorrentes burgueses, num sistema e em instituições vistas por seus membros como reacionários, o que os deixava em enorme desvantagem na arena política. Salvavam-se os princípios, inviabilizavam-se os avanços. Fosse outro o modelo adotado, talvez lhes tivesse poupado alguns dissabores. Quem sabe até mesmo o da cassação dos mandatos de seus parlamentares. O *double face* era, sem dúvida, figurino incompatível com seu estilo de fazer política, na infância da legalidade que o partido começava a fruir e desfrutar.

A claque

A primeira sessão ordinária da Constituinte realizou-se, como estava previsto, no dia 6 de fevereiro, com a ordem do dia "Eleição dos demais membros da Mesa". Seguindo o regimento interno da Constituinte de 1934, mandado adotar provisoriamente pelo decreto-lei nº 8.708, as sessões tinham início às 14 horas, duravam ordinariamente quatro horas, podendo ser prorrogadas a pedido de qualquer deputado, desde que houvesse no plenário pelo menos dez parlamentares. Para ser aberta a sessão, requeria-se a presença de pelo menos sessenta e quatro constituintes, apurada através de lista publicada diariamente no *Diário da Assembléia*. Não havendo número, o secretário despacharia o expediente e mandaria publicá-lo. Aberta a sessão, procedia-se à leitura da ata da reunião anterior, considerando-a aprovada, independentemente de votação, desde que não houvesse impugnação ou reclamação. Sobre a ata, o constituinte só poderia falar para retificá-la, apenas uma vez e pelo prazo máximo de cinco minutos. Nessa primeira hora, procedia-se à leitura do expediente recebido, que, depois de despachado pelo primeiro-secretário, tinha o encaminhamento devido, sendo publicado. Seguia-se a leitura dos pareceres, indicações e requerimentos enviados à Mesa, igualmente mandados publicar, tarefa que não poderia exceder meia hora. Não tendo decorrido a primeira hora da sessão com os atos iniciais, era permitido a qualquer parlamentar usar da palavra mediante prévia inscrição. Findo esse prazo, iniciava-se a ordem do dia, com a discussão e votação das matérias dela constantes, desde que estivessem presentes 128 constituintes.
A qualquer constituinte só era permitido falar: (a) para apresentar indicações ou requerimentos, mediante prévia inscrição; (b) sobre proposições em discussão; (c) pela ordem, pelo prazo máximo de três mi-

nutos; (d) para encaminhar a votação; ou (e) em explicação pessoal. As votações eram feitas pelo processo simbólico, em que deveriam levantar-se os presentes a favor da matéria em deliberação; por votação nominal, em que cada um responderia "sim" ou "não", conforme fosse a favor ou contra a matéria em votação, sendo a chamada feita pelo primeiro-secretário ou por escrutínio secreto, em que os votos "sim" ou "não" eram depositados na urna e depois apurados. Para se praticar votação nominal, era indispensável que pelo menos um constituinte a requeresse e que o plenário a aprovasse. Era igualmente permitido a qualquer membro da Assembléia requerer verificação de votação, caso em que os que aprovassem permaneceriam de pé até a contagem final, repetindo-se o procedimento com os que tivessem votado "não". Sempre que constatada a falta de número, tinha que ser feita, obrigatoriamente, a chamada nominal.

A direção dos trabalhos competia ao presidente que, soberanamente, decidia as questões de ordem e velava pela regularidade dos trabalhos, podendo suspender a sessão sempre que julgasse conveniente para mantê-la. Os assuntos em discussão podiam ser submetidos a dois procedimentos extraordinários. O primeiro era a preferência, permitindo discutir-se qualquer matéria antes das demais, e o segundo, o regime de urgência, que deveria ser requerido por três membros da Mesa ou o mínimo de dez constituintes.

A sessão do dia 6 foi aberta com vinte e cinco minutos de atraso. Embora sem nenhum registro escrito, é possível deduzir que isso se deveu aos entendimentos para a composição dos cargos da Mesa a serem preenchidos. Presentes 144 constituintes e depois de lida e aprovada a ata da reunião anterior, deu-se conta ao plenário da renúncia do deputado do PSD gaúcho, João Neves da Fontoura, por ter sido nomeado ministro das Relações Exteriores. O primeiro-secretário *ad hoc* comunicou que uma comissão de bancários tinha sido recebida pelo presidente para agradecer o apoio à causa pela qual estavam em greve. Sem que houvesse manifestação das galerias, o deputado Agostinho Dias de Oliveira (PCB-PE) apresentou proposta de se criar uma comissão especial para, no prazo de vinte e quatro horas, apresentar projeto de Regimento Interno. Em seguida, também pela ordem, o deputado Barreto Pinto (PTB-DF) solidarizou-se com a greve dos bancários, condenando a intransigência dos banqueiros. Seu discurso, de apenas uma página do *Diário*, foi interrompido vinte e duas vezes por manifestações de aplausos das galerias, ocupadas pelos grevistas. Após prestarem juramento os constituintes ainda não empossados, o presidente anunciou a existência de requerimento do deputado Café Filho (PRP-RN) solicitando que fosse criada uma comissão para elaborar um projeto de Regimento no prazo de vinte e quatro horas. O próprio deputado do Rio Grande do Norte esclareceu o engano, alertando que essa era a proposta de seu colega, o deputado Agostinho Dias de Oliveira, enquanto a sua sugeria apenas a adoção do regimento da Constituinte de 1933-34, até que a Constituinte aprovasse o seu. Pediu ainda que fosse a matéria apreciada depois da eleição dos cargos da Mesa, por ser mais urgente. A proposta do futuro vice-presidente da República era anódina e implicava chover no molhado, pois essa era exatamente a determinação do decreto-lei nº 8.708, contra a qual se insurgiram os comunistas desde a primeira sessão preparatória.

Antes da ordem do dia, ainda falaram o deputado Monsenhor Arruda Câmara (PDC-PE), que não tinha se manifestado na sessão solene, para fixar a posição de seu partido e apresentar indicação para ser adotado pela Assembléia, como projeto constitucional, o texto da Constituição de 1934. Depois dele, o deputado Getúlio Moura (PSD-RJ) encareceu ao presidente da República revogar o decreto-lei que colocava sob a autoridade e fiscalização da polícia as emissoras de rádio. Em seguida, o outro deputado eleito pela legenda do PDC, o paulista Manuel Vítor, locutor de um programa de rádio dedicado à Ave-Maria, graças ao qual se elegeu, pronunciou um misto de arenga e discurso invocando os ensinamentos do papa para concluir, com um soneto de autor desconhecido, que, pela qualidade literária, se não era, bem poderia ser de sua autoria.

Os quatro pronunciamentos, sem outra utilidade, serviam para mostrar a média das aptidões intelectuais dos integrantes da Assembléia. Era fatal que, nesse ambiente, os mais habilitados se notabilizassem entre os mais qualificados representantes da cultura política e da cultura jurídica daquele período.

Ao anunciar o presidente que iriam "passar à parte principal da sessão, que consiste na eleição dos demais membros da Mesa", pediu a palavra pela ordem o deputado Carlos Marighela (PCB-BA). Insistiu na sugestão do seu colega Agostinho Dias, reafirmou que a Assembléia necessitava de um Regimento, repetiu que a luta dos comunistas em defesa da soberania da Constituinte seria intransigente, frisou que a questão não era nova nem impertinente, invocando os exemplos das Constituintes anteriores, e, num ímpeto que indica ter posto a carapuça atirada por alguns colegas e jornalistas, disse textualmente: "O que se assoalhou a nosso respeito, em torno da expressão 'corpo estranho', como se pretendêssemos tumultuar os trabalhos, é de todo improcedente. Temos o propósito de colaborar para que se garantam, desde o início, a soberania e a autoridade da Constituinte." Desmentindo suas próprias ressalvas de não ser intransigente nem impertinente, voltou a insistir para que, antes da eleição, se votasse a proposta do seu colega de partido. Em aparte, o deputado Oswaldo Lima (PSD-PE) afirmou que se tratava de uma questão de detalhe, sendo mais importante eleger a Mesa para se iniciarem os trabalhos. Em resposta, o constituinte baiano afirmou que, prevalecendo o Regimento imposto pelo decreto-lei nº 8.708, sua bancada "se via forçada a sujeitar-se ao desejo da maioria". Depois de um debate paralelo entre Barreto Pinto e Café Filho, Marighela encerrou sua intervenção apresentando um requerimento de urgência para a proposta de sua bancada. Os rumos do debate que se seguiu mostram como caminhariam os trabalhos daí para a frente:

"O SR. PRESIDENTE – [...] Recebendo agora o requerimento de urgência, vou submetê-lo a votação. Pretendia tratar da constituição da mesa e, em seguida, submeter a discussão o requerimento do Sr. Café Filho. Finalmente, ofereceria à consideração da casa o requerimento do Partido Comunista, uma vez que se trata de assunto diferente.

O SR. NEREU RAMOS – (*Pela ordem*) Sr. Presidente, a primeira condição de êxito desta assembléia está na disciplina e na ordem. (*Muito bem*) Se, a pretexto de usar de nossa soberania, deixarmos que impere a indisciplina em nossos trabalhos, não os levaremos a bom termo, como é de nosso mandato e imperativo nacional.

O Sr. Luís Carlos Prestes – Justamente dentro dos preceitos da disciplina e da lógica, não pode ser eleita a mesa, enquanto não há regimento interno (*aplausos das galerias*).

O Sr. Barreto Pinto (*dirigindo-se ao Sr. Carlos Prestes*) – V. Exa. votou para presidente desta casa; implicitamente aceitou o regimento do decreto-lei nº 8.708. Está sendo incoerente... (*Manifestações das galerias dirigidas ao aparteante*)

O SR. NEREU RAMOS – Sr. Presidente, peço a V. Exa. que me assegure a palavra.

O Sr. Barreto Pinto – Repito o meu aparte: o nobre senador comunista votou para presidente desta casa. Implicitamente reconheceu o regimento. Há incoerência de sua parte, como há de seu partido. (*Nova manifestação das galerias*)

O SR. PRESIDENTE – Advirto à assistência que não posso admitir seu procedimento. As galerias não devem manifestar-se em desapreço a qualquer dos constituintes.

O SR. NEREU RAMOS – Sr. Presidente, responderei, com a maior satisfação, a todos os apartes que me foram dados. (*Manifestações da assistência*) Pode contar com o apoio e a mínima complacência dos que representam a maioria...

O SR. PRESIDENTE – Continuo advertindo a assistência que não permitirei essas manifestações. Não minto e não falto ao que prometi. Liberdade não é desordem (*muito bem. Palmas no recinto e nas tribunas*). Não se admitem apupos dentro de uma casa onde se reúnem representantes, todos iguais, do povo do Brasil. À primeira manifestação de desapreço, farei evacuar as galerias. (*Muito bem. Muito bem*)

O SR. NEREU RAMOS – Sr. Presidente, procurarei, repito, em atenção a todos os meus colegas, responder aos apartes que me forem dados. (*Vozes nas galerias*)

O SR. PRESIDENTE – Atenção, peço ao nobre senador que interrompa sua oração, a fim de ser suspensa por quinze minutos a sessão e mantido o respeito devido à Assembléia Constituinte. (*Aplausos*) Está suspensa a sessão."

O episódio terminou servindo de lição para todos. No quarto dia de funcionamento, a Assembléia, que apenas ensaiava os primeiros passos, teria que se adaptar ao padrão de funcionamento de todos os Parlamentos, em que a regra da maioria é o primeiro dos cânones. A claque teria que se transformar em assistência, pois a própria arquitetura do recinto reflete, com a mesma simetria, a divisão da sociedade brasileira: no plenário, o clero e a nobreza; nas tribunas, a aristocracia; e nas galerias, a plebe. Aos primeiros, se lhes aprouvesse, era permitido comportar-se como se pertencessem à plebe, à qual esse comportamento era inadmissível. Ou pousava de nobre, ou não poderia permanecer na casa do povo, que deveria ser também a casa do pobre.

A lei do ventre fértil

Retirados os que compunham a claque não convidada ao espetáculo, a sessão foi reaberta quinze minutos depois, retomando o líder da maioria a palavra. Argumentou que, tendo sido eleito o presidente sob o Regimento até então em vigor, não via razão para que não o fossem também os demais membros da Mesa. Sob cerrados apartes de Prestes, Jorge Amado e Café Filho, insistindo em seus pontos de vista, Nereu respondeu que a minoria poderia reafirmá-los sempre que o desejasse, os quais seriam considerados pela maioria, disposta a realizar obra de colaboração em benefício do país, não admitindo, porém, que a maioria fosse tiranizada pela minoria. Prestes retrucou que se submeteria às decisões da maioria, recebendo como resposta "isto é que é democracia, subordinar-se a minoria à vontade da maioria". O líder comunista, para que não restassem dúvidas, voltou a reafirmar que "nós nos submeteremos à vontade da maioria". Nereu submeteu em seguida à Mesa requerimento subscrito por ele e pelos líderes da UDN e do PTB, "a fim de ser nomeada uma comissão para organizar, definitivamente, o nosso Regimento, procedendo-se, porém, imediatamente, à eleição dos mais membros da Mesa, porque só assim a completaremos".

Já havia sobre a mesa três propostas. A escolha entre elas era competência do plenário, mas o momento de submetê-las a discussão e votação, prerrogativa privativa do presidente. Sua indecisão, porém, permitiu que, aproveitando-se do ambiente de confronto já inevitável, Otávio Mangabeira, líder da UDN, jogasse mais lenha na fogueira:

"O SR. OTÁVIO MANGABEIRA – Sr. Presidente, nada do que signifique qualquer participação, por mais longínqua que seja, com a chamada Constituição de 37 – e digo sempre a chamada Constituição de 37, porque nunca a considerei, a Constituição, mais que um insulto ao país (*palmas nas tribunas*), nada que signifique qualquer participação, próxima ou remota, com esse documento degradante, pode contar com o apoio ou a mínima complacência dos que representam nesta Casa a União Democrática Nacional e as correntes partidárias a ela aliadas [...]. Assinei com o nobre líder da maioria [...] um requerimento pedindo à Assembléia a nomeação imediata de uma comissão de três membros – foi o que S. Exa. me propôs, e ao que prazerosamente anuí, para elaborar-se prontamente o regimento interno pelo qual se devam reger os nossos trabalhos. [...] Confesso que, por maior que seja o meu desejo – e ele é de fato sincero – de colaborar com a maioria, de maneira que os trabalhos de elaboração da Constituição corram aqui na mais perfeita ordem e com a maior rapidez, a mim me repugna concordar com o regimento...

O Sr. Osvaldo Lima – Qualquer que seja o regimento, a eleição da mesa vai ser procedida pelo voto secreto. Não compreendo, portanto, qual a razão de toda esta celeuma para se chegar afinal ao mesmo resultado de ser a eleição procedida por voto secreto.

O SR. OTÁVIO MANGABEIRA – Não tomei a iniciativa da reclamação, mas comecei por estabelecer estes dois pontos: tudo que represente qualquer contemplação com a carta de 37 tem a minha repulsa. (*Muito bem. Apoiados*)

O Sr. Osvaldo Lima – V. Exa. aceitou a eleição de 2 de dezembro, que foi resultante de uma emenda a essa carta.

O SR. OTÁVIO MANGABEIRA – Porque não tinha outro jeito (*palmas*), mas creia V. Exa., sofrendo, como declarei em praça pública, que a democracia brasileira se tivesse deparado na triste contingência de ser gerada, por assim dizer, no ventre do Estado Novo. Estaria disposto a transigir, como efetivamente transigi, pelas razões a que se refere o nobre deputado, porque estava certo de que hoje mesmo seria eleita a mesa sem maiores tropeços ou perda de tempo...

O Sr. Georgino Avelino – Muito bem.

O SR. OTÁVIO MANGABEIRA – ... e amanhã começaremos a elaboração do regimento. [...] Parece-me, entretanto – e até por uma certa tática política, para que se perceba que não estou nem cá nem lá (*risos*) –, que poderemos encontrar um meio-termo, resolvendo-se perfeita e praticamente a questão. Esse meio-termo vem consubstanciado numa indicação que redigi."

A UDN começava a prática das ambigüidades que marcaram toda a sua existência. Transigia, se todos transigissem. Se alguém contestasse, contestava também. Agora já não eram três, mas quatro os requerimentos sobre o rito a ser seguido para demonstrar a soberania da Constituinte, como se ela dependesse de um gesto ou uma postura de quem quer que fosse, e não do exercício de sua prerrogativa de dotar o país, sem vetos nem o beneplácito de ninguém, de uma Constituição democrática.

A indicação da UDN, como a de Café Filho, era também supérflua, em face do requerimento subscrito por seu líder com o da maioria e o do PTB: "Indicamos que o presidente da Assembléia nomeie uma comissão de 3 (três) membros para elaborar o regimento definitivo de nossos trabalhos." Notando que seu partido estava sendo alijado da decisão, Prestes ainda protestou que sua proposta previa uma comissão composta de um representante de cada partido. Café Filho, em longo arrazoado, lembrou a precedência de sua sugestão, feita na sessão preparatória, e Nereu Ramos advertiu que requereu urgência e preferência para a sua proposta, em razão do que esperava vê-la colocada imediatamente em votação. O deputado Soares Filho, da UDN fluminense, ainda tentou fazer prevalecer o requerimento de seu líder, alegando serem o dele e o do líder da maioria, também subscrito por Mangabeira, propostas diversas para se atingir o mesmo objetivo. A situação deixava mal o líder da maior bancada oposicionista e revelava sua desorientação, pois das quatro propostas sobre a mesa, duas tinham sua assinatura, sinal claro de indecisão, ambigüidade e perplexidade.

O presidente tentou pôr fim ao "imbróglio", lendo o requerimento de urgência apresentado pela bancada comunista que tinha prioridade sobre qualquer outra matéria. Tentando salvar os anéis, o deputado Prado Kelly (UDN-RJ), que se especializou em descobrir meandros nos escaninhos do Regimento Interno, ainda indagou do presidente se, rejeitado o requerimento da bancada do PCB, o do líder da maioria seria considerado prejudicado. Ante a peremptória resposta afirmativa de Melo Viana, Kelly tentou convencê-lo a submeter sucessivamente a votos as propostas do PCB, dos líderes do PSD, UDN e PTB e, em seguida, a do líder da UDN.

Anunciada a votação, o requerimento da bancada pecebista foi rejeitado. Café Filho pediu verificação de votos, e a rejeição foi confirmada por 147 a 77, deixando claro que a bancada udenista deu seu apoio à proposta do PCB. Votou-se em seguida o requerimento de Nereu Ramos, que propunha que fosse aprovado o Regimento da Constituinte de 1933, como determinava o decreto-lei nº 8.708. A matéria foi aprovada por votação simbólica. Prestes pediu verificação, e constatou-se a existência de 149 votos favoráveis, suficientes e bastantes para dispensar a apuração do número de votos contrários. Estava patenteado o único método sob o qual funcionaria a Assembléia, decidindo a maioria segundo suas conveniências e de acordo com suas preferências.

O presidente declarou prejudicado o requerimento de Mangabeira, e Prado Kelly, o regimentalista da UDN, tentou que a questão fosse reconsiderada. Em apoio a Nereu, Barreto Pinto, do PTB carioca, requereu preferência para a indicação do líder da maioria, solicitando a designação de três membros para elaborar o projeto de Regimento. Submetida a votos, a proposta foi aprovada, e o presidente nomeou para integrá-la o senador Nereu Ramos e o deputado Osvaldo Lima, ambos do PSD, e Prado Kelly, da UDN. Embora a oposição perdesse todas, parte dela, a UDN, salvou seu quinhão.

Como a lei do ventre livre do Império, que declarava livres os nascituros filhos de escravas, mas os submetia às mesmas condições de vida das mães, a situação pessedista cumpriu o seu papel de representante do regime discricionário que se recusava a morrer. Criou sua contrapartida, a lei do ventre fértil, responsável pela nova democracia que estava por vir. Todos podiam manifestar-se livremente na Constituinte, mas só os bem-aventurados do poder, que constituíam a maioria, podiam decidir. A oposição, no regime de 1946, era como os filhos nascituros das escravas: podia nascer e viver para cumprir a sua missão de legitimar o regime, mas nunca chegar ao poder. Era o que a UDN ainda teria que aprender.

O presidente declarou que se deveria proceder, em seguida, à eleição dos demais membros da Mesa, porém, devido ao adiantado da hora, se o plenário não se opusesse, propôs convocar nova sessão com esse objetivo para o dia seguinte. O deputado Dioclécio Duarte (PSD-RN) declarou que seria preferível prorrogar a sessão e, nesse sentido, apresentou requerimento que, submetido a votação, foi aprovado. A sessão foi suspensa às 17 horas e 30 minutos para que os constituintes se munissem das cédulas, e reaberta vinte minutos depois. O secretário leu indicação do líder da maioria para se fazer a eleição em dois turnos e duas sessões distintas: o primeiro para a escolha dos vice-presidentes, e o segundo, para a eleição dos secretários. Submetida a votação, foi aprovada, e assim se procedeu. Fez-se a chamada, apurando-se terem votado 221 constituintes. Foi eleito primeiro vice-presidente, com 210 votos, o deputado Otávio Mangabeira (UDN-BA). Tiveram um voto cada os senhores Acúrcio Torres (PSD-RJ), Soares Filho (UDN-RJ), Etelvino Lins (PSD-PE), Souza Costa (PSD-RS) e Pinto Aleixo (UDN-BA). Houve três sobrecartas sem cédulas, um voto inutilizado e uma cédula em branco. Para o cargo de segundo vice-presidente foi escolhido o senhor Berto Condé (PTB-SP), com 144 votos. José Augusto (UDN-RN) recebeu quarenta e nove votos; o deputado José Maria Crispim (PCB-SP), os quinze sufrágios de sua bancada; Prado Kelly (UDN-RJ), dois; Euclides Figueiredo (UDN-DF), um; José Maria Almeida[1], um; Raul Pila (PL-RS), um; e Alfredo Neves (PSD-RJ), um. Houve ainda três sobrecartas sem cédulas, três cédulas inutilizadas e uma em branco. Encerrou-se a sessão às 19 horas e 30 minutos, sendo convocada outra para o dia seguinte, para a escolha dos secretários e suplentes. A simples eleição de dois membros da Mesa tomara nada menos que cinco horas. Amostra de como seriam os dias que estavam por vir.

A sessão mostrou que a Assembléia encetaria os seus trabalhos dividida entre dois grupos distintos e cada vez mais visíveis. Os realistas articulavam soluções, propunham alternativas e se preocupavam em ganhar as votações. Os vocalistas davam pouca atenção ao trabalho de elaboração constitucional; preocupavam-se sobretudo em vocalizar suas preferências e posições. Os primeiros votavam, os últimos discursavam... Assim funcionaria a Constituinte.

---

1. Deve tratar-se de engano do *Diário da Assembléia*, uma vez que esse nome não consta de nenhuma lista de constituintes. Com os prenomes de José Maria havia apenas três: José Maria Alckmin (PSD-MG), José Maria Crispim (PCB-SP) e José Maria de Melo (PSD-AL).

4. Allegro, ma non troppo

Ociosidade, a mãe de todos os vícios

No dia 7 de fevereiro, Dutra estava cumprindo sua primeira semana de governo, enquanto a Constituinte se reunia para celebrar a segunda reunião ordinária, na qual deveria completar a composição de sua Mesa dirigente. A sessão foi aberta às 14 horas e 30 minutos e, antes de submeter a ata da sessão anterior a discussão, o presidente Melo Viana tomou a palavra para justificar sua atitude da véspera, quando mandou esvaziar as galerias. Na assistência, predominavam os bancários em greve e a platéia mobilizada pelo PCB, sempre unida no propósito de aplaudir e dar suporte à intervenção dos seus representantes, notadamente Prestes, cuja presença sempre despertava em seus correligionários manifestações de afeto, admiração e apreço. O primeiro a referir-se aos bancários foi Edmundo Barreto Pinto, deputado do PTB carioca, uma das mais folclóricas figuras da Assembléia. Sua arenga, de cerca de uma página do *Diário*, recheada de elogios e manifestações de solidariedade aos grevistas e de condenação aos banqueiros, bateu o recorde de aplausos. Entretanto, foi vaiado quando, contra-aparteando Prestes, declarou que o orador estava sendo incoerente, por ter votado para eleger o presidente da Constituinte, recusando-se, pelas mesmas normas, a escolher os vice-presidentes. Os agravos que lhe foram dirigidos o estimularam a repetir o aparte, provocando reação ainda mais veemente. É provável que a maior parte das manifestações de desagrado tenha partido dos adeptos do PCB, já que os bancários tinham acabado de aplaudir seguidamente sua intervenção anterior. Depois de duas advertências do presidente, as manifestações voltaram-se para o líder do PSD que se contrapunha aos argumentos do líder comunista, reiterando que ia respondê-los em homenagem a todos os colegas. Foi nesse momento que Melo Viana tomou a medida extrema de mandar evacuar as galerias.

Em sua oportunista intervenção, Otávio Mangabeira, líder da UDN, não recriminou o gesto, mas tentou minimizar a atitude da assistência, numa referência indireta ao que poderia ser considerado um excesso de zelo de Melo Viana. E o fez nos seguintes termos:

"O SR. OTÁVIO MANGABEIRA – [...] Por outro lado, Sr. Presidente, considero que, depois de oito anos de ausência de vida parlamentar, de vida pública, estejamos todos, mesmo os homens públicos, e a começar pelo povo, um tanto desabituados, até das boas regras... Para estes próprios incidentes que estão ocorrendo nos primeiros dias de funcionamento da Constituinte, devemos ter – acredito – uma certa indulgência.

O povo estava desacostumado de ver uma assembléia nacional funcionando e não sabe até qual a conduta a manter na presença da Assembléia, como alguém que, através dos anos, não vai a um baile e não sabe mais, propriamente, como se conduzir no salão... (*Riso, palmas*)

Apelo, por conseguinte, para a boa vontade de todos – clero, nobreza e povo (*risos*) –, propondo um *sursum corda*, como uma anistia geral a certo respeito."

Melo Viana, como bom mineiro, deixou a resposta para o dia seguinte.

"O SR. PRESIDENTE – Permitam-me os dignos Srs. Constituintes dirija ao público apelo amigo e sem ressentimentos. [...] A digna assistência, comparecendo às tribunas desta Casa, nos penhora porque demonstra interesse pelos seus trabalhos. Deve, porém, acatar o pronunciamento da opinião brasileira, que aqui se reflete na palavra dos representantes do povo.

[...] Estou certo de que a assistência não imporá, ao meu coração e ao meu espírito, o constrangimento de fazê-la retirar-se das galerias. Mas, se for forçado a essa providência, não hesitarei em cumprir e cumprirei meu dever, diante do qual jamais vacilei.

[...] É o apelo de um brasileiro, feito sinceramente, de coração aberto, porque desejo ver as tribunas cheias, na demonstração de que os nossos patrícios se interessam pelos trabalhos da Casa. O Regimento não permite sequer aplausos. Mas a tolerância e o liberalismo dos homens os admitem, porque são o testemunho de simpatia e de júbilo. A Mesa, entretanto, não tolerará qualquer manifestação de turbulência, de desprezo, de afronta e de injúria aos Srs. Constituintes, à majestade que todos devem a esta Assembléia. [...]

Eu mesmo sinto, muitas vezes, não poder acompanhá-la, nos aplausos espontâneos, devido à posição que ocupo. Deverá, porém, abster-se de manifestações de desagrado, porque, aqui, apenas cumprimos o nosso dever, de acordo com a nossa consciência.

Assim sendo, espero a colaboração da assistência que honra, como afirmei, com sua presença e seu interesse, os trabalhos da Assembléia Nacional Constituinte."

A fala do presidente não deixava dúvidas quanto à regra que sempre vigorou no Parlamento brasileiro, como de resto em todos os demais Parlamentos, mesmo os mais democráticos do mundo: aplausos são sempre bem-vindos; vaias não são toleradas. Uma regra que vale também, como se sabe, na generalidade da vida pública...

Posta em discussão a ata, o folclórico Barreto Pinto, que Carlos Lacerda, com sua pena ferina, só chamava nas crônicas do *Correio da Manhã* de "palhaço queremista", voltou a falar sobre a greve dos bancários, assinalando que se encontrava em seu décimo quinto dia, por culpa, como frisou, dos "gananciosos banqueiros que não querem ceder, não querem colaborar com o governo". O assunto nada tinha a ver com a discussão da ata, lembrou em aparte o deputado do PSD de Pernambuco, Osvaldo Lima Filho. A intervenção era efetivamente descabida, por ser anti-regimental. Mas era isso que distinguia o tratamento dado à nobreza do que estava reservado à plebe. Barreto Pinto se comportava como um anônimo turbulento que desconhece regras, viola o bom senso e infringe a lei interna da Assembléia, e isso se tolerava. Se o povo nas galerias tivesse a mesma atitude, seu destino era a porta da rua, a serventia da casa, apontada pelo presidente e aplaudida por todos.

Os precedentes que tinham tumultuado as sessões iniciais da Constituinte já não subsistiam, desde que foi designada a comissão de três membros destinada a elaborar o projeto do Regimento Interno. Os incandescentes protestos pelo fato de a Assembléia estar sendo regida por normas da Constituinte de 1933, mandadas aplicar por um decreto-lei baixado por José Linhares, foram, como num passe de mágica, esquecidos. Entre outras razões, porque seus dispositivos, como o que permitia que se abordasse qualquer assunto durante o período do expediente, funcionavam a favor dos parlamentares. Sem outras atribuições que a de votar a nova Constituição, um tema que ainda voltaria ao debate, o período entre a eleição dos secretários da Mesa e seus suplentes e a apresentação do projeto constitucional era de ociosidade para a maioria dos constituintes, especialmente aqueles que não integravam a chamada "grande comissão" e suas subcomissões.

Como a ociosidade é a mãe de todos os vícios, os constituintes foram tentados a ocupar seu tempo com questões políticas, temas econômicos e problemas sociais que nem remotamente diziam respeito à Constituição. Entre eles, ressaltavam os assuntos provincianos que, por sinal, não começaram a ser abordados pelos estados considerados periféricos, mas, ao contrário, por Minas Gerais, cuja tradição na política brasileira dispensa comentários. Eles foram feridos por ninguém menos que Gabriel Passos, ex-constituinte em 1933, deputado federal, secretário de Estado e procurador-geral da República de 1936 a 1945 e uma das grandes expressões da UDN. Reclamou do interventor João Beraldo, que reintegrou em seus cargos virtualmente todos os prefeitos depostos depois de 29 de outubro. Benedito Valadares (PSD-MG) saiu em defesa do interventor, e os apartes entrecortados do ex-presidente Artur Bernardes (PR-MG), de seu filho, como ele constituinte, de Gabriel Passos (UDN-MG), Soares Filho (UDN-RJ) e Monteiro de Castro (UDN-MG) transformaram o plenário num cenário de Câmara Municipal, com novas intervenções das galerias, ainda não vacinadas pelos incidentes da véspera:

"O SR. BENEDITO VALADARES – [...] Em alguns dos municípios mineiros a vitória da oposição foi tão insignificante, que nós mesmos...
O Sr. Monteiro de Castro – Vários dos prefeitos que voltaram foram derrotados nas eleições passadas. (*Muito bem*)
O SR. BENEDITO VALADARES – ... não podemos julgar qual seja a vontade soberana do povo. Dado o aparato em que a oposição se colocou, antes da eleição, e do apoio recebido dos membros do governo de Minas Gerais, podemos afirmar que o Partido Social Democrático saiu vitorioso em quase todos os municípios.
O nobre Deputado Gabriel Passos, todavia, vem assacar, perante a Constituinte, injúrias ao ex-Governador de Minas Gerais...
O Sr. Prado Kelly – Não apoiado. V. Exa usa um termo infeliz.
O SR. BENEDITO VALADARES – Voltando assim ao seu estilo colérico. (*Protestos*) O povo mineiro, porém, já repeliu essas injúrias dando ganho de causa ao Partido Social Democrático, do qual somos o presidente em nosso Estado natal. (*Muito bem; muito bem. Palmas. Protestos, vozes nas galerias*)
O SR. PRESIDENTE – Minha manifestação já foi feita no tocante às manifestações das galerias. A polícia verificará os que estão indisciplinados e recalcitrantes, fazendo-os retirar-se. Não mando evacuar as galerias porque não é justo que, na sua quase-totalidade composta de pessoas atenciosas e delicadas, sofram estas o castigo devido apenas aos rebeldes."

A ociosidade começava a produzir seus efeitos, estimulando toda espécie de intervenções, trazendo a debate assuntos sobre os quais nenhuma decisão poderia ser tomada. A complacência do presidente com essa postura contribuía para que o provincianismo de muitas atitudes e até mesmo o municipalismo de outras transformasse o que deveria ser o grande debate institucional num misto de muro das lamentações e rosário de queixas, lamentos e ladainhas.

Nessa mesma sessão, o deputado Carlos Pinto (PSD-RJ) já tinha protestado contra resolução do Departamento Nacional do Café que mandava pagar um prêmio aos produtores de café despolpado da safra 1944-45. Alegando que o pagamento feito aos remetentes de conhecimentos dos respectivos despachos beneficiaria os compradores e não os produtores de café, condenou a medida como injusta, por serem os recursos a isso destinados provenientes da chamada "quota de equilíbrio" que havia doze anos os cafeicultores proporcionavam gratuitamente aos estoques do Departamento Nacional do Café.

Só depois de esgotado o tempo ocupado com essas intervenções foi possível, finalmente, proceder à eleição dos secretários que completariam a Mesa da Constituinte. Suspensa a sessão para que todos se munissem das cédulas e procedida a escolha por escrutínio secreto, Georgino Avelino, senador pelo PSD-RN, foi eleito primeiro-secretário, com 184 votos dos 232 presentes. A segunda secretaria coube ao deputado Lauro Lopes (PSD-PR), eleito com 190 votos; a terceira, a Lauro Montenegro (PSD-AL), com 166 votos; e a quarta, a Rui Almeida (PTB-DF), com 146 votos. Os deputados Hugo Carneiro (PSD-AC) e Carlos Marighela (PCB-BA) foram designados suplentes de secretário, em razão de terem sido os mais votados dentre os candidatos não eleitos secretários, obtendo o primeiro 41 votos para o cargo de terceiro-secretário, e o último 36 votos para o de quarto-secretário.

Entre mortos e vivos

Finalmente, completaram-se, uma semana depois de instalada a Assembléia, as providências preliminares para que a Constituinte começasse a cumprir o seu grande desafio. Antes de encerrada a sessão, foram lidas proposições enviadas à Mesa. A primeira, uma indicação do deputado Café Filho (PRP-RN) sugerindo reservar local no plenário para os jornalistas credenciados e um requerimento para a designação da comissão interpartidária destinada a elaborar, no prazo de trinta dias, o projeto de Constituição. A segunda, um requerimento de informações do deputado Carlos Pinto (PSD-RJ) ao Ministério da Fazenda sobre resolução do Departamento Nacional do Café e, por fim, requerimento de pesar de Rui Almeida (PTB-DF), pelo falecimento de Pedro Ernesto, o primeiro prefeito eleito da capital da República.

Antes de encerrar a reunião, Melo Viana anunciou que a sessão do dia seguinte seria dedicada a homenagear a memória de Antônio Carlos, o ex-presidente de Minas, da Aliança Liberal e da Constituinte de 1933, falecido no dia 1º de janeiro de 1946, aos 75 anos de idade.

Essa sessão da sexta-feira, dia 8, foi realizada com a presença de 214 constituintes, considerada alta para homenagear um morto, por mais ilustre que fosse, como era o caso de Antônio Carlos. A despeito disso, voltou a se repetir a cena já tolerada pelo presidente nas reuniões anteriores, quando, posta em discussão a ata, usaram da palavra os deputados Lino Machado, da coligação UDN-PR do Maranhão, reclamando solução para a greve dos bancários, e Paulo Sarazate (UDN-CE), informando que os representantes do Piauí, presentes no Rio de Janeiro havia cerca de quinze dias, se encontravam impedidos de tomar posse, por não ter o TRE do estado enviado os diplomas dos eleitos e suplentes ao TSE. Na homenagem a Antônio Carlos, falaram treze constituintes, representando todos os partidos presentes na Assembléia, inclusive lembrando a frase com que o líder mineiro garantiu seu lugar da história: "Façamos a revolução, antes que o povo a faça." Com essa iniciativa, encerrou a Constituinte sua primeira semana de atividades, tendo tomado duas elementares providências: a de eleger os membros de sua Mesa e designar a comissão que deveria elaborar o projeto do Regimento Interno. As sessões dos dias seguintes seguiriam o mesmo padrão, como esclareceu o presidente:

"O SR. PRESIDENTE – Como não há outro assunto a tratar nesta sessão – exclusivamente destinada à memória do saudoso homem público –, antes de encerrar nossos trabalhos declaro aos srs. Constituintes que o expediente para amanhã será destinado a 'Trabalho da Comissão Regimental', o que importa dizer que não se reunirá o plenário.

Para segunda-feira, designo como ordem do dia comemoração, também especial, aos constituintes de 1891 e 1934, já desaparecidos.

Terça-feira homenagearemos a memória de outros grandes vultos brasileiros. A sessão de quarta-feira dedicaremos a render merecido preito aos bravos patrícios que tombaram nos campos de batalha da Europa, lutando pela liberdade e pela democracia. (*Palmas no recinto e nas galerias*) Será justa demonstração de nosso reconhecimento e saudade aos brasileiros, que choraremos eternamente, e que tanto honraram a pátria, para eles erigindo em nossos corações um altar a que são merecedores pela nobreza da causa que defenderam – a da liberdade do mundo. (*Muito bem; muito bem. Aplausos demorados no plenário e nas galerias*) É levantada a sessão às 16 horas e 50 minutos."

A quarta sessão da Assembléia, realizada na segunda-feira, dia 11, teve caráter ordinário, sendo sua ordem do dia dedicada à memória dos constituintes de 1891 e 1934, já falecidos. Antes de terminar a leitura da ata, a pretexto de usar a palavra para discuti-la, ou pela ordem, a questão da greve dos bancários dominou os debates. O deputado João Amazonas (PCB-DF) leu documento enviado pela associação dos bancos aos estabelecimentos filiados, afirmando ter recebido sugestão do Ministério do Trabalho para que os bancários fossem notificados, para os fins do art. 723 da CLT, que proibia as greves, a fim de que o movimento fosse declarado ilegal. Alegou ainda que, tendo o Brasil assinado a ata de Chapultepec, que aprovou as conclusões da Conferência Interamericana sobre problemas da guerra e da paz, encerrada em 3 de março de 1945, o direito de greve se encontrava assegurado no país, mesmo em face da Constituição de 1937, que o vedava. Nesse sentido, apresentou requerimento ao Executivo, solicitando urgência para a sua aprovação. Ao mesmo tempo, denunciou abusos e espancamentos pela polícia de grevistas em vários estados, inclusive São Paulo, no que foi secundado por Prestes, presente a um comício na cidade de Santo André realizado em protesto contra esses atos. Posto em discussão o requerimento de urgência, usou da palavra o líder da maioria, senador Nereu Ramos (PSD-SC), e a partir de sua intervenção o tema derivou para a aceitação ou não pelos banqueiros das exigências dos bancários. Segundo afirmou, Nereu não se opunha à aprovação do requerimento, mas dizia ser contra a sua urgência, o que implicava prolongar o debate nas sessões subseqüentes.

Intervindo na discussão, Mangabeira, o líder da UDN, pôs o dedo na ferida que os comentários da imprensa começavam a expor à opinião pública, relativamente ao ritmo dos trabalhos da Assembléia:

"O SR. OTÁVIO MANGABEIRA (*Palmas*) – Sr. Presidente, parece-nos, aos da União Democrática Nacional, que toda vez que qualquer representante de qualquer setor da Assembléia pedir informações ao governo, esse pedido, em princípio, deve ser aprovado. (*Apoiados*)

[...] Parece-me que isto é, em essência, o bom princípio, o verdadeiro princípio democrático.

[...] Trago a verdadeira obsessão – se assim me posso exprimir – de contribuir, nesta Casa, para dar ao Brasil, quanto antes, a Constituição Federal. Tudo o que me parece destinado a inflamar o ambiente, a perturbar os espíritos, a criar dissensões na Assembléia, tudo o que aconteça neste sentido, vai francamente de encontro ao meu estado de espírito. Quero ver uma Assembléia calma, com os espíritos devotados sinceramente ao objetivo fundamental que aqui nos reúne: a elaboração do projeto de Constituição da República. (*Muito bem*)"

Depois de defender a Assembléia de alguns reparos, classificados como de boa-fé uns, e de maliciosos outros, tocou no tema que o levou à tribuna:

"Entretanto, não vejo com bons olhos, como antigo parlamentar, que tem entre os seus infortúnios o de já começar a envelhecer [*tinha então 59 anos*], não vejo com bons olhos uma tal ou qual desordem que se principia a introduzir na marcha dos nossos trabalhos. Deputados ou Senadores pedem a palavra sobre a ata e discutem longamente outros assuntos, que nada têm a ver com a ata (*riso*); convocou-se uma sessão para prestar homenagem aos constituintes mortos, publica-se que esta sessão é destinada a tal fim – bem ou mal, certo ou errado, foi o que se anunciou – e a Constituinte se reúne e não faz o que proclama, porque se introduzem no debate questões outras que ocupam todo o tempo.

Vou conceder a urgência, por dois motivos: primeiro, porque a questão é urgente, e não há nenhuma outra, porventura mais urgente, que fique prejudicada pela sua votação; segundo, e principalmente porque, se não concedermos a urgência, o que acontecerá? O requerimento será submetido a votos amanhã. Amanhã, outro debate. (*Riso*) Mais algumas horas perdidas, repetição da cena. Para quê? Com que vantagem, com que resultado, com que lucro? Melhor é, evidentemente, liquidar a questão de um golpe. (*Muito bem*)

Urgência? Sim. Pedido de informações? Sim. E passemos adiante. (*Muito bem*) Hoje, não houve maior prejuízo, senão, não direi para a respeitabilidade, porque seria exagerado, mas de alguma forma para o dever que tem a Constituinte, já que iria honrar os constituintes falecidos, de efetivamente honrá-los. [...] Apelo para que a Assembléia cumpra o seu dever, como estou certo de que cumprirá fielmente, honrando de modo cabal o voto da Nação, dando ao Brasil o que de mais, no momento, ele carece: uma Constituição Federal. (*Apoiados*) Por que, num caso como o atual, ainda se suscitam dúvidas como aquelas de que nos ocupamos? É que, realmente, o país ainda se acha numa situação anômala; é que ainda resta um pouco do cadáver da Constituição de 37 que ainda não acabou de ser sepultado. (*Palmas*)
Urge, Sr. Presidente, que se acabem de enterrar os despojos do monstro que, ainda depois de morto, nos empesta o ambiente. (*Muito bem*) Só o faremos elaborando e votando a Constituição. (*Muito bem; muito bem. Palmas*)"

O discurso era um chamado ao bom senso e, ostensivamente, uma crítica, ainda que sibilina e sutil, ao procedimento do presidente, que se mostrava tolerante com o clero e a nobreza, e inflexível com a plebe. Discursos, porém (aprende-se em qualquer Congresso), são para ser aplaudidos ou vaiados. Servem para demonstrar apoio ou externar críticas. Quando bem elaborados e consistentes, podem até mudar opiniões. Só não mudam votos. Este parece ter sido o caso do líder da maioria, Nereu Ramos (PSD-SC), que, embora protelando uma decisão sobre o assunto, prolongou por quase uma hora a série interminável de apartes e intervenções, até confessar que cedia e concordava não só com o requerimento, mas também com a urgência de sua aprovação. A homenagem aos mortos convivia com o interesse dos vivos, mas, como em toda parte, estes tinham precedência sobre aqueles.

O primeiro a falar sobre os constituintes mortos foi o deputado e padre Medeiros Neto (PSD-AL), num discurso que bem poderia ser classificado como geométrico, ao dizer que, "descrevendo a sua vertical para o infinito, os mortos desta Casa nos lembram, no testamento de sua vida pública, a melhor integração para a linha horizontal da nossa jornada patriótica, nesta hora tumultuária duma era eletrônica, para o foro político do hemisfério ocidental". O deputado Guaraci Silveira (PTB-SP), segundo orador, adotou o estilo pantagruélico, aludindo a "um bolo precioso, no qual haviam trabalhado milhares de homens, em diversos lugares e em muitas ocasiões. Quando a criança convidada a partilhar dele olhou para o prato prosaico, igual a todos que já conhecia, perguntou por que motivo teriam trabalhado em sua feitura milhares de trabalhadores, explicaram-lhe que para a confecção daquele bolo haviam concorrido milhares de homens retirando carvão das minas profundas, construindo viaturas que conduziriam o material necessário para os fornos em lugares distantes, fazendo navios que deveriam cortar os mares, semeando o grão de trigo, colhendo-o, moendo-o; e, afinal, aquela pouca gente que o prepara para o forno..." Numa Assembléia Nacional Constituinte, mais indigente impossível.

Pela bancada do PCB, falou o mais brilhante de seus integrantes, o já consagrado escritor Jorge Amado (PCB-SP), que, para justificar o conceito de Constituição que ele e os companheiros aceitavam, o explicou nos seguintes termos:

"Temos nós comunistas um conceito de Constituição que não é o clássico. O generalíssimo dos vitoriosos exércitos soviéticos, Joseph Stálin, já o definiu com lucidez e clareza admiráveis, e não me furto a ler aqui sua definição de Constituição que também é a nossa. Escreveu Stálin, ao debater o anteprojeto da democrática Constituição da União das Repúblicas Soviéticas Socialistas de 1936, o seguinte:

Uma Constituição não deve confundir-se com um programa. Isto significa que existe uma diferença essencial entre uma Constituição e um programa. Enquanto um programa formula o que ainda não existe, aquilo que é necessário alcançar e conquistar no futuro, uma Constituição, ao contrário, deve tratar do que já existe, daquilo que já se alcançou e conquistou no momento presente. Um programa refere-se, principalmente, ao futuro; uma Constituição refere-se principalmente ao passado.

Esse é, Sr. Presidente, o nosso conceito de Constituição.

E bem sabemos que nem a de 1891 nem a de 1934 estavam dentro deste conceito."

Pretender que as Constituições brasileiras de 1891 e 1934 se conformassem com o conceito formulado pelo guia genial da humanidade em 1936 implicava, no mínimo, contradizer Marx na famosa afirmação de que "os mortos conduzem os vivos", para defender o princípio contrário, ou seja, que os vivos podem influenciar os mortos...

Encontrar maior autoridade nessa matéria que a de Stálin, impossível. Especialmente quando se considera a incontestável conclusão de que, se "existe uma diferença essencial entre uma Constituição e um programa", uma não pode confundir-se com o outro! As "palmas prolongadas nas galerias" que sempre coroavam constatações tão complexas e elevadas como essas mostram que o poder mágico do charme stalinista tinha transformado o que era uma veneração numa religião.

Os discursos que seguiram não foram capazes de melhorar o tom da monocórdica cantilena. Falando em nome de seu partido, o deputado Manoel Novais (PPS-BA) louvou o constituinte baiano Artur Neiva, discípulo de Oswaldo Cruz e seguidor das teorias racistas de Miguel Couto contra a imigração japonesa na Constituinte de 1934 e de seu filho, na de 1946. Elogiando sua campanha, lembrou que, "sendo ele profundo conhecedor dos japoneses, com os quais longamente convivera, denunciou os riscos e o erro de franquear-se o solo do Brasil a uma raça por ele reputada insidiosa, inassimilável pelos grupos étnicos nacionais e instruída na escola de um imperialismo cruel e fanático". Perorando no mesmo diapasão, exortou a que não cometêssemos "o suicídio de juntar aos traidores japoneses, alemães e quiçá alguns italianos que aqui serviam ao nipo-nazi-fascismo e que aqui ainda se encontram incólumes, a escória humana de fascistas de todas as procedências sociais e geográficas que vagueiam nos escombros da Europa arrasada pela guerra (*muito bem. Palmas*)", para concluir apoteoticamente que "o Brasil não é o depósito do lixo moral e político do mundo"!

Em nível igual ou parecido, a platéia pôde ouvir os constituintes Noraldino de Lima (PSD-MG), Lino Machado (UDN/PR-MA), Alarico Pacheco, da mesma coligação e estado, e Hugo Carneiro (PSD-AC), reverenciando, indistintamente, tanto políticos que a história guardou como aqueles que a memória esqueceu: Antero Botelho e Valdomiro Magalhães; Carlos Reis, José Maria Magalhães de Almeida e Lauro Sodré.

Adágio

Embora a ordem do dia da sessão de terça-feira, 12 de fevereiro, fosse a mesma do dia anterior – homenagem aos constituintes mortos –, surgiu o primeiro indício de que o ritmo dos trabalhos poderia começar a mudar. Respondendo a uma questão de ordem do deputado Café Filho (PRP-RN) sobre o prazo dado à comissão encarregada de elaborar projeto de Regimento Interno, o presidente informou ao plenário que a redação final aprovada pela comissão já tinha sido entregue à Mesa, para ser publicado. O deputado Prado Kelly (UDN-RJ), membro da comissão, esclareceu que o texto proposto seria acompanhado de um cotejo com o que se encontrava em vigor (o da Constituinte de 1933), o que facilitaria o trabalho dos constituintes. Coube também ao representante do Rio Grande do Norte levantar outra das polêmicas questões com que, mais cedo ou mais tarde, se haveria a Constituinte. Apresentou à Mesa, como se a Assembléia tivesse poderes de legislatura ordinária, projeto de lei determinando que os servidores civis e militares aposentados ou reformados com fundamento no art. 177 da Constituição de 1937, "por conveniência do regime ou do serviço", independentemente de inquérito, serão "imediatamente reintegrados nos cargos ou postos que ocupavam, com todas as vantagens concedidas, posteriormente, aos mesmos cargos ou postos".

A proposta dizia respeito à anistia que a Assembléia faria incorporar ao texto constitucional, assegurando benefícios e vantagens que tinham sido omitidos do decreto baixado por Vargas em 15 de abril de 1945, em razão do qual foram libertados todos os presos políticos, sem que lhes tivesse sido concedido qualquer benefício ou reparação. A questão subjacente, contudo, eram os poderes de que estavam investidos deputados e senadores e a plenitude da vigência da Constituição de 1937, que seria um dos motes mais polêmicos durante o decurso dos trabalhos. Tratando-se de um projeto apresentado enquanto ainda vigia o Regimento provisório, que não previa iniciativas dessa natureza, qualquer decisão só viria à tona quando de sua discussão. Afora esse problema, a sessão do dia 12 foi anódina como as demais, tendo sido prestadas homenagens aos constituintes dos estados do Pará, Sergipe, Rio Grande do Sul, Minas Gerais, Bahia, Pernambuco, Rio de Janeiro e Ceará, com tributos especiais às figuras de Lauro Sodré, J. J. Seabra, Assis Brasil e outros de menor nomeada. Antes da ordem do dia, como já tinha ocorrido na sessão do dia 7, voltou a debate a situação política de Minas Gerais, suscitada por Daniel de Carvalho (PR-MG), gerando uma generalizada polêmica em que se envolveram os constituintes Jaci de Figueiredo (PR-MG), seu correligionário Lino Machado (UDN/PR-MA), Benedito Valadares (PSD-MG), José Bonifácio e Gabriel Passos (ambos da UDN-MG), Duque de Mesquita e Juscelino Kubitschek (os dois do PSD-MG), Paulo Sarazate (UDN-CE) e Artur Bernardes Filho (PR-MG).

Na instalação dos trabalhos, porém, o primeiro orador, Agostinho Monteiro (UDN-PA), a pretexto de solidarizar-se com o presidente, acusou o golpe das críticas que a imprensa começava a fazer à inutilidade de sessões solenes que, na ótica dos cronistas políticos, constituíam mero diversionismo: "Toda a nação deve exaltar a atitude sábia de V. Exa. contrariando críticas pouco judiciosas que consideram essas sessões comemorativas sem utilidade alguma, quando, entretanto, elas representam verdadeiras lições de educação moral e cívica de que tanto anda necessitado o povo brasileiro, sem dúvida."

Na verdade, não eram bem lições nem de moral, nem de civismo, o que o povo esperava da Constituinte, cujo ritmo de trabalho ainda era, em sua primeira quinzena, o de um adágio, lento, modulado e de escasso interesse político. Uma espécie de preliminar da obra principal que todos esperavam ver executada com energia, decisão e rapidez.

"A democracia que fede"

No décimo terceiro dia de funcionamento, a sessão da Assembléia teve caráter solene, sendo dedicada a homenagear as Forças Armadas por sua participação no teatro de operações europeu, durante a Segunda Guerra Mundial. O ministério compareceu em peso. O general Álcio Souto, chefe do Gabinete Militar, representou o presidente da República; seu colega Canrobert Pereira da Costa, o ministro da Guerra, Pedro Aurélio de Góis Monteiro, a quem iria substituir como titular da Pasta, em agosto de 1946; e o Sr. Pereira de Sousa, o da Fazenda. Fizeram-se presentes ainda os ministros Ernesto de Sousa Campos, da Educação e Saúde; Neto Campelo, da Agricultura; brigadeiro Armando Trompowski, da Aeronáutica; Edmundo de Macedo Soares, da Viação e Obras Públicas; Carlos Luz, da Justiça; almirante Jorge Dodsworth Martins, da Marinha; Otacílio Negrão de Lima, do Trabalho, Indústria e Comércio; e José Pereira Lira, chefe do Departamento Federal de Segurança Pública.

Ao declarar abertos os trabalhos, o presidente mandou que se procedesse à leitura da ata da sessão anterior, como determinava o Regimento, e a colocou em discussão, o que era simples formalidade. Tratando-se de uma sessão solene, os convidados estavam ali para homenagear as Forças Armadas, com as galerias repletas de ex-integrantes da Força Expedicionária Brasileira, a cuja atuação os brasileiros deviam, em grande parte, o processo de abertura e transição política que se estava vivendo. Os precedentes tolerados pelo presidente Melo Viana, porém, iriam causar-lhe o dissabor de obrigar os convidados a ouvir uma das mais interessantes e pitorescas figuras da Constituinte, o já legendário "general" Flores da Cunha (UDN-RS).

Nascido em Uruguaiana (RS), José Antônio Flores da Cunha tinha então 66 anos de idade. Estudou direito em São Paulo e, por divergências com o diretor da faculdade, transferiu-se para a Faculdade de Direito do Rio de Janeiro, onde se bacharelou em 1902. Por interferência de Leopoldo de Bulhões, ministro da Fazenda de Rodrigues Alves, de cujos sobrinhos se fizera amigo em São Paulo, foi nomeado delegado auxiliar de Polícia no Rio de Janeiro, cargo que deixou dois anos depois para se estabelecer como advogado de grande sucesso no seu município e nas comarcas vizinhas de Bagé, Itaqui e Alegrete. Em 1909 elegeu-se deputado estadual pelo Partido Republicano Rio-Grandense, de Borges de Medeiros e Pinheiro Machado. Tentou candidatar-se a deputado federal por seu estado, mas teve o nome vetado por Pinheiro Machado, que, para compensá-lo, o incluiu na chapa dos candidatos pelo Ceará, estado pelo qual se elegeu, mesmo sem conhecer, como era de praxe na época, exercendo o mandato entre 1912 e 1914. Voltou ao Rio Grande, nomeado intendente provisório de Uruguaiana em 1917, cargo no qual se elegeu, finalmente, deputado federal pelo Rio Grande do Sul. Abandonou seu mandato para se candidatar a prefeito de Uruguaiana, no período de 1920 a 1924. Foi nessa condição que o encontrou a rebelião federalista contra a posse de Borges de Medeiros, em 1923, que o nomeou coronel e comandante de uma brigada de "provisórios", posto no qual participou de sucessivos combates, enfrentando o chefe militar da oposição, Honório Lemes, derrotado por suas tropas em pelo menos três ocasiões. Ao fim de seu mandato de intendente, em 1924, elegeu-se mais uma vez para a Câmara Federal, tendo se licenciado do mandato para enfrentar novo levante de Honório Lemes, que se aproveitou da sublevação das guarnições federais de Santo Ângelo, São Luís Gonzaga, São Borja, Uruguaiana e Alegrete, comandada pelo então capitão Luís Carlos Prestes, em 1924, para tentar mais uma vez depor Borges de Medeiros em 1925 e hostilizar Artur Bernardes. O levante foi dominado por tropas federais e estaduais da Brigada Militar, além de civis organizados em corpos provisórios. No comando de um deles, o de Itaqui, coube a Flores da Cunha derrotar e prender Honório Lemes com o seu Estado-Maior, conduzidos presos a Porto Alegre e recolhidos ao 3º Batalhão da Brigada Militar.

Com a experiência adquirida em tantos combates, Flores não ganhou apenas fama e conhecimentos militares, mas também a gratidão do presidente Artur Bernardes, que, em reconhecimento a seus feitos, o nomeou, por decreto, general do Exército, patente de que se orgulhava e ostentou até o fim da vida. Elegeu-se mais uma vez deputado em 1927 e senador em 1928, mandato em que participou das articulações que levaram à formação da Frente Única, com o suporte da qual Getúlio chegou ao governo do estado e mais tarde tornou-se candidato à presidência da República. Integrando com Osvaldo Aranha, Lindolfo Collor, João Neves da Fontoura, Maurício Cardoso e Paim Filho o grupo liberal que substituiu Borges de Medeiros no comando da política situacionista do estado, participou ativamente da conspiração, das articulações e da organização militar da Revolução de 30, na companhia de seus três filhos homens, que integraram a coluna por ele organizada e comandada que, em apoio a Vargas, se deslocou até o Rio de Janeiro. Com a vitória do movimento, Flores da Cunha foi nomeado interventor no Rio Grande do Sul e eleito governador, com a reconstitucionalização do país, em 1934. Desde a Constituinte, ele entrara em choque com Góis Monteiro, ministro da Guerra de Getúlio e chefe de seu Estado-Maior, durante a Revolução de 30, e abrira dissidência com seus antigos companheiros, por divergências políticas que vinham da Revolução Constitucionalista de 32, em São Paulo, da Intentona Comunista de 35 e da política gaúcha. O seu trunfo era o efetivo de 6 mil homens da Brigada Militar, cerca de 20 mil civis mobilizáveis em corpos de "provisórios" e seus aliados nas guarnições federais do estado. A situação se agravou com a campanha sucessória de Getúlio, que deveria ocorrer em 1938, e chegou à ruptura com o cerco militar promovido sob o comando de Góis Monteiro e o novo ministro da Guerra, Eurico Dutra, contra o governador do Rio Grande do Sul. O golpe de misericórdia foi dado com a federalização da Brigada Militar, cujo comando Flores se recusou a entregar ao general Daltro Filho, o que acabou fazendo quando constatou ser inútil qualquer resistência. Renunciando em 17 de outubro, partiu no dia seguinte para Montevidéu, onde viveu durante os cinco anos seguintes. Dois dias depois de sua renúncia, Getúlio decretou a intervenção federal no Rio Grande do Sul e nomeou para executá-la o general Daltro Filho, comandante da 3ª Região Militar. Afastado o maior obstáculo, a 10 de novembro Vargas deu o golpe do Estado Novo, cancelando as eleições do ano seguinte, tornando-se ditador com a promulgação da Constituição que lhe dava plenos poderes para dissolver o Congresso, as Assembléias Legislativas e as Câmaras Municipais, fechando os partidos e nomeando interventores em todos os estados e municípios.

No exílio, Flores tratou de conspirar contra Vargas, apoiando inclusive a Intentona Integralista de 1938, gesto pelo qual foi processado pelo Tribunal de Segurança Nacional. Absolvido por falta de provas, foi contudo condenado a um ano de prisão pela importação ilegal de armas, quando governador do estado. Com a entrada do Brasil na guerra em 1942, Flores publicou um manifesto conclamando seus amigos a se unirem em defesa da pátria e decidiu voltar ao Brasil, o que fez em avião mandado por Getúlio, sendo preso ao desembarcar e enviado para cumprir pena na Ilha Grande, no Rio de Janeiro, até ser indultado nove meses depois, quando faltavam noventa dias para o fim da pena que lhe fora imposta. Ao se iniciar a redemocratização, em 1945, todos os membros do grupo liberal que tinha ajudado Getúlio a se tornar presidente em 1930 estavam rompidos com o ditador: o próprio Flores, Osvaldo Aranha, Maurício Cardoso, Lindolfo Collor e Paim Filho. O ex-governador gaúcho participou da fundação da UDN, apoiou a candidatura do brigadeiro Eduardo Gomes em 1945 e 1950 e se elegeu constituinte pelo partido em 1945, deputado em 1950 e 1954, até ser derrotado em 1958 como candidato pelo PTB. Sua migração partidária da UDN para o PTB decretou o fim de sua carreira política, num estado em que ou se nascia ximango, ou se nascia maragato. E, em qualquer das situações, não se mudava de lado até a morte. O fato de ter apoiado o golpe de Lott em 1955, na qualidade de primeiro vice-presidente da Câmara, não lhe deixou mais espaço na política do Rio Grande do Sul.

Fumador inveterado de charutos, manteve até os 78 anos, quando se retirou da vida pública, para falecer no ano seguinte, um extraordinário vigor físico. Era um bom orador e, quando discursava, as palavras saíam aos jorros, em catadupas, escandindo as sílabas que pronunciava cantando, como se estivesse fazendo um grande esforço para ser ouvido por todos, numa época em que o sistema de som e a acústica do plenário do Palácio Tiradentes eram extremamente precários. Enquanto foi deputado, na última fase de sua vida, mantinha uma roda permanente de jogo de cartas e tinha o hábito de jogar no bicho, para o que se valia dos serviços do Mira, o único contínuo da Câmara autorizado a lhe passar recados, cumprir suas ordens e atendê-lo em todas as pequenas exigências. Se qualquer um dos outros ousasse interromper suas conversas, suas leituras, seus devaneios, ou levar-lhe as papeletas com o nome dos que procuravam os deputados no Palácio Tiradentes, corria o risco de uma enorme descompostura, que todos temiam.

A vida aventurosa, a coragem demonstrada nos combates e a franqueza rude faziam dele um personagem incomum, um misto de advogado, político, "causer", administrador e guerreiro, em todos os sentidos.

Até a data da sessão especial de homenagem às Forças Armadas, Flores tinha feito poucas intervenções. No dia 5, quando se discutia a questão da fórmula de juramento que os constituintes deveriam prestar, declarou, em questão de ordem, que aqueles que, como ele, não aceitavam a Constituição de 1937 desejavam jurar a que viesse a ser elaborada pela Assembléia. Na sessão seguinte, anunciou a presença do deputado Raul Pila (PL-RS), para pedir que o presidente lhe desse posse. Na sessão especial do dia 8, em homenagem a Antônio Carlos, ex-governador de Minas e presidente da Constituinte de 1933, deu um pequeno testemunho sobre as qualidades do Andrada mineiro e um aparte ao líder da maioria, Nereu Ramos, na discussão sobre a urgência do requerimento da bancada do PCB relativo ao direito de greve. Na sessão do dia 13, era a primeira vez que seus colegas ouviriam uma intervenção mais longa:

"O SR. FLORES DA CUNHA (*Sobre a ata*) – Sr. Presidente, devo observar, de início, que não fui feliz nos primeiros dias de comparecimento a esta Assembléia. Em sessão anterior, deu-me V. Exa. a palavra, quando não a tinha solicitado, e, ontem, achando-me inscrito para falar, V. Exa. não ma pôde conceder, pelo término da hora do expediente.

Acontece, porém, que, há três ou quatro dias, apareceu na brilhante *Folha Carioca* artigo assinado por Lima Figueiredo[2] – quero crer que se trate de ilustre militar do Estado-Maior do Exército – ao qual terei de referir-me.

Antes, entretanto, desejo relembrar episódio ocorrido entre Eça de Queiroz e Camilo Castelo Branco.

Tendo o velho e clássico Camilo tentado a literatura naturalista, saiu-lhe ao encontro Eça de Queiroz fazendo reparos ao livro *Euzébio Macário*. Camilo, ofendido, revidou-lhe com azedume. Eça, porém, em carta que lhe dirigiu, declarou-se um de seus grandes admiradores, embora desconhecendo sua imensa obra.

No entanto, Camilo aludira aos animais que habitavam em Cacilhas, defronte de Lisboa, onde os veranistas os tomavam de aluguel para passear nas praias.

Eça, sentindo-se ofendido e apalpando-se todo, raciocinou: animal de orelhas compridas que orneia e tem anca pelada – pêlo e barba. Isso é comigo! (*Riso*)

Venho repetir o episódio. O artigo do Sr. Lima Figueiredo fala num pai da pátria sulino, de costeletas. (*Riso*) As costeletas que trazia na minha mocidade e desde os primórdios da vida acadêmica, a ditadura mas aparou. (*Riso*)

Mas, Sr. Presidente, o ilustre Sr. Lima de Figueiredo [sic], depois de comentar as sessões da Constituinte, diz que isto é uma democracia que fede!...

São suas expressões. Preciso, portanto, declarar, peremptoriamente, ao Sr. Lima de Figueiredo que esta Assembléia representa o anseio do povo brasileiro (*muito bem. Palmas no recinto e nas galerias*), para que se plasme uma Constituição em que sejam garantidos seus direitos. (*Palmas*)

---

2. Trata-se do general José de Lima Figueiredo, que viria a ser deputado federal pelo PSD de São Paulo, na legislatura 1951-55.

Não serão por certo essas aventuras, graciosas ou fortuitas, que intimidarão os srs. Constituintes; e é preciso dizer, de uma vez por todas, que esta Assembléia não se há de encerrar policialmente. (*Muito bem. Palmas*)

Ela tem, por si, a vontade soberana do povo brasileiro, que estava a exigir o término do regime ditatorial; tem, por si, a simpatia popular e até a dos granadeiros do Sr. General Góis Monteiro. (*Muito bem*)"

Flores, que conhecia o espírito militar por uma longa convivência e intimidade com a maioria dos oficiais que tinham servido no estado que possuía a maior guarnição federal do país, sabia das resistências à redemocratização impostas por inúmeros dos mais altos chefes militares que tinham sustentado o Estado Novo. Góis tinha sido o instrumento de sua virtual expulsão do governo gaúcho, e Flores sabia que, como sucessor de Dutra, quando este se desincompatibilizou do Ministério da Guerra para entregar-se à campanha sucessória de Getúlio, Góis aspirou substituí-lo, não apenas como ministro, mas sobretudo como candidato. Tinha conhecimento, também, de que a deposição de Getúlio só ocorrera pelo fato de os dois principais candidatos a sucedê-lo serem militares, representando duas correntes das Forças Armadas: Dutra, como general do Exército e fiador do Estado Novo, e Eduardo Gomes, como brigadeiro da Aeronáutica, ex-oficial do Exército e líder da corrente dos militares que se opunham à sobrevivência da ditadura. Getúlio, porém, tinha consciência de que sua ditadura não sobreviveria à volta da Força Expedicionária Brasileira da Itália. Eram os 25 mil homens mais bem treinados, equipados e experientes das Forças Armadas, a maioria deles testada em combate, além de terem integrado tropas de países democráticos, como era o caso dos exércitos dos Estados Unidos, Inglaterra e Canadá, com os quais se ombrearam no teatro italiano. Era óbvio que não se conformariam de ter ido defender a democracia de outros povos, enquanto em seu país sobrevivia a ditadura. Ninguém melhor do que Dutra, que havia organizado a FEB como ministro da Guerra, tinha consciência dessa realidade. Tanto que, terminado o conflito no *front* europeu no dia 8 de maio de 1945, em aviso de 6 de junho, determinou que as unidades da FEB, à medida que fossem chegando, ficassem subordinadas ao comandante militar da 1ª Região e seus integrantes fossem sendo desincorporados. Com a desmobilização, dispersava-os para evitar que pudessem se articular e agir em conjunto. Não é simples coincidência o fato de que, tendo o último escalão desembarcado no Rio de Janeiro no dia 3 de outubro, pelo transporte americano James Parker, no dia 29 do mesmo mês tenha ocorrido a deposição de Vargas.

Ao aludir aos "granadeiros do Sr. General Góis Monteiro", Flores mandava um recado aos militares e ex-militares integrantes da FEB, muitos dos quais presentes à sessão. Referia-se não só àqueles que, como o general Lima Figueiredo, achavam que éramos uma "democracia que fede", mas lembrava-lhes a existência dos que não pensavam do mesmo modo, como eles também granadeiros do mesmo Exército. A esses não só devia o país boa parte da responsabilidade pela redemocratização, como eram os que, necessariamente, a partir de então, assumiriam um crescente e decisivo protagonismo militar. Mandou em seguida mais dois recados:

"Mas, ditas essas palavras, permitam-me ainda algumas para demonstrar quão inverídica foi a propalação feita também pela *Folha Carioca* de dissentimentos entre mim e outros companheiros da União Democrática Nacional, entre os quais o nobre Sr. Otávio Mangabeira. Quero afirmar que nunca foi tão coesa e perfeita a harmonia reinante entre os udenistas. (*Palmas*) Entre nós não há ambições desmedidas, não há ciúmes, não há *coqueterie*. O que pretendemos é que, quanto antes, a Assembléia Constituinte discuta e aprove a nova Constituição da República.
O Sr. Paulo Guerra – Esse o desejo de todos nós.
O SR. FLORES DA CUNHA – Agora, uma referência à ilustre bancada comunista.
Quando da propaganda para as eleições de 2 de dezembro, o Sr. Luís Carlos Prestes, na praça pública da capital do meu estado, proferiu discurso em que fez alusão ao velho e venerando dr. Borges de Medeiros e à minha pessoa, chamando-nos, aos dois, reacionários.
Ora, sempre fui liberal no passado e, hoje, proclamo-me socialista cristão. (*Muito bem*) Nunca fui reacionário, nem poderia ter sido quem, tendo curtido dez meses de cadeia na Ilha Grande, dali saiu batendo-se pela anistia dos condenados políticos.
O Sr. Erasto Gaertner – V. Exa. também não aplaudiu a ditadura.
O SR. FLORES DA CUNHA – De modo algum a aplaudi.
Fui o primeiro, devo recordar, a solicitar anistia para o próprio Sr. Luís Carlos Prestes.
Quando de minha primeira entrevista com o Sr. Marcondes Filho, no Edifício Seabra, em apartamento de um primo-irmão do Sr. Getúlio Vargas, depois de 14 anos em que não nos víamos, disse-me Sua Excelência: – Aqui estou, em nome do Presidente da República, para ouvi-lo e, ao mesmo tempo, tomar o depoimento que deseje prestar.
Desfiei, então, as contas do meu rosário. Comecei dizendo, e isso já vai para dois anos, que, primeiramente, era eu pela convocação de uma constituinte; depois, pela anistia; finalmente, e, com todas as minhas forças, pela manutenção da forma federativa no Brasil.
Respondeu-me o Sr. Marcondes: – Ah, Flores! Não voltaremos mais a ouvir aqueles debates do passado! (*Riso*) Trataremos de constituir uma Câmara eleita pelos sindicatos. Atalhei: – Uma Câmara corporativa!...
E S. Exa., eufórico de gestos largos, contestou levantando-se: – Não vamos falar em corporativismo!
Retruquei: – Falo eu, porque corporativismo e fascismo são a mesma coisa. (*Muito bem*)
O SR. PRESIDENTE – Advirto o nobre orador de que o tempo de que dispunha para falar sobre a ata já se acha excedido.

O SR. FLORES DA CUNHA – Vou terminar, Sr. Presidente.
Precisava referir esse episódio.
Quando falei em anistia, o Sr. Marcondes Filho declarou que o Sr. Luís Carlos Prestes não podia ser anistiado, porque estava condenado por crime comum[3], ao que ponderei tratar-se de crime conexo, pois não era de acreditar que ele e seus camaradas tivessem praticado o crime que se lhes atribuiu, levados por sentimentos de maldade ou perversidade.

Saído da prisão da Ilha Grande, fui eu quem levantou a tese da conexão do crime comum com o crime político. Não é, pois, um reacionário aquele que ora tem a honra de falar à Constituinte.

Para terminar, Sr. Presidente, de vez que ontem não pude obter a palavra na hora do expediente, vou deixar para os debates essencialmente constitucionais outros pontos de vista, muitos deles pessoais, que desejaria trazer ao conhecimento da Assembléia.

Mas esteja V. Exa. certo e seguro de que as ameaças do Sr. Lima de Figueiredo em nada entibiam a coragem daqueles que querem ver o Brasil dignificado. (*Muito bem. Palmas*)"

Deliberadamente ou não, Flores da Cunha tocou em dois pontos nevrálgicos no Exército: a existência daquela ala que, a partir de 1964, veio a ser chamada de linha-dura, intolerante com as franquias democráticas, e a culpa que a cúpula do Exército sempre carregou, pelo fato de a maior parte da liderança comunista, notadamente a partir de 1930, ser oriunda de seus quadros. Eram exemplos não só os antigos revolucionários, como Castro Afilhado, Palimércio de Resende e Silo Meireles, como os seus principais dirigentes partidários, Prestes e boa parte de seus colegas na Constituinte: Gregório Bezerra, Batista Neto, Maurício Grabois, José Maria Crispim e Trifino Correia e os que, como Agildo Barata, não percorreram a via da política.

Ao escrever o artigo que provocou a reação de Flores, o general Lima Figueiredo deixava entrever o que pensavam da democracia, que apenas engatinhava, os radicais que sempre a combateram.

---

3. Aludia Marcondes Filho ao assassinato da adolescente Elza Fernandes, companheira do secretário-geral do PCB em 1935, suspeita de colaborar com a polícia, cuja execução teria sido ordenada e autorizada por Prestes.

5. *Pianissimo*

O presidente incorpora Pilatos

Na homenagem à FEB, não falou o primeiro time da Assembléia. Discursaram Benjamin Farah pelo PTB, Antero Leivas pelo PSD, Juraci Magalhães pela UDN e Abelardo Mata (PTB-RJ) para saudar a Marinha de Guerra, corporação à qual pertencia. Claudino José da Silva discursou pelo PCB. Num longo pronunciamento que ocupa oito páginas do *Diário da Assembléia*, justificou a ausência de Prestes por enfermidade e, como era de praxe, em qualquer ocasião, invocou o generalíssimo Joseph Stálin, para dizer que os comunistas brasileiros pensavam como ele, quando afirmou, "em discurso impressionante", que "a Segunda Guerra Mundial apresentou um caráter radicalmente diferente da primeira". Terminou apresentando, em nome de sua bancada, dois requerimentos preconizando benefícios para os "pracinhas" desmobilizados e denunciando as precárias condições em que se encontravam os internados no Hospital Central do Exército. Pelo Partido Republicano discursou o deputado Munhoz da Rocha; pela bancada do estado do Rio, o pessedista Getúlio Moura; pelo PDC, monsenhor Arruda Câmara; e, em seu próprio nome, o coronel Euclides Figueiredo (UDN-RJ), Wellington Brandão (PSD-MG), Flores da Cunha (UDN-RS), Epílogo de Campos (UDN-PA) e Brígido Tinoco (PSD-RJ).

O *Diário* dessa sessão especial publica o texto do projeto de Regimento elaborado pela comissão constituída pelo senador Nereu Ramos, líder da maioria, e pelos deputados Prado Kelly (UDN-RJ) e Osvaldo

Lima (PSD-PE). Com 79 artigos, foi assinado "com restrições" pelo representante udenista. Com a apresentação da proposta, estava vencido, mas ainda não ultrapassado, o primeiro obstáculo que, desde a sessão de instalação, perturbou os trabalhos da Constituinte. No décimo quarto dia de sua instalação, a Assembléia estava realizando sua sétima sessão ordinária. A prática de, a pretexto de se discutir a ata, abordar qualquer assunto, por mais irrelevante que fosse, tinha se incorporado aos usos e costumes, já não causando senão raríssimos protestos. Nessa data, o rol começou por Lair Tostes (PSD-MG), suplente substituto de Carlos Luz, nomeado ministro da Justiça. Para justificar um voto de pesar pela morte de Constantino Paletta, constituinte mineiro de 1891, invocou o fato de o homenageado ter "nascido sob a influência de signos miraculosos, dada a circunstância de nunca ter errado". Devia ter se enganado de objetivo, pois, com tal predicado, o homenageado não deveria merecer um simples requerimento de pesar, mas um pedido, se não de canonização, pelo menos de beatificação.

Durante o período do expediente, Café Filho levantou uma questão de ordem, já indiretamente suscitada na sessão anterior, quando apresentou um projeto de resolução determinando a reincorporação ao serviço ativo de todos os civis e militares atingidos pelo art. 177 da Constituição do Estado Novo. Esse famoso e temido dispositivo permitia que, no prazo de sessenta dias, mais tarde estendido a todo o período de duração do regime, pudessem "ser aposentados ou reformados, de acordo com a legislação em vigor, os funcionários civis e militares cujo afastamento se impuser a juízo exclusivo do governo, no interesse do serviço público ou por conveniência do regime". Aprovar a resolução proposta pelo representante do Rio Grande do Norte implicava para a Assembléia legislar em matéria infraconstitucional, vale dizer, adotar os poderes de legislatura ordinária que se somariam aos poderes constituintes ilimitados que lhe tinham sido reconhecidos depois da deposição de Getúlio. Esse era o nó górdio das transições políticas brasileiras, operadas sempre sob o regime jurídico e as instituições políticas que as sucessivas Constituintes haviam sido convocadas para revogar, reforçar, manter, reformar ou substituir. Assim tinha sido em 1933, da mesma forma que em 1890, como também em 1823, e assim seria em 1946 e 1998.

A transição de 1946 era singular, mas não inusitada. O país vivia um regime discricionário, o do Estado Novo, regido por uma Constituição que nunca fora cumprida, mas apenas aleatoriamente adaptada às conveniências do poder autocrático de que se investira Getúlio. Esse regime previa a existência de um Parlamento, para cuja constituição seriam convocadas eleições, a critério do ditador, depois de realizado um plebiscito que, por sua vez, seria regulado por decreto do Executivo. Enquanto não se realizasse o plebiscito, não se convocariam eleições e, não havendo eleições, não se instalaria o Parlamento. Não instalado o

Parlamento, o ditador assumiria suas funções, legislando através de decretos-leis e, mediante leis constitucionais, por ele também decretadas e promulgadas, emendaria a Constituição por ele mesmo outorgada. Por outro lado, sabia-se quando se iniciava o primeiro mandato presidencial: no dia da outorga da Constituição, 10 de novembro de 1937. Só não se sabia quando acabava, pois o art. 175 prescrevia que seu termo ocorreria com a realização do plebiscito que a ele mesmo caberia convocar...

Quando se tornou manifesto o destino da guerra na Europa, onde lutava a Força Expedicionária Brasileira, Vargas tratou de promover a abertura política, preparando a transição do regime, que ele pretendia se consumasse sob seu comando e nos termos por ele prescritos, como vinha fazendo havia quinze anos. Através da lei constitucional nº 9, de 28 de fevereiro de 1945, que se tornou conhecida como ato adicional, estabeleceu que as datas das eleições para a presidência da República, Câmara e Senado, assim como para os governos estaduais e as respectivas Assembléias Legislativas, seriam fixadas dentro de noventa dias. O presidente deveria tomar posse trinta dias depois de lhe ser comunicado o resultado da eleição, perante o órgão incumbido de proclamá-lo – o TSE –, e os senadores e deputados, sessenta dias após o pleito.

Se tudo se desenvolvesse segundo os tortuosos caminhos balizados pelo ditador, não haveria mais o plebiscito previsto na Constituição de 1937, pois isso poderia, segundo os argumentos expostos nos "considerando" da lei, inibir os poderes do Parlamento a ser escolhido pelos eleitores. Entre esses poderes estava o que os juristas chamam de "poder constituinte derivado", ou seja, o de apenas emendar a Constituição que se contrapõe ao "poder constituinte originário", o de elaborar um novo texto constitucional. Quando instaladas as duas Casas do Congresso, deputados e senadores passariam, simultaneamente, a legislar, isto é, a ter o poder de legislatura ordinária e a exercer a prerrogativa de emendar a Constituição. O presidente, por sua vez, perderia a faculdade de baixar decretos-leis e leis constitucionais. No entanto, quando editado esse ato adicional, Vargas já tinha começado a perder o comando do processo político, antes mesmo de perder o cargo de presidente, e por isso nem tudo se passou como havia imaginado. Seis dias antes, em 22 de fevereiro de 1945, a edição do matutino *Correio da Manhã* circulou com uma entrevista de José Américo, ex-ministro de Vargas e ex-candidato à presidência, na frustrada eleição de 1938. Estampado na última página do jornal, o texto era menos importante por seu conteúdo do que pela circunstância de ter sido publicado sem o consentimento do DIP (Departamento de Imprensa e Propaganda), que exercia a censura sobre jornais, livros, revistas, programas de rádio, letras de música, peças de teatro e qualquer publicação que pretendesse circular no país.

O fato tornou-se notório no mesmo dia e todos os jornais seguiram o mesmo caminho, recusando-se a se submeter à censura prévia. Explodiram reportagens e entrevistas por todo lado, e por parte de todos os jornais, sem que o governo se dispusesse a testar sua força apreendendo-os indiscriminadamente.

Usando de todos os recursos, manipulando todos os instrumentos de que ainda dispunha, Getúlio ia cedendo às pressões políticas de alguns de seus aliados e dos oposicionistas, todos cansados de um regime que envelhecera e se tornara um anacronismo num mundo que estava em vias de derrubar três regimes fascistas, protagonistas de uma das mais terríveis destruições do século. Foi assim que, na véspera de seu aniversário, no dia 19 de abril, decretou a anistia, fazendo com que, nessa mesma data, todos os presos políticos comemorassem sua libertação, enquanto seus amigos festejavam seus 63 anos de idade. Um dia de gala, tanto para governistas quanto para oposicionistas. Era como um presente por ele proporcionado a seus adversários, à opinião pública e ao país. No dia 28 de maio, último dia do prazo de noventa dias para que marcasse a data das eleições, novo decreto as fixou para o dia 2 de dezembro.

As manobras que ele estimulou, permitindo que alguns dos mais notórios beneficiários dos estertores do Estado Novo, como foi o caso de Hugo Borghi, mobilizassem seus simpatizantes no movimento "queremista", apoiado pela direção do PCB, preconizando "Constituinte com Vargas", terminaram provocando sua previsível e inevitável deposição. Seu afastamento ocorreu dois dias depois de ter baixado um decreto antecipando as eleições estaduais para o dia 2 de dezembro, data já marcada para o pleito federal, o que inviabilizaria as duas, e de ter nomeado para a chefia do Departamento Federal de Segurança Pública seu irmão Benjamin Vargas, conhecido como "Beijo". Caiu o ditador, mas não a ditadura. Todo o aparato político e institucional do poder continuou intacto. Seu substituto continuou investido de todos os poderes da Constituição de 1937, inclusive o de legislar por decreto-lei e de editar leis constitucionais.

Quando assumiu a presidência da República, na qualidade de presidente do STF, o ministro José Linhares encontrou uma questão de direito apreciada e decidida pelo TSE, mas ainda não resolvida. Tratava-se de duas consultas formuladas, respectivamente, pelo Partido Social Democrático e pela OAB-DF. Na primeira, o delegado do PSD dizia que, tendo sido convidado por mais dois partidos políticos "para aderir à idéia da convocação imediata de uma Assembléia Constituinte", sua Comissão Diretora, por unanimidade, resolveu "julgar desnecessária a medida alvitrada, de vez que o ato adicional nº 9, pela redação que deu ao art. 174 da Constituição de 10 de novembro de 1937, previu e estabeleceu a emenda, a modificação e mesmo a reforma da mencionada Constituição pelas Câmaras Legislativas a serem eleitas em 2 de dezembro próximo". Alegava ainda, em reforço dessa posição, que seu "candidato à presidência da República, general Eurico Dutra, em seu discurso de

Belo Horizonte, já havia declarado que, se fosse eleito, declinaria do seu veto e aprovaria a reforma constitucional que fosse deliberada pelas futuras Câmaras do Congresso Nacional".

As premissas da consulta nada tinham a ver com sua conclusão. É pacífico, em matéria de direito constitucional, que os poderes constituintes ou são ilimitados, quando outorgados diretamente pelo eleitorado, não para simplesmente emendar ou reformar, mas para elaborar uma nova Constituição, ou são limitados, nos termos previstos no ordenamento constitucional vigente em cada país. Os primeiros chamam-se, como já frisamos, de "originários", e os últimos, de "derivados". Os poderes constitucionais derivados, ou seja, o de emendar ou reformar, o Parlamento a ser eleito já os tinha, e lhe tinham sido outorgados pela Constituição então em vigor, depois de emendada pela lei constitucional nº 9. O que a UDN e o PR tinham proposto era a atribuição de poderes originários para elaborar um novo texto. Por outro lado, a nova redação dada ao art. 174 e seus parágrafos da Constituição de 1937 pela mesma lei constitucional não previa veto às emendas constitucionais. Dessa forma, a alegada promessa feita pelo candidato pessedista em Belo Horizonte era inócua, ineficiente, insubsistente, desnecessária e ociosa.

Na conclusão de sua consulta, o delegado afirmava estar o PSD "certo de que a futura Câmara dos Deputados e o futuro Conselho Federal, a serem eleitos no próximo dia 2 de dezembro, funcionarão com poderes de Constituinte". E concluía pedindo que o Tribunal respondesse: "quais os poderes reais que competirão ao futuro parlamento?".

A representação da OAB-DF, por sua vez, sem argumentação de natureza jurídica, apenas pedia que o Tribunal esclarecesse "se o parlamento a ser eleito em 2 de dezembro de 1945, além da função legislativa ordinária, exercerá, em face da lei constitucional nº 9, funções de Assembléia Constituinte".

A consulta e a representação foram lidas pelo relator, professor Sampaio Dória, na sessão do TSE de 27 de setembro de 1945, presidida pelo então ministro José Linhares. O procurador-geral Hahnemann Guimarães alegou tratar-se de matéria constitucional e não de assunto eleitoral, sendo o TSE, por conseqüência, incompetente para solucioná-los. Reza a ata que "contra esse ponto de vista manifestou-se o relator, entendendo que o decreto-lei nº 7.586 era uma decorrência da emenda nº 9 e, portanto, podiam ser solucionadas a representação e a consulta submetidas, tanto mais quanto se tinha em causa o querer-se saber para o que se vai votar". O desembargador Edgar Costa solicitou que o parecer oral fosse emitido por escrito, a fim de ser apreciado pelo plenário, na sessão seguinte, que se realizou dois dias depois.

As conclusões do procurador-geral no parecer escrito estabeleciam:

    1º – o Tribunal Superior Eleitoral não deve conhecer das consultas que não tratam de matéria eleitoral;

2º – se o entender de modo contrário, nos termos da Constituição de 1937, art. 174, o parlamento eleito em 2 de dezembro próximo futuro poderá funcionar como órgão constituinte, emendando, modificando ou reformando aquela Constituição, por iniciativa do presidente da República ou da Câmara dos Deputados;
3º – aceita, entretanto, a sugestão do professor Sampaio Dória, deve o governo convocar o parlamento para funcionar como Assembléia Constituinte, não sujeita às disposições do citado art. 174 e seus parágrafos.

O relator, registra ainda a mesma ata, "observou que não propôs a convocação de uma Assembléia Constituinte, mas uma fórmula interpretativa e esclarecedora, a fim de se dissiparem dúvidas porventura existentes no espírito público. Se tais dúvidas não existem – acrescentou –, o ato que sugerira se tornava desnecessário. Recordou ainda as palavras do Chefe do Governo, em fevereiro do corrente ano, segundo as quais '*a Câmara que for eleita terá poderes constituintes e poderá reformar a Constituição, no todo ou em parte*'. Reafirmou, deste modo, sua convicção de que a matéria era fundamentalmente eleitoral. Pediu que os autos lhe fossem remetidos para melhor conhecimento do parecer do procurador-geral, o que foi deferido, ficando a discussão adiada para a próxima reunião".

A solução veio, finalmente, na sessão do dia 2 de outubro, vazada nos seguintes termos: "O Tribunal Superior Eleitoral, tomando conhecimento, por maioria de votos, da representação da Ordem dos Advogados do Brasil – Seção do Distrito Federal – e da consulta formulada pelo Partido Social Democrático, resolve declarar que o Parlamento nacional que será eleito a 2 de dezembro de 1945, além de suas funções ordinárias, terá poderes constituintes, isto é, apenas sujeito aos limites que ele prescrever." Vinte e sete dias depois, Getúlio era deposto.

José Linhares tinha participado, embora não votado, de toda a discussão e da resolução finalmente adotada pelo TSE. Duas semanas depois de assumir a presidência, baixou a lei constitucional nº 13, de 12 de novembro, com dois *consideranda* e dois artigos:

Considerando que o Tribunal Superior Eleitoral interpretou como sendo constituintes os poderes que, nos termos da lei constitucional nº 9, de 28 de fevereiro de 1945, a Nação vai outorgar ao Parlamento, nas eleições convocadas para 2 de dezembro de 1945;
Considerando a conveniência de pôr termo às controvérsias então suscitadas a respeito do julgado, em torno da legitimidade e da extensão dos poderes que a Nação delegará ao Parlamento, decreta:
Art. 1º Os representantes eleitos a 2 de dezembro de 1945 para a Câmara dos Deputados e o Senado Federal reunir-se-ão no Distrito Federal, sessenta dias após as eleições, em Assembléia Constituinte, para votar, com poderes ilimitados, a Constituição do Brasil.
Parágrafo único. O Conselho Federal passa a denominar-se Senado Federal.

Art. 2º Promulgada a Constituição, a Câmara dos Deputados e o Senado Federal passarão a funcionar como Poder legislativo ordinário.

Com esse ato, o presidente atendia a muitos propósitos e a várias das sugestões aventadas. Desatendia ao procurador-geral, na matéria substantiva, dando razão ao relator e à maioria do Tribunal. Mas contemplava a parte adjetiva, acolhendo sugestão contida no item 3º de seu parecer, segundo o qual "deve o governo convocar o Parlamento para funcionar como Assembléia Constituinte". Por outro lado, encerrava as dúvidas suscitadas sobre a natureza e a extensão dos poderes constituintes dos deputados e senadores, declarando que eram originários, outorgados pelo eleitorado e, portanto, ilimitados, como queria a oposição. Mas, ao mesmo tempo, tornava a futura Constituinte exclusiva, isto é, sem os poderes de legislatura ordinária, ao dispor que, somente após "promulgada a Constituição, a Câmara dos Deputados e o Senado Federal passarão a funcionar como Poder legislativo ordinário". Com isso, agradava o futuro presidente, ao preservar sua prerrogativa de continuar legislando por decretos-leis enquanto não fosse votado o novo texto constitucional.

O fulcro de toda essa questão, mais que política ou jurídica, era histórico, pois tomava em consideração o precedente frustrado de 1823, quando a Constituinte se arrogou poderes exclusivos e terminou dissolvida, e o bom exemplo de 1891, quando a tarefa de elaboração constitucional foi concluída em pouco mais de dois meses, tendo sido votada por deputados e senadores reunidos unicameralmente.

Com essa medida, o presidente José Linhares começava a desatar o nó em que Getúlio tinha transformado, deliberadamente, a sinuosa abertura por ele iniciada. Resolvida a questão das atribuições dos deputados e senadores, restava o problema dos poderes do presidente da República, solucionado treze dias depois, com a lei constitucional nº 15, de 26 de novembro.

No quinto de seus seis *consideranda*, estipulava que, "enquanto a Assembléia funcionar como Constituinte, a administração do país não prescindirá de providências de natureza legislativa". Seu art. 1º dispunha que "em sua função constituinte terá o Congresso Nacional, eleito a 2 de dezembro próximo, poderes ilimitados para elaborar e promulgar a Constituição do país, ressalvada a legitimidade da eleição do presidente da República". O art. 2º prescrevia que, "enquanto não for promulgada a nova Constituição do país, o presidente da República, eleito simultaneamente com os deputados e senadores, exercerá todos os poderes de legislatura ordinária e de administração que couberem à União, expedindo os atos legislativos que julgar necessários". O art. 3º, por sua vez, previa eventuais conflitos que poderiam surgir das urnas se delas saísse um presidente de facção minoritária na Constituinte, o que poderia levar a maioria a abreviar o seu mandato, ou determinar nova eleição, concluída a tarefa de elaboração constitucional. Por isso, estabelecia: "O período presidencial do Presidente eleito a 2 de dezembro de 1945 e a duração da legislatura eleita na mesma data serão os que forem estabelecidos, pela Assembléia Constituinte, para os Presidentes e legislaturas futuras." Esta última disposição confrontava com a própria lei constitucional, ao dispor sobre matéria de competência da Constituinte: a fixação do mandato do presidente atual e dos futuros.

A questão de ordem levantada por Café Filho na sessão do dia 14 continha uma notória contradição com suas posições anteriores. Invocava o princípio de que o presidente não poderia baixar decretos-leis, pois, nos termos do art. 13 da Constituição de 1937, essa faculdade só poderia ser exercida "nos períodos de recesso do Parlamento ou de dissolução da Câmara dos Deputados". Nessas condições, invocava em defesa de sua posição a mesma Constituição autocrática que repudiou desde o primeiro dia de reunião. Em segundo lugar, ignorava a interpretação do próprio TSE e a lei constitucional nº 13 que a materializou. Por fim, ao preconizar a prevalência do roteiro original da abertura iniciada por Vargas, contida na lei constitucional nº 9, de que Câmara e Senado, eleitos em 2 de dezembro, constituíam o Parlamento ordinário previsto na Carta de 37, dificultava o processo de reforma constitucional, alterando o *quorum* das deliberações de maioria simples para maioria qualificada de dois terços, além de exigir turnos separados de votação na Câmara e no Senado. Com a atribuição de poderes constituintes ilimitados, a Assembléia aprovaria o novo texto constitucional com o voto de metade mais um dos seus integrantes, em um só turno de votação.

Segundo transcreve o *Diário da Assembléia*, sua questão de ordem estava formulada nos seguintes termos: "A Câmara dos Deputados e o Senado Federal, reunidos em Assembléia Constituinte, por força das emendas nºs 13 e 15, têm poderes legislativos ou seus poderes são restritos à elaboração da Carta Magna?" Sua solução não oferecia nenhuma dificuldade, pois o deputado aludia explicitamente às leis constitucionais nºs 13 e 15, reconhecendo tacitamente sua procedência e validade. E, em seus termos, como invocava o deputado potiguar, nenhuma dúvida havia a decidir. O espírito bacharelesco do senador Melo Viana, porém, era incompatível com soluções simples, questões claras e decisões peremptórias. Nessa ocasião, como ocorreria em tantas outras, "incorporava" o espírito de Pôncio Pilatos, para adotar soluções provisórias, protelatórias ou inconclusivas, prolongando desnecessariamente as dúvidas, como neste caso:

"O SR. PRESIDENTE – [...] Cabe-me dizer, inicialmente, a S. Exa. que me sinto na impossibilidade de pronunciar *veredictum* sobre o assunto.

No curso que fiz de Direito Constitucional, aprendi que os Poderes na República Federativa são autônomos, harmônicos e independentes. Cada qual é senhor de sua competência.

O Presidente da República, por exemplo, sabe que atos lhe competem e os que cabem aos demais Poderes. Ao Judiciário, por sua vez, incumbe declarar nulo, por falta de competência, o ato excessivo do Executivo. Este o princípio que me proporcionou o aprendizado do Direito. Esta é a velha doutrina do Direito federalista e do Direito pátrio, do Direito Constitucional.

À Mesa, portanto, falta competência para traçar normas ao Presidente da República. S. Exa. é responsável pelos atos que entenda de sua competência.

Não posso considerar outras questões, uma vez que, preliminarmente, me reconheço incompetente (*não apoiados gerais*) para deliberar sobre assunto de tamanha magnitude e transcendência.

Nestas condições, o nobre autor do requerimento permitir-me-á que deixe de externar minha opinião sobre a questão de ordem proposta. Sentir-me-ia, mesmo, constrangido em adiantar apreciações mais categóricas.

O SR. CAFÉ FILHO – (*Pela ordem*) Sr. Presidente, já que V. Exa. declara não lhe ser possível dar solução à questão de ordem que levantei, visando definir os poderes da Assembléia, requeiro a V. Exa. que a submeta à deliberação da Casa.

O SR. PRESIDENTE – Nesse caso, peço ao nobre constituinte envie à Mesa requerimento escrito, a fim de que a comissão competente – que ainda não existe –, uma vez nomeada, emita parecer, sendo, em seguida, o assunto submetido à consideração da Casa."

Os estudos de direito constitucional parecem não ter sido o forte do aprendizado do presidente. O que preceitua o princípio da separação dos poderes não é o caráter federativo do Estado, mas sim a natureza do governo presidencialista, já que no parlamentarismo o Executivo é, necessariamente, uma delegação da maioria parlamentar, não havendo, portanto, separação entre ambos os poderes. O que o sistema federativo, que diz respeito à forma do Estado, assegura é a autonomia dos entes federativos. A invocação feita, portanto, não era apenas simplória, mas improcedente, revelando que o senador Melo Viana confundia forma de Estado com forma de governo... Além do mais, o que o deputado indagava não dizia respeito aos poderes do presidente da República, mas aos da própria Assembléia. Recusando-se a dar seu veredito, adiava a solução e prolongava o conflito que acabara de ser suscitado.

Nessa mesma sessão, o presidente anunciou que o projeto de Regimento Interno permaneceria na ordem do dia para receber emendas, esgotando-se o prazo às 18 horas da segunda-feira seguinte, dia 18.

Durante a ordem do dia dessa mesma sessão, finalmente, subiu à tribuna o primeiro constituinte a debater um tema constitucional. Tratava-se do deputado José Augusto Bezerra de Medeiros (UDN-RN), vice-líder do partido e então com 61 anos de idade, que abordou a questão do federalismo brasileiro, em duelo com Agamenon Magalhães (PSD-PE) e a participação de Lino Machado (UDN/PR-MA), Gabriel Passos (UDN-MG), Hermes Lima (UDN-DF), Prado Kelly (UDN-RJ) e Berto Condé (PTB-SP). A Constituinte começava aí a sua grande e desafiadora tarefa, embora ainda longe de livrar-se dos escolhos que ameaçavam sua singradura.

Ninguém aceita desarmar o palanque

A iniciativa do deputado José Augusto (UDN-RN) parecia ter trazido uma dose de bom senso aos debates. Tinha despertado o interesse da Assembléia e era esse o rumo que se esperava que tomasse a Constituinte. A sessão do dia seguinte, sexta-feira 15, porém, apontou mais uma vez no sentido contrário. Embora fosse justa a aspiração de quase todos de protagonizar seus minutos de glória, a maioria ainda não tinha entendido que assuntos provincianos, por mais relevantes que fossem, podiam até servir para merecer uma pequena nota nos jornais da província, mas não logravam mobilizar a atenção da maioria do plenário, senão daqueles diretamente envolvidos nos pequenos incidentes que se arrolavam no rol das causas perdidas.

No Palácio Tiradentes, só o presidente e o primeiro-secretário tinham gabinetes privativos. As instalações dos demais membros da Mesa eram coletivas. Junto ao gabinete da presidência, uma sala para os vice-presidentes e, do lado oposto do edifício, onde se instalava a primeira-secretaria, outra para os demais secretários. Ao fundo do plenário, na face oposta à da Mesa, ficava a sala do café, o único conforto gratuito e privativo dos parlamentares. Os eleitores que os procuravam eram recebidos nos corredores laterais, em geral de pé, pois só havia poucos e pequenos bancos de couro, geralmente ocupados pelos que esperavam ser atendidos. Do lado oposto à sala do café, ocupando o mesmo piso que o plenário, estava a biblioteca com sua sala de leitura, onde se podia ler e descansar, mas não conversar. No andar superior, ficavam as três tribunas reservadas a convidados e autoridades nas sessões solenes. Duas eram laterais e uma frontal à mesa. Entre as tribunas, pequenos nichos sem poltronas que apenas compunham o conjunto arquitetônico do plenário, nesse andar também envolvido por corredores de circulação, ao fim dos quais se localizavam, sobre a sala do café, o recinto mais tarde utilizado pela Comissão de Constituição e Justiça e sobre a biblioteca o que viria a ser utilizado pela Comissão de Finanças. Na parte da frente do edifício, com balcões que davam para a colunata de estilo dórico que orna o frontispício do prédio, ficava o salão nobre, onde viria a funcionar a Comissão Constitucional.

Com essa conformação arquitetônica do palácio, a maior parte dos constituintes não tinha muito por onde circular nem onde refugiar-se. A circunstância de serem forçados a agrupar-se no plenário, o mais amplo espaço disponível, tornava-o o centro nervoso da Assembléia e era ali que a maior parte dos presentes passava quase todo o tempo das quatro horas que usualmente duravam as sessões. Com essa intimidade e convivência forçadas, todos eram estimulados a participar dos debates, interferir com apartes nos discursos e manifestar seus pontos de vista. Tudo isso se dissiparia com a transferência para Brasília, onde a dispersão e a falta de convivência tornaram-se a regra geral, acentuando o corporativismo, mas destruindo a solidariedade, diluindo a convivência e impedindo a participação, antes obrigatórias. Por essa razão, os discursos sobre assuntos locais só permitiam a participação e só estimulavam o interesse dos constituintes diretamente envolvidos, provocando a exclusão de todos os demais, que só interferiam quando se tornava necessária a manifestação da solidariedade partidária. Em alguns, a invocação desses temas provocava irritação, enquanto em muitos sua reiteração levava à exasperação.

A prática despertava ainda mais revolta pelo fato de que cada pronunciamento detonava reações em cadeia. Atacava-se o interventor numa sessão, e na outra vinha a contestação, que implicava nova reação, e assim por diante. Como assinalamos anteriormente, o costume foi inaugurado pela bancada de Minas com um discurso de Gabriel Passos (UDN-MG), na sessão do dia 7, e tinha prosseguido no dia 12 com novo pronunciamento de Daniel de Carvalho (PR-MG), contestado na mesma oportunidade pelo deputado e ex-interventor Benedito Valadares. Três sessões depois, no dia 15, o tema voltou a ser tratado no plenário, com um longo pronunciamento do deputado Jaci de Figueiredo (PR-MG). Era a repercussão e a continuação dos pronunciamentos anteriores, a inevitável reação em cadeia. Tornara-se praxe quase imemorial na Câmara que os discursos apanhados pelos taquígrafos, depois de decodificados, pudessem ser revistos pelos autores, antes de enviados à Imprensa Nacional, para inclusão no *Diário*. Valendo-se desse recurso, o pronunciamento do deputado Benedito Valadares (PSD-MG) tinha sido corrigido, segundo o deputado Jaci de Figueiredo (PR-MG), com supressão de um de seus apartes, que foi simplesmente cortado. O ex-interventor era também acusado de atribuir ao brigadeiro Eduardo Gomes, candidato udenista derrotado em 2 de dezembro, uma frase que Valadares tinha afirmado ser do general Dutra: a de que "governaria com seu partido, que era o que estava fazendo o Sr. João Beraldo" (interventor nomeado por Dutra, por indicação do PSD). A frase de Valadares, em resposta ao discurso de Daniel de Carvalho, aparecia no *Diário* não como de autoria de Dutra, mas de Eduardo Gomes, de acordo com o orador:

"O SR. JACI DE FIGUEIREDO – [...] Entretanto, Sr. Presidente, da publicação dos nossos debates verificamos constar o aparte de S. Exa. nos seguintes termos: 'O candidato de V. Exa. à Presidência da República...'

Houve, portanto, por conseguinte, profunda alteração. S. Exa., o Sr. Deputado Benedito Valadares, quis atribuir à nobre figura do Brigadeiro Eduardo Gomes a paternidade da doutrina do governo faccioso que só ele, o Sr. Deputado Benedito Valadares, defende nesta Casa. (*Muito bem*)"

Em seguida, depois de defender o desembargador Nísio de Oliveira, presidente do Tribunal de Justiça do Estado nomeado interventor por

José Linhares, logo após a queda de Getúlio, afiançou que foram poucos os prefeitos por ele demitidos e substituídos por funcionários estaduais de sua confiança ou por juízes de direito. Transitou, em seguida, do âmbito provincial para a esfera municipal:

"O SR. JACI DE FIGUEIREDO – Nos cafés de nossas cidades empobrecidas, nas esquinas das ruas dos vilarejos longínquos, era a respeito expressivo e idêntico o estribilho da propaganda: 'Qual! Ninguém pode com Fulano! Sai governo, entra governo e ele sempre no bastão!'

Os prefeitos e as demais autoridades municipais, os delegados de Polícia, os juízes de paz, os inspetores de quarteirão – lá no sertão os homens que representam o governo e a força –, esses senhores, em grande número, continuaram indefectivelmente a serviço da máquina que, com o maior cuidado, montara o agente da ditadura em Minas."

O debate prosseguiu nesse tom e tornou-se inevitável que, através de apartes, fossem abordados os procedimentos de outros interventores, como os da Paraíba, do Rio Grande do Norte e do Maranhão. O orador ainda cotejou os resultados das eleições, para demonstrar que o PSD não lograra a arrasadora vitória anunciada por Benedito Valadares, pois dos 965.600 votos válidos para deputado federal, o partido situacionista obtivera 454.143, enquanto todos os demais (englobados pelo orador como se fossem todos da oposição) tinham logrado conseguir 511.447. O discurso prosseguiu por mais algumas páginas nesse mesmo tom, até a peroração, bem adequada ao nível municipal em que tinha sido colocado o debate:

"O SR. JACI DE FIGUEIREDO – [...] E diremos então do alto desta tribuna – Ó nobre General! [referia-se a Dutra] malgrado a inquietação que se vai generalizando, não obstante as violências já cometidas, apesar do sangue já derramado de nossos correligionários e que ainda quente está clamando por justiça – é tempo ainda, que a estrada de Damasco é sempre refulgente e sempre gloriosa. E nem hesite, ilustre General, presidente de todos os brasileiros, que aqueles que como V. Exa. se encontram nos pináculos do poder e se dispõem a trilhá-la, se elevam sempre mais e mais, atingindo por vezes as culminâncias da glória! (*Muito bem. Palmas. O orador é cumprimentado*)"

O discurso tinha causado no plenário a impressão de se tratar de um comício típico no interior de qualquer parte nos sertões do Brasil. Era como se alguns constituintes se recusassem a descer do palanque eleitoral, talvez convencidos de que sua pobre e merencória retórica ainda pudesse mudar os resultados do pleito de dois meses e meio antes. Esses constituintes integravam uma boa parte do Brasil que insistia em olhar para trás, resistindo a vislumbrar o futuro do país que deles dependia para superar a ordem política autocrática sob a qual multidões de brasileiros tinham sofrido e o ordenamento jurídico autoritário que continuava a reger o país, enquanto a Assembléia não cumprisse sua missão.

A reação foi imediata e se manifestou pela palavra do deputado João Mendes (UDN-BA), advogado, pecuarista e comerciante que, sob a liderança de Otávio Mangabeira (UDN-BA), como deputado estadual, tinha feito oposição à interventoria e ao governo de Juraci Magalhães (UDN-BA), colocando-se contra a Revolução de 30. Era um parlamentar ultraconservador e assim se manteve enquanto esteve na Câmara até a década de 60, tendo sido um dos dirigentes do IBAD. Assim que anunciado o fim do período destinado ao expediente e encerrado o discurso de Jaci de Figueiredo, pediu a palavra pela ordem e disse a que vinha, afirmando que iria falar "de verdade" sobre a ordem dos trabalhos. Historiou a Constituinte estadual da Bahia, frisando que, a despeito da diversidade de opiniões e de facções políticas e ideológicas em que se dividia a Assembléia Estadual, entre as quais o integralismo e o comunismo, foi possível dar uma Constituição ao estado, pondo à margem todas as divergências políticas. E prosseguiu:

"O SR. JOÃO MENDES – Vindo para esta Assembléia, trouxe impressão de que aqui ia ver o mesmo quadro, em moldura mais luxuosa, em mais alto relevo. Infelizmente, porém, Srs. Constituintes, consta que não se passa a mesma coisa. Pede-se a palavra para falar sobre a ata e se diz tudo, menos alguma coisa que se refira à ata. (*Muito bem*)
Pede-se a palavra pela ordem e se suscita ou se provoca a desordem...
O SR. PAULO SARAZATE – E às vezes nem se levanta a questão de ordem.
O SR. JOÃO MENDES – ... e às vezes nem surge a questão de ordem, como acentua o nobre Deputado.
Lastimo declarar, Srs. Constituintes, que tenho experimentado minhas decepções, de tal modo que cheguei a formular uma indicação que terei a honra de ler à Casa. Não a submeto ao veredicto do plenário porque, da consulta que fiz a vários de meus ilustres companheiros, verifiquei que seria até certo ponto imprudente trazê-la a julgamento. Em todo caso, ela constará dos Anais como a manifestação do meu pensamento.
Eis a indicação:

> *Não será permitido tratar-se, durante as sessões da Assembléia Constituinte, a não ser na hora do Expediente, de assunto estranho à elaboração do seu Regimento e da Carta Constitucional do Brasil.*

O Sr. Lino Machado – Não fizemos sequer o nosso Regimento, onde estarão previstos todos esses casos.
O SR. JOÃO MENDES – Ganharíamos muito mais se viéssemos fazer aqui o que fez ontem o nobre Constituinte, Sr. José Augusto. (*Muito bem*)
O Sr. Lino Machado – V. Exa. pediu a palavra para levantar uma questão de ordem e até agora não a apresentou.
O SR. JOÃO MENDES – A questão de ordem será levantada. Isto é açodamento.
O Sr. Lino Machado – Açodamento há da parte de V. Exa."

Depois de aparte do senador Pedro Ludovico (PSD-GO), que aludiu às questões de Minas, provocando contra-apartes dos deputados José Bonifácio (UDN-MG) e Artur Bernardes (PR-MG), defendendo a relevância dos temas municipais, e contestação do senador goiano, ameaçando fazer degenerar o tema tratado, o orador suscitou sua questão de ordem:

O SR. JOÃO MENDES – Apelo ao Sr. Presidente, o ilustre Sr. Melo Viana, no sentido de pôr à margem sua proverbial liberalidade, fazendo cumprir o Regimento. (*Muito bem. Palmas*)"

Era rigorosamente procedente o apelo do parlamentar baiano, formulado como questão de ordem, assim como sem sentido o aparte de seu colega da representação maranhense, ao alegar que as restrições seriam estabelecidas no Regimento que nem sequer tinha sido votado. Como já foi assinalado, depois de larga discussão, o plenário, por maioria de votos, decidiu adotar, até a conclusão do Regimento definitivo, o da Constituinte de 1933, cujo art. 101 dispunha: "A Assembléia Constituinte não poderá discutir ou votar qualquer assunto estranho ao projeto de Constituição, enquanto este não for aprovado, salvo os demais constantes do decreto de sua convocação."

Parece fora de dúvida, porém, que o número dos que se recusavam a superar os traumas da eleição, transformando a tribuna da Constituinte em palanque eleitoral, era maior do que aqueles dos quais ainda não havia desertado o bom senso. A propalada e cultivada liberalidade do presidente ameaçava, com tantas e tão anti-regimentais concessões, transformar-se em licenciosidade, com prejuízos não para este ou aquele constituinte, mas para o país, ávido por inaugurar o estado de direito, em nome do qual se estava fazendo mais uma canhestra transição.

Mal desceu da tribuna o deputado baiano, a ela subiu seu conterrâneo Maurício Grabois, eleito pelo PCB do DF. Alegando que pedia a palavra pela ordem, por estar inscrito havia dois dias para falar no expediente, sem lográ-lo, afirmou que se utilizava desse recurso para fixar a posição de sua bancada sobre a proposta do deputado Café Filho de imediata reincorporação de todos os servidores civis e militares demitidos com fundamento no art. 177 da Constituição de 1937. Posição, por sinal, que, de antemão, toda a Assembléia já sabia qual era. Não se tratou de um discurso de cunho municipal, como o que vinha sendo tratado entre maioria e minoria de Minas Gerais, mas de uma peça de propaganda ideológica que todos sabiam de cor. Limitou-se a repudiar com os mesmos e sovados jargões a Constituição do Estado Novo, desfiando um rol de obviedades, como "a bancada comunista considera a Assembléia Constituinte inteiramente soberana (*palmas nas galerias*)"; "viemos para esta Assembléia com o voto livre do povo brasileiro, com o compromisso de garantir a ampliar a democracia em nossa terra (*palmas nas galerias*)" ou "achamo-nos nesta Constituinte sob o domínio de uma Carta que não foi promulgada pelo povo, mas a ela outorgada pela ditadura contra a vontade da Nação. (*Muito bem*. *Palmas nas galerias*)" O discurso vinha, como é inevitável nesses casos, recheado de contradições. Num parágrafo, o orador disse que a resposta à pergunta do deputado Café Filho sobre os poderes da Constituinte "compete à própria Casa que a dará liquidando essa Carta reacionária (*palmas nas galerias*) que não reconhece ao povo direito de se manifestar, de dizer o que pensa", para dois parágrafos adiante afirmar que "a Constituição de 1937 não está de forma alguma em execução. É uma Carta fascista que nada significa para o povo. Este reúne-se em praça pública, faz as suas reivindicações. Os jornais dizem livremente o que querem. Em suma, essa Constituição praticamente não existe, como jamais existiu, porque embora com o nome de Carta Constitucional, nunca significou coisa alguma, não só para o povo, como para o próprio Governo".

Liquidar uma Carta reacionária que não existe e jamais existiu, nada tendo significado nem para o povo nem para o governo, era, no mínimo, chover no molhado, arrombando a porta já aberta. Ao afirmar: "queremos é a democracia e para isso é preciso remover esse entulho [...] para podermos elaborar uma carta constitucional verdadeiramente democrática", entrava para o rol dos vocalistas, abandonando de vez o dos realistas. Só uma nova Constituição pendente da decisão dos parlamentares poderia revogar a Carta fascista que todos os democratas, indistintamente, acima de preferências partidárias ou convicções ideológicas, almejavam e esperavam liquidar. Quanto menos se protelasse essa decisão, mais tempo teriam os constituintes para cumprir sua única, mais nobre e mais urgente missão.

Concluído o ato de propaganda política, o presidente anunciou achar-se sobre a mesa um requerimento de urgência para o projeto de resolução de Café Filho (PRP-RN), que pediu a palavra para encaminhá-lo. O deputado Otávio Mangabeira (UDN-MG), que durante o discurso de Maurício Grabois (PCB-DF) substituiu o titular, senador Melo Viana, aplicou o Regimento, esclarecendo que requerimentos de urgência eram votados sem discussão e sem encaminhamento. Posto a votos, foi rejeitado. Com o pedido de verificação formulado pelo autor, constatou-se que 36 constituintes votaram a favor e 140, contra. Com o resultado, salvaram-se todos, inclusive o autor da proposta.

Ainda usaram da palavra os deputados Prado Kelly (UDN-RJ), em declaração de voto para anunciar que seu partido iria apresentar proposta alternativa à de Café Filho (PRP-RN), e João Amazonas (PCB-DF), justificando o pedido de urgência, mas ressalvando o conteúdo da matéria, nos termos abordados por seu colega Maurício Grabois (PCB-DF).

O deputado Artur Bernardes (PR-MG) anunciou o falecimento de Júlio Prestes, ex-governador de São Paulo e candidato vencedor das eleições de 1930, contra Getúlio, mas não empossado, morto no dia 9, depois de ter voltado do exílio em Portugal, a tempo de ver o país no caminho da redemocratização. Requereu a inserção em ata de um voto de pesar, sendo o elogio do morto feito pelo autor do requerimento e pelos deputados paulistas Aureliano Leite (UDN) e Ataliba Nogueira (PSD). Nessa mesma sessão, a Câmara aprovou a inserção em ata de nada menos do que sete outros votos de pesar e a suspensão da sessão em homenagem ao falecimento de Epitácio Pessoa, ocorrido em 1942.

Nada se tinha avançado relativamente ao processo de elaboração constitucional. Mas todos tinham sido generosos com os mortos, pelo menos desta vez não preteridos pelos vivos.

6. O fascismo se recusa a morrer

Campeonato de utopias

Na segunda-feira, 18 de fevereiro, esgotou-se o prazo para a apresentação de emendas ao projeto de Regimento Interno. Era apenas um passo no ordenamento interno dos trabalhos, já que a etapa seguinte exigiria o parecer da Comissão Especial que, depois de publicado, daria início à discussão e votação da matéria em plenário. Somente depois de superada essa etapa voltaria o projeto à sua origem, para a redação final, a ser votada pelos constituintes. A rigor, o projeto nem fazia falta nem impedia a marcha ordinária dos trabalhos. Nada obstava que, ao ser designada a comissão do projeto de Regimento, também se elegesse a Comissão Constitucional destinada a elaborar o projeto de Constituição, objetivo final da Assembléia. Ganhava-se tempo, e os padrões de seu desempenho poderiam ser estabelecidos provisoriamente, até que o Regimento, depois de aprovado, exigisse adaptações que o próprio andamento do trabalho recomendaria. O bom senso, porém, não era mercadoria abundante na Assembléia.

Naquela altura, o Brasil já tinha visto reunir-se nada menos do que três Constituintes, e todas elas tinham elaborado seus Regimentos Internos. Uma a mais não implicava maior esforço que o de adaptá-la às circunstâncias ocasionais do momento. Como no caso das Constituições, em que umas filiam-se às outras, com alguns remendos, em geral importados de exemplos estrangeiros mal-adaptados, a elaboração de um projeto de Regimento não exigia nem muito esforço nem excesso de criatividade. O Regimento da Constituinte de 1933 tinha sido elaborado apenas treze anos antes e estava, sem problemas, servindo provisoriamente. O Brasil mudara muito nesse período, mas não as assembléias políticas que seguiam, em todo o mundo, os modelos correntes no século XIX. A maioria dos deputados e senadores, porém, não parecia ainda convencida da necessidade e da urgência de centrar-se no principal, insistindo em derivar a atenção da Casa para tudo quanto era acessório na rotina da vida política e administrativa do país. Os que eram contra os poderes legislativos concedidos ao presidente da República recusavam-se a entender que, quanto mais protelassem a aprovação da nova Constituição, mais decretos-leis o Executivo era forçado e tentado a baixar. Por outro lado, mesmo empenhados numa campanha que envolvia a escolha do presidente da República e dos constituintes, que culminara em 2 de dezembro e cuja apuração se prolongara pelos meses de dezembro e janeiro, os partidos não tinham tido a preocupação de mobilizar a sociedade nem os especialistas do direito para ajudar na apresentação de sugestões. Todos se mostravam pródigos em idéias e projetos, com exceção daquele que mais interessava ao país, o novo modelo político e institucional que daria fundamento, corpo e textura à democracia dos novos tempos que se seguiram à Segunda Guerra Mundial. O velho bacharelismo dos debates sem conseqüência, agora até então de parca eloqüência, dominava o ambiente abafado da canícula carioca de fevereiro, que tornava o plenário, atulhado sempre com cerca de duzentas pessoas, sem o conforto do ar refrigerado e sem ventilação direta, uma sucursal do purgatório, de que todos reclamavam.

O fato é que, bem ou mal recebido, o discurso do deputado João Mendes (UDN-BA) pedindo a observância do Regimento Interno, para evitar intervenções descabidas, ocasionou seus efeitos, pois na sessão seguinte, do dia 18, depois de retificar a ata no que lhe dizia respeito, Café Filho (PRP-RN) procurou contestá-lo lendo um artigo do jornalista Murilo Marroquim, dos Diários Associados, revelando tumultos a que assistira na Câmara dos Comuns e na Assembléia Nacional da Bélgica, como se os precedentes de lá tivessem que se transformar em uso aqui. A prática diversionista, porém, não só agravava os conflitos internos entre os constituintes, como permeava, com maior ou menor intensidade, todos os partidos.

No dia 18, subscrito pelas bancadas da UDN e do PR e pelo único representante do PL, o deputado Raul Pila, do Rio Grande do Sul, foi lida no expediente da sessão a seguinte proposta oposicionista: "Propomos que a Mesa, depois de ouvida a Casa, nomeie uma comissão, na qual figurem todos os partidos com representação na Assembléia, para elaborar, com a maior urgência, um projeto de normas gerais, pelas quais se deva reger a vida político-administrativa do país, até que seja promulgada a nova Constituição." Nem a forma nem a substância da proposta faziam jus à fama e à cultura de alguns dos subscritores do documento, muitos deles renomados juristas e experientes políticos. A aparência era a de uma corrida disputada pelos oposicionistas para saber quem venceria o campeonato de utopias em que pareciam estar empenhados. O que UDN, PR e PL propunham era uma pré ou mini-Constituição provisória. O esforço empregado nessa tentativa desafortunada seria mais bem utilizado na elaboração de um projeto de que, quase vinte dias depois de instalada a Assembléia, ninguém havia sequer cogitado.

Para não ficar atrás nessa corrida, apareceu logo em seguida, precedida, como a do bloco UDN-PR-PL, de uma série de considerandos, a seguinte proposta da bancada do PCB: "Declaração: Artigo único – Fica revogada, a partir desta data, a Constituição outorgada de 10 de novembro de 1937." Mais simplória, impossível. Mas, sem dúvida, de efeito político muito mais eficaz que a da UDN. Para justificá-la, discursou o deputado Carlos Marighela (PCB-NA), num pronunciamento de sete páginas do *Diário da Assembléia*, que se transformou num debate sobre a situação social do povo brasileiro, com apartes em que se empenharam os constituintes José Bonifácio (UDN-MG), Plínio Barreto (UDN-SP) e Ataliba Nogueira (PSD-SP). Em alguns momentos, o teor da discussão sobre a Constituição de 1937 adquiriu tons surrealistas:

"O SR. CARLOS MARIGHELA – O povo brasileiro está passando fome, está sendo aniquilado fisicamente. (*Palmas nas galerias*)

O Sr. Ataliba Nogueira – O povo brasileiro só, não, o povo do mundo.

O SR. CARLOS MARIGHELA – Tenho a declarar, Sr. Presidente, que assisti a espetáculos como ainda não tinha visto em minha vida, quando subi a ladeira do Faria e depois as escadarias do morro da Favela, onde homens vivem miseravelmente como bichos, entocados em choças imundas, sem qualquer condição de higiene, crianças famintas e esfarrapadas, doentes, mulheres que têm de carregar duas latas d'água, com um pau atravessado nos ombros, muitos quilômetros abaixo do morro, num trabalho estafante que as vai aniquilando a pouco e pouco, moradores que pagam aluguéis exorbitantes – sessenta cruzeiros por um buraco onde não cabe uma cama e onde, no entanto, vivem cinco e seis pessoas.

O Sr. Ataliba Nogueira – A lavoura do Estado de São Paulo necessita de braços e há grande facilidade de vida no interior do Estado.

O SR. CARLOS MARIGHELA – O nobre deputado está laborando num engano. Conheço a situação nos Estados.

Estive na Bahia e lá o interventor suspendeu o jogo do bicho. É engraçado, mas é a situação. Desse jogo viviam numerosas famílias e a atitude do governo foi a seguinte: 'O jogo do bicho é imoral, está proibido. Agora, os que se empregam nesse jogo e sustentam suas famílias, têm um caminho: rumo ao campo. Todos podem trabalhar no interior.' Eles acreditaram e foram ao interior, mas logo voltaram dizendo que lá não havia nada a fazer. A situação é de miséria, os salários, miserabilíssimos. 'Não temos terra', disseram eles.

O Sr. Ataliba Nogueira – Quero argumentar com o ilustre orador, mediante o conhecimento que tenho do fato: no Estado de São Paulo a vida do lavrador é ótima."

Se não era um diálogo de surdos, bem parecia a discussão do roto acreditando na excelência da vida do trabalhador rural, esquecido do Jeca Tatu, com o esfarrapado que, afirmando conhecer a realidade dos estados, se espantava com uma das primeiras favelas do Rio, aquela que, por extensão, deu nome às demais. Para ele, é como se a miséria só mostrasse sua medonha catadura no interior da Bahia.

O surrealismo do diálogo foi interrompido pelo presidente, que só então deu-se conta do que estava em discussão:

"O SR. PRESIDENTE – (*Fazendo soar os tímpanos*) Atenção: peço vênia ao orador para lembrar que está em discussão um voto de pesar pelo falecimento do Sr. General Cristóvão Barcelos. Solicitaria pois a S. Exa. cingisse suas considerações à matéria em apreço, reservando para outra oportunidade a explanação do assunto de que ora se ocupa. Esse é o apelo que dirijo a S. Exa."

Secundado por vários líderes partidários e subscrito pelo líder da maioria, o plenário apreciou e aprovou requerimento de pesar e a suspensão da sessão. O presidente declarou que suspenderia a sessão e convocaria outra meia hora depois, para que, durante a ordem do dia, o deputado Carlos Marighela (PCB-BA) pudesse concluir suas considerações. Por sugestão de Barreto Pinto (PTB-DF), porém, concordou em abreviar o intervalo entre as duas sessões para dez minutos.

Depois de ouvir Marighela por mais meia hora e de aprovar requerimentos de votos de pesar pela morte de dezesseis personalidades, encerrou-se finalmente a primeira sessão extraordinária da Assembléia. Com ela, começava a se dissipar o sonho da utopia que cada um insistia em alimentar.

Democracia *versus* fotografia

Na sessão do dia 19 de fevereiro, o deputado Ernani Sátiro (UDN-PB), a pretexto de discutir a ata, propôs uma medida de bom senso. Sugeriu que do resumo da ata, lido diariamente para apreciação do plenário, o presidente fizesse constar a lista dos deputados inscritos para falar durante o expediente, com o que se observaria rigorosamente a ordem de inscrição. Com essa providência simples se evitaria o recurso de que todos se utilizavam, valendo-se da condescendência da Mesa, para o que bastava pedir a palavra sem estar previamente inscrito. E, espertamente, o autor da idéia tratou de se valer de sua própria sugestão, dizendo desde logo que "formulando a V. Exa. o presente apelo, peço ao mesmo tempo que, obedecendo desde já o critério proposto, seja-me concedida a palavra na hora do expediente, pois estou inscrito há três dias e tenho assunto relevante a tratar perante os srs. Constituintes". Os muitos que se encontravam na mesma situação aplaudiram-no, imediatamente.

Terminada a leitura do expediente, o presidente anunciou o acolhimento da sugestão do deputado paraibano, frisando que, a partir daquela data, a Mesa deixaria de atender os pedidos de alteração da ordem de inscrição, a menos que o orador inscrito desistisse da palavra. Concedeu a palavra ao constituinte udenista, que tratou de dois assuntos: um de interesse restrito da Paraíba, denunciando o espancamento de que tinham sido vítimas alguns de seus correligionários, nos municípios de Campina Grande, Antenor Navarro e na capital do estado, tão logo se tornou pública a nomeação do Sr. Odon Bezerra como interventor; o outro, efetivamente de interesse geral, referia-se ao decreto-lei baixado pelo então presidente José Linhares, nos últimos dias de seu governo, determinando a anulação do alistamento eleitoral com o qual se tinha processado o pleito de 2 de dezembro, qualificado, de maneira geral, como o mais livre a que o país tinha assistido. O alistamento tinha sido feito com base no decreto-lei nº 7.586, de 28 de maio de 1945, baixado por Getúlio Vargas e organizado por uma comissão designada pelo então ministro da Justiça, Agamenon Magalhães. Em seu art. 22, estabelecia que "a qualificação e a inscrição eleitorais serão *ex officio* ou a requerimento do interessado". No primeiro caso, tratava-se de uma inscrição automática, feita pelos órgãos do governo e alguns conselhos profissionais, fórmula passível de manipulação e por isso muito criticada pelos partidos de oposição.

Esse tipo de alistamento compulsório estava previsto no art. 23 do decreto-lei que regulou as eleições gerais de 2 de dezembro: "Os diretores ou chefes das repartições públicas, das entidades autárquicas, paraestatais ou de economia mista, os presidentes das seções da Ordem dos Advogados e os presidentes dos Conselhos Regionais de Engenharia e Arquitetura enviarão ao Juiz Eleitoral, dentro de 15 dias antes da data fixada para o início do alistamento, relação completa dos funcionários e extranumerários, associados das entidades paraestatais, advogados, engenheiros e arquitetos, com as respectivas indicações de função, idade, naturalidade e residência." Recebidas as listas, os juízes deveriam enviar aos seus remetentes os formulários em branco dos títulos de eleitor que seriam preenchidos, assinados e devolvidos, devendo os interessados retirá-los nos cartórios, mediante recibo, podendo o juiz, "quando julgar necessário", exigir prova de identidade. Na maioria das vezes, as próprias autoridades recebiam das mãos do escrivão ou do próprio juiz eleitoral a totalidade dos títulos de cada repartição.

Essa modalidade sujeitava o alistamento de milhares de brasileiros ao arbítrio dos funcionários da União, dos estados e dos municípios e dos dirigentes regionais dos dois conselhos profissionais indicados no decreto-lei: advogados, engenheiros e arquitetos. A manipulação podia fazer-se nos dois sentidos: incluindo nas listas os que não pertenciam aos quadros funcionais dos órgãos públicos, ou delas excluindo os que efetivamente pertenciam, mas eram sujeitos de simpatia com quaisquer das correntes de oposição. O que ocorreria nos municípios do interior era facilmente previsível e colocou sob suspeita, desde o início, essa parte essencial das eleições montadas pela ditadura.

O decreto-lei contra o qual protestava o representante da UDN da Paraíba era o de nº 8.566, de 7 de janeiro de 1946, editado já ao apagar das luzes do governo José Linhares. Essa nova norma legal reabria o alistamento eleitoral para as eleições estaduais a serem fixadas pela Constituinte e seu art. 4º estabelecida que "os títulos eleitorais expedidos *ex officio* para as eleições de 2 de dezembro de 1945 são substituídos por títulos definitivos, mediante requerimento dos eleitores". Excluía da obrigatoriedade da substituição os alistados por essa modalidade, "quando juízes, militares e funcionários públicos". De forma implícita, anulava também o alistamento feito a requerimento dos interessados, pois o § 2º desse mesmo art. 4º dispunha que o processo de alistamento era o indicado no art. 3º, ou seja, aquele feito "a requerimento do próprio punho do interessado", o que não era exigido antes, e instruído com prova de nacionalidade e idade, de identidade e duas fotografias três por quatro, uma destinada ao título, outra ao arquivo da Justiça Eleitoral. Decreto posterior, o de nº 8.835, de 24 de janeiro, baixado uma semana antes da posse do novo presidente, portanto, deu nova redação ao art. 4º do decreto original, dispondo que "os títulos eleitorais expedidos para as eleições de 2 de dezembro de 1945 serão substituídos a requerimento dos eleitores", incluindo, por conseqüência, tanto os decorrentes do alistamento *ex officio* quanto, agora explicitamente, os do alistamento voluntário. Em outras palavras, anulava todos os títulos.

É claro que nada disso evitou as fraudes no alistamento, nas eleições e nas apurações que se seguiram ao longo dos anos, sendo o processo de aprimoramento, como quase tudo no Brasil, lento, intermitente e sinuoso. A questão suscitada pelo deputado Ernani Sátiro residia na fotografia, como esclarece este trecho do debate que se seguiu à sua denúncia:

"O SR. ERNANI SÁTIRO – [...] Inicialmente, havia-se disposto que apenas o alistamento *ex officio* passaria por uma revisão, renovados assim os títulos primitivos.
O Sr. Fernandes Távora – Permite-me V. Exa. um aparte?
O SR. ERNANI SÁTIRO – Pois não.
O Sr. Fernandes Távora – O maior insulto que se podia fazer à nossa cultura política foi anular todo o alistamento da população brasileira, feito com enorme sacrifício. O alistamento *ex officio*, esse sim, deveria sofrer rigorosa revisão, tendo em vista os seus vícios. Quanto ao outro, absolutamente.

O SR. ERNANI SÁTIRO – Muito obrigado a V. Exa.
Em decreto posterior, apenas suprimiu-se a expressão *ex officio* e, desse modo, ficou estabelecido que todo o alistamento eleitoral necessitava ser renovado.
O Tribunal Superior Eleitoral, recentemente, em obediência a essa disposição do decreto-lei, baixou instruções mandando renovar todo o alistamento, com novas exigências de fotografias, impressões digitais e documentação.
O Sr. Paulo Sarazate – Não há filmes no comércio brasileiro.
O Tribunal ignora-o! Como obter fotografias sem filmes? Isto é para que nunca mais haja eleições nos Estados.
O Sr. Domingos Velasco – No alistamento de 34, gastamos, em média, vinte cruzeiros, para obter um título de eleitor com três fotografias. Para substituirmos os títulos de 7 milhões de brasileiros, e adotada a mesma base, sobrecarregaremos a economia do país com cerca de 140 milhões de cruzeiros no mínimo."

Nesse momento, o orador feriu o âmago da questão:

"O SR. ERNANI SÁTIRO – É necessário, pois, que nos apressemos na elaboração da nossa Constituição, para que fatos dessa natureza não se reproduzam, como estou certo de que no parlamento não se repetirão."

Num país como o Brasil da metade dos anos 40, as eleições de 1945 tinham representado um enorme avanço. Primeiro, com o crescimento do eleitorado, que tinha passado de 1.466.700 eleitores, em 1933, para 7.425.825, aumentando a representatividade do Parlamento. Segundo, com a sua quase universalização, pela concessão do direito de voto à mulher, assegurado pelo Código Eleitoral de 1932, embora mantendo excluídos os analfabetos, que constituíam a maioria da população. E, terceiro, com a instituição da Justiça Eleitoral, que melhorou sensível e acentuadamente a autenticidade do voto. A essas três conquistas fundamentais – representatividade, universalidade ainda que parcial e autenticidade – se circunscrevia a frágil e sempre ameaçada democracia brasileira. Estávamos em seu primeiro e elementar estágio, pois eleições livres e competitivas, como hoje se aceita universalmente, são apenas um procedimento, um recurso, um instrumento para se chegar à democracia, e não a democracia como regime, como prática e como processo. Apenas até aí tínhamos avançado. E a discussão sobre a viabilidade de se exigir do eleitor ou dos candidatos que financiavam o seu alistamento o custeio de duas fotografias, num país que não fabricava filmes nem máquinas fotográficas, constituía, sem dúvida, um problema da construção democrática. Da existência ou não de filmes na praça, e do uso de fotografias no alistamento eleitoral, pendia a democracia no país, em que milhões de brasileiros nasciam, viviam e morriam sem registro de nascimento ou certidão de óbito...

Depois dessa intervenção, chamando a atenção da Constituinte para algo que tinha a ver com o destino do futuro Parlamento em que ela se transformaria, o deputado Ernani Sátiro (UND-PB) ainda abordou duas questões constitucionais de enorme atualidade: a estrutura federativa do modelo político, com o tema da autonomia municipal, e a técnica de construção jurídica das Constituições, discutindo qual deveria ser a natureza de seu conteúdo.

O encerramento de seu discurso, uma profissão de fé na Constituinte, mereceu, pelos registros dos Anais, uma consagração inusitada para quem, aos 34 anos e com a única experiência de um mandato de deputado estadual, chegava quase anônimo a um cenáculo de tantas estrelas:

"O SR. ERNANI SÁTIRO – Sr. Presidente, não temos razão para descrer do funcionamento e do êxito desta Assembléia. Pode a Nação descansar tranqüila que daqui surgirá uma Constituição à altura de seus foros jurídicos e de seus elevados anseios democráticos. (*Muito bem; muito bem. Palmas no recinto e nas galerias. O orador é cumprimentado*)"

Os fascistas de lá e os de cá

A Constituinte era um retrato do Brasil. Misturavam-se no recinto experimentados políticos, experientes parlamentares, homens públicos de larga vivência, com novatos, neófitos em política e estreantes na vida pública aos quais a ditadura do Estado Novo, com as benesses do poder, tinha brindado um mandato. Dentro de uma mesma bancada, à exceção da representação do PCB, não havia unidade de pontos de vista, coerência de orientação política ou consistência doutrinária. Isso explicava tanta dispersão, que fazia sobrepor aspectos formais das propostas aos seus fundamentos materiais. Um exemplo notório foi o debate durante o expediente dessa mesma sessão.

O presidente anunciou um pedido de urgência subscrito pela fraca bancada do PTB, para apreciação de um requerimento que solicitava ao presidente da República revogação de dispositivos do decreto-lei que em 1944 congelara no Distrito Federal os aluguéis dos prédios residenciais, assim como a inclusão de norma que obrigasse os adquirentes a respeitar os contratos de locação preexistentes. Na justificação, os autores alegavam "os motivos de caráter público e de solidariedade humana que interessavam, direta ou indiretamente, a grande parte da população, senão toda a população do Distrito Federal".

Como se depreende da confissão explícita do presidente, adiante transcrita, submetida a votos e concedida a urgência, o deputado Café Filho (PRP-RN) pediu a palavra, indagando:

"O SR. CAFÉ FILHO (*Pela ordem*) – Peço a V. Exa., Sr. Presidente, me informar se o requerimento a que se refere a urgência é o da bancada trabalhista, no sentido de que a Assembléia Constituinte sugira ao Sr. Presidente da República a elaboração de leis.

O SR. PRESIDENTE – Perfeitamente.
O SR. CAFÉ FILHO – Neste caso, Sr. Presidente, voto contra a urgência.
(*Manifestam-se simultaneamente vários Srs. Constituintes*)
O SR. PRESIDENTE (*Fazendo soar os tímpanos*) – Atenção, parece que a Assembléia não está perfeitamente esclarecida.
O SR. OTÁVIO MANGABEIRA (*Pela ordem*) – Sr. Presidente, queria fazer uma declaração de voto contra a urgência, porque me parece que requerimento neste sentido não comporta encaminhamento de votação. Pergunto a V. Exa. se já anunciou a aprovação da urgência.
O SR. PRESIDENTE – Informo ao nobre Deputado que não anunciei essa aprovação."

Barreto Pinto (PRP-RN) protestou, desmentindo o presidente, e em seu socorro veio o deputado Monteiro Filho (UDN-RJ), complementando: "Precisamente quando julguei necessária a verificação de votação."
A afirmação corroborava a assertiva de Barreto Pinto, assegurando que não só as notas taquigráficas, mas o testemunho de toda a Casa o garantiam. O presidente, que ainda não demonstrava nem segurança na direção dos trabalhos, nem intimidade com o Regimento Interno, teve que admitir:

"O SR. PRESIDENTE – Atenção. Logo após anunciar a Mesa a votação do requerimento, vários Srs. Constituintes demonstraram que não haviam apreendido bem o que se passava. (*Palmas*)
Fui juiz, e assim ainda procedo, recebendo os embargos e julgando-os procedentes. (*Risos*)"

Posto novamente a votos, o requerimento de urgência foi rejeitado. A impropriedade na tramitação da matéria vinha de sua origem. Não só não se admitia a discussão ou apreciação de uma proposta que nem sequer tinha sido publicada, como também era anti-regimental a urgência, violando o art. 95, § 1º, que exigia que, nesses casos, fossem os respectivos requerimentos subscritos por pelo menos três membros da Mesa ou vinte e cinco deputados.
A despeito de todo o "imbróglio", o presidente parecia não se emendar. Submeteu a votos, em seguida, novo pedido de urgência, para um requerimento subscrito por Café Filho (PRP-RN), Hamilton Nogueira (UDN-DF) e Domingos Velasco (UDN-GO), solicitando "informações ao Poder Executivo sobre as providências que foram tomadas pelo governo, em face das acusações do *Livro Azul* do Departamento de Estado Norte-Americano, de atividades brasileiras contra a segurança das Américas. E se existe, apurada, alguma correlação dessas atividades com o afundamento do cruzador *Bahia*".
A reação do primeiro vice-presidente da Assembléia e líder da UDN foi imediata:

"O SR. OTÁVIO MANGABEIRA – Sr. Presidente, votei contra o primeiro e voto contra o presente pedido de urgência, porque só em casos muito excepcionais deve ser concedida pelo Parlamento. (*Muito bem*) Não se pode estar, a cada momento, solicitando urgência à Assembléia Constituinte, para votar sem conhecimento exato da matéria. O natural é que os requerimentos oferecidos sejam publicados, para que a Assembléia tome conhecimento de seu conteúdo e sobre ele reflita. Aí está por que, apresentando ainda ontem minha indicação sobre a Constituição de 37, não requeri urgência, nem ontem nem hoje. Quero que a Assembléia delibere somente com pleno conhecimento do assunto. Não podemos estar aqui sendo colhidos de surpresa, a cada instante, com pedidos de urgência. (*Apoiados*) Eis por que voto contra o requerimento. (*Muito bem. Muito bem*)"

Mangabeira parece não se ter dado conta de que o pedido original fora também subscrito por dois de seus correligionários, uma vez que apenas a urgência tinha sido pedida por Café Filho (PRP-RN). Talvez por isso o senador Hamilton Nogueira (UDN-DF) tenha se julgado na obrigação de esclarecer as razões que o levaram a subscrever o pedido, afirmando: "Se se tratasse de uma questão interessante a duas nações amigas, mandaria a ética parlamentar que ficássemos à parte. Mas não se cogita apenas disso. Denúncias positivas, pessoas de alta responsabilidade nominalmente citadas, brasileiros ocupando importantes cargos na República, fatos que teriam ocorrido aqui sob a influência de agentes estrangeiros – são realmente coisas muito sérias."

A influência nazi-fascista no Brasil, durante a guerra, era notória, conhecida e comentada por muitos, a despeito da censura. Se na época baseava-se apenas em indícios, suposições e suspeitas, o fato tornou-se uma evidência depois da divulgação dos documentos alemães revelados pelo professor e historiador Francisco Carlos Teixeira, do Instituto de Filosofia e Ciências Sociais e diretor do Laboratório do Tempo Presente, da UFRJ. Segundo ele, os alemães chegaram a possuir no Brasil quinze emissoras de rádio, entre elas a Rádio Ipanema do Rio. Tinham completo domínio dos jornais cariocas *Gazeta de Notícias* e *Meio Dia* e chegaram a alugar para a exibição de seus filmes de propaganda o cineteatro Broadway, na Cinelândia. Depois que o Brasil, em 1942, declarou guerra aos países do Eixo, pelo afundamento de navios mercantes brasileiros, até em nossas costas, Getúlio se viu forçado a afastar os mais notórios simpatizantes do regime nazista. Foi o caso de Lourival Fontes, demitido em julho do mesmo ano do DIP, o tristemente famoso Departamento de Imprensa e Propaganda, que dirigia desde 1939.

A divulgação do *Livro Azul* depois da guerra não chegava, portanto, a constituir novidade, listando não só alguns simpatizantes brasileiros, mas também de outros países da América Latina, especialmente da Argentina, que se manteve neutra no conflito europeu. A questão é que, se antes as suspeitas eram vagas e imprecisas, com esse documento recebiam nome, endereço e identidade, com todas as letras.

O deputado Prado Kelly (UDN-RJ), especialista nas artes da habilidade política em seu partido, convenceu o seu colega carioca de que, desistindo da urgência, dentro de quarenta e oito horas o requerimento original teria condições de ser apreciado e aprovado pela Assembléia. Hamilton Nogueira (UDN-DF) concordou, mas insistia em se justificar, de forma que não ocultava a irritação das liberalidades regimentais permitidas pelo presidente da Casa:

"O SR. HAMILTON NOGUEIRA – Concordo com V. Exa., mas quero expor meu ponto de vista pessoal. Estou inscrito há quatro dias sem poder falar e nisto concordo com as palavras aqui proferidas pelo ilustre colega Sr. Ernani Sátiro.

[...] O que desejo afirmar é que, uma vez demonstrado existirem focos de agitação e agentes internacionais, mister se faz que esses agentes sejam devolvidos a seus países, os brasileiros traidores que sofram as penas de acordo com a traição que cometeram. Ainda mais, toda organização, seja qual for, que se encontre no Brasil e que procure destruir o regime democrático, perderá o direito de existir com a verdadeira democracia. (*Muito bem. Palmas*)"

A questão teria terminado aí. No entanto, o líder da maioria, o senador Nereu Ramos (PSD-SC), resolveu opor-se ao requerimento, mesmo rejeitada a urgência, alegando que, se o senador Hamilton Nogueira havia se pronunciado sobre o mérito da proposta, ele também tinha o direito de fazê-lo. Esclareceu que o Brasil integrava o Comitê de Defesa Política do Continente, com sede em Montevidéu, onde éramos representados pelo general Góis Monteiro, à época ministro da Guerra, e que esse órgão haveria de tomar as providências e proceder às investigações cabíveis. Se interrompesse o seu discurso nesse momento, a proposição seguiria o seu curso e o PSD poderia arquivar o requerimento. Nereu, porém, não era um pessedista típico da escola mineira e resolveu, sem procedente nem visível propósito, defender o embaixador português no Brasil das increpações que lhe fizera o deputado Domingos Velasco (UDN-GO).

"O SR. NEREU RAMOS – Aproveito a oportunidade de estar nesta tribuna, para fazer um ligeiro reparo ao discurso aqui lido pelo nobre Deputado Sr. Domingos Velasco, quando S. Exa. fez acusações que a maioria e o Governo reputam gravemente injustas ao Sr. Embaixador de Portugal, Sr. Teotônio Pereira.
Vários Deputados comunistas – Fascista conhecido. (*Apoiados e não apoiados*)
O SR. NEREU RAMOS – O Sr. Teotônio Pereira, homem de grande cultura, diplomata de carreira, que vem representando seu país com absoluta probidade. (*Muito bem. Palmas*) Ele é o representante de Portugal...
O Sr. Gregório Bezerra – De Salazar. (*Palmas nas galerias*)

O SR. NEREU RAMOS – ... e dizendo aos brasileiros que o Sr. Teotônio Pereira é Embaixador de Portugal, terei falado à própria alma do Brasil. (*Palmas no recinto*)
Sr. Presidente, temos, por uma interpretação ampliativa do nosso Regimento, permitido que a Assembléia, destinada exclusivamente à Carta constitucional do país...

O Sr. Ferreira de Sousa – Exclusivamente, não apoiado...

O Sr. Hermes Lima – O embaixador de Portugal foi encarregado por Salazar de ajudar a intervenção na Espanha. Isto é que é fascismo. É um embaixador que sacrificou milhares de vidas portuguesas antifascistas; é, portanto, um embaixador criminoso. (*Palmas nas galerias*)

O Sr. Flores da Cunha – É um embaixador fascista. (*Palmas nas galerias*)

O Sr. José Cândido – Isto é fascismo residual.

O Sr. Gregório Bezerra – O nobre orador está defendendo o fascismo da tribuna da Constituinte brasileira.

O Sr. Hermes Lima – É um fascista conhecido o embaixador de Portugal.

O Sr. Caires de Brito – Desejo perguntar ao nobre orador: – Não fossem as declarações do *Livro Azul* e o Sr. Auños[4], que teve o *agreement* do governo brasileiro, não estaria tão bem como o embaixador salazarista? (*Trocam-se vários apartes*)

O SR. PRESIDENTE (*Fazendo soar os tímpanos*) – Atenção. Com a palavra o Sr. Nereu Ramos.

O SR. NEREU RAMOS – O que declarei foi que, se estivesse presente, votaria com a Assembléia. A matéria da urgência era vencida e, como tal, não podia ser renovada.

O Sr. Carlos Marighela – Não é conveniente defender Salazar.

O Sr. Jorge Amado – Creio que a defesa do embaixador de Salazar no Brasil compete ao Sr. Antônio Ferro, Diretor do DIP português, e não ao líder da maioria desta Casa.

O SR. NEREU RAMOS – O nobre colega há de concordar que as minhas atribuições de líder devem ser exercidas consoante o entendimento daqueles a quem represento. (*Muito bem. Palmas*) O nobre colega há de concordar que eu não vá pedir inspiração à sua bancada, para cumprir o meu dever. (*Palmas*)

O Sr. Carlos Marighela – Aliás, espinhoso.

O Sr. Gregório Bezerra – V. Exa. não deve defender o fascismo. Não foram os fascistas que elegeram V. Exa. para esta Casa.

O Sr. Gabriel Passos – Os portugueses é que devem tomar conta dele, e não nós.

O Sr. Hermes Lima – Devemos ter cuidado com ele, porque é agente internacional do fascismo. (*Palmas*) Não devemos receber no Brasil agentes confessos do fascismo. (*Palmas*)

O SR. PRESIDENTE – Atenção! Peço aos Srs. Constituintes que me auxiliem a manter a palavra ao orador. Os nobres colegas poderão falar oportunamente, mas devem permitir que o orador continue sua exposição.

O SR. NEREU RAMOS – [...] Subi à tribuna para impugnar o requerimento do nobre Senador Sr. Hamilton Nogueira, porque S. Exa. se antecipou em vir

---

4. Ex-embaixador espanhol na Argentina que veio transferido para o Brasil e, depois do *agreement* concedido pelo governo brasileiro, não foi recebido, por ter sido considerado *persona non grata*.

defendê-lo e eu não queria que sua defesa constasse dos Anais sem a resposta imediata que eu lhe devia. (*Palmas*)
Repito que a maioria continua a considerar o Sr. Embaixador Teotônio Pereira um digno representante de Portugal. (*Palmas. Apoiados e não apoiados*)"

A matéria era, como se vê, explosiva. Os países do Eixo tinham sido derrotados na Europa e no Extremo Oriente. Mas o fascismo continuava vivo na Península Ibérica, em suas modalidades franquista na Espanha e salazarista em Portugal. A Guerra Civil Espanhola, que durara três anos, entre 1936 e 1939, provocando a morte, o desaparecimento e o deslocamento de mais de um milhão de Espanhóis, apenas antecipara o conflito que estava por vir. O auxílio em armas e homens de Hitler e Mussolini ao lado de Franco e da União Soviética, e das brigadas socialistas, anarquistas e trostkistas ao lado do governo republicano, internacionalizou o conflito. O ódio e as atrocidades cometidas por ambas as partes prenunciavam o horror nazista ainda latente. Hoje, passados mais de sessenta anos, parece fora de dúvida ser procedente a suspeita dos historiadores estrangeiros sobre as afirmações atribuídas a Franco de que a ele não interessava apenas ganhar uma guerra, sendo mais importante – o que terminou conseguindo – exterminar seus adversários!

A violência e as atrocidades, a fome, a fuga, o expatriamento e o fuzilamento de milhares de prisioneiros, seu extermínio em campos de concentração despertaram a indignação do mundo, e não é exagero afirmar que não houve neutralidades nesse conflito. Se essa era a face trágica dessa sangrenta guerra, nenhuma palavra diz mais dos horrores que a obra imortal de Picasso, o quadro *Guernica*, retratando o experimento brutal da Luftwaffe sobre a indefesa cidade do país basco. Picasso dispôs que o quadro, pintado para o pavilhão espanhol ainda sob domínio republicano, na exposição universal de Paris, só voltasse à Espanha quando fosse restaurada a democracia. Em face dessa disposição, a obra passou a maior parte do tempo no Museu Metropolitano de Nova York, podendo hoje ser vista no Museu Reina Sofia, de Madri.

A questão que inflamou a Assembléia, a partir de um simples requerimento de informações, estava imbricada com a sobrevivência do fascismo nos dois lados do Atlântico. O debate não terminou nas intervenções aqui sumarizadas, porém. À tribuna voltou o deputado Domingos Velasco (UDN-GO) para reafirmar suas acusações ao embaixador português no Brasil. Mas a questão subjacente não foi esquecida. O senador Ivo de Aquino (PSD-SC) também interferiu nos debates, para tratar do papel do Parlamento na política externa. Da discussão participaram os deputados Prado Kelly (UDN-RJ) e Soares Filho (UDN-RJ), Gabriel Passos (UDN-MG), Hermes Lima (UDN-DF) e Domingos Velasco (UDN-GO), fazendo o assunto parecer um problema partidário.

A questão só foi encerrada quando, na presidência dos trabalhos, Otávio Mangabeira (UDN-BA) submeteu a verificação o resultado que tinha apontado a rejeição da urgência. Feita a chamada, votaram a favor 75, e contra, 86 constituintes, constatando-se não haver *quorum* na Casa. Feita a chamada nominal, agora com número regimental, repetiu-se o resultado: 81 a favor, e 112 contra. Em nome do líder da UDN, que estava presidindo a sessão e que no início dos debates tinha votado contra, o vice-líder Prado Kelly fez uma declaração de voto, informando que seu partido tinha votado a favor... Era apenas uma das muitas ambigüidades da envergonhada UDN, um dos traços de sua posterior trajetória política. Unidade, mesmo, só havia em dois partidos, na Assembléia: o PCB, pela inflexibilidade ideológica, garantida pelos mecanismos do "centralismo democrático", e o PL, que só tinha um representante.

O fascismo do lado de lá duraria vinte e nove anos mais na Espanha, até 1975, com a morte de Franco, e vinte e oito em Portugal, com a Revolução dos Cravos, em 1974. O do lado de cá, como se viu alguns anos depois, se recusava a morrer.

7. Os mortos comandam os vivos

Esquentando o ambiente, esquentando o debate

A décima segunda sessão começou com uma surpresa. A pretexto de discutir a ata, o deputado Maurício Grabois (PCB-DF) pediu a palavra para, textualmente, "fazer constar da ata o aplauso da bancada comunista às declarações do ministro das Relações Exteriores, Sr. João Neves da Fontoura, sobre o texto do *Livro Azul*, dado à publicidade pelo Departamento de Estado Norte-Americano". O aplauso, porém, vinha acompanhado de ressalvas. Primeiro, porque, em suas declarações, João Neves não teria sido bastante claro no que concerne aos problemas relacionados com a solidariedade pan-americana, fundamentalmente a questão da Argentina. E, segundo, por não ter se manifestado sobre os traidores brasileiros indicados no texto. A razão do elogio residia na circunstância assinalada pelo orador de terem as declarações alguns pontos em comum com a manifestação oficial da Comissão Executiva de seu partido sobre o mesmo assunto. Nesse documento oficial, transcrito no discurso de seu líder, o PCB concluía que, "a pretexto de defesa da democracia, se prepara o rompimento de relações das nações americanas com a República Argentina, como primeiro passo para a intervenção estrangeira e a guerra contra esse país". Com essa postura, evidentemente nada havia em comum entre as duas manifestações, a do partido e a do ministro, que se limitou, em suas declarações, a minimizar o conteúdo do documento como a posição oficiosa dos Estados Unidos em relação à democracia no continente.

Nessa mesma sessão, a bancada comunista inaugurou uma nova tática, a de ler, para que constasse dos Anais, os telegramas, cartas, manifestos, ofícios e todo e qualquer expediente enviado por entidades de todo o país aos integrantes de sua bancada, com o que fazia reverberar no recinto da Assembléia as reclamações e denúncias que lhe chegavam de todos os pontos do território nacional. Isso se fazia sob o pretexto de discutir a ata, o que iria provocar, como na sugestão do deputado paraibano Ernani Sátiro, uma reação do plenário que o presidente se veria forçado a acolher.

Enquanto se aguardava o parecer da comissão do Regimento Interno às emendas que teriam que ser discutidas e votadas no plenário, os trabalhos se arrastavam sob o implacável verão que, em fevereiro, castiga o Rio, tornando o ambiente do Palácio Tiradentes irrespirável, cansativo e modorrento. O deputado Flores da Cunha (UDN-RS), apesar de seu conhecido estilo, sempre de terno branco, gravata-borboleta e chapéu panamá, adequado ao clima abrasador, foi o primeiro a tratar do assunto na tribuna, com uma intervenção que, como quase sempre, por suas invocações jocosas, causava risos no plenário, desanuviando o ambiente. Nessa ocasião, porém, o tema não se prestava a piadas:

"O SR. FLORES DA CUNHA – Sr. Presidente, V. Exa., melhor que qualquer de nós, está cansado de perceber que o ambiente da Constituinte é de natureza escaldadíssimo. A antiga astronomia asseverava que a conjunção de Sirius (estrela da constelação do Cão) com o Sol produzia a canícula. O recinto se transforma num ambiente físico quase intolerável, pela chamada canícula.

Ora, o que eu desejava, Sr. Presidente – e tive a oportunidade de referir a V. Exa. pessoalmente –, é que, tornando mais suportáveis os nossos trabalhos e a permanência no recinto dos Srs. Constituintes e do povo que os vem ouvir, V. Exa. mandasse adquirir alguns aparelhos de refrigeração (*aplausos nas galerias*) porque V. Exa. há de convir que o calor abate mais que o debate. (*Muito bem; muito bem*)"

A dificuldade não seria removida senão muitos anos depois. Naquela ocasião, o que se conseguiu foi instalar alguns aparelhos de ar condicionado, raros ainda no Rio, em alguns locais que davam para a parte externa do prédio. No plenário, ainda não havia tecnologia disponível para amenizar o desconforto. O presidente declarou que já tinha mandado consultar as casas especializadas e tão logo tivesse o resultado submeteria o assunto ao plenário. A temperatura, porém, ia subir ainda mais. Na ordem do dia figurava a proposta do líder da UDN para se designar uma comissão especial destinada a estabelecer normas gerais de administração a que deveria se submeter o Executivo até a aprovação do novo texto constitucional. Antes que se iniciassem os debates, Barreto Pinto (PTB-DF), como era de seu estilo, levantou uma questão de ordem, pondo de prontidão a bancada udenista, que já conhecia seus métodos.

"O SR. BARRETO PINTO – (*Pela ordem*) [...] Preliminarmente devo fazer pequenas considerações que não excederão o prazo permitido. Remexendo papéis velhos e livros onde aprendi ou que procurei ler quando mais moço, deparou-se-me trecho de certo livro sobre os oradores da velha Grécia. Transcrevo, então, as seguintes palavras que me parecem escritas para os dias em que vivemos:

> Era preciso rejeitar a moção. Estava reunida a Assembléia do povo em Atenas. A situação dos partidos era extremamente confusa. Na véspera, falara Demóstenes. Saiu da tribuna ateniense debaixo de apupos. [...] Lísias, modelo de orador forense, escrevia de quando em quando os discursos para serem lidos pelos seus colegas pouco afeitos à letra...

O Sr. Soares Filho – Creio que os partidos na Grécia estão quase se engalfinhando com essa questão de ordem... (Riso)
O SR. BARRETO PINTO – V. Exa., como um grego, constituinte, bem demonstra que não prestou atenção ao começo do meu discurso.
O Sr. Paulo Sarazate – V. Exa. é Demóstenes ou Lísias? (Riso)
O SR. BARRETO PINTO – Sou apenas o orador. O Demóstenes é V. Exa., como tal já considerado nesta Casa... (Riso)
O Sr. Paulo Sarazate – Obrigado a V. Exa.
O SR. BARRETO PINTO – Sr. Presidente, além desse livro sobre a Assembléia do povo na Grécia, encontrei outro de autoria do ilustre Constituinte, Sr. Prado Kelly, a quem toda a Assembléia rende, pelo seu justo valor, as maiores homenagens e que, em 1934, quando se discutia tese nesta Casa, dizia:

> A Constituinte não tem poderes para legislar sobre assuntos estranhos à sua convocação; só é soberana, nos limites da competência especial que lhe foi outorgada pelo Governo provisório e ratificada nas eleições de maio.

E mais adiante:

> A Assembléia Nacional Constituinte terá poderes para estudar e votar a nova Constituição da República dos Estados Unidos do Brasil, devendo tratar, exclusivamente, de assuntos que digam respeito à respectiva elaboração, à aprovação dos atos do Governo provisório e à eleição do Presidente da República – feito o que se dissolverá.

E, trazendo os exemplos das Constituintes de 1823 e 1890, o ilustre representante fluminense sustenta – como sabe sempre sustentar as suas teses – a incompetência da Assembléia Constituinte [de 1934] para entrar em assuntos estranhos àqueles que determinou a sua convocação, que é elaborar a Carta Constitucional. Ora, não vejo como modificar agora a tese, que é a mesma."

Prado Kelly (UDN-RJ) tratou de se defender, alegando tratar-se de artigo publicado na imprensa quando a Constituinte de 1934 pretendeu converter-se em Câmara ordinária. E completou: "Tinha sido convocada tão-somente para fazer a Constituição. A situação atual é toda outra." Abstraindo-se a hipótese de a Assembléia de 1934 se transformar em Câmara ordinária, que era a que a de 1946 estava vivendo, em face das leis constitucionais nºˢ 9 e 15 de 1945, a situação era rigorosamente idêntica. Deputados e senadores tinham sido convocados com poderes constituintes originários, atribuídos pelos eleitores. Barreto Pinto conhecia a questão, pois era secretário do TSE, quando o tribunal decidiu, respondendo à consulta do PSD e à representação da OAB-DF, serem "ilimitados" os poderes constituintes de que desfrutariam os parlamentares eleitos em 2 de dezembro. Traduzida, a linguagem jurídica queria dizer que a Constituinte podia não só emendar ou reformar a Constituição em vigor – a de 1937 –, mas elaborar, votar e promulgar um novo texto.

Sem invocar uma questão de ordem, emitindo apenas a opinião de que a proposta udenista não poderia ser apreciada pela Assembléia, tocou no assunto que inquietava os cronistas políticos responsáveis pela cobertura de seus trabalhos, assinalando: "Já decorreu quase um mês e não temos nem o nosso Regimento Interno. A Comissão Constitucional ainda não foi designada; e pelo projeto de Regimento ela não tem sequer prazo para a apresentação do respectivo projeto. Depois, teremos trinta dias para apresentação de emendas, sem entrar no mérito da discussão, e mais quinze dias para oferecimento de outras emendas, o que virá retardar muito mais a elaboração da Carta Constitucional para o que fomos convocados e nos achamos aqui reunidos. Quando teremos a Constituição?"

Alegando que não havia questão de ordem a solucionar, o presidente deixou de atender à proposta de Barreto Pinto e passou à discussão da proposta do líder udenista. Barreto Pinto (PTB-DF) era, efetivamente, um deputado inconveniente, mas isso não tornava improcedentes muitas de suas questões, como a que acabava de suscitar, em face da proposta udenista, e a da morosidade dos trabalhos preparatórios da Assembléia.

Exumando 1937

Sem o brilho que era habitual em suas intervenções e, mais notoriamente ainda, sem muita convicção, Mangabeira começou a defender sua proposta. Esclareceu que tinha procurado um entendimento não consumado com o líder da maioria para que, se lhe aprouvesse, tomasse ele a iniciativa. Adiantou também que, no âmbito de seu partido, tinham sido oferecidas três sugestões, de autoria dos deputados Hermes Lima (DF), Gabriel Passos (MG) e Prado Kelly (RJ). Seguia nesse tom descritivo que, com sua experiência, devia saber não empolgar o plenário, quando, sem razão aparente, derivou para os temas provinciais que sabidamente costumavam esquentar os debates, dizendo: "Prevaleço-me da circunstância de estar fazendo alusão à atmosfera, ao ambiente de plena serenidade em que nos cumpre exercer nossa grande missão, prevaleço-me desta circunstância, para fazer uma advertência, colocando-a no plano sempre

alto, sempre de expressão nacional em que me venho esforçando por situar as questões. Deploro, Sr. Presidente, deploro profundamente, não saberei dizer quanto deploro, que esteja recebendo cada dia, do interior do país, de diversos Estados da República, notícias de violências praticadas, algumas inomináveis, contra elementos que sufragaram nas urnas a brilhante candidatura presidencial do Major Brigadeiro Eduardo Gomes."
Leu, em seguida, telegrama enviado por seu correligionário Pedro Aleixo ao interventor João Beraldo, de Minas, denunciando o assassinato de um udenista no município de Monte Azul. Lembrou o discurso da véspera do deputado Ernani Sátiro (UDN-PB) sobre violências semelhantes em seu Estado, motivo suficiente para provocar manifestações no mesmo sentido dos deputados Aliomar Baleeiro e Nestor Duarte, ambos da UDN-BA, e contra-apartes dos governistas Acúrcio Torres (PSD-RJ), vice-líder da maioria, Vitorino Freire (PSD-MA), Benedito Costa Neto (PSD-SP), Juscelino Kubitschek e Benedito Valadares (PSD-MG), além de apoios de Artur Bernardes Filho (PR-MG), Ferreira de Sousa (UDN-RN), Prado Kelly (UDN-RJ), Daniel de Carvalho (PR-MG) e Juraci Magalhães (UDN-BA).

Para que o orador pudesse prosseguir em seu discurso, foi necessário que o presidente advertisse duas vezes os aparteantes. Imediatamente Mangabeira mudou de rumo e de tom, para mergulhar no tema que mais o empolgava e despertava simpatias de toda a oposição – o golpe de 1937.

"O SR. OTÁVIO MANGABEIRA – Direi agora algumas palavras mais diretamente sobre o caso da chamada Constituição de 1937.

Não há, Sr. Presidente, talvez, neste país, ninguém que tenha tido conhecimento mais íntimo que o que me coube ter do que ela foi. Meu combate ao monstro (*palmas, no recinto, nas tribunas e nas galerias*) iniciou-se antes do nascimento, quando ele se vinha gerando no ventre que o deu à luz, para não dizer – que o pariu.

Reporto-me, Sr. Presidente, aos últimos dias de outubro de 1937. Vem daí, para empregar um termo muito em moda – certo complexo que me persegue, contra os requerimentos de urgência. É o mesmo que me acontece no tocante a telefonemas a altas horas da noite...

Sempre que me telefonam a horas mortas a idéia que logo tenho é que se trata da polícia. (*Risos*)

A Câmara estava imersa numa atmosfera de pânico. Tinha-se enchido a nação do que vinha no documento Cohen, o famoso documento Cohen... (*Riso*) Cochichava-se pelos cantos; ambiente de inquietação; ameaças por toda parte; galerias transbordantes de elementos suspeitos. Catilina às portas de Roma; o país ameaçado de uma verdadeira catástrofe; os comunistas em conspiração para destruir a República.

Senão quando um papel chega à Mesa. E o então líder da Maioria assoma à tribuna dramaticamente e lança à Casa um requerimento de urgência. O Brasil não podia esperar um minuto que fosse; estava desgraçado; os comunistas iam reduzi-lo a cinzas. (*Riso*)

O Sr. Euclides Figueiredo – Por essa época os comunistas já estavam presos.

O SR. OTÁVIO MANGABEIRA – Os comunistas iam destruí-lo! A indecisão se espalhou pelo recinto, essa indecisão muito própria, sempre que aparece no plenário um requerimento de urgência, com a agravante de que, naquele caso, a situação era tremenda e a linguagem do líder do governo havia sido terrível! Levantei-me daquela bancada, onde no momento se assentava a representação da Bahia, e lavrei vigoroso protesto contra o requerimento. (*Palmas*) Denunciei o que ele trazia no bojo. Acrescentei não haver força humana que me compelisse a dar o meu voto para que se suprimissem as liberdades do povo, sem que a Câmara sequer tivesse lido as peças em que o governo fundamentava o pedido. (*Palmas*)

O Sr. Lino Machado – Outras vozes acompanharam a grande voz de V. Exa. (*Muito bem*)

O SR. OTÁVIO MANGABEIRA – Adiou-se então por algumas horas a discussão da matéria e um grupo de deputados, por ocasião do debate, combateu o projeto. Mas o projeto passou: estado de guerra e o mais que se conhece.

A 10 de novembro, Sr. Presidente – nunca pagarei à ditadura a honra que me fez –, a 10 de novembro, pela madrugada, tive a minha casa de residência cercada pela polícia.

O Sr. Bernardes Filho – E as de todos nós que combatíamos contra ela.

O Sr. Artur Bernardes – A minha também o foi, assim como a de outros correligionários.

O Sr. Rui Almeida – A minha, de igual sorte, foi cercada muitas vezes pela polícia, durante o governo de V. Exa.

O Sr. Monteiro de Castro – V. Exa. é como a mulher de Lot, vive olhando para trás.

O Sr. Domingos Velasco – V. Exa. aplaude agora as prisões?

O Sr. Bernardes Filho – Admitindo que o tivesse sido, acha V. Exa. Sr. Deputado Rui Almeida que um erro justifica outro?

O Sr. Rui Almeida – Não acho, absolutamente. Estou só lembrando fato ocorrido durante o governo de seu ilustre pai.

O SR. OTÁVIO MANGABEIRA – Preso, fiquei incomunicável em minha residência pelo espaço de cerca de um mês.

O Sr. Lino Machado – Certamente pelo dever cumprido por V. Exa. de denunciar tanta vez, dessa tribuna, com sua voz autorizada, o golpe que se tramava para 10 de novembro

O SR. OTÁVIO MANGABEIRA – Muito agradecido ao nobre Deputado.

Mas atribuo menos pelo que eu já havia praticado contra o golpe em perspectiva que pela convicção absoluta, em que se encontrava o governo, de que eu não cruzaria os braços diante do Estado Novo e da Carta de 37. (*Palmas*)

Preso fiquei por um mês. No fim desse tempo, voltou-me à presença um beleguim, e comunicou-me que eu estava em liberdade, porém com a cidade por menagem, não podendo ausentar-me, sem licença da polícia, nem mesmo para Petrópolis ou Niterói.

Uma vez em liberdade, ainda que restrita, entrei a fazer o que pude. Bati à porta de já não sei quantos chefes militares, pedindo-lhes, suplicando-lhes que desagravassem o Brasil. A 9 de março era interrompido meu trabalho por uma prisão rigorosa. Levaram-me para a sala da Capela, da Casa de Correção. Aí, comecei a escrever uma série de libelos. Não os escrevi para mim. Fi-los datilografar, mimeografar, distribuir. Eram documentos clandestinos, obscuros, documentos de um recluso, de um homem que não valia nada, mas eram, Sr. Presidente, documentos de uma consciência fiel às instituições democráticas. (*Muito bem. Palmas*) Por fim, dirigi duas cartas ao próprio ministro da Guerra, o nobre General Eurico Dutra, hoje Presidente da República. Estas cartas são, por seu turno, a condenação mais veemente que se poderia lavrar contra o Estado Novo brasileiro e a Carta de 37.

Uma noite foram buscar-me na prisão relativamente confortável em que no momento me encontrava e transportaram-me para um cubículo na Casa de Detenção.

O Sr. Rui Almeida – Estive lá também, em 1922.

O Sr. Bernardes Filho – V. Exa., quando detido, era Deputado federal?

O Sr. Domingos Velasco (*dirigindo-se ao Sr. Rui Almeida*) – V. Exa. concorda com que se faça isso agora?

O Sr. Rui Almeida – Não concordo.

O Sr. Bernardes Filho – Quando V. Exa. foi detido era Deputado federal?

O Sr. Rui Almeida – Não; mas era Tenente do Exército Brasileiro.

O Sr. Bernardes Filho – Naquela época o país estava em estado de sítio, concedido legalmente pelo Congresso, e não sob um regime de ditadura.

O Sr. Rui Almeida – Foram quatro anos de ditadura.

(*Trocam-se vários apartes. O Sr. Presidente faz soar os tímpanos e chama a atenção dos Srs. Constituintes*)

O SR. MANGABEIRA – Eu, antigo Deputado, ex-ministro das Relações Exteriores, fui, Sr. Presidente, transportado para um cubículo de condenado comum na Casa de Correção...

O Sr. Bernardes Filho – Onde fui companheiro de V. Exa. várias vezes, preso 38 vezes em cinco anos, sem nunca ter sido ouvido! Estive dois anos no exílio, para onde parti em companhia de V. Exa. [...] Tive então por companheiro, no mesmo cubículo de sentenciado, esse tipo de grande soldado e de grande cidadão que nos honra com a sua companhia, honrando, nesta Assembléia, a nobre representação do Distrito Federal: Coronel Euclides de Figueiredo. (*Muito bem. Muito bem. Palmas*)

O Sr. Euclides Figueiredo – Muito obrigado a V. Exa.

O SR. OTÁVIO MANGABEIRA – Prossegui na minha batalha, dali mesmo, do cubículo, contra o monstro de 37. Era uma época em que chegavam às prisões, ao Hospital da Polícia Militar, onde estive recolhido, como tive ensejo de ver, presos políticos torturados na polícia.

Um dia, depois de seis meses, puseram-me em liberdade. E aposentaram-me do cargo de professor da Escola Politécnica da Bahia e depois me intimaram a seguir para a capital baiana e ter, lá, residência obrigatória.

Declarei às autoridades. Submeto-me à força. Irei para onde quiserem, mas onde quer que me encontre, não pouparei sacrifícios para pôr abaixo esta desgraça. (*Muito bem. Muito bem. Palmas*)

O Sr. Paulo Sarazate – Esses acontecimentos só enobrecem V. Exa.

O SR. OTÁVIO MANGABEIRA – Parti para a Bahia e continuei com a má conduta de sempre. (*Riso*)

O Sr. José Varela – V. Exa., até agora, apenas confessou que conspirou contra os poderes constituídos.

O SR. OTÁVIO MANGABEIRA – Sem parar! (*Palmas prolongadas*)

(*Trocam-se vários apartes. O Sr. Presidente faz soar os tímpanos*)

O SR. OTÁVIO MANGABEIRA – Ah! Quanto agradeço o aparte do nobre deputado.

Conspirei, sim, sem parar. É a minha glória. (*Palmas*) É toda minha glória. (*Palmas prolongadas*)
Repita-se, ainda hoje, o episódio; restabeleça-se no Brasil a ditadura e conspirarei novamente... (*Muito bem. Palmas prolongadas*)
O Sr. *José Varela* – V. Exa., na Bahia, combateu o governo do Sr. Juraci Magalhães.
O Sr. *Juraci Magalhães* – O fato mais digno da minha vida foi termos trabalhado e trabalhado para o bem da nossa terra. (*Muito bem. Palmas prolongadas*)
O SR. OTÁVIO MANGABEIRA – Uma noite, já fora de horas, em minha terra natal, eis que soa o telefone. Era a polícia. Recebera ela telegrama do Sr. Filinto Müller, que deploro não ter entrado nesta Casa (*riso*). 'De ordem superior' (*vago, indistinto*), era eu intimado a partir imediatamente para a Europa – exclusivamente para a Europa, não podia ser para a América – sob pena de ser preso e seguir para Fernando de Noronha.
O Sr. *Rui Almeida* – Lá estive com o chefe de Vv. Exas., o Brigadeiro Eduardo Gomes.
O Sr. *Juraci Magalhães* – Que ainda luta pela liberdade.
O Sr. *Rui Almeida* – Também luto tanto quanto Vv. Exas.
O Sr. *Jaci de Figueiredo* – Quem apóia a ditadura não apóia a liberdade.
(*Trocam-se vários apartes. Soam os tímpanos*)
O SR. PRESIDENTE – Atenção! Está com a palavra o nobre Deputado Sr. Otávio Mangabeira. Peço aos ilustres colegas permitam S. Exa. seguir em suas considerações.
O SR. OTÁVIO MANGABEIRA – Respondi que me era indiferente – Europa ou Fernando de Noronha. Consultaria os amigos no Rio de Janeiro, e iria para onde eles dissessem que eu seria mais útil à causa da libertação nacional. Responderam-me ser mais acertado o caminho do estrangeiro, de onde, talvez, me fosse permitido prestar algum serviço de mais vulto à causa libertadora. Foi assim que parti.
[...] Desde bordo do navio que me conduziu para a Europa, comecei a escrever. Data daí meu primeiro manifesto dirigido à Nação. Repeti o libelo: completo, minucioso, detalhado, já então com fatos que vinham confirmar, no Estado Novo, a tese de que a ditadura é uma desgraça. Recordo-me de que, neste manifesto, fixei uma impressão dos meus tempos de presidiário.
O Sr. *Eurico Souza Leão* – Tive o prazer de divulgá-lo.
O Sr. *Artur Bernardes Filho* – E eu, de distribuí-lo em minha terra.
O SR. OTÁVIO MANGABEIRA – Tendo passado certa noite em claro, sentado numa cadeira, na enfermaria da Casa de Correção, vi o que eram as condições de vida do preso Luís Carlos Prestes. (*Palmas prolongadas nas galerias*)
O Sr. *Vitorino Freire* – Posso afirmar a V. Exa. que o Coronel Nelson de Melo, logo ao assumir a Chefatura de Polícia, melhorou as condições de prisão do Sr. Luís Carlos Prestes.
O SR. OTÁVIO MANGABEIRA – O que faz honra ao Sr. Coronel Nelson de Melo.
Enquanto facínoras de toda ordem gozavam de privilégios...
O Sr. *Flores da Cunha* – Queria sugerir ao nobre orador, tão brilhante, e sempre ouvido com tanta atenção, que completasse seu discurso sobre a matéria, deixando o capítulo das torturas cometidas durante o Estado Novo para dias futuros, em que trataremos do assunto.

O Sr. Jaci de Figueiredo – V. Exa. fará de futuro sua narrativa. Nada impede, porém, que o orador continue em sua interessante narração.
O SR. OTÁVIO MANGABEIRA – Estou falando sobre a matéria da indicação em debate. Explico a V. Exa.
O Sr. Flores da Cunha – Quero descrever, aqui, alguns dos capítulos sobre as torturas então praticadas. Também prisioneiro na Ilha Grande, durante dez meses, vi uma infinidade de comunistas e até de integralistas mutilados pela Polícia do Distrito Federal. (*Muito bem*)"

O desconforto do líder udenista tornara-se visível, quando se aventurou a discutir uma proposta que não agradava ao PSD, por considerá-la liberal e perturbadora, e à esquerda, por julgá-la moderada e conservadora. Tentou invocar as questiúnculas locais, que sempre despertavam o interesse indiscriminado dos que, independente da posição partidária, nos estados, militavam na oposição. Mas nem isso deu certo. Invocou, como último recurso, os ataques à ditadura, que tinham enorme poder catalisador, especialmente nas galerias. Mas até mesmo esse atalho começava a irritar os próprios correligionários. Por isso, usou o caminho estratégico de chamar a debate os governistas, quase todos comprometidos com o Estado Novo, para fazê-los sentar no banco dos réus.

"O SR. OTÁVIO MANGABEIRA – Peço a atenção de V. Exa.
Não cometeria eu, para com a Assembléia, o que consideraria a incorreção de sair da matéria em debate para versar casos outros que com ela não tiveram relação. (*Palmas*)
O Sr. Flores da Cunha – Sei que tem pertinência, mas desejaria ouvir V. Exa. sobre a indicação.
O SR. OTÁVIO MANGABEIRA – É sobre a indicação que estou falando. Se V. Exa. me ouvir, até o fim, verá que era indispensável ao debate que eu dissesse o que estou dizendo. Aguarde V. Exa. mais um pouco.
O Sr. Luís Viana – Até porque, com a vigência da Carta de 37, esses fatos poderão repetir-se.
O SR. OTÁVIO MANGABEIRA – Exilado, perambulei por diversos países, de 3 de outubro de 1938 até 11 de maio de 1945, quando desembarquei nesta cidade, por força de um *habeas corpus*. E, logo ao desembarcar, prossegui no meu libelo, que tinha desenvolvido, ininterrupto, durante os oito anos, em escritos contínuos do estrangeiro, enviados para o Brasil.
Agora vejamos por que contei tudo isso.
Contei tudo isso para justificar uma tal ou qual benignidade, uma tal ou qual tolerância, que tenho neste momento...
O Sr. Artur Bernardes Filho – Que temos tido até hoje.
O Sr. Juraci Magalhães – Dever patriótico.
O SR. OTÁVIO MANGABEIRA – ... com relação ao monstro.
Combati-o, quando combatê-lo era perigo. Combati-o com todas as forças, quando o fato de combatê-lo custava prisão e exílio.
Hoje... hoje... quem é que não combate a Carta de 37? (*Muito bem. Palmas*)
O Sr. Prado Kelly – Ainda não apareceu nesta Casa o defensor da Carta de 37.
O Sr. José Augusto – E ninguém a defende.

O SR. OTÁVIO MANGABEIRA – Eis aí a relação entre tudo que acabo de narrar e a indicação em debate.
Hoje é até bonito combater a Carta de 37. (*Riso*)
Quem se levanta, porém, quem se apresentará nesta Assembléia, para justificá-la ou defendê-la?
O Sr. Agamenon Magalhães – Até agora ouvi V. Exa. em silêncio, como sinal de respeito à sua coerência política. No momento, porém, em que V. Exa. declara que o silêncio dos Deputados implica apostasia da Carta de 37, devo acentuar que, em 1937, o regime democrático estava em crise, e aquela Carta foi a manifestação desta crise.
(*Manifestações nas galerias*)
O SR. PRESIDENTE – (*Fazendo soar os tímpanos demoradamente*) Atenção! As galerias não se podem manifestar.
O Sr. Abelardo Mota – Dera-se a crise.
O Sr. Juraci Magalhães – A Nação conhece os artigos do nobre Deputado por Pernambuco em defesa do fascismo internacional.
O Sr. Agamenon Magalhães – Fui teorizante e praticante do Estado Novo. Não fujo aos meus compromissos, nem à responsabilidade de meus atos.
O Sr. Juraci Magalhães – V. Exa. faz bem, mas é um crime de que se deve penitenciar perante a Nação.
O Sr. Abelardo Mata – O mesmo crime que V. Exa. cometeu em 1930.
(*Trocam-se outros apartes. O Sr. Presidente reclama atenção*)"

Sentindo os riscos de enveredar por um caminho em que só levaria desvantagem, o líder da maioria interveio:

"*O Sr. Nereu Ramos* – Vamos assegurar ao orador plena liberdade para expor seu pensamento, porque também queremos ter o direito de expor o nosso.
Não disputamos à minoria o privilégio de ser patriota, mas não cedemos também à minoria o direito exclusivo de o ser.
O Sr. Brígido Tinoco – Patriotismo não é privilégio da minoria.
O Sr. Souza Costa – O orador afirmou que ninguém aqui se levantava em defesa da Carta de 37. Acompanhei o Sr. Deputado Otávio Mangabeira em todos os libelos que redigiu, talvez com justa razão...
O SR. OTÁVIO MANGABEIRA – Com fatos.
O Sr. Souza Costa – ... no seu exílio, mas, quando se referia à matéria econômico-financeira, rebati-os todos, não deixando pedra sobre pedra.
O SR. OTÁVIO MANGABEIRA – Não rebateu a nada, porque se tratava, no caso, de um documento apócrifo. (*Apoiados*)
Quanto agradeço os apartes de meus nobres adversários, que vêm precisamente ao meu encontro! S. Exa. combateu um documento apócrifo e, acrescento, sabia que o era. (*Palmas*)
[...] Quando recordo estes fatos, não é porque guarde deles nenhum rancor ou azedume. Cito-os apenas como elemento histórico e como expressão de justificativa para a minha atitude atual.
Estou de acordo com os nobres constituintes que pregam a adoção, nesta Assembléia, de um regime de ordem e de cordura. Realmente, o que a Nação deseja de nós é que lhe demos, o mais depressa possível, embora sem discussões

de afogadilho, que o caso não comporta, uma boa Carta política, de resultados democráticos. (*Muito bem. Palmas nas galerias*)
Quando, porém, propomos o que se contém na indicação, e pedimos que se assentem algumas normas gerais, criando um ambiente democrático para a preparação da nova Carta, é precisamente por amor da beleza dos nossos trabalhos.
Senhor Presidente, apelo ainda uma vez para a nobre maioria desta Casa. Pedimos pouco: pedimos a nomeação de uma comissão parlamentar, da qual participem todos os partidos aqui representados.
Não tem, pois, a maioria por que se arrecear de que se lhe esteja armando alguma cilada, porque dentro da comissão será também maioria.
Que desejamos? Que se ressalvem os direitos da representação nacional. (*Palmas*) Que pretendemos? Que se dêem ao Poder Executivo as autorizações de que necessita para bem governar o país, procedendo, porém, essas autorizações da única fonte legítima para concedê-las, a Assembléia dos representantes do povo, eleitos pelo povo. (*Palmas no recinto e nas galerias*)
Senhores, cessou ou não cessou a ditadura? Todo mundo responde que cessou. Não há mais ninguém, nesta Casa, que seja ou se declare partidário da manutenção do Estado Novo, ou de sua revivescência. Que custa, então, decretar alguns princípios gerais, pelos quais o mundo saiba que, de fato, no Brasil, cessou efetivamente a ditadura? (*Palmas*)
É tudo quanto pedimos pelo Brasil, pela honra e pela glória da Nação brasileira. (*Muito bem; muito bem. Palmas no recinto e nas galerias. O orador é vivamente cumprimentado*)"

Idealismo, realismo & surrealismo

A despeito das palmas, ovações e cumprimentos, técnica em que os comunistas nas galerias e a UDN no plenário eram mestres, as manifestações se dirigiam menos à proposta do líder udenista, apresentada em nome do seu partido, do que às divagações históricas de condenação à ditadura do Estado Novo que, durante oito trágicos anos, tinha massacrado o país, deixando vítimas por todos os lados. O desejo de se criar uma comissão especial, composta de representantes de todos os partidos, não contrariava só a lógica do poder solidamente instalado no Catete. Mesmo considerando o argumento aparentemente válido de que, tendo maioria nessa comissão, o PSD tomaria nela as decisões que lhe aprouvesse, o contra-argumento de que nada ganharia cedendo aos desejos da oposição tornava a proposta udenista um exercício de irrealismo, mais que de idealismo. Tentar arrancar das velhas raposas do partido majoritário concessões que nenhuma vantagem lhe trariam era, no mínimo, reeditar *Dom Quixote*, arremetendo contra moinhos de vento. Na verdade, a Constituinte teria que decidir-se sobre quatro opções: (1) a proposta do deputado Café Filho, do PRP do Rio Grande do Norte, requerendo que a Mesa consultasse o plenário, "por voto nominal, se tem a Assembléia Nacional Constituinte, agora reunida, poderes legislativos ou se se restringe, em suas atribuições, à elaboração da Carta constitucional"; (2) a da bancada comunista, de uma "Declaração" com um único artigo: "Fica revogada, a partir da presente data, a Constituição outorgada de 10 de novembro de 1937"; (3) a sugestão da coligação UDN/PR para que a Mesa, "depois de ouvida a Casa, nomeie uma comissão na qual figurem todos os partidos com representação na Assembléia, para elaborar, com a maior urgência, um projeto de normas gerais, pelas quais se deva reger a vida político-administrativa do país, até que seja promulgada a nova Constituição"; (4) finalmente, manter a sua própria postura, de nada aprovar, nada fazer e tudo deixar como estava, o que implicava apenas um risco: o de eventualmente perder sua sólida maioria, o que só seria possível com uma dissidência interna, pouco provável, não só por se tratar de matéria de sobrevivência política, como também por estar o governo Dutra há menos de um mês no poder e, portanto, com toda a força de que estão sempre dotados os Executivos no começo de seus mandatos.

A inapetência da Assembléia para agir com rapidez e eficiência no desempenho de sua missão institucional já estava mais que comprovada e tem sido uma constante na vida parlamentar brasileira. Vinte dias depois de instalada, não tinha ainda aprovado seu Regimento Interno nem instalado a Comissão Constitucional. Tinha sido pródiga, no entanto, na homenagem aos mortos e na invocação do passado, numa comprovação prática da antiga observação de Marx de que "le mort saisit les vives". Pelo menos ali, os mortos comandavam cada vez mais o comportamento até dos mais vivos!

No dia seguinte, durante a ordem do dia, quando a matéria entrou em discussão, a resposta do PSD não se fez esperar. O líder do partido e da maioria, Nereu Ramos, começou dizendo que a questão tinha um aspecto jurídico e um aspecto político, para logo acrescentar que as divergências provinham desde o momento em que foi promulgada a lei constitucional nº 9, como ele mesmo frisou, "vulgarmente conhecida como Ato Adicional". E prosseguiu:

"O SR. NEREU RAMOS [...] As divergências foram bater no Tribunal Superior Eleitoral e lá duas grandes vozes se levantaram para manifestar opiniões diferentes. O eminente Procurador-Geral da República, mestre consagrado de Direito, o Sr. Professor Hahnemann Guimarães, uma das mais claras inteligências que conheço, na interpretação da lei constitucional nº 9, entendeu que, nos termos da Constituição de 37, art. 174,

o Parlamento eleito em 2 de dezembro próximo futuro poderá funcionar como órgão constituinte, emendando, modificando ou reformando aquela Constituição, por iniciativa do presidente da República ou da Câmara dos Deputados.

Com esta inteligência da Lei Constitucional nº 9 não concordou o então Sr. Ministro Sampaio Dória, que era juiz daquele Tribunal.

Em longo e brilhantíssimo parecer asseverou S. Exa. que o Parlamento eleito em virtude daquela lei constitucional não teria apenas os poderes a que se refere o art. 174 da Constituição, mas poderes constitucionais mais amplos e ilimitados.

Sentindo, entretanto, que sua argumentação não era de todo convincente, sugeriu baixasse o poder Executivo um decreto, a fim de esclarecer o pensamento da Lei Constitucional nº 9.

Sobreveio o golpe de 29 de outubro.

O Sr. José Bonifácio – Não poderia V. Exa. dizer qual a decisão do Tribunal Superior Eleitoral a esse respeito?

O SR. NEREU RAMOS – O Tribunal Eleitoral adotou o parecer do Ministro Sampaio Dória.

O Sr. José Bonifácio – *Tollitur questio.*

O SR. NEREU RAMOS – Após o golpe de 29 de outubro, assumiu o Ministério da Justiça precisamente o Sr. Sampaio Dória, notável professor de Direito, democrata dos mais conhecidos no Brasil. Em lá chegando, investido das funções que aquele golpe de Estado lhe pusera nas mãos, S. Exa., ao invés de promover imediatamente a revogação da Constituição de 37...

O Sr. Plínio Barreto – Tentou mas não conseguiu; chegou até a organizar um projeto.

O Sr. Amando Fontes – E não o fez, segundo' disse em discurso, ao passar a pasta ao Sr. Carlos Luz, porque o Sr. José Linhares não consentiu.

O SR. NEREU RAMOS – Chegaremos lá.

O certo é que o Sr. Ministro Sampaio Dória não fez ou não pôde fazer...

O Sr. Plínio Barreto – Não pôde.

O SR. NEREU RAMOS – ... a revogação da Carta Constitucional de 37; mas elaborou a Lei Constitucional nº 13, que se conformava com o pensamento e com a inteligência dada por S. Exa. à Lei Constitucional nº 9, no Superior Tribunal Eleitoral.

O Sr. Sampaio Dória, emérito cultor do Direito Constitucional, professor que todos respeitamos, não ficou contente com a Lei Constitucional nº 13 e conseguiu do governo a Lei Constitucional nº 15, dispondo o seguinte:

O Presidente da República, usando da atribuição que lhe confere o art. 180 da Constituição e,

Considerando que não só os deputados e os senadores, mas o Presidente da República vão receber, simultaneamente, a 2 de dezembro próximo, a investidura de poderes constitucionais e de governo, na mesma eleição;

Considerando que a Assembléia foi convocada com poderes ilimitados para elaborar e promulgar a Constituição do país;

Considerando que, só depois de promulgada a Constituição, passarão a Câmara dos Deputados e o Senado Federal a funcionar em separado, para o exercício de legislatura ordinária;

Considerando que as novas atribuições do Presidente da República serão baixadas na Constituição que a Assembléia promulgar;

Considerando que, enquanto a Assembléia funcionar como Constituinte, a administração do país não prescindirá de providência de natureza legislativa;

Considerando, finalmente, a necessidade de providências preparatórias, para regular o funcionamento da Assembléia Constituinte:

Decreta:
Art. 1º Em sua função constituinte, terá o Congresso Nacional, eleito a 2 de dezembro próximo, poderes ilimitados para elaborar e promulgar a Constituição do país, ressalvada a legitimidade da eleição do Presidente da República.
Art. 2º Enquanto não for promulgada a nova Constituição do país, o Presidente da República, eleito simultaneamente com os Deputados e Senadores, exercerá todos os poderes da legislatura ordinária e de administração que couberem à União, expedindo os atos legislativos que julgar necessários.

Aí está, nesta lei constitucional, perfeitamente consagrada, a doutrina que nós da maioria defendemos.

O Sr. Plínio Barreto – V. Exa. considera que a Constituição de 37 foi revogada por esse Decreto-lei?

O SR. NEREU RAMOS – Chegaremos lá.

O Sr. Plínio Barreto – Se V. Exa. o considera, é possível que nos entendamos.

O SR. NEREU RAMOS – Aqui está a Lei Constitucional nº 15, fundada na Carta de 37, adotando exatamente a doutrina que defendemos: a de que a Assembléia Constituinte tem missão precípua, expressamente estabelecida em lei...

O Sr. Amando Fontes – Perdão, então V. Exa. acha que a Assembléia está com seus poderes limitados pela Lei Constitucional nº 15, no seu art. 1º, e não aceita essa lei no seu art. 3º. É uma incongruência.

É uma incongruência, permita-me V. Exa.

O SR. NEREU RAMOS – Meu prezado colega, parece que não se recorda bem do art. 3º. O art. 3º diz que o período presidencial vai ser fixado na nova Constituição. [...]

V. Exa., Sr. Presidente, sabe existir uma doutrina que estabelece poderes ilimitados e irrestritos para as assembléias constituintes.

Quando tais assembléias surgem de movimentos revolucionários, quando provêm diretamente desses movimentos, trazem os poderes mais amplos e mais irrestritos. Quando, porém, como no caso presente, essas assembléias são convocadas por um poder de fato preexistente, trazem os poderes que lhes dão os atos de sua convocação. Foi sempre assim no Brasil.

[...] Não viemos aqui para defender a Constituição de 37 (*muito bem. Palmas*), mas para votar uma nova Constituição.

[...] Meu partido que tem maioria nesta Assembléia...

O Sr. Adelmar Rocha – Sabemo-lo de sobra.

O SR. NEREU RAMOS – ... que tem maioria incontrastável neste Parlamento e que podia, por si só, elaborar uma Constituição, quis, desde logo, revelar à Nação não ser esse o seu propósito, nem o seu pensamento.

O Sr. Paulo Sarazate – Isto seria fascismo. (*Aplausos gerais*)

O SR. NEREU RAMOS – O nobre colega disse, em linguagem mais afeiçoada às galerias, o que eu dissera na minha modesta linguagem (*muito bem*). Se quiséssemos fazer aqui uma obra de partido, nós, do Partido Social Democrático, não teríamos dado nosso voto ao Vice-Presidente desta Casa, Sr. Otávio Mangabeira. (*Muito bem*) Quisemos, com os nossos sufrágios, defender uma orientação e significar uma atitude.

O Sr. Lino Machado – É preciso notar que as oposições também agiram com a mesma elegância, sufragando o nome do eminente Sr. Melo Viana para Presidente da Assembléia Constituinte de 1946.

[...] O SR. NEREU RAMOS – Quisemos, com este gesto, traçar uma orientação para o futuro. Mas, nessa orientação, não vai absolutamente a derrocada dos princípios que defendemos, quanto às atribuições desta Assembléia. Fixamo-nos neste ponto de doutrina, de legislação constitucional que se conforma e harmoniza com os nossos precedentes históricos.

O mais conhecido dos nossos constitucionalistas, João Barbalho, já ensinava que *os Congressos Constituintes são assembléias especiais e extraordinárias, destinadas a realizar ou reformar a organização política da nação que os elege. Seus poderes* – nem outra doutrina estou sustentando...

O Sr. Jurandir Pires Ferreira – E nós também.

O SR. NEREU RAMOS – ... *seus poderes constam, em geral,*...

O Sr. Nestor Duarte – Em geral.

O SR. NEREU RAMOS – ... do ato de sua convocação e interpretam-se em vista dele e dos fins para que elas se reúnem. Esta noção implica a importante questão dos limites dos poderes das Assembléias Constituintes. A natureza delas, sua razão de ser, sua missão, a origem de seu poder e autoridade fundamentam solução contrária à extensão ilimitada de tais poderes.

O Sr. Amando Fontes – Infelizmente, o grande constitucionalista João Barbalho não falou aí como jurisconsulto que todos admiramos. Foi membro da Constituinte de 91, partidário extremado do Governo Provisório de então e, por isso, sustentou esse ponto de vista, porque naquela Constituinte se manifestou contrário a uma indicação ali apresentada, semelhante à nossa.

O Sr. Ferreira de Sousa – Deve-se ainda reparar no fato de haver a Constituinte de 34 contrariado inteiramente este princípio. Convocada exclusivamente para votar a Constituição, resolveu, depois, continuar como Poder Legislativo.

O Sr. Acúrcio Torres – Uma vez elaborada a Constituição.

O Sr. Adroaldo Costa – Carlos Maximiliano não foi constituinte de 91 e, não obstante, em sua obra sustenta as mesmas teses de João Barbalho.

O SR. NEREU RAMOS – Quando não fosse essa a opinião do constitucionalista João Barbalho, seria, então, a opinião do historiador de nossos precedentes históricos.

[...] O mesmo ensinam os mestres de outros países.

Eu poderia invocar aqui a autoridade do professor Maurice Hauriou, que ensina o seguinte:

A Constituinte não é senão um poder legislativo especial e não um poder governamental completo.

Verão Vv. Exas. que o pensamento que acabo de expressar coincide perfeitamente com essa lição.

Isto significa que ela fica submetida ao princípio da separação dos poderes, e isso sob dois pontos de vista: a) ela não deve acumular o poder legislativo ordinário com o poder constituinte; b) sobretudo não deve acumular o poder executivo com o poder legislativo ordinário.

[...] O que o Brasil deseja, na hora presente, é que se apresse a elaboração da nova Carta da República. (*Palmas*)

Não percamos tempo, por isso, em discutir constituições provisórias (*palmas*), retalhos de constituições (*palmas*), pedaços de constituições (*palmas*), já que em pedaços está a Constituição de 1937."

Em defesa de suas posições, o líder da maioria foi buscar o apoio de alguns dos principais jornais do país, sobretudo dos que defenderam a candidatura Eduardo Gomes e eram simpáticos à oposição. Falou primeiro do *Jornal do Commercio* que, em um de seus editoriais, assinalava: "Legitimado o Executivo pelo voto expresso em 2 de dezembro, temos de viver num regime legislativo provisório, porque este só se legitimará com a promulgação da nova lei básica."

O *Diário Carioca*, do jornalista J. E. de Macedo Soares, que era um dos mais renitentes oposicionistas do Estado Novo e que apoiou de forma apaixonada e ostensiva a candidatura Eduardo Gomes, era ainda mais enfático: "A verdade é, portanto, a seguinte: o Congresso Constituinte tem uma missão precípua, imperturbável e inadiável. Fazer, o mais depressa possível, mas sem atropelo, a lei fundamental da República." Essa era também a posição de dois outros órgãos influentes no Rio de Janeiro, o *Diário de Notícias* e o *Jornal do Brasil*.

Mas não era propriamente a tese pessedista que constituía a maioria. Essa estava expressa, de forma crua e sem rodeios, nas razões do senador Nereu Ramos, quando justificava sua postura de aceitar como constitucionais os arts. 1º e 2º da lei constitucional nº 15, que tratavam dos poderes e das limitações da Constituinte, mas não o art. 3º, ao prescrever que o mandato do presidente teria a mesma duração que o dos seus sucessores, fixado no texto constitucional que viesse a ser elaborado e aprovado pela Constituinte.

"O SR. NEREU RAMOS – O que estou dizendo é que esse art. 3º comete à Assembléia a faculdade de fixar o prazo. Ou somos maioria ou não somos. Se somos maioria, esse artigo não tem para nós importância alguma, pois faremos vingar a nossa vontade na ocasião. [...] Por conseguinte, está firmado o ponto de vista da maioria. Entendemos que a Constituinte tem poderes, exclusivamente, para elaborar a nova Constituição."

Em vez da conclusão suceder à premissa, esta é que veio, a título de conclusão: "Firmado este ponto de vista, temos agora de dizer aos nobres Deputados e Senadores da minoria que não aceitamos sua indicação, por importar na elaboração de um retalho da Constituição."

Se tivesse invertido a lógica de seu discurso, estabelecendo como premissa a posição do seu partido, para depois justificá-la, teria visto quão desnecessária era a discussão, num momento em que a opinião pública, refletida pelos jornais, continuava manifestando sua inquietação com relação às hesitações da Assembléia em cumprir sua missão institucional. Todos concordavam com a urgência e a relevância da tarefa, mas continuavam discordando da escolha do caminho mais curto para lográ-la. A lógica do líder da maioria se expressava nos números, a maior força de seus argumentos. Quando na semana seguinte (sessão de 27 de fevereiro de 1946) a matéria foi submetida a votos, foi possível aferir a consistência dos seus fundamentos jurídicos: rejeitada por 143 contra 94 votos...

Depois de um interregno de oito anos sem democracia, o país parecia desacostumado das praxes e da dialética parlamentar. Todos concordavam no acessório e continuavam intransigentemente discordando no fundamental. Viviam intensamente o drama permanente da política: convergiam no que fazer, dissentiam em como fazê-lo. Dessa forma, vivia-se uma situação kafkiana: ao idealismo da oposição se opunha o realismo cru da situação, e desse entrechoque de concepções sobre os objetivos de cada um, o que ressaltava era o surrealismo, a aridez e a pobreza dos debates, das práticas e da cultura parlamentar brasileiras.

8. Tia Olga e o geniozinho da matemática

A arte da discussão: diferença entre decidir e deliberar

O papel dos Parlamentos (etimologicamente, o local onde se fala) não é só o de discutir, mas também o de decidir. Nenhuma função é mais relevante que a de tomar decisões. Por isso, há um velho e imemorial ditado segundo o qual "discurso pode até mudar opinião, mas não muda voto". Tecnicamente, a ciência política estabelece uma distinção entre decidir e deliberar. Decisão é, na lição dos especialistas, a resolução tomada individualmente, enquanto as tomadas coletivamente são chamadas de deliberações. O que as distingue é que as últimas são processos institucionalizados, isto é, seguem uma rotina, têm procedimentos próprios e, por isso, são mais demoradas e previsíveis do que as decisões, que dependem única e exclusivamente do arbítrio de quem tem poder e competência para adotá-las. A deliberação que, por 143 contra 94 votos, rejeitou a proposta da UDN era, mais que uma expectativa, uma certeza. Pela lista da votação nominal, verifica-se que apenas dois senadores do PSD, em declarações de voto, justificaram sua dissidência com a orientação do partido. Não se poderia esperar destino diferente da declaração submetida pela bancada do PCB, preconizando a revogação da Carta de 1937.

Ao ser submetida ao plenário, o vice-líder do PSD, Cirilo Júnior, levantou a preliminar de estar a matéria prejudicada pela rejeição da proposta udenista, que tinha materialmente, embora não de maneira formal, o mesmo objetivo. Com suas habituais hesitações, o presidente ia submeter a votos essa preliminar, quando a bancada comunista objetou, indagando se havia requerimento submetido à Mesa nesse sentido. Na hipótese afirmativa, só poderia ser objeto de deliberação em outra sessão, a menos que houvesse requerimento de urgência. Argüiu-se a possibilidade de que a preliminar constituísse uma questão de ordem, alternativa que dispensava a deliberação do plenário, pois caberia ao presidente resolvê-la. As discussões prolongavam-se desnecessariamente, em face do resultado já de antemão conhecido, a ponto de ter sido indispensável prorrogar a sessão. Quando finalmente o PSD providenciou para que chegasse à Mesa a preliminar em forma de requerimento, com o respectivo pedido de urgência, não foi necessária nem a votação nominal. Pelo processo de votação simbólica, a declaração do PCB, à semelhança da proposta da UDN, foi rejeitada, como se previa, sem que ninguém se aventurasse pelo menos a pedir verificação de votos. Ato contínuo, encerrada a sessão já às 19 horas e 10 minutos, formou-se enorme tumulto entre os deputados governistas e a assistência da galeria que, postada na escadaria frontal do prédio, vaiou, apupou, invectivou e ameaçou, com empurrões e xingamentos, os representantes do PSD. A exaltação que tomava conta dos constituintes dificultava o maior desafio da Assembléia, o de abreviar a elaboração do novo texto da Constituição democrática que o país aguardava. Os incidentes da quarta-feira, dia 27, provocaram inevitáveis reações no dia seguinte.

A sessão começou morna, como era habitual quando se discutia a ata, abordando-se assuntos de relevância meramente paroquial. Coube ao deputado monsenhor Arruda Câmara, do PDC de Pernambuco, ferrenho e confesso anticomunista, que se reelegeria mais tarde durante anos seguidos, combatendo a emenda divorcista do deputado Nelson Carneiro, tratar dos incidentes da véspera. De forma candente, como era seu estilo, formulou seu "veemente protesto contra os expedientes que vêm sendo postos em prática pelos ilustres membros da bancada comunista, e também contra a luva de afronta que se atirou ontem à face desta Casa, quando, depois de cumprir o seu dever e exercer o direito de voto, uma das mais altas prerrogativas da democracia, os srs. Constituintes foram vítimas do mais vil, do mais brutal, do mais ignominioso atentado de que há memória na história do parlamento brasileiro, desde os tempos do Império". Não contente com a dimensão que estava dando aos incidentes, agravou-os ainda mais, distribuindo culpas e doestos: "Sr. Presidente, não podemos tolerar mais esta tirania da minoria que adredemente prepara e contrata a claque das galerias, para trazer uma espécie de coação moral ao povo brasileiro, através de seus representantes. (*Muito bem. Palmas. Protestos da bancada comunista*)"

As palmas e os protestos o incentivaram ainda mais: "E foi, sobretudo, aquele grupo de desordeiros, contratados para injuriar os representantes do povo no Parlamento nacional, que ontem hostilizaram vários constituintes, quando desciam as escadas do Palácio Tiradentes." Como o debate estava aberto, a ele aderiu o líder da maioria, aproveitando para pedir a atuação do presidente, que contaria, segundo ele, não só com o respaldo do governo, como também com o da maioria da Casa, para terminar dizendo que "V. Exa. tem, Sr. Presidente, nas atribuições que o Regimento lhe dá e que o nosso voto lhe confiou, os meios de se evitar que se reproduzam esses fatos lamentáveis que envergonham toda a Nação. (*Muito bem. Muito bem. Palmas. O orador é cumprimentado*)"

Acuados, os comunistas responderam através de Carlos Marighela, que começou reconhecendo que havia abusos por parte de todos na infringência das normas regimentais. Depois, tentou demonstrar que sua bancada apenas reagiu à iniciativa do deputado Arruda Câmara, tratando do assunto em momento impróprio:

"O SR. CARLOS MARIGHELA – Sr. Presidente, no próprio momento em que falava o ilustre Deputado Arruda Câmara, fugindo ao que havia pleiteado quando solicitara a palavra, porque não tratou absolutamente da ata...

O Sr. Lino Machado – Valeu-se da praxe parlamentar de que V. Exa. mesmo tem se utilizado.

O Sr. Manoel Vítor – Estão defendendo a dignidade da Assembléia.

(*Trocam-se apartes. O Sr. Presidente chama a atenção*)

O Sr. Lino Machado – O Partido Comunista se responsabiliza pelas desordens ontem verificadas? Desejaria que V. Exa. informasse isso à Câmara.

(*Trocam-se apartes. O Sr. Presidente, fazendo soar os tímpanos, reclama atenção*)

O SR. CARLOS MARIGHELA – O Partido Comunista não pode se responsabilizar por movimentos feitos pelo povo. Ele não pretende o monopólio da opinião pública...

O Sr. Nereu Ramos – Não confunda povo com desordeiros.

O Sr. Getúlio Moura – Os desordeiros avançavam com punhos cerrados.

O Sr. Vitorino Freire – Não foi o povo.

O Sr. Bastos Tavares – Vv. Exas. devem assumir a responsabilidade de seus atos.

O SR. CARLOS MARIGHELA – ... nem pode responsabilizar-se pelas manifestações partidas das camadas populares. (*Protestos veementes*)"

O ambiente se encrespava à medida que, acossado por todos os lados, Marighela tentava eximir de culpa sua bancada, posição que açulava ainda mais seus adversários. Nem sua proposta de se instalar uma Comissão de Inquérito para apurar a responsabilidade pelos fatos da véspera abrandou os ataques que partiam, cada vez mais violentos, da maioria. Renovando sua oferta, tratou de encerrar a polêmica, retirando-se estrategicamente da tribuna, no que não era um dos seus melhores momentos:

"O SR. CARLOS MARIGHELA – Termino, Sr. Presidente. Reafirmo a proposta que fiz à Mesa, no sentido de que V. Exa. tome medidas para apurar a responsabilidade de quem pretendia perturbar os nossos trabalhos. (*Palmas da bancada comunista*)"

Com o seu aguçado senso de oportunismo político, o líder udenista não perdeu a chance de angariar simpatias, atenuando a gravidade dos fatos, ao mostrá-los como característicos dos regimes democráticos:

"O SR. OTÁVIO MANGABEIRA – (*Pela ordem*) Sr. Presidente, não há por que estranhemos o que se vai passando neste recinto. É próprio dos Parlamentos. Considero esta Assembléia uma das mais expressivas que já se reuniram no Brasil. Provém de uma eleição e nela figuram representantes dos mais variados do sentimento público. Isto é que deve ser o Parlamento. (*Muito bem*)

A Assembléia vem cumprindo, desde o dia de sua instalação, convenientemente, o seu dever. (*Muito bem*) Não há por que ser censurada. Sou um velho deputado de muitas legislaturas. Não me lembro de ter visto tão grande assistência no recinto, nem interesse mais acentuado pela marcha dos debates, até o fim da sessão.

[...] A Assembléia, logo que se instalou e elegeu a Mesa, entrou a debater o que devia, antes de mais nada – discutir a normalização da vida jurídica do país. Esse debate foi um dos mais belos, dos mais brilhantes que já se realizaram no seio do Parlamento brasileiro.

[...] Durante os dias em que o projeto de Regimento estava a ser elaborado, processou-se o debate da indicação da UDN, a que se seguiu o da indicação comunista sobre a restauração da ordem jurídica. [...] Ontem, ao findar-se a sessão, ocorreram, à saída dos Srs. Constituintes, cenas lamentáveis que acabam de ser objeto de um debate apaixonado, muito próprio, como disse, da vida parlamentar.

[...] A Assembléia não pode funcionar senão sob o influxo do povo, e ao contacto do povo. (*Muito bem*) O que é preciso é que a Mesa encontre os meios de discernir entre o povo e os perturbadores da ordem. (*Muito bem*) É preciso saber qual ou quais as origens da desordem.

Quanto mais saiba a Assembléia honrar os seus deveres, tanto mais se imporá ao respeito.

A União Democrática Nacional vê a questão nestes termos. Dá a V. Exa. todo o apoio e espera que V. Exa., contando com o apoio da Assembléia, não terá dificuldade em evitar perturbações que nunca poderão vir do povo brasileiro, porque o povo brasileiro está conosco e não pode deixar de estar conosco (*palmas, no recinto e nas tribunas*) porque sabe que estamos aqui para elaborar e votar uma Constituição democrática: pelo menos o saberá, enquanto aqui estiverem os que com ele tomaram o compromisso solene de dar-lhe em devido tempo esta Constituição. Era o que tinha a dizer. (*Muito bem; muito bem. Palmas; o orador é vivamente cumprimentado*)"

A tensão dissipou-se no plenário, e o presidente, ao dar por aprovada a ata, deu ciência das medidas tomadas para proibir o acesso às galerias dos que, desde o início dos trabalhos, se revezavam no comando das manifestações ruidosas. E informou que não aceitaria mais abusos cometidos em nome de sua tolerância para com as sucessivas violações dos dispositivos regimentais, freqüentes, reiteradas e sempre assistidas passivamente por parte da presidência. O episódio, porém, deixaria seqüelas, pois as manifestações das galerias passaram a ser reprimidas e, mais tarde, se passou a exigir identificação e revista para os que pretendiam assistir às sessões.

Tal como já tinha ocorrido com a sugestão de Amando Fontes sobre o registro dos constituintes inscritos para falar no expediente, o deputado Acúrcio Torres, em questão de ordem, na sessão do dia 21, uma semana antes dos incidentes, já tinha solicitado que as retificações à ata, nos termos do que prescrevia o Regimento provisório em vigor, só fossem feitas por escrito, assim como que as inscrições para o expediente só valessem para uma sessão. Quando findasse o tempo destinado a essa parte da sessão, sem que se esgotasse a lista dos inscritos, não se deveria exigir nova inscrição, transferindo-se as não atendidas para a sessão seguinte. Essas providências, se adotadas, evitariam muitos dos incidentes e a abordagem de matéria anti-regimental.

Com seu raciocínio acaciano, o presidente esclareceu que "na ata, efetivamente, só se pode falar para retificação ou observação a respeito do que foi ali mencionado. Como, entretanto, não tenho, nem pretendo ter o dom da onisciência, não posso saber a que conclusão pretendem chegar os ilustres Congressistas, quando na tribuna. O reparo, portanto, não deve ser dirigido à Mesa. Os Srs. Congressistas é que não deveriam aqui, em seguida à leitura da ata, tecer ponderações que não fossem tendentes a retificá-la". A resposta era absurda e típica dos que não admitem seus erros nem reconhecem suas culpas, transferindo-as aos outros. Em primeiro lugar, não se tratava de ter ou não "onisciência", que é a qualidade daquele que sabe tudo, o onissapiente, mas sim de ser ou não "presciente", a propriedade de prever, ou antever. Em segundo lugar, a admoestação era clara: o Regimento Interno exigia que as reclamações sobre a ata fossem feitas por escrito e não verbalmente, o que dispensava a presciência que o presidente alegava não ter...

Embora negasse estar aludindo à prática iniciada pelo deputado Batista Neto (PCB-DF) de ler manifestos, cartas, telegramas, ofícios e expedientes os mais variados enviados a Prestes, para constar dos Anais, a alusão explícita feita por Acúrcio Torres não deixava dúvidas quanto ao seu propósito e ao destino de sua reclamação: "Não devemos, portanto, Sr. Presidente, sob pretexto de retificar a ata, vir à tribuna ler telegramas, reclamações e notícias, como que fazendo do *Diário do Poder Legislativo* um diário do próprio partido. E devo dizer, em homenagem aos meus sentimentos, que minha intervenção no caso não é inspirada pelo procedimento que haja tido a respeito o Partido Comunista." Na verdade, outra não era a razão de sua questão de ordem não acolhida pelo presidente. A alusão caracterizava o caso típico do gato escondido com rabo de fora e traía os verdadeiros motivos de sua intervenção. Os choques provocados pelas manifestações contínuas das galerias, as práticas adotadas pela bancada do PCB de ocupar todos os espaços ociosos das sessões, sem atentar para qualquer norma de conveniência, e os incidentes protagonizados nas escadarias do palácio, ao mesmo tempo que indicavam inapetência para as práticas da incipiente democracia que o país começava a viver, prenunciavam as dificuldades com que o partido teria que se defrontar para sobreviver na frágil e precária legalidade vivida pelo regime. A diferença que se verificava em relação aos movimentos que saíam do controle de seus organizadores e as demonstrações de aplauso ou reprovação é a mesma que faz diferir as manifestações, que são demonstrações espontâneas, das mobilizações, que são movimentos adredemente preparados, estimulados e organizados. Se as primeiras são passíveis de serem controladas quando canalizadas, aceitas e cooptadas sem violência, as segundas tornam-se incontroláveis quando adquirem dinâmica própria e tomam rumos que ninguém pode prevenir ou prever.

O anticomunismo impenitente do deputado monsenhor Arruda Câmara (PDC-PE), líder de uma bancada de três integrantes, e a ideologização impertinente da bancada do PCB, em todas as suas manifestações, tinham algo em comum: a falta de compromisso com outros objetivos que não fossem os seus próprios dogmas. Por isso, atuavam em permanente e sistemático confronto, tornando-se difícil deixar de roçar os limites do debate democrático.

Na sessão do dia 21 de fevereiro, antes que o líder da maioria falasse sobre a indicação da UDN, foi submetido ao plenário requerimento subscrito por inúmeros constituintes e encabeçado pelos deputados monsenhor Arruda Câmara e monsenhor Valfredo Gurgel, solicitando que a Assembléia telegrafasse aos novos arcebispos de São Paulo, dom Carlos Carmelo de Vasconcelos Mota, e do Rio de Janeiro, dom Jaime de Barros Câmara, congratulando-os por sua sagração em Roma. Quando o deputado Carlos Marighela subiu à tribuna para manifestar a oposição de sua bancada, valendo-se do incontestável argumento da separação entre a Igreja e o Estado, foi virtualmente impedido de falar pelos apartes da maioria, que o invectivava drástica e violentamente. Nada menos de vinte sucessivas e intermitentes intervenções de deputados e senadores de todos os partidos mostravam a intransigência com que a simples manifestação contrária da bancada comunista era recebida na Casa. O ambiente de confronto, levado a tais extremos, fatalmente se transformaria, mais cedo ou mais tarde, num conflito sem volta. O Brasil, depois de oito anos de ditadura, ainda não estava preparado para o exercício da democracia, nem para o respeito aos seus cânones e limites.

O requerimento, não é preciso dizer, foi aprovado em votação nominal, virtualmente sem discussão. Outro, no entanto, foi o destino da manifestação requerida pela bancada do PCB para que a Assembléia aprovasse voto de pesar pelo fuzilamento, pelo regime de Franco, de nove espanhóis opositores de seu férreo regime. Embora subscrito não só pela bancada comunista, mas por constituintes de quase todos os partidos, foi aprovado por apenas 58 votos, o que mostrava o isolamento da esquerda numa Assembléia de cunho notoriamente conservador.

Nessa mesma sessão, quando o deputado gaúcho Dâmaso Rocha (PSD-RS) assumiu a defesa do interventor Cilon Rosa, atacado em nota do Comitê Estadual do PCB, pela repressão da greve dos ferroviários, foi possível ver o outro lado da moeda da radicalização. Quando respondeu a um aparte de Prestes, afirmando que "o povo brasileiro não tem casa para morar e morre de fome", dizendo que a fome e a miséria do povo são "tabus com que jogam os comunistas que a exploram como meio de desarmonia social", o constituinte pessedista foi imediatamente acusado de ter "atitude fascista" por João Amazonas (PCB-DF), de "servir aos interesses dos exploradores do povo" por Gregório Bezerra (PCB-PE), de se valer da "velha técnica dos fascistas" por Maurício Grabois (PCB-DF).

O clima que cada vez mais ia isolando a bancada comunista não parecia tocar a Assembléia, alheia aos riscos que isso representava para o sistema democrático. Somente o deputado Flores da Cunha (UDN-RS), no dia seguinte à intervenção de Carlos Marighela, foi à tribuna para, a pretexto de discutir a ata, protestar contra a virulência do cerco imposto pela maioria:

"O SR. FLORES DA CUNHA – Sr. Presidente, quando ontem a Assembléia aprovou a moção congratulatória pela ascensão dos novos arcebispos ao cardinalato, votei a favor dessa iniciativa. Votei como cidadão e como católico, por isso que também reconheço que a grande maioria do povo brasileiro é católica. Mas não podia concordar – e não concordo – e agora levanto-me para fazer minha ressalva com a intolerância com que foram tratados os representantes do Partido Comunista, aos quais não deixaram falar. (*Palmas nas galerias*) Ora, Sr. Presidente, não acaricio, nunca acariciei a popularidade, mas penso que, embora devamos ser inflexíveis e firmes na defesa de princípios e idéias, precisamos ser tolerantes em relação às pessoas. (*Muito bem*) E, numa Assembléia republicana, a tradição brasileira sempre foi a de que se respeitassem e se ouvissem todas as opiniões. (*Muito bem*)

Lembro-me, Sr. Presidente, e V. Exa. também estará lembrado, de que na República Velha, de saudosa memória (*riso*), o representante do Ceará, também de não menor e saudosa veneranda memória, Sr. Tomás Cavalcanti, pela ojeriza que votava ao Vaticano, ao iniciarem-se as sessões legislativas, veio apresentar projeto de lei mandando extinguir a Legação do Brasil que ali mantínhamos. Nem por isso era apedrejado ou ofendido, quando sustentava sua idéia; a grande maioria da Assembléia apenas derrubava-lhe a iniciativa, ficando tudo terminado.

Era o que eu tinha a dizer, não para requestar palmas, mas para ficar de bem comigo mesmo. (*Palmas*)"

Finalmente, alguém no recinto, entre tantos constituintes, se levantava, no momento oportuno, e tempestivamente, para mostrar que o limite da democracia era a tolerância e que ultrapassá-lo implicava riscos para o regime.

Paroquialismo & personalismo, o aprendizado para a democracia

Se de um lado o confronto ideológico ameaçava a regularidade dos trabalhos da Constituinte, transformando-se em constantes conflitos, não era menor o inconveniente causado pelo paroquialismo de algumas bancadas estaduais que, à falta das Assembléias Legislativas, foro adequado para os debates de âmbito estadual, irritava os constituintes, obrigados a tomar conhecimento de disputas que nada tinham a ver com o trabalho de elaboração constitucional. Nenhuma representação, porém, superava a do Distrito Federal na exacerbação de tais assuntos. Um exemplo ilustrativo é o dos requerimentos apresentados na sessão do dia 25 de fevereiro, subscritos pelos deputados cariocas José Fontes Romero (PSD), Rui Almeida (PTB) e Jonas Correia (PSD), requerendo a interferência do ministro da Viação junto à direção da Estrada de Ferro Leopoldina Railway, a fim de que fosse providenciada a eletrificação das linhas que serviam aos subúrbios cariocas. Mais expressiva, porém, é outra proposição endereçada ao prefeito da capital pelos mesmos constituintes, pedindo providenciar junto à Light, concessionária do serviço de bondes no Rio, nada menos que: "a) prolongar a linha de bondes de Madureira a Deodoro; b) duplicar a linha de Vaz Lobo a Irajá, eliminando-se três desvios existentes nesse percurso; c) construir, no ponto inicial de Madureira (circular), abrigo coberto que resguarde o povo das intempéries; d) prolongar a linha de bondes da Penha a Vigário Geral; e e) construir uma linha ramal da praça do Carmo a Irajá", com o requinte de se observar "o trajeto da estrada Braz de Pina e da estrada do Quitungo"...

Estava sendo duro, e muitas verses adverso, como se vê desses exemplos, o aprendizado da cultura política democrática que o país tinha de moldar, depois de anos de exacerbado personalismo em que carisma e manipulação tinham sido armas poderosas na deformação da consciência coletiva, em relação à vida cívica brasileira. Um exemplo do que tinha sido esse esforço sistemático e continuado de culto à personalidade foi trazido à Assembléia na sessão de 2 de agosto, quando o deputado Rui Santos (UDN-BA) deu a conhecer a resposta do Departamento Nacional de Informação, em que tinha sido transformado o antigo DIP (Departamento de Imprensa e Propaganda), encarregado da censura generalizada vigente durante o Estado Novo, imposta a jornais, livros, revistas, peças teatrais, músicas e programas de rádio. O famoso DIP, que depois do fechamento do Congresso, para escárnio dos democratas, foi instalado no Palácio Tiradentes, controlava as publicações, não apenas concedendo ou negando-lhes registro, como sobretudo liberando ou negando quotas de importação para o chamado papel "linha-d'água", como era conhecido o papel de imprensa. Pela resposta ao requerimento do deputado udenista, fornecida pelo Ministério da Justiça, tomou-se conhecimento de que nada menos do que 420 jornais e 346 revistas em todo o país tiveram seu registro negado, apenas entre 1940 e 1945. Entre os que não receberam quotas para aquisição de papel estavam 61 jornais e revistas sabidamente hostis ao governo, como o *Diário Carioca*, onde pontificava o jornalista J. E. de Macedo Soares. Foram punidos com a negativa de aumentar sua quota, o que era uma forma de controlar sua tiragem.

O ridículo do culto à personalidade, porém, estava nas publicações patrocinadas pelo órgão, dirigido primeiro por Lourival Fontes e depois pelo major Amílcar Dutra de Meneses. Seus títulos, lidos da tribuna, não deixavam dúvidas quanto ao nível de sabujice e servilismo a que se tinha chegado no país: "Perfil do Presidente Vargas", "Fisionomia do Presidente Vargas", "Sorriso do Presidente Vargas", "No Presidente Vargas, os verbos agir e trabalhar", "Imagens populares do Presidente Vargas", "O Judiciário e o Presidente Vargas", "Os grandes dias do Presidente Vargas", novamente "O sorriso do Presidente Vargas" e "O fato moral e social da década getuliana". O nome de alguns dos autores causou espanto para muitos: Ernani Fornari; Monte Arraes; José Maria Belo, historiador; Azevedo do Amaral, educador e ensaísta; Francisco Campos, jurista e ministro da Justiça; Epitácio Pessoa Cavalcanti (não se trata do ex-presidente); Juraci Camargo, ator e teatrólogo; Demétrio Xavier; Jaime de Barros; Vieira de Melo, constituinte pelo PSD da Bahia; Georgino Avelino, senador constituinte pelo PSD do Rio Grande do Norte; Jonas Correia, constituinte pelo PSD do Distrito Federal; Negrão de Lima, mais tarde ministro, embaixador e governador do Rio durante o regime militar; Artur de Sousa Costa, ministro da Fazenda de Getúlio e constituinte pelo PSD do Rio Grande do Sul; Marcondes Filho, ministro do Trabalho e da Justiça do ditador; Donatelo Grieco, diplomata; Rui Almeida, constituinte pelo PTB do Distrito Federal; Villa-Lobos, o grande maestro e compositor erudito brasileiro; Lima Figueiredo, coronel do Exército, deputado na legislatura de 1951-54 e autor, durante a Constituinte, do polêmico artigo "A democracia que fede"; e Apolônio Sales, ministro da Agricultura de Getúlio. Entre os autores editados, estava o próprio Getúlio, com o livro intitulado *Todos são necessários uns aos outros...*

O parlamentar udenista aludiu ainda ao livro *História de um menino de São Borja*, que ele disse ter tido conhecimento de ser de autoria do diplomata Donatelo Grieco, escondido sob o pseudônimo de "Tia Olga". E leu um trecho edificante sob todos os aspectos:

Quando havia visita ao colégio, o Menino de São Borja era chamado ao quadro-negro para resolver o problema das galinhas e dos coelhos: tantas galinhas, tantos pés; quantos são os coelhos? A mão rápida enchia o quadro de algarismos. Quando chegava à solução, dava o último traço, limpava as mãos da poeira branca do giz, e dizia para o professor: os coelhos são tantos, as galinhas são tantas. Havia um frêmito de emoção na sala – e os outros meninos viam no gesto do matemático de um metro de altura qualquer coisa de feitiçaria. A feitiçaria dos algarismos foi uma fonte de vitórias para o filho do general Vargas. Ele sabia que, para ser soldado, ia precisar de tais matemáticas. Fincou pé nas contas simples e chegou às contas complicadas. Era um bicho na multiplicação; dividia com calma e simplicidade; acertava sempre. O general Vargas, envaidecido com os triunfos do filho, dava-lhe belos períodos de férias no campo. Aí, nas corridas livres pelas planícies, o mágico dos cálculos aritméticos de novo se integrava na Terra, mestra suprema de energia e de entusiasmo.

O melhor, porém, estava por vir, e convém conhecê-lo na letra fria dos Anais, conforme o relato do autor das revelações:

"O SR. RUI SANTOS – Nesse mesmo livro, porém, Sr. Presidente, encontra-se um quadro com o menino prodígio à pedra, fazendo operações de matemática. Verificamos ali, então, uma soma original do gênio precoce que justifica perfeitamente a situação de descalabro financeiro em que se encontra o Brasil. O caso é de feitiçaria mesmo...
A soma que consta do quadro é a de 19 mais 16, mais 5, igual a 30. Dei-me ao trabalho de fazer essa operação e o resultado foi o seguinte: 19 + 16 + 5 = 40. Quer dizer, a conta que o livro apresenta como sendo da autoria do *menino prodígio* justifica, de modo cabal, a situação dolorosa que o país atravessa, onde ninguém toma pé."

O que o constituinte não notou é que a justificativa para o erro estava no próprio texto de Tia Olga, onde se lê que o menino Vargas era "um bicho na multiplicação; dividia com calma e acertava sempre". Em outras palavras, deixava implícito que sua especialidade era dividir e multiplicar, mas não sabia somar e provavelmente subtrair. Dividir os adversários e multiplicar os aliados tinha sido a chave de seus quinze anos ininterruptos de poder, um recorde só ultrapassado no país pela longevidade política de dom Pedro II...

Entre tantos percalços, tropelias e um sentido de missão que alguns pareciam não entender, a Constituinte ia tomando o seu rumo quando, no vigésimo quinto dia de funcionamento, depois da instalação, finalmente chegou ao plenário o projeto de regimento nº 1-A/46, substitutivo da Comissão ao projeto original e às mais de trezentas emendas apresentadas em plenário.

9. Andante *moderato*

As regras do jogo

O projeto de Regimento, depois de receber emendas e de ser votado pela Comissão Especial que o elaborou, chegou ao plenário no dia 25 de fevereiro. Contava com setenta e dois artigos, divididos em cinco títulos e vinte e dois capítulos. O quarto tratava da questão mais relevante, a Comissão da Constituição e a tramitação do projeto que a ela caberia elaborar. A Comissão era composta pelo sistema proporcional ampliado, isto é, teria o número de membros proporcional a cada bancada e, além disso, garantia representação às legendas que, mesmo não atingindo o quociente proporcional, tivessem assento na Assembléia. A norma para sua composição estava consignada no art. 21, que prescrevia:

A Comissão incumbida de elaborar o projeto de Constituição será composta:
I – de tantos membros quantos resultarem da seguinte operação:
a) dividir-se-á por 33 o número total de representantes (328) e, pelo quociente assim obtido (9), se dividirá, em seguida, o número dos componentes das bancadas partidárias;
b) o novo quociente apurado fixará o número de membros da comissão atribuído aos respectivos partidos;
II – de mais tantos membros quantos sejam os partidos cuja representação parlamentar não atingir o segundo quociente da operação acima referida.

A fixação do divisor 33 para se estabelecer o quociente partidário foi aleatória e indicava o número ideal de membros da Comissão, somando-se ao número de pequenos partidos cuja representação estivesse abaixo do quociente. Dividindo-se o número total de 328 constituintes por 33, encontrava-se o quociente partidário de 9,33, arredondado para 9, por ser a fração menor do que 0,5. Cada partido teria tantos representantes quanto fosse o resultado da divisão de sua bancada por esse divisor. Os membros indicados pelos líderes dos respectivos partidos foram os seguintes:

PSD
1. Nereu Ramos (SC)
2. Cirilo Júnior (SP), mais tarde substituído por Costa Neto (SP)
3. Clodomir Cardoso (MA)
4. Ataliba Nogueira (SP)
5. Souza Costa (RS)
6. Benedito Valadares (MG)
7. Gustavo Capanema (MG)
8. Costa Neto (SP), depois substituído por Honório Monteiro (SP)
9. Graco Cardoso (SE)
10. Acúrcio Torres (RJ)
11. Valdemar Pedrosa (AM)
12. Atílio Vivacqua (ES)
13. Ivo de Aquino (SC)
14. Eduardo Duvivier (RJ)
15. Adroaldo Mesquita (RS)
16. Agamenon Magalhães (PE)
17. Flávio Guimarães (PR)
18. Silvestre Péricles (AL)
19. Magalhães Barata (PA), substituído por Álvaro Adolfo (PA)

UDN
1. Prado Kelly (MG)
2. Argemiro de Figueiredo (PB), substituído por João Agripino (PB)
3. Aliomar Baleeiro (BA)
4. Soares Filho (RJ)
5. Flores da Cunha (RS)
6. Milton Campos (MG)
7. Mário Masagão (SP)
8. Ferreira de Sousa (RN)
9. Edgar de Arruda (CE)
10. Hermes Lima (DF)

PTB
1. Baeta Neves (DF)
2. Guaraci Silveira (SP)

PCB
1. Caíres de Brito (SP)

PL
1. Raul Pila (RS)

PDC
1. Arruda Câmara (PE)

PR
1. Artur Bernardes (MG)

PRP
1. Café Filho (RN)

PSP
1. Deodoro Mendonça (PA)

TOTAL: 37

O PSD, como no caso do plenário, decidiria, sozinho, qualquer votação, com o voto de desempate do presidente.

Com fundamento no art. 22 do Regimento, segundo o qual "A Comissão fará a distribuição do seu trabalho", foram criadas dez subcomissões, cujos presidentes e relatores foram os seguintes:

Subcomissão I – Organização Federal
Presidente: Clodomir Cardoso (PSD)
Relator: Ataliba Nogueira (PSD)

Subcomissão II – Discriminação de Rendas
Presidente: Souza Costa (PSD)
Relator: Aliomar Baleeiro (UDN)

Subcomissão III – Poder Legislativo
Presidente: Gustavo Capanema (PSD)
Relator: Soares Filho (UDN)

Subcomissão IV – Poder Executivo
Presidente: Graco Cardoso (PSD)
Relator: Flores da Cunha (UDN)

Subcomissão V – Poder Judiciário
Presidente: Valdemar Pedrosa (PSD)
Relator: Milton Campos (UDN)

Subcomissão VI – Declaração de Direitos
Presidente: Artur Bernardes (PR)
Relator: Mário Masagão (UDN)

Subcomissão VII – Ordem Econômica e Social
Presidente: Adroaldo Mesquita (PSD)
Relator: Agamenon Magalhães (PSD)

Subcomissão VIII – Família, Educação e Cultura
Presidente: Flávio Guimarães (PSD)
Relator: Ataliba Nogueira (PSD)

Subcomissão IX – Segurança Nacional
Presidente: Silvestre Péricles (PSD)
Relator: Magalhães Barata (PSD)

Subcomissão X – Disposições Gerais e Transitórias

Esta Subcomissão não tinha presidente nem relator, sendo composta de dois membros do PSD, Nereu Ramos e Costa Neto, e de um da UDN, Prado Kelly, respectivamente, presidente, relator e vice-presidente da Comissão da Constituição.

Além de ocupar a presidência e a relatoria da grande Comissão, o PSD ainda presidiu oito subcomissões (88,8% do total) e a relatoria de quatro delas (44,5% do total). À UDN coube a relatoria das cinco subcomissões restantes (55,5% do total). Dos pequenos partidos, só o PR, graças à condição de ex-presidente da República de Artur Bernardes, conseguiu a presidência de uma subcomissão, a de Declaração de Direitos. Nenhum representante de pequeno partido foi designado relator de qualquer das subcomissões.

O Regimento determinava ainda que, nas vinte e quatro horas seguintes à sua aprovação, a Mesa faria o cálculo das vagas e, em igual prazo, os líderes partidários indicariam seus representantes na grande Comissão (art. 21, § 1º). Na sessão seguinte, o presidente deveria ler para o plenário sua composição, declarando-a constituída (art. 21, § 2º). No mesmo dia, ou no dia seguinte, rezava o § 3º do mesmo art. 21, a

Comissão se reuniria para eleger seu presidente, seu vice e o relator-geral. O prazo para conclusão dos trabalhos era de trinta dias, prorrogáveis por mais quinze, "a critério da Assembléia". O cronograma das atividades da Constituinte também constava do Regimento e incluiria os seguintes passos:

Etapas do processo	Prazo inicial	Prazo total
Publicação do Regimento Interno	Dia "D"	–
Cálculo das vagas pela Mesa	1 dia	1 dia
Indicação dos membros pelos partidos	+ 1 dia	2 dias
Leitura dos nomes pela Mesa	+ 1 dia	3 dias
Eleição do presidente, vice e relator	+ 1 dia	4 dias
Elaboração do projeto	+ 30 dias	34 dias
Prorrogação do prazo de elaboração do projeto	+ 15 dias	49 dias
Recebimento e publicação do projeto	+ 1 dia	50 dias
Votação em globo do projeto	+ 3 dias	53 dias
Inclusão na ordem do dia	+ 1 dia	54 dias
Discussão única, com aprovação automática	+ 20 dias	74 dias
Envio com emendas do plenário à Comissão	+ 1 dia	75 dias
Parecer da Comissão sobre as emendas do plenário	+ 15 dias	90 dias
Votação em plenário, com ou sem parecer	s/prazo	s/prazo
Redação final pela Comissão	+ 10 dias	100 dias
Publicação da redação final	+ 1 dia	101 dias
Apresentação de emendas de redação	+ 3 dias	104 dias
Discussão em plenário das emendas de redação	s/prazo	s/prazo
Impressão da redação final	s/prazo	s/prazo
Sessão de promulgação	+ 1 dia	105 dias

O projeto previa algumas salvaguardas, para evitar o não-cumprimento dos prazos regimentais. Em primeiro lugar se permitia ao presidente convocar sessões extraordinárias, tantas quantas fossem necessárias, a serem realizadas independentemente das ordinárias, pela manhã ou à noite, inclusive aos domingos e feriados. Todas teriam a duração de quatro horas. Nelas não haveria leitura de expediente, e todas as retificações das atas deveriam ser enviadas à Mesa por escrito (art. 33). Por fim, se algum dos prazos regimentais fosse excedido, o projeto elaborado pela Comissão da Constituição e aprovado em primeiro turno seria promulgado como texto constitucional provisório, de vigência imediata, até a conclusão dos trabalhos (art. 35). Ficava patenteada, dessa forma, a urgência de que se revestia o trabalho, com o que estavam todos de acordo. Considerando-se que o prazo para discussão em plénário das emendas, com ou sem parecer da Comissão, não excedesse sessenta dias, e as de redação fossem feitas em quinze dias, todo o processo se consumaria em cento e oitenta dias, a partir da data da aprovação do Regimento Interno, lido, como se viu, na sessão de 26 de fevereiro. Caso fosse este aprovado até 10 de março, a conclusão dos trabalhos se daria em igual data de setembro. Como a promulgação ocorreu em 18 de setembro, pode-se concluir que o atraso foi de pouco mais de uma semana, computados os dias corridos que exigiram a realização de sessões aos sábados e vários domingos.

O pão vosso de cada dia

O projeto de Regimento deveria entrar em discussão no dia seguinte. O que entrou na ordem do dia, no entanto, foi a escassez de alimentos que atormentava a população do Rio de Janeiro e repercutia na Assembléia. A questão vinha de longe.

Mal deflagrada a Segunda Guerra Mundial, o governo instituiu uma série de órgãos destinados a garantir a reconversão econômica, para enfrentar as adversidades do conflito num país que, como o Brasil, não dispunha de suprimento interno de combustíveis e de energia e era carente de produtos agrícolas, como o trigo, todo importado, em tempos de paz, da Argentina, do Uruguai e dos Estados Unidos. O primeiro órgão a ser criado foi a Comissão de Abastecimento, prevista no decreto-lei nº 1.607, de 16 de setembro de 1939, quando estourou o conflito na Europa. Destinava-se a regular a produção e o comércio de gêneros alimentícios e de artigos de primeira necessidade. Veio em seguida a Comissão de Defesa Econômica Nacional, instituída pelo decreto-lei nº 1.641, de 29 do mesmo mês e ano, cuja única atividade foi proceder à liquidação dos bens dos súditos do Eixo, quando da declaração de guerra do Brasil, um ato coberto de generalizadas suspeitas de corrupção. Por fim, criou-se a Coordenação da Mobilização Econômica, cujo principal objetivo era assegurar o abastecimento interno, regular o mercado, fixar os preços dos produtos considerados essenciais e estabelecer quotas de consumo através do regime de racionamento dos bens escassos. Esse verdadeiro Ministério da Economia, entregue à direção do ministro João Alberto, que, mais tarde, veio a ser chefe de Polícia no Rio de Janeiro e cuja substituição por Benjamin Vargas precipitou a deposição de Vargas, terminou se transformando na mais poderosa máquina de intervenção do Estado no domínio econômico. Estava dividido nos setores que controlavam: (a) combustíveis e energia; (b) construção civil; (c) pesca; (d) produção agrícola; (e) produção industrial; (f) produção mineral; (g) transportes terrestres; (h) transportes marítimos; (i) cacau; (j) chapas de aço; (l) tarifas de gás e iluminação; (m) produtos químicos e farmacêuticos. Na verdade, nada escapava a seu controle. Em pouco tempo, com a economia de guerra, vieram os instrumentos clássicos sempre utilizados no Brasil nos momentos de crise: a escassez, o tabelamento de preços e o racionamento, que atingia a maior parte da população, livrando os que dispunham de recursos para se abastecer no câmbio negro. Como resultado final, a inflação, causada pela diminuição da oferta.

Com o fim do conflito, grande parte dos excedentes agrícolas de países como a Argentina e o Uruguai, neutros durante a guerra, se destinou a atender às necessidades dos órgãos das Nações Unidas, como as agências para a reabilitação econômica e a proteção aos milhões de refugiados que vagavam pela Europa combalida. No Brasil, a inflação, que tinha se mantido na média de 6,6% ao ano, mesmo nos anos de crise, entre 1934 e 1940, disparou a partir de 1941, chegando a 27,3% ao ano em 1944, declinando em 1945 para 16,7%. Embora os aluguéis tivessem sido congelados, e tabelados o pão, a carne e o açúcar, a inflação média atingiu, entre 1939 e 1945, 176%. A produção dos principais produtos agrícolas, entre 1930 e 1944, como mostrou o deputado João Cleofas (UDN-PE), tinha passado de 16,2 milhões para 17,7 milhões de toneladas, um crescimento de 9,2% em quinze anos, enquanto o papel-moeda em circulação, entre 1934 e 1944, aumentou mais de 555% em apenas onze anos. O resultado foi a inflação, que obrigou o governo, pela primeira vez desde a independência, a mudar o padrão monetário do país em 1943, passando cada mil réis a valer um cruzeiro.

Na esteira dessas mudanças, vieram a escassez e o racionamento, só lenta e progressivamente superados depois do fim da guerra. Em 1946, porém, os gêneros básicos, como manteiga, leite e pão, eram ainda extremamente escassos, sobretudo o último, por falta de suprimento de trigo importado da Argentina, sendo substituído por sucedâneos feitos de milho.

O problema chegou ao plenário como um assunto de ordem pessoal. Foi suscitado pelo deputado José Fontes Romero (PSD-DF), que, na sessão do dia 27, defendeu o pai, Edgar Romero, secretário do Interior e Segurança da Prefeitura do Distrito Federal. Segundo ele, para evitar o aumento de preço solicitado pelas panificadoras do Rio, o secretário constituiu uma comissão composta dos representantes da classe, do Serviço de Subsistência do Exército e da Comissão de Abastecimento, que subsistia, apesar do fim da guerra. Em suas conclusões, a comissão decidiu que, "mesmo com o encarecimento do trigo, o pão não deveria subir de preço". O argumento era de que, a despeito dos custos crescentes, os padeiros continuaram a ter lucro com outros produtos, de que eram exemplos o biscoito, que passou de 5 para 16 cruzeiros, e o doce, que subiu de 20 centavos para 1 cruzeiro o quilo, o que compensaria os prejuízos com o pão. No entanto, segundo alegou, a opinião pública tinha sido surpreendida com uma portaria daquela mesma data, baixada pelo ministro Otacílio Negrão de Lima, do Trabalho, Indústria e Comércio, estabelecendo nova tabela de preços para a venda a varejo do pão, a vigorar em caráter de emergência. O preço do quilo foi fixado em 3 cruzeiros e 10 centavos, e o do meio quilo, em 1 cruzeiro e 80 centavos. O resultado, antecipado pelo orador, não se fez esperar:

"O SR. JOSÉ ROMERO – Ora, Sr. Presidente, se o quilo do pão custa Cr$ 3,10, por que meio quilo custará Cr$ 1,80?
Isto significa que, dentro em breve, não teremos mais pão de quilo, mas só de meio quilo."

A solução encontrada pelos panificadores foi clássica: diminuía-se o peso, mantinha-se o preço. O deputado Caires de Brito (PCB-SP), falando depois de seu colega José Romero, a pretexto de se defender dos ataques feitos à atuação do Partido Comunista, tratou de apontar os culpados pela escassez do pão:

"O SR. CAIRES DE BRITO – Sr. Presidente, venho falar de um tópico do *Diário do Poder Legislativo*, relativo a apartes dados ao meu colega de bancada, o deputado José Maria Crispim.
O Sr. Deputado Daniel Faraco, aparteando, dizia:

A única coisa que quero em meu país é que encontremos soluções para as nossas dificuldades, como homens inteligentes, dentro da ordem e da lei e não num clima de luta social como o que – parece – se está criando.

Por essa afirmativa, Sr. Presidente, tem-se a impressão de que nós, comunistas, é que estamos criando esse ambiente. Foi o que disse, em sessões anteriores, o Sr. Deputado Dâmaso Rocha, atribuindo ao Partido Comunista a ingerência nas greves, a fim de propiciar o clima de agitação. Posso rebater essas palavras, fazendo a demonstração prática, perante a Assembléia, de que não somos nós que concorremos para a formação desse clima, e sim a situação econômica brasileira, porque não é o Partido Comunista, não somos nós, os comunistas, que fabricamos pão desse tamanho (*exibe um pão*) e o vendemos em São Paulo por 30 centavos! (*Palmas nas galerias*) Também não é o Partido Comunista que fabrica pão com as dimensões deste outro (*exibe-o*) vendendo-o, ainda em São Paulo, por 60 centavos. (*Palmas nas galerias*) [...] As coisas chegaram a tal ponto que um pão, que pode perfeitamente ser escondido na mão, é vendido por 30 centavos."

A escassez não se verificava só em São Paulo, de onde o deputado Caires de Brito trouxera os pães exibidos da tribuna. No Rio de Janeiro, a situação era idêntica e perdurou por muito tempo, pois na sessão de 17 de maio, três meses depois, o deputado Barreto Pinto (PTB-DF) ainda denunciava:

"O SR. BARRETO PINTO – Sr. Presidente, cheguei hoje um pouco atrasado, porque fui ver como iam as coisas por aí... E a resposta é a que, há alguns instantes, dei à imprensa: vão mal, muito mal.
[...] Refiro-me a uma mensagem congratulatória com o honrado General Flores da Cunha, que lamento não estar presente, mas a quem devo agradecer, porque, não fora S. Exa., hoje eu não teria comido pão.
Indo a um restaurante desta cidade, ali me informaram que não havia pão. Fiz um apelo ao gerente da casa e este asseverou-me que os três únicos que possuía estavam reservados para o General Flores da Cunha.
Isto foi num dos restaurantes da rua de São José, que S. Exa. freqüenta todos os dias. Insisti no meu apelo e o solícito gerente guardou um para S. Exa., dando-me dois.
Como, porém, não sou egoísta, entendendo que aquilo fora um milagre, quis também prestar minha homenagem: reparti os meus pães com o Espírito Santo, na pessoa do Senador Atílio Vivacqua, que estava em outra mesa próxima.
A questão, Sr. Presidente, é grave. Em Fortaleza, capital do Estado do Ceará, as padarias estão fechadas; em Petrópolis há três dias não funcionam. Nunca chegamos a esse ponto, nem mesmo no tempo da guerra.
Ainda hoje diz o 'Correio da Manhã' que há muita confusão e pouco pão, e, enquanto isso, 'as filas de agigantam e os fornos se apagam'."

A escassez de pão era a mais grave. O interventor de São Paulo, como se denunciou da tribuna, à vista do câmbio negro a que se entregavam as padarias do Estado, proibiu a entrega do pão a domicílio, o que fez aumentar as filas, que se tornavam intermináveis. Havia também falta de açúcar, o que se verificou na própria Assembléia, afetando o fornecimento da única mordomia dos constituintes, a sala do café, onde o produto era oferecido de graça, conforme denunciou o deputado Barreto Pinto. Para agravar a situação, o Rio, no verão, sofria com a falta de água, um dos piores tormentos para os cariocas, que também afetou a Constituinte, com reclamações feitas no plenário.

Graças ao zelo filial do deputado José Romero, defendendo os atos do pai na Secretaria de Segurança Pública da Prefeitura do Rio, o pão nosso de cada dia chegou ao plenário, agitando os debates da Constituinte. Na Semana Santa, em abril, Barreto Pinto, o cronista da vida quotidiana entre os constituintes, voltava ao assunto, dizendo a título de intróito ao seu discurso:

"O SR. BARRETO PINTO – Sr. Presidente, depois de uma semana de penitência e jejum – mas jejum verdadeiro, em que só tivemos peixe pelo câmbio negro e em que faltaram, como já vêm faltando há muito tempo, a água, o leite e a carne –, encontramo-nos hoje reunidos, para prosseguimento dos nossos trabalhos."

Era um tempo em que os percalços que angustiavam a vida da maior parte dos cidadãos afetavam também deputados e senadores, sem que nenhum privilégio os livrasse das carências gerais.

Contagem regressiva

Lido o projeto do Regimento no dia 26 de fevereiro, começou a contagem regressiva para a instalação da Comissão da Constituição e a elaboração do respectivo projeto. A matéria entrou em discussão na ordem do dia de 28 de fevereiro. Das 308 emendas, 132 receberam parecer favorável integralmente, ou através de substitutivo. As demais tiveram parecer contrário ou foram consideradas prejudicadas.

No primeiro dia de discussão, foram poucas as questões relevantes levantadas no plenário. O deputado Café Filho (PRP-RN) interveio para deixar explícito o direito dos radialistas de trabalharem no plenário, à semelhança do que já era assegurado aos jornalistas. O deputado Caires de Brito (PCB-SP), falando por sua bancada, começou lembrando que nenhuma das emendas apresentadas por seu partido tinha sido aproveitada, o que provocou o esclarecimento do líder do PSD, Nereu Ramos, de que, embora rejeitadas, tinham sido todas consideradas. Sugeriu em seguida que, em vez de ser composta pelo critério proporcional, a Comissão de Constituição deveria ser eleita pelo plenário, entre juristas e jurisconsultos não pertencentes à Assembléia, e opôs reparos a que o projeto, depois de enviado ao plenário, fosse votado em bloco, com ressalvas das emendas. Por fim, seu colega Jorge Amado (PCB-SP) preconizou que fosse retirada do texto a prerrogativa dada ao presidente de mandar substituir nos discursos os termos considerados anti-regimentais, por implicar censura ao pronunciamento dos constituintes. O udenista Paulo Sarazate, do Ceará, propôs que se retirasse do texto o art. 71, que vedava, como no Regimento da Constituinte de 1934, que a Assembléia discutisse matéria estranha ao projeto constitucional enquanto este não fosse votado. Isso implicava fazer reviver, por via regimental, a proposta da UND sepultada pelo PSD. Proposta idêntica fez seu colega de Minas, José Bonifácio.

No dia 1º de março, segundo dia da discussão do projeto de Regimento, falaram nada menos do que sete deputados. Barreto Pinto aludiu à sua emenda não aprovada, propondo que, em vez de se aguardar quarenta e cinco dias pela elaboração do projeto de Constituição, fosse adotado o texto constitucional de 1934, ao qual, durante quinze dias, poderiam os constituintes apresentar emendas. Nessa hipótese, dispensava-se a Comissão de elaborar um novo texto, restringindo-se a dar parecer às emendas de plenário. Prado Kelly (UDN-RJ), constituinte de 1934, lembrou que isso implicava ter um anteprojeto que, rejeitado pela Comissão, obrigaria a elaboração de outra proposta, como ocorreu na Constituinte de 1934, quando a Comissão Constitucional rejeitou o projeto da Comissão Itamarati, enviado pelo governo, adotando o seu próprio. Contestou o trêfego representante do DF que, segundo sua proposta, a Comissão teria poderes apenas para dar parecer às emendas de plenário, e não para elaborar um novo texto, ganhando-se trinta dos quarenta e cinco dias reservados pelo Regimento à elaboração do projeto.

O deputado Batista Neto (PCB-DF) propôs que as sessões aos sábados se realizassem no mesmo horário das demais, isto é, das 14 às 18 horas, e não das 9 às 12 horas, como propunha o substitutivo da Comissão. Em aparte, Prado Kelly esclareceu que isso se devia à circunstância de que, para todos os demais servidores públicos, esse era o horário de trabalho aos sábados e que impor regime diferente aos da Assembléia implicava obrigá-los a exceder o tempo regulamentar da jornada de trabalho. Seu colega Maurício Grabois (PCB-DF) também discutiu o projeto, aludindo à sua emenda que proibia exercer o mandato quem fosse "advogado de grandes empresas, estrangeiras ou nacionais, ligadas a trustes ou monopólios". Na qualidade de membro da Comissão, o deputado Prado Kelly explicou que a matéria não era de natureza regimental, mas de cunho constitucional, uma vez que exigia definir-se legalmente o que era truste. Como insistisse que sua emenda tinha propósitos "progressistas e democráticos", o vice-líder udenista esclareceu que, "segundo velho preceito, o Judiciário só julga pelo alegado e provado", não lhe sendo possível "aplicar nenhuma norma que não conste de dispositivo legal. Se numa Constituição ou lei não se regular qual o monopólio nocivo ou truste proibido, nunca seria possível ao Judiciário, somente ante a adoção da emenda proposta por V. Exa., decidir da perda do mandato naquelas circunstâncias. Por isso eu dizia a V. Exa. que a matéria, já aí, se me afigura de outra natureza. É matéria de 'jus constituendo'".

Na verdade, as demais disposições que garantiam imunidade aos constituintes e os proibiam de dirigir empresas favorecidas pelo poder público, incluídas no texto da Comissão, também não eram matéria regimental, mas sim de natureza constitucional. Qualquer disposição que extrapolasse o âmbito da competência da própria Assembléia seria fatalmente fulminada, em caso de recurso ao Judiciário como inconstitucional. Mas questões jurídicas ou de direito nem de perto pareciam dizer respeito ao deputado Maurício Grabois (PCB-DF)... A melhor evidência era a presença na tribuna, em seguida, do seu colega de representação, Osvaldo Pacheco (PCB-SP), aludindo ao art. 71, que proibia a discussão de qualquer assunto não relacionado com o projeto constitucional, enquanto não fosse este votado. Exatamente a questão debatida pelo plenário na sessão anterior, por provocação do deputado Paulo

Sarazate (UDN-CE). O orador não tinha propósitos nada modestos: "Cabe-nos tomar todas as atitudes necessárias para resolver as questões que afligem os trabalhadores e o povo, bem assim todas as questões políticas do país!" Tudo isso, obviamente, sem esquecer a Constituição a ser elaborada.

Osvaldo Pacheco foi sucedido na tribuna por Carlos Marighela (PCB-BA), que, pretextando discutir sua emenda, ampliando de uma para uma hora e meia o tempo da sessão destinado ao expediente, indagou se seria ou não conveniente constar dos Anais as manifestações que o PCB e Prestes recebiam diariamente e que ele passou a ler: protesto da Associação Brasileira dos Amigos do Povo Espanhol contra o fuzilamento de patriotas por Franco; manifesto da Federação dos Organismos de Ajuda aos Refugiados Europeus no México, denunciando ter sido condenado à morte, na Espanha, Cristiano Garcia e mais nove antifranquistas; telegrama dos cinegrafistas de São Paulo protestando contra o assassinato, nas masmorras da polícia, do militante Erasmo Pereira Andrade; abaixo-assinado dos residentes da habitação coletiva da Praia do Caju 17 contra a ameaça de despejo de que diziam ser vítimas; protesto dos telegrafistas da Cia. Paulista de Estradas de Ferro contra o aumento para 7% da contribuição para sua caixa de pensões; protesto da Comissão Democrática dos Trabalhadores dos Arsenais de Marinha contra as violências de que estavam sendo vítimas os trabalhadores do Arsenal da Ilha das Cobras; telegrama do Círculo Católico Maritainista contra a suspensão da entrega do pão a domicílio; manifesto dos trabalhadores de Bauru pedindo a revogação da Carta fascista de 1937; denúncia da já citada Associação Brasileira dos Amigos do Povo Espanhol informando da condenação à morte do líder democrata espanhol Antônio Nuñez; ofício da Comissão Nacional do Movimento Unificador dos Trabalhadores, MUT, denunciando crimes dos falangistas na Espanha; manifesto enviado ao presidente da República pleiteando acolhida no Brasil aos perseguidos do regime franquista e protesto da mesma associação dos amigos do povo espanhol contra a proibição de comícios, mesmo em recintos fechados. Só a leitura dessas manifestações tomou seis páginas dos Anais, embora nenhum dos documentos tivesse qualquer relação com a discussão do projeto de Regimento, questão com a qual os comunistas demonstravam não estar muito preocupados.

Nessa mesma sessão falou ainda o deputado João Mendes (UDN-BA), que começou discutindo sua emenda supressiva do dispositivo que dava poderes ao presidente da Assembléia para mandar retirar do plenário o constituinte recalcitrante às suas decisões. Tratando-se de proposta com parecer favorável da Comissão, o orador falava sobre matéria vencida. Aludiu, por fim, à sua emenda com parecer contrário, que limitava a quinze minutos as intervenções no período destinado ao expediente, no máximo de dois deputados por partido. Encerrou os debates do dia o deputado Lino Machado (UDN/PR-MA), preconizando retirar-se do texto a faculdade do presidente de censurar os discursos que contivessem expressões vedadas pelo Regimento, para o que relatou incidente que lhe ocorrera na Constituinte de 1933, quando o presidente Antônio Carlos, por sugestão de Osvaldo Aranha, censurou seu primeiro pronunciamento, sob alegação de que continha ofensas ao TSE, quando aludia à fraude eleitoral em seu estado. Em apenas duas sessões e com a intervenção de doze constituintes, encerrou-se a discussão do substitutivo do Regimento, pendente agora, apenas, de votação das emendas. Era sexta-feira, 1º de março, véspera de sábado de carnaval, em razão do que a Constituinte só voltaria a se reunir na quinta-feira seguinte, depois da quarta-feira de cinzas, como ainda é da melhor tradição brasileira.

O substitutivo foi aprovado na vigésima sessão ordinária, no dia 7 de março. Não se logrou, no entanto, apreciar nenhuma emenda. As indecisões do presidente, que pretendia votar todos os pedidos de destaque antes do substitutivo que tinha preferência regimental, suscitaram uma série de questões de ordem que tomaram mais de uma hora da sessão. Depois de acatar as sugestões para que cumprisse o Regimento, votando-o antes, sem prejuízo das emendas, novas questões surgiram em face de um requerimento de preferência da bancada do PCB para um conjunto de emendas constantes de um só requerimento que Prestes pretendeu desdobrar em vários outros, cada qual referente a cada um dos dispositivos a serem destacados. Ao proceder à votação do primeiro, já não havia número na Casa. As dúvidas e controvérsias desse primeiro dia de discussão apenas antecipavam o que se poderia esperar da votação do próprio projeto de Constituição, um texto muito mais complexo e de muito maior relevância para a Constituinte e o país.

A discussão prosseguiu no dia seguinte, 8 de março, com nova tentativa da UDN de expugar o texto do art. 76, que vedava à Assembléia deliberar sobre qualquer outra matéria, enquanto não votado o projeto de Constituição. A cada dia ficava mais evidente que aquele grupo de constituintes, que mais tarde na Câmara veio a ser chamado de "baixo clero", entendia ser tão ou mais importante do que abreviar a aprovação de um novo texto constitucional tratar do quotidiano e da rotina administrativa do país, como se fossem todos integrantes de uma legislatura ordinária. A crítica da imprensa a esse diversionismo se tornava dia a dia mais candente. Apontava-se como exemplo o encaminhamento à Mesa, como documento a ser transcrito na ata, acolhido por ela sem discussão e sem submeter ao plenário, da resolução do Comissão Executiva do PCB em que, criticando a Assembléia pela não-revogação da Constituição de 1937, se assinalava:

Nesta luta contra o monstrengo de 1937 devem ser desmascarados todos os traidores, muito particularmente aqueles que se dizem "trabalhistas" e ainda tentam enganar o povo com os restos da demagogia getulista ou queremista. É chegado o momento de arrancar definitivamente, diante dos olhos do povo, a máscara trabalhista e democrática do Sr. Getúlio Vargas e dos seus lacaios do Partido Trabalhista Brasileiro.

Com os protestos da bancada do PTB, o presidente atendeu ao requerimento do seu líder, o deputado Segadas Viana, e mandou cancelar da ata o documento do partido. Na sessão de segunda-feira, 11 de março, a questão ainda rendeu um discurso de Barreto Pinto (PTB-DF), que a bancada comunista achou prudente ouvir calada, sem protestar. Retomando a acusação de Rui Almeida (PTB-DF) de que o partido conseguira seu desempenho eleitoral aliando-se a Getúlio, atacado na nota da Executiva Nacional do partido, o irrequieto deputado trabalhista do Rio foi impiedoso em sua catilinária:

"O SR. BARRETO PINTO – [...] O Sr. Luís Carlos Prestes, o 'cavaleiro da esperança' perdida, rastejou aos pés do Sr. Getúlio Vargas. Foi além: preparou um comício para pedir ao Sr. Getúlio Vargas que continuasse no governo. Chegou a preparar um comício no Largo do Machado, que teve que ser dissolvido por meia dúzia de guardas da Polícia Especial. [...] Em entrevista coletiva à imprensa em 22 de abril de 1945 [três dias depois de deixar a prisão anistiado] declarava: 'Quero felicitar o povo pela vitória obtida na campanha pela anistia, como também quero felicitar ao Presidente Getúlio Vargas, contra o qual lutei, de armas na mão, mas em quem reconheço virtudes de grande estadista e que, neste momento, como em outros, teve a virtude de ficar com o povo.'

No dia 23 de maio de 1945, no estádio do Vasco da Gama, é ainda ele quem afirma: 'A anistia foi obra do nosso governo, deste mesmo governo que merece as honras. Honra, portanto, aos homens do governo, que sabem ficar com o povo e evitar, com superior patriotismo, o dilaceramento terrível das guerras civis.'

Tornava-se indispensável consignar na ata dos nossos trabalhos esse lembrete de que o Sr. Luís Carlos Prestes vivia, como 'cavaleiro da esperança' perdida, rastejando junto ao Sr. Getúlio Vargas, que nunca o quis receber."

Na mesma sessão do dia 8, falando em explicação pessoal, o deputado Glicério Alves (PSD-RS) protestou quando, em aparte a José Maria Crispim (PCB-SP) sobre a questão do custo de vida, este lhe contestou que sua argumentação não era "uma argumentação qualquer; é, antes, nítida argumentação da quinta coluna, do fascismo na hora da derrota, quando o nazismo precisa afivelar uma máscara, porque não pode andar mais de cara descoberta, em virtude de ser uma força reacionária mundialmente derrotada". A intervenção provocou uma generalizada discussão sobre a teoria marxista da inevitabilidade da luta de classes. Quando o orador acusou o PCB de nunca ter proposto nenhuma solução contra o processo inflacionário que o país estava vivendo, Gregório Bezerra (PCB-PE) acudiu em socorro de seu colega, indagando se os correligionários do orador já tinham apresentado alguma proposta de solução. Glicério Alves respondeu que havia sobre a mesa uma indicação do seu colega Daniel Faraco (PSD-RS) para se tratar do problema na Constituinte. Foi a vez de Prestes dar apoio a seu liderado, indagando, por sua vez:

"*O Sr. Luís Carlos Prestes* – Hoje, o partido de V. Exa. está no poder. Pergunto: por que ainda não assinou o governo um decreto para resolver os problemas da inflação, da miséria, da carestia da vida?"

A pergunta provocou a inevitável resposta de que "problemas como o da inflação não se resolvem por decreto".

Todos esses incidentes que mostravam intolerância, de um lado, e intransigência, do outro, perturbavam as sessões, criavam dissensões entre as bancadas e aumentavam a temperatura já alta no plenário. Não se notava nenhum propósito ostensivo de atrasar, protelar ou evitar o andamento normal dos trabalhos de elaboração constitucional. Mas também não se podia esconder o espírito estreito que colocava as questões pessoais, de natureza política, partidária ou ideológica, acima do interesse primordial da Constituinte. O debate doutrinário se fez de forma tão assistemática e fragmentária que notoriamente não só o enfraqueceu, mas sobretudo o empobreceu.

Os recursos que os membros da bancada comunista utilizavam de forma inteligente e astuta para se manter na vanguarda de toda a vasta gama da agenda popular da época iam se adaptando e se modificando paulatina e progressivamente, para superar as reações que provocavam. Começaram utilizando a discussão da ata para a leitura dos documentos, protestos e manifestos que lhes chegavam de todo o Brasil, quando não eram por eles mesmos estimulados. Quando se protestou contra o abuso, passaram à malsucedida prática de enviar para constar da ata os documentos que lhes interessavam. Como a manifestação da Comissão Executiva do partido, com a qual iniciaram essa modalidade, continha ataques desabridos ao PTB, que imediatamente protestou e conseguiu que fosse extirpado da ata, passaram a uma nova alternativa, logo denunciada pelo deputado Pedroso Júnior (PTB-SP):

"O SR. PEDROSO JÚNIOR – Inscrevi-me, Sr. Presidente, com a antecedência que julgara necessária, para ter o direito de falar durante o expediente de 19 último [19 de fevereiro].

Bisonho nas lides parlamentares e provinciano, vindo com a educação de religioso respeito às convenções entre os homens de boa vontade, estava seguro, até então, de exercer esse direito, pois que me vi inscrito como o primeiro, dentre os demais, para aquela data.

Aprendi, entretanto, Sr. Presidente, que na vida parlamentar há truques e meios outros aos quais nos devemos curvar e aprender. E a lição me veio de um nobre Deputado comunista, eis que não podendo inscrever-se entre os prováveis oradores do dia, deixou S. Exa. sobre a mesa um requerimento e esperou, em sua bancada, fosse lido pelo Secretário para, da bancada, solicitar à Presidência que lhe permitisse justificar referido requerimento. A presidência, por esse espírito de tolerância e democracia que todos admiramos, é verdade, consentiu que a ordem da inscrição fosse alterada, e não falei porque não pude falar. O nobre Deputado comunista ocupou toda a parte do expediente do aludido dia, e, ainda, parte do expediente da sessão extraordinária convocada para a mesma data.

Voltei para minha cidade, de onde regressei há pouco, tendo agora a felicidade de vir à tribuna, pela gentil desistência de um dos companheiros inscritos."

Esses subterfúgios criavam arestas e antagonismos que punham em confronto suas vítimas, criando um ambiente hostil para muitos dos integrantes da bancada comunista. Com recursos dessa natureza, só na terceira sessão, depois de aprovado globalmente o substitutivo do Regimento Interno, teve início a votação dos destaques pedidos para as emendas com parecer contrário e consideradas prejudicadas. Foram votados, em primeiro lugar, os doze requerimentos da bancada do PCB, firmados pelo deputado Jorge Amado (PCB-SP), todos rejeitados. O décimo terceiro destaque previa a substituição do art. 71 do projeto de Regimento, que impedia discutir e deliberar sobre matéria alheia à elaboração constitucional enquanto não votado o projeto de Constituição. Havia, no entanto, preferência anterior requerida pelo deputado Paulo Sarazate (UDN-CE), supressiva desse dispositivo que, em conseqüência, deveria ter preferência sobre a proposta do PCB. Encaminhada a votação e depois de falar o líder da maioria, mandou o senador Nereu Ramos que seus correligionários deixassem o plenário para que, não havendo *quorum* regimental para votação, a emenda não pudesse ser votada. Verberando esse procedimento, o líder udenista Otávio Mangabeira protestou dizendo tratar-se de recurso da minoria, o que indicava sinal de derrota da maioria. Submetido a votos o pedido de destaque, constatou-se não haver número legal e, mais uma vez, se adiou a apreciação do projeto de Regimento.

O ritmo da Assembléia era, como se vê, andante. Mas, como na música, um andante *moderato*. Ou, como diriam os italianos, *molto moderato*.

No dia 11 de março, o projeto de Regimento continuou na ordem do dia, depois de interrompida, por falta de *quorum*, a votação do pedido de preferência da UDN para a supressão do art. 71, que proibia decisão sobre qualquer assunto que não fosse o projeto de Constituição. A UDN requereu votação nominal do pedido de preferência, que foi deferido por votação simbólica, apreciando-se em seguida a concessão da preferência, negada por 196 contra 92 votos. Subsistia ainda a emenda modificativa desse mesmo artigo da bancada do PCB que, submetida a votação simbólica, foi igualmente rejeitada. A máquina pessedista afastava assim o principal escolho para a aprovação da proposta de Regimento.

Em seguida, na mesma sessão, o plenário aprovou destaque do deputado Barreto Pinto (PTB-DF) para excluir do texto do projeto a realização de sessões aos sábados, incluído através de emenda do deputado Soares Filho (UDN-RJ). Suas demais emendas, no entanto, foram todas rejeitadas. A rejeição de uma delas, a que previa redação alternativa para o art. 76, rechaçada por 98 a 93 votos, provocou enorme celeuma e intervenções que tomaram quase uma hora da sessão. A última emenda a ser aprovada foi de redação de autoria do deputado Domingos Velasco (UDN-GO), que mereceu acolhida do líder da maioria.

Antes de se encerrar a sessão, que teve que ser prorrogada três vezes, a despeito de o Regimento não permitir prorrogação na fase de explicação pessoal, o deputado João Amazonas (PCB-DF) usou da palavra para tratar de um assunto que viria a tomar grande parte das atenções da Assembléia, a greve dos empregados da Light que, se consumada, deixaria o Rio de Janeiro sem bondes e sem boa parte de suas ainda precárias linhas de ônibus.

Finalmente, no dia 12 de março, quando a Assembléia realizava sua vigésima terceira sessão, exatos quarenta dias depois de ser instalada, foi a redação final do projeto submetida a votação, depois de dispensada a impressão, em face de terem sofrido emendas de redação apenas um artigo, um inciso e seis parágrafos. A votação foi simbólica e teve apenas o voto contrário da bancada comunista, que justificou sua posição alegando que o projeto era "prejudicial à boa ordem dos trabalhos, contrário à democracia e contrário à soberania desta Assembléia Constituinte".

Estava vencida uma fase crucial da Assembléia, a adoção da norma interna regulando a dinâmica dos trabalhos. O Regimento, na forma como estava redigido, continha alguns anacronismos, como o que regulava o juramento a ser prestado pelos constituintes, o que já tinha ocorrido na sessão solene de instalação, realizada no dia 5 de fevereiro, mais de um mês antes, portanto. Transformado em Resolução nº 1, de 1946, o Regimento foi a deliberação mais importante tomada pela Constituinte, desde a sua instalação. Toda a nação ficava, a partir daquela data, pendente da agilidade, da eficiência e da determinação da Assembléia em cumprir o mais nobre e mais importante dos seus deveres.

10. Caminho de Sísifo

Reacionário e o léxico parlamentar

O ofício de legislar é como o caminho de Sísifo. Filho de Éolo, o deus do vento, e de Mérope, uma das Plêiades, o fundador de Éfira, mais tarde chamada Corinto, foi sentenciado por Zeus, que lhe impôs no inferno o castigo de rolar, até o alto de uma colina, uma enorme pedra que despencava ao chegar ao topo. Isso o obrigava a recomeçar sempre a mesma tarefa, transformada numa pena eterna. Pois assim é o ofício de legislar, uma tarefa sem fim e cheia de obstáculos. As leis estão sempre sendo revistas e refeitas, nem sempre com muito critério, o que levou Frederico Guilherme, da Prússia, a dizer que leis e salsichas não eram um espetáculo muito agradável de se ver como eram feitas. Toda lei, como a maioria das obras humanas, é produto não da necessidade ou da utilidade, mas, em grande parte, dos próprios interesses que ela regula, protege e ampara, incentiva ou desestimula. Se há sempre interesses prevalecendo sob o manto aparentemente utilitário de cada norma jurídica, o que dizer da lei de todas as leis, a Constituição? No Brasil de tantas Constituições, não só o ofício de legislar, mas o de reconstituir o regime tornou-se uma tarefa tão áspera e tão cheia de dificuldades que bem poderia ser chamado de caminho de Sísifo. Se assim foi com todas as nossas Constituições, por que havia de ser diferente com a de 1946?

Promulgado o Regimento Interno em 12 de março, no dia 13 os líderes fizeram a indicação dos que compunham a Comissão de Constituição e em 14 foi ela designada, sendo eleitos o presidente e o relator, ambos do PSD, como se indicou no capítulo anterior, sendo o vice-presidente da UDN. Na mesma sessão em que se aprovou o Regimento, porém, outros assuntos continuavam a mobilizar a atenção dos constituintes, alguns de questionável relevância.

A bancada do PCB enviou à Mesa sua declaração justificando seu voto contrário, por se tratar de texto "prejudicial à boa ordem dos trabalhos, contrário à democracia, *reacionário*, e por ser contrário à soberania desta Assembléia Constituinte". Na publicação do *Diário da Assembléia*, foi omitida a palavra "reacionário", por decisão da presidência. Na sessão seguinte, Carlos Marighela (PCB-BA) protestou em nome de seu partido, fazendo uma digressão com o auxílio do filólogo e lingüista Cândido de Figueiredo, um dos mais conhecidos dicionaristas da língua portuguesa. O presidente esclareceu que efetivamente tinha sido sua a determinação, por considerar o termo descortês para com os membros da comissão que elaborou o projeto de Regimento, e antiparlamentar, se empregado contra uma decisão da Casa. Entretanto, se dispôs a submeter o assunto à deliberação do plenário, que daria a última palavra. Em apoio a Marighela, acorreram Prado Kelly (UDN-RJ), o líder udenista Otávio Mangabeira e Lino Machado (UDN/PR-MA), enquanto Nereu Ramos respaldou a decisão da Mesa. O debate se generalizou e voltaram a intervir constituintes contrários e partidários da censura. Submetida ao plenário, a decisão foi aprovada por votação simbólica, e em seguida à verificação, em face de pedido do orador. Pela eliminação da palavra "reacionário" votaram 94 constituintes, e a favor de sua manutenção, 72. A própria votação provocou debate entre o presidente e o deputado Barreto Pinto (PTB-DF), que reclamava respeito ao dispositivo regimental de mandar levantar-se os favoráveis a qualquer questão, mantendo-se sentados os contrários, norma que o presidente inverteu na hora da verificação. Custa a crer que pequenos incidentes como esses, sem nenhuma relevância, pudessem tolher a marcha ordinária dos trabalhos por homens provectos e experientes, que tinham pela frente um enorme desafio de natureza institucional. Ainda fizeram declarações de voto contra a decisão que acabava de ser tomada os deputados Flores da Cunha (UDN-RS) e Nestor Duarte (UDN-BA) e, pela ordem, Guaraci Silveira (PTB-SP), que protestou contra o uso da increpação de fascista, utilizada usualmente com igual freqüência pelos membros da bancada comunista. Mas não foi esse o único debate da sessão. Na ordem do dia entrou em discussão o requerimento nº 19, propondo que a Assembléia protestasse contra o fuzilamento, na Espanha, de Cristiano Garcia e mais oito republicanos espanhóis, ao mesmo tempo que se requeria ao governo brasileiro conceder asilo aos naturais daquele país condenados à morte e ameaçados de ter o mesmo destino. Em represália, o deputado monsenhor Arruda Câmara (PDC-PE), que movia implacável marcação a todas as iniciativas da bancada do PCB, tinha apresentado um aditivo que se transformou no requerimento nº 35, propondo acrescentar ao pedido da bancada do PCB "o protesto e a reprovação aos massacres e fuzilamentos levados a efeito pelos republicanos vermelhos espanhóis, entre cujas vítimas figuram 2 ministros da Corte Suprema, 40 juízes, 13 bispos e 7.924 padres e religiosos; à perseguição religiosa desencadeada pelo general Tito na Iugoslávia, em que já foram trucidados o arcebispo de Zagreb, 2 bispos, 280 padres e 4.500 fiéis; à perseguição religiosa na Rutênia, contra a qual escreveu há pouco S. S. Pio XII, e à repatriação compulsória de poloneses e russos refugiados que não desejam voltar às mãos do governo soviético; às perseguições políticas e religiosas na Rússia; aos atentados da Gestapo e da GPU contra a liberdade e a vida humana; à existência dos campos de concentração e torturas, inclusive na Rússia".

Tratando-se de proposições idênticas e com os mesmos propósitos, deveriam ter sido apensadas e incluídas na mesma ordem do dia. Como isso não ocorreu, o deputado Ataliba Nogueira (PSD-SP) apresentou à proposta da bancada comunista um substitutivo mais ameno e menos agressivo que o do deputado Arruda Câmara, em que a Assembléia, "manifestando o seu veemente protesto contra o fuzilamento de Cristiano Garcia e mais oito republicanos espanhóis, [...] não poderia deixar de interpretar tão firme repulsa, apresentando ao mundo o seu protesto contra a execução dos citados cidadãos de um país latino e amigo e contra todas as perseguições religiosas e políticas que inquietam o mundo contemporâneo". Em seguida, o vice-líder do PSD requereu preferência para o substituto, que foi concedida pelo plenário. A favor do substitutivo falou o deputado João Mendes (UDN-BA), enquanto Carlos Marighela (PCB-BA) apresentou nova moção retirando a parte final da proposta original, em que se pedia a concessão de asilo aos condenados por parte do governo brasileiro. Como justificativa, leu um longo documento intitulado "Franco desafia o mundo civilizado – Extermínio de democratas espanhóis", que é um detalhado histórico da ferocíssima repressão do governo de Franco contra todos os seus opositores. E encerrou lendo carta em que o advogado santista Paulo Santos Cruz dava conta da situação de outro espanhol, Manuel González, também condenado à morte, que tinha chegado como clandestino no dia 12 de outubro a bordo do navio inglês Nailsea Moor e se encontrava detido pela polícia, aguardando decisão sobre um pedido de asilo endereçado ao Ministério da Justiça. Com sua pena de morte comutada para a de vinte e cinco anos de reclusão, graças à interferência de um tio pároco, foi posto em liberdade condicional, com o compromisso, entre outros, de não trabalhar, pena acessória que atingia inúmeros outros adversários do regime nas mesmas condições. A carta relatava o caso do advogado e ex-deputado Luiz Martinez Carbajal que, surpreendido vendendo legumes numa feira livre de Tenerife, tinha sido mandado de volta à prisão, e de seu colega, o criminalista

Ambrosio Hurtado de Mendonza, que, submetido às mesmas condições, se vira reduzido à condição de pedir esmolas nas ruas de Las Palmas. Discursaram apoiando a moção Euzébio Rocha (PTB-SP), Campos Vergal (PRP-SP) e Flores da Cunha (UDN-RS). O deputado padre Medeiros Neto (PSD-AL) justificou o requerimento-represália de seu colega Arruda Câmara e, submetido à decisão do plenário, o substitutivo de Ataliba Nogueira foi aprovado por votação simbólica.

O truste do trigo e a falta de pão

Se as questões marginais eram sempre de cunho ideológico, político ou partidário, também mereciam tratamento prioritário as que, como a escassez de alimentos, atormentavam a população e não poupavam os constituintes e suas famílias. O deputado Campos Vergal reclamou que "fugiram do mercado o trigo, a carne, o leite e o açúcar". E perguntava: "Por quê? Porque, Senhores, uma organização perigosíssima está explorando, da maneira mais lamentável, a miséria humana, a penúria de nossas populações." Referia-se aos moinhos de trigo que, segundo ele, tinham feito subir de 12, 18 e 20 mil-réis a saca de 50 quilos, de antes da guerra, para os 120 cruzeiros de então. E em abono de sua denúncia invocava um despacho do ex-presidente Getúlio Vargas, em 1936, e as informações sobre o assunto, prestadas por seu ex-ministro Agamenon Magalhães, já agora deputado constituinte pelo PSD de Pernambuco. No despacho datado de 1936, Getúlio assinalava: "A Sociedade Anônima Moinho Santista solicita autorização para reforma de seus estatutos, com o propósito de aumentar seu capital de 24.000 para 40.000 contos. As informações demonstram que a empresa em questão pertence a um *trust* internacional que procura, com esse aumento de capital, exercer uma ação mais profunda e perturbadora no consumo de uma mercadoria de primeira necessidade. Por isso, nego autorização à reforma e determino que se faça uma revisão em todas as autorizações concedidas anteriormente a outras sociedades e na legislação vigente sobre o assunto. Rio de Janeiro, 28 de fevereiro de 1936. Ass. Getúlio Vargas."

Agamenon Magalhães, à época ministro do Trabalho, Indústria e Comércio, atendendo ao despacho do presidente, prestou-lhe, em exposição de motivos, os seguintes esclarecimentos: "Para melhor avaliar a extensão do controle pernicioso que pode provocar o encarecimento intolerável do primeiro artigo de alimentação do povo, e ao mesmo tempo drenar, sub-repticiamente, grandes quantidades de ouro para fora do país, com repercussão também nas finanças nacionais, mandei proceder a uma investigação pelo Departamento de Comércio nos processos ali existentes e relativos a companhias nacionais e estrangeiras que negociam em trigo e farinha. O resultado desse exame evidencia, Senhor Presidente, que a indústria moageira está entre nós dirigida por um grupo, no qual sobrelevam a firma Bunge & Born Ltda., com suas ramificações, Sociedade Financeira e Industrial Sul Americana S/A, Brabunia A. G., ligados, ao que afirma a nossa imprensa, à Sociedade Anônima Comercial de Exportação e Importação Louis Dreyfus & Cia. e Minetti Cia. Ltda.

No próprio pedido de aprovação da Sociedade Anônima Moinho Santista, se vê que as 120.000 ações de 200$000 (duzentos mil-réis) do aumento de 24.000 contos foram subscritas 48.000 pela Brabunia A. G., 13.800 pela Sociedade Financeira e Industrial Sul Americana e 16.015 pela Bunge North American Grain Corporation.

A Sociedade Financeira, afirma o procurador do moinho, tem sua sede em Buenos Aires, Rua 25 de Mayo nº 501, onde também está instalada a Bunge & Born Ltda., que traz como subtítulo – Sociedade Anônima Comercial, Financeira e Industrial. A Bunge norte-americana está indicando que é do mesmo grupo. É de notar que já em 1908 apareceu, numa assembléia do Moinho Santista, Ernesto A. Bunge e J. Born (os antecessores da sociedade argentina) como acionistas. Na assembléia de 22 de fevereiro, Alfredo Hirsch, elemento de destaque da Bunge no Conselho Administrativo, fez uma reforma de estatutos, pela qual não é necessário morar-se no país para poder fazer parte do Conselho Administrativo.

Em 1925, o nome do judeu Bunge não figura, mas surge o seu pseudônimo, que é Sociedade Anônima Financeira e Industrial."

O debate revelava a visão elementar e ao mesmo tempo romântica que boa parte dos constituintes tinha do problema brasileiro. A própria evocação do despacho de Getúlio de dez anos antes e as informações de nítido caráter anti-semita do então ministro Agamenon Magalhães mostravam a inocuidade de ambas as medidas. Nem só a Bunge & Born, a maior das multinacionais argentinas, continua até hoje operando no Brasil, como também hoje, como naquela época, continua sendo um dos principais fornecedores do trigo importado, de que o Brasil, quase meio século depois, continua dependente. Em contraste com a indignação demonstrada com o aumento do preço do trigo, mesmo reconhecendo que durante a guerra a inflação tinha crescido 300% (na verdade, entre 1939 e 1945, o aumento médio dos preços tinha sido de 176%), os constituintes se regozijavam com o aumento do preço do sal que, segundo o representante do Rio Grande do Norte, José Varela (PSD-RN), desde a criação do Instituto Brasileiro do Sal, tinha passado de 8 cruzeiros a saca para 80 e 85, aumento não de 300%, mas de 1.000%!

Uma certa aura da ingenuidade e da superficialidade predominantes nesses debates podia ser deduzida da circunstância de que, embora tenha começado lamentando terem o trigo, a carne, o leite e o açúcar desertado do mercado, o deputado paulista explicou, pela ação do truste, o desaparecimento do pão da mesa dos brasileiros, alimento que dependia inteiramente do suprimento estrangeiro. Nenhuma alusão fez, porém, à carne, ao leite e ao açúcar, também gêneros de primeira necessidade, em que éramos auto-suficientes, e igualmente inexistentes fora do mercado negro... Não foi sem razão que, ao fim dos debates, o plenário não teve dificuldades em aprovar requerimento em que o autor solicitava à Assembléia "informar ao ministério da Agricultura do grande anseio da nossa população rural de colaborar com o poder Executivo na obra de revivificação dos nossos sertões, contando com a garantia da mecanização da lavoura e de outros benefícios". O deputado, líder espírita e homem de enorme boa-fé, verdadeiramente acreditava na distribuição de tratores e colheitadeiras a mancheias, como recurso suficiente para que nosso pobre sertanejo, analfabeto e desassistido, fosse capaz de revivificar a mesa do brasileiro. À vista de tanto empenho e patriotismo, alguns deveriam supor ser a eloqüência da ingênua manifestação capaz de levar às lágrimas o ministro da Agricultura, emocionado, seguramente, com tão original sugestão. Se o ofício de legislar podia ser comparado ao caminho de Sísifo, o de representar, em que se esmeravam deputados e senadores constituintes, devia, com muita razão, ser comparado, como nessas ocasiões, a um mergulho no limbo das mais doces ilusões.

O anti-racismo envergonhado

A elaboração do projeto de Constituição demandaria, de acordo com o Regimento, até um mês e meio, ou pouco mais de trinta sessões ordinárias, embora aludisse a dias, e não a sessões. Os quase trezentos constituintes que não participavam da grande Comissão tendiam, como se viu, a acercar-se das questões do quotidiano, como se a Assembléia fosse uma legislatura ordinária. Passado quase um mês e meio do início dos trabalhos, apenas quatro constituintes tinham abordado temas constitucionais relevantes. O primeiro foi o udenista do Rio Grande do Norte, José Augusto, sobre federalismo, na sessão do dia 11 de fevereiro. Seguiu-se o deputado Ernani Sátiro (UDN-PB), na sessão de 19, falando sobre conteúdo material da Constituição e técnica constitucional, matéria que também foi abordada, na sessão do dia seguinte, pelo deputado Eduardo Duvivier (PSD-RJ), que não concluiu seu discurso atropelado pelo paroquialismo, e, por fim, o deputado Raul Pila (PL-RS), sobre as vantagens do parlamentarismo, nas sessões dos dias 1º e 7 de março. Foram todos pronunciamentos de matéria doutrinária, direito constitucional comparado e técnica legislativa. No dia 14 de março, finalmente, o primeiro grande tema da realidade brasileira foi objeto de um discurso. Seu autor foi o senador Hamilton Nogueira (UDN-DF), médico e líder católico, ao abordar a questão do racismo, até então tabu nos debates parlamentares e nas Constituintes brasileiras. Falando em nome da UDN, por delegação do líder Otávio Mangabeira, começou por dizer que expressava o pensamento do seu partido, na convicção de ser idêntica a posição de toda a Assembléia sobre a questão racista no Brasil:

"Perguntarão, talvez: existe no Brasil uma questão racista? É possível que não exista nas leis, mas existe de fato, não somente em relação aos nossos irmãos pretos, como em relação aos nossos irmãos israelitas.
Há uma questão de fato: restrição da entrada de pretos na Escola Militar, na Escola Naval, na Aeronáutica e, principalmente, na carreira diplomática."

Em seguida, fez um histórico do surgimento do preconceito de raça, calcado na falsa suposição da existência de uma raça "pura" ou "superior", aludindo aos livros que o sustentaram, *Ensaio sobre a desigualdade das raças humanas*, do conde de Gobineau, publicado em 1843, e *O mito do século XX*, do nazista Alfred Rosenberg, publicado em 1930. Leu o trecho sobre o perfil do negro traçado por Gobineau, sublinhando sua inacreditável conclusão de que "eles matam pela vontade de matar"! E aproveitou para indagar: "Onde a raça que mata por vontade de matar?", para logo em seguida concluir:

"Verificamos, na grande guerra, que a ofensiva partiu da chamada raça ariana, da chamada raça pura e inalterável.
O Sr. Plínio Barreto – Raça que deu os maiores assassinos da história.
O SR. HAMILTON NOGUEIRA – Muito bem.
Em 1934 – pergunto – de que lado estava o conquistador arrogante, no conflito mais covarde da história que é o conflito ítalo-abissínio? De que lado estavam os homens, com as suas poderosas armas de ferro, e de que lado estavam aqueles humildes soldados descalços que souberam cumprir com o seu dever?
Mais ainda, meus senhores, no último drama a que acabamos de assistir, de que lado partiu o espantoso massacre, senão da mesma chamada raça superior? E de que lado estavam os pretos do Congo Belga, das colônias inglesas, da América, do Brasil – de que lado estavam esses homens? – estavam derramando seu sangue, pela vitória da liberdade, pela implantação da verdadeira democracia. (*Aplausos no recinto*)
É esta a resposta da chamada raça inferior, da chamada raça animal."

O pronunciamento derivou para uma abordagem científica da falsidade do arianismo. O racismo brasileiro ficou de lado, ante o silêncio e a omissão de todo o plenário. Ninguém ousou desafiar a lei do silêncio que, no Brasil da década de 40, cercava essa dramática questão histórica de marginalização, crueldade e incivilidade.

Sem dúvida, a intenção do representante carioca, ao se dispor a tratar do tema, ainda que de forma inteiramente sutil, amena e cerimoniosa, representava um ato de bravura cívica. Mas mostrava também a verdadeira situação do problema. Se o racismo sempre foi praticado de forma ostensiva e escancarada, o anti-racismo entrava no Parlamento brasileiro de maneira tépida, cerimoniosa, quase envergonhada. O que poderia ter sido um histórico e proveitoso debate terminou se transformando num pequeno e pálido registro, ainda que mereça aplausos a iniciativa de seu autor. Seguramente sentiu o constrangimento que, com essa atitude, causava na maioria de seus colegas. Ainda assim, propôs que a Assembléia estabelecesse em lei a igualdade de todas as raças, considerando-se crime de lesa-humanidade a sua violação. Um apelo, obviamente, não ouvido nem tomado em consideração.

"Civilizar a política"

Escolhida e instalada a Comissão Constitucional, o plenário iria assistir, forçosamente, pelo menos durante os quarenta e cinco dias regimentais reservados à elaboração do anteprojeto, a uma profusão de debates sobre virtualmente todos os problemas brasileiros que se acumularam ao longo do Estado Novo, sem que pudessem ser discutidos publicamente, como agora fazia a Assembléia, com inteira liberdade. Grande parte deles primava pelo irrealismo. Numa entrevista ao *Correio da Manhã*, lida da tribuna pelo deputado Barreto Pinto (PTB-DF), o relator-geral da Comissão, deputado Cirilo Júnior (PSD-SP), previa ser a Constituição promulgada em maio, quando se realizaria a Conferência de Paz convocada depois do término da Segunda Guerra Mundial. Alegava, num delírio de devaneio, ter elaborado a Constituição de São Paulo de 1935 em setenta e duas horas. Na discussão de um requerimento em que se preconizava do governo moratória para os débitos dos pecuaristas, em face do racionamento de carne bovina que ainda vigorava no período de entressafra, o deputado Régis Pacheco (PSD-BA), contestando os que afirmavam não contarem com assistência veterinária, chegou a afirmar que "o gado zebu não necessita de veterinários, pois se cura a si mesmo"...

Começava, assim, a discussão de uma sucessão de requerimentos que pediam de tudo, de auxílio às vítimas das enchentes do rio São Francisco, em Alagoas, à greve dos trabalhadores da laminação Pignatari, em São Paulo.

Um desses requerimentos, porém, solicitava a instalação de uma comissão especial de quinze membros "incumbida de estudar a situação econômica do país e de elaborar um relatório a respeito". Era não só uma forma de ocupar o tempo ocioso de uma parte da Constituinte, mas também visava Getúlio e tinha endereço certo, fazer um balanço dos estragos causados na economia pelo Estado Novo. O pedido, subscrito pela liderança da UDN, foi submetido a discussão na sessão do dia 15, e o primeiro orador a apoiá-lo foi o líder do partido, o deputado Otávio Mangabeira. Ele começou por aludir à delicadeza da situação que vivia o país, para justificar a proposta:

"O SR. OTÁVIO MANGABEIRA – [...] Aos inimigos, Srs. Constituintes – e ainda aí me incluo nesse número – aos inimigos inconciliáveis dos chamados regimes de força, poderia parecer de todo oportuna uma crítica severa, para a edificação das gerações, do que representou para o Brasil, como em geral para o mundo, a calamidade totalitária. Inclino-me, entretanto, a considerar que, sem prejuízo dos inquéritos porventura indispensáveis, para apuração de responsabilidades, nos casos em que o interesse, senão a própria honra do país assim aconselhe ou exija, o que interessa fundamentalmente à representação nacional é procurar conhecer concretamente, objetivamente, sem quaisquer prevenções ou preconceitos, a realidade brasileira sob seus grandes aspectos, o estado em que a liberdade restaurada recebe o país das mãos da ditadura. Daí se deduzirá, em base segura e lógica, o que nos incumbe fazer de mais acertado, de mais próprio, para responder dignamente ao nosso dever precípuo, que é o de servir à Nação.

Não me resigno, Sr. Presidente, sequer a imaginar que a experiência do que se passou em nossa terra e no mundo nada nos tenha ensinado; não me resigno a admitir que não compreendamos, todos nós, que há alguma coisa de novo a introduzir nos domínios da organização nacional, organização, é bem de ver, que deverá ter por base, precisamente, a Constituição a cujo preparo vamos dar início. É evidente, porém, que serão precárias ou mancas, senão de todo baldadas, quaisquer reformas que se introduzirem nas leis, se não tratarmos, preliminarmente, não sei se diga, de nos reeducarmos (*muito bem*), adaptando o nosso estado de espírito, a nossa compreensão, ou, para usar um termo tão em voga, a nossa mentalidade, aos rumos da nova era que somos chamados a viver.

Que era é esta, Sr. Presidente? Como haveremos de qualificá-la, de modo claro e preciso, à luz, quando mais não seja, dos seus traços dominantes, das suas mais vivas características?

Direi, Senhores, que é a era da restauração democrática; e nela não haverá como fugir às pontas deste dilema: ou adotadas de novo no Brasil as instituições livres, nos empenharemos em pôr termo, com sinceridade e boa-fé, às desfigurações que tanto a afeiam e corrompem, a ponto de muitas vezes convertê-las na antítese do que elas devem ser, ou iremos aos trancos e barrancos, como até agora temos vindo, mas agora sob riscos incomparavelmente mais graves, e então seremos forçados a renunciar ao ideal de viver, neste país, em paz e prosperidade, o que redundará, em última análise, num crime contra a pátria."

Em seguida, criticou duramente a propaganda insidiosa do Estado Novo, que procurava se justificar, alegando os elevados índices de analfabetismo do país, como razão que nos impossibilitava o exercício da democracia. E feriu essa questão, afirmando que, "se o regime democrático nunca foi praticado no Brasil, nos termos em que o devera e poderia ter sido, não procuremos nos analfabetos, mas de preferência nos letrados, a origem da anomalia que responde por muitos de nossos males". E prosseguiu enfático:

"Ou a democracia brasileira consegue fazer das cinzas do estado totalitário o adubo de que ressurja mais robusta, ou não resistirá aos abalos econômicos, políticos e sociais a que vive tão exposto o mundo contemporâneo. Em outras palavras: ou temos capacidade, patriotismo e bom senso, não só para decretar – porque decretar não basta –, para fazer funcionar no país não uma democracia modelar – porque não no-lo permitem as circunstâncias – e ainda menos uma democracia perfeita, porque nada há de perfeito entre os homens – mas uma democracia razoável, uma democracia impregnada de espírito democrático, uma democracia decente; ou os rumos que abriremos à Nação hão de levá-la, não muito longe, talvez, a dias tormentosos. (*Muito bem*)

Nos tempos que vão correndo, ou que passaram a correr, não há mais lugar entre nós para as democracias de fachada (*muito bem*); quero dizer: para as democracias de simples aparência, antes de palavras que de fatos, mais ou menos vazios de conteúdo; não há mais lugar entre nós para a hipocrisia democrática, erigida em democracia, com eleições, quando não falsificadas, como quer que seja, poluídas pelo uso nelas dos dinheiros públicos e pela compressão oficial exercida através das prefeituras, do fisco e da polícia (*muito bem*); não há mais lugar entre nós para a democracia de facções, de grupos ou de corrilhos que visem à conquista do poder, para fazer dele propriedade sua, repartindo entre si os proventos e até os privilégios do poder (*muito bem*); não há mais lugar entre nós para as democracias fictícias ou paradoxalmente aristocráticas segundo as quais a nação tende a ficar dividida em três níveis ou camadas: em cima, no alto, as denominadas classes dirigentes, com os elementos de diversas ordens que a elas se associam; depois, a certa distância, a classe que, em todo o caso, vai vivendo como Deus quer e é servido; e no fundo, a perder de vista, sepultada num atraso de séculos, a vasta e volumosa massa humana, sobre a qual se processa impunemente a passagem do tempo sem que nunca, através das gerações, se abrande o seu destino, que se diria é o de viver para sempre no obscurantismo e na desgraça, lacerada da fome e da doença (*muito bem. Palmas*).

Não tenhamos ilusões, ou acabamos com isto, ou isto acaba conosco! (*Muito bem*)

[...] Ouvem-se, freqüentemente, estas perguntas: dar-se-á que exista no Brasil um perigo comunista? Haverá no Brasil um perigo fascista?

A lição do passado aí está para se ensinar como se passam as coisas. O descrédito da democracia, em virtude de seu falseamento, ou dos maus exemplos em que se exiba, ou da incapacidade ou da importância dos governos democráticos, para resolver os problemas fundamentais do povo brasileiro, favorece naturalmente, necessariamente, fatalmente, a expansão comunista (*muito bem*). Quando o comunismo se expande, eis que surge o fascismo e se arvora em defensor da sociedade e da ordem. O único e lógico meio de se evitar uma coisa e outra é cumprir a democracia (*palmas*), é torná-la eficiente, quanto ao ponto de vista de atender às necessidades públicas, é fazê-la respeitada, e a primeira condição para que seja respeitada é respeitar-se a si mesmo (*muito bem*), ou por outra, é dar-se ao respeito.

Sr. Presidente, Srs. Representantes. Nobre, muito nobre, mas delicada, muito delicada, é a posição a ser mantida, num panorama, num quadro como o do Brasil dos nossos dias, por uma minoria democrática, ciente de suas responsabilidades e ciente de seus deveres.

Demos entrada neste Parlamento, os que tenho a honra de representar nesta Casa – para velar intransigentemente – e intransigentemente velaremos – a causa democrática (*muito bem*).

Não basta reestruturar democraticamente o país, é preciso fazer cumprir o Brasil estruturado democraticamente (*muito bem*) porque de estruturas estamos fartos (*risos, palmas*).
O zelo da causa democrática, Sr. Presidente, abrange três grandes tarefas, cada qual mais relevante da obra da construção, ou da reconstrução nacional.
Primeiro, a preservação dos princípios democráticos na elaboração das leis, a começar pela maior de todas, que é a Constituição, como de um modo geral nos atos do Poder Legislativo.
Segundo, a crítica dos atos do governo, para coibir as transgressões que impliquem dano ou lesão ao interesse do país, ou à integridade, ao bom nome das instituições nacionais.
Terceiro, a ação positiva, pela propositura de medidas que vão ao encontro do povo, legitimando, dignificando, popularizando o regime.
[...] É em nome, Sr. Presidente, do segundo desses deveres que volto, nesta tribuna, a dirigir-me ao Poder Executivo, ao Sr. Presidente da República.
Não ignoramos qual seja o ônus do quinhão que lhe coube, como herança da ditadura. Mas há problemas de solução tão premente que não comportam delongas. Dir-se-ia que o Governo deverá funcionar como em sessão permanente, até lhes dar solução. Que esta solução não se retarde, porque em certos casos estamos como se se tratasse de um incêndio. Enquanto não chegam os bombeiros, lavra o fogo, e o que as labaredas vão lambendo é, na hipótese vertente, a própria carne do povo! (*Muito bem. Palmas*)
Repugna à consciência democrática, que é a consciência da Nação, a expedição de decretos com a força ou o nome de lei, sobre assuntos de relevância, sem qualquer debate prévio, sem qualquer prévio exame do público, por conseguinte, com absoluta surpresa para os interessados de diversas ordens que por eles serão atingidos. (*Muito bem*) Quanto menos se exiba ou apareça o que ainda reste, por desgraça nossa, de vestígios da ditadura, tanto mais conveniente para o próprio decoro do país.
[...] Sr. Presidente, nós, da minoria democrática, desejamos contribuir para tornar menos bárbara, posso dizer, para civilizar a política brasileira (*muito bem*), trazendo melhores hábitos à democracia que ressurge.
Não o fazemos, é claro, para ser agradáveis ao poder ou lhe conquistar as boas graças, mas por amor ao país, por considerar que os novos tempos reclamam novas práticas e urge que entremos em uma vida nova.
Entretanto, em alguns Estados parece até que se reagravou – atentem bem os Srs. Representantes – parece até que se reagravou, impando de prepotência, e baixando quase ao crime, o caciquismo político. (*Muito bem*)
Os Estados, como se sabe, se acham a ser governados por Interventores de livre nomeação e demissão do Governo Federal. É, portanto, o Governo Federal quem responde perante a Nação pelos atos por eles praticados. Os próprios Interventores mais moderados, salvo uma ou outra exceção, entraram pelo caminho das derrubadas políticas a expensas, via de regra, dos partidos que representamos nesta Casa.
A impressão é de que se trata de ir preparando as máquinas para as eleições estaduais que se efetuarão provavelmente ainda no decurso deste ano.
Desgraçado, Sr. Presidente, do Brasil, se as primeiras eleições a se realizarem na vigência da nova carta política, sob a democracia renascente, se apresentarem contaminadas do vício da corrupção congênita! (*Muito bem*)

Atente bem para o caso o Sr. Presidente da República, porque nele está empenhada a sua própria honra pessoal. (*Muito bem*)
Quem ocupa a chefia da Nação não é tanto o ministro da Guerra de 10 de novembro de 1937; só é, só pode ser o general de 29 de outubro de 1945. (*Muito bem. Palmas no recinto*)
Se as primeiras eleições que se realizarem sob a égide de sua autoridade não forem livres e honestas, segundo a fórmula que se tornou memorável, não se iluda S. Exa.: o seu governo estará irremediavelmente condenado (*apoiados*) e ter-se-á praticado a maior das traições a este país. (*Palmas*)
[...] Sr. Presidente, o que ontem foi uma advertência é, já agora, uma reclamação, ou antes, um protesto formal e categórico.
Seria ingênuo, injusto, injurioso supor que deixemos de usar todos os meios que estiverem ao nosso alcance para impedir que se montem, por um consórcio dos manda-chuvas locais, com a autoridade federal, os mesmos instrumentos de opressão (*muito bem*) que, através de nossa história, têm impedido ou impossibilitado a existência de uma democracia no Brasil. (*Muito bem*)
O Sr. Vitorino Freire – Quando o deputado Lino Machado montou máquina no Maranhão, em 29 de outubro, não falava como há pouco falou. (*Trocam-se veementes apartes. Soam demoradamente os tímpanos*)
O SR. PRESIDENTE – Atenção! Está com a palavra o Sr. Deputado Otávio Mangabeira.
O SR. OTÁVIO MANGABEIRA – Sr. Presidente, sou forçado a uma breve digressão.
Já que existe alguém neste recinto que diz que só houve eleição no Brasil depois de 1930, vou deixar consignado nos *Anais* desta Assembléia o que foram as eleições na época a que se refere o nobre Deputado.
Começarei por 1934.
O Governo expediu um decreto, suspendendo-me, e a outros homens públicos, os direitos políticos. Não pude ser candidato. Que verdade eleitoral é esta, em que o Poder Executivo começa por suspender os direitos dos seus adversários?!
O Sr. Getúlio Moura – V. Exa. não esqueça de que, antes de 1930, milhares de brasileiros não votaram porque estavam nos campos de concentração da Clevelândia.
(*Trocam-se acalorados apartes entre os Srs. Getúlio Moura, Artur Bernardes, Pedro Ludovico e Acúrcio Torres*)
O SR. PRESIDENTE – Atenção! Peço aos Srs. Deputados que permitam ao orador prosseguir em seu discurso.
O SR. OTÁVIO MANGABEIRA – Sr. Presidente, não ouvi bem o aparte de um nobre Deputado, mas me parece que S. Exa. pronunciou o nome do Sr. Washington Luís. (*Palmas*) Eu teria o desejo de convidar esta Assembléia a pôr-se de pé, em homenagem ao grande homem de bem, consagrado pelo apreço e pela veneração nacionais. (*Palmas prolongadas*) Não é um servidor da ditadura que há de ter autoridade para condenar, nesta Casa, o Sr. Washington Luís. (*Palmas*)"

A digressão tornou inevitável o confronto entre os adeptos e os adversários dos sucessivos regimes que se sucederam à Revolução de 30.

Depois de ouvir do deputado Acúrcio Torres (PSD-RJ) que, não desejando envolver-se nos debates, não podia deixar de solidarizar-se com as expressões com que o orador saudou Washington Luís, Mangabeira, advertido de que seu tempo regimental estava a esgotar-se, foi aparteado por Batista Luzardo (PSD-RS):

"SR. BATISTA LUZARDO – [...] Respeito, como toda a Assembléia, e como todo o Brasil, o ilustre brasileiro Dr. Washington Luís (*muito bem; palmas*), mas não aceito ou subscrevo os conceitos emitidos a seu respeito – e tenho nisto uma grande responsabilidade, porque, nesta Casa, na tribuna da Câmara, como na tribuna popular em todo o Brasil, denunciei o então presidente da República como autor das famosas degolas dos Deputados da Paraíba e de Minas Gerais. Nestas condições, nobre representante da Bahia, que me merece todo o respeito e apreço, não posso admitir que fiquem nos *Anais* da Casa, ilustrando a oração de V. Exa., brilhantíssima, aliás, essa proposição de fazer passar o Sr. Washington Luís, como um apóstolo, como um verdadeiro democrata.
    O SR. OTÁVIO MANGABEIRA – Sr. Presidente, sou obrigado a não permitir mais apartes, por enquanto, porque desejo dar resposta ao nobre Deputado pelo Rio Grande do Sul.
    As degolas da Paraíba! As degolas da Paraíba! Que são as degolas da Paraíba, comparadas aos crimes do Sr. Getúlio Vargas que o nobre Deputado apoiou?! Que são? (*Trocam-se apartes*)
    O Sr. Batista Luzardo – Estou satisfeito, de vez que V. Exa. já concorda que houve degolas.
    O SR. OTÁVIO MANGABEIRA – V. Exa. virá a esta tribuna... (*Trocam-se apartes. O Sr. Presidente, fazendo soar os tímpanos insistentemente, reclama atenção*)
    O Sr. Aureliano Leite – O Sr. Washington Luís tem erros. O Sr. Getúlio Vargas tem crimes. É a grande diferença.
    O Sr. Abelardo Mata – É a opinião de V. Exa.
    O Sr. Aureliano Leite – De todo o mundo. (*Trocam-se veementes e numerosos apartes. O Sr. Presidente, fazendo soar demoradamente os tímpanos, reclama atenção*)
    O SR. OTÁVIO MANGABEIRA – Sr. Presidente, vou prosseguir.
    Não é de estranhar o que se passa. É o espírito de 10 de novembro, que continua a exercer nesta Casa sua influência maldita. (*Trocam-se novos apartes*)
    O SR. PRESIDENTE – Atenção!
    O SR. OTÁVIO MANGABEIRA – Não vim para esta tribuna para fazer o discurso que desejam os nobres Deputados, mas aquele que eu desejo. O terceiro dos grandes deveres a que me referi é o que cumpri com a apresentação do requerimento em debate...
    (*Trocam-se múltiplos apartes*)
    O SR. PRESIDENTE – (*Fazendo soar os tímpanos*) Atenção! Está com a palavra o Sr. Otávio Mangabeira.
    O SR. OTÁVIO MANGABEIRA – O que estou vendo, afinal, é a obstrução da maioria, obstrução sistemática, o perfeito e acabado espírito de 10 de novembro! (*Protestos da maioria. Aplausos da minoria*)
    O Sr. Nereu Ramos – Permita-me V. Exa. uma obstrução, apenas para declarar que não o tenho aparteado porque pretendo responder ao seu discurso nesta, ou em outra sessão, logo que for possível.

O SR. OTÁVIO MANGABEIRA – Vejo-me, a contragosto, compelido a não permitir apartes que redundem de qualquer modo em desatenção ao orador. (*Trocam-se veementes apartes*)
O SR. PRESIDENTE – (*Fazendo soar os tímpanos*) Serei obrigado a suspender a sessão se continuar o tumulto.
O SR. OTÁVIO MANGABEIRA – Em qualquer Parlamento do mundo, os apartes são permitidos, porque honram os oradores e ilustram os debates; mas quando os apartes se tornam uma obstrução sistemática, o dever comezinho do orador é não permitir que eles prossigam.
Não acredito que tenha havido intenção, mas há cerca de meia hora os apartes se cruzam sem parar. É a desordem, e a ela devo opor-me.
O Sr. Nereu Ramos – A maioria estranhou não se permitisse, há dois dias, que o Sr. Cirilo Júnior pudesse fazer a exposição do seu pensamento. (*Trocam-se numerosos apartes*)
O SR. PRESIDENTE – (*Fazendo soar os tímpanos*) Peço aos Senhores que permitam ao orador concluir seu discurso.
O SR. OTÁVIO MANGABEIRA – Ouvi protestos, aqui, contra as chamadas degolas da Paraíba e de Minas; mas os mesmos que formularam tais protestos, concordaram com que se degolasse, de uma vez, a soberania de toda a Nação, inclusive, naturalmente a de Minas e a da Paraíba!
Um Sr. Deputado – O ilustre orador não tem autoridade para se insurgir contra o Estado Novo. (*Trocam-se veementes apartes. O Sr. Presidente reclama atenção*)
O SR. OTÁVIO MANGABEIRA – Dirijo-me, especialmente, ao nobre Representante pela Paraíba. Se alguém tem autoridade neste país para protestar contra a ditadura, em nome e em defesa das instituições democráticas, reclamo para mim esse direito (*palmas*) e não há de ser V. Exa. que estará em condições para dirigir-me tais palavras! (*Apoiados*)
(*Trocam-se veementes apartes*)
O SR. PRESIDENTE – Peço a atenção dos Srs. Representantes, a fim de que o ilustre orador possa findar a sua oração.
O SR. OTÁVIO MANGABEIRA – Em nome, Sr. Presidente, do terceiro dos grandes deveres a que fiz referência, é que propusemos o requerimento, ora em discussão. [...] Queremos abrir um plenário no seio do Parlamento, onde tenham voz, ao lado com o governo, as partes interessadas, os técnicos, os especializados na matéria, e quaisquer outros cidadãos julgados idôneos pela Comissão, para que aqui debatamos, esclarecendo devidamente os assuntos – as greves, a inflação, o custo de vida.
São problemas que indiscutivelmente preocupam e angustiam a Nação; e a representação nacional não tem o direito de ficar de braços cruzados, diante do que eles exprimem para os interesses do país.
[...] Repito: ou reformamos, para enobrecê-las e elevá-las, as práticas da vida parlamentar, da vida política brasileira, ou estaremos, consciente ou inconscientemente, sacrificando o Brasil; porque se continuarmos, como disse, pelos mesmos ingratos caminhos que levaram o país à ruína, fácil será de prever onde iremos parar. A mudança dos rumos se impõe. Eis por que disse e, concluindo repito: ou acabamos com isto, ou isto acaba conosco. (*Muito bem; muito bem. Palmas, o orador é cumprimentado*)"

As intervenções de Mangabeira causavam sempre apreensão nas hostes da maioria e incontido entusiasmo nas da minoria que ele liderava. A voz portentosa, pausada, soava clara, cristalina, vergastando sempre, sem piedade, os erros e desmandos da ditadura da qual tinha sido o mais célebre e agora o mais celebrado adversário. Usava gestos pausados, estudados, comedidos uns, inesperados outros, que completavam a verdadeira encenação em que se transformava cada discurso. Fazia da democracia o mote e a tese da maioria de seus pronunciamentos. E quando os aplausos explodiam, sabia como aproveitá-los, repetindo as expressões que mais arrebatamento causavam no plenário. Trazia a maioria acuada, sempre obrigada a responder para tentar amenizar a profunda impressão que seus discursos provocavam.

Foi o que fez, imediatamente após sua oração, o líder Nereu Ramos.

"O SR. NEREU RAMOS – (*Pela ordem*) Sr. Presidente, traduzirei, rapidamente, o pensamento dos representantes de que sou delegado, porque só me foi possível obter a palavra pela ordem, visto se acharem inscritos vários oradores que desejam expor os seus pontos de vista.

O nobre Deputado que acabamos de ouvir, e cujo nome declino sempre, com admiração, Sr. Otávio Mangabeira, afirmou, segundo bem percebi, que a democracia nunca foi verdadeiramente praticada no Brasil.

[...] Assim, se a democracia nunca foi verdadeiramente praticada no Brasil, o que nós, desta Assembléia, devemos fazer é levantar nossos espíritos, pensando na Nação, assumindo com ela o compromisso de, daqui por diante, praticar verdadeiramente a democracia. (*Apoiados. Palmas*) Só assim cumpriremos nosso mandato e serviremos realmente o Brasil.

Aqui estou, Sr. Presidente, para dizer à Assembléia que dou o meu voto ao requerimento do nobre líder da União Democrática Nacional. (*Palmas*)

Dou o meu voto, sem sufragar, entretanto, muitas das considerações por S. Exa. aqui expendidas. Dou o meu voto, porque dá-lo-ei sempre que os nobres representantes sugerirem medidas e providências que possam ser de utilidade para o país e o povo brasileiro. (*Muito bem*)

[...] O nobre Deputado, Sr. Otávio Mangabeira, acentua a necessidade da crítica aos atos do Governo. O Governo aceita essas críticas (*muito bem*), desde que sejam inspiradas no alto pensamento construtivo do interesse público. Desde que objetivem finalidades patrióticas, o Governo agradecido há de considerá-las, para melhor servir à Nação.

Podem os Srs. Representantes ficar certos que o atual chefe do Executivo não faltará aos deveres de auscultar a opinião pública, para satisfazer às necessidades e às aspirações do povo. (*Muito bem*)

Disse o nobre Deputado, Sr. Otávio Mangabeira, que nos devemos rebelar contras esses decretos, feitos sem discussão.

Acato em parte as afirmações de S. Exa., para concitar esta Assembléia a que reforce suas energias, no sentido de elaborar, e entregar à Nação, quanto antes, a nova Constituição, a fim de que possa, como Legislativo ordinário, evitar se façam decretos sem a sua anuência.

[...] Critiquei certos atos do Governo Linhares, porque ele, que era um governo de transição, alterou, reformou departamentos inteiros, sem atender que

era um governo de poucos dias de existência, e a simples cautela devia levá-lo a esperar o poder a ser eleito pela Nação, para que então esse poder encaminhasse a solução de tais problemas. (*Muito bem*)
Meus Senhores, exposto assim, em largos traços, o pensamento do Governo e da maioria, em relação ao requerimento do nobre Representante da minoria, quero ainda ressaltar que não pretendo entrar no mérito desse mesmo requerimento e porque não pretendo fazê-lo é que o aprovo.
[...] A discussão, entretanto, foi levada ou encaminhada para o terreno político.
O nobre Representante, no correr do seu discurso, roçou pelo aspecto político de vários assuntos. E tivemos, então, ensejo de verificar quanto é perigoso revolver o passado. (*Muito bem*)
Num país como o nosso, sem partidos com programa previamente organizados, em que os partidos se organizavam em torno de pessoas, é muito perigoso estarmos aqui uns a criticar os outros por incoerência, porque essa incoerência talvez se encontre em todos os partidos, precisamente porque não dispúnhamos de programas.
Concito os nobres colegas a esquecerem neste Parlamento o passado. Mais não faço do que seguir a trajetória que traçou nesta Casa o ilustre Deputado por São Paulo, meu querido amigo, Sr. Abreu Sodré.
[...] Admitamos, Sr. Presidente, nesta oportunidade, e até que surjam provas em contrário, que foram igualmente bons e honestos os homens que passaram pelo poder. (*Apoiados e não apoiados*)
[...] Façamos ao Governo críticas construtivas que sirvam à Nação. Poupemos os homens sendo intransigentes com os princípios e com os programas.
O Sr. Aureliano Leite – Poupemos os homens, mas não poupemos os criminosos políticos.
O SR. NEREU RAMOS – Não pedi que sejam poupados os criminosos, se porventura existirem.
O que pedi à Assembléia Constituinte foi que ela deixasse as discussões políticas para outra oportunidade porque o país está a exigir de nós outro trabalho. E se nunca praticamos a verdadeira democracia, devemos fazê-lo agora; mas para isso é necessário, inicialmente, darmos ao povo, precisamente, uma Constituição democrática, porque é precisamente isto que ele está a nos pedir. (*Muito bem; muito bem. Palmas*)"

Depois do líder da maioria, secundaram o apoio ao requerimento udenista os representantes do PCB, Claudino Silva, e do PTB, Segadas Viana. Era a primeira vez que na Assembléia se manifestava tal postura de virtual unanimidade, provavelmente indicação segura de que a inflação e a escassez de gêneros essenciais se sobrepunham a toda e qualquer outra questão, até mesmo à Constituição por que todos esperavam, como se dela estivessem pendentes as soluções pelas quais todos ansiavam. Civilizar a política, como propunha Mangabeira, como se viu nos debates, talvez fosse um bom começo.

11. Prestes atravessa o Rubicão

Cheiro de 37 no ar

No dia 18 de março, segunda-feira, entrou na ordem do dia o requerimento de urgência subscrito pelo deputado Jurandir Pires Ferreira (UDN-DF) para a Indicação de seu colega Euclides Figueiredo (UDN-DF), propondo ao Executivo a supressão dos arts. 2º e 3º do decreto-lei nº 7.474, de 18 de abril de 1945, "de modo que os cidadãos beneficiados pela anistia, a que o mesmo decreto-lei se refere, sejam, de pronto, reintegrados nas suas antigas posições".

A proposição trazia em si uma flagrante contradição com a postura de seu partido, a UDN. Cerca de setenta e duas horas antes, na sessão de sexta-feira, dia 15, o líder udenista Otávio Mangabeira, ao discutir seu requerimento para criar uma comissão especial destinada a realizar um levantamento da economia nacional e de seus mais graves problemas, tinha, mais uma vez, profligado duramente o uso de decretos-leis por parte do Executivo, assunto que já fora objeto de outra proposta derrotada no plenário. Ao sugerir ao Executivo a supressão de dois artigos do decreto-lei da anistia, concedida em 1945 por Getúlio Vargas, como etapa crucial do processo de abertura, o coronel Euclides Figueiredo estava pleiteando o uso do instrumento que seu partido condenava de forma tão veemente.

Os artigos que ele pretendia revogar sujeitavam a reversão dos militares anistiados aos seus postos e o aproveitamento dos funcionários civis ao parecer de uma ou mais comissões nomeadas pelo presidente da

República. Tratava-se não de uma anistia ampla, mas de mero indulto que implicou a libertação dos beneficiários da medida, presos ou sujeitos a processo judicial. Grande número deles, em 1945, ainda se encontrava preso, cumprindo penas em geral impostas pelo Tribunal de Segurança Nacional, criado por Getúlio, durante o Estado Novo, para a punição de crimes políticos. O deputado Euclides Figueiredo, que tinha liderado a facção militar da Revolução paulista de 1932, conhecia bem a situação, pois tinha sido preso, condenado e expulso do Exército por sua participação no levante constitucionalista. Mas, além de ter sido beneficiário do indulto, tivera seus direitos reconhecidos, tendo merecido de Dutra, que o combatera em 32, a promoção a general, a que teria direito se não tivesse sido condenado.

O pedido de urgência foi aprovado sem oposição de nenhum partido. Mas quando a Indicação foi submetida a votação, o líder da maioria, Nereu Ramos, usou a tribuna para encaminhá-la contra. Começou afirmando que o fato de ter votado a favor da urgência não significava que apoiasse o mérito da proposta. E justificou sua posição nos seguintes termos:

"O SR. NEREU RAMOS – [...] Votamos contra o requerimento, Sr. Presidente, porque confiamos em que o Governo cumprirá as determinações do decreto-lei nº 7.474. [...] Devo, entretanto, confessar que estava na convicção de que encerraríamos o debate durante o expediente; a urgência concedida pela maioria acaba de prejudicar o discurso a ser pronunciado pelo Sr. Souza Costa, de grande interesse para a Nação. [...] Devo declarar a V. Exa., Sr. Presidente, que não posso votar essa Indicação, porque não tenho elementos que me instruam suficientemente para saber com quem está a razão: se com a Assembléia, pedindo se suprimam esses dois artigos, se com o Poder Executivo que, no uso de sua faculdade legislativa ordinária, baixou o decreto nº 7.474. [...] Confio em que o Governo, com o patriotismo e a clarividência que não podemos negar ao ilustre chefe do Exército, elevado à presidência da República, resolva o assunto, consultando, sobretudo, os interesses nacionais.

Era isso o que tinha a declarar a V. Exa., Sr. Presidente, e à Casa, para fundamentar meu voto contrário à indicação. (*Muito bem, muito bem*)"

As razões alegadas eram visível e notoriamente improcedentes. Se o voto da maioria concedendo a urgência tinha prolongado a discussão e prejudicado o discurso do ex-ministro da Fazenda de Getúlio, o deputado Souza Costa (PSD-RS), bastava não tê-la concedido e a matéria sairia da pauta. O segundo motivo, o de não dispor de informações sobre os beneficiários da anistia, podia ser suprido com um simples pedido endereçado ao governo, resolvendo-se a questão com o adiamento da votação, até que os dados lhe fossem entregues. As razões verdadeiras foram reveladas logo em seguida, pelo deputado Segadas Viana, líder do PTB, ao secundar a posição de Nereu Ramos, de forma menos sutil:

"O SR. SEGADAS VIANA – (*Para encaminhar a votação*) Sr. Presidente, Srs. Constituintes, assinei também, como outros membros desta Casa, o requerimento de urgência apresentado pelo nobre Deputado Euclides Figueiredo. [...] Mas, Sr. Presidente, assinando o requerimento de urgência, nos reservamos, desde logo, o direito de examinar o mérito dessa Indicação a que essa urgência se refere. Entendemos, Sr. Presidente, que, sem elementos esclarecedores sobre cada um dos problemas individuais, não poderemos manifestar-nos em conjunto, porque, mais que um problema político, está, talvez, em jogo, o problema da defesa e da segurança nacionais.

E, Sr. Presidente, em boa hora assim deliberamos, porque, posteriormente, comprovamos que o problema merece estudo mais cuidadoso, [...] comprovando que necessários são elementos esclarecedores, para que o poder público decida da conveniência, para a defesa nacional e para a segurança do Brasil...

O Sr. Plínio Barreto – Se houvesse esses problemas, não dessem a anistia.

O SR. SEGADAS VIANA – ... da volta aos quadros das forças armadas de certos elementos. Li, Sr. Presidente, declarações feitas por um dos cidadãos que estariam abrangidos pela anistia e que, por estar aqui presente, talvez pudesse contestar a veracidade das mesmas, com o que muito me congratularia. São do eminente Senador Sr. Luís Carlos Prestes, e estão publicadas na 'Tribuna Popular', órgão do Partido Comunista, de sábado:

> *A uma pergunta sobre qual a posição dos comunistas, se o Brasil acompanhasse qualquer nação imperialista que declarasse guerra à União Soviética, o dirigente do PCB respondeu: – Faríamos como o povo da Resistência francesa, o povo italiano, que se levantaram contra Petain e Mussolini. Combateríamos uma guerra imperialista contra a URSS e empunharíamos armas para fazer a resistência em nossa pátria, contra um governo desses, retrógrado, que quisesse a volta do fascismo. Mas acreditamos que nenhum governo tentará levar o povo brasileiro contra o povo soviético, que luta pelo progresso e bem-estar dos povos. Se algum governo cometesse esse crime, nós, comunistas, lutaríamos pela transformação da guerra imperialista, em guerra de libertação nacional."*

Muito provavelmente sem sopesar a polêmica que se desencadearia a partir de suas declarações, Prestes sequer se preocupou em esclarecer o sentido de suas palavras, limitando-se a agradecer ao orador ter levado o assunto à Constituinte:

"*O Sr. Carlos Prestes* – Agradeço a V. Exa. a incorporação dessas palavras à ata da Assembléia Constituinte.

[...] O SR. SEGADAS VIANA – Sr. Presidente, as declarações agora lidas confirmam que se torna necessário o estudo de cada caso, para verificar se é justo trazer para o seio das forças armadas, que têm o dever de defender a Nação, elementos dispostos a pegar em armas contra a própria Nação!"

A intervenção do líder do PTB provocou um intenso debate entre os membros da bancada comunista e dos trabalhistas. Um deles, o deputado Rui Almeida (PTB-DF), à época coronel que, como tenente, se levantou em armas contra o governo Bernardes e apoiou a Revolução de 30, que o anistiou, exprimiu qual era o sentimento dominante no Exército em relação à revolta de 1935:

"O SR. RUI ALMEIDA – Sr. Presidente, desejei apartear o ilustre orador comunista. Entretanto, S. Exa. não mo permitiu e, por isso, obrigou-me a vir à tribuna, para dizer os motivos por que voto contra o requerimento de anistia.
Não podia, Sr. Presidente, quando depois do movimento comunista no Brasil, quando militares dormindo foram assassinados nos quartéis (*palmas*), não podia, sem trair minha própria honra, minha dignidade de militar, aprovar esse requerimento. Não lhe negaria o meu voto, se não viesse dar ganho de causa aos comunistas.
No Exército, na Marinha e na Aeronáutica de minha terra não há lugar para os inimigos da Pátria (*palmas*). Aqueles que traíram ontem, trairão amanhã! E os que não têm pejo de dizer que estão a soldo de Moscou, os que não se constrangem em declarar que, na hipótese de uma guerra entre o Brasil e a Rússia, ficariam ao lado desta – esses nunca poderão pertencer às gloriosas Forças Armadas de minha terra. (*Muito bem, muito bem, palmas*)"

Euclides Figueiredo, autor da proposta, manifestou seu espanto pelo rumo que tomaram os debates, alegando, de forma procedente, que ali se estava submetendo os anistiados a novo julgamento. E para lembrar que em 1930 houve vítimas mortais entre os militares, delito cuja autoria nunca foi apurada, tocou em outro assunto que também era quase tabu nas Forças Armadas:

"O SR. EUCLIDES FIGUEIREDO – Sr. Presidente, nunca, até hoje, neste imenso Brasil, se procurou apurar a responsabilidade pela morte do major Otávio Cardoso, em 1930, no Rio Grande do Sul. Até hoje não se procurou apurar a responsabilidade pela morte do major Correia Lima, em 3 de outubro de 1930, em Curitiba! Jamais se procurou apurar a responsabilidade pelas mortes do general Vanderlei e do tenente Paulo de Figueiredo Lobo, na Paraíba. Onde estão os supostos criminosos de 1930, hoje certamente já nos pináculos da glória?! Onde estão eles? Caso haja quem me possa informar se foram incriminados e julgados, então retirarei a minha Indicação. (*Palmas. Muito bem; muito bem*)"

A questão levantada pelo pai do ex-presidente Figueiredo, autor da proposição, era especialmente constrangedora para o seu próprio partido, a UDN. Ela perdurou por muitos anos e terminou gerando, em 1964, um incidente durante o governo do marechal Castelo Branco, do qual foi ministro da Aeronáutica o brigadeiro Nelson Freire Lavenère-Vanderlei, filho do general Vanderlei, uma das vítimas de 1930, na Paraíba, a que se referiu o deputado Euclides Figueiredo. Quando Castelo nomeou seu ex-embaixador em Washington, Juraci Magalhães, acusado de ser o responsável pela morte do general, para a Pasta da Justiça, o brigadeiro demitiu-se do ministério para não ter que conviver com quem ele tinha na conta de ser o assassino de seu pai. Durante a Constituinte, Juraci era deputado pela UDN da Bahia e, portanto, colega de bancada de Euclides Figueiredo, deputado pela UDN do Distrito Federal.

Certamente por não ter sido citado nominalmente, Juraci não interferiu no debate e nem sequer manifestou sua opinião sobre a anistia. Afinal, ele, que participara ativamente na Revolução de 30, era agora correligionário de Mangabeira, uma das vítimas desse mesmo movimento e o maior adversário de Getúlio, de quem Juraci se afastou em 1937 e com quem reataria amizade em 1953, ao se tornar, ainda pertencendo à UDN, o primeiro presidente da Petrobrás, no segundo governo Vargas.

Toda a celeuma levantada pela Indicação do deputado carioca terminou solucionada pelo mais pessedista dos deputados da UDN, o vice-líder Prado Kelly. Falando em nome de sua bancada, propôs que, em vez de se sugerir a supressão dos arts. 2º e 3º do decreto-lei, se requeressem informações ao governo sobre o andamento dos processos de reintegração nas comissões criadas para esse fim. Em outras palavras, trocava-se a sugestão do uso do decreto-lei por um requerimento pedindo informações ao governo. A solução udenista, no entanto, não encerrou a questão, nem no âmbito parlamentar, nem fora dele.

A matéria repercutiu nos jornais durante toda a semana, pois o assunto tinha sido levado à tribuna na segunda-feira 18. No domingo 24, em sua coluna "Na Tribuna da Imprensa", publicada no *Correio da Manhã*, Carlos Lacerda, depois de afirmar que as declarações de Prestes eram desnecessárias e inoportunas, denunciou que "a reação prepara-se para uma ação rápida contra o Partido Comunista". E concluiu que "as declarações de Prestes trouxeram precisamente aquilo que faltava: o motivo. E, convenhamos, é um grande motivo: o Sr. Prestes confessa que, no caso de uma guerra do Brasil com uma potência estrangeira, ele será o chefe da 5ª coluna".

Segundo ele, "entre as medidas que se preparam contra o Sr. Prestes, figuram: (a) o cancelamento do registro do Partido; (b) a prisão do dirigente e dos seus principais responsáveis; (c) a expulsão da bancada comunista da Constituinte. E conhecemos da estupidez congênita do atual governo o bastante para não pôr em dúvida que essa intenção será cumprida". Lacerda escrevia mais de um ano antes dos fatos que vieram a ocorrer. A denúncia era grave, pois se tratava da ameaça de um atentado à democracia ainda por nascer. Depois de condenar o fato de Prestes e seus companheiros não terem se engajado na luta pela redemocratização, preferindo apoiar o movimento queremista, o irrequieto jornalista rematava:

> Mas nada disso impede, ao contrário, tudo indica que devemos deixar bem claro, desde já, perante o Sr. Gaspar Dutra, esses pontos de nossa política democrática: (1) O desprezo que temos pelo Sr. Prestes, suas opiniões e sua conduta, não nos impede de reconhecer que ele foi eleito por nume-

rosos votos tão válidos quanto os que elegeram o Sr. Gaspar Dutra para a presidência da República. [...] (5) Afirmamos perante o governo o direito que tem o Partido Comunista de existir e o direito que tem o estúpido senador Prestes de dizer asneiras – desde que nem ao menos esteja na iminência de cometê-las. Entre dizer o Sr. Prestes que, no caso de uma guerra com a Rússia, ficaria a favor desta e contra o Brasil, e realmente cumprir o que promete, há uma grande diferença que é a seguinte: nós não vamos fazer guerra a ninguém, portanto, as declarações do Sr. Prestes são apenas indecentes. [...] (7) Estamos dispostos a combater tanto o Sr. Prestes quanto o Sr. Dutra, se este ousar usar o combate do Sr. Prestes como pretexto do fortalecimento abusivo dos seus poderes presidenciais. Ao manifestar, portanto, nossa opinião sobre mais esta loucura do Sr. Prestes, julgamos deixar bem claro que não reconhecemos ao Sr. Dutra o direito de montar nas asneiras do Sr. Prestes para investir contra a democracia. Temos de preservar, antes e acima de tudo, o funcionamento do mecanismo democrático neste país. Cubram-se de vergonha e sejam chamados criminosos aqueles que, a pretexto de combaterem o comunismo, se sirvam desse meio para abrir caminho aos homens e métodos da ditadura.

Embora o estilo de Lacerda fosse duro, contundente, muitas vezes ofensivo e invariavelmente agressivo, o tom mostrava que havia um cheiro de 37 no ar.

O estigma de 35

Tudo leva a crer que Prestes tenha sido aconselhado a manter-se longe da polêmica que despertara com uma entrevista que, se não tivesse sido levada à tribuna da Constituinte, teria seguramente passado despercebida. Talvez por isso ele se manteve toda a semana calado. Sua entrevista tinha sido publicada no órgão oficial do PCB, a *Tribuna Popular*, no sábado, dia 16 de março. Segadas Viana a invocou na sessão de segunda-feira, dia 18, e só no dia 26, isto é, na terça-feira seguinte, ele foi à tribuna. O líder comunista falou depois de um longo discurso de Café Filho sobre os saldos comerciais acumulados durante a guerra, com o pretexto de discutir o requerimento apresentado pelo representante do Rio Grande do Norte.

"O SR. PRESIDENTE – Tem a palavra o Sr. Carlos Prestes.
O SR. CARLOS PRESTES – (*Movimento geral de atenção*) Sr. Presidente, Srs. Representantes, volto a esta tribuna em momento realmente delicado para o meu Partido e para mim, pessoalmente.
[...] É evidente que, vindo à tribuna em momento como o atual, receio, como receia todo o meu Partido e sua bancada – que, no calor do debate, no ardor da discussão, sejam proferidas palavras que possam magoar alguns dos Srs. Representantes. Mas afirmo desde já: tais palavras estarão previamente retiradas, se qualquer dos Senhores Representantes as julgar ofensivas.

[...] O lema da bancada comunista pode ser sintetizado nas seguintes palavras de Rui Barbosa que vou ler agora, constantes em seu discurso de 16 de dezembro de 1890, o primeiro que fez naquela Assembléia Republicana. Estas palavras de Rui são o lema da bancada comunista:

> Ninguém mais do que nós compreende quanto são preciosos os momentos desta Assembléia; ninguém mais do que nós se interessa em remover todo e qualquer obstáculo às suas deliberações; ninguém mais do que nós se empenha em apressar a solução final dos nossos trabalhos, dos quais deve resultar para o país a Constituição que todos nós prometemos, que ele nos confiou e que deve ser a primeira e a mais séria aspiração de todos os republicanos, de todos os patriotas.

Senhores: ocupo a tribuna para discutir a Indicação nº 17, apresentada pelo ilustre e nobre representante, Sr. Café Filho. [...] Peço, no entanto, permissão ao Sr. Presidente para, antes de abordar este assunto, completar alguns dos meus apartes do notável discurso que há dias ouvimos do nobre e ilustre companheiro de representação pelo Distrito Federal, cujo nome pronuncio com respeito e admiração e que também é respeitado por toda a Casa, o Sr. Hamilton Nogueira."

Prestes agradeceu o discurso que alguns dias antes fizera o senador udenista, afirmando que o eventual fechamento do Partido Comunista seria um golpe contra a democracia, e recebeu dele um aparte em que reafirmava sua posição, mas ressalvava que, "como católico que sou, do ponto de vista doutrinário jamais poderia aceitar a ideologia comunista". Prosseguiu lendo uma carta de solidariedade de outro líder católico, cujo nome disse não estar autorizado a revelar, e em seguida outra correspondência em que o remetente afirmava: "Li, ontem, com verdadeira revolta, notícias da América do Norte de que é pensamento do governo ianque adquirir terras no Brasil para a instalação de bases norte-americanas, a fim de nos *defender*." Dizia ainda: "Segundo dados que me foram fornecidos por técnicos em negócios de borracha, os lucros que deixaram de entrar no tesouro nacional, pelo volume de borracha 'surrupiada' pelos ianques e retirada da Amazônia através de uma picada clandestina através da Guiana inglesa, se eleva a sete milhões de contos ou sete bilhões de cruzeiros." E concluía: "Uma coisa, senhor Senador, quero vos afirmar: é que se o Brasil for obrigado pelos ianques a se aliar num ataque à Rússia, por parte dos Estados Unidos, eu pegarei em armas ao lado da Rússia, pois combater os Estados Unidos, isto é, combater o maior inimigo do Brasil é combater pelo Brasil."

"*O Sr. Nestor Duarte* – V. Exa. pode dizer quem assina a carta?
O SR. CARLOS PRESTES – Pois não. Trata-se de ilustre médico desta capital – o dr. Sérgio Gomes, irmão do Brigadeiro Eduardo Gomes e homem educado...
O Sr. Pereira da Silva – Permita V. Exa. um aparte. Membro da bancada amazonense, quero esclarecer que na região fronteiriça entre o Brasil e a Guiana inglesa não existe, absolutamente, indústria extrativa de borracha. Trata-se de região dedicada, exclusivamente, à pecuária.

O Sr. Juraci Magalhães – O orador ignora, por acaso, que o dr. Sérgio Gomes foi adversário político do Brigadeiro Eduardo Gomes durante toda a campanha realizada em prol da democracia no Brasil?
O SR. CARLOS PRESTES – Não estou bem informado a respeito. Sei apenas que o autor da carta é irmão do Brigadeiro."

Como o vice-líder da UDN reprovasse o orador por ter invocado a circunstância de ser o autor da carta irmão e adversário do candidato do seu partido à presidência da República, Prestes tratou de amenizar os melindres atingidos da UDN, alegando que Eduardo Gomes não tinha por que partilhar das idéias do irmão, e ressalvou desde logo seu patriotismo:

"O SR. CARLOS PRESTES – Faço justiça ao Brigadeiro. Conheço-o pessoalmente; discordamos no terreno político. Creio que suas idéias são reacionárias; mas de que é patriota ninguém pode duvidar.
O Sr. Prado Kelly – O coração do Brigadeiro Eduardo Gomes, quaisquer que sejam as circunstâncias, e em qualquer época, pulsará sempre ao lado da Pátria.
O SR. CARLOS PRESTES – Ao lado da pátria! Vejamos, Srs. Representantes, de que lado estão os interesses de nossa pátria, no caso de uma guerra imperialista. É isso o que devemos discutir agora.
A Assembléia não põe em dúvida o patriotismo do Sr. Brigadeiro Eduardo Gomes. Ninguém mais do que eu dele discorda, politicamente. No meu entender, repito, é um reacionário, embora patriota."

Não é difícil notar que, no clima emocional que normalmente assumem os debates parlamentares, quando se trata de questões pessoais ou ideológicas, Prestes não tinha como convencer a Assembléia de que exercitara um direito elementar de exprimir sua opinião, de acordo com suas convicções. Ao responder a um aparte do deputado Pereira da Silva (PSD-AM), o líder comunista se viu obrigado a uma longa digressão sobre a invasão da Finlândia pela Rússia, a tal ponto que o senador Hamilton Nogueira (UDN-DF), a quem Prestes concedeu um aparte, se viu compelido a lembrar-lhe que "os apartes desviaram um pouco do assunto o orador".

Novas recensões e mais digressões, quando seus aparteantes lembraram que a URSS era uma ditadura, invocando Hamilton Nogueira o art. 126 de sua Constituição, que não permitia a liberdade religiosa. Citando estatísticas sobre a fabricação de sapatos, no tempo do czar e depois do advento da Revolução de Outubro, foi a vez de Hermes Lima, que também apoiava seu direito de ter convicções, aconselhar o orador:

"*O Sr. Hermes Lima* – V. Exa. perderá seu tempo se quiser informar-nos a respeito do que é e do que não é a Rússia, porque quem lê já sabe e quem não lê não sabe... (*Palmas*) V. Exa. não foi à tribuna para dizer à Assembléia o que é a Rússia. Os Constituintes insistem em que V. Exa. seja professor de Rússia."

A despeito do conselho, quando provocado por outro aparte sobre a existência de apenas 2 milhões de filiados ao Partido Comunista da União Soviética, numa população de 170 milhões, Prestes voltou ao assunto, para dizer de sua experiência de três anos naquele país, falando sobre os expurgos partidários:

"O SR. CARLOS PRESTES – [...] Tive ocasião de assistir, na União Soviética, às chamadas depurações do Partido. Imagine-se o que é a fortaleza moral de um Partido que pode passar por uma depuração dessa natureza. Compreende-se que esse partido está sujeito a receber em suas fileiras os carreiristas, isto é, homens que estão sempre com o partido do poder. Na Rússia também acontece isso; daí a depuração feita da seguinte forma: numa fábrica, onde existe célula do partido, aparece a comissão de depuração perante a assembléia ampla, de todos os operários. Cada membro do partido é chamado à tribuna, um a um, e tem de defender sua posição nos últimos anos. Qualquer pessoa ou operário o defende ou o ataca, e os elementos da massa, justamente os não-comunistas, são os que mais defendem a pureza do partido, porque dizem: 'Este não pode ser membro do Partido Comunista, não está à altura, não é bom companheiro; tem tais e quais defeitos.' É então expulso do partido pela vontade da massa. Ser membro de um partido dessa natureza não é ter privilégio; é ter encargos muito grandes, porque o posto envolve responsabilidade tremenda."

Prestes parecia, conscientemente ou não, fazer o jogo dos adversários que o aparteavam seguidamente, obrigando-o a manter-se na defensiva, elogiando a União Soviética, seu regime e suas virtudes. Afirmou então com certo exagero:

"O SR. CARLOS PRESTES – Diariamente os jornais pedem meu fuzilamento; mas isto não importa porque jamais pretendi ficar para semente. Para cada comunista que morre, surgem milhares."

Como o jogo continuasse, seu colega de bancada, o deputado Trifino Correia (PCB-RS), veio em seu auxílio:

"*O Sr. Trifino Correia* – Peço aos representantes permitam que o orador responda a cada um dos apartes. Assim não é possível.
O Sr. Hermes Lima – Queira desculpar-me, mas foi o orador quem inventou a sabatina a que estamos assistindo."

Quando o deputado Dioclécio Duarte (PSD-RN) aludiu à derrubada de Kerenski, Prestes reiniciou a incursão histórica, que já durava mais de uma hora, para explicar por que o líder socialdemocrata russo foi derrubado. Em seguida foi a vez de o deputado Ataliba Nogueira (PSD-SP) indagar sobre o desaparecimento do Estado, como etapa inevitável da transição do socialismo para o comunismo. Prestes animou-se com a oportunidade de discutir a polêmica questão:

"O SR. CARLOS PRESTES – Por obséquio, esta é uma parte muito interessante e já foi citada nesta tribuna...
O Sr. Hamilton Nogueira – Isso não nos interessa, absolutamente.
O SR. CARLOS PRESTES – Para mim todos os Constituintes são iguais, com exceção de muito poucos.
O Sr. Pereira da Silva – Não nos interessa a situação política da Rússia. O que desejamos é criar ambiente favorável à democracia no Brasil.
O SR. CARLOS PRESTES – Somos de opinião que marchamos para o socialismo. Do ponto de vista histórico, o Estado tende a desaparecer. Marchamos para o governo das coisas, quer dizer, simplesmente para a administração econômica, a produção e a distribuição. Nada mais. Pode ser uma tese errada, mas em ciência só se prova o erro com a experimentação.
O Sr. Ataliba Nogueira – A ciência provou que o Estado é de origem natural. A natureza é que mostra ao homem que tem que viver no grupo social.
O SR. CARLOS PRESTES – Discordo, por isso disse, de início, que tínhamos um conceito diferente sobre o Estado. Para nós o Estado não é mais do que um instrumento de dominação de classe.
O Sr. Ataliba Nogueira – Para mim, não.
O SR. CARLOS PRESTES – No regime burguês capitalista, o que é o Estado? É o aparelho de dominação de classe."

Mais uma vez provocado, Prestes falou de suas convicções ideológicas e da atuação do partido no Brasil:

"O SR. CARLOS PRESTES – Desejamos o socialismo, certos, seguros, porque é verdade científica que o capitalismo leva inexoravelmente ao socialismo. Nós, comunistas, não lutamos hoje pelo socialismo no Brasil. Não é esse o nosso programa. Não é essa nossa posição.
Nós, comunistas, no Brasil, lutamos para liquidar o atraso do nosso povo.
[...] Em documento que escrevi, ainda na prisão, e foi publicado, disse que nosso povo, nosso proletariado sofre muito mais do atraso neste país, por esta situação de miséria, por esta indústria miserável, ridícula, que temos, por essa situação de penúria em que vivem as massas do campo, exploradas, ainda, pelos vestígios feudais evidentes nas redondezas das cidades [...], o proletariado sofre muito mais desse atraso, dessa miséria, do que da própria exploração capitalista. Portanto, lutamos pela liquidação desses restos feudais, desse atraso, pela solução do problema da terra.
[...] Necessário é que o brasileiro patriota, seja operário ou patrão, camponês ou fazendeiro, católico, protestante, espírita ou ateu, tenha a ideologia ou a crença que tiver, resolva este problema, sem demora.
Mas resolver como? Não fazendo revoluções socialistas. Mas rompendo com estes restos do feudalismo, para dar impulso novo ao capitalismo. Sou socialista, mas estou convencido de que é através do desenvolvimento rápido, decisivo, no Brasil, que mais depressa chegaremos ao socialismo.
[...] É um caminho errado pretender afastar pela força e pela violência as idéias dos homens. Esse não é o caminho de maior interesse para o nosso povo. Estendemos a mão a todos; queremos marchar com todos para uma política em benefício do nosso povo.

O Sr. Pereira da Silva – Mais liberdade do que há no Brasil no terreno das idéias não é possível existir, em tempo algum. V. Exa. mesmo sabe que, tendo sofrido prisão no regime ditatorial, se isso acontecesse na Rússia, V. Exa. talvez não estaria defendendo as suas idéias aqui com plena liberdade.
O SR. CARLOS PRESTES – Na Rússia, eu seria Marechal do Exército Vermelho, se não tivesse morrido na guerra. Tenho essa ilusão porque, como socialista, estaria ao lado do Governo.
O Sr. Juraci Magalhães – Não temos maior interesse pela pregação russófila, como também não temos interesse pelos intuitos reacionários contra o partido de V. Exa.
O SR. CARLOS PRESTES – Que chama V. Exa. de pregação russófila?
O Sr. Aureliano Leite – Pregação a favor da Rússia.
O Sr. Juraci Magalhães – Inquieta a todos nós, democratas e patriotas, e particularmente a mim, pois além do mais sou militar, o seguinte: no caso de uma guerra a que for arrastado o Brasil, por força de obrigações internacionais, cumprindo o Governo os dispositivos constitucionais e legais que regerão a declaração de guerra e, no caso de ser a Rússia, nessa guerra, adversária do Brasil, o Senador Carlos Prestes e o Partido Comunista do Brasil lutarão pela sua pátria, ou iniciarão uma guerra civil? Esta é a pergunta, em toda a sua simplicidade.
O SR. CARLOS PRESTES – A pergunta de V. Exa. é capciosa.
O Sr. Juraci Magalhães – Não é capciosa. Capcioso é o silêncio de V. Exa.
O SR. CARLOS PRESTES – Vou responder. Vamos esclarecer.
[...] A pergunta referida durante a sabatina já foi reafirmada muitas vezes.
O Sr. Juraci Magalhães – Não é a da sabatina. A que quero é essa.
O SR. CARLOS PRESTES – E a resposta não poderia ser surpresa para nenhum homem mais ou menos informado em nossa pátria, porque essa é a atitude dos comunistas. Agora, o ilustre representante pelo Estado da Bahia faz uma pergunta capciosa.
O Sr. Juraci Magalhães – Não é capciosa, pelo contrário. É uma pergunta clara, que requer uma resposta clara.
(*Trocam-se inúmeros apartes entre os Srs. Representantes*)
O SR. PRESIDENTE – (*Fazendo soar os tímpanos*) Atenção! Vamos ouvir o orador.
O SR. CARLOS PRESTES – [...] Antes de tratar do caso da Rússia, para que o nobre representante veja como vou mais longe do que S. Exa. supõe, quero simplesmente declarar – repetindo o que já foi dito em documento de meu partido, que infelizmente não tenho em mãos, quando da publicação do 'Livro Azul' – que a verdade é a seguinte: por ocasião de ser conhecido o 'Livro Azul', nós, os comunistas, que fazemos política com ciência, política científica – podem julgar, muitos dos que discordem, que a ciência marxista é errada, porém para nós é verdadeira, é a única ciência social legítima para nós, repito, que fazemos política, não com sentimentos, nem com impulsos, mas com a cabeça, com a razão...
O Sr. Dioclécio Duarte – Realisticamente.
O SR. CARLOS PRESTES – ... realisticamente, verificando onde estão os interesses do proletariado, e portanto do povo, porque o proletariado é a maioria da Nação, o 'Livro Azul' é uma provocação de guerra. Porque aquilo que se diz no 'Livro Azul' a respeito do governo Perón é, evidentemente, muito pouco, unilateral, porque somente se refere a Perón, quando quase todos os governos da América Latina fizeram o mesmo, isto é, compraram armas à Alemanha, inclusi-

ve o governo brasileiro. [...] Perguntamos então: por que isto? Porque essa preocupação do Sr. Burden e do Departamento de Estado pela democracia argentina, esse amor extraordinário ao povo argentino, à democracia argentina? Há algo muito suspeito...

Dos países latino-americanos, a Argentina é o último em que o predomínio do capital inglês ainda subsiste; em todos os outros o capital ianque já predomina – é a verdade.

Agora é o momento para o mais reacionário capital americano desalojar da América Latina o capital inglês. Quer dizer: o 'Livro Azul' não é mais do que um dos argumentos, mais uma acha que se joga na fogueira da guerra imperialista entre os interesses da Inglaterra e dos Estados Unidos, numa disputa de mercados, de matérias-primas, dos próprios mercados de consumo dos produtos argentinos que são os mesmos americanos, trigo, milho e carnes. Os Estados Unidos, os capitais americanos mais reacionários têm grandes interesses em entrar em choque e, por isso, provocam, querem a guerra com a Argentina.

Mas compreende-se, os Estados Unidos são uma grande democracia, ainda não são um país fascista. Poderão ir ao fascismo, mas ainda não foram. Ora, um governo americano, o governo Truman não convencerá facilmente seu povo a fazer guerra à Argentina; mas seria muito mais fácil arrastar os norte-americanos a apoiarem caridosamente o Brasil, numa guerra deste país com a Argentina!

Por isso, Senhores, provoca-se uma guerra entre o Brasil e a Argentina, quer-se a ruptura de relações, primeiro passo para o conflito.

Em documento escrito – decisão da Comissão Executiva do Partido – tivemos a ocasião de afirmar que seríamos contrários a essa guerra, porque se trataria de uma guerra imperialista que não serviria aos interesses do povo brasileiro nem aos do povo argentino; que, se o governo brasileiro, comprometido, constitucionalmente ou não, arrastasse o país a um conflito dessa natureza, nós o combateríamos, certos de que assim é que estaríamos lutando pelo interesse do nosso povo, que não pode servir de carne para canhão.

É uma tese, uma opinião, dita e redita muitas vezes. Mas os senhores compreendam, é uma hipótese. Não creio que nenhum governo brasileiro seja capaz de um crime desses, de arrastar o país a uma guerra imperialista.

O Sr. Hamilton Nogueira – V. Exa. tem tantas vezes insistido nesta suposta guerra com a Argentina, que ficamos perplexos, julgando mesmo que o Partido Comunista o deseja.

O SR. CARLOS PRESTES – O perigo é muito maior do que V. Exa. supõe. O perigo é iminente, Sr. Senador. O perigo é muito claro, muito próximo. O perigo, infelizmente, é muito grande.

Ainda agora soube que oficiais e sargentos norte-americanos estão ativando a preparação de bases aéreas, cujo ritmo de construção havia diminuído. São as bases aéreas de Porto Alegre e Santa Maria. Lá estão especialistas americanos ativando a construção. Quais os objetivos disso? Só podem ser os de uma guerra, Sr. Senador, que o imperialismo ianque está preparando. (*Trocam-se numerosos apartes*)

O Sr. Juraci Magalhães – V. Exa. está fazendo uma intriga internacional com a Argentina. Não é verdade. Sou oficial de Estado-Maior e ainda não tive conhecimento disso. Nós que somos oficiais do Exército sabemos da responsabilidade que V. Exa. está assumindo, porque o fato não é verdadeiro.

O SR. CARLOS PRESTES – Mesmo que tivesse conhecimento disso, não podia revelar a esta Casa.

O Sr. Hermes Lima – V. Exa. deve dar resposta ao Deputado Juraci Magalhães. V. Exa. a tem em suas mãos, leia e responda.
O SR. CARLOS PRESTES – Não é necessário responder. O Deputado Juraci Magalhães é suficientemente inteligente para compreender o seguinte...
O Sr. Juraci Magalhães – A voz de V. Exa. é uma voz reacionária. Conheço muito essa linguagem, porque tive que enfrentar o integralismo, cuja doutrina se parece muito com a de V. Exa.
O SR. CARLOS PRESTES – V. Exa. é suficientemente inteligente para compreender o seguinte: no caso de uma guerra com a Argentina – a minha resposta, implícita, é a mesma que dei ao figurar de ser o Brasil arrastado a uma guerra contra a União Soviética, guerra que, no nosso ponto de vista, só pode ser uma guerra imperialista –, seríamos contra essa guerra e lutaríamos da mesma maneira contra o governo que levasse o país a uma guerra dessa natureza. O Sr. Senador Nereu Ramos também já teve a minha resposta.
O Sr. Juraci Magalhães – V. Exa. criou as suas premissas e fugiu das minhas, com o maior pesar para mim.
O Sr. Getúlio Moura – Se a Rússia, no caso de uma guerra entre os Estados Unidos e a Argentina, ficasse com os Estados Unidos, qual seria a posição do Partido Comunista?
O SR. CARLOS PRESTES – Com Rússia ou sem Rússia, ficaríamos contra a guerra imperialista."

Prestes estava havia duas horas na tribuna, utilizando-se do tempo que lhe foi cedido pelos companheiros de partido, inscritos para esse fim. O presidente o advertiu de que seu tempo estava se esgotando e Marighela requereu a prorrogação da sessão por mais meia hora, para que pudesse concluir seu discurso. O líder comunista, porém, continuou trilhando o caminho das longas digressões históricas que tinham marcado sua intervenção e fez um resumo da evolução do capitalismo, até chegar à fase do imperialismo, em que dizia encontrar-se o mundo pós-guerra. Falou dos lucros da Light, invocou Kemal Atatürk Pacha e em resposta a um aparte esclareceu que a posição da Rússia, dominando alguns vizinhos depois da guerra, não constituía imperialismo, porque lá não havia trustes, monopólios, nem capitais financeiros aplicados na exploração de colônias. Ao ser confrontado com a invasão do Irã por tropas soviéticas, disse que os jornais do dia já anunciavam a retirada das tropas russas, em face do avanço dos ingleses que, a partir do Iraque, retaliavam ameaçando ocupar a região petrolífera de Baku, no território soviético, o que a fez recuar para proteger seus interesses.

Citou longos trechos da obra de Lênin, *Imperialismo, etapa superior do capitalismo*, e explicou a origem da controvérsia de suas declarações:

"O SR. CARLOS PRESTES – [...] Que há por trás dessas palavras? Quem provocou a celeuma? Por que essa série de provocações, esses ataques pessoais, esses insultos, essa campanha anticomunista dos dias de hoje? Eles surgiriam com as minhas palavras ou sem as minhas palavras, de qualquer maneira, com qualquer pretexto, porque este é o método usado pelos imperialistas no momen-

to que vivemos no mundo e em nossa pátria: é a preparação para a guerra. E, nos arranjos para a guerra, é mister criar o ambiente, preparar psicologicamente o povo para a luta, liquidar a democracia, tapar a boca dos homens com coragem de falar o que pensam e dizer a verdade dos homens que não se acovardam quando julgam ser preciso dizer, como eu disse, aquelas palavras.
[...] O que há, portanto – repito –, é um sistema organizado de provocação e preparação psicológica para a guerra. É disto que se trata.
[...] Essa campanha surge devido à situação internacional. É a Inglaterra em crise, são os Estados Unidos em crise; é o prestígio cada vez maior da União Soviética."

Aludiu em seguida à situação e às dificuldades internas do país, mostrando seu desejo de colaborar com o regime e o governo do marechal Dutra:

"O SR. CARLOS PRESTES – Cumpre atender ao problema nacional. E o Governo, para enfrentar a situação econômica, mais do que ninguém, necessita do apoio do povo, da sua confiança. Nós, comunistas – torno a salientar –, queremos apoiar o Governo, ajudá-lo, colaborar com ele na solução dos problemas do país. Esta, Senhores, é a nossa posição.
É contra a nossa vontade que atacamos o Governo, porém temos de nos defender, de defender a democracia. Não achamos outro caminho, senão este.
Contra as medidas reacionárias do Governo, dentro da lei, sempre protestaremos, empregaremos todos os recursos para reagir; mas acatamos as decisões do Governo, aconselhamos ao povo e ao proletariado que respeitem as decisões oficiais."

Esgotada a meia hora da prorrogação da sessão, Prestes estava longe de concluir suas considerações, pois aludia então às bases americanas, em redor do mundo e no Brasil. O deputado Costa Neto (PSD-RJ) requereu nova prorrogação de mais meia hora, igualmente concedida, e Prestes, para explicar sua crença de que oficiais americanos continuavam em atividade, instalando bases aéreas americanas em Porto Alegre e Santa Maria, invocou o caso cubano da base de Guantánamo, citando jornais procedentes daquele país. Embora Juraci Magalhães insistisse que lhe parecia absurda a informação, e o testemunho de Rui Almeida, também coronel do Exército, de que a construção dessas bases remontava a mais de dois anos, durante a guerra, quando de sua viagem à Argentina, Prestes insistiu que ainda havia soldados estrangeiros em território nacional, quase um ano depois de terminada a guerra, o que mostrava os riscos que corria o país. Invocou em seguida o testemunho do senador udenista Hamilton Nogueira, de dois dias antes, dizendo-se contra o fechamento do Partido Comunista, que poria em risco a existência dos demais partidos, o que provocou novo aparte do petebista carioca Rui Almeida:

"*O Sr. Rui Almeida* – Tenho a dizer a V. Exa. que não só o Senador Hamilton Nogueira é contra o fechamento do Partido. Não sou comunista, já declarei de

público, e hoje mesmo dei uma entrevista a 'Diretrizes', inteiramente contrária ao fechamento desse partido. O que desejamos é a luta de idéias, com V. Exa., com os demais representantes do seu e de outros partidos, para que saia alguma coisa de útil ao Brasil. Não queremos, absolutamente, que desapareça o Partido Comunista. Aí o grande valor da democracia.
O SR. CARLOS PRESTES – Obrigado a V. Exa. Atendo agora ao nobre Deputado Sr. Glicério Alves.
O Sr. Glicério Alves – Também sou contra o fechamento do Partido Comunista; mas declaro que V. Exa. é o próprio culpado dessa campanha, com as declarações que fez, ofensivas ao patriotismo do povo brasileiro. Digo-o com toda a sinceridade – poderei estar errado – mas digo-o, com toda a lealdade.
O SR. CARLOS PRESTES – Agradeço a lealdade de V. Exa. Essas minhas declarações não são entretanto novas. Já as fizéramos há muito tempo.
O Sr. Glicério Alves – Mas ninguém havia chamado a atenção para elas.
O Sr. Abelardo Mata – Passaram despercebidas.
O SR. CARLOS PRESTES – Vou ler, se me permitem, uma declaração feita há tempo e recordada agora em discurso que tive a ocasião de pronunciar em solenidade pública:

> *Muito antes, em 1937, quando levado perante o Supremo Tribunal Militar, afirmáramos, ante a gravidade da situação nacional, que, se os politiqueiros tentassem lançar o nosso povo numa guerra civil que seria, em última análise, um choque dos interesses imperialistas, os comunistas saberiam lutar contra essa guerra, transformando-a numa guerra pela independência e libertação nacional.*
> *Mas, companheiros, a preparação para a guerra mal começa. Não foi adiante com o 'Livro Azul', porque soubemos desmascará-la em tempo.*
> *Agora, apresentam palavras isoladas para recomeçar a sua campanha.*

Essa declaração foi publicada em toda parte. Agora está sendo explorada porque quiseram explorá-la, houve intenção premeditada. Explorariam com aquelas palavras ou sem elas. Qualquer pretexto servia, porque é o momento histórico nacional.
[...] Toda a semana passada tentou-se criar um clima de exaltação 'chauvinista' para justificar atentados pessoais contra os dirigentes comunistas. Repetiu-se nos jornais, diariamente, que era necessário fuzilar imediatamente Prestes e outros. Quer dizer, criaram essa atmosfera de exaltação, para justificar atentados que talvez já se preparem.
[...] Mais um motivo para essa campanha nos dias de hoje, objetivando hostilizar a União Soviética, envolvê-la em ambiente de ódio, de desconfiança e de desassossego, foi encontrado, justamente, foi encontrado, precisamente, no momento em que deverá chegar seu primeiro embaixador; precisamente quando vão se tornar efetivas nossas relações comerciais e diplomáticas é que interessa ao capitalismo financeiro impedir isto. Procuram, assim, impedir que o povo brasileiro receba esse embaixador, cuja presença vai ser, em nossa pátria, mais um fator de democratização e de progresso e vai facilitar, a todos nós, conhecermos a verdade sobre a União Soviética."

Quando falava do espírito democrático do Exército brasileiro, fazendo referência à existência de um grupo de fascistas que ainda ocupavam posições de relevo, foi mais uma vez interrompido pelo presidente, para anunciar nova prorrogação da sessão, por mais meia hora. Ao retomar seu discurso, Prestes invocou o que tinha dito em 1941, quando, segundo ele, o Brasil negociava a cessão de bases militares do Nordeste com os Estados Unidos:

"O SR. CARLOS PRESTES – [...] Minhas palavras foram as seguintes, em junho de 1941:

> Os nossos governantes que, noutras épocas já entregaram, em troca das liras-papel de Mussolini, a carne com que sustentou seus soldados na Abissínia, que depois entregou o nosso algodão, pelos marcos de compensação de Hitler, que tomem agora cuidado para não permitir que o imperialismo ianque, em nome da defesa do Brasil ou da América, venha ocupar nossos portos (e aeródromos). Que grau não atingirá a exploração capitalista do nosso povo, no dia em que a Light, a São Paulo Railway, etc. puderem sustentar suas aspirações com as carabinas dos soldados que já tenham ocupado o nosso solo?
> Sou insuspeito, Senhores, para declarar neste momento que creio o patriotismo do Sr. Getúlio Vargas não permita que as coisas cheguem até lá. Mas, para tanto, o governo precisa de força – não a força das armas, mas a da opinião pública. É a união nacional – verdadeira e superior. União, porém, não é escravidão. É pelo pensamento que os homens se distinguem dos animais, e os homens que não dizem com franqueza o que pensam, descem à categoria de vermes impotentes e desprezíveis. Não compreendo por isso que, para ser patriota, precise começar por renegar das minhas idéias.

[...] O apelo que dirigimos ao Sr. Getúlio Vargas naquela época – é o mesmo que agora dirigimos ao Sr. Presidente Eurico Gaspar Dutra, em nome da união nacional, da paz, da democracia, do progresso do Brasil. O que todos os patriotas reclamam é que abandonem o solo da nossa pátria os soldados do imperialismo, e isto o quanto antes!
[...] Que se unam, pois, todos os patriotas, em defesa da paz e da democracia! Em defesa da soberania nacional.
Era isso o que tinha a dizer. (*Muito bem; muito bem. Palmas. O orador é cumprimentado*)"

Quando terminou seu pronunciamento, Prestes tinha permanecido na tribuna durante mais de quatro horas. Depois dele, antes de ser encerrada a sessão, falaram ainda Nereu Ramos (PSD-SC), Prado Kelly (UDN-RJ) e Rui Almeida (PTB-DF), em nome de seus partidos, para se declararem todos contra o fechamento do PCB. Nereu foi o que mais reações provocou, tanto de Prestes quanto de seus colegas.

"O SR. NEREU RAMOS – Há de permitir o ilustre Senador pelo Distrito Federal que, em nome do meu partido, lamente a injustificável atitude que se permitiu.
O Sr. Carlos Prestes – Injustificável é a de V. Exa.

O Sr. Trifino Correia – V. Exa. é interessado no atraso do povo do nosso país, porque quanto mais miserável ele for, mais convirá ao interesse de V. Exa. e das classes que V. Exa. representa aqui.
O SR. NEREU RAMOS – Observamos hoje, Sr. Presidente, a hesitação do ilustre Senador comunista no seu longo discurso, que será oportunamente respondido, e quero frisar, já agora, que essa hesitação se verificava sempre que era necessário S. Exa. definir-se claramente pelo Brasil.
O Sr. Trifino Correia – V. Exa. está defendendo o imperialismo.
O Sr. Carlos Prestes – Esta é a defesa dos banqueiros estrangeiros, da Light, da São Paulo Railway, das empresas imperialistas que sugam o suor do nosso povo. Isso é criar ambiente de guerra."

A sessão encerrou-se às 19 horas e 30 minutos. Tinha sido, até aquela data, a mais longa da vida ainda breve da Constituinte. Prestes permaneceu na tribuna durante quase quatro horas e meia. As declarações das principais bancadas contra a ameaça de fechamento do PCB podiam até ser sinceras. Mas a insistência de todos em solidarizar-se com os comunistas deixava um cheiro de 1937 no ar. Se não houvesse procedência nas ameaças, a solidariedade tornava-se dispensável. O esforço do líder comunista, fundamentando as razões de sua atitude, e o seu afã de mostrar-se cordato, insistindo na tese da união nacional e procurando demonstrar que, mesmo acreditando na inevitabilidade do advento do socialismo, não estava empenhado em pregar ou defender a revolução como o caminho adequado para a solução dos graves problemas do país, soava como um esforço vão. A reação dos dias seguintes iria demonstrar que, com o seu longo pronunciamento, Prestes tinha atravessado o seu Rubicão. O estigma de 1935 permanecia intacto, como uma espada de Dâmocles, pendente sobre sua cabeça e sobre o destino do velho "partidão".

12. A Guerra Fria começou no Brasil

Reação e reacionários

Em março de 1946, a Guerra Fria ainda não tinha começado. Em janeiro e fevereiro, reuniu-se em Londres a primeira Assembléia Geral das Nações Unidas, que decidiu o estabelecimento de sua sede em Nova York. A Doutrina Truman, prevendo a ajuda militar e econômica dos Estados Unidos a todos os países que se opusessem à expansão comunista, é de 1947, e o Plano Marshall, que a viabilizou, é do mesmo ano, mas só começou a ser executado em 1948, quando se fundou em Paris a OCDE (Organização Econômica de Cooperação Européia). Só em 1949 o mundo ficou sabendo que a União Soviética explodiu seu primeiro artefato nuclear no Cazaquistão, o que levou à fundação, nesse mesmo ano, da Otan (Organização do Tratado do Atlântico Norte). O ano de 1948, no entanto, marcou o início da política de confronto, quando a URSS proibiu o acesso por terra à zona ocidental de Berlim, obrigando os Estados Unidos a iniciar a ponte aérea de suprimentos que durou até fevereiro de 1949. Em outubro desse ano, por sua vez, foi fundada a República Democrática da Alemanha. Só em 1950 teve início o conflito na Coréia, enquanto nos Estados Unidos o senador Joseph McCarthy desencadeou sua histérica cruzada anticomunista no Subcomitê de Atividades Antiamericanas no Senado. Essa atitude tornava claro que a Guerra Fria, já em curso, tinha se internalizado, deixando marcas profundas e dolorosas na democracia americana.

No Brasil, porém, ela já tinha começado em 1946, desde que Prestes, com sua polêmica declaração, publicada na *Tribuna Popular* do dia 16 de março, desencadeou verdadeira tormenta na Constituinte e na imprensa. No dia seguinte às suas explicações da tribuna da Assembléia, Carlos Lacerda, em sua coluna de 27 de março no *Correio da Manhã*, comentava de forma violenta, como era do seu estilo, o longo pronunciamento do líder comunista, chamando-o de "estafante discurso com o qual o Sr. Prestes, ontem, durante cerca de quatro horas, se candidatou à cadeia". Depois de criticar a incoerência do orador, ao dizer que "há dias os elementos reacionários pensaram que era possível a guerra", o que fazia supor que agora já não era, e justificar-se com sua iminência, Lacerda atacou no tom que lhe era habitual: "Nós não nos opomos ao fechamento do PCB por causa do Sr. Prestes e sim por nossa causa. Por outras palavras: nós nos opomos a que seja fechado o PCB, *apesar* do PCB ser aquilo que é, isto é, a organização do fanatismo, dirigida por um irresponsável." E rematava: "Mas isso não impede que desejemos a derrota do PCB no terreno das idéias e campanhas – e nisto empenharemos todas as forças que sobrarem na luta contra a reação – porque não confiamos no Partido Comunista."

A palavra "reacionário", expurgada como antiparlamentar do *Diário da Assembléia*, apesar de constar de um manifesto do Comitê Executivo do PCB, transcrito por iniciativa de um de seus deputados, só não era, na cultura política da época, mais ofensiva que o adjetivo "fascista", empregados ambos com muita freqüência no discurso de todo marxista, como recurso para desqualificar os adversários. Lacerda, como ex-membro do partido, não era considerado apenas reacionário e fascista. Era tido e tratado como um traidor, um trânsfuga que, segundo a crônica comunista corrente entre os seus membros, tinha delatado os ex-companheiros em suas entrevistas e artigos. Lacerda utilizava o mesmo jargão para referir-se a Dutra e a seus adeptos e colaboradores, aos quais iriam se juntar, alguns meses depois, dois expoentes de seu partido, a UDN. Como reacionários, para os comunistas, eram todos os adversários, e também para a maioria dos udenistas, e como udenistas e comunistas eram adversários inconciliáveis, reacionário terminava sendo, no léxico da política, todo e qualquer adversário de todos os partidos. No Brasil daquela época, como ainda hoje, é, como já era em 1946, difícil saber onde se situava a reação e quais os reacionários. Pela lógica canhestra dos políticos, a reação era o local onde se colocavam os seus adversários, fossem eles quais fossem, e reacionários, inevitavelmente, pelo mesmo princípio, os adeptos de todos os credos e crenças que não fossem os seus...

No âmbito da Constituinte, a celeuma de Prestes seria sepultada em mais alguns dias e tudo voltaria ao normal, com pequenas escaramuças, aqui e ali, a que a ressuscitada democracia brasileira aos poucos ia se acostumando. Mas não seria assim tão plácido e passageiro o ambiente externo em que os comunistas tinham de mover-se em defesa de suas idéias e interesses. Ao discurso de Prestes juntou-se uma nova polêmica em torno do MUT, o Movimento de Unificação dos Trabalhadores. Era uma fórmula encontrada pelos estrategistas do partido para contornar a cortina de ferro. Não a que se referira Churchill em seu discurso em Fulton, durante a visita aos Estados Unidos, mas a outra ainda mais poderosa – a que Vargas tinha erigido em torno da organização sindical, criada como apêndice do Estado, por ele incentivado, protegido, estimulado e mantido à custa dos recursos do imposto sindical. Como era muito difícil, se não impossível, rompê-la, o MUT, organizado como sociedade civil, tinha o objetivo de ser um sistema paralelo ao das federações, confederações e sindicatos dominados pelos pelegos, para a mobilização dos operários urbanos, vítimas do processo inflacionário, que tinha estiolado o poder de compra da maioria dos brasileiros. Pressionado pelas reivindicações que recrudesciam estimuladas pelo MUT, o governo reagiu com o aparelho da repressão policial montado pelo Estado Novo e ainda intacto, não apenas contra os dirigentes do movimento operário liderado pelos comunistas, mas sobretudo contra toda a organização partidária do PCB. E o fez, como se verá adiante, com inusitada violência. Para conjurar o que julgava uma ameaça à ordem vigente, reforçou seu arsenal de poderes baixando o decreto nº 9.070, de 15 de março, que tornava impraticáveis as greves, já virtualmente proibidas pela CLT. E o fez com tanta e tão desproporcional força que até alguém como Assis Chateaubriand, considerado unanimemente por comunistas e udenistas como o protótipo do mais assumido reacionário, se viu na contingência de advertir que esse não era o caminho adequado.

Num artigo publicado em 5 de maio, quase dois meses depois do discurso de Prestes, intitulado "O dever da democracia", escreveu: "Fala-se de novo em exorcizar o demônio comunista de nossa casa. Reproduziremos uma espécie de Canudos, se pensarmos enfrentar a expansão que tem tomado o ideal vermelho, pondo a luta em termos policiais. A repressão policial contra um credo é o que pode haver de errôneo no campo das idéias e das paixões. A luta contra o comunismo, antes da polícia, quem a deve travar é a própria democracia, com as fórmulas largas da livre discussão e da controvérsia."

Estava ficando cada vez mais claro que o clamoroso erro de fechar um partido que tinha disputado democraticamente o pleito de dezembro de 1945 e que participava ativamente das regras do jogo democrático na Constituinte já tinha passado da esfera das cogitações para a das intenções, no âmbito do governo. Era só uma questão de tempo e de oportunidade.

Um mês mais tarde, em 27 de junho, Chateaubriand foi mais explícito ainda em novo artigo: "Os comunistas são uma necessidade em países democráticos. Insolentes que não amam suficientemente a democracia, eles agem como força de excitação para a aprendizagem do que seja o governo popular, inspirado na vontade da maioria e no respeito à lei. A solução do fechamento do partido comunista é a fórmula da comodidade dos democráticos. [...] Não nos seria lícito pensar em estruturar a democracia no Brasil, pondo, ao cabo de uma experiência de dez meses, um partido fora da lei, porque os democratas têm preguiça de enfrentá-lo com as armas da propaganda e da organização com que eles os desafiam."

As manifestações da imprensa sobre as ameaças baseavam-se em demonstrações cada vez mais ostensivas de membros do governo, como sinais de advertência. Embora não fosse levada em consideração no âmbito da Assembléia, por sua origem e pela falta de credibilidade de seu autor, o fato é que na sessão do dia 21 de março, cinco dias antes da defesa de Prestes, Barreto Pinto (PTB-DF), que tinha sido secretário do TSE, confirmou o que já vinha avisando nos corredores: que iria requerer a cassação do registro do PCB. A pretexto de comentar a ata da sessão anterior, justificou a sua intenção.

"O SR. BARRETO PINTO – Sr. Presidente, egrégia Assembléia, os vespertinos de ontem noticiaram que eu pretendia representar ao Tribunal Superior Eleitoral [...] sobre a cassação do registro do Partido Comunista.

Talvez por isso, minha casa, na av. Atlântica, amanheceu hoje com uma porção de dizeres, no trecho da rua que lhe é fronteiro. Vários foram os telefonemas que recebi. Comunicando o fato, não quero dizer que esteja pedindo garantia à Assembléia. [...] Aliás, verifica-se que a tática de mistificação [do PCB], feita ao requerer o registro, está vindo a se esclarecer de modo iniludível.

O Partido Comunista, ao requerer o seu registro, em cumprimento a exigência da Justiça Eleitoral, declarou:

> *No programa do partido não se incluem os princípios nem marxistas nem leninistas, nem quaisquer outros princípios filosóficos, mas apenas as proposições políticas consideradas pelo partido fundamentais, dentro da realidade brasileira.*

Concedeu-se, por isso, o registro. Lerei a seguir a última parte do voto do relator, professor Sampaio Dória, no Tribunal Superior, a respeito:

> *Apresenta-se, porém, agora o comunismo no Brasil, com substância diferente. Não é marxismo. Não é leninismo. Não é o que se observa na Rússia.*
>
> *Bem ao contrário, declara-se liberal, declara-se até capitalista, declara-se contrário à ditadura do proletariado.*
>
> *Assim apresentado, o programa do Partido Comunista do Brasil, não só não colide com os princípios democráticos ou com os direitos do homem, mas os consagra, mas os exalta, e se arma o partido, cavaleiro para os sustentar com galhardia.*
>
> *Há neste processo de registro um comovido apelo contra a legalização do partido. É o da viúva de uma das vítimas da sedição comunista de 1935.*

Não é, porém, este o meio hábil para impedir a legalização de um partido. Pode, a qualquer tempo, ter qualquer partido cancelado seu registro, se houver substituído a realidade pelo engodo. No art. 14 das Instruções sobre Partidos Políticos se faculta o cancelamento do registro de um partido, quando se prove "que, contrariando seu programa, manifeste" [o partido], "por atos inequívocos de seus órgãos autorizados, objetivos que colidam com os princípios democráticos ou os direitos fundamentais do homem, definidos na Constituição". Esses direitos e esses princípios foram enumerados nos arts. 16 e 17 das Instruções.

Apenas o nome – será um partido comunista sui generis; um comunismo de que se esvaziou toda a substância ideológica; um comunismo do Brasil; um partido cujo programa não é o que, sob este nome, se pratica na Rússia, na União das Repúblicas Socialistas Soviéticas; um partido comunista, em suma, sem marxismo, sem leninismo, sem ditadura do proletariado, sem nada do que se compreende por comunismo, no mundo inteiro. Mas um partido do lado oposto, um partido liberal, um partido capitalista, um partido democrático, pelo compromisso escrito de respeito integral dos princípios democráticos à brasileira, e respeito aos direitos fundamentais dos homens, definidos na Constituição, uma democracia à inglesa, em suma.

É preciso mais para a cassação do registro do partido, para o bem do Brasil?"

As ironias contidas no parecer do ministro Sampaio Dória, por sinal um dos maiores juristas de sua época, não discrepavam do que era o pensamento então dominante, mas deixavam à mostra as contradições da incipiente democracia brasileira. Em 1933, o TSE negou registro ao PCB porque seus estatutos, elaborados em 1921, declaravam tratar-se da seção brasileira da Internacional Comunista. Como conseguiria registrar-se em 1945, mantendo a mesma postura? Mesmo tratando-se de uma contrafação, essa era a única forma aceitável e possível de se registrar perante a justiça eleitoral, disputar as eleições de dezembro e participar da democracia que, com tantas dificuldades, se estava construindo.

Prestes tinha a seu favor a confissão que fizera, voluntariamente ou não, da tribuna da Constituinte, quando declarou sem rodeios: "Nós, comunistas, não lutamos hoje pelo socialismo no Brasil. Não é esse o nosso programa. Não é essa nossa posição." Afirmara com todas as letras, o que para a maioria de seus companheiros devia ser considerado uma heresia e um paradoxo, dizendo, em relação às péssimas condições de vida dos brasileiros mais pobres, que "o proletariado sofre muito mais desse atraso, dessa miséria, do que da própria exploração capitalista", embora fosse sua convicção, tantas vezes manifestada, de que as condições do atraso resultavam do capitalismo e que, para superá-las, era necessário liquidar o regime capitalista.

Chegou mesmo a condenar a revolução socialista como forma de resolver o nosso atraso: "Mas resolver como? Não fazendo revoluções socialistas. Mas rompendo com estes restos do feudalismo, para dar impulso novo ao capitalismo."

Distribuíra fartos e irrestritos elogios à oposição udenista, ao ressaltar e reiterar a correção e o patriotismo de seu líder e candidato à Presidência. Disse de seu desejo de cooperar com o governo, afirmando-o de forma clara e explícita: "Nós comunistas – torno a salientar – queremos apoiar o Governo, ajudá-lo, colaborar com ele na solução dos problemas do país. Esta, Senhores, é a nossa posição. É contra a nossa vontade que atacamos o Governo, porém temos de nos defender, de defender a democracia. Não achamos outro caminho, senão este."

Para uma boa parte da Constituinte, mesmo entre os que antes não o conheciam e só agora, há dois meses, estavam convivendo com Prestes, havia a convicção de que fizera todo o esforço possível para afastar de si e de seu partido a suspeita de ser capaz de qualquer ato de subversão. Para outros, sua oração tinha o sabor amargo de uma autocrítica. É bem verdade, como gostavam de ressaltar os seus mais empedernidos adversários, que perdera boa parte de seu tempo defendendo a política e as posturas da União Soviética. Mas, em abono dessa sua posição, é preciso lembrar que, em março de 1946, havia ainda vivo um clima de cooperação entre os aliados da Segunda Guerra Mundial, e os Estados Unidos mantinham seu esforço de uma boa convivência com Stálin, de acordo com o espírito que tinha presidido a conferência de Yalta. Em outras palavras, ainda não se havia deflagrado a Guerra Fria. O que ninguém no mundo podia desconfiar é que ela já tinha sido antecipada no Brasil...

E nesta guerra não havia distinção em nenhum dos lados, nem da reação, nem dos reacionários que, como vimos, eram uma posição e uma qualificação atribuídas sempre a todo e qualquer adversário dos que militavam na arena política e na vida parlamentar.

O PCB vai à Canossa

As reações ao discurso de quatro horas e meia de Prestes eram esperadas no âmbito da própria Assembléia. Essas manifestações começaram na discussão da ata, no dia seguinte ao pronunciamento do líder do PCB. O primeiro a falar foi o deputado monsenhor Arruda Câmara (PDC-PE), cujo violento anticomunismo se tornava cada vez mais militante. Aludiu ao passado do partido, sua atuação no levante de 1935, leu telegramas de condenação às declarações de Prestes e transcreveu encíclica do papa Pio XII sobre a doutrina marxista e o dever dos católicos. Em seguida foi a vez do deputado Domingos Velasco, eleito pela UDN-GO, que mais tarde se juntaria aos demais membros da esquerda democrática, como Hermes Lima, para fundar o Partido Socialista Brasileiro. Explicou sua posição como católico que se opunha por convicção às teses marxistas, mas ressalvou sua posição contrária a qualquer forma de restrição ao exercício dos direitos políticos do PCB, legal e legitimamente registrado. Seu colega Jales Machado falou em seguida, rechaçando as críticas sistemáticas de Prestes aos Estados Unidos. Depois dele foi a vez de o trêfego Barreto Pinto (PTB-DF) retificar a ata, aludindo a um aparte dado ao deputado Prado Kelly (UDN-RJ), que a mesa censurou expurgando da ata. Seu objetivo, como quase sempre, era o de polemizar, como fazia em geral, de forma gratuita:

"O SR. BARRETO PINTO – [...] Não vejo no recinto o Senador Carlos Prestes que, na feliz expressão do líder da maioria desta Casa, não sabe respeitar o próprio nome e a bandeira de sua pátria. Lastimo S. Exa. não se achar presente, porque sou daqueles que gostam de combater, como diz D. Jaime, tendo colo aberto e peito nu.
Verifico também que o Sr. Deputado Trifino Correia (PCB-RS) não se encontra no recinto.
O Sr. Trifino Correia – Estou aqui, se quiser, vamos discutir.
O SR. BARRETO PINTO – A linguagem de V. Exa. bem reflete suas atitudes, nesta Casa.
O Sr. Trifino Correia – (*Profere aparte e mantém atitude, cuja publicação é censurada pela Mesa*)
(*Veementes protestos no recinto. Soam os tímpanos*)
O Sr. Segadas Viana – Sr. Presidente, peço a palavra pela ordem. A sessão não pode prosseguir! A Assembléia acaba de ser desrespeitada.
(*Novos protestos no recinto, dirigidos ao Sr. Trifino Correia. O Sr. Presidente reclama insistentemente atenção*)
O SR. BARRETO PINTO – Sr. Presidente, o que está em jogo não é mais a minha pessoa, é a Assembléia Constituinte, e peço a V. Exa., para decoro da Casa, que convide o Deputado a retirar-se do recinto, porque não merece pertencer ao nosso número. (*Vários Srs. Representantes pedem a suspensão da sessão*)
O SR. PRESIDENTE – Em vista do procedimento, inconveniente e desrespeitoso, assumido pelo Sr. Trifino Correia, convido S. Exa. a retirar-se do plenário. (*Palmas. Diversos Representantes se manifestam, estabelecendo-se tumulto. O Sr. Presidente reclama novamente atenção*)"

Era a primeira vez que incidente dessa natureza ocorria na Assembléia, embora outros mais graves ainda viessem a se verificar mais tarde. O gesto de Trifino Correia tinha sido o que é popularmente conhecido como "dar uma banana" ao orador que estava na tribuna, além de dirigir-lhe impropérios e ofensas verbais. O representante do PCB do Rio Grande do Sul era segundo-suplente de sua bancada e tinha acabado de tomar posse uma semana antes, na vaga de seu colega Abílio Fernandes. Era militar que participou da Coluna Prestes, finda a qual se exilou na Argentina, de onde voltou para participar da Revolução de 30 contra Washington Luís. Membro da direção da Aliança Nacional Libertadora, foi preso e expulso do Exército como participante do levante de 1935, tendo cumprido pena em regime de isolamento, de 1937 a 1945. Ao deixar a vaga que ocupava na Constituinte, com a volta do titular, foi preso pelo Dops do Distrito Federal, ao reagir à revista feita em sua residência pela polícia.

A pena que lhe impôs o presidente era a mais dura que poderia punir o seu gesto. A sua atitude, por sua vez, no dia imediato ao discurso de Prestes, era a que menos poderia desejar o seu partido. O radicalismo exprimia-se de ambos os lados. O relator-geral da Comissão Constitucional, Cirilo Júnior (PSD-SP), pediu a palavra para exigir, sob o pretexto de observância das normas regimentais, uma pena acessória:

"O SR. CIRILO JÚNIOR – Minha presença na tribuna, Sr. Presidente, tem a significação de um protesto contra ocorrências que se vêm verificando aqui, de uns três dias a esta parte, e que calam profundamente na consciência daqueles que, vexilares da democracia representativa, acham estar a sorte do regime vinculada ao prestígio alto do Parlamento Nacional (*muito bem*), teste da nossa capacidade para honrar os sacrifícios que nos repuseram a caminho da ordem constitucional do Brasil.

O gesto impensado e impulsivo de um representante do povo com assento nesta Casa, a quem devemos respeito, embora S. Exa. não respeite as tradições e o decoro do Parlamento (*muito bem*), levaria, Sr. Presidente, como leva a Casa a pedir a V. Exa. que suspenda os nossos trabalhos... (*Muito bem, apoiado*)

O Sr. Lino Machado – Isso está previsto em nosso regimento.

O SR. CIRILO JÚNIOR – ... até que, restituída a calma ao ilustre colega, possa S. Exa. dizer ao Parlamento brasileiro, como aos seus companheiros de representação popular, que nem esse, nem estes, mereceram a injúria que deprime e avilta as tradições de honra da Assembléia Nacional Constituinte. (*Muito bem; muito bem. Palmas*)

O SR. PRESIDENTE – Devo decidir desde logo a questão de ordem levantada pelo nobre representante de São Paulo e é o que vou fazer.

Srs. Representantes, ninguém deve ter pejo de confessar um erro. Acedi, em momento de exaltação da Assembléia, ao pedido para que retirasse deste recinto o Representante que aqui se manifestou de forma tão descortês.

Reconsidero a decisão da Mesa, aceitando a sugestão do ilustre Representante de São Paulo, Sr. Cirilo Júnior (PSD-SP), para que suspenda, como suspenderei a sessão, até que o Sr. Trifino Correia se convença de ser necessário, pelo bem da Assembléia, pela garantia das suas próprias doutrinas e dos seus próprios ideais, renunciar à atitude que teve.

Está suspensa a sessão.

(*Suspendeu-se a sessão às 14:35 horas, reabrindo-se às 14:40 horas*)

O SR. PRESIDENTE – Está reaberta a sessão, diante da explicação que a Mesa acaba de receber do líder da bancada comunista, Sr. Luís Carlos Prestes (PCB-DF), que vai ser ratificada pelo Sr. Deputado Carlos Marighela (PCB-BA).

O SR. CARLOS MARIGHELA – Sr. Presidente, Srs. Constituintes. Ocupo a tribuna, em nome da bancada do meu partido, para tratar do incidente que ocorreu neste recinto, por todos nós presenciado e que lamentamos profundamente.

Declaramos, em desagravo à Assembléia, cuja majestade não pode ser desrespeitada, que não nos solidarizamos com as expressões usadas pelo nobre colega e nosso companheiro de bancada, Deputado Trifino Correia. E o fazemos sinceramente, como representantes do povo, como homens que compreendem suas graves responsabilidades no momento e que estão dispostos a lutar intransigentemente pela ordem, pela tranqüilidade e pelas boas normas dos trabalhos desta Casa.

O nobre colega Trifino Correia, em companhia do Senador Luís Carlos Prestes, esteve há pouco com o ilustre Presidente, Sr. Berto Conde, explicando que sua atitude havia sido resultado de um impulso do momento, diante das expressões proferidas pelo orador que então se encontrava na tribuna; mas que não insistia nelas, ao contrário, as retirava, juntamente com os gestos por todos presenciados, acrescentando que aquele seu gesto não significava um desrespeito a esta nobre Assembléia, porque se tratava de um gesto exprimindo força, praticado diante da exaltação que a situação havia criado.

Nossa declaração, portanto, é a de que consideramos tal gesto fruto da exacerbação do momento, gesto, aliás, que não deveria ter sido feito, não devendo ter empregado também as expressões que proferiu.

Assim, nós nos solidarizamos com as providências tomadas pela Mesa e continuaremos dispostos a tudo fazer para que as boas normas dos nossos trabalhos não sejam de forma alguma alteradas. Mas também chamamos a atenção para que, como representantes do povo, procuremos nos conduzir da forma mais serena, mais parlamentar, pedindo inclusive ao Sr. Presidente providências no sentido de que as normas regimentais e parlamentares sejam seguidas à risca, evitando que oradores compareçam à tribuna para lançar sucessivamente impropérios e insultos à nossa bancada, principalmente ao nobre Senador Sr. Luís Carlos Prestes.

[...] O incidente verificado hoje, resolvido aliás de forma elogiosa, deve servir de exemplo para todos nós, a fim de que possamos conduzir-nos como representantes de uma Nação que marcha para a democracia e, dentro da democracia, deve procurar resolver os seus problemas."

O episódio demonstra o cerco a que estava sendo submetido o PCB, desde as declarações de Prestes ao jornal de seu partido, sobre uma hipotética guerra entre o Brasil e a União Soviética. Para amenizar as reações dentro e fora da Constituinte, ele se dispôs a cumprir uma dura penitência, como a de abjurar sua luta em prol do socialismo. Mas nem mesmo isso fora considerado suficiente. No dia seguinte, com o incidente provocado pelo deputado Trifino Correia, se impôs o castigo de ir à Canossa, primeiro, fazendo-o desculpar-se pessoalmente com o vice-presidente da Assembléia, que presidia a sessão; segundo, tornando pública e imediata a censura de toda a bancada, condenando a intemperança de suas palavras e gestos.

Em todos esses episódios havia uma profunda ironia. Os escolhos no caminho da primeira representação parlamentar comunista no Brasil não eram só as inevitáveis provocações, mas também os provocadores, que seus membros teriam de aprender a driblar. Um deles era, sem dúvida, o deputado Barreto Pinto (PTB-DF), cujas atitudes impudentes iriam provocar não só esse, mas outros incidentes. Quando Trifino Correia (PCB-RS) o enfrentou da maneira desabusada com que reagiu a suas provocações, ele imediatamente invocou a questão do decoro da Casa. O mesmo argumento contra ele utilizado quando se tornou o primeiro parlamentar cassado, com fundamento no § 2º do art. 48 do texto constitucional que ele próprio votou: "Perderá igualmente o mandato o deputado ou senador cujo procedimento seja reputado, pelo voto de dois terços dos membros de sua câmara, incompatível com o decoro parlamentar."

Os incidentes que iam se acumulando, tidos como normais na maioria dos Parlamentos, mostravam não só a paixão com que eram debatidas as questões ideológicas e as posições partidárias que defrontavam as bancadas. Deixavam entrever também a falta de traquejo nas lides parlamentares depois de oito anos de fechamento do Congresso. Os debates mais acirrados apenas refletiam a linguagem desabrida da imprensa e de alguns dos seus mais conhecidos cronistas políticos, como era o caso de Carlos Lacerda, que não poupava seus adversários e os de seu partido. Todos esses fatos punham em evidência a importância e a oportunidade do discurso pronunciado alguns dias antes pelo líder udenista Otávio Mangabeira, quando, traçando o que entendia ser o papel da oposição, disse não fazê-lo para agradar ao governo, mas por sentir ser necessário civilizar a política brasileira.

O racismo em cena outra vez

O discurso do senador Hamilton Nogueira na sessão do dia 14 de março, que poderia ter levado ao Parlamento um dos grandes e desafiadores temas da realidade brasileira, o do racismo, terminou se transformando numa intervenção anódina, por se ter invocado mais as origens do anti-semitismo e da tese perfilhada pelos nazistas da superioridade das raças do que as formas de discriminação racial ostensivamente praticadas no país. Apenas uma delas, as restrições que se opunham, nas Escolas Militares e na diplomacia, ao ingresso dos negros em seus quadros dirigentes, fora citada de forma quase incidental.

Na sessão do dia 19, o deputado coronel Rui Almeida (PTB-DF) resolveu responder ao senador udenista que tinha, pela primeira vez, ferido o tema cinco dias antes. E começou lendo o trecho em que o senador carioca aludia às Escolas Militares e à carreira diplomática:

"O SR. RUI ALMEIDA – [...] Felizmente tal não acontece, Sr. Presidente.

Porque, se verdadeiras as palavras do ilustre representante do Distrito Federal, que acredito mal informado, S. Exa., com essa afirmativa, viria a incompatibilizar as classes armadas com a Nação.

Lamento, Sr. Presidente, que um representante do povo, e dos mais ilustres desta Casa, mal informado, repito, tivesse trazido para o plenário afirmativa tão grave que pode ser rebatida não com argumentos de emergência ou frases ocas, mas com provas irrefutáveis e que desafiam, portanto, contestações.

O Sr. Abelardo Mata – Permite V. Exa. um aparte?

O SR. RUI ALMEIDA – Com prazer.

O Sr. Abelardo Mata – Devo dizer a V. Exa. que, no atual concurso da Escola Naval deste ano, na inspeção de saúde, foram aprovados dois xantodermas."

O aparteante, deputado pelo PTB do estado do Rio, era oficial de Marinha. O termo por ele utilizado era, como ainda hoje, de uso extremamente restrito. O dicionário Aurélio registra "xantodérmico" como relativo à xantodermia, termo usado em antropologia para designar a "coloração amarelada ou ocre da pele, observada no xantelasma generalizado". O que ele informava à Casa apenas servia para consignar o fato sabido de que, no quadros superiores da Marinha de Guerra, não havia negros. Ele indicava apenas que tinham sido aprovados "na inspeção de saúde" dois candidatos cujos ancestrais eram orientais. Teriam ainda que passar pelos exames intelectuais e pela inspeção psicotécnica, cujos resultados não eram passíveis de contestação. E, mesmo que fossem aprovados, isso não assegurava que viessem a concluir o curso e se tornar oficiais da Armada. O que Hamilton Nogueira tinha denunciado era a "restrição à entrada de pretos na Escola Militar, na Escola Naval, na Aeronáutica e, principalmente, na carreira diplomática".

Os esclarecimentos do orador pareciam não deixar dúvida quanto às alegações do senador udenista:

"O SR. RUI ALMEIDA – E, para que não fosse apontado amanhã como leviano, como defensor de causa para a qual não tinha procuração, direi aos ilustres Srs. Constituintes, devidamente autorizado pelo Exmo. Sr. Ministro da Guerra e pelo Sr. Coronel Henrique Fontenele, não ser verdade haver qualquer restrição quanto à entrada de pretos na Escola Militar e na Escola de Aeronáutica.

Quanto à Escola Naval, nada posso dizer aos ilustres colegas, porque meus inúmeros quefazeres me impediram de avistar-me com S. Exa. o Sr. Ministro da Marinha, ou com o comandante da Escola Naval.

Posso, Sr. Presidente, como militar, dizer a S. Exa. que a Escola Militar do Brasil sempre foi o teto acolhedor de todos aqueles que, sem recursos suficientes, se viam desejosos de cultivar seu espírito e aprimorar seus conhecimentos.

Tive naquele meu segundo lar, que sempre recordo com a mais viva emoção, companheiros negros e mestiços, muitos dos quais são hoje brilhantes oficiais.

E essa tradição nunca sofreu solução de continuidade naquele estabelecimento de ensino.

Cursam presentemente a Escola Militar vários mestiços e as Escolas Preparatórias de São Paulo, Ceará e Porto Alegre também não agasalham somente homens brancos.

O Sr. Luís Viana – Pode ser mera coincidência, mas devo dizer que não conheço um só homem de cor na Marinha do Brasil.

O Sr. Abelardo Mata – Tenho dois colegas de turma que são homens de cor.

O Sr. Luís Viana – Então, muito disfarçados.

O SR. RUI ALMEIDA – Quando andei pelos navios da esquadra, preso, tive a oportunidade de travar relações com oficiais de marinha de cor negra.

O Sr. Luís Viana – Permite V. Exa. um aparte?

O SR. RUI ALMEIDA – Quantos V. Exa. deseje.

O Sr. Luís Viana – O eminente sociólogo e nosso eminente colega, Sr. Gilberto Freire, acentua essa distinção entre o Exército e a Marinha: enquanto o Exército está cheio de homens de cor, a Marinha – quem diz não sou eu, mas Gilberto Freire – está isenta.

O SR. RUI ALMEIDA – Já disse, no decorrer de meu discurso – isto não foi preparado, porque já estava escrito –, que não tive oportunidade de conversar com o Sr. Ministro da Marinha, nem com o Comandante da Escola Naval, porque só quero trazer para esta tribuna verdades. Minhas denúncias são claras, claríssimas, porque verdadeiras.
[...] *O Sr. Osório Tuiuti* – V. Exa. se referiu, há pouco, à Escola de Cadetes de Porto Alegre. Tocou, portanto, em minha casa. Na Escola de Cadetes de Porto Alegre não se encontra um mestiço e eu sei que há ordens especiais, proibindo a penetração ali de mestiços.
O SR. RUI ALMEIDA – A V. Exa., que é duplamente meu colega, e que, além do mais, é meu amigo, pediria trouxesse à Casa e para esta tribuna os documentos em que baseia sua declaração.
O Sr. Flores da Cunha – Devo informar a V. Exa. que o nobre colega, Sr. Osório Tuiuti, além de professor da Escola de Cadetes de Porto Alegre, é brilhante oficial do Exército.
O SR. RUI ALMEIDA – Não desconheço nada disso, meu eminente colega Sr. General Flores da Cunha.
O Sr. Flores da Cunha – O que acontece – sendo por todos sabido – é que nos Regulamentos, relativamente às exigências para matrícula, se especificam tais ou quais requisitos, mas, na intimidade, se diz: não se matriculem negros.
O SR. RUI ALMEIDA – No Exército do Brasil, nas classes armadas de nossa terra, não há, absolutamente, intimidade...
O Sr. Flores da Cunha – Mas na intimidade se recomenda o afastamento de todos os candidatos de cor.
O SR. RUI ALMEIDA – ... e tanto sabe disso o ilustre aparteante que ainda ontem se orgulhava de ser general do Exército brasileiro.
O Sr. Flores da Cunha – Não há nesta Casa melhor amigo do Exército do que eu. Já conduzi, até, tropas às linhas de fogo e sei como os brasileiros se batem.
O SR. RUI ALMEIDA – Ninguém desconhece isso. Responderei ao primeiro aparte de V. Exa. E, a não ser que V. Exa. me queira chamar de menos verdadeiro, para me magoar...
O Sr. Flores da Cunha – Posso dizer a V. Exa. que o meu generalato não foi conseguido por decreto, mas, apenas, consagrado por essa forma, porque, entre a minha gente e na minha região, os bordados de general se conquistam nos campos de combate e nas linhas de fogo.
O SR. RUI ALMEIDA – Ninguém discute isso, Sr. General Flores da Cunha, e ninguém trouxe para a Assembléia tal discussão. Todos conhecem de sobra a bravura e o desprendimento de V. Exa. Não procure, pois, torcer a questão e permita termine o meu discurso.
[...] Se não for suficiente e valiosa a minha palavra, venho, em nome do Exmo. Sr. General Góes Monteiro e do Sr. Coronel Henrique Fontenele, convidar os Srs. Constituintes para uma visita a todos os estabelecimentos de ensino do Exército e à Escola de Aeronáutica, para que Ss. Exas. possam examinar 'in loco' as razões que acabo de assegurar.
E assim irão meus ilustres colegas apurar, por exemplo, que foi mandado matricular, não faz muito tempo, pelo Exmo. Sr. General Góis Monteiro, na Escola de Saúde do Exército, onde se recrutam oficiais médicos, um sargento negro, recém-formado em Medicina.

[...] Estou convencido, Sr. Presidente, que o ilustre Senador, Sr. Hamilton Nogueira, por quem tenho verdadeira simpatia e grande admiração, muito especial por sua cultura e inteligência...
O Sr. Hamilton Nogueira – Muito agradecido a V. Exa.
O SR. RUI ALMEIDA – ... e sobretudo dada a sua elegância como legislador – a quem justamente procurei esclarecer, e nada mais –, modificará daqui por diante o seu juízo a respeito da entrada de homens de cor nos estabelecimentos militares de ensino. (*Palmas, muito bem*)
O Sr. Flores da Cunha – O Sr. Senador Hamilton Nogueira tem toda razão, porque constitui verdadeira aberração o se querer tirar o coeficiente de negros e mulatos de nossas relações sociais. Queremos a cooperação do negro, e eu sou insuspeito para assim me expressar, porque sou bem branco.
O SR. RUI ALMEIDA – Numa terra de mestiços como a nossa, quem for bem branco que se levante em primeiro lugar. (*Muito bem. Palmas*)"

O racismo desmascarado

Tão logo o deputado carioca deixou a tribuna, o senador Hamilton Nogueira, também a pretexto de discutir a ata, foi à tribuna:

"O SR. HAMILTON NOGUEIRA – Srs. Constituintes, eu não seria ingênuo a ponto de tratar de assunto desta importância, se não trouxesse as provas. Jamais na minha vida fugi à responsabilidade e sempre tomei posições definidas...
O Sr. Rui Almeida – Nem afirmei o contrário.
O SR. HAMILTON NOGUEIRA – ... e, no caso, não se trata absolutamente de oposição ao governo atual. O que procuramos é fazer uma Constituição definitiva. Não a elaboramos para o atual governo, porque acredito que este não se perpetue, mas para todos os governos democráticos que se lhe seguirem (*muito bem*). Quero crer nos propósitos do ilustre General Góis Monteiro; mas no Brasil este ponto de vista oscila de acordo com as idéias políticas dominantes. Refiro-me especialmente ao Estado Novo, porque foi durante o mesmo que se criou, no Brasil, a questão racista, sobretudo em 1939, 1940 e 1941, quando se impediu a realização de um comício no Teatro Municipal, em homenagem a Roosevelt, e quando, no edifício desta Casa – da qual deveriam partir as vozes defensoras da liberdade –, eram censurados e proibidos filmes das Nações Unidas, permitindo-se, no entanto, a exibição de filmes alemães[5].
Não seria, repito, tão ingênuo que trouxesse uma afirmação que não pudesse provar. E, absolutamente, não estou dando para o exterior uma idéia errada do Brasil. Os países estrangeiros sabem, muito melhor que nós, a nossa posição em face do racismo, porque havia de fato uma circular secreta do Itamarati – e apelo aqui para o testemunho do nobre Representante Sr. Batista Luzardo, que comigo esteve, há dias, em companhia do Sr. Neves da Fontoura, Ministro do Exterior, que é um anti-racista – circular cuja existência foi confessada por aque-

---

5. O orador refere-se à circunstância de funcionar no Palácio Tiradentes, durante o Estado Novo, o Departamento de Imprensa e Propaganda, o DIP, responsável, entre outras atividades, pela censura a jornais, livros, revistas, peças de teatro, espetáculos de circo e programas de rádio.

le titular. Os estrangeiros, portanto, sabem disso muito melhor do que nós, que só dispomos de informações indiretas.

O Sr. Rui Almeida – Eu não disse, absolutamente, fosse V. Exa., que sei bom brasileiro, capaz de levar coisas desagradáveis de nosso país ao conhecimento do estrangeiro.

O SR. HAMILTON NOGUEIRA – Mas V. Exa. insinuou que era uma situação dúbia.

O Sr. Rui Almeida – Perdão; se amanhã V. Exa. me fizer a gentileza de ler meu discurso, verá que procurei, por todos os meios, não melindrá-lo, porque me prezo de ser homem educado e V. Exa. merece todo o meu respeito e minha consideração.

O SR. HAMILTON NOGUEIRA – A veemência de minha linguagem não se refere a V. Exa., mas resulta da própria natureza do assunto, que, no momento atual, é da mais alta importância.

Em relação às Forças Armadas, não se trata de estabelecer nenhuma intriga, nem de procurar estabelecer incompatibilidades entre as mesmas forças e os civis. As denúncias nunca foram feitas por civis; sempre o foram por altas personalidades militares. Invoco aqui um testemunho que vale por cem, o da palavra do ilustre General Manuel Rabelo, cuja memória todos nós honramos nesta Casa. (*Muito bem. Palmas*)

Consta do documento que está aqui transcrito – voto pronunciado no Supremo Tribunal Militar pelo General Manuel Rabelo, no caso em que foi parte o 1º Tenente Aviador Benedito Alves do Nascimento, filho de um oficial de cor preta. Nesse documento, o ilustre General Manuel Rabelo mostra todas as ofensas que sofreu aquele militar por parte de seus superiores, por ser homem de cor.

O mesmo General denunciou também o seguinte caso: o protegido de outro militar, o General Moreira Guimarães, de saudosa memória – primeiro aluno do Colégio Militar –, durante dois anos consecutivos fez exame para a Escola Militar e é reprovado. Da terceira vez, ele próprio interpela; vai ao Ministro da Guerra: abre-se inquérito e o Ministro diz (está aqui, é textual, quem afirma é o General Rabelo): – Não pode entrar porque é de cor, é um mestiço.

O Sr. Rui Almeida – V. Exa. permite um aparte?

A V. Exa., médico dos mais brilhantes, professor da nossa Escola de Medicina, eu convidaria a percorrer os arquivos da formação médica da Aeronáutica, por exemplo. Há de ver que, infelizmente para nós – digo-o de todo o coração, porque abomino os racistas e não tenho dúvidas de que há sangue negro correndo em minhas veias –, o que de fato existe é uma degenerescência da raça negra. Os motivos, conhece-os V. Exa., e estou certo de que poderá explicá-los; eu não porque sou um leigo no assunto.

O SR. HAMILTON NOGUEIRA – Ouvi o discurso de V. Exa., e fiquei satisfeito com sua profissão de fé anti-racista; mas V. Exa. pediu fatos, documentos, ei-los aqui, irrespondíveis.

Ainda há mais, meus Senhores. Não queria tratar do assunto. Infelizmente, não posso citar nomes, porque sabemos o que é a disciplina militar; entretanto, narrarei um caso testemunhado por duas personalidades brasileiras, cuja autoridade jamais poderá ser posta em dúvida – o Dr. Sobral Pinto, uma das glórias da advocacia brasileira (*muito bem*), e o Dr. Alceu Amoroso Lima, uma das mais sólidas culturas e impolutas figuras. (*Muito bem. Palmas*)

O Sr. Plínio Barreto – Vulto dos mais ilustres.
O SR. HAMILTON NOGUEIRA – Pois bem, deixo o fato à meditação dos Srs. Representantes, e venham dizer-me depois se isso não é racismo. Se não é racismo, o que é então?
Verifiquem a gravidade deste outro fato: deveriam partir para a Europa os gloriosos soldados da Força Expedicionária Brasileira, desfilando pela nossa Avenida. Antes do desfile, meus Senhores, reúnem-se os oficiais e vem esta ordem: não deixem desfilar os pretos...
O Sr. Rui Almeida – Os negros desfilaram.
O SR. HAMILTON NOGUEIRA – ... que, entretanto, morreram nos campos de batalha. Mais ainda: não deixassem de cumprir a ordem, porque vinha de cima; mas um glorioso oficial do Exército, cujo nome não posso citar, no momento se revoltou contra a ordem, protestando contra a exclusão dos pretos do desfile; esse oficial foi preso na Ilha da Trindade e quase não pôde combater ao lado dos soldados negros, que não desfilaram pela Avenida, mas morreram nos campos de batalha. Pergunto – para terminar –, meus Senhores: há ou não racismo no Brasil? (*Muito bem; muito bem. Palmas*)"

Depois das duas intervenções do senador Hamilton Nogueira, o assunto não voltou ao debate, e nem sequer foi cogitado na Constituinte. Só a legislatura ordinária aprovou mais tarde o projeto do então deputado Afonso Arinos de Melo Franco, transformado na lei que leva o seu nome, tipificando o crime de racismo, durante a vigência da qual nunca ninguém foi condenado por demonstrações exteriores de racismo, que no Brasil sempre foram notórias, freqüentes e ostensivas. Infelizmente, essa era a democracia que se estava reconstruindo em 1946.

13. Ecos de 45

"Queremistas" e "marmiteiros"

Os ecos da eleição de 1945 ressoavam necessariamente na Constituinte. Virtualmente, todos os membros da Assembléia eram personagens aliados ou adversários do longo patronato de quinze anos de Vargas. Alguns tinham sido protagonistas notórios, contra ou a favor dos sucessivos regimes de que Getúlio fora o chefe incontestável. Outros, menos conhecidos, tinham desempenhado, com maior ou menor dose de sucesso, o papel de coadjuvantes do grande espetáculo montado pelos herdeiros do Estado Novo, depois da deposição do ditador. Um deles era o deputado Hugo Borghi (PTB-SP), eleito com 17.938 votos, na legenda em que Getúlio, disputando o mesmo cargo, tinha logrado atingir 119.055, além dos 414.943 que obtivera como candidato a senador também por São Paulo.

Borghi estreava na política, depois de obter sucesso como industrial e diretor de banco, mas sobretudo como um dos grandes beneficiários do *boom* do algodão, em que tivera papel relevante a política creditícia do Banco do Brasil, inaugurada um pouco antes do fim da Segunda Guerra pelo ministro da Fazenda, Souza Costa, eleito constituinte pelo PSD do Rio Grande do Sul. O deputado petebista se tornara conhecido em 1945 por três fatos que ligaram definitivamente seu nome à derrota do brigadeiro Eduardo Gomes. O primeiro, por ter financiado o movimento "queremista" com o *slogan* "Constituinte com

Getúlio". O segundo, por ter criado e disseminado a expressão "marmiteiro", por ele atribuída ao candidato da UDN, incompatibilizando-o de forma definitiva com a massa de trabalhadores. E, finalmente, por ter sido o artífice do apoio de Vargas a Dutra, já no fim da campanha pela presidência.

Em seu livro *Depoimento* (Nova Fronteira, 1978, p. 64), Carlos Lacerda dá sua versão do episódio, afirmando que Borghi lançou a campanha, ao atribuir ao brigadeiro a afirmação de que não necessitava do voto dos marmiteiros: "Eu me lembro do meu desespero, diz ele, quando vi esse dito na rua, no comício, no rádio. Tive a nítida sensação, pela primeira vez, de que o brigadeiro ia perder a eleição. E fui a ele: – Brigadeiro, o senhor tem que fazer um discurso, hoje, desmentindo isso, mas hoje." O candidato, frisa Lacerda, o enviou a Prado Kelly, redator de seus discursos, que lhe teria retrucado: "Mas isso, Carlos, não tem nenhuma importância! O povo não vai acreditar nisso. Imagine." Desesperado, ele procurou José Américo, que concordou que era uma coisa muito grave, mas ponderou que, estando marcado um comício para o Largo da Carioca, uns onze ou doze dias depois, ele mesmo responderia à acusação, afirmando: "Lá, eu acabo com isso." E, de fato, segundo Lacerda, "doze, ou quinze dias depois, ele fez um discurso maravilhoso no Largo da Carioca, dizendo que o brigadeiro era amigo dos pobres. Mas não houve mais pobre no Brasil que se convencesse disso"...

O jornalista ainda afirma que Borghi, em discurso que teria feito na Câmara, assumiu a autoria da frase e da campanha. Na verdade, esse discurso não existe. Borghi falou na Constituinte em apenas quatro oportunidades. No dia da instalação dos trabalhos, em 1º de fevereiro, quando usou da palavra para defender o ministro do Trabalho, Otacílio Negrão de Lima, de seu partido, acusado pelo PCB. No dia 18 de março, em duas ocasiões. Primeiro, pedindo um aparte ao deputado e ex-ministro Souza Costa, ao abordar o "caso Borghi", negado sob a alegação de que, sendo ele parte no assunto, não deveria se manifestar. E, logo em seguida, quando Aliomar Baleeiro (UDN-BA) lhe cedeu a palavra para defender-se, solicitando que o presidente mantivesse sua inscrição para o dia seguinte, em face do adiantado da hora. A terceira vez foi no dia 19 de março, quando produziu, à guisa de defesa, uma peça anódina, falando de suas convicções políticas. Nessa mesma sessão, deu alguns breves e sucessivos apartes ao discurso do deputado Amando Fontes (PR-SE), que dissecou da tribuna os financiamentos que lhe foram concedidos pelo Banco do Brasil. Num desses apartes, ele confessa que efetivamente financiou a campanha queremista:

"*O Sr. Hugo Borghi* – [...] Até hoje se fala em 'caso Borghi', quando ele não existe, nem nunca existiu; baseiam-se, exatamente, em haver eu financiado o 'queremismo'. Pois bem: devo declarar que muito me honro em o ter financiado. Do meu dinheiro, faço aquilo que muito bem entendo. Quando os nossos

soldados morriam na guerra (*protestos da minoria*), dando suas vidas para a defesa da pátria, achei que seria muito melhor para mim dar o meu dinheiro em defesa dessa causa.
O Sr. Ferreira de Sousa – V. Exa. financiou o queremismo com o dinheiro ganho nos negócios do algodão, à custa desses financiamentos. Não traga os soldados brasileiros para justificar estes fatos."

A confissão quanto ao queremismo é explícita. Mas a do marmiteiro, cuja origem é notória, Borghi não assumiu, já que seu último pronunciamento, feito no dia 25 de março, foi utilizado apenas para pedir desculpas ao deputado Amando Fontes, autor do documentado libelo sobre o favorecimento nos seus financiamentos, acusado por ele de ter falido em 1930, quando preso, durante a revolução. Borghi não ocupou mais a tribuna até o fim dos trabalhos da Constituinte, não apresentou nenhuma emenda ao projeto de Constituição e não participou mais dos trabalhos da Assembléia. A sua odisséia, porém, não acabou aí. Tinha começado com a deposição de Getúlio, por sinal na data do aniversário de Borghi, que em 1945 completava 35 anos. O novo presidente, José Linhares, acolhendo as acusações da UDN, tinha designado uma comissão composta de três oficiais generais, o almirante Oscar de Frias Coutinho, o brigadeiro Aquino Granja e o general Scarcela Portela, para apurar o que até então era chamado de "escândalo do algodão". Em março de 1946, quando o assunto foi abordado na Câmara, o inquérito ainda encontrava-se em curso.

Segundo registra o verbete com o seu nome no *Dicionário histórico-biográfico brasileiro*, do CPDOC (v. 1, pp. 418-21), de autoria de Jorge Miguel Mayer e Ivan Junqueira, "o governo se encontrava [em 1945] em posição cada vez mais defensiva frente aos ataques da oposição, quando o ministro Souza Costa se reuniu com Hugo Borghi para pedir-lhe apoio econômico ao regime. Borghi prontificou-se a cooperar com 20 milhões de cruzeiros antigos, como ele próprio declarou, mas o ministro sugeriu-lhe que comprasse as rádios Clube do Rio de Janeiro, Cruzeiro do Sul do Rio de Janeiro e Cruzeiro do Sul de São Paulo, que estavam à venda, e as convertesse em eficaz instrumento de defesa do governo. Borghi assim o fez imediatamente, recebendo para tanto a contribuição governamental de cinco milhões de cruzeiros antigos". Chegou, segundo a mesma fonte, a comandar uma cadeia de 130 estações coligadas, por ele arrendadas para promover o "queremismo", utilizadas mais tarde na campanha eleitoral.

Graças à interferência de Alzira Vargas, Borghi conseguiu de Getúlio a carta de apoio à candidatura Dutra, que ele mesmo leu no comício de encerramento da campanha do ex-ministro da Guerra, no dia 28 de novembro, quatro dias antes da eleição. Esse apoio tinha sido conseguido mediante duas condições impostas por Vargas. A primeira, que lhe fosse feito um pedido formal pelo PTB, o que nada custou a Borghi, presidente do Diretório Regional do partido em São Paulo. E, segundo, que Dutra desse a um seu indicado a Pasta do Trabalho, Indústria e Comércio, com o que concordou o candidato do PSD, tendo sido a promessa cumprida com a nomeação de Otacílio Negrão de Lima.

No mesmo dia 18 de março, em que foi votada a Indicação de Euclides Figueiredo sobre a anistia, o deputado Souza Costa resolveu explicar sua participação no escândalo do algodão, com a autoridade de ex-ministro da Fazenda e responsável pela política econômica do governo de Getúlio, entre julho de 1934 e outubro de 1945. Nada lhe tinha sido cobrado diretamente. O que o deve ter movido a esse gesto, porém, além das constantes acusações da imprensa oposicionista, que por sinal iam rareando, foi o discurso do líder da minoria, Otávio Mangabeira, feito na sexta-feira, dia 15 de março, e que alcançara enorme repercussão. Com sua conhecida elegância, o primeiro- vice-presidente da Câmara, reafirmando sua confiança na comissão composta pelos três militares, cobrou resultados que a oposição entendia já tardarem:

"O SR. OTÁVIO MANGABEIRA – [...] não desejo retirar-me da tribuna, já que estou falando em inquéritos, sem dizer uma palavra sobre a atitude da minoria, que tenho a honra de representar nesta Casa, no caso que tanto interessa ao país, do financiamento do algodão.

Confiado, Sr. Presidente, o inquérito – e não será este o único caso que deve ser submetido a inquérito, porque outros há da mesma natureza, clamando por investigações que o esclareçam –, confiado, Sr. Presidente, o inquérito sobre o assunto, a uma comissão constituída de três oficiais generais, um do Exército, outro da Marinha, um terceiro da Aeronáutica, e por iniciativa, até certo ponto, da União Democrática Nacional, pareceu-nos de boa ética, dada sobretudo a confiança que merecem do país, e nele depositamos, os três dignos representantes das forças armadas, aguardar tranqüilamente seu pronunciamento, para só então, por nossa vez, nos pronunciarmos a respeito."

A intervenção do ex-ministro Souza Costa não se fez esperar. Mesmo não tendo sido citado nominalmente, na segunda-feira seguinte, dia 18, ao fim do expediente, subiu à tribuna para um longo discurso que ocupa quase trinta páginas do *Diário* da Constituinte. Começou aludindo às transformações profundas que causam os conflitos na vida e no comportamento dos povos, para logo em seguida enumerar as que se verificaram no Brasil, entre 1939 e 1945. Referiu-se ao fato de que os conflitos entre o capital e o trabalho estavam se acentuando em toda parte, inclusive nos Estados Unidos, a despeito de sua força econômica e de sua estabilidade social, com o surgimento de greves que ameaçavam se generalizar. Afirmou serem fruto das mesmas raízes as inquietações que se verificavam no Brasil. Só depois desse longo e generalizado intróito feriu o tema que o levava à tribuna pela primeira vez:

"O SR. SOUZA COSTA – [...] Falarei hoje sobre política econômica, ou mais explicitamente, sobre a política do algodão, sobre as medidas que adotamos para defesa desse produto nos dias difíceis da guerra."

De seu discurso consta o quadro que evidenciava o crescimento acentuado dos estoques disponíveis do produto em milhões de quilogranas, desde quando a Alemanha, um dos importadores do produto, se retirou do mercado brasileiro, em face do embargo militar decretado e executado pela Inglaterra:

PRODUÇÃO, CONSUMO E ESTOQUE DE ALGODÃO NO BRASIL
(EM MILHÕES DE QUILOGRAMAS)

Anos	Produção	Distribuição	Estoque (1)
1937	218.514.000	206.000694	22.513.306
1938	264.262.000	252.880.859	33.884.447
1939	291.069.000	314.879.954	10.073.493
1940	325.266.000	242.390.413	92.949.080
1941	403.169.000	326.417.191	169.690.880

(1) Ao estoque de 1941 devem-se acrescentar mais 10 milhões de quilos remanescentes da safra de 1936. [Nota do original.]

Ficava claro que os estoques tinham se avolumado em ritmo muito mais acentuado que a produção e o consumo, havendo excesso do produto que a demanda não conseguia absorver. Enquanto a produção passou do índice 100, em 1937, para o índice 184, em 1941, o consumo, no mesmo período, subiu de 100 para 159, e os estoques passaram de 100 para 753! Por isso, prosseguiu o orador:

"O SR. SOUZA COSTA – [...] Até o ano de 1941, a lavoura de algodão não precisou de regime especial de financiamento, sendo normais as condições de suprimento total e de distribuição do produto.
Em março de 1942, atendendo ao apelo das classes produtoras, deliberou o governo baixar o decreto-lei 4.219, de 30 desse mês, pelo qual ficou assegurada a assistência financeira ao produto na base de 15 cruzeiros para o algodão em caroço e 50 cruzeiros para o em pluma."

Os preços de financiamento foram sendo aumentados, de acordo com o ministro, em valores menores do que os pleiteados pelos interessados. Em setembro de 1942, passou de 50 cruzeiros para o algodão pluma e de 15 cruzeiros para o algodão em caroço, para, respectivamente, 60 cruzeiros e 20 cruzeiros. Em janeiro de 1943, o governo criou a Comissão de Financiamento da Produção (CFP), que passou a fixar os preços de financiamento, antes determinados diretamente pelo ministro da Fazenda, e, em março, a comissão fixou para o financiamento da nova sagra um reajuste de 10%, passando a cotação do algodão em pluma para 66 cruzeiros e a do algodão em caroço para 22 cruzeiros. Em junho de 1943, em face da reclamação dos interessados que julgavam insatisfatório o reajuste, a CFP decidiu que o valor bruto de 66 cruzeiros para o algodão em pluma passasse a ser considerado como valor líquido, isto é, sem encargos, embalagem etc. Em compensação, criou uma taxa de 30 centavos por quilo do produto em pluma financiado pelo governo. A taxa, que incidiria sobre o algodão beneficiado, se destinava, segundo explicou o ministro, a compensar o ônus "que pudesse vir a gravar o Tesouro, em conseqüência da elevação da base". E completava:

"O SR. SOUZA COSTA – [...] Se esse ônus não se verificasse, porque se o financiamento privado, tal como muitos previam, tomasse a si o encargo da operação, substituindo-se ao Tesouro, o produto da taxa seria incorporado à receita pública, a fim de ser aplicado nas despesas decorrentes da guerra.

Não obstante os protestos que a criação desta taxa levantou, principalmente nos círculos industriais, a sua repercussão no mercado algodoeiro foi nula e as cotações se mantiveram."

A premissa do ministro era falsa. Se, como ele mesmo confessara, o aumento dos estoques de algodão, até 1941 financiados pela iniciativa privada, provocou a adoção do regime especial de financiamento garantido pelo governo, esse novo regime geraria, fatalmente, a expansão da área plantada, tal como antes ocorrera com o café, e essa expansão, provocando aumento dos estoques, obrigaria a novos financiamentos públicos que não poderiam ser, como antes, suportados pela iniciativa privada. É o que ele confessa em seguida:

"O SR. SOUZA COSTA – Em reunião de março de 1944, a Comissão de Financiamento da Produção deliberou manter a mesma base para a safra que então se iniciava, relativa ao ano agrícola de 43-44, isto apesar das solicitações insistentes dos meios agrícolas, especialmente de São Paulo, que desejavam base mais elevada. A Comissão de Financiamento da Produção entendia que os preços favoráveis recebidos pelos lavradores de algodão estavam determinando acentuada expansão da área algodoeira, sobretudo no Estado de São Paulo, em detrimento de outras atividades agrícolas indispensáveis.

[...] A acentuada diminuição nas vendas para o estrangeiro, nos últimos dois anos, vinha acarretando progressivos aumentos nos estoques de algodão. [...] O ponto de vista do governo teve, no entanto, de sofrer reexame, em virtude de fatos de grande relevância que haviam de alterar a situação algodoeira do país.

Os estoques de algodão que, em fins de 1943, eram de 430.326.391 kg já excediam, em outubro de 1944, a 600 milhões de kg.

[...] A certeza do fim da guerra, com os acontecimentos desenrolados após a vitoriosa invasão da Europa pelas forças aliadas, deveria, no entender dos meios algodoeiros, provocar natural interesse dos compradores de fora, elevando as cotações, além dos níveis registrados até então. Essa expectativa promissora não se verificou, porquanto a compra de algodão, como de algumas outras matérias-primas, achava-se, como ainda continua, fora das leis da concorrência, visto ser feita, quanto a vários países importadores, por agências exclusivas dos respectivos governos, os quais pagam os preços por ele pré-fixados.

Consideráveis partidas de algodão foram entre nós vendidas no decorrer de 1944, por países consumidores, a preços idênticos aos de 1943, apesar das notícias mais favoráveis da guerra e da excelente qualidade produzida.

O Sr. Amando Fontes – V. Exa. permite um aparte?

O SR. SOUZA COSTA – Com prazer.

O Sr. Amando Fontes – Quer dizer que o financiamento, em 1943, não produziu o resultado desejado, de vez que, em 1944, se tinha avolumado a quantidade de algodão à disposição no país.

O SR. SOUZA COSTA – O objetivo do financiamento nunca foi impedir que se acumulasse estoque no país, mas o de evitar que o algodão, em conseqüência precisamente dessa acumulação de estoques, fosse vendido a preço inferior àquele que seria justo obter.

O Sr. Amando Fontes – Em mãos de quem estavam esses estoques? Do produtor ou do intermediário?

O SR. SOUZA COSTA – Dos intermediários. O lavrador passa o produto imediatamente para os maquinistas, e estes o vendem aos exportadores.

O Sr. Plínio Barreto – A proteção foi, então, para os exploradores, e não para os lavradores.

O SR. SOUZA COSTA – A proteção é sempre em benefício do lavrador. Não há hipótese de se proteger apenas o intermediário.

O Sr. Plínio Barreto – Mas na prática é o que acontece.

O SR. SOUZA COSTA – V. Exa. está completamente enganado. Pediria, entretanto, aguardasse a continuação da minha exposição, porque estarei pronto, na ocasião oportuna, nesta, ou em outra, para dar os esclarecimentos que V. Exa. Desejar."

Os meandros da complexa operação que financiou a campanha queremista, através de Hugo Borghi, e, por seu intermédio, a implantação da máquina do PSD, com a utilização da maior cadeia de radiodifusão já montada no país e, muito provavelmente, a própria campanha de Dutra à presidência, começavam a ser devassados. A primeira indagação diz respeito ao papel desempenhado pela agroindústria algodoeira, quando se sabe que o principal produto de exportação brasileira, e nossa maior cultura, era a do café.

Deve-se começar lembrando, por isso mesmo, que, durante a guerra, quando ainda não eram conhecidos os fios sintéticos produzidos pela petroquímica, como o náilon, que se tornou o objeto de desejo de todas as mulheres do mundo, depois de 1945, a seda animal, em pequena escala, e o algodão, a lã e o linho, em maior escala, eram as principais matérias-primas da mais antiga e poderosa indústria do mundo, a de fiação e tecelagem, cujo centro comercial era a cidade de Liverpool, na Inglaterra. Os grandes produtores mundiais eram os Estados Unidos, o Egito, a Índia, o Brasil e Uganda. Como em outras partes, a indústria de tecelagem era das mais antigas do Brasil, e a cadeia produtiva do algodão é extensa. Começa com o lavrador, que planta e colhe o produto e, para se sustentar, precisa vendê-lo imediatamente ao principal intermediário, chamado no Brasil de "maquinista", o empresário ou empresa que descaroça o produto recebido *in natura* e o transforma em fardos que, nas fiações, são transformados em fios e, nas tecelagens, em tecidos. Na fixação das cores, tão importante quanto a fiação e a tecelagem é a indústria de anilinas. O elo mais forte da cadeia produtiva, no Brasil, porém, eram os exportadores, especialmente as duas maiores firmas do setor, ambas estrangeiras, a Sanbra (Sociedade Algodoeira do Nordeste do Brasil) e a Anderson Clayton. Entre as brasileiras, as maiores eram as empresas do setor do Conde Matarazzo, já na época o maior industrial brasileiro. Algumas indústrias de menor porte atendiam à demanda do mercado interno, e entre elas estavam as empresas do industrial e banqueiro Hugo Borghi, transformado em 1945 em *doublé* de político.

Quando, respondendo ao deputado Amando Fontes (PR-SE) que, no dia seguinte, falaria sobre o assunto em nome da minoria, confessou que os beneficiários da política de financiamento oficial para o algodão eram os intermediários e não os lavradores, o ex-ministro Souza Costa admitia o que não queria reconhecer, mas a opinião pública e a minoria já sabiam. A política de financiamento oficial foi imaginada, materializada e realizada não para beneficiar os plantadores de algodão, pequenos proprietários rurais, arrendatários e meeiros, sem poder de pressão, mas os demais elos da agroindústria: maquinistas, descaroçadores de algodão, empresas de fiação e de tecelagem e os grandes exportadores de um produto considerado tão estratégico na Segunda Guerra Mundial que o maior importador, a Grã-Bretanha, tinha monopolizado sua importação, comercialização, distribuição e venda em todo o país.

O fenômeno é semelhante ao ocorrido com o café, na década de 30, produto cuja superprodução levou ao aviltamento do preço e este à destruição, pelo governo, entre 1931 e 1944, de nada menos do que 78.214.253 sacas!

No caso do algodão, o estoque existente em outubro de 1944 já ascendia a 600 mil toneladas, quando, três anos antes do "regime especial", era de apenas 179 mil toneladas. Pois foi exatamente nesse mesmo mês de outubro de 1944 que o governo, segundo esclarece o ex-ministro, resolveu aumentar o valor do financiamento de 60 para 90 cruzeiros:

"O SR. SOUZA COSTA – O decreto-lei nº 6.938, de 7 de outubro de 1944, elevando a base de financiamento para 90 cruzeiros brutos, fez com que se incorporasse à economia nacional maior soma pelo trabalho brasileiro, sem embargo de ter deixado margem razoável para que a exportação se processasse, pois, mesmo a esse preço, o algodão poderia ser vendido em Liverpool, onde a cotação se elevava a Cr$ 123,00 em situação muito mais vantajosa do que o algodão produzido na América do Norte, cujo custo era de Cr$ 135,00."

Os resultados da política do governo tornavam cada vez mais óbvia, segundo a confissão do ex-ministro, a conclusão de que os grande beneficiários eram os intermediários, e os lavradores, o elo esquecido da cadeia. O exportador, com financiamento oficial, comprava o algodão a 90 cruzeiros e recebia por ele, em Liverpool, os 135 cruzeiros a que estava cotado. Como explicará adiante em aparte o deputado Clemente Mariani, os intermediários eram igualmente beneficiários. Entregavam ao Banco do Brasil, recebendo 90 cruzeiros brutos de financiamento, os *warrants* do que tinham depositado em seus armazéns, para entrega ao fim do contrato, algodão da safra de 1943, que tinham comprado a 60 cruzeiros líquidos, na safra anterior, igualmente financiada pelo governo. Se não conseguissem vendê-lo acima do valor financiado de 90 cruzeiros, simplesmente o entregavam ao Banco do Brasil, que arcava com o prejuízo. Se lograssem fazê-lo por valor maior do que o financiamento, o lucro era seu. Como sempre no Brasil, privatizava-se o lucro e estatizava-se – vale dizer, socializava-se – o prejuízo...

A indústria têxtil era a maior do Brasil, tanto em relação ao capital imobilizado e ao número de empregados quanto ao valor da produção, embora perdesse em número de estabelecimentos para a do setor metalúrgico e a de fabricação de equipamentos. Em 1935, só em São Paulo, eram 552 estabelecimentos, com capital de 954 mil contos, empregando 82 mil operários e faturamento de 914 mil contos. Até 1930, a produção algodoeira se concentrava em 70% no Norte e no Nordeste, respondendo as regiões Sul e Sudeste com 30%. Oito anos depois, só o estado de São Paulo respondia por 59,9% da produção nacional, enquanto os cinco estados produtores do Nordeste cobriam 24,3%. A formação de enormes estoques, que chegaram a 600 mil toneladas em 1944, decorria não só da incapacidade de absorção pelo mercado interno, como também da queda da exportação, em decorrência da guerra. Em 1939, ano da explosão do conflito, a quantidade exportada chegou a 323 mil toneladas, baixando sucessivamente para 288 mil em 1941, para 153 mil em 1942, chegando a apenas 77 mil em 1943 e a 107 mil em 1944. Em 1946, quando se discutiu a questão na Constituinte, o governo já tinha abandonado a política de sustentação de preços que tanto escândalo propiciara.

Ao explicar que os exportadores se beneficiariam da diferença entre o preço de garantia anterior, de 66 cruzeiros, e o novo, de 90 cruzeiros, assegurado em 1944, o deputado Soares Filho (UDN-RJ) indagou do ex-ministro:

"*O Sr. Soares Filho* – Existindo, a juízo de V. Exa., 600 milhões de quilos, como V. Exa. confirma, em 43 e 44, esse estoque não se beneficiaria, na exportação, pela elevação do novo financiamento de mais Cr$ 24,00?

O SR. SOUZA COSTA – É precisamente esta a vantagem do Brasil: que o produto seja vendido ao estrangeiro com o preço mais alto.
O Sr. Soares Filho – E também do intermediário.
O SR. SOUZA COSTA – Exatamente, o intermediário também é do Brasil. Esta preocupação de prejudicar o intermediário é que não compreendo.
O Sr. Plínio Barreto – O intermediário também pode ser estrangeiro. Também temos uma porção de firmas estrangeiras que são intermediárias. Não há, porém, necessidade de proteger o intermediário, que é sempre um parasita comercial. Deve-se proteger, sim, o produtor."

O ex-ministro torcia com argúcia os argumentos dos que o contestavam. Reclamava da "preocupação" em prejudicar os intermediários, quando a oposição apenas reclamava a necessidade de proteger os lavradores e não os intermediários, considerados atravessadores. Mas não podia esconder de onde vinham as pressões para o aumento do preço do produto colocado sob regime especial e o aumento dos financiamentos:

"O SR. SOUZA COSTA – O prolongamento da guerra, que em outubro se esperava que estivesse terminada em 1944, contribuiu igualmente para abalar a confiança no mercado do algodão, verificando-se um apelo intenso de financiamento ao Banco do Brasil, inclusive de grandes firmas exportadoras estrangeiras."

Primeiro, confessa que os lavradores não eram beneficiados pela política protecionista, pois imediatamente após a colheita entregam o produto *in natura* aos maquinistas. Depois, admite que os intermediários é que lucravam com os financiamentos oficiais e, por fim, revela que, entre os que mais pressionavam pelo aumento dos financiamentos, estavam as grandes firmas exportadoras. Outra não podia ser a sua atitude, pois a adoção do financiamento oficial liberou os capitais próprios com que, tradicionalmente, essas mesmas firmas estrangeiras tinham que operar para a compra, o beneficiamento e a exportação do produto. Agora, operavam não mais com capitais próprios, mas com os recursos públicos do financiamento oficial!

"O SR. SOUZA COSTA – Tal foi a situação que a direção do Banco do Brasil, preocupada com a grande necessidade de numerário que tal financiamento iria exigir, sugeriu algumas medidas no intuito principal de forçar as grandes firmas estrangeiras a uma política de cooperação com o governo.
Tais medidas tiveram repercussão no mercado, principalmente de ordem psicológica, e as restrições adotadas em fevereiro [de 1945] foram logo em maio revogadas, passando-se a aplicar o decreto 6.938, de 7/10/44, em toda a sua amplitude.
A União dos Lavradores de Algodão, devidamente autorizada pelo Banco do Brasil, divulgou nessa ocasião, pela imprensa, uma nota na qual anunciou que, cedendo ao apelo dos algodoeiros paulistas, o ministro da Fazenda determinara que o financiamento do algodão fosse feito de modo amplo, de acordo com a letra e o espírito do último decreto de financiamento."

A oposição, através de aparte do deputado Prado Kelly, puxou mais uma ponta do véu que ia descobrindo, através das respostas do ex-ministro, a verdadeira extensão dos interesses que se escondiam atrás dessa política de suposta proteção aos lavradores:

"*O Sr. Prado Kelly* – V. Exa. permite um aparte? Já que V. Exa. está em fevereiro de 45, eu pediria que se fixasse um pouco em 7 de outubro de 44 e esclarecesse à Assembléia qual o objeto – não o fim –, mas o objeto mesmo do financiamento. Em outras palavras: se esse financiamento protegia os lavradores, e em que condições, nos termos do decreto de 7 de outubro.
O SR. SOUZA COSTA – [...] o que expliquei até agora foi que o objeto do financiamento era impedir que o algodão brasileiro fosse vendido a preço inferior ao que haveria de ser de acordo com o valor do produto no mercado internacional.
O Sr. Prado Kelly – V. Exa. não compreendeu minha pergunta, ou foram deficientes minhas expressões. Eu indaguei a quem se destinava esse favor do governo.
O SR. SOUZA COSTA – Exclusivamente à lavoura.
O Sr. Prado Kelly – Exclusivamente aos lavradores?
O SR. SOUZA COSTA – Sim, porque o preço pago ao lavrador era de Cr$ 28,00 por arroba do algodão em caroço, na base do decreto referido.
O Sr. Prado Kelly – Aos lavradores, em determinadas condições; vale dizer, àqueles que demonstrassem requisitos expressamente previstos na lei, ou seja, que tivessem áreas cultivadas também em cereais."

O decreto atendia a uma das preocupações da Comissão de Financiamento da Produção: evitar que a área plantada com algodão continuasse a se expandir em todo o estado de São Paulo, especialmente na região da Mogiana, em detrimento de outras culturas essenciais ao suprimento agrícola da população. Por isso, o financiamento, segundo o decreto nº 6.938, de outubro de 1944, deveria ser concedido apenas aos agricultores que, além do algodão, tivessem plantado outras culturas em pelo menos 20% das áreas por eles ocupadas. Em outras palavras, o ex-ministro acabava de confessar que, mediante simples autorização sua, sem nenhum ato formal, autorizara o Banco do Brasil a violar um decreto-lei baixado pelo presidente da República, concedendo financiamentos fora das normas legais. Ficava claro que levava uma proposta ao presidente e a aplicava sem a obediência dos critérios por ele mesmo propostos ao chefe do governo...

Sua alegação era a de que não atendera à letra, mas obedecera ao espírito da lei, na medida em que o estado de São Paulo, como um todo, tinha aumentado em 20% a área plantada de cereais! Um argumento sempre e imemorialmente utilizado no Brasil para burlar a lei, em detrimento de todos e em benefício de alguns.

Em seguida, o ministro iria confessar que o fundamento sob o qual se ampliara o financiamento do algodão em 1944 – o aumento da exportação com o fim da guerra – se revelaria rigorosamente falso e frustrado:

"O SR. SOUZA COSTA – Em outubro de 1945, a situação não tinha melhorado, para efeito de exportação, apesar da terminação da guerra na Europa e na Ásia e da redução acentuada da safra prevista no sul do país. A exportação total do Brasil, de janeiro a junho, elevou-se apenas a 50.000 toneladas, a menor dos últimos tempos. [...] Os estoques em 30/6/45 elevavam-se a 665.197.605 kg. [...] Segundo o levantamento procedido pelo Serviço de Controle e Recebimento de Produtos Agrícolas e de Matérias-Primas da Comissão de Financiamento da Produção, verifica-se que, de 1942 a 1945, a produção de algodão no Brasil elevou-se a 1.802.000.000 kg. Desse total, o governo financiou, até outubro, 451 milhões. Como a safra de 1944-45, terminada no Norte, mas em andamento no Sul, ainda pode ser financiada, não será exagero calcular-se que, no período acima, as operações se estendam a 500 milhões de kg, o que representaria cerca de 28% da produção total de 1942 a 1945.

Desses 500 milhões de kg de algodão, financiados, ou a serem financiados, de acordo com o nosso cálculo, até a presente safra, poderão ser entregues ao governo federal 300 milhões de kg e liquidados normalmente 200 milhões.

Deduzindo 20 milhões de kg já liquidados, poderão ficar finalmente em poder do governo federal, nos quatro anos de financiamento, 280 milhões de kg.

[...] O valor desse volume de algodão, ao preço médio de Cr$ 5,80 por kg (média aproximada de várias safras), será de Cr$ 1.624.000.000,00 e estaria garantido, quanto a encargos e despesas de seguros e armazenagem, pela cota especial de consumo e exportação, cuja arrecadação já ultrapassa de 200 milhões de cruzeiros.

Digo estaria garantido, porque me refiro a outubro de 1945; mas os fatos posteriores melhoraram sensivelmente as condições gerais. [...] O nosso governo já anunciou vendas de seu estoque a Cr$ 110,00 a arroba, e a perspectiva de um lucro considerável na liquidação de seus estoques já não é uma previsão otimista, mas uma realidade palpável.

O Sr. Clemente Mariani – Permite V. Exa. um aparte, apenas com o intuito de esclarecimento? A exposição do nobre orador parece-me muito elucidativa. S. Exa. acaba de declarar que certos financiados prefeririam, resolvendo as suas obrigações, entregar cerca de 80 milhões de kg de algodão que o vendeu com lucro bastante apreciável...

O SR. SOUZA COSTA – Não...

O Sr. Clemente Mariani – Que o está vendendo...

O SR. SOUZA COSTA – Perfeitamente.

O Sr. Clemente Mariani – ... que o está vendendo com lucro bastante razoável. Esta circunstância esclarece perfeitamente o ponto para o qual eu havia chamado a atenção no meu aparte anterior: todos esses intermediários operaram sem qualquer responsabilidade, porque podiam perfeitamente deixar de correr o risco do negócio, entregando o algodão ao governo. Estão agora, entretanto, de acordo com as facilidades que receberam para operar, na expectativa de grande lucro. (*Muito bem*)

O SR. SOUZA COSTA – Adiante tratarei desse ponto. [...] O que resulta claro de todo esse balanço é que soubemos tomar as medidas adequadas à defesa do produtor brasileiro, impedindo que ele recebesse menos do que tinha direito pelo seu trabalho. [...] A grande vitória do povo paulista, na sua organização econômica, um dos mais brilhantes sucessos da técnica entre nós, foi amparado, foi defendido e aí está para responder aos críticos da obra construtiva do Governo da República. (*Muito bem*)"

O ex-ministro não respondeu nem responderia, até o fim de seu pronunciamento, aos apartes do deputado Clemente Mariani, o que deve ter incentivado Otávio Mangabeira a intervir no debate, chamando a atenção do orador para a razão de sua presença na tribuna:

"O SR. OTÁVIO MANGABEIRA – Ninguém contesta a vantagem de se proteger a lavoura do algodão, como ninguém põe em dúvida que o governo procurou amparar essa mesma lavoura. A questão do algodão, entretanto, é de ordem moral e política. (*Muito bem*) A nação está convencida de que o caso do algodão representa o maior escândalo da nossa história administrativa e política, devido ao modo como o governo praticou o financiamento do produto. Para falar mais claro: é o 'Caso Borghi'. É sobre este ponto que a Nação precisa ouvir a palavra de V. Exa.

O SR. SOUZA COSTA – Agradeço o aparte de V. Exa. que, além do mais, foi oportuno, porque V. Exa. o deu precisamente no momento em que ia começar a tratar do assunto. Nem sequer alterou a ordem do meu trabalho.

Poderia terminar aqui este discurso, ou melhor, esta informação à nobre Constituinte, se em torno do financiamento do algodão não se tivesse criado um aspecto de escândalo, um caso especial, em conseqüência de ter a firma nele interessada tomado parte saliente na agitação política que precedeu as últimas eleições. Tal tem sido a celeuma do chamado caso Borghi, procurando atingir o governo, que eu não posso, tratando de economia algodoeira, deixar de a ele me referir.

Em agosto de 1944, quando veio ao Rio uma comissão da União de Lavradores de Algodão pleitear as modificações no financiamento do algodão, o Sr. Hugo Borghi acompanhou-a e, apesar de diretor e acionista de uma companhia de tecelagem, a 'Companhia Fiação e Tecidos Nossa Senhora do Carmo', defendia ele vigorosamente o ponto de vista da lavoura, opondo-se aos argumentos em contrário do Sindicato de Tecelagem do Rio e São Paulo.

[...] Refiro-me a essa circunstância, porque ela se harmoniza com toda a atitude do Sr. Hugo Borghi, confiante no futuro do algodão, utilizando o crédito no limite máximo que a lei permitia, certo de que o preço teria afinal de subir."

Mais uma ponta do véu acabava de ser levantada pelo ex-ministro. O Sr. Hugo Borghi, embora acionista e diretor de uma companhia de tecelagem, colocava-se contra os interesses da classe a que pertencia, porque tinha convicção de que, com a política posta em prática pelo governo, o preço da matéria-prima iria subir, o que contrariava seus próprios interesses da empresa de que era sócio e dirigia. Subindo, não ganharia como industrial, mas como intermediário, ou mais propriamente ainda... como especulador. Era o que hoje chamaríamos de um *insider*, dono de informação privilegiada sobre os rumos da política a ser adotada pelo governo, depois de outubro de 1944, como efetivamente ocorreu. Daí ter, como confirmou o ex-ministro, "utilizado o crédito no limite máximo que a lei permitia" e, como demonstrará a UDN, além desse limite que, segundo Souza Costa, não existia...

"O SR. SOUZA COSTA – Logo a seguir à promulgação desse decreto-lei, o Sr. Hugo Borghi, ou mais precisamente, a Companhia Nacional de Anilinas Comércio e Indústria, de que ele faz parte, começou a utilizar o crédito que aquele decreto facultava, na base de Cr$ 90,00 brutos para o tipo 5, fibra de 28-30 mm, com os naturais ágios e deságios. E isso ela o fez, como qualquer produtor, industrial ou comerciante idôneo poderia fazer, isto é, independente do limite cadastral.

O Sr. Ferreira de Sousa – Só havia uma particularidade, não era uma empresa algodoeira.

O SR. SOUZA COSTA – Não interessava. Vou ler o texto das instruções do Banco do Brasil; de acordo com o contrato lavrado com o Tesouro, em 14 de outubro de 1944 [...], estabeleciam as condições que poderiam *'ser beneficiários do financiamento os produtores, industriais e comerciantes idôneos, independente de limite cadastral'*.

O Sr. Ferreira de Sousa – Não se indaga sobre a questão do limite cadastral. Alega-se que a companhia de anilinas não era produtora, intermediária nem exportadora de algodão. Seu próprio nome o indica. Assim, não podia, em face da lei das sociedades anônimas, negociar o algodão, sem ter o produto à sua disposição.

O SR. SOUZA COSTA – A questão da lei das sociedades anônimas é outro assunto. A garantia consiste no penhor mercantil do algodão depositado em armazéns gerais. [...]

O Sr. Clemente Mariani – Pode o ilustre orador prestar-me um esclarecimento? [...] Como em geral os financiamentos se entendem sobre mercadorias existentes em poder do financiado, desejaria V. Exa. esclarecesse se, pelo contrato com o Banco do Brasil, era permitido o financiamento antecipado da operação.

O SR. SOUZA COSTA – Não, o contrato é rigoroso: mediante entrega da mercadoria, dada em penhor. [...]

O Sr. Hugo Borghi – Permite V. Exa. um aparte?

O SR. SOUZA COSTA – Preferiria que V. Exa. não aparteasse, porque V. Exa. é parte. (*Muito bem*)

O Sr. Hugo Borghi – Pretendia apenas completar os esclarecimentos que a Casa deseja.

O Sr. Amando Fontes – Quando V. Exa. disse que apenas em agosto o Sr. Hugo Borghi iniciava suas atividades partidárias, eu quis contestar. Porque aqui tenho uma nota dizendo que, em 16 de março de 1945, o Sr. Hugo Borghi fizera uma carta à direção do Banco do Brasil pleiteando um empréstimo de Cr$ 15.200.000,00 para adquirir quatro radioemissoras.

O SR. SOUZA COSTA – [...] Se o governo tinha interesse em favorecer o Sr. Hugo Borghi, poderia dar uma ordem ao Banco do Brasil para que lhe fornecesse dinheiro.

O Sr. Magalhães Pinto – Por conta do Tesouro, como nas operações do algodão, para fazer seu financiamento?

O SR. SOUZA COSTA – Por que não? Já no passado se fizeram coisas piores nesta República!"

Realmente, era o ministro do Estado Novo quem falava, certo da impunidade dos que ordenavam e recorriam às práticas autoritárias, sob o argumento de que um erro justificava todos os demais. O debate, porém, revelaria outros detalhes desconhecidos da opinião pública.

"*O Sr. Hermes Lima* – Eu queria perguntar a V. Exa. se sabia que o Sr. Hugo Borghi tinha relações comerciais e de amizade com algumas pessoas muito de perto ligadas ao Presidente da República.

O SR. SOUZA COSTA – Não sabia e nunca procurei saber das relações do Sr. Hugo Borghi, que não me interessavam para coisa nenhuma. O que me interessava no Sr. Hugo Borghi era o comerciante de algodão, que trazia algodão para financiar no Banco do Brasil e que realizava operações garantidas.

O Sr. Hermes Lima – Não estou fazendo acusações, mas apenas colhendo elementos. Entretanto, esse ponto me parece importante, porque, tratando-se de negócios, como V. Exa. sabe, ele podia ter relações que lhe permitissem saber quando o algodão ia subir. Comprava, então, na baixa, para vender na alta. (*Trocam-se vários apartes*)

[...] *O Sr. Glicério Alves* – Não tenho procuração para defender o Sr. Getúlio Vargas, mas quando estive na 'Fazenda Santos Reis' o Sr. Getúlio Vargas me declarou que lá não lhe chegava qualquer jornal nem telegrama, pelo isolamento em que se encontrava, e perguntou o que se dizia do caso Borghi. Por que esse escândalo em torno desse caso? Respondi então à S. Exa. que tudo isso se fazia por haver o governo financiado Borghi para que este, por sua vez, financiasse o 'queremismo'. Ao que S. Exa. retrucou: 'É uma infâmia, porque só conheci Borghi um mês antes de deixar o governo.' É ou não verdade, Sr. Deputado Souza Costa?

O SR. SOUZA COSTA – É a expressão da verdade.

(*Trocam-se apartes. O Sr. Presidente pede atenção*)

O Sr. Juraci Magalhães – Permita-me V. Exa. um aparte (*assentimento do orador*). Tenho autonomia moral e mental e quero dizer a V. Exa. que para provar a conivência [sic] de Borghi com a família Vargas, apresento neste momento a cópia de um balancete do Banco Continental de São Paulo, onde aparece como diretor o Sr. Rui Gama, genro do Sr. Getúlio Vargas, e como superintendente o Sr. Hugo Borghi.

O Sr. Amaral Peixoto – O Sr. Rui Gama nunca se envolveu em política.

O SR. SOUZA COSTA – Devo lembrar ao nobre Deputado pela Bahia que, não obstante esse vínculo existente entre pessoa da família do Sr. Getúlio Vargas e o Sr. Hugo Borghi, este, fora das operações de financiamento, feitas, como qualquer outra firma, em virtude de Decreto-lei, nenhuma outra realizou.

O Sr. Clemente Mariani – Desejava apenas provocar a explicação de V. Exa. sobre o seguinte ponto. V. Exa. afirmou, em determinado momento, que em todas as operações de algodão o governo e o Banco do Brasil se cingiram rigorosamente ao contrato de outubro de 1944.

O SR. SOUZA COSTA – Exato.

O Sr. Clemente Mariani – Também manifestou seu ponto de vista, em resposta a aparte meu, de que achava preferível que o governo não interviesse no mercado, comprando por sua conta, e, sim, deixasse que os particulares comprassem, correndo os riscos do negócio. Vemos, entretanto, em primeiro lugar, que, em certa ocasião, o governo resolveu intervir, por intermédio da firma Prado Chaves, até o valor de cem milhões de cruzeiros, comprando algodão por sua própria conta, com uma comissão de 1% apenas para a dita firma.

O SR. SOUZA COSTA - Perfeitamente.

O Sr. Clemente Mariani – Pouco depois, o governo, que poderia insistir nessa nova orientação, ou manter-se fiel ao seu critério de deixar que os interessados comprassem o algodão com seus recursos e viessem, então, obter o financiamento do Banco do Brasil, abriu uma outra exceção, permitindo que, sem verificação da existência da mercadoria, apenas contra os conhecimentos dos armazéns gerais, por coincidência controlados pelos próprios financiados, fossem adiantados 80% do valor do algodão. Quer dizer: o governo adotou um processo eclético, pelo qual forneceu aos interessados, antecipadamente, dinheiro para aquisição do algodão, deixando, todavia, o lucro natural que resultaria da operação para aqueles interessados que não correram riscos. Há uma circunstância mais interessante neste particular. Digo-o, sem nenhum preconceito, sem juízo formado sobre o caso, pois apenas desejo sejam esclarecidos com absoluta lisura todos os atos do governo.

É que, tendo-se, inicialmente, estabelecido como regra geral, esse adiantamento de 80% foi em seguida revogado para todas as firmas e, logo após, restabelecido exclusivamente para a Cia. Nacional de Anilinas. [...]

O SR. SOUZA COSTA – Foi restabelecida em relação à Companhia Nacional de Anilinas porque só essa firma o solicitou. Só por isso.

O Sr. Clemente Mariani – A instrução da Carteira Agrícola do Banco do Brasil era no sentido de abrir exceção para a Companhia Nacional de Anilinas.

O SR. SOUZA COSTA – Se o Banco do Brasil estabeleceu, como medida de controle, que qualquer outra operação lhe fosse previamente solicitada para submeter à consideração do ministro da Fazenda, ele o fez como providência muito razoável de prudência. Mas daí não se pode inferir que o governo deixaria de atender a pedidos de outras firmas."

Os privilégios concedidos a uma empresa que não operava no ramo do comércio de algodão e que, sozinha, obteve duas vezes e meia o valor dos financiamentos concedidos à maior, mais antiga e mais conhecida multinacional dessa área, mais do que evidentes, tornaram-se ostensivos, insofismáveis e incontroversos. A prática de fazer adiantamentos sobre seus alegados estoques, que tinham sido proporcionados a inúmeras empresas, foi suspensa para todas as do ramo e depois explicitamente permitida apenas à do Sr. Hugo Borghi. E a instrução da Carteira Agrícola do Banco deixava claro que apenas a ela se garantia tal privilégio. O deputado Clemente Mariani (UDN-BA), banqueiro como seu colega do PSD do Rio Grande do Sul, o ex-ministro Souza Costa, demonstrava, com sua lógica de ferro, que o governo não tinha uma política clara, definida, delimitada e obediente a normas legais vigentes para todos. Variava ao sabor das conveniências e interesses ocasionais do governo e de seus ministros, como tinha sido praxe no Estado Novo.

O ex-ministro estava chegando ao fim de sua intervenção de mais de três horas. E resumiu sua opinião sobre o caso Borghi, que se dispôs a esclarecer na segunda parte de seu discurso:

"O SR. SOUZA COSTA – [...] O caso Borghi é fruto exclusivamente da ignorância dos fatos. O processo seguido para levá-lo ao conhecimento do público foi o pior possível. Em vez de proceder-se a um exame regular, publicando os resultados, foi facilitado à imprensa o conhecimento de documentos esparsos sem a necessária conexão e indispensável explicação. [...]
O Sr. Prado Kelly – Não se trata de documentos. V. Exa. verá oportunamente
O SR. SOUZA COSTA – Por que afirmam, se desconhecem o assunto?
O Sr. Prado Kelly – V. Exa. não pode esclarecer quais as quantias emprestadas a essas outras firmas?
O SR. SOUZA COSTA – Declaro a V. Exa. que todas essas firmas retiraram créditos muitíssimo acima do limite cadastral. Qual a conclusão a que V. Exa. quer chegar?
O Sr. Prado Kelly – Não se trata mais de limite cadastral, mas do montante de empréstimo a cada uma dessas firmas, para que a Assembléia possa compará-los com os empréstimos concedidos à Cia. de Anilinas.
O SR. SOUZA COSTA – O montante é rigorosamente igual ao valor do montante do algodão oferecido em garantia. Quem tem mais algodão tem mais crédito.
O Sr. Ferreira de Souza – Esse argumento não convence. Mais de um quarto da verba destinada à Carteira Agrícola foi destinado a uma só firma.
O SR. SOUZA COSTA – Como poderia a opinião [pública] formar juízo seguro pelo exame de tais documentos esparsos? Daí só confusão maior poderia resultar.
Saber-se isoladamente que uma firma obteve 250 milhões de cruzeiros de crédito constitui entre nós razão para escândalo, sobretudo quando ao mesmo tempo se diz que sua ficha no Banco era insignificante.
Sabido, porém, que em garantia específica foi entregue ao Banco algodão em valor correspondente, cujo preço era assegurado por um decreto-lei do governo com o objetivo, exatamente, de impedir que negócios se realizassem a preço mais baixo, para defesa da economia nacional, tudo se esclarece.
Sabido que várias outras firmas, nacionais e estrangeiras, gozaram de idêntico privilégio, desaparecem as razões do espanto e fura-se o balão do escândalo."

O ex-ministro estava satisfeito com suas próprias explicações. Confessava que a política de sustentação de preços que montara era um privilégio. E ignorava que era contra esse e outros privilégios que reclamava a minoria e se levantavam a imprensa e a opinião pública. Que o assunto constituía, no entendimento geral, um escândalo, terminou o ministro também por admitir, quando da peroração de sua estréia na tribuna:

"O SR. SOUZA COSTA – As primeiras divulgações desses elementos e o escândalo conseqüente surgiram quando me encontrava no Rio Grande do Sul e, ali mesmo, num comício realizado, quando falava em propaganda da candidatura do eminente General Eurico Dutra, declarei que tudo estava regular e oportunamente eu desfaria toda série de calúnias com que se pretendia macular a pureza das eleições que se iam realizar, atribuindo ao poder público processos inconfessáveis. (*Muito bem; muito bem. Palmas. O orador é vivamente cumprimentado*)"

Na verdade, não se tratava só de um escândalo. Foi o maior escândalo da época. O inquérito que o apurou indiciou não apenas o ex-ministro, mas, junto com ele, o ex-presidente do Banco do Brasil e o ex-diretor de sua Carteira de Crédito Agrícola e Industrial. Enviado ao Ministério da Justiça, dormiu, como tantos outros no país, em berço esplêndido, isto é, sem nenhuma punição.

14. A réplica

O "mimoso da ditadura" no banco dos réus

O processo político do escândalo do algodão corria paralelamente ao inquérito administrativo que se iniciara bem antes, ainda no governo José Linhares. Seguia, no entanto, lógica diversa dos processos judiciais. A rigor não houvera denúncia formal, como se indicou no capítulo anterior, mas apenas uma alusão ao escândalo, feita num dos discursos do líder da minoria, reiterando sua confiança na comissão de alto nível constituída, no âmbito do Executivo, por oficiais generais das três Forças Armadas. Ao tomar a iniciativa da defesa, o deputado Souza Costa (PSD-RS), ex-ministro da Fazenda de 1934 a 1945, sob cuja gestão ocorrera o escândalo, invertera os papéis dos personagens envolvidos. Seu discurso era, na verdade, uma defesa prévia, em relação a tudo quanto tinham divulgado os jornais. Com isso, ele obrigou Hugo Borghi a se alinhar como réu e não beneficiário, num processo em que os acusados eram o ex-ministro e o governo de Vargas, com sua política de fomento à cultura do algodão em São Paulo!

O discurso a que foi impelido Borghi (PTB-SP), em vez de uma defesa, transformou-se numa réplica à intervenção de seu aliado, o ex-ministro Souza Costa (PSD-RS). E a acusação que a UDN faria em seguida, em vez de uma réplica à suposta defesa do ex-ministro da Fazenda, terminou transformada numa tréplica. A lógica da política, como se vê, pouca relação tem com a lógica do direito e da lei. O tribunal da opinião pública não torna públicas nem executa suas sentenças, a não ser quando é chamado ao veredito final. O "caso Borghi", no âmbito da Constituinte, era um processo político. A sentença da opinião pública só se tornou conhecida no ano seguinte, quando, candidato ao governo de São Paulo, Borghi foi derrotado por Ademar de Barros, um político com um prontuário ainda maior que o seu.

O deputado paulista sentou-se no banco dos réus na sessão de terça-feira, dia 19 de março, um dia depois do discurso do ex-ministro Souza Costa (PSD-RS). Este o impelira a assumir o papel que lhe estava destinado, quando os deputados da UDN deixaram claro que não acusavam Borghi senão de beneficiário, e não de responsável pelo escândalo. Tornava-se cada vez mais difícil nessa trama identificar quem corrompera e quem tinha sido corrompido. A oposição também o forçara a assumir suas culpas, quando, logo após o discurso-defesa de Souza Costa, o presidente deu a palavra ao deputado udenista Aliomar Baleeiro e este cedeu sua vez para que Borghi, que não conseguira sequer apartear o ex-ministro, se defendesse.

Ele não era um orador, não tinha nenhuma experiência parlamentar e estreara na política de forma estridente, financiando o movimento "queremista" em favor da continuação de Getúlio no poder, de acordo com o *slogan* criado pelos comunistas: "Constituinte com Vargas". Tinha sido companheiro de Rui Gama, marido de uma das filhas de Getúlio, Jandira Vargas, na diretoria do banco paulista de que ele mesmo era o superintendente. É possível, mas pouco provável, que essa tivesse sido sua via de aproximação com o ditador, pois nunca se soube de nenhuma atividade política desse genro de Getúlio, nem de sua filha Jandira, ao contrário de Alzira, sua irmã, e do marido, o almirante Amaral Peixoto, ambos com notória veia, vocação e importantíssimo protagonismo político.

Suas ligações com o então ministro Souza Costa, no entanto, eram conhecidas e seriam mais tarde confirmadas por ele mesmo quando, em entrevista para compor o verbete que leva o seu nome no *Dicionário histórico-biográfico brasileiro*, do CPDOC, confessou que foi a pedido do ex-ministro que adquiriu as emissoras de sua propriedade, com as quais formou uma poderosa cadeia radiofônica que serviu a seu partido. Mais do que isso, quando recebeu do próprio Souza Costa, banqueiro como ele, uma contribuição de 500 mil cruzeiros para dar sustentação à campanha do PSD paulista nas eleições de 2 de dezembro à Constituinte.

Começou seu discurso assinalando, como se esperava, a circunstância de que não era orador, sem contudo esconder que se encontrava desvanecido com a notoriedade que tinha conseguido com sua ainda incipiente atividade política:

"O SR. HUGO BORGHI – [...] A ação de um homem deve ser julgada em face ao momento em que a sua atividade foi desenvolvida. Tenho sido talvez o homem mais comentado nesses últimos meses no país. Todos fazem perguntas e criticam, em parte, o caso do algodão; uns me defendem, outros me atacam. Devo esclarecer, de início, as minhas idéias sobre o problema econômico, para que se me possa julgar devidamente, em relação às atitudes econômicas e políticas, por mim assumidas. Sempre tive mentalidade socialista, e procurei pregar o que me ditava a consciência como sendo o mais justo, o melhor para os meus concidadãos."

Repetiu o que já tinha sido dito por Souza Costa, em relação ao aumento dos excedentes do algodão brasileiro, por falta de mercado, em decorrência da guerra, e leu trechos de artigo de sua autoria publicado no *Diário de São Paulo* sobre obviedades econômicas, a crise de 29, a política do New Deal nos Estados Unidos e a contribuição de Ford para sua solução. Embora reclamasse pelo fato de o fio de algodão ser vendido a 80 cruzeiros a arroba, e o metro do tecido, a 80 centavos, sustentou que "o interesse nacional exige que se produza o máximo e se venda o produto obtido pelo maior preço possível". Pelo visto, a indústria têxtil brasileira seguia o seu conselho... Embora economista, sequer aludia às condições do mercado, ao poder aquisitivo da população, à escassa demanda e ao acúmulo de excedentes, como se fossem assuntos de menor relevância e sem nenhuma influência em suas idéias.

Assim continuou por meia hora, ante o completo silêncio do plenário, até ser interrompido pelo deputado Trifino Correia (PCB-RS), apenas para obter a confirmação de que o orador considerava o PTB, sua legenda, um partido socialista. Depois, prosseguiu referindo-se à Revolução Francesa, à Grã-Bretanha governada pelo Partido Trabalhista inglês, e seguia por esse caminho, quando o presidente anunciou que seu tempo estava esgotando-se. Sobre o escândalo, suposto objeto de sua presença na tribuna, referiu-se apenas ao fim do pronunciamento, com as seguintes palavras:

"O SR. HUGO BORGHI – Sr. Presidente, Srs. Representantes: terríveis acusações têm pesado sobre a minha pessoa. Desejaria que o tempo fosse um pouco mais longo, para que também pudesse entrar nesse terreno. No momento todos sabem que estou sendo julgado [sic] por uma Comissão de Inquérito composta por ilustres militares. Aguardo, tranqüilo e confiante, o julgamento de minhas ações por esses juízes, certo de que essa atuação foi sempre correta, honesta e baseada, principalmente, nos ideais sãos que sempre defendi. (*Muito bem; muito bem*)"

Nunca se viu, na história parlamentar brasileira, maior anticlímax do que aquele proporcionado ao país pelo singular socialista que Borghi declarara ser. Foi certamente num ataque de feroz e incurável capitalismo que logrou uma proeza que poucos, depois dele, conseguiram superar. Afinal, levantou no Banco do Brasil um quarto de um bilhão de cruzeiros, equivalente a 25% de toda a dotação da Carteira de Crédito Agrícola, para financiamento da agricultura, no ano de 1945, nos estertores do Estado Novo, regime de que ele se tornou um dos últimos e mais afortunados beneficiários. Sua cínica atitude, ignorando todas as acusações de que havia meses era vítima, só não causou maior estupor que a proeza de arrombar, com tanta desfaçatez, as burras sempre generosas do banco oficial, permanentemente abertas aos donos do poder e aos mais arrojados de seus cúmplices.

A tréplica

O libelo acusatório que a UDN vinha preparando, com o auxílio de Carlos Lacerda, de seus informantes e dos aliados da oposição, dentro do próprio Banco do Brasil, tomou o lugar da tréplica. Coube ao deputado Amando Fontes, eleito pela coligação UDN/PR de Sergipe, o papel de promotor. Nascido em Santos, de família sergipana, estudou medicina, curso que interrompeu, e bacharelou-se em direito na Bahia, onde prestou concurso para o cargo de fiscal do consumo do Ministério da Fazenda, sendo classificado em primeiro lugar. Em 1933, aos 44 anos, já no Rio, para onde tinha se mudado desde a Revolução de 30, publicou seu primeiro romance, *Os Corumbas*, imediatamente consagrado pela crítica, o que lhe valeu ser convocado para representar seu estado como deputado federal, na legislatura ordinária de 1935, dissolvida com o golpe de 1937, ano em que publicou seu segundo romance, *Rua do Siriri*. Em 1945, voltou à política como constituinte dos mais atuantes da Assembléia. Amando Fontes era baixinho, não media mais de 1 metro e 60, mas era dotado de forte personalidade, e dava a seus discursos fundamentado conteúdo e apreciável forma literária, de que já tinha dado provas com dois romances de sucesso. Em nome da minoria, assomou à tribuna logo após a anódina divagação de Hugo Borghi:

"O SR. AMANDO FONTES – (*Movimento geral de atenção*) Senhor Presidente, Senhores Representantes: havia recebido das oposições coligadas a incumbência patriótica de estudar, para esclarecer a Nação, o caso do financiamento do algodão da Companhia Nacional de Anilinas Comércio e Indústria, da qual é diretor-presidente o Sr. Deputado Hugo Borghi.

No desempenho da tarefa, pude coligir informes e documentos que me habilitam a não consentir que, nesta Assembléia, a imaginação fértil, a inteligência lúcida, a palavra fácil do Sr. Deputado Souza Costa pudesse dar a impressão ao país de que todo o 'affaire' Borghi não passasse de atoarda da imprensa, de intrigas e maledicências da oposição. Por isso, quando falava desta tribuna o ilustre líder da bancada pessedista do Rio Grande do Sul, tive oportunidade de declarar, contestando afirmação de S. Exa., que a Companhia Nacional de Anilinas tivera do governo favores excepcionais, desfrutara sempre de um tratamento especial, diferente do que era dispensado às várias firmas que operavam no comércio do algodão.

[...] Para demonstrar a inteira razão de minha assertiva, já o primeiro negócio – atentem bem, o primeiro – efetuado entre a Companhia e o Banco do Brasil não constitui uma transação normal, semelhante às das outras interessadas. Representou exceção, portanto, um favor, uma vantagem a mais sobre as congêneres.

De fato, consoante se pode ver desta fotostática, pelo telefonema nº 4.651, de 22 de dezembro de 1944, a Agência de São Paulo expunha à Carteira de Crédito Agrícola e Industrial do Banco:

> *que a Companhia Nacional de Anilinas, ali cadastrada com a dotação de 150 mil cruzeiros, estava propondo operações de empréstimo agrícola, no total de 50 milhões de cruzeiros, com algodão depositado na Companhia Campineira de Armazéns Gerais, com a qual tinha ligação.*

Continuo citando o texto do documento:

> *Quanto à ligação, poderemos resolver dentro da autorização do seu telegrama-circular nº 91, de 21 de junho de 43. Face, porém, ao limite estabelecido no item 13 da Carta-circular 1.908, solicitamos autorização dessa sede para a realização das operações com a marginada, até o montante citado. Por oportuno, informamos que a marginada tem estado comprando na Bolsa, no sentido da sustentação do mercado. Favor responder pelo telefone.*

O Sr. Alde Sampaio – V. Exa. permite um aparte?
O SR. AMANDO FONTES – Perfeitamente.
O Sr. Alde Sampaio – Qual o limite a que se refere o funcionário de São Paulo: o limite cadastral, ou algum limite proposto pelo Banco do Brasil?
O SR. AMANDO FONTES – O limite para as operações: dez milhões de cruzeiros para cada proponente.
O Sr. Ferreira de Sousa – Esse limite foi revogado em qualquer momento?
O Sr. Plínio Barreto – Para o mimoso da ditadura havia exceções especiais.
O SR. AMANDO FONTES – É o que vou demonstrar. A Assembléia verá quantas vezes foi revogado.
No mesmo dia – vejam os Srs. Representantes –, no mesmo dia, o Sr. Diretor da Carteira exarou este despacho: 'Considerando a informação, por exceção – atenda-se.'
[...] Essa é a primeira prova, ilustre Sr. Deputado Souza Costa.
[...] Autorizado novo financiamento de algodão em 7 de outubro de 1944, pelo Decreto-lei 6.938 [...], somente a 21 do mês posterior foram expedidas, pela Carta-circular do Banco nº 1.906, as instruções para o financiamento especial do produto.
Estas instruções, guardando embora conformidade com os termos do contrato firmado entre o Banco e o Ministério da Fazenda, se afastavam um pouco das praxes comerciais, pois muito facilitavam a entrega do dinheiro do erário a um qualquer. Estabelecia entretanto o seu item 13 que, sem prévia consulta à sede, a um só comitente não poderiam ser concedidos créditos que ultrapassassem o total de 10 milhões de cruzeiros. Ora, em sua primeira operação, essa entidade, que nenhuma tradição tinha no comércio algodoeiro de São Paulo, e

que era dirigida por um Sr. que o ex-ministro da Fazenda conhecera apenas dois meses antes, segundo declarou desta tribuna, anulou completamente aquela providência acauteladora, a qual visava, sobretudo, evitar que o dinheiro do financiamento se acumulasse, como ocorreu, em poucas mãos.

Não se diga que a culpa dessa primeira demonstração de favoritismo emanou do Banco do Brasil e não do governo. Fartamente está demonstrado, em várias outras oportunidades que mencionarei depois, com a exibição das competentes provas, que sempre a Carteira de Crédito Agrícola e Industrial consultava previamente o Sr. Souza Costa quando tinha que conceder créditos superiores aos limites fixados em suas instruções.

Há um aspecto ainda a ressaltar, ante o exame dessa Carta-circular 1.908. Realmente, o seu item 3º estatuía que só poderiam ser financiados algodões 'depositados em armazéns gerais ou particulares, considerados idôneos pelo Banco – podendo ser aceitos os do próprio candidato, desde que cedidos por comodato, ao Banco ou pessoa de sua inteira confiança'.

[...] No entanto, conforme vimos da leitura, por mim feita, do telefonema da Agência de São Paulo à Sede, a Companhia Campineira de Armazéns Gerais, onde a de Anilinas deveria ter depositado quase todo o seu estoque, tinha como Diretor o Sr. Hugo Borghi, também Diretor Superintendente da outra sociedade."

Num aparte, Borghi pediu que o orador lesse o telegrama da agência paulista à sede do banco no Rio, de 22 de dezembro, que deu origem a seu primeiro financiamento, alegando que fazia alusão a uma circular relativa às empresas comerciais e industriais e às de armazenamento que tivessem ligação entre si, o que ressalvava o seu caso, e indagou se Amando Fontes tinha conhecimento dessa circular. Ante a resposta de que desconhecia, o deputado paulista afirmou:

"*O Sr. Hugo Borghi* – Não conheço o telegrama [aludia à circular], mas senti os seus efeitos, que são os seguintes: quando as companhias são ligadas ou têm interesses conjuntos, o Banco do Brasil mantém fiscalização permanente e contínua junto aos armazéns, para verificar a existência da mercadoria financiada.

O Sr. José Cândido – V. Exa. pode informar a data, a época desse telegrama?"

A resposta de Borghi é desconcertante:

"*O Sr. Hugo Borghi* – Não o conheço."

Custa a crer que alguém que estava sendo objeto de um inquérito, que sofria acusações públicas, na imprensa e na tribuna da Constituinte, por transações tidas como excepcionais e privilegiadas, e que acabara de descer da tribuna a que assomara a pretexto de se defender, invocasse em sua defesa um documento que, logo em seguida, afirma desconhecer!

As acusações de Amando Fontes, porém, iam muito mais além:

"O SR. AMANDO FONTES – [...] Havia a Companhia de Anilinas, como vimos, conseguido que lhe fosse aberto um crédito de 50 milhões de cruzeiros, em 22 de dezembro de 1944. Fixemos essa data e vejamos que, seis dias após, era expedida uma nova Carta-circular sob nº 1.937, melhorando muito as condições de financiamento. Vou transcrever dela alguns trechos. São estes:

> Levamos ao seu conhecimento que, do entendimento havido com o Ministério da Fazenda, sobre o financiamento especial de que trata o decreto-lei 6.938, de 7/10/44, e com o objetivo da melhora da base livre de adiantamento sobre algodão, resultou a modificação das condições estipuladas nos itens 7, 17 e 18 da Carta-circular nº 1.908, de 21/11/44, os quais recomendamos a essa agência substituir pelos seguintes:
> 18 – aos algodões da Zona Sul do país que tenham sido ou venham a ser colhidos e beneficiados no período de 1/3/44 a 28/2/45, ou seja, aos remanescentes da safra de 1943-44 cujo financiamento foi inicialmente disciplinado pela Carta-circular nº 1.708 de 12/5/44, são aplicáveis as bases e os ágios e deságios de que trata o item 5 e as deduções fixadas no item 7.
>
> E, com o propósito de beneficiar ainda mais a base livre do financiamento desses remanescentes, o prazo dos contratos será de 4 meses, diminuindo-se assim de 1/3 as despesas de juros, de comissão e, possivelmente, de armazenagem e seguro. Permitir-se-á aos devedores que não desejarem liquidar os referidos contratos nos vencimentos optar, nas épocas próprias, por escrito, e com 15 dias de antecedência, pela prorrogação de mais dois períodos de igual duração – mediante pagamento, em dinheiro, no ato, dos juros, comissão de fiscalização e despesas de armazenagem e seguro, relativas ao período subseqüente – ou pela venda de algodão ao Governo Federal.

Este aspecto da questão, Sr. Presidente, já foi ontem debatido aqui. Pelo contrato de financiamento firmado entre o Banco do Brasil e o Tesouro, o Banco daria, por conta do Tesouro, dinheiro a quem apresentasse recibo de depósito em armazéns gerais. O tomador do dinheiro ficava com o direito de vender o algodão ao preço que encontrasse. Se achasse preço maior do que o recebido do Banco do Brasil, ele o venderia; em caso contrário, se o algodão baixasse, por qualquer circunstância, teria a faculdade de largar a mercadoria, como se diz na técnica comercial, deixando o algodão com o Banco, que o transferiria imediatamente para a conta do Governo. De modo que, se prejuízo houvesse, nunca seria atribuído ao tomador do dinheiro, mas sempre à União.

O Sr. Hugo Borghi – O decreto que faculta o financiamento ainda está em vigor. Todos os meus distintos colegas que quiserem, podem comprar algodão para realizar idêntica operação.

O SR. AMANDO FONTES – Julgo que os meus nobres colegas julgam, como eu, que não são boas as bases para o financiamento. É o que desejo acentuar, não com referência ao representante de São Paulo, Sr. Hugo Borghi, mas sim com respeito ao próprio Governo.

O Sr. Hugo Borghi – Então, desejava ficasse esclarecido que não existe o chamado 'caso Borghi', mas sim que Vv. Exas. vão provar a existência de erros da administração pública.

O SR. AMANDO FONTES – Vou provar que, com V. Exa., os fatos se passavam de modo diferente. [...] Termino a leitura do item 18 da Circular nº 1.937:

> Os contratos em vigor, isto é, garantidos por algodões remanescentes da safra de 1943-44, do sul do país, poderão ser ajustados a essas bases e condições, observado o prazo máximo de 12 meses para cada financiamento.

Atentemos nos fatos: primeiro a coincidência de essas melhorias nas bases de financiamento terem sido expedidas seis dias depois da concessão do crédito à Cia. Anilinas; segundo: teve-se em mira, sobretudo, como na Circular está escrito, melhorar ainda mais a base livre do financiamento dos remanescentes da safra 1943-44, e justamente a referida companhia, até março de 1945, só operou com tais remanescentes.

Fixemos também que a redução dos prazos de 6 para 4 meses ofendeu, de rosto, o contrato celebrado entre o Banco do Brasil e o Tesouro, pois ali, na cláusula quinta, disposto ficou que tais contratos seriam de seis meses.

Dessa forma, há um contrato entre o Banco e o Tesouro e, sem aditivo ou modificação a esse contrato, o Banco, por autorização do Sr. Ministro da Fazenda, diminuiu o prazo de seis para quatro meses, melhorando grandemente, como está dito na Circular, as bases livres para o financiamento.

Considerará isto o ilustre Deputado Sr. Souza Costa uma prova indiscutível de que a citada Cia. gozou de privilégios, de favores especiais, destinados a lhe proporcionar lucros, quantiosos e certos? A mim se me afigura insofismável.

Mas parece que houve grita, protestos e resistência de interessados e de funcionários, ou da própria direção geral do Banco do Brasil. O certo é que, em 3 de fevereiro de 1945 – quer dizer, 36 dias depois de a Cia. de Anilinas estar tirando dinheiro do Banco, pois só começou a fazê-lo em 3 de janeiro de 1945, em virtude de ordem especial da sede, constante do telefonema nº 1 (e a prova disso se encontra na carta da Agência de São Paulo, de 13 de novembro de 1945, protocolada na Sede sob o nº 103.994) – o certo é que, dizia eu, a 3 de fevereiro, foram expedidas novas instruções pela Circular nº 1.961, a qual cancelou as duas anteriores. E essas novas ordens restringiam, de muito, as facilidades, exigiam garantias maiores para a concessão de créditos, definiam quais os atos que tornariam inidôneas as firmas para obtenção dos favores do financiamento.

Seja, de logo, acentuado que, enquanto no preâmbulo da Carta-circular facilitadora está escrito que as novas ordens foram expedidas 'de acordo com entendimento havido com o ministro da Fazenda', na segunda, acauteladora dos interesses do Tesouro e do bom nome do Banco, nenhuma menção se fez que daquela autoridade houvesse emanado qualquer ordem em tal sentido.

Decorreu o tempo.

Em 22 de fevereiro de 1945, pela voz que teve, no momento, uma tonalidade oracular do grande brasileiro que é José Américo de Almeida, e pela brava atitude do 'Correio da Manhã', passou a ouvir-se de novo a opinião livre do Brasil.

Desatou-se a campanha pela sucessão. Os que mais se tinham aproveitado dos favores que só as ditaduras podem conferir, tomaram logo posição, para garantir a permanência do Sr. Getúlio Vargas no poder.

E na primeira fila, agindo com desembaraço e eficiência, surge na vida pública do país o Sr. Hugo Borghi, Diretor-Superintendente da Cia. de Anilinas. [...] E logo em março se apresta para a espetacular campanha que a figura do carioca pitorescamente apelidou de 'queremista', adquirindo 4 estações radiodifusoras pelo preço de 19 milhões de cruzeiros.

O Sr. Otávio Magabeira – Foi o maior derrame de dinheiro que já se viu no Brasil em uma campanha política. (*Apoiado*) E gasto por um só homem!

O SR. AMANDO FONTES – Em carta de 15 desse mesmo mês, dirigida ao presidente do Banco do Brasil e protocolada na Carteira de Crédito Agrícola e Industrial sob o nº 449 (não sei por que a Carteira de Crédito Agrícola), o referido Sr. postulou o financiamento da operação, mediante o adiantamento de 80% daquela importância, ou seja, 15 milhões e 200 mil cruzeiros. Era lançar o disco longe demais. A imprensa já se encontrava livre, a opinião do país vigilante. Depois, os regulamentos do Banco proíbem terminantemente operações de tal espécie. E como não se tratava de dinheiro para o algodão, o qual poderia ser dado por simples ordem verbal do ministro da Fazenda, o crédito foi negado em 10 de abril de 45, consoante carta do Diretor do Banco do Brasil, Sr. Rache, ao Sr. Deputado Hugo Borghi.

[...] Não desanimou o proponente, entretanto, e foi buscar recursos em outras fontes.

A melhor de todas, que era o financiamento do algodão, estava trancada, pelas instruções da Carta-circular 1.961 que, entre outras exigências, estabelecia no item 1º 'que os empréstimos só fossem concedidos na exata proporção dos estoques e necessidades normais dos respectivos tomadores, tendo em vista, também, a tradição dos volumes de suas transações nas safras anteriores'.

Evidentemente, o Sr. Hugo Borghi não transacionara em algodão nas safras anteriores, segundo depreendi das afirmações aqui feitas pelo Sr. Deputado Souza Costa. [...] No item 3º, que não podia ser financiado algodão que já tivesse sido objeto de financiamento anterior. No item 7º, que a agência deveria recusar financiamento aos que verificar – a redação é má, porém eu a conservo – que compram algodão a produtores, sem lhes pagar a justa equivalência entre o valor do algodão em pluma e o do em caroço; no 16º limita de novo a 5 milhões de cruzeiros o empréstimo, só podendo exceder dessa quantia quando procedesse autorização da sede.

O Sr. Hugo Borghi – [...] Se, já tendo eu crédito autorizado, no valor de 50 milhões de cruzeiros, e não o havendo ainda utilizado, o Banco restringiu para todas as firmas, inclusive a minha, onde estava o favoritismo?

O SR. AMANDO FONTES – Dentro de um minuto, no máximo, provarei a V. Exa. que se abriu exceção em seu favor.

No item 17 determinava que as remessas de propostas para créditos superiores àquela soma deveriam subir até a direção geral, acompanhadas 'das informações sobre o estoque e volume das operações do interessado nas safras anteriores, habilitando a sede ao estudo da operação e verificação de que o proponente não a solicitava acima de seus estoques e necessidades normais!'; e, finalmente, no item 21 fixava que seriam 'consideradas inidôneas as firmas que fizessem declarações inexatas quanto aos seus estoques ou recorressem a qualquer meio, com o objetivo de burlar as presentes disposições'.

Constituíam tais exigências barreiras intransponíveis para que a Companhia de Anilinas obtivesse as grandes somas de que necessitava, na Agência de São Paulo. Então o seu superintendente, Sr. Hugo Borghi, passou a pleitear esse dinheiro junto à sede do Banco do Brasil, com o apoio e a proteção do Sr. Ministro da Fazenda daquele tempo. E venceu.

Pelo telefonema nº 1.899, de 9 de maio de 1945, à agência de São Paulo, o Diretor da Carteira Agrícola autorizava aquela a conceder à Cia. de Anilinas o crédito de 10 milhões de cruzeiros; e pelo telefonema nº 1.997, de 16 de maio de 1945, novo crédito de 10 milhões. [...] Cauteloso, vendo o assombroso volume de dinheiro que o Sr. Souza Costa mandava entregar à Cia. de Anilinas, o Diretor da Carteira Agrícola achou oportuno salvar sua responsabilidade. Assim, por ofício de 17 de maio de 1945 comunicou à autoridade ordenadora que, de acordo com as autorizações verbais que lhe tinha concedido, havia autorizado a abertura de dois créditos de 10 milhões de cruzeiros à Cia. de Anilinas. Contestou o ministério, por ofício de 7 de junho seguinte, assinado pelo chefe do Gabinete, dizendo que, no ofício de 17, já citado, o Sr. Ministro apusera, em 30 de maio, o despacho: 'Ciente'.

Maiores, porém, eram, no auge da propaganda 'queremista', as necessidades de dinheiro do Sr. Hugo Borghi. Por isso o Banco, pelo telefonema 2.075, de 21 de maio, autorizou novo empréstimo de 10 milhões de cruzeiros, não esquecendo o diretor da Carteira de, em ofício de 24 do mesmo mês, comunicar ao Sr. ministro da Fazenda que o fizera em virtude de ordem verbal de S. Exa.

São, portanto, 30 milhões de cruzeiros mandados entregar ao Sr. Hugo Borghi, por ordens verbais do Sr. Ministro da Fazenda, conforme revela o Sr. Diretor da Carteira de Crédito Agrícola do Banco do Brasil.

Todo o dinheiro era pouco, porém, Senhores, e assim como se vê da carta da Agência de São Paulo, protocolada na Sede, sob o nº 103.994, atrás mencionada, o diretor da Carteira de Crédito Agrícola, em telefonema direto à Agência de São Paulo, no dia 29 de maio de 1945, ordenava que à mesma [firma] fossem fornecidos mais 20 milhões de cruzeiros e, pelo telefonema 2.409, de 13 de junho seguinte, mais 15 milhões.

Fixem bem, a Casa e a Nação.

No período compreendido entre os dias 9 de maio e 13 de junho, quando a campanha pela permanência do Sr. Getúlio Vargas já estava nas ruas, um dos principais condutores desse movimento, o Sr. Hugo Borghi, com o afastamento de todos os óbices antepostos pela Carta-circular nº 1.961, que não estava revogada, conseguia, por ordem expressa do ministro da Fazenda de então, 65 milhões de cruzeiros que se diziam destinados ao financiamento de algodão.

[...] Entretanto, era preciso, de uma vez por todas, eliminar aqueles anteparos à canalização de maiores importâncias para as arcas da Cia. de Anilinas. Então, o diretor da Carteira de Crédito Agrícola, em ofício dirigido ao ministro da Fazenda, em 29 daquele mesmo mês de maio, de acordo com as determinações verbais de S. Exa., tinha examinado 'quais as medidas necessárias para que o financiamento do algodão voltasse a ser aplicado integralmente'. Expressava em certas passagens aquele funcionário: 'Julgo suficiente, para alcançar esse objetivo, revogar as providências de caráter restritivo postas em prática pela Carta-circular Carteira de Crédito Agrícola e Industrial 1.961, de 8 de fevereiro de 1945.

Conseqüentemente, deverão ser expedidas as seguintes instruções pela Carteira de Crédito Agrícola: As operações de financiamento de algodão, autorizadas pela Carta-circular nº 1.961, independerão de limite cadastral. [...] Ficam cancelados os itens números 1, 3, 16, 17, 18, 19, 20 e 21 da referida carta'.

Ao pé deste ofício, o diretor da Carteira escreveu: 'O Sr. Ministro manifestou sua plena conformidade ao sugerido e o desejo de as novas instruções serem expedidas com urgência.'

Assim se fez, em verdade, pois o Banco, a 9 do mês seguinte, expedia a Carta-circular nº 2.073, na qual estão consubstanciadas todas as medidas aventadas. Em certo passo está escrito nesse documento: 'Considere cancelados, conseqüentemente, números 1, 3 e 16 a 21, inclusive, da referida Carta-circular'.

Sabe a Assembléia, porque já as reproduzi resumidamente neste discurso, que todos os itens cancelados nada tinham de restritivos, eram tão-somente moralizadores, pois determinavam que os negócios fossem efetuados com firmas honestas, que possuíssem realmente estoques de algodão que não se tivessem adquirido por preço vil dos lavradores, que não pretendessem financiar produto já financiado.

[...] Contudo, talvez os nobres colegas não tenham retido bem o que estatuía o item 21, que foi mandado eliminar pelas novas instruções autorizadas pelo Sr. ex-Ministro da Fazenda. Vou repeti-las, em voz pausada, para estupefação da Casa: 'Serão consideradas inidôneas as firmas que fizerem declarações inexatas quanto aos seus estoques, ou recorrerem a qualquer meio com o objetivo de burlar as presentes disposições!'

De modo que, daí por diante, o dinheiro da Nação, cobrado por meio das taxas de 30 e 50 centavos, incidentes sobre o algodão em pluma, não se destinaria mais ao financiamento das firmas honestas que transacionassem com esse produto. [...] Isso é o que revelam, de maneira inconcussa, os documentos aludidos e que aqui se acham à disposição de quem os quiser compulsar.

Passemos, porém, a outro capítulo que ainda há mais e tão bom.

Como toda essa fabulosa soma de milhões não bastasse para a voragem que a tragava, na carta de 5 de outubro de 1945, do gerente da Carteira de Crédito Agrícola ao seu Diretor, aquele dizia que, na conferência daquele dia, realizada no ministério da Fazenda, e da qual participaram o titular daquela pasta, o presidente do Banco e o diretor da Carteira, houvera (e aqui cito): 'por bem o Exmo. Sr. Ministro decidir, tal como nos comunicou V. Exa., ao nos dar conhecimento das instruções verbais dadas a respeito pelo Exmo. Sr. Ministro, que o Banco, por intermédio de sua Carteira de Crédito Agrícola, amanhã, à primeira hora, expedisse ordens à agência de São Paulo, em termos que, procurando bem sintetizar o que V. Exa. nos referiu sobre o assunto, a minuta abaixo de telefonema foi redigida, julgamos poder expressar o exato sentido'.

O Sr. Hugo Borghi – V. Exa. pensa assim. Este 'dossier' envergonha os foros de povo civilizado do Brasil.

O Sr. Hamilton Nogueira – Naturalmente.

O Sr. Prado Kelly – São documentos autênticos.

O SR. AMANDO FONTES – Colhidos no Banco do Brasil e no ministério da Fazenda.

O Sr. Hugo Borghi – O que envergonha é o fato de documentos privados do nosso principal estabelecimento de crédito...

O SR. AMANDO FONTES – Não são privados.

O Sr. Hugo Borghi – terem sido fornecidos à imprensa, quando eu, na mesma ocasião, ao lutar contra o presidente José Linhares, apesar de ser diretor de um pequeno estabelecimento de crédito, soube manter o devido sigilo bancário, pois, havendo pessoas da família Linhares que me deviam dinheiro, por títulos vencidos e não pagos, no Banco, conservei-me calado.

O SR. AMANDO FONTES – É assunto para que esses parentes do Sr. Linhares respondam.

Vou continuar a ler, se os nobres colegas permitem.

[...] Rememorarei que a Cia. Nacional de Anilinas havia recebido, de maio a junho, 65 milhões de cruzeiros. Por certo terá recebido outras quantias diretamente da agência, pois que quando ficava dentro dos limites das instruções, não havia necessidade da interferência da sede. Não se conhece, portanto, o que terá ocorrido. Sabe-se apenas das quantias volumosas mandadas entregar à Cia. Nacional de Anilinas, porque estas, por infringir as instruções, dependiam de autorização da sede.

Houve um telefonema à agência de São Paulo mandando efetuar, diretamente, 'por conta da Cia. Nacional de Anilinas, pagamentos na Caixa de Liquidação de Santos S.A., filial de São Paulo, até a importância de 60 milhões de cruzeiros, contra a entrega de ordens de retirada de algodão de Armazéns Gerais, emitidas ao portador, na base de 80 cruzeiros por arroba, cujas ordens de retirada ficavam na posse do Banco, como garantia de empréstimo, até a definitiva entrega dos documentos exigidos para o financiamento normal de algodão, de acordo com o decreto regulador do assunto'. Nessa minuta, o presidente do Banco despachou: 'Comunique-se ao Sr. Ministro da Fazenda o cumprimento de suas instruções.'

Está datada de 6 de outubro de 1945, mês em que se vinham realizando os grandes comícios 'queremistas'. Como vimos, não bastavam os financiamentos por intermédio da agência de São Paulo. Foi necessário inventar uma nova modalidade de fornecer novos milhões ao Sr. Borghi.

Essa operação foi autorizada pelo telefonema 372, do mesmo dia, e foi realizada, conforme se vê da já falada carta da agência de São Paulo, protocolada sob o nº 103.994, no Banco do Brasil.

Embora pareça assombroso, embora não contente com tão vultosas quantias, a Cia. de Anilinas, mais ou menos na época em que estava entrando de posse desses 60 milhões, pedia à agência de São Paulo 'que fosse restabelecido em seu favor o adiantamento inicial de 80% do líquido de cada proposta de empréstimo EAG, mediante simples entrega de recibos de depósito da mercadoria em Cia. de Armazéns Gerais, estreitamente ligada à referida interessada, e antes mesmo de sua rigorosa conferência e lavratura do contrato'.

Tudo isso se lê no parecer 1.211, de 19 de outubro de 1945, lançado no protocolo geral do Banco do Brasil, sob o nº 6.692. Nesse documento – e aqui peço a atenção da Casa porque estou para terminar e talvez o melhor venha no fim – nesse documento o funcionário informante escreve a certa altura: 'Dispensamo-nos de comentar os argumentos apresentados pela Filial em defesa de seu ponto de vista, por inferirmos do citado memorando que os financiamentos em espécie devem ser concedidos àquela entidade (Cia. de Anilinas) em condições especialíssimas, totalmente diversas das estabelecidas no contrato celebrado em 24 de outubro de 1944, entre o Ministério da Fazenda e o Banco. Isso, entretanto, sem prejuízo da opinião expressa em nosso parecer 985, de 27/8/45, contrária à generalização de tal prática, como pleiteia em última análise a Agência, ao defender a extensão, em caráter permanente, das facilidades mencionadas às demais firmas citadas em sua carta.'

No rosto deste parecer o gerente da Carteira Agrícola despachou: 'De acordo, menos quanto à generalização às outras firmas, além da Cia. Nacional de Anilinas, salvo autorização expressa do Sr. Ministro da Fazenda, a quem se comunicará o tratamento especial a ser dado à Cia. Nacional de Anilinas.'

Ainda sobre esse mesmo documento despachou o presidente do Banco do Brasil: 'Faça-se o expediente.' E a 29, às 11 horas e 29 minutos da manhã, pelo telefonema 4.804, a sede comunicava à Agência de São Paulo que os adiantamentos deveriam ser efetuados *apenas* à Cia. Nacional de Anilinas.

O Sr. Hamilton Nogueira – Essa a igualdade ontem proclamada para todas as firmas!

O SR. AMANDO FONTES – Vê assim a Assembléia que não fiz uma afirmação leviana quando, contraditando, em parte, o Sr. Deputado Souza Costa, asseverei que o Governo Federal, por seu intermédio, sempre dera um tratamento especial, de exceção, de favor, quanto ao financiamento de algodão à firma de que é Diretor-Superintendente o Sr. Deputado Hugo Borghi.

Como vimos há pouco, não só eu, mas vários funcionários do Banco do Brasil, em informações e pareceres, deixaram bem caracterizada essa prática extremamente reprovável do governo, concedendo a um negociante de algodão, por conta e risco do erário público, favores e benefícios que a outros se negavam.

O Sr. Ferreira de Sousa – V. Exa. é muito generoso. A Cia. de Anilinas não negociava em algodão.

O SR. AMANDO FONTES – E aqui termino, Sr. Presidente, certo de que fui fiel aos compromissos assumidos com minha consciência e com meus concidadãos, quando fui investido do mandato que me deu acesso a esta tribuna. (*Muito bem*)

O Sr. Aliomar Baleeiro – Se V. Exa. quiser, poderá ficar calado pelo resto da legislatura!

O SR. AMANDO FONTES – Era o que tinha a dizer. (*Muito bem. Muito bem. Palmas*)"

Ecos do Estado Novo

A sucessão de discursos, primeiro do ex-ministro Souza Costa, em seguida de Borghi que, a pretexto de se defender, nada disse, e logo após o libelo de Amando Fontes, provocou imediata repercussão no plenário. No segundo caso, apenas um aparte de Trifino Correia, que nada tinha a ver com as denúncias. Indigitado pela oposição, pela opinião pública e pela imprensa, o deputado petebista de São Paulo falou para um plenário mudo, estático, distante, desinteressado. A maioria demonstrava a óbvia preocupação de não manifestar nenhuma forma de solidariedade com o aventureiro. Até mesmo um aparte lhe negou o ex-ministro Souza Costa, recomendando-lhe manter-se calado durante o seu próprio discurso, com a repriménda, mais do que justificativa, de ser parte no "imbroglio".

Para não deixar que a oposição desfrutasse dos louros da catilinária que ainda reverberava no plenário, o ex-ministro de Vargas subiu imediatamente à tribuna para anunciar que a ela voltaria e para desculpar-se com Otávio Mangabeira de sua reação a um aparte que este dera a Amando Fontes:

"O SR. SOUZA COSTA – (*Pela ordem*) Sr. Presidente, Srs. Constituintes, ouvi com a maior atenção o discurso que acaba de ser pronunciado pelo nobre Deputado Sr. Amando Fontes.

Creio que esse discurso não será o único com que se pretenderão contestar as afirmativas que fiz desta tribuna e que mantenho. Aguardarei, assim, que seja completamente articulado o libelo...

O Sr. Plínio Barreto – Já está.
O Sr. Aliomar Baleeiro – É o próprio orador quem – juridicamente, aliás – o caracteriza como 'libelo'...
O SR. SOUZA COSTA – ... para voltar à tribuna e, mais uma vez, rebater tais acusações. O que me traz agora é o desejo de pedir à Assembléia desculpas pela referência feita ao nobre Representante, Sr. Otávio Mangabeira, agravada pela circunstância de ser uma repetição do que ontem disse, no aceso dos debates. [...] Tive o cuidado, Srs. Constituintes, de, ao rever as provas taquigráficas, modificar essa expressão; mas o que não estou disposto absolutamente a receber são as palavras que o ilustre Representante Sr. Otávio Mangabeira me dirigiu...
O Sr. Otávio Mangabeira – Perdoe-me V. Exa. Meu aparte foi este: os fatos são monstruosos. Não há insulto a ninguém neste conceito. Depois de proferir V. Exa. palavras impróprias, retruquei com maior violência, como era de meu direito. Apenas isso. Aliás, irei à tribuna.
O SR. SOUZA COSTA – Retirei minha expressão e V. Exa. conservou a sua. Se V. Exa., porém, declara que virá à tribuna no mesmo propósito que eu, congratulo-me com a Casa e aguardo a oportunidade para voltar, com o maior prazer, ao assunto em debate. (*Muito bem. Muito bem. Palmas*)"

O líder da minoria respondeu em seguida:

O SR. OTÁVIO MANGABEIRA – (*Pela ordem*) Sr. Presidente, Srs. Constituintes, as ditaduras, obras que são do mal – pois maior crime não pode haver entre os homens do que usurpar o poder para oprimir os povos –, as ditaduras, repito, obras que são do mal, hão de ter contra si a maldição; e não raro, entre as suas vítimas se incluem, precisamente, os que mais se esforçaram por servi-las.
A ausência da crítica, da contradição, do debate; o ópio do elogio sistemático, por via da propaganda às custas dos cofres públicos...
O Sr. Souza Costa – Neste ponto, contesto V. Exa.
O SR. OTÁVIO MANGABEIRA – V. Exa. contesta que havia nesta Casa um Departamento de Imprensa e Propaganda, pago pelo Tesouro, para manter, sistematicamente, a propaganda oficial sem contraste? Mas isso já é fato histórico.
O Sr. Souza Costa – Se V. Exa. se refere à propaganda autorizada em lei...
O SR. OTÁVIO MANGABEIRA – Refiro-me a esta propaganda, apenas. Não chamo lei aquilo a que V. Exa. dá esse nome.
O Sr. Souza Costa – É em virtude de lei como essa que V. Exa. está aqui.
O Sr. Prado Kelly – Não apoiado. Estamos aqui em virtude do voto popular.
O Sr. Souza Costa – Conseqüentemente, da lei.
O Sr. Hugo Borghi – Peço, com o devido respeito, licença para interrompê-lo. V. Exa. foi também acusado – quando deixou o governo em 1930 – de ter malbaratado os dinheiros públicos, através da Agência Americana de Propaganda. Quando me mostraram há poucos dias o jornal que o acusava, tive a consciência de dizer: 'Não acredito; devem ser infâmias iguais às que me estão sendo atribuídas.'
O Sr. Ferreira de Sousa – Isso não!
O Sr. Aureliano Leite – (*Dirigindo-se ao Sr. Hugo Borghi*) V. Exa. mistura alhos com bugalhos.

O Sr. Hugo Borghi – Na opinião de V. Exa.

O SR. OTÁVIO MANGABEIRA – Eu me havia dispensado de responder; mas, uma vez que o aparte se refere a mim, pessoalmente, vou replicar de pronto.

Quando deixei a pasta das Relações Exteriores, o governo discricionário de então estabeleceu, como se sabe, rigorosas sindicâncias. Houve um ministério, o meu, onde a sindicância se fez do modo mais completo e absoluto, durante cerca de um ano. Ao receber a notificação de que a sindicância ia ser feita, respondi aos signatários da carta em que dela se me notificava: 'Devolvo aos senhores o papel que me remetem, porque não lhes reconheço autoridade alguma para pedir-me contas. Façam o que quiserem e entenderem, porque depois ajustarei minhas contas com a Nação.'

O Sr. Hugo Borghi – Espero proceder da mesma maneira.

O SR. OTÁVIO MANGABEIRA – Foi com estas palavras que devolvi à honrada comissão de sindicância a sua própria carta intimatória e os papéis e documentos de que a mesma se fazia acompanhar. Por quê? Porque pretendia desconsiderar a comissão? Não. Tive ensejo, posteriormente, de explicar as razões da minha atitude. Dirigi-lhe um desafio para que não me poupasse nas suas sindicâncias. Estas foram feitas, conclusas, julgadas; nunca me vi acusado de coisa alguma que me desonrasse. (*Muito bem. Palmas no recinto*)

O Sr. Hugo Borghi – Ser acusado é muito simples, principalmente por jornalistas ou jornais de ideologias contrárias às que defendemos.

O Sr. José Cândido – Temos a prova no caso do 'marmiteiro'. (*Risos*)

O SR. OTÁVIO MANGABEIRA – As sindicâncias realizaram-se.

O Sr. Hugo Borghi – Dirigi-me também, como V. Exa., ao Sr. General Góis Monteiro, Ministro da Guerra, para pedir-lhe que fosse absolutamente rigoroso e fizesse andar, com a maior rapidez possível, o inquérito a meu respeito. [...] Como o orador, desejo, também, que não me neguem os devidos e necessários meios para que possa me defender. Essa a aspiração única que tenho.

O SR. OTÁVIO MANGABEIRA – Não. Eu os dispensei. Não tenho que me defender de coisa alguma. Não admito o confronto, perdoe-me V. Exa.

[...] Dizia eu, Sr. Presidente, que a ausência de crítica, o ópio do elogio sistemático, a inexistência de quaisquer sanções para abusos, erros, ou até crimes que sejam cometidos, a prática do poder ilimitado, vale dizer, sem freios – eis aí todo um conjunto de circunstâncias nefastas que abrem com a maior facilidade, aos que governam sob as ditaduras, o caminho da perdição...

Sr. Presidente, quem quer que tenha acompanhado de perto a oposição que movi durante quinze anos de minha obscuridade (*não apoiados*), de 24 de outubro de 1930 a 29 de outubro de 1945, à ação pública e política do Sr. Getúlio Vargas, será injusto se não reconhecer que procurei sempre manter-me, até onde o permitem as forças humanas, no terreno dos princípios, das instituições (*muito bem*), dos métodos e das práticas, [...] que não do personalismo, por via de regra estreito e conducente a ódios e rancores a que é infenso o meu temperamento. Nunca! Quem passar em revista a minha ação, modesta mas esforçada [...], durante esse longo período, não concluirá de outro modo. Das próprias perseguições de que fui vítima, nunca me queixei, nem me queixo, reconhecendo, até certo ponto, ao governo, isto é, à ditadura, o direito de se defender contra os que – e era o meu caso [...] – tramavam sem cessar, por todos os meios idôneos que encontravam a seu alcance, para a derrocada de um sistema que – tinha a certeza segura – ia conduzindo nossa pátria à degradação e à ruína.

O Sr. Pedro Ludovico – Na opinião de V. Exa.

O SR. OTÁVIO MANGABEIRA – Não estou aqui para dar a opinião do nobre Deputado, senão a minha própria. Não estou aqui para falar em seu nome! (*Trocam-se numerosos apartes. O Sr. Presidente, fazendo soar os tímpanos, reclama atenção*)

Profiro, Sr. Presidente, estas palavras, para tornar muito claro e muito acentuado, já ao Sr. Souza Costa, já a qualquer de seus colegas, que nunca serei capaz de usar qualquer expressão que se refira a algum deles sob o ponto de vista pessoal, porque não cogito de pessoas.

Acuso o ministro da Fazenda, não o Sr. Souza Costa que, este, merece de mim, como todos os seus companheiros, as atenções pessoais com que aqui nos devemos tratar. (*Muito bem*)

Agora, se chegar à conclusão de que o Governo, ou um dos seus agentes praticou um ato nocivo contra o país, o Tesouro, os interesses gerais, não tenho por que ter contemplação, sob o ponto de vista público, sem nada de pessoal ou de personalista; e quero que me tratem do mesmo modo. (*Muito bem*)

O Sr. Souza Costa – Permita-me uma ponderação. O Ministro da Fazenda não precisa de qualquer contemplação.

O SR. OTÁVIO MANGABEIRA – Apoiado. É este o ponto de vista em que V. Exa. se deve colocar.

De atenções, podemos precisar, pessoalmente. V. Exa., como ex-Ministro da Fazenda, não deve disputar contemplações, como eu não as disputo de ninguém. (*Muito bem*)

Sr. Presidente, estou profundamente convencido – posso errar, porque o errar é humano e não me considero infalível, nem reivindico para mim privilégio de honradez ou de impossibilidade de erro de raciocínio ou de lógica – estou profundamente convencido de que o caso do financiamento do algodão envolve o maior escândalo político-administrativo da história do Brasil. (*Muito bem*) Que querem? É como penso e o declaro.

O Sr. Souza Costa – Desejo apenas, nobre Representante, convencê-lo – e espero poder fazê-lo, de que V. Exa. está em erro.

O SR. OTÁVIO MANGABEIRA – Terei o maior prazer se V. Exa. o fizer; apenas não acredito. Se, entretanto, me convencer, declará-lo-ei desta tribuna. [...] A mim se me afigura, sem que me atribua grande inteligência ou perspicácia, [...] que o libelo que o Sr. Amando Fontes acaba de proferir é irrespondível. O Sr. Deputado Souza Costa fará um milagre – e eu lhe farei justiça – se conseguir libertar-se das garras em que esse libelo o traz seguro.

Estou profundamente convencido de que S. Exa., para servir à política da ditadura de que era ministro, lançara mão do dinheiro público para, de modo indireto, ajudar o 'queremismo', que era a campanha da perpetuação do ditador no poder. Estou profundamente convencido.

O Sr. Fernandes Távora – E todo o país.

O SR. OTÁVIO MANGABEIRA – E todo o país, acrescenta o Sr. Fernandes Távora, e não eu só.

O Sr. Pedro Ludovico – O país não, a UDN, mas o país é maior que a UDN.

Vozes – Oh! Oh!

O Sr. Pedro Ludovico – A prova é que vencemos a eleição.

O Sr. Aliomar Baleeiro – Com o dinheiro da Nação, com o dinheiro obtido por meios indevidos.

O SR. OTÁVIO MANGABEIRA – Agora, Sr. Presidente, para que não abuse em demasia da tolerância de V. Exa., cuja bondade para comigo tanto lhe agradeço, tratarei de um ponto que também considero essencial.

Há ainda poucos dias, ocupando esta tribuna, declarei, Sr. Presidente, que, uma vez confiado o inquérito sobre o caso do algodão – prestem atenção os nobres Representantes – a uma comissão constituída de três oficiais generais, um do Exército, um da Marinha, outro da Aeronáutica, nos pareceu de bom senso, a nós da minoria democrática, esperar tranqüilamente as respectivas conclusões, cuja relativa demora é indício de longo, profundo, meticuloso exame da matéria.

Não fomos nós, mas o honrado ministro da Fazenda do nunca assaz celebrado Estado Novo – hoje representante nesta casa da heróica terra dos pampas, quem trouxe o caso a debate. Fomos arrastados à discussão, mas continuamos a confiar na honrada comissão de generais que representa, não só o que vale em si mesmo, cada um dos seus dignos membros, mas, até certo ponto, a honradez, a dignidade, o civismo das nossas forças armadas (*palmas*).

Agora, quanto ao aparte que deu motivo ao incidente. Nunca proferi, jamais proferirei, aqui ou em qualquer parte, palavra que se desvie do primor de linguagem ou de estilo a que o círculo a que pertencemos nos obriga. O aparte que proferi foi rigorosamente parlamentar. No momento em que o Sr. Amando Fontes lia a demonstração irretorquível de mais um dos aspectos escandalosos que este desgraçado assunto encerra, levantei-me e observei: 'V. Exa. está citando fatos, e os fatos são monstruosos.'

Infelizmente, Sr. Presidente, as carapuças – é a questão das carapuças (*riso*) – fizeram com que, ao proferir estas palavras, houvesse logo um alarido em certos meios da maioria, e o 'monstruoso' foi considerado insulto, em todo o caso menor do que o 'reacionário' (*riso*), que há dias se viu suspenso do vocabulário parlamentar...

A palavra 'monstruoso' não sei por que não a mantenho, com a devida vênia da honrada maioria. Aliás, quando me refiro à maioria, dirijo-me a alguns de seus membros, porque bem sei que entre eles haverá muitos que estão sentindo conosco. Não creio que a honrada maioria, se o libelo que o Sr. Amando Fontes acaba de proferir for definitivamente confirmado, como não tenho dúvida o será, prestigie com as suas palmas a monstruosidade.

Quanto às palavras que disse em réplica às do nobre Deputado pelo Rio Grande do Sul, é evidente que, não havendo as dele, não haverá as minhas. Era o que tinha a dizer. (*Muito bem, palmas*)"

Na cruzada com que vinha tentando passar a limpo os oito anos do Estado Novo, a oposição tinha acabado de propiciar ao país um edificante debate sobre os métodos da ditadura num período em que a censura exercia o seu duplo papel de impedir que a opinião pública fosse informada do quanto lhe interessasse, e de dar a seus agentes a sensação de segurança e impunidade que não consegue sobreviver a uma das maiores conquistas da democracia: a liberdade de expressão. Não foi o único, mas foi um dos grandes momentos da Constituinte.

15. De réu a réprobo

Borghi sai de cena

O debate do escândalo do algodão não se esgotou com o arrasador libelo de Amando Fontes. Após seu discurso, e logo depois das intervenções de Souza Costa e de Otávio Mangabeira, Aliomar Baleeiro (UDN-BA) também ocupou a tribuna para renovar a acusação de seu colega Prado Kelly (UDN-RJ) de que o Ministro da Fazenda da ditadura tinha infringido a lei, ao financiar algodão a intermediários, em desacordo com o decreto-lei nº 6.938, de 7 de outubro de 1944, que só permitia a concessão do benefício aos agricultores que pudessem comprovar haver plantado cereais em pelo menos 20% das áreas por eles ocupadas. Na sessão do dia 26 de março, o ex-Ministro Souza Costa voltou à tribuna para, segundo tinha adiantado, depois das acusações de Amando Fontes, rebatê-las uma a uma.

O deputado Artur de Souza Costa, do PSD do Rio Grande do Sul, completaria 53 anos dentro de dois meses. Em janeiro de 1932 tinha sido nomeado presidente do Banco do Brasil, a convite de João Neves da Fontoura, por incumbência de Getúlio, depois que o presidente do Banco da Província do Rio Grande do Sul se recusou, por motivo de saúde, a ocupar o mesmo cargo. Foi na qualidade de diretor do banco gaúcho que Souza Costa se tornou presidente do banco oficial do país, até ser nomeado Ministro da Fazenda, em julho de 1934, em substituição a Osvaldo Aranha, designado por Vargas para ser o embaixador do Brasil em Washington. Permaneceu como Ministro da Fazenda por mais de onze anos, até a deposição de Getúlio, em 29 de outubro de 1945, tornando-se o titular da Pasta que, até hoje, por mais tempo ocupou esse cargo. Depois de treze anos nas duas mais importantes funções de direção das finanças do país, tinha acumulado vasta experiência administrativa e notório traquejo político. Falava com desenvoltura e ocupava posição de relevo na Assembléia como líder da bancada do PSD gaúcho, uma das maiores da Constituinte, com vinte, entre os vinte e quatro deputados que integravam a representação do Rio Grande do Sul.

Compensava a falta de conhecimentos teóricos como economista, pois não possuía formação e nenhum título acadêmico, com a ação prática que desenvolvera nos bancos da Província do Rio Grande do Sul e do Brasil e no Ministério da Fazenda. Sua habilidade como orador consistia no uso de alguns conhecidos recursos, como contestar sempre, e em qualquer circunstância, as afirmações de seus contendores. Ao discutir temas jurídicos com Prado Kelly, um dos melhores juristas da Constituinte, não hesitava em dizer sempre: "V. Exa. não tem razão." Para se opor aos argumentos, mesmo que irrespondíveis, de seus contendores, afirmava invariavelmente: "Isto nada prova." Quando não via saída para os apartes mais objetivos pelos quais lhe cobravam respostas, usava o mesmo atalho a que recorria com muita freqüência o líder da maioria, seu colega Nereu Ramos, prometendo responder em seguida, forma com que contornava os temas mais incômodos. Se a cobrança se tornava insistente, respondia: "Aguarde V. Exa. mais alguns instantes." E prosseguia, como se não devesse explicações. Aliava a esses ardis, correntes em todos os Parlamentos, uma estampa que, na tribuna, por sua alta estatura e uma voz potente, costumava se agigantar, infundindo respeito. A despeito dessas qualidades e recursos, costumava mostrar uma auto-suficiência que o levava à irritação quando se sentia acuado, o que o induzia, como no caso do aparte desabrido a Otávio Mangabeira, a perder a serenidade, revelando o vezo autoritário de não se habituar ao contraditório, essencial numa assembléia democrática.

A contra-réplica que pronunciou em sua volta à tribuna não fugiu a esse padrão. Aos argumentos de Prado Kelly e de Baleeiro de que infringira o decreto-lei que regulava o financiamento do algodão, já tinha dado resposta no primeiro discurso, alegando que a exigência de 20% da área plantada com cereais não fora cumprida individualmente por nenhum dos beneficiários, mas fora atendida coletivamente por todo o estado de São Paulo, para o que leu ofício do secretário de Agricultura de São Paulo com o mesmo argumento. Teve resposta imediata:

"*O Sr. Prado Kelly* – V. Exa. dá licença para um aparte? (*Assentimento do orador*) [...] Eu me permitirei – já que V. Exa. invoca um ofício recebido da Secretaria de Agricultura de São Paulo – solicitar que V. Exa. me informasse se recebeu idênticos ofícios das Secretarias de Agricultura do Paraná, Minas Gerais, Rio de Janeiro, Goiás, Mato Grosso e Espírito Santo.

O SR. SOUZA COSTA – Vou prosseguir. V. Exa...
O Sr. Prado Kelly – Assim fica sem resposta minha indagação, Sr. Deputado.
O SR. SOUZA COSTA – Fica sem resposta porque não vim aqui tratar de assuntos do Paraná ou do Espírito Santo.
O Sr. Prado Kelly – Explicarei a V. Exa. a razão de meu aparte. [...] É que o decreto-lei de 7 de outubro de 1944 [que autorizava o financiamento do algodão] determinava, no art. 4º, parágrafo único:

> *Entende-se por safra, na zona sul do país, a produzida nos Estados de São Paulo, Paraná, Minas Gerais, Rio de Janeiro, Goiás, Mato Grosso e Espírito Santo; e na zona norte do país a produzida nos Estados desde o Pará até o norte da Bahia.*

Resta saber se estas medidas foram pedidas pelas demais Secretarias. Em qualquer hipótese, não habilitariam o ministro da Fazenda, em atos exclusivamente administrativos, a desconhecer ou violar os dispositivos da lei."

A resposta do orador revela um dos subterfúgios a que recorria sempre que acuado:

"O SR. SOUZA COSTA – Agradeço o aparte de V. Exa. e lembro que estou apenas historiando. Adiante V. Exa. terá a contestação."

Obviamente a contestação não veio até o fim de seu discurso...

"O SR. SOUZA COSTA – O caráter criminoso que o nobre Deputado Aliomar Baleeiro imprime ao ato do ministro da Fazenda fez-me pesquisar o assunto para explicá-lo e verifiquei que nem a crítica do Sr. Aliomar Baleeiro, nem o aparte do Sr. Prado Kelly têm a menor sombra de razão. [...] A 26 de junho de 1945, fiz uma exposição de motivos ao Sr. Presidente da República explicando a situação e submetendo à sua assinatura o Decreto-lei que recebeu o número 7.748, de 17/7/45, e diz o seguinte no seu art. 1º: 'Fica adiada, até ulterior deliberação, a aplicação dos dispositivos constantes dos arts. 6º e 7º do decreto-lei 6.938, de 7/10/44.'
O Sr. Prado Kelly – Este argumento, na realidade, vem contra V. Exa.
O SR. SOUZA COSTA – Por quê?
O Sr. Prado Kelly – Simplesmente porque o decreto-lei de 17 de julho de 1945 diz: 'Desde esta data...'; portanto, até que o governo revogasse o decreto de 7 outubro de 1944, este primeiro decreto estava vigente em sua inteireza. Ora, Sr. Deputado, em dezembro de 1944, o Banco do Brasil fazia empréstimos à Cia. Nacional de Anilinas, com infringência manifesta do único decreto que vigorava no momento.
O SR. SOUZA COSTA – [...] Os decretos foram observados.
O Sr. Prado Kelly – Todos?
O SR. SOUZA COSTA – Menos o relativo ao plantio de cereais.
O Sr. Prado Kelly – Esta a única exceção? Demonstrarei o contrário a V. Exa.
O SR. SOUZA COSTA – Fa-lo-á então em outra oportunidade."

A fragilidade dos argumentos invocados pelo orador tornava-se cada vez mais evidente, obrigando-o a refugar o debate e a irritar-se, como faria em seguida:

"*O Sr. Alde Sampaio* – V. Exa. pode dar um esclarecimento a respeito do assunto?
O SR. SOUZA COSTA – Posso, mas devo lembrar que não estou propriamente explicando, e sim contestando. Vv. Exas. é que terão de explicar.
O Sr. Alde Sampaio – Mas dentro dessa contestação de V. Exa. eu pediria um esclarecimento.
O SR. SOUZA COSTA – Pois não.
O Sr. Alde Sampaio – Pergunto a V. Exa. se a solicitação da Secretaria de Agricultura de São Paulo foi em benefício dos produtores que podiam não ser contemplados com o financiamento, ou de modo geral no de qualquer pessoa.
O SR. SOUZA COSTA – Em benefício do produto, porque a conclusão a que chegaram todos os técnicos oficiais, quer daqui, quer de São Paulo, que estudaram o assunto, foi no sentido da impossibilidade de se defender o produtor sem se defender o produto.
O Sr. Alde Sampaio – Isso, porém, não consta da solicitação da Secretaria de Agricultura do Estado de São Paulo.
O SR. SOUZA COSTA – Era tão evidente que não precisava constar.
O Sr. Alde Sampaio – Eu não entendi.
O SR. SOUZA COSTA – Porque V. Exa. não entende do assunto.
[...] *O Sr. José Bonifácio* – Quem entende é Hugo Borghi.
O SR. SOUZA COSTA – Talvez mais do que V. Exa."

Alde Sampaio tinha sido usineiro e industrial em Pernambuco, e ainda era engenheiro civil e professor universitário. Foi um dos fundadores e catedrático da Faculdade de Ciências Econômicas e Administrativas do Distrito Federal, de 1936 a 1945, além de diretor do Banco Nacional do Trabalho. Segundo Sérgio Soares Braga, autor da obra *Quem foi quem na Assembléia Nacional Constituinte de 1946* – Um perfil socioeconômico e regional da Constituinte de 1946, tratava-se de "um dos parlamentares mais influentes e atuantes em plenário" e "concentrou sua atuação na abordagem de questões referentes à matéria fiscal e tributária e no combate veemente ao intervencionismo estatal e ao modelo de desenvolvimento econômico posto em prática no Estado Novo". Segundo a mesma fonte, colaborou em inúmeros jornais e periódicos ligados a instituições empresariais, como o *Boletim Semanal* da Associação Comercial de São Paulo e um dos mais influentes periódicos de economia, o *Observador Econômico e Financeiro*. Autor de inúmeros trabalhos sobre matérias técnicas e de natureza econômica, como o uso do álcool como combustível, questões constitucionais e eleitorais, crédito, sistema monetário, fundamentos de economia política, proposta de convenção de um fundo-ouro internacional e sobre a determinação numérica da taxa cambial, tornara-se um dos mais prestigiosos constituintes.

E a única resposta que o deputado Souza Costa lhe dera, ao ser colocado em contradição com o decreto-lei que tinha sistematicamente violado quando ministro, foi a de que seu aparteante não entendia do assunto...

Depois de anos de poder discricionário, julgava-se o único financista do país. Daí o tom de superioridade da maior parte de seu discurso. Quando colocado ante a evidência de que o decreto-lei de julho de 1945, que modificara o anterior, de outubro de 1944, não tinha efeito retroativo, contestava simplesmente que não havia condições desrespeitadas. Quando seu oponente se dispunha a demonstrá-lo, se recusava a aceitar o argumento, alegando que deveria fazê-lo em outra ocasião!

Em seu discurso, o deputado Amando Fontes baseou-se na suposição de que o limite de 10 milhões de cruzeiros por mutuário, estabelecido nas cartas circulares da Carteira de Crédito Agrícola, tinha por finalidade evitar a concentração dos financiamentos nas mãos de poucos beneficiários. E lembrou que, do total de 1 bilhão de cruzeiros financiados pelo Banco do Brasil, Borghi, sozinho, pelo que se conhecia documentadamente, tinha sido o destinatário de exatos 250 milhões de cruzeiros. Tanto quanto os dois gigantes do setor, a Sanbra e a Anderson Clayton, havia décadas operando no setor, quando a Cia. Nacional de Anilinas do deputado paulista, com um limite cadastral de pouco mais de 100 mil cruzeiros, e jamais tendo produzido ou beneficiado o produto, obtivera tanto quanto as duas juntas. Seus créditos decorreram sempre de ordens verbais do ministro e em caráter de exceção, como consta dos despachos do diretor da Carteira de Crédito Agrícola e Industrial do banco, lidos da tribuna. Nada menos que 50% de todo o crédito para financiamento do algodão tinha sido destinado a apenas três pessoas jurídicas, nenhuma delas produtora de uma só arroba de algodão! E o ex-ministro insistia, contra todas as evidências, que o financiamento visava a proteger o produtor.

De tudo quanto afirmara em seu discurso, ficara claro que os plantadores de algodão tinham entrado no financiamento como Pilatos no credo. Em dezembro de 1944, Borghi, que não era do ramo algodoeiro, conseguiu um empréstimo de 50 milhões de cruzeiros para uma de suas empresas, alegando ter em depósito, em outra firma, também de sua propriedade, vultosos estoques de algodão, remanescentes da safra anterior, cujo preço de comercialização, fixado pelo próprio governo, era de 66 cruzeiros. Seis dias depois de começar a receber seu primeiro empréstimo, o governo aumentou, por simples coincidência, como afirmou Souza Costa, o preço de garantia para 90 cruzeiros a arroba e lhe concedeu mais 200 milhões de cruzeiros de novos financiamentos, no ano eleitoral em que ele se tornou não só proprietário de três emissoras de rádio, com as quais formou uma rede de cento e vinte outras, utilizadas na propaganda da campanha pela continuação de Getúlio no poder, mas o dirigente dessa própria campanha. Depois de vê-la frustrada, engajou-se em outra empreitada política, a campanha do candidato da situação e do PSD, em que houve quatro beneficiários vitoriosos: Dutra elegendo-se presidente da República, Getúlio senador por dois e deputado por sete estados, Borghi deputado pelo PTB de São Paulo e Souza Costa pelo PSD do Rio Grande do Sul.

A conclusão a que chegou o deputado Mário Brant (PR-MG), jurista e banqueiro, em aparte ao discurso de Souza Costa, não deixava dúvidas quanto à gravidade das imputações que se faziam ao ex-ministro e ao maior beneficiário da política creditícia para o algodão do Estado Novo, imaginada, dirigida e administrada pelo primeiro:

"*O Sr. Mário Brant* – Tenho ouvido V. Exa. com muita atenção e simpatia; venho acompanhando o esforço heróico que está desenvolvendo para defender essa malfadada operação. Estava supondo, com o cavalheirismo que lhe é característico, que encobria outras responsabilidades. Mas desde que V. Exa. declarou que foi inspiração própria *sponte sua*, que colocou duas vezes e meia o capital do Banco do Brasil nas mãos de um negociante improvisado de algodão, que conhecera apenas dois meses antes, confesso que acaba de me causar decepção. Conhecendo-o como grande financista, abalizado e prudente banqueiro, V. Exa. praticou a operação mais infeliz e imprudente de sua carreira bancária."

O ex-ministro revidou atacando:

"O SR. SOUZA COSTA – Nobre Deputado, lastimo que V. Exa. tenha chegado a tal conclusão, não pelo que me diz respeito, mas pelo que se refere a V. Exa.
Confundir a operação de 250 milhões de cruzeiros, garantida por penhor mercantil, [...] com operação normal de banco é um erro crasso. Jamais eu concederia 250 milhões de crédito, não à Cia. de Anilinas, mas a qualquer firma no Brasil. Agora, com garantia de penhor mercantil, [...] daria não 250, mas 500 milhões, porque o objetivo era impedir que a mercadoria, por falta de apoio capitalista no Brasil, fosse mandada para o exterior, por 25 cruzeiros menos que o trabalhador brasileiro tinha o direito de exigir."

Para não dar suposto prejuízo ao lavrador de 25 cruzeiros por arroba de algodão, o ex-ministro proporcionara lucro certo e garantido de 24 cruzeiros por arroba a Borghi, com os recursos do Tesouro Nacional, em apenas uma operação. Depois da guerra, a exportação de algodão foi das menores do país. Apenas 50 mil toneladas, muito inferior ao de qualquer dos anos anteriores. E exportadas, segundo explicou o ministro, pelos mesmos preços que os importadores tinham pago em 1943. Demonstração clara, cabal e insofismável de que a tal política de proteção do preço justo não tinha sido mais que um pretexto, um enorme e formidável logro, gerando um dos maiores escândalos da história financeira do país.

As acusações à ilicitude das operações comandadas a distância pelo ministro, no conforto de seu gabinete, continuaram na Assembléia. Os udenistas Soares Filho e Prado Kelly, ambos do estado do Rio, se sucederam na tribuna, logo após a contratréplica de Souza Costa, para reiterar as acusações e reforçar os argumentos que o deputado gaúcho simplesmente refutava como improcedentes. Em julho, menos de três meses depois de todo esse debate, a comissão de oficiais-generais designada pelo ex-presidente José Linhares para apurar o escândalo na esfera administrativa entregava o seu relatório indiciando os três principais envolvidos: o ex-ministro da Fazenda, Artur de Souza Costa; o ex-diretor da Carteira de Crédito Agrícola e Industrial do Banco do Brasil, Sousa Melo; e o deputado Hugo Borghi. O inquérito foi enviado pelo presidente Dutra ao Ministério da Justiça e lá arquivado, segundo registram os autores do verbete alusivo a Souza Costa no *Dicionário histórico-biográfico brasileiro*, do CPDOC, Jorge Miguel Mayer e César Benjamin, "por motivos políticos". O próprio presidente tinha sido, em última análise, um dos maiores beneficiários políticos de toda a trama do que veio a se tornar o primeiro dos muitos precedentes de impunidade na nova democracia que se estava por inaugurar. O uso do Banco do Brasil para propósitos políticos se tornou uma rotina na vida pública do país e se repetiria monotonamente pelos cinqüenta anos seguintes, quer estivéssemos sob regimes autocráticos, como de 1937 a 1945, ou como entre 1964 e 1978, quer vivesse o país os espasmos democráticos que caracterizam nosso sistema político nos intervalos entre as ditaduras que sofremos.

Borghi enriquecera com as operações financeiras proporcionadas pelos créditos fáceis e fartos do Tesouro, repassados pelo Banco do Brasil, operando por conta e risco alheio. A oposição não o acusava senão de beneficiário e aproveitador da complacência cúmplice do governo. O balanço final do episódio, quer na esfera política, quer no âmbito administrativo, mostrava a argúcia de Souza Costa. Ao assumir a defesa de suas atitudes, sem que ninguém o provocasse, deixou evidente que não se beneficiara pessoalmente do escândalo. Isolou o deputado paulista, não lhe permitindo sequer um aparte, e deixou que, por sua inércia, manchasse de forma irreversível sua pobre biografia, assinando a própria sentença de morte na política.

Uma síntese dos recursos que utilizava ficou registrada no discurso do deputado Soares Filho no mesmo dia 25 de março:

"O SR. SOARES FILHO – Sr. Presidente, continuando aquela ordem de considerações que vinha fazendo, devo dizer que simplesmente fora das normas comuns de comércio é que a Cia. Nacional de Anilinas alicerça os seus negócios, o desdobramento de suas operações, como provam as cartas, pedidos e solicitações de dispensa de exigências legais.

O Sr. Hugo Borghi – Não pedi nenhuma.

O SR. SOARES FILHO – Além disso, procurava V. Exa., como diretor do

Banco Continental, socorrer-se da advocacia dos poderosos, como, por exemplo, associando-se ao Sr. Rui da Costa Gama [genro de Getúlio] para obter a prosperidade e a proteção de seus negócios e facilitar vantagens comerciais. Aqui exibo uma carta assinada pelo Sr. Rui da Costa Gama, datada de fevereiro de 1944, na qual pedia, como diretor do Banco Continental, ao Instituto de Aposentadoria e Pensões dos Comerciários que depositasse nesse Banco várias quantias desse Instituto.

Ora, se vê, portanto, numa simples semana de debates nesta Casa, todos os debates revelam ou levam a crer que V. Exa. usava, justamente, da amizade dos poderosos para promover sua prosperidade econômica."

Antes de encerrar essa mesma sessão, o deputado Hugo Borghi pediu a palavra e, pela última vez na Constituinte, usou a tribuna para ensaiar um melancólico mas digno canto do cisne, retratando-se da acusação de falido que fizera a seu colega Amando Fontes:

"O SR. HUGO BORGHI – Hoje, Sr. Presidente, no calor dos debates, lamento ter dirigido ataque pessoal ao nobre Deputado Sr. Amando Fontes, razão por que desejo penitenciar-me desta tribuna, pedindo a S. Exa. que leve minhas palavras na conta da exaltação do momento."

Amando Fontes, que tinha ouvido calado a inculpação injusta, depois de esclarecer o episódio deu pronta resposta:

"*O Sr. Amando Fontes* – Desejo porém frisar que minha vida é absolutamente limpa e V. Exa. não creia que, por um insulto, eu me arrecearei de continuar nesta ou em qualquer outra campanha, porque eu me guio pelas palavras de Émile Zola na questão 'Dreyfus': É preciso que os homens de bem tenham coragem como aqueles que não o são."

Depois desse anátema, Borghi nunca mais falou na Constituinte ou participou ativamente de seus trabalhos. O único rastro que deixou foi sua assinatura no autógrafo da Constituição e, no volume XXIV dos Anais, o texto enviado à mesa para ser dado como lido, transcrevendo uma alocução na Rádio Cruzeiro do Sul, de sua propriedade, sob o título "O restabelecimento da verdade sobre os negócios do algodão", tema que foi o estigma de sua passagem pela política.

Maremotos agitam a Assembléia

Na segunda quinzena de março, a Assembléia navegou em mar encapelado. A entrevista de Prestes e o escândalo do algodão representaram dois maremotos que, por força de sua carga explosiva, fizeram desaparecer, no horizonte dos dois agitados debates, tanto a questão central da elaboração constitucional quanto os temas rotineiros representados pelo dia-a-dia dos interesses regionais. Na sessão do dia 28, durante a trigésima quinta sessão ordinária, porém, dois fatos fizeram a Constituinte ocupar-se da futura Constituição. O primeiro foi o requerimento subscrito pelo deputado Adroaldo Mesquita da Costa (PSD-RS) e mais treze representantes pedindo a transcrição, no *Diário da Assembléia*, do projeto de Constituição elaborado pela comissão especial do Instituto da Ordem dos Advogados, constituída em novembro de 1945, por iniciativa do jurista Temístocles Brandão Cavalcanti. Como esclarecia o relatório do Instituto dos Advogados, compunham a comissão, além do proponente, seus colegas Raul Fernandes, Levi Carneiro, Targino Ribeiro, Arnoldo Medeiros, Haroldo Valadão, Oto Gil, Afonso Pena Júnior, Pedro Calmon, Sobral Pinto e Hariberto de Miranda Jordão. Segundo o mesmo documento, Levi Carneiro tomou parte em apenas seis das reuniões que tiveram início em dezembro de 1945 e se prolongaram durante os meses de janeiro, fevereiro e março de 1946. "Em vários dos assuntos, registra o expediente, não houve unanimidade, ficando vencidos diversos membros que, com franco espírito de cooperação, assinaram o anteprojeto sem restrições, reconhecendo exprimir o mesmo a opinião vencedora."

O documento serviu não só para lembrar à Assembléia o seu dever precípuo e fundamental, mas contribuiu, também, para materializar uma proposta do PCB derrotada em plenário, quando da discussão do Regimento Interno da Constituinte. Prestes pretendia que a Comissão Constitucional não fosse constituída de membros da Assembléia, mas de juristas por eles escolhidos, que se encarregariam do anteprojeto a ser oferecido ao plenário para emenda e discussão. A sugestão do Instituto da OAB cumpria esse objetivo, muito embora esse não fosse o sentimento dominante entre os membros da maioria.

Os autores do anteprojeto constituíam a plêiade dos mais renomados juristas e constitucionalistas brasileiros, sendo amostra mais do que representativa da cultura jurídica do país. Sob o ponto de vista estritamente técnico, era bem superior e mais bem estruturado que a proposta da Comissão da Constituição, resultado não só das preferências da maioria de seus integrantes, mas, sobretudo, das injunções políticas dos partidos nela representados. A iniciativa serviu, antes de mais nada, para demonstrar, ao contrário do que seria lícito supor, o interesse que a promessa da Constituição despertava em todo o país, em que pesem as dificuldades de comunicação naquela época.

Quando cotejado com o da OAB, o projeto da Comissão da Constituição, constante do apêndice comparativo, mostrava visíveis inconsistências, não apenas por ser bem mais extenso – 197, contra 158 artigos –, mas sobretudo pela inadequada distribuição dos temas que constituem o núcleo das disposições inerentes à organização da estrutura do Estado. Os títulos I, II e III tratam desse relevante tema, na medida em que englobam a forma de governo e de Estado e sua estrutura federativa. O título IV, contudo, destaca desse conjunto o que se denomina de administração financeira dos entes federados, que mais adequadamente deveria se referir à questão da discriminação de rendas entre a União, estados e municípios. O título que trata dos direitos fundamentais abrange dispositivos sobre a ordem econômica e a atividade empresarial de natureza pública e privada, erro que foi corrigido no decurso da tramitação do projeto. Não eram problemas que invalidassem o seu trabalho, mas mostravam as dificuldades de conciliar posições tão divergentes de um grupo heterogêneo em experiência política, conhecimentos jurídicos e acervo cultural.

A Constituição volta ao debate

Superado o maremoto das duas relevantes questões políticas que agitaram o debate geral no plenário, o envio do projeto de Constituição do Instituto da Ordem dos Advogados estimulou outras iniciativas no rumo da discussão constitucional. A mais relevante delas foi uma indicação subscrita pelos deputados Alde Sampaio (UDN-PE), João Cleofas (do mesmo partido e estado), José Augusto (UDN-RN), Daniel de Carvalho (PR-MG) e Amando Fontes (PR/UDN-SE), que entrou em discussão na ordem do dia da sessão de quinta-feira, dia 28, a mesma em que chegou à Assembléia o projeto da OAB. Seu objetivo era que sessões alternadas fossem dedicadas exclusivamente ao debate da matéria constitucional. O representante do Rio Grande do Norte lembrou que teve que esperar durante vinte sessões até que pudesse abordar pela primeira vez tema dessa natureza. Isso se devia em parte à tolerância do presidente com a sucessiva e insistente violação das normas regimentais. Ao ser submetida a discussão, o deputado Café Filho (PRP-RN), campeão dos requerimentos de informação ao Executivo e adepto do generalizado debate de assuntos gerais que aguçavam sua vocação populista, manifestou-se imediatamente contra. Chegou a alegar, inclusive, que essa era matéria a ser debatida no âmbito partidário.

O deputado Prado Kelly (UDN-RJ) lembrou que essa mesma preocupação tinha se verificado na Constituinte de 34, quando Levi Carneiro, representante dos profissionais liberais naquela Assembléia, preconizou medida idêntica. Propunha, por isso, uma fórmula conciliatória que leu em seguida: "Requeremos que a Mesa ponha na ordem do dia de uma sessão em cada semana, com exclusão de qualquer outra matéria, a discussão de temas de natureza constitucional." Café Filho manifestou sua pronta adesão a essa fórmula, que também recebeu o aplauso do deputado Paulo Sarazate (UDN-CE), que o tinha apoiado. Dessa maneira, reduzia-se o debate proposto de três para um dia por semana, mas se reservava o tempo destinado ao expediente das demais sessões ao mesmo fim, já que, nessa fase dos debates, as matérias constitucionais tinham preferência regimental sobre todas as demais. Acúrcio Torres (PSD-RJ), vice-líder da maioria, deu pronto suporte ao substitutivo udenista. Mostrando o quanto era necessária e inadiável a medida, ao ser posta em discussão usou da palavra o deputado Flores da Cunha (UDN-RS) que, durante meia hora, aludiu às condições da pecuária em seu estado... Nesse mesmo caminho, falou o deputado Novais Filho (PSD-PE), que, durante outra meia hora, tratou da crise do açúcar e da atuação do Instituto do Açúcar e do Álcool, objeto de várias intervenções nos dias anteriores. Ao concluir seu pronunciamento, não só já não havia número no plenário, como também tinha se esgotado o tempo destinado à sessão, o que impediu que o substitutivo de Prado Kelly fosse votado naquele dia!

Finalmente, na sexta-feira 29, foi possível aprovar a proposta que deveria entrar em vigor em abril, o terceiro mês de funcionamento da Constituinte. Nessa data, porém, quando discursava o ex-presidente Artur Bernardes (PR-MG), a sessão teve que ser suspensa porque falharam os microfones do plenário. Não podendo ser reparados logo em seguida, foram os trabalhos adiados para o dia seguinte, 2 de abril.

As bases americanas no Brasil

No início de abril, já a Assembléia tinha provavelmente esquecido e superado o maremoto provocado pelas declarações de Prestes à *Tribuna Popular* no dia 16 de março. Na sessão de 2 de abril, porém, o líder da maioria requereu urgência para o requerimento de informações nº 72, através do qual o deputado monsenhor Arruda Câmara (PDC-PE) indagava que bases cedidas durante a guerra para o uso das forças militares americanas já tinham sido devolvidas ao governo brasileiro. Aprovada a urgência, foi o requerimento submetido a discussão. Para apreciá-lo, pediu a palavra o senador Ivo de Aquino, provocando, como registra a ata, um "movimento geral de atenção". Informou que iria não só prestar informação oficial em nome do governo sobre o assunto, como também responder, por seu partido, o PSD, ao discurso de Prestes, cujas afirmações, segundo o orador, se ligavam ao mesmo tema.

"O SR. IVO DE AQUINO – Tratarei, assim:
Em primeiro lugar, de suas declarações publicadas na *Tribuna Popular*.
Em segundo lugar, das bases aéreas.
Em terceiro, do alegado imperialismo norte-americano e inglês, na sua relação com o Brasil.
E, finalmente, pretenderei demonstrar que, assim o Partido Comunista, como a União Soviética, que é o seu campo de experiência, não são, nem o primeiro, veículo e conteúdo do pensamento democrático, nem o último a realização desse pensamento."

Depois de rememorar as principais afirmações da entrevista de Prestes, acentuou:

"O SR. IVO DE AQUINO – [...] A um oficial do Exército que, num banquete, alertou o espírito de seus camaradas, a respeito da possibilidade de uma guerra próxima, o Sr. Senador Luís Carlos Prestes chamou a atenção para um artigo do Regulamento Disciplinar do Exército que considera falta grave 'provocar ou fazer-se voluntariamente causa ou origem de alarma injustificável'. Mas esqueceu-se de folhear o Código Penal, para ver em que artigo está incurso o cidadão brasileiro que, em caso de guerra, declarada ou aceita legalmente pelo Brasil, contra este tomar de armas para, direta ou indiretamente, auxiliar o inimigo...
 E, se ao ilustre Senador, tão desmerecido, já lhe corre nas veias o sangue brasileiro e se tão diluída lhe está na memória a sensibilidade nacional, em benefício dos interesses de uma pátria que não é a sua, a ponto de desprezar e negar validade às leis do Brasil, tenha então a bondade de me acompanhar na leitura do art. 133 – já não da lei penal, mas da própria Constituição da URSS:

A defesa da Mãe Pátria é dever sagrado para todos os cidadãos da URSS. Traição à Pátria, violação dos juramentos prestados, deserção, enfraquecimento do poder militar do Estado, espionagem, serão punidos com toda a severidade da lei, considerados que são como crimes mais graves."

Em seguida, passou à questão da bases militares, objeto do requerimento de informações do líder comunista:

"O SR. IVO DE AQUINO – Todos estão lembrados nesta Casa, como também todos os brasileiros, de que, quando o Brasil convencionou com os Estados Unidos a utilização de bases no território brasileiro, para a defesa da democracia, levantaram-se vozes integralistas que, com os mesmos argumentos usados agora pelo Partido Comunista, pretendiam ver nela intenção oculta do imperialismo norte-americano.
 [...] Agora, Sr. Presidente, vemos os mesmos argumentos reproduzidos e, por uma coincidência interessante, justamente na ocasião em que as estações radiofônicas de Moscou se referem ao mesmo tema.
 Não é, pois, de admirar que o Sr. Senador Carlos Prestes, em nome de seu Partido, aqui tenha vindo tratar deste assunto: o que é de espantar e repelir são as inverdades e os sofismas de que serviu S. Exa. para fazer valer seu pensamento, ou melhor, o pensamento a cuja orientação obedece."

Historiou a seguir as negociações levadas a efeito entre o Brasil e os Estados Unidos, a partir de 1939, que culminaram, na Conferência do Rio de Janeiro sobre Segurança Hemisférica, em janeiro de 42, logo após o ataque japonês a Pearl Harbor, na assinatura de um acordo secreto para a utilização recíproca de seus territórios e forças contra o inimigo comum. E, valendo-se de informações prestadas pelo Ministério da Aeronáutica, tocou no assunto objeto do requerimento de informações:

"[...] O SR. IVO DE AQUINO – O Exército americano instalou as seguintes bases aéreas: de Ibura, em Recife; de Parnamirim, em Natal; de Tirirical, em São Luís; de Val de Cans, em Belém; e Adjacente, em Fortaleza.

A Marinha americana instalou em vários pontos da costa brasileira postos 'blimps' [dirigíveis] para observação e patrulha do litoral. Estes postos são os de Igarapé-açu, em Belém, e os de Maceió, Caravelas, Vitória e Santa Cruz.

A base de Curitiba não foi construída nem pelo Exército nem pela Marinha americana, mas pelo Exército brasileiro, apenas com o auxílio de técnicos americanos. A de Porto Alegre, exclusivamente pelo Exército brasileiro.

Os americanos já se retiraram de todas as bases, com exceção das de Val de Cans, em Belém, e de Parnamirim, em Natal.

Apesar de não terem sido entregues, já foi feita a entrega de parte de suas instalações.

Estão os americanos pondo à venda o material que lhes pertence e existente nas referidas bases.

A demora na entrega das bases reside em fatores que o Sr. Ministro da Aeronáutica explicou em entrevista a um dos diários desta Capital. Mas especificando esses motivos, destaco dois deles: um é que a base exige, especialmente, em primeiro lugar, um serviço de manutenção e, em segundo lugar, um serviço de segurança do tráfego [aéreo].

O serviço de manutenção requer um grande número de engenheiros especializados e técnicos, nas instalações elétricas, frigoríficas e manutenção dos aparelhos de sinalização. O Serviço de Segurança de Vôo, que compreende as torres de controle, as estações radiogoniométricas e comunicações das aerovias, requer duas equipes de sete homens em cada torre, revezadas duas vezes por dia.

[...] Afirmou o Sr. Senador Carlos Prestes ter notícia de que as cidades de Belém e Natal representam mais terras norte-americanas do que brasileiras.

Sr. Presidente, só um cérebro escapo da realidade e presa do delírio que marca o limite do estado de deliberar poderá figurar tamanho desvirtuamento da realidade.

O Sr. Carlos Prestes – Peço a V. Exa. informar onde constam essas palavras que supõe minhas e a que responde.

O SR. IVO DE AQUINO – Eu as li no discurso de V. Exa.

O Sr. Carlos Prestes – Do meu discurso creio que não constam.

O SR. IVO DE AQUINO – Afirmo que estão no discurso de V. Exa...

O Sr. Carlos Prestes – Perfeitamente.

O SR. IVO DE AQUINO – ... e vou ler o respectivo trecho: 'Li as últimas notícias de Belém e Natal enviadas por pessoas que, achando-se nessas capitais, afirmam que pareciam estar mais em terra americana que no Brasil.'

[...] Diz ainda o Sr. Senador Carlos Prestes em seu discurso o seguinte:

> *Nota-se no Rio Grande do Sul uma atividade maior na construção de bases aéreas. Há um grande movimento de oficiais e inferiores do Exército americano, não só em Santa Maria como em Porto Alegre. Diz-se até que, há poucos dias, oficiais americanos estiveram fazendo manobras em Cachoeira.*

Tenho informações categóricas do ministério da Aeronáutica e do ministério da Guerra de que, nem em Porto Alegre, nem em Santa Maria, nem em qualquer outro lugar do Rio Grande do Sul se está ativando a construção de

bases. As bases do Rio Grande do Sul são as que já foram construídas há muito tempo e com a responsabilidade do governo brasileiro, embora na de Santa Maria tivesse havido auxílio de técnicos americanos.
A manobra de oficiais americanos, a que alude o Sr. Carlos Prestes, na cidade de Cachoeira, se reduz simplesmente ao seguinte, segundo informações que colhi no ministério da Guerra: dois oficiais americanos estão num regimento de obuses, sediado na cidade de Cachoeira, dando instrução de funcionamento das centrais de tiro a oficiais brasileiros.
Essas são, Srs. Constituintes, as manobras das forças americanas... (*Riso*)
Essas são as manobras que com tanto alarde o ilustre Senador denunciou a esta Casa, como índice de que o Brasil, em concerto com os Estados Unidos, tem tenções ocultas a respeito da República Argentina."

Ivo de Aquino não parecia satisfeito em acuar o líder comunista em suas afirmações com relação ao Brasil. Esmiuçou também as alegações de Prestes, quando justificou a invasão da Finlândia como medida de autodefesa da Rússia, por se encontrar a fronteira daquele país a apenas 30 quilômetros – o alcance de um tiro de canhão – de Leningrado, seu segundo centro industrial mais importante.

"[...] O SR. IVO DE AQUINO – Acha o Sr. Senador Carlos Prestes que todos, inclusive a Finlândia, devem ficar agradecidos ao gesto de benemerência da URSS, que agrediu o povo finlandês e lhe tomou um pedaço do território, a fim de se salvaguardar contra a Alemanha, com a qual naquela ocasião – naturalmente por displicência – mantinha um pacto de não-agressão...[6]
[...] A invasão da Finlândia foi determinada por estar a sua fronteira distante apenas 30 km de Leningrado e ser de essencial interesse, para a defesa militar da União Soviética, a anexação de um trecho do território finlandês limítrofe.
Por esse mesmo argumento, Hitler invadiu a Holanda, a Dinamarca, a Noruega, a Polônia...
O Sr. Plínio Barreto – E a Bélgica.
O SR. IVO DE AQUINO – ... e todos os países cujos territórios julgou essenciais à defesa da Alemanha.
Se Hitler pudesse estar presente neste recinto – graças a Deus não o está –, certamente apertaria a mão do Sr. Senador Carlos Prestes...
O Sr. Carlos Prestes – A mão de Stálin, não a minha...
O SR. IVO DE AQUINO – Pela reprodução fiel de todos os seus argumentos, para fazer valer o imperialismo alemão e a política nazista. (*Muito bem*)"

No tópico seguinte de seu discurso, o senador catarinense deteve-se nas cartas de dois líderes católicos lidas por Prestes, um dos quais o irmão e desafeto do brigadeiro Eduardo Gomes e a outra cujo autor não identificou. Na deste último, referiu-se a um dos temas objeto de crítica do autor do documento:

---

6. O orador refere-se ao pacto de não-agressão conhecido como Molotov-Ribbentrop, assinado em Moscou em 23 de agosto de 1939, que permitiu a Hitler dividir a Polônia com a União Soviética.

"[...] O SR. IVO DE AQUINO – Existe ainda outro tópico que quero ressaltar:

> Se o Brasil ainda se encontra nesse estado de semicolônia, é devido ao imperialismo ianque que não permite que tenhamos indústrias de base em nosso território. O auxílio que diz ter proporcionado à Cia. Siderúrgica Brasileira é uma das muitas 'tapeações' com que aquele povo desleal ilude a boa-fé dos nossos nativos.

Lendo essa carta, Sr. Presidente, o Sr. Senador Carlos Prestes esqueceu-se do que proferira antes em seu próprio discurso, e é o seguinte:

> Ninguém mais do que nós, comunistas, apoiou mais o Sr. Getúlio Vargas quando, em seus atos democráticos, do ano passado, abriu as perspectivas para a marcha à democracia em nossa terra e quando, em 1938, começou a grande campanha pela siderurgia nacional.

Quero, porém, deixar acentuado nesta Assembléia que, ainda há poucos dias, vários representantes dela estiveram, a convite do Sr. Ministro da Viação, em visita às instalações da Cia. Siderúrgica Nacional, tendo ocasião de observar que todo o material ali utilizado é de origem norte-americana e traz o selo de sua indústria.
Ora, Srs. Constituintes, se o governo norte-americano tivesse tido intenção de dificultar a siderurgia nacional, bastaria apenas ter demorado a fabricação da encomenda ou o transporte do material. (*Muito bem*)"

Para muitos dos parlamentares deveria soar estranho que um assunto transitado em julgado na pauta política da Assembléia pudesse merecer atenção e despertar interesse da maioria, uma semana depois da desastrosa defesa dos seus pontos de vista, feita por Prestes que, falando de improviso, durante mais de quatro horas, teria fatalmente dito muitas impropriedades das quais seguramente já se arrependera. Os líderes dos principais partidos, inclusive o da maioria, Nereu Ramos, tinham se manifestado claramente contra a cassação do registro do PCB, uma posição que, de resto, era a dos principais jornais do país, inclusive a cadeia dos *Diários Associados* de Assis Chateaubriand, assumido anticomunista.

Um indício de que essa posição não era unânime no PSD, porém, pode ser inferida da resposta que deu Ivo de Aquino quando, discorrendo sobre os aspectos doutrinários e políticos da Constituição da União Soviética, foi aparteado pelo deputado João Amazonas (PCB-DF):

"*O Sr. João Amazonas* – Queria apenas dizer que creio que V. Exa., que possui uma carteira de identidade democrática, pelas idéias que acaba de expor, concorda com a existência legal do Partido Comunista do Brasil.
O SR. IVO DE AQUINO – Respondo ao aparte de V. Exa.
Não estou tocando no Partido Comunista do Brasil. Estou dizendo que na Rússia, existindo um só partido – que é o partido bolchevique –, não há ali democracia.

Mas como V. Exa. se refere ao Partido Comunista do Brasil e ao seu registro, quero deixar desde logo claro o meu pensamento, para que não possa ser desvirtuado.

Não pode ser conseqüência da minha exposição nesta tribuna que eu esteja pleiteando a cassação do registro do Partido Comunista Brasileiro.

Estou aqui falando em nome do Partido Social Democrático e todas as idéias que tenho expendido são por ele aceitas e acatadas. Não tenho aqui a missão de declarar, em nome do Partido Social Democrático, se o registro do Partido Comunista Brasileiro deva ou não ser cassado.

Se Vv. Exas. querem a minha opinião pessoal, apenas lhes direi o seguinte: se dependesse de mim, desejaria que o Partido Comunista do Brasil pudesse existir, mas realmente brasileiro (*muito bem*). Desejaria também que, dentro do país, discutisse e defendesse as suas idéias, mas tendo sempre diante de si o pensamento de que é o passado, é a tradição e são os interesses do Brasil que nos devem conduzir (*muito bem*); que o Partido Comunista tenha em vista que ele não deve ser, dentro do Brasil, uma cabeça-de-ponte (*muito bem*) para através dela serem carreadas idéias, interesses ou finalidades que não coincidam com os interesses, as idéias ou as finalidades nacionais (*muito bem; palmas*)."

A resposta, além de longa, era dúbia. Mesmo que não houvesse propósito de manter vivo o assunto, a longa intervenção feita em nome do PSD muito possivelmente poderia indicar que o debate da cassação do registro do PCB, já provocado na Justiça Eleitoral pelo deputado Barreto Pinto (PTB-DF), deveria ser estimulado num foro que já não era o adequado. Uma suspeita de que se tratava de assunto já decidido no âmbito do governo tinha sido levantada por Carlos Lacerda e secundada por outros jornalistas. Outros desdobramentos poderiam reforçar essa suspeita. E pelo menos um deles veio logo em seguida.

16. A democracia em questão

A "plantinha tenra" ainda não dá sombra nem abrigo

No dia seguinte, 3 de abril, continuou a discussão do requerimento do deputado Arruda Câmara sobre as bases aéreas devolvidas ao governo brasileiro que ensejara o discurso do senador Ivo de Aquino. Ao anunciá-la, o presidente deu a palavra ao líder da minoria, inscrito para falar sobre o assunto:

"O SR. OTÁVIO MANGABEIRA – (*Movimento geral de atenção. Palmas prolongadas*) Sr. Presidente, somos contra o comunismo, como seremos contra a reação. Anticomunista, sempre; reacionário, nunca. Este o lema, esta a bandeira a que nós, os da minoria democrática, não haveremos de poupar esforços para ser fiéis a todo transe.

A posição que assumimos e volta a estabelecer e fixar nestes termos, acredito, Sr. Presidente, afina com os sentimentos da grande maioria da nação, e é, no nosso entender, a que mais se ajusta aos interesses e às aspirações do país.

No que concerne ao episódio que tanto impressionou a opinião pública, e, como é natural, repercutiu no seio desta Assembléia, direi que até certo ponto – e esclarecerei por que o digo – nada há, no caso, de extraordinário.

O mundo contemporâneo, se o encararmos pelo prisma que interessa a este debate, pode ser considerado como dividido em três correntes, a reação, como quer que a denominemos: fascismo, nazismo, extremismos de direita; a democrática, com os graus ou as amplitudes que comporta; e o comunismo, que tem por centro a Rússia, havendo, naturalmente, grupos ou matizes intermédios. Se pudéssemos encarar as três correntes, na pessoa de três indivíduos – *a*, *b* e *c* –, não seria difícil apurar que, sob certos aspectos, os três se externam em línguas diferentes. É como se um falasse grego; outro, latim; outro, hebraico. Não há, pois, como evitar que, aqui e ali, se estabeleça entre eles a incompreensão ou a confusão.

Os fascistas, no tempo em que podiam falar grosso (*riso*), condenavam sem reservas, tentando até ridicularizá-las, as instituições democráticas.

Os comunistas, porém, partindo do princípio – que reputamos falso – de que o comunismo constitui o melhor dos regimes democráticos, se proclamam também democratas e defensores da democracia.

Já nós outros, entretanto – os democratas propriamente ditos –, quando falamos em democracia, estamos longe de pensar na Rússia. O que entendemos por democracia é a de que nos dão exemplos os Estados Unidos e a Inglaterra; a Suíça, a Bélgica, a Holanda; os países escandinavos, aí onde governam as maiorias, é reconhecido às minorias o direito de divergir e de organizar-se e lutar pelos seus pontos de vista, ainda mesmo que em oposição aos governos ou regimes que estejam dominando.

Ainda quando o nobre Senador pelo Distrito Federal, líder da bancada comunista, não tivesse respondido, nos termos em que o fez, à pergunta que lhe formularam, a respeito da atitude que teria o seu Partido, numa dada hipótese de guerra, era muito de presumir, senão mesmo de afirmar, que o seu modo de ver sobre o assunto seria aquele, ou mais ou menos aquele em que se pronunciou. A ninguém que esteja a par do que se passa no mundo é lícito ignorar o que seja o Partido Comunista, de modo a poder provar, com certa aproximação, como ele se portará em determinadas emergências.

A mim, se me perguntarem o que é o Partido Comunista, em ação fora da Rússia, pode ser que esteja em erro, mas é de boa-fé que lhe darei a seguinte definição: é um partido revolucionário, tipicamente revolucionário, que procura naturalmente adaptar-se às instituições vigentes, para que possa exercer a sua atividade que, de modo geral, particularmente no tocante à política exterior, se orienta por Moscou, seduzido por um programa em que, indiscutivelmente, há muito de sedutor, sobretudo para os moços; e misturando, não raro, ao materialismo, uma dose não pequena de espírito romântico, os comunistas, pelo mundo em fora, vão se constituindo, pouco a pouco, uma espécie de seres à parte, que raciocinam, sentem e agem de alguma forma a seu modo, donde o desacerto, o desajuste, às vezes desconcertante, que tende a estabelecer entre eles e os demais não-iniciados na seita. Daí também acontecer, muitas vezes, que o Partido dê a impressão de um corpo estranho, de um quisto no organismo do país, onde, por seu turno, se sente numa posição incômoda.

As expressões guerra justa, guerra do povo, ou guerra imperialista, guerra contra o povo são muito correntes entre os comunistas. Mas a verdade em grande parte é esta: guerra justa, guerra do povo é guerra na qual a Rússia tome parte ou tenha o beneplácito da Rússia; a guerra imperialista, ou guerra contra o povo, é guerra condenada pela Rússia que assim, de qualquer modo, é para eles um ponto de referência.

Exporei, a traços rápidos, o que tive ocasião de observar, primeiramente na Europa e, depois, nos Estados Unidos.

Não há como contestar que, em certa fase da política européia, as grandes democracias, que tão caro, e não muito longe haviam de pagar os seus pecados, procuraram tirar partido do fascismo italiano e do nazismo alemão, contra o comunismo russo, isto é – do mussolinismo e do hitlerismo, contra o stalinismo.

A União Soviética fazia uma política extremamente de paz, enquanto, é de crer, se preparava em silêncio – nem há de ser por isto que a acusemos – para quaisquer eventualidades. Os acontecimentos desdobraram-se até que o nazi-fascismo, principalmente o nazismo, se sentiu em condições de impor o seu predomínio. Achava-me eu por esse tempo na França. O que o povo francês revelava não era apenas repugnância ou aversão; era como um terror pânico, em presença de qualquer possibilidade de guerra. Tanto a França como a Inglaterra se achavam despreparadas, moral e materialmente, para a luta. Daí a triste defecção de Munique[7], de onde, se Chamberlain e Daladier voltaram, como é sabido, de crista baixa e humilhados, foi, todavia, para receber o testemunho de agradecimento de seus compatriotas.

Um dia soou em Berlim a hora da agressão, sob a forma de assalto em grande escala, para o domínio do mundo. A Alemanha se tinha premunido com o pacto germano-soviético, pacto que não faltou quem o julgasse, na sua insinceridade, no seu hibridismo insólito, nas conseqüências terríveis que teve para o mundo, o mais horripilante dos tratados que jamais se assinaram entre povos.

A Tchecoslováquia já havia sido esfacelada, sob o abandono dos seus aliados. Chegava a vez da Polônia.

Quando, nos primeiros dias de setembro de 1939, a França e a Grã-Bretanha declararam guerra à Alemanha – não há nem pode haver a menor dúvida –, foi depois de haverem recuado o mais que era possível, se não além do possível, ou, em outros termos, foi quando se viram compelidas ineslutavelmente a fazê-lo. Eis a França, afinal, envolvida, de todo a seu contragosto, na catástrofe que tanto a atemorizava, e não pudera evitar.

A essa hora trágica, os comunistas franceses tinham os olhos fitos na Rússia, e consideravam, no seu íntimo, que aquela guerra não era guerra do povo. Só passou a ser do povo quando, mais tarde, Hitler, num dos seus acessos de loucura, desta vez em favor da Humanidade, porque havia de ser, para ele, o começo do fim, invadiu a União Soviética.

Esmagada a França, pelas últimas semanas da primavera fatídica de 1940, transpus-lhe a fronteira a 21 de junho, dia do armistício, num cortejo de cenas lancinantes, que nunca mais se apagarão da memória dos que a tenham presenciado, e, através de Espanha e Portugal, fui ter aos Estados Unidos.

Lá, do outro lado do Atlântico, a história se repetia. A quase unanimidade do povo americano se opunha de modo formal a que o país entrasse no conflito. Mas o presidente Roosevelt, conquanto se visse obrigado, reiteradamente, a declarar que não eram outros os propósitos em que se achava o governo, levava por diante uma política de franca e desabalada simpatia pelas nações aliadas. Os comunistas não lhe davam tréguas; não se fartavam de chamá-lo à ordem, acusando-o, na imprensa e nos comícios, de estar arrastando a nação a uma guerra imperialista.

Invadida, porém, a Rússia, não tardaram não só a apoiá-lo, mas a concitá-lo a entrar na guerra, porque a guerra, desde então, passara a ser do povo.

A conclusão, Srs. Representantes, que desejo recolher das considerações que, em linhas rápidas, acabo de aduzir, posso consubstanciá-la nestes termos:

---

7. Mangabeira refere-se ao Pacto de Munique, assinado em 29 de setembro de 1938, entre Hitler e Mussolini, representando a Alemanha e a Itália, e Neville Chamberlain e Edouard Daladier, primeiros-ministros da Inglaterra e da França, para resolver a entrega consentida à Alemanha da região dos Sudetos e, com essa capitulação, tentar evitar a guerra.

em regra, de modo geral, as organizações comunistas, as autênticas, para não dizer as ortodoxas, onde quer que se encontrem no mundo, seguem, em política externa, ainda nas horas mais graves, não tanto a orientação dos países onde exercem as suas atividades, mas de preferência a da Rússia, ainda mesmo que esta colida com as dos referidos países.

Quanto à questão da traição à pátria, por motivos de doutrina ou de convicção, ou, se quiserem, de fanatismo político, reconheçamos que o assunto é delicado e complexo. Aliás, há que distinguir entre dizer que 'fará' numa determinada hipótese, e realmente 'fazer', quando essa hipótese se verifica. Não há, é claro, em parte alguma, governo que não considere traidor todo e qualquer cidadão, ou súdito do país que, num caso de guerra, se coloque do outro lado da barricada. Não há tribunal militar que assim não julgue. Nem pode ser de outro modo. Na União Soviética, é muito provável que o caso nem chegasse a acontecer, porque, antes que acontecesse, já o possível indigitado teria ajustado contas com o regime.

Vejamos, entretanto, o que ocorreu nestes últimos tempos na França. Um episódio formidável!

Maurice Thorez é um líder comunista de relevo. Por ocasião da guerra tomou a linha da Rússia. Foragiu-se. Para onde? Para Moscou. Estava em plena vigência o pacto germano-soviético. Acusado de traição e deserção, foi julgado e condenado, muito legitimamente.

Havia por essa época, na sociedade francesa, um ponto culminante, um ídolo, um patriarca, um verdadeiro *primus inter pares*: o marechal Pétain. Os franceses, em grande proporção, acompanhavam, por assim dizer, cegamente, o grande ancião de Verdun[8]. Lembro-me de que um dia, em Biarritz, às vésperas do armistício, entrei numa loja para comprar qualquer coisa e o lojista, a trocar impressões comigo, abriu uma gaveta e mostrou-me um revólver, dizendo: 'Tenho mulher e seis filhos. Trago aqui este revólver e, ali, o rádio, funcionando. Se o Pétain disser ao microfone que devo suicidar-me, tomarei incontinenti do revólver e darei um tiro no coração.'

Hoje, Pétain, desonrado, espera no cárcere o fim da mais dolorosa das velhices. Terá sido, também ele, um traidor à Pátria?

É a opinião dominante. Não falta quem o afirme. Assim o decidiu, solenemente, o tribunal que o julgou. De mim, direi que, quanto mais vou vivendo a observar a vida, uma das palavras do Evangelho que mais se vão impondo ao espírito, graças a Deus, mais enraizado na fé, é aquela que diz: 'Não julgueis.'

Thorez é hoje, na França, membro do Governo. Se amanhã desembarcar no Rio de Janeiro, à sombra da bandeira tricolor, será recebido com honras, e, se visitar esta Assembléia, não lhe faltarão, a ele, parlamentar de relevo, as nossas homenagens.

Prefiro, Sr. Presidente, colocar a questão em outros termos, para fazer ver aos brasileiros, principalmente aos operários e aos moços, que há que distinguir, na ação pública de um partido comunista, dois aspectos ou duas faces perfeitamente distintas: uma, a que nada há a opor, a não serem as divergências quanto a princípios ou métodos para a solução dos problemas que, interessando ao povo, a todos nos interessam; mas outra, em absoluto incompatível com as que

---

8. Alusão à batalha nessa cidade, na Primeira Guerra Mundial, cuja defesa coube ao general francês, em fevereiro de 1916, decisiva para a sorte do conflito.

desejamos cultivar no cérebro e, ainda mais, no coração, a velha noção de pátria em que fomos educados e havemos de morrer, como se morre na Rússia que prega, para uso externo, a doutrina acima da pátria, mas pratica, internamente, a pátria acima de tudo (*muito bem. Palmas*).

Direi mais: um partido, onde quer que se encontre no planeta, que segue, em política externa, uma potência estrangeira, é uma força dissolvente (*muito bem*) no país onde milita, e será verdadeiro contra-senso que aí encontre acolhimento e apoio (*muito bem. Palmas*).

Há dois pontos no discurso do nobre Senador que *data venia* de S. Exa. desejaria sublinhar.

Morei quatro anos e meio nos Estados Unidos. Teria pontos fracos a citar na organização americana. Nada que é humano é perfeito. Mas de lá saí convicto, profundamente convicto, de que, se existe, na superfície do globo, uma nação pacifista e promotora da paz, nenhuma o é mais que aquela, que ainda agora só entrou na guerra, quando atacada pelos japoneses e, mesmo assim, restringiu a declaração ao Japão, não a estendendo à Alemanha e à Itália, senão quando a Alemanha e a Itália tomaram a iniciativa de abrir-lhes hostilidades.

Sei, de ciência certa, quanto é descomunalmente poderosa a máquina capitalista americana. Não desconheço, como ninguém desconhece, que o grande capitalismo é sem entranhas. Acredito, porém, de tal modo, no sentimento pacífico, quero dizer, pacifista da América do Norte, inclusive dos seus capitalistas que, ainda mesmo admitindo que lá o capitalismo viesse a poder tudo, há uma coisa que nunca poderia: é remover a nação da vocação pacifista que a leva a odiar a guerra e a pugnar pela paz no continente e no mundo (*muito bem*). Afastemos por absurda, clamorosamente absurda, qualquer interpretação em que os Estados Unidos possam ser tidos ou havidos como fomentadores de guerra. Afastemos igualmente, como inadmissível, qualquer possibilidade de duas nações da ordem do Brasil e da Argentina se converterem em dois manicômios (*muito bem*) e, o que seria pior, manicômios de imbecis (*muito bem; palmas*), a ponto, já não digo de irem à guerra, uma contra a outra, por conta de terceiros, mas sequer de interromper a fraternidade indissolúvel de que ambas se desvanecem quebrando, sem motivo, as honras e a glória de uma tradição secular (*muito bem. Palmas*).

Na guerra, Sr. Presidente, que ainda há pouco subverteu a terra, e tamanhos sofrimentos custou e há de custar à humanidade, nada menos de quatro milagres ocorreram para salvá-la.

O primeiro terá sido o da resistência britânica 'mais do que prometera a força humana', como diria o épico, após a retirada de Dunkerke.

O segundo exibiu-se, ostentou-se na capacidade e no heroísmo com que os russos expulsaram do seu solo um invasor vitorioso e arrogante, através de episódios incríveis como foram os da defesa de Moscou e Stalingrado.

O terceiro levou Hitler a cometer o que chamei a loucura de invadir a União Soviética e ocultou ao gênio alemão, a tantos títulos incomparável, o segredo final da bomba atômica.

O quarto foi o milagre americano.

Quem quer que tenha estado, como estive, nos Estados Unidos, nos anos imediatamente anteriores à sua entrada na guerra, não compreende, até hoje, como pôde aquela Nação realizar o que realizou. O povo queria ouvir falar em tudo, menos em guerra. O país não tinha exército, não tinha aviação; a própria marinha não respondia absolutamente às suas necessidades. O problema, entretanto, era esse: combater o Japão no Pacífico, e desalojar a Alemanha da vasta fortaleza ou cidadela em que o nazismo havia convertido o Continente europeu. Mas havia ainda alguma coisa: havia que abastecer de material de toda sorte os companheiros de luta.

Longo tempo não passou e os Estados Unidos converteram-se na maior potência militar, naval e aérea do mundo. Combatiam sós, no Pacífico, e centenas e centenas de navios americanos transportavam para a Europa tropas destinadas a invadi-la, como de fato a invadiram, numa arrancada que levaria à vitória. Que gente era aquela? Seriam tropas mercenárias? Seriam profissionais da militança? Seriam forças arregimentadas sob a imposição totalitária? Não. Eram todos homens livres, eram cidadãos da Democracia! (*Muito bem*) Eram estudantes, operários, funcionários públicos, empregados de comércio (*palmas prolongadas*); eram banqueiros, comerciantes, industriais, médicos, advogados, engenheiros, professores de universidades. (*Aplausos*) Tinham horror pela guerra, mas, ao chamamento da pátria, acudiram ao campo de honra e nele se portaram com a bravura que hoje enriquece o patrimônio da História. (*Muito bem. Palmas prolongadas*)

Mas houve alguma coisa de mais belo. Excetuadas as naturais restrições que as circunstâncias impunham, não se alterou, em coisa alguma, o primado das liberdades públicas. (*Muito bem*) Wendel Wilkie, adversário de Roosevelt, seu competidor que tinha sido na campanha eleitoral de 1940, foi ao Pacífico e, depois, à Europa, inclusive à Rússia. Visitou diversos teatros de operações militares. Wendel Wilkie, cuja morte, aos 52 anos, privou os Estados Unidos de quem era, talvez, no momento, a sua melhor figura de homem público. De regresso, divulgou pela imprensa e no rádio as suas impressões, fazendo a crítica livre de tudo quanto viu, conforme bem lhe aproube.

De dois acontecimentos, cada qual mais empolgante, me coube ser testemunha, orgulhoso de neles ver em foco toda a beleza dos regimes livres. Em plena guerra, processou-se normalmente, com o maior entusiasmo, uma campanha presidencial, a terminar com a respectiva eleição. Ninguém se lembrou de invocar a guerra, como pretexto, para adiar a luta democrática pela sucessão do governo.

Em plena guerra, os mineiros de carvão – note-se bem: os mineiros de carvão – declararam-se em greve. O Presidente da República dirigiu-se a eles pelo rádio, concitando-os à volta ao trabalho, mas a greve se manteve, até que se chegasse a um bom acordo entre patrões e operários.

Ninguém se lembrou de qualificar os mineiros de traidores à Pátria, porque eles responderiam citando os nomes dos filhos que tinham nas trincheiras. Aquilo, sim, era a democracia, e só aquilo é civilização. (*Muito bem*)

Sr. Presidente, Srs. Representantes: preparemo-nos para receber, de braços abertos, com a mais efusiva das cordialidades, a primeira Embaixada soviética que está prestes a chegar ao Rio de Janeiro. Mas, se é uma fatalidade imprescindível – que podemos lamentar, mas não temos como impedir –, se é uma fatalidade imprescritível que o mundo, neste momento, ou nesta fase da história, tenha de ficar dividido em três grandes zonas de influência, a britânica, a russa e a americana, vamos dar graças a Deus por estar o Brasil situado numa zona de influência na qual a grande potência que nos cabe ter como vizinho sejam os Estados Unidos. (*Prolongada salva de palmas*)

O que digo não exclui o zelo mais decidido da nossa autonomia, o esforço que empreguemos, sem cessar, para a conquista, o mais depressa possível, ainda que relativa, da independência econômica. Afastemos como indigna toda e qualquer hipótese de nos convertermos em colônia ou mesmo em semicolônia americana. (*Palmas*)

Direi, a esse respeito, uma palavra sobre o problema das bases. Está esclarecido que não há dúvida sobre sua devolução ao governo brasileiro. É possível, entretanto, que se estabeleça algum convênio para a administração, pelo menos, de algumas dessas bases. O que se impõe é que, se tal suceder, não se faça convênio algum em que, na administração de ditas bases, não preponderem, em terra brasileira, a soberania do Brasil. (*Muito bem. Palmas prolongadas*)

Quero externar-me, por último, sobre uma hipótese que tem surgido, por entre os comentários, a propósito do assunto deste debate.

Refiro-me ao fechamento do Partido Comunista.

Seria, Sr. Presidente, um duplo erro.

Seria um erro sob o ponto de vista internacional, porque, fossem quais fossem as explicações, de caráter jurídico ou político, que se dessem para o caso, ninguém lá fora atribuiria a medida senão a propósitos ou sentimentos fascistas. Nos próprios Estados Unidos não tardaria a se formar, para com o Brasil e seu governo, mais uma onda de desconfiança. As nações democráticas, na Europa como na América, estão fartas de saber que não é necessário suprimir o partido comunista para que se possa exercer sobre as atividades comunistas, sempre que preciso, a vigilância legal, sem ofensa aos princípios democráticos.

Seria também um erro sob o ponto de vista interno. A perseguição favorece. Que o diga Santo Inácio de Loyola, quando escolheu a perseguição como o melhor dos auxílios que poderia dar à sua Companhia de Jesus. É mais fácil fiscalizar os passos e atitudes de um partido legal do que de um partido oculto ou clandestino. Sou dos que se inclinam a acreditar que o que existe no Brasil é menos comunismo que prestismo. Mas, entre os títulos com que se apresenta à luta o Senador Carlos Prestes, o que a todos sobrepuja na imaginação popular é o de ser o homem, no Brasil da sua geração, que mais duramente tem sofrido por motivos de ordem política. (*Muito bem*)

Depois, Sr. Presidente, não tenhamos ilusões. A nação, por enquanto, mal desperta do pesadelo totalitário, não criou ainda fé na nova democracia que procuramos estabelecer sobre a base da carta política que esta Assembléia vai elaborando e, estou certo, elaborará em termos próprios e dignos, com o concurso de todos os partidos aqui representados.

O povo, perseguido, atormentado por tantas vicissitudes, espreita desconfiado. O nome 'decreto-lei', que aparece cada dia impresso nos jornais, não lhe soa bem aos ouvidos; é forçoso reconhecer que alguns de tais decretos, pelo inopinado com que surgem, e pela gravidade das medidas que neles se estabelecem, sem que às vezes se chegue a traduzir o que neles se contém, trazem consigo um nítido relevo, a marca da ditadura, ou dos costumes ditatoriais. (*Apoiados; muito bem*) O povo neles vislumbra o uso dos cachimbos que põem a boca torta. A manutenção de muitas peças do Estado totalitário, já irremissivelmente condenadas; as nomeações que se fundam menos em motivos de ordem pública que em razões pessoais ou partidárias; certos atos da polícia, proibindo isto ou aquilo, quando nisto e naquilo se envolvem direitos e liberdades de caráter fundamental; a dificuldade, a lentidão na solução de problemas que dizem

visceralmente com a própria vida do povo, a ponto do povo não poder mais esperar – nada disso contribui para reduzir o ceticismo que é preciso, entretanto, eliminar para que possamos ressurgir. (*Muito bem*)
Repito, Sr. Presidente, em outras palavras: a nova democracia que procuramos estabelecer não é ainda uma árvore que dê abrigo e sombra; é uma planta ainda tenra que exige todo cuidado para medrar e crescer.
A supressão de um partido seria como uma rajada, a que outras se seguiriam que lhe poderiam ser fatais. (*Muito bem*)
Só há dois meios seguros de combater a propaganda comunista: o primeiro consiste em esclarecer devidamente o povo sobre o que é o comunismo, na sua realidade; o segundo, ainda mais eficaz, é o que se concretiza em ir ao encontro das necessidades do povo por via de um governo democrático, e só será governo democrático aquele que, assegurando a cada cidadão os direitos e liberdade inerentes à dignidade humana, coloque acima das facções ou dos homens o real interesse público, procedendo com retidão, moralidade e justiça.
Nós, da minoria democrática, 'anticomunistas sempre, reacionários nunca' (*apoiados*), ficamos naquela paráfrase com que, há dias, desta tribuna, evoquei, mais uma vez, o gênio tutelar de Rui Barbosa – 'com a democracia, pela democracia, dentro da democracia, porque fora da democracia não haverá salvação'.
Quando digo democracia, insisto em acentuar que me refiro ao que é conhecido, no mundo, como democracia cristã ou democracia ocidental; nunca democracia autoritária, nunca democracia soviética! (*Muito bem; muito bem. Palmas prolongadas. O orador é vivamente cumprimentado*)
O SR. PRESIDENTE – Tem a palavra o Senhor Deputado Hermes Lima. (*Pausa*) Acabo de ser informado que S. Exa. se encontra, neste momento, na Comissão de Constituição.
Dou a palavra ao orador seguinte, Sr. Nestor Duarte.
O SR. NESTOR DUARTE – Sr. Presidente, desisto de fazer uso da palavra e só me inscrevi para que meu ilustre colega, o Sr. Hermes Lima, pudesse discorrer mais longamente sobre o tema de seu discurso. Depois, entretanto, que a Assembléia ouviu, num dos seus dias memoráveis, o discurso do Sr. Otávio Mangabeira, julgo que seria temerário qualquer de nós ocupar a tribuna. (*Palmas*)"

Ato contínuo, antes de submeter a votos o requerimento que provocou a incômoda exumação da entrevista e do discurso de Prestes, o presidente leu requerimento de seu autor, o deputado Arruda Câmara (PDC-PE), retirando a proposição de sua autoria.
A intervenção de Mangabeira, feita na sessão seguinte à manifestação do vice-líder do PSD, Ivo de Aquino, com sua dúbia resposta sobre a legalidade do registro do PCB, serviu ao propósito de marcar distância entre a posição da minoria e a da maioria em relação ao pretexto ao amparo do qual se pretendia vibrar um golpe na liberdade de organização partidária. Nele se contém a comparação da democracia emergente naquele período com "uma planta ainda tenra que exige todo cuidado para medrar e crescer" que se incorporou ao léxico da política brasileira, sendo uma das mais citadas e referidas. O discurso, embora muito citado, é pouco conhecido. A premonição do grande líder democrata, ao afirmar

que, se consumado, depois desse golpe viriam outros que terminariam pondo em xeque a democracia que se iria começar a viver, depois de sete anos de crises e oito de ditadura, é uma antevisão do que viria depois, até desembocar na longa noite de 1964.

Ao longo de todo o texto, perpassa a preocupação de desdramatizar o ambiente de quase paroxismo que cercou a declaração de Prestes depois que foi levada a debate, na Assembléia. Ao invocar o exemplo de tolerância das democracias ocidentais em que os respectivos partidos comunistas funcionavam, sem nenhuma restrição, Mangabeira mostrou a enorme distância que separava uma simples declaração de intenções, numa situação meramente hipotética, da ação que, se consumada, já estava prevista nas leis e no conjunto do ordenamento jurídico do país. Lamentavelmente, foram inúteis, como se sabe, as advertências que se multiplicaram quanto à ilegitimidade do ato de anulação do registro do PCB e a posterior cassação do mandato de seus representantes nas duas Casas do Congresso, quando a Constituinte já tinha se transformado em legislatura ordinária. A decisão, ao que tudo leva a crer, já estava tomada nos círculos mais íntimos e mais altos do poder, o que se pode inferir da ferocidade com que, a partir de então, se procurou cercear e reprimir todo e qualquer ato público promovido pelos representantes comunistas fora do recinto da Constituinte. Pelo menos sob esse aspecto, parece que Lacerda tinha razão, quando tornou pública a denúncia veiculada em sua coluna no *Correio da Manhã*, aqui já transcrita.

O partido perdeu seu registro, e os parlamentares, os respectivos mandatos. A frágil democracia brasileira começou aí a perder a si mesma. Os que incentivaram essa medida de força talvez não se questionassem que não era uma sigla ou uma legenda, mas a própria democracia que estava em questão.

Entre risos, morre uma boa idéia

No dia seguinte ao discurso do líder da minoria, quinta-feira, 4 de abril, entrou em vigor a sugestão aprovada em 29 de março, para que se reservasse a ordem do dia, uma vez por semana, exclusivamente ao debate de matéria constitucional. O primeiro a se valer dessa inovação foi o deputado Eduardo Duvivier (PSD-RJ), que mal esboçou um discurso, menos de defesa do presidencialismo do que de ataque ao parlamentarismo, responsabilizando esse sistema de governo pela crise européia. Assediado pelo pequeno mas aguerrido grupo de parlamentaristas, capitaneados pelo deputado Raul Pila (PL-RS), sequer logrou concluir seu discurso.

O segundo orador foi o deputado e usineiro João Cleofas (UDN-PE), que, a pretexto de abordar o tema da discriminação de rendas na Constituição, dedicou seu discurso a criticar a proposta do governo de taxar os lucros extraordinários, como forma de combater o que se considerava o excesso de liquidez do mercado, em face da inflação, provocada pelas sucessivas emissões destinadas a cobrir o déficit público. O tema era relevante, sem dúvida, pois tratava-se de debater a política econômica do governo Dutra, às voltas com a herança do governo Linhares que, nos poucos meses de sua interinidade, ficou conhecido não apenas por aninhar a imensa família nos inimagináveis escaninhos da burocracia brasileira, objeto de toda sorte de piadas da irreverência carioca, mas sobretudo por conceder um generoso aumento a todo o funcionalismo civil e militar, para compensar o processo inflacionário, que se acentuou durante e depois da guerra. Uma idéia do que isso representou no aumento da despesa com pessoal, serviços e encargos pode ser expressa nos índices de crescimento entre 1940 e 1946, tomando-se o primeiro índice desses anos como igual a 100:

1940	1941	1942	1943	1944	1946
100	111	123	126	171	326

As despesas que em 1944 tinham sido de 4,3 bilhões de cruzeiros e em 1945, último ano da guerra, de 5,6 bilhões, passaram em 1946 para nada menos do que 8,2 bilhões de cruzeiros. A despeito da relevância, o problema nada tinha a ver com o debate constitucional que se pretendia estimular.

O segundo discurso do dia mostrava a inutilidade de se tentar disciplinar os trabalhos do plenário, em termos compatíveis com as necessidades da Assembléia, em sua função constituinte.

Barreto Pinto, que Lacerda só chamava de "palhaço queremista", apelido que o turbulento deputado petebista incorporou à sua personalidade, mandando confeccionar bonecos de cerâmica vestidos de palhaço com a sua própria fisionomia, se encarregava de divertir o plenário, como fez em seguida, levantando a seguinte questão de ordem a que o presidente nem se dignou dar resposta:

"O SR. BARRETO PINTO – (*Pela ordem*) Sr. Presidente, [...] parece até ironia. Há dias não havia açúcar nesta Casa e aqui do mesmo se tratava, não deixando de surgir, até, no plenário, quem se propusesse a comprá-lo.

O Sr. Aureliano Leite – Transformaram o plenário em bolsa de mercadorias. (*Risos*)

O SR. BARRETO PINTO – Hoje, Sr. Presidente, estamos diante de um fato inacreditável: na Assembléia Constituinte, até às 16:15 horas, não havia um pingo d'água! Para consegui-la, foi preciso que o Sr. Prefeito mandasse duas pipas d'água para abastecerem a caixa do edifício e só chegaram há minutos.

Pedia assim a V. Exa., que eventualmente preside nossos trabalhos, determinasse as providências necessárias, a quem de direito. Que não nos dêem açúcar, admite-se (*risos*); mas não é possível que nos deixem aqui a morrer de sede.

O Sr. Alde Sampaio – V. Exa. está atacando a ditadura.
O SR. BARRETO PINTO – Não apoiado, porque no tempo da ditadura não faltava água, nem açúcar; hoje não temos nem açúcar, nem água.
O Sr. João Cleofas – Faltava muito mais do que isso; faltava o próprio Congresso.
O Sr. Jales Machado – Teria sido criado o Instituto da Água?..."

Entre risos e piadas, sepultou-se uma boa idéia. A nova norma, em boa hora adotada pela Mesa, transformou-se, como tantas no Brasil, em mais uma das muitas leis que "não pegaram".

O grande ausente

No expediente da sessão de 5 de abril, foi publicado o seguinte ofício do Tribunal Superior Eleitoral, endereçado ao presidente da Assembléia:

"Senhor Presidente,
Tenho a honra de acusar o recebimento do ofício nº 186, de 3 deste mês, no qual V. Exa. comunica a este Tribunal Superior Eleitoral, em vista do disposto no art. 5º do Regimento Interno dessa Assembléia, que se acha vaga uma das cadeiras de Senador pelo Estado de São Paulo, para a qual foi eleito o Sr. Getúlio Dorneles Vargas, diplomado também para ocupante de uma das cadeiras do Rio Grande do Sul, em vista daquele cidadão não ter optado, em tempo hábil, por uma dessas cadeiras.
A comunicação de V. Exa. foi, hoje, transmitida ao Senhor Presidente do Tribunal Regional Eleitoral de São Paulo, para os devidos fins.
Na oportunidade, apresento a V. Exa. os meus protestos de estima e consideração.
As. Waldemar Falcão, Presidente do Tribunal Superior Eleitoral."

A Assembléia entrava em seu terceiro mês de funcionamento, e Getúlio, o brasileiro mais votado do pleito de 2 de dezembro de 1945, não tinha tomado posse. Na segunda sessão preparatória, no dia 4 de fevereiro, tinha sido lido documento por ele encaminhado à Mesa optando pela cadeira de Senador e reservando-se para escolher oportunamente o estado que representaria, já que fora eleito tanto pelo Rio Grande do Sul quanto por São Paulo. Dispunha o Regimento que poderia fazê-lo dentro de dois meses do início dos trabalhos. Se não o fizesse, devia a Mesa considerar o parlamentar que incidisse nessa hipótese como representante do estado em que tivesse obtido a maior votação. Como no Rio Grande do Sul ele atingira 461.913 votos, e em São Paulo lograra conquistar 414.943, a Mesa passou a considerá-lo como integrante da bancada gaúcha, comunicando o fato ao TSE, para providenciar a necessária eleição suplementar por São Paulo. Essa eleição se realizou em 19 de janeiro de 1947, para o preenchimento de duas vagas. Uma, a do terceiro senador em todos os estados, criada pela Constituição de 1946, e a outra para cobrir o claro da representação paulista deixado por Getúlio. Para a primeira foi eleito pelo Partido Social Progressista (PSP), resultante da fusão do PRP e PPS, Euclides Vieira, com 303.393 votos, e para a vaga de Getúlio, Roberto Simonsen (PSD), com 291.555 votos.

Com essa atitude, não só demonstrava ostensiva indiferença aos trabalhos da Constituinte, onde estavam alguns de seus mais acérrimos inimigos, como reiterava o hábito de nunca expor ou tornar ostensivos seus propósitos no quotidiano da política.

O pouco apreço às Constituições já tinha se incorporado à história de sua vida pública, desde que em 1930, valendo-se dos poderes extraordinários que se auto-outorgou, por um simples decreto fechou o Congresso, dissolveu os partidos e revogou a Constituição republicana de 1891. Na sessão de 15 de março, quando Mangabeira (UDN-BA) discursava sobre sua odisséia, como ex-ministro de Washington Luís, Hermes Lima (UDN-DF), num aparte, lembrou ao orador que ele "poderá dizer que está na biografia oficial do Sr. Getúlio Vargas, escrita por Paulo Frischauer, que o presidente, no dia, na hora, no instante em que, no Palácio do Catete, tomou conhecimento de que a Assembléia Constituinte acabava de votar a Constituição de 1934, disse ao Sr. Moisés Velhinho, com quem estava conversando, que iria derrubar aquela Constituição", como efetivamente fez três anos mais tarde, mesmo tendo jurado respeitá-la, quando foi eleito para um novo mandato constitucional de quatro anos.

Vargas dava curso à lenda de que suas atitudes eram fruto de ousados e enigmáticos lances estratégicos que os adversários se empenhavam, muitas vezes sem sucesso, em adivinhar ou pelo menos antecipar. Em algumas ocasiões, porém, essa estratégia não funcionava, como ficou evidente na campanha "queremista" por ele estimulada, sem que nunca tivesse dito uma só frase a seu favor. O seu silêncio era arma sutil e muitas vezes útil para solucionar os problemas que deixava o tempo resolver. Nesse caso, porém, a longa ausência não foi proveitosa para ele. Se tivesse se incorporado desde logo aos trabalhos da Assembléia, teria tornado sua presença no plenário um ato rotineiro. O adiamento, porém, iria causar-lhe dissabores, desde que, no início de maio, resolveu tomar posse de sua cadeira de senador.

17. Moderato, molto moderato

O bacharelismo em cena

De acordo com o § 5º do art. 22 do Regimento Interno, a Comissão Constitucional dispunha, a partir de sua instalação, de trinta dias, prorrogáveis por mais quinze, a critério do plenário, para concluir o projeto de Constituição que lhe cabia elaborar. Esse prazo terminaria em 15 de abril, em plena Semana Santa, quando o plenário decidiu não funcionar. No dia 11, quinta-feira, os líderes da maioria e da minoria subscreveram um requerimento conjunto para que a sessão do dia seguinte, sexta-feira, fosse dedicada a homenagear a memória de Franklin Roosevelt, falecido um ano antes. Nessa mesma data, Barreto Pinto (PTB-DF), considerando a circunstância de que a Constituinte estaria em recesso quando vencidos os trinta dias concedidos à Comissão para concluir o seu trabalho, requereu a prorrogação de quinze dias permitida pelo Regimento, nos seguintes termos:

"O SR. BARRETO PINTO – Sr. Presidente, egrégia Assembléia: estamos reunidos há dois meses e dez dias, ou seja, 72 dias. [...] São decorridos 72 dias, repito, e, abrindo o *Diário da Assembléia*, verificamos que a Comissão Constitucional, reunindo-se há 28 dias, não conseguiu passar do art. 14. O prazo regimental para o término de seus trabalhos findará no dia 15, segunda-feira, em que a Câmara não funcionará.

[...] Ora, Sr. Presidente, por maiores que sejam os seus esforços, trabalhando de manhã, depois do meio-dia e mesmo à noite não haverá possibilidade da Comissão Constitucional concluir seu trabalho, como devia.

O que acontece é o seguinte: até o art. 14, tem havido muito esmerilhamento, muita preocupação com vírgulas. Ainda há dias, o meu eminente amigo, Sr. Gustavo Capanema – não vai no que digo o intuito de fazer injustiça à S. Exa. –, na Comissão de Constituição, dizia: é preciso combater o analfabetismo, precisamos de medidas em relação à educação, esquecido S. Exa. de que foi ministro durante dez anos. O Sr. Souza Costa, o meu querido amigo Souza Costa, nunca esteve tão preocupado com o problema da discriminação de rendas, quando S. Exa. também foi ministro durante dez anos, com poderes discricionários que lhe permitiam levar a efeito grandes modificações.

E, assim, os doutores que lá se encontram, com a sua sapiência, discutem questões de vírgulas, de colocação de artigos ou substantivos. Decorridos quase 30 dias – o prazo termina a 15 –, a Comissão terá 15 dias, a juízo da Assembléia, para concluir o seu trabalho. E o que vai acontecer é o seguinte: tudo atrapalhado, tudo atabalhoado, votação em globo.

É assim que estamos elaborando a Constituição da República que substituirá a de 10 de novembro de 1937. Nem a própria Comissão teve o cuidado de verificar que, terminando o seu prazo no dia 15, deverá pedir a prorrogação prevista no § 5º do art. 22 do Regimento.

O que a Comissão está fazendo no 3º andar, poderíamos fazer em plenário, porque os projetos das subcomissões estão concluídos, isto é, discutir artigo por artigo, porque a lei interna declara que a Assembléia poderá transformar-se em Comissão geral, de acordo com o § 3º, letra b, do art. 61.

[...] Vou enviar à Mesa requerimento para ser submetido à consideração da Casa, no sentido de conceder à Assembléia mais 15 dias, a partir de 15 do corrente, para que a Comissão Constitucional conclua o projeto da Lei básica."

Embora sempre o fizesse em termos inconvenientes, o deputado petebista tinha razão em sua advertência. Se observado o Regimento, em 30 de abril deveria estar concluída a elaboração do projeto. Era óbvio que isso não ocorreria. Efetivamente, só na sessão de 27 de maio, isto é, quase um mês depois do prazo regimental, foi publicado o projeto, frustrando o desejo de ter o texto final aprovado até 7 de setembro, como pretendiam os líderes partidários. Para postergar o prazo regimental, havia, como já se tinha tornado praxe no Parlamento brasileiro desde 1826, inúmeros recursos e subterfúgios a que sempre recorria o espírito bacharelesco predominante em nossas Câmaras.

Tão logo o presidente anunciou que ia submeter a votos a proposta de prorrogação, o deputado Lauro Lopes (PSD-PR) apresentou um substitutivo para que, preliminarmente, fosse ouvida a própria Comissão sobre a necessidade ou não da prorrogação sugerida. Tratava-se apenas de uma medida protelatória que, a seguir, foi coadjuvada pelo vice-líder da maioria, Acúrcio Torres (PSD-RJ), argumentando que só a Comissão era parte legítima para solicitar ou não a prorrogação dos trabalhos. Barreto Pinto, antevendo o destino de seu requerimento, ainda tentou o adiamento da votação, negado pelo plenário, que, em seguida, aprovou o substitutivo de Lauro Lopes. Com essa decisão, adiava-se o problema para o fim do mês, pois a sessão seguinte, do dia 12 de abril, sexta-feira, seria especial, em homenagem a Roosevelt, e não haveria votação. A Assembléia entrou em recesso relativo à Semana Santa a partir do dia 12, e só voltou a se reunir no dia 22. Tão logo foi aprovado o substitutivo para audiência da Comissão, sobre a necessidade da prorrogação de seus trabalhos, o vice-líder Acúrcio Torres mostrou um dos subterfúgios de que iria se valer a Comissão para dar a aparência de estar cumprindo o Regimento.

Em questão de ordem, solicitou que o presidente decidisse se o prazo de trinta dias de que dispunha a Comissão Constitucional para elaborar o projeto a seu cargo se contaria em dias corridos ou dias úteis. Informou ser essa última a interpretação de sua presidência, dependente, é claro, de ratificação pelo presidente da Casa, o único com competência legal para interpretar o Regimento, já que suas decisões tinham efeito vinculante, salvo deliberação em contrário do plenário. O deputado Paulo Sarazate (UDN-CE), autor do dispositivo que fixou o prazo da Comissão em trinta dias, pediu que a questão de ordem só fosse decidida no momento oportuno, isto é, quando chegasse a plenário o pedido de prorrogação da presidência da Comissão. O deputado Artur Bernardes Filho (PR-MG) protestou contra a interpretação pretendida pelo vice-líder do PSD, alegando não ser esse o entendimento jurídico corrente. Só então se manifestou o presidente, a quem cabia, regimentalmente, decidir o pedido. E o fez, como bom pessedista, para anunciar qual era o seu entendimento, embora assinalando que só tomaria a decisão depois que a Comissão solicitasse a prorrogação e manifestasse o seu entendimento em relação à contagem do prazo. Com essa medida, inaugurou um novo estilo, decidindo questões de ordem antes de serem formuladas:

"O SR. PRESIDENTE – Em direito, os prazos se contam por dias e meses. Quando por mês, a expressão é tomada em sentido do mês comum; quando por dias, estes são seguidos, excluindo-se o último. Essa a interpretação que se dá à lei: os 30 dias vão do primeiro dia do mês ao similar do mês seguinte, ou até a véspera, se o mês tem 31 dias.

Assim se contam os prazos em juízo; de modo que os 30 dias que teria a comissão seriam seguidos até se esgotar o trigésimo.

Esta a interpretação dos tratadistas e do Direito Civil. Não existe a prática de se considerar dias úteis e inúteis, desprezando-se estes.

A Comissão, porém, oferecerá seu entendimento e a Mesa, no momento oportuno, proferirá sua decisão."

Mineirice maior, impossível.

O PSD, que dispunha de maioria absoluta na Assembléia, poderia ter dispensado o subterfúgio, típico dos chicaneiros. Como era óbvio que a Comissão não concluiria seu trabalho a tempo e nem mesmo com a dilação do prazo regimental, bastava-lhe o recurso simples e cristalino de modificar o Regimento, para o que sequer necessitava do concurso dos demais partidos. Mas isso era exigir muito do seu estilo enviesado, mesmo quando desnecessário esse recurso.

Mas assim se fez sempre e se continua a fazer no Parlamento brasileiro até hoje, quando as decisões podem até ser tomadas em sentido contrário ao da letra e do espírito da lei, desde que conveniente aos interesses da maioria. Nisso consiste uma das peculiaridades da democracia brasileira, jungida à velha cultura em que são contornadas as leis que "pegam" e ignoradas as que "não pegam". Dependendo, é claro, de quem seja o destinatário!

O paroquialismo domina o debate

Nem a preferência regimental dada ao debate dos temas constitucionais durante a ordem do dia no período de elaboração do projeto de Constituição, nem a sugestão de Prado Kelly (UDN-RJ) de se dedicar uma sessão por semana a esse mesmo propósito foram capazes de mudar a rotina das sessões plenárias. As questões paroquiais, de um lado, e a rotina do quotidiano, do outro, avassalavam e dominavam a maioria das intervenções. Um excerto dos assuntos em debate na primeira semana de abril evidencia a natureza das preocupações da maioria dos Constituintes.

No dia 3, por exemplo, o deputado Wellington Brandão (PSD-MG), pecuarista, advogado, funcionário público e escritor, foi à tribuna sugerir que da Constituição constasse dispositivo expresso obrigando os bancos a empregar 20% de seus encaixes em crédito rural. Café Filho (PRP-RN), jornalista e advogado provisionado, pediu informações à Prefeitura do Distrito Federal sobre empréstimo à empresa que se transformou em adutora do Ribeirão das Lajes, que abastecia de água o Rio de Janeiro. José Bonifácio (UDN-MG), advogado, requereu informações ao governo federal sobre as razões da transferência, para a administração da Prefeitura do Rio, da Comissão Executiva do Leite. Odilon Soares (PSD-MA), médico e professor de medicina, e mais trinta outros colegas subscreveram Indicação ao governo propondo a criação da cadeira de tisiologia nas faculdades de medicina. Ataliba Nogueira (PSD-SP), advogado, jornalista, professor e doutor em direito, jurista e homem público que tinha pertencido ao movimento integralista fundado por Plínio Salgado, em longo discurso em que procurou defender o caráter científico da política, apresentou sugestão à Comissão Constitucional, apoiado por cerca de vinte colegas e calcado em nada menos do que treze *consideranda*, propondo que "a lei disporá sobre a preferência limitada, nas eleições federais, estaduais e municipais, para os candidatos diplomados em política e administração". A idéia podia até estar de acordo com as preferências ideológicas do autor. Só isso justificaria a patética iniciativa, num país em que, naquele ano, cerca de 47% da população maior de 20 anos era constituída de analfabetos!

Os discursos desse período mostram algumas linhas de convicções e valores que balizavam a orientação das posturas dos constituintes, como oradores parlamentares. Os integrantes da oposição, via de regra, valiam-se do tempo e das oportunidades disponíveis para fazer o balanço e o julgamento do que tinha sido a ditadura, durante o Estado Novo e o período conturbado que o precedera. Os situacionistas dividiam-se entre getulistas, que defendiam a qualquer preço todas as ações e iniciativas de seu líder nos quinze anos anteriores, e pessedistas, preocupados em respaldar a ação do governo Dutra. Essa era a clivagem mais visível que se esboçava na cúpula. Mas havia outras também que, com maior ou menor visibilidade, igualmente dividiam o plenário.

A dos populistas era encabeçada por Café Filho, seguramente o mais ativo dos constituintes, se a atividade pudesse ser contabilizada pela quantidade de requerimentos, indicações, pronunciamentos e moções que não encontravam limites senão na obstinação de estar sempre presente e atuante em todos os debates e na abordagem de todo e qualquer assunto. Embora pudesse ter a pretensão de ser uma enciclopédia, acabava mostrando não ser mais que um almanaque de aldeia.

A dos técnicos era composta de um número razoável de especialistas, profissionais liberais, empresários, proprietários e médicos que abordavam sobretudo questões de saúde pública e educação relacionadas sempre com as precárias condições de saúde e de nutrição da maioria do povo brasileiro, numa época em que a tuberculose era, mais que uma praga, uma terrível endemia que causava enorme devastação em amplas camadas da população. Ao seu lado apareciam as questões do desabastecimento por que passava o país com a falta generalizada de produtos básicos, como o trigo, a carne, o leite e seus derivados, além do açúcar, com todo o seu rol de conseqüências adversas, como o racionamento, as filas e o câmbio negro. Dentro desse conjunto, destacavam-se os corporativistas, sempre reclamando maior proteção, amparo, financiamento, assistência técnica, benefícios, incentivos, ajuda e auxílios de toda ordem do poder público. Os mais ativos eram os proprietários rurais, tanto os agricultores quanto os pecuaristas.

Os economistas e financistas eram poucos, os advogados e juristas eram muitos e constituíam grupos à parte, uma espécie de iniciados em cujos debates os iniciantes não ousavam opinar. Por fim, o debate ideológico, pobre, rasteiro e agressivo, juntava a pequena e atuante bancada comunista, de um lado, sem grande lastro doutrinário, e seu mais feroz inimigo, monsenhor Arruda Câmara, que, em seu anticomunismo militante e agressivo, valia por toda uma bancada, do outro.

Sobranceira, acima de todos os demais grupos, pairava a bancada dos interesses estaduais, aqueles que colocavam, além de toda e qualquer consideração, tudo o que pudesse significar vantagem, prejuízo ou ameaça para os seus estados. Em sua maior parte, eram integrantes do baixo clero que não tinham nenhuma preocupação com os destinos, os problemas e os desafios do país. Levava a palma entre todos os seus integrantes o deputado Manuel Novais, que, eleito pela UDN da Bahia, logo em seguida filiou-se ao PSP e depois ao PR, tendo militado na política até a década de 70. Autor da emenda de que resultou o dispositivo constitucional vinculando recursos para a região do vale do rio São Francisco, fez da comissão criada para administrá-los o seu feudo eleitoral. Como andava sempre acompanhado dos que dependiam do mesmo mercado de votos, terminou conhecido pelo apelido de "São Francisco e seus afluentes". E pensar que, quase dois séculos antes, Burke tinha ensinado a seus eleitores que os deputados não eram embaixadores dos feudos que representavam, mas representantes de toda a nação...

"Esperando Godot"

Durante a Semana Santa, a Assembléia tomou oito dias de descanso. No dia 12 de abril, sexta-feira, 71º dia depois de sua instalação, realizou sua 46ª sessão, que teve caráter especial de homenagem ao transcurso de um ano da morte de Roosevelt. O ex-presidente americano era reconhecido como o artífice da política de boa vizinhança com a América Latina. Cerca de meio século depois de seu desaparecimento, foi possível constatar que boa parte dos especialistas em política externa americana, dentro e fora dos Estados Unidos, admitia que foi o único presidente capaz de se preocupar com o continente e dar caráter de relevante questão de Estado às relações com seus vizinhos. Durante os três primeiros de seus quatro mandatos, esteve no Brasil duas vezes, a segunda das quais em janeiro de 1943, quando voltava da Conferência de Casablanca e se encontrou com Getúlio em Natal, para resolver as pendências dos acordos de cooperação militar iniciados em 1941 e intensificar a participação brasileira na Segunda Guerra Mundial, de que resultou a formação da Força Expedicionária Brasileira.

Na sessão em homenagem à sua memória, discursaram Souza Costa pelo PSD, Jorge Amado pelo PCB, Munhoz da Rocha pelo PR, Antônio Silva pelo PTB, Manoel Vítor pelo PDC, Campos Vergal pelo PRP e Gilberto Freire pela UDN. Este último, que tinha tomado posse de sua cadeira oito dias antes, estreava na Constituinte reconhecendo que Roosevelt "foi quem deu consciência internacional à maioria do povo norte-americano, antes dele fechada dentro de suas fronteiras, de suas tarifas, de suas paróquias. E tudo isso – reforma social nos Estados Unidos e reforma na política internacional de uma gente tradicionalmente isolacionista – ele realizou superando messianismos ideológicos, idéias feitas, sistemas rígidos, pintando com novos traços, novas técnicas, novas combinações de cores, visões de um mundo novo, desejado por multidões de todas as raças e de todos os credos".

Para contrapor-se à bancada do PCB, que propôs moção afirmando o desejo dos povos da América Latina de prosseguimento da política de boa vizinhança e "fazendo votos para que sejam restituídas à plena soberania da nação brasileira as bases militares ou partes dessas bases ainda em poder de forças da nação amiga", os líderes do PSD e da UDN subscreveram outra, sugerindo se consignasse em ata um voto de louvor "pela continuidade da política de harmonia e solidariedade que sempre vinculou a nossa pátria à grande nação norte-americana". Aprovada a última e rejeitada a primeira, recolheu-se a Assembléia ao remanso das procissões e lamentações da paixão e morte de Cristo, tendo voltado a se reunir somente no dia 22, em sessão ordinária. Durante esses oito dias, os constituintes permaneceram "esperando Godot".

Os pedidos de prorrogação do prazo dos trabalhos da Comissão Constitucional e o de preferência e urgência para sua discussão foram apresentados nesse mesmo dia 22, como resultado da manobra protelatória capitaneada pelo PSD e pela UDN. Com isso, ganhava-se mais uma semana, já que os trinta dias iniciais tinham se esgotado no dia 15, quando a Assembléia se encontrava em recesso. Ambos vinham firmados pelo senador Nereu Ramos. O de prorrogação, na qualidade de presidente da Comissão, e o de urgência, como líder da maioria. Ambos estavam datados do dia 15 de abril. Ao submetê-los ao plenário, Barreto Pinto, em questão de ordem, indagou:

"O SR. BARRETO PINTO – [...] Tenho três questões a formular. A primeira é a seguinte: segundo aprendi no meu latim, *prorrogatio, prorrogationis* é aquilo que não tem solução de continuidade. Ora, o prazo da Comissão terminou no dia 15; esse prazo começa a ser contado do dia 15? Depois desejo saber: a Comissão fez acompanhar seu requerimento de algum subsídio, elemento, documento que justifique a concessão do prazo pela Assembléia? Por último indago, embora sobre este ponto não pareça existir dúvida: pelo Regimento, a preferência ou a urgência admite discussão?"

Como esperado, o presidente respondeu que o prazo se contaria a partir de seu deferimento pela Assembléia, que nenhum documento ou justificativa tinha acompanhado o requerimento de prorrogação e, por fim, que os requerimentos de urgência e preferência não admitiam discussão.

Colocou em discussão a urgência requerida, para que, em seguida, a maioria decidisse sobre a prorrogação. Novamente interveio o deputado carioca lembrando que a extensão do prazo só poderia ser feita, regimentalmente, "a juízo da Assembléia", para o que se exigia a presença de pelo menos 165 representantes, o que não ocorria naquele momento. Mais uma vez o presidente se rendeu às evidências e, confirmando a presença de apenas 105 constituintes, adiou a votação para quando houvesse número legal.

Com cola e tesoura

Quando chegou a hora da ordem do dia, já presentes 234 representantes, puderam ser votados, sucessivamente, os requerimentos de urgência e preferência enviados pela Comissão Constitucional. Ao ser submetido a discussão o pedido de prorrogação do prazo para a conclusão dos trabalhos, o primeiro a falar, com a impertinência de sempre, foi o trabalhista Barreto Pinto. Com a irreverência que tantos dissabores ainda iria lhe causar, dedicou-se a comprovar a velha afirmação de Oliveira Viana de que as Constituições são meras questões de princípios. Resolvidos em uma, nas demais se repetem:

"O SR. BARRETO PINTO – Sr. Presidente, egrégia Assembléia, como saímos de uma semana sacrossanta, não é demais que comece minhas palavras com uma locução latina, cuja pronúncia pode não ser boa, porque já faz muito tempo que aprendi essa disciplina: *In vitium ducit culpas juga.* A tradução é a seguinte: 'Para evitar um defeito, cai-se num vício.' O pensamento é de Horácio na 'Arte Poética' – de Horácio, o melhor amigo de Augusto e protegido de Mecenas.

Sr. Presidente e egrégia Assembléia, peço que me relevem as palavras que vou proferir, não me tomem por impertinente e acreditem na sinceridade de meus propósitos.

Ninguém mais do que o modesto orador tem se batido para que o país tenha, dentro do mais curto prazo possível, sua Carta constitucional.

Sinto-me, já agora, mais animado, porque vejo bem diante de mim a figura extraordinária do meu prezado amigo, líder de São Paulo, Sr. Cirilo Júnior, especialista em Constituições rápidas[9].

Estou certo de que, em cumprimento da incumbência que lhe foi conferida, S. Exa., até o mês de maio, dará o avanço necessário aos trabalhos da Comissão Constitucional. Mas – não me levem a mal que o diga, porque não é injustiça – durante trinta dias muito se discutiu ali; até meu prezado amigo Sr. Gustavo Capanema teve ocasião de demonstrar dotes oratórios, entretendo mesmo alguns duelos, não políticos, mas gramaticais, com o honrado Sr. Artur Bernardes.

O Sr. Cirilo Júnior – V. Exa. permite um aparte?

O SR. BARRETO PINTO – Com muita alegria.

O Sr. Cirilo Júnior – Devo informar a V. Exa. e à ilustre Assembléia que todos os membros da grande comissão incumbida de redigir o projeto de Constituição têm sido aplicadíssimos, dedicados e brilhantes no desempenho da árdua tarefa de que estão investidos.

---

9. Refere-se o orador à entrevista do deputado Cirilo Júnior, relator-geral da Comissão Constitucional, lida por Barreto Pinto da tribuna, em que o parlamentar paulista, depois de afirmar que esperava ter a Constituição concluída em maio, dizia ter elaborado a de São Paulo de 1936 em apenas 72 horas, pondo-o em profundo ridículo, com os desmentidos feitos da tribuna por seus ex-colegas.

O SR. BARRETO PINTO – Não me leve a mal o honrado líder de São Paulo, mas permita que renove meu apelo para que, no resto deste mês de abril e no mês de maio que temos pela frente – já não digo dentro de quinze dias da prorrogação, porque isso será impossível –, seja mandado ao plenário o projeto de Constituição.

Diz-se: tem-se feito muito. Respondo: tem-se discutido muito e feito pouco.

Em 12 de março último, apresentei emenda no sentido de que, setenta e duas horas depois da aprovação do Regimento, fosse incluído em Ordem do Dia, durante 15 dias, para receber emendas, o projeto de Constituição. Sugeria ainda que servisse de projeto a Constituição promulgada em 16 de julho de 1934, porque era a última votada pelos representantes do povo.

Momentos antes de justificar aquela minha emenda, em que só tive a companhia do Sr. Deputado Arruda Câmara, o honrado líder da maioria, Sr. Nereu Ramos, procurando fulminá-la, como de fato a fulminou, dissera:

> *A Constituição de 1934 foi obra realmente notável para o tempo e dentro do ambiente em que foi elaborada; entretanto, está atrasada para nossa época.*

Vamos ver, agora, de que maneira trataram a Constituição de 1934, nestes últimos 30 dias. Não fizeram senão repeti-la! Durante trinta dias de intensa discussão, votaram-se apenas 20 artigos, sendo que o capítulo 'Da Organização Federal' foi até amputado. O meu querido amigo e honrado líder do Partido Social Democrático, na região do Rio Grande do Sul, o operoso constitucionalista, Sr. Souza Costa, não chegou a acordo com seus ilustres companheiros, membros da subcomissão que tratou da discriminação de rendas, e essa parte foi desprezada. Daí resultou que a Comissão debaterá três anteprojetos, se não me falha a memória: um do Sr. Aliomar Baleeiro, outro do Sr. Souza Costa e o terceiro do ilustre constitucionalista Sr. Benedito Valadares sobre esse interessante capítulo[10].

Vejamos, a seguir, o que fez a Comissão quanto à Constituição que vem sendo votada.

[...] Como não estou aqui para sacramentar, para dizer amém ao requerimento, procurei verificar o que fez a Comissão de Constituição, nesses trinta dias em que confundiu o dia com a noite, entrando pela madrugada adentro e fazendo com que os pobres taquígrafos quase desfalecessem pelo cansaço e o trabalho excessivo deles exigido.

O preâmbulo da Constituição não demorou pouco tempo a ser discutido, muito menos, é verdade, do que aconteceu em São Paulo. A propósito, repito o nome do Sr. Cirilo Júnior, que nos disse ter a expressão 'Confiantes em Deus' – se não me falha a memória, ter demorado 72 horas para se votada.

A Comissão de Constituição, nesse ponto, foi mais feliz, pois desta vez a votação do preâmbulo não se protelou tanto. Mas diz o preâmbulo:

> *Nós, os representantes do povo brasileiro, reunidos em Assembléia Constituinte, sob a proteção de Deus, para restabelecer o regime democrático, estatuímos e decretamos o seguinte:*

---

10. Constituía evidente deboche de Barreto Pinto referir-se aos deputados Souza Costa e Benedito Valadares como constitucionalistas. O primeiro era banqueiro, e o segundo, formado em odontologia.

Embora mais expedita, a Comissão demorou um tempo enorme para discutir esse preâmbulo.
E o resultado?
Informo à Assembléia que é uma cópia, para pior, do texto da Constituição de 1891. Suprimiu-se apenas – 'promulgamos' –, acrescentando-se 'proteção de Deus' que, aliás, já figurava na Carta de 1934.
Passemos ao art. 1º:

A Nação Brasileira, constituída em Estados Unidos do Brasil, pela União de seus Estados entre si – etc.

Como se vê, desde logo, o texto está precisando de um lexicógrafo, porque a expressão 'constituída em Estados Unidos do Brasil pela união dos seus Estados' – isto não soa muito bem. Era preferível termos mantido o texto, tal qual está na Constituição de 1934. ['A Nação Brasileira, constituída pela união perpétua e indissolúvel dos Estados, do Distrito Federal e dos Territórios, em Estados Unidos do Brasil, mantém, como forma de governo...']
Passemos ao art. 2º, que diz que os Estados poderão incorporar-se entre si ou subdividir-se. Não é preciso ler todo o artigo, porque é cópia do de nº 14 da Constituição de 1934, ou do art. 5º da de 1937, tão malsinada. Exigem-se três legislaturas, como figura na de 1934, enquanto pelas Constituições de 1891 e 1937, a incorporação ou subdivisão poder-se-ia fazer em duas legislaturas sucessivas.
Vejamos o art. 3º. Chamo a atenção da Assembléia para este ponto. Refere-se à capital da União e ao Distrito Federal. Demorou a Comissão um tempo enorme em sua apreciação. O parágrafo único do art. 3º é idêntico ao art. 3º da Constituição de 1891 e seu parágrafo único.
O art. 4º diz que cada Estado se regerá pela Constituição e leis que adotar. É cópia do art. 63 da Constituição de 1891. Não julguem mal a expressão que vou usar, porque fui velho foca jornalista. Mas é cópia em que agiram energicamente a goma arábica e a tesoura, porque o que está no anteprojeto se encontra no inciso 7º, letras a) e b) desse artigo, excluída apenas a representação das profissões.
O art. 5º é cópia do item II do art. 7º da Constituição de 1934.
O art. 6º, em que se diz que o Governo não poderá intervir nos Estados – é idêntico aos itens de I a VII do art. 12 da Constituição de 1934, apenas com transposição da nomenclatura.
O art. 7º – que trata da competência do Presidente da República – é cópia da Constituição de 1937, porque a Comissão entendeu que deverá ser executado o que consta daquela Carta.
Sobre o art. 8º, dou a palavra à Constituição de 37. Refere-se à intervenção e serviu de modelo à de 1946.
Art. 9º – é o § 7º do art. 12 da Constituição de 1934.
O art. 10 (Organização dos Municípios) é a reprodução do art. 13 da Constituição de 1934. A Comissão somente excluiu um benefício já assegurado pela Constituição de 34: a eleição dos Prefeitos, dando redação perigosa, pela qual qualquer estação climatérica, de água boa ou má – porque hoje toda água de mesa é considerada água mineral –, eleja o chefe do seu Executivo.
[...] Vamos ao art. 11, relativo aos Territórios. É a repetição da Constituição de 1934.

Art. 12 – Não desejo sobre o mesmo fazer comentários, porque já deu muita discussão no plenário: o famoso caso da autonomia do Distrito Federal.
Art. 13 – Competência privativa da União. Matéria orgânica. Parte fundamental da Constituição de 1934 que, no particular, foi taxada de ruim.
Goma arábica e tesoura, diriam os derrotistas, os críticos impenitentes. Eu prefiro dizer – cópia fiel do art. 5º da Constituição de 34.
[...] O art. 15 também é repetição do art. 10 da Constituição de 1934.
O art. 16, que veda à União, Estados e Municípios criarem distinções entre brasileiros natos, etc., é cópia do art. 14 da Constituição de 1934.
O art. 17 também é cópia do item 3º do art. 18 da mesma Constituição.
O art. 18 nada mais é que o art. 20 da Constituição de 1934.
Agora temos o capítulo II – 'Da organização dos Poderes', que está assim redigido:

Todos os poderes emanam do povo e em seu nome são exercidos.

Bonito!
Mas é cópia do art. 2º da Constituição de 1934.
Quanto ao art. 21 – relativamente aos poderes da União – Legislativo, Executivo e Judiciário, harmônicos e independentes entre si – houve grande discussão e foram perdidos dois dias, porque a palavra 'harmônicos' não combinava com 'coordenados'. Na Constituição de 1934 o vocábulo era 'coordenados', mas agora preferiram, depois de grande discussão, 'harmônicos', não sei se por emenda do ilustre Representante Sr. Gustavo Capanema.
O avulso que obtive na Secretaria não vai além do art. 21, nele figurando o aditivo do Sr. Prado Kelly em que fala em Estados Unidos do Brasil.
Nos dias 13 a 15 a Comissão reuniu-se. O dia 13 foi reservado aos melindres e suscetibilidades entre os Srs. Nereu Ramos e Prado Kelly, tendo este pedido demissão da Vice-Presidência. Depois de alguma discussão, voltou a paz ao seio de Abraão, o Sr. Prado Kelly tornou à Vice-Presidência e tudo se normalizou.
Passando ao Poder Legislativo, a Comissão aprovou mais o seguinte:

O Poder Legislativo é exercido pelo Congresso Nacional, que se compõe de dois ramos: Câmara dos Deputados e Senado Federal.

Este era o texto do § 1º do art. 16 da Constituição de 1891. Se elogio a Comissão é porque o Senado vai ter sua independência. Sabemos que, antes de 1934, era considerado a Câmara Alta; depois – não me levem a mal os Srs. Senadores que voltarão a ter mais poderes – não era mais Câmara Alta e sim câmara ardente.
O artigo seguinte prevê a instalação do Congresso Nacional em 7 de abril [referência à revolução de 7 de abril de 1831, que depôs o imperador Pedro I]; sempre foi em 3 de maio [suposta data do descobrimento do Brasil, até a descoberta da carta de Caminha] durante seu funcionamento até 31 de dezembro. Está prevista também a hipótese de começar antes.
No artigo que se segue – há esta expressão 'com sessões públicas' – isto é matéria regimental.
Enfim, foi esse o notável trabalho realizado, dia e noite, pela Comissão que já agora, em 15 dias, quer terminar o projeto a ser submetido ao plenário.

[...] Desço da tribuna, Sr. Presidente, declarando que darei meu voto ao requerimento, fazendo porém um apelo sincero à Comissão, para que ponha de lado as tricas gramaticais, as suscetibilidades e as discussões estéreis e assim possa cumprir as determinações do Regimento, porque já é tempo de mostrarmos à Nação que estamos realmente trabalhando e elaborando a Constituição que merece o povo brasileiro. (*Muito bem; muito bem*)"

Pela primeira, entre as muitas vezes que freqüentara a tribuna, Barreto Pinto saía dela aplaudido. As suas críticas causavam embaraço e ele era, com freqüência, inoportuno e impertinente. Mas, nesse episódio, tinha toda a razão.

Aprovada a prorrogação, a partir do dia 22 de abril, a Constituinte continuaria esperando o seu Godot não por mais quinze, mas por pelo menos mais vinte e sete dias, pois só na sessão do dia 28 de maio o *Diário da Assembléia* publicou, finalmente, o projeto aprovado pela Comissão Constitucional. E ainda assim depois que, indicado para integrar a Conferência da Paz em Paris, o deputado Cirilo Júnior deixou o cargo de relator-geral, sendo substituído por Costa Neto (PSD-SP).

Muro das lamentações

O terceiro mês de funcionamento da Assembléia se encerraria sem que o plenário conhecesse o projeto de Constituição, a ser concluído em 15 de abril, se atendidas as provisões regimentais. Desde sua instalação, já se tinham passado oitenta e nove dias. Os hábitos de não cumprir prazos, de recorrer a medidas protelatórias para obstruir ações que não interessam à minoria e de interpretar as leis de acordo com os interesses da maioria já estavam havia longo tempo incorporados à tradição parlamentar de todo o hemisfério ocidental. No Brasil, herdeiro dessa tradição, todos esses hábitos faziam parte dos usos e costumes do Legislativo. Alguns deles, como os de ignorar olimpicamente prazos e cultivar, com requintes de crueldade, o velho gongorismo ibérico, não eram privativos da Câmara e do Senado, mas largamente empregados também em nosso Judiciário.

O tempo de espera gastava-se em reclamar providências do Executivo e expor as queixas de cada região do país, transformando-se o plenário num imenso e tolerante muro das lamentações, como se o governo, segundo as velhas praxes patriarcais, tivesse o dom de operar todas as transformações por que ansiava o país. No dia 23 de abril, por exemplo, com todo o peso de sua influência, a bancada baiana reclamava a dragagem da parte navegável dos rios Paraguaçu e Serji naquele estado. O deputado Romeu Fiori (PTB-SP), por sua vez, pedia "o fornecimento gratuito, e com isenção de impostos, das certidões de registro civil, de casamento e bem assim de outros documentos necessários, quando solicitados, comprovadamente, para fins relacionados com a previdência social". O senador Alfredo Neves (PSD-RJ) reclamava dos seus requerimentos pedindo a inserção na ata de votos de pesar pelo falecimento de antigos parlamentares fluminenses ainda não votados até aquela data.

No dia seguinte, não eram diferentes as iniciativas sugeridas pelos constituintes. Café Filho (PRP-RN) pedia a volta ao serviço ativo dos servidores civis e militares postos em disponibilidade ou aposentados com fundamento no art. 177 da Constituição de 1937. A bancada baiana solicitava a retirada do casco do navio do Lóide Brasileiro Itacaré e do tubo de sucção da draga Bahia, que estavam obstruindo o acesso ao porto de Ilhéus, e a da Paraíba pedia a conclusão de rodovias entre vários municípios do estado. O deputado Campos Vergal (PRP-SP), colega de bancada de Café Filho, e como ele campeão do corporativismo, instava pelo aumento de vencimentos da Guarda Civil de São Paulo. No dia 25, enquanto em nome da minoria Otávio Mangabeira reclamava da aprovação da emenda do deputado Acúrcio Torres (PSD-RJ) fixando o mandato do presidente da República em seis anos pela Comissão Constitucional, Gregório Bezerra (PCB-PE) lia telegrama de Sertânia, em seu estado, denunciado o espancamento de seus correligionários comunistas. O deputado Leite Neto (PSD-SE) requeria indenização para vítimas de acidente ferroviário em seu estado. Romão Júnior (UDN-RJ), em debate com Amaral Peixoto (PSD-RJ), protestava contra o aumento do IPTU no estado de ambos.

No dia 26, Café Filho (PRP-RN) propunha, em Indicação, que a Assembléia se manifestasse a favor do reajuste de vencimentos e aposentadorias dos funcionários públicos estaduais, sob alegação de que eles se encontravam governados por interventores nomeados pelo governo federal. Já o senador Hamilton Nogueira (UDN-DF) lia memorial de mulheres do bairro Belém, da cidade de São Paulo, protestando contra as filas para a compra de alimentos. Na segunda-feira 29, Coelho Rodrigues (UDN-PI) leu notícia de que o presidente da República pretendia fechar os cassinos autorizados a funcionar no país por concessões precárias dadas pela União e alguns estados, e informou sobre o protesto dos comerciários do Rio Grande do Sul pela concessão de um empréstimo do IAPC para a construção de um desses estabelecimentos na cidade de Uruguaiana. Ao mesmo tempo, o deputado Ataliba Nogueira (PSD-SP) informou à Casa que em São Paulo foi proibida a entrega de pão em domicílio, para evitar que as padarias burlassem o racionamento e o tabelamento a que estava submetido aquele produto em todo o país. Por fim, João Amazonas (PCB-DF) protestou contra a repressão policial aos trabalhadores da Light no Rio e em São Paulo, em campanha por aumento salarial, um assunto que, em poucos dias, iria paralisar os transportes urbanos no Rio de Janeiro.

O mês de abril se encerrou com o deputado Euclides Figueiredo requerendo uma comissão de inquérito para investigar o Departamento

Federal de Segurança Pública, as prisões políticas ocorridas entre 1924 e 1945 e as penas impostas pelo Tribunal de Segurança Nacional durante o Estado Novo. Na mesma sessão, o deputado Paulo Sarazate (UDN-CE) pediu a prorrogação do decreto-lei que congelou os aluguéis dos prédios urbanos, em vigor desde a guerra, e o oposicionista Lino Machado, da coligação UDN-PR do Maranhão, aplaudiu o ato do presidente da República que fechou os cassinos e proibiu o jogo em todo o país, enquanto o governista Segadas Viana (PTB-SP) protestava contra a falta de amparo dos trabalhadores empregados nessa atividade que perderam o emprego sem que tivessem, em sua maioria, possibilidade de recolocação.

Como se vê, no muro de lamentações em que se transformou o plenário, enquanto se esperava Godot, havia lugar para todas as queixas e espaço para todas as reclamações. Só não calavam no espírito dos líderes as que reclamavam pressa na elaboração da nova Constituição.

18. Jogo e democracia

O pai e o padrasto dos pobres

O dia 1º de maio de 1946 caiu numa terça-feira. Foi o primeiro, depois de 1937, comemorado sem a presença de Getúlio. Em sua ausência, não houve as tradicionais solenidades em que, no estádio de São Januário, o "chefe da nação", como era chamado, na propaganda do DIP, anunciava o novo salário mínimo. Era o presente com que todo ano o "pai dos pobres" brindava os filhos diletos que nunca lhe faltaram. Em vez da histórica invocação com que Vargas os saudava – o bordão "Trabalhadores do Brasil!" –, aclamado por palmas calorosas de pelegos e sindicatos, o governo Dutra, eleito democraticamente, depois de décadas de eleições forjadas, reservou aos operários do Rio de Janeiro um pacote de inacreditáveis surpresas.

Na semana que antecedeu o Dia do Trabalho, mandou fechar e dissolver, como entidade ilegal, o Movimento Unificador dos Trabalhadores, o MUT, com que o PCB tentava vencer o círculo de ferro dos sindicatos oficiais, havia anos nas mãos dos pelegos. Na véspera, decretou ilegais os jogos de azar que se praticavam nos cassinos e mandou fechá-los, desempregando alguns milhares de trabalhadores no Rio, em São Paulo, Minas, Rio Grande do Sul e alguns outros estados. Na mesma ocasião, proibiu toda e qualquer manifestação a céu aberto dos sindicatos, permitindo-lhes apenas comemorações em recintos fechados. O chefe de Polícia, Pereira Lira, que algum tempo depois iria ocupar a chefia da Casa Civil de Dutra, publicou nota oficial tornando pública a decisão do governo e, para garantir o ato de força, convocou as Forças Armadas, que ocuparam os principais pontos do Rio de Janeiro, a começar pelo Largo da Carioca e a Praça Mauá, redutos históricos das comemorações na cidade. Começavam todos a experimentar, antes mesmo do término dos trabalhos da Constituinte, as primeiras dores da democracia mal-inaugurada e ainda não consumada.

O fechamento dos cassinos não afetava a luta dos operários e seus sindicatos. Mas doía, particularmente na parte mais sensível de qualquer um, o bolso dos que iriam padecer do desemprego inesperado. No Distrito Federal funcionavam dois – o cassino Atlântico, no posto 6, em Copacabana, e o da Urca, no bairro do mesmo nome, o preferido de Benjamin Vargas, o irmão do ex-ditador, cuja nomeação para a chefia de Polícia, alguns meses antes, soara como a gota d'água para a sua deposição. No estado do Rio se localizava o de Icaraí, na praia com esse nome, contígua à capital do estado, Niterói. E em Petrópolis encontrava-se em construção o cinematográfico conjunto de Quitandinha, empreendimento do empresário Joaquim Rolla, que deveria abrigar o mais luxuoso de todos os cassinos do país. Os empregados dos três mais próximos do poder dispunham de maior capacidade de pressão. O mesmo, porém, não se verificava com os de dezenas de outros que funcionavam nas estações termais de Minas Gerais, como Araxá, e de alguns estados mais, quase todos mediante concessões precárias dos respectivos interventores.

Foi, sem dúvida, um 1º de maio amargo para os trabalhadores. Para rematar o pacote de maldades do novo governo, não houve reajuste do salário mínimo, a que todos se tinham habituado.

A sessão da Assembléia do dia 2, quinta-feira, iria necessariamente repercutir esses fatos, a que se somava a campanha salarial dos empregados da Light no Rio e em São Paulo. Durante o período destinado ao expediente, foi lido o requerimento nº 111/46, através do qual os deputados trabalhistas Segadas Viana (DF), Rui Almeida (DF), Manoel Fontenele (DF) e Abelardo Mata (RJ) solicitavam informações ao Poder Executivo, indagando: "(a) se o governo, extinguindo o jogo, tomou providências para o aproveitamento e a readaptação profissional dos empregados dos estabelecimentos atingidos e (b) se o governo tomou providências, no sentido de assegurar a esses trabalhadores o amparo necessário e às suas famílias, durante o período que decorrerá para sua adaptação a outras atividades e seu conseqüente reemprego".

Ao ser anunciada a ordem do dia, a Mesa deu conhecimento ao plenário de duas proposições subscritas pela bancada da UDN, com apoio de deputados de outros partidos. A primeira era uma moção em que a Assembléia, manifestando "o seu mais vivo aplauso ao ato do Poder Executivo, pelo qual se extinguiu radicalmente o jogo no Brasil", fazia "votos para que o Governo tome no apreço devido a situação de quantos brasileiros ficarem desempregados, em virtude da grande medida que acaba de ser decretada". A segunda era um requerimento em que se pedia ao governo, por intermédio do Ministério da Justiça, informar à Assembléia: "(a) se é verdade que foram proibidas quaisquer demonstrações públicas, em comemoração da data de 1º de maio e (b) em caso afirmativo, quais as razões da proibição".

Da tribuna, o deputado José Augusto (UDN-RN) foi encarregado de fundamentar as duas propostas. Em relação ao requerimento de informação, disse inicialmente:

"O SR. JOSÉ AUGUSTO – [...] Justifica o requerimento, Sr. Presidente, o dever de vigilância democrática que nos impusemos. O direito de reunião é princípio essencial no regime democrático e, salvo razões de ordem muito alta, não pode ser elidido sem que o governo fira de frente a democracia. Nestas condições, e em face do fato concreto que o requerimento denuncia, pedimos ao governo da República que informe quais as razões superiores que fizeram com que ele faltasse ao dever para com o princípio elementar do regime, que é o direito de reunião."

Já ao referir-se à moção de aplauso pelo fechamento dos cassinos, o representante udenista deixava entrever os fundamentos do moralismo de conveniência que tinham motivado ambos os atos: a proibição do jogo e o apoio dado ao governo do PSD:

"O SR. JOSÉ AUGUSTO – Quanto à indicação, assenta na nossa própria propaganda política que o brigadeiro Eduardo Gomes tão bem consubstanciou, sob o aspecto moral, no seu notável discurso de Minas Gerais em que – profligando o crime, o atentado contra a civilização cristã que o jogo representava – mostrou o caminho ao governo que quisesse firmar a restauração moral de nossa pátria, no combate definido, seguro, certeiro e de frente a essa grande praga que tanto estava infelicitando e corroendo o organismo do nosso país.

O Sr. Aureliano Leite – Aplaudindo inteiramente as palavras de V. Exa., em relação ao nosso grande chefe, brigadeiro Eduardo Gomes, na qualidade de representante de São Paulo, não posso deixar de lembrar, neste momento, a pastoral coletiva dos Bispos de meu Estado que focalizou esse cancro do Brasil, no momento em que era proibido falar-se nele, isto é, durante o Estado Novo.

O Sr. Fernandes Távora – Devo acrescentar que a publicação da pastoral foi proibida.

O Sr. Dioclécio Duarte – Aliás, antes mesmo da pastoral dos Bispos e do discurso do brigadeiro Eduardo Gomes, o general Eurico Gaspar Dutra, ainda não candidato, fazia publicar uma Ordem do Dia relembrando as palavras do duque de Caxias, manifestando-se contrário, em absoluto, ao jogo no Brasil. (*Muito bem*)

O Sr. Plínio Lemos – O general Dutra poderá estender às loterias a medida tomada em relação ao jogo de azar.

O SR. JOSÉ AUGUSTO – [...] O Sr. general Eurico Dutra, citado pelos Srs. Representantes que me aparteiam, fiel aos seus compromissos para com o Brasil, e fiel ao passado de sua gloriosa farda, e ainda coerente com as suas idéias, adotando a providência consubstanciada no ato de anteontem, e que recebe

nossos aplausos, cumpriu seu dever de cidadão e de chefe de Estado. Assim não fora, e não estaria eu aqui para, em nome da União Democrática Nacional, levar-lhe as nossas congratulações. (*Muito bem*)
[...] De qualquer maneira, Sr. Presidente, nós, os brasileiros, que representamos esse imenso acervo, este patrimônio que é a civilização cristã do Brasil, estamos de parabéns.

O governo da República, neste passo, cumpriu o seu dever, e a União Democrática Nacional, repito, pela minha voz, está aqui para aplaudi-lo. (*Muito bem. Muito bem. Palmas. O Orador é cumprimentado*)"

As duas iniciativas eram o resultado de mais uma das muitas ambigüidades udenistas. No que dizia respeito ao moralismo de seu candidato à presidência, do mesmo estofo do de seu colega, o general Eurico Dutra, aplaudia o gesto do presidente com entusiasmo e enfaticamente. E, em relação ao ato totalitário, proibindo qualquer manifestação pelo Dia do Trabalho, um pífio requerimento, indagando se era verdade o que já se tornara notório pela nota oficial divulgada pelo chefe de Polícia.

Todos queriam se aproveitar da determinação de fechamento dos cassinos e da primazia em socorrer os desempregados. Logo depois do discurso do representante udenista, o deputado Barreto Pinto (PTB-DF) secundou os aplausos a Dutra. E, baseando-se em reportagem do *Correio da Manhã* assinalando que o pife-pafe que se jogava nos apartamentos de Copacabana era a grande "moléstia dos grã-finos", pediu que esse jogo também fosse proibido. Seu colega de representação, Rui Almeida, reclamou para o seu partido a iniciativa do requerimento em que se indagava do governo acerca das medidas de proteção aos funcionários dos cassinos e pediu que o ato de Dutra fosse também estendido aos Jockeys Clubes do Rio e de São Paulo, como se não existissem outros no país.

A ofensiva de Dutra contra o jogo aproveitava a muitos supostos autores. Mas, na verdade, era obra de um só e grande vencedor. Tratava-se do cardeal-arcebispo do Rio de Janeiro, dom Jaime de Barros Câmara, recém-designado pelo papa Pio XII e recebido no Rio com especial deferência por uma comissão de constituintes designada pelo plenário para saudá-lo em sua volta triunfal de Roma. Foi por sua influência pessoal, como se tornou notório na cidade, que dona Santinha, a esposa do presidente, arrancou do marido o ato precipitado com que a alta hierarquia da Igreja se vingava, ainda que de forma indireta, de uma de suas muitas divergências com Getúlio. Tornaram-se inevitáveis, como em todo surto de moralismo de conveniência, as sugestões para que também fossem proibidas todas as outras modalidades de jogos de azar. As corridas de cavalo, a loteria federal, o jogo do bicho e até o "pife-pafe", que se tornara a coqueluche dos viciados, entraram nesse rol que continuava desafiando os alegados propósitos moralizadores do governo que, no Brasil, como se sabe, terminou se tornando o maior empreiteiro do jogo, e a Caixa Econômica Federal, o seu primeiro sócio e beneficiário.

Logo após os discursos, foi aclamado, sem oposição, o requerimento da UDN. Como a veia governista da Assembléia estava pulsando com um repentino ardor, foi igualmente aprovada, além da moção, a expedição de um telegrama de aplausos ao presidente pelo mesmo motivo, de autoria do deputado Medeiros Neto (PSD-AL), subscrito por quase toda a bancada de seu partido.

Salvaram-se das demonstrações de governismo explícito da UDN dois requerimentos. Um para designar uma comissão com o fim de examinar a situação dos trabalhadores da Cia. de Carris, Luz e Força do Rio de Janeiro, a Light, e outro criando comissão de investigação destinada a examinar os atos do Departamento Federal de Segurança Pública e do Tribunal de Segurança Nacional, de autoria do deputado Euclides Figueiredo (UDN-DF). Nenhuma das duas dizia respeito ao governo Dutra, o que explica a condescendência do PSD.

Havia, contudo, um outro requerimento, de autoria da bancada comunista. Nele se propunha consignar em ata "um voto de louvor ao proletariado carioca pela passagem do 1º de maio", lavrando-se ao mesmo tempo "nosso veemente protesto contra as medidas arbitrárias tomadas pelo Poder Executivo, que proibiu as manifestações públicas de regozijo dos trabalhadores, promovidas por seus sindicatos". A iniciativa protestava também "contra as prisões e violências levadas a efeito pela Polícia do Distrito Federal e contra o emprego da força armada para atemorizar a população carioca, fatos estes que constituem um desrespeito a esta Assembléia e ao regime democrático existente em nosso país".

Como inúmeras outras, essa iniciativa da bancada do PCB também pecava pela contradição entre o ato denunciado e a alegada existência de um regime democrático que a proibição do direito à livre manifestação negava de forma óbvia e ostensiva. Colocada em discussão, o deputado Acúrcio Torres, vice-líder do PSD, tentou negar que tivesse havido proibição do governo, o que não aproveitou nenhum de seus argumentos quando Café Filho lhe avivou a memória, lembrando a nota oficial do chefe de Polícia que proibia as manifestações, sob alegação de que elas estavam infiltradas de comunistas...

O governo Dutra começava a mostrar o lado mais agressivo de sua política, deixando ver, sob a máscara de sua moldura democrática, a face repressiva do aparato policialesco herdado da ditadura e mantido a seu serviço.

A UDN tratou de apresentar um requerimento de preferência para seu pedido de informações que, colocado em discussão, mereceu as galas de um discurso do líder da minoria. Estava claro, porém, até mesmo pelo apoio ostensivo do PSD, que essa alternativa servia mais aos interesses da maioria que aos da minoria. Pela primeira vez, entre todas em que ocupara a tribuna, Mangabeira dela desceu sem ser aplaudido. O requerimento, é claro, uma vez aprovado, preteriu o protesto solicitado pela bancada comunista, que inevitavelmente terminou rejeitado.

Ficava claro que o regime democrático, ainda por vir, começava a cobrar o seu preço. Se a ditadura do Estado Novo inventou a legenda do "pai dos pobres" para Getúlio, a canhestra democracia de Dutra, sob a qual o país estava vivendo, certamente a trocara pela de padrasto, que tão bem combinava com as medidas com que o general os presenteou no Dia do Trabalho, o primeiro comemorado sob sua presidência.

Para que a sessão não se encerrasse apenas com essa nota de melancolia dos rumos que ia tomando o governo Dutra, o senador Nereu Ramos sacou do manual de bacharelismo a que sempre recorrem as maiorias em todos os Parlamentos um requerimento solicitando que, na prorrogação de quinze dias do prazo da Comissão Constitucional, fossem computados apenas os dias em que houvesse sessão na Assembléia. Era a confissão explícita de que, mesmo prorrogado em mais meio mês, o prazo regimental para a conclusão do projeto não seria cumprido. Como o subterfúgio implicava adicionar outros dez ou quinze dias aos quarenta e cinco permitidos, Barreto Pinto ainda propôs, sem sucesso, que, em vez de atropelar as regras da hermenêutica jurídica, pacificamente prevista no Código Civil, se modificasse o Regimento, permitindo-se que a prorrogação concedida pela Assembléia fosse de trinta, e não apenas de quinze dias.

A lógica do "jeitinho", como sempre, terminou se impondo ao bom senso que cada vez mais parecia desertar da Assembléia.

"A *jungle* mineira é lisa e fria como uma pedra"

O regime banira os cassinos, mas todos os outros jogos continuavam permitidos. O da política, por exemplo, tornara-se obrigatório, à medida que o regime ia aos poucos se consolidando. Sem serem notados, quase se podia dizer insidiosamente, os assuntos de Minas vinham aflorando no plenário. Não no centro, mas na periferia dos debates, trazendo à tona questões locais que davam o inevitável tom de provincianismo às discussões políticas. Sua bancada era constituída de nomes ilustres. Pela oposição, dela faziam parte o ex-presidente Artur Bernardes, líder do Partido Republicano que, aliado à UDN, formava a minoria, ao lado de seus companheiros Daniel de Carvalho e Mário Brant e de seu filho, também deputado. Na bancada udenista estavam alguns dos personagens que se incorporavam à vida política nacional, como Milton Campos, Gabriel Passos, Magalhães Pinto e José Bonifácio, enquanto o PSD, representando a situação, contava com políticos como Benedito Valadares, Juscelino Kubitschek, Carlos Luz, Bias Fortes, Israel Pinheiro, Cristiano Machado, José Maria Alckmin e Gustavo Capanema. Nenhum deles era assíduo à tribuna e também não chamava a atenção nem da imprensa nem dos colegas, participando dos grandes debates. Entretanto, a política de Minas estava sempre entre os assuntos mais abordados da Constituinte. Alternavam-se dois temas em torno dos quais giravam esses debates: as estripulias do interventor João Beraldo e a administração de seu antecessor Benedito Valadares. A diferença entre a política mineira e as dos demais estados, quando em debate, era mais de forma que de substância. Enquanto as reclamações em relação aos demais interventores eram explosivas e momentâneas, em geral provocadas por surtos ocasionais e esporádicos de violências locais, as dos mineiros eram sutis, sistemáticas, ferinas, capazes de ir erodindo a autoridade do adversário, até deixá-lo encurralado, perplexo e sem ação. Feitas em geral com ironia e finura, e às vezes com uma violência que sem muito cuidado não se podia perceber, pareciam obedecer a um plano sistemático. Em abril e maio esses ataques foram recrudescendo.

Sintomaticamente, começaram por Milton Campos, o mineiro mais ilustre de sua geração. Com a elevação, a nobreza, a elegância e o aprumo de sua refinada educação, fez um duro ataque que atingia ao mesmo tempo o interventor e seu antecessor, na sessão do dia 25 de abril. Era um obus, disparando contra alvos que, em condições normais, nem mereceriam a honra de munição tão forte. No dia 26, foi a vez de Monteiro de Castro denunciar arbitrariedades, violência e provocações e, no dia 29, a tarefa coube a Magalhães Pinto, traçando uma radiografia da longa interventoria de Benedito Valadares. No dia 30, a tarefa tocou a Lopes Cançado, que subiu à tribuna e bosquejou um panorama do que se passava em sua terra:

"O SR. LOPES CANÇADO – Sr. Presidente [...] A política de Minas é um país sombrio povoado de miragens, onde muita gente se tem perdido.

Certa feita, um jovem bacharel de Pernambuco, com esse brilho e essa graça que são próprios do Norte, procurou um prócer mineiro, pedindo-lhe uma promotoria pública no Estado.

'Mas você, com seus vinte anos, está afrontando um perigo – foi a resposta.

Nascemos e envelhecemos aqui e um belo dia, sem motivo claro, percebemos que todas as nossas concepções a respeito do homem de Minas estão erradas. A *jungle* mineira é lisa e fria como uma pedra.'

A política mineira, que age silenciosamente, com desprezo pelo tempo, e uma paciência feroz, é uma terra que se abre, de súbito, que se escancara, para engolir tranqüilamente o inimigo.

A história recente da política das Alterosas está penetrada de coisas estranhas que só os iniciados podem entender.

Sabe-se que o Sr. João Beraldo não foi o candidato do ex-governador à interventoria.

O Sr. Valadares, tão habituado a resolver sozinho os problemas da coletividade, como se fossem os da sua fazenda, orientou-se, inicialmente, por outro nome que chegou a ser levado ao Sr. presidente da República, segundo corre nos meios políticos.

A indicação do Sr. Beraldo foi antes o resultado de entendimento partidário e significou, até certo ponto, um princípio de resistência aos propósitos do homem que fundou, nos bancos do Estado, a política dos juros altos e dos prazos curtos, segundo sua própria confissão, no discurso da Escola Normal.

O Sr. Juscelino Kubitschek – Com relação à escolha do interventor em Minas, pode V. Exa. estar certo de que nasceu de um acordo de todos os elementos que compõem a Comissão Executiva do PSD em Minas Gerais.
O SR. LOPES CANÇADO – V. Exa. confirma o que eu disse.
[...] Tudo levaria a supor, portanto, que, uma vez empossado, o interventor atendesse ao pensamento comum de seus companheiros, dos quais era delegado de confiança.
Tal não aconteceu.
Na 'Princesse des Clèves', de Mme. de Lafayette, há uma passagem significativa. É aquela em que o marido, numa longa análise, se demora a reclamar o nome do amante.
Ao que Mme. de Clèves, que costumava ler o 'Tratado das paixões da alma', responde com segurança:
– Creio que a prudência não recomenda a indicação...
No caso de Minas, todo o cuidado foi posto à margem. O interventor, antes de perguntado, foi logo publicando o nome do preferido.
Largou-se de todos. Desprezou o PSD.
Abandonou todos os fascinadores, dotados alguns de tantos atributos pessoais.
O feitiço do Sr. Valadares quebrou as últimas resistências do pupilo.
De tal maneira que, na realidade, ele não é a expressão da confiança de um partido político, mas propugna e defende as prerrogativas de apenas um homem.
O Sr. Juscelino Kubitschek – V. Exa. deve saber que o ex-governador Benedito Valadares é presidente do Partido Social Democrático de Minas Gerais e, como tal, fala em nome do Partido.
O Sr. Olinto Fonseca – [...] O que o nobre orador pretende, indiscutivelmente, é provocar discórdias.
O SR. LOPES CANÇADO – Compreendo, Senhores, a bravura e a intrepidez com que o Deputado, Sr. Olinto Fonseca, vem defendendo o ex-governador Valadares.
O Sr. Olinto Fonseca – Cultivo o valor da coerência política, o que não acontece com V. Exa.
O SR. LOPES CANÇADO – É natural porque S. Exa. reconhece que a primogenitura não só dá direitos, mas também traz deveres.
Em matéria de pundonor, desafio V. Exa. a que discuta comigo, para verificar onde, na realidade, entre nós dois, está esse sentimento.
O Sr. Olinto Fonseca – Sempre pertenci à mesma corrente partidária. V. Exa., entretanto, saiu das hostes do PRM [Partido Republicano Mineiro] para o PP [Partido Popular] a fim de apoiar o governador Benedito Valadares, na Assembléia Legislativa do Estado. Por isso, falo em coerência partidária.
O SR. LOPES CANÇADO – Meus Senhores, em 1936 o governador Valadares convocava uma ala de homens públicos de Minas, para oferecer resistência à ditadura. Era a insurreição.
O Sr. Cristiano Machado[11] – Nesse ponto, V. Exa. pode falar com autoridade. (*Muito bem*)

---

11. Deputado do PSD, adversário do orador e que, em 1950, foi candidato do PSD à presidência, sendo traído por seu próprio partido, o que deu origem ao verbo "ser cristianizado", incorporado ao léxico da política.

O Sr. Bias Fortes – Realmente, tem toda autoridade para isso.
O SR. LOPES CANÇADO – Muito grato a Vv. Exas.
Mas, Sr. Presidente, como dizia, o governador Valadares se propunha, àquele tempo, formar uma corrente política no Estado de Minas, a fim de oferecer resistência à ditadura, lançando a candidato José Américo, com o nosso apoio.
[...] O Sr. Valadares, afirmando que ia combater o espírito de continuísmo do Sr. Getúlio Vargas e que precisava de uma frente poderosa nos quadros da política do seu Estado, lança, pouco depois, a candidatura do grande brasileiro, do grande paraibano, do grande democrata que é José Américo de Almeida. (*Palmas*) Leva esse homem de bem, preocupado com os problemas morais do Brasil, até Belo Horizonte, onde José Américo de Almeida lê a sua plataforma. Naquela oportunidade, tive a honra de saudá-lo, em nome da Assembléia Legislativa do Estado. Mas pouco depois, não se sabe por que, nem como, o Sr. Valadares apunhalava pelas costas o seu candidato e caía em cheio nos braços da ditadura getuliana. (*Palmas*) O que ele traiu, naquela noite de 37, não foi José Américo de Almeida, não foi Armando Sales de Oliveira, que também recebeu sua punhalada. O que ele traiu, naquele momento nefasto e negro de nossa vida política, foi a democracia no Brasil. (*Palmas*)
[...] Não é exato, portanto, que a minha conduta política possa ser posta em dúvida, mesmo porque o livre eleitorado de Minas Gerais já respondeu a essa assacadilha do antigo oficial de gabinete do governador Valadares...
[...] É um erro supor que os prefeitos, ultimamente reconduzidos em Minas, sejam elementos do partido. São exclusivamente homens do Sr. Valadares. O caso da Prefeitura de Brumadinho é típico. Ali triunfou o prefeito, nas eleições de 2 de dezembro. Todavia, como caísse no desagrado do Sr. Valadares, por motivos que só sua confusa psicologia pode explicar, não voltou ao governo municipal, logo entregue ao títere designado pelas injunções do personalismo.
Verifica-se, portanto, que o critério não tem sido partidário. Muito menos o da vitória nas urnas.
Em cerca de 70 municípios, venceu a UDN, com a bravura que caracteriza o nosso partido, mas as Prefeituras foram restituídas aos elementos derrotados, sem nenhum respeito às determinações do povo!
[...] Qual foi o critério adotado para a nomeação dos prefeitos? O político? Não. O partidário? Não. O da vitória nas urnas? Também não. Foi exclusivamente o critério de servir aos objetivos pessoais do Sr. Benedito Valadares!
O Sr. Olinto Fonseca – Dentro da legislação vigente, os prefeitos ocupam cargos de confiança do Chefe do Executivo Estadual. Minas não poderia, de forma alguma, abrir exceção a esse respeito.
O SR. LOPES CANÇADO – V. Exa. argumenta como turista, em matéria de direito político. Está argumentando com a mentalidade retardatária do fascismo, andando de tanga, no direito público. É preciso que V. Exa. se convença de que não havemos de esperar a promulgação de uma Carta Constitucional, para entrarmos desde logo na aplicação da sistemática da democracia. (*Muito bem. Palmas*).
A Carta Constitucional, Srs. Deputados, é um limite. Vai ser apenas o coroamento da afirmação democrática do povo. (*Muito bem. Palmas*)
O Sr. Magalhães Pinto – (*Dirigindo-se ao Deputado Olinto Fonseca*) V. Exa. iniciou sua vida pública na ditadura; portanto está estranhando o clima de democracia.

O SR. LOPES CANÇADO – Justamente nos municípios onde triunfamos, ou que foi significativa a votação oposicionista, as violências têm assumido proporções intoleráveis. Quero referir-me, ligeiramente, ao caso de Morro Azul. É um puro episódio de cangaço. Levi Silva é um chefe de bando. Cidades distantes como Espinosa, onde seria natural que se reunisse maior número de elementos perigosos, pela facilidade de fugir à ação das autoridades estaduais, vivem em paz. Mais para o sul, a antiga Tremendal é um fervedouro. É uma praça d'armas. É um perigo. No meio de uma gente pacífica, o bando de cangaceiros desenvolve o espetáculo das suas tropelias. É tão forte esse grupo, tão armado que, pelas alturas de 1934, sozinho, deu combate à coluna Prestes quando esta surgiu em Porteirinhas.

E os últimos ataques aos depósitos da Central do Brasil, de que resultaram mortos e o incêndio de milhares de dormentes, há quem atribua a um dos prepostos de Levi da Silva.

O Sr. Olinto Fonseca – [...] V. Exa. indiscutivelmente está se revelando, na tribuna, brilhante novelista.

O SR. LOPES CANÇADO – É pena que V. Exa. não tenha tais qualidades.

O Sr. Olinto Fonseca – Prefiro as teses concretas às novelas. É o meu gênero de leituras.

O SR. LOPES CANÇADO – V. Exa. prefere o negócio; é homem prático.

O Sr. Olinto Fonseca – É pena que V. Exa. não seja meu sócio, pois assim teria mais futuro na vida.

O SR. LOPES CANÇADO – De qualquer forma, examinaria de um alto ponto de vista qualquer proposta que V. Exa. me fizesse e teria bastante cuidado, antes de lhe dar qualquer resposta.

O Sr. Juscelino Kubitschek – Se V. Exa. compulsar o órgão oficial do Estado de Minas, verificará que foi demitida da Prefeitura de Monte Alegre a pessoa a que se refere.

O SR. LOPES CANÇADO – Sr. Presidente, é verdade que o prefeito de Morro Azul foi demitido diante das graves acusações que lhe foram feitas pelos representantes da UDN, pelos órgãos de publicidade do Estado, pelos líderes políticos da oposição domiciliados em Belo Horizonte, depois das mais graves e penosas objurgatórias. O interventor Beraldo, reconhecendo a calamidade que representava aquele homem, entendeu de demiti-lo; entretanto, conservou seu sistema, manteve seus delegados de polícia, seus juízes de paz, seus beleguins ao serviço dos seus propósitos criminosos.

O Sr. Olinto Fonseca – V. Exa. se refere ao Sr. João Beraldo e só agora reconheceu a calamidade reinante em Monte Azul; no entanto, os partidários de V. Exa., conforme inúmeras publicações nos jornais de Minas, assediaram, insistentemente, o Sr. Levi Sousa e Silva a fim de que ele ficasse com o partido de V. Exa. Ele preferiu permanecer com os amigos leais a ficar com os de última hora.

O SR. LOPES CANÇADO – O Deputado Olinto Fonseca sabe perfeitamente, porque morou no Palácio da Liberdade durante cerca de 14 anos, e serviu não sei a quantos governos, que, numa campanha política, os chefes não podem discernir no primeiro momento, no tumulto da peleja, qual a ficha ou carteira de identidade dos companheiros que se apresentam.

Não é possível responsabilizar a UDN pelos crimes praticados em Monte Azul pelo Sr. Levi Silva, com o apoio do interventor João Beraldo, que o recebia em Palácio [...] e dos jornais, inclusive do órgão oficioso de Minas – a 'Folha de Minas' – comprados com o dinheiro do povo, para defesa desse homem.

[...] Mas, meus Senhores, para conseguir esse amor alucinado do Sr. João Beraldo que atinge as raias do desvario, sabemos de que argumentos se está valendo o Sr. Valadares.

Pois estes são os homens do Sr. João Beraldo. Ele os recebe em palácio. Nomeia e demite, defende as suas indicações. Põe os jornais do governo, adquiridos com o dinheiro público, ao serviço de sua defesa.

[...] A promessa do governo constitucional ao Sr. Beraldo é do conhecimento público.

Este, ao ensejo da recente reunião dos fazendeiros em Belo Horizonte, lastimava a deplorável situação da lavoura e da economia mineira, num quase libelo à administração do Sr. Valadares, que se prolongou num pântano de 12 anos.

Poucos dias depois, lançando a sua plataforma ao governo constitucional, publicado no órgão oficial, o Sr. Beraldo já falava na política financeira enérgica e segura que desenvolveu o Sr. Benedito Valadares e anunciava um programa de obras públicas apoiadas: 1º) no crédito do Estado; 2º) nos recursos ainda disponíveis do empréstimo de 300 milhões de cruzeiros.

Vale dizer: a boa política financeira do Sr. Valadares, durante 12 anos, reduziu Minas a ser forçada a valer-se do seu crédito para realizar obras públicas inadiáveis, e a viver dos restos não especificados de um outro empréstimo!

Isto, segundo as próprias afirmações do atual interventor, que foram largamente divulgadas, com uma ingenuidade e um primarismo dignos do pajem do cavaleiro enamorado.

O que o Sr. Valadares pretende, em verdade, com os graves acontecimentos de Minas, é apresentar um quadro de resistência política que se possa contrapor ao prestígio do Sr. Presidente da República, a quem ele pretende falar de igual para igual.

O ex-governador de Minas, que não é comandante para as horas de borrasca, teve grandes desmaios, durante a última campanha eleitoral. Fora do poder, o Sr. Valadares é um homem desesperado, perdido na imensidão das suas dúvidas. Ele pretende uma fórmula de reajustamento do seu prestígio.

Mas, como lhe falta o entendimento psicológico, não compreende que as atividades personalistas, que vem realizando, até parecem encomendadas pelos seus inimigos para destruí-lo do alto dos seus doze anos de despotismo.

Esse aluno de Maquiavel, que é o atual ministro da Justiça, escancara o sorriso demoníaco que trouxe de Minas, e vai prendendo, no laço de suas gravatas coloridas, a rudeza de Caliban.

O Sr. Beraldo, ao cabo, é um instrumento de perdição.

O nosso Machado de Assis conta-nos, em 'Esaú e Jacó', o caso da tabuleta nova, que bem serve de advertência aos incautos.

A tabuleta estava pronta – 'Confeitaria do Império'. Mas a República fora proclamada. Podiam quebrar as vidraças da casa. Melhor fora – 'Confeitaria do governo'.

Assim a tabuleta tanto servia para um regime como para o outro: era do governo...

Mas, enquanto o conselheiro Aires o aconselhava, a personagem machadiana resolvia esperar um ou dois dias, a ver em que paravam as modas.

Não faria mal ao Sr. Beraldo cessar as perseguições aos seus patrícios, parar a sua febre de espancamentos, de demissões e de mortes, ao menos enquanto os nigromantes compõem a alquimia das ambições.

Não queira o interventor de Minas, a esta altura, ser como o 'fanfarrão Minésio' das 'Cartas chilenas', que se perdeu por não interpretar as vozes ocultas que informam o rumo da estrela. (*Muito bem; palmas*)"

Dificilmente se encontrará nas centenas de volumes dos Anais do Legislativo republicano de nosso país crítica mais devastadora, mais dura e cruel, mas tão elegante e tão digna como os melhores exemplares da oratória parlamentar, mesmo tratando de um tema tão provinciano como o das políticas estadual e municipal. O texto mostra mais do que sugere, pois deixa entrever, ainda que sutilmente, como é importante para a política mineira o lastro municipal que sustenta seu sucesso em todo o país. País que é para eles, na definição de outro ilustre e inesquecível montanhês, Bernardo Pereira de Vasconcelos, antes de mais nada, "a terra onde se nasce".

A ofensiva udenista contra o situacionismo mineiro, porém, não parou por aí. Os discursos foram subindo de tom e, na sessão do dia 3 de maio, lá estava a postos na tribuna, para uma nova catilinária, o deputado Licurgo Leite.

"Política, a madrasta dos homens"

A escalada da UDN mineira não era gratuita. Que havia alguma razão para a insistência com que os mais ilustres próceres do partido se lançavam à empreitada, não podia haver dúvidas. Que pretendiam provocar o ex-governador Benedito Valadares ao debate, estava claro. A grande incógnita era com que intuito o faziam.

Passados quase quarenta anos desses episódios, é possível recompor, com razoável dose de convicção, a sutiliza dos movimentos das pedras, nesse então obscuro e sibilino jogo de xadrez. Havia uma questão nacional envolvida que não era segredo para os que acompanhavam os bastidores da incipiente democracia que se estava construindo. Acolitado por seu ministro da Justiça, o pessedista mineiro Carlos Luz, o general Dutra buscava aumentar a dose de legitimidade de seu mandato, construindo um governo cuja palavra-chave era "união nacional". Com esse lema, que terminou conquistando parte da UDN, mais tarde conhecida como os "chapas-brancas", esperava construir uma base parlamentar que seria dispensável, se pudesse confiar na unidade de seu próprio partido, o PSD, que, sozinho, ocupava mais da metade das cadeiras da Constituinte e, mais tarde, quando promulgada a Constituição, da Câmara e do Senado que formariam a legislatura ordinária. Contando com deputados e senadores do PTB, a terceira bancada da Assembléia, essa pretendida coligação parecia ainda mais ociosa e supérflua.

Os quase dez anos como ministro da Guerra de Getúlio e condestável do Estado Novo, de 5 de dezembro de 1936 a 3 de agosto de 1945, não passaram em vão para Dutra. Ninguém melhor do que ele sabia que o coração do PSD estava irremediavelmente dividido entre a lealdade a seu governo e a conveniência política de grande parte dos seus líderes, cuja carreira tinha sido vivida sob os sucessivos governos do ex-ditador, quando não patrocinada por ele. Durante toda a campanha, sua sorte sempre esteve pendente dos mínimos gestos de Vargas, a começar pelo apoio com que, relutantemente, e com ostensiva má vontade, lhe brindou na undécima hora, em 28 de novembro, a apenas quatro dias do pleito. Se ele contava com a lealdade de parte do PSD, Getúlio, além de liderar a parte restante, ainda dispunha do PTB que ele, além de comandar, manobrava, já que dele dependia para sobreviver. Dutra tinha cumprido os compromissos de campanha assumidos com o partido de Vargas, entregando a seu indicado, Otacílio Negrão de Lima, o Ministério do Trabalho, Indústria e Comércio. Mas tinha consciência de que esse gesto, embora pudesse lhe assegurar a solidariedade da bancada, não lhe garantia o apoio de Getúlio. E a melhor evidência de que estava certo foi a atitude de crítica e hostilidade a seu governo assumida pelo ex-ditador, quando, por algum tempo, assumiu sua cadeira no Senado, dali disparando alguns petardos contra seu ex-ministro, nos poucos discursos que fez. O acordo com a UDN e o PR, a quem viria a entregar em dezembro as Pastas das Relações Exteriores e da Agricultura, serviria, como se dizia na linguagem militar, de reserva para recompletamento da tropa, nas baixas que esta viesse a sofrer durante o seu mandato.

Essa manobra vinha sendo combatida sem tréguas por Carlos Lacerda em sua coluna no *Correio da Manhã*. Na crônica de 2 de abril, por exemplo, criticou duramente não só a entrevista de Juraci Magalhães a *O Jornal*, em 31 de março, mas também a de um colega identificado apenas como "um dos líderes da UDN", justificando os entendimentos. O líder não identificado, provavelmente o próprio Juraci, justificava a atitude dos defensores da tese do governo de união nacional, afirmando que "a colaboração que neste momento possamos emprestar ao governo do General Dutra não irá desmerecer, de modo algum, os princípios pelos quais nos batemos e que continuamos a sustentar". Ele era acusado por Lacerda de ser um dos interlocutores dos adesistas e de tentar envolver, nessa manobra, o líder da minoria e seu colega de bancada, Otávio Mangabeira. Como se verá adiante, essa *entente cordiale* que se estabelecia entre parte da UDN e o governo Dutra começou a dar seus frutos exatamente na Bahia.

Dentro do PSD não eram menores as reações, pois todos tinham noção de que qualquer avanço assegurado aos udenistas implicava recuos pessedistas, solidamente instalados em todos os estados, com virtualmente todos os interventores nomeados por eles. O senador Georgino Avelino (PSD-RN), primeiro-secretário da Assembléia, em entrevista ao *Correio da Manhã*, advertia que a UDN de seu estado ganhava terreno quando, em vez de aceitar o que era conhecido como o "acerto das prefeituras", cunhara uma aliança entre seu líder José Augusto e o mais popular dos representantes potiguares, o deputado Café Filho, eleito pelo PRP (Partido Republicano Progressista), de cuja fusão com o PPS (Partido Popular Sindicalista) e o PAN (Partido Agrário Nacional) viria a surgir o PSP (Partido Social Progressista) de Ademar de Barros. A afirmação do senador norte-rio-grandense não era mais que uma cortina de fumaça, como mais tarde foi possível comprovar, ao se tornar Café Filho vice-presidente de Getúlio, que ele sempre combateu com sistemática veemência.

Além do componente nacional, porém, havia outra vertente regional cujo epicentro estava em Minas Gerais. A bancada pessedista, supostamente unida em torno do ex-governador Benedito Valadares, que durante onze anos comandara a política mineira e tivera papel decisivo na fundação do PSD e na sucessão de Vargas, com a eleição de Dutra, na verdade padecia de uma profunda divisão. Os dissidentes obedeciam à liderança do ministro da Justiça, Carlos Luz, que do seu posto procurava fazer brilhar sua estrela com luz própria. A essa corrente pertenciam alguns tradicionais líderes mineiros, como Cristiano Machado e Bias Fortes. Ambos se recusavam a integrar a pequena galáxia que gravitava em torno do ex-governador, embora os sinais exteriores de dissensão fossem extremamente sutis, como os apartes dos dois ao discurso do udenista José Maria Lopes Cançado.

O interventor de Minas, João Beraldo, servira com excessiva dedicação aos interesses de Valadares, até o momento em que o ministro da Justiça, Carlos Luz, numa circular aos interventores, estabeleceu algumas regras em relação à conduta a ser dispensada à oposição em cada estado. O documento servia a muitos propósitos. Primeiro, lembrar aos interventores que nenhum deles era mais que um delegado do governo federal e, portanto, passíveis todos de substituição a qualquer momento, sem necessidade de aviso prévio. Com isso, estava dizendo, com todas as letras, que deviam fidelidade, antes de mais nada, a quem os tinha designado e àquele a quem estavam vinculados, ou seja, ao próprio ministro. Em segundo lugar, fazia parte da estratégia de mostrar aos adesistas da UDN a vantagem de aderir à tese da união nacional, que lhes daria uma espécie de imunidade contra os abusos das autoridades locais, essencial, em face das eleições ainda por vir, logo depois de promulgada a Constituição, a que fatalmente concorreriam os oposicionistas. Por fim, servia também para conter os abusos, inevitáveis depois de oito anos de poder arbitrário. A disputa em Minas era de todas a mais difícil e conflituosa. Como resistisse às determinações do ministro da Justiça, João Beraldo seria demitido em agosto de 1946 da interventoria. Nada menos do que três outros interventores o substituíram: Júlio Ferreira de Carvalho (14/8/46 a 16/11/46), Noraldino de Lima (17/11/46 a 20/12/46) e Alcides

Lins (21/12/46 a 19/3/47). Os dois últimos foram escolhidos pelo sucessor de Carlos Luz, substituído em 2 de outubro, logo após a promulgação da Constituição, o relator-geral Benedito Costa Neto (PSD-RJ).

A UDN mineira não estava alheia a todos esses detalhes e às negociações entre a direção de seu partido e o governo. Com a saraivada de denúncias, centradas no interventor, acusado de servir aos interesses de Valadares, e acusações a seu desempenho durante a ditadura, cravavam uma cunha a mais nos interesses divergentes que cada vez mais afastavam Carlos Luz e seu grupo de Valadares e seus adeptos. A divisão da cidadela pessedista em Minas, a mais forte, depois da do Rio Grande do Sul, terminou sendo essencial para a vitória de Milton Campos, udenista histórico, nas eleições de 19 de janeiro de 1947.

As divergências entre Valadares e o ministro da Justiça de Dutra, que terminaram com a demissão de Carlos Luz, ocasionaram a derrota de ambos. O ex-ministro veio a ser mais tarde o presidente da Câmara, eleito pela dissidência pessedista, com os votos da UDN. Foi nessa condição que ele substituiu Café Filho na presidência da República em novembro de 1954, depois do suicídio de Getúlio, protagonizando o episódio do afastamento de Lott do Ministério da Guerra. Com esse gesto, Luz sofreu a maior derrota de sua carreira, com a eleição e a posse de Juscelino, garantida por Lott. Cristiano Machado veio a ser a segunda vítima. Ganhou a primeira batalha ao se tornar o candidato do PSD à presidência, na sucessão de Dutra, derrotando Valadares e seu grupo. Mas perdeu a guerra, traído por seu próprio partido, tornando-se o símbolo das vítimas da perfídia política. Esse duelo florentino, jogo de soma positiva, pois um clã sempre perdia o que o outro ganhava, terminou transformado num jogo de soma zero, em que ambos perdiam, como nesse caso. Do grupo de Carlos Luz, só Bias Fortes sobreviveu, elegendo-se governador de Minas, como sucessor de Juscelino, quando este se tornou presidente da República. Valadares, o mais forte de todos os interventores, o único a manter durante o Estado Novo o título de governador, foi perdendo aos poucos o protagonismo que fez dele, durante algum tempo, o político mais influente de seu estado. Sofreu duas sucessivas derrotas. A primeira com a escolha de Cristiano Machado como candidato do PSD à sucessão de Dutra; a segunda, com a escolha e a eleição de Juscelino à presidência, à qual sempre se opôs, conforme o testemunho insuspeito de Café Filho. Provou o sabor da vingança ao contribuir para a cassação do ex-presidente. E experimentou o consolo de ser eleito duas vezes para o Senado, sem que, no entanto, jamais tivesse logrado voltar ao governo de Minas.

Toda essa disputa estava apenas começando. A UDN, na oposição, fazia por onde tirar proveito da divisão de seu maior adversário. De um lado, enfraquecendo Valadares, anulava seu vassalo João Beraldo, e com isso garantia sua retaguarda na disputa para o governo de Minas, ao fortalecer Carlos Luz, cuja candidatura foi essencial para a vitória de Milton Campos. Acossado por todos os lados e de forma impenitente pelos mais brilhantes líderes udenistas na Assembléia, Valadares não teve outro recurso senão atender ao desafio e baixar à arena. Na segunda-feira, 6 de maio, numa demonstração de solidariedade, Nereu Ramos suspendeu a reunião da tarde da Comissão Constitucional, para que os pessedistas pudessem prestigiar o pronunciamento do ex-governador.

"O SR. BENEDITO VALADARES – (*Movimento geral de atenção. Palmas*) Sr. Presidente, como líder da bancada mineira do PSD e representante de um eleitorado cioso de suas tradições cívicas, de sua altivez e educação política, cumpre-me responder desta tribuna os discursos que trataram da administração e da política em Minas Gerais.

Não me deterei, Srs. Constituintes, no exame das verdadeiras razões, secretas ou manifestas, que inspiraram a atitude dos representantes da UDN de Minas Gerais, nesta Assembléia."

Historiou, a seguir, o que foi a campanha presidencial, para proclamar sua vitória, e afirmou que, apesar de governar em período discricionário, sempre contou com as melhores lideranças, lembrando os nomes de alguns de seus prefeitos, citando nominalmente Bias Fortes, Alfredo Sá, Duque de Mesquita e Juscelino Kubitschek, todos, como os demais, "cidadãos impolutos, médicos, advogados, engenheiros, industriais, comerciantes, fazendeiros, representantes das diversas classes sociais, que todos viviam e vivem cercados de estima, respeito e consideração de seus conterrâneos", que se viram, de um momento para outro, com a deposição de Getúlio, "atingidos pelo labéu de incapazes de se manterem isentos em face de um pleito eleitoral". Quando seu colega de partido Altamirando Requião (PSD-BA) pediu-lhe um aparte, sua resposta causou o primeiro tumulto:

"O SR. BENEDITO VALADARES – Quero discutir as questões da política de Minas com os mineiros. (*Não apoiados gerais. Há numerosos apartes. O Sr. Presidente, fazendo soar os tímpanos, reclama atenção*)"

A partir daí, passou a defender os atos do interventor João Beraldo, justificando, com informações oficiais, os atos de arbítrio denunciados pela UDN, sob o argumento de que se tratava de delitos comuns e não de crimes de motivação política. Citou caso por caso, relacionou município por município e detalhou cada um dos incidentes relatados pelos udenistas e debitados à conta do interventor. Passados os primeiros trinta minutos, chegou a vez de defender seu governo:

"O SR. BENEDITO VALADARES – Minas, em meu governo, foi caracterizada pelo nobre Deputado Milton Campos, pela desordem na gestão dos interesses públicos, pela improvisação das soluções, pelo distúrbio dos maus exemplos, pelo amor das obras suntuárias, e pelo desamor de escolas e da assistência social.

Não nos devemos esquecer que a política é a madrasta dos homens que nela ingressam, principalmente daqueles que para ela têm menos pendores. Não seríamos capazes, para servir o nosso partido, de praticar a mais leve injustiça contra o mais extremado dos nossos adversários políticos."

Depois desse intróito, mostrou os resultados da administração financeira:

"O SR. BENEDITO VALADARES – [...] Um governo que encontrou o Estado com um déficit de 160 milhões de cruzeiros, superior à própria receita de 143 milhões de cruzeiros, e o deixou com um saldo de 50 milhões.

[...] Os resultados podem ser verificados não só pelo aumento da receita do Estado, que passou de Cr$ 146.604.009,00 em 1934 a Cr$ 704.466.277,00 em 1945, como também pelo surto de progresso econômico.

O Sr. Mário Brant – Pelos impostos e inflação, pelo aumento dos valores.

O SR. BENEDITO VALADARES – Basta considerar que em 1934 foram registrados na Junta Comercial de Minas 143 contratos, com um capital declarado de Cr$ 62.976.576,00, enquanto que em 1944 esses dados se elevaram à soma de 787 contratos, com um capital declarado de Cr$ 416.088.594,00.

Os cinco principais estabelecimentos de crédito que operam em Minas possuíam, em 1934, depósitos no total de Cr$ 360.276.000,00 e efetuaram empréstimos no montante de Cr$ 388.764.000,00, quando em 1944, até novembro, a soma dos depósitos se elevou a Cr$ 3.762.599.000,00 e os empréstimos foram representados pela cifra de Cr$ 340.938.000,00 [sic].

[...] Em 1934, a Rede Mineira de Viação transportou 1.424.170 passageiros, 48.792 toneladas de bagagem, 202.122 animais, 494.781 toneladas de carga. Em 1944 transportou 3.836.753 passageiros, 61.413 toneladas de bagagem, 243.610 animais, 964.555 toneladas de carga.

Comparando-se esses resultados, verifica-se o resultado do plano econômico e financeiro do Estado.

O Sr. Monteiro de Castro – Ninguém falou neste assunto.

O SR. BENEDITO VALADARES – Em 1934, obtiveram matrícula em nossas escolas 382.214 crianças, quando em 1944 foram matriculadas 513.018.

Isto só foi possível porque se construíram dezenas de grupos novos e se ampliaram muitos outros prédios escolares, bastando assinalar que havia em funcionamento no Estado, em 1934, 4.211 unidades escolares e que em 1944 essas unidades já se elevavam a 5.951.

O Sr. Aliomar Baleeiro – V. Exa. me dá licença para um aparte? V. Exa. mencionou aí o número de crianças...

O SR. BENEDITO VALADARES – V. Exa. é da Bahia.

O Sr. Aliomar Baleeiro – Sou brasileiro e desejo apartear V. Exa. sobre problema nacional.

O Sr. Lino Machado – É um representante do Brasil, e não apenas da Bahia.

O SR. BENEDITO VALADARES – Se não se estivesse tratando do caso sob o aspecto político, eu permitiria o aparte ao Sr. Aliomar Baleeiro.

O Sr. Aureliano Leite – E a mim? V. Exa. permite um aparte?
O SR. BENEDITO VALADARES – Permito, porque V. Exa. está ligado à política mineira, a ela vinculado, com direito, assim, de tratar do assunto, pois conhece nossa política em suas minúcias, não se cogita, portanto, de preferência por V. Exa., nem de desconsideração a qualquer Representante.
O Sr. Aureliano Leite – Pois então, aproveitando-me da generosidade de V. Exa., que muito agradeço, direi que V. Exa. deve ouvir todos os apartes, de todos os Representantes, porque até a grande Comissão de Constituição desceu de seus penates para ouvir o discurso de V. Exa!
O SR. BENEDITO VALADARES – Devo uma explicação à Casa. Não estou permitindo apartes de Representantes das bancadas de outros Estados, porque estamos tratando de caso eminentemente político regional de Minas Gerais.
(*Apoiados e não-apoiados*)
O SR. OSMAR DE AQUINO – Isto demonstra a mentalidade ditatorial de V. Exa.
O SR. JOSÉ CÂNDIDO – É um caso nacional.
O SR. BENEDITO VALADARES – Em se tratando de política de Minas, entendo que só deve ser tratada pelos representantes envolvidos nela, ou que vierem à tribuna.
O SR. LOPES CANÇADO – Admira-me que V. Exa., que pretendeu lançar sua candidatura à Presidência da República, em substituição à do Sr. General Dutra, venha agora distinguir entre mineiros e brasileiros!
O SR. BENEDITO VALADARES – Essa intriga de V. Exa. vai ser desfeita.
(*Trocam-se numerosos apartes. O Sr. Presidente reclama atenção*)
O Sr. Gilberto Freire – O nobre orador me permite um aparte?
O SR. BENEDITO VALADARES – Não permito. V. Exa. é mineiro?
O Sr. Gilberto Freire – Não, mas sou representante da Nação brasileira. Lamento que Minas Gerais tenha um representante como V. Exa.!
(*Trocam-se múltiplos apartes. O Sr. Presidente, fazendo soar os tímpanos, reclama atenção*)
O Sr. Hamilton Nogueira – Não se esqueça o orador de que fechou as portas do ginásio de Muzambinho, para nele instalar um quartel de polícia.
O SR. BENEDITO VALADARES – Não permitirei mais apartes. Vou continuar meu discurso. Vv. Exas. estão pretendendo desviar o curso de minhas palavras, não o conseguirão. Estou tratando da ação administrativa do meu Governo.
(*Trocam-se inúmeros apartes. O Sr. Presidente faz soar, insistentemente, os tímpanos, reclamando atenção. Tumulto no recinto. Retiram-se os representantes da UDN, PR e PL. Suspende-se a sessão às 17 horas e 8 minutos, reabrindo-se 2 minutos depois*)"

Era outro dos episódios rigorosamente inéditos nos Anais parlamentares. Nunca se vira procedimento semelhante. O ex-governador tinha tratado a Assembléia Nacional Constituinte como se fosse a Câmara Municipal de Caetés. Reaberta a sessão, ele ainda falou por uma hora para um plenário que o ouviu passivamente, sem maiores reações, discorrer sobre a educação em Minas, o Banco Hipotecário, os hotéis que o governo do estado construiu, as acusações de haver interferido nas eleições da seção estadual da OAB e assuntos de igual natureza.

Benedito Valadares não voltou mais à tribuna durante a Constituinte, a não ser na sessão de 17 de agosto, um mês antes do encerramento de seus trabalhos, para uma tarefa de rotina: associar-se, em nome do PSD, num pronunciamento de não mais do que vinte e cinco linhas, em meia coluna, às homenagens pelo falecimento do constituinte do PSD de Santa Catarina, Altamiro Lobo Guimarães.

A ele se aplicava a lição que, no início de seu pronunciamento, pretendeu ensinar aos colegas: "a política é a madrasta dos homens que nela ingressam, principalmente daqueles que para ela têm menos pendores". Pendores, até ele podia ter, o que não tinha eram qualidades. Se em vez de dar lições se esmerasse em aprendê-las, teria sido mais útil a que ensinou seu adversário, o udenista José Maria Lopes Cançado, na invocação com que tentou explicar que, para ser mineiro, não basta nascer em Minas: "Nascemos e envelhecemos aqui e um belo dia, sem motivo claro, percebemos que todas as nossas concepções a respeito do homem de Minas estão erradas. A *jungle* mineira é lisa e fria como uma pedra." E nela Benedito Valadares, com toda sua experiência, acabara de levar o maior escorregão de sua vida política e parlamentar...

19. Do confronto ao conflito

A Bahia entra no jogo

Sem o tumulto e a repercussão provocada pelo discurso do deputado Benedito Valadares, o baiano Negreiros Falcão (PSD-BA) ocupou a tribuna na mesma sessão de 6 de maio para tratar do que era o tema político do momento, o acordo, em seu estado, para viabilizar o governo de união nacional. Com seu estilo rococó, perdeu alguns minutos com circunlóquios típicos de sua personalidade:

"O SR. NEGREIROS FALCÃO – [...] Sem as lantejoulas do estilo reluzente que tanto marcam e distinguem, para orgulho nosso, os grandes oradores da Bahia – a mim, Sr. Presidente, humilde filho dos sertões, sertanejo pela origem e pelo hábito, só me resta trazer, para o debate desta memorável Assembléia, o traço característico da gente de minha formação: a sinceridade."

Depois de aludir à sua condição de membro da Executiva Estadual de seu partido e à sua condição de amigo e correligionário do general Dutra, foi direto ao assunto:

"O SR. NEGREIROS FALCÃO – [...] Considerando que o melhor amigo é aquele que não procura a meia-máscara das conveniências, quando tem que dizer a verdade, falando estritamente em meu nome pessoal, quero dizer das minhas restrições ao deturpado e antidemocrático entendimento que, aumentando a confusão nacional, se está procurando dar à necessidade de fazermos uma política partidária superior, de acatamento mútuo, de considerações recíprocas, entre homens que podem divergir, mas não se devem desrespeitar. Deputado pela Bahia, embora recém-chegado, e portanto sem tempo para conhecer os segredos do Olimpo, meu depoimento, de certo modo, tem a autoridade do conhecimento local de um Estado que se transformou, justamente, em cobaia da grande experiência de 'apaziguamento' partidário, em termos que podem servir a tudo, menos aos imperativos de uma sólida ordem democrática.

[...] Direi inconveniências, talvez, Sr. Presidente. Mas ninguém dirá que neguei a verdade, findas as apreciações que me proponho fazer.

Começo por declarar que, conquanto o Sr. General Eurico Gaspar Dutra tivesse vencido as eleições na Bahia, pela diferença de quase 50 mil votos – a verdade é que o Partido Social Democrático, relativamente, não foi o mais votado –, tendo perdido, em legendas, para a UDN, por diferença de pouco mais de 11.000 votos. Em números absolutos, pois, obteve na Bahia o PSD votação para eleger 9 deputados, enquanto a UDN conseguiu eleger 9, pelo quociente partidário. O sistema das sobras, no entanto, proporcionou-lhe a eleição de mais três deputados. Em favor da candidatura do General Dutra, porém, Sr. Presidente, trabalharam também, com apreciável contribuição, na Bahia, os partidos Sindicalista, Trabalhista e Popular.

[...] Chegado na última sexta-feira do Estado da Bahia, quero, por isso mesmo, trazer ao conhecimento do Exmo. Sr. Presidente da República, do povo brasileiro e dos nobres colegas da maioria, a cujas fileiras me honro de pertencer, a surpresa, o descontentamento, a desilusão que assaltam quantos ali colaboraram pelo triunfo da candidatura do ilustre General Eurico Gaspar Dutra, cuja amizade pessoal me desvaneço de possuir desde 1936. Muito embora haja o eminente Sr. Otávio Mangabeira, que tanto honra esta Casa com a sua presença e a nossa terra com o lhe haver servido de berço, feito sucessivas declarações, contestando a existência de qualquer entendimento sobre a entrega dos municípios à UDN; muito embora haja o ilustre Sr. Coronel Juraci Magalhães feito sentir que não houve quaisquer convênios com o governo central; muito embora haja uma nota oficial distribuída à imprensa, proclamado que 'nem a UDN, como partido, em conjunto, nem qualquer de suas seções estaduais, entraram em qualquer acordo, de qualquer natureza, com o governo federal', visando assim contestar a entrevista do senador Georgino Avelino, que reduzia a medida apenas a 'dois estados, onde as correntes partidárias confluíram no sentido favorável ao governo central'; muito embora tudo isso, a verdade é que os udenistas vão disputando as prefeituras baianas, não só naqueles municípios onde o seu candidato ganhou as eleições presidenciais, mas também naqueles em que, por fatores diversos, obteve maioria de legendas para a Câmara dos Deputados. Se o critério é o da maioria, compreender-se-ia, no máximo, a nomeação dos prefeitos udenistas nas comunas onde o Major-Brigadeiro Eduardo Gomes obteve maior número de votos. Porque, como é notório, o pleito para a Câmara não teve, ao menos na Bahia, o mesmo rigor partidário, ficando sujeito, em grande parte, às influências pessoais dos candidatos."

Referiu-se, a seguir, a inúmeros municípios que se enquadravam no critério que ele condenava, prosseguindo em seu protesto:

"O SR. NEGREIROS FALCÃO – Essa prática nada tem assim de democrática, Sr. Presidente. Não fortalece a UDN, por dois motivos: primeiro, porque tem caráter regional, limitado a apenas dois Estados – convertidos em cobaias dessa nova experiência; segundo, porque um partido nacional que se preza de servir a um programa não pode almejar prefeituras senão por força de eleições municipais, como um direito, não como um favor que se estende até a nomeação das autoridades policiais, transformadas, assim, em pessoas de confiança partidária dos prefeitos. Nem favorece o PSD, uma vez que despreza o sacrifício dos que, lutando contra fatores diversos, levaram ao Catete o General Dutra e asseguraram ao país o advento de dias mais felizes e tranqüilos.

[...] Trazendo assim ao conhecimento do povo brasileiro os sobressaltos, as apreensões e os ressentimentos dos pessedistas baianos, confio que o eminente Sr. Presidente da República e as direções nacionais do PSD e da UDN cedo se convencerão de que essa política de pretenso congraçamento, iniciada na Bahia e em Sergipe, não serve a ninguém. [...] E o pior – como disse – é que os ilustres udenistas nada solicitaram oficialmente. São presentes oferecidos com prejuízo daqueles que lutaram vigorosamente pela candidatura do general Dutra. Por isso sou contra.

O Sr. Osvaldo Lima – E a direção geral do partido, não se manifesta a respeito?
O SR. NEGREIROS FALCÃO – V. Exa. lembra bem. Desta tribuna, dirijo um apelo ao eminente Sr. Benedito Valadares para que, na qualidade de presidente do PSD, tome providências a fim de que o partido, de âmbito nacional, não pereça à falta de cuidados da direção central, que se tem descuidado de tal modo que seus correligionários já não sentem confiança de pertencer a essa agremiação política.

O Sr. Aloísio de Carvalho – Os udenistas da Bahia não estão em causa. É o próprio Partido Social Democrático que pode ser acusado. O culpado é o Sr. Benedito Valadares.

O SR. NEGREIROS FALCÃO – [...] Dê-se de barato, Sr. Presidente, que prevaleça o critério de tirar ilações de uma eleição geral para, à sombra dela, resolver casos municipais, entregando os cargos de confiança de Prefeito ao partido que perdeu a eleição presidencial. Na Bahia, porém, não é só isso. O critério pleiteado, pelo menos pela UDN local, ostensivamente, em entendimentos, é o de trazer, como conseqüência da nomeação dos Prefeitos, todas as nomeações locais de competência estadual: delegados e subdelegados de Polícia, juízes de paz, professores, autoridades fiscais, etc. E o meu querido amigo, Interventor Guilherme Marback, que naturalmente não deseja ser responsabilizado pela queda do 'apaziguamento', já deu instruções ao seu Secretariado para, em todas as nomeações dentro do Município, atender às indicações do Prefeito.

[...] E o mais curioso de tudo isso, Sr. Presidente, é que, enquanto essas modificações estruturais se processam, pelo menos na Bahia, e enquanto pelo menos por lá ninguém procura negar os entendimentos, as conversações, os acordos da UDN com a Interventoria, por aqui o que se sustenta é o contrário: não há acordo nenhum, não há entendimento nenhum, não há qualquer aproximação. E o ínclito Sr. Otávio Mangabeira, com a sua imensa autoridade, definiu o problema nos únicos termos em que ele deve ser colocado: a UDN não solicita, não pede, não faz barganhas, nem abre mão de sua posição. Não é oposição sistemática, e sim construtiva. E só se bate pelo respeito ao regime democrático, pela segurança das liberdades públicas, sem a menor restrição, pela cessação das práticas que diluem e corrompem a democracia.

Muito bem, Sr. Presidente, que nenhuma restrição se faça à livre manifestação do pensamento dos adversários. Que eles tenham inteira franquia de arregimentação política. Que se lhes assegurem as mesmas possibilidades eleitorais que a nós outros. Que os governos não se desmoralizem empregando a máquina de que dispõem a serviço da corrupção de consciências ou da opressão a quem quer que seja. Que os interventores tenham a elementar decência política de não indicar, sobretudo nesta fase de transição, para as Prefeituras, para os cargos públicos em geral, correligionários facciosos, incapazes de compreender a elevação da sua tarefa, nos termos da circular do Sr. Ministro da Justiça.
[...] Está cumprido, Sr. Presidente, o dever que eu mesmo me impus, por dever de consciência e solidariedade, para com os meus correligionários, e de apreço para com a opinião pública do país. (*Muito bem; muito bem. Palmas*)"

A intervenção do deputado Negreiros Falcão, acabado de chegar da Bahia, não fora só extemporânea, mas sobretudo intempestiva, obrigando seu colega de partido e de representação, Vieira de Melo, na qualidade de líder, a se pronunciar oficialmente. A questão não era regional, mas sobretudo reflexo de um acordo bem mais amplo, e todo o esforço dos pessedistas era no sentido de circunscrevê-la ao âmbito estadual, especialmente naquelas unidades da Federação em que ainda tinham incontestável domínio, como era o caso de Minas Gerais. O dos udenistas mineiros, por sua vez, procurava mostrar à opinião pública e à arena nacional dos debates, a Assembléia Constituinte, que essas questiúnculas municipais, comandadas com mão de ferro a partir dos gabinetes dos interventores, constituíam um ostensivo e quase intransponível obstáculo a qualquer entendimento extrapartidário no cenário nacional. Por isso atacavam com tanta energia e insólita insistência o papel desempenhado em Minas por Benedito Valadares e seu pupilo João Beraldo.

Vieira de Melo, provocado por seu próprio colega de partido, pediu a palavra pela ordem, antes do discurso de Benedito Valadares, e secundou o ataque ao acordo que, na Bahia, já tinha começado a ser posto em prática:

"O SR. VIEIRA DE MELO – (*Pela ordem*) Sr. Presidente, o caso da Bahia foi trazido a esta tribuna sob um aspecto meramente pessoal, pelo ilustre Deputado Sr. Negreiros Falcão.

Desincumbindo-me neste momento do mandato, não apenas de deputado, mas da bancada pessedista da Bahia, tomando conhecimento de uma nota da União Democrática Nacional, divulgada em todos os jornais de sábado, nesta capital, venho em nome dessa bancada manifestar sua surpresa ante o que na referida nota está declarado. É que, Sr. Presidente, se o Exmo. Sr. Deputado Otávio Mangabeira, presidente da União Democrática Nacional, pode – e eu lhe reconheço esse direito – declarar-se alheio aos entendimentos havidos em torno da política da Bahia, essa situação não é possível estender-se a outros de seus correligionários nesta Casa.

Quero, Sr. Presidente, informar ao ilustre Sr. Deputado Otávio Mangabeira, e aos demais membros da União Democrática Nacional, a respeito das manobras

e conchavos levados a efeito pelo Sr. Juraci Magalhães, no gabinete do Sr. Ministro da Justiça.
O Sr. Juraci Magalhães – Afirmo a V. Exa. que jamais fiz cambalachos ou acordos.
O SR. VIEIRA DE MELO – Não afirmei que V. Exa. fez isso. Disse que V. Exa. tem estado diversas vezes no gabinete do Ministro da Justiça, e até do Sr. Presidente da República, onde tem entrado por portas travessas, guiado pela mão de elementos pessedistas. Não afirmei, pois, que V. Exa. estivesse fazendo acordos, mas sim que V. Exa. não é estranho aos que, neste momento, se estabelecem na política da Bahia.
(*Trocam-se numerosos apartes. O Sr. Presidente reclama atenção*)
O Sr. Juraci Magalhães – O intento de V. Exa. é evitar que a voz dos seus adversários seja ouvida.
O SR. VIEIRA DE MELO – Em absoluto. Não temo a voz de V. Exa., como não temi as violências que praticou, quando governador do meu Estado.
O Sr. Juraci Magalhães – Não é essa a opinião do Estado a que V. Exa. sempre desserviu.
O SR. VIEIRA DE MELO – Aqui estou eu, que fui um dos 500 estudantes trancafiados e maltratados na penitenciária da Bahia por ordem de V. Exa.
(*Trocam-se novos e veementes apartes. O Sr. Presidente, fazendo soar os tímpanos, pede atenção*)
O SR. VIEIRA DE MELO – Continuando, Sr. Presidente, devo dizer que nada justifica a insistência por que a União Democrática pretende acobertar-se no Estado da Bahia, porque é um escárnio aos nossos correligionários.
[...] Sr. Presidente, dou por encerrada esta minha tarefa, devido à escassez de tempo, deixando bem frisado aqui que a bancada do Partido Social Democrático da Bahia não se deixa engabelar quanto à declaração de que a União Democrática Nacional é inocente quanto ao que se passa na Bahia. (*Muito bem. Palmas*)"

O pronunciamento não fazia jus às qualidades de orador que mais tarde, como líder do governo, durante a administração Juscelino Kubitschek, consagraram o deputado baiano.

O acordo não escrito contra o qual se levantavam os pessedistas tinha começado exatamente pela Bahia. Os ingentes esforços dos pessedistas para evitá-lo o retardaram em alguns poucos estados, mas se tornaram irreversíveis, na medida em que constituíam uma política de governo, avalizada pelo Catete. Afinal, não tinham sido negociados entre uma, mas entre duas partes, como em todo contrato. E uma delas era o próprio PSD, cujos líderes estaduais, ao protestar, exerciam o velho *jus sperneandi*, que era o que lhes restava fazer. Os udenistas, que tinham enfrentado, alguns meses antes, o peso, o poder esmagador e a máquina implacável dos remanescentes do Estado Novo, durante as eleições de dezembro de 1945, aprenderam o quanto era essencial assegurar uma pequena reserva de poder nos municípios, se pretendessem, nos pleitos estaduais, que seriam fatalmente convocados logo após o fim dos trabalhos da Constituinte, conquistar o comando político de alguns estados, onde tinha sido brilhante seu desempenho eleitoral em 2 de dezembro de 1945. Não se pode, é claro, por se tratar de um entendimento político verbal e restrito, cujos termos são referidos apenas por seus adversários, estabelecer uma relação de causa e efeito entre a sua materialização e os resultados conseguidos pela oposição no pleito de 19 de janeiro de 1947. O fato, contudo, é que em alguns estados em que se consumou, como foi o caso da Bahia, Ceará, Minas e Paraíba, os mais conhecidos, a UDN conseguiu eleger os governadores que lograram a façanha de derrotar o PSD, respectivamente, Otávio Mangabeira, Faustino de Albuquerque, Milton Campos e Osvaldo Trigueiro de Albuquerque Melo. O mesmo ocorreu em Goiás, com a escolha de Jerônimo Coimbra Bueno, embora não se tenha conhecimento de que até lá tenha chegado o acordo. A mesma conclusão se chega no caso do Piauí, onde foi eleito o udenista José da Rocha Furtado.

Alguns jogos de azar, como os que eram praticados nos cassinos, Dutra conseguiu proibir. Mas não se pôde esquivar de participar do mais disseminado de todos, o da política, que todos os partidos começavam, com maestria, a praticar, com maior ou menor dose de êxito.

Jogo duro

Os problemas causados em Minas e na Bahia pelo acordo político costurado pelo ministro da Justiça ainda iriam durar alguns dias, com novas trocas de acusações. Na medida em que crescia o tom das denúncias, diminuía o interesse com que o plenário as encarava. No dia 18 de maio, o deputado Barreto Pinto (PTB-RJ) ironizava o embate:

"O SR. BARRETO PINTO – (*Pela ordem*) Sr. Presidente, Srs. Representantes, já houve a semana mineira...
O Sr. Plínio Barreto – E ainda não acabou.
O SR. BARRETO PINTO – ... e ouço dizer que ainda não acabou.
Tivemos, por dois dias, a Bahia apimentada como um vatapá político que não sei se já acabou ou promete continuar.
Permitam-me, pois, os ilustres colegas, que, plagiando-os, também hoje inicie 'minha semana', que será toda dedicada aos ministros do Sr. General Dutra."

O duelo continuou ainda por alguns dias. Entre 6 e 27 de maio, quando o *Diário da Assembléia* publicou o projeto de Constituição, finalmente aprovado pela grande Comissão, a Constituinte voltou a entrar em compasso de espera. Como sempre, predominavam, nesses períodos, os pequenos problemas municipais e domésticos. Sucediam-se requerimentos de informações e indicações com as quais os Constituintes, numa época de comunicações lentas e difíceis, procuravam dar a seus eleitores e correligionários a imagem de dinamismo com que esperavam pavimentar as carreiras dos que estavam se iniciando na vida pública.

A lista dos contendores dos *fronts* mineiro e baiano ia se estreitando. Na Bahia, o duelo se dava entre Juraci Magalhães, pela UDN, e Vieira de Melo, Aloísio de Castro, Aloísio de Carvalho e Régis Pacheco, pelo PSD. Em Minas, se enfrentavam, em nome da oposição, José Bonifácio, Leri Santos, Licurgo Leite e Gabriel Passos. O primeiro leu, na sessão do dia 7 de maio, para conhecimento da Assembléia, a Constituição estadual de Minas, outorgada por Benedito Valadares no dia 30 de outubro de 1945, procurando demonstrar que, embora governador, ele estava alheio aos acontecimentos que se passavam no Rio de Janeiro, culminando com a deposição de Getúlio. No dia 10, Leri Santos acusou o ex-governador de ter decretado a extinção do Tribunal de Contas, depois do golpe do Estado Novo. No dia 14, Licurgo Leite denunciou os contratos de arrendamento dos hotéis das estâncias de Araxá e Poços de Caldas, firmados no governo de Valadares, enquanto na sessão do dia seguinte Gabriel Passos criticou a administração estadual durante o Estado Novo, apontando a omissão do governador no caso da localização de Volta Redonda, que os mineiros preconizavam para o seu estado, sob a alegação de que lá se localizavam as maiores jazidas conhecidas de minério de ferro.

Na Bahia, o jogo era um pouco mais duro, pois as acusações descambavam para o terreno pessoal. Depois de seu fraco pronunciamento, a que fora forçado pela intervenção intempestiva de seu colega de partido, Negreiros Falcão, Vieira de Melo (PSD-BA) voltou à tribuna nos dias 9 e 10 de maio. Na primeira de suas intervenções, atacou duramente o interventor, acusando-o de ter tomado a iniciativa de promover o encontro entre o deputado Juraci Magalhães e o presidente Dutra. Quando em aparte o deputado José Cândido (UDN-PI) indagou que posição ocupava o interventor na direção do PSD baiano, Vieira de Melo deixou entrever a divisão que cindira o partido em seu estado: "O Sr. Guilherme Marback já não pertence ao PSD da Bahia; neste momento, pertence ao rol trágico dos traidores."

No discurso do dia seguinte, historiou a atuação de Juraci Magalhães como interventor, depois da Revolução de 30, atribuindo a seu governo atos de violência contra estudantes e jornalistas, invocando inclusive o espancamento de Simões Filho, proprietário do tradicional jornal *A Tarde*. Na esteira das acusações, afirmou ser Juraci "proprietário de arranha-céus" no Rio de Janeiro, o que provocou contestação do acusado, em que teve a solidariedade de Mangabeira. Acuado, Vieira de Melo, em questão de ordem, reclamou da "grossa artilharia da bancada oposicionista da Bahia" e tentou se retratar, tornando a emenda pior que o soneto, quando alegou ter sido mal ouvido pelos colegas do plenário:

"O SR. VIEIRA DE MELO – Alvo, repetidas vezes, de acusação infeliz de meu ilustre colega, Sr. Juraci Magalhães, retruquei à altura, acrescentando que, de mim, nunca se escrevera haver adquirido arranha-céus no Rio de Janeiro. Se assim me expressei, foi porque a meu respeito nunca se disse semelhante coisa."

O tumulto que se seguiu, quando choveram impropérios e acusações de que era um covarde, obrigou o presidente a interferir, afirmando que "a Assembléia tem ouvidos sensíveis e não lhe agradam certas expressões", em razão do que as palavras menos amáveis seriam eliminadas dos Anais.

No entanto, não foram as escaramuças que puseram fim ao duelo que já ameaçava transformar-se em desforço pessoal. Um protesto de Altamirando Requião (PSD-BA) mostrou, ao mesmo tempo, de onde provinham as ordens contra as quais se rebelavam os pessedistas e os métodos que imperavam na política brasileira. E foi o suficiente para que uma nuvem de silêncio pairasse sobre o assunto.

O interventor Guilherme Marback, duramente atacado e chamado de traidor por seu correligionário Vieira de Melo, dera uma entrevista de larga repercussão, defendendo-se das acusações que lhe faziam seus colegas de partido. Depois de se queixar que estava sendo vítima de clamorosas injustiças dos deputados, afirmou sem subterfúgios que partira do presidente Dutra a ordem de entregar as prefeituras aos vencedores das eleições de 2 de abril, em cada município do estado. E afirmou textualmente:

Não faço outra coisa senão executar esse acordo ao pé da letra. Quanto ao Secretariado, é ele composto de pessoas de minha confiança e não poderia deixar de ser assim. O que não era possível era o interventor compor o Secretariado sob imposição de terceiros.

Sucede que os deputados, temendo atacar a pessoa do digno presidente, atacaram a mim, sabendo eles que sou um delegado de confiança do General Dutra, e que executo um plano seu.

Na tentativa de demonstrar que o interventor não cumprira as instruções que recebera, o deputado Altamirando Requião (PSD-BA) tornou públicas as circunstâncias de sua investidura e revelou o teor do documento a ele enviado pelo presidente da República, cujo original, "por mero acaso, fora retido pelos deputados pessedistas":

"O SR. ALTAMIRANDO REQUIÃO – O Sr. Guilherme Marback não cumpriu nada do que o ilustre Chefe do Governo lhe prescreveu, verbalmente e por escrito, na noite de 11 de abril, às vésperas do seu embarque para a Bahia, com o testemunho de toda nossa bancada.

Senão vejamos.

Chamando-o ao telefone, o Exmo. Sr. Presidente declarou-lhe, à nossa vista, que havia deliberado, de si próprio, tomar as providências que passava a seriarlhe, de referência à administração e à política daquele Estado. Em seguida, especificou-lhe as ditas providências que constavam de cinco itens. E, como podia suceder que não fossem as suas palavras bem compreendidas, por aquele veículo ia passá-las para o papel, em documento que nos foi entregue, para ser dado a ler ao Interventor, tendo ficado, por mero acaso, o original em poder de nossa bancada.

As determinações do Presidente, de que foi fornecida, aliás, mais tarde, uma cópia ao Sr. Marback pelo Deputado Lauro Freitas, eram assinadas por S. Exa. e estavam assim distribuídas:

1º) Recomposição do Secretariado, com entrada de elementos do PSD;

2º) Substituição do Presidente do Instituto do Cacau;

3º) Nomeação, em primeiro lugar, de prefeitos pessedistas para os municípios onde o PSD tivesse obtido maioria de votos;

4º) Em segunda urgência, nomeação de prefeitos, onde a UDN tivesse logrado vencer a eleição presidencial, respeitadas as indicações que fizesse a mesma;

5º) Nomeação de prefeitos udenistas, onde a UDN houvesse triunfado na legenda, excluído o de Caiteté, para o qual, excepcionalmente, seria feita a nomeação do Sr. Clemente Tanajura, do PSD."

Ao contrário do que acontecera em Minas, na Bahia os ataques desabridos ao interventor por seus próprios correligionários e sua natural reação mostraram que as partes não tinham conseguido manter o conflito como uma questão meramente política e partidária, ameaçando transformá-lo num confronto de natureza institucional. Mas, em ambos os casos, a solução foi a mesma e a mais drástica: a substituição dos interventores. Se a de João Beraldo, cúmplice de Valadares, ocorreu em agosto de 1946, a de Guilherme Marback tardou menos tempo. Em 26 de julho, foi substituído no cargo pelo general Cândido Caldas, uma solução que agradava mais à UDN do que ao PSD...

Jogo bruto

Os casos da Bahia e de Minas serviram para demonstrar como estava se tornando pesado o jogo político, em virtude das disputas partidárias, depois da redemocratização. Os ventos da lenta e gradual distensão democrática, pendente da Constituinte, atiçavam o rescaldo das divergências alimentadas por quinze anos de governos discricionários, rebeliões, revoltas, revoluções, dissensões e até uma guerra mundial em que, pela primeira vez, o Brasil lutou fora do continente.

A rotina da Constituinte, enquanto esperava o projeto constitucional, não ultrapassava os estreitos limites das disputas regionais, dos pequenos confrontos ideológicos e dos intermitentes conflitos partidários, típicos de uma democracia cujos alicerces ainda estavam em construção. No dia 7 de maio, por exemplo, a Assembléia concedeu licença para que o deputado Batista Luzardo (PSD-RS), amigo de Vargas e protagonista de 1930, quando ganhou o epíteto de Centauro dos Pampas, pudesse exercer o cargo de embaixador do Brasil na Argentina. Na véspera, a bancada comunista demonstrou que estava aprendendo as regras do jogo burguês. Requereu, e o plenário aprovou, que a ordem do dia da sessão do dia 8 fosse dedicada às comemorações do primeiro aniversário do fim da Segunda Guerra Mundial, o que lhe permitiu fazer, sem reparos nem reações indignadas, elogios ao papel da União Soviética e do Exército Vermelho, aos quais, obviamente, creditavam a vitória aliada no conflito. No dia 12, Jorge Amado (PCB-SP) lembrou a morte de Siqueira Campos, requerendo um voto de pesar pelo transcurso da data, enquanto Barreto Pinto registrou a presença, numa das tribunas, do marechal Rondon e requereu que a sessão do dia seguinte fosse dedicada a comemorar a memória da princesa Isabel, pelo transcurso dos 58 anos da assinatura da Lei Áurea, e a de Caxias, pelos 66 anos de sua morte, ocorrida no dia 7 de maio. O jornal *O Globo* publicou nota em que se dava conta da dissolução de um comício em Florianópolis promovido pelo PCB, comemorativo do fim da Segunda Guerra Mundial, quando um dos oradores se dedicava a elogiar o Exército Vermelho. O deputado Coelho Rodrigues (UDN-PI) leu documento do governo do Espírito Santo denunciando a invasão de seu território por tropas da Polícia Militar de Minas Gerais, pela questão de limites, até aquela data pendente de solução arbitral.

O jogo duro da política se praticava entre os partidos. Entretanto, o andamento das providências do governo para conter manifestações partidárias dos comunistas ameaçava transformá-lo em jogo bruto. Depois da proibição das manifestações a céu aberto, em 1º de maio, no Rio de Janeiro, em que parte da cidade foi ocupada por tropas do Exército, veio a dissolução, no dia 8, do comício promovido pelo fim da guerra em Florianópolis. No dia 10, os jornais davam notícia da visita do ministro do Trabalho, Otacílio Negrão de Lima, ao Porto de Santos, onde os estivadores se recusavam a descarregar e carregar navios de bandeira espanhola, em protesto contra o regime de Franco, além de reivindicarem melhoria salarial e das condições de trabalho. Em entrevista aos jornais, o titular da Pasta, além de acusar os comunistas pelo movimento e pela exploração dos trabalhadores não-sindicalizados, os chamados "bagrinhos", avisava que uma solução seria encontrada, se necessário, pela força.

A entrevista provocou protestos e reação. Na sessão do dia 15, o deputado Carlos Marighela (PCB-BA) refutou as declarações do ministro e denunciou o clima de repressão na cidade, com ameaças de prisão dos líderes portuários. Na ordem do dia, seu colega Osvaldo Pacheco (PCB-SP), ex-secretário do Sindicato dos Estivadores, relatou a baixa remuneração dos portuários e negou a existência de "bagrinhos" a que aludira o ministro. No dia 16, Alcedo Coutinho (PCB-PE) leu cartas enviadas à sua bancada denunciando a ocupação militar do porto e indagou do presidente o destino do requerimento solicitando a criação de uma comissão externa da Assembléia para verificar a situação que vivia a cidade de Santos. O presidente esclareceu que, tendo sido publicado no *Diário da Assembléia* na véspera, não poderia ser incluído na ordem do dia, destinada exclusivamente a assuntos constitucionais, devendo, portanto, ser votado no dia seguinte.

Os problemas trabalhistas não se circunscreviam a Santos. No Rio Grande do Sul, estavam em greve os funcionários da Viação Férrea do Rio Grande do Sul, e as notícias que de lá chegavam eram de que os líderes do movimento estavam sendo demitidos e alguns transferidos, o que provou requerimento do deputado Artur Fischer (PTB-RS), indagando se eram procedentes as informações. No Rio, os bancários tinham voltado ao trabalho, depois da interferência de alguns constituintes, mas o estado de greve continuava, enquanto uma comissão paritária tentava encontrar uma solução nas negociações mediadas pelo Ministério do Trabalho, entre banqueiros e os empregados dos bancos. Entretanto, no dia 20 chegou à Assembléia a informação de que o presidente do sindicato tinha sido preso. Subscrito pelos senadores Matias Olímpio e Hamilton Nogueira, ambos udenistas, e por outros membros da oposição, a bancada da minoria indagava, em requerimento ao ministro da Justiça, "quais as razões da prisão do sr. Antônio Luciano Bacelar Couto, presidente do Sindicato dos Empregados em Estabelecimentos Bancários", onde ele "se encontra recolhido e quais as condições de sua prisão". Finalmente, pedia esclarecesse o governo qual "a relação existente entre a referida prisão e a criação da Comissão Paritária constante do acordo que pôs termo à última greve dos bancários". Em nome da oposição, Café Filho reclamou do arbítrio da medida, enquanto o deputado Leite Neto (PSD-SE) pedia a aprovação do requerimento propondo a criação da comissão que, em nome da Constituinte, deveria visitar o Porto de Santos, para tentar pôr fim ao conflito, que já durava mais de uma semana.

A interferência de deputados de vários partidos nessas questões, inclusive da maioria, parecia mostrar que as inquietações trabalhistas não eram um assunto de interesse exclusivo do PCB, mas, virtualmente, de todos os partidos. No entanto, em virtude de seu ativismo na área sindical e de seu proselitismo entre os trabalhadores, os comunistas eram os mais visados. Na mesma sessão do dia 20, o deputado Agostinho de Oliveira (PCB-PE) ocupou a tribuna para protestar contra a violência de prisões e ameaças que sofriam seus correligionários, já agora no Rio de Janeiro:

"O SR. AGOSTINHO DE OLIVEIRA – (*Pela ordem*) Sr. Presidente, Srs. Representantes, o que me traz à tribuna é formular o protesto de minha bancada, a do Partido Comunista Brasileiro, contra as arbitrariedades que se praticam em todo o Brasil.

[...] É preciso que fique bem claro no espírito de todos os Srs. Representantes que, no passo em que vamos, o Brasil não está caminhando para a democracia, mas sim para a senda que trilhou no ano negro de 1937. [...] O operário Davi Jansen de Oliveira, viajando para o Estado do Rio, foi preso na raiz da Serra, levado para a Chefatura de Polícia, despido de toda a sua roupa e espancado como um negro, na época da escravatura. E continua recolhido a uma prisão, completamente nu. Seu único crime foi viajar para o Estado do Rio e ser conhecido como membro do Comitê Estadual do Rio de Janeiro. Lançamos nosso protesto desta tribuna e os Deputados do Partido Comunista, como seus advogados, irão promover o corpo de delito, para apurar as responsabilidades pelo espancamento.

Outra arbitrariedade consta do seguinte telegrama, dirigido de Marília ao Senador Luís Carlos Prestes, em 16 do corrente:

Levamos vosso conhecimento, foi negada este Comitê Municipal de Marília do PCB autorização realizar comícios políticos e comemorativos quinzena legalidade recintos fechados e praça pública, medida arbitrária delegado adjunto Lauro Morais Bonilha desacordo nossas conquistas democráticas pedimos camaradas protestarem junto Assembléia Constituinte.

Atos como esses são de governos que não desejam que o país marche, de maneira alguma, para a democracia."

O clima de repressão era do conhecimento da Assembléia, e o uso imoderado e injustificado da força e de ameaças provocava a reação de outros partidos. No dia 21 de maio, terça-feira, o deputado Domingos Velasco (UDN-GO), em nome da Esquerda Democrática, em vias de se constituir em partido, leu a nota de sua Comissão Nacional:

"Diante dos últimos atentados às liberdades públicas e individuais – intervenções nos sindicatos e prisões de líderes trabalhistas – e do mal-estar decorrente do desaparecimento progressivo de gêneros alimentícios – a Esquerda Democrática vem reiterar, de maneira veemente, as conclusões da sua declaração, lida na Assembléia Constituinte e datada de 28 de fevereiro último e que, em seu parágrafo final, dizia: – O governo só poderá desempenhar bem sua missão, que é árdua, através de uma política de inteligência e não de força. A política da compressão das liberdades públicas será mais um fator de agravamento da crise. Ao Governo incumbe, pois, antes de tudo, restaurar a confiança na administração pública, adotando medidas concretas para reduzir as emissões, cortar as despesas supérfluas, fomentar a produção e garantir-lhe o escoamento. Nesse esforço governamental, é imperativo que cooperem trabalhadores e patrões'.

Ao Sr. Presidente da República, a Esquerda Democrática renova o apelo que então lhe fez. Nesta hora de sacrifício para todos, não é possível dominar a crise econômico-financeira, sem que haja tranqüilidade política. Não é com medidas policiais que se dominará a situação. Medidas de violência e força, o Governo já demonstrou que tem capacidade para praticar. O que a Nação espera agora é sentir a capacidade do Governo para resolver os problemas econômicos que estão causando um mal-estar generalizado do qual se originam os dissídios e greves atuais.

Que o Sr. Presidente da República e seus altos auxiliares demonstrem que são capazes de encontrar solução pacífica e democrática para o caos social que a ditadura, na qual colaboraram, legou ao país. O que, enfim, o povo brasileiro quer é livrar-se dos açambarcadores, libertar-se das autoridades atrabiliárias e sair das filas que a ditadura instituiu e o atual governo mantém. Rio de Janeiro, 21 de maio de 1946. A Comissão Nacional."

Depois de Velasco, foi a vez de Marighela protestar contra a prisão de seus correligionários no Rio:

"O SR. CARLOS MARIGHELA – (*Pela ordem*) Sr. Presidente, Srs. Constituintes, venho trazer ao conhecimento da colenda Assembléia a seguinte moção de protesto da bancada comunista:

Em face das prisões que a Polícia do Distrito Federal vem efetuando nos últimos dias, e das medidas de coação tomadas contra as liberdades públicas, quer interditando sindicatos, como sucedeu com o Sindicato dos Bancários, quer impedindo reuniões e comícios de Partidos legalmente registrados, esta Assembléia Nacional Constituinte, que representa os anseios democráticos do povo brasileiro, e se sente no dever de vigiar pelas instituições democráticas e esforçar-se por assegurá-las, vem, por este meio, trazer ao Exmo. Sr. Presidente da República e a toda a Nação brasileira seu mais veemente protesto às atitudes das autoridades policiais que, longe de contribuírem para a boa marcha da democracia em nossa Pátria, estão concorrendo para comprometer o Governo.

A Assembléia Constituinte espera que o Poder Executivo tome as medidas necessárias sem maior demora, para modificar as atitudes antidemocráticas de autoridades a ele subordinadas.

A defesa da democracia é um dever de todos os brasileiros e patriotas e esta Assembléia Constituinte não poderia deixar de manifestar-se, nesta emergência, em que realmente se fere o nosso regime democrático.

[...] Ainda ontem à meia-noite, membros do Partido Comunista, que se retiravam para suas casas depois de ter participado de reunião pacífica de nosso Partido, eram assaltados, verdadeiramente assaltados na estrada por um carro do Socorro Urgente da Polícia, cujos ocupantes prenderam aqueles pacatos cidadãos brasileiros, apreenderam prospectos de comício marcado para o dia 23 – permitido legalmente, portanto – e, mais ainda, carregaram com todos aqueles companheiros para as masmorras da Polícia Central. E isto acontece quando se diz que estamos em plena democracia!

E, pior ainda, Sr. Presidente, hoje, ao meio-dia, em plena praça pública, investigadores acompanhados de soldados da Polícia, embalados com todo o aparato policial e militar, prenderam mais outros pacíficos cidadãos, em franca luz do dia. Vou ler os nomes dos que se encontram presos.

Presos ontem à noite: Wilton de Carvalho Bastos, estudante de medicina; Valdir Dorneles, comerciário; Máximo Pimentel, pintor; José Porfírio dos Santos, operário, este tuberculoso; Afonso Costa, pintor; Osmar Palmeira de Queiroz, funcionário público; Neusa Palmeira de Queiroz, doméstica; José Gomes, comerciário; João Barbosa, comerciário; Alcebíades, pintor; José Luís Pereira, operário.

E hoje, em pleno dia, como disse, foram presos mais os seguintes cidadãos: Ydil Machado, ex-sargento da FEB; Marinho Cavalcanti de Carvalho, metalúrgico; Elsa Morais Rego, professora primária."

Depois de apelar ao líder da maioria, Nereu Ramos, para que se pronunciasse sobre os fatos denunciados, e afirmar que lhe chamara a atenção de forma veemente, denunciou os responsáveis pelos desmandos e fez um apelo aos demais líderes partidários, no mesmo tom:

"[...] O Governo está marchando para o suicídio, para o abismo; está se comprometendo se não expulsa os responsáveis do Governo – elementos fascistas da marca do Sr. Pereira Lira, da marca do ministro do Trabalho, Sr. Negrão de Lima. É preciso também que os ilustres membros da bancada udenista se pronunciem a respeito do assunto. Ouvimos do Sr. Otávio Mangabeira a expressão que disse ser do seu partido, de que a sua idéia era manter-se fiel à democracia e protestar contra semelhantes absurdos.

Também de outros representantes de partidos tenho ouvido as mesmas declarações.

[...] Apelo, portanto, para todos os partidos, sem distinção, para todos pronunciarem-se a respeito dessas acusações e demonstrem a vontade dos representantes do povo de assegurar as instituições democráticas e vigiar por que elas sejam, dentro de nossa pátria, uma garantia dos nossos direitos."

O entusiasmo, a entrega e a veemência com que os integrantes da bancada do PCB se dedicavam ao exercício de seu mandato contrastavam com a eficácia dos recursos empregados na luta parlamentar, causando-lhes, por isso, compreensível ceticismo quanto aos resultados que dela podiam obter. Exortar o líder da maioria a se pronunciar contra atos do governo com os quais era solidário não passava de um gesto de retórica, sem maiores conseqüências. Mas tornar pública essa atitude da tribuna, ainda mais afirmando tê-lo feito de maneira veemente, não era seguramente a forma mais politizada de induzi-lo a alguma forma de solidariedade. Marighela era dos mais combativos integrantes de sua bancada, e dotado de reconhecida bravura pessoal. Sua veemência não era, por isso mesmo, a qualidade mais recomendada para lidar com fatos cuja gravidade começava a ser percebida por todos, numa hora em que o governo de Dutra passava por um de seus piores momentos. A própria reação que os fatos provocavam no âmago do poder era sinal veemente de que havia o risco de perder o controle da situação social, agravada por uma crise de abastecimento que a quase todos atingia e inquietava.

O fato de cobrar solidariedade dos demais partidos, pela repressão que sofriam seus correligionários, como se isso fosse um dever de todas as demais bancadas, iria causar-lhe alguma surpresa. A afirmação de que o comício a que aludira, pelo fato de ter sido programado pelo partido para o dia 23, o tornava permitido legalmente, era outro de seus equívocos. Na realidade, a autorização tinha sido requerida à autoridade policial, mas no dia 21, em que ele falava da tribuna, ainda não fora concedida.

Que a escalada de repressão parecia desencadeada, isso não devia estar passando despercebido aos partidos de oposição. Talvez por isso a UDN, logo depois que Marighela desceu da tribuna, e assim que o deputado Osvaldo Lima (PSD-PE) levantou questão de ordem sobre os abusos com que se utilizava o recurso de usar da palavra para levantar supostas questões de ordem, deu da tribuna a posição de seu partido:

"O SR. ALOÍSIO DE CARVALHO – (*Pela ordem*) Senhor Presidente, pedi a palavra para apresentar à Mesa um requerimento de informações formulado pela União Democrática Nacional, e que faço chegar às mãos de V. Exa.

Ouvimos, ainda há pouco, a palavra do nobre representante da bancada do Partido Comunista do Brasil, e os fatos por S. Exa. trazidos ao conhecimento desta Casa são de importância excepcional. Ainda ontem, Deputados da União Democrática Nacional também dirigiram à Mesa requerimento de informações em torno da prisão do presidente do Sindicato dos Bancários, indagando quais os motivos determinantes dessa prisão e em que condições estava sendo executada.

Somos hoje surpreendidos com a notícia de novas prisões e, à União Democrática Nacional, parece que, antes de um protesto, seria ainda o caso, talvez porque o ceticismo talvez já nos vá dominando, e quiçá a esta Assembléia, em relação a tais requerimentos de informações, que não têm merecido do Governo da República o apreço e o acatamento que deveriam, por sua própria natureza, e pela soberania desta Assembléia, merecer. (*Muito bem*)

Ainda não está esquecido, da União Democrática Nacional, o fato, que reputamos bastante grave, de não ter sido até hoje satisfeito o pedido de informações que endereçamos ao Governo, relativamente às prisões efetuadas nas vésperas e no Dia do Trabalho e à proibição de manifestações coletivas em praça pública.

Para que a liberdade de locomoção e de pensamento sofra, no Brasil, neste momento, colapso tão profundo, mister se faz, Sr. Presidente, que militem a favor do Governo razões muito graves, que terão que ser comunicadas à Assembléia Constituinte, porque se ele, o Poder Executivo, é hoje resultante da vontade popular, expressa nas urnas em 2 de dezembro, somos aqui também, indiscutivelmente, a encarnação e uma expressão muito viva e palpitante desta vontade...

O Sr. Paulo Sarazate – Mais viva ainda porque representamos vários partidos.

O SR. ALOÍSIO DE CARVALHO – Mais viva ainda porque representamos vários partidos, como muito bem diz o nobre Deputado Sr. Paulo Sarazate. [...] Não se trata de um paliativo nem de um protesto, que poderia ser inócuo, mas do exercício de um direito, o de sabermos agora, como ontem e como sempre, quais os motivos que levam o Governo da República à prática de atos que estão repercutindo tão profundamente na opinião pública e, talvez, desencantando-a nas esperanças e ilusões de que se acha plena quanto ao restabelecimento da democracia brasileira. (*Muito bem. Palmas*)"

No dia 22, antevéspera da data marcada pelo PCB para a realização do comício no Largo da Carioca, com que pretendia comemorar seu primeiro ano de legalidade, depois de quarenta e cinco de clandestinidade, seus dirigentes tomaram conhecimento de que o pedido de autorização tinha sido negado pelas autoridades policiais. Maurício Grabois foi o encarregado de lavrar o protesto da bancada. Depois de denunciar as arbitrariedades que estavam sendo sistematicamente cometidas com a prisão de militantes do partido, como já tinha anunciado na véspera seu colega Carlos Marighela, e de listar os nomes e a qualificação dos detidos, Grabois feriu o tema que o levou à Tribuna:

"O SR. MAURÍCIO GRABOIS – (*Pela ordem*) [...] Sabemos que, nestes últimos dias, auxiliares do Governo vêm tomando medidas cerceadoras desses direitos essenciais, atingindo duramente a liberdade e autonomia sindical.

Esta Casa precisa, em defesa da democracia, protestar, veementemente, contra esses ataques em nossa terra. Se assim não fizermos, seremos nós, Representantes da Assembléia Constituinte, vítimas da fúria fascista de elementos reacionários, muitos dos quais estão em postos do Governo.

[...] Se isso não é o bastante, Sr. Presidente, posso adiantar que a Polícia do Distrito Federal tem, ultimamente, atingido duramente o direito de reunião, principalmente em relação ao Partido Comunista, que é um partido legalmente registrado e que tem representantes nesta Assembléia. Apesar disso, a Polícia ainda procura fazer pouco da mentalidade democrática do povo brasileiro!

Devendo nosso partido comemorar, no próximo dia 23, seu primeiro ano de legalidade, programou para essa data um comício no Largo da Carioca.

Apesar de toda a imprensa ter feito publicidade em torno dele, a Polícia esperou o último instante para proferir despacho, assinado pelo Sr. Coronel Imbassahi, que se arroga o direito de resolver problemas de liberdade de opinião em nosso país, sem ser a autoridade competente que, no caso, seria o Sr. Ministro da Justiça. É o seguinte o teor do despacho a que me refiro:

'De ordem do Coronel Imbassahi, salvo deliberação ulterior, imposta por circunstâncias novas, o comício pode ser realizado na Praça N. Sra. da Paz (Ipanema), no dia 23/5 às 18 horas. Ficando interditada qualquer reunião no Largo da Carioca, para efeito de comício, de vez que no referido Largo da Carioca representa perigo imediato para a segurança pública. Que se cumpram as determinações. [*sic*]

Rio, 22-5-46. As. Coronel Imbassahi.'

Ora, Sr. Presidente – e V. Exa. desculpar-me-á se me excedo um pouco neste instante –, uma reunião marcada num determinado lugar no centro da cidade, já tradicionalmente considerado lugar de comícios, para os quais a polícia sempre deu consentimento, ser transferida, depois de intensa propaganda, para um bairro aristocrático, como o de Ipanema, para onde é difícil o acesso, sem dúvida significa restrição à liberdade de opinião. Esse o objetivo que a Polícia procura atingir.

Ainda ontem, presenciamos degradante espetáculo nas escadarias deste edifício, quando elementos bancários, num legítimo direito que tem todo cidadão, vinham falar pacificamente com deputados, pedindo-lhes intercedessem junto às autoridades constituídas contra ato do prepotente Ministro do Trabalho, Sr. Negrão de Lima, que decretou a intervenção no Sindicato dos Bancários. Pois bem, a Polícia Especial compareceu e se arrogou o direito de dissolver aquela aglomeração de ordeiros bancários, aos quais falavam representantes de todos os partidos, como os Srs. Benício Fontenele pelo Partido Trabalhista, Acúrcio Torres pelo PSD, José Leomil pela UDN e Hermes Lima pela Esquerda Democrática, com evidente desrespeito às imunidades dos representantes da Nação, e, empunhando metralhadoras, dissolveram o comício diante de nós.

Não nos move, Sr. Presidente, qualquer intuito de agitação. Queremos apenas advertir a Assembléia de que a democracia brasileira está seriamente ameaçada. (*Muito bem. Palmas*)"

Depois do representante comunista, foi a vez de o deputado José Leomil (UDN-RJ), que representou seu partido na concentração dos bancários na escadaria do Palácio Tiradentes, protestar contra a ação da Polícia Especial no dia anterior.

Além de historiar os fatos, acusou o chefe da Segurança da própria Assembléia de ter chamado a polícia de choque, usada como tropa antidistúrbio pelo Estado Novo:

"O SR. JOSÉ LEOMIL – [...] Ah!, Srs. Constituintes, o doloroso, o decepcionante, o que de angústia, de preocupação, de tristeza e de desesperança há nesses acontecimentos, é que a Polícia Especial foi mandada chamar para dissolver o povo, sem nenhuma consideração pelos deputados presentes, que ali se encontravam a serviço da ordem e do bem coletivo, não pelos inimigos desta Casa, não pelos que não crêem na ação construtiva do Poder Legislativo, mas por ordem do Dr. Agenor Homem de Carvalho, autoridade incumbida do policiamento interno desta Casa e da segurança pessoal, em suas dependências, dos mandatários da Nação!

[...] Acresce, Sr. Presidente, que a mesma autoridade declarou – e não queremos crê-lo – que executava determinação de V. Exa.

Quero, Sr. Presidente, deixar consignado o mais vivo dos meus protestos contra a atitude daquele delegado que, verificando a presença de inúmeros Deputados, deveria ter ordenado a retirada imediata da Polícia, numa demonstração de apreço aos parlamentares ali presentes, a menos que ela tivesse sido solicitada para dissolver também os representantes do povo!

Releva notar que a impressão dominante era a de que nós, os deputados, não tínhamos imunidades, eis que as nossas estavam como que concentradas na pessoa do mencionado delegado, tal a austeridade com que S.S. olhava, sobranceiro, para nós e os manifestantes."

Seguiu-se na tribuna o deputado José Bonifácio (UDN-MG), solicitando que a Mesa esclarecesse o plenário se solicitou a presença da polícia. O presidente, até então calado ante as denúncias, esclareceu que, na véspera, tinha sido procurado por uma comissão de bancários, aos quais pediu que trouxessem por escrito o que desejavam que fosse comunicado à Assembléia, retirando-se em seguida de seu gabinete. São suas próprias palavras:

"O SR. PRESIDENTE – [...] Essa comissão se retirou e tive notícia de que um grande grupo de bancários se encontrava nos corredores da Casa. Chamei então o Chefe de Segurança da Assembléia e pedi que tivesse toda a atenção, porque, dentro do edifício, não permitiria manifestação hostil a qualquer Representante. O Chefe de Segurança me comunicou que os bancários se achavam em ordem. Disse-lhe, então, que ficasse no meio deles e, se houvesse excessos, fizesse sair da Assembléia os perturbadores. [...] Disse mais ao Chefe de Segurança: desde que os manifestantes não estejam mais nas dependências deste edifício, não nos compete providência alguma. [...] Lá fora, compete à Polícia essa missão.

O Sr. Chefe de Segurança comunicou-me ainda que, na parte externa do edifício da Assembléia, se encontrava um grande grupo. Imediatamente comuniquei o fato à Polícia, para que não se reproduzisse o que já deu lugar a censura à Mesa, por uma atribuição que não tem, de fazer policiamento na rua. [...] O que ocorre nas ruas da cidade, como é claro, não poderei informar aos Srs. Representantes."

Ato contínuo, o vice-líder da maioria, deputado Acúrcio Torres (PSD-RJ), presente ao ato do dia anterior, deu sua versão dos fatos:

"O SR. ACÚRCIO TORRES – (*Pela ordem*) Sr. Presidente, creia que é verdadeiramente constrangido que participo dos debates sobre o incidente de que participam os nobres colegas.

Não desejo discutir propriamente o caso, mas quero que V. Exa. receba o meu depoimento. Ontem, ao findar a sessão, chegava eu à sala dos chapéus, em companhia dos ilustres Deputados Srs. Hermes Lima e Café Filho, quando fomos convidados a chegar às escadarias deste Palácio, a fim de assistirmos a uma manifestação dos bancários.

Ali comparecemos. Tive então a oportunidade, Sr. Presidente, de dirigir algumas palavras aos bancários, pedindo-lhes que se mantivessem dentro da ordem, em respeito aos órgãos governamentais. Prometi-lhes, o que hoje, aliás, se cumpriu, que levaria ao conhecimento do Sr. Presidente da República os anseios da classe, então manifestados.

Quando lá cheguei, Sr. Presidente, tive o prazer de ouvir as últimas palavras do brilhante discurso pronunciado aos bancários pelo meu nobre colega, e – por que não dizê-lo? – meu querido amigo, o Sr. José Leomil, ilustre e digno representante da União Democrática Nacional nesta Casa. A tão formoso discurso, ouvi ainda as palavras dirigidas aos bancários pelos ilustres Representantes da Esquerda Democrática e do Partido Progressista – os Srs. Hermes Lima e Café Filho.

Em seguida à oração do Sr. Hermes Lima, e quando iniciava seu discurso o nosso valoroso colega, Sr. Café Filho, eu e o nobre deputado carioca ficamos ao lado direito das escadarias – lado direito de quem está de frente para a rua da Misericórdia. Pouco depois estranhei, como não podia deixar de estranhar, a chegada de um carro com elementos da Polícia Especial.

Não vi, nessa ocasião, o Chefe de Segurança da Assembléia. Soube depois, porém, que esse auxiliar de V. Exa., na manutenção da ordem dentro do Palácio Tiradentes, se encontrava junto a um dos portões do Palácio, próximo, então, dos Srs. Deputados José Leomil e Café Filho, que falava no momento.

Estranhei, Sr. Presidente, e comigo também estranhou o ilustre Representante Sr. Hermes Lima a presença do carro com elementos da Polícia Especial. E devo dizer a V. Exa. que estranhei por uma única circunstância: é que não vi, de fato, no momento, necessidade para que aí aparecesse o carro com soldados da Polícia Especial. E devo dizer à Assembléia, em benefício dos bancários – que o comício se fazia em ordem. Mas não posso criticar – e devo dizer a V. Exa. que, quando digo 'não posso criticar', esta minha atitude de não criticar não envolve, em absoluto, afirmo a V. Exa., minha situação partidária – não posso criticar a atitude de autoridades que, não estando no local e conhecendo, talvez por telefone, a existência daquela manifestação que – repito – era em ordem, para mim que estava no local...

O Sr. José Leomil – Não estou acusando as autoridades policiais, mas o Chefe de Segurança desta Casa, que me declarou, na presença do Deputado Hermes Lima, que mandara chamar a Polícia Especial, porque, para aquela situação, só a Polícia Especial. Ao que o Sr. Hermes Lima retrucou não ser caso de Polícia.

O SR. ACÚRCIO TORRES – Sr. Presidente, vou responder por partes ao nobre colega. De fato, já declarei que comigo também estranhara o Deputado Hermes Lima a presença da força, mas não é disto que se trata. Dizia que não podia criticar as autoridades que, ao longo do dia, tiveram notícia, por telefone, daquela reunião, nem prejulgar suas conseqüências. Também não quero criticar o Chefe de Segurança desta Casa, porque o que houve foi o seguinte: a força da Polícia Especial – e nesse particular posso apelar ainda para o meu eminente colega de representação fluminense, Sr. Getúlio Moura, que se encontrava nas proximidades – se conduziu de modo a não merecer qualquer censura.

O Sr. José Leomil – Não espancou, mas saltou do carro de armas nas mãos. V. Exa. queria que espancasse os Deputados que falavam?

O Sr. Getúlio Moura – O contingente da Polícia Especial saltou do carro e, verificando que aquela manifestação não era de hostilidade a esta Casa, mas, ao contrário, era conduzida pela palavra dos deputados, retirou-se em seguida, para defronte do edifício dos Telégrafos, onde ficou formada em ordem. Não dissolveu o comício, de modo algum.

O Sr. Carlos Marighela – Tomando posição.

O Sr. José Bonifácio – A Polícia exibiu metralhadoras e bombas de gás lacrimejante? Responda o orador.

(*Trocam-se vários apartes. O Sr. Presidente faz soar os tímpanos*)

O SR. ACÚRCIO TORRES – Sr. Presidente, a Polícia Especial, nas proximidades deste Palácio, tomou a posição já referida à Assembléia pelo Sr. Deputado Getúlio Moura e não houve qualquer excesso por parte dos seus homens.

Não houve excessos. Quando os bancários se retiravam, por isso que o Deputado Café Filho, último orador do comício, lhes pedira que o fizessem em ordem, encontrava-me com o Sr. Deputado Hermes Lima, nos últimos degraus da escadaria desta Assembléia, e conosco também estava o Sr. Deputado José Leomil.

O Sr. Osvaldo Pacheco – V. Exa. não acha que a exibição de armas seja motivo de protestos?

(*Trocam-se numerosos apartes. O Sr. Presidente, fazendo soar os tímpanos, reclama atenção*)

O SR. ACÚRCIO TORRES – [...] Encontrávamo-nos – eu, o Sr. Hermes Lima e o Sr. José Leomil – em frente ao Palácio e já longe iam os bancários, quando de nós se aproximou o Dr. Agenor Homem de Carvalho, Chefe da Segurança da Câmara, a quem o Sr. Hermes Lima declarou julgar excessiva a tropa da Polícia Especial para aquele comício, que ia calmo e tranqüilo.

O nobre auxiliar de V. Exa., Sr. Presidente, disse ao Sr. Representante José Leomil que também estranhara a presença da tropa...

O Sr. José Leomil – Não apoiado: V. Exa. não está traduzindo o que ocorreu, ou não ouviu bem. Ao contrário, o que disse o Sr. Chefe da Segurança foi que, para um caso de tal natureza, só a Polícia Especial, enquanto o Sr. Hermes Lima dizia que não era caso de polícia.
O SR. ACÚRCIO TORRES – De fato, o Sr. Representante Hermes Lima afirmou que o caso não era de polícia e o Chefe da Segurança respondeu que não podia prever a que proporções atingiria a manifestação. Afirmou ainda que o Presidente da Assembléia não permite essas manifestações na escadaria do Palácio Tiradentes a fim de que não se reproduzam cenas como as aqui já se têm desenrolado, até contra membros desta Casa. Disse mais, em resposta a um dos dois nobres Representantes, que a autoridade, para dissolver, mesmo em calma, manifestação como aquela, precisa que os manifestantes saibam estar ela apoiada em alguma força.
Creia V. Exa., Sr. Presidente, que eu não seria capaz de me meter neste debate facciosamente. Não é do meu feitio. Quero que V. Exa. aceite este meu depoimento, porque é a expressão irretorquível da verdade."

O fato serviu para mostrar como um episódio normal, corriqueiro e corrente em qualquer democracia podia se transformar num ato capaz de despertar protestos irados, exortações indignadas e denúncias coléricas. O que na palavra de uns era um atentado à democracia, na descrição de outros não passava de um episódio rotineiro, sem maiores incidentes. Não eram só os comunistas, como se vê nesse debate, os únicos capazes de dar dimensões distorcidas aos atos em que tinham interesse em aproveitar para mostrar a face repressiva que o governo estava adotando. Mais exaltados do que os integrantes da bancada do PCB mostravam-se os membros daquela facção da UDN que, alguns anos depois, veio a ser denominada "banda de música", pela capacidade de fazer reverberar, muitos tons acima da partitura, qualquer música que tocassem.

Que o governo estava radicalizando suas posições, não restavam dúvidas. Acuado por greves e manifestações de insatisfação, por um lado, e pela crise de abastecimento que se agravava, gerando protestos generalizados, por outro, seu núcleo decisório se inclinava a adotar uma linha cada vez mais dura, quando se tratava de debitar ao PCB toda sorte de dificuldades com que defrontava o país. O jogo tinha se transformado de jogo duro, normal de ser praticado entre adversários, em jogo bruto, só admissível nos conflitos entre inimigos. O pior, porém, estava por vir. E não tardaria mais que vinte e quatro horas, quando se passou do confronto das idéias ao conflito das agressões.

20. A escalada

O dia "D"

A sessão do dia 23 de maio transcorreu sem problemas nem novidades. No início da ordem do dia, foi submetida a votos moção do deputado Berto Condé (PTB-SP), de congratulações com o presidente Dutra, por ter, em reunião ministerial, segundo noticiavam os jornais do dia, decidido intervir no mercado de gêneros alimentícios. Manifestaram-se contra a proposta os deputados da oposição, os udenistas Nestor Duarte (BA), José Bonifácio (MG) e Amando Fontes (SE), sob a alegação de que se tratava de medida cujos resultados eram imprevisíveis, não havendo por que receber, de antemão, nenhum aplauso. Submetida a votação simbólica, a moção foi aprovada, tendo o deputado Jurandir Pires (UDN-DF) requerido verificação do resultado. Em novo turno, manifestaram-se a favor 92 constituintes, e 73 contra, confirmando-se sua aprovação.

Prestes era o primeiro orador da ordem do dia, dedicada exclusivamente a assuntos constitucionais. E foi sob esse pretexto que ele ocupou a tribuna, para comemorar o primeiro aniversário da legalização do Partido Comunista, depois da anistia de abril de 1945. Iniciou aludindo à data e leu em seguida o longo discurso pronunciado no estádio do Vasco da Gama, no dia 23 de maio de 1945. Seguidamente aparteado pelos opositores de sempre, fez uma longa análise da situação nacional e procurou mostrar que o socialismo era a solução para os grandes problemas da humanidade e para o Brasil. Referindo-se ao movimento de 1935, procurou deixar claro que a via revolucionária não estava nas intenções do PCB:

"O SR. CARLOS PRESTES – [...] Tentamos, em 1935, com a Aliança Nacional Libertadora, resolver revolucionariamente tais problemas, enfrentar a demagogia integralista, com a resolução dos problemas fundamentais da revolução democrático-burguesa – a revolução agrária e antiimperialista pelo seu conteúdo – porque já sabíamos que, sem um golpe decisivo contra o capital estrangeiro reacionário e colonizador, sem que a terra passasse ao poder da massa camponesa sem terra, nenhum passo seria possível dar no progresso do país. Fomos derrotados e, nesses anos de combate ao comunismo, o que de fato se fez, com as armas asquerosas da polícia, do Tribunal de Segurança Nacional, do DIP reacionário de ontem, bem diferente por certo deste de hoje, que irradia a palavra do povo, foi impedir o progresso nacional e enganar a nação, com uma prosperidade fictícia de inflação e de obras públicas suntuárias e de fachada, com exclusão, talvez, única e honrosa com o início da construção da Usina Siderúrgica de Volta Redonda."

Provocado como das outras vezes que ocupava a tribuna, enveredou por uma discussão teórica que estava longe de prenunciar a primeira grande tempestade indicadora dos rumos do regime que estava por vir. Quando desceu da tribuna, já eram 17 horas e 15 minutos, 45 minutos antes do horário previsto para o comício do Largo da Carioca que a polícia tinha proibido na véspera. Depois dele, apenas mais dois oradores ocuparam a tribuna para tratar de questões de menor relevância. Quem saiu da Assembléia logo após o encerramento da sessão às 18 horas e se encaminhou na direção da Avenida Rio Branco, em demanda do Largo da Carioca, pôde tomar conhecimento do caos que dominaria a cidade pouco depois, quando a Polícia Especial, cujo quartel ficava no Morro de Santo Antônio, ao lado do convento do mesmo nome, que limitava aquele logradouro por um dos lados, dissolveu à bala os que se concentravam em toda a sua extensão.

Os matutinos do dia seguinte davam em manchete o trágico acontecimento. A sessão da Constituinte foi aberta pontualmente às 14 horas e, por coincidência ou não, o segundo documento lido no expediente foi a resposta do ministro da Justiça ao requerimento formulado pela bancada da UDN no dia 3 de maio, sobre as razões da proibição de manifestações públicas a céu aberto no Dia do Trabalho. O documento, datado da véspera, vinha acompanhado de exposição do Chefe de Polícia, cujo teor é ilustrativo de como pensava e agia, num regime democrático, o aparelho repressivo da ditadura:

"Em 22 de maio de 1946
Senhor Ministro,
Tenho a honra de acusar o recebimento do ofício nº G.2.316, remetendo o teor do requerimento formulado por diversos Exmos. Srs. Senadores e Depu-

tados e aprovado em plenário, no sentido de que o Governo informe, por intermédio desse Ministério, o seguinte:
a) Se é verdade que foram proibidas quaisquer demonstrações públicas em comemoração à data de 1º de maio;
b) Em caso afirmativo, quais os motivos da proibição;
2. Passo a dar os esclarecimentos que V. Exa. teve ocasião de solicitar desta Chefia, para conhecimento da digníssima Assembléia Nacional Constituinte.
3. Quanto ao 1º item, foi negada permissão para que o chamado 'Congresso Sindical' realizasse, no dia 1º de maio, uma concentração na Praça Mauá, seguida de desfile pela Av. Rio Branco, e promovesse um comício no Largo da Carioca. Outras demonstrações públicas foram realizadas, havendo o Departamento Federal de Segurança Pública assegurado o direito de reunião.
4. Quanto ao 2º item, o motivo pelo qual foi negada a autorização ao chamado 'Congresso Sindical' para realizar concentração, desfile e comício foi que tal 'Congresso Sindical' é considerado, pelo Ministério do Trabalho, um órgão espúrio, não estando compreendido na estrutura sindical das leis vigentes no Brasil, não sendo igualmente uma pessoa jurídica de direito privado, devidamente registrada na forma da Lei.
5. Assim, dentro das instruções recebidas do Governo e transmitidas a este Departamento Federal de Segurança Pública, seja diretamente pelo Chefe do Governo, seja por intermédio de V. Exa., não foi permitida, no dia 1º de maio, a realização de uma concentração, desfile e comício, em lugar inconveniente, constituindo, além disso, perigo imediato para a segurança pública, nos termos da parte final do inciso nº 10 do art. 122 da Constituição. [*O art. 122, inciso 10, da Constituição de 37, prescrevia: 'Todos têm direito de reunir-se pacificamente e sem armas. As reuniões a céu aberto podem ser submetidas à formalidade de declaração, podendo ser interditadas em caso de perigo imediato para a segurança pública'.*]
6. Em homenagem à Assembléia Nacional Constituinte, cabe-me acrescentar alguns esclarecimentos complementares que servirão para ajuizar das circunstâncias que precederam a realização das comemorações de 1º de maio nesta Capital, circunstâncias que são do conhecimento público e têm merecido especial e incessante atenção tanto de V. Exa. como dos Exmos. Srs. Ministros do Trabalho e das Pastas Militares, como ainda a vigilância direta do Exmo. Sr. Presidente da República.
7. É do conhecimento de todos que se fermenta no Brasil, e especialmente neste Distrito Federal e no Estado de São Paulo, além de muitas outras capitais, notadamente nos portos do Brasil, um movimento de subversão da ordem pública de caráter permanente, reclamando dos responsáveis pela manutenção da ordem os maiores sacrifícios e os mais penosos cuidados.
8. Elementos já bem identificados comandam um movimento de desprestígio às autoridades, em geral, e ao Poder Executivo, em particular, de desapreço ao Poder Judiciário e de achincalhe premeditado e expresso ao Poder Legislativo.
9. Já em muitas oportunidades tem este Departamento Federal de Segurança Pública recebido a invocação de auxílio e socorro da Mesa da Assembléia, tendo verificado repetidamente, no recinto, e nas imediações do Palácio Tiradentes, fatos de excepcional gravidade e de profundo desrespeito à missão nobilíssima dos Senhores Representantes do Povo.

10. Algumas vezes, os criminosos perturbadores da paz pública se agrupavam nas tribunas e galerias do Palácio Tiradentes, para vaiar, apupar, desrespeitar, desacatar a Casa da Soberania Nacional e muitos dos seus mais eminentes membros, individualmente. Surgiam verdadeiros comícios nos corredores e salas de espera daquela Casa, em choque com as autoridades incumbidas do policiamento interno e externo do edifício, as quais executavam ordens da Mesa, delegado soberano da Assembléia Nacional Constituinte.

11. Registrou-se até um caso de coação, nas escadarias do Palácio Tiradentes, a grandes figuras do Parlamento Nacional, as quais foram cercadas, insultadas e ameaçadas de agressão física pelos perturbadores da ordem.

12. Em todos esses acontecimentos o Departamento Federal de Segurança Pública aguardou o reclamo da Mesa da Assembléia (pois que a polícia da mesma, no interior como em determinadas cercanias, é um privilégio de sua soberania) e nunca deixou de providenciar, com êxito imediato, o resguardo dessa Câmara Legislativa, não diretamente, mas sempre colocando os elementos necessários para o restabelecimento da ordem à disposição da Mesa da Assembléia Nacional Constituinte.

13. Não é somente contra o funcionamento normal do Poder Constituinte que se encarniçam e se desmandam os empreiteiros da desordem. É do conhecimento público a campanha de descrédito contra o Poder Judiciário, a propósito da sentença pronunciada neste Distrito Federal, considerando o Movimento Unificador dos Trabalhadores (MUT) como um aparelho de subversão. Esta decisão, que está em pleno vigor, não subordinada a qualquer efeito suspensivo, é diariamente desautorada. Em muitos pontos do país, reclamam das autoridades um trabalho incansável, no sentido de fazer imperar o prestígio da Justiça.

14. Esse agrupamento de perturbadores, cuja ação nefasta está constituindo uma ameaça séria às nossas instituições, pela audácia de que se reveste, não conhece limites à sua ação insurrecional, vivendo num clima de incitamento direto à indisciplina, provocando animosidades, gerando no seio do povo o temor, pregando abertamente a luta pela violência e o ódio entre classes, provocando a paralisia de serviços públicos e abastecimento da população, e realizando, em suma, uma ação escancarada, tendente a desprestigiar a autoridade dos três Poderes, visando, por sem dúvida, a preparação de subversão, por processos violentos, da ordem política e social. Sem querer, neste momento, entrar em maiores detalhes, é de salientar a atividade desnacionalizadora do Brasil, empreendida dentro do território nacional, em ligação com estrangeiros e contra a independência e soberania de nossa Pátria.

15. Ainda recentemente, nas vésperas do 1º de maio, e em ligação com as comemorações projetadas para aquele dia, por órgãos nitidamente revolucionários – as autoridades fixaram a existência, à rua Paissandu, nº 174, de uma sociedade constituída de elementos estrangeiros, sob a denominação de 'União Geral Eslava', criada em contravenção aos dispositivos das leis brasileiras e operando criminosamente no sentido de desnacionalizar o Brasil e conduzi-lo aos horrores de uma guerra civil.

16. A finalidade dessa organização ilícita era aparentemente desenvolver programa cultural e beneficente, mas, na realidade, unir todos os eslavos do mundo numa reivindicação de racismo vermelho, destinado, dentro do nosso país, a sobrepor soberanias alienígenas à Soberania Nacional.

17. A chamada UGE desenvolve intensa atividade em todo o país, controlando, por meio de 'facções comunistas', entre outras, as seguintes células estrangeiras:

Sociedade Beneficente Húngara;
Sociedade Escandinava Nordily;
Sociedade Eslava de Cultura;
Liga dos Judeus Prestamistas;
Sociedade Brasileira de Instrução Religiosa Israelita;
Sociedade Estrela da Manhã;
Sociedade Balcânica;
Sociedade Alexei Tolstói;
União dos Trabalhadores Iugoslavos;
Sociedade Zvinimier;
Sociedade Motolov;
Sociedade Stalingrado.

Esses órgãos de subversão, dentro do país, mal disfarçam o fundo político de sua finalidade, dizendo-se propugnadores dos seguintes objetivos:

a) Comemoração das datas nacionais e de acontecimentos de significação patriótica dos vários países cujos nacionais fizessem parte da União Eslava;

b) União de todos os eslavos e cidadãos soviéticos radicados no Brasil, como base principal para auxílio a todos os povos que lutaram na defesa de sua liberdade e de suas pátrias.

19. Não resta dúvida de que as numerosas agremiações de súditos que se dizem de raça eslava (croatas, iugoslavos, bielo-russos, poloneses, tchecoslovacos, etc.), todas rotuladas de 'União Geral Eslava', são sucursais do 'Comitê Geral Eslavo', com sede em Moscou à rua Kroptkine nº 10, com o qual se comunicam os responsáveis pelas filiais revolucionárias existentes no Brasil, aqui funcionando irregularmente, sem acatar ordens, e exercendo atividades vedadas a agremiações estrangeiras.

20. Como vê V. Exa., Sr. Ministro, impõe-se, mais do que nunca, completo apoio ao Governo do Brasil, no sentido de evitar essa onda desnacionalizadora, destinada a ferir o nosso país, em pontos mortais, não sendo mais de tolerar que associações ditas brasileiras ou rotuladas de brasileiras, vivendo num clima de ilegalidade, possam promover concentrações, ef etivar desfiles ou realizar comícios, com a finalidade preconcebida de, a serviço de estrangeiros, desprestigiar o Poder Constituinte e Legislativo, desobedecer ao Poder Judiciário e desacatar o Poder Executivo.

Queira V. Exa. receber as expressões de meu apreço e de minhas saudações brasileiras. As. [José] *Pereira Lira*, Chefe de Polícia do DFSP."

O texto não deixa dúvidas de que a escalada de repressão estava em curso. Foi o que se viu da repercussão, no plenário, dos fatos ocorridos no Largo da Carioca. O primeiro a se manifestar foi Barreto Pinto

(PTB-DF), não para lamentar o episódio e suas circunstâncias, mas para voltar a pedir a cassação do registro do PCB, terminando por apresentar requerimento em que indagava do ministro da Justiça qual o número de vítimas. Iniciada a ordem do dia, foram à tribuna para tratar do incidente Maurício Grabois, Jorge Amado e Prestes.

"O SR. MAURÍCIO GRABOIS – (*Pela ordem*) Sr. Presidente, Srs. Representantes, são do conhecimento de toda a população do Distrito Federal os lamentáveis acontecimentos ocorridos no Largo da Carioca, provocados por elementos a serviço da reação. (*Protestos e não apoiados*)
Vv. Exas. se poderão defender, desta tribuna, dos mortos e feridos que lá estão, acusando os reacionários, e não podem abafar a voz do proletariado, da democracia, neste recinto. (*Palmas na bancada comunista. Protestos da maioria*)
Venho, em nome do meu Partido, protestar contra o ato da Polícia do Sr. Pereira Lira, que atirou contra o povo indefeso que ia, em praça pública, comemorar uma data querida ao proletariado, o primeiro aniversário da legalidade do Partido Comunista do Brasil.
(*Trocam-se vários apartes*)
Sr. Presidente, apelo para V. Exa., no sentido de me manter a palavra.
O Sr. Glicério Alves – Por que Vv. Exas. desobedeceram ao Chefe de Polícia?
O SR. PRESIDENTE – Atenção, está com a palavra o Sr. Maurício Grabois.
O SR. MAURÍCIO GRABOIS – Peço ao nobre Deputado que mantenha a calma. S. Exa. está seguindo o exemplo da polícia, tenha tolerância; não imite a Polícia Especial, a polícia do Sr. Filinto Müller.
O Sr. Getúlio Moura – Isto aqui não é Rússia: é Brasil. (*Há outros apartes*)
O SR. MAURÍCIO GRABOIS – Minha voz não será abafada.
Sr. Presidente, eis a democracia da maioria deste Parlamento, no exemplo que testemunhamos.
(*Trocam-se veementes apartes*)
O Sr. Soares Filho – Todos têm o direito de expender seu pensamento; deve ser permitido ao orador manifestar-se.
O SR. MAURÍCIO GRABOIS – Sr. Presidente, a atitude da maioria é idêntica à dos provocadores do Largo da Carioca; mas não será sufocada a voz do meu partido, a voz do povo.
(*Apartes e protestos da maioria*)
Sr. Presidente, em nome da democracia, peço a V. Exa. que me mantenha a palavra.
O SR. PRESIDENTE – Peço a atenção dos Srs. Representantes, a fim de que permitam ao orador prosseguir.
O SR. MAURÍCIO GRABOIS – Sr. Presidente, ao protestar, enérgica e veementemente, contra os atentados cometidos no Largo da Carioca, quero apontar os culpados da chacina, mostrar ao povo brasileiro como o Partido Comunista, desde o primeiro instante, manteve uma atitude de ordem e tranqüilidade contra as provocações fascistas. (*Protestos da maioria e apartes da bancada comunista*)
É este o motivo por que estou na tribuna. (*Trocam-se novos veementes apartes; o Sr. Presidente faz soar demoradamente os tímpanos*)
Faço um apelo a todos os Srs. Representantes, sejam quais forem os seus partidos, para que ouçam a nossa palavra, a palavra do Partido Comunista, e res-

pondam, se o puderem, aos nossos argumentos. Não serão os gritos que abafarão minha voz. Vou prosseguir.
O Sr. Arruda Câmara – Gostaria de saber se V. Exa. vem à tribuna para acusar ou defender-se.
O SR. MAURÍCIO GRABOIS – Venho acusar. (*Protestos no recinto*)
O Sr. Arruda Câmara – V. Exa. não tem o direito de acusar. Os provocadores podem defender-se. Não têm o direito de acusar! (*Trocam-se apartes*)
O SR. PRESIDENTE – Está findo o tempo de que dispunha o orador.
O SR. MAURÍCIO GRABOIS – Não pode estar findo, porque não tive a palavra assegurada pela Mesa.
O SR. PRESIDENTE – V. Exa. está fazendo grave acusação à Mesa. Não tenho meios para evitar a fala dos Srs. Representantes. Minha função é chamar a atenção. Foi o que fiz reiteradamente. Se V. Exa. desejar, posso suspender a sessão.
O SR. MAURÍCIO GRABOIS – Respeito e acato a autoridade de V. Exa.; aprecio seu espírito liberal; entretanto, como viu V. Exa., fui todo o tempo interrompido pelos apartes.
O SR. PRESIDENTE – O tempo de V. Exa., entretanto, está findo e não posso prorrogá-lo.
O SR. MAURÍCIO GRABOIS – Perfeitamente, atendo a V. Exa."

Do presidente que alegava não ter poder de polícia sobre as pessoas que se concentrassem em ordem fora do edifício da Câmara, mas mesmo assim chamava ele próprio a polícia de choque, e que se defendia afirmando não ser sua função assegurar a palavra dos oradores, mas apenas a de chamar a atenção, os constituintes comunistas não tinham muito o que esperar. Para secundar Grabois, que não lograra concluir seu discurso, Jorge Amado pediu a palavra:

"O SR. JORGE AMADO – (*Pela ordem*) Sr. Presidente, a voz do Partido Comunista será ouvida nesta Casa, porque o Senador e os Deputados comunistas com assento nesta Assembléia Constituinte foram tão eleitos pelo povo quanto os de outros partidos. Seria antidemocrático, humilhante para esta Assembléia Constituinte se não pudesse, no dia de hoje, depois de tão lamentáveis e lutuosos acontecimentos, ontem ocorridos, ser escutada a voz dos Representantes de qualquer partido, especialmente do meu, de tal forma envolvido e vítima que é de provocações.
[...] Não vimos para esta tribuna atacar partidos ou atacar o governo. Vimos, apenas, para dizer que ontem, no Largo da Carioca, a reação e o fascismo deram mais um passo para que se feche esta Casa do Povo, a Assembléia Constituinte. Esse é o fim visado pelos provocadores; é o fim a que se dirigem os que agridem indefesos cidadãos.
Durante todo o dia de ontem, Deputados comunistas procuraram entender-se com o Sr. Ministro da Justiça e com o Sr. Chefe de Polícia, no sentido de um acordo sobre o comício do Largo da Carioca.
Sr. Presidente, devo referir que estou chegando de Santos, a sitiada cidade de Santos. E lá, na mesma noite de ontem, falei perante 30 mil pessoas – operários, povo de Santos. E não ocorreu a mínima desordem no comício realizado. Cem mil pessoas reuniram-se, também ontem, em São Paulo, para ouvir a pala-

vra dos oradores comunistas; e nenhuma desordem se verificou. Os comunistas não promovem a desordem; os comunistas não estão interessados na desordem (*apoiados da bancada comunista*); os comunistas não estão interessados na liquidação da democracia brasileira. Sabem por experiência própria, todos os democratas desta Casa, quais os interessados na liquidação da democracia que renasce no Brasil, após tantos anos de dolorosa opressão; sabem perfeitamente que o que se está operando agora é a simples repetição daqueles fatos que se deram em 1937 e redundaram no fechamento do Congresso e na opressão e escravização do povo brasileiro. Estão se repetindo estes fatos e, Sr. Presidente, desta tribuna, o Partido Comunista do Brasil vem reafirmar a sua posição em defesa da ordem, em defesa da tranqüilidade, em defesa da União Nacional e contra a fome, contra a miséria, contra o estado de desgraça em que vive o nosso povo.

[...] O Partido Comunista do Brasil, neste momento tão grave, chama todos os democratas para que se unam num bloco férreo, a fim de que, mais uma vez, não seja esmagada em nossa Pátria a democracia que tanto sacrifício custou àqueles heróicos soldados da Força Expedicionária Brasileira. (*Muito bem. Muito bem. Palmas da bancada comunista*)

O SR. CARLOS PRESTES – Sr. Presidente, peço a palavra, pela ordem.

O SR. PRESIDENTE – Tem a palavra o nobre Representante.

O SR. CARLOS PRESTES – (*Pela ordem*) (*Movimento de atenção*) Sr. Presidente, Srs. Constituintes: espero que a maioria já esteja disposta a ouvir o depoimento do Partido Comunista sobre os acontecimentos lamentáveis e lutuosos de ontem à tarde, no Largo da Carioca, nesta Capital.

Desejamos simplesmente fazer um depoimento sereno e calmo. Queremos dizer a esta Casa, queremos dizer à Nação inteira, onde estão os provocadores, os criminosos, os culpados das desordens da noite passada.

Senhores, há dez dias o Partido Comunista marcou um comício para o Largo da Carioca, a realizar-se no dia 23 de maio às 18 horas e 30; há dez dias o Partido Comunista fazia intensa propaganda para efetivação desse comício, a fim de comemorar uma data da democracia, ou seja, o primeiro ano de existência legal do Partido Comunista do Brasil. Na véspera desse comício – comício comunicado à Polícia, fixando local, dia e hora – o Sr. Coronel Imbassahi baixou a ordem que já foi lida desta tribuna. Tomamos conhecimento dessa ordem, tanto que a trouxemos ao plenário da Constituinte, tendo antes sido mostrada por mim ao Presidente da Casa. A esse respeito, devo dizer que entreguei uma cópia da referida ordem aos Srs. Representantes Georgino Avelino e Nereu Ramos, solicitando desses ilustres colegas a sua atuação junto ao Sr. Ministro da Justiça, para revogação de ordem tão arbitrária, ordem que a ninguém seria possível levar a sério, porque, tendo o Partido convocado um comício no centro da cidade e havendo a Polícia declarado que, até ulterior deliberação, esse comício só poderia realizar-se em Ipanema, é realmente responder com desacerto a assunto muito grave.

[...] Senhores, no dia do comício, o Partido Comunista do Brasil, por dois de seus Representantes nesta Casa, Senhores Maurício Grabois e Agostinho Oliveira, procurou, durante toda a manhã, S. Exa. o Sr. Ministro da Justiça. Tudo fizeram esses Representantes para entrar em contacto com essa autoridade. Não o conseguiram, porque S. Exa. sumiu. Procurando o Sr. Chefe de Polícia, estiveram na Delegacia de Ordem Política e Social, a fim de falar ao Sr. Coronel Imbassahi. Todas as autoridades policiais incumbidas de zelar pela segurança da população da Capital da República desapareceram, apesar da insistência com que foram por nós procuradas. Os Srs. Maurício Grabois e Trifino Correia, aos quais fora marcada à tarde uma audiência pelo Sr. Ministro da Justiça, não conseguiram ser recebidos, a fim de obter decisão a respeito do comício. Ao terminar ontem nesta Casa o meu discurso, tive notícia de que não fora possível obter contacto com aquele titular. Solicitei, então, ao Deputado Batista Neto fosse ao Largo da Carioca, a fim de entender-se com as autoridades responsáveis pela manutenção da ordem para saber das mesmas, como última decisão, se o comício poderia ser transferido para outro local próximo – Esplanada do Castelo, Praça Paris – e, caso não se tornasse possível, pedir ainda autorização para, usando os alto-falantes, convidar a massa a dissolver-se. Foi justamente o que fez o Representante Sr. Batista Neto. Com autorização do Delegado de Polícia que estava na praça, comandando aquele grupo de policiais, o Deputado Batista Neto dirigiu-se às diversas concentrações populares, aconselhando ao povo se dissolvesse. Falava na segunda concentração – palavras simples, judiciosas – quando começou a fuzilaria provocada pela polícia. Foi a polícia que atirou contra o povo, no momento em que sentiu que o Partido Comunista não se deixava arrastar pelas provocações, não aconselhava o povo a assaltar a praça nem a desrespeitar as autoridades.

O Sr. Glicério Alves – Não é o que diz toda a imprensa do Rio de Janeiro.

O SR. CARLOS PRESTES – Senhores, a posição do Partido Comunista é de respeito às decisões das autoridades, mas às decisões sérias, honestas, e não às decisões como a do Coronel Imbassahi.

Esperávamos que até ontem a Chefatura de Polícia desse uma resposta mais séria que a do mesmo Coronel.

O Partido Comunista está decidido a acatar, e tem acatado, as decisões das autoridades, mas, acatando-as, não fica de braços cruzados, quando se trata de defender a democracia. Estamos lutando por ela e pelo respeito a um direito, dos mais elementares nas democracias, o de reunião. E ai daqueles democratas que não se levantarem frente a atentados da natureza dos cometidos ontem à noite na Capital da República.

[...] Infelizmente, a imprensa desta Capital, segundo verifico de exemplares desta manhã, prestou-se hoje a ser instrumento da reação. (*Não apoiados*) Justamente por isso, peço a V. Exa., Sr. Presidente, faça incluir nos Anais desta Casa, para salvar a dignidade e a honra da imprensa brasileira, o artigo que o jornalista Rafael Correia de Oliveira mandou para 'O Estado de São Paulo' e que foi publicado no seu número de hoje.

O Partido Comunista convoca todos os democratas, todos os Partidos que queiram realmente defender nossa Pátria da reação e do fascismo, a se unirem e protestarem exigindo do Governo da República a expulsão desses reacionários, desses criminosos que já fizeram derramar o sangue de nosso povo. (*Muito bem; muito bem. Palmas da bancada comunista*)"

Depois de manifestaram-se sobre outros assuntos alguns deputados, foi a vez do deputado Hermes Lima (UDN-DF) manifestar a opinião da Esquerda Democrática, que estava se constituindo em partido:

"O SR. HERMES LIMA – (*Pela ordem*) Sr. Presidente, Srs. Constituintes: em relação aos acontecimentos de ontem, no Largo da Carioca, a Esquerda Democrática vem manifestar sua opinião, que é a seguinte: achamos que foi erro grave do Partido Comunista o ter insistido na realização do comício naquele local. O Partido dispunha de outros meios para protestar contra a ordem da Polícia que não lhe permitiu realizar ali o anunciado *meeting*.

O Sr. Carlos Prestes – O Partido Comunista, durante todo o dia de ontem, fez os esforços mais ingentes para conseguir uma decisão da autoridade policial a respeito do comício. Não o conseguiu até a última hora, e ainda foi a palavra do Partido que evitou maior matança no Largo da Carioca.

O SR. HERMES LIMA – Isso prova apenas que a atitude da Polícia, como passarei logo em seguida a comentar, foi uma atitude que merece a mais enérgica repulsa; mas ainda assim, embora houvesse o Partido envidado todos os esforços para obter das autoridades, que se furtaram ao contacto dos representantes comunistas, a mudança da localização, não podia de maneira alguma o Partido agravar a situação, insistindo pela realização do comício naquele logradouro. (*Muito bem*) Porque, Sr. Presidente, estava desrespeitando ordem que vinha de autoridades legais, e contra as quais poderia tomar providências, através de outros meios e de outros métodos, e não com a presença de seus correligionários naquele local. (*Muito bem. Palmas*)

[...] Srs. Constituintes, a Polícia assumiu atitude em que faltou até ao respeito para com a mesma e para com o poder público. Foi uma atitude de inconveniência sem limites

[...] É evidente que a Polícia, localizando o comício em Praça distante, como a da Paz, em Ipanema, frustrava sua realização, que poderia perfeitamente ter tido lugar em ponto central da cidade, em condições de tranqüilidade, como os realizados em Santos e em São Paulo.

É evidente que o Partido, repito, não poderia insurgir-se contra a ordem da autoridade. Estava criando situação que o convertia em provocador dos incidentes.

Que fez a Polícia? Preparou a cilada porque é exatamente uma Polícia que não está à altura de suas funções. Obteve que houvesse a provocação.

A Polícia podia tomar medidas preventivas e não as tomou; a Polícia preparou uma armadilha e ficou à espera para que, de maneira verdadeiramente vergonhosa aos nossos foros de povo civilizado, ali realizasse uma das demonstrações de força mais infelizes, mais deprimentes que a cidade do Rio de Janeiro tem conhecido.

Sr. Presidente, a verdade é esta: no caso, tanto errou o Partido Comunista, como foi infeliz a Polícia.

É necessário que eu, falando em nome de uma corrente política de esquerda, advirta ao Partido Comunista, com cuja doutrina econômica a Esquerda Democrática tem tantos pontos de contacto, e ainda porque somos todos forças de esquerda, é preciso que eu advirta ao Partido Comunista que ele não pode prejudicar o desenvolvimento dessas forças de esquerda do país, tomando atitudes que só servem para dar pasto à reação.

O que há no Brasil é uma reação articulada, em que conhecidos e sinistros reacionários estão dispostos a apunhalar a democracia. E o Partido Comunista, por muitos de seus atos impensados, está concorrendo para isso.

É preciso que o Partido Comunista corrija sua tática e não comprometa o movimento da esquerda no país.

[...] Sr. Presidente, a Polícia saiu do episódio não como mantenedora da ordem, mas como instituição merecedora de censura. (*Muito bem; muito bem. Palmas*)"

O orador seguinte, deputado Segadas Viana (PTB-DF), falou por sua bancada:

"O SR. SEGADAS VIANA – (*Pela ordem.*) (*Lê o seguinte discurso:*) Sr. Presidente, em nome da bancada do PTB, e por ela autorizado a falar, cumpre-me dizer o seguinte: ainda pesa sobre todos nós a dolorosa impressão dos lutuosos acontecimentos de ontem, em que o choque das paixões partidárias se sobrepuseram [sic] ao espírito de compreensão que deve reinar em hora tão grave para a nacionalidade a sobrevivência da democracia.

Ainda nos confrange, Sr. Presidente, pensar que a Capital da República foi palco de cenas que não esperávamos ver mais se repetir em nossa pátria e que não honram nossa evolução política e nossos costumes de povo civilizado.

Homens, mulheres e crianças, que regressavam a seus lares, depois de um dia de trabalho, viram-se surpreendidos pelas correrias, pelas agressões, por um tiroteio que lançou o pavor e o pânico, que encheu de desespero muitos lares, que inquietou a população inteira e sobretudo enlutou a democracia.

[...] Não será por meio da violência que idéias boas ou más deverão ser difundidas, porque a propaganda violenta importa na subversão dos princípios democráticos.

Não será também, Sr. Presidente, o emprego da violência que impedirá a propaganda de doutrinas, boas ou más, porque o sangue derramado apenas serve para a fecundação de idéias e ideais.

[...] Sr. Presidente, esperamos, como todo o povo espera, que sejam apuradas, em rigoroso inquérito, as responsabilidades, quaisquer que sejam os responsáveis.

Se de agentes da autoridade pública, devem ser eles exemplarmente punidos, por terem invertido suas funções, tornando-se em elementos de subversão da ordem. Se de agitadores políticos, além da punição, cumpre ao governo tomar as medidas necessárias a fim de que não continuemos a assistir à destruição da democracia pelos que se dizem democratas, para que não vejamos repetir-se em nossa pátria, quase trinta anos depois do que sucedeu em outro país, os 'dez dias que abalaram o mundo'.

O Sr. Presidente da República, em cujo patriotismo confiamos, para isso terá de todo o povo um sincero apoio na manutenção da ordem pública e nas medidas de segurança da democracia. (*Muito bem; muito bem. Palmas*)"

Sucedeu-lhe na tribuna o líder da minoria:

"O SR. OTÁVIO MANGABEIRA – Sr. Presidente, direi desta tribuna: lembrai-vos de 37! Mas acrescentarei – e aí particularmente me dirijo aos nobres representantes comunistas: lembrai-vos de 35! (*Muito bem*)

Em 1935, eu era um dos dirigentes da oposição nesta Casa. Desenvolvíamos uma campanha vivaz, enérgica, incisiva, contra o que considerávamos a usurpação do poder pelo então Presidente da República. A certa altura desse movi-

mento, a vitória nos sorria, e a nossa aspiração, aspiração sincera, era de concorrer, como hoje, para o estabelecimento no Brasil de verdadeiras instituições democráticas.
[...] A essa altura, as atividades políticas do que se chamava então Aliança Libertadora tomaram o caráter de agitação no país. Quando essa agitação cresceu de proporções, e senti que um desfecho vinha próximo, não houve esforços que não empregasse, não houve sacrifícios que não fizesse, a fim de ver se o evitava. Fiz várias exortações a membros da Aliança Libertadora, mostrando que a nossa vitória estava próxima. [...] Não fui atendido, e eis que, num triste dia de novembro, a subversão explodiu. Foi esmagada. O governo serviu-se do pretexto do combate ao comunismo para suprimir no Brasil todas as liberdades. Desta tribuna, passei a ser uma voz que nunca se calou, contra todos os projetos, resoluções e medidas com que se construíram, uma por uma, as peças da reação.
Afinal, se fez a máquina; foi ela que funcionou no dia 10 de novembro. Caiu a democracia no Brasil.
Eis por que digo hoje, angustiado, ao Partido Comunista: lembrai-vos, por amor de Deus, de 35, porque sinto que estais indo pelo mesmo caminho.
Quando se iniciaram, não há muito, os trabalhos desta Assembléia; quando entraram em atividade, após a ditadura, os poderes eleitos da República, ninguém suponha que eu tenha assumido, aqui, a atitude de serenidade que é notória, por fraqueza, ou comodismo. Não, não foi por esse motivo, mas por amor, precisamente, à causa da restauração democrática. Sou um homem já idoso, vivido e sofrido, e sei que a Nação, no momento, não comporta agitações nem expressões demagógicas. (*Palmas prolongadas*) A hora é mesmo de serenidade, que não exclui a energia, de trabalho construtivo, de tolerância uns para com os outros. (*Muito bem*)
Já tive ocasião de observar, desta mesma tribuna, que a democracia que surge é como uma plantinha ainda tenra. [...] O Partido Comunista – por inexperiência talvez, não devo empregar outro termo – quer proceder no Brasil, como se estivéssemos nos Estados Unidos ou na Inglaterra, quando sabemos que mal despertamos do pesadelo terrível de oito anos de Estado Novo. (*Muito bem*)
[...] Não penso, como muita gente, que o comunismo não caiba no Brasil. Considero o perigo comunista evidentemente imenso. Não censuro os comunistas se procuram tornar triunfante sua ideologia no país. Se são comunistas, é esse o seu dever, o seu papel; não os condeno por isso. Qual o dever de um partido, convicto da verdade do seu credo, senão promover-lhe o triunfo? Agora, para nós, democratas, chegada é a hora de reagir, sem reservas, contra uma política ou uma tática que, por inexperiência ou por cálculo, pode levar, mais e mais, a Democracia no Brasil ao definitivo sacrifício. (*Muito bem. Palmas*)
[...] Continuo a arvorar o nosso lema: 'anticomunistas, sim; reacionários, nunca!' (*Muito bem. Palmas*)
No que concerne às ocorrências de ontem, convenho sem hesitações em que a polícia andou mal. Andou mal desde o início. Efetivamente, não é sério que se diga aos convocadores de um *meeting*, à véspera de sua realização: Vão realizar sua reunião fora da vila e termo! Melhor seria, leal e honestamente, proibir o comício. (*Muito bem*)
Agora, uma vez que as autoridades proibiram a realização do comício em determinado local, desgraçadas seriam estas se o comício, mesmo assim, viesse a realizar-se, zombando de suas ordens. (*Muito bem. Palmas*)

O Sr. Carlos Prestes – É preciso, porém, respeitar o direito de reunião.
O SR. OTÁVIO MANGABEIRA – Sim, mas dentro da lei.
O Sr. Carlos Prestes – Nas grandes capitais do mundo realizam-se comícios diariamente. O Partido Comunista, durante um ano inteiro, realizou comícios com centenas de milhares de pessoas, na mais perfeita ordem. Dentro da Capital da República não se podem mais efetuar comícios?
O SR. OTÁVIO MANGABEIRA – Podem, sim, efetuar-se, e aqui estou eu que, daquela bancada, requeri informações ao governo sobre a razão por que não permitiu que se realizasse um comício no dia 1º de maio. Mas é um direito das autoridades localizar os comícios. (*Palmas*) Reconheço, e disse a V. Exa. que, quando se localiza um comício, às vésperas de sua realização, fora de portas, evidentemente se pratica ato que não pode merecer a aprovação de ninguém. Estou falando com a maior lealdade, e como deve falar um democrata. Proibido porém o comício, não há como pôr em dúvida que fazer dirigir-se a massa popular para a praça onde o comício não deveria nem poderia realizar-se é proibir um comício, e premeditadamente. (*Palmas*)
No caso de ontem a polícia teria errado duas vezes: a primeira, quando localizou o comício para a Praça da Paz, em Ipanema, nas condições expostas; a segunda, quando não tomou as medidas preventivas que, creio, poderia ter tomado, para que a multidão não se reunisse no Largo da Carioca. Mas há outra responsabilidade. No caso, talvez a maior a do partido político que, proibido pela polícia de realizar o seu 'meeting' no referido Largo, para lá arrastou o povo, expondo-o, inclusive os incautos, ao que poderia ser uma chacina de enormes proporções.
Creio, Senhores, que defini com clareza, no caso de que se trata, o pensamento da União Democrática Nacional: anticomunista sempre, reacionária, nunca. Creio que o defini, mas terminarei dirigindo-me ao governo da República – não acredito absolutamente que lhe esteja nas intenções repetir, de qualquer modo, o golpe de 37 – faço ao General Eurico Dutra essa justiça (*apoiados*) e também ao Partido Comunista, para que mude de táticas e métodos. Vamos trabalhar de mãos dadas, todos os brasileiros, para dar, quanto antes, ao Brasil, a Constituição que assegure, de uma vez por todas, ao seu povo, o gozo das liberdades democráticas. (*Muito bem; muito bem. Palmas prolongadas. O orador é cumprimentado*)"

Os pronunciamentos da Esquerda Democrática e da UDN não deixaram dúvidas de que a oposição condenava o ato de provocação do governo, mas não apoiava o procedimento do PCB. Tinha ficado claro o propósito da repressão enquistada na polícia política de se utilizar da armadilha que preparou para testar as disposições da liderança comunista e dar mais um passo na premeditada cassação de seu registro. É o que ficaria claro do pronunciamento do líder da maioria.

"O SR. NEREU RAMOS – (*Pela ordem. Movimento geral de atenção*) Sr. Presidente, quero iniciar as explicações que devemos nós do PSD à Assembléia, dirigindo-me ao Sr. Senador Carlos Prestes, que nos acusou do propósito de lhe impedirmos a manifestação do pensamento e a defesa do seu Partido.
O Sr. Carlos Prestes – V. Exa. deve dirigir-se ao Sr. Maurício Grabois.

O SR. NEREU RAMOS – Dirijo-me, então, a S. Exa. e ao Sr. Deputado Maurício Grabois, dizendo-lhes que lhes falta autoridade para censurar a maioria, porque Ss. Exas. não tomaram, em tempo, as providências necessárias para evitar que correligionários seus que, no início de nossos trabalhos, enchiam as galerias, nos impedissem, a nós da maioria, de exprimir o nosso pensamento e traçar a nossa linha de conduta. (*Muito bem. Palmas*)

Não precisaria, hoje, dar explicação alguma à Assembléia Constituinte, não fora o respeito que lhe dera a maioria. Depois do discurso do Senador Luís Carlos Prestes, a responsabilidade do Partido Comunista transparece, translúcida, de sua própria confissão nesta tribuna.

S. Exa., usando expressão que não quero reproduzir, porque repugna à minha educação parlamentar (*muito bem*), aludiu ao ato da polícia, transferindo o comício do Largo da Carioca para outra praça desta cidade, e confessou expressamente que seu Partido, considerando absurda tal determinação (o qualificativo foi outro), entendeu que não devia respeitá-la. (*Muito bem*)

Ora, se o Partido Comunista entendeu que a deliberação policial não deveria ser acatada, tem de assumir, perante a Nação, a responsabilidade do sangue derramado.

A responsabilidade dos fatos que todos lamentamos cabe e há de ficar inteira com o Partido Comunista do Brasil.

O Sr. Carlos Prestes – V. Exa. há de concordar comigo em que lhe dei conhecimento de haver solicitado a intervenção da Assembléia...

O SR. NEREU RAMOS – V. Exa. não perde por esperar.

O Sr. Carlos Prestes – ... junto ao ministro da Justiça, para conseguir uma resposta menos deprimente das autoridades do que a decisão do coronel Imbassahi. Falei pessoalmente com V. Exa....

O SR. NEREU RAMOS – Até os fotógrafos registraram o fato. (*Muito bem*)

O Sr. Carlos Prestes – ... para que fosse modificada tal decisão, não conseguindo, durante o dia de ontem, resposta alguma. Os Deputados comunistas não lograram contacto com as autoridades que, se pretendiam realmente evitar o comício, deviam procurar a direção do Partido. Permanecemos na Casa durante toda a tarde e nenhuma notificação recebemos da Polícia.

O SR. NEREU RAMOS – V. Exa. terminou seu discurso? Pediria ao Sr. Presidente descontasse o tempo que me foi retirado pelo nobre 'orador'.

O aparte, ou melhor, o discurso do eminente Senador confirma tudo quanto venho asseverando: que, havendo proibição da polícia para a realização do comício em determinado lugar...

O Sr. Carlos Prestes – Até ulterior deliberação, diz a portaria.

O SR. NEREU RAMOS – ... havendo proibição para realização de um comício no Largo da Carioca, ordem essa que não foi revogada, porque se o fosse teria sido eu o primeiro a lhe comunicar o fato, desde que S. Exa. me pediu que eu me entendesse com o Sr. ministro da Justiça, e eu não lhe dei conhecimento de que a deliberação tinha sido revogada – uma conclusão se impunha, a de que a determinação estava de pé. No entanto, S. Exa., iludindo a grande massa trabalhadora desta cidade, e permitindo que seus correligionários fossem ao Largo da Carioca, assumiu perante a Nação a responsabilidade do seu ato e, conseqüentemente, do sangue derramado. (*Muito bem. Muito bem. Palmas*)

S. Exa. ainda pouco reconheceu e lamentou que a imprensa desta capital, representando o sentimento nacional, condenasse definitivamente o Partido Comunista pelo erro que praticou. (*Muito bem; muito bem. Palmas*) É que a imprensa, que não recebeu aplauso de S. Exa., sentiu as aspirações do país, sentiu que a Nação está com a ordem, não com a desordem. (*Muito bem. Palmas*)

O SR. PRESIDENTE – (*Fazendo soar os tímpanos*) Pondero ao nobre orador que o tempo de V. Exa. está a findar.

O SR. NEREU RAMOS – Sr. Presidente, V. Exa. há de permitir, em homenagem a esta Assembléia, que lhe dê conhecimento de como os fatos ocorreram.

'A polícia tinha seguras informações de que o Partido Comunista Brasileiro premeditava um movimento de desprestígio ao Poder Executivo, assim como já realizara antes desacato a outros Poderes. Para isso, comunicou à Polícia que realizaria um comício no Largo da Carioca, em hora de maior movimento, tendo este comunicado sido assinado pelo Deputado Batista Neto.' Desejo comunicar à Casa que hoje li outro comunicado do mesmo Sr. Representante. Dizia mais ou menos o seguinte: 'Sr. Dr. Chefe de Polícia, tenho a honra de comunicar que o Partido Comunista realizará comícios nos dias tantos, nos lugares tais e tais.'

O Sr. Georgino Avelino – A despeito da proibição da polícia, ainda ontem a 'Tribuna Popular' instigava os operários.

O SR. NEREU RAMOS – Observe V. Exa., Sr. Presidente, a linguagem desses 'democratas'. Pretendem como que dar ordens ao governo. Não comunicam que desejam realizar comícios, mas que os realizarão. Quer dizer, ameaçam a polícia de nova sangueira, igual à que ocorreu ontem, no Largo da Carioca.

A polícia, conhecedora, embora, das circunstâncias da provocação, notadamente do sentido subversivo desse comício, em lugar de proibi-lo...

O Sr. Carlos Prestes – Isso são palavras; os fatos são os acontecimentos de ontem, os feridos, os mortos.

O SR. NEREU RAMOS – Palavras, palavras, palavras, eis a democracia de Vs. Exas. – democracia sem sentido harmônico com as tradições do Brasil, democracia totalitária, eu diria, se as expressões pudessem andar juntas, democracia que não se coaduna com o sentido cristão que a civilização ocidental apresta a esse vocábulo.

O SR. PRESIDENTE – (*Fazendo soar os tímpanos*) Observo o nobre orador de que está findo o tempo de que dispunha.

O SR. NEREU RAMOS – Obedeço à determinação de V. Exa., Sr. Presidente. Lamento não poder dar conhecimento à Casa de todos os acontecimentos que ontem se desenrolaram, para demonstrar que a polícia, chefiada atualmente por um jurista dos mais eminentes que passaram pela Câmara dos Deputados (*apoiados; muito bem. Protestos da bancada comunista*), homem integralmente de bem, profundamente democrata e liberal; para demonstrar, dizia eu, que a polícia cumpriu seu dever, procedeu com absoluta correção e merece, por isso, o apoio da Assembléia, como já mereceu o da opinião pública, expresso nos grandes órgãos de imprensa da Capital da República. (*Muito bem, palmas*)

Terminando, apresento a V. Exa., Sr. Presidente, para ser submetida ao julgamento da Casa, a seguinte moção:

A Assembléia Constituinte, considerando as medidas que o Governo tomou para garantir a ordem pública e impedir que processos de violência substituam a propaganda pacífica de princípios ou ideologias, expressa ao Chefe da Nação os protestos do seu apoio e do seu aplauso.

Sala das Sessões, 24 de maio de 1946.

(as.) *Nereu Ramos*."

A maioria tinha deixado claro o seu intento: além da queda, coice. Não só justificava o procedimento violento da polícia, fuzilando cidadãos desarmados e indefesos, quase todos inocentes, mas pretendia aplaudi-lo, solidarizando-se com o presidente da República. Os comunistas, pela palavra de Jorge Amado, protestaram contra o facciosismo revelado pelo presidente da Assembléia, submetendo a votos a moção do senador Nereu Ramos, preterindo a que sua bancada tinha apresentado desde 2 de maio contra a proibição de manifestações no dia do trabalho. O presidente invocou o art. 61 do Regimento, esclarecendo que as moções de regozijo independiam de apoiamento e discussão, enquanto as de protesto deveriam submeter-se a essa formalidade. A UDN, por sua vez, apresentou um substitutivo, amenizando os termos da proposta do líder da maioria, que teria preferência regimental. Prestes ainda argumentou que o requerimento do líder do PSD era mais do que de regozijo, já que manifestava o apoio ao governo. Depois de quase uma hora de manifestações, funcionou o rolo compressor da maioria. A moção de Nereu foi aprovada, o substitutivo da UDN rejeitado, e o requerimento do PCB simplesmente, mais uma vez, ignorado.

As posições ideológicas estavam demarcadas com as posições assumidas pelos partidos nesse episódio ao mesmo tempo gratuito e dramático. A sorte do PCB, por outro lado, estava selada. Agora, era apenas uma questão de tempo e oportunidade. O debate dessa triste sexta-feira não foi só o rescaldo das labaredas da véspera que arderam no Largo da Carioca. Serviu também para mostrar que democracia se deveria esperar da Constituinte do PSD.

21. A violência dentro de casa

Afinal, o projeto

Na segunda-feira, 27 de maio, finda a leitura do expediente, a Assembléia tomou conhecimento do projeto de Constituição:

"O SR. PRESIDENTE – Srs. Representantes, acaba de chegar à Mesa o Projeto de Constituição enviado pela douta e operosa comissão à qual a Assembléia cometeu tão alta incumbência.
Comunicando o fato, com prazer, aos Srs. Representantes, cabe-me ainda declarar que, de acordo com o Regimento, mandarei imprimir imediatamente o projeto para distribuição em avulsos, a fim de começar a correr o prazo de 72 horas, depois do qual será submetido, englobadamente, à apreciação da Assembléia. (*Palmas*)"

O projeto vinha acompanhado do seguinte ofício da Comissão Constitucional:

"Sr. Presidente da Assembléia Constituinte:
A Comissão da Constituição reuniu-se, logo após sua designação, elegendo seu Presidente, Vice-Presidente e Relator, abaixo assinados.
A seguir, dividiu-se em dez subcomissões que, em curto prazo, apresentaram a redação a elas atribuída. Toda essa matéria foi discutida, artigo por artigo, sendo aprovada com as emendas ou substitutivos apresentados, realizando a Comissão, para esse efeito, duas e às vezes três sessões diárias.

A opinião e os votos de cada membro da Comissão, bem como o teor exato do vencido, constam das atas taquigrafadas e publicadas no Diário da Assembléia. Essas atas ressalvam portanto, em face do vencido, a opinião e os votos de cada membro da Comissão.
Sala da Comissão Constitucional, em 27 de maio de 1945.
(as.) *Nereu Ramos*, Presidente, *Pardo Kelly*, Vice-Presidente, *Cirilo Júnior*, Relator geral, *Artur Bernardes, Mário Masagão, J. Ferreira de Sousa, J. Magalhães Barata, Eduardo Duvivier, Graco Cardoso, Flávio Carvalho Guimarães, Valdemar Pedrosa, A. de Souza Costa, Agamenon Magalhães, Ataliba Nogueira, Silvestre Péricles, Café Filho, Soares Filho, Flores da Cunha, Benedito Costa Neto, Edgar de Arruda, Gustavo Capanema, Acúrcio Torres, Aliomar Baleeiro, Atílio Vivaqua, Baeta Neves, Ivo de Aquino, Clodomir Cardoso, Milton Campos, Caires de Brito, Raul Pila, Adroaldo Mesquita, Benedito Valadares, Argemiro Figueiredo, Guaraci Silveira, Deodoro de Mendonça*."

Chegar ao plenário tinha custado à Assembléia realizar nada menos do que setenta sessões, muitas delas de homenagens que nada tinham a ver com matéria constitucional, em cento e treze dias corridos do calendário. Apenas uma vez, durante a Semana Santa, foram os trabalhos suspensos. O Regimento Interno foi aprovado no dia 12 de março, e no dia 14 foram designados os membros da Comissão encarregada de elaborar o texto constitucional. No dia 15 tiveram início os trabalhos, com a eleição de seus dirigentes e a dos membros das dez subcomissões em que foi dividida. Para elaborar a proposta de Constituição, portanto, foram necessárias quarenta e cinco sessões da Constituinte e setenta dias corridos.

Dispunha o Regimento que, decorrido o prazo de 72 horas, a esgotar-se na quinta-feira 30, seria o projeto submetido a votação englobadamente, o que foi feito no dia imediato, último do mês. Começou então a contagem de vinte dias para uma única discussão no plenário. Nos primeiros quinze dias, os constituintes poderiam apresentar emendas a serem submetidas à Comissão que, no prazo improrrogável de mais duas semanas, sobre elas se manifestaria. Findo esse período, as emendas seriam submetidas ao plenário, com ou sem parecer. A votação se faria por títulos. Sendo esses títulos desdobrados em capítulos, por eles se faria a votação. Aprovada qualquer emenda, todas as que dispusessem em sentido contrário seriam automaticamente arquivadas. Se fossem várias sobre o mesmo assunto, a requerimento de qualquer membro da Comissão Constitucional, poderiam ser votadas em bloco, segundo tivessem pareceres favoráveis ou contrários da Comissão, ressalvado o direito de destaque para votação em separado, decididos conclusivamente pelo presidente. As votações seriam feitas pelo processo simbólico, mas, mediante decisão da maioria do plenário, a requerimento de qualquer constituinte, poderiam ser submetidas a votação nominal. Como se vê, não havia prazo para votação das emendas. Dependeria da quantidade e qualidade delas. Essa era a fase decisiva do longo processo de elaboração constitucional. Depois dela, o rito para as emendas de redação era sumário. Três dias para sua apresentação e dez para a elaboração dos pareceres pela Comissão Constitucional.

Da apresentação do projeto à sua promulgação transcorreram cento e quatorze dias do calendário civil e nada menos do que cento e dez sessões. O prazo era virtualmente o mesmo gasto entre a instalação da Assembléia e a apresentação do projeto. Nessa segunda fase, porém, o número de sessões foi substantivamente maior que o da fase inicial, quando foram realizadas setenta sessões em cento e treze dias corridos. Para cumprir sua missão houve dias em que foram realizadas até três reuniões. A apresentação do projeto podia incutir um novo alento aos trabalhos da Constituinte, entrando em sua etapa decisiva. Antes que se concluísse o prazo para o início da discussão do projeto, porém, a rotina, quebrada por um incidente, ditava o seu rumo.

Provocações e provocadores

O deputado Barreto Pinto (PTB-DF) era uma figura bizarra. Nascido em Vassouras, no estado do Rio, em 15 de abril de 1900, foi, entre os 20 e os 35 anos de idade, sucessivamente, funcionário da Estrada de Ferro Central do Brasil, secretário-geral da Diretoria Geral de Saneamento do Rio de Janeiro, chefe da Contabilidade da Assistência Hospitalar do Rio de Janeiro, diretor da Biblioteca da Câmara Municipal do Rio e distribuidor do 10º Ofício de Justiça da antiga capital da República. Apoiado por Getúlio Vargas, elegeu-se deputado classista na Câmara, exercendo o mandato por escolha indireta, nos termos da Constituição de 1934, entre 1935 e 1937, quando o golpe do Estado Novo dissolveu o Congresso. Em 1936 bacharelou-se pela antiga Faculdade Nacional de Direito e no ano seguinte apoiou a ditadura. Designado pelo ministro Barros Barreto secretário do TSE, foi um dos fundadores do PTB, partido pelo qual concorreu à Câmara Federal, na chapa encabeçada por Getúlio no Distrito Federal. Graças aos 116.712 votos do ex-presidente, os trabalhistas elegeram nada menos do que nove dos dezessete membros da representação carioca, cinco dos quais com menos de mil votos. Barreto Pinto, com seus 537 votos, ficou na primeira suplência da bancada. Tendo Getúlio optado pelo mandato de senador, foi efetivado como titular e tornou-se não só um dos constituintes que mais freqüentou a tribuna, como também um dos mais antipatizados representantes, vítima de constantes deboches e reações agressivas, por suas impertinências e pelo hábito de criticar excessivamente e bajular sistematicamente. Além disso, transformou-se num violento e engajado anticomunista, tendo inclusive se antecipado ao pedido de cassação do registro do PCB. Era, em suma, um exibicionista, sendo o constituinte que mais emendas apresentou ao projeto de Constituição e um dos que menos aprovou.

No fim de maio, iniciou uma ronda pelos ministérios, por ele mesmo chamada de "semana ministerial", distribuindo críticas e ironias, especialmente aos ministros que se encontravam em viagem ao exterior. No dia 27, dedicou-se a censurar os ministros da Justiça e da Educação, anunciando que o primeiro, Carlos Luz, estava se preparando para deixar a Pasta e concorrer ao governo de Minas, devendo ser substituído por seu colega Sousa Campos, médico, engenheiro e professor universitário, ministro da Educação e Saúde. Fez uma breve alusão ao ministro da Guerra, general Pedro Aurélio de Góis Monteiro, nos seguintes termos:

"O SR. BARRETO PINTO – A verdade é que o próprio general Góis Monteiro – conforme diz jornal insuspeito, o 'Diário da Noite'[12] – sentindo que a confusão é tão grande e o ambiente tão escuro, com a ausência de cinco ministros, já declarou à imprensa que quer deixar o ministério da Guerra.

O SR. PRESIDENTE – Lembro ao nobre orador que restam poucos minutos para terminar o tempo.

O SR. BARRETO PINTO – O Sr. Presidente acaba de chamar-me a atenção sobre o tempo de que disponho. Restam-me, entretanto, alguns instantes. Eu os dedicaria ao ministro do Trabalho, mas deixarei para amanhã.

Sr. Presidente, V. Exa., com seu espírito liberal, concedendo-me a palavra, me permitirá enviar à Mesa requerimento de informação que, provavelmente, não será respondido; terá a mesma sorte de inúmeros outros, cerca de 200, aprovados e não respondidos.

O requerimento é no sentido de se solicitarem ao ministério das Relações Exteriores informações sobre a aplicação das verbas destinadas a comissões e representações no exterior, inclusive por pessoas estranhas àquele ministério, indicadas as importâncias concedidas, nominalmente.

Ao que me consta a verba de representação de comissões no estrangeiro já estourou... (*Riso*)"

O pedido tinha endereço certo. Quando aludia à possível saída de Góis Monteiro, para logo em seguida apresentar o requerimento de informações, ficava visível o desígnio de atingir o ministro. Antes de assumir a Pasta, em agosto de 1945, como substituto de Dutra, que se desincompatibilizou para concorrer à presidência, o general exercia o cargo de representante do Brasil na Junta de Defesa, criada logo no início da guerra por inspiração dos Estados Unidos e que funcionava em Montevidéu. Nessa condição, fazia jus, sempre que se deslocava na ida ou na volta, a uma ajuda de custo em moeda estrangeira, além de diárias correspondentes aos dias de permanência na capital uruguaia. Foi essa jun-

---

12. Vespertino da cadeia dos Diários Associados, de Assis Chateaubriand, impresso em papel verde, que, por essa circunstância, chamava a atenção nas bancas.

ta o embrião da Junta Interamericana de Defesa que ainda hoje funciona em Washington, na qual o cargo de representante brasileiro é um dos postos mais cobiçados pelos oficiais-generais das Forças Armadas, como dos mais bem remunerados no exterior.

O assunto teria passado despercebido se, no dia seguinte, terça-feira, Barreto Pinto não voltasse à tribuna para comentar a resposta que, pelos jornais, lhe fora dada pelo ministro:

"O SR. BARRETO PINTO – (*Pela ordem*) Sr. Presidente, Srs. Constituintes, na 'semana ministerial' – que venho fazendo sob minha exclusiva responsabilidade, sem de longe ter nela qualquer interferência o meu partido – pretendia hoje, conforme ontem anunciei, tratar do ministro de Estado dos Negócios do Trabalho, o Sr. Otacílio Negrão de Lima, cognominado, bem ou mal, 'o campeão das greves'.

Entretanto, prefiro adiar por 24 horas essa parte, em conseqüência da entrevista hoje concedida a um dos vespertinos desta cidade pelo General Góis Monteiro, ministro da Guerra e também comandante-em-chefe dos 'Granadeiros' de Offenbach.

Depois de comentários desairosos de S. Exa. aos partidos políticos no Brasil, há o seguinte trecho:

> *O General Góis Monteiro vai fazer a barba numa saleta contígua, onde o seu famoso papagaio hoje permanece em estranho silêncio. Mas a conversa continua. Fala-se da Assembléia e, então, o repórter se lembra de formular a seguintes pergunta:*
> *– Tem fundamento, General, a declaração do Deputado Barreto Pinto, na sessão de ontem da Constituinte, segundo a qual o Ministro da Guerra, vendo as coisas pretas, vai demitir-se?*
> *Em tom incisivo, S. Exa. diz:*
> *– Não respondo a indecências.* (Risos)

Antes de fazer reparos em torno das declarações do General Góis Monteiro, devo dizer que o papagaio a que se refere [a reportagem], seu companheiro de casa, é por S. Exa. próprio chamado 'General Góis Monteiro'...

Não afirmei, seria incapaz de afirmar, que o ministro da Guerra houvesse declarado que deixaria o Ministério. O que referi, e agora reafirmo, foi uma notícia veiculada por vespertino desta cidade que S. Exa. deixaria aquela pasta para voltar a uma comissão que está augurando [ser] muito rendosa na República Oriental do Uruguai.

Mas, agora, aceito a expressão do Ministro, admito mesmo o confronto.

Que dizer-se, Srs. Constituintes, de um Tenente-Coronel da confiança do General Sezefredo de Passos, companheiro do Sr. Otávio Mangabeira, nomeado para uma comissão pelo Sr. Washington Luís e que trai o seu Ministro, vindo como chefe do Estado-Maior da Revolução de 1930?

Que dizer-se, no tocante à Revolução de 1932, em São Paulo, em que morreram aqueles bravos brasileiros, preparada que foi pelo Sr. General Góis Monteiro, que veio à Capital da República, com a adesão do Rio Grande do Sul? Isso é que não pode ser decente, e isso mesmo declarei ao Sr. Getúlio Vargas, quando veio o golpe do Plano Cohen, que até hoje ninguém sabe e que o Sr. General Góis Monteiro disse não existir.

Ainda foi o ministro da Guerra do Sr. Getúlio Vargas quem preparou o movimento que culminou em 29 de outubro e que poderia ser feito por quem quer que seja, menos pelo ministro da Guerra, para depor o Sr. Getúlio Vargas. Poderia ainda referir-me à oligarquia de Alagoas, mas reservo-me o direito de dizer que são 'indecências'. Nunca segurei cargo na minha vida, como S. Exa. está fazendo com o de Montevidéu.

Sr. General Pedro Aurélio de Góis Monteiro: Enquanto seus soldadinhos de Offenbach me permitirem, desta tribuna direi a V. Exa. que repilo a insinuação de indecência.

O Sr. Góis Monteiro[13] – V. Exa. só o faz desta tribuna.

O SR. BARRETO PINTO – Sr. Presidente, vou enviar, para confronto, requerimento à Mesa em que peço seja informado quanto S. Exa. recebeu para ir a Montevidéu, porque, segundo se diz, houve duas ajudas de custo.

O Sr. Georgino Avelino – É inverdade de V. Exa. Ao contrário, restituiu o que lhe sobrou da ajuda de custo, quando foi a Montevidéu.

O SR. BARRETO PINTO – É o que veremos com a resposta da informação que peço.

O Sr. Nereu Ramos – O Sr. General Góis Monteiro é um dos mais brilhantes oficiais do Exército Nacional.

O Sr. Georgino Avelino – É um padrão de virtudes pessoais e públicas.

O Sr. Góis Monteiro – O orador só acusa da tribuna.

O SR. BARRETO PINTO – Estou procurando me conduzir com toda serenidade. Referi-me, portanto, a S. Exa., em rápidas pinceladas.

O Sr. Georgino Avelino – Citando uma série de acusações inverídicas.

O SR. BARRETO PINTO – V. Exa. nega que o General Góis Monteiro foi nomeado pelo General Nestor Sezefredo Passos e que veio chefiando a Revolução?

O SR. Georgino Avelino – Não podemos estar aqui apurando casos políticos nem questões partidárias ou oriundas de convicções ideológicas.

O SR. BARRETO PINTO – Estou procurando imprimir serenidade nas palavras que profiro. Acredito mesmo que a expressão usada por S. Exa. não foi bem traduzida pelo repórter, porque S. Exa. não tinha o direito de se referir desta forma a um representante da Nação, que pode ter pouco valimento, mas que sempre tratou S. Exa. com o devido respeito, pelo cargo que exerce.

Enviando meu requerimento, não contesto que S. Exa. seja esse ornamento de qualidades que acaba de dizer o líder da maioria, e também o Sr. Primeiro Secretário, ambos meus amigos.

Reafirmo, porém, desta tribuna, minha declaração ao Sr. General Góis Monteiro de que as expressões usadas por S. Exa. não me atingiram, ficaram no tapete desta Casa.

Era o que tinha a dizer. (*Muito bem; muito bem*)

O orador envia à Mesa o seguinte

---

13. Trata-se do deputado Silvestre Péricles de Góis Monteiro, do PSD-AL, irmão do general Pedro Aurélio de Góis Monteiro, ministro da Guerra, e do senador Ismar de Góis Monteiro, PSD-AL, igualmente constituinte.

Requerimento 193, de 1946

Solicita informações ao Ministério das Relações Exteriores a respeito de ajudas de custo pagas a membros da Comissão Pan-Americana.

Requeiro que se oficie ao Ministério das Relações Exteriores indagando qual a importância recebida pelo Sr. Pedro Aurélio de Góis Monteiro, inclusive ajuda de custo, como membro da Comissão Pan-Americana, com sede em Montevidéu.
Sala das Sessões, 28 de maio de 1946.
As. Barreto Pinto."

O deputado carioca não ignorava a existência dos dois colegas de Assembléia, um deputado e outro senador, irmãos do ministro da Guerra e membros proeminentes do poderoso clã que dominou Alagoas durante um longo período, notadamente sob a ditadura do Estado Novo. Ismar era militar como o ministro. Tinha à época 46 anos incompletos, sendo mais moço que Silvestre, bacharel em direito, auditor da Justiça Militar e ex-ministro do Tribunal de Contas da União, então com 50 anos de idade. E certamente também tinha conhecimento da fama da violenta política alagoana quando se referiu no discurso à sua oligarquia. Ainda deviam estar vivos em sua memória o estridente tiroteio com que culminou, em 1935, a eleição estadual em que Silvestre, candidato ao governo, foi derrotado. Mais do que qualquer outra característica, a marca registrada dos métodos de disputa política no tórrido estado nordestino era o freqüente apelo às armas, com que costumavam ser resolvidos os mais agudos conflitos políticos. Em um deles, no Senado, em 1963, um dos principais protagonistas foi exatamente Silvestre, num confronto longamente anunciado, quando prometeu que seu desafeto, o senador Arnon de Melo, seu sucessor no governo do estado, não sairia vivo se ousasse falar da tribuna. Silvestre tinha advertido duas vezes, em aparte a Barreto Pinto, que ele só fazia suas acusações da tribuna, como a deixar claro que não teria coragem de repeti-las fora daquele recinto. A agravar ainda mais a sua provocação estava o precedente de imputar ao ministro da Guerra o recebimento de ajudas de custo irregulares, com isso atingindo sua honra. Os Góis Monteiro podiam ser violentos, como se comprovou, em relação a alguns deles, mas eram gente honrada, nunca tendo sido alvo de acusações de desonestidade ou corrupção na longa vida pública que tiveram. O desfecho era, como no episódio do Senado, dezessete anos depois, facilmente previsível.

Durante o discurso do deputado trabalhista, o senador Melo Viana reassumiu a presidência dos trabalhos e, após intervenções dos deputados Campos Vergal (PSP-SP) e Aloísio de Castro (PSD-BA), ambos falando "pela ordem", passou-se à ordem do dia, transcorrendo a sessão mansa e monotonamente na discussão de um requerimento de informações do deputado Medeiros Neto (PSD-AL) sobre o aproveitamento da cachoeira de Paulo Afonso para a produção de energia elétrica. Depois de falar o autor da proposta, estava na tribuna o deputado José Jofili quando, às 17 horas e 30 minutos, o presidente suspendeu a sessão, reaberta cinco minutos depois, segundo registra a ata:

"O SR. PRESIDENTE – Está reaberta a sessão.
Tem a palavra o Sr. Deputado Jofili, para prosseguir em suas considerações.
O SR. BARRETO PINTO – Peço a palavra, pela ordem.
O SR. PRESIDENTE – V. Exa. vai levantar questão de ordem?
O SR. BARRETO PINTO – Perfeitamente.
O SR. PRESIDENTE – Tem a palavra o Sr. Barreto Pinto.
O SR. BARRETO PINTO – (*Pela ordem*) Sr. Presidente, venho à tribuna em defesa da honorabilidade do mandato que exerço. Devo declarar a V. Exa. e à Casa que, estando há pouco num dos corredores desta Casa, fui covardemente atacado, pois me achava de costas para um Senador que me agrediu. No momento, encontrava-me em companhia do jornalista Adalberto Coelho. Ante a repentina agressão ainda puder agir, pois sou daqueles que não recuam diante do desaforo que lhes é atirado.

É este o espetáculo doloroso a que assistimos, quando estamos elaborando a Carta constitucional, a lei das leis.

Voltando ao plenário, dirigia-me a V. Exa., Sr. Presidente, para lavrar meu protesto, quando – a Assembléia inteira é testemunha – o Deputado, irmão do referido Senador e do Ministro da Guerra, também me quis agredir, a mim que, como os ilustres colegas, sou inviolável, quanto à manifestação de minhas opiniões neste recinto.

Nosso Regimento é claro, quando prevê o caso de um Deputado ou Senador exceder-se dentro da Assembléia. Já não o digo por mim, pois nada receio; nem sei se será esta a última vez que falo aos ilustres colegas. Se não tenho forças, possuo coragem, mais do que coragem – dignidade que herdei de minha família.

Sr. Presidente, a bem do decoro desta Casa, requeiro exame de corpo de delito e conseqüente abertura de inquérito. Responsabilizo-me pela atitude de coragem que tomei imediatamente, com o testemunho de pessoa que assistiu à agressão, embora estivesse eu de costas. É preciso fique consignado que, procurando defender-me de acusações, fui agredido por um Senador da República, irmão do Sr. Ministro da Guerra, e nesse recinto, ao comunicar o fato, fui novamente agredido por um Deputado, também irmão do Sr. Ministro da Guerra.

O Sr. Georgino Avelino – O Ministro da Guerra não fez nenhuma acusação a V. Exa.

O Sr. Gurgel do Amaral – Não é o caso do Sr. Ministro da Guerra que está em tela, mas o precedente criado aqui, pela agressão física, como argumento contra idéias expendidas por parlamentares, nesta Casa. O precedente é perigosíssimo.

O Sr. Lino Machado – No Parlamento, a arma é a palavra.

O SR. BARRETO PINTO – Não pratiquei nenhuma agressão, nem fiz injúria, absolutamente.

O Sr. José Varela – V. Exa., fazendo pilhéria, também faz injúria.
O Sr. Georgino Avelino – Acusou o Ministro da Guerra de traidor, insinuando que se locupleta com dinheiros públicos.
(*Trocam-se numerosos apartes*)
O SR. PRESIDENTE – (*Fazendo soar os tímpanos*) Peço a atenção dos Srs. Representantes, para que não interrompam o orador.
O SR. BARRETO PINTO – Sr. Presidente, ao comunicar o ocorrido a V. Exa., faço-o de acordo com o art. 20 do Regimento, mais para decoro desta Assembléia, visto tratar-se de fato inédito. Estou convencido de que não usei palavra alguma que pudesse ser injuriosa ao Sr. Ministro da Guerra. Reafirmo a crítica que fiz, não obstante o Sr. Senador Georgino Avelino me haver pedido que a riscasse de meu discurso anterior, como se eu fosse homem que riscasse discursos.
O Sr. Georgino Avelino – Riscasse aquela parte que achei inconveniente. Sr. Presidente, pediria a V. Exa. que mandasse ligar os microfones da bancada, porque se um Representante tem o direito de acusar, aos demais cabe o de responder.
O SR. PRESIDENTE – Eu próprio mandei desligar os microfones, após haver reclamado atenção aos Srs. Representantes que trocavam apartes paralelamente ao discurso do orador.
O SR. BARRETO PINTO – Era esta, Sr. Presidente, a questão de ordem que tinha a trazer a V. Exa., solicitando as necessárias providências.
O SR. PRESIDENTE – A Comissão de Polícia tomará conhecimento dos fatos para aqui trazidos na forma regimental. (*Palmas*)
O SR. BARRETO PINTO – Agradeço a V. Exa. (*Muito bem*)
O SR. PRESIDENTE – Continua com a palavra o Sr. José Jofili."

O incidente não prosperou nem gerou mais conseqüências que a mobilização dos apaziguadores, sempre prontos a evitar repercussões negativas para a instituição que apenas estreava o alvorecer da democracia. Sem dúvida contribuíram muito para isso as impertinências do agredido, sempre disposto a aparecer a qualquer pretexto, o que, por sinal, pouco tempo depois iria causar-lhe mais dissabores e mais tarde custaria o seu próprio mandato. Rixas e reações violentas, tidas sempre como antiparlamentares, sempre freqüentaram todos os Parlamentos do mundo democrático. A agressão de que foi vítima o trêfego deputado carioca não foi o único nem o mais grave dos incidentes com vítimas, nos Anais do Congresso Brasileiro. Antes dessa agressão, um deputado tinha sido assassinado por outro, dentro daquele mesmo edifício. Depois de 1960, com a mudança para Brasília, dois episódios violentos foram incorporados à história parlamentar: os cinco tiros desferidos pelo então deputado Nelson Carneiro em seu colega Estácio Souto Maior, em frente da agência do Banco do Brasil, no saguão do térreo que liga os edifícios da Câmara e do Senado, e o confronto entre os senadores Arnon de Melo e Silvestre Péricles, no plenário daquela Casa, de que resultou a morte do suplente de senador José Kairala, do Acre.

O episódio ocorria menos de uma semana depois do incidente do Largo da Carioca, quando, a pretexto de não permitir a realização do comício programado pelo PCB e proibido pelas autoridades, a polícia abriu fogo contra as pessoas ali reunidas, provocando vítimas fatais. Se fora a intransigência ideológica fazia suas vítimas, dentro eram as picuinhas políticas e as questiúnculas pessoais que traziam a violência para o plenário da Constituinte. Ela estreava dentro de casa, como sinal de mau agouro. Estimuladas por provocadores como Barreto Pinto, as provocações encontravam solo fértil na mentalidade rude e no temperamento árdego dos dois irmãos alagoanos. Os mesmos que, alguns anos depois, iriam protagonizar, como adversários, um espetáculo de selvageria em seus estados, quando Silvestre mandou fuzilar o irmão Ismar, que, embora crivado de balas, logrou salvar-se da tentativa de fratricídio.

Rotina de impaciência e inquietações

A sessão do dia seguinte ao incidente na Constituinte mostra que a apresentação do projeto de Constituição não alterou a rotina da Assembléia. Os temas tratados dão conta, por si sós, de qual era o ambiente entre deputados e senadores, na véspera da votação em bloco da matéria, passo inicial de sua tramitação. Às 14 horas, achavam-se presentes noventa constituintes, havendo portanto número regimental para a abertura dos trabalhos. Procedeu-se à leitura da ata e sua aprovação, sem retificações. Durante o período destinado ao expediente foram lidos um ofício, dois requerimentos e três indicações. No ofício, o comandante do Regimento dos Dragões da Independência agradecia à Constituinte as homenagens prestadas pela passagem do 133º aniversário daquela unidade. No requerimento nº 194, o deputado Jurandir Pires (UDN-DF) queria saber da Prefeitura do Rio em que pé se encontrava a confecção do *Dicionário histórico e geográfico da cidade*, qual o montante das verbas destinadas à sua elaboração e qual a previsão de seu lançamento. No de nº 196, o deputado José Leomil (UDN-RJ) indagava do prefeito da capital desde quando a municipalidade subvencionava a temporada artística do Teatro Municipal, quanto despendeu para esse fim, desde 1940, qual a renda obtida com a venda de ingressos, qual a comissão paga aos organizadores dos espetáculos, se foi retido no pagamento dos artistas estrangeiros deles participantes o imposto de renda respectivo e, por fim, se houve licitação entre as companhias líricas e quais delas participaram.

A Indicação nº 107/46 vinha subscrita pelos udenistas do Rio Grande do Norte, os deputados Aluísio Alves e José Augusto e o senador Ferreira de Sousa, além do representante do PRP, Café Filho. Solicitava o que sempre esteve na pauta de todas as legislaturas: medidas de amparo à lavoura e à pecuária no Nordeste, "através da ampliação dos prazos e diminuição dos juros cobrados pela Carteira Agropecuária do Banco do Brasil". A de nº 109 era subscrita pela bancada udenista e propunha sugerir ao Poder Executivo "a necessidade do Instituto do Cacau da Bahia, ao prestar contas da execução da portaria da Coordenação de Mobilização Econômica que lhe atribuiu exclusividade para a exportação de cacau, estabeleça, desde logo, a restituição aos cacauicultores da diferença havida entre o pagamento aos agricultores pelo Instituto e o preço que recebeu pela venda do cacau nos mercados estrangeiros". A Indicação seguinte, de nº 109, de autoria da bancada udenista de Minas, sugeria ao Ministério da Educação e Saúde fundar em São João del Rei um museu histórico.

Antes de dar a palavra aos oradores inscritos nesse período da sessão, o presidente prestou esclarecimentos sobre o fato de ter mandado desligar os microfones das bancadas na sessão do dia anterior, quando o primeiro-secretário, o senador Georgino Avelino (PSD-RN), insistia em apartear seu colega Barreto Pinto. Seguiu-se na tribuna o deputado João Mendes (UDN-BA) reclamando que, por ter protestado contra as sucessivas violações do Regimento, estava sofrendo restrições, não conseguindo ocupar a tribuna. Esclareceu: "Há dois meses me inscrevi. Entrei na fila. As filas não respeitaram ao menos as escadarias do palácio Tiradentes. E esta fila é pior do que a do ônibus ou a do pão, porque não anda." Esclareceu que estava ali ocupando a vez de seu colega Alde Sampaio e assinalou que as camadas populares faziam conceito desairoso da Assembléia, apelando à imprensa, já que a Constituinte não era "os que a querem transformar em picadeiro de circo, em *ring* de boxe ou em campo de futebol", para que fizesse uma campanha de silêncio em torno desses fatos que apontou. Em seu longo discurso, criticou a legislação trabalhista e anunciou que apresentaria emenda para fazer constar do texto constitucional a obrigatoriedade do trabalho, segundo ele, um direito de todo cidadão. E lembrou, aí com discernimento, que o baixo nível de escolaridade do trabalhador brasileiro o impediria de executar tarefas cada vez mais complexas de que o país estava necessitando para aumentar a produção nacional.

Com o representante pernambucano, esgotou-se o tempo destinado ao expediente e passou-se à ordem do dia, com o comparecimento de mais 184 constituintes. Antes de dar a palavra aos oradores inscritos, foi lida Indicação do deputado Rui Palmeira (UDN-AL), sugerindo ao Executivo proceder a estudos para a construção de uma estrada entre a cachoeira de Paulo Afonso e o ponto mais conveniente da rodovia central de seu estado. Pela ordem, que, segundo o Regimento, deveria ser a modalidade utilizada pelos constituintes para tratar da observância e aplicação de dispositivos regimentais, o deputado José Augusto (UDN-RN) leu telegramas da Associação Rural de seu estado, da Associação Comercial e carta do lavrador Vivaldo Pereira, de Currais Novos, classificado pelo orador como "um dos mais inteligentes lavradores do sertão norte-rio-grandense". Também pela ordem, Café Filho, o mais prolixo e assíduo deputado na tribuna, protestou contra notícia veiculada num jornal de que teria pronunciado discurso contra a invocação do nome de Deus no preâmbulo da Constituição, no que recebeu a solidariedade de alguns colegas testemunhando a improcedência da informação. Usando o mesmo recurso anti-regimental, o deputado Horácio Lafer (PSD-SP) protestou contra a exclusão do Brasil dos países que deveriam receber indústrias alemãs, como reparação de guerra. Barreto Pinto (PTB-DF), usando da palavra pela ordem, leu nota do *Correio da Manhã* aludindo à incompetência administrativa do governo. A Mesa deu conhecimento ao plenário de mais duas Indicações: a de nº 104, subscrita pelo deputado Teódulo de Albuquerque (PPS-BA), pleiteando a construção de uma barragem no Boqueirão do Rio Grande, afluente do São Francisco, e outra, a de nº 104/46, de autoria do senador Plínio Pompeu (UDN-CE), solicitando a dragagem do Porto de Camocim, em seu estado. Em seguida foi a vez do senador Hamilton Nogueira (UDN-DF) repelir notas publicadas como matéria paga contra sua atuação, por ter defendido os bancários em greve e acoimado de ilegal a intervenção no sindicato da categoria e a prisão de seu presidente.

Igualmente pela ordem, o deputado Caires de Brito (PCB-SP) protestou contra a prisão do capitão Antônio Rolemberg, do operário Davi Jansen de Melo, dirigente da Executiva Estadual do PCB no estado do Rio, do artista plástico Zanini e do despachante João Batista Lima, preso na Avenida Rio Branco e ferido nas nádegas por sabre ao ser colocado na viatura da polícia e que se encontrava na Casa, onde os constituintes poderiam conferir seu lastimável estado físico. Seu colega Agostinho de Oliveira (PCB-PE) deu conta da situação dos funcionários da Cantareira em greve, aos quais a empresa negava aumento, além de se negar a renovar a frota com a utilização de material depositado na Alfândega do Rio. Seguiu-se o senador Carlos Prestes, para ler comentário do *Correio da Manhã* sobre a questão das bases americanas no Brasil, por ele abordada um mês antes da tribuna.

Paulo Sarazate (UDN-CE), também pela ordem, anunciou que a seção estadual da OAB de seu estado tinha decidido que nenhum advogado nela inscrito aceitaria promover judicialmente ordem de despejo, salvo quando se tratasse de cobrança de aluguéis em atraso, e aproveitou para ler manifestação do sindicato dos empregados nas empresas de fiação e tecelagem de Minas, dando apoio à sua campanha pelo congelamento dos aluguéis. O deputado José Jofili (PSD-PB) submeteu à mesa moção de congratulações pelo transcurso do 10º aniversário de fundação do IBGE. O baiano Vieira de Melo, do PSD, pela ordem, protestou pela cobrança, por parte da Cia. de Navegação Mineira e da Indústria de Viação de Pirapora, de adicional de 35% do frete sobre o peixe seco, por não considerá-lo gênero alimentício, em razão do que submeteu requerimento de informações ao Ministério da Viação e Obras Públicas. Carlos Lindenberg (PSD-ES) denunciou o assassinato, pela Polícia Militar de Minas, do cabo Eliseu Divino, da Força Pública do Espírito Santo, em razão do contencioso de limites entre os dois estados. Para ser dado como lido, o deputado Plínio Barreto (UDN-SP) enviou discurso escrito tratando da questão da assistência à infância e anunciou emendas sobre a matéria que submeteria à Assembléia, para as quais pediu apoio. Foi lido em seguida requerimento subscrito pelo deputado Medeiros Neto (PSD-AL) e apoiado por outros parlamentares, solicitando não se realizar sessão no dia 30, data da ascensão do Senhor. Também pela ordem, o deputado Campos Vergal (PRP-SP) manifestou-se contra. Submetida a votos, a proposta foi aprovada e o deputado Afonso de Carvalho (PSD-AL) pediu verificação da votação, que revelou terem se manifestado a favor da proposta 103 constituintes e 66 contra, sendo portanto confirmada a decisão. O deputado Guaraci Silveira (PTB-SP) fez declaração justificando seu voto, para esclarecer que, tendo a Comissão Constitucional trabalhado aos sábados e domingos, realizando várias sessões por dia, não via sentido em que a Câmara deixasse de se reunir enquanto se encontrava pendente a elaboração da Constituição. Nesse mesmo sentido manifestou-se também o deputado Nestor Duarte (UDN-BA).

Em seguida, o deputado Altamirando Requião (PSD-BA) levantou questão de ordem para saber se, com a suspensão dos trabalhos no dia seguinte, se alteraria a data da votação em bloco do projeto, antes prevista para a sexta-feira seguinte, dia 31. O presidente esclareceu que, no caso dos prazos dados à Comissão, contavam-se em dias e, na votação em bloco, o Regimento estabelecia o prazo em horas, confirmando-se, portanto, a ordem do dia da sexta-feira, dia 31. Logo após foi a vez do deputado Luiz Viana (UDN-BA). Indagou se, durante a discussão do projeto, o prazo regimental de trinta minutos, assegurado a cada orador, poderia estender-se até duas horas, mediante cessão dos colegas inscritos, ou ser fracionado em períodos menores, de acordo com o desejo de cada um. Sua segunda questão indagava se a cessão teria que ser feita pelos oradores subseqüentes previamente inscritos ou por qualquer um deles. O presidente respondeu à primeira dúvida esclarecendo que o tempo cedido, até o máximo de duas horas, poderia ser utilizado de acordo com a conveniência do orador beneficiado, já que não havia dispositivo regimental proibindo a prática que lhe pareceu a mais liberal. À segunda, decidiu que a cessão só poderia ser feita pelos oradores subseqüentes, sem o que os demais inscritos ficariam prejudicados.

O deputado Raul Pila (PL-RS) quis saber se os oradores inscritos para a sessão do dia 30 de maio, que não seria mais realizada, teriam sua inscrição mantida para a sessão subseqüente. O presidente esclareceu que, sendo a ordem do dia da sessão imediata destinada à votação do projeto constitucional, as inscrições perdiam a validade, decisão mantida, a despeito dos protestos do parlamentar gaúcho.

Só então teve início a ordem do dia, cujo primeiro item era a discussão do requerimento nº 30, sobre o aproveitamento do potencial energético do Rio São Francisco. O primeiro orador inscrito era o deputado Brochado da Rocha (PTB-RS), que, a pretexto de discuti-lo, congratulou-se com os ferroviários da Leopoldina pelo fim da greve e pela normalização do transporte em todos os ramais daquela ferrovia. O fim do movimento foi conseguido graças à concessão de um abono de emergência assegurado pelo interventor naquela empresa, o coronel Machado Lopes, que comandou a engenharia da FEB. O deputado Bitencourt Azambuja (PSD-RS), pela ordem, invectivou duramente pronunciamento anterior de Prestes e apelou para que se incluísse dispositivo na futura Constituição prevendo a perda dos direitos políticos de todo aquele que recebesse auxílio em dinheiro para "propagar no país doutrinas subversivas da pátria e do regime". Seguiu-lhe o deputado Alencar Araripe (UDN-CE), que, também falando pela ordem, apresentou indicação sugerindo o "imediato reaparelhamento da Rede de Viação Cearense e a ligação do vale do Cariri aos centros consumidores de seu produto".

Num extenso pronunciamento, o deputado Osvaldo Lima (PSD-PE) comentou notícia da *Folha Carioca* anunciando que, em face das medidas de contenção financeira do governo, as obras de aproveitamento do potencial energético da Cachoeira de Paulo Afonso ficariam adiadas. Criticou duramente o pronunciamento do seu colega de representação João Cleofas (UDN-PE), dizendo ser o plano inadaptável à realidade brasileira, já que a causa da inflação eram os sucessivos déficits orçamentários. Depois dele, Trifino Correia (PCB-RS), em extenso discurso, para a conclusão do qual a sessão teve que ser prorrogada por uma hora, abordou a questão agrária, preconizando o aproveitamento da Baixada Fluminense para sua incorporação à produção agrícola através da reforma agrária. O deputado Gurgel do Amaral (PTB-DF) enviou à Mesa declaração escrita refutando os termos do aparte que, segundo um órgão da imprensa, teria dado quando do pronunciamento de seu colega de bancada Barreto Pinto, depois de agredido. Aproveitando a prorrogação do tempo da sessão, o deputado Freitas Cavalcanti (UDN-AL) discorreu longamente sobre o aproveitamento econômico do Rio São Francisco, preconizando a construção da usina hidrelétrica de Paulo Afonso. O último orador foi o deputado Gofredo Teles (PSD-SP), sobre estudo de sua autoria relativo ao sistema tributário brasileiro, que não foi lido da tribuna, mas apenas encaminhado à Mesa. Às 19 horas encerrou-se a sessão.

Os assuntos tratados numa sessão tomada aleatoriamente, a título de amostragem, revelam que as preocupações com os temas e desafios locais se sobrepunham a todos os demais interesses capazes de preocupar a Constituinte, a começar pelo texto constitucional, que era seu maior desafio. Até então, o plenário tinha assistido a algumas razoáveis intervenções sobre matéria constitucional, mas a nenhum grande debate doutrinário. Os discursos que feriam temas políticos eram capazes de galvanizar o plenário. Os que tratavam de um modelo político para o país, depois de oito anos de ditadura e diante de um mundo submetido a grandes mudanças e tensões, nem sequer eram objeto de preocupação. Aquilo que hoje se denomina "engenharia constitucional", isto é, a concepção de sistemas eleitorais, partidários e de governo compatíveis entre si, não entrou em cogitação. A própria coerência interna do texto constitucional terminou afetada pela improvisação que dominou os debates.

Começa a tramitação

O art. 36 do Regimento Interno dispunha que, se os prazos consignados no capítulo destinado à elaboração constitucional "decorrerem, sem que esteja concluída a votação do projeto de Constituição e respectivas emendas, a Mesa da Assembléia promulgará, imediatamente, como lei fundamental do país, até ultimação daquele trabalho, o projeto aprovado no primeiro turno".

A hipótese, se concretizada, criaria uma situação inusitada, porém não inédita, num país como o nosso, em que, segundo José Bonifácio, a realidade supera a ficção: a de termos uma "Constituição provisória", até que a Assembléia concluísse o seu trabalho. Durante o governo provisório do marechal Deodoro, em 1890, o projeto de Constituição elaborado pela comissão de Petrópolis e revisto por Rui Barbosa foi mandado adotar como Constituição, provisoriamente, até que a Constituinte republicana, que estava sendo eleita, concluísse a sua tarefa. Para uma República que, segundo o decreto nº 1, de 15 de novembro de 1889, proclamara provisoriamente a República, o uso do recurso "provisório" não chegava a ser uma novidade. Daí, entre outras razões, a necessidade de se votar em bloco, e em primeiro turno, o projeto elaborado pela Comissão Constitucional, setenta e duas horas depois de sua publicação. A votação estava prevista para a sessão do dia 31 de maio, sexta-feira. Às 14 horas, quando foi aberta a sessão, havia a presença recorde de 151 constituintes. Depois das retificações da ata, da leitura do expediente e da apresentação de requerimentos, inclusive um subscrito pelos deputados Pedroso Júnior (PTB-SP) e Segadas Viana (PTB-DF), indagando se o governo estava "interessado na extinção do câmbio negro", e de Indicação de Altamirando Requião sugerindo constituir-se uma comissão para apresentar sugestões ao governo, no sentido de "se fixar a data do descobrimento do Brasil", passou-se à ordem do dia, registrando a ata a presença de mais 128 constituintes, com o *quorum*, portanto, de 279 representantes. Antes de ser posto em discussão o projeto, o líder da maioria e presidente da Comissão Constitucional requereu que fosse retificada a redação dos arts. 91 e 182 do projeto, publicados com incorreção, ressalvando-se essa circunstância quando da votação do projeto.

Registra a ata que, submetido a votos, com os esclarecimentos e correções feitos pelo líder da maioria, o projeto foi aprovado "quase unanimemente". Para a unanimidade faltaram apenas os votos da bancada comunista que, em declaração de voto, explicitou as razões por que tinha se manifestado contra o texto que acabara de ser apreciado e aprovado:

"O SR. CAIRES DE BRITO – (*Pela ordem, para uma declaração de voto*) Sr. Presidente, srs. Constituintes, votamos, os Representantes do Partido Comunista do Brasil, contra o projeto de Constituição apresentado pela grande Comissão, pelos seguintes motivos (*lê*):
1. Achamos que o mesmo está muito longe de servir de base a uma discussão de nossa Carta Magna, porque não expressa a realidade brasileira, conquanto seja bem melhor que a carta outorgada de 1937, sob cujo guante se encontra escravizada a Nação. E não atende à nossa naturalidade, por se prender, exageradamente, à fórmulas políticas antiquadas e condenadas pela nossa própria existência republicana, sem procurar examinar e aplicar – e sem tempo para fazê-lo – toda a rica experiência de nossa prática política. Os nossos legisladores de 46 não souberam ou não puderam enriquecer o projeto em apreço com leis básicas emanadas das legítimas aspirações populares e das legítimas necessidades de nossa pátria, para conquistar, em definitivo, sua independência econômica e as bases para uma verdadeira democracia.
2. O projeto, admitindo três Poderes da União, autônomos e independentes, o que assegura, realmente, é a hipertrofia do Poder Executivo. Vencidos nessa matéria de fundamental importância, não nos é possível aceitar outro poder que dispute e até infrinja o do Congresso Nacional, como se verifica do projeto. Nas mãos do Executivo repousa uma soma enorme de forças, inclusive as Forças Armadas. De outro lado o projeto prende a Nação a uma realidade aparente, transportada mecanicamente de outras épocas. O resultado é o perigo que paira sempre sobre o Poder Legislativo, sob o perigo de sofrer a ação poderosa do Executivo, como em 1937. Se o poder emana do povo, e como sua expressão mais alta de representação proporcional é esta Assembléia, por esta razão os demais poderes terão forçosamente que emanar deste Parlamento. Infelizmente, portanto, o projeto ainda assegura ao Presidente condições e poderes que freqüentemente se tornam ditatoriais, como o foi no passado, remoto e próximo, com enorme prejuízo para a prática da democracia e a independência de nossa pátria. Secundando o motivo fundamental de nossa desaprovação, outros pontos de principal importância, incompreensivelmente, se prendem a uma ordem de coisas já superadas: o velho Senado, fonte de retrocesso e estagnação, aparece no projeto como uma ameaça ao progresso e à felicidade do nosso povo. Eleito por um sistema antidemocrático por ser majoritário e que se choca visivelmente com o caráter proporcional da Câmara dos Deputados, sua ação e o mecanismo de seu entrosamento com a mesma e seu poder destinam-se a entravar a marcha de leis progressistas, principalmente quando sua renovação completa se faz ao longo de oito anos.
Outros pontos de caráter reacionário nos levam a rejeitar o projeto:
1. a justiça eleitoral, praticamente entregue ao Presidente da República, a negação do voto ao analfabeto e ao soldado e o sistema desproporcional do quociente eleitoral inegavelmente motivado por interesses regionais;
2. a falta de autonomia para os principais municípios brasileiros, sobretudo para aqueles como o Distrito Federal e as Capitais dos Estados, bem como os

portos, onde o grau de desenvolvimento político de suas populações exige o direito de eleger seus próprios dirigentes e que poderão, assim fazendo, contribuir para levar ao poder homens capazes de fazer administrações progressistas;

3. as restrições aos direitos do cidadão, especificamente as restrições ao direito de greve como aparece no projeto e que representam ameaça grave para a classe operária e o povo. Do mesmo modo, não abre o projeto perspectivas para a solução de um dos nossos maiores males, e o fundamental instrumento de atraso e dependência da Pátria, o monopólio da terra que gera o latifúndio. O próprio artigo contra os 'trusts', que no anteprojeto da subcomissão aparecia corajoso, retrocede para uma débil formulação de 'repressão'. O direito de sindicalização livre e autônoma aparece ameaçado da continuação de asfixia ministerialista;

4. por fim, a falta de separação completa do Estado da Igreja, e o ensino religioso que vai de encontro ao nosso propósito de lutar pelo ensino laico, completam, entre outros, os motivos de nossa desaprovação.

Esta, Sr. Presidente, a declaração de voto do Partido Comunista do Brasil que, ao mesmo tempo, elogia o trabalho da Comissão da Constituição, esforçando-se para, no menor prazo possível, sob um Regimento de asfixia, oferecer à Assembléia Constituinte o projeto em apreço. (*Muito bem. Palmas da Bancada comunista*)"

A postura dos comunistas tinha um cunho meramente ideológico. Tratando-se dos únicos representantes a votar contra o projeto que ainda estava sujeito a emendas, debates, discussão e votação, a sua posição acarretava evidentes conseqüências políticas, a mais óbvia das quais a de aumentar ainda mais o isolamento que parecia lhes agradar, em nome da pureza dos princípios que defendiam. Como contava com 4,89% dos integrantes da Assembléia, o PCB punha contra si os 95% restantes dos que a integravam. Além do mais, o documento que constitui a sua declaração de voto não fazia jus à capacidade da maioria de seus parlamentares. Incorriam assim no erro tantas vezes repetido de se julgarem os intérpretes do "sentimento popular" e do que entendiam ser o legítimo "interesse da pátria", mesmo sem indicá-lo. Faziam lembrar Oliveira Viana, em sua crítica "O idealismo na Constituição", ao julgar que as leis têm a virtude de promover mudanças e reformas profundas no sistema político, no modelo econômico ou na estrutura social. Julgando o texto "reacionário", usavam o mesmo recurso que lhes tinha custado uma censura aplicada pelo presidente e apoiada pela maioria da Constituinte. A despeito dessa posição sectária, exerciam o seu legítimo e incontestável direito de discordância, inquestionável em qualquer Parlamento democrático.

A bancada parlamentarista também se manifestou através de um pequeno grupo de deputados: Raul Pila (PL-RS), José Augusto (UDN-RN), Aloísio de Carvalho (UDN-BA), Nestor Duarte (UDN-BA), Café Filho (PRP-RN), Glicério Alves (PSD-RS) e Aloísio Alves (UDN-RN). Em sua declaração de voto, firmavam a posição do pequeno grupo parlamentarista: "Demos o nosso apoio ao projeto de Constituição, apenas para o efeito de o submeter à discussão, pois discordamos fundamentalmente da organização dos poderes ali adotada, que nada mais faz senão reincidir em velhos erros, e nos reservamos o direito de emendá-lo, com o fim de instituir no Brasil, mediante o sistema parlamentar, a verdadeira democracia representativa, em vez de sua contrafação."

Depois de anunciar que o prazo de discussão do projeto e de apresentação de emendas teria início na sessão seguinte, segunda-feira, 3 de junho, o presidente resolveu questões de ordem sobre o período do expediente, em que só seria permitido o uso da palavra para tratar de outros assuntos quando não houvesse oradores inscritos para discorrer sobre matéria constitucional. Justificando não ter havido sessão no dia anterior, decidiu dar, como continuação da ordem do dia, a que estava prevista para aquela data. Por proposta do deputado Glicério Alves (PSD-RS), o plenário aprovou um voto de louvor à Comissão Constitucional, e o deputado Barreto Pinto propôs que se aceitasse como primeira emenda ao projeto de Constituição sugestão sua para que o futuro texto constitucional fosse submetido a plebiscito.

Tudo levava a crer que, a partir de junho, a Assembléia faria da discussão do projeto o centro dos debates. Isso, porém, não era mais do que uma suposição. Uma intervenção do deputado João Amazonas (PCB-DF) deixou claro que a temperatura política não prenunciava bom tempo. Previam-se chuvas, senão até tempestades:

"O SR. JOÃO AMAZONAS – (*Pela ordem*) Sr. Presidente, Srs. Representantes. Venho a esta tribuna, a bem da verdade, para informar à Casa e à Nação que o Partido Comunista do Brasil nada tem a ver com a recepção que está sendo preparada ao Sr. Senador Getúlio Vargas.

Os matutinos de hoje dizem que o Partido Comunista compareceria com estandartes e palavras de ordem àquela manifestação. Fomos informados agora, pelo nobre colega Sr. Jurandir Pires, de que um automóvel, com um grande dístico, assinalado pelo emblema do nosso partido, percorria a cidade convidando as massas populares a comparecer ao desembarque daquele senhor.

Senhor Presidente, não temos razão alguma para convidar o povo a participar dessa homenagem, pois nem sequer sabemos com que partido está o Sr. Getúlio Vargas: se com o Partido Trabalhista, se com o Partido Social Democrático.

[...] A bem da verdade, Sr. Presidente, denuncio tão baixa manobra política envolvendo o Partido Comunista, o qual mobiliza centenas e centenas de milhares de pessoas que, com toda sinceridade, emprestam apoio à nossa organização política. (*Muito bem. Palmas*)"

A volta triunfante que os correligionários do ex-presidente previam e programavam, com as multidões aplaudindo-o, como nas comemorações do Dia do Trabalho, no Estádio do Vasco da Gama, podia ser aparatosa, mas corria o risco de não ser cercada do esplendor dos velhos tempos.

22. O triunfo

A volta por cima

Getúlio tinha toda razão em desejar, como no samba tão popular entre os cariocas, sacudir a poeira e dar a volta por cima, sete meses depois de deposto. Na maioria dos dicionários históricos e biográficos estrangeiros, ele é um dos três brasileiros presentes em todos, junto com dom Pedro I e seu filho, dom Pedro II. Ao ser deposto, já era o segundo brasileiro que mais tempo governara o país, nada menos, como ele mesmo disse no discurso famoso e tão parodiado, que "o curto espaço de tempo" de quinze anos. Tinha, em relação aos dois imperadores, pontos em comum e algumas diferenças. Se o cargo que ocupara, ao contrário do dos monarcas, não era vitalício, como eles só deposto o deixara. Mas, salvo ele, nenhum brasileiro, depois de perder o poder, voltaria à chefia do Estado. Por maior que fosse o "poder pessoal" dos imperadores, nenhum excedera a potestade quase monárquica de que se investira Getúlio. Primeiro, por uma revolução que relutantemente chefiou. Depois, por um golpe de Estado que tão habilmente liderou. Em doze dos quinze anos em que permaneceu ininterruptamente como chefe do governo, tinha poderes e prerrogativas absolutas e virtualmente ilimitadas. Por mais amplas que fossem as atribuições dos imperadores, titulares de dois dos quatro poderes do Estado, segundo a Constituição de 1824, elas não excediam as de Vargas, titular de fato de dois dos três tradicionais poderes que conformam os regimes republicanos. Sobre o terceiro, de que não era titular, o Judiciário, se não o exercia diretamente, tinha a mais completa ascendência, inclusive a faculdade de nomear os presidentes dos tribunais superiores, até mesmo do STF. Pedro I e seu filho dependiam do Parlamento para aprovar as leis que desejassem. Getúlio se dispensou dessa formalidade. Ele mesmo assumiu as prerrogativas do Parlamento, durante a maior parte do tempo em que se manteve no poder. Primeiro, entre 1930 e 1934, porque não havia Congresso nem Constituição. A primeira instituição ele dissolveu, e declarou perempta a segunda ao assumir o poder discricionário de que se investira em nome da revolução que chefiou. E mais tarde, entre 1937 e 1945, por ter fechado as duas Casas do Congresso, outorgado uma Constituição que ele mesmo nunca cumpriu, proibindo a existência de partidos políticos, pelos quais, ao longo de sua vida pública, sempre demonstrou o mais solene desprezo. Sentimento idêntico ao que votava às Constituições, responsável que foi pela revogação de duas, sucessivamente.

Tudo isso explica por que ao ser deposto, em 29 de outubro de 1945, já não era um homem, era um mito. Ao suicidar-se, em 24 de agosto de 1954, como ele mesmo escreveu, não morreu. Saiu da vida para entrar na história. Nos seus quinze anos como chefe do governo e do Estado, nunca recebeu delegação de nem um só voto popular. Mas apenas trinta e três dias depois de afastado do poder tornou-se o brasileiro mais votado no país, em todos os tempos! Façanha até hoje nunca igualada nem superada.

Ao longo de toda a vida pública, fez amigos, colecionou adversários e granjeou os mais ferozes inimigos. Serviu-se de todos. Muitos dos que o combateram a ele se aliaram. Muitos de seus aliados o combateram. Entre o povo, não tinha seguidores, mas multidões de devotos, fanáticos adeptos que o aceitavam como o dirigente supremo de uma seita que os libertara e que por isso era venerado como um pai – o pai dos pobres. Curtia, assim, a religião que não tinha. Getúlio não é só um fenômeno – é o maior fenômeno político da história do Brasil. Criou uma era cujo fim um dos seus sucessores, Fernando Henrique Cardoso, ousou decretar, embora estejamos ainda longe de vê-la superada, tão arraigadas encontram-se as suas conquistas, como a legislação trabalhista e o modelo sindical brasileiro, por exemplo. Forjados na ditadura, sobreviveram às precárias democracias que tivemos e subsistiram a todas as autocracias a que esteve submetido o país. Somos um caso único em que modelos políticos idênticos e sistemas econômicos iguais servem indistintamente a qualquer paradigma ideológico entre todos os que experimentamos.

O homem mais poderoso do país, o mais prestigiado e prestigioso dos políticos brasileiros, o governante que criou as mais duradouras instituições políticas nacionais e que a ele sobreviveram, o cidadão que mais biografias teve em vida, ainda não logrou conseguir quem se aventurasse a escrever a sua biografia definitiva, depois de morto. Se fosse grego, poderia não estar no lugar de Zeus, mas certamente estaria a seus pés, no ponto mais alto do Olimpo.

Tudo isso justificava que não apenas o PCB se irritasse com a notícia de que iria prestigiar o triunfo da volta. Toda a oposição estava alvoroçada. Carlos Lacerda, em sua coluna no *Correio da Manhã*, sugeria que os democratas pusessem uma fita preta na lapela, em sinal de luto, no dia de seu regresso. No artigo do dia 6 de junho, quando Vargas já tinha feito de sua volta ao Congresso, que por duas vezes dissolvera, uma dura provação, Chateaubriand escreveu que, "em Getúlio Vargas, as coisas costumam acontecer pelo avesso. Outro qualquer ditador teria saído do governo, preso, deportado ou fuzilado". Apesar disso, acrescentava: "Auguro uma *reentrée* auspiciosa ao Sr. Getúlio Vargas, no cenário político do país. Os que acreditavam que o velho ditador estivesse morto vão arriscar a sua voluptuosa reencarnação. Esses sete meses de exílio forçado lhe foram altamente fecundos. Repousou. Restaurou as combalidas forças. [...] Nunca um confinamento foi mais benéfico a um político do que esse que os generais do golpe redentor de outubro impuseram ao ditador. Aos olhos das massas que não sentem as filigranas das leis e das Constituições, Getúlio Vargas passou a viver um banimento de mártir. Arranjou uma coroa de espinhos, enfiou-a na cabeça, para que, através dela, as multidões o vissem, não penitente, mas sofredor." Cinco dias antes, data da chegada ao Rio, Chateaubriand fora ainda mais contundente, afirmando: "É duvidoso que a presença deste homem no Rio de Janeiro signifique fraternidade sincera com a democracia e colaboração criadora com ela. Ele navega de São Borja à Guanabara com as velas enfunadas pela ambição do poder, que o devora. Sua aparição é para inquietar os democratas, os partidários do governo de representação popular." Na verdade, eram os udenistas, não os comunistas, os mais inquietos.

De acordo com Carlos Lacerda, em seu livro *Depoimento*:

"Na véspera da posse nós tivemos uma reunião no escritório do Virgílio de Melo Franco, para traçar uma linha de conduta: como fazer, o que fazer. [...] Deixar o triunfo do Getúlio passar em branco, impossível, e então [se] discutia o que fazer. [...] Numa certa altura – não me lembro bem quem – achou-se que o Otávio Mangabeira deveria apresentar, na hora da posse de Getúlio, uma moção de aplauso às Forças Armadas pela sua conduta em 29 de outubro de 1945, isto é, a derrubada de Getúlio. Houve aquele silêncio e aí alguém, também não me lembro quem (acho que foi o Odilon Braga), disse: – Bom, mas pode haver uma represália. Podem emendar essa moção aplaudindo as Forças Armadas pela sua conduta no dia 10 de novembro de 1937, quando elas proclamaram o Estado Novo. E aí? Então estabeleceu-se um debate em torno do assunto e houve vários deputados e senadores dizendo (o Vilas Boas e outros): – É melhor a gente deixar passar, levantar essas questões é um perigo! E alguém, também não me lembro quem, disse: – Se o Getúlio reagir? E se o Getúlio for para a tribuna e fizer um discurso dizendo que fez 37, que se gaba disso e que teve a seu lado o atual presidente da República, o general Eurico Dutra, de cujo ministério fazem parte membros da UDN? E se ele disser que fez isto instado pelo Exército, para salvar a nação do comunismo, dos subversivos, desordeiros e tal? Como é que vai ser? Aí, o Virgílio de Melo Franco, que tinha conspirado com Getúlio, que o conhecia como a palma da mão, disse: – Conheço o Getúlio (isto é textual, nunca pude esquecer) – conheço o Getúlio como a palma de minha mão. Tomado de surpresa, vai reagir como um coelho. Não terá a menor reação e não saberá o que fazer."

O mito acuado

A última sessão de maio se realizou no dia 31, sexta-feira. Quando a Assembléia voltou a se reunir, já era junho, segunda-feira 3. Foi a primeira sessão em que o projeto de Constituição, já aprovado em primeiro turno, entrou em discussão, e teve início a contagem do prazo de quinze sessões para a apresentação de emendas. O tempo destinado ao expediente não foi diferente dos demais. Tratou-se de assuntos diversos, como sempre, quase todos de interesse regional. Várias foram as indicações e não era menor o número de requerimentos. Carlos Marighela (PCB-BA) denunciou o fechamento da sede metropolitana do PCB e a ameaça de prisão do deputado Gregório Bezerra (PCB-PE). Hamilton Nogueira, relator da comissão especial que tratou do assunto, falou da greve da Light, dizendo ser criminoso tanto o movimento, em face do acordo negociado com a direção da empresa, quando esta, que, alegando novas circunstâncias do movimento, se recusou a cumpri-lo. Sobre matéria constitucional, na ordem do dia, falaram apenas cinco constituintes, os deputados Antônio Feliciano (PSD-SP), Levindo Coelho (PSD-MG), João Mendes (UDN-BA), o senador Matias Olímpio (UDN-PI) e o seu colega de estado e de partido, Coelho Rodrigues. Nessa sessão foram apresentadas oitenta e três emendas ao projeto da Constituição.

No dia 4, terça-feira, a sessão foi aberta com a presença de 162 constituintes. Finda a leitura do expediente, falou o primeiro orador inscrito, o deputado Coelho Rodrigues (UDN-PI), filho do grande jurista, autor de um projeto do Código Civil, que prosseguiu o seu pronunciamento da véspera, quando tinha tratado dos arts. 1º a 4º do projeto. Abordou questões tão diversas e polêmicas como o regime dos portos, a educação e o sistema judicial proposto no projeto.

Ao fim de seu discurso, o senador Melo Viana anunciou:

"O SR. PRESIDENTE – Está finda a hora do expediente.
Achando-se presente o nobre representante pelo Rio Grande do Sul, Sr. Senador Getúlio Dorneles Vargas, convido os srs. 3º e 4º secretários a introduzirem S. Exa. no recinto.
(*Comparece S. Exa. e presta o compromisso regimental*) (*Palmas*)"

Quando era lido o compromisso, ouviu-se do fundo do plenário uma voz não identificada, que a ata não registra, gritando para que todos ouvissem: "Que não seja como o juramento de 34!", numa alusão à Constituição que, como presidente, Getúlio jurou e três anos depois, com o golpe do Estado Novo, revogou.

Ato contínuo, do microfone das bancadas, em alto e bom som, foi a vez de Otávio Mangabeira:

"Sr. Presidente, peço a palavra, pela ordem.
O SR. PRESIDENTE – Tem a palavra o nobre Representante.
O SR. OTÁVIO MANGABEIRA – (*Pela ordem*) Sr. Presidente, sou portador de dois documentos, um e outro subscritos por mais de uma centena de membros desta Assembléia, Deputados e Senadores de todos os Estados da República.

O primeiro de tais documentos é uma declaração consubstanciada nestes termos (*lê*):

> *A 10 de novembro de 1937, o Sr. Getúlio Vargas, então presidente constitucional da República, e que havia obtido dias antes do Poder Legislativo, pelo voto da maioria da Câmara e do Senado, e nas condições que são notórias, autorização para decretar o estado de guerra, dissolveu, como é sabido, a representação nacional, a quem cabia o exercício do aludido Poder Legislativo.*

O Sr. Osvaldo Lima – Com o apoio do Congresso Nacional.
O Sr. José Cândido – Não é verdade.
O Sr. Aureliano Leite – Dissolveu criminosamente.
O SR. OTÁVIO MANGABEIRA – Estamos vivendo um momento histórico, peço aos nobres Representantes que me dêem a honra de ouvir-me:

Esta mesma Casa, onde ora nos reunimos, especialmente construída sob a invocação de Tiradentes, para servir de sede à Câmara dos Deputados, foi cercada naquele dia, logo às primeiras horas da manhã, por um contingente de cavalaria da Polícia Militar do Distrito Federal. O Palácio Monroe, sede do Senado da República, foi, igualmente, cercado e ocupado pela força. Câmara e Senado se achavam, naquela época, em pleno funcionamento, a desempenhar, normalmente, as suas atividades constitucionais.

No próprio dia 10 de novembro, à noite, o Sr. Getúlio Vargas, dirigindo-se pelo rádio à Nação, do Palácio Guanabara, expôs os motivos em que se fundava o chamado 'golpe de estado', com que houvera por bem suprimir a Constituição vigente de 16 de julho de 1934, confiada, sob juramento, à sua guarda e emanada de uma Assembléia, como a que aqui se reúne, substituindo-a por uma outra que outorgava ao país por decreto. Atacou então, rudemente, o Poder Legislativo, que já não tinha como defender-se; e desde ali por diante, ao longo dos oito anos do denominado Estado Novo, não foram poucas as ocasiões em que reproduziu os seus ataques, sem possibilidade de réplica, não só à 'política', ou aos 'políticos', mas ao sistema representativo, aos regimes que se fundam no sufrágio universal e, particularmente, aos Parlamentos.

Hoje, que o Sr. Getúlio Vargas, deposto que foi do governo, a 29 de outubro, pelas Forças Armadas do Brasil e eleito a 2 de dezembro Senador da República, toma assento nesta Assembléia de parlamentares, de políticos, de representantes da nação, oriundos do voto popular, queremos deixar consignado em ata, com o intuito menos de reviver o passado do que de preservar o futuro (*palmas, muito bem*), esta declaração, alta e solene que a história, mais uma vez, repetirá, para edificação das gerações: as ditaduras passam (*muito bem*), os ditadores declinam; elas e eles deixam, atrás de si, para que sejam a todo tempo lembrados, o sulco da sua passagem. Mas a elas e a eles sobrevivem, certas e seguras de si mesmas, as instituições livres (*muito bem, palmas*), os sistemas que têm como base a vontade do povo expressa pelo voto; em suma, a democracia, fora da qual não existe senão o maior dos crimes de que podem ser vítimas os povos, por parte dos que os governam: a usurpação do Poder. (*Muito bem. Palmas*)

A tirania, sendo o pior dos flagelos, é, como os flagelos, transitória. Só a liberdade é eterna e só a democracia é o reino da liberdade. (*Muito bem. Palmas*)

O SR. PRESIDENTE – O tempo do orador está findo.

O SR. OTÁVIO MANGABEIRA – Sr. Presidente, concluirei dentro de mais um minuto.

O segundo dos documentos a que me referi é a moção que passo a ler (*lê*):

*Já em pleno debate o projeto de que vai resultar, dentro em breve, uma Constituição democrática, a Assembléia Constituinte manifesta o seu aplauso e o seu agradecimento às Forças Armadas da República (*muito bem*), terrestres, navais e aéreas, pelo modo como unidas, a 29 de outubro, em movimento pacífico, em torno de seus chefes, e sem outra ambição, provadamente, que a de servir ao país, cumpriram dignamente o seu dever de fidelidade à Pátria. (*Muito bem, palmas*)

Por hoje, Sr. Presidente, é o que me basta dizer em nome da minoria, que vela e velará desta tribuna pela honra da causa democrática. (*Muito bem; muito bem. Palmas prolongadas. O orador é cumprimentado*)"

Assinavam a "moção Mangabeira", como ficou conhecida a proposta, 102 constituintes – toda a UDN e o PR –, que constituíam o bloco da minoria. Tão logo prestou juramento, o ex-presidente se dirigiu às bancadas, sentou-se no fundo à direita, ao lado do deputado Souza Costa (PSD-RS), seu ministro da Fazenda durante onze anos. E ali, calado, certamente perplexo e provavelmente atônito, cumpriu o vaticínio de Virgílio de Melo Franco, ouvindo, sem nenhuma reação, a Assembléia discutir sua atuação e julgá-lo sem processo e sem culpa formada. Apenas o libelo acusatório e uma tímida defesa do seu ex-ministro, que mais parecia a peça de um promotor que a de um defensor:

"O SR. SOUZA COSTA – (*Pela ordem*) Sr. Presidente, Srs. Constituintes, creio que é voz unânime nesta Assembléia a solidariedade à moção de aplauso às forças armadas pela sua atitude de que resultou a instalação da democracia no Brasil; e as mesmas razões que levaram em 37 o Sr. Getúlio Vargas, com apoio das classes armadas (*protestos*) a instituir um regime novo de governo (*não-apoiados*), hoje inspiraram o movimento que leva esta Assembléia a apoiar nossas forças armadas.

Mas, meus senhores, quero neste instante registrar também uma circunstância para que a história fixe. Há poucos dias ainda, falando em Porto Alegre, ao regressar de um exílio de cinco meses...
Vários Srs. Representantes – Oh! Oh!
O Sr. Aureliano Leite – Exílio sofremos nós. O Sr. Getúlio Vargas não.
O SR. SOUZA COSTA – ... declarou que seu desejo era a união dos brasileiros (*apartes*); congratulou-se com a oposição pelo apoio que mostra querer dar ao Governo da República: aplaudiu todos os movimentos de solidariedade dessa oposição ao Governo do General Dutra, a quem elevamos à primeira magistratura do País. (*Muito bem*)
No entanto, o Sr. Otávio Mangabeira, esquecido da grandiosidade do momento (*protestos da minoria*), escolhe o instante da posse do Senador, para vir aqui, num gesto em desacordo com a elegância de sua educação parlamentar, enviar as acusações que faz ao governo passado.
Estas minhas palavras servem, apenas, para que se registrem as atitudes; e a opinião pública, no seu *veredictum* supremo, saberá julgar os dois homens. (*Muito bem; muito bem. Palmas*)"

A maioria parecia hesitar quanto à reação a que estava obrigada. O deputado Samuel Duarte (PSD-PB) envolveu-se em polêmica com a bancada do PCB, ao defender a atuação do chefe de Polícia, seu conterrâneo, o professor Pereira Lira, valendo-se do questionável mas tolerado recurso de usar da palavra pela ordem. O deputado Euclides Figueiredo (UDN-DF) ajudou-o, condenando a prática de se interromper a sessão para dar posse aos constituintes, e o presidente colocou em votação a moção que aplaudia a decisão brasileira de seguir o voto das Nações Unidas sobre a ruptura de relações diplomáticas com o governo franquista e a que manifestava pesar pela morte do líder comunista Mikhail Kalinin, presidente do Comitê Central do PCUS e da União Soviética, depois de 1938. O plenário ainda teve que ouvir o deputado Flores da Cunha (UDN-RS) defender o ministro da Guerra, Góis Monteiro, dos ataques de Barreto Pinto, que provocaram sua agressão.

Só então o líder da maioria desceu à arena, para dar combate ao petardo da oposição com que Getúlio tinha sido recebido na Assembléia, depois de quatro meses de sua instalação:

"O SR. NEREU RAMOS – (*Pela ordem*) Sr. Presidente, partidário que fui – e disso não me arrependo – do golpe de 10 de novembro, não subo a esta tribuna para defendê-lo. Nossa defesa, a defesa dos que se solidarizaram com esse movimento, já foi feita nas urnas de 2 de dezembro pelo povo livre do Brasil.
Não venho à tribuna para dizer à Nação o que foi o 10 de novembro, porque não desejo roubar aos trabalhos da Constituição o tempo que o Regimento lhe reservou.
Não pretendo dividir os brasileiros nem condenar possíveis erros políticos, porque, como acaba de observar o Sr. Representante Flores da Cunha, quem pode neste país atirar a primeira pedra?
Subo à tribuna para declarar, em nome do meu partido, que ele vota a moção apresentada pelo nobre Deputado Otávio Mangabeira (*muito bem*) introdu-

zindo-lhe, entretanto, uma modificação, porque nós, o que desejamos nesta hora é a união de todos os brasileiros em torno das forças armadas. (*Muito bem*) Não devemos trazer para esta Assembléia dissídios políticos, tentando fazer gravitar, em redor deles, as forças armadas. A moção que votaremos é a seguinte:

> Já em pleno debate o projeto de vai resultar, dentro em breve, uma Constituição democrática, a Assembléia Constituinte manifesta o seu aplauso e o seu agradecimento às forças armadas da República, terrestres, navais e aéreas, pelo modo como, unidas em todos os movimentos republicanos, num movimento pacífico em torno de seu chefe e sem outra ambição, provadamente, que a de servir o país, cumpriram dignamente o seu dever de fidelidade à Pátria.

Esta moção une todas as consciências democráticas desta Assembléia (*muito bem*) ao derredor das forças armadas, porque sem elas, sem o seu concurso decisivo não se teria realizado o 15 de novembro, mas, também, não se teria concretizado o 10 de novembro, como ainda o 29 de outubro. (*Muito bem; muito bem*)

Foram as mesmas forças armadas, as gloriosas forças armadas de nosso país que, inspiradas em seu patriotismo, levantaram o espírito e o coração para pensar na Pátria e dizer: Para frente, Brasil, porque o que queremos é o seu engrandecimento. (*Muito bem; muito bem; palmas; o orador é cumprimentado*)"

Tudo tinha se passado, como se vê, de acordo com roteiro previsto na reunião oposicionista no escritório de Virgílio de Melo Franco.

O duelo político nos grandes Parlamentos é, tipicamente, um confronto florentino em que a inteligência, a capacidade de pronta reação e o uso das armas adequadas, que na maioria das vezes ferem, mas não matam, são particularmente apreciados. Construído à custa de muitas sutilezas, é indispensável o senso de oportunidade para usar a dose certa de veneno que paralisa, prejudica, mas nem por isso deixa no adversário a sensação de uma completa derrota. O uso de alternativas que permitem o confronto indireto não é menos valorizado. Era o que estava tentando Nereu Ramos, valendo-se dos instrumentos a seu alcance.

O que ele propunha era uma moção substitutiva. Moções, como emendas às propostas e projetos parlamentares, podem ser de três naturezas: substitutivas, quando propõem a troca de um texto ou sua redação por outro; aditivas, quando apenas acrescentam algo, palavras, frases, períodos ou disposições; e supressivas, quando têm por objetivo excluir parte do texto. Embora não pareça, há uma sutil diferença entre as aditivas e as substitutivas: as aditivas apenas *acrescentam*, sem tocar no texto original; as substitutivas não acrescentam nem suprimem, apenas *trocam* parte ou todo o texto.

De acordo com o Regimento Interno da Assembléia, as emendas ou moções substitutivas tinham preferência sobre a proposta original.

Preferência significa serem votadas antes. A lógica do processo é simples. Em face de duas propostas diferentes, vota-se primeiro o substitutivo porque, uma vez alterado, dispensa-se a votação do texto original. Cabe à maioria escolher qual das duas alternativas prefere. Optando pelo substitutivo, rejeita o original. Desejando o original, tem que rejeitar o substitutivo. Isso faz a diferença em relação à circunstância de ser qualquer proposição apresentada pela maioria ou pela minoria.

Quando o presidente anunciou ter acabado de chegar à mesa a moção substitutiva da maioria, a oposição estava posta em xeque. Tinha que rejeitar a segunda e aprovar a sua, ou seja, tinha que transformar a minoria em maioria, dependendo de quantos constituintes estivessem presentes na Casa e de quantos votos pudesse arrancar da maioria.

Imediatamente o vice-líder da minoria, o deputado Prado Kelly (UDN-RJ), pediu a palavra para dar início ao duelo dialético, único recurso à sua disposição:

"O SR. PRADO KELLY – Sr. Presidente, faço justiça ao eminente líder da maioria, ao acreditar sinceras as suas expressões, quando anunciou o propósito de ver em torno de uma fórmula congregados o pensamento e o sentimento desta Casa.

Mas se S. Exa. tem esse objetivo, não foi outro o pensamento do eminente líder da União Democrática Nacional quando, no começo desta sessão, e menos a pretexto dos fatos que aqui ocorriam do que, talvez, pelo início dos debates sobre o projeto de Constituição, solicitou a esta Casa que manifestasse sua gratidão às forças armadas do país (*apoiados*), ao Exército, à Marinha e à Aeronáutica que, unidas em 29 de outubro último, extinguiram a ditadura no Brasil (*apoiados*), permitiram a convocação desta Assembléia e proporcionaram com este fato, a toda a Nação, o direito de ter uma Constituição livremente votada e livremente concedida.

O Sr. Otávio Mangabeira – O aditivo é desmerecer o ato das forças armadas da Nação, nos acontecimentos de 29 de outubro, exclusivamente. (*Palmas*)

O Sr. Nereu Ramos – O substitutivo tem o intuito de não dar caráter político à moção.

O SR. PRADO KELLY – Sr. Presidente, a moção apresentada por nós não tem caráter político; tem uma alta significação nacional.

Neste momento, não estou aqui na tribuna como elemento de oposição ao governo. Ao contrário. Em torno do propósito de prestar a devida homenagem às forças armadas, estendo a mão ao Sr. General Eurico Dutra, um dos Chefes do movimento de 29 de outubro. (*Palmas*)

Como se vê, Sr. Presidente, não há o menor objetivo político no nosso ato nem nas nossas palavras.

O Sr. Otávio Mangabeira – O sentido da moção não é obscurecer o ato do General Eurico Dutra nos acontecimentos de 29 de outubro. (*Trocam-se inúmeros apartes. O Sr. Presidente, fazendo soar insistentemente os tímpanos, reclama atenção*)

O SR. PRADO KELLY – Sr. Presidente, não compreendo a excitação que vai lavrando no plenário. Se nossos objetivos são comuns, como apregoam alguns dos ilustres Representantes, a que vem, Senhores, essa exaltação?

Tivemos um objetivo e o declaro: o objetivo não foi político, foi patriótico, para o bem nacional.

[...] *O Sr. Jarbas Maranhão* – Peço a atenção dos democratas da UDN. Se a moção não fosse facciosa, não seria uma afronta, porque democracia é nobreza, é justiça, mas é também respeito à dignidade humana, ao passo que a moção da UDN é desagravo, é afronta a um Senador do Brasil, eleito pelo povo do Brasil nas urnas. (*Trocam-se numerosos apartes*)

O SR. PRESIDENTE – Atenção! O debate não pode continuar desta maneira.

O SR. PRADO KELLY – Sr. Presidente, dificilmente se terá apresentado a esta Casa um documento de inspiração mais alta: nenhuma palavra, nenhum termo a rebaixar-lhe a significação histórica!

O Sr. Afonso de Carvalho – Se fosse sincera, mas não é.

O SR. PRADO KELLY – Asseguro-lhe que é profundamente sincera.

Seria incrível, Sr. Presidente, que tivéssemos que modificar as praxes parlamentares, para votar as propostas desta Casa, não à luz dos seus termos, mas à luz de supostas intenções.

[...] Se esta moção não tem um só termo capaz de ferir suscetibilidades ou melindres, não se justifica que se lhe apresente substitutivo. (*Muito bem*) Não se emenda o que está correto.

[...] Sr. Presidente, a emenda não é substitutiva, mas aditiva. S. Exa., o Sr. Nereu Ramos, pretende ampliar os objetivos da proposta Mangabeira, solicitando manifestássemos os nossos aplausos e agradecimentos às forças armadas da República pelo modo por que, unidas, a 29 de outubro, num movimento pacífico em torno dos seus chefes, cumpriram dignamente o seu dever de fidelidade à Pátria. Que pretende o Sr. Senador Nereu Ramos? Pretende um acréscimo: que os aplausos às forças armadas não sejam somente pelo golpe de 29 de outubro, mas ainda por todos os movimentos republicanos.

[...] A emenda aditiva não entra em colisão com a moção por nós apresentada. Assim, pediria a V. Exa., Sr. Presidente, submetesse a votos a proposta primitiva, nos termos em que foi redigida, com o acréscimo sugerido pelo Sr. Senador Nereu Ramos.

Qualquer outra forma será uma deformação das práticas regimentais. Não basta dizer que uma emenda é substitutiva para lhe atribuir tal caráter, mas é a natureza mesma da emenda que lhe dá o caráter próprio.

[...] A V. Exa., Sr. Presidente, a meu ver, incumbirá, em primeiro lugar, submeter ao voto da Casa a moção tal qual foi redigida, em relação à qual se antecipou o aplauso de quase todo o plenário. A seguir, pediria a V. Exa. que lhe acrescentasse, como forma aditiva – todos os movimentos republicanos.

Devo dizer, Sr. Presidente, que nesta cláusula – todos os movimentos republicanos – eu e meu partido não consideramos incluído o golpe de 10 de novembro de 1937 (*palmas*) porque não foi um movimento republicano, mas contra a República. (*Muito bem, muito bem. Palmas*)"

Sucedeu-lhe na tribuna o deputado Carlos Marighela (PCB-BA), para dar a posição de seu partido na guerra de moções que se travava no plenário.

"O SR. CARLOS MARIGHELA – (*Pela ordem*) Sr. Presidente, Srs. Representantes. Em nome da Bancada comunista venho fazer uma declaração sobre o as-

sunto que se discute neste momento. Nossa bancada lamenta, e lamenta profundamente, que nossas atividades de representantes do povo, que deviam estar dedicadas ao projeto que, preparado pela grande comissão que se encontra no plenário, sejam desviadas para questões pessoais e divergências da politicagem. [...] Para nós, golpes como o de 10 de novembro e o de 29 de outubro estão nas mesmas condições. O que se visa neste momento é seduzir as forças armadas, para levá-las a novos golpes, novas aventuras. Devemo-nos lembrar de 10 de novembro de 1937, mas para aproveitar a experiência e nunca para recairmos nos erros anteriores.
[...] *O Sr. João Mendes* – V. Exa. permite um aparte?
O SR. CARLOS MARIGHELA – À vontade.
O Sr. João Mendes – Quero acentuar que V. Exa. está se servindo da discussão em torno de assunto político para fazer uma censura a fato que é do uso quotidiano do Partido Comunista nesta Casa.
O SR. CARLOS MARIGHELA – Tenho a declarar a V. Exa. que não é hábito de nosso Partido usar esses meios. Vv. Exas. é que levantaram aqui problema da natureza do golpe de 29 de outubro, achando que podiam ter trazido grande benefício ao país. Vv. Exas. é que estão procurando usar esta discussão e o próprio plenário para servir a interesses partidários, discussão que não traz qualquer benefício à nossa tarefa de elaborar uma discussão democrática.
O Sr. João Mendes – E o golpe de 1935?
O SR. CARLOS MARIGHELA – Somos é contra a substituição violenta de homens no poder. Graças a 1935, nós, que somos defensores intransigentes da democracia e combatemos pela democracia, podemos hoje gozar dessas pequenas liberdades que conquistamos. Ai de nós, se não fosse 1935! O problema não é confrontar 1935 com 1937, ou mesmo com 29 de outubro. Em 1935 combatia-se o fascismo. Os comunistas e os nacionais libertadores empunharam armas para impedir que o fascismo fosse vitorioso em nossa terra; mas em 29 de outubro verificamos que nada de concreto para a democracia se obteve porque se substituiu um ditador por outro; e viu-se também o que representava um presidente togado que adotava a política do filhotismo.
Não é assim, Srs. Constituintes, que se educa o povo para a democracia, mas como faz o Partido Comunista, que declarou sua posição terminantemente contrária ao golpe de 29 de outubro e que se manifesta adverso a esta forma de discutir os problemas nacionais nesta Casa, levantando questões que só podem servir a interesses fascistas ou partidários com os quais a Nação e o povo brasileiro nada têm a ver."

A intervenção de Marighela tinha o evidente objetivo de mostrar que aquela era uma disputa que não atraía os comunistas, nem lhes interessava. Estavam no meio do tiroteio, como Pilatos no credo. Mas as velhas objurgatórias com as quais classificavam todos os adversários, fossem burgueses ou não, usando os rótulos de fascistas e reacionários, já não causavam espanto na Assembléia, que absorvera os seus métodos heterodoxos de fazer política. Mas essa condição não lhes dava a licença de dizer que as liberdades de que desfrutavam se deviam à sua desastrada ação em 1935 e não ao golpe de 29 de outubro, que ele igualava ao de 1937. Uma interpretação ilusória da realidade que beirava o paroxismo.

Para o orador, o golpe que destrói as franquias liberais e o que as restaura significavam a mesma coisa. Uma inconsistência ideológica, mesmo para os que desprezavam as liberdades burguesas das quais pela primeira vez desfrutavam no país, graças ao golpe contra o qual sempre se manifestaram, posição que agora reiteravam. O discurso provocou mais um pronunciamento udenista, desta vez do deputado Soares Filho (UDN-RJ) que começou dizendo:

"O SR. SOARES FILHO – Sr. Presidente, o movimento de opinião que apaixona neste instante o recinto da Assembléia está sendo visto por alguns como resultante de uma orientação contrária aos assuntos que devem sobretudo preocupar a atenção dos nobres constituintes. Devo entretanto dizer, de princípio, que tal assunto, mais do que qualquer outro, não pode deixar de preocupar os representantes do povo com assento nesta Casa, porque os movimentos oriundos da bancada da União Democrática Nacional e de outros partidos se alicerçam justamente na defesa da democracia, base em que deve repousar a ação da Assembléia Constituinte. (*Muito bem*)

As ocorrências políticas precisam ficar marcadas com o seu significado próprio. Se hoje, nesta Casa, se deu o fato comum e rotineiro da posse de um representante eleito em 2 de dezembro, a situação política desse representante no conjunto dos acontecimentos da política nacional impõe, imperativamente, àqueles que zelam pela pureza do regime e dos princípios democráticos, desde logo, uma posição de combate e de vigilância. (*Muito bem*)

Foi exatamente por se quedar no conformismo das afirmativas mais ou menos delicadas que o Poder Legislativo da Nação se viu golpeado da maneira mais rude em 1937.

O SR. CARLOS PRESTES – A moção devia ser de protesto e dirigida ao Sr. Ministro da Guerra, ante as violências praticadas pela polícia.

Vozes – Oh!

O SR. SOARES FILHO – A defesa da democracia deve ser a preocupação constante de todo democrata.

É tão lógico, tão natural, neste momento, propugnar a aprovação da moção propugnada pelo Sr. Deputado Otávio Mangabeira, como aquela há dias apresentada. Minha voz, ontem como hoje, como amanhã, protestou, protesta e protestará sempre contra as violências da polícia, praticadas nas pessoas de indefesos operários.

Estamos diante de um fato que comporta perfeitamente a questão de ordem levantada desta tribuna pelo nobre Deputado Sr. Prado Kelly. Não podemos continuar a subtrair à discussão e votação os postulados trazidos ao conhecimento da Casa. Quando não se quer enfrentar um dispositivo de projeto, ou quando se quer elidir o significado de uma moção ou indicação, surge, desde logo, uma ampliação, a pretexto de substitutivo, para que o conteúdo da primitiva proposta se dilua e perca seu significado. (*Muito bem*)

Não vejo em que a moção apresentada pelo nobre líder da maioria, Sr. Senador Nereu Ramos, possa substituir a primitiva, do Sr. Deputado Otávio Mangabeira.

[...] *O Sr. Otávio Mangabeira* – Com referência à minha moção, a do Sr. Nereu Ramos representa a mesma coisa que se eu propusesse, em 24 de maio, um voto de congratulações e aplauso aos vencedores de Tuiuti e ao General

Osório e S. Exa. apresentasse um aditivo, estendendo a homenagem a todos os generais em todas as batalhas. O objetivo seria, evidentemente, o de diminuir as glórias de Tuiuti e do General Osório. (*Apoiados e não-apoiados*)
[...] O SR. SOARES FILHO – Sr. Presidente, para terminar, devo dizer que a minha questão de ordem é a seguinte: V. Exa. há de submeter em primeiro lugar ao voto da Casa a moção Otávio Mangabeira e, depois, a ampliativa do Sr. Nereu Ramos, mesmo porque na exclusão feita pelo nobre Deputado Sr. Prado Kelly não pode estar compreendido o 10 de novembro entre os movimentos republicanos do Brasil. (*Muito bem; muito bem. Palmas. O Orador é cumprimentado*)"

A polêmica continuava a tomar vulto e envolvia todos os setores da Casa, mesmo os que a ela se diziam alheios. Depois do deputado Soares Filho (UDN-RJ), foi a vez do deputado Artur Bernardes Filho (PR-MG) manifestar seu apoio à moção Mangabeira. Ao término de seu breve pronunciamento, pediu a palavra o deputado Café Filho, adepto de todas as discussões. Quando o fez, o presidente a concedeu, não sem antes fazer mais um de seus muitos apelos:

"O SR. PRESIDENTE – Apelo aos Srs. Representantes, a fim de que restrinjam suas considerações. Já são 17 horas. O objeto precípuo da Constituinte é votar a Constituição e a Mesa não conseguiu, apesar de todos os esforços, atingi-lo. Darei a palavra ao Sr. Café Filho, porque não se coaduna com o meu espírito negar a qualquer dos Srs. Representantes o uso da palavra."

O discurso de Café Filho não trouxe nenhuma nova contribuição ao debate. Resumiu-se a repetir os mesmos argumentos, para justificar o apoio de sua bancada de dois deputados à moção udenista.

A seguir, o presidente anunciou a presença do deputado José Gaudêncio Correia de Queirós, primeiro-suplente da bancada da Paraíba, que assumiu no lugar do deputado Argemiro de Figueiredo (UDN-PB), licenciado por sessenta dias, e anunciou um requerimento de preferência, subscrito pelo deputado Barreto Pinto (PTB-DF), para a moção Nereu Ramos.

Submetido a votos, o pedido de preferência foi aprovado em votação simbólica. O deputado Prado Kelly (UDN-RJ) pediu verificação e, logo em seguida, dizendo atender a apelo de seus colegas, desistiu do intento. Alguma coisa pairava no ar. Ele mesmo levantou uma questão de ordem preconizando que, votada e aprovada a moção Nereu Ramos, se submetesse igualmente à deliberação do plenário a moção Mangabeira, por não haver incompatibilidade entre ambas, sob o argumento de que ou a moção Mangabeira estava contida no texto da de Nereu Ramos, e nesse caso não haveria inconveniente em ser votada, ou nela não estaria contida, e então era preciso definir perante a nação a responsabilidade de todos.

O amargo triunfo

Por alguns momentos, Getúlio deve ter sentido aliviada a pressão a que involuntariamente estava submetido. Assim que Prado Kelly terminou de formular sua questão de ordem, Mangabeira voltou a interferir nos debates:

"O SR. OTÁVIO MANGABEIRA – (*Pela ordem*) Sr. Presidente, subscrevo as considerações que acaba de fazer o nobre Deputado pelo Estado do Rio de Janeiro.
A Assembléia pode, não há dúvida, aprovar um voto de louvor às forças armadas, pela sua atitude em todos os movimentos republicanos. Toda a Casa votará esse aplauso, a União Democrática Nacional, inclusive. Como não? Mas pergunto: por que não especificar, entre os movimentos, o de 29 de outubro, que é, precisamente, mais recente, e de que resultou esta Assembléia? Por que razão a maioria se furta a pronunciar-se sobre ele? Não se compreende o que há de grave no assunto. A quem o caso ofende? Há, porventura, na hipótese, algum interesse prejudicado? Qual?
Votaremos nós outros, com prazer, a moção do Sr. Nereu Ramos, de aplauso à atitude das forças armadas nos movimentos republicanos do Brasil; mas pedimos que a Assembléia se pronuncie também sobre a atitude das mesmas forças armadas a 29 de outubro. Se a maioria se recusar a fazê-lo, é porque timbra em evitar seu pronunciamento sobre o assunto. (*Muito bem*) Insisto então em perguntar: Por quê?
Requeiro, assim, que V. Exa. consulte a Casa se concorda em que seja votada, primeiro, a moção Nereu Ramos, que todos aprovamos, e, depois, a minha moção, que manifesta o aplauso da Nação às forças armadas por sua atuação a 29 de outubro, tanto mais quanto foi daí que resultou a Constituinte. Acrescentarei, foi aquele talvez o único dia na História do Brasil em que, num momento decisivo da vida pública interna, as forças armadas se expressaram unânimes, Exército, Marinha e Aeronáutica, sem qualquer discrepância conhecida, e sem que, entretanto, até hoje, houvessem recebido os agradecimentos da nação, pelo serviço extraordinário que lhe prestaram, extirpando uma ditadura que arruinava e degradava a Pátria. (*Muito bem; muito bem; palmas*)"

A estratégia da UDN estava em curso. Nereu percebeu a manobra que encurralava a maioria e reagiu:

"O SR. NEREU RAMOS – Sr. Presidente, peço a palavra, pela ordem.
O SR. PRESIDENTE – Tem a palavra o nobre Representante.
O SR. NEREU RAMOS – (*Pela ordem*) Quando fundamentei a moção substitutiva ora submetida à apreciação da Assembléia, declarei, em termos claros e precisos, que o 15 de novembro não se teria feito sem a intervenção das forças armadas.
O Sr. Plínio Barreto – Apoiado, estamos de acordo.
O SR. NEREU RAMOS – Declarei ainda que o movimento de 10 de novembro não se teria processado sem o apoio militar e que seus chefes principais, entre os quais quero destacar...
(*Apoiados e não-apoiados*)

O SR. NEREU RAMOS – ... os Srs. Generais Góis Monteiro e Eurico Gaspar Dutra assumiram a responsabilidade do papel que desempenharam no Brasil no dia 10 de novembro.
O Sr. Plínio Barreto – Foi um erro irremediável.
O Sr. Otávio Mangabeira – As declarações formais do ministro da Guerra, General Dutra, recusaram a autoria do Exército no golpe de 10 de novembro.
O SR. NEREU RAMOS – Declarei, também, que o 29 de outubro tinha sido um movimento republicano e, quando subi àquela tribuna, já havia falado um membro da maioria dando o seu apoio à moção de aplauso por aquele movimento. Por conseguinte, o sentido de minha moção é claro e preciso e não se presta a veleidades e dúvidas, porque pretende ampliar o aplauso que se restringe a um só movimento, com preocupação política. Minha moção, entretanto, pretende estender nosso aplauso às forças armadas por todos aqueles movimentos que, dentro da República, elas fizeram e apoiaram por sadio patriotismo.
Conseguintemente, minha moção não foge, absolutamente, ao aplauso a que visava o Sr. Otávio Mangabeira, é ampliativa.
O Sr. Prado Kelly – Realmente é ampliativa.
O SR. NEREU RAMOS – Nestas condições, absorve no seu conteúdo esta última, porque não queremos cingir nosso aplauso a um só desses movimentos republicanos. (Apartes dos membros da minoria) Não recuamos nossas atitudes. Mercê de Deus, sempre assumi corajosamente a responsabilidade dos meus atos. Quando subi àquela tribuna, declarei, em termos lapidares e claros, que tinha sido partidário do movimento de 10 de novembro (novos apartes da minoria) e não me arrependo do apoio que lhe dei. Não tenho do que me penitenciar e meu julgamento foi feito pelos meus concidadãos, pelos meus eleitores, que me mandaram a esta Assembléia, para defender suas aspirações.
O Sr. Bernardes Filho – Não se pode ser ao mesmo tempo pelo 10 de novembro e pelo 29 de outubro.
O SR. NEREU RAMOS – Desejo esclarecer à Casa que minha moção não pode ser interpretada no sentido em que a quis colocar o Sr. Otávio Mangabeira. Minha moção visa apoiar a atitude das forças armadas de nosso país, repito, em todos os movimentos republicanos, precisamente nesta hora em que precisamos, nós, os democratas, unirmo-nos a essas forças, para olhar, com mais tranqüilidade, o futuro e o destino do Brasil. (Muito bem; muito bem)
O SR. PRESIDENTE – Já tive oportunidade de declarar, certa vez, que preferência não significa exclusão. Importa unicamente em colocação inicial na ordem das deliberações. Nestas condições, submeterei à votação da Casa, em primeiro lugar, a moção Nereu Ramos e, em seguida, a moção Otávio Mangabeira.
Os Senhores que aprovam a moção Nereu Ramos, queiram levantar-se. (Pausa)
Está aprovada. (Palmas)
Os Srs. que aprovam a moção subscrita pelo Sr. Otávio Mangabeira e outros, queiram levantar-se. (Pausa)
Está aprovada. (Palmas)
O SR. JOÃO AMAZONAS – Sr. Presidente, peço a palavra para justificação de voto.
O SR. PAULO FERNANDES – (Pela ordem) Sr. Presidente, requeiro verificação de votação.
O SR. PRESIDENTE – O Sr. Representante Paulo Fernandes solicita verificação de votação. É direito que assiste a qualquer dos Srs. Representantes.

O SR. OTÁVIO MANGABEIRA – (*Pela ordem*) Neste caso, se me fosse permitido, Sr. Presidente, eu requereria votação nominal. Mandarei à Mesa, por escrito, o meu requerimento.
(*O orador envia à Mesa o seguinte requerimento*)
Requeiro votação nominal para a moção que apresentei.
Sala das Sessões, 4 de junho de 1946
As. *Otávio Mangabeira*.
O SR. BARRETO PINTO – (*Pela ordem*) Sr. Presidente, a votação nominal não mais pode ter lugar. Cabe apenas a votação simbólica da votação, como anunciado por V. Exa.
O SR. PRESIDENTE – Tenho requerimento cuja procedência é manifesta. Considerarei depois o de V. Exa.
O Sr. Representante Otávio Mangabeira solicita votação nominal a que só se procede com o consentimento da Casa.
O SR. BARRETO PINTO – (*Pela ordem*) V. Exa., Sr. Presidente, anunciou o resultado da votação de duas moções: primeiro, da do Sr. Nereu Ramos, que foi aprovada; depois, da do Sr. Otávio Mangabeira, e V. Exa. mesmo disse: Aprovada. Pedi então a V. Exa. verificação de votação. Agora, surge requerimento de votação nominal para essa verificação. Parece-me que o último requerimento contraria o Regimento. Vamos então rasgá-lo. Apelo para o Sr. Otávio Mangabeira, a fim de que diga se tenho ou não razão.
O SR. PRESIDENTE – Pela atenção que me merecem todos os Srs. Representantes, não confiei na memória e consultei o Regimento, procurando o dispositivo que, no caso, impediria a votação nominal. Não o encontrei. O nobre Representante que a ele se referiu deveria tê-lo apontado.
A única restrição regimental, no caso, é o consentimento da Casa.
O SR. NEREU RAMOS – (*Pela ordem*) Pedi a palavra, Sr. Presidente, para declarar que voto contra essa moção, porque, conforme já expliquei, está incluída na que tive a honra de apresentar."

O líder da maioria jogava sua última cartada. Apesar de sua recomendação expressa, muitos de seus correligionários haviam votado pela moção Mangabeira, já que ambas haviam sido aprovadas. Com essa palavra de ordem, tinha a esperança de reverter esse resultado na votação nominal.

Todos os constituintes tinham vivido as duas últimas intervenções militares, a de 10 de novembro, com a instituição do Estado Novo, e a de 29 de outubro. A última havia apenas sete meses. Mais que reverência, os militares inspiravam temor. Por que votar contra eles e contra a instituição a que pertenciam? Mandava a prudência que fossem aprovadas todas as propostas de aplauso, e a UDN se aproveitava dessa oportunidade para infringir um castigo moral a seu pior adversário. No caso da moção Mangabeira, a prudência recomendava ainda mais empenho. Se todos aprovavam implicitamente a conduta de Dutra como "condestável do Estado Novo", por que não louvar também sua ação em 29 de outubro, que o redimia do pecado anterior?

"O SR. PRESIDENTE – Os Senhores que aprovam a votação, pelo processo nominal, queiram levantar-se. (*Pausa*)
Está rejeitada.
O SR. JOSÉ CÂNDIDO – (*Pela ordem*) Sr. Presidente, peço verificação de votação.
O SR. PRESIDENTE – Vou proceder à verificação de votação. Os Senhores que votam a favor da votação da moção pelo processo nominal queiram levantar-se, à proporção que a Mesa convidar, bancada por bancada, a fim de que os Srs. Secretários possam fazer a devida contagem.
O SR. PRESIDENTE – Votaram pela verificação de votação 146 Senhores Representantes e 124 contra. Foi deferida a votação nominal.
Vai-se proceder à chamada.
Os Srs. Representantes que votaram pela aprovação da moção apresentada pelo Sr. Deputado Otávio Mangabeira dirão 'sim'; os que se manifestaram contra dirão 'não'.
[...] – *O Sr. 1º Secretário faz a chamada.*
O SR. PRESIDENTE – Votaram a favor da moção 135 Srs. Representantes e contra 131. A moção está aprovada."

Seguiram-se inúmeras declarações de votos, grande parte delas de membros da bancada do PSD que, mantendo-se fiéis à orientação partidária expressa pelo líder da maioria e do partido, temiam que seu posicionamento pudesse ser interpretado como de reprovação ao 29 de outubro, de que o presidente Dutra tinha sido um dos inspiradores e o principal beneficiário. Para a UDN representava a mais rematada das vitórias conquistadas ao longo de todo o processo constituinte. Com uma bancada de setenta e sete deputados e dez senadores, além de outros treze deputados e dois senadores eleitos em coligação com o PR, totalizando 102 constituintes, a UDN tinha conseguido o apoio de 135 membros da Assembléia. Não foi sem razão que, antes de encerrar-se a sessão, o vice-líder do partido, deputado Prado Kelly, fez questão de registrar:

"O SR. PRADO KELLY – (*Pela ordem*) Sr. Presidente, não desejariam os representantes da União Democrática Nacional nesta Casa...
O Sr. Jaci Figueiredo – E os do Partido Republicano.
SR. PRADO KELLY – ... e os do Partido Republicano fosse encerrada a sessão de hoje, sem apresentar a V. Exa. os protestos de seu acatamento e de seu respeito pela maneira imparcial e digna com que V. Exa. dirigiu a mais notável das reuniões da terceira Constituinte Republicana. (*Muito bem. Palmas*)"

A volta de Getúlio, planejada por seus correligionários para ser triunfal, tinha se transformado num amargo castigo que o ex-ditador fora obrigado a sorver calado, quieto, solitário, sem esboçar nenhuma reação à humilhação imposta de corpo presente. O homem que tinha sido o mais poderoso político brasileiro de todos os tempos, que duas vezes tinha dissolvido o Congresso, que rasgara duas Constituições e que mostrara ostensivo desprezo pela Constituinte que agora integrava, acabara de beber, antecipadamente, sem sentir, a cicuta que oito anos depois o levaria à morte auto-infringida.

Ele era não só o presidente do PTB, que havia fundado, mas também do PSD, criado por iniciativa de Benedito Valadares, que tirara do virtual anonimato e transformara num dos mais influentes interventores de sua época. O testemunho do político mineiro relatado em seu livro de memórias, *Tempos idos e vividos*, é o de que Getúlio recebera a notícia de sua escolha como presidente do PSD não como um preito de reconhecimento, mas como um ônus, manifestando absoluta indiferença, quase desprezo. Pois era esse partido que agora lhe dava o troco. Os 135 votos que aprovaram a emenda Mangabeira, vieram trinta e seis do PSD, oitenta e dois da UDN, dez do PR, três do PPS, dois do PPR e um do PL. Os 131 contrários foram dados noventa e oito pelo PSD, dezenove pelo PTB, treze pelo PCB e um pelo PDC. O Partido Comunista, contra o qual Vargas empunhara a chibata com que castigara tão duramente seus membros nos dez anos anteriores, ajudara a amenizar a sua derrota, com treze de seus disciplinados e obedientes votos. A postura de parte do PSD era uma advertência naquele momento não percebida: a de que não se podia confiar em seus membros, numa aliança para governar. No momento crucial e definitivo, a debandada poderia voltar a ocorrer, como de fato se verificou no fatídico agosto de 1954. O episódio marcou o destino da UDN como o partido condenado à sina de não governar, mas ser seu destino não deixar que os outros governassem.

23. "A mais melancólica das Constituintes"

O *day after*

A sessão do dia seguinte em que a UDN registrou sua mais retumbante vitória na Constituinte, amargando a posse de Getúlio, correu sem incidentes, embora fosse enorme a repercussão nos principais jornais da encarniçada batalha travada em plenário. Em sua coluna no *Correio da Manhã*, Carlos Lacerda, porta-voz oficioso do partido, deixou transparecer qual era o clima entre seus correligionários:

"Não falaremos mais do que foi a emoção de uma população distante desta capital[14], pendente dos rádios para ouvir a crônica de Carlos Brasil e de Murilo Marroquim e, depois, a disputa dos exemplares deste e de outros jornais para saber detalhes da cena histórica do desagravo promovido pelo Sr. Otávio Mangabeira à dignidade do Parlamento.
Foi, na verdade, um ato cívico digno dos melhores dias da República. Honra seja feita aos trinta e poucos membros do PSD que se uniram aos partidos democráticos, na repulsa ao senador Getúlio (Rebeco) Vargas. Do fundo de sua comodidade, habituado à valentia de terceiros por sua conta, o Sr. Getúlio Vargas deve ter sentido que o seu lugar já não é mais no Brasil e muito menos no Congresso renascido. Ele pertence ao passado, é um salvado de incêndio, um destroço do naufrágio de um navio maldito. Propriamente o Sr. Getúlio Vargas não tomou posse: deu à praia."

14. Carlos Lacerda não assistiu à sessão. Encontrava-se no Espírito Santo cobrindo para o jornal o conflito de limites entre Minas e Espírito Santo, que já tinha cobrado vítimas, com a incursão da PM mineira no território contestado. Sua coluna só foi publicada no dia 6, quarta-feira.

O dia fora de muitas derrotas. Não só do ex-presidente, mas sobretudo do líder Nereu Ramos que, cumprindo seu dever partidário, viu debandar de sua liderança mais de um terço dos que o acompanharam votando a favor de sua moção. O episódio mostrara que boa parte do PSD procurava se desvencilhar do getulismo. A lista não era longa, mas expressiva. Contava com um dissidente do Pará (deputado Carlos Nogueira), dois do Piauí (deputados Mauro Renault Leite, genro de Dutra, e Sigefredo Pacheco), três do Ceará (deputados Moreira da Rocha, Osvaldo Studart e Raul Barbosa), um de Pernambuco (senador Novais Filho), um de Alagoas (deputado José Maria de Melo), três da Bahia (deputados Lauro Pedreira de Freitas, Aloísio de Castro e Altamirando Requião), dois do estado do Rio (deputados Bastos Tavares e Getúlio Moura), três de Minas Gerais (deputados Bias Fortes, Joaquim Libânio e Lair Tostes), seis de São Paulo (deputados Noveli Júnior, também genro de Dutra, Horácio Lafer, Antônio Feliciano, Martins Filho, Lopes Ferraz e Honório Monteiro), seis do Paraná (senador Roberto Glasser e os deputados Fernando Flores, Lauro Lopes, João Aguiar, Aramis Ataíde e Gomi Júnior) e oito do Rio Grande do Sul (deputados Adroaldo Mesquita da Costa, Brochado da Rocha, Eloi Rocha, Teodomiro Fonseca, Daniel Faraco, Antero Leivas, Bitencourt Azambuja e Mércio Teixeira).

O mais intrigante é que, de acordo com o que lhe facultava a lei, entre os muitos mandatos que podia escolher, em vários estados e em pelo menos dois partidos, o ex-ditador optou exatamente pelo de senador pelo PSD do Rio Grande do Sul. Ali estavam seus piores adversários, mostrando que, se não o pecado, pelo menos o inimigo morava ao lado. O PSD gaúcho, nos anos seguintes, sempre foi antigetulista e se posicionou em dissidência com a orientação nacional do partido.

Os jornais oposicionistas, em especial o *Correio da Manhã*, aproveitaram o episódio para tentar demonstrar a fragilidade e a divisão interna do PSD. No dia seguinte à aprovação da moção Mangabeira, o líder Nereu Ramos se viu no dever de convocar uma reunião dos líderes das bancadas estaduais de seu partido, para queixar-se da dissidência aberta em alguns estados, que levou à sua primeira derrota no plenário. Alguns jornais informavam que ele chegou a ameaçar renunciar ao cargo de líder, enquanto outros falavam da fatal divisão que se previa acentuar-se nas hostes da maioria. Mas, como veio a ser da tradição do partido, todos se reconciliaram. Nereu Ramos recebeu integral solidariedade, e o episódio terminou minimizado, quando todos convenceram o líder de que sua moção fora aprovada e, portanto, não havia por que considerar derrota a aprovação da moção Mangabeira, um assunto que a maioria considerou um acerto de contas pessoal dos dissidentes com o ex-ditador.

Na sexta-feira, dia 7, com o assunto ainda repercutindo na imprensa, o senador e ex-interventor general Pinto Aleixo (PSD-BA) se viu obrigado a desmentir frase que lhe tinha sido atribuída pelo *Correio da Manhã*. A UDN não perdia vaza de tripudiar sobre o episódio:

"O SR. PINTO ALEIXO – (*Pela ordem*) [...] A frase de referência, Sr. Presidente, para aqueles que me conhecem, deve sofrer a mais formal repulsa, primeiro, porque todos conhecem a linha de discrição que procuro guardar; em segundo lugar, Sr. Presidente, porque eu, mais do que qualquer outro, estou absolutamente seguro da vitalidade do PSD. (*Muito bem*) Não há quem, conhecendo os incidentes do pleito de 2 de dezembro, possa negar a convicção democrática que anima todos os nossos correligionários, nesta hora cheia de dúvidas que estamos vivendo.

O Sr. Aliomar Baleeiro – Cheia de dúvidas, Sr. General?

O SR. PINTO ALEIXO – Sim, de dúvidas.

O Sr. Aliomar Baleeiro – Estou ouvindo a V. Exa. com prazer e atenção, mas não me sinto bem informado do que se passa. Qual foi a frase que atribuíram a V. Exa.?

O SR. PINTO ALEIXO – Em manchete, um jornal atribuiu-me esta expressão: 'Dou 48 horas de vida ao PSD.'

O Sr. Aliomar Baleeiro – Dou um pouco mais. Fizeram uma coisa horrível a V. Exa. ..."

O PTB na berlinda

A aprovação do louvor às Forças Armadas pelo 29 de outubro causou dissabores mais ao PSD do que ao PTB, que se manteve unido na votação, em defesa de Getúlio, seu líder, inspirador e principal suporte, ainda que na Constituinte representasse o PSD. Mas o partido também tinha razões para se inquietar. No mesmo dia em que se debatia o assunto, na terça-feira 4, era dado ao conhecimento público o encaminhamento, ao presidente da República, do relatório final da Comissão Nacional de Inquérito sobre o "caso Borghi", instituída por um decreto-lei já ao fim do governo Linhares. O parecer e o voto do general Scarcela Portela, subscrito pelos outros dois oficiais-generais integrantes da comissão, o brigadeiro Aquino Granja e o almirante Frias Coutinho, concluía pela culpabilidade dos senhores Hugo Borghi, então deputado pelo PTB de São Paulo e confesso financiador do movimento queremista; do ex-ministro da Fazenda e na época já também deputado pelo PSD do Rio Grande do Sul, Souza Costa; e de Sousa Melo, ex-diretor da Carteira Agrícola e Industrial do Banco do Brasil, o único que não era parlamentar.

A imprensa oposicionista cevou-se o quanto pôde no episódio e cobrava do presidente Dutra o encaminhamento do processo ao ministro da Justiça, não só para que este o enviasse ao Ministério Público, mas também à Constituinte, com o competente pedido de licença para processar dois dos indiciados que a integravam. Era fatal que, mesmo não estando indiciado, os inimigos de Getúlio cobrassem seu arrolamento, como o principal beneficiário daquele movimento, estimulado notoriamente com o seu silêncio e a sua cumplicidade.

A maioria não estava vivendo, seguramente, seus melhores dias na Constituinte. Dutra não tinha nenhum interesse direto no assunto. Mas não deveria ser de seu agrado pôr mais lenha na fogueira, envolvendo, ao mesmo tempo, alguns de seus aliados, como era o caso de Souza Costa, de seu antecessor, Getúlio, e da bancada petebista que lhe dava apoio na Assembléia. O inquérito foi simplesmente remetido ao Ministério da Justiça, sem nenhuma recomendação. O titular da Pasta, o mineiro Carlos Luz, por sua vez, em mais alguns meses deixaria o Ministério (foi substituído em 2 de outubro, pouco dias depois da promulgação da Constituição) para concorrer ao governo de Minas e tinha menos interesse ainda em dar curso a um assunto trazido a debate pela UDN, que arrancara a decisão de José Linhares já nos últimos dias de seu governo. O processo, é claro, não teve andamento, e perdeu-se nos escaninhos da burocracia do ministério.

Começava, assim, uma longa série de escândalos impunes, com a conivência geral, no que veio a se tornar uma rotina na democracia restaurada do país.

O PTB e Getúlio, porém, deviam sentir-se com a espada de Dâmocles pendente sobre suas cabeças, já que pelo menos o destino de Borghi e o do ex-ditador podiam depender não só de Dutra, mas até da Justiça Eleitoral, podendo vir a afetar seu futuro político. Tratava-se, é claro, de um risco potencial, nunca de um risco real.

Nem Vargas nem qualquer outro constituinte aludiu ao assunto no plenário da Assembléia.

O projeto ganha fôlego

A despeito dos incidentes, a Constituinte seguia sua rotina. Na véspera da terça-feira negra para Vargas, começara a correr o prazo de quinze sessões para a apresentação das emendas ao projeto de Constituição. Ao fim da primeira semana, em que Getúlio não mais compareceu às sessões por algum tempo, tinham sido apresentadas 216 emendas. Foram 83 na segunda-feira, 12 na terça, 39 na quarta, 47 na quinta e 35 na sexta, uma média de 43,2 por sessão. Se essa média fosse mantida, seriam apresentadas ao todo apenas 648 emendas. O trabalho, no entanto, estava apenas começando e, à medida que passavam os dias, o número de alterações aumentava. No 14º dia para apresentação de emendas, a 89ª sessão ordinária, realizada em 24 de junho, o seu número tinha chegado a 2.188. E apenas no último dia do prazo, 25, terça-feira, 90ª sessão, foram apresentadas mais 1.904 emendas. O número total alcançara 4.092 propostas de alterações, a média de 12,47 emendas por constituinte, 272,8 por sessão.

O que se esperava fosse o grande debate doutrinário sobre as questões fundamentais para o país se deu em pequena escala, sendo mais uma vez adiado. Concorreram para a frustração dessa expectativa duas razões fundamentais. Mantida a hora do expediente, a maior parte dos deputados e senadores continuou se valendo do recurso anti-regimental largamente tolerado pelo presidente, através do artifício de usar a palavra pela ordem para tratar do varejo de seus estados e das pequenas questões de seu interesse, como ocorrera desde o início dos trabalhos. Em segundo lugar, a maior parte dos autores das emendas usava da palavra apenas para justificá-las, só alguns poucos falando em tese sobre a estrutura do texto constitucional. Os assuntos mais versados, além do parlamentarismo, sempre trazido a debate pelo pequeno e aguerrido grupo liderado pelo deputado Raul Pila (PL-RS), que dedicou toda sua vida parlamentar a essa causa, eram as questões tributárias, o problema da educação, o desafio da saúde, a estrutura do Judiciário, a unidade do direito, a polêmica questão da imigração, lamentavelmente afetada pelo surgimento do terrorismo da seita Shindo Renmei em São Paulo, ao lado da autonomia do Distrito Federal e dos municípios que eram estâncias hidrominerais e a continuidade ou extinção dos Territórios Federais criados durante a ditadura.

Alguns constituintes, e por sinal não os de maior nomeada, abordaram questões substantivas de interesse geral. Um exemplo foi o discurso do deputado Fernando Nóbrega (UDN-PB), que mais tarde, durante o governo JK, foi ministro do Trabalho e da Agricultura. Na sessão do dia 7 de junho, tocou num ponto crucial: criticou a extensão do texto do projeto, um mal terrível e dolorosamente agravado a partir daí em todas as subseqüentes Constituições brasileiras, engessando princípios, tratando de pormenores mais próprios da legislação ordinária e incluindo disposições supérfluas que retardaram as reformas de que o país carecia. Ele começou invocando João Mangabeira:

"O SR. FERNANDO NÓBREGA – Sr. Presidente, talvez porque me sinta preso ao pensamento dos que defendem as Constituições sintéticas, espantou-me o tamanho do projeto da grande Comissão Constitucional. [...] João Mangabeira – nome cujo prestígio cultural dispensa qualquer elogio – assinalou que o projeto de 1934 era *o maior do mundo*. Pois ainda é um pouco menor do que o atual. [...] Inicialmente ressalto a sua extensão desmedida. Entra em tais detalhes, que é maior do que os das três Constituições reunidas do período republicano. Depois, sua estruturação é profundamente defeituosa. Até parece que a distribuição das matérias de certo modo obedeceu às normas do método confuso. Daí o tormento dos que o estudaram, encontrando injustificável afastamento da ordenação tradicional dos nossos textos constitucionais que, a predominar neste plenário, sacrificará da Carta Política que estamos modelando uma parte de seu indiscutível merecimento. O cuidado pelo rigor da técnica deve ser predominante na elaboração de uma obra constitucional. Nada de detalhes, de pormenores, porque eles afeiam a harmonia do conjunto."

Nesse pronunciamento, bem estruturado e objetivo, ele tratou ainda de um dos mais sérios débitos democráticos do país, a eficiência da Justiça, e reclamou que o número de membros de cada tribunal deveria ser matéria da legislação ordinária, para atender às necessidades progressivas de cada um deles. Em aparte, o deputado Aloísio de Castro (PSD-BA) lembrou que se estava prevendo, em 1946, um número de membros do Supremo Tribunal Federal, onze, menor do que o estabelecido na Constituição de 1891, quinze. Mostrou a incoerência do projeto em fixar o número de ministros do Supremo no texto constitucional e deixar o de todos os demais tribunais superiores à lei ordinária. Lembrou que a criação prevista dos Tribunais Regionais Federais, para julgar as causas em que a União fosse autora, ré ou oponente, aliviaria a carga do STF, mostrando em aparte o deputado Aliomar Baleeiro (UDN-BA) que só os agravos de executivos fiscais representavam cerca de 25% da pauta do Supremo, pois tinham somado, em 1943, 1944 e 1945, respectivamente, 582, 544 e 544 dos feitos apreciados por aquela corte, num total de processos que variou, no mesmo período, de 2.500 a 2.700.

Gabriel Passos (UDN-MG), que tinha sido até há pouco procurador-geral da República, lembrou outro aspecto que atravancava o Supremo, a transformação de recursos extraordinários em ordinários, esclarecendo Baleeiro que isso se fazia em substituição aos embargos suspensos pelo Código de Processo Civil, editado poucos anos antes. O orador punha o dedo numa das feridas que ainda hoje estiolam a Justiça brasileira: "Numa justiça já tão morosa e fervilhante de recursos, o projeto só parece ter tido o propósito de agravar esse mal." Depois de condenar duramente o que se previa em relação à Justiça do Trabalho, objeto de intensos debates e inumeráveis críticas, invocou Rui Barbosa em relação ao que deveria ser o modelo constitucional: "A Constituição debuxa somente a estrutura do organismo político, apenas delineia as instituições nos seus traços predominantes. São largas sínteses, súmulas de princípios gerais." Um conselho que os constituintes não queriam ouvir. Agravou-se a tal ponto o corporativismo em matéria constitucional que o país, já pródigo em Constituições, tornou-se mais pródigo ainda em aberrações. Como a de termos previsto no texto da Constituição de 1988 em vigor, hoje todo mutilado, a existência de uma polícia ferroviária federal, num país que já não é mais operador de nem uma só ferrovia...

A Constituição brasileira estava sendo elaborada na mesma época em que, ainda não terminado o rescaldo da Segunda Guerra Mundial, os países europeus começavam o duro desafio de reerguer as estruturas de seus velhos Estados, mais uma vez devastados. A nossa não sobreviveu à maioria das que, no velho continente, permitiram a restauração da democracia. Ao contrário, serviu apenas de elo de ligação, uma espécie de hiato entre duas ditaduras: aquela que a precedeu e a que, dezoito anos depois, lamentavelmente, a sucedeu.

Não se pode imputar o fracasso do regime político então adotado à Constituição. Até porque ela não foi empecilho para o advento da ditadura militar, da mesma forma como as várias versões constitucionais com as quais conviveu o regime militar não foram obstáculo para a redemocratização do país, depois de 1985. Mas o que os debates estavam revelando era uma tendência que se acentuou a partir da efêmera Constituição de 1934, a pretensão de, através da lei, tudo resolver, tudo solucionar e tudo regular. À semelhança do discurso do deputado Fernando Nóbrega, esse foi também o tema do ultraconservador deputado paulista Ataliba Nogueira (PSD-SP), na sessão de 10 de junho. Advogado de grande prestígio, professor de direito, jurista e jornalista, membro da grande Comissão e relator das subcomissões de Organização Federal e Família, Educação e Cultura, certamente de sua preferência por sua militância integralista teve intensa atuação tanto na comissão quanto no plenário, o que não o impediu de fazer crítica candente à forma e ao conteúdo do projeto:

"O SR. ATALIBA NOGUEIRA – Sr. Presidente, [...] entendo que a Constituição, ou melhor, o anteprojeto de Constituição deve sofrer um corte em cerca de oitenta artigos[15]. Uma classificação desses artigos é, evidentemente, mais elucidativa do que a simples enumeração.

Assim, a meu ver, artigos há que deverão ser suprimidos por inúteis. São redundantes, contêm matéria já referida em outros dispositivos e, apesar disso, mais adiante novamente cogitada. Há ainda preceitos de artigos já explícitos em outros, com evidente desnecessidade. Parece que o legislador constituinte não quer deixar trabalho para os juristas, na interpretação da Constituição.

Ora, se a preocupação é fazer obra completa e perfeita, de antemão sabemos que o legislador não pode tudo prever. Como conseqüência, a Constituição – como qualquer lei – há de ser a expressão do pensamento do legislador, numa contenção de vocábulos e comedimento de linguagem bastantes para que o pensamento se traduza com cristalinidade. Não é preciso, de modo algum, que o legislador se derrame e se repita, incluindo na lei artigos absolutamente inúteis, ou aqueles que devam ser podados por exorbitantes: assuntos da esfera de outros campos do Direito, tais como o administrativo, o privado, o penal. Escapam do âmbito do Direito Constitucional."

O processo de elaboração constitucional tinha avançado. Quatro meses tinham sido gastos na discussão e aprovação do Regimento Interno e na elaboração do projeto. Mais três seriam consumidos na discussão de cerca de 4 mil emendas e na aprovação da redação final. Em outras palavras, o acessório tomou mais tempo que o principal. Balizar a matéria substantivamente constitucional deveria ter sido a primeira preocupação do partido majoritário que, sozinho, tinha condições de definir os principais delineamentos do texto constitucional, sobre os quais deveria trabalhar a grande Comissão.

---

15. O projeto da grande Comissão tinha 197 artigos, e mais dois nas disposições transitórias.

O que agora se discutia já tinha sido objeto de advertência do deputado Ernani Sátiro (UDN-PB) na sessão de 11 de fevereiro:

O SR. ERNANI SÁTIRO – [...] Senhores, outro ponto em que desejo tocar diz respeito ao que se tem chamado, com certo preciosismo – a técnica do conteúdo constitucional.

Nossas Constituições, até hoje, têm seguido um rumo que não está compatível com os verdadeiros princípios que disciplinam a matéria. Vemos quase que transportado para o âmbito da Constituição todo um cortejo de matérias de Direito Penal, de Direito Civil, de Direito Administrativo e de Direito Comercial.

Uma Constituição, Senhores, é a cúpula sob a qual se abrigam todos esses direitos, mas daí não se segue que tragamos para ela uma verdadeira torrente de matéria estranha.

O Sr. Paulo Sarazate – Neste ponto discordo de V. Exa., porque no Brasil se costuma violar muito facilmente, e as leis e as Constituições são menos violadas.

O SR. ERNANI SÁTIRO – A Constituição pode ser violada, como as leis ordinárias, mas isto não justifica que tragamos para a Constituição matéria que lhe é estranha.

Ora, Sr. Presidente, com essa orientação ou a Constituição fica sujeita a constantes revisões, ou os fenômenos que exigem, muita vez, a mudança das normas, permanecem tolhidos pelos embaraços da lei básica. (*Muito bem*)

Posso citar, na Constituição de 34 – porque somente ela merece o nosso respeito (*muito bem*), para não me referir jamais à de 37 – exemplos do que afirmo. Realmente foi uma das normas seguidas pelos Constituintes daquela época a precisão e a técnica.

Entretanto, como exceção a essa preocupação dos Constituintes de 34 de fazer uma Constituição dentro do maior rigorismo técnico, surgiram emendas de toda natureza que subverteram, por assim dizer, a própria ordenação das matérias em nossa Carta Magna.

Vejamos aqui um dispositivo que não poderia ser preocupação, sequer, de lei ordinária, porque é matéria de regulamento e está compondo uma Constituição:

Art. 131, § 3º – Os serviços de amparo à maternidade e à infância, os referentes ao lar e ao trabalho feminino, assim como de fiscalização e orientação respectivas, serão incumbidos, de preferência, a mulheres habilitadas.

Outro exemplo:

Art. 127 – Será regulado por lei ordinária o direito de preferência que assiste ao locatário para renovação do contrato e alienação de imóveis.

Pura matéria de Código Civil:

Art. 144, § único – A lei civil determinará os casos de desquite e anulação do casamento, havendo sempre recurso ex-officio, *com efeito suspensivo.*

Qual foi a lei ordinária, qual foi a lei civil que deixou de regular o desquite e a anulação do casamento?

O nosso Código Civil, Senhores, estabeleceu normas taxativas a respeito; e do direito anterior, embora com denominação diversa, já vinham providências neste sentido.

Ainda:

> Compete aos Estados e ao Distrito Federal organizar e manter sistemas educativos nos territórios respectivos, respeitadas as diretrizes estabelecidas pela União.

Outra matéria, Srs. Constituintes, que está implícita, naturalmente contida nas atribuições do Estado.

Poderia, assim, citar uma torrente enorme do que poderíamos chamar de 'interferências', porque não são mais que interferências dos ramos do Direito na utilização de princípios constitucionais que não devem descer a semelhantes detalhes."

As advertências, a despeito de serem úteis e tempestivas, não conseguiriam se sobrepor aos interesses particularistas que, no processo político brasileiro, decorrem do velho patrimonialismo, do corporativismo exacerbado e do nepotismo, enfermidades endêmicas da vida pública do país.

Dois discursos memoráveis

Os discursos dos deputados Fernando Nóbrega (UDN-PB), no dia 7 de junho, e Ataliba Nogueira (PSD-SP), no dia 10, serviram de prólogo ao pronunciamento de um dos constituintes que, já cercado de enorme prestígio, se transformou numa figura luminar da vida política da época, em nosso país. Tratava-se do deputado e professor Hermes Lima. Eleito pela UDN-DF, e pertencendo à ala conhecida como Esquerda Democrática, tornou-se um dos fundadores do Partido Socialista Brasileiro, quando essa tendência, abrigada no partido do brigadeiro Eduardo Gomes, dele se emancipou para formar uma nova legenda.

No dia 12 ele assomou à tribuna e tratou da questão que nesses dias dominava o debate constitucional:

"O SR. HERMES LIMA – Sr. Presidente, Srs. Constituintes, em face do projeto de Constituição oferecido ao debate desta Casa, a atitude justa é a que vem sendo tomada pela Assembléia: considerá-lo como base de um trabalho, diante do qual não devemos ter o ânimo de combater um inimigo ou de derrubar um obstáculo, mas sim o propósito objetivo de cooperação.

O Sr. Ferreira de Sousa – Outro não foi o pensamento da própria comissão que V. Exa. honrou com sua presença.

O SR. HERMES LIMA – V. Exa. diz bem, porque a comissão, ao oferecer o projeto à Assembléia, não teve a pretensão de apresentar obra definitiva, mas, exatamente, um ponto de referência, para que, em sua sabedoria, sobre ele se pronunciasse, corrigindo-o, emendando-o, não como se corrigisse alguma coisa de alguém ou contra alguém, mas como se retocasse ou melhorasse uma obra de caráter inteiramente pessoal.

Sinto-me à vontade, pois, Sr. Presidente, para considerar a primeira e geral censura que se tem feito ao projeto – a de ser demasiado longo, analítico e minucioso –, censura que podia ser também, com fundamento, irrogada à Constituição de 34 e à Carta outorgada de 37.

A crítica tem incontestavelmente procedência, porque a boa orientação, numa Constituição, é aquela que lhe conserva a flexibilidade, sem comprometer a precisa determinação do que é fundamental no conceito da forma de governo e de seu mecanismo. Os detalhes não devem figurar no texto constitucional, senão no que for indispensável ao esclarecimento do esquema de governo. Mas isto não quer dizer que as minúcias não variem, de país para país, porque, como acaba de acentuar o Sr. Deputado Nestor Duarte, na brilhantíssima oração há pouco aqui proferida, não há direito mais nacional, não há direito mais regional, do que o direito constitucional. Portanto, é de se reconhecer que esse direito reflita as necessidades de cada meio e de cada organização que ele disciplina.

A maioria das constituições tradicionais, senão a unanimidade delas, limitava-se à matéria dos direitos políticos, da organização do mecanismo de governo e do exercício da cidadania pelos órgãos nela instituídos.

Mas a ampliação dos textos constitucionais não decorre apenas da fantasia ou da vontade do legislador constituinte: decorre eminentemente, como tem sucedido nas constituições modernas, das novas reivindicações, dos novos direitos, dos novos anseios que essas Cartas têm de incorporar ao seu texto.

Assim, Sr. Presidente, uma constituição moderna que não incorporasse ao seu texto as aspirações contemporâneas de justiça social, dos problemas que agitam a sociedade do nosso tempo, e não desse uma palavra orientadora, em face desses problemas, não estaria adequada à época em que vivemos.

É preciso considerar ainda que quando as constituições incorporam aos seus textos essas reivindicações, esses anseios, esses direitos que agitam a sociedade, estão procurando transferir tais problemas da categoria de problemas éticos, discutidos na filosofia e na doutrina, para a categoria de problemas políticos, incorporados ao plano de vida do Estado.

O plano de vida do Estado, hoje, é evidentemente mais amplo, abrange matéria mais extensa que o de há 50 anos.

Por isso, quando a Constituição de Weimar, em seus arts. 121 e 151, mandava que a lei tratasse igualmente os filhos legítimos e ilegítimos, ou que a ordem econômica repousasse nos princípios da justiça social, essa constituição, que é uma das primeiras dos tempos modernos, não fazia senão incorporar no plano de vida do Estado um conjunto de aspirações que da própria sociedade surgiam, exigindo essa incorporação.

Mas, Sr. Presidente, o legislador constituinte deve atentar para que não caia no abuso dos textos declaratórios que consignam princípios e direções sociais e políticas. Neste sentido, duas são as censuras que pretendo fazer ao projeto. A primeira é que abusa desses textos, às vezes enunciando detalhes que são mais de natureza administrativa que política, como, por exemplo, quando na ordem econômica manda que se dê preferências, nos transportes aéreos, terrestres e fluviais, aos gêneros de primeira necessidade e aos alimentícios.

Aí não temos, sequer, uma regra de orientação geral, mas temos confundido, como se assim fosse ou como se constituísse uma declaração de princípios, apenas uma providência administrativa, que a lei tomará em cada oportunidade que for aconselhada.

A outra censura que tenho a fazer ao projeto é que, em matéria econômica e social, as suas declarações pecam antes pela timidez do que pela sua extensão e coragem.

Verificamos essa timidez no dispositivo do § 3º do art. 164 que dá ao Estado a faculdade de monopolizar empresas ou atividades econômicas. Melhor fora que aí estivesse, lealmente, limpamente declarado, o princípio da nacionalização no seu verdadeiro sentido.

A nacionalização é a transferência para o domínio público não apenas de empresas ou atividades econômicas, mas do conjunto de indústrias ou de ramo de comércio, expressão técnica que melhor atenderia aos objetivos sociais do princípio, quando o Poder Legislativo julgasse oportuno aplicá-lo[16].

[...] Em matéria de intervenção no domínio econômico do Estado, o que há verdadeiramente é que, na ordem atual, quando a intervenção é a favor dos negócios da classe dominante ou dos grupos dominantes dentro dessa classe, a intervenção é tida como boa. Não põe em perigo 'a ordem'. Quando, porém, a intervenção é a favor da maior participação da massa nos benefícios da civilização, que hoje tem a capacidade de ampliar esses benefícios, porque se funda na técnica e na ciência; quando esta intervenção é a favor do povo é que se levanta o grande clamor capitalista contra ela.

Ora, Sr. Presidente, no Brasil há um imperativo da intervenção do Estado no domínio econômico, ditado pelas condições sociais do povo brasileiro.

Sr. Presidente, o que importa não é o que consta do projeto; o que importa para incorporar a nossa vasta população rural aos benefícios de uma organização econômica mais adiantada, do ponto de vista econômico e técnico, é, antes, consagrar, no texto da Constituição, a nacionalização das terras não exploradas ou daquelas cuja utilização desatenda ao interesse público.

[...] Sr. Presidente, tenho a impressão de que na Comissão Constitucional a timidez das medidas de ordem econômica e social veio da preocupação de não impedir que o capital estrangeiro viesse colaborar no desenvolvimento do país.

Sou também favorável à participação do capital estrangeiro e tanto assim é que, na Comissão Constitucional, me bati pela supressão da nacionalização, no sentido das exigências de acionistas brasileiros, para os bancos de depósito, companhias de seguros, quedas-d'água, minas e jazidas minerais.

[...] Não há dúvida de que há, no projeto, uma tendência incoercível, surgida na comissão, e mantida no plenário, no sentido de introduzir-se na Constituição matéria que nela não deve figurar. (*Apoiados. Muito bem*)

Ora são as chamadas emendas religiosas, ora são as reivindicações de natureza social-administrativa completadas por providências de índole processual. Tudo isto, Sr. Presidente, dá ao projeto, algumas vezes, o tom de regulamento; outras, um tom de programa de governo.

---

16. O projeto aludia ao instituto jurídico do monopólio, enquanto o professor Hermes Lima referia-se a ele como se fosse o instituto da nacionalização, conceitos que mais tarde se distinguiram em nossas Constituições.

Evidentemente a Constituição não pode ser nem regulamento, nem programa de governo.

Mas de onde vem essa tendência tão firme, que resiste a todas as críticas e observações? Essa tendência, Sr. Presidente, a mim me parece, vem do sentimento, de resto ilusório, de que, incorporando-se à Constituição um dispositivo, adquire ele, por força de sua natureza constitucional, o poder de realizar-se, impondo-se à administração e vencendo-lhe as perplexidades. Sabemos perfeitamente que isto não é exato, porque a Constituição é um texto a ser vivido, a ser praticado. A Constituição escrita é um documento que precisa ser realizado, e nada nos diz que, pelo fato de figurar ali um artigo, já esteja por isto mesmo concretizado. (*Muito bem*) Isso seria participar daquilo que Alberto Torres, uma vez, entre nós, chamou de ilusão no poder criador da lei.

Suponho que essa tendência vem, igualmente, de outra causa talvez mais forte do que aquela que acabo de enunciar: de que, entre nós, o Poder Executivo é tão pessoal, tão independente em sua política própria, da política que seria do Legislativo, que se faz mister a oportunidade constituinte, para jungir esse poder a diretrizes cuja consagração na Constituição aumentará, pelas mesmas, o respeito ao governo.

Mas, Sr. Presidente, isto parece ter algo que ver com a prática do regime presidencial entre nós, é preciso confessá-lo – e eu o confesso –, pois aqui nesta Casa fui a primeira voz a defender esse regime.

Nesse regime, principalmente como tem sido praticado entre nós, o Presidente é tudo e o Congresso não tem sido mais que uma espécie de carimbo da sua vontade.

O Sr. Ferreira de Sousa – 'His Majesty, the President', como se lê no livro de Hambloch[17].

O SR. HERMES LIMA – O Presidente da República cresceu como uma espécie de monstro constitucional no cenário da Federação. Dele já dizia Rui Barbosa: 'é o poder dos poderes, o grande eleitor, o grande nomeador, o grande contratador, o poder da bolsa, o poder dos negócios e o poder da força'.

O Sr. Ferreira de Sousa – Nomeia, prende e paga.

O SR. HERMES LIMA – E, no cenário dos Estados, imperavam os submonstros, filhos de suas entranhas, ou seja, os governadores.

O Sr. José Augusto – Não só no Brasil. O fenômeno é peculiar a toda a América Latina.

O SR. HERMES LIMA – Isso, Sr. Presidente – pergunto –, decorre da natureza presidencial?

O Sr. José Augusto – Perfeitamente.

O SR. HERMES LIMA – Acredito que não. O presidencialismo tem, em si mesmo, defeitos graves: o defeito na prática da irresponsabilidade política; o defeito capital da separação pessoal entre o poder que administra e o que legisla, quando a boa regra, como na Inglaterra, é que esses poderes sejam organicamente distintos, mas pessoalmente unidos; e ainda o defeito da falta de unidade na elaboração legislativa.

---

17. O aparteante se refere ao livro de Ernest Hambloch, cônsul inglês e secretário da Câmara de Comércio Inglesa no Rio de Janeiro, traduzido pela primeira vez em português e publicado pela Editora da UnB, em 1981, com o título *Sua Majestade o Presidente do Brasil*.

São falhas essas que podemos reconhecer como decorrentes da natureza mesma do regime presidencial. Cumpre, entretanto, não esquecer que, entre nós, como de resto na América Latina, eles se agravaram enormemente, tragicamente – podemos dizer –, pela falta de organização política do povo, pela deturpação das eleições através das máquinas eleitorais, pelo baixo nível da educação pública e ainda, em nosso caso, pelo fracasso dramático do Supremo Tribunal Federal no exercício das funções de intérprete máximo da lei que lhe foram cometidas pela Constituição de 1891. (*Muito bem*)

O Sr. Aliomar Baleeiro – Exatamente aí reside o grande contraste entre o nosso regime e o americano.

O SR. HERMES LIMA – A essa luz, o depoimento de Rui Barbosa, o maior defensor das prerrogativas do Supremo Tribunal em nosso regime, é definitivo.

Ora, Sr. Presidente, nos trabalhos da Comissão Constitucional, o que mais me impressionou foi, talvez, o sentimento ali predominante de que era necessário dar à justiça todas as garantias, todos os direitos, como se ela constituísse, realmente, a última âncora de salvação na prática do regime instituído pela revolução republicana de 89. É preciso reconhecer, entretanto, que mal idêntico ou semelhante ocorrera no Império e determinara os vícios do parlamentarismo, objeto de críticas veementes.

Quero porém dizer à Casa, sinceramente, que o que mais me impressiona, no cotejo entre o regime parlamentar e o presidencial, é que neste, o mecanismo da responsabilidade política é um mecanismo tão complexo, tão complicado, que não chega nunca a ser verdadeiramente aplicado.

No regime presidencial, responsabilizar o Presidente da República equivale a um verdadeiro terremoto político...

O Sr. Ferreira de Sousa – A um golpe de Estado.

O SR. HERMES LIMA – ... ao passo que, no sistema parlamentar, a responsabilidade do Poder Executivo é matéria que, em termos políticos normais, se resolve pela questão da confiança e, ainda no sistema parlamentar, essa responsabilidade está sendo todos os dias praticamente testada, verificada, controlada, pelo exercício do Poder Legislativo, de cuja confiança promana sua autoridade.

O Sr. Aloísio de Carvalho – V. Exa. acaba de fazer a defesa do parlamentarismo. Dou-lhe meus parabéns.

O SR. HERMES LIMA – A Constituição de 46 ainda será uma constituição presidencial, uma constituição presidencialista, direi melhor; mas todos estamos advertidos de que esta não pode ser senão a última experiência do presidencialismo, se não lograrmos o exercício de governo com maior responsabilidade efetiva em suas funções.

Sr. Presidente, o mundo na hora que passa é um tremendo laboratório. O Brasil tem também a sua retorta, aquecendo-se no fogo das transformações contemporâneas. Há como uma intensa e desesperada procura de novos caminhos e de novas soluções. A essa luz – confesso lealmente a V. Exa., Sr. Presidente, e à Casa – não sei se a Constituição que estamos elaborando é o documento que o futuro está pedindo, mesmo o futuro próximo. Não tenho essa certeza. Quero, entretanto, Sr. Presidente, dizer a V. Exa. e à Casa que, se a Constituição que estamos votando ajudar o nosso país a atravessar democraticamente a crise contemporânea, que é uma crise de estrutura e que abrange o mundo inteiro; se essa Constituição ajudar nosso país a transformar-se democraticamente, a superar democraticamente a crise do presente, nosso trabalho, Srs. Representantes, estará bem pago e teremos, na medida de nossas forças, prestado um serviço ao nosso querido Brasil. (*Muito bem; muito bem. Palmas*)"

Sistema fiscal e reforma social

O discurso de Hermes Lima tinha sido memorável pela objetividade e lucidez, e a sessão do dia 12 de junho podia ser designada como a do brilho baiano. Antes de Hermes Lima, que, embora eleito pelo Distrito Federal, onde era professor na tradicional Faculdade Nacional de Direito, nasceu na Bahia, falou outro conterrâneo seu, não menos brilhante, o deputado Nestor Duarte (UDN-BA), e, depois dele, outro consagrado mestre, Aliomar Baleeiro (UDN-BA). Os dois primeiros, de enorme reputação intelectual, que o tempo só faria aumentar, integraram os qualificados quadros do Partido Socialista Brasileiro, liderado e presidido por outra figura tutelar, o também baiano João Mangabeira, irmão de Otávio.

Baleeiro era professor de finanças e autor do livro *Uma introdução à ciência das finanças*, que se tornou manual de uso obrigatório para inúmeras gerações de bacharéis brasileiros. Os três pertenciam à mesma geração. Nestor Duarte, à época com 43 anos, já que nascido em 3 de dezembro de 1902, só depois de promulgada a Constituição completaria 44. Baleeiro era um pouco mais moço, pois acabara de completar 41 anos, uma semana antes de seu discurso, em 5 de maio. Hermes Lima tinha a mesma idade de Nestor Duarte, pois completaria 44 anos em 22 de dezembro. Todos eram donos de sólida e reconhecida cultura jurídica, e os três tiveram destacada atuação na Assembléia e na elaboração constitucional. Considerado um dos maiores especialistas em finanças, Baleeiro era de uma geração em que os advogados dominavam a matéria, uma tradição que vinha do Império. Como relator da Subcomissão de Discriminação de Rendas, seu pronunciamento, no mesmo dia em que falaram seus dois outros colegas, tratou de vários temas, mas despertou maior interesse pelo que era a sua especialidade:

"O SR. ALIOMAR BALEEIRO – Sr. Presidente, depois de ter ouvido os discursos de meus queridos conterrâneos, Srs. Nestor Duarte e Hermes Lima, estava eu a pensar em como se apresenta diferente o espírito desta Assembléia Constituinte, em confronto com as três outras que as precederam.

Nas Constituintes de 1823, 1891 e 1934, havia, entre os que nelas se congregaram, um sentimento de fé profunda na perenidade da obra a que se dedicavam.

Creio que esta é a mais cética, a mais melancólica das Assembléias Constituintes que já se reuniram no Brasil. Nenhum de nós parece que acredita estar construindo para os séculos.

Entretanto, quaisquer que tenham sido os erros contidos no atual projeto de Constituição, talvez por esse mesmo ceticismo se logre realmente construir alguma coisa que os nossos netos ainda possam cumprir.

Ao jornalista que me consultava sobre o projeto, antes de vir o mesmo a plenário, respondi que me parecia conservador e, em alguns pontos, não muitos, reacionário e até – que me perdoe o Sr. Deputado Medeiros Neto – clerical. E agora não me afasto desta impressão: o projeto é, realmente, conservador.

Na primeira reunião da comissão, ponderava o Sr. Hermes Lima que a nossa atitude devia ser a de humildade. Não vamos inovar, mas buscar, nas próprias fontes da nacionalidade, nas nossas tradições, o fio que se quebrou, por causas que não vêm a pêlo agora lembrar. E foi isso o que fez a comissão. Conservador, porque o projeto é, na realidade, um retorno ao sistema democrático de 1891 e não há nenhum mal nisso. O mal foi exatamente termos nos afastado de 1891.

O Sr. Ferreira de Sousa – Esse conservantismo chega a ser reacionarismo, no particular.

O SR. ALIOMAR BALEEIRO – Responderei ao prezado amigo e eminente Senador pelo Rio Grande do Norte; não é reacionarismo, absolutamente. Claro que elogiando o projeto, no seu aspecto conservador, e portanto presidencial, pelo seu retorno a 91, eu estava, evidentemente, incidindo na censura dos parlamentaristas da Casa, pessoas magníficas, excelentes companheiros de trabalho, homens dos mais dignos desta Assembléia. Mas com isto – ponderemos bem – estaremos errados? Estaremos no reacionarismo? Não seria reacionarismo maior, no caso, voltar ao Império?

Pergunto aos parlamentaristas, ao nobre Deputado Raul Pila, ao ilustre Senador pelo Rio Grande do Norte: conhecem por acaso algum país que houvesse instituído regime parlamentar por efeito de Constituição e aí houvesse florescido esse regime?

O Sr. José Augusto – Ainda recentemente, Cuba.

O SR. ALIOMAR BALEEIRO – Recentemente, isto é, uns dois ou três anos, diz V. Exa. Isto não basta, absolutamente, à experiência de um povo. A experiência dos povos se mede por gerações. Lua-de-mel de Constituição não atesta absolutamente a sua bondade. O que vemos, de fato, é que o parlamentarismo vicejou e floresceu exatamente naqueles países onde havia clima propício, onde havia circunstâncias favoráveis, quer pela educação do povo, quer pelo desenvolvimento gradual das instituições, pela cultura – enfim, por circunstâncias, até, como aconteceu na Inglaterra.

O Sr. Raul Pila – Como venho sustentando, o regime presidencial cada vez mais nos afasta desse clima propício à realização de boa democracia representativa.

O SR. ALIOMAR BALEEIRO – V. Exa. está acreditando nos milagres do papel ordinário da Imprensa Nacional. V. Exa. acredita que, se aqui se elaborar uma constituição, e ela for impressa no papel da Imprensa Nacional, dará ao Brasil todas essas qualidades que faltaram ao regime presidencialista e que também são indispensáveis, e até mais indispensáveis ao regime parlamentar? Na verdade, as constituições também são como Adão, feitas de barro, inerte e frio. É preciso que se lhes dê sopro de vida, e, infelizmente, esse sopro de vida em relação às constituições não é dado pelos deuses, mas por pulmões muito humanos, tremendamente humanos, como têm sido os dos homens de governo no Brasil.

O Sr. Raul Pila – Aceito o argumento; esse sopro de vida faltou à Constituição!
O SR. ALIOMAR BALEEIRO – E faltará também ao regime parlamentar. [...]
Não devemos empiricamente buscar soluções: busquemos perseverar naquilo que, pelo menos durante quarenta anos, assegurou ao Brasil um regime de paz e progresso. Ninguém pode contestar que os primeiros quarenta anos do regime republicano presidencial foram de prosperidade econômica, de desenvolvimento da capacidade potencial do país, e de paz que, evidentemente, só se interrompeu em 1930.
O Sr. Raul Pila – Paz? [...] Paz de Varsóvia.
O Sr. Ferreira de Sousa – 'C'est en forgeant qu'on devient forgeron.'[18]
O Sr. Plínio Barreto – E as revoluções?
O SR. ALIOMAR BALEEIRO – Não houve nenhuma revolução importante, de 1891 até 1930. Nem mesmo cabe tal nome à de 1893. Surgiram esporádicas quarteladas, como em quase todos os países as oferecem em sua história. [...] Não tenho a veleidade de discutir os grandes problemas arquitetônicos da edificação política deste país. Quero descer ao mais material: ao dinheiro. Como sou homem que não acredita em milagres, penso que o bem-estar desta Nação, sua maior liberdade, sua organização social, tudo isto pode ser resolvido pela maneira de dirigir o dinheiro. É material, é prosaico, mas, digamos, é o meu *métier*.
[...] Sr. Presidente, é meu propósito tratar da parte relativa à organização financeira.
O Brasil – não preciso repeti-lo aos Srs. Constituintes – é um caso típico do país em que o déficit já criou venerandas barbas brancas, de mais de cem anos. Não é preciso contar pelos dedos da mão direita os exercícios em que não houve déficit, pois desde o Martin Francisco da Independência, até o Sr. Souza Costa, seriam quatro, cinco, ou seis exercícios, no máximo. Déficit, *funding loan*[19] e, por último, inflação – nestas três palavras se resume toda a história financeira do Brasil. Déficit, num crescendo dia-a-dia mais tormentoso, mais sombrio e que acabou na desastrada situação da triste herança que o Sr. General Dutra vai inventariando, lá como pode e Deus o ajuda.
De tudo tira-se, desde logo, a conclusão de que o sistema tributário brasileiro é insuficiente. Não devemos atribuir só à tendência para a dilapidação ou à falta de senso dos administradores, enfim, ao defeito dos homens essa inclinação para o déficit crônico que atravessa, de uma ponta a outra, durante cem anos, toda a história financeira do Brasil.
No particular, convenho desde logo, como Deputado da oposição, que ninguém pode fazer milagre. Não há meio de se debelar déficits, nem de se obter completo funcionamento dos serviços públicos, senão exigindo mais dinheiro do contribuinte. A compressão de despesas só é permitida até um certo limite. Fora disso, e não argumentando com situações anômalas, em que não há fiscalização parlamentar, como foi todo o período do Estado Novo, o déficit resulta, evidentemente, da insuficiência do sistema financeiro.
[...] Examinando-se a situação financeira do Brasil e procurando-se, através dela, ver os defeitos do sistema tributário, surgirá, em primeiro lugar, a insufi-

---

18. Ditado francês: "É forjando que se torna ferreiro."
19. O orador refere-se aos sucessivos processos de consolidação de nossa dívida externa, que sempre se repetiram ao longo da história financeira do país.

ciência do aparelho produtor de receita que não satisfaz às necessidades do país. Concedo de antemão que muitos cortes, justíssimos, poderiam ser feitos na despesa.

Sei de repartições cheias de funcionários, que não correspondem à necessidade dos serviços, por desnecessários, ou por falta de eficiência deles. Sei, porém, que o dinheiro público não basta à solução, tão justa quanto possível, das necessidades nacionais.

O Sr. Clemente Mariani – Não seria melhor e mais justo que, antes de se obter novos recursos, se fizesse desaparecer todas essas despesas improdutivas? Alberdi, há mais de cem anos, na Argentina, dizia que o grande inimigo da riqueza coletiva era a riqueza do fisco.

O SR. ALIOMAR BALEEIRO – Neste ponto, estou em inteiro antagonismo com V. Exa. Acredito – e já disse – que há muitas despesas supérfluas. Estou mesmo convencido de que o Estado Novo agravou essa velha tendência geral dos brasileiros serem postulantes de empregos públicos. Acredito também que, para adormecer consciências e diminuir resistências, o Estado Novo tenha usado muito da arma do suborno e da corrupção. Não obstante, creio que é deficiente o sistema tributário para corresponder às necessidades públicas. Se fôssemos enfrentar realmente os problemas de educação, saúde, viação e defesa nacional – para falar só nos fundamentais –, evidentemente esse aparelho seria precário, não poderia satisfazer às necessidades nacionais. Não me parece, absolutamente, que o dinheiro arrecadado pelo Estado seja consumido improdutivamente. Se há produção no país, se há progresso e cultura, devemos atribuí-los ao poder público, isto é, aos serviços públicos existentes. Não poderia haver comércio, indústria, agricultura, civilização, letras e artes, se não houvesse ambiente de ordem, de justiça, e sobretudo uma rede de transportes, um sistema de viação, enfim, toda a utensilhagem nacional. Todo esse mecanismo pressupõe o Estado. Quando o capital sai do bolso do particular, empregado honesta e adequadamente, não é perdido, porque depois volta, sob a forma de benefícios, diretos e indiretos, àquele mesmo bolso do particular.

Apontado primeiro o regime tributário que, a meu ver, é o da insuficiência, devemos apontar outro – o de profunda injustiça social.

Isso ocorre em relação às regiões; injustiça, pois, do ponto de vista geográfico e ainda injustiça do ponto de vista da composição humana ou social. Este, a meu ver, um dos maiores campos, um dos poucos, talvez, que podemos corrigir através da letra da Constituição. Se a Constituição pode fazer nascer alguma coisa que tenha conteúdo prático, ou melhorar as circunstâncias de vida de um povo, acredito que seja através dessa modificação do sistema tributário. [...]

O Sr. Carlos Prestes – Desejo chamar a atenção de V. Exa. dizendo que o problema consiste em elevar a renda nacional. Com uma medida constitucional que viesse acabar com o nosso atraso em matéria de tributação, penso, poderíamos resolver o problema.

O SR. ALIOMAR BALEEIRO – A Constituição pode oferecer perspectivas gerais de solução, mas não aumenta a renda nacional. Pode facilitar medidas de política tributária, indicar a orientação que um partido queira tomar em relação a este ou àquele ramo de produção, ou a todos, incrementando-o. Mas não se pode fazer surgir no país, pela letra da Constituição, ou milagre desta, a produção agrícola, industrial ou pastoril, sem que preparemos terreno propício, sem providências outras decorrentes da lei ordinária e da ação administrativa.

Todos concordamos que há injustiças do ponto de vista geográfico. Tiramos dinheiro de todo o povo brasileiro, através da máquina fiscal federal, e o empregamos, como há pouco focalizou o Deputado Clemente Mariani, apenas em 3 ou 4 pontos do país.

Ainda ecoam em meus ouvidos as palavras há dias proferidas pelo ilustre Deputado Trifino Correia – que é testemunha autorizadíssima na matéria – quando narrou aqui que, em suas correrias pelo Brasil inteiro, de norte a sul e de leste a oeste, em 1924, viu mulheres que não podiam aparecer aos visitantes, por não terem sequer um palmo de pano para cobrir o sexo.

A mesma afirmação foi aqui trazida pelo Sr. Carlos Pinto.

O Sr. Clemente Mariani – Isso só acontece entre os índios.

O SR. ALIOMAR BALEEIRO – Não se observa tal coisa somente entre os índios, mas em grande parte do território nacional, onde campeia miséria absoluta. O depoimento do Sr. Trifino Correia coincidiu, nesse particular, com o do Sr. Carlos Pinto, que leu aqui uma carta onde se narrava fato idêntico, ocorrido nos dias de hoje, e não há 20 anos atrás.

E não há dúvida de que, sem querer generalizar esse episódio doloroso no Brasil, vemos dois enormes polvos que estendem seus tentáculos por toda parte da nação brasileira e sugam-lhe a seiva, derramando-a sobretudo no Rio de Janeiro e São Paulo. O país todo empobrece, se dessangra e se esvai. Então a civilização e o bem-estar se concentram nos grandes focos demográficos de São Paulo e do Rio e nos pequenos focos que acompanham a fímbria do Atlântico, justificando assim a opinião daquele cronista na colônia, que descrevia as primeiras populações brasileiras como caranguejos arranhando o litoral, sem ânimo para investir pelos sertões, onde se esconde, intactas, as riquezas potenciais do país.

[...] Se isto se verifica no plano geográfico, o mesmo se dá do ponto de vista social; e, no particular, não sei se todos me apoiarão.

Creio que no Brasil se passa aquele fato que os socialistas – sobretudo os comunistas – têm, às vezes, comentado com exagero, em relação às velhas sociedades: cada vez os pobres ficam mais pobres, e os ricos mais ricos.

O Sr. Carlos Prestes – É a evolução do capitalismo.

O SR. ALIOMAR BALEEIRO – A máquina fiscal não só exaure as regiões do Brasil mais atrasadas, menos dotadas de serviços públicos, mas também atribui maiores recursos àquelas que prosperaram mais, empobrecendo as classes trabalhadoras, o proletariado em geral, a massa dos pequenos agricultores, sobretudo em proveito da classe rica, da elite, única beneficiária dos serviços públicos. Este fato está de tal modo radicado em nossas tradições que, às vezes, ouvimos homens públicos nesta Casa dizerem: não vêm aquelas termas, aquele hotel, aquela estação de águas que construí em tal lugar?! Gastei ali Cr$ 120.000.000,00; no entanto, atacam-me porque não edifiquei escolas, hospitais, maternidades; porque não abri estradas. Mas não olham aquele hotel termas, formidável, melhor do que qualquer outro da Europa e que construí em determinado Estado do Brasil...

Nem sequer passa pela consciência desse homem público que tirou dinheiro da população humilde do seu Estado, para derramá-lo na construção de uma estação de águas ou de repouso, para gozo dos ricos, visto como só os poderosos se aproveitarão desses serviços públicos secundários e suntuários.

Acredito que miserável algum, residente no Rio de Janeiro, nas favelas ou na zona norte, vai a Araxá, a Poços de Caldas ou a Quitandinha.
[...] Há mais de cem anos vivemos no regime de impostos indiretos e reais. No tempo do Império, sobretudo, era o imposto aduaneiro que prevalecia, porque não tínhamos ainda indústria; tudo era importado, queijo, manteiga e, até, a camisa ou o sapato. Existe muita gente nesta Casa que já usou roupa importada e mesmo calçado. Afinal, quando, pouco a pouco, surge, através de esforço imenso, a indústria no Brasil, paralelamente vão crescendo os impostos de consumo, substituindo, na função fiscal, o imposto aduaneiro.
Nestas condições, continuam os pobres a pagar para gozo dos ricos.
Se não me falha a memória, em 1891, depois da proclamação da República, o imposto de consumo abrangia apenas 3 ou 4 produtos, os mais indicados, aliás: a cachaça, o fumo e creio que o sal. Murtinho[20] o elevou a 14 classes de produtos, mas ainda assim excluiu os principais gêneros alimentícios. O Sr. Getúlio Vargas, afinal, quando por força das circunstâncias foi obrigado a mudar-se rapidamente da casa onde morava no Rio de Janeiro, deixou mais de 44 classes de produtos tributáveis pelo imposto de consumo. Para citar apenas um exemplo de como se faz tributação neste país, basta dizer que o tamanco, do miserável, do mendigo, do mais pobre, foi atingido pelo imposto de consumo! Também o foram a manteiga, o açúcar, a roupa, o sapato, e as coisas mais necessárias à alimentação, à moradia, ao vestuário, e, até, medicamentos, como a quinina, indispensável ao tratamento do pobre.

O Sr. Clemente Mariani – Para honra do Poder Legislativo, devo dizer que essa tentativa de tributar tamancos e alpercatas foi repelida pela Câmara dos Deputados em 1936.

O SR. ALIOMAR BALEEIRO – É honroso para esta Câmara não ter feito o que se fez no período da ditadura, quando o 'Pai dos Pobres' tributou os tamancos, enquanto os serviços públicos foram criados, daí por diante, quase sempre na metrópole, para gozo das classes mais elevadas.

[...] Ainda em 1922, não se procedia como aconselhava Rui em 91: a tributação proporcional à renda, porque ao lado desta, então mofina, criou-se, discretamente, um imposto de 0,30%, ou Cr$ 3,00 por Cr$ 1.000,00 – cobrado hoje sobre a classe pobre, na base de doze cruzeiros e meio ou catorze cruzeiros, não sei ao certo. Agora o Estado cobra 1 e um quarto (1¼) ou 1 e meio (1⅕) sobre mercadoria de qualquer espécie, ainda que seja pão, carne ou farinha. Enfim, o mais indispensável à mesa do mais miserável dos brasileiros sofreu violenta tributação!

O Sr. Deodoro de Mendonça – E, além do mais, o imposto é cobrado sobre qualquer ato de comércio a que se submeta a mesma categoria.

O SR. ALIOMAR BALEEIRO – Exatamente. Tantas vezes passa no ciclo da circulação, tanto mais essa mercadoria chega encarecida às mãos do consumidor. No meio de tudo isso – e aí volto ao ponto de partida – verificamos a insuficiência do aparelho tributário.

[...] Vejamos porém o que ocorreu nos últimos anos. É evidente que teríamos um dia a guerra às nossas portas; mesmo, porém, que tal não sucedesse, seria medida trivial de qualquer governo sensato, na China ou na Libéria, criar imposto sobre lucros extraordinários, porque esses florescem à sombra da guerra, principalmente da guerra moderna.

---

20. O orador refere-se a Joaquim Murtinho, ministro da Fazenda de Campos Sales.

Até 1944, porém, o país já empolgado pela guerra, ainda não havia sido criado esse imposto, ao passo que outros países, até mesmo os neutros, em 1938, 1939 e 1940 já o tinham feito! Permitiu-se assim que a classe opulenta, poupada pelo fisco, obtivesse lucros fantásticos, assombrosos, tremendos, e viesse a desafiar a miséria das outras classes!

Ora, a Comissão de Constituição não poderia evidentemente ficar insensível a esse quadro de miséria e desgraça que se vem acumulando no Brasil, mercê do aparelho tributário dos mais retrógrados e errados.

Havia, pois, necessidade nacional de se modificar a situação; pouco importava se contrariasse a técnica da Constituição, descendo a disposiçõezinhas, regulamentos e minúcias, como, por exemplo, dizer que no Brasil não se deve tributar o mínimo de vestuário, habitação e tratamento médico, enfim, o mínimo essencial à vida do mais miserável dos cidadãos.

Num país que ainda não compreendeu tal verdade, é preciso esculpir na Constituição dispositivos desta natureza. Daí essas particularidades que, do ponto de vista da técnica legislativa, chocam o leitor que se esquece da realidade que defrontamos.

Aliás, a Constituição Federal suíça consigna dispositivos semelhantes.

Por outro lado, era preciso dar um remédio para que o dinheiro circulante pelo Brasil inteiro funcionasse como um sistema de vasos comunicantes, igualando o nível de bem-estar por toda parte, mercê dos serviços públicos.

Daí a emenda que redigimos em colaboração com diversos colegas, por sugestão do Sr. Senador Durval Cruz e com o apoio de muitos Srs. Representantes, no sentido de que os 10% do imposto sobre a renda, destinados a rateio entre os municípios, sejam repartidos em partes iguais. Só assim se pode realmente fazer uma política de solidariedade nacional.

[...] Desejo dirigir um apelo à Assembléia: estamos vivendo um momento raro e próprio para se criar uma nova diretriz política e social. Se todos concordam em que há no Brasil um sistema fiscal que cada vez mais concorre para empobrecer os que já são pobres e trazer benefícios aos que já estão ricos, por que não traçarmos, de uma vez por todas, orientação nova?

O Sr. Paulo Sarazate – V. Exa. conhece os meus pontos de vista a esse respeito. Acho, como V. Exa. também, que devemos ser radicais, isto é, que a Constituinte deve providenciar sobre a criação de um único aparelho arrecadador.

O SR. ALIOMAR BALEEIRO – Esse é o problema da arrecadação de impostos; é problema fiscal, que não vem ao caso. Não interessa a criação de um só aparelho arrecadador, no texto constitucional, visto como a União, os Estados e os Municípios podem realizar a arrecadação de impostos através de convênios e acordos entre si. O que há necessidade é de enfrentarmos, resolutamente, o problema, encará-lo com sinceridade e seriedade, pois somos aqui – confessemos – representantes de uma elite saída das classes beneficiárias da situação atual. Se se fizer um inquérito a respeito da composição social e profissional desta Assembléia, verificaremos que quase todos nós, ou pelo menos nossos parentes, saímos das classes agrárias, mais ou menos libertas sempre do pagamento de impostos, que então passaram a recair diretamente sobre o proletariado.

Devemos confessar que somos fiéis a uma tradição velha; mas, por outro lado, devemos reagir e, então, impregnarmo-nos dos princípios de moral política, cumprindo nosso dever, leal, consciente e deliberadamente, antes que no-lo exijam. Não esperemos que a revolução bata às nossas portas, se podemos conjurá-la matando a fonte de ressentimentos, de inquietações, de desgostos, de recalques, que há no coração do povo brasileiro. Afinal, se há greves, se há um desgosto profundo em todas as cidades, e em todos os campos do Brasil, se há um quadro de miséria por toda a parte, é porque três quartos, pelo menos, da população do país vivem maltratados, mal-alimentados, morando mal – enfim, levando vida incompatível com o padrão de dignidade humana. Por que não nos antecíparmos ao cumprimento dos deveres morais, dentro do ponto de vista político de solidariedade social, em vez de ao depois capitularmos pela força?

[...] O aparelho fiscal pode ser meio idôneo e eficaz para realizar essa revolução branca, sem sangue nem ódios, essa revolução que terá de vir, pela força ou não, mas que virá por sua tendência histórica.

Talvez há quatrocentos anos, um amigo de Machiavelli, o historiador Guicciardini, já havia ponderado que os impostos eram meio de estabelecer o nivelamento das classes, de corrigir injustiças que a sociedade oferece – uns com muito e outros com pouco, quando, afinal, a produção nasce do esforço de todos.

[...] Enfim, vem surgir outra voz, outro escritor absolutamente insuspeito, um dos mais conhecidos pelos comunistas. Refiro-me ao grande economista da escola histórica, Adolfo Wagner, que talvez tenha sido um dos escritores mais apodados pelos comunistas, porque procurou conjurar o comunismo por essa reforma financeira. No tempo de Bismarck, mostrara que o aparelho fiscal deveria ter não só a finalidade de socorrer o Tesouro, para o financiamento de serviços públicos, mas também operar reformas sociais e corrigir as iniqüidades que a atual sociedade oferece. E todo esse vasto arsenal de impostos, sobretudo os pessoais e diretos – imposto de renda, herança, enfim, sobre toda espécie de enriquecimento –, deve funcionar de modo que se invertesse aquele plano inclinado que vemos no Brasil, e então, que os impostos coletados às classes mais abastadas e ricas sejam utilizados para criar serviços públicos e para o estabelecimento de condições capazes de melhorar o padrão de vida dos miseráveis, através de coisas que interessam às massas. É esta, afinal, a solução que eu apontaria aos constituintes brasileiros de 1946: inscrever expressamente na Constituição que o aparelho fiscal não é apenas um fornecedor de dinheiro para manutenção dos serviços públicos, mas órgão de direção de justiça social. Toda reforma financeira partiria desse postulado. Repito, devemos ir buscar soluções que vão ao encontro das tendências do nosso tempo; devemos compreender a situação e enfrentá-la pelos meios racionais da inteligência, do bom senso e da moralidade, porque é temerário acreditar que nosso povo, apesar de cordato e humilde, vá encarar a resignação como virtude cívica. (*Muito bem; muito bem. Palmas. O orador é cumprimentado*)"

Por obra dos dois baianos, o povo afinal era lembrado na Constituinte, mesmo não o sendo na Constituição. E era a ausência da preocupação com o povo nos debates o que tornava, segundo lembrou Baleeiro, a de 1946 "a mais melancólica das Constituintes".

24. Remando contra a maré

"Fora da lei, até na legalidade"

Entre 12 de junho, data dos memoráveis discursos de Nestor Duarte, Hermes Lima e Aliomar Baleeiro, e 29, encerramento do prazo para apresentação de emendas ao projeto de Constituição, os temas constitucionais travaram uma árdua disputa por espaço com as questões do quotidiano e os problemas regionais. A polícia política continuava a praticar excessos na repressão aos movimentos grevistas, valendo-se do recurso preferido que se tornara rotina durante o Estado Novo, o espancamento e a detenção arbitrária de quantos se aventuravam a atuar no movimento sindical. Os excessos provocavam imediata reação da bancada comunista que, aos poucos, ia colhendo solidariedade de constituintes de outros partidos. A greve da Light servia de pretexto para o uso reiterado da violência policial. Na sessão do dia 14, o deputado Caires de Brito (PCB-SP) leu depoimentos dos operários detidos e levados à Polícia Central, onde foram agredidos e espancados. No dia 16, seu colega Osvaldo Pacheco (PCB-SP) reclamava da prisão dos líderes ferroviários da Sorocabana, também em greve em São Paulo, mantidos incomunicáveis. Na mesma sessão, o deputado Soares Filho (UDN-RJ) denunciava o clima de arbítrio sob o qual vivia o país:

"O SR. SOARES FILHO – (*Pela ordem*) Sr. Presidente, há uma tese que, certamente, demandaria longa explanação e que pode ser contida na seguinte sín-

tese: o Brasil, mesmo nos períodos de legalidade, vive fora da lei, e raramente o direito – a juridicidade – tutela a vida pública no país. Todos os dias, nesta tribuna, surgem críticas as mais acerbas, as mais doridas, as mais veementes, contra os desmandos das autoridades, neste ou naquele recanto do território nacional.
Sr. Presidente, não é possível quedarmos inermes, diante da situação de tal ordem, nós que temos responsabilidades na vida pública do Brasil [...] Nesta Capital, e esta Assembléia testemunhou, a Polícia praticou violências, verificadas à simples presença das vítimas nesta Casa. Entretanto, fiada na insensibilidade do nosso povo, a Polícia ainda que como se diverte em explicações que só podem servir a ingênuos ou àqueles que se desacostumaram de defender os mais sagrados direitos da personalidade humana.
Dizer-se, como já li em documento oficial, que a Polícia não praticou violências físicas contra operários da Light, presos nesta Capital, é o mesmo que declarar a imbecilidade geral daqueles que acreditam em tais declarações. A única conclusão seria a de que esses homens ter-se-iam seviciado a si próprios, para que se pudesse fazer com base as acusações.
De todos os pontos desta tribuna ecoam em todo o Brasil os gritos e protestos contra a violência da Polícia de vários Estados. Ainda ontem, Sr. Presidente, aqui se reclamou veementemente contra a atitude da Polícia fluminense, assassinando um cidadão indefeso, Luís Bravo, na cidade de Macaé.
[...] Sr. Presidente, em meu próprio nome e no de meus companheiros de representação udenista, nesta Assembléia, venho juntar mais uma voz de protesto àquelas que já se fizeram ouvir contra o inqualificável proceder da Polícia do Estado do Rio de Janeiro. (*Muito bem*)"

Uma breve oração, sem arroubos nem eloqüência, desnudava o panorama cruel da cultura política do país, calcada na opressão, na violência e na aceitação passiva das práticas autoritárias, voltadas sempre contra os mais vulneráveis. O povo, como escreveu Capistrano, "sangrado e dessangrado", continuava a servir de massa de manobra dos poderosos, acostumados a acobertar, sob a aparência da legalidade formal das instituições, seus privilégios, com o recurso da mais brutal repressão.

As greves eram a ponta visível desse imenso *iceberg* de inquietações que se refletia na escassez de gêneros alimentícios, atormentando a rotina diária da população. Em São Paulo, a falta de pão tinha imposto o seu racionamento à quantidade de 100 gramas, por pessoa, durante quatro dias por semana. Enquanto corriam os prazos de tramitação do projeto constitucional na Assembléia, o Executivo valia-se dos decretos-leis instituídos pela Constituição de 1937 para governar e administrar. Entre os dias 1º de fevereiro e 16 de setembro, um total de noventa e oito dias úteis, denunciava o trêfego deputado Barreto Pinto (PTB-DF), o presidente Dutra já tinha baixado exatos quatrocentos decretos-leis, numa faina de 4,08 por dia, cevando-se na prática de governar legislando.

A falta que faz um leguleio

Duas questões regionais, porém, disputavam espaço com o quotidiano dos desafios sociais enfrentados pelo país. Uma, os limites contestados pelas duas partes, entre os estados de Minas e Espírito Santo, trazida para o foro da Constituinte, em face da ocupação de uma parte desse território pela Polícia Militar de Minas, com pelo menos duas vítimas fatais entre os capixabas. O problema vinha de longe e nem os poderes discricionários de Getúlio tinham logrado resolvê-lo. Por decreto, determinara que o Serviço Geográfico do Exército produzisse um laudo técnico que, depois de homologado, deveria servir de solução para o conflito. Havia indecisão de ambas as partes e pouca disposição para se arbitrar a disputa. Uma catadupa de documentos servia de munição para os dois lados. Num dia, o deputado José Maria Alckmin (PSD-MG) pedia a transcrição de uma entrevista de Milton Campos (UDN-MG), que tinha sido o advogado do governo de Minas no contencioso. Alguns dias mais era o senador Atílio Viváqua (PSD-ES) preconizando igual providência para os pareceres favoráveis a seu estado subscritos por alguns dos maiores juristas da época, como Pontes de Miranda, Carlos Maximiliano, Levi Carneiro, Eduardo Espínola, J. M. de Carvalho Santos e Carlos Xavier de Paes Barreto, o que parecia não deixar dúvidas quanto ao direito do Espírito Santo em sua luta desigual com Minas Gerais. Os interesses regionais, como se vê pelos militantes da causa em ambos os lados, transcendiam as conveniências partidárias, unindo adversários de um lado, desunindo correligionários do outro. No meio desse tiroteio verbal, nem os terceiros ficavam isentos, pois eram constantes as intervenções do deputado Coelho Rodrigues (UDN-PI) tratando do assunto. Inclusive transcrevendo nos Anais o decreto-lei nº 7.480, de 8 de agosto de 1945, aprovando a linha divisória demarcada pelo Serviço Geográfico do Exército.

Enquanto a questão de limites se arrastava, Goiás entrou também no rol dos debates paralelos. Na sessão do dia 19, o deputado Jales Machado (UDN-GO), mineiro de nascimento, disparou sua retórica, numa verdadeira catilinária, analisando o longo mandarinato de quinze anos do senador Pedro Ludovico (PSD-GO). Na verdade, já o fizera na sessão de 9 de abril. Nessa nova investida, apenas ampliava as acusações para responder às que também sofrera, provocando um desagradável festival de denúncias, sempre contestadas por ambas as partes por pedidos de provas do alegado. No dia 23 voltou à carga e na sessão imediata chegou a pedir a republicação dos discursos, alegando terem seus aparteantes deturpado as intervenções que fizera. Nessa mesma sessão ouviu uma minuciosa contestação do senador Dario Cardoso (PSD-GO), sobre o que ele mesmo denominou "caso Michel", como os outros assuntos, um problema de disputas locais. O tom dos pronunciamentos ia num crescendo, sem respeitar limites entre a vida privada e o desempenho político dos envolvidos. No dia 25, o senador Pedro Ludovico ocupou a tribuna para um arrasador libelo contra o deputado udenista, não poupando acusações à sua família. Nos trechos mais candentes disse:

"O SR. PEDRO LUDOVICO – (*Pela ordem*) [...] Jaci de Assis, cunhado do deputado Jales Machado, é indivíduo muito conhecido em Goiás e no Triângulo Mineiro pelas suas velhacarias, corvejando sempre, enquanto não se tinha enriquecido, sobre inventários de viúvas e órfãos, deixando-os freqüentemente na miséria."

Sobre o próprio deputado Jales Machado, foi menos direto e mais ferino:

"O SR. PEDRO LUDOVICO – [...] O Sr. Deputado Jales Machado se tem na conta de um grande engenheiro. [...] Fala na construção de pontes e usinas, quando só construiu pontes comuns de madeira, sem a menor importância técnica, pontilhões e mata-burros.

[...] Relevem-me, Srs. Constituintes, narrar em rápidas palavras a história da usina de Jaraguá, rico município do norte goiano.

A usina de Jaraguá foi orçada em 250 mil cruzeiros.

Ficou, depois de construída e montada, em mais de 600 mil cruzeiros, em virtude de terem caído a barragem e o canal de pressão, antes de seu funcionamento.

O Dr. Jales Machado recebeu seus honorários na base de 10%, não sobre o preço orçado inicialmente, mas sobre o total gasto com a montagem final.

Depois que a usina começou a funcionar, caiu de novo o canal da barragem. Quase anualmente, nas enchentes, a água invade a casa de máquinas, submergindo o dínamo e outras peças, o que faz interromper o fornecimento de energia elétrica, por espaço de trinta a quarenta dias, e vem estragando o material que era de ótima qualidade.

"*O Sr. Jales Machado* – O que diz V. Exa. da usina de Goiânia?

O SR. PEDRO LUDOVICO – A usina de Goiânia não é obra do meu governo.

Todos os engenheiros que visitam a usina, inclusive o Dr. João Batista Ricci, têm ficado decepcionados com a inépcia do engenheiro que a montou [...]"

A réplica veio na mesma sessão. Jales Machado desfiou um longo rosário de acusações, começando por denunciar um parente do ex-interventor, responsável por um desfalque na prefeitura de Buriti Alegre, sem que tivesse sofrido nenhuma punição. Passou depois ao que chamou o "caso dos lotes de Goiânia". Segundo ele, os lotes da nova capital foram vendidos a prestação, em todo o país, e, depois de algum tempo, muitos deixaram os contratos de compra e venda caducar por falta de pagamento. Segundo suas próprias palavras:

"O SR. JALES MACHADO – [...] O Estado, valendo-se do direito que lhe dá o contrato firmado com os compradores, declarou em comisso ditos lotes de terras.
Aqui começa a artimanha usada pelos membros do governo do Sr. Pedro Ludovico e todos os seus protegidos, figurando em primeiro lugar os membros de sua própria família, sem distinção de sexo, como maiores negocistas de lotes que caíram em comisso. Como era de direito, os lotes que caíssem em comisso o Estado deveria levá-los à hasta pública, vendendo-os pelo maior preço que alcançassem, no momento da arrematação.
[...] Mas assim não aconteceu e não acontece até hoje. Os lotes que caíam e caem em comisso são reservados, pelo encarregado do escritório de vendas, parte para si e parte para os membros da família reinante. E o mais grave é que eles não compram esses terrenos do Estado. Entregam-nos a corretores que os vendem a terceiros, fazendo em nome destes o recolhimento da importância devida ao Estado e correspondente ao preço da época em que foram postos à venda, recebendo por fora a importância da valorização (documentos 3 e 3a)."

As acusações prosseguiam no mesmo tom. A seguinte envolvia o caso do terreno doado à Cúria para a construção da catedral que o arcebispo terminou não aceitando, por se encontrar na área de diversões. Segundo o denunciante, o ex-interventor destinou a esse fim outro terreno, e o original, já muito valorizado, teria sido vendido ao tenente Mauro Borges Teixeira. A afirmação causou imediata contestação:

"*O Sr. Pedro Ludovico* – Não é verdade o que V. Exa. afirma. O prof. Agache, indo a Goiânia, opinou que a quadra não se prestava à construção e, então, os lotes foram vendidos a diversas pessoas.
O SR. JALES MACHADO – [...] Pelo preço antigo, e era tão grande o escândalo que o recolhimento da importância devida ao Estado foi feito na coletoria de Hidrolândia, por intermédio de um corretor, parente do comprador. É preciso que se deixe bem frisado que o Tenente Mauro Borges Teixeira é filho do Sr. Pedro Ludovico Teixeira. Além da compra ter sido feita por preço ínfimo, gozou o comprador do abatimento de 10%, por ter sido a compra feita à vista, mais 10% por ser a transação superior a Cr$ 10.000,00, e dizem que nem a comissão do corretor foi recebida. Casos como esses há inúmeros, entretanto torna-se difícil apresentar-se provas escritas por ainda se acharem todos os departamentos do Estado entregues a pessoas da família, principalmente o Departamento de Vendas de terras da nova capital, cujo diretor é o Sr. Luís Bahia da Fonseca, genro do Sr. Pedro Ludovico.
O Sr. Pedro Ludovico – V. Exa. dá licença para um aparte?
O SR. JALES MACHADO – Pois não.
O Sr. Pedro Ludovico – Se V. Exa. provar que foi vendido pelo governo um lote em Goiânia, fora do preço da tabela, renunciarei ao mandato de Senador.
O SR. JALES MACHADO – O aparte do nobre Senador vem a propósito. Eis os recibos. Referem-se a dois lotes.
Os documentos que possuo, e não vou ler, estão todavia à disposição do Sr. Senador Pedro Ludovico ou de qualquer outro Sr. Representante.
O Sr. Pedro Ludovico – Estes documentos só o são na mentalidade de V. Exa.

O SR. JALES MACHADO – Aqui estão três documentos comprovantes do que afirmei no documento que acabei de ler. O primeiro é um recibo assinado pelo atual prefeito de Goiânia, o Sr. Orivaldo Borges, cunhado do Senador Pedro Ludovico, em nome da procuradora.

Os dois outros são títulos com que o escritório transferia o domínio dos referidos lotes, todos da mesma data.

Vê-se por eles que do preço real de venda dos dois lotes, Cr$ 16.800,00, o escritório só recebeu Cr$ 2.054,00. Lesados, pois, ficaram o escritório e o próprio Estado. Aquele na diferença de preço e este no seu imposto de transmissão.

[...] O caso das terras devolutas é outro dos grandes escândalos do governo do Sr. Pedro Ludovico. Outrora as terras devolutas iam aparecendo à medida que o povoamento avançava, conquistando os sertões goianos. Mas no governo de S. Exa. as terras começaram a pulular em torno de Goiânia e foram surgindo aqui e acolá, nas zonas de terras mais valorizadas e conforme o sagrado interesse da coorte de felizardos e parentes a quem o Sr. Pedro Ludovico distribuiu os privilégios de controlar e monopolizar essa nova e rendosa indústria. Fortunas foram logo erguidas à custa da miséria de centenas de agricultores, ocupantes dessas terras com posses, algumas centenárias. E o doloroso e revoltante é que esses posseiros eram despejados pela polícia, essa polícia que deveria ser a garantia dos direitos do povo, transformada em instrumento de gananciosos sem consciência.

(*Trocam-se vários apartes*)

O SR. NESTOR DUARTE – (*Pela ordem*) Sr. Presidente, sem que me reconheça neste direito, permitir-me-ia apelar para V. Exa. a fim de que interpusesse sua alta autoridade, no sentido de dar serenidade ao debate. O nobre Sr. Senador Pedro Ludovico, quanto mais injustamente atacado estiver sendo pelo ilustre Deputado Jales Machado, deve guardar serenidade, para o grande efeito de sua defesa, pois nós aqui estamos prontos a ouvi-lo. O que não é possível é continuar o debate nestas condições, a bem da dignidade e do decoro da Assembléia.

O SR. PRESIDENTE – Peço a atenção dos nobres Representantes, a fim de que se mantenham dentro das normas regimentais.

O SR. JALES MACHADO – Tenho evitado responder aos apartes do Sr. Senador Pedro Ludovico, porque não quero descer ao terreno pessoal. Limito-me a ler o discurso, cuja linguagem está à altura do Parlamento.

[...] O próprio interventor, Sr. Pedro Ludovico, não pôde resistir à tentação. Burlando sua própria legislação [...] que não permitia a venda de terras devolutas em área superior a 500 ha, obteve, através de amigos leais e parentes, uma área de terras muitas vezes maior que a permitida em lei, nas adjacências da nova capital, exatamente de onde velhos posseiros haviam sido arrancados pela polícia. E ainda mais, dessa área, lesando o próprio Estado que S. Exa. administrava, vendeu 1.164 hectares por Cr$ 450.000,00 e mandou que o talão do imposto de transmissão fosse expedido na base do preço de venda de Cr$ 250.000,00 constante da escritura de compra e venda, com prejuízo para o Estado de Cr$ 20.000,00. Três meses depois, o comprador do Sr. Pedro Ludovico vendia as mesmas terras pelo preço de Cr$ 530.000,00. Documentos 26 e 11.

O Sr. Pedro Ludovico – Já expliquei esse caso no meu discurso. Custou-me, não do Estado, mas de segunda mão, Cr$ 112.000,00 mais ou menos e foi vendida por Cr$ 230.000,00, conforme certidão que poderei apresentar. É o caso de Mata da Posse.

O SR. JALES MACHADO – Srs. Representantes, os casos que acabo de trazer à baila são apenas os de que, por cochilo, os comparsas deixaram rastros patentes. A porcentagem destes será naturalmente ínfima, donde se pode concluir o clima de corrupção e imoralidade que assinalou o curto espaço de quinze anos de vigência da ditadura ludoviquiana em Goiás.
O SR. PRESIDENTE – Está findo o tempo de que dispõe o nobre orador.
O SR. JALES MACHADO – Sr. Presidente, nestas condições, peço a V. Exa. me mantenha a palavra para prosseguir em ocasião oportuna. (*Muito bem; muito bem. O orador é cumprimentado*)"

Nessa mesma data findou o prazo para apresentação de emendas ao projeto constitucional, cuja discussão continuaria na ordem do dia, por mais dez dias. Nesse período, determinava o Regimento que tanto o expediente quanto a ordem do dia seriam reservados ao debate de matéria constitucional. Ficava difícil entender a leniência do presidente para com discursos, como os do deputado Jales Machado e do senador Pedro Ludovico, que teriam inteiro cabimento na futura Assembléia Legislativa do Estado, nas futuras Câmaras Municipais de Goiânia ou de Mata da Posse, mas que nada tinham a ver com a futura Constituição do país.

Na sessão de quinta-feira 26, o deputado Galeno Paranhos (PSD-GO), correligionário do senador goiano, protestou em questão de ordem, por estar o deputado Jales Machado inscrito, pela quinta vez consecutiva, para, a pretexto de discutir o projeto de Constituição, tratar da política goiana.

"O SR. GALENO PARANHOS – (*Pela ordem*) [...] Muitas vezes V. Exa. tem declarado não poder conhecer, com antecedência, o assunto a que se propõem expor os oradores, que quase sempre cogitam de vários temas.
O Sr. Jales Machado, digno deputado pelo meu Estado, inscreveu-se para tratar de matéria constitucional; no entanto, quarta-feira da semana passada ocupou a tribuna, versando, simplesmente, matéria de interesse regional. Não concluindo seu discurso, pediu a V. Exa. – e V. Exa., com toda a liberalidade com que sempre procede, concedeu-lhe ainda uma inscrição no expediente seguinte, para que terminasse sua oração. O nobre Representante de Goiás ocupou novamente a tribuna, pela segunda vez, sexta-feira passada, porque quinta não houve sessão, e, não tendo terminado seu discurso, voltou a pedir a V. Exa. que lhe mantivesse a palavra para a sessão imediata. Falou pela terceira vez, não falando de matéria constitucional. Como não concluísse ainda o discurso, voltou a apelar para o liberalismo de V. Exa., subindo à tribuna pela quarta vez, para tratar de matéria estranha aos estudos da Constituição. E eis que, ao chegar neste momento à Casa, verifico com espanto a inscrição do Sr. Jales Machado pela quinta vez, não para tratar de matéria constitucional."

Depois de ouvir a argumentação, fundamentada no Regimento, o presidente Melo Viana, por fim, decidiu a questão de ordem:

"O SR. PRESIDENTE – [...] O nobre Representante não deixa de ter razão: na realidade a Mesa tem dado interpretação liberal [...] no sentido de facilitar aos

Srs. Representantes uma válvula que o Regimento não admitia. Esta atitude, entretanto, só poderia ser mantida na ausência de qualquer reclamação. [...] Como o nobre Representante observa que a interpretação da Mesa não é a que mais convenha, vou aplicar o Regimento em seus rígidos termos, caçando a palavra a quantos dela façam uso indevidamente. Tem a palavra o Sr. Jales Machado, a fim de tratar de assunto constitucional e em face da preferência que a S. Exa. havia sido concedida."

A conivência solerte, mais que a cumplicidade passiva do senador Melo Viana, revela o caráter dúbio e as posturas morais sempre submetidas às regras da conveniência pessoal que têm presidido a direção das casas legislativas no Brasil, pelo menos nos últimos anos. A lassidão com que a lei é encarada e aplicada escorre do alto como uma praga irresistível, contaminando a própria sociedade brasileira, que a ela terminou se acostumando. O presidente admite que a prática não era permitida pela lei interna da Casa, mas se julga no direito de a tolerar a seu alvitre, confundindo liberalidade com licenciosidade.

Como o deputado Jales Machado tentasse ainda elidir a decisão, alegando que iria ler a justificativa de requerimento que acabara de apresentar, propondo fosse criada uma comissão especial para investigar a administração Ludovico em Goiás, pela primeira vez o presidente impediu mais essa infração regimental e determinou que o requerimento fosse encaminhado à Mesa sem leitura, pretendendo com isso pôr um ponto final àquela demonstração de paroquialismo explícito. O seu legalismo, porém, ia durar muito pouco. Dois dias depois, permitiu que o senador Dario Cardoso (PSD-GO), correligionário de Ludovico, e também atacado por Jales Machado (UDN-GO), voltasse com o mesmo tema à tribuna, para num longo arrazoado aludir mais uma vez ao chamado "caso Michel". Parece que ele encarnava o espírito contrário daquele com que Getúlio procurou atingir os juristas e advogados signatários do Manifesto dos Mineiros, acusando-os de "leguleios em férias". Em sua origem etimológica, *leguleio* é o contrário de Melo Viana, pois significa, literalmente, aquele que é o "observador exato das formalidades legais". Faltava um leguleio à frente dos trabalhos da Constituinte.

Goiás, a despeito de tudo, foi aos poucos saindo discretamente do mapa. O mês de junho, no entanto, não se encerraria sem novas surpresas.

Barreto Pinto por fora, Getúlio por dentro

A sessão do dia 27, quinta-feira, prenunciava uma tarde sem novidades. Os trabalhos foram abertos à hora regimental, com a presença de noventa e quatro constituintes, um *quorum* baixo, mas justificável nas circunstâncias, uma vez que a Assembléia tinha entrado em compasso de espera, aguardando o parecer da Comissão Constitucional às mais de 4 mil emendas que lhe cabia apreciar. Da bancada petebista do Distrito Federal, o único presente era o deputado e coronel Rui Almeida. Depois da leitura da ata, apenas dois constituintes fizeram retificações. Durante o expediente, foram lidos um memorial do Corpo de Bombeiros sobre o direito de voto dos praças, três avisos dos ministros do Exterior, Agricultura e Viação, encaminhando respostas a requerimentos de informações, e apresentadas duas indicações e dois votos de pesar pelo falecimento de um jornalista pernambucano e um frei capuchinho cearense.

O primeiro orador do dia foi o deputado Guaraci Silveira (PTB-SP), que se limitou a uma breve, rápida e desconcertante comunicação:

"O SR. GUARACI SILVEIRA – (*Pela ordem*) Sr. Presidente, Srs. Constituintes, a bancada trabalhista, com muita tristeza e pesar, em sinal de solidariedade para com a Assembléia Nacional Constituinte, encarregou-me de dizer que vai reunir-se para tomar as providências que requer a publicação de retratos de membros desta Casa, numa revista desta Capital. Lamento o incidente e declaro que a bancada que represento agirá de acordo com a necessidade que o momento e os acontecimentos exigem. (*Muito bem, muito bem. Palmas*)"

A revista era nada menos que *O Cruzeiro*, publicação dos Diários Associados, à época uma instituição nacional, e os "retratos de membros desta Casa", fotos do deputado Barreto Pinto, em matéria assinada pelo repórter sensacionalista Davi Nasser e profusamente ilustrada pelo fotógrafo Jean Manzon, que estava revolucionando o jornalismo fotográfico no Brasil. São oito páginas e dezesseis fotos, quatro delas de página inteira e igual número, em que o deputado aparece de fraque e ... cuecas! No boxe de apresentação, sob o título "Barreto Pinto sem máscara", Davi Nasser escreveu:

Aqui está Barreto Pinto mais uma vez. Pela primeira vez, entretanto, nas páginas desta revista, esse deputado que não representa o Parlamento. Devagar, leitor. Atente bem para o seguinte: não lerá uma catilinária, um dardejar de ódio contra o deputado barulhento e cínico. Nada disso. Barreto Pinto, se é um indivíduo normal, gosta excessivamente de publicidade e ele a terá de sobra. Não é um homem mau. – "Em seu coração não há ódio" – diz, a certa altura, o texto que se segue. Bom ou ruim, é um agente do inimigo, um soldado da desmoralização, um poderoso corrosivo que a Ditadura mantém até hoje no Parlamento, para cercear-lhe os passos. Louco ou não, Barreto Pinto tem feito até agora o que quer. Isto é, tinha feito. Sua vida se divide, hoje, em duas fases: antes da bofetada e depois da bofetada[21]. Alegremente, contudo, ele não liga ao tabefe e diz até que estava bom.

---

21. Alusão à agressão física que sofreu por parte do senador Ismar de Góis Monteiro e de seu irmão, o deputado Silvestre Péricles de Góis Monteiro.

Apresentar-lhe-emos, portanto, esse deputado que, mesmo nesta história, tentou comprar ingenuamente a consciência profissional dos repórteres com 10 charutos havanos e 5 garrafas de vinho "Chatêau de Biac". Eis, finalmente, Barreto Pinto sem máscara. "Quanto a mim – diz Barreto Pinto – não pretendo fechar o Parlamento para não deixar Getúlio desempregado."

Os exemplares da revista mais popular do Brasil passavam de mão em mão. No período da ordem do dia, o assunto já tinha dominado o ambiente. Como era de bom-tom, ninguém fez mais nenhuma alusão ao episódio. Especialmente depois que Barreto Pinto, como era de seu estilo, compareceu à sessão, com a cara de sempre. A falsa devassa da intimidade de uma forma tão impudente e impudica para a época soava como um escárnio, fossem ou não os que se julgavam atingidos seus correligionários. Ele, que já tinha protagonizado o episódio em que foi agredido por dois colegas, se expunha dessa forma, tornando ainda mais vulnerável e desprezível aos olhos dos colegas a figura que quase todos julgavam abjeta.

Agressões verbais e cenas de pugilato eram comuns e toleradas em quase todos os Parlamentos. No Brasil, a Câmara tinha sido até palco de uma tragédia, quando o deputado gaúcho Simões Lopes matou seu colega Sousa Júnior. Como se veria mais tarde, especialmente depois da mudança para Brasília, quase tudo seria tolerado. Mas a demonstração ostensiva de falta de caráter, a desfaçatez e o cinismo desse coadjuvante de ópera bufa soavam intoleráveis para o espírito ainda austero da época. Ele não só provocara, mas até estimulara os repórteres a ajudá-lo a ultrapassar as raias do ridículo, quando apareceu supostamente dormindo na cama da marquesa de Santos, ocasião em que posou com um ramo de flores ornamentando-lhe a vasta calva, ou quando se deixou fotografar ao lado de um boneco vestido de palhaço e bombachas, para justificar o apelido de "palhaço queremista" com que em suas crônicas no *Correio da Manhã* Lacerda o brindava sempre que indispensável citá-lo. Assumia com o gesto a condição de um verdadeiro palhaço, quando afirmava no texto: "Chamam-me palhaço, chamam-me bobo do rei, mas enquanto isto vou vivendo com fartura e riqueza."

Somava-se a tudo isso a postura sempre impertinente, imiscuindo-se em todos os assuntos, interferindo em todos os debates, com o seu hábito chulo de derramar elogios até para os que lhe mostravam ostensivo desprezo. Baixo, com um tique nervoso de chupar sucessivamente os lábios inferiores e superiores, como se estivesse fazendo um enorme esforço para segurar a dentadura, enquanto despejava as palavras, chamava logo atenção o queixo sempre avermelhado que ele mesmo dizia ser um ataque sistemático de urticária. Se nada disso bastasse, seu doentio anticomunismo de indústria, que o tinha levado a representar à Justiça Eleitoral pedindo a cassação do registro do PCB e anunciando-a aos quatro ventos, não lhe deixava espaço para nenhum tipo de solidariedade.

Para os jornalistas que ele vivia assediando em busca de notoriedade, nenhuma dessas atitudes causava mais espanto, asco ou desprezo. Tratavam-no como se fosse o ancestral do que hoje chamamos de "marqueteiro". Só que um marqueteiro ao contrário, pois as atitudes descabidas, em vez de promovê-lo, só fizeram abreviar sua vida política. Ele ainda participou da Assembléia, até o fim de seus trabalhos, inclusive assinando a Constituição. Mas, instalada a legislatura ordinária, trataram de cassá-lo, tornando-se o primeiro parlamentar brasileiro a perder o mandato por falta de decoro. Ele estreava a nova Constituição que, em seu art. 48, § 2º, inspirado por seu exemplo[22], dispunha: "Perderá também o mandato o deputado ou senador cujo procedimento seja reputado, pelo voto de dois terços dos membros da câmara, incompatível com o decoro parlamentar."

A Constituinte levou duas semanas para reagir ao episódio. Na sessão do dia 27 de junho, o deputado Guaraci Silveira (PTB-SP) comunicou ao plenário que sua bancada iria se reunir para tomar as providências que o caso requeria, assegurando que agiriam de acordo com "a necessidade que o momento e o acontecimento exigem". Os Anais, no entanto, não registram as providências que tomou a bancada. Só no dia 10 de julho, quarta-feira, durante a ordem do dia, o presidente anunciou:

"O SR. PRESIDENTE – Acabo de receber requerimento cujo teor desejo transmitir aos Srs. Representantes a fim de que, desde logo, se pronunciem a respeito:

> Requeremos a V. Exa. a convocação de uma sessão secreta, logo ao terminar esta, para que a Assembléia ouça a exposição de um determinado Sr. Deputado.

O Regimento manda, em casos como este, que o Presidente defira, se entender conveniente, ou o submeta à apreciação do plenário.

Prefiro ouvir a Assembléia, não com receio da atitude a assumir, mas para que o plenário, principal interessado em pronunciar-se na matéria, resolva na sua soberania e vontade.

Como o assunto é secreto, deixo de declinar o nome do Sr. Deputado em causa. Se algum dos Srs. Representantes tiver curiosidade de conhecer logo o objeto da convocação que se solicita, a Mesa estará pronta a prestar outros esclarecimentos.

Os Srs. que concedem a sessão secreta queiram levantar-se. (*Pausa*)
Está concedida.

Fica assim marcada para hoje, às 18 horas e 1 minuto, a sessão secreta, devendo, por conseguinte, o público, os senhores funcionários e representantes da imprensa acharem-se ausentes do recinto no momento em que deva a mesma iniciar-se."

---

22. Dispositivo idêntico não constava de nenhuma das Constituições anteriores, nem do projeto elaborado pela Comissão Constitucional e submetido exatamente um mês antes (27/5) ao plenário.

A ata da sessão permaneceu inédita durante muitos anos, até que, na década de 80, a Câmara, depositária da documentação da Constituinte, decidiu examinar todo o acervo dos documentos secretos por sugestão de sua Diretora do Arquivo, aprovada pela Mesa. Para selecionar os textos a serem liberados, foi instituída uma comissão presidida pelo então deputado e hoje governador Lúcio Alcântara (PSDB-CE), que incluiu entre os textos a serem abertos à consulta a ata da sessão secreta deferida pelo plenário e realizada no dia 10 de julho de 1946. Barreto Pinto fez sua exposição e defesa na presença de oitenta e três Constituintes, o que demonstra que a maioria da Casa não tinha interesse no assunto. Aliomar Baleeiro (UDN-BA) apelou para que o deputado fosse ouvido pelos presentes, e Carlos Prestes (PCB-DF) opinou que não havia sobre o que deliberar. Como conseqüência, nenhuma penalidade foi aplicada ao deputado petebista, que continuou a comparecer às sessões regularmente, tendo, inclusive, como assinalado antes, firmado os autógrafos do texto constitucional.

A Assembléia se defrontou com um problema sem solução. Os textos constitucionais de 1934 e 1937 tratavam, como o de 1891, da imunidade parlamentar, mas não previam a perda de mandato decretada pela própria Câmara. Na Constituição autocrática de 1937, que a própria Assembléia tinha reconhecido permanecer em vigor, o art. 43 prescrevia: "Só perante a sua respectiva Câmara responderão os membros do Parlamento Nacional pelas opiniões e votos que emitirem no exercício de suas funções; não estarão, porém, isentos da responsabilidade civil e criminal por difamação, calúnia, injúria, ultraje à moral pública ou provocação pública ao crime." Poderia uma Assembléia democrática impor uma sanção proveniente de uma Constituição autocrática que em relação ao Legislativo nunca esteve efetivamente em vigor? A segunda questão era também juridicamente questionável. Uma reportagem publicada na revista de maior circulação do país poderia, por mais suscetíveis que fossem os pruridos morais, constituir ultraje à moral pública, nas condições em que tinha sido publicada?

A Constituição de 1934 era ainda mais restritiva. O § 5º do art. 32 previa apenas a perda do mandato do parlamentar que violasse as proibições desse artigo, ou seja: (a) celebrar contrato com a administração pública; (b) aceitar cargo ou emprego remunerado, salvo missões diplomáticas; (c) ser diretor, proprietário ou sócio de empresa beneficiada com privilégio, isenção ou favor do poder público; (d) ocupar cargo público de que fosse demissível *ad nutum*; (e) acumular mandatos eletivos federais, estaduais ou municipais; (f) patrocinar causas contra a União, os Estados ou os municípios.

Além de Barreto Pinto não se enquadrar em nenhuma dessas proibições, mesmo que fosse a hipótese, o máximo que a Câmara, numa legislatura ordinária, poderia fazer, seria provocar a Justiça Eleitoral, em face do § 5º do mesmo artigo: "A infração deste artigo e seu § 1º importa a perda do mandato decretada pelo Tribunal Superior de Justiça Eleitoral, mediante provocação do Presidente da Câmara dos Deputados, de Deputado, ou de eleitor, garantindo-se pela defesa ao interessado." Logo, não se previa a perda do mandato decretada pela própria Câmara, mas apenas pela Justiça Eleitoral.

Restava, por fim, o Regimento Interno, que incorporou várias disposições da Constituição de 1934 e adotou como regra subsidiária o Regimento da Câmara no regime dessa Constituição. O art. 4º, no capítulo II, que tratava das vagas, prescrevia que elas se verificariam, entre outras hipóteses, pela "perda do mandato" (alínea d), e do parágrafo único ao art. 6º virtualmente repetia a Constituição de 1934: "Se a vaga se der em virtude de perda do mandato, devidamente decretada pelo Tribunal Superior Eleitoral, caberá a este providenciar, de ofício, quanto ao preenchimento da cadeira, se não houver suplente devidamente habilitado e reconhecido." Nem a lei interna adotada pela Constituinte, portanto, previa a hipótese da perda de mandato, a não ser quando decretada pela Justiça Eleitoral.

Quanto à tipificação da conduta do deputado como ilícita, a única previsão era do art. 20 do Regimento: "Se algum Senador ou Deputado cometer, dentro do edifício da Assembléia, qualquer excesso que reclame repressão, a Comissão de Polícia [assim era designada regimentalmente a Mesa] conhecerá do fato, expondo-o à Casa, que deliberará a respeito em sessão secreta." A imprecisão das soluções regimentais não deixava dúvidas quanto à pressa que presidiu sua elaboração. Uma agressão, por exemplo, como aquela de que foi vítima o próprio Barreto Pinto, deveria ser prevenida, mais do que reprimida, pois, depois de consumada, o que cabia era a punição, e não mais a prevenção. Como o comportamento supostamente delituoso não ocorrera "dentro do edifício", não era passível de punição, nem nos termos da Constituição em vigor, nem segundo a letra e o espírito do Regimento. Prestes tinha razão. Não havia o que deliberar e menos ainda o que punir. Assim se esgotou a sessão secreta para esse fim convocada. Ficou apenas uma dúvida que nem a liberação da ata da sessão nem o *Diário da Assembléia* resolveram: que deputados, além de Barreto Pinto, subscreveram o documento de convocação da sessão secreta? Nem mesmo os registros taquigráficos pesquisados pela Diretoria do Arquivo da Câmara respondem a essa pergunta, pois não consta em nenhum desses documentos o nome dos que o subscreveram. É lícito inferir que tenha sido a própria bancada petebista, pois o deputado pastor Guaraci Silveira (PTB-SP), que se manifestou em nome de seus integrantes na sessão do dia 27 de maio, data da circulação da revista, prometera reunir a bancada e dar à Casa a satisfação cabível. Foi um requerimento coletivo, não há dúvida, já que o capítulo do Regimento que trata das sessões secretas dispunha: "Art. 45 – A Assembléia Constituinte poderá realizar sessões secretas, desde que sejam requeridas por trinta Representantes [...]." Por outro lado, a pequena presença de constituintes na sessão secreta parece não deixar dúvidas de que o incidente incomodava mais a própria bancada do PTB do que a maioria da Assembléia. A iniciativa tinha sido do próprio Barreto Pinto, como esclareceu na sessão do dia seguinte o presidente Melo Viana:

"O SR. PRESIDENTE – Srs. Representantes, na sessão secreta realizada em 10 do corrente, o Sr. Deputado Barreto Pinto, que a havia solicitado para dar explicações à Assembléia, sobre fatos recentes e notórios, deu conhecimento à Casa de haver oferecido, em 28 de junho, na justiça competente, queixa-crime a propósito do assunto. Foi consignado em ata que a Assembléia se limitou a ouvir a exposição do Sr. Deputado Barreto Pinto, sem tomar qualquer deliberação a respeito. A declaração a respeito constará da ata da sessão de hoje, de acordo com nosso Regimento."

A Constituinte, efetivamente, não tomou nenhuma decisão. Mas nem por isso Barreto Pinto escapou da punição.

O episódio de pequena relevância coletiva adquiriu, por fim, enorme significação política. Foi a partir desse fato insólito e em grande parte ridículo que a Constituinte fez incorporar ao direito constitucional legislado do país o instituto jurídico do "decoro parlamentar" que, repetido nos textos constitucionais subseqüentes, permitiu, depois de 1988, a cassação do mandato de inúmeros delinqüentes que, à sua falta, teriam permanecido impunes. No caso de Barreto Pinto, porém, a disposição notoriamente retroagiu para prejudicá-lo, o que era vedado pelo próprio texto constitucional.

Prática hoje considerada fundamental para o sucesso político, o *marketing* revelou, pelo menos nesse caso, que Barreto Pinto não era um "marqueteiro", mas o primeiro "antimarqueteiro" de nossa história. E, como se vê, de saudosa memória. O mau uso de um bom instrumento não podia dar resultado diverso. Ao deputado udenista Aureliano Leite, de São Paulo, Carlos Lacerda atribui a sentença que lhe permitiu ligar o petebista Barreto Pinto ao destino de Getúlio Vargas, alvo predileto dos udenistas: "O Barreto Pinto é, por fora, o que Getúlio é por dentro." A bancada do PTB tentou insinuar que as fotos tinham sido montadas, manobra logo desmoralizada quando os repórteres puseram à disposição da Mesa os negativos em seu poder, muito mais comprometedores alguns deles do que os que tinham sido publicados. Em sua coluna, Carlos Lacerda tratou de desculpar o "palhaço queremista" para, acusando a bancada petebista, desancar seu patrono: "Deixem-se, pois, de luxos e agüentem as conseqüências da leviandade militante de seu companheiro. São os percalços da imprensa consciente de seus deveres, a exibir, pelo lado de fora do Sr. Barreto Pinto, aquele mafuá de ridículo que é, por dentro, o Sr. Getúlio Rebeco[23] Vargas."

---

23. Apelido dado por Lacerda, por inspiração do romance *Rebeca, a mulher inesquecível*, transformado em filme por Alfred Hitchcock.

Flores e espinhos

Esses episódios foram cruciais para a Assembléia, por terem se verificado antes do início da votação das emendas ao projeto de Constituição, o ponto culminante de qualquer Constituinte. Foram incidentes desagradáveis, revelando que nem tudo eram flores no caminho da Assembléia. Mas nesse caminho não havia só espinhos. No expediente da sessão do dia 21, antes portanto dos debates paroquiais envolvendo a política goiana e o incidente Barreto Pinto, foi lido ofício acompanhado de relatório do Instituto dos Advogados da OAB, pronunciando-se sobre o projeto de Constituição, as sugestões recebidas de seus membros e o parecer da comissão de juristas constituída para esse fim, com uma série de emendas por eles propostas. Dizia o expediente:

"O Instituto da Ordem dos Advogados Brasileiros, no louvável intuito de fornecer alguma contribuição de juristas aos alevantados trabalhos da Constituinte, deliberou realizar conferências sobre o projeto constitucional elaborado pela douta Comissão da Constituição da Assembléia Nacional Constituinte, tão dignamente presidida por V. Exa. E resolveu nomear uma comissão de três de seus ilustres membros para coordenar as sugestões que, por qualquer de seus associados, fossem apresentadas sob a forma de emendas ao referido projeto, a fim de que, encaminhadas a V. Exa., tivessem o efeito e destino convenientes.

Para comporem essa comissão foram designados os eminentes doutores Sizínio Rodrigues, Alcino Salazar e Osvaldo Trigueiro, que laboraram intensa e dedicadamente para se desobrigarem de tão árdua tarefa em curto espaço de tempo.

É o trabalho dessa comissão, composto de breve relatório e cento e quarenta e três sugestões, sob a forma de emendas, devidamente justificadas, que tenho a honra de remeter a V. Exa.

Aproveito o ensejo para reiterar os protestos de elevada consideração e estima.

Saudações, (as.) *Targino Ribeiro*, Presidente do Instituto da Ordem dos Advogados Brasileiros.

Relatório da Comissão Especial
Nomeada para coordenar emendas ao Projeto de Constituição,
Composta dos seguintes membros:
Sizínio Rodrigues, Presidente
Osvaldo Trigueiro e Alcino Salazar, Relatores

A Comissão nomeada pelo presidente do Instituto, em sessão de 31 de maio último, em virtude de proposta do ilustrado consócio Dr. Justo de Morais, para coordenar emendas ao Projeto de Constituição elaborado na Assembléia Constituinte, reuniu-se imediatamente sob a presidência do Dr. Sizínio Rodrigues, assentando desde logo a orientação a ser observada no desempenho de sua tarefa e o método de trabalho a ser desenvolvido.

Realizaram-se, desde então, reuniões diárias, durante as quais o projeto veio sendo examinado detidamente, em cotejo com o anteprojeto organizado pela Comissão Especial do Instituto, com o Projeto Sampaio Dória e com os textos das Constituições anteriores.

Foram recolhidas e examinadas, igualmente, as observações e sugestões trazidas em conferências pronunciadas nas sessões plenárias do Instituto, às quais sempre estiveram presentes os membros da Comissão, composta pelos eminentes consócios, drs. Justo de Morais, Haroldo Valadão, Hariberto de Miranda Jordão e Pedro Calmon.

Outras sugestões e críticas sobre o projeto, veiculadas pela imprensa, foram também discutidas no seio da Comissão.

Quanto a emendas concretamente formuladas, a Comissão recebeu apenas, já na fase final de seus trabalhos, as que ao Instituto apresentou o professor Haroldo Valadão, muitas das quais já haviam sido consideradas.

Tendo de fixar apenas, com os elementos expostos, a orientação de seus trabalhos, à Comissão pareceu, preliminarmente, que era preferível proceder a uma revisão de todo o Projeto, apresentando emendas inspiradas ora pelo anteprojeto do Instituto, ora pelas críticas dos conferencistas, apontadas ou sugeridas pela própria Comissão.

Assentou-se, porém, o critério de não propor alterações substanciais, que afetassem a estrutura e os princípios basilares do Projeto, respeitando-se, desta sorte, tanto quanto possível, a classificação das matérias, apesar das fundadas censuras que despertou, bem como as disposições que contivessem solução de questões de fundo, já virtualmente decididas no seio da Assembléia. Relativamente a tais questões seria decerto improfícuo, nesta altura da elaboração do texto constitucional, o trabalho de revisão que se viesse a empreender.

Ficou, portanto, restrito o objetivo da Comissão a alterações tendentes a corrigir defeitos e inconveniências de ordem técnica e certas deficiências de redação, ou ainda sensíveis omissões, salvo num ou noutro ponto em que a relevância da matéria e a evidência do desacerto com que foi tratada impuseram supressões, substituições ou aditamentos excedentes do aspecto formalístico ou externo do Projeto.

No que respeita, por exemplo, aos trâmites da elaboração das leis, a Comissão impugnou o veto parcial que, além de condenado na doutrina, se revelou gravemente prejudicial em nossa experiência legislativa.

Outras disposições sobre matéria relevante a Comissão teve por inaceitáveis, como, ainda exemplificando, a instituição de três tribunais federais de recursos, de competência cumulada com a do Supremo Tribunal Federal para julgar recursos extraordinários; a inovação, como norma constitucional, da previsão de conflito de atribuições entre autoridades judiciárias e administrativas e a manutenção, que a prática não aconselha, do recurso extraordinário fundado em violação da letra da lei.

Quanto à redação, todavia, limitou-se a comissão a propor substituições naqueles pontos em que mais acentuadamente ficou prejudicada a clareza e a simplicidade da linguagem ou em que foi mais notada a impropriedade das expressões.

Muitas das emendas indicam a supressão de numerosos dispositivos que não constituem matéria constitucional, devendo ficar reservada à legislação ordinária, como, *verbi gratia*, o que se refere a critérios ou limites de fixação de remuneração de magistrados dos tribunais federais, à promoção de funcionários e militares, etc. Neste ponto, principalmente, têm sido severas as críticas feitas ao Projeto e é inegável que com bom fundamento.

Todas as emendas que, ainda assim, apesar do exposto, ascenderam ao total de 143 estão sumariamente justificadas com os motivos que as determinaram, com remissão, em grande parte delas, ao anteprojeto do Instituto, cujo texto foi freqüentemente preferido e aproveitado e, muitas vezes, com referências aos textos das constituições de 1891 e 1934 e ao projeto Sampaio Dória.

Acredita a Comissão que, dentro das contingências de tempo e de orientação que circunscreveram sua atividade, fez o possível no sentido de bem executar a difícil tarefa com que foi distinguida.

Rio de Janeiro, 17 de junho de 1946. *Sizínio Rodrigues*, Presidente, *Osvaldo Trigueiro – Alcino Salazar*, relatores."

Há uma generalizada convicção de que, em virtude das dificuldades por que passava o país, o clima de inquietações e conflitos sociais que a redemocratização fizera aflorar, e em decorrência até mesmo das precárias condições de comunicações na época, houve pouca interação entre a Constituinte e a sociedade brasileira. Os Anais da Assembléia e a farta documentação que se abrigam em suas páginas, como é o caso dessa segunda manifestação da OAB, servem para demonstrar exatamente o contrário. Sindicatos, entidades civis, grupos de pressão, igrejas, grupos corporativos e profissionais de todas as áreas se manifestaram nas diversas fases do trabalho de elaboração constitucional. O caso da colaboração da OAB é sintomático, porque não se limitou a oferecer um projeto, mas a acompanhar a marcha dos trabalhos da Constituinte em todas as suas fases.

É claro que se trata de uma entidade corporativa, mas especializada no campo do direito e versada na técnica jurídica, o que de resto ocorria também com a maioria dos integrantes da Assembléia. Um cotejo entre o que seria a Constituição dos juristas e a que terminou sendo a dos políticos serve para mostrar como as imposições políticas fizeram dobrar às suas conveniências o modelo do que os advogados e juristas acreditavam ser a excelência doutrinária que defendiam.

A Constituinte não significou o coroamento da transição, mas apenas o seu início. Afinal, entre o fim do Estado Novo e o advento de um novo governo não se passaram mais do que noventa dias. Se os homens não eram necessariamente os mesmos, suas idéias e seus valores não discrepavam do regime do qual o país lograra livrar-se. Os homens que o sustentaram e dele se beneficiaram durante oito anos eram os mesmos aos quais a sorte das urnas e o poder de manipulação do velho regime entregaram o desafio de fazer do Brasil uma democracia. Lamentavelmente, como se viu depois, uma democracia sem democratas.

25. Como embranquecer o Brasil

Devagar com o andor...

O quinto mês de funcionamento da Assembléia se esgotou com a Comissão Constitucional trabalhando para dar parecer às mais de 4 mil emendas apresentadas no plenário. Na sessão do dia 2 de julho, porém, ainda havia dúvidas sobre o destino do projeto, em face das normas regimentais. Café Filho (PRP-RN) levantou questão de ordem invocando o art. 36 do Regimento, que dispunha: "Se os prazos designados neste capítulo decorrerem sem que esteja concluída a votação do projeto de Constituição e respectivas emendas, a Mesa da Assembléia o promulgará, imediatamente, como lei fundamental do país, até a ultimação daquele trabalho, o projeto aprovado no primeiro turno."

Efetivamente, o Regimento previa prazo para a elaboração do projeto, sua remessa à Mesa, publicação e apresentação das emendas. Mas não dispunha sobre o período de discussão e votação das emendas. Em sua questão de ordem, o representante potiguar calculava que, em face do tempo assegurado regimentalmente na discussão do plenário ao autor de cada emenda e ao respectivo relator, durante a fase de discussão e votação, seriam necessários trinta e sete meses para concluir essa etapa. A solução dada pelo presidente não supria, antes agravava a omissão regimental. Segundo ele, "se qualquer obstáculo, figurando-se insuperável, se apresentar, caberá aos Srs. Representantes propor a solução mais acertada, fazendo-o, se assim decidir, por meio de projeto de resolução".

Não menos gongórico que o próprio presidente, Café Filho apresentou uma Indicação, regimentalmente mera sugestão, propondo se alterasse o Regimento Interno, em vez de emendá-lo com o objetivo de sanar a lacuna. Nem uma nem outra providência foram adotadas pela Assembléia. O rito regimental continuou a ser observado durante mais dois meses e meio, e a Constituição provisória, prevista no Regimento, nunca chegou a ser promulgada, tornando, como já se tornara prática corrente, letra morta mais um dispositivo regimental. A idéia de colocar em vigor uma Constituição inacabada não era original, como todas as idéias. Vinha, como já assinalamos, dos pródromos da República, quando, impaciente com o rito lento da institucionalização do novo regime, Deodoro aceitou a sugestão de mandar colocar em vigor, provisoriamente, o projeto de Constituição elaborado pela comissão de Petrópolis e revisto por Rui Barbosa, o que foi feito pelo decreto nº 510, de julho de 1890. Para uma República que tinha sido decretada provisoriamente, a medida não era inédita. Mas, para uma democracia que se pretendia sólida e consolidada, dispor de três Constituições ao mesmo tempo era demais. A pressa de sepultar o monstrengo de 1937 era muita. Mas o andor das exéquias era lento. O santo do novo regime, como se podia ver, também era de barro.

Antes que se iniciasse o mês de julho, também ocorreu a primeira alteração no quadro partidário criado após a abertura de abril de 1945. No dia 24 de junho, o deputado Deodoro de Mendonça (PPS-PA) anunciou a fusão de seu partido, o Popular Sindicalista, com dois outros, o Republicano Popular, de Café Filho e Campos Vergal, com o Partido Agrário Nacional. Os dois primeiros lograram eleger representantes à Constituinte, enquanto o último, embora concorrendo à presidência da República, com o candidato Rolim Teles, não conseguiu enviar nenhum de seus candidatos à Assembléia, por não ter atingido o quociente eleitoral necessário. A nova legenda adotou a designação de Partido Social Progressista (PSP). Viria a ser a alavanca política do paulista Ademar de Barros e, com o seu concurso, Café Filho se tornaria vice-presidente na chapa de Getúlio Vargas, em 1950, e seu sucessor, em agosto de 1954, com o seu suicídio.

Nesse período, a matéria constitucional continuou tema secundário dos debates, perturbados, como sempre, pelas questões paroquiais, inclusive a de Goiás, cujos personagens se negavam a abandoná-la, a despeito da decisão e da promessa do presidente de coibi-las, em benefício do debate doutrinário. No dia 8 de julho, em que a Assembléia realizou sua 99ª sessão, Café Filho, como já tinha se tornado seu hábito, levantou nova questão de ordem para saber a partir de quando começaria a ser contado o prazo regimental de quinze dias para que a Comissão da Constituição concluísse seu parecer sobre as emendas de plenário, cujo prazo de apresentação se esgotara em 29 de junho. Só então a Casa ficou sabendo que as emendas, ordenadas por dispositivo e impressas em avulso, ainda não tinham sido entregues pela Imprensa Nacional. O presidente esclareceu que, cumprida essa etapa, o que deveria ocorrer em mais três dias, é que correria o prazo regimental para que o projeto voltasse a tramitar no plenário.

Fora da Assembléia, o famigerado decreto-lei nº 9.070, de 1946, que a título de regulamentar o exercício do direito de greve vedado no Estado Novo o impedia, continuava a fazer estragos e a mostrar sua perniciosidade. Falando pela ordem nessa mesma sessão do dia 8, o deputado Domingos Velasco (UDN-GO), membro da Esquerda Democrática, informou ao plenário que a Justiça Militar, aplicando disposição do malfadado decreto-lei, a pedido do Ministério Público, havia decretado prisão preventiva dos líderes da greve da Light, solucionada pela intermediação de uma comissão parlamentar de que fizera parte o deputado goiano. A greve tinha sido precipitada pelos líderes comunistas e, com a intermediação parlamentar, fora abortada por uma assembléia no dia 25 de junho, em que, atendidas parcialmente suas reivindicações, por pressão do governo, foi decidido o seu fim. Em seu pronunciamento, o representante de Goiás justificava sua denúncia:

"O SR. DOMINGOS VELASCO – [...] Nenhuma crítica faço aos juízes do Conselho de Justiça, porque eles estão apenas aplicando a lei existente; mas considero injusta e perniciosa a própria lei. Injusta, porque toda lei que praticamente pretenda extinguir o direito de greve, como é o caso do decreto 9.070, é um atentado à dignidade da pessoa humana, que está acima do poder do Estado. Perniciosa, porque, sendo a cessação do trabalho um direito natural que nenhuma lei poderá de fato impedir, esta, contudo, criará mártires e provocará agitações de conseqüências mais funestas do que a própria greve.
[...] No próprio caso da Light tem S. Exa. o Sr. Presidente da República a prova do desacerto daquele decreto. O apoio eficiente que o Sr. Presidente deu à Comissão Parlamentar permitiu que esta, democraticamente, no próprio seio dos trabalhadores, vencesse os agitadores que foram derrotados não somente no dia da greve, mas também quando sofreram o repúdio na votação do dia 25 de junho. [...] Só existe um meio de evitar o descontentamento de uma classe e a sua ida para a greve: é estudar suas reivindicações e propor-lhes soluções justas que atendam às suas necessidades. Este método provou bem no caso da Light. Mas o espírito de opressão teima em transformar alguns elementos, cujo desprestígio ficou demonstrado, em mártires aureolados pelo sofrimento e pelas perseguições. Protesto contra isso; e protestando, peço ao Sr. Presidente da República a revogação do Decreto 9.070, por injusto, antidemocrático e pernicioso ao bem-estar social. (*Muito bem. Palmas*)"

No dia 12 de julho, sexta-feira, registrou-se a primeira baixa entre os constituintes. O presidente deu conhecimento à Casa do falecimento do senador Esmaragdo de Freitas, eleito pela UDN do Piauí. Tinha acabado de completar 59 anos de idade dez dias antes. Tendo tomado posse na quarta sessão ordinária, realizada em 11 de fevereiro, não chegou a ocupar a tribuna, limitando-se a apresentar sete emendas ao projeto constitucional e um requerimento, três dias antes de morrer, solicitando um voto de pesar pelo passamento de seu conterrâneo, o coronel Raimundo Borges da Silva, deputado estadual e vice-governador do estado. Na sessão do dia 19, seu colega de partido, o deputado Gilberto Freire, de Pernambuco, estado onde o senador tinha se formado e exercido vários cargos públicos, leu discurso escrito pelo representante piauiense, fazendo uma resenha da evolução constitucional do país e defendendo o parlamentarismo. A sessão em que se informou ao plenário o seu falecimento foi suspensa em sua homenagem, depois de falarem representantes de todos os partidos.

Na segunda-feira seguinte, dia 15, finalmente chegaram à Casa os oito volumes de avulsos contendo as emendas classificadas artigo por artigo, essenciais para que a Comissão da Constituição e as respectivas subcomissões pudessem emitir seus pareceres, remetendo-os ao plenário para que sobre eles se pronunciasse. O presidente comunicou o fato à Casa e informou que o prazo de quinze sessões para que a Comissão se desincumbisse de sua tarefa começaria a ser contado a partir do dia seguinte, 16 de julho. Não havendo interrupções, o prazo da Comissão se esgotaria no dia 12 de agosto.

Amarelos, fora!

A rotina dos trabalhos da Assembléia raramente era quebrada pelos acontecimentos que repercutiam fora de seus domínios, a não ser quando diziam respeito aos interesses de seus membros ou a eles mesmos. Muitos viravam rotina, como a violência policial contra líderes operários e os comunistas, sem distinções. Era uma repressão disseminada em todo o país e que, freqüentemente, assumia aspectos grotescos e risíveis. Na 107ª sessão, o deputado Agostinho de Oliveira (PCB-PE) leu telegrama dando conta da proibição do delegado de Juiz de Fora para a realização de um comício do partido naquela cidade, transformado em uma conferência na sede do diretório local. O encontro, no entanto, só pôde ser realizado depois de obedecida a ordem da autoridade policial de que as janelas do prédio ficassem fechadas enquanto durasse a palestra...

Enquanto o deputado Plínio Barreto (UDN-SP) lia protesto do Sindicato dos Jornalistas de São Paulo contra a prisão do jornalista Vitório Martorelli, Carlos Marighela (PCB-BA) denunciava a ação da polícia de seu estado, que cercou o cais de Salvador para impedir que os jornalistas de *O Movimento*, jornal do dirigente comunista João Falcão, entrevistassem os portuários e estivadores locais.

Os ruídos que em seguida chegaram à Assembléia desta vez não vinham de nenhum dos estados que já tinham ocupado a atenção dela, nem dos comunistas sob pressão em todo o país. No dia 22 de julho, o deputado Pereira da Silva (PSD-AM) subiu à tribuna para apresentar uma Indicação em que, depois de longos considerandos, exortava o governo federal a adotar "as adequadas medidas, urgentes e severas, para expulsão imediata do território nacional de todos os indivíduos de nacionalidade japonesa que se hajam rebelado ou venham a rebelar-se contra a ação repressora das autoridades brasileiras, quanto às atividades criminosas que vêm desenvolvendo em nosso país, sob a confessada orientação da organização terrorista 'Shindo Renmei' ou de qualquer outra que acaso esteja dirigindo tais atividades".

O discurso com que o deputado amazonense justificou sua iniciativa tinha sido provocado pela desastrosa reunião realizada no Palácio do Governo de São Paulo pelo interventor Macedo Soares, com a presença do embaixador da Suécia no Brasil, representante dos interesses japoneses em nosso país, e centenas de membros da colônia japonesa. O objetivo era tentar conter a ação da organização terrorista Shindo Renmei, que se encarregava de justiçar todo membro da colônia que divulgasse ou simplesmente admitisse a derrota e rendição do Japão na Segunda Guerra Mundial. Sobre a atuação dessa seita que provocou violenta e indiscriminada repressão contra os súditos japoneses em São Paulo, onde se localizava sua maior colônia, caiu um espesso véu de silêncio depois que a Polícia Estadual conseguiu conter o movimento, prendendo e processando seus principais líderes e dirigentes. Coube ao escritor e jornalista Fernando Morais, com seu livro *Corações sujos*, publicado no ano 2000, reincorporá-lo à história do país. No ano de 1946, no entanto, o episódio causou indignação e medo, repercutindo imediatamente na capital da República.

Pereira da Silva se impressionara com o noticiário publicado pela imprensa do Rio, chegando a transcrever nos Anais a reportagem do correspondente do *Correio da Manhã* em São Paulo, com detalhes sobre a arrogância com que os japoneses presentes à reunião enfrentavam o interventor, acuado com a péssima idéia a ele sugerida, como forma de tentar pôr fim, por meios pacíficos, à onda de crimes perpetrados pelos agentes do movimento japonês. Quando o deputado amazonense ocupou a tribuna, o movimento estava já sob controle das autoridades, depois que, segundo registra Fernando Morais em seu livro, 31 mil japoneses lotaram os presídios de São Paulo

A questão iria repercutir quando da discussão das emendas de plenário ao projeto da Constituição. Não como preocupação contra o terrorismo político, em que os japoneses acabavam de estrear no Brasil, mas de forma muito mais ampla, como fobia nacionalista e uma draconiana discriminação, influenciando a política de imigração do país. O problema vinha da Constituinte de 1934, antes, portanto, da Segunda Guerra Mundial, quando o médico e constituinte Miguel Couto, falecido durante os trabalhos da Assembléia, liderou, juntamente com seus colegas Artur Neiva e Xavier de Oliveira, campanha destinada a coibir a imigração de asiáticos, notadamente japoneses. Na década de 40, o Brasil já possuía a maior colônia japonesa fora do Japão. Fomos o terceiro país latino-americano, depois do México e do Peru, a firmar um acordo de imigração com o governo japonês. Depois do ataque a Pearl Harbor em 1941, os japoneses residentes nos Estados Unidos e até mesmo americanos descendentes de japoneses passaram por intensa repressão e vigilância, terminando por ser internados em verdadeiros campos de concentração. O Brasil, contudo, mesmo tendo declarado guerra ao Eixo, não teve confrontos diretos como os que nos opuseram à Alemanha nazista e à Itália fascista, com o afundamento de navios mercantes em nossas costas e fora de nossas águas territoriais por submarinos de ambas as potências.

O resultado da campanha desencadeada por Miguel Couto em 1934, já dono de enorme prestígio, feita em nome da eugenia, custou-nos a inscrição, num texto constitucional que pretendia ser democrático, de disposições tipicamente fascistas. Elas estavam inscritas no § 6º e no 7º do art. 121, que tratava das condições de trabalho na cidade e no campo:

> § 6º – A entrada de imigrantes no território nacional sofrerá as restrições necessárias à garantia da integração étnica e capacidade física e civil do imigrante, não podendo porém a corrente imigratória de cada país exceder, anualmente, o limite de dois por cento sobre o número total dos respectivos nacionais fixados no Brasil durante os últimos cinqüenta anos.
> § 7º – É vedada a concentração de imigrantes em qualquer ponto do território da União, devendo a lei regular a seleção, localização e assimilação do alienígena.

Não foi fácil encontrar uma fórmula conciliatória que tornasse menos ostensivo o desejo inicial de discriminar os imigrantes asiáticos, do quais os japoneses constituíam o mais importante grupo. A colônia japonesa sempre vivera pacificamente no Brasil, e sofrera, desde a República Velha, toda sorte de discriminações e riscos a que estavam sujeitos os imigrantes, em grande parte atraídos por promessas jamais cumpridas. O filme *Gaijin*, de Tizuca Yamasaki, dá uma pálida idéia dos constrangimentos a que estavam sujeitos, impedidos de qualquer reclamação quanto a seus mais elementares direitos, sob o risco de serem denunciados como subversivos e submetidos às sanções da Lei Adolfo Gordo, a chamada Lei Celerada, que permitia a prisão e extradição de qualquer estrangeiro, sem processo, julgamento, ou até mesmo sem acusação formal.

A formação das células terroristas da Shindo Renmei colocou todos os imigrantes japoneses, indistintamente, sob suspeita, quando na realidade eram vítimas de seus fanáticos conterrâneos. Eles já tinham sofrido o confisco de todos os bens e depósitos bancários, tal como os alemães e italianos, decretados pela ditadura de Vargas, a pretexto de indenizar o país das perdas de sua Marinha Mercante, duramente atingida pelos torpedeamentos de submarinos alemães e italianos. A eugenia da raça, em nome da qual se "zelava" pelos interesses nacionais, era uma nova forma e versão de uma antiga idéia que desde o início embasou a política imigratória do país – o embranquecimento da população. Tratava-se de algo inadmissível num país de mestiços que, em vez de orgulhar a nação por sua diversidade étnica, fazia os supostamente brancos terem vergonha de sua ascendência, revelando o preconceito que sempre permeou a sociedade brasileira de cima a baixo, grassando em todos os escalões sociais. De acordo com essa postura autoritária, italianos, alemães, portugueses e europeus, de uma forma geral, eram sempre bem-vindos; negros e amarelos, dificilmente tolerados.

Na sessão de 23 de julho, um dia depois do pronunciamento do deputado Pereira da Silva, seu colega Miguel Couto Filho (PSD-RJ), que mais tarde foi o primeiro ministro da Saúde e depois senador, retomou a campanha do pai e foi à tribuna para justificar suas emendas sobre imigração, valendo-se da notoriedade que tinha cercado a ação da Shindo Renmei e a desastrada reunião no gabinete do interventor Macedo Soares. Falando pela ordem, foi direto ao assunto:

"O SR. MIGUEL COUTO FILHO – (*Pela ordem*) Aguardo há várias semanas a minha vez na fila dos inscritos à tribuna, para tratar do problema imigratório e defender emendas que, sobre o assunto, apresentamos ao projeto da Constituição, juntamente com o nobre sublíder da União Democrática Nacional, o venerando amigo Deputado José Augusto.
A primeira, de nº 3.165, declara: 'É proibida a imigração japonesa.'[24] Outra, a de nº 3.115, diz: 'A lei providenciará no sentido de serem absorvidos os quistos raciais ora existentes no país, bem como os núcleos territoriais criados e isolados dos nacionais pertencentes a conglomerados humanos de uma ou mais nacionalidades estrangeiras'."

Em seguida, leu e transcreveu as manchetes de todos os jornais do Rio de Janeiro e São Paulo que davam notícia do ocorrido na capital paulista. O clima era o mesmo que inflamava os fanáticos que se recusavam a aceitar a derrota do Japão e matavam os que a admitiam. Praticamente todos concitavam o governo a fechar as portas à imigração e expulsar sumariamente os japoneses, numa demonstração de histeria coletiva que hoje choca quem dela toma conhecimento, mesmo pelos jornais. As emendas do deputado fluminense eram incabíveis e inaceitáveis, num regime que se pretendia democrático. Em primeiro lugar, não se tratava de matéria constitucional. Mas esse era um defeito de que

---

24. Embora essa seja a redação de seu discurso, a emenda original aparece como consta do livro de Fernando Morais: "É proibida a entrada no país de imigrantes japoneses de qualquer idade e de qualquer procedência." A assinatura de Miguel Couto aparece em segundo lugar, depois da de José Augusto, por isso considerado regimentalmente seu autor.

o texto constitucional, em face dos precedentes de 1934, não se livraria. Absurdo, discriminatório e totalitário era manchar a Constituição proibindo a imigração de qualquer povo, se efetuada dentro de normas legais e em obediência à política imigratória. O deputado Miguel Couto Filho era médico como o pai e não tinha obrigação de possuir um mínimo de senso jurídico, como estava demonstrando. O que era espantoso era que o vice-líder udenista, o potiguar José Augusto Bezerra de Menezes, um homem digno, equilibrado, com longa vida pública, ex-deputado, ex-senador e ex-governador do estado, jornalista, advogado e professor, se animasse a subscrever as emendas, quando tinha a desculpa plausível de não se coadunar com o programa da oposição democrática. Além de respaldar um adversário, e embora fosse ele um ultraconservador, como demonstrava nesse episódio, não era um fascista.

O apoio de primeira hora que a bancada comunista deu a essa postura totalitária seria até justificável pela cegueira ideológica que os impedia de discernir com clareza a que interesses serviam. Como eram adversários ferrenhos do interventor paulista, que os perseguia de forma implacável, tudo que pudesse atingi-lo para eles se justificava. Não se tratava de uma questão partidária, porém, mas de um problema nacional de um país que tanto ficaria a dever à imensa colônia japonesa na construção nacional no século XX.

A primeira reação partiu do deputado Ataliba Nogueira (PSD-SP), que, com tato e cautela, tentou abordar o assunto, frisando:

"O SR. ATALIBA NOGUEIRA – (*Pela ordem*) Sr. Presidente, [...] irei tratar de três assuntos, embora sinteticamente. O primeiro é o relativo aos japoneses no Estado de São Paulo. É justíssimo o alarme de que está tomada a população brasileira, em face dos numerosos atentados perpetrados por súditos japoneses em São Paulo.

[...] Tais atentados se têm feito exclusivamente no seio da colônia, a saber: jovens exaltados, pertencentes a uma sociedade nacionalista japonesa, têm levado à morte aqueles maiorais da colônia que por si mesmos não querem matar-se, em virtude de não sei quais princípios.

[...] É fato que não interessa não apenas a meu Estado, mas a todo o Brasil. É fato que tem sido explorado vilmente por aqueles que não se contentam com a realidade, ainda quando ela é crua, e vão além, procurando tirar ilações e conseqüências de caráter partidário.

O Sr. Carlos Prestes – O interventor Macedo Soares e V. Exa. estão defendendo o orgulho japonês.

O SR. ATALIBA NOGUEIRA – O interventor de São Paulo, com experiência política muito maior que a de V. Exa., com patriotismo muito acima do de V. Exa., tomou nesse momento a melhor resolução possível, a que mais consulta o interesse nacional. Ato de sabedoria política.

O Sr. Carlos Marighela – Cedeu aos japoneses.

O SR. ATALIBA NOGUEIRA – Não cedeu. Por isso ocupo a tribuna.

O Sr. José Crispim – V. Exa. mesmo já debateu conosco a respeito das nossas interpelações sobre a orientação do Sr. Macedo Soares em São Paulo. [...]

Foi dito dessa tribuna, por V. Exa. e outros representantes, que era justo que não se entendesse o interventor com os operários em greve, porque estavam fora da lei. Entretanto, vejo agora V. Exa. justificando a posição daquele interventor, que se entende com criminosos conhecidos em São Paulo e no Brasil, criminosos estrangeiros, como são os assassinos japoneses.
O SR. ATALIBA NOGUEIRA – Não retiro uma só palavra do que oportunamente disse e às quais V. Exa. se reporta. Vamos examinar a questão e não desviá-la para a política imediatista do Partido Comunista.
[...] Sr. Presidente, o interventor em São Paulo tinha conhecimento de que as prisões das cidades onde a colônia japonesa é numerosa estavam repletas. Conheceu os processos instaurados em virtude de numerosos crimes de mortes praticados pelos japoneses e teve, então, plena convicção de que se tratava simplesmente de fanáticos imbuídos de um misticismo milenar.
[...] Sabemos que não é possível, pela repressão, com derramamento de sangue, com prisões, nem tampouco com processos e condenações criminais, dominar a onda de fanatismo.
O Sr. Carlos Prestes – O governo de São Paulo, que se mostra tão tolerante em relação a esses japoneses fanáticos, não vacila em perseguir violentamente operários que reclamavam os seus direitos.
O SR. ATALIBA NOGUEIRA – V. Exa. fala em perseguições, mas elas não existiram. O que se viu foi uma potência estrangeira dando ordens em território brasileiro, no tocante a serviços portuários, foi a ação de grevistas violando a lei.
Sr. Presidente, o Sr. Interventor em São Paulo quis agir psicologicamente...
O Sr. Jorge Amado – E agiu muito mal.
O SR. ATALIBA NOGUEIRA – [...] Foi uma solenidade a que quis promover o interventor de São Paulo, a mais impressionante que pudesse para agir no espírito do oriental.
O Sr. Carlos Marighela – Solenidade com fanáticos? (*Há outros apartes*)
O SR. ATALIBA NOGUEIRA – A Assembléia é testemunha de que não querem ouvir sequer a narração dos acontecimentos, porque há intuito político de ataque ao Sr. José Carlos de Macedo Soares."

O que deveria ser uma intervenção para devolver a serenidade ao clima que ameaçava dominar a Assembléia e que já tinha contaminado o Rio de Janeiro, terminou se transformando numa peça de julgamento da atitude inoportuna do interventor Macedo Soares[25].

Brancos, bem-vindos

Em contraste com a onda de preconceito e discriminação que os fanáticos japoneses da Shindo Renmei tinham despertado em São Paulo, outro era o tratamento dado às colônias alemã e italiana. Na mesma

---
25. Fernando Morais comete um engano ao afirmar que Getúlio abordou a questão da imigração japonesa quando dos debates sobre a emenda Miguel Couto na Constituinte, na sua primeira e única intervenção na Assembléia. O discurso do ex-ditador a que ele alude foi pronunciado na sessão de 13 de dezembro de 1946 no Senado, quando a Constituinte já tinha promulgado a Constituição. Pode ser encontrado no volume 3 dos Anais do Senado, referente ao ano de 1946, pp. 186 ss.

sessão em que Ataliba Nogueira não conseguiu concluir seu discurso, o deputado Erasto Gaertner (UDN-PR) assomou à tribuna para elogiar as instruções do governo à sua delegação à Conferência de Paz, em relação à Itália:

"O SR. ERASTO GAERTNER – Sr. Presidente, poucas vezes esteve a Assembléia Constituinte dominada por uma agitação tão intensa, como a que se verificou faz alguns instantes, quando a inteligência do Sr. Ataliba Nogueira teve de se avir num ambiente quase tumultuoso, com os debates travados.

Pois bem, a ocasião é propícia para que eu exponha à Casa um reverso de medalha [...] Vou referir-me aos sentimentos de fraternidade e de simpatia que uma outra grande colônia inspirou a todos os brasileiros.

Repercute favoravelmente em todo o país, sob os mais calorosos aplausos, a orientação do governo, recomendando à nossa embaixada à Conferência de Paz uma atitude de simpatia para com a Itália, no sentido de serem conseguidos para o grande povo mediterrâneo condições de paz justas e humanas. Nenhuma iniciativa estaria mais de acordo com a generosidade nacional (*muito bem*), nem mais adequada ao nosso reconhecimento, pela cooperação digna e honesta dos filhos da Itália, na construção de nossa grandeza."

Nesse mesmo discurso, como representante do Paraná, onde se encontrava a maior parte da colônia polonesa no Brasil, aproveitou a intervenção em favor da Itália para requerer um voto de louvor pela atitude do governo brasileiro e apelar ao ministro das Relações Exteriores para recomendar idêntico tratamento à Polônia, que apontou como vítima, por sua posição geográfica, de todas as guerras européias. A iniciativa, dispensa dizê-lo, foi aprovada na sessão do dia imediato, por unanimidade.

Aproveitando a comemoração do Dia do Colono, na sessão seguinte foi a vez de o deputado Osório Tuiuti (UDN-RS) apresentar moção de congratulações com as colônias alemã e italiana no Rio Grande do Sul, recheada de elogios e de reconhecimento, que o plenário também acolheu por unanimidade. Em ambos os casos, tratava-se de colônias de brancos. Obviamente, sempre bem-vindos.

O contraste entre o tratamento que recebiam, de um lado, os japoneses vítimas do terrorismo da Shindo Renmei, pelo qual todos pagavam duríssimas penas, e, de outro, o sentimento de fraternidade demonstrado para com as demais colônias de estrangeiros, notadamente a italiana, tinha, além da velha inspiração de preservar uma suposta "eugenia" de um dos povos mais caldeados do mundo, outros condicionamentos políticos e ideológicos. A colônia italiana em São Paulo e no Rio Grande do Sul, por seus mais conhecidos e influentes líderes, entre os quais o conde Matarazzo, tinha se mobilizado em favor da Itália, contra a qual a União Soviética preconizava posição punitiva semelhante à que deveria ser imposta à Alemanha, pelo fato de contingentes italianos terem integrado as tropas nazistas que invadiram a então União Soviética, na operação Barbarossa. A diplomacia de Stálin não via razões para dar aos fascistas tratamento diferente do que estava reservado aos nazistas.

Os primeiros sinais tinham vindo da imprensa de São Paulo e do Rio. Chateaubriand, em sua poderosa cadeia de rádios e jornais, deu cobertura à campanha, com a linguagem desabrida e crua de sempre. Em seu artigo do dia 9 de julho, sob o título "Crepúsculo soviético", denunciava:

> Quer hoje Stálin que todos os italianos paguem pelos poucos fascistas. Sua política está sendo, em todos os sentidos, implacável contra a Itália, onde lhe restam contas a ajustar ainda com as sotainas do Vaticano. Na sessão dos quatro grandes de 18 de junho último, em Paris, propôs o Sr. Bevin[26] que os aliados renunciassem às suas pretensões ao capítulo das reparações, atento ao estado precário da economia italiana. Foi peremptória a resposta negativa do ministro russo. Perguntou Molotov, secamente, dizem os jornais franceses, ao Sr. Bevin, se ele estava disposto a ser o primeiro a esquecer os danos que sofreu a Rússia pelo fato da guerra.

A questão ia mostrar a face interna do conflito em torno desse assunto, na sessão de 30 de julho, em que o deputado Aureliano Leite (UDN-SP) ocupou a tribuna para apresentar e justificar um requerimento subscrito por ele e apoiado por cerca de cem constituintes:

"O SR. AURELIANO LEITE – Senhor Presidente, pedi a palavra para encaminhar à Mesa um requerimento e, em seguida, justificá-lo:

> *Requeremos que se telegrafe à nossa delegação à Conferência da Paz, em Paris, exprimindo-lhe as nossas congratulações pela sua instalação e, ao mesmo tempo, transmitindo-lhe os votos sinceros da Assembléia Nacional Constituinte, no sentido de que cumpra altamente o seu magno objetivo para com todos os países mas, em especial, ampare a causa da Itália, pleiteando para ela paz justa e breve.*

Passo agora à justificação: (*Lê*) Se a Assembléia Nacional Constituinte tivesse se reunido ontem, dia memorável em que, solene e emocionantemente, se instalou em Paris a Conferência da Paz, com a participação do Brasil, eu haveria praticado, então, o que, hoje, vou fazer.

Aplaudo, com a convicção de um autêntico cidadão do Brasil soberano, o movimento de simpatia e de solidariedade, dentro do nosso país, em favor da Itália republicana, da Itália espiritual, da Itália popular, lembrando aos delegados brasileiros desse conclave se batam no sentido de que a Conferência de Paris estenda àquela nobre pátria uma paz justa, que, sem dúvida, atinja fraternalmente a todos os povos, mas que, em especial, procure salvar a cultura e o progresso do generoso povo mediterrâneo, o qual possui, no Brasil, tantos nu-

---

26. Ernest Bevin, ministro do Exterior do gabinete trabalhista de Clement Atllee, que sucedeu Churchill e representou seu país no encontro dos quatro grandes que preparou a agenda da Conferência de Paz.

merosos filhos entrelaçados conosco em eficaz ação cooperadora do nosso desenvolvimento, sob todos os aspectos.

Além da razão particular invocada, todos nós da chamada América Latina devemos sentir no país infeliz, que geme sob o sofrimento de dores que não merecia, porque se submeteu a uma ditadura infame e pérfida; todos nós devemos sentir nesse país não só uma parte das raízes mais remotas da nossa raça, como a matriz primeira do nosso espírito, a *alma mater* da nossa cultura jurídica, literária e das demais artes.

Não só argumentos de ordem moral ou sentimental militam a favor da moção que proponho.

Recordemos que a famosa 'Carta do Atlântico', assinada pelas nações aliadas, estabeleceu que a guerra da humanidade não podia estabelecer pretextos para conquistas territoriais. Mas, desgraçadamente, não se estão executando tão altos, solenes e edificantes compromissos.

Não se está levando em conta que, logo que pôde, o povo italiano se revoltou contra o opressor e, bravamente, pegou em armas e ele próprio, por suas mãos magras e crispadas, foi quem derrubou o fascismo e castigou duramente o tirano Mussolini.

Não se está levando em conta que cem mil patriotas, entre soldados e 'partigiani'[27], morreram fuzilados ou em combate contra os nazistas.

Não se está levando em conta que a marinha italiana combateu por mais de um ano ao lado dos ingleses e dos americanos, contribuindo destarte para o apressamento da vitória da liberdade, enquanto marujos da grande França preferiram afundar os seus possantes navios em águas de Toulon.

Não se está levando em conta que foi o povo da Itália, aos 1914, que contribuiu para salvar o mundo, pois se o seu exército tivesse ficado ao lado da Alemanha e da Áustria, como aliás queria Vittorio Emanuele III, o Marne não constituiria uma vitória da França, pois as suas tropas nos Alpes não poderiam ter intervindo na batalha, dando o trunfo aos aliados.

Parece que os aliados não querem separar o povo italiano do fascismo e da monarquia, envolvendo-os no mesmo repúdio, mantendo ingratamente o joio misturado ao trigo.

Tirar da Itália tudo o que foi conquista pelo fascismo é justo, é imperioso. Mas puni-la, draconianamente, destruindo toda a sua gloriosa obra de 1870 a 1922, é odioso, é iníquo, clama aos céus.

[...] Não se satisfaça a política imperialista da Rússia, sacrificando-se, monstruosamente, a *alma mater* da latinidade.

O Sr. Hermes Lima – Aí V. Exa. dê licença para um aparte. Pôr a culpa desses fatos todos sobre a Rússia é demais. Não tem medida. Isto é histórico.

O SR. AURELIANO LEITE – Respeito muito a opinião, e acato o conceito de V. Exa., mas não posso concordar inteiramente com V. Exa.

O Sr. Hermes Lima – Qual é o imperialismo russo sobre a Itália?

O SR. AURELIANO LEITE – São as exigências russas.

O Sr. Hermes Lima – Quais são as exigências russas?

O SR. AURELIANO LEITE – Inúmeras. V. Exa. sabe tanto quanto eu.

O Sr. Hermes Lima – Trieste não é uma exigência russa. Não é possível considerar a Rússia a única imperialista do mundo moderno.

---

27. Membros da resistência antifascista que prenderam, sentenciaram e executaram Mussolini.

O Sr. Caires de Brito – Foi a União Soviética que propôs a entrega à França do território italiano?
O SR. AURELIANO LEITE – A Rússia sopra para depois morder. A nóvel República italiana, com a nova paz de Brenno, que se lhe deseja impor, desprezada, ultrajada e mutilada, vislumbra uma perspectiva sombria, cheia de incógnitas.
Ao invés do *Vae victis!* do bárbaro chefe gaulês, urge mostrar ao mundo que, nestes 2.336 anos de marcha, caminhamos alguma coisa no sentido da fraternidade universal.
O povo italiano já sofreu demasiado. Se alguma culpa tivesse tido, por desventura, na agressão covarde à grande e impávida França, pagou caríssimo, dantescamente, tudo, todos os crimes fascistas.
Sejamos de fato democratas, humanos e cristãos, procurando ajudar a bela Itália a safar-se do precipício para onde a arrastou a insânia de um homem diabólico.
Demos-lhe estímulos, não a junjamos à desgraça, Srs. Constituintes.
Votemos favoravelmente o requerimento que encaminhei à Mesa.
Aliás, já o nosso colega Erasto Gaertner apresentou a semana passada à Assembléia Constituinte moção semelhante extensiva à Polônia.
O nosso gesto no dia de hoje confirma aquele, no momento memorável da instalação da Conferência de Paris, indo mesmo ao encontro do pensamento do governo brasileiro, exteriorizado em entrevista do nosso chanceler. (*Muito bem; muito bem. Palmas*)"

O requerimento foi votado na mesma sessão. Ao anunciar o presidente que ia submetê-lo ao plenário, o deputado João Amazonas (PCB-DF) pediu a palavra para encaminhar a votação:

"O SR. JOÃO AMAZONAS – Sr. Presidente, [...] concordamos, em parte, com este requerimento, uma vez que a realização da Conferência de Paz interessa a esta Assembléia Constituinte, pois para ela estão voltados os olhos de todos os povos do mundo que tanto sofreram nessa incrível carnificina de seis anos.
Todos esperam que nela não se repita um novo Versalhes e que, dos acordos e tratados a que se possa chegar, surjam condições para que se possa varrer da face da terra o terror da guerra.
Não vemos, entretanto, razão alguma para que nossa delegação àquela Conferência tenha preferência por esta ou aquela nação vencida. Não podemos confundir a reunião em que as Nações Unidas procuram chegar a justas conclusões a respeito dos países derrotados, em uma reunião onde, de um lado, há um grupo de padrinhos e, de outro, o de apadrinhados.
[...] Contra quem devemos defender os interesses da Itália? Creio que na justificativa feita pelo nobre colega paulista desta tribuna deixou-se entrever que seria contra aquelas nações que foram nossas aliadas nesse grande conflito. Defender os interesses da Itália, de certo modo, e da maneira como foi aqui colocada a questão, é contrariar as pretensões da Iugoslávia. Sendo justo recordar a heróica resistência do glorioso povo italiano, na luta contra os tiranos que o dominaram, não podemos, porém, esquecer por um segundo o papel desempenhado pela Iugoslávia, nossa aliada que teve todo o seu território talado pelas

tropas nazistas, mas que nunca, em momento algum, cedeu ante as hostes hitlerianas. Não podemos esquecer que Belgrado foi uma das capitais do mundo mais arrasadas pelo ódio maldito de Hitler e que, apesar disso, seu povo, por toda a parte, soube empreender a luta decidida em prol dos interesses de sua própria pátria e das Nações Unidas.

Sr. Presidente, a bancada do Partido Comunista, como o ilustre representante de São Paulo, sente a maior afeição pela República italiana que ora surge – do sacrifício de seus filhos, república instituída ainda há pouco, pela vontade soberana do povo italiano que compareceu aos milhões às urnas, traçando assim novos destinos à terra de Mateoti.

[...] A Itália foi um dos principais esteios do Eixo. Não nos devemos esquecer que nossos pracinhas morreram atingidos pelas balas do Exército de Mussolini, dos italianos, portanto...

O Sr. Aureliano Leite – Este é um velho refrão, mas por isso a República italiana não é responsável.

O SR. JOÃO AMAZONAS – ... de que navios brasileiros, em nossas águas territoriais, foram afundados por submarinos italianos.

[...] São esses os motivos por que, Sr. Presidente, apresento um substitutivo ao requerimento do ilustre Representante de São Paulo. Nele fazemos votos para que a Conferência da Paz atinja realmente os seus objetivos – objetivos de amizade e confiança entre os povos. Desejamos ainda que a Conferência da Paz não seja perturbada pelos interesses do capital financeiro internacional mais reacionário, que é a fonte e causa de todas as guerras. (*Muito bem; muito bem. Palmas*)"

O PCB não tinha motivos para se empenhar muito por sua postura exposta da tribuna. Se seu discurso era a favor da Iugoslávia, tornada comunista sob a liderança de Tito, que soube manter-se independente em face da ortodoxia stalinista, seus interesses se ligavam também aos da Itália pós-fascista, não só porque lá se instalou o maior e mais forte Partido Comunista fora da União Soviética, comandado por Palmiro Togliatti, como também pela circunstância de que foram os comunistas italianos os que mais aportaram liderança e poder ao movimento *partigiani*, que derrubou Mussolini e o justiçou.

Isso explica por que o seu substitutivo foi rejeitado por votação simbólica e aprovado, pelo mesmo modo, o requerimento de Aureliano Leite, sem que houvesse, em nenhum dos dois casos, sequer um pedido de verificação de votação.

Subjacente a toda essa questão se entrelaçavam posições políticas aparentemente antagônicas. O PCB se juntava à iniciativa fascista do PSD em relação aos japoneses e se opunha à iniciativa udenista em favor da Itália. Sobre as questões políticas, ideológicas e partidárias, nesse caso, não havia diferenças entre udenistas, pessedistas e comunistas quando se tratava de dar fôlego ao velho preconceito que foi sempre o sonho de todos os governos brasileiros – embranquecer de qualquer forma o país. Por isso, iugoslavos, italianos e alemães – brancos, em suma – tinham vários defensores de seus interesses, enquanto japoneses

– amarelos, por definição – não conseguiam mais do que uma tíbia e vacilante defesa. Ao contrário de leniência, como se pedia para os italianos de fora, para os japoneses de dentro se preconizava política inflexível, para que fossem tratados a ferro e fogo.

Antes que a decisão sobre a inconcebível emenda da dupla Miguel Couto Filho/José Augusto fosse tomada pelo plenário, numa das mais dramáticas votações de todo o processo constituinte, Miguel Couto voltou à carga na sessão de 7 de agosto. Denunciava os "quistos amarelos" e preconizava não só a proibição explícita da entrada de japoneses no Brasil, conforme sua emenda, mas também medidas restritivas aos imigrantes já aqui instalados, entre as quais a proibição para que se publicassem jornais em japonês, segundo ele "esses hieróglifos indecifráveis, que veiculam, sem receio de serem compreendidos pelos brasileiros, a propaganda japonesa" e que "perpetuam crenças exóticas e o misticismo oriental".

Cinco dias depois, foi a vez de Pereira da Silva, autor do alarme sobre a seita Shindo Renmei, voltar à tribuna para aplaudir o ato do presidente da República expulsando oitenta japoneses, sob a acusação de pertencerem à organização terrorista. Em seu discurso, leu a entrevista em que o ministro da Justiça invocava a exceção legal que permitia aos japoneses residentes há mais de vinte e cinco anos no país, pais de filhos brasileiros havidos de casamentos legítimos, serem atingidos pela resolução, mesmo amparados por lei específica, o que dava a medida da arbitrariedade que seria cometida, se consumada:

> Entre os oitenta japoneses cuja expulsão foi decretada, figuram alguns casais com filhos brasileiros. É verdade que o art. 8º do decreto-lei nº 470 determina que não poderão ser expulsos do país os estrangeiros com mais de 25 anos de residência legítima, ou que tiverem filhos brasileiros vivos, oriundos de núpcias legítimas. Mas – concluiu o Sr. Carlos Luz – o artigo único do decreto-lei nº 1.377, de 27 de dezembro de 1939, determina também que esses estrangeiros poderão sofrer a pena de expulsão quando, a juízo do Presidente da República, houverem praticado atos que importem menosprezo do Brasil ou das suas instituições.
>
> Finalizando as suas declarações, o ministro da Justiça acrescentou: Além da Shindo Renmei, com cerca de cem mil associados, os japoneses organizaram cerca de vinte outras entidades, com fins idênticos, disseminadas por todo o território do Estado de São Paulo, sendo fácil calcular-se a que ponto chegariam os súditos nipônicos, se o governo não os punisse com a maior energia.

Como nenhum dos expulsos tinha sido submetido a processo legal e condenado, ficava clara a violência da iniciativa. Ela equivalia, num regime que pretendia estar se democratizando, aos efeitos da Lei Celerada, do deputado Adolfo Gordo, fartamente aplicada durante a República Velha contra imigrantes de todas as origens. A diferença é que, agora, o preconceito era seletivo. Aplicava-se apenas aos que não fossem brancos, como era o caso dos japoneses. Segundo revela Fernando Morais em seu livro *Corações sujos*, nenhum dos oitenta arrolados chegou a ser expulso, graças aos sucessivos recursos de seus advogados. A seita praticamente desapareceu no segundo semestre de 1946, quando 31.380 imigrantes tinham sido identificados e fotografados pela polícia. Foram denunciados pelo Ministério Público 1.423, como autores ou cúmplices dos 23 homicídios e 147 tentativas de que resultaram ferimentos nas vítimas. As denúncias, no entanto, só foram aceitas contra 381 dos acusados. Finalmente, no Natal de 1956, quando a maioria dos condenados já havia cumprido mais de dez anos de reclusão, foram todos indultados pelo presidente Juscelino Kubtischek. A guerra na Constituinte, porém, estava longe de terminar. Só teria seu epílogo no dia 27 de agosto, quando a emenda José Augusto/Miguel Couto Filho foi, finalmente, submetida a votos. Antes disso, a Constituinte ainda teria outros percalços com que defrontar, antes do encerramento de seus trabalhos, na segunda quinzena de setembro.

26. O sujeito oculto

Tia Olga e o menino prodígio

Julho não viu só a discussão sobre a Shindo Renmei e o movimento em favor das condições de paz a serem impostas à Itália, na Conferência de Paz em Paris. Antes que o mês se esgotasse, a polícia política voltou a aumentar a pressão sobre o PCB. No dia 25, Maurício Grabois (PCB-DF) denunciou sucessivas invasões da sede da *Tribuna Popular*, jornal do partido, por policiais do Dops que, sem razão aparente, mandavam os gráficos interromperem a impressão, faziam ameaças e depois se retiravam, até o dia em que apreenderam a edição nas bancas, sob o pretexto de um plano subversivo que estaria em andamento no país. No dia seguinte foi a vez de se pronunciarem sobre o assunto o deputado Paulo Sarazate (UDN-CE), invocando sua condição de jornalista, e Jorge Amado (PCB-SP), anunciando nova apreensão, tendo o chefe de Polícia invocado as mesmas razões da apreensão anterior. No dia 30 o protesto foi do deputado Rui Santos (UDN-BA), dando conta de igual posição adotada pelo círculo católico. À medida que chegavam ao fim os trabalhos da Constituinte, ficava cada vez mais claro que a vida do PCB estava por um fio. Nessa mesma data, o presidente comunicou ao plenário o grave acidente de automóvel de que tinha sido vítima o senador Adalberto Ribeiro (UDN-PB). Tratava-se do terceiro constituinte afastado dos trabalhos por esse motivo, o que já tinha ocorrido também com os deputados Valfredo Gurgel (PSD-RN) e Coelho Rodrigues (UDN-PI).

Agosto começou com a notícia da explosão havida a bordo do navio-transporte Duque de Caxias, que havia zarpado do Rio de Janeiro com destino à Europa, com cerca de mil pessoas, entre passageiros e tripulantes, o que provocou a apresentação, no dia 2 de agosto, sexta-feira, de quatro requerimentos lamentando o ocorrido e solicitando que a Assembléia se manifestasse junto aos ministros da Marinha e da Guerra, pelo pronto socorro prestado às vítimas e sobreviventes. Nessa mesma sessão, o projeto de resolução nº 3/46, de autoria do deputado Rui Almeida (PTB-DF), subscrito por mais 126 constituintes, determinava que a Mesa não abonasse os jetons das sessões extraordinárias que viessem a ser convocadas para a votação do projeto de Constituição. A medida foi aprovada doze dias depois, em 14 de agosto, quando estava começando a tramitação do projeto emendado pelo plenário.

Coube ao deputado Rui Santos (UDN-BA) dar a nota tragicômica do mês, lendo algumas das respostas que o Departamento Nacional de Informações, sucessor do DIP do Estado Novo, deu a seu requerimento de informações. Começava esclarecendo que o diretor afirmava não ter condições de informar que empresas teatrais tinham sido subvencionadas pelo órgão durante a ditadura, nem o custo dos banquetes que os jornalistas ofereciam ao ex-ditador. Era, na realidade, um encontro anual promovido e custeado pelo DIP que a propaganda anunciava como uma demonstração de apreço da classe, sob sua rígida censura, ao ditador. Adiantava, no entanto, que entre 1940, data de sua instituição, e 1945, tiveram seu registro negado 420 jornais e 326 revistas, o que dava uma idéia do rigor da censura. Medida, por sinal, que assegurava o mercado cativo que o governo controlava, evitando novos concorrentes. Por outro lado, esclarecia que sessenta e uma publicações não conseguiram acesso ao papel linha-d'água, igualmente controlado pelo DIP, entre os quais duas das mais influentes e prestigiosas publicações da capital da República, o *Diário Carioca*, de Horácio de Carvalho e do jornalista J. E. de Macedo Soares, e o *Diário de Notícias*, de Orlando Dantas. Entre os livros editados pelo departamento e relacionados na resposta ao requerimento, Rui Santos selecionou os seguintes: *Perfil do presidente Vargas, Fisionomia do presidente Vargas, Sorriso do presidente Vargas, No presidente Vargas, os verbos agir e trabalhar, Imagens populares do presidente Vargas, O Poder Judiciário e o presidente Vargas, Os grandes dias do presidente Vargas*; novamente *Sorriso do presidente Vargas* e *O fato moral e social da década getuliana*. Indagado por Café Filho (PRP-RN) se da relação de autores constava o seu nome, o deputado Rui Santos afirmou que não, mas passou a ler alguns dos que apareciam no documento do DIP:

"O SR. RUI SANTOS – Vou citar o nome dos autores de alguns desses trabalhos: Ernani Fornari (poeta muito popular no Rio da época), Monte Arraes,

José Maria Belo (historiador), Azevedo do Amaral (pedagogo, ensaísta e teórico do Estado Novo), Francisco Campos (jurista e ex-ministro de Getúlio, autor da Carta de 37), Epitácio Pessoa Cavalcanti, Joraci Camargo (teatrólogo e ator), Demétrio Xavier, Jaime de Barros, Vieira de Melo (constituinte do PSD-BA), Georgino Avelino (senador constituinte do PSD-RN), Jonas Correia (constituinte do PSD-DF), Negrão de Lima (irmão do ministro do Trabalho de Dutra, que mais tarde veio a ser governador do Rio), Artur de Souza Costa (ministro da Fazenda de Getúlio), Marcondes Filho (ministro do Trabalho e da Justiça de Getúlio, além de senador constituinte pelo PTB-SP), Donatelo Grieco (diplomata), Rui Almeida (deputado constituinte do PTB-DF), Villa-Lobos (maestro e glória da música brasileira), Lima Figueiredo (oficial do Exército e deputado pelo PTB-SP na legislatura 51–54) e Apolônio Sales (ministro da Agricultura de Getúlio e futuro presidente do Senado)."

O melhor, porém, estava por vir:

"O SR. RUI SANTOS – Entre os autores, Sr. Presidente, está o próprio Sr. Getúlio Vargas com um livro que parece admirável, sob o título 'Todos são necessários, uns aos outros'...
Um Sr. Representante – Profundo conceito, esse...
O SR. RUI SANTOS – Um amigo fez-me a gentileza de oferecer-me um dos exemplares de livros editados pelo DIP; trata-se da 'História de um menino de São Borja', cujo autor é 'Tia Olga'. E o que nos chama a atenção é que o intelectual que o escreveu teve acanhamento de pôr seu nome verdadeiro nessa obra...
O Sr. Albérico Fraga – Pode declinar o autor?
O SR. RUI SANTOS – Fui informado que é o Sr. Donatelo Grieco; não posso, porém, assegurá-lo. Prefiro citar o livro pelo pseudônimo.
Para que a Casa veja a ação do DIP, basta notar que nesse livro há um quadro com o título 'Como se legislava para o Brasil'... Nele aparecem pessoas sonolentas e há um papagaio ao lado. (*Risos*)
Mas faço questão, Sr. Presidente, de ler um trecho desse livro:

> *Quando havia visita ao colégio, o Menino era chamado ao quadro-negro para resolver o problema das galinhas e dos coelhos, tantas galinhas, tantos pés quantos são os coelhos. A mão rápida enchia o quadro de algarismos. Quando chegava à solução, dava o último traço, limpava as mãos brancas da poeira do giz e dizia para o professor: os coelhos são tantos, as galinhas são tantas. Havia um frêmito de emoção na sala – e os outros meninos viam no gesto do matemático de um metro de altura qualquer coisa de feitiçaria. A feitiçaria dos algarismos foi uma fonte de vitórias para o filho do general Vargas. Ele sabia que, para ser soldado, ia precisar de tais matemáticas. Fincou pé nas contas simples e chegou às contas complicadas. Era um bicho na multiplicação; dividia com calma e simplicidade; acertava sempre. O general Vargas, envaidecido com os trunfos do filho, dava-lhe belos períodos de férias no campo. Aí, nas corridas livres pelas planícies, o mágico dos cálculos de aritmética de novo se integrava na Terra, mestra suprema de energia e de entusiasmo.*

Nesse mesmo livro, porém, Sr. Presidente, encontra-se um quadro com o menino prodígio à pedra, fazendo operações de matemática. Verificamos ali então uma soma original do gênio precoce, que justifica perfeitamente a situação de descalabro financeiro em que se encontra o Brasil. O caso é de feitiçaria mesmo... A soma que consta do quadro é a de 19 mais 16, mais 5, igual a 30. Dei-me ao trabalho de fazer essa operação e o resultado foi o seguinte: 19 mais 16, mais 5, igual a 40. Quer dizer, a conta que o livro apresenta como sendo de autoria do *menino prodígio* justifica, de modo cabal, a situação dolorosa que o país atravessa, onde ninguém toma pé."

Na terça-feira, 6 de agosto, o presidente anunciou a segunda baixa na Assembléia, o falecimento do senador Antônio José Pereira Júnior (PSD-MA), ocorrido na véspera, em razão do que a sessão foi suspensa em sua homenagem. No dia seguinte, o Brasil estaria recebendo a visita do general Eisenhower, chefe do Estado-Maior do exército dos Estados Unidos e ex-comandante-em-chefe das tropas aliadas que invadiram a Europa, na maior operação de guerra do século, que terminou selando o destino da Alemanha e dos sonhos de dominação mundial de Adolf Hitler. Era um ato da política de boa vizinhança, pois o Brasil era o único país latino-americano que tinha enviado tropas para combater na Itália, com um contingente integrado ao V Exército americano, sob o comando do general Mark Clark. Em sua cogitação, contudo, já devia estar a aspiração de ocupar a presidência dos Estados Unidos, como efetivamente ocorreu em 1953, na sucessão de Truman. Justificava-se, por sua popularidade, a recepção de virtual chefe de Estado que teve no Brasil. O presidente anunciou que no dia seguinte seria recebido no plenário da Assembléia, para ser homenageado pela Constituinte. Nessa mesma data, como se fosse uma ironia do destino, tinha início no Rio de Janeiro e em São Paulo o julgamento, pela Justiça militar, dos líderes grevistas dos dois estados, presos preventivamente por iniciativa do Ministério Público.

Seguramente, sem nem de longe suspeitar, Eisenhower iria protagonizar, indiretamente, um dos mais polêmicos episódios de toda a Constituinte.

O beija-mão

A sessão solene foi aberta às 14 horas e 30 minutos, com a presença recorde de 267 representantes. Depois da leitura da ata e do expediente, o presidente Melo Viana leu o telegrama que pretendia passar ao governo e à Câmara de Representantes dos Estados Unidos:

"Exmo. Sr. Presidente da Câmara dos Representantes
Washington

No momento em que o Senado e a Câmara dos Deputados do Brasil, pela unanimidade dos partidos políticos da Nação, se reúnem em sessão especial, para receber e homenagear o grande general Dwight Eisenhower, expoente do glorioso e invicto Exército norte-americano, junto ao qual a Força Expedicionária Brasileira se ufana por haver conquistado louros comuns na luta pelos mesmos e superiores ideais, dirijo a V. Exa. e demais membros desse Parlamento uma calorosa mensagem, como expressão do inolvidável reconhecimento aos insuperáveis e heróicos esforços que os cidadãos da pátria do grande Roosevelt consagraram à humanidade, para que perdurassem na Terra os postulados inalienáveis da democracia. Que Deus inspire os legisladores dos Estados Unidos da América e o eminente Presidente Truman, proporcionando-lhes sábias diretrizes nesta fase de reconstrução, rasgando sólidos e novos caminhos à compreensão entre os homens, para a preservação definitiva da paz mundial. Minhas cordiais saudações, Fernando de Melo Viana, Presidente da Assembléia Constituinte do Brasil. (*Aplausos prolongados*)"

Considerando os aplausos sinal de aprovação, o presidente anunciou que suspenderia a sessão, solicitando que a comissão designada na véspera para receber o general americano o levasse ao plenário, na hora aprazada. Com a presença dos ministros da Justiça (Carlos Luz), da Guerra (Góis Monteiro), da Aeronáutica (Armando Trompowski), da Viação (Macedo Soares), do Exterior (Souza Leão Gracie, interino), da Marinha (Dodsworth Martins), do chefe do Estado-Maior do Exército (Cordeiro de Farias), do prefeito do Distrito Federal (Hildebrando de Góis) e do chefe de Polícia (Pereira Lira), a sessão foi reaberta às 15 horas e, depois de ser introduzido no plenário o homenageado, Melo Viana disse da satisfação em recebê-lo e deu a palavra a Otávio Mangabeira, orador oficial da solenidade, que assomou à tribuna sob prolongados aplausos.

"O SR. OTÁVIO MANGABEIRA – (*Movimento geral de atenção. Palmas prolongadas*) Sr. Presidente, Srs. Representantes, Sr. General Dwight Eisenhower: se existe e funciona esta Assembléia; se estamos aqui reunidos como delegados do povo para elaborar uma lei fundamental que assegure ao país a vigência de instituições livres; se o mundo por estas horas não se acha reduzido a uma situação de ignomínia, como se transformado todo ele numa vasta senzala; se não subiu aos altares afrontando o próprio Cristo a divindade pagã da força tonitruante e a vida, no planeta que habitamos, não passou a valer alguma coisa que não valesse a pena de viver, é indiscutível que o devemos ao fato, à circunstância de que, na guerra, de que ainda sentimos e sofremos os últimos abalos, a fortuna das armas ter sorrido aos países que nela se bateram, é certo que, por seus próprios interesses, pela sua própria soberania, pela sua própria independência, mas é verdade também que para afastar de sobre a humanidade um dos maiores perigos que jamais a ameaçaram, através das idades e dos séculos.

Por muito que, em qualquer parte da superfície da Terra, tributos e honras insignes lhes tenham sido ou venham a ser prestados, nunca serão demasiadas as bênçãos com que os homens e os povos testemunhem a sua gratidão aos que pagaram, ou se dispuseram a pagar, para redimi-los e salvá-los em um lance tão decisivo da longa e atribulada história humana, o preço do supremo sacrifício. [...] Os fatos são muito recentes para que ainda os tenhamos vivos e animados na memória.

[...] Flor de beleza e cultura, tão cara ao orgulho da latinidade, a França incorrera no tremendo equívoco de só pensar na paz e para a paz, enquanto a potestade que se erguia, impetuosa e arrogante, na outra margem do Reno, só pensava na guerra e para a guerra. Como se o tormento inenarrável lhe tivesse turbado a razão, Paul Reynaud, presidente do Conselho, apela pelo rádio, em termos lancinantes, para o governo de Washington, pedindo-lhe, suplicando-lhe um socorro que sabia ser impossível, pois, naquela ocasião, os Estados Unidos da América nada mais eram que uma Nação desarmada.

A imprevidência com que as democracias, as grandes democracias, não só não se preveniram contra a preamar totalitária, mas até a ajudaram a formar-se, tanto mais é uma lição que há de ficar para os tempos, quanto é menos provável que escape à severidade da história.

[...] Dias tenebrosos e terríveis! Os ingleses batendo em retirada em Dunquerque, para recolher-se ao refúgio onde o oceano, em outras épocas, lhes proporcionava o privilégio do isolamento esplêndido, já agora violável pelos ataques aéreos, foram ali se aguardar o que a muitos se afigurou, e sobretudo ao agressor nazista, o último ato do drama.

Por uma ironia do destino, era do céu que deveria cair, como se fosse do inferno, por sobre as Ilhas Britânicas, a chuva que o inimigo preparara, para afogá-las sob um mar de chamas, a que não lhe restaria outro recurso senão submeter-se.

Mais possante, porém, do que as bombas que deviam descer das alturas, das alturas desceu sobre a Inglaterra o estímulo, o incitamento, a inspiração, para que lhe sobrassem as virtudes que haveriam de salvá-la: a perseverança, a firmeza, a intrepidez, o heroísmo. (*Palmas*)

Um homem – desses que só os séculos produzem, para medir-se com as calamidades, enfrentando-as e vencendo-as e daí não serem os mais indicados, os mais próprios para construir sobre a paz – um homem se alcandorou a uma grandeza de que pôde orgulhar-se a espécie humana (*muito bem*); e concitando os seus compatriotas a resistir sem limite, de colina em colina, de vale em vale, de povoado em povoado, de bairro em bairro, de rua em rua, de casa em casa, sim a resistir até a morte – porque, em certas circunstâncias, antes morrer que render-se – resumiu em três palavras que comoveram o universo a glória do sacrifício que a pátria reclamava de seus filhos: sangue, suor e lágrimas.

Suando, sangrando e chorando, a Inglaterra viu esgotar-se a capacidade ofensiva com que o inimigo supusera que havia de aniquilá-la, antes que se tivesse esgotado a sua decisão de resistência. Quando, sangrando e chorando, expiou sozinha, longos meses, os pecados do mundo. (*Muito bem. Palmas*)

Se ninguém lhe vinha em auxílio, em auxílio lhe veio a Providência, pela mão do próprio inimigo, que lhe deu, com a invasão da Rússia, um aliado cujo valor, sob todos os pontos de vista, demonstrado em presença da catástrofe, se tornou, desde logo, objeto da admiração universal. Nem será fácil dizer onde mais cresceu de vulto a União Soviética: se na fortaleza de ânimo com que, entre os revezes, defendeu, palmo a palmo, o território por onde entrava, com o ímpeto de uma inundação irresistível, o invasor, vitorioso, se na cólera sagrada com que depois o expulsou do território invadido. O mundo foi convidado a refletir sobre o que as reformas sociais tinham alcançado, em realizações, na poderosa nação que se dilata por dois continentes e é hoje uma das três grandes potências a que se acha confiada, ainda na indecisão da meia-luz de que se precedem as auroras, a sorte da humanidade.

Tão gigantesca não obstante era a máquina que o nazismo organizara, com o concurso dos aliados, para impor seu predomínio, que, ainda juntos, a Rússia e o Império Britânico não bastariam para dominá-la, correndo ao contrário o risco de por ela serem dominados.

Agora, mais ainda que na guerra de 14, o papel decisivo caberia aos Estados Unidos da América. (*Palmas*) Por fortuna da humanidade, encontrava-se, havia anos, na gloriosa torre de comando que é a Casa Branca de Washington, uma alma de timoneiro que nunca se iludiu sobre a extensão, a natureza, o caráter, as perspectivas, os efeitos, sobretudo os perigos da tormenta.

Quando ao cabo dos esforços que lhe consumiram as energias o conflito chegava a seu termo, e não havia mais nenhuma dúvida de que estava ganha a história, deu ele por encerrada sua missão entre os homens e entrou na imortalidade.

Bem haja, no esplendor de sua glória, de autêntico benfeitor do gênero humano – Franklin Delano Roosevelt. (*Palmas prolongadas*)

A Nação, inflexível no seu amor pela paz, na sua repugnância pela guerra, timbrava em manter-se neutra. Roosevelt, entretanto, era daqueles que, como Rui Barbosa, não podia compreender que houvesse neutralidade entre o direito e o crime. Guardaria dentro da lei a neutralidade militar, a neutralidade jurídica, a neutralidade política. Nada, porém, o obrigaria a guardar a neutralidade moral. Ajudou como pôde, o quanto pôde, a causa dos aliados, até que a traição de Pearl Harbor levou o país a recorrer às armas.

7 de dezembro de 1941! Os fatos se incumbiriam de mostrar que o que os japoneses, com o seu ataque, lavraram naquele dia, foi a sentença de morte do Eixo totalitário. (*Palmas*)

[...] A democracia americana encontrou nos seus quadros militares um chefe nas condições em que as circunstâncias impunham. Era um general que, nascido no Texas, em 1890, estava, na ocasião, entre os 50 e 51 anos de idade. Desde que deixara, em 1915, a famosa Escola Militar de West Point, não fizera senão aprimorar-se na carreira das armas, distinguindo-se por virtudes profissionais e pessoais que o impuseram, de modo verdadeiramente excepcional, ao apreço de seus camaradas, fossem esses os que o comandaram ou os que o tiveram como comandante. De posto em posto, de cargo em cargo, dando sempre exemplar desempenho às missões que lhe foram atribuídas, acabava de dirigir a Divisão de Planos de Guerra e chefiava, no momento, a de operações do Estado-Maior do Exército. Desambicioso e modesto, seu nome não se estendia muito além dos círculos restritos, onde se vinham exercendo as suas atividades. Hoje, a fama o repete em toda parte e, para exaltá-lo, basta proferi-lo: Dwight Eisenhower! (*Palmas prolongadas*)

Conquanto longa e penosa, dir-se-ia que ultrapassando as possibilidades humanas, foi uma jornada triunfal. Primeiro, o desembarque no norte da África: novembro de 1942. Mais tarde, a invasão da Normandia: junho de 1944. Teve início o duelo dos gigantes, o ataque à fera na toca.

A 8 de maio de 1945, o nazismo, vencido, assinava a rendição incondicional. A cena passou-se numa casa na cidade francesa de Reims. Essa casa era uma escola. Dessa escola saíram, para os séculos, algumas grandes lições. Uma destas lições nos ensina que todo orgulho se abate. (*Aplausos*) 'Os que se exaltam serão humilhados.' E os chamados regimes de força não escapam à vingança do destino (*palmas prolongadas*). Porque, obras que são do mal, hão de ter contra si a maldição. (*Palmas*)

Quem quer que tenha acompanhado na época o desdobramento do episódio, não poderá deixar de ter notado a serenidade e a segurança, a discrição, a compostura, o tato – o que tudo se resume em uma palavra – a competência – com que soube conduzir-se para com os seus comandados, como igualmente para com os vencidos, sem exibicionismos impróprios, sem ostentações desnecessárias, reunindo, como cumpria, à arte militar, a diplomacia e a política, o general comandante.

A mais alta, a mais expressiva, a mais grata das homenagens que será possível prestar a um chefe militar vitorioso é a de retirar do esquecimento, sempre que for oportuno, para render-lhe o culto a que tanto fizeram jus, os que, tendo banhado com o seu sangue o campo da ação, lá ficaram para sempre. Façamo-lo nesta emergência, com uma unção tanto maior, quanto entre eles figuram alguns dos que formaram na batalha e honraram a nossa bandeira. (*Palmas prolongadas*)

[...] Orgulhamo-nos de ver, neste hemisfério, uma nação da grandeza moral e material dos Estados Unidos da América. Tanto mais nos orgulhamos, quanto mais a sua influência no mundo que se renova se fizer sentir na direção do bem da humanidade. (*Palmas*) Mais talvez do que a força imperativa dos interesses comuns, o que nos une, e deve unir, solidariamente, os brasileiros aos americanos, é a devoção aos mesmos ideais de dignidade política e generosidade humana: é Jefferson, com os princípios imortais da Declaração de Independência; é Lincoln, admitindo a própria guerra civil, contanto que se varresse do país a praga da escravidão; é Roosevelt, opondo ao totalitarismo a bandeira das quatro liberdades. (*Palmas*)

Recebe hoje esta Assembléia a visita que tanto a sensibiliza de um soldado coberto de glórias. Que a consolidação da paz no mundo lhe permita poupar-lhe à contingência de ter que voltar ao campo de batalha.

Quanto à saudação protocolar que me honrastes, Sr. Presidente e Srs. Representantes, com a incumbência de dirigir-lhe, em nome do país aqui presente na representação nacional, direi, ao encerrar este discurso, que, se assim me fosse lícito, preferiria fazê-lo por meio de uma simples reverência, mais eloqüente que quaisquer palavras, inclinando-me, respeitoso, diante do General Comandante-Chefe dos Exércitos que esmagaram a tirania e beijando em silêncio a mão que conduziu à vitória as forças da Liberdade! (*Muito bem; muito bem. Palmas prolongadas. O orador é entusiasticamente cumprimentado*)"

Depois da ovação com que foi recebido o discurso de Mangabeira, o presidente concedeu a palavra a Eisenhower, cujo discurso foi depois traduzido para o português pelo coronel Bina Machado:

"O SR. GENERAL DWIGHT EISENHOWER – Excelentíssimo Sr. Presidente da Assembléia Constituinte, Senhores Senadores e Deputados, meus Senhores:

em nenhum idioma existem palavras que descrevam adequadamente a satisfação que experimentei ao receber o gentil convite do Presidente Dutra para visitar o grande país representado por esta Assembléia. Desde que foi conquistada a vitória na Europa, tive a ambição de visitar cada um dos países que contribuíram com uma parte da força que ocasionou a derrota do Eixo. O meu propósito era o de pagar o meu tributo de soldado aos oficiais e praças e às mulheres que compartilharam das vicissitudes e sacrifícios da recente campanha e de assegurar aos seus parentes e amigos que eles foram representados nos campos de batalha por homens de valor, coragem e firmeza. Para levar avante esse propósito, eu esperava ansiosamente pela oportunidade de vir ao Brasil. As tropas que vós enviastes à Europa, lutaram sob as mais severas condições de batalha, escrevendo uma epopéia que inspirará os brasileiros através dos séculos vindouros. Foi uma epopéia de avanços vitoriosos, apesar de todos os obstáculos que um terreno montanhoso, um tempo inclemente e um inimigo vingativo poderiam colocar em seu caminho. É indubitavelmente uma honra para qualquer soldado saudar os bravos homens, vivos ou mortos, que conduziram o glorioso pendão do Brasil, entre os outros aliados, até a vitória final sobre o Hitlerismo.

[...] Nenhum homem que tenha testemunhado a guerra hesitará em colocar-se ao lado daqueles que crêem que se pode e se deve encontrar um método melhor do que a força bruta para resolver contendas internacionais. Entretanto, os homens que amam a liberdade, lutarão, sempre que necessário, para conservar a sua liberdade – a única coisa mais cara do que a vida é a democracia, na qual cremos, e pela qual vivemos. (*Palmas*)

[...] A democracia é essencialmente um sistema político que reconhece a igualdade dos homens perante a lei. Não faz distinção entre grandes e pequenos nem entre ricos e pobres. Esta forma de governo se apóia sobre duas grandes pedras fundamentais. A primeira é a fé inquebrantável na dignidade do indivíduo, no valor eterno da alma humana. A segunda, um sistema de empreendimentos livres – o direito do homem de conquistar para si próprio e para sua família uma vida decente com o suor de seu rosto e com o labor de suas próprias mãos. A democracia reconhece o direito de cada um para pensar, agir, praticar sua própria religião, falar de acordo com suas convicções e sua própria consciência. A única restrição é que ele não deve avançar sobre os iguais direitos dos outros.

[...] Os americanos do norte, centro e sul têm dado um brilhante exemplo às Nações Unidas. Graças à União Pan-Americana, o mundo ocidental tem traçado a rota que conduz à compreensão de que a justiça, a prosperidade e o respeito serão possuídos por todos, desde que sejam infalivelmente outorgados a todos. É verdade que ainda não foi atingida a perfeição, mas nós temos progredido tanto para conseguir essa atitude de verdadeiros vizinhos que se o espírito, a tolerância e discernimento prático do Pan-Americanismo fossem estendidos sobre o mundo inteiro, poderíamos, mesmo agora, abandonar a maioria das nossas preocupações no que diz respeito à segurança individual.

[...] Como soldado que teve a honra de servir no mesmo teatro geral de guerra em que serviram os filhos e parentes que enviastes aos campos de batalha, sirvo-me desta oportunidade para envidar os meus esforços em apoio de cada um de vós que tenciona adotar, promover e fortificar esta amizade com a vossa cooperação. [...] É com grande orgulho e sincera afeição que saúdo a vossa bandeira, o vosso grande Presidente e esta Assembléia, como os representantes do povo que marchará, através dos tempos, pela estrada da paz, junto com o meu próprio povo. Assim fazendo, auxiliaremos, entusiástica e generosamente, a todos os outros, para que marchem juntos pela mesma estrada da felicidade humana. (*Palmas prolongadas*)"

No dia seguinte, 9 de agosto, uma sexta-feira, o clima de apoteose que tinha coroado o discurso e o gesto do líder da minoria já tinha se dissipado. O jornal *O Globo* estampava a foto do vice-presidente da Constituinte beijando a mão do general Eisenhower. O gesto era, no mínimo, polêmico, e inevitavelmente provocaria reações na Assembléia. O protesto, porém, não veio, como seria lícito supor, do PCB, mas do deputado João Henrique (PSD-MG):

"O SR. JOÃO HENRIQUE – [...] O General Eisenhower tudo merece pelos seus grandes feitos militares, mas um gesto como o do Sr. Otávio Mangabeira, que me parece de servidão política (*não-apoiados, protestos veementes*) em nome de um povo a um estrangeiro, posto que ilustre, não pode contar com o meu apoio de patriota. [...] É lamentável que numa sessão em que se homenageia um general de uma democracia – democracia que é liberdade –, se conclua um discurso não com um gesto de altivez, mas com um gesto de servidão política.
(*Protestos veementes. Trocam-se inúmeros apartes*)
O SR. PRESIDENTE – Atenção!
O Sr. Rui Santos – O orador se rebela contra as expressões 'em defesa da liberdade'. Isso dói em V. Exa. que se presta a um doloroso papel!
O Sr. Juraci Magalhães – E que não pode compreender um gesto democrático como esse.
(*Trocam-se vários apartes. O Sr. Presidente faz soar os tímpanos reclamando atenção*)
O SR. JOÃO HENRIQUE – O próprio General Eisenhower, filho de uma grande democracia, e ali, no regime democrático, de feito glorioso, há de estranhar que um povo se genuflexe ante ele, para beijar-lhe a mão. (*Palmas. Protestos. Apoiados e não apoiados*) É o protesto, Sr. Presidente, que, como patriota, quero que fique consignado em ata. (*Muito bem. Palmas. Protestos veementes*)"

O primeiro discurso de protesto foi imediatamente seguido de outros de apoio a Mangabeira, não deixando dúvidas de que o gesto, embora polêmico, não provocaria maiores reações na Constituinte, não chegando, portanto, a quebrar a aparente unanimidade que seus pronunciamentos despertavam no plenário. Seu discurso tinha sido primoroso, reconheciam quase todos, e não eram muitos os que discordavam do gesto. O líder da minoria, aureolado por anos de exílio e toda sorte de perseguições, considerado o mais acérrimo adversário da ditadura de Getúlio, tinha sido um observador privilegiado da Segunda Guerra, que eclodira quando ele se encontrava exilado na França. Depois da derrota francesa, de sua rendição ante o Exército alemão e do estabelecimento do governo de Vichy, sob o comando de Pétain, ele fugiu de Biarritz, onde estava vivendo por ser o custo de vida mais baixo, pela fronteira espanhola, de onde logrou alcançar Lisboa, para se asilar nos Estados Unidos, lá vivendo a partir de 1940 até sua volta ao Brasil, em 1945. O gesto, tomado como de subserviência por alguns e visto por outros como de gratidão, não chegou a ameaçar sua brilhante trajetória na Constituinte.

A Assembléia, contudo, pareceu esquecer que o projeto de Constituição, com o parecer da grande Comissão sobre as 4 mil emendas, já pronto para ser apreciado pelo plenário, tinha sido impresso e seus avulsos colocados à disposição dos constituintes, no dia mesmo da visita de Eisenhower. Sua votação ia ter início na sessão do dia 9, tomada em grande parte pela polêmica gerada por Mangabeira. Em defesa do líder da minoria falaram os deputados José Bonifácio (UDN-MG), Pereira da Silva (PSD-AM), Aliomar Baleeiro (UDN-BA), Mota Neto (PSD-RN), Bastos Tavares (PSD-RJ), Lino Machado (UDN/PR-MA), João Mendes (UDN-BA), Vitorino Freire (PSD-MA), Flores da Cunha (UDN-RS) e Gurgel do Amaral (PTB-DF), pronunciando-se todos, com a complacência do presidente, no tempo destinado à discussão da ata. Iniciada a ordem do dia, o vice-líder da UDN, Prado Kelly, tentando dar mostra de irrestrita solidariedade a Mangabeira, apresentou um requerimento congratulatório da Assembléia com a oração do líder da minoria, subscrito também pelo vice-líder da maioria, Acúrcio Torres (PSD-RJ):

"A Assembléia Constituinte aplaude os termos da notável oração e o inatacável procedimento do Deputado Otávio Mangabeira, na saudação que, em nome da Casa, fez ao ínclito General Dwight David Eisenhower em sessão de ontem, e faz inserir em ata seu louvor ao ilustre colega pela excepcional eloqüência com que interpretou os sentimentos do Brasil."

Ao solicitar o presidente aos representantes que ocupassem seus lugares para a votação da proposta, o deputado Souza Costa (PSD-RS), ex-ministro de Vargas por treze anos e seu mais próximo amigo na Assembléia, pediu a palavra para encaminhar a votação, e, depois de elogiar a peça oratória do líder da maioria, não deixou dúvidas de que o plenário ratificaria a iniciativa dos vice-líderes dos dois maiores partidos da Constituinte. Antes que se procedesse à votação, porém, o deputado João Botelho (PSD-PA) pediu a palavra pela ordem e, dizendo-se um dos mais novos amigos de seu colega João Henrique (PSD-MG), que provocara a reação quase unânime da Assembléia, renovou-lhe seu apreço e admiração, para logo manifestar sua discordância quanto ao protesto, antecipando que votaria a favor do requerimento dos vice-líderes da UDN e do PSD. Em seguida, foi a vez do próprio deputado autor do discurso de censura pedir a palavra para encaminhar a votação e, para espanto geral, reafirmando sua condenação ao gesto do beija-mão, adiantar que concordava com os termos do discurso e por isso votaria a favor da moção, aprovada em seguida sem um só voto contrário.

O que tinha começado com uma censura, terminava com uma consagração. O deputado João Henrique (PSD-MG) conseguia, involuntariamente, a primeira unanimidade da Constituinte!

O sujeito oculto da Constituinte

Se Mangabeira, líder da minoria e primeiro-vice-presidente da Assembléia, era uma quase unanimidade entre seus colegas, e seguramente o constituinte mais respeitado e de maior prestígio na Casa, Getúlio, o mais influente e o mais poderoso dos políticos brasileiros, era o que mais oposição e controvérsias despertava. Não havia dúvidas de que era, entre o povo e os eleitores, o mais admirado, mas, entre os políticos, o mais contestado.

A volta de sua fazenda Santos Reis em Itu, no município de São Borja, onde se exilara depois da deposição em 29 de outubro do ano anterior, tinha sido planejada por seus amigos e pelos inúmeros correligionários para se transformar em um acontecimento sem paralelo na vida da cidade. Em sua chegada ao Rio, foi saudado e festejado pela maior parte de seus antigos auxiliares e por manifestação popular organizada pelo PTB carioca. Muito longe, porém, do que seria de se esperar. Se a chegada ao Rio, onde vivera por mais de quinze anos, pelo menos não fora frustrante, sua posse na Assembléia não poderia ter sido menos auspiciosa. Fora recebido com uma moção de aplauso às Forças Armadas por tê-lo deposto, o que equivalia a ser declarado *persona non grata* por seus colegas. Uns eram movidos por antiga militância antivarguista de muitos anos, como a maior parte dos integrantes da UDN, outros por motivos pessoais, muitos por despeito e não poucos por não terem razões especiais para se alinhar a ele, como provavelmente era o caso de grande parte do pessedistas, que votaram pela moção oposicionista.

Tendo tomado posse no dia 4 de junho, provocando com seu gesto imediata reação da maioria dos presentes, praticamente não participou dos trabalhos da Constituinte. Das 182 sessões, ordinárias e extraordinárias, realizadas pela Assembléia, entre 1º de fevereiro e 19 de agosto, o ex-ditador tomou parte de apenas 26, menos de 15% do total. Não foi apenas o constituinte mais votado e o menos assíduo. Foi, seguramente, o mais omisso, o único que não assinou a Constituição nem compareceu à sessão de promulgação. Não tomou parte em nenhum debate, não apresentou emendas ao projeto constitucional e, com sua atitude, demonstrou ostensivo e solene desprezo pela Constituinte. Para alguém que nos quinze anos já cumpridos do exercício da chefia do governo e do estado rasgara dois textos constitucionais, declarara extintos os mandatos de pelo menos 426 deputados e de mais de 40 senadores, exilara inúmeros, prendera e processara um sem-número deles, nem era preciso mostrar desdém tão ostensivo pela representação política.

Tornou-se, voluntariamente ou não, o sujeito oculto da Constituinte de 1946.

Sua primeira intervenção na Assembléia deu-se na ordem do dia da sessão de 19 de agosto, quando já em votação o projeto de Constituição. Votava-se o dispositivo que permitia aos governadores dos estados e territórios nomearem os prefeitos das capitais. Havia emenda supressiva para excluir essa parte do texto, cujo destaque foi requerido pelo deputado Amando Fontes (UDN/PR-SE). Colocado em votação simbólica, o destaque foi rejeitado, provocando pedido de verificação do vice-líder da UDN, deputado Prado Kelly (UDN-RJ). Votaram contra a supressão 154 constituintes, e a favor, 102, confirmando-se, portanto, o resultado da votação pelo processo simbólico. Anunciado o resultado, o deputado Hermes Lima (UDN-DF) pediu a palavra pela ordem:

"O SR. HERMES LIMA – (*Pela ordem*) Sr. Presidente, desejo perguntar a V. Exa. se um representante, nesta Assembléia, não tendo declarado que se abstinha de votar, pode, praticamente, deixar de exprimir sua opinião pelo voto.

Dividiu V. Exa. a votação dos que se manifestaram contra e a favor da emenda, anunciando o resultado que apurou. Quer me parecer, entretanto, que um Sr. Representante permaneceu sentado em ambas as votações e, por esse motivo, indago de V. Exa. se isso é possível. (*Muito bem, muito bem*)

O SR. FLORES DA CUNHA – (*Pela ordem*) A Assembléia e a Nação conhecem a profundidade dos motivos que me separam da personalidade do ex-presidente da República. Quero, porém, declarar que é direito de qualquer representante abster-se de votar. (*Muito bem. Palmas*)

O SR. HERMES LIMA – Devo declarar, continuando na minha questão de ordem, que nesta Casa quem responde às questões de ordem é V. Exa., nenhum poder tendo qualquer Deputado para vir ao microfone respondê-las.

O Sr. Flores da Cunha – Mas posso opinar.

O SR. HERMES LIMA – Nesta tribuna, Sr. Presidente, apesar de reconhecidamente adversário do ex-presidente da República, já fui aplaudido porque, imparcialmente, fiz justiça à atuação de S. Exa., ao dotar o país de uma legislação social.

O Sr. Alfredo Sá – Está, porém, suscitando questão de ordem impertinente.

O SR. HERMES LIMA – É com essa mesma imparcialidade que levanto agora a questão de ordem.

O Sr. Soares Filho – Aliás a abstenção representa manifestação de desprezo pela representação nacional.

(*Apoiados e não apoiados. Trocam-se veementes apartes. O Sr. Presidente reclama atenção*)

O SR. HERMES LIMA – Não se trata, portanto, Sr. Presidente, de questão pessoal.

Desejo perguntar a V. Exa. quando a Mesa verifica uma votação, como acaba de fazer, pode um Representante abster-se de votar?

O Sr. Flores da Cunha – Pode. (*Apoiados e não apoiados*)

O SR. HERMES LIMA – Se V. Exa., Sr. Presidente, me permite, lembrarei que certa vez, quando o Deputado Medeiros Neto quis abster-se de votar, V. Exa. o obrigou a participar da votação.

Era o que tinha a dizer.
O SR. GETÚLIO VARGAS – (*Pela ordem*) Sr. Presidente, não fujo à responsabilidade dos meus atos. (*Palmas*) Votei pela emenda. (*Muito bem*)
O SR. PRESIDENTE – Devo manifestar-me sobre a questão de ordem a resolver. Entendo que nenhum dos Srs. Representantes é obrigado a votar. Trata-se de uma questão de foro íntimo, de consciência, relativo ao modo de cada qual cumprir seu dever. Limito-me a computar os votos daqueles que atendem ao apelo da Mesa. Essa a orientação que segui no caso do Sr. Deputado Medeiros Neto, invocado pelo Representante Sr. Hermes Lima."

A votação da matéria prosseguiu quando, certamente advertido pelo secretário-geral da Mesa, o senador Melo Viana voltou ao problema levantado pelo deputado carioca:

"O SR. PRESIDENTE – Volto à questão de ordem levantada pelo Sr. Hermes Lima, esclarecendo-a em tese. De fato, encontra-se no art. 248 do antigo Regimento da Câmara dos Deputados, subsidiário, o seguinte:

> *Nenhum deputado presente poderá se escusar de tomar parte nas votações, se não fizer declaração prévia de não ter assistido ou acompanhado os debates sobre a matéria em deliberação.*
> *Parágrafo único – Em se tratando de causa própria, ou de assunto em que tenha interesse individual, o Deputado será inibido de votar, mas poderá assistir à votação.*

Passarei, pois, a interpelar o Sr. Representante que não quiser votar, porque, pelo Regimento, o voto é compulsório.
O SR. HERMES LIMA – Sr. Presidente, agradeço a V. Exa. a solução da questão de ordem, que tinha toda a procedência, como a levantei. Parece-me não ser de bom estilo parlamentar, quando um Representante suscita questão de ordem, personalizá-la. Como não estava no meu intuito proceder de outro modo, expus o assunto perante V. Exa., a única autoridade que poderia resolvê-lo."

As doze econômicas palavras de Getúlio em sua primeira intervenção na Constituinte não tinham sido pronunciadas de forma espontânea. Ao contrário, eram fruto de um esclarecimento a que foi chamado, quando citado nominalmente por seu conterrâneo Flores da Cunha (UDN-RS). Tinham sido, portanto, provocadas.
Ele voltaria a falar ainda uma segunda e última vez na Assembléia, no sábado, 31 de agosto, a penúltima das sessões a que compareceu. Como na oportunidade anterior, sua intervenção foi também fruto de provocação, por ter tido seu nome citado nos debates.
O Rio de Janeiro tinha sido convulsionado na véspera por um amplo movimento popular que terminou provocando saques e quebra-quebras em vários pontos da cidade, tendo como móvel o aumento do custo de vida. Segundo alguns, de acordo com o que se depreende de nota oficial

emitida pela entidade, começou com a reivindicação dos estudantes, patrocinada pela UME, pela manutenção da meia-entrada nos cinemas, que alguns proprietários de casas de exibição ameaçavam não respeitar. Segundo outros, o incidente que desencadeou a revolta tinha sido o envenenamento ou intoxicação de um estudante numa padaria no Catete. Qualquer que tenha sido a causa, o movimento logo se transformou em protesto contra o racionamento e os altos preços, degenerando em focos de violência, segundo a opinião geral, estimulada por agitadores e, de acordo com o chefe de Polícia, provocada pelos comunistas, como de hábito, as primeiras vítimas das acusações da polícia. As sedes do partido no Rio foram vasculhadas e ocupadas pela polícia política, enquanto eram presos, entre vários militantes, o ex-deputado Trifino Correia, primeiro-suplente da bancada do PCB-RS que, até dias antes, tinha exercido o mandato na Constituinte. O apartamento de seu colega João Amazonas (PCB-DF) tinha sido sitiado e nem seus colegas conseguiam acesso à sua residência. O de Carlos Marighela foi invadido pela polícia, que arrancou quatro de seus correligionários lá homiziados. A sessão do dia 31 foi convocada em caráter extraordinário e, abertos os trabalhos, com as galerias lotadas, o presidente deu conhecimento das medidas tomadas tão logo soube da prisão do deputado Trifino Correia, através de ofício encaminhado ao chefe de Polícia por intermédio do ministro da Justiça. Esclareceu que era objeto de deliberação um requerimento em que a bancada do PCB, denunciando os fatos já notórios, pedia a designação de uma comissão de constituintes para se entender com o presidente da República. Na discussão do pedido, falaram vários deputados, sendo o primeiro Café Filho (PRP-RN), seguido de Maurício Grabois (PCB-DF) e de Aliomar Baleeiro (UDN-BA), que relatou perante a Casa as arbitrariedades de que tinha sido vítima o Dr. Adauto Lúcio Cardoso quando, na qualidade de delegado da OAB, procurava se informar das circunstâncias da prisão do advogado Hélio Valcácer, a pedido do pai, também advogado. Depois de relatar pormenores dos incidentes, Baleeiro comentou:

"O SR. ALIOMAR BALEEIRO – Feito o meu relatório, e a despeito do propósito de não comentar os fatos da noite passada e desta madrugada, entretanto sou levado a um ligeiro reparo, por provocação dos argumentos aqui há pouco desenvolvidos pelo meu nobre colega, Sr. Café Filho.
Quando S. Exa. falava, outro colega me dizia:
'Acha que ele faz bem, nesta hora, quando todos sentimos clara, manifesta a situação? Acha que devemos revolver culpas, ou apenas procurar a solução?'
O Sr. Nestor Duarte – Desculpe-me o nobre colega a interrupção. Mas acho que, no caso, temos de revolver culpas e apontar os criminosos.
O SR. ALIOMAR BALEEIRO – Afirmei que, embora o passado seja o passado, embora não nos devamos preocupar com ele, mas com as soluções para o presente, havia a necessidade de revolver, no caso concreto, as culpas. Porque, apesar de termos uma polícia que arrebenta máquinas de fotógrafos, prende advogados dos mais irrepreensíveis que se possa imaginar...

O Sr. Plínio Barreto – Prende jornalistas.
O SR. ALIOMAR BALEEIRO – ... desrespeita as imunidades parlamentares de deputados, pratica atos pelos quais só tenhamos que lamentar que este país possua tão triste chefe de Polícia e que ainda esta hora – 16 horas – ainda esteja no cargo, e ainda não tenha sido substituído, apesar de tudo isto, Senhores, ainda é necessário defender essa polícia. É necessário defender este governo, porque, em verdade, quem deveria ser aqui acusado, deveria ser aqui objeto de execração do país, não são os aproveitadores, os negocistas da guerra.

Isso porque, em verdade, os responsáveis não são esses aproveitadores que venderam doces envenenados, remédios falsificados, alimentos corruptos, nem mesmo esses beleguins policiais que não sabem como cumprir seu dever.

O verdadeiro causador, o responsável por tudo isto é aquele Senador que passa por aqui e senta ao lado do nobre Deputado, o Sr. Souza Costa. (*Palmas. Apoiados e não apoiados. Trocam-se numerosos apartes. O Sr. Presidente faz soar os tímpanos incessantemente*)

Espero que motivos de simpatia ou quaisquer outros, inclusive gratidão, que aproximem daquele Senador os Srs. Representantes, não impeçam a serenidade nem a severidade com que trago ao tribunal da opinião pública brasileira o responsável pelo que aí está.

O Sr. Gurgel do Amaral – V. Exa. deve limitar-se ao fatos, em vez de tentar agitar a opinião pública, porque o momento é de excepcional gravidade e há massas getulistas que podem se irritar, agravando a situação.

(*Trocam-se numerosos apartes simultâneos*)

O Sr. Prado Kelly – Conclamo a Assembléia a não tratar de assunto sob qualquer prisma pessoal, a fim de que, dessa forma, possamos ajudar o Chefe do governo a agir consoante as aspirações do povo brasileiro.

O SR. ALIOMAR BALEEIRO – Sr. Presidente, todo esse alvoroço não perturba a minha serenidade, que perturbada não estava, quando apontei o responsável pelo que ocorre hoje.

O Sr. Souza Costa – Senhor Presidente, peço a palavra pela ordem.

O SR. ALIOMAR BALEEIRO – Ilustre Deputado Sr. Souza Costa: V. Exa. pode pedir-me permissão para um aparte, que lho concederei, pois estou com a palavra.

O Sr. Souza Costa – Peço então licença a V. Exa. para um aparte.

O SR. ALIOMAR BALEEIRO – Concedendo a V. Exa. este aparte, quero recomendar aos Srs. Representantes que, por motivos de louvável gratidão ou quaisquer outros, querem defender aqui o homem por mim acusado, em vez de gritar, o que só serve para degradar a Assembléia, venham todos, um por um, desmentir os fatos dentro dos quais defenderei minha tese. Até porque, acredito, não poderia ter passado pelo espírito do nobre líder da UDN, Sr. Prado Kelly, que eu nutrisse o desejo de me pronunciar, sob qualquer aspecto pessoal, a respeito do Sr. Getúlio Vargas, cuja personalidade não me interessa. Não é meu amigo nem meu inimigo. Pessoalmente, dele não tenho qualquer queixa. Como cidadão e como homem público, porém, estou aqui para acusá-lo. S. Exa. tem uma cadeira nesta Casa e, por conseguinte, o direito de usar a tribuna, quando lhe aprouver. Se até agora não exerceu tal direito, a culpa é exclusivamente sua.

(*Trocam-se inúmeros apartes. O Sr. Presidente faz soar demoradamente os tímpanos*)

O SR. ALIOMAR BALEEIRO – Lastimo, Sr. Presidente, que tantos Representantes gastem seus méritos neste furor de berros que não convencem a ninguém, pois nem sequer são ouvidos! Mais prático seria ouvirem a acusação concreta que, sem qualquer injúria, pretendo fazer ao Sr. Getúlio Vargas, e que ele está no dever de receber por ter sido homem público, o que, além de tudo, não lhe confere o caráter de alfenim nem de homem intangível. O Sr. Getúlio Vargas, como todos os homens que exercem o poder, é vulnerável à crítica e aqui estamos para apreciar os seus atos, sobretudo quando tais atos se refletem na atual situação, quando são a causa eficiente, o motor que nos coloca na situação dramática em que nos achamos.

O Sr. Souza Costa – Peço licença a V. Exa. para um aparte, não para defender o Sr. Getúlio, primeiro porque o nobre Senador não está em causa, e, segundo, porque o seu julgamento foi feito em 2 de dezembro. (*Apoiados*) Na Bahia, na terra que, na frase de Rui Barbosa, é "mãe da generosidade, da inteligência e do entusiasmo", mesmo na generosa Bahia o Sr. Getúlio Vargas obteve votos suficientes para derrotar V. Exa.

O SR. ALIOMAR BALEEIRO – Isso não interessa ao assunto em debate.

O Sr. Antônio Correia – O Sr. Getúlio Vargas tem apenas 1/24 do eleitorado.

O Sr. Souza Costa – Nesta hora, entretanto, não devemos tratar de defender o Sr. Getúlio Vargas, mas lutar pela defesa da democracia. [...] Apelo ao nobre orador no sentido de interromper as suas agressões a quem quer que seja e coopere nesta hora com o Governo da República, facilitando a patriótica missão do nobre General Eurico Gaspar Dutra, de cujo êxito dependem os destinos de nossa Pátria.

O SR. PRESIDENTE – Lembro ao nobre orador que está findo o seu tempo.

O SR. ALIOMAR BALEEIRO – Sr. Presidente, permita-me apenas algumas palavras para tranqüilizar o entusiasmo dos nobres defensores do Sr. Getúlio Vargas. Deixo aqui, porém, a acusação, para que a recolham e, amanhã, venham defender o ex-Ditador. (*Muito bem. Palmas*)

Referia-me ao argumento invocado pelo Deputado Café Filho e apelo para a memória dos que tantos apartes me deram. Dizia S. Exa. que, em matéria de transporte, os lucros obtidos pelas empresas, que montavam a 11 milhões de cruzeiros em 1941, elevaram-se, em 1945, a 111 milhões, isto é, dez vezes mais!

Pois bem; neste mesmo quadro oficial vemos que em todo o país – e não apenas no Distrito Federal – tais lucros, de empresas de transporte, em 1941, eram de 32 milhões 870 mil cruzeiros e, em 1945, atingiram 1 bilhão, 167 milhões e 466 mil cruzeiros, alguma coisa de alarmante, lucro excepcional, excessivo, escandaloso que as empresas tiveram com a guerra, com o mesmo capital, sem nada acrescentar a este, nem mérito nem esforço qualquer. Tipicamente, o lucro foi imerecido, fruto do empobrecimento geral do povo, por obra da especulação.

Pergunto: qual o papel de um governo que tivesse o mais elementar bom senso, a menor noção do que se deveria fazer, já em guerra, quando o país seria fatalmente arrastado por ela? Que deveria fazer um governo, quando muitos países que, pela sua posição geográfica, ou determinadas razões, pretendiam ficar neutros, já haviam tomado medidas adequadas? Era, evidentemente, absorver tais lucros, para não causar o desequilíbrio entre a procura e a oferta e prover ao orçamento. Não o fazendo, o governo desequilibrou o orçamento, cobriu o déficit com as emissões, lançou o país na inflação, da qual vem todo esse cortejo de desgraças a que assistimos.

O Sr. Getúlio Vargas, depois das suas partidas de golfe, no clube onde se divertia com os que recolhiam tais lucros polpudos, não os tributou; pelo contrário, tributou a pobreza, através de impostos indiretos, e então permitiu que essa minoria de açambarcadores e aproveitadores se locupletasse com lucros fabulosos de muitos milhões de cruzeiros, justamente o que faltava para equilibrar o orçamento. Houvesse evitado esse erro, houvesse aplicado desde 1941 ou 1942 o imposto sobre lucros excessivos, e teria evitado o naufrágio financeiro do seu governo, trazendo as conseqüências em que se debate o atual governo.

[...] Aí está a acusação concreta, sem agressões, sem injúrias, para que tantas dedicações ao Ditador encontrem um melhor emprego (*muito bem, muito bem. Palmas*)."

Falaram ainda na mesma sessão os deputados Domingos Velasco (UDN-GO), em nome da Esquerda Democrática, e Jurandir Pires Ferreira (UDN-DF), além do senador Nereu Ramos, para defender o governo, assegurar que as imunidades parlamentares seriam respeitadas e apresentar um substitutivo ao requerimento da bancada do PCB, subscrito pelos líderes de todos os demais partidos, nomeando uma comissão de cinco membros para manifestar ao presidente da República os seus propósitos de cooperar com o governo na manutenção da ordem, além de fazer votos para que fossem apuradas as responsabilidades pelos sucessos ocorridos e punidos os responsáveis. Quanto às imunidades parlamentares, confiava ao presidente da Constituinte verificar se "houve fato que as atingisse, providenciando em conseqüência".

Depois de se pronunciar o líder da maioria, ainda falaram, pelo PCB, o deputado Carlos Marighela (PCB-BA) e, pelo PTB, o deputado Gurgel do Amaral (PTB-DF). Antes de ser colocado em votação o substitutivo do líder da maioria, apoiado por todos os demais partidos com representação na Assembléia, ouviu-se pela segunda e última vez, naquele recinto, a voz do senador Getúlio Vargas:

"O SR. GETÚLIO VARGAS – Sr. Presidente, quando aceitei o mandato que me foi confiado pelo povo brasileiro, vim exercê-lo com o firme propósito de não contribuir para não desviar a atenção desta ilustre Assembléia com assuntos estranhos à sua função específica, que é de discutir e votar uma Constituição.

Essa atitude, porém, não importa em censura, nem na mais leve restrição à opinião de nobres colegas que, pensando de modo contrário, aqui têm versado, aliás alguns com grande brilho, matéria não-constitucional.

Quero fazer esta declaração para acentuar que, assim como eu respeito a opinião dos nobres colegas, desejo também que minha atitude seja respeitada.

O Sr. Souza Leão – Mas, anteriormente, V. Exa. não teve a mesma atitude de tolerância para com seus adversários.

O SR. GETÚLIO VARGAS – Quando for votada a Constituição, falarei ao povo para definir minha posição perante a história de minha Pátria. Mas para que não suponham que haja nesta atitude qualquer vislumbre de receio, venho declarar que, se alguém tiver contra mim motivos de ordem pessoal, ou se julgar com direito a desagravo, fora do recinto desta Assembléia estarei à sua disposição. (*Aplausos e protestos, estabelecendo-se tumulto. Soam os tímpanos*)

O SR. PRESIDENTE – (*Fazendo soar os tímpanos*) Atenção! Peço aos nobres Representantes o obséquio de ocuparem os seus lugares. Vamos proceder à votação.
Os Senhores que aprovam o requerimento substitutivo subscrito pelos Srs. Nereu Ramos, Otávio Mangabeira e outros Srs. Representantes, queiram levantar-se. (*Pausa*)
Está aprovado."

Com a bravata estava encerrada a participação de Getúlio Dorneles Vargas, o sujeito oculto da Constituinte de 1946.

27. Em nome do Pai

As preliminares

Na véspera da visita do general Eisenhower, o presidente anunciou ter recebido da Comissão da Constituição o parecer sobre as emendas de plenário, a redação do projeto por ela adotado, que passou a ser o substitutivo à proposta inicial, e o avulso com as emendas, para que sobre elas se manifestasse o plenário. Esclareceu que, de acordo com o Regimento, a discussão e votação deveriam ter início na sexta-feira 9, a sessão seguinte à especial de homenagem a Eisenhower. Como, segundo ele, isso "constituiria um disparate", informou que, se a Imprensa Nacional providenciasse a impressão dos avulsos para o dia seguinte, na sessão de segunda-feira 12 teria início a tramitação no plenário.

Estava pronta a Assembléia para a etapa crucial de sua missão – votar a Constituição que o país reclamava, completando uma incerta transição para a democracia. Nessa mesma sessão, embora o art. 30, § 1º do Regimento fosse explícito sobre os processos de votação a serem adotados na apreciação do projeto – o simbólico e o nominal –, o deputado Café Filho (PRP-RN), alegando as pressões a que poderiam estar sujeitos os constituintes, indagou se seria admissível a votação secreta, prevista também no Regimento, sem explicitar para que matérias. O presidente respondeu que aplicaria o Regimento, adiantando que sequer receberia eventual requerimento para adoção do voto secreto. Explicou que ele previa apenas as duas outras modalidades e usou o princípio jurídico *inclusio unus fiat exclusio alterius* – a inclusão de um [princípio] exclui os demais. Com essa providência, abriu caminho para abreviar a tramitação que já se prolongava por seis meses.

Embora o projeto tivesse sido publicado no *Diário* de 8 de agosto que circulou no dia seguinte, só foi incluído na ordem do dia na sessão de terça-feira 13, pois os avulsos com as emendas só ficaram prontos no dia 12, prazo limite para a conclusão do trabalho da Comissão. Desde que o deputado Cirilo Júnior (PSD-SP) se licenciara para integrar a delegação brasileira à Conferência de Paz em Paris, o lugar de relator-geral passara a ser ocupado por seu colega Benedito Costa Neto (PSD-SP), a quem caberia defender em plenário o substitutivo da Comissão. Essa tarefa, com muita freqüência, tal como permitia o Regimento, seria por ele delegada a cada um dos relatores das subcomissões que deram parecer sobre as emendas de plenário. A maior das deficiências dessa fase foi manter o presidente a rotina de leitura do expediente e o uso da palavra durante esse período, com o que se perdia, com assuntos de menor relevância, boa parte do tempo da sessão. O presidente não só errava, como insistia no erro. No primeiro dia de discussão, a ordem do dia foi tomada com sucessivas questões de ordem sobre procedimentos regimentais, levantadas sucessivamente pelo novo relator-geral Costa Neto (PSD-SP), Barreto Pinto (PTB-DF), Jurandir Pires (UDN-DF), Paulo Sarazate (UDN-CE), Carlos Prestes (PCB-DF) e Nereu Ramos (PSD-SC), líder da maioria e presidente da Comissão Constitucional.

A mais importante das preliminares dizia respeito ao próprio projeto da Comissão. A lei interna da Assembléia dispunha que, tal como se tinha procedido até então, as emendas do plenário voltariam à Comissão, que sobre elas daria parecer. Assim relatadas, viriam a plenário com parecer e sobre elas deveria decidir a maioria. Como seu número chegava a 4.092 e, desdobradas por implicarem muitas delas em alteração de mais de um dispositivo, atingiam mais de 5.000, a Comissão as distribuiu às subcomissões, que sobre elas se manifestaram segundo sua competência. Com base em tais pareceres, elaborou um novo projeto, incorporando total ou parcialmente inúmeras sugestões e desprezando outras. Com esse procedimento, o texto que prevaleceu no âmbito da grande Comissão, chamado na linguagem parlamentar de "vencido", ou seja, o que se venceu por votação, passou a constituir um substitutivo ao projeto original. Essa hipótese não estava prevista no Regimento, mas era a única viável para que a Constituinte terminasse o seu trabalho em tempo útil. O relator propôs que o plenário aprovasse esse substitutivo, sem prejuízo das emendas. Os autores das emendas não acolhidas pela Comissão retinham a prerrogativa de requerer destaque para votação em separado, e esses pedidos eram deferidos ou não pelo presidente, sem recurso ao plenário. Dessa maneira, as emendas incorporadas ao substitutivo da Comissão não precisavam ser votadas pelo plenário, com enorme economia de tempo e esforço. As votações se dariam apenas sobre aquelas emendas não aproveitadas, objeto de pedidos de destaque que tivessem sido deferidos pelo presidente. O seu arbítrio decidiria sobre sua relevância. Além do mais, quando uma emenda fosse aprovada, consideravam-se rejeitadas todas as demais no mesmo sentido e em sentido contrário. Com esse processo, as quase 5.000 emendas se reduziam progressivamente. Cerca de 1.000 chegariam ao plenário, e o número das que eram objeto de pedido de destaque acolhido pelo presidente não chegava a 300. Uma parte o presidente considerou emendas de redação, dispensando o veredito do plenário, e a prática permitiu que a votação fosse feita em pouco mais de trinta dias. Para não prejudicar a estrutura e a consistência interna do texto, muitos dispositivos, em sua maioria de providências ocasionais e o atendimento dos interesses corporativos, foram enviados para figurar no extenso ato das disposições gerais e das disposições transitórias.

Foi, em síntese, o que prevaleceu, depois das várias questões de ordem.

Outra preliminar estabelecida pelo presidente foi a de que os requerimentos de destaque deveriam ser apresentados até o fim da sessão da véspera daquela em que os dispositivos a que se referiam fossem votados. Isso para permitir que a presidência os examinasse e os acolhesse ou rejeitasse à noite, depois das sessões ou na manhã seguinte, antes de cada reunião. Como o Regimento determinava que as votações fossem feitas por capítulos, e a decisão sobre os mais polêmicos levaria várias sessões, adiante se estabeleceu que o *Diário* publicaria com antecedência qual ou quais os capítulos a serem votados, a fim de que os autores dos destaques referentes a eles pudessem apresentar os respectivos pedidos de destaques. Vencida essa fase, finalmente teve início a votação do projeto.

O projeto e sua estrutura[28]

A proposta da Comissão era dividida em nove títulos, alguns títulos em capítulos, e os capítulos em seções. O Título I, o mais extenso e abrangente, incluía 123 dos 213 artigos do projeto. Tratava da *Organização Federal* e estava dividido em quatro capítulos: I – Da Organização Federal, II – Do Poder Legislativo, III – Do Poder Executivo e IV – Do Poder Judiciário.

O Título II referia-se à *Justiça dos Estados*, com apenas um artigo.
O III dizia respeito ao *Ministério Público*, com quatro artigos.
O Título IV dispunha sobre a *Declaração de Direitos*, dividido em dois capítulos: I – Da Nacionalidade e Cidadania e II – Dos Direitos e Garantias Individuais.

---

28. Para acompanhar o desenvolvimento da votação em relação ao projeto da Comissão, consultar o apêndice.

O Título V regulava a *Ordem Econômica e Social* em dezessete artigos. O Título VI, alusivo à *Família, à Educação e à Cultura*, tinha dois capítulos: I – Da Família e II – Da Educação e da Cultura. O Título VII tratava das *Forças Armadas*. O VIII dispunha sobre os *Funcionários Públicos*. O IX, finalmente, continha as *Disposições Gerais*.

As discussões não eram suscitadas, necessariamente, pela extensão de cada capítulo, mas pelos interesses que cada disposição regulava. Na parte estrutural do projeto, não havia muito sobre o que deliberar. A forma do Estado era federativa, o sistema de governo, republicano, e a forma de governo só podia ser escolhida entre parlamentarismo e presidencialismo. Os conflitos se acentuavam no exame das modalidades possíveis em cada tópico. Desde quando a Constituição republicana de 1891 tinha estabelecido como cláusulas pétreas, não-reformáveis, portanto, a República e a Federação, ambos eram assunto pacífico do modelo brasileiro. O tipo de Federação a ser adotado, porém, implicava decisões mais conflitivas. Como distribuir a renda tributária era ponto crucial. Na Constituinte de 1891 fora um dos poucos pontos alterados pela brevíssima Constituinte da época. Era certo que suscitasse discussões. O sistema fiscal e o modelo econômico necessariamente gerariam polêmicas. Não havia grandes discrepâncias ideológicas, pois até o PCB tinha consciência de que, frustrada a via revolucionária para a implantação do socialismo, o caminho da democracia burguesa era ainda mais árduo de ser percorrido, e seu aprendizado, longo, adverso e juncado de escolhos. Mas disputas doutrinárias e concepções econômicas antagônicas eram inevitáveis. Já para os avanços sociais, o futuro não se podia antever promissor. Quando muito, algumas declarações de boas intenções meramente ornamentais e, nas circunstâncias, imaterializáveis.

In nomine Patri

Antes de apreciar o primeiro capítulo, o presidente decidiu submeter a votos o preâmbulo, na técnica legislativa à parte que vem antes do texto, do latim *pre*, "antes", e *ambulare*, "andar". Na legislação ordinária, o preâmbulo inclui a epígrafe, isto é, a designação que indica o tipo de norma, número e data; a rubrica ou ementa, que é o sumário de seu conteúdo; a autoria, isto é, a indicação da autoridade que o expede; os *consideranda*, quando existem; o fundamento legal em que se baseia o poder da autoridade para expedi-lo; e a chamada ordem de execução.

No caso do Brasil, o preâmbulo de nossas Constituições indicava claramente as crenças dominantes e a natureza do Estado brasileiro. A que propunha o substitutivo da Comissão dispunha:

Nós, os representantes do povo brasileiro, reunidos sob a proteção de Deus em Assembléia Constituinte para organizar um regime democrático, decretamos e promulgamos a seguinte
Constituição dos Estados Unidos do Brasil.

Café Filho tinha apresentado emenda supressiva e para ela requereu destaque, argumentando que, sendo o Brasil um Estado leigo, não tinha cabimento a invocação de Deus. O projeto, como lembrou Aliomar Baleeiro em seu memorável discurso já parcialmente transcrito, era clara e ostensivamente clerical. Tratava de assuntos como ensino religioso, casamento religioso com efeitos civis, indissolubilidade do vínculo matrimonial, assistência religiosa aos detentos e aos integrantes das Forças Armadas, entre outros. O preâmbulo era tradição vinda do Império, em que vigorou nossa primeira Constituição, promulgada não sob a proteção de Deus, mas "em nome da Santíssima Trindade". Justificava-se no caso, pois o sentimento ultramontano da época estipulou, no art. 5º da Carta outorgada, que "a religião católica, apostólica romana" continuaria a ser a religião do Império e só permitiria às demais culto doméstico ou particular, "em casas para isso destinadas, sem forma alguma exterior de templo". O Brasil da época, portanto, não era um Estado leigo, pois adotava uma religião oficial. A Constituição republicana de 1891 a aboliu por desnecessária, mas foi reintroduzida na de 1934, em que aparecia a frase "pondo nossa confiança em Deus". Inutilmente ainda lembrou Café Filho que a invocação de Deus não a livrou de se tornar o texto constitucional de muito mais curta duração que a Carta ditatorial do Estado Novo que, sem proteção divina, fora bem mais longeva. A "proteção de Deus" voltou a ser invocada na Constituição de 1967, e a de 1988 nem a invocou, mas a prescreveu imperativamente, ao estatuir que "promulgamos sob a proteção de Deus", mesmo que sem o Seu divino assentimento. Se às vésperas do século XXI os constituintes julgavam falar "em nome do Pai", como não pretender que em 1946 não o fizessem?

O deputado Caires de Brito ainda tentou, sem sucesso, uma fórmula alternativa que deixasse Deus por conta de cada uma das religiões que se pressupõe professem livremente os cidadãos num regime democrático, mas nem isso logrou. A emenda supressiva de Café Filho foi rejeitada em votação simbólica e até a verificação tornou-se ociosa.

O presidente suspendeu a sessão por vinte minutos, para apreciar os pedidos de destaque, e a reabriu às 17 horas, quando foram submetidas a voto as emendas ao Capítulo I do Título I – Da Organização Federal, sendo consideradas aprovadas todas as incorporadas ao texto, sem prejuízo dos destaques. Da mesma forma, foram consideradas rejeitadas, sem prejuízo dos destaques, todas as demais não aproveitadas no substitutivo, total ou parcialmente. Começaria então uma segunda contagem regressiva.

Repartindo o bolo

O Capítulo I do Título I – Da Organização Federal tratava de suas disposições gerais e era dos mais longos, com 36 artigos. O art. 1º tratava da forma de Estado, a Federação, e do regime político, o republicano. O 2º previa como os estados podiam subdividir-se ou desmembrar-se para se anexarem a outros ou para formar novas unidades federativas. O art. 3º regulava a situação dos estados, e o 4º proibia a guerra de conquista e a tolerava quando malogrados os meios pacíficos de arbitramento dos conflitos internacionais.

O art. 5º também não oferecia dificuldades, pois tratava da competência da União. Na sessão do dia 14 foram aprovados os arts. 1º a 6º do projeto, com duas pequenas alterações na competência da União, provenientes de emendas do senador Aloísio Carvalho (UDN-BA) e do deputado Israel Pinheiro (PSD-MG). Nessa mesma sessão, foi aprovado o projeto de Resolução de autoria de Rui Almeida (PTB-DF) e subscrito por mais de cem constituintes, determinando não abonar o jetom pelas sessões extraordinárias realizadas para a aprovação do texto constitucional. Após essa providência, a Assembléia realizou sua primeira sessão extraordinária às 20 horas e 30 minutos. A votação avançou, suprimindo-se os dois parágrafos do art. 12, que davam competência ao presidente da República para decretar a intervenção federal nos estados e nomear o interventor, se necessário. Prevaleceu a posição da bancada de Minas, pois os dispositivos tratavam da intervenção, na hipótese dos conflitos de limites, como o que contrapunha Minas ao Espírito Santo. Sem discussões relevantes, a votação avançou até o art. 14.

Como o art. 15 prescrevesse a competência tributária da União, era chegada a hora de repartir o bolo da receita pública e estabelecer a discriminação de rendas entre as três esferas de poder. À União foram destinados os impostos tradicionais: (a) imposto de importação; (b) imposto sobre o consumo; (c) impostos únicos sobre combustíveis e lubrificantes líquidos e gasosos e sobre minerais; (d) imposto de renda; (e) imposto sobre remessas para o exterior; (f) imposto sobre negócios de sua economia, atos e instrumentos regulados por lei federal. A novidade eram os impostos únicos sobre combustíveis e sobre minerais, uma vez que o projeto determinava que, da renda deles resultante, caberia aos estados e municípios uma "cota-parte proporcional à superfície, população e ao consumo ou produção, nos termos e para os fins consignados em lei federal".

O texto estabelecia o princípio geral instituindo o imposto e deixava à lei ordinária a destinação dos recursos que acabaram constituindo o Fundo Rodoviário Nacional e o Fundo de Mineração, assim como a fórmula para sua distribuição, cujos critérios já estavam previstos: superfície, população e consumo ou produção.

A repartição das rendas materializava o chamado federalismo cooperativo, solidário ou partilhado. A grande dificuldade era a assimetria federativa. Havia estados produtores e estados consumidores de minerais. O que taxar? A produção, o consumo, ou ambos? Quais os favorecidos e os prejudicados? Esta tornou-se uma dúvida reiterativa sempre que se discutiu a questão tributária no Brasil. O texto referia-se à taxação da produção *ou* do consumo. Alguns desejavam que se taxasse a produção *e* o consumo, assim como uma das emendas mandava que do texto constasse que 60% da arrecadação fosse destinada aos estados e municípios, retendo a União os 40% restantes. Na qualidade de relator da subcomissão, coube ao deputado Aliomar Baleeiro (UDN-BA) manifestar-se sobre as emendas. Começou fazendo uma analogia com os inventários que correm tranqüilos até o momento da partilha. Em seguida, mostrou os problemas que tiveram que ser superados para se chegar à solução proposta:

"O SR. ALIOMAR BALEEIRO – [...] Os Estados pequenos – e há Estados com 20 e 21 mil km², como Sergipe e Alagoas – não querem o critério de superfície; os Estados despovoados, como Pará, Mato Grosso e Amazonas, não aceitam o critério de população; os Estados que não têm petróleo são contrários ao critério de consumo; os Estados que não produzem minérios nem combustíveis, que são vários, não optam pelo critério da produção. É por isso que todos esses quatro critérios devem figurar. É o meio de se conciliar os interesses antagônicos, para que prevaleça o interesse da nação. [...] O regime de tributação única envolve hoje não apenas os lubrificantes e combustíveis, mas também todos os minerais e, mais ainda, todo o consumo de energia elétrica. Nós, evidentemente, não podemos estudar um regime tributário único para todos esses produtos. [...] Não se pretende juntar a renda de tudo isso, fazer um todo e dividir pelos Estados, por uma fórmula mais ou menos complexa. O próprio projeto explica: 'A tributação de que trata o inciso III terá a forma de imposto único, que incidirá sobre cada espécie do produto.' A espécie do produto condicionará a modalidade tributária mais adequada a cada caso concreto. Evidentemente, se for a gasolina, deverá ser tributada no momento de sua entrada no país, com direitos alfandegários; se se tratar de carvão mineral de Santa Catarina, evidentemente uma modalidade de exportação, o imposto de produção, cobrado na boca da mina, será a forma mais indicada; se se tratar de energia elétrica, claro que será o imposto de consumo. Assim será aplicada a cada uma das hipóteses aqui previstas."

Com os esclarecimentos, finalmente se avançou e foram aprovadas duas emendas: uma do deputado Paulo Sarazate (UDN-CE), destinando 40% do produto à União e 60% aos estados, e outra do deputado Honório Monteiro (PSD-SP), mandando que em vez da redação "consumo ou produção" constasse "consumo e produção".

Nessa sessão não se concluiu a votação do art. 15. Ficou pendente de votação a emenda supressiva que mandava excluir do texto o § 1º, determinando serem isentos do imposto de consumo os artigos que a lei declarasse como o mínimo indispensável à habitação, vestuário, alimentação e tratamento médico das pessoas de restrita capacidade econômica. O pedido de eliminação do dispositivo fora subscrito pelo deputado Benedito Valadares (PSD-MG), mas sugerido pelo ex-ministro da Fazenda, Souza Costa, deputado pelo PSD do Rio Grande do Sul, sob a alegação de que era impossível sua aplicação prática para distinguir os gêneros que se destinariam às demais pessoas daqueles que se destinassem às de "restrita capacidade econômica". A justificativa foi veementemente contestada pelo relator, deputado Aliomar Baleeiro (UDN-BA), que invocou exemplos da própria consolidação da lei do imposto de consumo de autoria do deputado Souza Costa, quando ministro da Fazenda. Protestou contra o hábito de se isentar produtos de luxo e se tachar os essenciais de mais largo consumo, citando os exemplo dos tamancos e sapatos de uso popular, enquanto eram isentados artigos como serpentina e confete. A disposição defendida por Baleeiro foi mantida em votação na sessão do dia seguinte, rejeitando-se a emenda por 115 votos a 105, com o apoio do próprio líder da maioria, Nereu Ramos.

Durante o expediente, nessa mesma sessão, com generalizado apoio de inúmeros outros parlamentares, o deputado Maurício Grabois protestou contra a portaria do ministro da Justiça que suspendeu por quinze dias, baseado em legislação do Estado Novo, a circulação da *Tribuna Popular*, jornal oficial do Partido Comunista. Mais uma evidência de como se construía a democracia no país. Exatamente como durante a Constituinte de 1933, quando eram quase diários os protestos contra a rotineira violação da liberdade de imprensa e de livre manifestação do pensamento... Defendendo o arbítrio, o líder da maioria, Nereu Ramos, justificou a medida dizendo tratar-se de ato legal, porque fundamentando num decreto-lei do tempo da ditadura!

À medida que a votação avançava, inúmeras emendas que diziam respeito à forma, e não à substância da matéria a ser emendada, iam tendo sua apreciação transferida para a Comissão, sendo consideradas como emendas de redação. Por outro lado, nas propostas mais controvertidas, sobre as quais não havia acordo aparente, usava-se o recurso do adiamento da discussão. Se por um lado esse subterfúgio permitia avançar em relação aos aspectos menos polêmicos do texto, por outro dificultava a apreciação futura das disposições, quando eram consideradas fora de seu contexto.

Na sessão extraordinária do dia 15, foi possível avançar até o art. 23, que tratava da intervenção estadual nos municípios. Foi suprimido o item I, que permitia esse remédio "para assegurar a execução de lei federal, estadual ou municipal", e mantidos os demais. No dispositivo que se referia à partilha dos tributos federais, a Comissão tinha proposto e o plenário aprovado que 10% da arrecadação do imposto de renda seriam repassados em partes iguais aos estados e territórios, que por sua vez dividiriam, também em partes iguais, entre seus municípios, 10% do que recebessem. Ao dispositivo, acolhido com palmas pelo plenário, o deputado Paulo Nogueira Filho apresentou emenda determinando que metade dessa quota fosse obrigatoriamente aplicada em benefícios de ordem rural. A intenção do projeto era preocupação de todos os debates preliminares – fortalecer o municipalismo. O mecanismo escolhido, porém, revelou-se uma das causas da proliferação indiscriminada do número de municípios, sob o regime da Constituição de 1946. Para os grandes municípios, com maiores encargos, a chamada quota era desprezível; para os pequenos, constituía um recurso substancial. A emenda Paulo Nogueira revelou-se inócua na prática. A União não tinha condições de fiscalizar sua aplicação, e os estados não tinham interesse em fazê-lo.

Suscitou discussão intensa, só resolvida na sessão do dia 16, a emenda alterando o art. 20 do projeto que estipulava a participação municipal na arrecadação estadual. Segundo esse dispositivo, quando a arrecadação estadual de impostos, salvo o de exportação, excedesse o total das rendas municipais, excetuados os municípios das capitais, ficava o estado obrigado a transferir-lhes metade do chamado "excesso de arrecadação". Pretendia-se diminuir esse porcentual para 30%, porém não havia emenda específica, embora existissem várias reduzindo para 25, 20 e até 10%. Ainda não se tinha instituído, como na Constituinte de 1988, as chamadas "emendas aglutinativas", permitindo a fusão de mais de duas, com uma redação de consenso entre elas. Pelo Regimento da época, ou se substituía por emenda existente, ou se mantinha o texto original. O presidente tinha concordado em que se votasse a alternativa de 30%, mas, em face do protesto de alguns constituintes, manteve-se o texto original, afinal emendado no dia 16, com a concordância geral.

Nessa mesma sessão começou a discussão do art. 36, que encerrava a apreciação do Capítulo I do Título I, ressalvados os vários dispositivos, cuja apreciação fora adiada. Esse artigo dispunha: "são poderes da União o Executivo, o Legislativo e o Judiciário, independentes e harmônicos entre si". Discrepavam os comunistas que preconizavam, em vez do Legislativo, uma "Assembléia Geral", poder supremo que escolheria os demais e sobre eles prevaleceria. Durante os debates surgiu a informação de que era o sistema constitucional da Ucrânia, uma república sovietizada à força por Stálin, o que bastou para despertar quase unânime oposição. O parágrafo único estabelecia apenas que "o cidadão investido na função de um deles não poderá exercer a de outro, salvo as exceções consignadas nesta Constituição" para contemplar os ministros de Estado, que poderiam ser parlamentares sem perder o mandato. Não era aí, contudo, que se centrava o debate, mas na supressão, pela grande Comissão, do dispositivo que proibia a delegação de poderes. Enquanto o ponto de vista da Comissão era o de que a complexidade do Estado moderno exigia a delegação, os que se contrapunham a essa postura insistiam em sua inclusão, temendo a delegação legislativa que o presidente da República, como vinha fazendo, com fundamento na Constituição de 1937, pudesse legislar por decretos-leis.

Na sessão extraordinária do mesmo dia, ao fim de uma longa discussão, que terminou adiada, sobre a propriedade das margens dos rios pela União, o senador Ivo de Aquino (PSD-SC) anunciou a terceira baixa entre os constituintes, o falecimento, no dia 16, do deputado Altamiro Lobo Guimarães (PSD-SC), em virtude do qual se suspendeu a sessão, em sinal de luto. Nova sessão foi convocada para as 9 horas da manhã do dia 17, sábado.

Autonomia municipal

A primeira sessão matutina foi aberta com um apelo do relator-geral Costa Neto (PSD-SP) para que se evitasse discutir sobre os dispositivos relativos a emendas objeto de destaque, pois se tratava de matéria já largamente conhecida e em sua maior parte debatida nas fases preliminares da Assembléia. O próprio apelo provocou intervenções e discussões que ocupam cinco páginas do *Diário da Assembléia*, mostrando a irresistível tendência ao debate acessório em detrimento do principal, que prevaleceu até o fim dos trabalhos.

A sessão foi dedicada aos destaques relativos a dispositivos do Capítulo I, cuja votação tinha sido adiada. Foram rejeitados os pedidos dos deputados Gastão Englert (PSD-RS), Gabriel Passos (UDN-MG), José Maria Alckmin e Horácio Lafer, todos referentes à competência tributária dos municípios, do deputado Carlos Pinto (PSD-RJ) sobre isenção para pequenos agricultores e do deputado Lauro Montenegro (PSD-AL) sobre ente intermediário entre os estados e municípios, de caráter regional.

Entre os pedidos de destaque adiados antes da aprovação do Capítulo I, estavam os relativos a dois artigos extremamente polêmicos, os arts. 25 e 28. O primeiro tratava do Distrito Federal e estabelecia:

> Art. 25. A organização administrativa e judiciária do Distrito Federal e dos Territórios regular-se-á por lei federal, observado o disposto no art. 124.
> Parágrafo único. O Distrito Federal será administrado por Prefeito nomeado pelo Presidente da República, com prévia aprovação do Senado Federal, e demissível 'ad nutum' e por Câmara eleita pelo povo, a qual exercerá funções legislativas. Os Desembargadores do Tribunal de Justiça terão vencimentos não inferiores à maior remuneração atribuída aos magistrados de igual categoria nos Estados.

O art. 28, que tratava da autonomia dos municípios, não causava polêmica, mas sim seus dois parágrafos, assim redigidos:

§ 1º Poderão ser nomeados pelos Governadores dos Estados ou dos Territórios os Prefeitos das Capitais e dos Municípios onde houver estâncias hidrominerais naturais, quando beneficiados pelo Estado ou pela União.

§ 2º Serão nomeados pelos Governadores dos Estados ou dos Territórios os Prefeitos dos municípios que a lei federal, mediante parecer do Conselho de Segurança Nacional, declarar bases ou portos militares de excepcional importância para a defesa externa do país.

Quando foram anunciados os destaques relativos às emendas ao art. 28, houve um alvoroço no plenário. A bancada carioca, mobilizada em favor da autonomia, supôs que se discutia o art. 28 e não se apreciaria o 25. O deputado Euclides Figueiredo (UDN-DF) indagou, pela ordem, se os destaques anunciados referentes às emendas do art. 28 incluíam também os do art. 25. O presidente esclareceu que não e que já tinha deferido os referentes à autonomia do DF, que seriam apreciados a qualquer momento, de acordo com o entendimento firmado com a Comissão Constitucional. Foi o bastante para que, numa série de intervenções, usassem da palavra, com sucessivos apelos, o próprio Euclides Figueiredo e seus colegas Rui Almeida (PTB-DF), Maurício Grabois (PCB-DF), Gurgel do Amaral (PTB-DF), Barreto Pinto (também do PTB do DF), os senadores Hamilton Nogueira (UDN-DF) e Carlos Prestes (PCB-DF), os deputados Daniel de Carvalho (PR-MG), Costa Neto (PSD-SP) e Hermes Lima (UDN-DF). Em seu discurso, Prestes tinha levantado a suspeita de que os entendimentos com a Comissão eram parte de manobra política da maioria para deixar a questão para ser votada quando do exame das Disposições Transitórias. Dessa maneira, alegava, haveria uma só votação e, derrotada a autonomia, não haveria outra chance para o Distrito Federal, o que ocorreria se os destaques fossem votados na discussão do Capítulo I. Mesmo que fosse derrotada a concessão da autonomia, haveria outra chance, quando da discussão das Disposições Transitórias. O argumento era improcedente, já que, segundo o Regimento, poderia haver uma só manifestação sobre o mesmo dispositivo. Derrotado um dos destaques, todos os demais eram considerados prejudicados. Em sua explicação, o relator-geral Costa Neto (PSD-SP) esclareceu que a emenda subscrita pelo deputado Paulo Sarazate (UDN-CE) e vários outros membros da bancada udenista prescrevia:

Ao art. 1º das Disposições Transitórias, inclua-se, entre os números II e III: o Prefeito e a Câmara do atual Distrito Federal serão eleitos conjuntamente por sufrágio direto.

Logo, concluía ele:

"Em virtude de ter sido a emenda apresentada às Disposições Transitórias, a Comissão deliberou tomar conhecimento das outras emendas, para elaborar o preceito correspondente a essas, quando tivesse de redigir as Disposições Transitórias e preceituar sobre as mesmas. Portanto, trazendo-se para esta Assembléia, neste momento, questão que, pelo requerimento dos interessados – eleição dos Prefeitos –, foi colocada nas Disposições Transitórias, não estamos fazendo a manobra a que se referiu o Sr. Carlos Prestes."

Com a intervenção do relator e do presidente, esclarecendo que, já tendo concedido o destaque sobre a autonomia do DF, a matéria poderia ser votada a qualquer momento, sendo o dispositivo correspondente integrado ao texto no capítulo adequado, superou-se a sessão e passou-se à discussão dos destaques referentes aos parágrafos do art. 28. Eram alusivos à nomeação, pelos governadores, dos prefeitos das capitais, das estâncias hidrominerais e dos municípios que fossem bases ou portos militares considerados essenciais à defesa externa do país. Foram postos em votação os destaques dos constituintes Carlos Prestes (PCB-DF), Barreto Pinto (PTB-DF) e Nestor Duarte (UDN-BA), por serem emendas supressivas dos dois parágrafos. Se aprovados, ficariam os demais prejudicados. Sobre a matéria falaram os autores dos destaques e das emendas supressivas, frisando quase todos os mesmos argumentos. Quando falava o deputado Antônio Feliciano (PSD-SP), eleito pela cidade de Santos, em São Paulo, esgotou-se o tempo da sessão e nada mais foi apreciado ou votado, devendo a Assembléia voltar a reunir-se na segunda-feira, 19 de agosto.

Intermezzo contra o arbítrio

A 133ª sessão, décima desde o início da discussão do projeto, teve um expediente agitado. Protestando contra a suspensão da *Tribuna Popular*, que ainda repercutia e causava indignação, o deputado Prado Kelly (UDN-RJ) fez um longo e minucioso arrazoado e analisou os argumentos jurídicos usados por Nereu Ramos (PSD-SC) para concluir que a medida tomada pelo ministro da Justiça tinha amparo legal. O discurso é um libelo contra o arbítrio a que se tinha acostumado o governo.

"O SR. PRADO KELLY – (*Pela ordem*) Sr. Presidente, findava a hora do expediente na sessão de sexta-feira última, quando solicitei a palavra para enunciar o pensamento do meu Partido a propósito do requerimento que fora apresentado a V. Exa., no sentido de se inserir em ata o protesto da Associação Brasileira de Imprensa contra o fechamento da Tribuna Popular.

Não preciso dizer que a coerência com as idéias políticas expendidas em memorável campanha nos impunha o dever de considerar a matéria no plano mesmo do princípio que lhe era essencial: o da liberdade de manifestação do pensamento.

Darei portanto meu voto ao requerimento, mesmo porque não aceitei a fundamentação em que o ilustre Sr. Ministro da Justiça se baseou para baixar a portaria, de que nos deu notícia a imprensa desta Capital:

Dita Portaria está assim redigida:

> *O ministro de Estado da Justiça e Negócios Interiores, usando da atribuição que lhe confere o art. 4º, parágrafo único, do Decreto-lei nº 431, de 18 de maio de 1938,*
> *Considerando o que consta dos autos de apreensão que acompanham os ofícios [segue-se a enumeração deles] do Chefe de Polícia do Distrito Federal,*
> *Resolve suspender por 15 dias, a partir de 15 do corrente mês, o jornal 'Tribuna Popular', editado nesta Capital.*

Como se vê, Sr. Presidente, o Sr. Ministro da Justiça se baseou no Decreto-lei 431, de 18 de maio de 1938. Já pela data se verifica que esse decreto sucedeu de muitos poucos dias o atentado contra o Chefe de Estado, no Palácio Guanabara[29]. É uma lei de temor e de vingança. No art. 2º impõe-se pena de morte em uma série enorme de delitos, inclusive os preparatórios, como, por exemplo, atos destinados a provocar a guerra, se esta sobrevém em virtude deles.

Não preciso lembrar que a tradição brasileira, dentro do velho princípio religioso – *Ecclesia abhorret a sanguine* – é contrária à pena de morte, nos crimes políticos, a qual só teve ingresso na legislação republicana através desse decreto que não era ato isolado, mas se entrosava num conjunto de normas indispensáveis à sobrevivência da ditadura no Brasil.

No inciso 25 do art. 3º se conceituou como delito 'injuriar os poderes públicos ou os agentes que os exercem, por meio de palavras, inscrições ou gravuras na imprensa'.

E no art. 4º se estabeleceu a possibilidade de apreensão policial.

Nota-se que um e outro dispositivos obedeciam ao pensamento concretizado no art. 23:

> *Todos os crimes definidos nesta lei serão processados e julgados pelo Tribunal de Segurança Nacional, na forma prescrita no Decreto-lei nº 428, de 16 de maio de 1938.*

Tratava-se, Sr. Presidente, de um sistema preventivo e repressivo, sem o qual o Estado totalitário inaugurado no Brasil não poderia viver.

[...] Quando o culto Sr. Valdemar Ferreira redigiu a petição que tive também a honra de assinar, por meio da qual se impetrava *habeas corpus*[30] em favor dos eminentes Srs. Armando de Sales Oliveira, Otávio Mangabeira e Paulo Nogueira Filho, sustentou, com a melhor doutrina, o princípio da caducidade de semelhantes leis."

Depois de aludir à tradição constitucional brasileira de assegurar a liberdade de manifestação do pensamento nas Constituições de 1824,

---

29. Prado Kelly refere-se ao assalto integralista ao Palácio Guanabara, ocorrido em 11 de maio de 1938.
30. Prado Kelly alude à medida judicial impetrada, em maio de 1945, em favor dos três políticos exilados, para evitar que fossem presos ao regressar ao Brasil. Armando de Sales chegou em São Paulo no dia 9 de maio e faleceu no dia 18. Mangabeira chegou ao Rio no dia 11, a mesma data em que o STF concedeu o *habeas corpus* em favor dos três, sendo recebido com um comício em frente ao Teatro Municipal.

1891 e 1934, só revogada pela Carta fascista do Estado Novo, a fundamentação do pedido de *habeas corpus* alegava ainda mais:

"Leis outorgadas por ditadores têm eficácia e valimento apenas enquanto perdure o estado de coação permanente do espírito público. Revogam-se por sua repulsa unânime tanto que se quebrem os grilhões a que o povo ficara submetido. Confina com acerto o ensinamento de Laski[31] de independer a valia da lei não tanto da fonte de que emane quanto, e muito mais, de sua aceitação espontânea e generalizada. Expressão apenas de poder, carece o direito positivo de assentos em princípios que lhe sobrepairem.
[...] Fora de dúvida, as leis fascistas, que no Brasil imperaram, constrangendo as consciências, impondo o silêncio forçado do pensamento, exigindo a admiração incondicional do peão gaúcho, de caudilhismo estilizado pela sua propaganda insistente e caríssima aos cofres públicos, cederam diante da rebeldia nacional, que é evidente e vitoriosa. Vai para dois meses que as comportas se abriram impotentes às forças das águas. Não existe canto nem recanto doutrinário ou administrativo que esteja interdito à crítica da imprensa ou da tribuna radiofônica, quando não dos comícios populares, freqüentes e desabusados."

Esmiuçando os detalhes da legislação do Estado Novo, que mandava submeter o ato de apreensão ao Tribunal de Segurança e em casos excepcionais, permitia fosse praticado pelo ministro da Justiça, concluiu o vice-líder da UDN:

"Compreendia-se, Sr. Presidente, que na vigência da Constituição de 1937, isto é, sob um governo de fato e não de direito, existente no país, se deslocasse a competência para apreciar esses delitos, da justiça própria, isto é, do júri de imprensa, para o Tribunal de Segurança, órgão eminentemente político, destinado a servir aos interesses da ditadura. Mas por que se fazia essa deslocação? Não havia grande diferença em que disputasse o ministro da Justiça àquele órgão a atribuição de apreender edições e suspender jornais. No momento, porém, em que o governo da República extinguiu o Tribunal de Segurança, determinou que os delitos de competência dele passassem a ser examinados pela justiça ordinária. É à justiça ordinária, na plenitude de sua competência restaurada, e não à autoridade administrativa, que cabe apreender, nos casos da lei – se esta ainda vigora – os exemplares de jornais e estabelecer as demais penas, ainda subsistentes na legislação.
Assim, de qualquer modo que se aprecie o assunto, qualquer que seja o ângulo crítico, não há como defender a legalidade do ato praticado pelo Sr. Ministro da Justiça."

O discurso tornava claro que nem mesmo a legislação da ditadura que a Constituinte tinha por missão sepultar os corifeus da ditadura enquistados no governo eram capazes de respeitar, não havendo limites, portanto, para o exercício arbitrário e abusivo do poder.

---

31. O autor refere-se a Harold Laski, professor de Ciência Política na Universidade de Londres, líder e presidente do Partido Trabalhista inglês.

Ainda a autonomia

Na ordem do dia teve prosseguimento a discussão dos destaques do art. 28, que, tratando da autonomia municipal, permitia em seus dois parágrafos que os prefeitos das capitais, das estâncias hidrominerais e dos municípios onde houvesse portos ou bases militares declarados por lei de excepcional importância para a defesa externa do país fossem nomeados pelos governadores.

De acordo com o pedido de vários parlamentares, o presidente tinha decidido que, tratando-se de três questões diferentes, a votação seria feita em três escrutínios distintos, referentes a cada uma das questões. Depois de falarem o relator-geral, alegando que o texto apenas permitia a eleição indireta dos prefeitos das capitais, o que seria resolvido pelas Constituintes estaduais, por se tratar de uma redação permissiva e não imperativa, procedeu-se à votação do primeiro destaque supressivo, referente aos prefeitos das capitais. A emenda foi rejeitada e, a pedido do vice-líder da UDN, procedeu-se à verificação, que confirmou a rejeição por 154 votos contra a emenda e 102 a favor.

Foi nesse momento que o deputado Hermes Lima (UDN-DF), em questão de ordem, indagou se era regimental que algum constituinte se abstivesse de votar, sem prévia advertência, provocando a primeira intervenção do senador Getúlio Vargas na Constituinte, conforme se descreveu no capítulo 26. Ao confessar que votara a favor da emenda supressiva, o ex-ditador permitia três constatações. A primeira, que votara contra a orientação de seu partido e da maioria que integrava. A segunda, que pela primeira vez estava votando em matéria constitucional, no penúltimo mês de funcionamento da Constituinte. E a terceira, que violara o parágrafo único do art. 248 do Regimento quando se manifestara contra a moção Mangabeira na sessão de 6 de junho, de aplauso às Forças Armadas por havê-lo deposto da presidência da República. Tendo interesse e envolvimento pessoal na proposição, transgredira a disposição regimental assim redigida: "Em se tratando de causa própria ou de causa em que tenha interesse individual, o Deputado será inibido de votar, mas poderá assistir à votação." Decisivamente, aquele não era o ambiente propício ao exercício da propalada astúcia política do senador gaúcho.

Resolvida a questão do § 1º e do § 2º do art. 28, cuja supressão foi negada pelo plenário, restava a votação do art. 25, relativo à autonomia do Distrito Federal. Além dos pedidos de destaque sobre o assunto, havia emenda específica do deputado Café Filho (PRP-RN), dispondo sobre o destino do Rio de Janeiro, depois da mudança da capital para o Planalto Central, a ser transformado em estado da Guanabara. Argumentando que a condição de capital da República da cidade era uma situação transitória, o presidente da grande Comissão esclareceu que esse órgão não examinou as emendas relativas à matéria, requerendo que a apreciação de tais emendas fosse transferida para o momento em que se discutisse a proposta de Ato das Disposições Constitucionais Provisórias, o que foi deferido pelo plenário.

Continuaram em discussão as emendas e destaques referentes ao Capítulo I que tinham sido adiadas. A do senador Ismar de Góis Monteiro sobre o imposto de transmissão foi mais uma vez adiada, por não ter se reunido a Comissão de Redação que deveria dar-lhe forma e substância. Aprovou-se, contudo, a emenda do deputado Lameira Bitencourt (PSD-PA), mandando incluir no texto constitucional a frase: "Todo poder emana do povo e em seu nome será exercido." Contrário foi o resultado da emenda do deputado Jurandir Pires (UDN-DF), propondo que o imposto sobre herança fosse prescrito como progressivo, com o que não concordou a Assembléia. Foi também rejeitada emenda do deputado Clemente Mariani (UDN-BA) para incluir no texto dispositivo proibindo a bitributação. Como seu colega Aliomar Baleeiro explicasse que a estrutura do projeto tornava isso impossível, por preterir o imposto federal, o estadual, e este, o municipal, o destaque foi também rejeitado. O presidente esclareceu que do Capítulo I restava ainda um pedido de destaque de autoria do deputado Gabriel Passos (UDN-MG), cuja discussão fora adiada por três dias. Como esse prazo só se encerraria à noite, a matéria só poderia ser apreciada no dia seguinte. Convocou por isso sessão extraordinária para as 20 horas e 30 minutos, a fim de que se iniciasse a discussão do Capítulo II – Do Poder Legislativo, com 41 artigos divididos em seis seções.

28. A construção dos poderes

Legislativo: mandatos e eleições

O primeiro problema na discussão do Capítulo II era o da duração dos mandatos, um tema que iria se repetir quando da transição de 1985. Dutra fora eleito e governava com a Constituição do Estado Novo, que determinava um mandato presidencial de seis anos, obviamente não respeitado por Getúlio. O mesmo aconteceria com Sarney, eleito de forma indireta, para um mandato idêntico ao de Figueiredo, estabelecido também em seis anos. O projeto da Constituição de 1946 previa um mandato parlamentar de quatro anos, e de cinco para o presidente, modelo adotado também na Constituição de 1988. Em 1946, havia emendas defendidas por um grupo de pessedistas encabeçado por Crepori Franco (PSD-MA) propondo que o Capítulo II, que tratava do Poder Legislativo, estabelecesse apenas ser a duração dos mandatos parlamentares idêntica à do presidente, resolvendo-se sua duração quando se discutisse o Capítulo III, dedicado ao Poder Executivo. Café Filho (PRP-RN) defendeu, durante a discussão, uma variante reduzindo o prazo de permanência do presidente de cinco para três anos. Advogava que os mandatos dos deputados fossem, como na República Velha, de três anos, e igual o do presidente, com possibilidade de reeleição. O dos senadores, em vez de ser de nove anos, como na República Velha, passaria a ser de apenas seis. Obviamente, embora engenhosa, a proposta não encontrou eco no plenário. Nenhum constituinte estava disposto a encurtar o próprio mandato. A tendência, como acabou se concretizando, foi a de estendê-lo, mas só para os próprios constituintes, estabelecendo-se, ainda que transitoriamente, a coincidência com o do presidente, fixado em cinco anos.

O problema da duração envolvia outro aspecto, o da coincidência. Num país com a extensão e a expressão demográfica do Brasil, a coincidência dos mandatos não é apenas uma questão de bom senso, mas sobretudo de economia e racionalidade, em face do custo de cada eleição. O modelo prevalecente em 1946 não era efetivamente o melhor. Como a duração dos mandatos dos governadores foi deixada à discrição dos estados, alguns o fixaram em cinco e outros em quatro[32] anos. Como as legislaturas tinham igual duração em todo o país, criou-se uma dualidade de situações. Nos estados com mandato executivo de cinco anos, havia duas eleições sucessivas: uma parlamentar, coincidente com a federal, e outra do Executivo, coincidente com a do presidente, no ano seguinte. Nos demais, ocorria o contrário: eleições estaduais e federais conjuntas, incluindo a dos governadores, sendo a do presidente "solteira", isto é, sem coincidir com nenhuma outra. A coincidência se verificaria a cada vinte anos, entre mandatos de quatro e de cinco anos, já que 20 era múltiplo comum de 5 e de 4. O mesmo se podia dizer com relação a pleitos federais, estaduais e municipais.

O quadro a seguir explica melhor o modelo:

Tipo de eleição	1950	1954	1955	1958	1960
Presidencial	X		X		X
Governadores*	X	X	X	X	X
Deputados e Senadores**	X	X		X	
Deputados Estaduais	X	X		X	
Prefeitos e Vereadores	X	X		X	

* Mandatos de cinco e de quatro anos.
** Senadores–eleições sucessivas a cada quatro anos, alternando-se o preenchimento de um e dois lugares a cada eleição.

Esse não foi o único problema levantado na discussão do Capítulo II. Prestes, em nome do PCB, voltou a insistir na tese do unicameralismo, enquanto o deputado Jurandir Pires (UDN-DF) tratou mais uma vez da coincidência; Soares Filho (UDN-RJ) falou sobre a proporcionalidade das bancadas na Câmara, sugerindo fosse de 1 para cada 150 mil habitantes; Lino Machado (UDN/PR-MA) referiu-se à iniciativa para as

32. Estados com mandatos de governador de quatro anos: AM, PI, CE, PE, SE, BA, ES, RJ, SP, RS, GO. Com mandatos de cinco anos: PA, MA, RN, PB, AL, PR, SC, MG, MT.

convocações extraordinárias do Congresso. O senador Olavo Oliveira (PPS-MA) voltou a ferir o problema da coincidência dos mandatos. Como na fase de discussão se permitia o pronunciamento dos representantes de todos os partidos, a discussão continuou na sessão ordinária do dia 20, terça-feira.

Outra questão de enorme atualidade ainda hoje no Brasil é a proporcionalidade da representação dos estados na Câmara. Na maioria das federações, a partir da primeira delas, a dos Estados Unidos, adota-se ou o critério da população ou o do eleitorado. O modelo americano, estabelecido em 1787, quando o país era uma franja do litoral, onde se localizavam as treze colônias, adotou uma rigorosa proporção entre a população e o número de representantes, que se mantém até hoje. No Brasil império, um Estado unitário, esse problema não existia nem foi cogitado, pois o número de deputados na Constituinte de 1823 foi fixado com base no recenseamento de 1819, segundo o qual o país tinha então 2.488.473 cidadãos livres e 1.107.308 escravos. Nessas condições, a primeira legislatura de 1826 contava com 102 representantes, reduzida depois da independência do Uruguai, em 1828, para 100 deputados. No fim do Império, esse número tinha aumentado para 125 representantes, em face da criação de duas províncias, a do Amazonas, desmembrada do Pará, e a do Paraná, desmembrada de São Paulo, além de acréscimos que se verificaram nas representações do Pará (de três para seis), do Maranhão (de quatro para seis), do Piauí (de dois para três), de Sergipe (de dois para quatro), do Rio de Janeiro (de oito para doze), do Paraná e Santa Catarina (de um para dois) e do Rio Grande do Sul (de três para seis). Não havia relação direta entre a população e o número de representantes. Tomando-se como base o censo de 1872, a relação entre representação e população variava do mínimo de 1 deputado para 28.805 habitantes no Amazonas ou 1 para 30.208 em Mato Grosso. As maiores proporções estavam em Minas, 1 para 105.134 habitantes, e no Rio Grande do Norte, 1 para 116.989, os maiores. Na Constituição de 1891 se estabeleceu pelo artigo 28, § 1º, a fixação do número de deputados por lei ordinária, "em proporção que não excederá um por 70.000 habitantes, não devendo esse número ser inferior a 4 por Estado". Esse mínimo constituía um moderador na proporcionalidade absoluta. Em 1934 a Constituinte foi mais adiante. Estava muito viva na memória coletiva o chamado acordo do "café com leite", que deu aos dois estados mais populosos, Minas e São Paulo, uma enorme preponderância política na escolha dos presidentes da República que se revezavam no poder, com as exceções conhecidas. Por isso, substituiu-se o número mínimo por uma representação proporcionalmente regressiva: 1 deputado por 150.000 habitantes, até o máximo de 20, e, desse limite para cima, 1 por 250.000 habitantes. Era a forma de atenuar a enorme assimetria da federação brasileira que perdura até hoje.

Na discussão do Capítulo II do projeto de 1946, o tema aflorou novamente. O primeiro a falar na sessão do dia 20 foi o deputado Berto Condé (PTB-SP), pedindo a modificação do art. 58 do projeto, que repetia a mesma proporção regressiva da Constituinte de 1934. Alegando que a representação na Câmara "em toda a parte cinge-se à escolha mediante o estabelecimento de uma proporcionalidade entre a população e o número de representantes", estabelecido o seu total em um número fixo, sobre o qual se repartem as vagas, citou os exemplos da Colômbia, 1 para 50.000 habitantes; Cuba, 1 para 35.000; República Dominicana, 1 para 60.000; Equador, 1 para 30.000; México, 1 para 100.000; Paraguai, 1 para 25.000; e Honduras, Costa Rica, Panamá e Guatemala, 1 para 30.000. Exemplos, aliás, que não aproveitavam ao Brasil. Segundo ele, o modelo brasileiro "virá prejudicar os Estados mais populosos". Recebeu imediato apoio do deputado Ataliba Nogueira (PSD-SP), usando o mesmo argumento utilizado até hoje: "No resto do Brasil, o brasileiro vai valer um. Nos Estados mais populosos vai valer metade ou três quartos." Esqueceu-se de dizer que, como hoje, nos estados mais pobres o brasileiro vale um, e nos mais ricos, quinze vezes mais, em termos de renda! A proporção regressiva, portanto, nada mais é do que a tentativa de corrigir, politicamente, a assimetria econômica.

O outro engano corriqueiro, corrente e falacioso é confundir eleições proporcionais com majoritárias. Nas primeiras, vale a maior proporção, e nas majoritárias, a maior quantidade de votos. São inúmeros os casos de candidatos a deputado mais votados que não se elegem. Um dos mais recentes e conhecidos exemplos é o de Dante de Oliveira, no Mato Grosso. Um dos mais votados no pleito de 1990, seu partido, na época o PDT, não atingiu o quociente e ele não se elegeu. Usa-se, ignorando as regras da legislação eleitoral, o exemplo do deputado menos votado de Roraima, que representa seu estado com apenas 5.253 votos, obtidos nas eleições de 1998, enquanto o mais votado de São Paulo, no mesmo pleito, com 306.988 votos, tem o mesmo peso na Câmara. O mais votado de São Paulo conseguiu a proporção de 1,97% dos votos válidos de seu estado, e o de Roraima, 4,16%. Quem representa a maior parcela de eleitores? É o que, com inteira razão, costuma perguntar o professor Vanderlei Guilherme dos Santos, quando se discute o assunto. Para representar a mesma proporção, o representante de São Paulo necessitaria não dos 306.000 que obteve, mas de 649.425. Nas eleições proporcionais, como se vê, há uma sutil porém essencial diferença entre ter mais votos e ser mais votado. Foi por acreditar que os números valem o mesmo na aritmética que na política que Paulo Maluf, cujo partido tinha maioria no Colégio Eleitoral, perdeu a eleição para Tancredo, do partido minoritário, pelo humilhante resultado de 480 contra 180 votos. Como esse preconceito permanece até hoje, era mais que natural prevalecesse em 1946.

O deputado Ataliba Nogueira (PSD-SP), que defendia a proporção direta e não a regressiva do projeto, recebeu a imediata solidariedade dos constituintes dos estados mais populosos. Jaci Figueiredo (PR-MG) lembrou que, mantido o projeto, "serão necessários mais de três paulistas para valerem um mato-grossense", já que a proporção da representação daquele estado seria de 1 para 61.000 habitantes e, em Minas, de 1 para 199.000.

Pela ordem, e desviando-se do curso dos debates, o deputado José Jofili (PSD-PR) lembrou estar completando naquele dia uma semana do início dos debates do projeto constitucional. Argumentou que, tendo sido votados 156 dos 750 dispositivos de que se compunha o projeto, o texto final só estaria aprovado no fim de setembro ou início de outubro, pedindo que o uso da palavra na discussão do projeto, em vez de ser feita por capítulo, o fosse por título, sem, no entanto, ser atendido.

Para abreviar a apreciação da proposta, o líder da maioria e presidente da Comissão Constitucional, senador Nereu Ramos (PSD-SC), requereu que todos os pedidos de destaques relativos às emendas dispondo sobre a duração do mandato presidencial, ao prazo das legislaturas, à coincidência dos mandatos e ao número de deputados por território, por serem matérias que, à exceção da última, seriam incluídas nas Disposições Transitórias, fossem apreciados quando da votação desse capítulo.

O recurso que estava sendo empregado era o mesmo já utilizado pela grande Comissão. Para não atrasar o projeto a seu cargo, depois de emendado, decidiram os seus membros enviá-lo ao plenário sem o capítulo das Disposições Transitórias, que estava sendo elaborado, enquanto o plenário da Assembléia discutia o corpo principal do projeto. De tal sorte que, concluída essa fase, seriam votadas todas as questões polêmicas, as que tivessem relação com disposições transitórias e ainda todos os problemas não resolvidos no projeto, inclusive suas omissões, registradas durante o debate geral. A despeito da oposição de alguns constituintes, o plenário aprovou o adiamento requerido pelo líder da maioria e, com isso, foi possível votar o texto do Capítulo II do projeto, sem prejuízo das emendas objeto dos destaques, que começaram a ser apreciados em seguida.

O primeiro dispunha sobre a criação de uma comissão interparlamentar de planejamento econômico, de autoria do deputado Berto Condé (PTB-SP), rejeitada por não ser matéria constitucional. Em seguida, entrou em discussão o art. 58, versando sobre o tema da proporcionalidade regressiva e do número mínimo de deputados por estado, que confrontava os representantes dos menores aos dos maiores estados, notadamente São Paulo. A clivagem entre os que defendiam e atacavam o princípio já não se dava entre os partidos, mas entre os estados. A própria UDN, que como minoria procurava preservar ao máximo a aparência de unidade, esclareceu por seu vice-líder, o deputado Prado Kelly, que a questão tinha sido considerada "em aberto" na bancada, o mesmo tendo feito o PSD. O plenário, aos gritos de "votos, votos, votos", pedia a imediata votação da emenda. O resultado foi de 91 a favor e 155 contra, mantendo-se assim o texto do projeto. Como havia outras emendas relativas ao mesmo dispositivo ainda não apreciadas, o presidente resolveu convocar nova sessão extraordinária, a se realizar na noite do mesmo dia.

A primeira delas a ser votada, de autoria do udenista Rafael Cincurá (BA), dizia respeito à convocação do Congresso Nacional. Segundo o parágrafo único do art. 39 do projeto, a convocação extraordinária do Congresso, fora do período normal de sessões, entre 15 de março e 15 de dezembro, só poderia ser feita pelo presidente da República ou por iniciativa conjunta de um terço da Câmara e do Senado. A emenda preconizava que, em vez da iniciativa conjunta de um terço das duas Casas, pudesse ser feita por um terço de qualquer uma delas. Submetida a votos, foi aprovada. Aprovou-se também emenda do deputado Jurandir Pires (UDN-DF) para incluir no texto do art. 45 que a licença para processo dos parlamentares só poderia ser concedida pela maioria absoluta de cada Casa, uma vez que o *quorum* exigido não constava do texto. Acolheu ainda emenda do deputado Altino Arantes (UDN-SP) estendendo aos presidentes e vice-presidentes da República, no que coubesse, as mesmas incompatibilidades a que estavam sujeitos, desde a posse, os parlamentares. A disposição, contudo, não prevaleceu quando da votação da redação final.

De autoria do deputado Leão Sampaio (UDN-CE), foi aprovada emenda ao art. 52 do projeto, determinando que, em caso de licença do congressista titular, seria convocado o respectivo suplente, hipótese que também não constava do texto do projeto.

Na sessão do dia 21, o plenário corrigiu, aprovando emenda do deputado Nestor Duarte (UDN-BA), o texto do projeto na seção correspondente ao processo legislativo, dispondo que, no caso de proposta aprovada numa Casa e revista na outra, em vez de dois, a matéria seria submetida a um só turno de votação na Casa que estivesse procedendo à revisão. O inconveniente do texto original do projeto exigindo duas rodadas de votação em cada Casa é que provocaria pelo menos seis votações sobre a mesma matéria se um projeto aprovado pela Câmara e modificado pelo Senado fosse devolvido à Casa de origem, para se manifestar sobre a alteração nele introduzida. Ampliou também, por iniciativa do deputado Alfredo Sá (PSD-MG), a situação em que os congressistas nomeados para cargos executivos não perderiam o mandato. O projeto abria exceção apenas para o caso dos ministros de Estado, e a emenda mandou estender esse benefício aos que fossem nomeados governadores dos territórios e secretários, nos estados. Aprovou-se também emenda do deputado Barreto Pinto (PTB-DF), diminuindo de 25 para 21 anos a idade mínima para ser deputado.

Outra questão debatida anteriormente e cuja votação fora adiada por três dias, a pedido do líder da maioria, dizia respeito não ao Capítulo II em debate, mais ainda ao Capítulo I, no que tange à isenção do imposto territorial, de que deveriam ficar isentos os sítios até 20 hectares, desde que cultivados pelo proprietário e sua família que não fosse dono de outro imóvel. Tratava-se de emenda apresentada pelo deputado Gabriel Passos (UDN-MG) e combatida pelo relator-geral, pelo presidente da grande Comissão e pelo relator da subcomissão tributária, Aliomar Baleeiro (UDN-BA). Argumentando com o princípio de que os tributos deveriam ser regulados pela capacidade tributária do contribuinte, segundo o modelo contido no art. 198 do projeto, o relator lembrou que "não é justo que concedamos a mesma isenção ao proprietário que tem responsabilidade, que é casado, que tem numerosa família, e ao solteiro que não possui encargo algum. Tratar desigualmente os desiguais, concluiu ele, é a melhor forma de se aplicar a justiça". Submetida a votos, a emenda foi aprovada por 112 contra 102.

Da mesma forma, foi votada em seguida a emenda do deputado Jorge Amado (PCB-SP), que mandava estender a isenção constitucional de tributos, prevista no texto do projeto para o papel destinado à impressão de jornais e revistas, ao que fosse utilizado na impressão de livros.

Parlamentarismo: enterro de segunda

Com essa decisão, encerraram-se a discussão e votação do Capítulo I – Da Organização Federal e II – Do Poder Legislativo, passando à discussão do Capítulo III – Do Poder Executivo. À semelhança do que tinha sido decidido em relação aos capítulos anteriores, o plenário aprovou, sem prejuízo das emendas objeto de destaque, o texto do projeto desse capítulo.

A questão central era a emenda parlamentarista, discutida na sessão extraordinária que teve início às 20 horas e 30 minutos do mesmo dia 21. Em oito dias e catorze sessões de discussão, o plenário tinha aprovado 78 dos 213 artigos do projeto, sem as Disposições Transitórias. Em defesa do sistema parlamentar de governo, o primeiro a se pronunciar foi o autor da emenda, o deputado Raul Pila (PL-RS), que veio a se tornar o apóstolo do parlamentarismo no Brasil, enquanto esteve na vida pública. Com evangélica paciência, valeu-se dos mais brilhantes argumentos que poderia invocar, virtualmente sem apartes, porque a opinião majoritária da Constituinte já era conhecida. O deputado Amando Fontes (UDN/PT-SE) desistiu da palavra para abreviar a votação. O orador seguinte foi o líder do PCB, Carlos Prestes, que, num discurso de cinco páginas do *Diário da Assembléia*, apoiou a emenda com uma longa citação doutrinária de Batlle y Ordóñez, ex-presidente do

Uruguai, que ocupa dois terços de seu pronunciamento, condenando o presidencialismo sul-americano. No encaminhamento da votação falaram o senador Aloísio de Carvalho (UDN-BA) e o deputado Flores da Cunha (UDN-RS), na qualidade de relator da subcomissão de poderes do Estado. Ele esclareceu que, logo no início dos trabalhos da grande Comissão, o presidente, Nereu Ramos (PSD-SC), colocou a votos a questão do sistema de governo, tendo vencido por larga margem o presidencialismo, razão de seu parecer. Submetida a votos, a emenda parlamentarista obteve 69 votos a favor e 154 contra.

Com esse placar, o parlamentarismo teve mais uma vez, no Brasil, o enterro de segunda classe que a história parece lhe ter reservado.

De autoria do senador Aloísio de Carvalho (UDN-BA), foi aprovada outra emenda modificando o texto do compromisso a ser prestado pelo presidente em sua posse. Em lugar da forma constante do projeto – "Prometo manter e cumprir com lealdade a Constituição federal, promover o bem geral da República, observar as suas leis, sustentar-lhe a união, a integridade e a independência" – a proposta do senador baiano substituía a expressão "o bem geral da República" por "o bem geral do Brasil". Outra emenda também aprovada foi a de autoria do deputado Mário Masagão (UDN-SP), mandando incluir, entre as faculdades do presidente da República, além da prerrogativa de baixar decretos, a de baixar regulamentos, com o que concordou o relator, lembrando que regulamentos são categoria distinta dos decretos.

Um bom número de constituintes estava se convencendo de que muitas das emendas seriam resolvidas corrigindo-se apenas a redação. Foi o caso do deputado Aliomar Baleeiro (UDN-BA), que, numa iniciativa recebida com palmas, desistiu de sua emenda 978 e de todas as demais que subscreveu, sob o argumento de que era preciso abreviar a votação do projeto. A última emenda do Capítulo III a ser aprovada foi a de autoria dos deputados Milton Prates (PSD-MG) e Ataliba Nogueira (PSD-SP), suprimindo do art. 91 do projeto o respectivo parágrafo único, que incluía na competência do ministro da Fazenda a de "superintender a organização da proposta geral do orçamento".

Judiciário, o julgamento

Com a aprovação dessa última emenda ao Capítulo III, foi possível passar ao seguinte, relativo ao Poder Judiciário. Como em relação aos demais, o texto foi aprovado, sem prejuízo dos destaques referentes às emendas não acolhidas pela Comissão da Constituição. Ao ser concedida a palavra para discussão da matéria, o deputado Milton Campos (UDN-MG), relator da subcomissão do Judiciário, anunciou desistir de fazê-lo, em benefício da celeridade dos trabalhos. Em seguida foi a vez de o senador Nereu Ramos (PSD-SC) seguir seu exemplo, adotado também pelo deputado Gurgel do Amaral (PTB-DF), líder de seu partido, e Arruda Câmara (PDC-PE), líder de sua legenda de apenas três deputados. Como eram nove os partidos com assento na Constituinte, e cada um tinha direito a meia hora na discussão de cada capítulo, desistindo todos, a economia de tempo era de quatro horas e meia por capítulo, tempo superior ao de uma sessão. No dia imediato, Prado Kelly (UDN-RJ), vice-líder udenista, e Daniel de Carvalho (PR-MG), do PR, adotaram a mesma postura.

A ordem do dia da sessão do dia 22 de agosto foi precedida da publicação de uma declaração de voto dos parlamentaristas derrotados na sessão extraordinária da véspera que ocupa quatro páginas e meia do *Diário da Assembléia*, em que renovam todas as suas críticas tradicionais ao sistema presidencialista. Antes de se iniciar a votação dos destaques e emendas, o líder da maioria requereu que o capítulo do Poder Judiciário, com seis seções e trinta artigos, fosse discutido juntamente com o Título II, com apenas um artigo e doze itens, que tratava da Justiça dos estados, por haver emendas correlatas em ambas as partes. Foi secundado pelo vice-líder da UDN, que propôs incluir na mesma rodada de votações o Título III, relativo ao Ministério Público, com apenas quatro artigos.

A primeira emenda a ser posta em discussão e votação foi a de autoria do deputado Gabriel Passos (UDN-MG), que tinha sido procurador-geral da República de 1936 a 1945, e se referia à competência do Supremo Tribunal Federal, em matéria de recurso ordinário. No discurso com que justificou sua proposta, o autor tocou num ponto essencial, ainda hoje objeto de preocupações – a morosidade do Judiciário, que equivale a uma denegação de Justiça tão profligada por Rui Barbosa. Disse, em síntese:

"O SR. GABRIEL PASSOS – [...] Um dos maiores clamores em relação à Justiça no Brasil é o verdadeiro *empachamento* – como se dizia antigamente, do Supremo Tribunal Federal.

Esse órgão supremo da Justiça no Brasil vive excessivamente sobrecarregado de serviço de maneira tal [...] que não consegue aquele Pretório ter um serviço em dia. As partes reclamam; os advogados estão sempre insatisfeitos com a demora dos processos, não só no STF, propriamente dito, mas também na Procuradoria-Geral, que vive, igualmente, sobrecarregada.

Dado esse acúmulo de serviço é que os meios forenses brasileiros reconhecem, indiscrepantemente, como uma das razões invocadas para modificação da Justiça no Brasil, qual seja, a criação de um tribunal federal de recursos, um órgão capaz de satisfazer ao acúmulo de serviço tirando ao Supremo a maior cópia de seus encargos.

A criação desse órgão vem assim satisfazer uma necessidade inequívoca. [...] Mas é incontestável que, quanto ao Supremo Tribunal, continuará a sobrecarga de seus serviços, desde que permaneça o que consta deste projeto.

[...] A emenda 1450 determina que se suprima a letra a) do art. 101, nº II do projeto revisto, que diz o seguinte:

> *Julgar, em recurso ordinário, os processos decididos em última instância pelos tribunais locais ou federais, sobre mandados de segurança e habeas corpus, quando denegatória a decisão.*
>
> [...] Para esse supremo órgão de justiça deveriam encaminhar-se tão-somente as questões magnas, as decisões finais e últimas das questões constitucionais ou aqueles interesses implícitos da soberania nacional; em suma, os julgamentos finais que tivessem, pela sua magnitude, necessidade de pronunciamento do mais alto tribunal do país.
>
> [...] Será possível que os demais tribunais e juízes não mereçam confiança ou não tenham suficiente capacidade para conhecer de mandados de segurança ou de *habeas corpus* denegados? Por quê? Então, constituamos uma justiça de modo a limitar os recursos necessários à salvaguarda do direito."

Gabriel Passos (UDN-MG) estava em dissídio com seu próprio partido. A duas de suas mais eminentes figuras de juristas, um mineiro como ele, Milton Campos, e outro fluminense, Prado Kelly, coube dar-lhe combate. Prado Kelly, em aparte, insistia na competência para o STF julgar, em grau de recurso ordinário, as decisões denegatórias de *habeas corpus*, alegando que "não deve haver nenhum caso em que esteja em jogo a liberdade que não possa chegar até o Supremo". A Milton Campos, na qualidade de relator da subcomissão do Judiciário, coube a tarefa de defender o texto aprovado na Comissão da Constituição. Frisou que estavam todos "em face de um dispositivo altamente liberal, portanto organicamente democrático, que tem por objetivo a defesa das liberdades públicas e a repressão dos abusos de autoridade". Lembrou que, mesmo eliminando-se o recurso ordinário nos dois casos pretendidos pela emenda Passos, ainda assim caberia a alternativa do recurso extraordinário, porque sempre se alegaria que estava em jogo matéria constitucional.

A questão era polêmica, como continua até hoje, em relação ao argumento principal de Gabriel Passos. Seu colega de bancada Milton Campos, inquestionavelmente o espírito político mais liberal que o Brasil conheceu no século XX, comparável ao de Rui Barbosa, na defesa dos direitos e garantias individuais, tinha sobeja razão, por ter vivido a dura experiência do Estado Novo. Mas as razões de Gabriel Passos eram mais que imperiosas, além de estarem em consonância com o espírito da época. Os dois países que mais sofreram os efeitos de duas das mais cruéis ditaduras que quase os levaram ao extermínio, a Itália, e a Alemanha, instituíram, com a diferença de dois anos, seus tribunais constitucionais, quando restauraram o estado de direito. A Itália, na Constituição de 1946, já em vigor quando a nossa estava em discussão; e a Alemanha, na Lei Fundamental de Bonn, em 1948. O Brasil perdeu a oportunidade de fazê-lo naquela época e continuou insistindo no erro, nas Constituições posteriores. Se tivesse corrigido o defeito em qualquer uma das muitas oportunidades que teve, como fizeram Portugal e Espanha, depois do fim das ditaduras salazarista e franquista, e a França, na Quinta República, hoje o STF não estaria como se encontra, abarrotado de recursos irrelevantes e meramente protelatórios. Pouco adiantava a garantia constitucional defendida pelo espírito admirável de Milton Campos (UDN-MG), se não fosse exercida a tempo e com brevidade. Seu argumento era límpido e procedente, mas a realidade das mazelas brasileiras veio a depor contra o seu elogiável idealismo.

O senador Ferreira de Sousa (UDN-RN), jurista e professor de direito, ainda pediu que a votação da emenda fosse feita em duas partes. Uma relativa à competência na apreciação dos recursos denegatórios de *habeas corpus* e a outra com relação aos mandados de segurança, já que ele admitia o primeiro, mas negava o segundo. Discutindo a matéria, Prado Kelly (UDN-RJ) esclareceu que a solução inicial proposta, tal como ocorreu em 1987-88, relativamente à transformação do STF em Tribunal Constitucional, não vingou por oposição de seus membros, que não queriam abrir mão de suas prerrogativas:

"O SR. PRADO KELLY – [...] No primeiro turno de nossos trabalhos eu havia sugerido uma organização para o Supremo Tribunal Federal que o aliviaria de grande carga de responsabilidades. Seria ele, por exemplo, o órgão adequado para proferir as decisões definitivas, em tudo quanto dissesse respeito à Constituição. Ficariam os Tribunais Federais de Recursos com a incumbência de dar também a última palavra, mas no que se referisse às leis, à sua interpretação ou à sua violação.

Esse sistema não agradou à maioria da Casa. Acredito até que não tenha encontrado melhor acolhida entre os eminentes membros daquela alta Corte de Justiça."

Como se vê, as inovações não quadram com o espírito de nossos constituintes, nem com a mentalidade da maioria de nossos políticos. A emenda de Gabriel Passos foi rejeitada nas duas votações a que foi submetida, como tinha requerido o seu colega de partido, o senador Ferreira de Sousa (UDN-RN). O debate terminou se transformando numa disputa doutrinária entre os bacharéis da UDN, dispostos de ambos os lados do campo de batalha, cada um brandindo, com os mais sólidos e eruditos argumentos, as suas razões. Em nenhum outro momento de sua história a UDN mostrou, como de forma tão evidente na Constituinte, ser o partido dos juristas e bacharéis. Os mesmos que Getúlio tinha chamado em 1943, ante o Manifesto dos Mineiros, de "leguleios em férias".

Várias outras emendas que visavam à unidade e à federalização da Justiça, em maior ou menor grau, foram rejeitadas. Entre as aprovadas, estava a de autoria do relator da subcomissão do Judiciário, o deputado

Milton Campos (UDN-MG), que alterava o art. 103 relativo à composição do Tribunal Federal de Recursos. Em vez da redação original, de que o Tribunal se comporia de nove juristas, nomeados pelo presidente da República e aprovados pelo Senado Federal, se estipulou que se comporia de nove juízes, sendo seis escolhidos entre magistrados e três entre membros do Ministério Público e advogados. Por fim, aprovou-se emenda do deputado Elói Rocha (PSD-RS), determinando que os dissídios relativos aos acidentes de trabalho continuassem sendo julgados pela Justiça comum, como se determinou desde a primeira lei sobre o assunto, de 1919.

A discussão continuou na sessão ordinária do dia seguinte, 22 de agosto. A primeira emenda em discussão era de autoria do deputado Gabriel Passos (UDN-MG) e se referia, mais uma vez, à competência recursal do STF, constante do art. 101, item III e respectivas alíneas do projeto. O destino da emenda já estava traçado, em face das decisões da véspera sobre suas propostas. Mas, ainda assim, ele insistiu em defender seus pontos de vista, abordando o seu principal fundamento, a celeridade das decisões judiciais, sem deixar de fazer uma alusão extremamente sutil, mas algo ferina, a seu colega de representação e partido, Milton Campos:

"O SR. GABRIEL PASSOS – [...] Bem sei, Srs. Constituintes, que em matéria técnica como essa, é por vezes enfadonha a argumentação, e o problema técnico pode correr o risco de ser resolvido por uma conceituação pressupostamente liberal, quando deverá considerar-se, em face mesmo da eficiência da Justiça, isto é, do andamento célere dos feitos e da segurança das decisões.

O andamento rápido dos feitos é ideal longamente perseguido, e a segurança dos julgados repousa, sobretudo, nos lazeres, nas folgas que têm os juízes, para bem estudar as demandas que lhes são afetas. Sem que o juiz possa, com tempo e paciência, deter-se nas contendas que lhe são presentes, sujeita-se à formação de juízo apressado, ou atropelado devido a encargos numerosos. Tenho testemunhado, mesmo entre juízes dos mais notáveis, casos de precipitação de pronunciamento, justamente pelo pavor ao excesso de trabalho, ao grande número de causas a serem devoradas ou ultrapassadas.

[...] Peço agora a atenção da Assembléia para outra questão importante: a competência do Supremo Tribunal Federal. Trata-se, aí, do recurso extraordinário.

A douta Comissão, que apresentou inicialmente projeto brilhante e satisfatório, admitiu, como no [projeto] revisto, a multiplicação dos recursos de caráter extraordinário, em face da bi-repartição entre o Supremo Tribunal Federal e o Tribunal de Recursos.

Diante das críticas que se levantaram, a egrégia Comissão voltou à orientação anterior da cultíssima Subcomissão constitucional, de maneira que foi outra vez o Tribunal de recursos expungido dos recursos extraordinários, e o Supremo Tribunal Federal continuou a julgá-los na forma tradicional.

O termo tradicional pode soar como palavra mágica para certos ouvidos; para outros, porém, conhecedores do seu significado, a tradição é má e deve ser rejeitada.

O recurso extraordinário, como a nobre Assembléia sabe perfeitamente, nasceu da conveniência de se estabelecer a preeminência da lei federal. Como os Estados, na Federação, tinham a faculdade de legislar, elaborando leis substantivas, poderia acontecer que os poderes locais se sublevassem contra os federais. Os próprios tribunais estariam sujeitos, então, a ímpetos autonomistas exagerados. Para evitá-los, criou-se o recurso que, por sua natureza, e como a própria palavra o diz, é extraordinário, destinado a corrigir situação excepcional, e que implica em preeminência da lei federal, colocando a Constituição sob a guarda de tribunal supremo, máximo, de julgamentos incontroversos.

O recurso extraordinário tem esse caráter e se, por sua vez, ao Supremo Tribunal Federal cabe o dever de cingir seus julgamentos à chamada questão federal, isto é, puramente legal, de conceituação da lei, do entendimento perfeito da norma, e não à apreciação dos fatos ou dos feitos, de modo a se transformar abusivamente em terceira instância, revisora das decisões dos tribunais locais, é imprescindível que se determine que aquele recurso deve ser estrito, excepcional, raro, como rara será a negação da lei federal.

[...] A verdade é que, se a Constituição atual não conseguir aliviar o Supremo Tribunal Federal, atentando sobretudo no caso da letra a), que cuida dos recursos extraordinários, não haverá remédio para o andamento dos feitos naquela casa de Justiça, onde os ministros trabalham tanto ou mais que qualquer outro magistrado do Brasil. São homens dedicados integralmente à sua função, mas pouco poderão fazer, ante a impossibilidade material."

A tese foi pela terceira vez rejeitada pelo relator da subcomissão, o deputado Milton Campos (UDN-MG), que se socorreu do parecer da subcomissão do Poder Judiciário sobre o assunto, em que se defendia a necessidade de aliviar o STF de algumas de suas atribuições, transferindo-as aos Tribunais de Recursos. A proposta terminou não sendo aceita pelo plenário, constatação feita em face da quantidade de emendas em sentido contrário que, como afirmou Gabriel Passos em seu discurso, apelaram para a forma tradicional de julgar. Submetida a votos, a emenda do udenista mineiro foi rejeitada.

Outra das teses rejeitadas dizia respeito à Justiça do Trabalho, fortemente criticada em seu mecanismo de primeira instância, as Juntas de Conciliação e Julgamento. Durante a fase preliminar dos debates, antes portanto da elaboração do projeto da Comissão, estiveram sob fogo cerrado no plenário. Reclamavam os advogados que as decisões, prolatadas por leigos, a despeito da presença de um juiz togado na presidência dessas juntas, tornavam inúteis os esforços para que se observasse um mínimo de coerência em relação aos princípios do direito. Uma das muitas soluções propostas estava na supressão dos juízes classistas, substituindo-se os três membros da junta por um juiz conciliador. A indicação desses classistas, como se reclamava já naquela época, tornou-se um escândalo nacional, e o que se preconizou em 1946 só se materializou em 2001, com a emenda constitucional que pôs fim a esse tipo de representação no Judiciário trabalhista. A emenda do deputado Aloísio de Castro (PSD-BA) com esse objetivo foi também rejeitada pelo plenário. O país desperdiçou cinqüenta e cinco anos de recursos com esses sibaritas, sustentados com os tributos pagos por toda a população para assegurar benefícios a uma verdadeira chusma de incompetentes.

A emenda seguinte era de autoria do deputado João Mendes (UDN-BA) e dizia respeito à Justiça dos estados. Referia-se ao art. 124, item IV, que tratava da promoção dos magistrados estaduais. O projeto determinava que a promoção de uma entrância a outra seria feita segundo o critério de duas por merecimento e uma por antigüidade. A emenda do udenista baiano estabelecia que fossem feitas, alternadamente, por merecimento e antigüidade, o que foi aprovado.

A discussão dos Títulos II e III continuou na sessão ordinária do dia 23. O projeto não fazia nenhuma alusão ao Tribunal do Júri para o julgamento dos crimes de morte, embora a instituição fosse da tradição constitucional brasileira. Havia três emendas, uma das quais, a mais ampla, foi submetida a apreciação do plenário. Era de autoria do senador Aloísio de Carvalho (UDN-BA) e mandava incluir, no Título IV – Da Declaração de Direitos, o seguinte dispositivo:

> É mantida a instituição do júri, com a organização e as atribuições que a lei ordinária lhe der, assegurado sempre o número ímpar de seus membros, sigilo das votações, a plenitude da defesa do réu e a soberania dos veredictos.

Como a subcomissão tinha dado parecer favorável à emenda não incorporada ao texto, ficou a crença de que houve omissão. O autor valeu-se do fato em sua argumentação, lembrando que "como descuido, apesar de expresso assim numa omissão, não faz lei, aqui estou a pedir ao plenário a aprovação da emenda na sua totalidade". A única voz a levantar-se contra foi a do deputado Osvaldo Lima (PSD-PE), ao afirmar que a pretensão do orador de restaurar o júri já tinha causado "um dos maiores danos à sociedade nordestina. A inconsistência do júri libertava os piores criminosos", completava. Aprovada sob palmas do plenário, a emenda corrigiu grave omissão do projeto revisado pela Comissão da Constituição.

Havia outras sugestões, porém. A seguinte, de autoria do deputado Dantas Júnior (UDN-BA), tratava do requisito para a inclusão dos nomes dos juízes nas listas de promoção: "Somente após dois anos de exercício na respectiva entrância, poderá o juiz ser promovido." Para ilustrar a utilidade de sua proposta, contou caso ocorrido na Bahia, onde dois candidatos ao cargo de juiz foram reprovados por falta de idoneidade moral e, depois de duramente atacados por desembargador de enorme prestígio, passaram a freqüentar-lhe a casa, cumulando-o de favores e serviços. Um ano depois, aprovados novamente nas provas intelectuais, tiveram o patrocínio do mesmo magistrado que os tinha condenado, adquirindo dessa forma a idoneidade moral que lhes faltara no ano anterior...

Justificou sua emenda esclarecendo que, "não estabelecido o critério pleiteado, acontecerá que, a quantos juízes permaneçam nas comarcas, cumprindo seus deveres e de lá não se arredando, dificilmente entrarão em lista, ao passo que aqueles que ficarem na Capital, freqüentando o Tribunal e as casas dos desembargadores, entrarão freqüentemente em todas as listas. Infelizmente é o que vemos em todo o Brasil, sem que com esse argumento pretenda eu entalhar carapuças".

Como a de seu colega de representação e partido, o senador Aloísio de Carvalho (UDN-BA), a emenda do deputado Dantas Júnior (UDN-BA) foi acolhida sem restrições, depois de receber parecer favorável do relator-geral.

Emenda do deputado Altino Arantes (UDN-SP) mandava que, na composição dos tribunais, em vez de se reservar número de lugares não inferior a um quinto e não superior a um terço para preenchimento por advogados e membros do Ministério Público, como determinava o projeto, se estabelecesse a proporção fixa de um quinto, também aprovada sem oposição. É o princípio que, repetido em todas as Constituições posteriores, ficou conhecido como "o quinto constitucional", como a ele se referem usualmente os advogados.

O Título do Poder Judiciário estava despertando mais atenção que os capítulos do Poder Legislativo e do Poder Executivo, confirmando a sentença de um século antes de Nabuco de Araújo em suas tentativas para reformar o Judiciário. Segundo seu filho Joaquim Nabuco, na monumental biografia do pai, a dificuldade em se conseguir qualquer avanço na modernização da Justiça no Brasil decorre da circunstância de que, sendo os congressistas em sua maioria bacharéis em direito, magistrados, advogados e membros do Ministério Público, todos se sentem na obrigação de ter opinião própria, discrepando das de todos os demais.

Emenda do deputado Gabriel Passos (UDN-MG) tratava de outro assunto que veio a se tornar objeto de escândalo no Brasil, a Justiça militar estadual, com a instituição de um órgão próprio de segunda instância que não só serve de cúpula do corporativismo da categoria que lhes compete julgar, como também de recurso para dobrar, triplicar e até quadruplicar salários, pelo recurso de acumulação de proventos, quando da aposentadoria dos mais altos escalões da PM. Em São Paulo, Minas e Rio Grande do Sul o problema tornou-se endêmico e sem solução. O deputado mineiro propunha simplesmente extinguir esses verdadeiros tribunais de exceção, acolhido no projeto da grande Comissão. Mais uma vez, quando se tratava de inovar, a Constituinte optou pelo caminho mais fácil e cômodo de resolver, como disse Gabriel Passos (UDN-MG), pela via tradicional.

Ainda com relação à estrutura da Justiça estadual, a Assembléia rejeitou emenda do senador Ferreira de Sousa (UDN-RN) que preconizava suprimir do texto o item II do art. 124, segundo o qual poderiam "ser criados tribunais de alçada inferior à dos Tribunais de Justiça". A discussão dessa emenda serve para se estabelecer um padrão comparativo com a escala do Brasil de hoje. O deputado Ataliba Nogueira (PSD-SP) indagava ao orador, autor da emenda, como resolver o problema de São Paulo, que, na época, já contava com 25 desembargadores em seu tribunal de apelação, classificado por ele de "um pequeno parlamento", que julgava mais feitos que o STF – 5 mil por ano! Hoje, o Tribunal de Justiça daquele estado conta com 133 titulares...

Emenda alternativa desse mesmo constituinte propunha uma redação substitutiva também rejeitada, dispondo que os estados poderiam criar "um ou mais tribunais de justiça em cidades diferentes e com igual competência".

O deputado Alencar Araripe (UDN-CE) propôs alterar o item VII do art. 124, prescrevendo que, "em caso de mudança da sede do juízo, é facultado ao juiz remover-se para a nova sede ou pedir disponibilidade com vencimentos integrais". A redação alternativa por ele sugerida dispunha: "em caso de mudança da sede do juízo, será aproveitado o juiz em comarca de igual ou superior entrância, ou posto em disponibilidade com vencimentos iguais". A diferença implicava que, no primeiro caso, a disponibilidade era facultativa, e no segundo, imperativa. Durante a discussão, o relator-geral Costa Neto (PSD-SP) e o deputado Paulo Sarazate (UDN-BA) sugeriram destacar em duas a emenda, adotando-se a seguinte redação, por fim aprovada: "Em caso de mudança da sede do Juízo é facultado ao Juiz remover-se para a nova sede ou para comarca de igual entrância, ou pedir disponibilidade com vencimentos integrais." Um bom exemplo de como a negociação parlamentar produzia efeitos positivos, quando se discutia de boa-fé.

A última emenda dessa fase de discussões foi do deputado Elói Rocha (PSD-RS) e tinha por objetivo alterar o art. 101, item I, alínea *f*, do projeto revisto, que tratava da competência originária do STF para julgar os conflitos de jurisdição. Tratava-se de mera emenda de redação, como demonstra o seguinte comparativo:

> *Projeto*: f) os conflitos de jurisdição entre os tribunais federais, entre estes e os dos Estados e entre juízes ou tribunais de Estados diferentes, inclusive os do Distrito Federal e dos Territórios.
> *Emenda*: f) os conflitos de jurisdição entre juízes ou tribunais federais diferentes, entre quaisquer juízes ou tribunais federais e os dos Estados, inclusive os do Distrito Federal e dos Territórios.

A redação implicava mudança no modelo até então vigente, pois os conflitos entre Tribunais Regionais do Trabalho ou Regionais Eleitorais, por exemplo, sendo ambas as Justiças especializadas consideradas integrantes da Justiça Federal, eram julgados, respectivamente, pelo Tribunal Superior do Trabalho e pelo Tribunal Superior Eleitoral. Pela redação do projeto, passariam a ser julgados pelo Supremo Tribunal Federal. Verificada a possibilidade dessa hipótese, o próprio relator-geral concordou que a emenda fosse aprovada.

Sendo essa a última emenda do capítulo, com exceção da que teve a votação adiada por quarenta e oito horas, a pedido do relator da subcomissão, passou-se à imediata apreciação do Título IV – Da Declaração de Direitos.

29. À beira do abismo

O passo errado de Draja Mihaïlovitch

Desde que teve início no plenário a discussão do projeto revisto pela grande Comissão, as sessões extraordinárias tornaram-se rotineiras. Vinham sendo convocadas todas as noites e aos sábados, pois, à medida que avançava a votação, parecia estar mais distante o ideal de dar ao país uma nova Constituição no dia da independência, como desejavam todos os líderes e prometera o presidente da Assembléia em entrevista aos jornais.

Encerrada a votação do Título III, na noite da sexta-feira, 23 de agosto, o presidente anunciou a discussão do seguinte, relativo à Declaração de Direitos, dividido em dois capítulos: Da Nacionalidade e Cidadania; e Dos Direitos e Garantias Individuais. Tal como ocorrera em relação aos dois últimos, o líder da maioria requereu que ambos fossem submetidos à apreciação do plenário conjuntamente, comprometendo-se desde logo a não indicar orador para falar durante a discussão, por parte do PSD, a fim de abreviar a tramitação do projeto. O exemplo foi seguido pelos líderes da UDN, do PTB, do PR, do recém-constituído Partido Social Progressista e do PDC. Com a fusão do Partido Republicano Popular, do Partido Popular Sindicalista e do Partido Agrário Nacional, homologada dias antes pela Justiça Eleitoral, os nove partidos da Constituinte tinham se reduzido a sete.

De forma inesperada, o presidente disse não poder atender ao requerimento do líder da maioria, por determinar o Regimento que a votação se processasse capítulo por capítulo. O vice-líder da UDN, com a diplomacia habitual, procurou mostrar-lhe o engano:

"O SR. PRADO KELLY – Sr. Presidente, não vou, evidentemente, opor embargos à interpretação que V. Exa. dá ao Regimento. Entretanto, se V. Exa. entendesse o dispositivo, em sua expressão literal, verificaria que a discussão se faz por títulos. Foi uma interpretação liberal que permitiu a discussão por capítulos. Quando elaboramos o Regimento, distinguimos perfeitamente as duas hipóteses: a votação é por capítulos, a discussão, por títulos (*muito bem*).
Entretanto, não desejo opor-me ao modo por que V. Exa. encara o dispositivo. O motivo de, neste momento, apelar para as luzes da mesa é outro. É que na sessão de anteontem, se não me engano, foi submetido a V. Exa. idêntico requerimento, não propriamente sobre dois capítulos de um único título, mas sobre dois títulos distintos[33]. O primeiro título se refere à Justiça dos Estados e o segundo ao Ministério Público. V. Exa admitiu o requerimento para submetê-lo à votação da Casa.
Invoco esse precedente, para requerer que a mesa, coerente com suas decisões anteriores, submeta a votação o requerimento do ilustre senador Sr. Nereu Ramos, a quem dou todo o meu apoio. (*Muito bem*)"

Explicando-se, como fazia sempre que errava, o presidente reconheceu seu engano e submeteu a votos o requerimento, aprovado sem discrepâncias. Como nos capítulos anteriores, a requerimento do relator-geral, foi aprovada a redação dada ao texto pela grande Comissão, sem prejuízo dos destaques relativos às emendas destacadas. O presidente ainda anunciou que estava cancelada a inscrição do senador Olavo Oliveira (PSP-CE) para discutir o capítulo, em face da declaração do deputado Café Filho (PSP-RN), líder do novo partido, feita pouco antes.

Subiu à tribuna, em seguida, o deputado José Maria Crispim (PCB-SP), uma vez que seu partido foi o único que não renunciou a utilizar a meia hora assegurada pelo Regimento a todas as legendas, para a discussão dos diferentes capítulos. Para justificar-se, alegou ser essa a única alternativa para se pronunciarem os comunistas, pois a quase-totalidade das emendas de sua bancada tinha sido rejeitada, não tendo os seus autores oportunidade de defendê-las. Começou lembrando a pequena duração das Constituintes republicanas, fato explicado por terem sido elaboradas sem levar em consideração a realidade nacional e sem o objetivo de atender às necessidades da grande massa da população brasileira. Falou da importância do capítulo que se ia votar e tocou no seu assunto predileto, a participação dos comunistas e progressistas da Europa e da Ásia no combate ao nazi-fascismo e à opressão nipônica. Sem que se possa saber a que título, aludiu ao caso do general iugos-

---

33. Na realidade, como se lê no capítulo anterior, foram discutidos conjuntamente três títulos diferentes: o capítulo IV do Título I, que tratava do Poder Judiciário da União; o Título II, referente à Justiça dos estados; e o III, relativo ao Ministério Público.

lavo Draja Mihaïlovitch, chefe da resistência monarquista à Alemanha durante a Segunda Guerra que terminou se unindo aos nazistas para combater Tito, de quem era inimigo e adversário. A alusão, possivelmente, tinha o objetivo de justificar seu fuzilamento em Belgrado, naquele ano, acusado de traição e condenado por um tribunal instituído depois da vitória de Tito e de sua ascensão ao poder.
Crispim ainda não tinha se habituado às provocações que os exemplos por ele invocados geravam na Assembléia:

"O SR. JOSÉ CRISPIM – [...] Isto ocorreu na França, como na Iugoslávia, como na Tchecoslováquia, como em todos os países da Europa. Mihaïlovitch, o general traidor da Iugoslávia, anticomunista feroz, fascista encapuzado, se dizia patriota. Preferiu, porém, ficar com os agressores de sua nação, para combater o comunismo, segundo declarou perante o Tribunal Nacional da Iugoslávia.
A origem de sua traição à pátria reside em sua traição à democracia, em seu ódio aos trabalhadores, ao povo de sua terra. [...] O movimento de resistência ao nazismo e ao fascismo mostrou que são os trabalhadores e as massas populares que têm efetivamente o sentimento de pátria e de nacionalidade. Foram eles que lutaram e defenderam a independência de suas pátrias.
O Sr. Osvaldo Lima – Mihaïlovitch, porém, foi julgado, sem que se admitissem as testemunhas que o inocentavam. Por isso eu não podia deixar sem um protesto a referência que V. Exa. faz ao julgamento, que me parece uma das maiores injustiças históricas.
O SR. JOSÉ CRISPIM – Ouvi com atenção o aparte de V. Exa. Discordo de sua opinião, porque os órgãos de imprensa e o noticiário telegráfico nos dizem precisamente o contrário, mesmo os mais insuspeitos. O julgamento desses traidores fascistas, desses traidores nacionais, que serviram ao nazismo contra os interesses de suas pátrias, contra seus povos, tem sido cercado de todos os recursos de defesa. Veja V. Exa. a protelação do julgamento dos inimigos dos povos, como os julgamentos de Berlim[34], que vêm se arrastando há tanto tempo, permitindo que todos os recursos possíveis sejam mobilizados, no sentido de procurar fazer passar por inocentes perante a humanidade essas feras terríveis. [...]
O Sr. Osvaldo Lima – O que se tornou espantoso foi a recusa de ouvir o depoimento dos aviadores americanos e ingleses. A isso é que desejava referir-me.
O SR. JOSÉ CRISPIM – A maior prova da traição nacional de Mihaïlovitch reside na sua declaração inconteste de que se colocou ao lado dos alemães contra os patriotas iugoslavos. Não usou de qualquer rodeio. Fez declaração que dispensa qualquer comentário ou interpretação. Colocou-se – diz textualmente – ao lado dos opressores alemães contra os patriotas iugoslavos, porque achava que os alemães combatiam os comunistas. Comunistas, para ele, como para todos os fascistas, são aqueles que se batem pela liberdade, pela democracia e pelo progresso.
O Sr. Arruda Câmara – Pelo menos deve V. Exa. confessar que o tribunal foi faccioso, porque não permitiu a defesa plena."

---

34. Referência ao Tribunal de Nuremberg, que estava julgando os criminosos de guerra nazistas por uma corte internacional acordada pelas grandes potências: Estados Unidos, Inglaterra, União Soviética e França.

Prestes, como em outras vezes, não resistiu a mais uma de suas muitas *boutades*:

"*O Sr. Carlos Prestes* – Qualquer nação pode organizar sua justiça como bem entender, sem prestar atenção a testemunhas internacionais a serviço do fascismo.
O Sr. Arruda Câmara – O tribunal negou defesa ao acusado. Qualquer tribunal que não admita defesa plena é faccioso.
O SR. JOSÉ CRISPIM – O próprio acusado foi o primeiro a confessar todos os seus crimes, simplesmente por ódio ao comunismo. V. Exa. há de convir que um tribunal que julga um traidor nacional confesso, um tribunal que é toda a esperança do povo iugoslavo para punir traidores nacionais, para garantir a prática da democracia, que tem uma conduta rigorosa na punição dos criminosos de guerra, não pode deixar de ser um tribunal profundamente honesto e patriota, resultado do sacrifício heróico daquele povo na luta contra os assassinos da pior espécie que a humanidade conheceu na sua história." [...]

Faltando pouco mais de duas semanas para o término dos trabalhos da Assembléia, José Maria Crispim ainda não se dera conta de que, como o general Draja Mihaïlovitch, também ele marchava com o passo errado, abordando, naquele momento, tema sem o mais remoto interesse para a Constituinte...

Mulato pachola

O discurso do deputado José Maria Crispim encerrou a sessão extraordinária de sexta-feira à noite, e coube a ele mesmo abrir os debates na seguinte, realizada às 8 horas e 15 minutos de sábado, defendendo sua emenda sobre a nacionalidade dos filhos de pai ou mãe brasileira nascidos no exterior. O projeto especificava como brasileiros os filhos de brasileiro ou brasileira, nascidos no estrangeiro, (a) quando os pais estivessem a serviço do governo ou (b) fixassem residência no Brasil e, até quatro anos após a maioridade política, optassem pela nacionalidade brasileira.

A emenda do representante do PCB estipulava que seriam brasileiros "os filhos de brasileiro ou brasileira, nascidos em país estrangeiro, estando seus pais a serviço do Brasil e, fora deste caso, se fixarem residência no Brasil ou, atingindo a maioridade, optarem pela nacionalidade brasileira".

Quando falava o relator do capítulo, senador Ivo de Aquino (PSD-SC), Prestes lembrou em aparte o caso de sua filha Olga, então com nove anos de idade:

"*O Sr. Carlos Prestes* – [...] A propósito, posso citar caso pessoal: minha filha, por motivos de perseguições políticas movidas à minha esposa pelo Estado Novo, nasceu numa prisão em Berlim; está no Brasil desde o ano passado, contando nove anos de idade. As dificuldades com que se defronta são enormes, pois não possuirá título de brasileira senão depois dos 21 anos, quando só então poderá optar. A emenda apresentada pelo Representante, Sr. José Crispim, pretende que seja brasileira, desde que fixe residência no Brasil, e elimina o prazo da maioridade, para realizar a opção. É injusta e incompreensível a exceção sugerida. Todo filho de brasileiro ou brasileira, nascido no exterior, desde que fixe residência no Brasil, tem direito ao título de brasileiro. Tal o intuito de nossa emenda."

O relator lembrou que a emenda da forma que estava redigida não amparava o caso de Olga, pois, como os menores não têm capacidade de optar, sua residência é juridicamente a dos pais, a que a emenda não fazia referência. Nereu Ramos (PSD-SC) lembrou que havia a emenda nº 1.513, de autoria do deputado Brochado da Rocha (PSD-RS), que era mais ampla e não fazia referência à expressão "fixar residência" que o menor não podia escolher. Leu a emenda e para ela requereu preferência, sendo aprovada. O texto passou a ter a seguinte redação:

> Os filhos de brasileiro ou brasileira, nascidos no estrangeiro, estando os seus pais a serviço do Brasil e, fora deste caso, se vierem a residir no país, devendo, dentro de quatro anos, depois de completar a maioridade, optar por uma das nacionalidades.

A segunda emenda era de autoria do deputado Aureliano Leite (UDN-SP) e vários outros parlamentares de diversos partidos. Tinha por objetivo modificar o item IV do art. 129, que tratava da nacionalidade brasileira e estipulava que eram também brasileiros "os naturalizados por outra forma" além daquela que o projeto especificava. Rejeitada pela comissão, requereram destaque o próprio autor e Gilberto Freire (UDN-PE), para dar ao dispositivo a seguinte redação: "os estrangeiros naturalizados pela forma que a lei estabelece, exigidas dos portugueses apenas as condições de residência contínua de um ano no país, idoneidade moral e sanidade física".

Na tribuna, o autor tomou conhecimento da oposição de alguns constituintes. O deputado Rui Santos (UDN-BA) foi logo advertindo: "Nem com a ressalva de portugueses que falassem a língua brasileira eu votaria a emenda." Quando afirmou que "temos prometido muito aos portugueses e nada lhes demos até hoje", Gustavo Capanema (PSD-MG) retrucou: "temos dado a Portugal tudo quanto devíamos" e esclareceu que, mesmo tendo pelo país "uma ternura de filho, não é possível estabelecer distinção quanto aos demais estrangeiros". Jurandir Pires (UDN-DF) alegava que "estávamos mais ligados pelos interesses aos povos da América Latina do que aos irmãos de além-mar". Carlos Prestes

(PCB-DF) manifestou-se de acordo, desde que o benefício fosse assegurado a todo e qualquer estrangeiro, e não apenas aos portugueses. Enquanto ia colhendo apoios e contestações, ouviu de seu colega Aliomar Baleeiro (UDN-BA) uma ressalva:

"O SR. ALIOMAR BALEEIRO – A emenda é, sem dúvida, simpática, mas injusta, por incompleta. Se contemplamos os portugueses como formadores da raça, também não devemos esquecer que foi inapreciável o quinhão dos negros, os quais nos proporcionaram grandes virtudes, como defeitos, da mesma forma que os lusitanos. Abrir exceção só para estes nos coloca na posição do mulato pachola, aludido e estigmatizado na quadra famosa que Gilberto Freire transcreve em *Sobrados & Mocambos* e que, por óbvios motivos parlamentares, se pode citar na seguinte variante:

> Do pai, a quem nunca viu,
> Põe o retrato na sala.
> Da preta de quem saiu[35]
> Nem retrato nem se fala."

Não é preciso dizer que a emenda original foi aprovada e recebida com palmas, provavelmente até dos poucos mulatos pacholas que lá estavam.

A emenda Aureliano Leite, porém, não era a única sobre a matéria. Acúrcio Torres (PSD-RJ) pretendia estender aos portugueses com mais de cinco anos de residência no Brasil, enquanto aqui permanecessem, os mesmos direitos assegurados aos portugueses naturalizados. Argumentando com os textos de tratadistas portugueses que condenavam a naturalização tácita, Milton Campos (UDN-MG), na qualidade de relator, opôs-se à emenda, enfim rejeitada pelo plenário.

Impróprio até para maiores

Vencido o capítulo da nacionalidade, entrou em discussão a emenda Aureliano Leite (UDN-SP), que pretendia alterar o art. 140 do projeto que tratava dos casos de inelegibilidade dos presidentes, vice-presidentes, governadores e prefeitos. O projeto original da Comissão, antes das emendas, previa a inelegibilidade do cônjuge e os parentes ou afins dessas autoridades até o terceiro grau, para qualquer cargo. O projeto revisto estipulou a proibição apenas até o segundo grau, e a emenda se destinava a restaurar a redação original. Na discussão, o autor justificou a medida como saneadora para conter o nepotismo, segundo ele, "uma das práticas mais nefastas do Brasil". Enquanto desfiava o rosário de

---

35. No original, "da preta que o pariu".

exemplos que se estendiam da época colonial até os dias em que falava, o deputado paulista não poupou nenhuma fase da história do Brasil, nela não incluindo, porém, um dos maiores cultores do recurso tão arraigado, justamente o que passou à história por essa prática – o ex-presidente José Linhares, a quem a irreverência carioca não poupava na época, povoando de chistes, exemplos e anedotas de toda espécie a sua breve passagem pela presidência da República, depois da deposição de Getúlio. Apesar dessa omissão, não esqueceu de ressalvar que, "em relação ao nepotismo, nem a própria imaginação pode fazer suficiente relato do que foi", ao que seu colega Toledo Piza (UDN-SP) acrescentou:

"O SR. TOLEDO PIZA – V. Exa. trata de assunto impróprio até para maiores."

O deputado João Botelho (PSD-PA) pensava exatamente o contrário. Reclamou do presidente que tinha emenda supressiva desses dispositivos, declarando ser um absurdo que parentes, como filhos de tais autoridades, não pudessem ser eleitos nem para cargos executivos nem legislativos, até o fim dos respectivos mandatos, e invocou os exemplos de Roosevelt e Churchill, alegando que ambos tinham disputado as reeleições no exercício dos respectivos cargos. Como as emendas supressivas tinham preferência regimental sobre as meramente substitutivas, reclamou a imediata apreciação da proposta antes da do deputado Aureliano Leite (UDN-SP). O presidente reconheceu a procedência da reclamação e a colocou em discussão. A proposta do pessedista paraense provocou indignação no plenário, com uma chuva de apartes que o acuaram a ponto de ele se ver forçado a uma tímida defesa, alegando que o seu "intuito não é o de provocar celeuma no plenário, mas exclusivamente defender preceito que é basilar na democracia: a livre escolha pelo povo daqueles que devem ser investidos nas funções legislativas". Teve a solidariedade apenas de seu colega de bancada Lameira Bitencourt, também do PSD-PA.

Submetida a votos, sua emenda foi rejeitada. O plenário decidiu, em seguida, rejeitar também a emenda moralizadora de Aureliano Leite (UDN-SP), cuja votação, submetida a verificação, confirmou o resultado de 85 votos a favor e 111 contrários. O nepotismo continuou, como até hoje, segundo lembrou o deputado Toledo Piza (UDN-SP), um assunto impróprio até para maiores...

Garantia para as minorias

Na sessão de segunda-feira, 26 de agosto, a primeira emenda a ser votada foi a do deputado Raul Pila (PL-RS), modificativa do art. 134 do projeto que tratava do sistema eleitoral partidário, que estava assim redigido:

O sufrágio é universal e direto; o voto é secreto e fica assegurada a representação proporcional dos partidos políticos nacionais pela forma que a lei prescrever.

A emenda propunha substituí-lo pela seguinte alternativa:

O sufrágio é universal e direto, secreto o voto e proporcional a representação das correntes de opinião.

A questão em debate referia-se ao aproveitamento das chamadas "sobras", nas eleições proporcionais, o problema de mais difícil solução em qualquer modalidade de eleições proporcionais que se pretenda escolher. Embora a partir de 1932 o Brasil tivesse adotado esse sistema, não havia na época as chamadas "sobras" porque a eleição era em dois turnos e, no segundo, eram aproveitados os mais votados, transformando-se esse segundo turno numa eleição majoritária. O problema surgiu em 1945, quando se adotou uma das alternativas possíveis, a de atribuir as sobras ao partido mais votado. Isso explica por que o PSD, obtendo 42,26% dos votos válidos para deputados, tinha conseguido 52,79% das cadeiras da Câmara.

O dispositivo do projeto que Pila pretendia emendar permitia a correção desse subterfúgio, utilizado por Agamenon Magalhães, ex-ministro de Getúlio, exatamente para beneficiar o seu partido. Ao afirmar que assegurava a representação proporcional, "na forma que a lei estabelecer", deixava ao futuro Código Eleitoral a solução reclamada. Em sua argumentação, Pila se valia do seu próprio exemplo e do seu partido, o Libertador:

"O SR. RAUL PILA – Eu mesmo posso apresentar um exemplo que me diz respeito diretamente. É o caso do Partido Libertador, nas últimas eleições. O quociente partidário estava em cerca de 30 mil eleitores, que estes teriam direito a eleger um deputado. O Partido Libertador, no entanto, levou às urnas 56 mil e tantos votos e só elegeu um deputado. Perdeu 26 mil e tantos votos, em benefício da maioria. Posso dizer que o Partido Social Democrático do Rio Grande do Sul tem um deputado que não lhe pertence, porque devia ser do Partido Libertador."

Explicou, em seguida, por que pretendia substituir "representação proporcional aos partidos políticos nacionais" por "representação proporcional às correntes de opinião":

"O SR. RAUL PILA – [...] foi para evitar a autocracia dos partidos e possibilitar a adoção do sistema uruguaio que admite lemas e sublemas, ou seja, de acordo com a nossa terminologia, legendas e sublegendas. Assim, se existir uma corrente dissidente no seio de um partido, ela poderá concorrer às eleições, sem prejudicar o próprio partido. Essa a razão por que substituí 'partidos políticos' por 'correntes de opinião'."

O grande liberal Raul Pila (PL-RS) preconizava, com quase trinta anos de antecedência, o recurso a que recorreriam mais tarde os militares para permitir sobrevida ao partido que dava sustentação à sua ditadura, a Arena. Não é outra a razão por que Mangabeira afirmava que nossas democracias sempre foram forjadas no ventre das ditaduras. Elas não tinham necessidade de inventar métodos e recursos para se manter no poder. Iam simplesmente buscá-los nos arsenais de fórmulas dos liberais e democratas. Constatação de que as nossas sempre foram democracias constituídas de autocratas...

Mesmo dividindo-se a emenda Pila em duas partes para votação, a primeira referente à substituição de "partidos políticos" por "correntes de opinião" e a segunda eliminando a parte final "pela forma que a lei prescrever", foi derrotada por 150 a 93 votos.

Exclusão para a maioria

Ao aprovar o princípio da representação proporcional, a Constituinte tinha assegurado o direito das minorias de estarem representadas na Câmara dos Deputados, na Assembléia Legislativa e nas Câmaras Municipais. Ao anunciar a discussão do Capítulo II – Dos Direitos e Garantias Individuais, o senador Carlos Prestes (PCB-DF) reclamou do destaque por ele solicitado, relativo à emenda que tinha por objetivo suprimir o art. 132, que excluía do direito de voto os analfabetos, questão incluída no Capítulo I – Da Nacionalidade e Cidadania. E solicitou que, na hipótese de ter sido indeferido o destaque, o presidente reconsiderasse a decisão, pois se tratava de assunto de transcendental relevância. A explicação do senador Melo Viana (PSD-MG) para justificar o indeferimento, sua atribuição regimental, é estarrecedora:

"O SR. PRESIDENTE – Devo dizer ao Sr. Senador Carlos Prestes que, lastimando embora, não poderei reconsiderar meu despacho. Encarei-o conscientemente, acreditando que os analfabetos não devem votar. O direito de voto constitui mesmo um incentivo para o cidadão aprender a ler e escrever, não se devendo premiar o que se desinteressou pelo conhecimento das primeiras letras. Mantenho, pois, a minha decisão."

Não é de espantar, mas não é possível deixar de registrar e lamentar o exemplar típico da mentalidade dominante em toda a República, até 1985, ao proibir o voto dos analfabetos, ressalvados, no início do novo regime, os que já se tinham habilitado na vigência da Lei Saraiva, de 1881, que instituiu o voto direto. Mantinham-se na menoridade política milhões de brasileiros que, em sua maior parte, contribuíam para a cidadania, constituindo família, trabalhando e transformando-se em cidadãos ativos, na medida em que pagavam impostos. Os analfabetos sempre votaram, desde a independência e durante o Império. E a pouco mais de cinqüenta anos do fim do milênio, o presidente da Constituinte julgava que sua existência no país decorria do desinteresse dos que, segundo o senador Melo Viana, não quiseram se alfabetizar! Prestes voltou a apelar para que, ao menos, se desse oportunidade a que todos se manifestassem, não sendo admissível que o arbítrio do presidente privasse o plenário de decidir assunto de tal relevância. O censo de 1940 revelava haver no Brasil 10,3 milhões de brasileiros alfabetizados e 13,2 milhões que não sabiam ler e escrever. O de 1950 indicou pequeno avanço, mas o número dos que sabiam ler e escrever passara a 14,9 contra 15,2 milhões de analfabetos. O que se estava consumando era a própria exclusão da maioria da população do processo político.

O presidente, em vez de permitir que o plenário se manifestasse sobre a emenda, apenas submeteu aos constituintes sua decisão. Rejeitá-la implicava desautorizá-lo. O plenário, obviamente, avalizou seu retrógrado e autoritário despacho. Osvaldo Lima (PSD-PE), autor de emenda no mesmo sentido, ainda pediu verificação, mas desistiu da contagem dos votos que ele mesmo constatou ser esmagadora contra sua proposta, como acabava de revelar a votação simbólica.

Mangabeira mais uma vez tinha razão: o regime democrático estava sendo gerado no ventre da ditadura.

De um lado, garantia-se o direito das minorias, cultas, bem situadas, ilustradas, instruídas e educadas. Do outro, excluía-se a maioria, inculta, analfabeta, que todos os regimes ignoravam e se recusavam a educar. Era a precária democracia que se estava construindo, depois de anos de ditadura. Tinha, é claro, tudo para terminar em tragédia.

Pobres direitos, parcos deveres

Antes de se passar à discussão do Capítulo II – Dos Direitos e Garantias Individuais, requereu o relator-geral que se decidisse a respeito da emenda do deputado Góis Monteiro (PSD-AL), sobre os impostos de transmissão das heranças, referente ao Título I, que tinha sido adiada para se encontrar fórmula adequada de redação que tornasse o seu objeto incontestável. Com o assentimento do presidente, o autor ofereceu nova redação, aceita pelo relator e em seguida submetida a votos, sendo aprovada. Estipulava esse dispositivo:

> O imposto sobre a transmissão *causa mortis* de bens incorpóreos, inclusive títulos e créditos, pertence, ainda que a sucessão se tenha aberto no estrangeiro, ao Estado em cujo território os valores da herança foram liquidados ou transferidos aos herdeiros.

A apreciação do capítulo dos direitos e garantias começou com o destaque requerido pelo senador Carlos Prestes (PCB-DF) e pelo deputado José Crispim (PCB-SP) para restabelecer dispositivo do texto original retirado pela grande Comissão, dispondo: "Perderá o cargo ou função a autoridade ou funcionário que impedir o livre exercício dos direitos individuais assegurados pela Constituição." Recebeu apoio dos deputados Lino Machado (UDN/PR-MA), Milton Campos (UDN-MG) e Café Filho (PSP-RN) e do próprio relator da subcomissão, Eduardo Duvivier (PSD-RJ), que foi voto vencido na Comissão da Constituição. Ainda assim foi rejeitada. A seguinte, também de Prestes, era relativa ao direito de propriedade, e a redação por ele pretendida deveria dizer respeito ao seu uso, tratado no capítulo referente aos direitos sociais, sendo por isso também rejeitada. Da mesma forma, não mereceu acolhida a proposta do senador Hamilton Nogueira (UDN-DF) preconizando acrescer ao § 1º do art. 141, dispondo que "todos são iguais perante a lei", a expressão "sem distinção de raça ou de cor". Igualmente rejeitada foi a emenda do deputado Crepori Franco (PSD-MA), tendente a ampliar a concessão de *habeas corpus* e mandado de segurança além das limitações previstas no texto, e adiada a apreciação de emenda do deputado Jorge Amado (PCB-BA), que tratava da liberdade de publicação de livros e periódicos.

A sessão extraordinária dessa mesma data começou com a rejeição de emenda do deputado Eduardo Duvivier (PSD-RJ), que pleiteava substituir o art. 141, garantindo aos brasileiros e estrangeiros residentes no país os direitos enumerados na Constituição, pela redação do projeto original, estipulando que, em relação aos estrangeiros, tais direitos sofreriam as restrições que a lei estabelecesse, por motivo de ordem pública ou segurança nacional. A medida, além de xenófoba, como a classificou o relator-geral, tornava-se ociosa, em face do art. 143, dispondo que "o governo federal poderá expulsar do território nacional o estrangeiro nocivo à ordem pública". Igualmente rejeitadas três emendas dos deputados Aliomar Baleeiro (UDN-BA), Carlos Marighela (PCB-BA) e Jurandir Pires (UDN-DF) sobre assistência religiosa às Forças Armadas e aos estabelecimentos de internação coletiva. A dos dois primeiros determinava que fosse prestada sem ônus para o poder público, salvo no caso de guerra, e a do último só a admitia em caso de conflito.

A proposta seguinte, do deputado monsenhor Arruda Câmara (PDC-PE), mandava que a "prévia e justa indenização, no caso de desapropriação por necessidade ou utilidade pública, ou por interesse social", fosse paga em dinheiro. A proposta recebeu o apoio do vice-líder da UDN, Prado Kelly (UDN-RJ), do deputado Aliomar Baleeiro (UDN-BA) e do relator-geral Costa Neto (PSD-SP), sendo aprovada sob palmas. Essa restrição, que tanta celeuma provocou no governo João Goulart com sua frustrada reforma agrária, só foi reformada no governo militar do marechal Castelo Branco. Mais um caso típico de um princípio de justiça social, materializado por uma ditadura, depois de recusado por um regime que se propunha liberal.

Rejeitada também foi a emenda Daniel de Carvalho (PR-MG), que pretendia permitir a extradição de brasileiro, em caso de crime comum, sob a alegação de que o dispositivo constante do art. 141, § 32, permitiria que estrangeiro criminoso que adquirisse a nacionalidade brasileira ficasse imune à extradição e, portanto, a julgamento.

Entrou em discussão, a seguir, a emenda do deputado Góis Monteiro (PSD-AL) que mandava incluir no projeto revisto disposição de sua autoria que acrescentava ao § 30 do art. 141, proibindo as penas de morte, banimento e confisco, ressalva quanto aos bens adquiridos de forma ilícita pelos agentes públicos e que tinha a seguinte redação: "É admitido o confisco em caso de enriquecimento ilícito, por influência ou com abuso de cargo ou função pública ou de emprego em entidade autárquica ou paraestatal, nos termos e pela forma que a lei prescrever." Levantaram-se imediatamente contra os juristas dos dois principais partidos. O primeiro foi o relator-geral Costa Neto (PSD-SP), alegando, entre outras razões, que a noção de enriquecimento ilícito não estava ainda cristalizada na doutrina jurídica brasileira; em segundo, que, "se incorporássemos os bens que teriam sido adquiridos em virtude de enriquecimento ilícito, *faríamos a Nação participar de própria ilicitude do ato*"; e, em terceiro, que a lei penal admitia o *seqüestro* dos bens produto do crime, enquanto a emenda pretendia o *confisco*. Quando o presidente anunciou que o autor tinha requerido votação nominal para sua emenda, que dependia do plenário, acorreram a apoiá-la, sob o pretexto de poder rejeitá-la, o deputado Prado Kelly (UDN-RJ) e o senador Aloísio de Carvalho (UDN-BA), enquanto o deputado Monteiro de Castro (UDN-MG) pronunciou-se contra o requerimento e a emenda. Submetida ao plenário, foi aprovada a votação nominal e, em seguida, a emenda, por 98 a 82 votos. Era uma das primeiras derrotas dos cardeais da Constituinte.

A apreciação do capítulo continuou no dia seguinte, 27 de agosto. A primeira emenda a ser votada era de autoria do deputado Clemente Mariani (UDN-BA), subscrita também por seus colegas Honório Monteiro (PSD-SP), Costa Neto (PSD-SP), relator-geral, e o senador Nereu Ramos (PSD-SC), líder da maioria e presidente da Comissão da Constituição. Dava ao § 13 do art. 141 a seguinte redação:

> É vedada a organização, o registro ou o funcionamento de qualquer partido político ou associação cujo programa ou ação contrarie o regime democrático que se baseia na pluralidade de partidos e na garantia dos direitos fundamentais do homem.

A emenda tinha destinatário e endereços certos, pois foi fundando-se nesse preceito que o Tribunal Superior Eleitoral, no ano seguinte ao encerramento dos trabalhos da Constituinte, veio a cassar o registro do PCB. Sobre a emenda falou, sem nenhum aparte, o primeiro signatário e, em seguida, o relator-geral, para dizer tão-somente que "basta simples comparação entre o texto do projeto e a emenda apresentada para se verificar que a proposição visa a aperfeiçoá-lo. Opino, portanto, pela sua aprovação. Aliás o destaque está assinado pelo nobre senador Nereu Ramos e pelo ilustre colega, companheiro de comissão, o nobre deputado Mário Masagão" (UDN-SP). Confrontada com a redação constante do projeto, a emenda apenas acrescentava, depois das palavras "regimes democráticos", a frase "que se baseia na pluralidade dos partidos e na garantia dos direitos fundamentais", como se a isso se resumisse a democracia.

Após a aprovação, nenhuma observação, nenhuma manifestação. Apenas a declaração do deputado Munhoz da Rocha (PR-PR), que, afirmando ter votado a favor da emenda, fazia a seguinte ressalva:

> O dispositivo da Constituição é sábio. Cumpre, porém, agir com a máxima prudência na legislação que tal dispositivo dará lugar. Caso contrário, o fim atingido será o oposto do desejado, servindo para a abolição de partidos e associações que tenham caído no desagrado dos detentores ocasionais do poder.

Mais que recado, advertência ou premonição, o aviso era uma carapuça que os eventuais detentores do poder não tardaram a vestir, dando o primeiro e decisivo golpe na estrutura formalmente democrática que o regime estava em vias de adotar. Uma democracia que estava nascendo com os dias já contados.

Discutiu-se a seguir emenda do deputado Alves Palma (PSD-SP), mandando acrescentar ao art. 141, § 25, que tratava da ampla defesa dos acusados, a garantia do contraditório na instrução criminal. Historiando a evolução do processo penal, lembrou que dois interesses se chocam quando se trata da acusação penal, o da defesa social e o da defesa pessoal o que deu origem a três sistemas distintos: o *acusatório*, que predominou na Grécia e na Roma republicana, em que o interesse individual prevaleceu sobre o interesse social; o *inquisitório*, prevalecente na Idade Média e nas monarquias absolutistas, em que o interesse da sociedade preponderou sobre o individual; e o posterior à Revolução Francesa, vigente nas monarquias constitucionais e nas democracias modernas, o chamado *contraditório*, que procurou estabelecer o equilíbrio entre o interesse individual e o coletivo.

O relator do capítulo, deputado Mário Masagão (UDN-SP), manifestou-se favorável à primeira parte, isto é, à inclusão da frase "A instrução criminal será contraditória", e ao não-aproveitamento da segunda, referente à frase "asseguradas, antes e depois da formação de culpa, as necessárias garantias de defesa", o que foi aprovado.

O plenário também aceitou emenda do deputado Carlos Marighela (PCB-BA), mandando acrescentar ao art. 143: "O governo federal poderá expulsar do território nacional o estrangeiro nocivo à ordem pública" a frase "salvo se, casado com brasileira, tenha filho brasileiro nato na dependência da economia paterna". Da mesma forma, acolheu proposta do deputado Pedro Vergara (PSD-RS) para corrigir o § 31 do art. 141, dispondo que "não haverá prisão por dívidas, multas ou custas, excetuadas, na forma da lei, a do depositário e a proveniente de obrigação alimentar". Sua sugestão tinha por objetivo substituir as palavras iniciais por "não haverá prisão civil por dívidas", ressalvando a decorrente de condenação criminal, com o que concordou o relator. Com essa decisão, encerrou-se a votação do Título IV, passando-se à apreciação do seguinte, relativo à ordem econômica e social. O título mais importante da Constituição não continha grandes novidades ou inovações. Seguia o padrão geral do modelo político brasileiro: muitas restrições, poucos direitos, parcos deveres.

Ao anunciar o novo título, o deputado Osvaldo Lima (PSD-PE), cujo destaque à emenda assegurando o direito de voto aos analfabetos tinha sido rejeitado, como o de Carlos Prestes (PCB-DF), solicitou que, antes da votação de cada capítulo, o presidente anunciasse os pedidos de destaque que tinham merecido acolhimento ou haviam sido rejeitados, para que os autores pudessem se orientar quanto aos respectivos votos. Melo Viana lamentou não poder atendê-lo, sob a sibilina e improcedente justificativa de que os pedidos de destaque poderiam ser apresentados até o momento da votação, quando já se tinha estabelecido que os constituintes deveriam fazê-lo até a véspera da votação, para permitir o despacho fundamentado da Mesa naqueles indeferidos. Prestes também protestou contra o sistemático indeferimento da maioria dos pedidos de destaque de sua bancada, lembrando pelo menos quatro emendas. Aludiu às de números 3.058, que assegurava o direito de asilo aos perseguidos políticos em seus países; 3.177, garantindo o direito de resistência à violação das liberdades e direitos individuais; 3.118, ampliando o direito de reunião e desfile sem interferência da polícia a não ser para manter a ordem e garantir esse direito; e, por fim, 3.127, relativa à liberdade religiosa. O presidente explicou que deferira seis dos treze pedidos de destaque da bancada do PCB e justificou os fundamentos daquelas que rejeitou. Como demonstração de boa vontade, consentiu em colocar em votação a emenda sobre direito de asilo. Coube ao deputado Jorge Amado (PCB-SP) justificá-la e ao relator do capítulo, Mário Masagão (UDN-SP), manifestar-se contra a aprovação, alegando que as duas hipóteses, crime político e delito de opinião, já estavam previstas no art. 141, § 32, ao dispor: "Não será concedida a extradição por crime político ou de opinião de súdito estrangeiro e, em nenhum caso, a de brasileiro." O argumento era um subterfúgio, pois a emenda tratava do asilo concedido como um direito do estrangeiro perseguido em seu país, e o art. 141, § 32, do estrangeiro aqui asilado ou refugiado, duas situações inteiramente distintas. Com esse argumento, a emenda foi rejeitada.

O voto de Minerva salva o país de um vexame

Só então entrou em discussão o Título V – Da Ordem Econômica e Social. Depois de aprovado em bloco, sem prejuízo dos destaques, não se utilizou mais o recurso de abrir mão da meia hora destinada a cada partido, para abreviar a votação do texto. O líder do PTB, deputado Segadas Viana, do Distrito Federal, fez uma longa abordagem do texto, alegando ser avançada e contraditória a parte já aprovada, com o título em discussão, que não consagrava, como em 1934, a nacionalização das minas, quedas-d'água, dos bancos de depósito e empresas de seguros, assim como em relação à legislação do trabalho, em cujos dispositivos não constava a proibição do trabalho dos menores de 14 anos. Contraditado pelo relator do capítulo, o deputado Agamenon Magalhães (PSD-PE), que apontava como sinal de avanço social o dispositivo referente à participação dos trabalhadores nos lucros das empresas, o deputado trabalhista objetou que, enquanto o projeto primitivo previa a participação obrigatória e direta, a versão aprovada pela grande Comissão, além de não torná-la obrigatória, apenas a assegurava de forma direta ou indireta. Tratou igualmente da participação dos trabalhadores na gestão das empresas e defendeu a autonomia e a liberdade, mas não o pluralismo sindical que, previsto desde 1948 em Convenção da OIT subscrita pelo Brasil, até hoje não foi materializado, permanecendo a unicidade sindical como criação do Estado Novo que sobreviveu a todos os regimes que o sucederam.

Esgotado o prazo da sessão ordinária, convocou o presidente nova reunião extraordinária para a noite, a fim de prosseguir na discussão e tentar o reinício das votações.

A discussão do título sobre a ordem econômica e social continuou com o discurso de João Amazonas (PCB-DF), que falou por sua bancada, abordando, sobretudo, o direito de propriedade, questão crucial do regime marxista, ao ler informe do secretário-geral, o senador Carlos Prestes (PCB-DF), sobre o assunto, datado de 4 de janeiro de 1946. Tratou também dos investimentos estrangeiros, da intervenção na ordem econômica e da organização sindical, só então passando-se à discussão das emendas cujos destaques foram deferidos pelo presidente.

A primeira delas, de autoria do deputado Horácio Lafer (PSD-SP), que previa a aplicação dos recursos da previdência nos locais em que fossem arrecadados, foi rejeitada por larga margem. Discutiram-se e votaram-se, em seguida, várias emendas sobre o regime de concessão e exploração dos recursos naturais. A primeira a ser rejeitada, do deputado Jurandir Pires (UDN-DF), pretendia que fossem declaradas propriedade do Estado as minas, riquezas do subsolo e quedas-d'água. Outra, do deputado João Botelho (PSD-PA), prevendo a prévia audiência do estado onde se encontrassem localizadas as quedas-d'água objeto de aproveitamento para a geração de energia, foi igualmente rejeitada, destino idêntico à de outra, também de sua autoria, sobre o mesmo assunto.

O presidente anunciou, em seguida, o destaque, firmado por mais de cem constituintes de diversos partidos, para a emenda 3.165, de autoria dos deputados José Augusto (UDN-RN) e Miguel Couto (PSD-RJ), que tanta polêmica já causara, por sua inconveniência, por não se tratar de matéria constitucional, mas sobretudo por traduzir um inconcebível preconceito de raça, ao dispor: "É proibida a entrada no país de imigrantes japoneses de qualquer idade e de qualquer procedência." Eram ainda os ecos da Shindo Renmei. Coube a José Augusto (UDN-RN), um exemplo de probidade, defender da tribuna a esdrúxula e inconcebível medida. Seu colega de bancada, Jurandir Pires (UDN-DF), objetou que, se a proposta tinha sentido em 1934, quando havia risco no expansionismo do Japão, o mesmo já não ocorria, pois se tratava de "uma população vencida numa batalha de extermínio que procura asilo". O deputado Aureliano Leite (UDN-SP) classificou a emenda "primeiro de francamente inconstitucional; segundo, iníqua e odiosa". Declarando não ser partidário da imigração japonesa, ressalvou que "é absurdo uma Constituição consagrar princípio desta ordem". Em aparte, o senador Carlos Prestes (PSB-DF) depôs em sentido contrário, afirmando ser "indispensável, nos dias de hoje, a proibição da entrada de imigrantes japoneses". Reforçaram essa posição os deputados Adroaldo da Costa (PSD-RS) e Rui Almeida (PTB-DF). O deputado Wellington Brandão (PSD-MG), em evidente tom de deboche, indagou se o orador não desejava incluir também os alemães na mesma proibição. Rui Almeida (PTB-DF) classificava a imigração japonesa de "nociva", ao passo que o orador que a defendia, como co-autor da proposta, afirmava ser "uma calamidade". O líder católico, senador Hamilton Nogueira (UDN-DF), reconhecendo que, naquele "momento histórico, a imigração japonesa era indesejável", preconizava que fosse a matéria tratada na lei ordinária, pois, segundo afirmou, "incluir numa carta constitucional dispositivo em que fique estabelecida a condenação da imigração japonesa é afirmar um princípio racista que já condenamos no nazismo". O debate ameaçava desandar numa demonstração de irracionalidade e paroxismo. O deputado José Augusto (UDN-RN), na tribuna, invocava a autoridade do diretor do Serviço de Imigração da Argentina, prevendo que, dentro de cinqüenta anos, aquele país teria 100 milhões de habitantes, previsão catastrófica que até hoje, mais de meio século depois, está longe de ser confirmada e que nada tinha com o debate.

O deputado Jurandir Pires (UDN-DF) levantou questão de ordem indagando do presidente se, já tendo sido votado o dispositivo que esclarece não se tolerar no país distinção de raça, religião ou cor, não estaria a emenda prejudicada, o que parecia óbvio, menos para o presidente que admitiu o destaque, enquanto negava o que pedia manifestação sobre o voto dos analfabetos!

Em seguida foi a vez de o deputado Prado Kelly (UDN-RJ) invocar a desnecessidade da proposta, em face do art. 161 do projeto em discussão, dispondo: "A seleção, entrada, distribuição e fixação de imigrantes ficarão sujeitos, na forma da lei, às exigências e condições determinadas pelos interesses nacionais." Frisou que não era possível "mancharmos o texto constitucional, saturado de tão nobres e altas inspirações, com dispositivo que amesquinha nossa obra". Quando afirmou que havia um meio de conciliar os interesses antagônicos da Assembléia, o deputado Rui Almeida (PTB-DF) se antecipou:

"O SR. RUI ALMEIDA – Remeter o assunto para as Disposições Transitórias. [...] É a vala comum de assuntos interessantes.
O SR. PRADO KELLY – [...] Do contrário nosso voto, em nome da cultura brasileira, há de ser contra o dispositivo."

Na tentativa de amenizar os efeitos desastrosos da proposta, Prado Kelly pediu que, antes de colocar a emenda em votação, o presidente consultasse o plenário sobre a preliminar de constar o assunto no corpo principal da Constituição ou em suas Disposições Transitórias, o que era uma concessão inconcebível ao ultra-reacionarismo de boa parte do plenário. Nereu Ramos, o líder da maioria, fez uma intervenção racional:

"O SR. NEREU RAMOS (*Pela ordem*) – Sr. Presidente, embora radicalmente contrário à imigração japonesa, não darei meu voto à inclusão da emenda no texto da Constituição. (*Muito bem. Palmas*)"

Estabeleceu-se novo debate sobre a proposta do vice-líder Prado Kelly (UDN-RJ), pois neste caso, com mais bom senso, o presidente tinha decidido votar a emenda e, se aprovada, consultar se deveria incluí-la no texto principal ou nas Disposições Transitórias, no que recebeu o apoio do líder da maioria. O senador Carlos Prestes (PCB-DF) lembrou, contudo, que muitos parlamentares admitiam votar a favor da proposta, se incluída nas Disposições Transitórias. O presidente voltou atrás de sua decisão e consultou o plenário sobre a preliminar, tendo vencido que deveria constar nelas. Em seguida, deu a palavra ao relator da subcomissão, para que se manifestasse sobre a emenda. O deputado Souza Costa (PSD-RS) afirmou que a matéria já estava suficientemente discutida e, segundo seu parecer, deveria ser logo submetida a votos.

"O SR. PRESIDENTE – [...] Os Senhores que aprovam a emenda 3.165, queiram levantar-se. (*Pausa*)

Minha consciência vacila na proclamação do resultado. Trata-se de assunto da máxima importância e não quero assumir a responsabilidade de anunciar a aprovação ou a rejeição sem absoluta segurança.
Vou proceder à contagem dos votos.
(*Procede-se à verificação da votação*)
Votaram a favor 99 Srs. Representantes, e contra 99.
Voto contra a emenda. Está rejeitada."

Não se tratava só de um caso único e inédito nas várias Constituintes brasileiras. Tinha sido um enorme risco para o país. Votar emenda com esse explosivo potencial de conflito, no fim da noite e com a presença de apenas 199 dos 328 constituintes, revelava falta de previsão na estratégia parlamentar dos líderes dos dois maiores partidos. O assunto não só dividiu a Assembléia, como mostrou a que alto índice de irracionalidade estava sujeita a Constituinte em matéria tão transcendente. A postura ultraconservadora do presidente era um risco ainda maior. Mas, por um lampejo de bom senso, salvaram-se a dignidade da Assembléia e a reputação do país. A história, felizmente, também se faz de coincidências e imprevisibilidades. Em nosso caso, não haveria de ser diferente. Mas é preciso admitir que, em matéria de direito constitucional, estivemos, como sempre se anunciou em nossa trajetória política, à beira de um abismo.

30. Democracia das minorias

Ferro velho *versus* ferro novo

A sessão do dia 29 de agosto, quinta-feira, foi a 150ª da Constituinte. O período do expediente foi destinado, segundo requerimento do deputado Barreto Pinto (PTB-DF), a prestar homenagem ao general João Batista Mascarenhas de Morais, comandante da FEB que acabara de passar à reserva. Ao amanhecer, a cidade tomou conhecimento dos incidentes da véspera. Enquanto a Assembléia vivia o drama da Emenda Miguel Couto – José Augusto proibindo a imigração japonesa, a Rua do Catete transformou-se em palco de um generalizado quebra-quebra que se estendeu até o Largo do Machado, quando se espalhou a notícia da morte de um estudante, vitimado por intoxicação numa padaria quase em frente ao palácio, ao comer um doce deteriorado. Os jornais do dia registram o ambiente de revolta que incendiou a multidão premida por filas, falta de abastecimento e restrições de toda ordem na capital do país. Nesse ambiente, repercutido na Assembléia por Barreto Pinto (PTB-DF), se reiniciou a discussão do título relativo à ordem econômica e social.

Os primeiros pedidos de destaque, formulados por vários constituintes, diziam respeito ao exercício, por brasileiros natos, das profissões liberais, previsto no art. 160 do projeto, e à admissão de técnicos estrangeiros, na falta de profissionais brasileiros habilitados, constante do respectivo parágrafo único. A maioria dos autores dos pedidos de destaque desistiu da palavra, valendo-se dessa faculdade apenas os deputados Israel Pinheiro (PSD-MG) e Jorge Amado (PCB-SP). O art. 160 dispunha: "Só brasileiros poderão exercer profissões liberais e só a eles se permitirá revalidação de diplomas expedidos por estabelecimentos estrangeiros de ensino." A Emenda Israel Pinheiro, sugerida pelo Conselho Nacional de Minas e Metalurgia e apoiada pelo Clube de Engenharia, propunha simplesmente: "A lei regulará o exercício das profissões liberais, bem como a revalidação dos diplomas expedidos por estabelecimento estrangeiro de ensino." Como relator da subcomissão, falou o deputado Hermes Lima (UDN-MG), manifestando-se favoravelmente. Havendo emendas supressivas desse dispositivo, com precedência regimental, o deputado Nestor Duarte (UDN-BA) requereu preferência para a emenda substitutiva do deputado mineiro. Aprovadas a preferência e a emenda, todas as demais foram consideradas prejudicadas.

Discutiu-se a seguir a questão do trabalho do menor, previsto no art. 156 do projeto, relativo aos preceitos constitucionais sobre a legislação do trabalho, e incluído em seu item V, com a seguinte redação:

> Proibição de trabalho a menores nos casos e nas condições estabelecidas em lei; e às mulheres e a menores de 18 anos, quando noturno ou executado em indústrias insalubres.

Várias emendas, entre elas a do deputado Afonso de Carvalho (PSD-AL), atendendo a pedido da Sociedade Brasileira de Autores Teatrais, propunham exceção para os misteres de caráter artístico, mediante prévia autorização do juiz de Menores. A bancada do PCB, pela voz do senador Carlos Prestes (PCB-DF), já tinha posição firmada contra o trabalho dos menores, em quaisquer condições. O deputado Hermes Lima (UDN-DF), relator da subcomissão, propôs a seguinte redação alternativa:

> Proibição de trabalho a menores de 14 anos; em indústrias insalubres a mulheres e a menores de 18 anos; e de trabalho noturno a menores de 18 anos, respeitadas, em qualquer caso, as condições estabelecidas em lei e as exceções admitidas pelo juiz competente.

Submetida a votos, foi aprovada, sendo consideradas prejudicadas todas as demais.

Os temas, objeto dos destaques e emendas seguintes, já tinham sido os mais polêmicos e ao mesmo tempo os mais complexos de todo o texto constitucional. Significativamente, encontravam-se no capítulo da ordem econômica, por envolver notórios interesses financeiros, inclusive os relativos aos maiores investimentos estrangeiros no país, os do grupo Brascan[36], conhecido pela população como grupo Light. Con-

---

36. A sigla Brascan resultava da combinação do destino dos seus investimentos, o Brasil, e sua origem, o Canadá.

centravam-se na exploração dos serviços públicos, como a geração, a transmissão e a distribuição de energia ao Rio e São Paulo, de transportes urbanos de bondes e ônibus, além do serviço telefônico, através da Cia. Telefônica Brasileira, e de esgotos operados pela City Improvements.

As questões substantivas eram de três ordens: (a) problemas ideológicos, (b) modelos econômicos e (c) políticas públicas a serem adotadas pelo país. O foco ideológico centrava-se na bancada do PCB, que pretendia a exploração dos serviços públicos exclusivamente pelo Estado, ao contrário do modelo em vigor, de execução por empresas estrangeiras, caso da Brascan no Rio e em São Paulo, da Societé du Gaz no Rio, da Amforp no Rio Grande do Sul, da São Paulo Railway naquele estado, da E. F. Leopoldina no Rio, da Great Western no Nordeste, e assim sucessivamente.

Os socialistas, como o professor Hermes Lima (UDN-DF), admitiam a exploração mediante concessão por capitais privados, desde que nacionais, o que colocava na pauta de discussão duas alternativas: a estatização e a nacionalização, dois conceitos inteiramente distintos que nos debates não se tornavam claros, como se pode deduzir das intervenções que cercaram essa questão.

Finalmente, qualquer que fosse o modelo, estatal ou privado, este último de capitais estrangeiros ou nacionais, havia a questão da política tarifária: como fixar as regras de remuneração do capital investido, que deveriam, ao lado dos custos operacionais, determinar as tarifas a serem pagas pelos usuários?

A posição da bancada comunista era conhecida, e o desfecho da votação no plenário da opção entre estatização e privatização, um dilema de que o país ainda hoje não se livrou, depois de tantas lições, plenamente previsível. A opção entre capitais nacionais e estrangeiros, isto é, a alternativa da nacionalização, estava prescrita no art. 150 do projeto, ao dispor: "A lei disporá acerca do regime das empresas concessionárias de serviços públicos federais, estaduais e municipais." Esse artigo, articulado com o disposto no art. 146, permitindo tanto a intervenção do Estado no domínio econômico quanto o regime de monopólio de determinada indústria ou atividade, por lei especial, deixava a questão para a legislação ordinária, uma solução razoável. Finalmente, restava a política pública a ser adotada, quanto à questão da remuneração dos capitais investidos e, conseqüentemente, da fixação das tarifas. O assunto estava previsto também no art. 150, ao determinar a fiscalização e a revisão das tarifas dos serviços explorados por concessão, "a fim de que os lucros dos concessionários, não excedendo a justa remuneração do capital, lhes permitam atender as necessidades de melhoramentos e a expansão desses serviços", sem fixar critérios, matéria deixada também para a lei ordinária.

O deputado Vieira de Melo (PSD-BA) tinha pronunciado, ao longo dos trabalhos, três longos e fundamentados discursos, defendendo o chamado critério do "custo histórico", isto é, o cálculo das tarifas pelo preço do investimento inicial e sua depreciação, sem levar em conta o acentuado processo inflacionário que o país já vivia. Nesse mesmo sentido, manifestaram-se seus colegas Adroaldo Mesquita (PSD-RS) e Agamenon Magalhães (PSD-PE). Os pronunciamentos provocaram violentos protestos e contundentes ataques do maior aliado que a Brascan possuía no Brasil, o jornalista e advogado Assis Chateaubriand, já em vias de se tornar, em 1946, dono do maior complexo de comunicações de toda a América Latina. Em seu artigo no dia 11 de junho, intitulado "A nova investida dos malaios"[37], quando o assunto estava em debate na Comissão da Constituição, Chateaubriand recorreu ao seu estilo habitualmente agressivo: "Voltam os srs. Agamenon Magalhães e Adroaldo Mesquita [Vieira de Melo, o principal defensor da idéia, não é citado] com a bobice do custo histórico, como ponto de partida para a nacionalização das empresas concessionárias de serviços públicos. [...] Só a dupla de palhaços Mesquita e Agamenon seria capaz de supor que encontraríamos aqui dentro 7 bilhões de cruzeiros com que adquirir o equipamento de grandes centrais hidroelétricas, num país que já fez cinco *fundings* por não dispor de ouro para pagar o serviço de sua dívida externa."

A disputa se refletiu na Comissão da Constituição. O projeto original, antes de ser revisto pela grande Comissão, dispunha:

> A lei regulará *a nacionalização* das empresas concessionárias de serviços públicos federais, estaduais e municipais. Será determinada a fiscalização e a revisão das tarifas dos serviços explorados por concessão, a fim de que, *calculados com base no custo histórico*, os lucros dos concessionários, não excedendo a justa remuneração do capital, lhes permita atender às necessidades de melhoramentos e a expansão desses serviços. A lei se aplicará às concessões feitas no regime anterior, de tarifas estipuladas para todo o tempo da duração do contrato.

No projeto revisto, a Comissão retirou do texto as partes registradas acima em itálico, isto é, a nacionalização das empresas concessionárias e a obrigatoriedade de que a fixação das tarifas fosse feita com base no cálculo do custo histórico. Tanto a nacionalização quanto a estatização, como se viu, estavam previstas no art. 146, podendo ser feitas por lei especial, o que tornava o dispositivo dispensável e ocioso. Quanto à aplicação do custo histórico, retirado do texto, ficava também a critério da lei ordinária.

---

37. Alusão a Agamenon Magalhães, autor da lei sobre os lucros extraordinários, chamada de "lei malaia" pela aparência física do deputado e ex-ministro que, com os malares salientes, se assemelhava a um oriental.

O senador Carlos Prestes (PCB-DF) apresentou emenda restabelecendo a obrigatoriedade da estatização das concessionárias, e o deputado Vieira de Melo (PSD-BA), proposta para restabelecer no texto a disposição relativa ao cálculo da tarifa pelo custo histórico.

Essa última questão foi discutida em primeiro lugar e coube ao autor defendê-la e ao deputado Souza Costa (PSD-RS), ex-ministro da Fazenda da Vargas, manifestar-se como relator da subcomissão. O autor da emenda pronunciou um longo discurso em que a tônica era a defesa da economia popular, com afirmações como a de que "se a entrada de capitais estrangeiros no Brasil estivesse a depender da oneração criminosa da bolsa popular, preferiria ficar com os interesses do povo brasileiro". Ou a de que "precisamos, sim, do capital estrangeiro, mas não do que venha escravizar o povo brasileiro". Quando o deputado Mário Masagão (UDN-SP) reptou a que o orador apontasse qualquer Constituição em que constasse tal princípio, Vieira de Melo invocou o precedente de que "nossa Constituição, abrindo flagrante exceção, e contra a técnica que tem sido adotada em outros países, contém até posturas municipais", o que, segundo seu entendimento, justificava acrescentar mais algumas. Em seguida, falou o senador Carlos Prestes (PCB-DF) em defesa de sua emenda sobre a estatização dos serviços públicos, invocando o testemunho de trabalho do engenheiro Luís Anhaia Melo, em que se afirmava que "as campanhas que se fazem contra a propriedade pública são a prova da força política das empresas, e não da ineficiência dos governos". Invocou os precedentes brasileiros, o decreto nº 1.746, de 13 de outubro de 1869, relativo à construção de portos e armazéns, cujo art. 8º previa a possibilidade de resgate dos bens construídos com os juros de 8% ao ano sobre o capital invertido, e o Código de Águas que, em seu art. 166, parágrafo único, previa, em caso de reversão, "o pagamento do custo histórico, menos as depreciações".

O deputado Souza Costa (PSD-RS), defendendo o texto da Comissão, lembrou que a questão central do uso do critério do custo histórico era a inflação. Citou o exemplo de uma casa que, adquirida em 1900 por 100 mil cruzeiros, e valendo 1 milhão de cruzeiros em 1946, continuava tendo o seu custo histórico de 100 mil cruzeiros. Esclareceu que o critério contrário era o do custo de reprodução, isto é, o valor necessário hoje para se realizar um empreendimento concretizado no passado, ao que Vieira de Melo retrucou: "É, portanto, avaliar ferro velho como ferro novo..."

Quando o deputado Aliomar Baleeiro (UDN-BA) afirmou que o custo histórico permitia o emprego de índices de correção, o relator contestou que "a aplicação de índices corretivos implicará em falsear o custo histórico". Lembrou ainda que o custo histórico era um dos critérios e que adotá-lo na Constituição equivalia a eternizá-lo, tomando partido por uma das alternativas, daí por que o mais adequado era fixar a tarifa, como fazia o projeto, pelo seu justo valor, sem indicar qual matéria a ser definida pela lei ordinária.

Depois de falar, na qualidade de relator da subcomissão, o deputado Hermes Lima (UDN-DF), as duas questões foram submetidas ao plenário. Em primeiro lugar, a restauração do princípio do custo histórico, rejeitada, e em seguida a da estatização das concessionárias de serviços públicos, também não aceita pelo plenário. Resolvia-se um dos mais complexos contenciosos do Título V, mas não o único nem o último.

A classe operária cada vez mais longe do paraíso

Na sessão noturna do dia 29 foi comunicado ao plenário o deferimento do registro de um novo partido político, a Esquerda Democrática, que até então constituía uma ala abrigada na legenda da UDN, pela qual concorreram seus membros à Constituinte, na eleição de 2 de dezembro de 1945. No mesmo expediente, o presidente do TSE dava conta à Mesa de que seus dois representantes na Assembléia eram os deputados Domingos Velasco, eleito por Goiás, e Hermes Lima, pelo Distrito Federal.

A primeira votação adiada da sessão anterior foi a do deputado Mário Masagão (UDN-SP), que tinha por objetivo substituir a palavra "concessão" por "autorização" no art. 152 e seus parágrafos, referentes à exploração das minas e riquezas do subsolo, assim como do aproveitamento para geração de energia das quedas-d'água. Mesmo tratando-se de questão meramente de técnica jurídica, foi rejeitada pelo plenário.

Os destaques e emendas seguintes, de vários constituintes, diziam respeito à participação dos empregados nos lucros e na gestão das empresas. Depois de falarem os deputados Glicério Alves (PSD-RS), Segadas Viana (PTB-DF), João Amazonas (PCB-DF) e Amando Fontes (UDN/PR-SE), as emendas foram postas em votação em duas rodadas: a primeira, para se decidir sobre a participação obrigatória e direta dos trabalhadores nos lucros, e a segunda, sobre sua participação na gestão das empresas. A primeira, de autoria do deputado Paulo Sarazate (UDN-CE), foi aprovada, considerando-se prejudicadas as demais. A segunda, de autoria do deputado João Amazonas (PCB-DF), foi rejeitada. A Assembléia rejeitou, em seguida, emenda do deputado Gurgel do Amaral (PTB-RJ) sobre regulamentação do exercício profissional e fixação do respectivo salário progressivo, contra a qual se manifestou o relator, Agamenon Magalhães (PSD-PE), alegando tratar-se de matéria de lei ordinária, a ser disciplinada nas convenções coletivas de trabalho. Foram discutidas, em seguida, as emendas referentes à extensão aos trabalhadores rurais de parte ou de alguns dos benefícios previstos para os trabalhadores urbanos, matéria que tinha sido objeto de proposta do deputado Aliomar Baleeiro (UDN-BA), rejeitada na subcomissão específica. Foram sucessivamente apreciadas e rejeitadas pelo plenário as propostas de autoria dos deputados Eduardo Duvivier (PSD-RJ), Elói Rocha (PSD-RS), Wellington Brandão (PSD-MG) e Agostinho Oliveira (PCB-PE). A matéria só veio a ser efetivada, como no caso da participação nos lucros, durante a ditadura militar, com a instituição do Funrural.

Na sessão ordinária do dia 30 de agosto, foi rejeitada a emenda do deputado João Amazonas (PCB-DF), para retirar do texto do art. 158, que trata da organização sindical e profissional, a expressão em itálico de sua redação original: "É livre a associação profissional ou sindical; ser-lhe-á regulada por lei *a forma de constituição*, a representação legal nos contratos coletivos de trabalho e o exercício de funções delegadas pelo poder público." Ao manter o dispositivo, até a constituição do sindicato ficava sujeita às rígidas normas da CLT editadas por Vargas três anos antes, mantendo-os sob a tutela do Ministério do Trabalho. A liberdade de associação continuava, como no Estado Novo, uma simples quimera. Quando o deputado Agamenon Magalhães (PSD-PE) se manifestava pela subcomissão, e instado pelo deputado Benício Fontenele (PTB-RJ) a respeito de reconhecer o dispositivo o pluralismo sindical, o relator não deixou dúvidas:

"O SR. AGAMENON MAGALHÃES – Devo chamar a atenção da Assembléia para que, no projeto, o princípio é de livre associação profissional [...] e não se estabelece a autonomia porque esta fica condicionada a determinadas limitações."

Era, realmente, uma estranha liberdade: declarava-se a livre associação profissional e sindical, mas isso não implicava nem o pluralismo nem a autonomia sindical. Em outras palavras, a democracia que se estava construindo, recebia, incorporava e mantinha todas as restrições do paternalismo oficial do Estado Novo, em matéria de organização profissional e sindical, em sua maioria vigentes até hoje!

O deputado Eduardo Duvivier ainda tentou a aprovação de sua emenda aditiva, que mandava acrescentar ao texto "É livre a associação profissional ou sindical" a expressão "assegurada a pluralidade dos sindicatos", também rejeitada pelo plenário. A ressalva do líder da maioria, senador Nereu Ramos (PSD-SC), de que tinha votado contra a emenda pela convicção de que a pluralidade poderia ser assegurada por lei ordinária, ficou, como até hoje, no limbo das boas intenções. A emenda nº 3.229, do senador Ferreira de Sousa (UDN-RN), visando tornar explícita a autonomia sindical, foi igualmente rejeitada, caindo por terra todas as veleidades de se proporcionar ao país um movimento sindical livre, autônomo e pluralista, restando o que temos hoje, enfeudado aos grupos de manipulação, especializados na exploração do desemprego.

Da forma como foram encaradas as emendas tendentes a liberalizar o texto do projeto, e sabendo-se que, a despeito de o princípio constitucional assegurar a participação dos trabalhadores nos lucros das empresas, o preceito nunca foi regulamentado nos vinte e um anos de vigência da Constituição de 1946, não é exagero concluir que a classe operária estava cada vez mais longe do paraíso... Como tinha afirmado Baleeiro, o projeto não era só conservador. Em vários aspectos era, como ele frisou, até reacionário.

Se por um lado a Constituinte cerceava a organização sindical, mantendo-a atrelada e subordinada ao Estado, por outro tratava de reforçar o direito de propriedade. Emenda do deputado Ernani Sátiro (UDN-PB) mandava restabelecer o direito de preferência, previsto na Constituição de 1934, aos proprietários em cujo subsolo fossem encontradas minas e outras riquezas. Era freqüente a invocação do texto constitucional de 1934, tornando claro que se erigia o futuro com os olhos postos no passado. A justificativa é que, tendo perdido para o Estado o subsolo, que constituía propriedade distinta da do solo, justificava-se que tivesse a preferência para a sua exploração. À redação do § 1º do art. 152, aprovada pela grande Comissão, se acrescentava a parte assinalada em itálico: "As autorizações ou concessões serão conferidas exclusivamente a brasileiros ou empresas organizadas no Brasil, *assegurada ao proprietário preferência quanto à exploração ou co-participação nos lucros*." Submetida a deliberação em duas votações, a primeira, referente à expressão "assegurada ao proprietário preferência quanto à exploração", foi aprovada por 131 contra 107 votos, enquanto a segunda, relativa à parte final, "ou co-participação nos lucros", foi rejeitada.

Discutiu-se em seguida emenda do deputado Israel Pinheiro (PSD-MG) dispondo, ainda em relação ao mesmo assunto, que "os direitos de preferência ou indenização do proprietário do solo serão regulados de acordo com a natureza das minas". O autor da emenda sobre o direito de preferência, deputado Ernani Sátiro (UDN-PB), argumentou que ela contrariava a preferência já decidida pelo plenário, com o que não concordou o presidente. Atendendo a pedido do vice-líder da UDN, deputado Prado Kelly (UDN-RJ), deu-lhe a palavra para esclarecer que não havia incompatibilidade entre os dois preceitos. Submetida a votos, a proposta de Israel Pinheiro obteve 82 votos a favor e 79 contra, constatando-se a falta de número e o conseqüente adiamento da matéria para a sessão seguinte, na noite desse mesmo dia, quando então foi rejeitada.

Depois de negar aprovação a várias emendas dos deputados Aliomar Baleeiro (UDN-BA), Barreto Pinto (PTB-DF) e Barbosa Lima Sobrinho (PSD-PE), o plenário aprovou proposta do deputado Galeno Paranhos (PSD-GO), determinando a inclusão de um dispositivo com a seguinte redação: "O poder público providenciará a instituição de estabelecimentos de crédito especializado de amparo à lavoura e pecuária nacionais." Todas as demais emendas ao Título V foram rejeitadas, passando-se à discussão do seguinte, referente à família, à educação e à cultura.

"O Brasil tem pressa"

Tão logo foi votado o título relativo à família, à educação e à cultura, sem prejuízo das emendas, o deputado Otávio Mangabeira (UDN-BA) pediu a palavra. Depois do gesto polêmico de beijar a mão de Eisenhower, que lhe valera um desagravo de quase toda a Assembléia, ele tinha se mantido arredio dos debates de que não participara ativamente, embora presente a quase todas as sessões. Ele era, para a maioria dos constituintes, uma espécie de oráculo que só se manifestava nos momentos de crise. E os dias que o Rio de Janeiro estava vivendo eram um deles. As manifestações depois do quebra-quebra na Rua do Catete, estendendo-se até o Largo do Machado, não arrefeceram. Ao contrário, se alastravam e ameaçavam tornar-se incontroláveis. Havia preocupação e tensão por todos os lados. No pronunciamento a que se aventurou naquele fim de noite de sexta-feira, o líder da minoria fez um balanço dos quatro títulos que faltavam ser votados, além das Disposições Transitórias, concluindo que ainda era possível votar a Constituição até o dia 7 de setembro, ou seja, dentro de mais oito dias.

"O SR. OTÁVIO MANGABEIRA – [...] A Nação, bem ou mal, espera que se lhe dê a Constituição a 7 de setembro.

Agora mesmo estou lendo neste jornal, (*exibe*) em letras garrafais, este título: 'Morreu para o dia sete'. Em outro tópico, se diz: 'A luta pela vice-presidência da República impede a Constituição a 7 de setembro.'

[...] Não há outro aspecto, Sr. Presidente, no momento, mais importante. Os fatos ocorridos nestes últimos dias nesta Capital e que acabam de tomar, nas últimas horas, evidentemente, caráter de excepcional gravidade, exigem de todos os homens conscientes, de todos os homens responsáveis pelas instituições democráticas, a sua contribuição, o seu concurso, no sentido da ordem. (*Muito bem*)

A maior contribuição que a Assembléia pode dar para a ordem do país é a votação da Constituição. (*Muito bem. Palmas*)

[...] A Nação, por todos os seus setores de opinião, está farta de reconhecer que vimos sofrendo, no momento, crise de administração pública.

[...] A Nação anseia por modificações profundas nos altos quadros administrativos. (*Muito bem*) É verdade inconteste.

[...] Disse e repito: a Assembléia só não dará a Constituição a 7 de setembro se não quiser. É questão de conjugar esforços neste sentido. Quanto a isto não tenho dúvidas, e não estou aqui porventura a fazer-me melhor que os outros, mas, sim, a apresentar-me como intérprete de um pensamento comum. (*Muito bem*)

[...] O debate tem sido excessivo e excessivo foi o debate no seio da Comissão dos Trinta e Sete. Não há como contestar que muitas das discussões se têm alongado nesta fase de elaboração constitucional, até certo ponto inutilmente.

Não digo que se suprima a discussão, mas sim que se suprima tudo que for supérfluo.

Posso figurar um exemplo: vamos entrar no Capítulo referente à Família. Já estou vendo, pelo caminho, renovada a discussão sobre o divórcio.

Ora, Sr. Presidente, nesta altura é possível que, numa Assembléia como esta, ainda se discuta divórcio? Porventura há alguém, nesta Casa, que não tenha opinião formada a respeito do assunto? Será preciso subir à tribuna para dizer por que se deve votar a favor ou contra o divórcio? Evidentemente, em pura perda de tempo. (*Muito bem; palmas prolongadas*)
Lembrei este exemplo para dar uma idéia dos debates que devem ser suprimidos, em proveito da votação a 7 de setembro. Com efeito, desde o princípio venho sustentando esta opinião. Decidi hoje sustentá-la com maior vigor, à vista dos fatos, naturalmente lamentáveis, de que estamos sendo testemunhas.
[...] Precisamos resolver a crise de ocasião, que é uma crise de ordem pública, e a ordem pública está acima de tudo. Precisamos, porém, ir adiante, e resolver a crise geral do país, dedicando-nos, com todo o empenho e patriotismo, para que a Democracia ressurja com a nova Carta Política. Mas uma vez que ressurja, tratemos todos de dignificá-la, não só pela fidelidade à grande Lei que estamos elaborando, senão também pela solução dos problemas que interessam vital e visceralmente ao povo.
[...] Quem sabe se V. Exa., Sr. Presidente, não poderia encerrar ainda hoje a discussão desse Capítulo?
Desejo afirmar o seguinte: reduzamos ao mínimo os pedidos de destaque (*muito bem*). Não digo que se suprimam – não vou até esse ponto – mas que se reduzam ao que for essencial à sustentação das emendas; evitem-se discursos (*muito bem*). Não é preciso discurso para justificar emenda, pois não se fala a uma Casa de ineptos. Basta ler a emenda, porque a Assembléia compreenderá o que ela visa ou preceitua. Aí está o suficiente. Os relatores não precisam vir à tribuna duas ou três vezes; as questões de ordem não precisam ser a todo instante suscitadas (*muito bem*).
[...] Peço apenas que se suprima o supérfluo que tem havido em profusão. Se tomarmos esse rumo, teremos a Constituição a 7 de setembro.
Permaneçamos até mesmo em sessão permanente, se for preciso, porque – e aqui volto à crise de administração – não tenho pessimismo algum nem derrotismo quanto à situação do país – nações devastadas pela guerra estão resolvendo seus problemas, por que o Brasil não há de resolver os seus?
É preciso trabalho, trabalho, trabalho.
[...] Trabalhemos, se possível, vinte e quatro horas por dia (*grandes aplausos*), até dominarmos a crise que será fatalmente dominada.
Para esse fim, estamos certos, não há divergências na Assembléia. Para esse fim, estamos certos, há boa intenção do Chefe do Poder Executivo, com quem tenho tido ensejo, por várias vazes, de trocar idéias sobre o assunto (*muito bem, palmas*).
Que falta? Meter mãos à obra com coragem, convicção, fé. Saberemos, assim, vencer as dificuldades atuais, levando nossa Pátria, com segurança, ao rumo de seu destino.
Constituição a Sete de Setembro! (*Muito bem. Muito bem. Palmas prolongadas, o orador é vivamente cumprimentado*)"

Em seguida, falou o líder da maioria:

"O SR. NEREU RAMOS – Sr. Presidente, não devo invocar minha qualidade de líder do Partido Social Democrático, para basear a autoridade com que devo falar neste momento. Esta autoridade vem do esforço que tenho desenvolvido à frente da Comissão da Constituição. (*Apoiados. Palmas prolongadas*) [...] É preciso confessar, também, que nossos trabalhos, dentro desta Assembléia, vêm se arrastando por tempo maior do que o esperado pela Nação. (*Muito bem, palmas*) Confessemos que todos temos responsabilidades nesta demora, porque não quisemos ouvir bem e claramente o clamor que nos vinha das ruas [...]"

Depois de reiterar as sugestões para abreviar o trabalho, reduzindo os destaques, deixando de discursar sobre o supérfluo e encurtando os prazos possíveis, garantiu o apoio de seu partido ao que já se sabia ser o apelo da maioria da opinião pública do país:

"O SR. NEREU RAMOS – Em nome do meu partido, não tenho dúvida em afirmar que todos os seus membros atenderão ao apelo que nos faz o país e nos auxiliarão a dar-lhe a Constituição no dia 7 de setembro. (*Muito bem, palmas*)"

As provas de boas intenções estavam dadas, tanto pela maioria quanto pela minoria. Como se verá em seguida, porém, os apelos não caíram em campo muito fértil. A impaciência da população, que parecia assustar a todos, a começar pelo governo, apenas repetia o apelo de Deodoro quando, ao empossar a Comissão de Petrópolis, encarregada de elaborar o projeto da primeira Constituição republicana, disse a seus membros que só lhes pedia uma coisa, que trabalhassem rápido, pois "o Brasil tem pressa", justificou-se.
A Constituição viria ainda em setembro. Mas não no dia 7. Recuperar o tempo perdido com questões municipais, lamentavelmente, tornara-se impossível.

Os ânimos se exaltam

A primeira sessão do dia 31, sábado, foi aberta às 9 horas e 15 minutos. E o primeiro orador, dizendo atender aos soleníssimos apelos da véspera, insistiu exatamente num dos pontos feridos pelo deputado Otávio Mangabeira (UDN-BA). Falando em nome de seu partido, o deputado Guaraci Silveira (PTB-SP) centrou seu discurso na questão do divórcio, mostrando que se tinha abandonado de vez o hábito inaugurado pelo senador Nereu Ramos (PSD-SC) de abrir mão do direito de discutir cada capítulo, já exaustivamente debatido em cada instância decisória da Constituinte, nas etapas anteriores. Sucedeu-lhe na tribuna o deputado Manuel Vítor (PDC-SP), líder religioso que mantinha um programa de "Ave-Maria" numa das rádios paulistas. Ao assomar à tribuna, foi recebido com os gritos de "Voto! Voto! Voto!", provocando uma repreensão do presidente ao plenário. Quando feriu o mesmo tema do divórcio, apelou para o Sermão da Montanha e invocou os ensinamentos do bispo D. Duarte Leopoldo, foi novamente saudado com o mesmo refrão de "Voto! Voto! Voto!". Pedindo mais cinco minutos, continuou impávido, invocando ora os ensinamentos das Sagradas Escrituras, ora a autoridade de D. Duarte, até esgotar-se o tempo a que seu partido de três representantes tinha direito.

O orador seguinte foi o deputado Caires de Brito (PCB-SP), que, aproveitando o tempo destinado a seu partido, denunciou a verdadeira *razzia* que a polícia política tinha desencadeado contra o seu partido e os seus representantes na Constituinte, na repressão ao clima de insurreição que havia três dias dominava a cidade. Depois de historiar as violências de que tinham sido vítima, apresentou requerimento para constituir uma comissão destinada a ir à presença do presidente da República a fim de solicitar a demissão das autoridades que ele julgava responsáveis pelo clima de pânico que se estabelecera a partir da repressão. Enquanto os exaltados de ambos os lados se manifestavam, o presidente submeteu a votos a proposta do orador, logo rejeitada. Carlos Marighela (PCB-BA) requereu verificação, de que em seguida desistiu, quando o líder da maioria sugeriu que se convocasse sessão especial para apreciar a matéria. Como Prado Kelly (UDN-RJ) a requeresse imediatamente, o senador Nereu Ramos (PSD-SC) se viu na contingência de pleitear sua realização na parte da tarde, a fim de dar-lhe tempo para as gestões necessárias junto ao Executivo, o que foi logo aceito e acordado.

Mesmo nesse clima, foi possível, enfim, começar a votação do Título VI, com emenda do deputado Nestor Duarte (UDN-BA) para se retirar do texto constitucional a indissolubilidade do vínculo matrimonial. Cedendo a palavra ao deputado Flores da Cunha (UDN-RS), o autor contribuiu para o exemplo apontado por Mangabeira em seu discurso da véspera como ocioso, inútil e supérfluo. Quando o representante da subcomissão, o deputado Ataliba Nogueira (PSD-SP), começou a divagar sobre o tema, os gritos de "Voto! Voto! Voto!" serviram para encerrar sua dispensável arenga e se submeter a votos a emenda, obviamente rejeitada por larga margem. Como ela, todas as demais que, de forma direta ou indireta, tratavam do tema, receberam condenação da maioria dos constituintes. Não sem razão, o Brasil foi o 127º país do mundo a aceitar o divórcio. Foram necessários mais trinta e um anos, a partir de 1946, para que o princípio encontrasse lugar na Constituição do país. Uma conquista que, negada pelos regimes liberais de 1934 e 1946, nos foi concedida, ironicamente, pela ditadura militar, na versão germânica e luterana do general Geisel.

Sustentada por seu autor, o senador Ferreira de Sousa (UDN-RN), foi aprovada emenda que permitia, a requerimento dos nubentes, dar caráter civil ao casamento religioso, assim redigida: "O casamento religioso, celebrado sem as formalidades deste artigo, terá efeitos civis se, a requerimento dos nubentes, for inscrito no Registro Civil, mediante prévia habilitação perante a autoridade civil." A emenda seguinte, do deputado Leão Sampaio (UDN-CE), tinha por objetivo substituir o art. 163 do projeto – "A lei assegurará assistência à maternidade, à infância e à adolescência, e amparará as famílias de prole numerosa" – por dispositivo similar da Constituição de 1934, com a seguinte redação: "É obrigatório, em todo o território nacional, o amparo à maternidade e à infância, para o que a União, os Estados e os Municípios destinarão pelo menos 1% das respectivas rendas tributárias." Submetida a votos, foi aprovada a primeira parte e rejeitada a segunda, que tratava da destinação de recursos da receita tributária. Não foi o caso de se trocar seis por meia dúzia, mas uma dúzia por seis, pois se excluiu da obrigatoriedade da assistência à adolescência, eliminando-se, por outro lado, o amparo às famílias de prole numerosa. Em outras palavras, a emenda era, literalmente, pior que o soneto.

Educação: a cara da ditadura

Venceu-se, no entanto, o Capítulo I, que tratava da família, e passou-se ao seguinte, relativo à educação e à cultura. Como nos capítulos anteriores, foi submetido a votos e aprovado o texto da Comissão, sem prejuízo dos destaques e emendas.

A primeira emenda a ser submetida a votos, em decorrência de pedido de preferência do deputado Paulo Sarazate (UDN-CE), foi a do deputado Hermes Lima (ED-DF), preconizando o ensino público leigo, obviamente rejeitada pelo espírito dominante que o baiano Aliomar Baleeiro, num dos seus momentos de inspiração, chamou de clerical. A seguinte, de autoria do deputado Gustavo Capanema (PSD-MG), ex-ministro da Educação dos dois últimos governos Vargas, era um substitutivo abrangendo oito dos nove artigos do projeto. Ao ser anunciada sua discussão, o autor requereu sua retirada, sob a alegação de que a subcomissão não estava disposta a aceitar as inovações por ele propostas, além de ser necessário acelerar a tramitação, como era desejo geral. Na verdade, não havia inovações, quando muito aprimoramentos de redação. O relator-geral Costa Neto (PSD-SP) requereu destaque para os dispositivos a que renunciara o autor, afirmando que era a forma mais prática de abreviar a decisão sobre a matéria, pois os pontos com os quais não concordasse o plenário poderiam ser rejeitados, em vez de recompor todos os dispositivos através de uma série de emendas. Requereu apenas que fosse a matéria submetida a votos, item por item. O resultado foi o seguinte:

Projeto da Comissão	Emenda Capanema aprovada
Art. 165. A educação é direito de todos e será ministrada pela família e pelos poderes públicos.	Art. 165. A educação é direito de todos e será dada no lar e na escola.
Art. 166. O ensino em todos os graus é livre à iniciativa particular, respeitadas as leis que os regulem, sendo o primário ministrado obrigatoriamente por meio de idioma nacional.	Art. 166. O ensino dos diferentes ramos será ministrado pelos poderes públicos e é livre à iniciativa particular, respeitadas as leis que os regulem.
Art. 167. As empresas industriais, comerciais e agrícolas em que trabalharem mais de cem pessoas são obrigadas a manter ensino primário gratuito para os seus servidores e os filhos destes. As empresas industriais e comerciais são obrigadas a ministrar, em cooperação, ensino profissional aos seus trabalhadores menores, pela forma que a lei estabelecer, respeitados os direitos dos professores.	Art. 167. A legislação do ensino adotará os seguintes princípios: I – o ensino primário é obrigatório e só será dado na língua nacional; II – o ensino primário oficial é gratuito para todos; o ensino oficial ulterior ao primário sê-lo-á para quantos provarem falta ou insuficiência de recursos; III – os estabelecimentos industriais, comerciais e agrícolas, em que trabalharem mais de cem pessoas, são obrigados a manter ensino primário gratuito para os seus servidores e os filhos destes; IV – as empresas industriais e comerciais são obrigadas a ministrar, em cooperação, aprendizagem aos seus trabalhadores menores, pela forma que a lei estabelecer, respeitados os direitos dos professores;
Art. 170. O ensino religioso nas escolas oficiais constituirá matéria de seus horários, será de matrícula facultativa, e ministrar-se-á de acordo com a confissão religiosa do aluno, manifestada por ele, se for capaz, ou pelo seu representante legal ou responsável.	V – idêntico ao art. 170 do projeto ao lado; VI – para o provimento das cátedras no ensino secundário oficial e no superior, oficial ou livre, exigir-se-á concurso de títulos e provas. Aos professores admitidos por concurso de títulos e provas, será assegurada a vitaliciedade; VII – é garantida a liberdade de cátedra.
Art. 169. A União aplicará nunca menos de dez por cento, e os Estados, o Distrito Federal e os Municípios nunca menos de vinte por cento da renda anual resultante dos impostos na manutenção e desenvolvimento do ensino.	Art. 169. Anualmente a União, etc. (todo o restante do texto idêntico ao projeto da Comissão).

Sem correspondente.	Art. 170. A União organizará o sistema federal de ensino e ainda o dos Territórios. Parágrafo único. O sistema federal de ensino tem caráter supletivo, estendendo-se a todo o país nos estritos limites das deficiências locais.
Sem correspondente.	Art. 171. Cada Estado, assim como o Distrito Federal, organizará o seu próprio sistema de ensino. § 1º Retirado § 2º A União cooperará, mediante o auxílio federal, para o desenvolvimento dos sistemas de ensino dos Estados e do Distrito Federal. Esse auxílio, quanto ao ensino primário, provirá do Fundo Nacional do Ensino Primário.
Sem correspondente.	Art. 172. Cada sistema de ensino terá, obrigatoriamente, serviços de assistência educacional que assegurem aos alunos necessitados condições de eficiência escolar.

O art. 168 do substitutivo Capanema, dispondo que "a União, os Estados e o Distrito Federal adotarão, na administração do ensino, o princípio da unidade de direção", foi rejeitado. Foi no entanto aprovado destaque do deputado Freitas Cavalcanti (UDN-AL) para substituir o art. 165, com a redação que lhe deu o substitutivo Capanema, pelo seguinte: "É assegurado a todos o direito à educação que será ministrada pela família e pelos poderes públicos, inspirada no respeito da liberdade e nos ideais da solidariedade humana." Emenda do deputado Rui Santos (UDN-BA), mandando incluir um artigo relativo à cultura, com a seguinte redação, foi igualmente aprovada, pendente de adaptação da comissão de redação: "Art. – O amparo à cultura é dever do Estado. Neste sentido, o poder público promoverá a criação de institutos especializados de pesquisas, mormente junto aos estabelecimentos de ensino superior." Da mesma forma, foi aprovada a inserção no capítulo de emenda do deputado Gustavo Capanema (PSD-MG) com a seguinte redação: "A ciência, as letras e as artes são livres."

O capítulo da educação ficou com a cara que lhe deu a ditadura durante o Estado Novo, representada pela sede de seu ministério: moderna por fora, carunchosa por dentro.

Antes de encerrar a sessão, o deputado Lino Machado (UDN/PR-MA) apresentou à Mesa um requerimento com 216 assinaturas, a que se juntaram verbalmente mais dois constituintes – Pereira da Silva (PSD-AM) e Guaraci Silveira (PTB-SP) –, sugerindo que, até a conclusão dos trabalhos de elaboração constitucional, a Assembléia se mantivesse em sessão permanente, o que foi prontamente aceito pelo presidente, por se tratar de proposta subscrita pela quase-totalidade dos membros da Casa. Ao anunciar a sessão extraordinária do dia seguinte, convocada para as 14 horas, adiantou haver decidido realizar outra na noite do mesmo dia e mais três no domingo. A voracidade pela sucessão de reuniões se justificava pela necessidade de recuperar o precioso tempo perdido durante a lenta tramitação do projeto.

A sessão de sábado à tarde foi destinada a examinar a situação do Rio de Janeiro, que se agravava, e a repressão que tinha desabado sobre o Partido Comunista, com o cerco a seus militantes e dirigentes, a prisão de Trifino Correia, primeiro-suplente da bancada que até poucos dias antes tinha exercido seu mandato na Constituinte, e o pedido de designação de uma comissão destinada a se entender com o presidente da República, logo transformada em missão parlamentar de solidariedade ao chefe do governo, para que adotasse as medidas necessárias à manutenção da ordem, que ameaçava sair do controle das autoridades policiais.

Os ânimos, exaltados lá fora, exaltaram-se também no recinto, com a intervenção de Aliomar Baleeiro (UDN-BA) acusando Vargas de responsável pela situação econômica que exasperava a população. Suas afirmações terminaram provocando o incidente que levou o senador Getúlio Vargas a se manifestar pela segunda e última vez na Constituinte, na penúltima sessão a que compareceu, conforme se descreveu no capítulo 26. Da visita da comissão composta pelos deputados Acúrcio Torres (PSD-RJ), Altino Arantes (PSD-SP), Prado Kelly (UDN-RJ), Gurgel do Amaral (PTB-RJ) e Caires de Brito (PCB-SP), deu conta na sessão extraordinária noturna dessa mesma data o vice-líder da UDN, Prado Kelly. Só então foram apreciadas as últimas emendas relativas ao Capítulo II – Da Educação e da Cultura, já discriminadas acima. Passou-se em seguida à discussão do Título VII – Das Forças Armadas, aprovado como os demais, com ressalva das emendas e destaques. O deputado Gregório Bezerra, designado para manifestar-se em nome do PCB, mandou seu discurso para ser dado como lido, manifestando-se a respeito do tema em discussão e dispensando sua leitura, como recomendara o líder da minoria, Otávio Mangabeira (UDN-BA).

Para examinar os destaques enviados à Mesa, a sessão foi suspensa por dez minutos, sendo retomada às 23 horas e 5 minutos. A primeira emenda aprovada, de autoria do deputado Paulo Sarazate (UDN-CE), suprimiu o § 2º do art. 180 do projeto, que tratava dos critérios de promoção dos militares, matéria considerada de lei ordinária. Esgotado o período da sessão, o presidente submeteu ao plenário requerimento de suspensão da sessão convocada para o domingo pela manhã, sendo mantida a que estava prevista para se realizar às 14 horas.

A hora e a vez da burocracia

A sessão extraordinária do domingo foi aberta pelo deputado Caires de Brito (PCB-SP). Integrante da comissão que no dia anterior se entrevistou com o presidente Dutra, manifestou a satisfação de sua bancada pelas medidas tomadas pelo governo:

"O SR. CAIRES DE BRITO – (*Pela ordem*) Sr. Presidente, na qualidade de um dos componentes da comissão parlamentar que levou ao Exmo. Sr. Presidente da República a moção de confiança desta Casa, e secundando a prestação de contas pelo nobre Deputado Sr. Prado Kelly, digno sublíder da minoria, externo a satisfação do meu partido, ante a maneira pela qual o Chefe do Governo, atendendo à necessidade de garantir, no regime democrático em que vivemos, a livre existência dos partidos políticos, providenciou, com a urgência necessária, no sentido de serem retiradas as tropas que interditavam o Partido Comunista, em todas as suas dependências, nesta Capital. Comunicamos ademais à Casa a soltura gradativa dos numerosos membros do Partido Comunista ilegalmente presos. Quanto às nossas sedes – contrista dizê-lo – as mesmas sofreram, por parte da polícia civil, as mais sérias depredações e até mesmo saques.

Esperamos que o Presidente Dutra, zelando pelo bom nome do Governo, providencie medidas para responsabilização dos culpados e imediata indenização dos prejuízos sofridos pelo meu Partido.

[...] Fazemos votos por que esse gesto do Presidente Dutra marque, de hoje em diante, uma trajetória democrática para todos os brasileiros, pela qual possamos, o mais cedo possível, destruindo as forças do retrocesso, agrupar os patriotas e estabelecer clima de verdadeira democracia, para retirar o povo do caos econômico em que se encontra, com a solução dos problemas que hoje dificultam a vida do nosso povo e o progresso do Brasil. (*Muito bem; muito bem. Palmas*)"

Esse pode ter sido o último gesto de uma fugaz lua-de-mel do PCB com o governo Dutra, seu canto de cisne, em alguns meses mais abafado pelo gesto longamente tramado da cassação de seu registro e do mandato de seus representantes no Congresso, nas Constituintes estaduais e nas Câmaras de Vereadores. Cassar mandatos legítimos por motivos políticos tornou-se mais uma das úteis lições que os democratas de 1946 deram para uso e proveito dos militares em 1964.

Antes de dar início à votação das emendas, o presidente comunicou o acidente de que tinham sido vítima os deputados Antônio Correia (UDN-PI), Galeno Paranhos (PSD-GO) e José Maria Crispim (PCB-SP), quando o automóvel em que se deslocavam para a Assembléia bateu em um táxi, ocasionando, além de ferimentos leves, fratura da perna do deputado piauiense. Era o terceiro com vítimas na Constituinte, tendo os outros dois vitimado os deputados Valfredo Gurgel (PSD-RN) e Coelho Rodrigues (UDN-PI).

A primeira emenda a ser votada, de autoria do deputado Euclides Figueiredo (UDN-DF), mandava excluir do projeto o § 4º do art. 179: "Para favorecer o cumprimento das obrigações militares, são admitidas as escolas de instrução militar." O dispositivo substituía o projeto original, em que havia referência aos Tiros de Guerra. Depois de longa discussão, que mostrava a dificuldade de se promulgar a Constituição no dia 7 de setembro, sua emenda foi rejeitada e aprovada outra dos deputados Acúrcio Torres (PSD-RJ) e Arruda Câmara (PDC-PE), mandando fundir o dispositivo mantido e o original, de que resultou o § 4º do art. 181 da Constituição: "Para favorecer o cumprimento das obrigações militares, são permitidos os Tiros de Guerra e outros órgãos de formação de reservistas."

A alteração seguinte, também aprovada, foi proposta pelo deputado Brochado da Rocha (PSD-RS), para permitir que os militares, quando no exercício de funções estranhas à carreira militar, pudessem optar pela remuneração de qualquer dos cargos. Para isso, mandava suprimir a frase final do art. 180, § 6º, do projeto, que aparece em itálico na seguinte transcrição: "O militar que estiver em atividade, ou na reserva, ou reformado, enquanto receber o subsídio ou os vencimentos de cargo permanente ou temporário que ocupar, não terá direito aos vencimentos ou proventos militares. *Em nenhum caso poderá o militar, quando exercer funções estranhas às forças armadas, optar pelos vencimentos ou proventos militares."*

Com apenas essas duas alterações, foi aprovado o Título VII, passando-se ao seguinte, relativo aos funcionários públicos. Nenhum dos partidos usou o tempo de que dispunha para discuti-lo. O deputado Osvaldo Pacheco (PCB-SP), encarregado por sua bancada de manifestar-se sobre o tema, repetiu o gesto de seu colega Gregório Bezerra (PCB-PE) e enviou à Mesa, para ser dado como lido, o seu pronunciamento. Como nas etapas anteriores, aprovou-se o texto da Comissão, sem prejuízo das emendas. A primeira a ser posta em debate era a de um grupo de deputados liderados por Paulo Sarazate (UDN-CE) e dizia respeito aos requisitos de aposentadoria, historicamente um dos problemas do corporativismo funcional que ainda continua um item em aberto na pauta política brasileira. À emenda nº 311, o relator propôs, em plenário, uma redação alternativa à do projeto. As disposições constavam do art. 189 e respectivos parágrafos do substitutivo e foram postas em votação em sucessivas votações, delas resultando as seguintes alterações:

Redação do relator em plenário	Resultado da votação
Art. 189. O funcionário será aposentado: a) por invalidez; b) compulsoriamente, aos 70 anos de idade.	Aprovada sem alteração.
§ 1º Poderá ser aposentado *ex officio*, ou a requerimento, o funcionário que contar 35 anos de serviço.	Aprovado, excluindo-se a expressão *ex officio*, por 125 × 94.
§ 2º Os vencimentos da aposentadoria serão integrais se o funcionário contar 30 anos de serviço, e proporcionais se tiver menos tempo.	Aprovado sem alteração.
§ 3º Serão integrais os vencimentos da aposentadoria quando o funcionário se invalidar por acidente ocorrido no sérvio, moléstia profissional, ou outra grave, contagiosa ou incurável, especificada em lei.	Aprovado sem alteração.
§ 4º Atendendo à natureza especial do sérvio, poderá a lei reduzir os limites referidos na letra *b*) e no § 2º deste artigo.	Aprovado sem alteração.

Além desses artigos, foi votada em seguida a emenda aditiva do deputado Lauro Montenegro (PSD-AL), mandando incluir, após o art. 181, um dispositivo com a seguinte redação: "O tempo de serviço público, quer federal, estadual ou municipal, computar-se-á integralmente, para fins de disponibilidade e aposentadoria."

Faltavam ainda dois destaques para encerrar o Título VIII, quando o líder da maioria, senador Nereu Ramos (PSD-SC), esclareceu que, faltando votar o Título IX – Disposições Gerais e o Ato das Disposições Constitucionais Transitórias, solicitava o cancelamento da sessão extraordinária noturna daquele domingo e a da manhã de segunda-feira, pois os membros da subcomissão respectiva não tinham redigido as disposições transitórias, pela necessidade de estar presentes à sucessão de reuniões ordinárias e extraordinárias, havendo o risco de o plenário ficar sem matéria para decidir. O pedido foi aprovado sob protestos do deputado Lino Machado (UDN/PR-MA), convocando o presidente apenas a reunião ordinária às 14 horas da segunda-feira, dia 2 de setembro. Nessa sessão se concluiu a votação das emendas ao Título VIII. A de nº 308, de autoria do deputado Paulo Sarazate (UDN-CE), substitutiva do parágrafo único do art. 179, sobre a disponibilidade do funcionário, em caso de extinção de seu cargo, deu a esse dispositivo a seguinte redação: "Extinguindo-se o cargo, o funcionário estável ficará em disponibilidade com provento integral, até o seu aproveitamento em outro cargo de natureza e vencimentos compatíveis com o anteriormente ocupado." Outra, de autoria do deputado Rui Santos (UDN-BA), suprimiu do texto do projeto o art. 185, dispondo sobre a vitaliciedade dos professores catedráticos, por se tratar de assunto já disciplinado no capítulo referente à educação. E a de nº 3.846, de autoria do deputado Jurandir Pires (UDN-DF), mandou incluir o seguinte dispositivo no capítulo em discussão: "Os inativos do serviço público terão suas pensões reajustadas toda vez que a oscilação do poder aquisitivo da moeda forçar um novo padrão de vencimentos para os servidores em exercício." Na verificação de votação, requerida pelo relator-geral, que foi vencido na matéria, constatou-se ter sido a proposta acolhida por 127 constituintes, contra apenas 70 que se manifestaram contra. Com essa emenda encerrou-se a apreciação do Título VIII.

31. Os aviamentos

Quarto de despejo

Na abertura da sessão do dia 2 de setembro, o deputado Costa Neto (PSD-SP) comunicou à Casa o falecimento de seu colega José Lopes Ferraz Neto, também do PSD paulista, ocorrido na véspera. Tratava-se do quarto óbito entre os constituintes, durante os trabalhos da Assembléia, tendo sido requerida e deferida a suspensão da sessão. Depois de se manifestarem representantes de praticamente todos os estados, convocou o presidente reunião extraordinária para as 15 horas e 30 minutos do mesmo dia. Nessa sessão, quando foram apreciadas as emendas restantes do título referente aos funcionários públicos, ficou claro que não haveria Constituição em 7 de setembro. O deputado Elói Rocha (PSD-RS) pretendeu que a grande Comissão fosse mandando imprimir os avulsos dos diferentes capítulos já aprovados pelo plenário, para abreviar a tramitação do projeto. A medida, porém, era inócua. Enquanto a Comissão dos 37 ia progressivamente apreciando a redação do vencido no plenário, a subcomissão das Disposições Transitórias deveria terminar o seu trabalho, ainda não concluído, para só então ser submetido à grande Comissão e em seguida ao plenário. Só depois seria possível aprovar a redação final de todo o texto da Constituição, com emendas, discussão e votação. O requerimento terminou rejeitado pelo plenário por inócuo.

Como nos capítulos anteriores, o Título IX – Disposições Gerais foi aprovado pelo plenário, sem prejuízo das emendas cujos destaques fossem deferidos. Colocada em discussão a matéria, o deputado Carlos Marighela (PCB-BA), falando por sua bancada, protagonizou um verdadeiro informe do Comitê Central, discutindo com seus companheiros de legenda, senador Carlos Prestes (PCB-DF) e deputados Caires de Brito (PCB-SP) e José Maria Crispim (PCB-SP), ante o silêncio de todo o plenário, as ameaças a que estava sujeito o partido, em face da feroz repressão policial. Com isso, pretendiam aprovação de suas emendas relativas ao estado de sítio e às imunidades parlamentares que, ironicamente, nem precisaram ser invocadas na cassação do registro do partido e do mandato de seus parlamentares, verificadas alguns meses depois.

A seguir, o deputado Osvaldo Studart (PSD-CE) submeteu à Mesa, para ser dado como lido, longo discurso sobre a emenda do seu colega Paulo Sarazate (UDN-CE) sobre as medidas de proteção à seca no Nordeste. A apreciação das emendas ficou para a sessão ordinária do dia 3 de setembro, terça-feira, pois no dia 2 não houve reunião extraordinária. O período do expediente daquela data mostra a irracionalidade de se manter essa praxe, incabível durante a votação do projeto de Constituição. São vinte e oito páginas do *Diário* tomadas com assuntos tão paroquiais como a agressão a um padre no município de Catalão, em Goiás; um longo e tedioso discurso sobre o sistema ferroviário da Bahia, proferido pelo deputado Manoel Novais (UDN/PR-BA); outro de Berto Condé (PTB-SP) transcrevendo a defesa de seu colega Hugo Borghi (PTB-SP) no escândalo do algodão, largamente publicada nos jornais como matéria paga; pronunciamento de Lino Machado (UDN/PR-MA) sobre o título das Disposições Gerais; outro de Café Filho (PSP-RN) sobre o estado de sítio e as imunidades parlamentares; um de Flores da Cunha (UDN-RS) sobre a proibição dos símbolos e bandeiras estaduais e as solenidades para sua queima promovidos pelas autoridades durante o Estado Novo; Rui Almeida (PTB-DF) reclamando do açodamento que se estava imprimindo à votação do projeto de Constituição e outro de Prado Kelly (UDN-RJ) sobre o papel moderador exercido pela UDN, isto é, por ele mesmo, na qualidade de vice-presidente da Comissão dos 37, evitando excessos e corrigindo desvios. Só após essa mostra, que se repetiria no dia seguinte, teve início a apreciação das emendas ao Título IX da Constituição.

As Disposições Gerais e as Disposições Transitórias constituíam uma espécie de quarto de despejo da Constituição, para onde foram jogadas todas as questões polêmicas surgidas durante a discussão dos demais capítulos e títulos, desde o mandato do presidente e dos parlamentares então em exercício até o dos futuros presidentes e congressistas, da construção de um monumento a Rui Barbosa até a concessão de honras de marechal do Exército ao comandante da FEB, general Mascarenhas de Morais. Eram nada menos do que sessenta e dois artigos, quase quatro vezes mais do que todo o título dedicado à ordem econômica e social!

Ao contrário do que tinha ocorrido na maioria dos capítulos anteriores, seis constituintes se inscreveram para discuti-lo. Falaram os deputados Lino Machado (UDN/PT-MA), Café Filho (PSP-RN), Flores da Cunha (UDN-RS), Rui Almeida (PTB-DF), Prado Kelly (UDN-RJ) e Domingos Velasco (ED-GO), abordando, com exceção de Rui Almeida e Flores da Cunha, a questão do estado de sítio e a suspensão das imunidades parlamentares. A única emenda votada na sessão foi a substitutiva do art. 209, que permitia a suspensão das imunidades parlamentares durante o estado de sítio pela maioria absoluta dos votos do Senado ou da Câmara. Esse *quorum* foi, através de substitutivo, aumentado para dois terços dos membros da Casa respectiva, depois de rejeitada a emenda Nestor Duarte (UDN-BA), que pretendia excluir do texto a possibilidade de suspensão das imunidades durante o estado de exceção.

Na quarta-feira, dia 4, a votação continuou em ritmo ainda mais lento. Presidindo a sessão, sem a experiência já adquirida pelo titular, o deputado Berto Condé (PTB-SP), segundo vice-presidente, provocou atrasos e controvérsias que retardaram as votações, atropelando as praxes já estabelecidas e o próprio Regimento, ao votar as emendas e os destaques fora da ordem cronológica. A primeira das emendas aprovadas foi a supressiva do art. 199, dispondo que "o produto das multas não poderá ser atribuído, no todo ou em parte, aos funcionários que as impuserem ou confirmarem". A emenda com preferência cronológica era do deputado Antenor Bogéa (UDN/PR-MA), estabelecendo a proibição não só aos funcionários que as impusessem ou que as confirmassem, mas também aos fiscais. Coube ao deputado Souza Costa (PSD-RS), por delegação do relator-geral, defender o texto do projeto, opondo-se à sua mudança. No curso dos debates, o deputado Carlos Marighela (PCB-BA) esclareceu haver apresentado um requerimento para supressão do artigo, em face de emenda de idêntico propósito do senador Carlos Prestes (PCB-DF), desejando saber se tinha sido acolhido ou não. O presidente não esclareceu a dúvida, apenas suscitou outra, indagando do plenário se deveria submetê-la a votos, mesmo não tendo sobre ele se pronunciado o deputado relator. Esclareceu, quando provocado pelo deputado Souza Costa (PSD-RS), que sua votação implicava prejudicar todos os demais pedidos de destaque. Ante a afirmativa do relator parcial de que, nessa hipótese, concordava com a emenda de Prestes, o presidente submeteu-a a votos, sendo aprovada. Pedida a verificação, constatou-se terem votado pela supressão 161 constituintes e 75 contra. A que era emenda modificativa propondo que nenhum servidor público poderia participar das multas terminou, pela barafunda criada pelo presidente ocasional, transformada numa supressiva. Com o desaparecimento da proibição, qualquer lei ordinária poderia permitir que não apenas os que impunham ou confirmavam as multas, mas também os fiscais, participassem de seus resultados. Como, aliás, era inevitável e efetivamente ocorreu...

As confusões não pararam aí, porém. O deputado Mário Masagão (UDN-SP) apresentou emenda mandando suprimir o art. 198 do projeto: "Os tributos terão caráter pessoal, sempre que isso for possível, e serão graduados segundo a capacidade econômica do contribuinte." No pronunciamento defendendo sua proposta, chamou a atenção do plenário para que não se deixasse seduzir pela "capacidade dialética, brilhante e culta" de seu colega de partido Aliomar Baleeiro (UDN-BA), autor do artigo, na qualidade de relator da subcomissão que tratou do assunto. O debate que se estabeleceu, menos com o deputado Masagão (UDN-SP), professor de direito, e Baleeiro (UDN-BA), professor de finanças, e sim deste com o deputado Alde Sampaio (UDN-PE), professor de economia, se transformou numa brilhante tertúlia udenista, como se fossem os três representantes de partidos distintos defendendo idéias antagônicas. Com o brilho dialético que todos lhe reconheciam, Baleeiro se empenhou na defesa do dispositivo por ele sugerido e acolhido pela Comissão. Depois de colocar o destaque da emenda supressiva em votação, o presidente anunciou o resultado: "Está rejeitado."

Confiante em sua posição, o deputado baiano, secundado por seu colega Paulo Sarazate (UDN-CE), requereu verificação. Procedeu-se à contagem, e o presidente corrigiu o resultado: "Votaram a favor do requerimento de destaque supressivo do art. 198 do projeto revisto 86 Senhores Representantes e 129 contra. Está rejeitado o requerimento de destaque e mantido o artigo do projeto. (*Palmas*)" Como se enganar com quase cinqüenta votos de diferença, só as peripécias do segundo-vice-presidente poderiam explicar.

Votou-se a seguir emenda do deputado Daniel de Carvalho (UDN-MG), para alterar o § 2º do art. 197, referente ao foro das causas da União. O projeto dispunha: "*Nas causas fiscais,* a lei poderá permitir que a ação seja proposta noutro foro, cometendo ao ministério público estadual a representação judicial da Fazenda Nacional." A proposta do deputado mineiro mandava suprimir as palavras iniciais, aqui destacadas em itálico, com o que, "em todas as causas de interesse da União, e não apenas nas de natureza fiscal, o foro seria a justiça estadual". Com o parecer favorável do relator, aprovou-se sem oposição a proposta. A seguir, foi apreciada a de nº 2.989, subscrita pelo deputado Manoel Novais (UDN-BA), tendo o apoio de vários outros constituintes, com a seguinte redação: "Fica o governo federal obrigado, dentro do prazo de vinte anos, a contar da promulgação desta Constituição, a traçar e a executar um plano de aproveitamento total das possibilidades econômicas do rio São Francisco e seus afluentes, no qual aplicará, anualmente, quantia não inferior a um por cento de suas rendas tributárias." O relator-geral manifestou-se pelo acolhimento, sugerindo apenas que, se aprovada, fosse incluída no Ato das Disposições Constitucionais Transitórias, o que se venceu. O representante baiano foi autor de apenas duas emendas. Tendo sido constituinte em 1933, aos 25 anos de idade, permaneceu ativo na política até a legislatura 1983-1987, quando exerceu seu décimo segundo mandato como deputado. Pernambucano de Floresta, mas tendo feito sua carreira política e profissional na Bahia, tornou-se, na década de 70, o mais antigo parlamentar e o maior detentor de mandatos legislativos de sua época. Com essa emenda, de que resultou a criação da Comissão do Vale do São Francisco, se transformou no virtual dono desse feudo administrativo, passando a ser conhecido como "o rio São Francisco e seus afluentes", pois peregrinava pelas repartições e ministérios, sempre acompanhado de uma pequena bancada que liderava e que ajudava eleitoralmente. Com mais de dois metros de altura, dono de um voz grave que percutia em qualquer ambiente, cenho sempre cerrado que lhe dava a aparência de uma carranca do São Francisco, foi o mais autêntico representante dos "coronéis" a exercer sua influência na vasta região do rio famoso, hoje em estado de penúria, a despeito das verbas que, devendo manter-lhe a vitalidade por vinte anos, se tornaram permanentes, como tudo o que é provisório no Brasil.

Mais privilégios, mais burocracia

A sessão do dia 5, quinta-feira, voltou a ser presidida pelo senador Melo Viana (PSD-MG). A primeira emenda a ser apreciada, de autoria do deputado Gustavo Capanema (PSD-MG), dizia respeito ao processo de emenda da Constituição, matéria substantiva e substancialmente constitucional.

O comparativo entre o que estava proposto pela Comissão e a emenda Capanema aprovada é o seguinte:

Proposta da Comissão	Emenda Capanema aprovada
Art. 212. A Constituição poderá ser emendada, quando as alterações propostas não modificarem: (a) a estrutura política do Estado (arts. 1 a 24, 27 a 33); (b) a organização ou a competência dos poderes da soberania (Capítulos II, III e IV do Título I); os Títulos II e III; (c) os arts. 201 a 210 e este mesmo artigo 212, e revista no caso contrário.	Art. 212. A Constituição poderá ser emendada.
§ 1º Na primeira hipótese, a proposta será formulada de modo preciso, com indicação dos dispositivos que deverão ser emendados e, neste caso, será de iniciativa: a) da quarta parte, pelo menos, dos membros da Câmara dos Deputados ou do Senado Federal; b) de mais de metade dos estados no decurso de dois anos, manifestando-se cada uma das unidades federativas pela maioria de suas Assembléias.	§ 1º Considerar-se-á proposta a emenda, se for apresentada pela quarta parte pelo menos dos membros da Câmara dos Deputados ou do Senado Federal, ou por mais de metade da Assembléias Legislativas dos estados, no decurso de dois anos, manifestando-se cada uma delas pela maioria de seus membros.

§ 2º Dar-se-á por aprovada a emenda que for aceita, após duas discussões, pela maioria absoluta da Câmara dos Deputados e do Senado Federal, em dois anos consecutivos.	§ 2º Dar-se-á por aceita a emenda, se for aprovada em duas discussões, pela maioria absoluta da Câmara dos Deputados e do Senado Federal, em duas sessões legislativas ordinárias, consecutivas.
§ 3º Se a emenda obtiver o voto de dois terços dos membros componentes de cada um desses órgãos, deverá ser imediatamente submetida ao voto do outro, se estiver reunido, ou, se o não estiver, na sessão legislativa imediata, considerando-se aprovada se lograr a referida maioria.	§ 3º Se a emenda obtiver, numa das Câmaras, em duas discussões, o voto de dois terços dos seus membros, será logo submetida à outra. Sendo nesta aprovada pelo mesmo trâmite e por igual maioria, dar-se-á por aceita.
§ 4º Na segunda hipótese, a proposta de revisão será apresentada na Câmara dos Deputados ou no Senado Federal, e apoiada, pelo menos, por dois quintos dos seus membros, podendo também ser submetida a qualquer desses órgãos por dois terços das Assembléias Legislativas, após deliberação da maioria absoluta de cada uma destas. Se ambos, por maioria de votos, aceitarem a revisão, proceder-se-á, pela forma que determinarem, à elaboração do anteprojeto. Este será submetido na legislatura seguinte, numa e noutra Casa, a três discussões e votações em duas sessões legislativas.	§ 4º A emenda será promulgada pelas Mesas da Câmara dos Deputados e do Senado Federal. Publicada com a assinatura dos membros das duas Mesas, será anexada, com o respectivo número de ordem, ao texto da Constituição.
§ 5º A revisão ou emenda será promulgada pelas Mesas da Câmara dos Deputados e do Senado Federal. A primeira será incorporada e a segunda anexada, com o respectivo número de ordem, ao texto constitucional, que deverá ser publicado com as assinaturas dos membros das duas Mesas.	Sem correspondente.
§ 6º Não se procederá à reforma da Constituição na vigência do estado de sítio.	§ 5º Não se emendará a Constituição na vigência do estado de sítio.
§ 7º Não serão admitidos como objeto de deliberação projetos tendentes a abolir a forma republicana federativa.	§ 6º Não serão admitidos como objeto de deliberação projetos tendentes a abolir a Federação e a República.

A comparação não deixa dúvidas sobre a superioridade da emenda Capanema sobre o texto original.

A Assembléia aprovou ainda emenda do deputado Adroaldo Mesquita (PSD-RS), para se alterar o disposto no art. 101, item I, alínea *b*, tratando da competência do STF para apreciar a argüição da inconstitucionalidade da lei que decretar ou prorrogar o estado de sítio, por ser a disposição incompatível com o art. 208. A aprovação implicou excluir daquele dispositivo a expressão assinalada abaixo em itálico:

> Art. 101. Ao Supremo Tribunal Federal compete:
> I – processar e julgar originariamente:
> h) o *habeas corpus*, quando o coator ou paciente for tribunal cujos atos estejam sujeitos imediatamente à jurisdição do Supremo Tribunal Federal, se se tratar de crime sujeito a essa mesma jurisdição em única instância; *quando se argüir a inconstitucionalidade da lei que decretar ou prorrogar o estado de sítio* e, ainda, quando houver perigo de se consumar a violência, antes que outro juiz ou tribunal possa conhecer do pedido.

A disposição era efetivamente incompatível com o art. 208, que dispunha: "Durante o estado de sítio poderão os tribunais conhecer dos atos praticados em conseqüência dele, não podendo, entretanto, invalidar a lei ou o decreto que o houver estabelecido."

Foram ainda aprovadas mais duas emendas, uma do deputado Luís Viana Filho (UDN-BA) dispondo que "nenhum imposto gravará diretamente salários e direitos autorais de escritor, jornalista ou professor", restaurando-se preceito da Constituição de 1934, e outra de autoria do deputado Daniel Faraco (PSD-RS), subscrita por mais de cem constituintes, criando o Conselho Nacional de Economia, com a seguinte redação:

> Art. – Ao Conselho Nacional de Economia, composto de cidadãos de reconhecida competência, nomeados pelo Presidente da República com a aprovação do Senado, incumbe estudar, de forma permanente e organizada, a vida econômica do país, sugerindo as medidas a mantê-lo em ordem e a estimular-lhe o progresso.
> Art. – A lei disporá sobre a organização do Conselho Nacional de Economia, cujos membros exercerão o cargo por quatro anos, renovando-se anualmente pelo menos um quarto dos lugares, admitida a recondução.

Essas duas últimas emendas seguiam a mesma direção em que se orientava boa parte das decisões da Assembléia. Ampliavam-se os privilégios de alguns, como era o caso de escritores, jornalistas e professores, que durante cerca de duas décadas receberam tratamento fiscal privilegiado do Estado, só revogado com a ditadura dos militares, e se aumentava o aparato burocrático, com a criação de um conselho ornamental que nada de extraordinário produziu durante toda sua existência, até ser também extinto pela ditadura militar.

Ao lado das emendas aprovadas, algumas de grande relevância foram, ao contrário, rejeitadas. Uma, a do falecido senador Esmaragdo de Freitas (UDN-PI), também subscrita pelo deputado Lima Cavalcanti (UDN-PE), determinava que o presidente e o vice-presidente da República, os ministros de Estado e outros funcionários que a lei determinasse enviariam ao Supremo Tribunal Federal, antes de tomar posse, declaração minuciosa dos bens que possuíssem. Outra, de grande alcance, do deputado Abílio Fernandes (PCB-RS), prescrevia: "Qualquer processo, referente à aquisição de terras devolutas, só poderá receber homologação por parte dos governadores de Estado ou Territórios, com parecer do Serviço Nacional de Proteção aos Índios." Da mesma forma, foi rejeitada emenda do senador Carlos Prestes (PCB-DF) mandando revogar o dispensável e ocioso art. 192 que, sem qualquer razão, dispunha: "É mantida a representação diplomática junto à Santa Sé." Em primeiro lugar não era matéria nem de natureza constitucional, nem sequer de cunho legal, mas apenas administrativo. Segundo, se era para manter algo que já existia, soava absolutamente anódino. Ainda poderia ter algum cabimento, entre tantas impropriedades, se fosse para criar ou para extinguir a embaixada. Mas simplesmente mantê-la, se não era absurdo, tornava-se kafkiano!

Nessa mesma sessão, o presidente deu posse ao deputado Edgar Batista Pereira (PSD-SP), na vaga surgida com o falecimento do seu colega José Lopes Ferraz Neto, do mesmo partido e estado, ocorrido no dia 1º de setembro. Respondendo a uma indagação do deputado Brochado da Rocha (PSD-RS), o presidente informou que não havia mais destaques a serem apreciados. O deputado Rui Santos, assinalando que se houvesse economia de pronunciamentos na grande Comissão, onde se passou toda a manhã discutindo o aproveitamento dos juízes em disponibilidade nos Tribunais de Recursos, já se teria concluído o texto das Disposições Transitórias, fez duas indagações: em que altura se encontravam os trabalhos da redação final do projeto da Constituição e em que estado se achava a redação do projeto do Ato das Disposições Transitórias. O senador Nereu Ramos (PSD-SC), presidente da grande Comissão, explicou que, efetivamente, a mesma loquacidade verificada no plenário ocorreu na Comissão, por serem todos feitos da mesma matéria, o que contribuiu para que só naquele momento, no encerramento da sessão, tivesse terminado o trabalho de redação das Disposições Transitórias, faltando apenas a redação do vencido no plenário em relação aos diversos títulos da Constituição. Nessas condições, pretendia entregá-lo no expediente da sessão do dia seguinte, para imediata publicação, quando então se começaria a contar o prazo de três dias para apresentação de emendas. Quanto à redação final, informou que, à exceção das Disposições Transitórias, que se tinha acabado de votar, estava o trabalho virtualmente concluído, estando apenas sujeito a uma supervisão final, para a qual fora convocado o filólogo Sá Nunes, havia pouco enviado pela Academia Brasileira de Letras a Portugal para exame do convênio lingüístico com aquele país. Louvou seus colegas da comissão, elogiando os que, como os deputados Graco Cardoso (PSD-SE) e o ex-presidente Artur Bernardes

(PR-MG), já setuagenários, haviam permanecido até uma hora da madrugada do dia anterior, em companhia de todos os demais, para a conclusão dos trabalhos.

O codicilo

Na sessão do dia 6 de setembro, ainda não conhecidos os termos da proposta das Disposições Transitórias, deveriam ser votadas as emendas referentes ao corpo da Constituição cuja apreciação fora adiada. A primeira, do deputado Brochado da Rocha (PSD-RS), referia-se ao art. 204, alínea *b*, com a seguinte redação: "Art. 204 – Durante o estado de sítio decretado com fundamento no número I do art. 201, não se poderão tomar contra as pessoas senão as seguintes medidas: b) detenção em lugar não destinado a réus de crimes comuns." Mandava mudar a palavra "lugar" por "prédio". Muitos dos constituintes, civis e militares, tinham experimentado a prisão em detenções, presídios e penitenciárias, durante os vários períodos de exceção por que passara o país entre 1930 e 1945. E, com a desagradável experiência vivida, trataram de prevenir-se, aprovando a emenda acauteladora.

A segunda, do deputado Nestor Duarte (UDN-BA), referia-se ao art. 22 e dela resultou, no texto do projeto, a inclusão da palavra "município", conforme se lê na seguinte transcrição, onde aparece em itálico:

> Art. 22 – A administração financeira, especialmente a execução do orçamento, será fiscalizada na União pelo Congresso Nacional, com o auxílio do Tribunal de Contas, e nos Estados *e Municípios*, pela forma que for estabelecida nas suas Constituições.

Do mesmo constituinte, foi também aprovada emenda supressiva do art. 7º, alínea *h*, que dispunha:

> Art. 7º – O Governo Federal não intervirá nos Estados, salvo:
> h) possibilidade de reforma constitucional em qualquer tempo e competência do Poder Legislativo para decretá-la.

O dispositivo, incluído no texto em virtude da Constituição anterior do Rio Grande do Sul, que estabelecia prazo para que pudesse ser emendada, tornou-se incompatível com as disposições da emenda Capanema sobre o assunto, aprovada pela Assembléia, o que levou o plenário a suprimir o artigo, aprovando a Emenda Nestor Duarte (UDN-BA).

Depois de rejeitada emenda do deputado Albérico Fraga (UDN-BA) proibindo a cobrança de taxas ou impostos que viessem a incidir sobre o ensino, o deputado Euzébio Rocha (PTB-SP) apresentou requerimento para dispensa de impressão e publicação no *Diário da Assembléia* do Ato das Disposições Constitucionais Transitórias, que acabava de ser distribuído em avulso, para permitir que a Assembléia o apreciasse em sessões extraordinárias naquele mesmo dia 6 e no dia seguinte. Ainda havia algum laivo de esperança de se dar ao país o que já se sabia ser materialmente impossível, a nova Constituição coincidindo com a celebração do dia da independência. Uma algaravia de intervenções desencontradas dominou o plenário. Barreto Pinto (PTB-DF) discordou, repercutindo imediatamente as críticas ao texto, antes mesmo de publicado:

"O SR. BARRETO PINTO – [...] Ao abrir o folheto que tenho em mão, encontro não um capítulo de disposições transitórias, mas de disposições pessoais.
Ainda hoje o 'Jornal do Comércio', tratando do assunto, fez um apelo à Assembléia Constituinte, para que não desmanche o brilho de seu grande trabalho, votando, como se pretende, esse capítulo com certas medidas que contém.
O Sr. Lino Machado – Capítulo já denominado de 'Panamá' pelo 'Correio da Manhã'."

Suscitou-se a questão para saber que disposições do ato proposto seriam passíveis de emenda, por resultarem de sugestões dos deputados apresentadas em plenário. Interpelado pelo senador Carlos Prestes (PCB-DF), o deputado Prado Kelly (UDN-RJ) informou haver dois novos artigos, não cogitados antes pelo plenário e incluídos pela Comissão: um que mandava aproveitar como efetivos os funcionários interinos ocupantes de cargos vagos das Secretarias da Câmara e do Senado que tivessem trabalhado na Constituinte, e outro tornando insuscetível de apreciação judicial a incorporação ao patrimônio da União dos bens dados em penhor pelos beneficiários dos financiamentos das safras de algodão, desde as de 1942 até as de 1945 e 1946. A legitimidade dessa iniciativa adensou ainda mais o debate sobre os limites dos poderes da Comissão e sobre os procedimentos a serem seguidos na tramitação do ato proposto.

Como sempre acontecia nessas ocasiões, o líder da minoria, deputado Otávio Mangabeira (UDN-BA), interferiu nos debates em busca de uma solução de equilíbrio, entre os que queriam submeter o ato a votos imediatamente e os que preconizavam seu exame acurado. E começou aludindo ao discurso do deputado Rui Almeida (PTB-DF), que pedia ao menos vinte e quatro horas para se examinar o texto:

"O SR. OTÁVIO MANGABEIRA – Sr. Presidente, subscrevo as palavras do nobre Representante que me precedeu na tribuna. Fui dos que se bateram nesta Casa por que se votasse o mais depressa possível a Constituição da República. Fui mesmo dos que propugnaram que a nova Carta política pudesse ser promulgada a 7 de setembro. Não há dúvida, porém, de que a Assembléia Nacional Constituinte tem feito todo o possível, com o concurso da totalidade de seus membros, para que esse duplo desejo, por mim manifestado, fosse cumprido. Poderemos, amanhã, votar os dois ou três últimos dispositivos que restam, propriamente, da Carta política. O mais serão formalidades finais. Poderemos dizer à Nação, a 7 de Setembro, que está restaurada, no Brasil, a legalidade democrática. (*Muito bem*)

Isso não inibe, Sr. Presidente, que examinemos devidamente as Disposições Transitórias (*apoiados*), o que poderemos fazer no mesmo ritmo, por assim dizer, acelerado, em que temos elaborado a Constituição.

A propósito, porém, das Disposições Transitórias, não perco a oportunidade de fazer, desta tribuna, um apelo à digna Comissão da Constituição, à própria Assembléia.

Sr. Presidente, na opinião pública, a impressão de que as Disposições Transitórias da Constituição, que elaboramos, se transformou, afinal, numa 'cauda de orçamento'[38] (*muito bem*) que fora, sem dúvida, um dos motivos de maior descrédito do Poder Legislativo da República (*muito bem*), a tal ponto que a Constituição republicana determinou não mais pudessem ser toleradas.

Realmente, seria um absurdo que se houvesse feito uma revisão constitucional, proibindo as caudas de orçamento, e que estas ressurgissem na própria Constituição republicana de 1946.

[...] As Disposições transitórias devem conter a matéria relativa à Constituição propriamente dita. (*Muito bem. Palmas*) Compreender-se-ia que, por exceção, direitos evidentes, sacrificados de modo irremediável durante o longo período do regime de poderes autoritários, pudessem merecer algum remédio, mas só por exceção, e rigorosíssima.

O Sr. Gabriel Passos – Como por exemplo a anistia. (*Muito bem*)

O SR. OTÁVIO MANGABEIRA – Seria o caso de a Comissão Constitucional examinar novamente o assunto, de modo a poder informar à Assembléia.

É dever da Assembléia, inquestionavelmente, ir ao encontro da opinião pública, no sentido de quantas reivindicações essa mesma opinião pública pleiteia, mas o primeiro dever da Assembléia é salvar seu prestígio perante a Nação (*muito bem*), defender sua dignidade, não deixando que ela corra pela rua da amargura. (*Palmas*)

O Sr. Barreto Pinto – E não criar favores pessoais.

O Sr. Gabriel Passos – Sobretudo quando, na lei ordinária, se possam corrigir injustiças. (*Muito bem*)

O SR. OTÁVIO MANGABEIRA – Evidentemente o Poder Legislativo ordinário vai surgir dentro em dias, e estará no seu dever ir ao encontro de quantas necessidades públicas, com efeito, mereçam remédio.

Tenho, naturalmente, por todas essas aspirações legítimas, a maior simpatia. Não posso deixar de as ter. Mas confesso recear que o prestígio da Assembléia corra perigo (*muito bem*), e penso que, acima de tudo, de quaisquer interesses, de nós mesmos, está o grande interesse de salvar o prestígio da Assembléia (*muito bem*) nesta hora em que, com ela, renasce a legalidade republicana.

---

38. Mangabeira refere-se ao escândalo que constituíam, na República Velha, as disposições estranhas ao orçamento, incluídas na respectiva lei, em face do dispositivo constitucional que proibia o veto parcial, obrigando o presidente a sancioná-la, sob pena de ficar sem orçamento e impedido de governar. Essas disposições chamavam-se "caudas orçamentárias", e a prática só foi abolida com a reforma constitucional de 1926, que passou a permitir o veto parcial às leis.

O Sr. Café Filho – As Disposições Transitórias foram elaboradas com a colaboração do plenário. A Comissão Constitucional aceitou e rejeitou emendas oferecidas no plenário. Por conseguinte, a censura à Comissão Constitucional não é justa.

O SR. OTÁVIO MANGABEIRA – [...] Censura, no fundo, não deve haver a ninguém. Nem aos interessados que pleiteiam direitos ofendidos e pedem reparação; nem aos Representantes que propuseram medidas em atenção a esses direitos ou aspirações; nem à Comissão Constitucional – não estou censurando quem quer que seja, peço apenas o concurso de todos – Assembléia e Nação. Os próprios interessados pelas reivindicações de vantagens ou direitos são, também, interessados na defesa do prestígio do Poder Legislativo da República (*muito bem*); porque na ordem democrática que se restabelece, nem um só cidadão brasileiro deve deixar de ter o maior empenho em que essa ordem democrática ressurja prestigiada pelo apoio da opinião pública.

O que quero, o que pleiteio é que todos nós, Comissão de Constituição e Assembléia, encaremos o problema das Disposições Transitórias, ouvindo a opinião do país e observando os interesses não de 'A' ou de 'B', mas os interesses gerais da Nação (*muito bem*), e nenhum é maior neste momento que o da democracia que renasce encarnada, em grande parte, no prestígio desta Assembléia (*muito bem; muito bem. Palmas*)."

O líder recebeu o imediato apoio do senador Carlos Prestes (PCB-DF), em nome desse partido, e do líder da maioria, senador Nereu Ramos (PSD-SC), que concordou com a sugestão de se dar o prazo de vinte e quatro horas para que todos tomassem conhecimento do texto:

"O SR. NEREU RAMOS – [...] Não é justo que nesta derradeira hora atropelemos nossos debates, quando a Nação não exige isto de nós. [...] O retardamento servirá para que os Constituintes, mais compenetrados ainda do que agora, das aspirações nacionais, possam melhorar o texto votado da Constituição e desbastar o Ato das Disposições Transitórias dos vícios de que porventura venha maculado.

Não é possível que, representando a cultura do país, entreguemos à Nação a Constituição acompanhada de um Ato de Disposições Transitórias que o povo já começou a denominar 'testamento' ou 'codicilo'.

[...] Acolho, portanto, com prazer, a sugestão de não haver sessão hoje à noite e de ser marcada outra para daqui a 24 horas, a fim de iniciarmos a discussão das Disposições Transitórias, dando ao plenário, assim, tempo de examinar o texto que nem foi publicado no 'Diário da Assembléia', e ainda para que a Comissão Constitucional possa examinar mais uma vez o vencido e redigir o Capítulo das Disposições Gerais, que hoje mesmo deve ser concluído."

Coube a Café Filho (PSP-RN), o mais demagogo e corporativista dos constituintes, colocar a carapuça e desafiar a que se apontassem exemplos de interesses pessoais abrigados nas Disposições Transitórias, que ele mesmo se encarregou de indicar:

"O SR. CAFÉ FILHO – [...] Há, sim, um dispositivo de interesse pessoal, mas que envolve o interesse da Pátria, na exaltação e bravura do soldado brasileiro, qual o que atribui ao General Mascarenhas de Morais as honras de Marechal do Exército brasileiro.
[...] Dispositivo que está 'fazendo onda' [...] e que está sendo considerado de interesse pessoal é o que beneficia, dá estabilidade aos funcionários interinos com mais de cinco anos de exercício. Mas que culpa temos nós, legisladores constituintes, de autoridades administrativas haverem consentido que esses funcionários permanecessem na função durante tão longo prazo, sem que sua situação fosse regulada?
[...] Outro dispositivo considerado de interesse pessoal é o que manda expedir títulos de efetivação dos funcionários interinos da Assembléia. Este é mais forte que o outro, porque dispensou o tempo de serviço.
Mas, Sr. Presidente, qual o antecedente que conduziu, a mim, deputado, a aceitar o dispositivo?
Foi a Mesa da Assembléia que, em mensagem dirigida ao Poder Executivo, pediu um decreto de nomeação, para uma lista de candidatos estranhos ao quadro dos funcionários da Assembléia Constituinte, em que iam pessoas para cargos de categoria, sem que nunca tivessem servido ao Poder Legislativo.
[...] Foram inúmeros em caráter efetivo. E a Comissão da Constituição se deparou com esses casos concretos: cidadãos servindo na Assembléia Constituinte em cargos de categoria, com letras e vencimentos elevados...
O Sr. Gabriel Passos – Os funcionários da Assembléia não devem ser tratados melhor do que os outros servidores do Estado.
O SR. CAFÉ FILHO – ... nomeados pelo Presidente da República, por solicitação da Mesa da Assembléia, sem concurso e sem tempo de serviço.
[...] Se o Poder Executivo deu esses ordenados e essas funções, em caráter efetivo, e não podemos mais reparar o mal feito ao Tesouro ou à União, por que não nivelarmos uns aos outros, aqueles que entraram por decreto do Poder Executivo aos que vão ficar apenas nas mesmas condições pelo voto da Assembléia?
As outras medidas que decorrem do texto e que são tidas como de caráter pessoal, em maioria provêm de uma emenda em que o General Euclides de Figueiredo pede anistia para todos aqueles que foram politicamente perseguidos desde 1930."

Nenhum "trem da alegria" podia estar mais cabal e ostensivamente explícito. Salvo, é claro, as dezenas de outros que, ao longo dos cinqüenta anos seguintes, incharam e fizeram explodir, com subterfúgios de toda natureza, os quadros funcionais das duas Casas do Congresso, fazendo-os passar de menos de 500, em 1950, para mais de 17 mil no ano 2000, um exemplo rigorosamente sem paralelo em qualquer outro Parlamento no mundo.

Depois da demonstração proporcionada pelo deputado norte-rio-grandense, a Assembléia aprovou o requerimento do deputado Barreto Pinto (PTB-DF) determinando a convocação de uma sessão extraordinária às 14 horas do dia seguinte, 7 de setembro, e rejeitou o de Euzébio Rocha (PTB-SP) para a realização de sessões extraordinárias na noite do próprio dia 6 e outra no dia imediato.

Rejeitou, por outro lado, o requerimento do deputado Rui Almeida (PTB-DF), para se permitir, como na tramitação dos demais títulos do projeto, destaque de emendas modificativas nas Disposições Transitórias. Ficou claro, com essa medida, que os apelos de Mangabeira não tinham caído em solo fértil e adequado. Ao contrário, fora pregação feita em solo sáfaro e árido, em que boas idéias não podiam frutificar. O resultado não podia ser outro. Os aviamentos finais do modelo que a Assembléia vinha com tanto cuidado cortando, para vestir o regime político do país, em vez de complementá-lo e enfeitá-lo de forma adequada, como é a função de todo e qualquer arremate, o tornavam um padrão bisonho e inadequado para uma democracia que se pretendia igualitária, justa e próspera. Transformava-a em mais uma democracia de privilégios. Se não uma democracia sem democratas, como foi chamada a Alemanha de Weimar, pelo menos uma democracia de poucos e parcos democratas, como se viu.

Para arrematar a deplorável sessão que antecipava o triste epílogo da Constituinte, o deputado Galeno Paranhos (PSD-GO) deu conta da missão parlamentar por ele integrada que tinha acabado de agradecer ao presidente da República o decreto de moratória da dívida dos pecuaristas. Uma prática que, durante muitos anos, precedeu as sucessivas e reiteradas renegociações de dívidas que, à custa de pressão da ruidosa bancada ruralista, o Brasil todo ano se acostumou a ver aprovadas, como preço a pagar pelo corporativismo dos grandes e eternos tomadores do crédito rural em nosso país. Sinal de que, em nossas precárias democracias, mudam as personagens, nunca os privilégios, que são sempre os mesmos. E, quase sempre, eternos.

Os arremates

Na sessão do sábado, 7 de setembro, como se havia deliberado na sessão do dia anterior, se guardou um minuto de silêncio em homenagem a todas as vítimas que, no Brasil, tombaram em defesa da independência. Os líderes de todos os partidos subscreveram um requerimento para que a Assembléia se manifestasse junto a Alexander Fleming, o descobridor da penicilina, que, na qualidade de hóspede oficial, visitava o Brasil, reconhecendo-o como benfeitor da humanidade. Na discussão do Ato das Disposições Constitucionais Transitórias, como falaram representantes de quase todos os partidos, foram submetidos a votos e rejeitados apenas três destaques. Foi aprovado apenas o requerimento do líder da maioria, acolhendo o texto do projeto, com ressalva das emendas.

Na sessão extraordinária do domingo, dia 9, teve início a votação dos destaques. A requerimento do relator, o art. 2º foi votado em partes. Em primeiro lugar, o § 1º: "Os mandatos dos atuais deputados e senadores federais que forem eleitos para completar o número de que trata o art. 60, § 1º da Constituição[39], coincidirão com o do Presidente da República."

Logo em seguida, o § 2º: "O mandato dos demais senadores terminará a 31 de janeiro de 1955."

Imediatamente após, o § 3º: "Os mandatos do governadores e dos deputados às Assembléias Legislativas, a serem eleitos na forma do art. 3º deste Ato, terminarão na mesma data em que findar o do Presidente da República."

Com a adoção desses dispositivos, foram prejudicadas todas as emendas que tinham por objetivo fixar a duração dos mandatos dos constituintes como membros da legislatura ordinária e dos que os sucedessem, assim como o dos presidentes, o general Dutra e seus sucessores. Sepultou-se, também, a questão da coincidência dos mandatos parlamentares e o do presidente. Havia sugestões de toda ordem. O PCB, por exemplo, propunha o modelo americano: mandatos presidenciais de quatro anos, dos deputados de dois e dos senadores de quatro. Café Filho, por sua vez, sugeria coincidência de mandatos parlamentares de três anos, como na República Velha, e do presidente com a mesma duração, permitida a reeleição. Havia sugestões para mandatos presidenciais de quatro anos, como na República Velha; de cinco, como terminou prevalecendo; e de seis, como pretendiam outros. Por se tratar de assunto dos mais polêmicos, foi a votação que mais suscitou declarações de votos. Como explicaram os deputados Prado Kelly (UDN-RJ) e Nereu Ramos (PSD-SC), a fórmula vencedora resultou num acordo de ambos os partidos que, juntos, tinham mais de 82,62% dos votos da Assembléia. Embora não tivessem tornado explícito, o acordo recebera as bênçãos pessoais de Dutra, num encontro que com ele tiveram o líder da minoria, Otávio Mangabeira (UDN-BA), e da maioria, Nereu Ramos (PSD-SC).

A emenda seguinte era destaque para o art. 12, prevendo que os interventores nos estados continuariam a exercer os poderes Executivo e Legislativo, até a promulgação das respectivas Constituições. O deputado Antônio Feliciano (PSD-SP) apresentou emenda para que continuasse o modelo vigente, da existência de Conselhos de Administração, para participarem da elaboração legislativa. Depois de longa e densa discussão, em que se examinou o absurdo da manutenção desse poder em plena democracia, o assunto foi considerado como de redação, a ser solucionado na redação final, por acordo entre os líderes do PSD, da UND e do PCB, mantendo-se a participação desses Conselhos.

Na sessão ordinária iniciada às 14 horas do dia 9 de setembro, foram rejeitadas emendas para a manutenção dos demais territórios federais,

---

39. A Constituição previa o número de três senadores por estado, e para a Constituinte tinham sido eleitos apenas dois, nos termos da Constituição de 1937.

além dos de Iguaçu e Ponta Porã, já extintos em sessão anterior, a que mandava indenizar os estados de cujas áreas foram desmembrados os territórios instituídos pela ditadura, e a do deputado Rui Almeida (PTB-DF), que concedia passe gratuito aos parlamentares nos meios de transporte, subsidiados ou não. Da mesma forma, foram rejeitadas todas as emendas que previam a autonomia do Distrito Federal, provocando a mais longa de todas as discussões da Constituinte.

Antes de encerrar a sessão, o presidente anunciou ter recebido da Comissão dos 37 a redação final do texto constitucional, com exceção do Ato das Disposições Constitucionais Transitórias, que se encontrava ainda em votação, em razão do que passaria a contar de sua publicação o prazo de três dias para apresentação das emendas de redação. Ao convocar sessão ordinária para o dia seguinte, o plenário protestou aos gritos de "Noturna! Noturna! Noturna!". Curvando-se aos apelos, o presidente submeteu a matéria a votos, que, aprovada, resultou na sessão extraordinária dessa mesma data.

A maioria das emendas destacadas continuou sendo rejeitada. A do senador Carlos Prestes (PCB-DF), mandando extinguir as polícias políticas e promover a responsabilidade criminal dos culpados por torturas nos presos, por não ser considerada matéria constitucional. Idêntico destino teve a do deputado Silvestre Péricles (PSD-AL), determinando a eleição direta do vice-presidente da República. A única aprovada foi a do deputado Barreto Pinto (PTB-DF), suprimindo do art. 3º o prazo de quinze dias para o início dos trabalhos da legislatura ordinária, conforme consta em itálico da transcrição seguinte:

> Art. 3º A Assembléia Constituinte, depois de fixar o subsídio do Presidente e do Vice-Presidente da República, para o primeiro período constitucional (Constituição, art. 86), dará por terminada sua missão e separar-se-á em Câmara e Senado, os quais encetarão, *decorridos quinze dias*, o exercício da função legislativa.

Na sessão ordinária do dia 10, terça-feira, atendendo a requerimento do deputado Rui Almeida (PTB-DF), o plenário decidiu que o art. 40, prevendo a concessão de honras de marechal do Exército a Mascarenhas de Morais, seria aprovado de pé, por aclamação, e deveria materializar-se em sessão especial de homenagem, a ser realizada antes da instalação da legislatura ordinária. Aprovada apenas uma emenda, a do senador Renato Pinto Aleixo (PSD-BA), retirando do texto o art. 19, que dispunha: "A proibição do item I do art. 96 da Constituição [*proibição de os juízes exercerem qualquer outro cargo remunerado, exceto o de professor*] somente entrará em vigor nos Estados após a promulgação das respectivas Constituições." Na sessão extraordinária dessa mesma data, foram aprovadas duas emendas. A primeira suprimindo o art. 31 e seu parágrafo único, que tratava dos direitos dos funcionários do extinto Departamento Nacional do Café, e a segunda suprimindo o art. 34 e seus parágrafos, relativo à abolição de todas as restrições ainda subsistentes das anistias concedidas até aquela data, que tinham excluído Prestes e alguns de seus colegas implicados no levante de 1935. Prevaleceu apenas o disposto no art. 35, relativo ao exame, caso por caso, dos civis e militares atingidos afastados de seus cargos, a contar de 24 de outubro de 1930, resultante da emenda de anistia do deputado Euclides Figueiredo.

Na sessão ordinária do dia 11, foram rejeitadas as emendas do senador Ferreira de Sousa (UDN-RN) permitindo a acumulação dos mandatos legislativos com o magistério oficial e a que isentava do imposto predial os imóveis adquiridos por jornalistas para sua residência. Nessa sessão, pela primeira vez a Assembléia rejeitou emenda do líder da maioria. Segundo sua proposta, deveria ser excluída do art. 33 a palavra "desertores": "É concedida anistia a todos os cidadãos considerados insubmissos ou desertores até a data da promulgação deste Ato." Submetida a votos, foi considerada aprovada. Requerida a verificação, constatou-se ter sido rejeitada a emenda por 127 votos a favor e 113 contra. O texto permaneceu inalterado, mas, mesmo assim, não beneficiou Prestes, que tinha sido condenado como desertor quando se encontrava preso...

Nessa mesma data, em sessão extraordinária, foram rejeitadas as seguintes emendas: supressiva do art. 36; a que pretendia aumentar de dois para seis meses o prazo de desincompatibilização dos interventores que pretendessem ser candidatos a cargos legislativos pelos respectivos estados; e a supressiva do parágrafo único do art. 37. O único destaque aprovado foi o relativo a emenda igualmente acolhida pelo plenário, suprimindo o art. 37.

Na sessão ordinária do dia 12, foram rejeitadas mais três emendas e aprovada apenas uma. No primeiro caso, estavam a que mandava efetivar os professores com mais de cinco anos de serviços, contra a qual se manifestou Hermes Lima (ED-DF), e as do deputado Soares Filho (UDN-RJ) e do senador Carlos Prestes (PCB-DF), referentes às eleições de governadores, senadores, deputados estaduais e vereadores do Distrito Federal. Por 120 a 90 votos, foi acolhida a proposta do deputado Soares Filho (UDN-RJ), determinando a designação de uma comissão de professores, jornalistas e escritores, a fim de definir a denominação do idioma nacional, uma questão que tinha ocupado uma boa parte dos trabalhos na primeira fase da Constituinte, com adeptos e adversários ferrenhamente apegados às suas posições. Alinhado entre os primeiros estava o dr. Oto Prazeres, secretário-geral da Mesa da própria Assembléia, em artigos que publicou nos jornais do Rio.

Antes do encerramento da sessão, o presidente comunicou que tinha começado a contar, a partir daquela data, o prazo de três dias para a apresentação de emendas de redação ao texto já consistido pela Comissão dos 37. Nesse período, o número dessas emendas chegou a nada menos de 789! Em seguida, convocou sessão extraordinária para as 20 horas, em que foram discutidas e aprovadas duas emendas. Uma para excluir do texto o disposto no art. 41, declarando serem insuscetíveis de apreciação judicial a incorporação ao patrimônio da União dos bens dados em penhor pelos beneficiários do financiamento das safras algodoeiras, desde a de 1942 até as de 1945 e 1946, e outra determinando a conclusão, no prazo de dois anos, da rodovia Rio–Nordeste. Defendeu a manutenção do art. 41 o deputado Clemente Mariani (UDN-BA) e a ela se opôs seu colega Prado Kelly (UDN-RJ), por ser incompatível com o art. 141, § 4º, segundo o qual a lei não excluirá da apreciação judicial nenhuma lesão de direito individual. Com a votação dessas duas emendas se concluiu a apreciação do Ato das Disposições Constitucionais Transitórias, cuja redação final foi publicada no *Diário da Assembléia* dessa mesma data.

Na sessão ordinária do dia 13, sexta-feira, não houve votação das emendas de redação. O relator-geral Costa Neto (PSD-SP) pediu dispensa de interstício da redação final do Ato das Disposições Constitucionais Transitórias, o que foi aprovado. O plenário recebeu a visita do cientista inglês Alexander Fleming, saudado pelo deputado Agostinho Monteiro (UDN-PA). A sessão extraordinária dessa mesma data serviu apenas para completar o prazo destinado a receber as emendas à redação final. Não houve matéria na ordem do dia, e o deputado Daniel Faraco (PSD-RS) indagou qual das três versões da redação final do Ato das Disposições Constitucionais Transitórias estava valendo: o que foi publicado no *Diário da Assembléia*, o que foi distribuído em avulso ou aquele de que estavam de posse alguns constituintes. O presidente esclareceu que era a versão publicada no *Diário da Assembléia*. Antes de encerrar a sessão, convocou outra para as 14 horas do dia seguinte, sábado, dia 14.

Na sessão dessa data, depois de falarem vários constituintes, antecipando o fim dos trabalhos, o presidente informou que, na sessão de segunda-feira, dia 16, seria prestada a homenagem ao general Mascarenhas de Morais, determinada pela Assembléia, e que não haveria sessão no domingo, dia 15.

Na sessão ordinária de segunda-feira 16, foi aprovado requerimento de congratulações ao presidente Dutra, pelo decreto de encampação da São Paulo Railway, sobre o qual se manifestou o deputado Ataliba Nogueira (PSD-SP). O presidente anunciou a presença do general Mascarenhas de Morais, que foi introduzido no plenário, dirigindo-se ao recinto da Mesa, onde tomou lugar ao lado direito do presidente. Foi saudado pelos deputados Vieira de Melo (PSD-BA), Hermes Lima (ED-DF), Manoel Vítor (PDC-SP), Barreto Pinto (PTB-DF), Gurgel do Amaral (PTB-DF) e Flores da Cunha (UDN-RS). O presidente pediu que, de pé, como se tinha deliberado, todos aprovassem, por aclamação, o art. 40 do Ato das Disposições Constitucionais Transitórias, o que foi feito sob aplausos. O general agradeceu a homenagem, lembrando que transcorria, naquela data, um ano do batismo de fogo da FEB no vale do Arno e, dois dias depois, sua primeira vitória no combate com as tropas do Exército alemão. A sessão foi encerrada às 17 horas, depois de convocada outra extraordinária, a ser realizada às 20 horas desse mesmo dia. Essa sessão, porém, só foi aberta às 20 horas e 45 minutos, quando se aprovou um requerimento de homenagem aos funcionários da Constituinte. Por não terem chegado os avulsos com a redação final do Ato das Disposições Transitórias, a sessão foi suspensa, só sendo reaberta às 23 horas e 40 minutos, quando foi feita a sua distribuição. O presidente convocou sessão extraordinária para as 9 horas do dia imediato, a fim de se apreciar a redação final da Constituição.

A sessão do dia 17 foi aberta às 9 horas e 15 minutos, sendo apresentados vários requerimentos e indicações. Por falta de número para deliberar, a sessão foi suspensa às 11 horas e reaberta uma hora mais tarde, quando, submetida a votos, foi aprovada a redação final do texto da Constituição, com a interpretação do sentido de vários dispositivos e expressões, como a referente a "interventores interinos", constante do art. 11, § 7º. O presidente congratulou-se com os constituintes pelo cumprimento da missão que lhes foi outorgada pelo povo brasileiro, convocou sessão solene para as 15 horas do dia seguinte e informou que o presidente da República não compareceria ao ato, uma vez que iria receber os constituintes em solenidade a ser realizada no Palácio do Catete, quando lhe seria comunicado o fim dos trabalhos da Assembléia. Indagou que oradores devem ser designados para falar e, por sugestão do deputado Prado Kelly (UDN-RJ), aceitou o encargo de se manifestar por todos.

A sessão solene de promulgação da quinta Constituição brasileira, a quarta republicana e a terceira votada por uma Constituinte, foi aberta às 15 horas, saudando o presidente os convidados e os constituintes que, em seguida, se puseram de pé para ouvir a execução do hino nacional. Depois de assinar os autógrafos os membros da Mesa, os constituintes foram chamados um a um para igualmente firmar o que todos esperavam fosse o documento de fundação de uma nova, sólida e duradoura democracia.

O único a deixar de fazê-lo, inclusive não tendo comparecido à solenidade, foi o parlamentar mais votado da história política brasileira, o senador Getúlio Dorneles Vargas. Foi sob as normas e o império desse texto que ele se recusou a votar e a assinar que se elegeu presidente, pela primeira vez pelo voto direto dos cidadãos. Mas foi sob essa mesma Constituição que, sob ameaça de ser deposto, ele pôs fim à própria vida, encerrando uma longa era do processo político brasileiro contemporâneo. Aquela que, por ironia, leva o seu nome. No livro de seu destino devia estar marcada, de forma indelével, a sua incompatibilidade para governar com os freios das Constituições. Duas, as de 1891 e 1934, que ele revogou, e uma, a de 1946, com a qual não conseguiu concluir seu mandato. Não foi sem motivo que as duas revogadas ele jurou respeitar, e a única que se recusou a jurar, foi a única que não conseguiu rasgar.

Alguma razão deveria haver para que Baleeiro tivesse afirmado que aquela foi "a mais melancólica das Constituintes".

Epílogo
Marasmo ou ditadura

Os encargos da Assembléia não se encerraram com a sessão solene de promulgação do texto aprovado. No dia 19, realizaram-se as duas últimas sessões, ambas extraordinárias, para cumprir determinações das Disposições Transitórias da Constituição. Na primeira, a 181ª, se procedeu à eleição do vice-presidente da República. O senador Nereu Ramos (PSD-SC) foi escolhido com 178 votos. José Américo de Almeida, candidato oficial à presidência da República em 1937, e a quem coube, em janeiro de 1945, dar a entrevista a Carlos Lacerda que, publicada, iniciou o fim da ditadura do Estado Novo, recebeu 139 votos, tendo os constituintes Melo Viana (PSD-MG) e Carlos Prestes (PCB-DF), assim como o interventor de São Paulo, José Carlos de Macedo Soares, sido brindados com um voto cada um. A sessão seguinte foi destinada a fixar os subsídios do presidente e do vice-presidente da República, respectivamente de 40 e 20 mil cruzeiros, com ajudas de custo mensais de 15 e 5 mil cruzeiros.

O presidente despediu-se dos seus colegas e comunicou à Casa a renúncia do deputado Mário Masagão (UDN-SP). O plenário ainda aprovou requerimentos de homenagem aos funcionários que serviram à Constituinte, aos da agência dos Correios existente no Palácio Tiradentes e aos servidores da Imprensa Nacional. Comunicou que a primeira sessão ordinária do Senado seria realizada sob a direção do vice-presidente da República, como determinava a Constituição, na segunda-feira, 23 de setembro, enquanto a da Câmara, na mesma data, seria presidida pelo mais velho dos deputados. O vice-líder da UDN, Prado Kelly, esclareceu que a honra caberia ao deputado Graco Cardoso (PSD-SE).

Foram 182 sessões em 231 dias, somando mais de setecentas horas de reunião, apenas no plenário. O trabalho tinha sido exaustivo, mas grande parte do esforço despendido com indicações, discussões de caráter regional e municipal e moções foi inútil, servindo apenas, em grande parte, para atrasar o principal dos encargos da Assembléia: a elaboração, discussão e votação dos dois principais textos que lhe coube produzir – seu próprio Regimento Interno e a Constituição com o Ato das Disposições Constitucionais Transitórias. Se a eficácia dos textos constitucionais pode ser medida por sua duração, cabe dizer que o de 1946 é o terceiro nesse quesito, com vinte e um anos de vigência formal, até ser revogado pela Constituição de 24 de janeiro de 1967. Efetivamente, porém, ele teve que conviver com o regime dos atos institucionais, a partir de 9 de abril de 1964, que revogaram ou tornaram ineficazes muitos de seus dispositivos. Considerando essa particularidade, sua duração se restringe a dezoito anos. No período entre setembro de 1946 e março de 1964, ele foi emendado seis vezes, inclusive para estabelecer o ato adicional (emenda nº 4/61) instituindo o efêmero parlamentarismo que permitiu ao vice-presidente João Goulart tomar posse como sucessor de Jânio Quadros. Com a ditadura militar de 1964, a Constituição foi alterada por quatro atos institucionais e mais quinze emendas constitucionais, perfazendo o total de vinte e cinco mudanças, sinal evidente das crises com as quais conviveu.

A Constituição não foi obra apenas dos seus integrantes, deputados e senadores eleitos em 2 de dezembro de 1945, aos quais uma resolução do TSE e uma lei constitucional promulgada pelo presidente José Linhares concederam poderes constituintes ilimitados para esse fim. Para ela colaboraram quase duzentos funcionários, dezenas de jornalistas, entidades como a OAB, instituições públicas e privadas, advogados, juristas, sindicatos e milhares de brasileiros que compareciam regularmente às sessões da Assembléia ou a ela se dirigiam através de cartas, petições memoriais e sugestões, que podem ser lidas nas quase onze mil páginas dos vinte e seis volumes de seus Anais.

Embora o trabalho de todos os servidores das secretarias da Câmara e do Senado, servindo à Constituinte, tenha sido essencial para o bom êxito do seu objetivo, é natural que os de mais alto escalão assumissem as maiores responsabilidades. A secretaria-geral da Mesa coube ao doutor Oto Prazeres, o mais velho de todos os servidores. Com larga experiência profissional, já tinha exercido idênticas funções na Constituinte de 1934. O diretor-geral, dr. Adolfo Gigliotti, dirigia os serviços administrativos com proclamada eficiência e mão de ferro, sendo um ícone da Casa, que se manteve no cargo até pouco depois da transferência do Congresso para Brasília. O vice-diretor era o doutor Nestor Massena, que sucedeu Oto Prazeres quando este, já aposentado, deixou a função a que fora convocado durante os trabalhos da Constituinte. A

Comissão da Constituição teve como secretário o doutor Ângelo Lazari de Souza Guedes, pertencente à geração dos veteranos que vinham desde antes de 1934.

Papel fundamental e insubstituível, por outro lado, foi desempenhado pela imprensa e pelos profissionais, jornalistas e radialistas que cobriram os seus trabalhos. Suas crônicas e reportagens estão dispersas nos jornais da época, e só uma paciente garimpagem poderia nos dar idéia de como eles viam a faina dos que, como representantes de toda a nação, eram também seus delegados à Assembléia. A exceção são as crônicas de Carlos Lacerda, reunidas em livro, graças ao trabalho do professor Sérgio Braga, autor da obra citada no prólogo deste trabalho. O volume foi editado pela Nova Fronteira no ano 2000 com o título *Na tribuna de imprensa*, o mesmo da coluna por ele assinada no *Correio da Manhã*. Lacerda, porém, não era o padrão do jornalista de sua época, pois, como se sabe, mais que um profissional da imprensa, além de político militante, profundamente engajado nas lutas políticas desde a juventude, era acima de tudo um terrível polemista que não perdoava os que considerava adversários ou inimigos, os que não rezavam por sua cartilha e quantos dele dissentiam.

A seu lado, militaram dando cobertura aos trabalhos da Assembléia profissionais extraordinários, como Prudente de Morais Neto, com o pseudônimo de Pedro Dantas, escrevendo para o *Diário Carioca* e depois para o *Diário de Notícias*; Rafael Correia de Oliveira, desse mesmo jornal e depois de *O Estado de S. Paulo*. Ao lado deles, lá estavam escritores e intelectuais como Francisco de Assis Barbosa, José Lins do Rego, Mário Pedrosa, Edgar da Mata Machado, e tarimbados jornalistas como Otávio Tirso, Murilo Marroquim, Vitor do Espírito Santo e Francisco de Paula Job, nomes que dão bem uma idéia da excelência do trabalho jornalístico da época.

O vaticínio

Há outras contribuições excepcionais, contudo, que não podem deixar de ser consignadas. Mesmo não sendo propósito deste livro, cujos objetivos são muito mais modestos, não é possível deixar de citar, como exemplo do interesse despertado pela Constituinte entre os brasileiros, os artigos do crítico Álvaro Lins. Trata-se de um conjunto de textos publicados na coluna que ele mantinha com o título de "Jornal de Crítica", no *Correio da Manhã*, essa glória da imprensa brasileira, de que ele foi colaborador e o principal editorialista. Os artigos foram publicados nos meses de junho e julho de 1946 e reproduzidos em livro pela Editora José Olympio no ano seguinte, integrando o quinto volume do conjunto com o mesmo nome de sua coluna, e mais tarde reproduzidos no livro *A glória de César e o punhal de Brutus* – Ensaios e estudos, 1939-1959, cuja 2ª edição, da Editora Civilização Brasileira, é de 1963. Ele não foi só um dos mais influentes críticos literários. Era, também, o intelectual engajado politicamente que atuava com absoluta independência, graças ao prestígio de que desfrutava. Embora suas críticas reflitam suas convicções e opiniões pessoais, servem como um balizador para que se avalie como encarava a Constituinte e seu trabalho boa parte da intelectualidade brasileira daqueles anos.

No primeiro dos artigos, depois de justificar suas opiniões, começa falando sobre a composição da Constituinte: "Não importa que a presente Assembléia Constituinte exiba escandalosamente duas faces; que lá estejam figuras ilustres e pobres-diabos, homens de capacidade intelectual e débeis mentais, seres de nobre consciência moral e repugnantes negocistas, genuínos deputados e meros áulicos do Poder Executivo. Aquela Casa, como todos os Parlamentos, tem a forma de um espelho, com uma fisionomia naturalmente representativa; e ela é o que é politicamente o povo brasileiro; e não poderia ser mais ou menos do que somos todos nós em conjunto. Desse modo, a crítica ao projeto de Constituição deve ser apreciada como um gesto cordial de participação na empresa dos constituintes; e esperamos que dela venham a ocupar-se, igualmente, homens de todas as tendências ou profissões, o que será um testemunho de vitalidade política, espírito público e compreensão do sistema democrático."

Trata, a seguir, da questão transcendental – o que deve conter uma Constituição, abordando as vantagens de um texto sintético, ou plástico, segundo uma das classificações dos especialistas: "A Constituição de 1946, segundo o seu projeto, que tenho em mãos, apresenta-se [...] longa, minuciosa, prolixa, superabundante, com uma extensão escandalosamente desproporcionada[40]. Observe-se este contraste e confronto: a Constituição da França, votada a 19 de abril deste ano, por uma Assembléia Constituinte, continha apenas 127 artigos, concisos e precisos, feitos raríssimos desdobramentos em parágrafos; o nosso projeto contém 197 artigos, amplos, desmedidamente divididos e subdivididos em parágrafos e números, tornada a economia de palavras alguma coisa de todo inútil. Dir-se-ia estarmos em face do esboço de um enorme regulamento, não de um texto constitucional. E este tamanho descomunal, no caso, nem se explica pela circunstância de resolverem-se definitivamente os problemas. Ao contrário: o projeto usou e abusou com largueza do recurso de transferir a solução das questões (que enumera quase sempre enfaticamente) para a legislação ordinária. Muitas dessas

---

40. Álvaro Lins refere-se ao projeto da Comissão dos 37, apresentado na sessão de 27 de maio, com 197 artigos e um nas Disposições Transitórias. O texto aprovado pela Assembléia contém 222 artigos e mais 36 nas Disposições Transitórias, no total, portanto, de 258 artigos.

questões nem são rigorosamente constitucionais; e se não ficam resolvidas de modo expresso na Constituição, por que são enumeradas no seu texto, com o risco de se tornarem letra morta, enchendo-a com dispositivos que talvez nunca venham a ser executados como objetos de leis especiais? [...] Não decorre a extensão do projeto, por conseguinte, de riqueza em substância constitucional, porém dos seus defeitos de forma e composição. Ou da incapacidade para as distinções precisas entre o essencial e o supérfluo: este texto é redundante, prolixo, difuso, sempre a repetir-se e a desdizer-se fastidiosamente."

Depois de analisar as questões objetivas tratadas no texto, o primeiro dos artigos termina mostrando os aspectos que Baleeiro chamou de excessivamente "clericais": não a invocação, mas a declaração enfática de que os constituintes obravam "sob a proteção de Deus", como se fossem capazes de decidir sobre Sua divina vontade. Mostra, ainda, o absurdo de se declarar indissolúvel o casamento, tratando-o como um sacramento, num Estado laico[41].

O segundo artigo é dedicado a uma lúcida e pungente defesa do parlamentarismo. Álvaro Lins, como a maioria dos intelectuais brasileiros de sua época, era fervoroso defensor do parlamentarismo. Sua análise, erudita, com razoável fundamento histórico, é de interesse mais restrito aos especialistas do direito público e da teoria geral do Estado. É nesse mesmo texto, em que ele trata da questão social, que está o seu mais contundente ataque ao projeto:

> Os senhores constituintes, responsáveis por este projeto, tinham e têm o direito de fazer uma Constituição reacionária, nitidamente capitalista, se isto lhes parecer o mais razoável e acertado; têm o direito de imprimir à Constituição a feição ideológica que melhor lhes aprouver. Um direito que não cabia, porém, à maioria da Comissão Constitucional, era o de mistificar, era o de jogar inconseqüentemente com palavras, empregando-as sem realismo e sem finalidade, como se verifica no capítulo intitulado *Dos Direitos Sociais*. Aí o que se podia fazer, efetivamente, fica apenas sugerido e logo transferido para a legislação ordinária, enquanto já não tem possibilidade de aplicação o que se afirma categoricamente.
> [...] O direito de greve fica espremido e machucado nesse projeto, anunciado como uma expressão de idéias avançadas, quando o presidente Harry Truman[42], conservador por temperamento e ideologia, assim se pronunciou recentemente, ao vetar uma lei sobre os dissídios trabalhistas:
>> As greves contra os empregadores não podem terminar mediante decretos do Legislativo. Os operários não podem ser obrigados, em tempos de paz, num regime democrático, a trabalhar à força para os empregadores.

---

41. Sobre esses assuntos, Álvaro Lins manteve uma polêmica com o crítico e líder católico Tristão de Ataíde, pseudônimo de Alceu de Amoroso Lima.
42. Presidente dos Estados Unidos, sucessor de Roosevelt, falecido antes do fim de seu mandato.

Ora, quanto a nós: e a liberdade sindical, não apenas a liberdade dos sindicatos, mas também a dos trabalhadores, em face deles? Acusou-se de comunista a Constituição francesa, votada a 19 de abril, quando ela era apenas socialista; porém, a verdade é que faz falta ao nosso projeto um dispositivo como o que ela continha em seu art. 30:

> Tout homme a le droit de défendre ses intérêts par l'action syndicale. Chacun adhère au syndicat de son choix ou n'adhère à aucun.[43]

Palavras que bem revelam como aquela Constituição atingira a harmonia ideal da organização socialista em combinação com a liberdade da pessoa humana.

Depois de criticar o tratamento dado à questão das terras devolutas e condenar a não-nacionalização das empresas de seguros, ele fere o problema agrário:

> Não se encontra, aliás, no texto do projeto da Constituição nenhum indício positivo de que os seus autores houvessem se preocupado seriamente com as questões agrárias do Brasil. E isto poderia provocar algumas perguntas patéticas aos senhores Constituintes que estão de acordo com este projeto: – Os votos com que chegastes à Assembléia não foram em grande parte dos homens do interior? Já esquecestes os vossos comícios, as promessas que fizestes, as esperanças que lançastes nos espíritos com as vossas palavras sonoras e grandiloqüentes? Não eram mais do que palavras vazias de candidatos, não eram mais do que discursos sem convicção e sem conseqüências?
> Num caso destes, então, a demagogia toma a forma de um crime.

A última parte do artigo é dedicada às conclusões, em que está o seu terrível e profético vaticínio:

> Li várias vezes este projeto, e sempre com a impressão de que os seus dispositivos pouco se ligavam ao espírito de nossa época e às condições do Brasil. Com a impressão fria de quem lê obra fora de seu tempo e do seu espaço, como se ela houvesse sido feita por um grupo de velhos acadêmicos, céticos, inatuais e semimortos, enrodilhados numa distante torre de marfim.
> As novas gerações não encontrarão nela o que esperam; e esse desencontro ninguém poderá imaginar quantas amarguras, desencantos e decepções irão envenenar a vida pública brasileira. [...] Se ela for ameaçada ou rasgada, ninguém arriscará talvez um nada para defendê-la, porque nós só nos sacrificamos pelas coisas em que temos fé e esperança. Os que elaboraram este projeto, porém, parece que não tinham fé em coisa alguma, e por isso nenhuma fé poderão despertar com a sua obra.

43. Todo homem tem o direito de defender seus interesses pela ação sindical. Cada um adere ao sindicato de sua escolha, ou não adere a nenhum.

[...] Mais uma vez, quem sabe, vai-se consumar no Brasil aquela nossa terrível "vocação suicida", a que se referiu dramaticamente o Sr. José Américo de Almeida. E dramática também é a imagem com que o Sr. João Mangabeira exprimiu agora o seu pensamento a respeito do destino da Constituição segundo este Projeto:

> Transformado em Constituição, tal como está, não precisaria se chocar com os arrecifes para naufragar. Soçobraria, abrindo água por todas as juntas, ao primeiro vagalhão de alto-mar.

Não há opiniões diferentes. Se este projeto não for profundamente, essencialmente modificado, a Constituição de 1946 levará o Brasil ao marasmo ou à ditadura.

Mesmo modificado, o texto cumpriu o vaticínio do crítico. Levou o Brasil à mais longa ditadura que até hoje o país conheceu.

Anexos

Anexo 1
Representação partidária na Constituinte de 1946
Deputados

PARTIDOS	VOTAÇÃO Absoluta	%	REPRESENTAÇÃO Absoluta	%
PSD	2.531.944	42,737	151	52,87
UDN	1.575.375	26,590	77	26,92
PTB	603.500	10,187	22	7,700
PCB	511.302	8,630	14	4,900
PR/UDN	165.122	2,788	6	2,010
PPS	107.321	1,811	4	1,400
PDC	101.636	1,715	2	0,700
PR	219.562	3,705	7	2,450
PL	57.341	0,968	1	0,350
PRD	33.647	0,568	1	0,350
PAN	17.866	0,301	1	0,350
TOTAL	5.924.616	100,00	286	100,00

Representação partidária na Constituinte de 1946
Deputados + Senadores

PARTIDOS	DEPUTADOS Absoluta	Relativa	SENADORES Absoluta	Relativa	TOTAL Absoluta	Relativa
PSD	151	52,87	26	61,906	177	53,964
UDN	77	26,92	10	23,810	87	26,525
PTB	22	7,700	2	4,762	24	7,318
PCB	14	4,900	1	2,380	15	4,573
PR/UDN	6	2,010	2	4,762	8	2,440
PPS	4	1,400	1	2,380	5	1,524
PDC	2	0,700	–	–	2	0,610
PR	7	2,450	–	–	7	2,134
PL	1	0,350	–	–	1	0,304
PRD	1	0,350	–	–	1	0,304
PAN	1	0,350	–	–	1	0,304
TOTAL	286	100,00	42	100,00	328	100,00

Anexo 2
Eleições de 2 de dezembro de 1945
Presidente da República

Unidades da Federação	VOTOS APURADOS PARA OS CANDIDATOS				
	Dutra	E. Gomes	Yedo Fiúza	Rolim Teles	TOTAL
AM	12.687	7.251	1.871	10	21.819
PA	61.591	43.537	4.272	6	109.406
MA	44.750	27.030	683	6	72.469
PI	51.229	58.739	548	1	110.517
CE	108.363	164.682	12.543	7	285.595
RN	50.693	45.500	6.915	3	103.111
PB	61.090	76.110	5.719	10	142.929
PE	12.6804	93.158	43.073	8	263.043
AL	33.361	24.760	5.048	4	63.173
SE	34.886	34.793	6.553	4	76.236
BA	18.6247	144.564	22.059	63	352.933
ES	72.764	26.671	4.442	56	103.933
RJ	178.073	99.706	42.538	410	320.727
SP	780.546	377.613	192.867	2.419	1.353.445
PR	137.060	50.661	6.811	650	195.182
SC	136.399	69.676	1.802	38	207.915
RS	447.462	110.444	50.199	341	608.446
MG	478.503	339.463	16.699	314	834.979
GO	39.937	33.390	5.950	16	79.293
MT	20.530	19.514	3.148	1	43.193
DF	166.070	183.981	134.709	5.389	490.149
AC	3.293	2.018	172	0	5.483
AP	2.502	122	94	2	2.720
IGUAÇU	11.373	1.878	197	3	13.451
GUAPORÉ	1.118	876	120	0	2.114
P. PORÃ	4.028	3.077	688	3	7.796
R. BRANCO	71	124	72	237	504
F. NORONHA	77	3	36	0	106
BRASIL	3.251.507	2.039.341	569.828	10.001	5.870.667

Anexo 3
Constituintes de 1946
Ordem alfabética

N.º	NOME PARLAMENTAR	UF	PARTIDO	CARGO	VOTAÇÃO	OBSERVAÇÕES
001	Abelardo Mata	RJ	PTB	Deputado	2.101	Suplente de Getúlio Vargas, exerceu o mandato como titular
002	Abílio Fernandes	RS	PCB	Deputado	5.947	Suplente de Carlos Prestes, exerceu o mandato como titular
003	Acúrcio Torres	RJ	PSD	Deputado	7.915	
004	Adalberto Ribeiro	PB	UDN	Senador	74.477	
005	Adelmar Rocha	PI	UDN	Deputado	4.046	
006	Aderbal Ramos da Silva	SC	PSD	Deputado	20.488	
007	Adroaldo Mesquita da Costa	RS	PSD	Deputado	48.248	
008	Afonso de Carvalho	AL	PSD	Deputado	2.741	
009	Afonso Matos	MA	PSD	Deputado	3.297	
010	Agamenon Magalhães	PE	PSD	Deputado	13.532	
011	Agostinho Dias de Oliveira	PE	PCB	Deputado	5.160	
012	Agostinho Monteiro	PA	UDN	Deputado	11.818	
013	Agrícola Paes de Barros	MT	UDN	Deputado	4.173	
014	Alarico Pacheco	MA	UDN/PR	Deputado	7.962	
015	Albérico Fraga	BA	UDN	Deputado	5.822	
016	Alcedo Coutinho	PE	PCB	Deputado	2.917	Suplente de Prestes, exerceu o mandato como titular
017	Alcides Sabença	RJ	PCB	Deputado	6.403	

018	Alde Sampaio	PE	UDN	Deputado	7.243	
019	Alencar Araripe	CE	UDN	Deputado	5.991	
020	Alfredo Neves	RJ	PSD	Senador	150.154	
021	Alfredo Sá	MG	PSD	Deputado	9.233	Terceiro-suplente
022	Aliomar Baleeiro	BA	UDN	Deputado	5.816	
023	Aloísio Alves	RN	UDN	Deputado	5.788	
024	Aloísio de Carvalho	BA	UDN	Senador	148.039	
025	Aloísio de Castro	BA	PSD	Deputado	8.359	
026	Altamirando Requião	BA	PSD	Deputado	7.803	
027	Altamiro Lobo	SC	PSD	Deputado	14.346	
028	Altino Arantes	SP	UDN	Deputado	10.459	
029	Aluízio Alves	RN	UDN	Deputado	5.788	
030	Álvaro Adolfo	PA	PSD	Senador	61.733	
031	Álvaro Castelo	ES	PSD	Deputado	8.181	
032	Álvaro Maia	AM	PSD	Senador	8.982	
033	Alves Linhares	CE	PPS	Deputado	5.676	Suplente de Stênio Gomes da Silva
034	Alves Palma	SP	PSD	Deputado	11.893	
035	Amando Fontes	SE	UDN/PR	Deputado	8.097	
036	Amaral Peixoto	RJ	PSD	Deputado	29.088	
037	Antenor Bogéa	MA	UDN/PR	Deputado	1.100	
038	Antero Leivas	RS	PSD	Deputado	14.550	
039	Antônio Correia	PI	UDN	Deputado	5.144	
040	Antônio Feliciano	SP	PSD	Deputado	24.639	

A Constituinte de 1946   557

041	Antônio José da Silva	DF	PTB	Deputado	592	
042	Antônio José Pereira Júnior	MA	PSD	Senador	43.507	Falecido durante a Constituinte, em 5/8/46
043	Antônio Mafra	AL	PSD	Deputado	2.487	Primeiro-suplente, tomou posse como titular em 30/7/46
044	Aramis Ataíde	PR	PSD	Deputado	9.178	
045	Área Leão	PI	PSD	Deputado	8.964	
046	Argemiro Fialho	MT	PSD	Deputado	4.938	
047	Argemiro Figueiredo	PB	UDN	Deputado	13.989	
048	Ari Viana	ES	PSD	Deputado	14.745	
049	Aristides Milton	BA	PSD	Deputado	5.004	Terceiro-suplente, substituiu o primeiro-suplente Luís Barreto Filho
050	Arruda Câmara	PE	PDC	Deputado	8.406	
051	Artur Bernardes	MG	PR	Deputado	8.548	
052	Artur Fischer	RS	PTB	Deputado	6.595	Suplente de Getúlio Vargas, exerceu o mandato como titular
053	Asdrúbal Soares	ES	PSD	Deputado	8.060	
054	Ataliba Nogueira	SP	PSD	Deputado	12.591	
055	Atílio Vivacqua	ES	PSD	Senador	60.319	
056	Augusto Viegas	MG	PSD	Deputado	13.320	
057	Aureliano Leite	SP	UDN	Deputado	10.318	
058	Baeta Neves	DF	PTB	Deputado	722	
059	Baiard Lucas de Lima	RS	PSD	Deputado	5.230	Suplente de Batista Luzardo, exerceu o mandato como titular
060	Barbosa Lima	PE	PSD	Deputado	5.706	

061	Barreto Pinto	DF	PTB	Deputado	537	Suplente de Getúlio Vargas, exerceu o mandato como titular
062	Bastos Tavares	RJ	PSD	Deputado	8.308	
063	Batista Luzardo	RS	PSD	Deputado	21.525	Nomeado embaixador na Argentina, em 7/5 substituído pelo suplente
064	Batista Neto	DF	PCB	Deputado	14.177	Suplente de Carlos Prestes, exerceu o mandato como titular
065	Benedito (Beni) Carvalho	CE	UDN	Deputado	12.175	
066	Benedito Costa Neto	SP	PSD	Deputado	17.829	
067	Benedito Valadares	MG	PSD	Deputado	41.663	
068	Benício Fontenele	DF	PTB	Deputado	753	
069	Benjamin Farah	DF	PTB	Deputado	2.035	
070	Bernardes Filho	MG	PR	Deputado	12.263	
071	Berto Condé	SP	PTB	Deputado	6.895	
072	Bias Fortes	MG	PSD	Deputado	18.897	
073	Bitencourt Azambuja	RS	PSD	Deputado	9.596	
074	Brígido Tinoco	RJ	PSD	Deputado	7.864	
075	Brochado da Rocha	RS	PSD	Deputado	45.579	
076	Café Filho	RN	PRP	Deputado	11.239	
077	Caiado de Godói	GO	PSD	Deputado	5.941	
078	Caires de Brito	SP	PCB	Deputado	10.595	Primeiro-suplente, exerceu o cargo como titular na vaga de Mário Scot
079	Campos Vergal	SP	PRP	Deputado	7.547	
080	Carlos Lindenberg	ES	PSD	Deputado	12.758	

A Constituinte de 1946 559

081	Carlos Luz	MG	PSD	Deputado	24.895	Nomeado ministro da Justiça, foi substituído por Lair Tostes
082	Carlos Marighela	BA	PCB	Deputado	5.188	
083	Carlos Nogueira	PA	PSD	Deputado	4.490	
084	Carlos Pinto	RJ	PSD	Deputado	11.396	
085	Carvalho Neto	SE	PSD	Deputado	1.241	Primeiro-suplente, exerceu o mandato interinamente
086	Castelo Branco	AC	PSD	Deputado	1.315	
087	Celso Porfírio	MG	PSD	Deputado	10.821	
088	Cirilo Júnior	SP	PSD	Deputado	67.633	Afastou-se em junho para integrar a delegação à Conferência de Paz
089	Claudino José da Silva	RJ	PCB	Deputado	11.291	
090	Clemente Mariani	BA	UDN	Deputado	9.321	
091	Clodomir Cardoso	MA	PSD	Senador	45.589	
092	Coelho Rodrigues	PI	UDN	Deputado	8.345	
093	Cosme Ferreira Filho	AM	PSD	Deputado	1.504	
094	Costa Porto	PE	PSD	Deputado	8.301	
095	Crepori Franco	MA	PSD	Deputado	6.393	
096	Crisanto Moreira da Rocha	CE	PSD	Deputado	14.107	
097	Cristiano Machado	MG	PSD	Deputado	15.242	
098	Dâmaso Rocha	RS	PSD	Deputado	23.317	
099	Daniel de Carvalho	MG	PR	Deputado	13.049	
100	Daniel Faraco	RS	PSD	Deputado	22.740	
101	Dantas Júnior	BA	UDN	Deputado	8.940	

102	Dario Cardoso	GO	PSD	Senador	41.576	
103	Deodoro Mendonça	PA	PPS	Deputado	8.414	
104	Dioclécio Duarte	RN	PSD	Deputado	7.516	
105	Diógenes Magalhães	GO	PSD	Deputado	7.705	
106	Dolor de Andrade	MT	UDN	Deputado	6.828	
107	Domingos Velasco	GO	UDN	Deputado	8.915	
108	Duarte de Oliveira	PA	PSD	Deputado	6.716	
109	Duque de Mesquita	MG	PSD	Deputado	18.807	
110	Durval Cruz	SE	UDN/PR	Senador	35.356	
111	Edgar Arruda	CE	UDN	Deputado	11.450	
112	Edgar Batista Pereira	SP	PSD	Deputado	8.332	Suplente de José Lopes Ferraz, falecido em 1º/9/46
113	Eduardo Duvivier	RJ	PSD	Deputado	11.669	
114	Eduardo Fróes da Mota	BA	PSD	Deputado	5.100	Suplente, assumiu em 18/3/46
115	Egberto Pessoa Rodrigues	CE	UDN	Deputado	6.707	
116	Elói José da Rocha	RS	PSD	Deputado	26.650	
117	Epílogo de Campos	PA	UDN	Deputado	5.358	
118	Erasto Gaertner	PR	UDN	Deputado	6.952	
119	Ernani Sátiro	PB	UDN	Deputado	6.759	
120	Ernesto Dorneles	RS	PSD	Senador	460.113	
121	Esmaragdo de Freitas	PI	UDN	Senador	55.849	Falecido durante a Constituinte em 1º/7/46
122	Etelvino Lins	PE	PSD	Senador	111.145	
123	Euclides Figueiredo	DF	UDN	Deputado	11.846	

124	Eunápio de Queiroz	BA	PSD	Deputado	12.346	
125	Eurico Sales	ES	PSD	Deputado	9.019	
126	Eurico Souza Leão	PE	PDC	Deputado	8.677	
127	Euzébio Rocha	SP	PTB	Deputado	5.667	Suplente de Getúlio Vargas, exerceu o mandato como titular
128	Ezequiel Mendes	MG	PTB	Deputado	4.415	Suplente de Getúlio Vargas, exerceu o mandato como titular
129	Farias Júnior	AL	PSD	Deputado	2.704	
130	Felipe Balbi	MG	PR	Deputado	10.145	
131	Fernandes Távora	CE	UDN	Deputado	23.024	
132	Fernandes Teles	CE	USN	Deputado	6.667	
133	Fernando de Melo Viana	MG	PSD	Senador	461.918	
134	Fernando Flores	PR	PSD	Deputado	17.750	
135	Fernando Nóbrega	PB	UDN	Deputado	6.310	
136	Ferreira de Sousa	RN	UDN	Senador	42.116	
137	Ferreira Lima	PE	PSD	Deputado	7.107	
138	Flávio Guimarães	PR	PSD	Senador	76.821	
139	Flores da Cunha	RS	UDN	Deputado	16.489	
140	Francisco Monte	CE	PSD	Deputado	11.630	
141	Francisco Rodrigues Júnior	MG	PSD	Deputado	11.654	
142	Freitas Cavalcanti	AL	UDN	Deputado	3.465	
143	Frota Gentil	CE	PSD	Deputado	11.673	
144	Gabriel Martiniano de Araújo	MT	PSD	Deputado	4.436	
145	Gabriel Passos	MG	UDN	Deputado	11.735	

146	Galeno Paranhos	GO	PSD	Deputado	5.534	
147	Gastão Vidigal	SP	PSD	Deputado	30.935	Nomeado ministro da Fazenda, não exerceu o mandato
148	Gaston Englert	RS	PSD	Deputado	52.444	
149	Gentil Barreira	CE	UDN	Deputado	13.942	
150	Georgino Avelino	RN	PSD	Senador	44.855	
151	Gercino Pontes	PE	PSD	Deputado	9.124	
152	Getúlio Moura	RJ	PSD	Deputado	9.836	
153	Getúlio Vargas	BA	PTB	Deputado	10.032	Substituído pelo suplente Luís Lago de Araújo
153	Getúlio Vargas	RJ	PTB	Deputado	20.745	Substituído pelo suplente Abelardo Mata
153	Getúlio Vargas	DF	PTB	Deputado	116.712	Substituído pelo suplente Barreto Pinto
153	Getúlio Vargas	SP	PTB	Senador	414.943	Eleito senador por SP e RS, optou pelo RS, ficando SP com um senador
153	Getúlio Vargas	SP	PTB	Deputado	119.055	Substituído pelo suplente Euzébio Rocha
153	Getúlio Vargas	PR	PTB	Deputado	8.468	Substituído pelo suplente Melo Braga
153	Getúlio Vargas	RS	PSD	Senador	461.913	Optou por este mandato
153	Getúlio Vargas	RS	PTB	Deputado	11.291	Substituído pelo suplente Artur Fischer
153	Getúlio Vargas	MG	PTB	Deputado	32.012	Substituído pelo suplente Ezequiel Mendes
154	Gilberto Freire	PE	UDN	Deputado	4.148	
155	Glicério Alves de Oliveira	RS	PSD	Deputado	9.129	
156	Gofredo da Silva Teles	SP	PSD	Deputado	39.543	
157	Gomi Júnior	PR	PSD	Deputado	5.890	

A Constituinte de 1946 563

158	Graco Cardoso	SE	PSD	Deputado	5.878	
159	Gregório Bezerra	PE	PCB	Deputado	14.341	
160	Guaraci Silveira	SP	PTB	Deputado	11.468	
161	Guilherme Marback	BA	PSD	Deputado	11.445	
162	Guilherme Xavier	GO	PSD	Deputado	5.324	
163	Gurgel do Amaral	DF	PTB	Deputado	1.022	
164	Gustavo Capanema	MG	PSD	Deputado	12.131	
165	Hamilton Nogueira	DF	UDN	Senador	155.491	
166	Hans Jordan	SC	PSD	Deputado	4.224	Exerceu mandato na vaga de Ivo de Aquino, eleito deputado e senador
167	Heitor Collet	RJ	PSD	Deputado	9.046	
168	Henrique Novais	ES	PSD	Senador	57.776	
169	Heribaldo Vieira	SE	UDN/PR	Deputado	7.299	
170	Hermes Lima	DF	UDN	Deputado	13.823	
171	Heróphilo Azambuja	RS	PSD	Deputado	6.068	Suplente de João Neves da Fontoura, nomeado ministro das Relações Exteriores
172	Hildebrando de Araújo Góis	BA	PSD	Deputado	9.998	Nomeado prefeito do DF, não tomou parte na Constituinte
173	Honório Monteiro	SP	PSD	Deputado	11.348	Suplente de Gastão Vidigal, nomeado ministro da Fazenda
174	Horácio Lafer	SP	PSD	Deputado	13.093	
175	Hugo Borghi	SP	PTB	Deputado	17.938	
176	Hugo Carneiro	AC	PSD	Deputado	3.775	
177	Ismar de Góis Monteiro	AL	PSD	Senador	31.713	

178	Israel Pinheiro	MG	PSD	Deputado	17.731	
179	Ivo de Aquino	SC	PSD	Senador	110.548	Eleito deputado e senador, optou por este último mandato
179	Ivo de Aquino	SC	PSD	Deputado	14.691	Substituído pelo suplente Hans Jordan
180	Jaci de Figueiredo	MG	PR	Deputado	14.215	
181	Jales Machado	GO	UDN	Deputado	5.447	
182	Jandui Carneiro	PB	PSD	Deputado	10.547	
183	Jarbas Maranhão	PE	PSD	Deputado	10.150	
184	João Adeodato	CE	PPS	Deputado	10.700	
185	João Agripino	PB	UDN	Deputado	10.356	
186	João Aguiar	PR	PSD	Deputado	9.454	
187	João Amazonas	DF	PCB	Deputado	18.379	
188	João Botelho	PA	PSD	Deputado	4.342	
189	João Cleofas	PE	UDN	Deputado	19.491	
190	João de Abreu	GO	PSD	Deputado	7.147	
191	João Henrique	MG	PSD	Deputado	15.875	
192	João Mendes	BA	UDN	Deputado	6.068	
193	João Neves da Fontoura	RS	PSD	Deputado	20.176	Nomeado ministro do Exterior, renunciou ao mandato
194	João Úrsulo	PB	UDN	Deputado	9.797	
195	João Vilasboas	MT	PSD	Senador	20.531	
196	Joaquim Libânio	MG	PSD	Deputado	13.164	
197	Joaquim Sampaio Vidal	SP	PSD	Deputado	12.238	
198	Jonas Correia	DF	PSD	Deputado	11.344	

199	Jorge Amado	SP	PCB	Deputado	15.315	
200	José Armando Afonseca	SP	PSD	Deputado	15.959	
201	José Augusto	RN	UDN	Deputado	14.348	
202	José Bonifácio	MG	UDN	Deputado	14.118	
203	José Cândido Ferraz	PI	UDN	Deputado	27.443	
204	José César de Oliveira Costa	SP	PSD	Deputado	23.862	
205	José de Borba Vasconcelos	CE	UDN	Deputado	5.866	
206	José Fontes Romero	DF	PSD	Deputado	8.932	
207	José Gaudêncio	PB	UDN	Deputado	4.639	Primeiro-suplente, assumiu por 60 dias a vaga de Argemiro Figueiredo
208	José Jofili Bezerra de Melo	PB	PSD	Deputado	7.076	
209	José João Abdala	SP	PSD	Deputado	13.067	
210	José Leomil	RJ	UDN	Deputado	8.874	
211	José Lopes Ferraz	SP	PSD	Deputado	12.857	Falecido durante a Constituinte, em 1º/9/46
212	José Maria Alckmin	MG	PSD	Deputado	12.594	
213	José Maria Crispim	SP	PCB	Deputado	36.657	
214	José Maria de Melo	AL	PSD	Deputado	3.319	
215	José Neiva de Souza	MA	PSD	Deputado	3.434	
216	José da Rocha Ribas	PA	PSD	Deputado	1.668	Terceiro-suplente, substituiu o primeiro, Moura Carvalho
217	José Varela	RN	PSD	Deputado	7.268	
218	Juraci Magalhães	BA	UDN	Deputado	18.591	
219	Jurandir Pires Ferreira	DF	UDN	Deputado	10.230	
220	Juscelino Kubitschek	MG	PSD	Deputado	26.293	

221	Lameira Bitencourt	PA	PSD	Deputado	6.700	
222	Lair Tostes	MG	PSD	Deputado	10.218	Suplente, substituiu Carlos Luz, nomeado ministro da Justiça
223	Lauro Lopes	PR	PSD	Deputado	12.442	
224	Lauro Montenegro	AL	PSD	Deputado	3.591	
225	Lauro Pedreira de Freitas	BA	PSD	Deputado	11.419	
226	Leandro Maciel	SE	UDN/PR	Deputado	10.699	
227	Leão Sampaio	CE	UDN	Deputado	5.558	
228	Leite Neto	SE	PSD	Deputado	26.279	
229	Leopoldo Neves	AM	PTB	Deputado	2.493	
230	Leopoldo Peres	AM	PSD	Deputado	2.262	
231	Leri Santos	MG	PTB	Deputado	6.457	
232	Levindo Coelho	MG	PSD	Senador	469.088	
233	Licurgo Leite	MG	UDN	Deputado	8.444	
234	Lima Cavalcanti	PE	UDN	Deputado	9.382	
235	Lino Machado	MA	UDN/PR	Deputado	13.044	
236	Lopes Cançado	MG	UDN	Deputado	9.539	
237	Luís Barreto	BA	PSD	Deputado	5.823	Suplente de Hildebrando de Góis, exerceu o mandato como titular
238	Luís Carlos Prestes	PE	PCB	Deputado	9.270	
238	Luís Carlos Prestes	DF	PCB	Senador	157.397	
238	Luís Carlos Prestes	DF	PCB	Deputado	27.664	
238	Luís Carlos Prestes	RS	PCB	Deputado	11.849	Substituído pelo suplente Abílio Fernandes
239	Luís Carvalho	MA	PSD	Deputado	4.186	

240	Luís Cláudio de Freitas Rosa	ES	UDN	Deputado	4.900	
241	Luís Lago	BA	PTB	Deputado	1.862	Suplente de Getúlio Vargas, exerceu o mandato como titular
242	Luís Martins Soares	MG	PSD	Deputado	26.596	
243	Luís Viana Filho	BA	UDN	Deputado	10.968	
244	Machado Coelho	SP	PSD	Deputado	8.405	Substituiu Cirilo Jr., designado delegado à Conferência de Paz
245	Magalhães Barata	PA	PSD	Deputado	21.153	Eleito deputado e senador, optou por este último mandato
245	Magalhães Barata	PA	PSD	Senador	61.906	Optou por este mandato
246	Magalhães Pinto	MG	UDN	Deputado	14.001	
247	Manoel Severiano Nunes	AM	UDN	Deputado	4.600	
248	Manoel Vitor de Azevedo	SP	PDC	Deputado	16.977	
249	Manoel Duarte	RS	PSD	Deputado	12.679	
250	Manoel Novais	BA	UDN	Deputado	12.028	
251	Marcondes Filho	SP	PTB	Senador	362.557	
252	Martins Filho	SP	PSD	Deputado	22.403	
253	Mário Brant	MG	PR	Deputado	10.148	
254	Mário Gomes de Barros	AL	UDN	Deputado	3.356	
255	Mário Masagão	SP	UDN	Deputado	27.248	
256	Mário Scott	SP	PCB	Deputado	13.570	Substituído por Milton Caires de Brito, primeiro-suplente
257	Matias Olímpio	PI	UDN	Senador	55.724	
258	Maurício Grabois	DF	PCB	Deputado	15.243	
259	Mauro Renault Leite	PI	PSD	Deputado	9.262	

260	Max d'Amaral	SC	UDN	Deputado	14.434	
261	Medeiros Neto	AL	PSD	Deputado	5.278	
262	Melo Braga	PR	PTB	Deputado	7.879	Suplente de Vargas, exerceu o mandato como titular
263	Mércio Teixeira	RS	PSD	Deputado	7.401	
264	Miguel Couto Filho	RJ	PSD	Deputado	6.866	
265	Milton Campos	MG	UDN	Deputado	11.331	
266	Milton Prates	MG	PSD	Deputado	9.940	Segundo-suplente, substituiu Luís Martins
267	Monteiro de Castro	MG	UDN	Deputado	16.612	
268	Mota Neto	RN	PSD	Deputado	6.994	
269	Moura Carvalho	PA	PSD	Deputado	3.554	Suplente de Magalhães Barata, exerceu o mandato como titular
270	Munhoz da Rocha	PR	UDN	Deputado	9.290	
271	Munhoz de Melo	PR	PSD	Deputado	15.984	
272	Negreiros Falcão	BA	PSD	Deputado	7.141	
273	Nelson Parijós	PA	PSD	Deputado	4.437	
274	Nereu Ramos	SC	PSD	Senador	110.840	Optou por este mandato
274	Nereu Ramos	SC	PSD	Deputado	28.007	Substituído pelo suplente Rogério Vieira
275	Nestor Duarte	BA	UDN	Deputado	7.045	
276	Nicolau de Araújo Vergueiro	RS	PSD	Deputado	7.731	
277	Noraldino Lima	MG	PSD	Deputado	11.350	
278	Novais Filho	PE	PSD	Senador	118.918	
279	Noveli Júnior	SP	PSD	Deputado	31.360	
280	Odilon Soares	MA	PSD	Deputado	4.208	

A Constituinte de 1946

281	Olavo de Oliveira	CE	PPS	Senador	157.001
282	Olinto Fonseca	MG	PSD	Deputado	10.748
283	Orlando Brasil	SC	PSD	Deputado	6.907
284	Oscar Carneiro	PE	PSD	Deputado	8.996
285	Osmar de Araújo Aquino	PB	UDN	Deputado	4.907
286	Osório Tuiuti	RS	UDN	Deputado	4.759
287	Osvaldo Lima	PE	PSD	Deputado	8.748
288	Osvaldo Pacheco	SP	PCB	Deputado	18.420
289	Osvaldo Studart	CE	PSD	Deputado	9.522
290	Otacílio Vieira da Costa	SC	PSD	Deputado	9.806
291	Otávio Mangabeira	BA	UDN	Deputado	13.480
292	Paulo Fernandes	RJ	PSD	Deputado	10.323
293	Paulo Guerra	PE	PSD	Deputado	5.140
294	Paulo Nogueira Filho	SP	UDN	Deputado	17.094
295	Paulo Sarazate	CE	UDN	Deputado	15.131
296	Pedro Ludovico	GO	PSD	Senador	43.173
297	Pedro Nicácio Dutra	MG	PSD	Deputado	19.705
298	Pedro Vergara	RS	PSD	Deputado	6.262
299	Pedroso Júnior	SP	PTB	Deputado	8.319
300	Pereira da Silva	AM	PSD	Deputado	1.680
301	Pereira Pinto	RJ	PSD	Senador	150.556
302	Pinto Aleixo	BA	UDN	Senador	146.903
303	Plínio Barreto	SP	UDN	Deputado	13.489
304	Plínio Lemos	PB	UDN	Deputado	7.533

305	Plínio Sabóia Magalhães	CE	UDN	Senador	160.468	
306	Ponce de Arruda	MT	PSD	Deputado	5.046	
307	Prado Kelly	RJ	UDN	Deputado	12.623	
308	Rafael Cincurá	BA	UDN	Deputado	7.525	
309	Raul Barbosa	CE	PSD	Deputado	9.629	
310	Raul Pila	RS	PL	Deputado	16.996	
311	Régis Pacheco	BA	PSD	Deputado	8.121	
312	Roberto Glasser	PR	PSD	Senador	70.015	
313	Roberto Grossenbacker	SC	PSD	Deputado	5.933	
314	Rodrigues Seabra	MG	PSD	Deputado	22.764	
315	Rogério Vieira	SC	PSD	Deputado	5.469	Suplente de Nereu Ramos, exerceu o mandato como titular
316	Romão Júnior	RJ	UDN	Deputado	9.855	
317	Romeu José Fiori	SP	PTB	Deputado	6.934	
318	Romeu Lourenção	SP	UDN	Deputado	17.087	
319	Rui Almeida	DF	PTB	Deputado	3.201	
320	Rui Palmeira	AL	UDN	Deputado	3.399	
321	Rui Santos	BA	UDN	Deputado	5.688	
322	Samuel Duarte	PB	PSD	Deputado	9.683	
323	Segadas Viana	DF	PTB	Deputado	795	
324	Sigefredo Pacheco	PI	PSD	Deputado	8.600	
325	Silvestre de Góis Monteiro	AL	PSD	Deputado	6.105	
326	Silvio de Campos	SP	PSD	Deputado	21.404	
327	Soares Filho	RJ	UDN	Deputado	8.014	

A Constituinte de 1946 571

328	Souza Costa	RS	PSD	Deputado	10.159	
329	Stênio Gomes	CE	PPS	Deputado	10.952	
330	Teixeira de Vasconcelos	AL	PSD	Senador	33.640	
331	Teodomiro Fonseca	RS	PSD	Deputado	23.518	
332	Teódulo de Albuquerque	BA	PPS	Deputado	4.158	
333	Toledo Piza	SP	UDN	Deputado	10.300	
334	Tomas da Silva Fontes	SC	UDN	Deputado	9.636	
335	Trifino Correia	RS	PCB	Deputado	3.508	Suplente de Abílio Fernandes, exerceu o mandato interinamente
336	Ulisses Lins	PE	PSD	Deputado	7.595	
337	Valdemar Pedrosa	AM	PSD	Senador	8.382	
338	Valfredo Gurgel	RN	PSD	Deputado	7.116	
339	Valter Franco	SE	UDN/PR	Senador	35.754	
340	Vargas Neto	DF	PTB	Deputado	1.750	
341	Vergniaud Vanderlei	PB	UDN	Senador	73.942	
342	Vespasiano Martins	MT	PSD	Senador	20.967	
343	Vieira de Melo	BA	PSD	Deputado	9.390	
344	Vieira de Rezende	ES	PSD	Deputado	8.192	
345	Vitorino Freire	MA	PSD	Deputado	4.534	
346	Wellington Brandão	MG	PSD	Deputado	13.264	

Fonte: Para os deputados, senadores e respectivas substituições, *Anais da Assembléia Nacional Constituinte de 1946*, Rio de Janeiro, Imprensa Nacional, 1946, 26 v. Para a qualidade de titular ou suplente, assim como para a votação obtida, *Dados estatísticos*, Tribunal Superior Eleitoral, Brasília, 1964, v. 1.

Anexo 4
Constituintes de 1946
Ordem por estado e partido

NOME	ESTADO	PARTIDO	CARGO
AMAZONAS			
Álvaro Maia	AM	PSD	Senador
Valdemar Pedrosa	AM	PSD	Senador
Manoel Severiano Nunes	AM	UDN	Deputado
Leopoldo Neves	AM	PTB	Deputado
Leopoldo Peres	AM	PSD	Deputado
Pereira da Silva	AM	PSD	Deputado
Cosme Ferreira Filho	AM	PSD	Deputado
PARÁ			
Magalhães Barata	PA	PSD	Senador
Álvaro Adolfo	PA	PSD	Senador
Magalhães Barata*	PA	PSD	Deputado
Aníbal Duarte de Oliveira	PA	PSD	Deputado
Lameira Bitencourt	PA	PSD	Deputado
Carlos Pereira Nogueira	PA	PSD	Deputado
Nelson Parijós	PA	PSD	Deputado
João Botelho	PA	PSD	Deputado
Agostinho Monteiro	PA	UDN	Deputado
Epílogo de Campos	PA	UDN	Deputado
Deodoro Mendonça	PA	PPS	Deputado
MARANHÃO			
Clodomir Cardoso	MA	PSD	Senador
Antônio José Pereira Júnior	MA	PSD	Senador
Crepori Franco	MA	PSD	Deputado
Viorino Freire	MA	PSD	Deputado
Odilon Soares	MA	PSD	Deputado
Luís Carvalho	MA	PSD	Deputado
José Neiva de Souza	MA	PSD	Deputado
Afonso Matos	MA	PSD	Deputado
Lino Machado	MA	UDN/PR	Deputado
Alarico Pacheco	MA	UDN/PR	Deputado
Antenor Bogéa	MA	UDN/PR	Deputado

* Optou pelo mandato de senador.

PIAUÍ

Esmaragdo de Freitas	PI	UDN	Senador
Matias Olímpio	PI	UDN	Senador
José Cândido Ferraz	PI	UDN	Deputado
Helvécio Coelho Rodrigues	PI	UDN	Deputado
Antônio Correia	PI	UDN	Deputado
Ademar Rocha	PI	UDN	Deputado
Mauro Renault Leite	PI	PSD	Deputado
Raimundo de Área Leão	PI	PSD	Deputado
Sigefredo Pacheco	PI	PSD	Deputado

CEARÁ

Plínio Sabóia Magalhães	CE	UDN	Senador
Olavo de Oliveira	CE	PPS	Senador
Fernandes Távora	CE	UDN	Deputado
Paulo Sarazate	CE	UDN	Deputado
Gentil Barreira	CE	UDN	Deputado
Benedito (Beni) Carvalho	CE	UDN	Deputado
Edgar Arruda	CE	UDN	Deputado
Egberto Rodrigues	CE	UDN	Deputado
Fernandes Teles	CE	UDN	Deputado
Alencar Araripe	CE	UDN	Deputado
José de Borba Vasconcelos	CE	UDN	Deputado
Leão Sampaio	CE	UDN	Deputado
Crisanto Moreira da Rocha	CE	PSD	Deputado
Antônio Frota Gentil	CE	PSD	Deputado
Francisco Monte	CE	PSD	Deputado
Raul Barbosa	CE	PSD	Deputado
Osvaldo Studart	CE	PSD	Deputado
Stênio Gomes	CE	PPS	Deputado
João Adeodato	CE	PPS	Deputado

RIO GRANDE DO NORTE

Georgino Avelino	RN	PSD	Senador
Ferreira de Sousa	RN	UDN	Senador
Dioclécio Duarte	RN	PSD	Deputado
José Varela	RN	PSD	Deputado
Valfredo Gurgel	RN	PSD	Deputado
Mota Neto	RN	PSD	Deputado
José Augusto	RN	UDN	Deputado
Aloísio Alves	RN	UDN	Deputado
Café Filho	RN	PRP	Deputado

PARAÍBA

Adalberto Rodrigues	PB	UDN	Senador
Vergniaud Vanderlei	PB	UDN	Senador
Argemiro Figueiredo	PB	UDN	Deputado
João Agripino	PB	UDN	Deputado
João Úrsulo	PB	UDN	Deputado
Plínio Lemos	PB	UDN	Deputado
Ernani Sátiro	PB	UDN	Deputado
Fernando Nóbrega	PB	UDN	Deputado
Osmar de Araújo Aquino	PB	UDN	Deputado
José Gaudêncio (supl.)	PB	UDN	Deputado
Jandui Carneiro	PB	PSD	Deputado
Samuel Duarte	PB	PSD	Deputado
Joffili Bezerra de Melo	PB	PSD	Deputado

PERNAMBUCO

Novais Filho	PE	PSD	Senador
Etelvino Lins	PE	PSD	Senador
Agamenon Magalhães	PE	PSD	Deputado
Jarbas Maranhão	PE	PSD	Deputado
Gercino Pontes	PE	PSD	Deputado
Oscar Carneiro	PE	PSD	Deputado
Osvaldo Lima	PE	PSD	Deputado
Costa Porto	PE	PSD	Deputado
Ulisses Lins	PE	PSD	Deputado
João Ferreira Lima	PE	PSD	Deputado
Barbosa Lima	PE	PSD	Deputado
Paulo Guerra	PE	PSD	Deputado
João Cleofas	PE	UDN	Deputado
Lima Cavalcanti	PE	UDN	Deputado
Alde Sampaio	PE	UDN	Deputado
Gilberto Freire	PE	UDN	Deputado
Gregório Bezerra	PE	PCB	Deputado
Luís Carlos Prestes	PE	PCB	Deputado
Agostinho Dias de Oliveira	PE	PCB	Deputado
Arruda Câmara	PE	PDC	Deputado
Eurico Souza Leão	PE	PDC	Deputado

ALAGOAS

Cícero de Vasconcelos	AL	PSD	Senador
Ismar de Góis Monteiro	AL	PSD	Senador
Silvestre Péricles de Góis Monteiro	AL	PSD	Deputado
Medeiros Neto	AL	PSD	Deputado
Lauro Montenegro	AL	PSD	Deputado
José Maria de Melo	AL	PSD	Deputado
Francisco Afonso de Carvalho	AL	PSD	Deputado
Esperidião Farias Júnior	AL	PSD	Deputado
Freitas Cavalcanti	AL	UDN	Deputado
Rui Palmeira	AL	UDN	Deputado
Mário Gomes de Barros	AL	UDN	Deputado

SERGIPE

Valter Franco	SE	UDN/PR	Senador
Durval Cruz	SE	UDN/PR	Senador
Leandro Maciel	SE	UDN/PR	Deputado
Amando Fontes	SE	UDN/PR	Deputado
Heribaldo Vieira	SE	UDN/PR	Deputado
Leite Neto	SE	PSD	Deputado
Graco Cardoso	SE	PSD	Deputado
Carvalho Neto	SE	UDN	Deputado

BAHIA

Aloísio de Carvalho	BA	UDN	Senador
Pinto Aleixo	BA	PSD	Senador
Juraci Magalhães	BA	UDN	Deputado
Otávio Mangabeira	BA	UDN	Deputado
Manoel Novais	BA	UDN	Deputado
Luís Viana Filho	BA	UDN	Deputado
Clemente Mariani	BA	UDN	Deputado
Dantas Júnior	BA	UDN	Deputado
Rafael Cincurá	BA	UDN	Deputado
Nestor Duarte	BA	UDN	Deputado
João Mendes	BA	UDN	Deputado
Albérico Fraga	BA	UDN	Deputado
Aliomar Baleeiro	BA	UDN	Deputado
Rui Santos	BA	UDN	Deputado
Eunápio de Queiroz	BA	PSD	Deputado
Guilherme Marback	BA	PSD	Deputado
Lauro Pedreira	BA	PSD	Deputado
Hildebrando de Araújo Góis	BA	PSD	Deputado

Vieira de Melo	BA	PSD	Deputado
Aloísio de Castro	BA	PSD	Deputado
Régis Pacheco	BA	PSD	Deputado
Altamirando Requião	BA	PSD	Deputado
Negreiros Falcão	BA	PSD	Deputado
Eduardo Fróes da Mota (suplente)	BA	PSD	Deputado
Getúlio Vargas	BA	PTB	Deputado
Carlos Marighela	BA	PCB	Deputado
Teódulo de Albuquerque	BA	PPS	Deputado

ESPÍRITO SANTO

Atílio Vivacqua	ES	PSD	Senador
Henrique de Novais	ES	PSD	Senador
Ari Viana	ES	PSD	Deputado
Carlos Lindenberg	ES	PSD	Deputado
Eurico Sales	ES	PSD	Deputado
Paulo Afonso Vieira de Rezende	ES	PSD	Deputado
Álvaro Castelo	ES	PSD	Deputado
Asdrúbal Soares	ES	PSD	Deputado
Luís Cláudio de Freitas Rosa	ES	UDN	Deputado

RIO DE JANEIRO

Pereira Pinto	RJ	PSD	Senador
Alfredo Neves	RJ	PSD	Senador
Amaral Peixoto	RJ	PSD	Deputado
Eduardo Duvivier	RJ	PSD	Deputado
Carlos Pinto	RJ	PSD	Deputado
Paulo Fernandes	RJ	PSD	Deputado
Getúlio Moura	RJ	PSD	Deputado
Heitor Collet	RJ	PSD	Deputado
Silvio Bastos Tavares	RJ	PSD	Deputado
Acúrcio Torres	RJ	PSD	Deputado
Brígido Tinoco	RJ	PSD	Deputado
Miguel Couto Filho	RJ	PSD	Deputado
Prado Kelly	RJ	UDN	Deputado
Romão Júnior	RJ	UDN	Deputado
José Leomil	RJ	UDN	Deputado
Soares Filho	RJ	UDN	Deputado
Claudino José da Silva	RJ	PCB	Deputado
Alcides Sabença	RJ	PCB	Deputado
Getúlio Vargas*	RJ	PTB	Deputado

* Optou pelo mandato de senador pelo PSD do Rio Grande do Sul.

DISTRITO FEDERAL

Luís Carlos Prestes	DF	PCB	Senador
Hamilton Nogueira	DF	UDN	Senador
Getúlio Vargas*	DF	PTB	Deputado
Rui Almeida	DF	PTB	Deputado
Benjamin Farah	DF	PTB	Deputado
Vargas Neto	DF	PTB	Deputado
Gurgel do Amaral	DF	PTB	Deputado
Segadas Viana	DF	PTB	Deputado
Manoel Fontenele	DF	PTB	Deputado
Baeta Neves	DF	PTB	Deputado
Antônio José da Silva	DF	PTB	Deputado
Barreto Pinto	DF	PTB	Deputado
Hermes Lima	DF	UDN	Deputado
Euclides Figueiredo	DF	UDN	Deputado
Jurandir Pires Ferreira	DF	UDN	Deputado
Luís Carlos Prestes	DF	PCB	Deputado
João Amazonas	DF	PCB	Deputado
Maurício Grabois	DF	PCB	Deputado
Jonas Correia	DF	PSD	Deputado
José Fontes Romero	DF	PSD	Deputado

ACRE

Hugo Carneiro	AC	PSD	Deputado
Hermelindo Castelo Branco	AC	PSD	Deputado

SÃO PAULO

Marcondes Filho	SP	PTB	Senador
Getúlio Vargas*	SP	PTB	Senador
Cirilo Júnior	SP	PSD	Deputado
Gofredo da Silva Teles	SP	PSD	Deputado
Noveli Júnior	SP	PSD	Deputado
Gastão Vidigal	SP	PSD	Deputado
Antônio Feliciano	SP	PSD	Deputado
José César de Oliveira Costa	SP	PSD	Deputado
João Gomes Martins Filho	SP	PSD	Deputado
Sílvio de Campos	SP	PSD	Deputado
Benedito Costa Neto	SP	PSD	Deputado
José Armando Afonseca	SP	PSD	Deputado

* Optou pelo mandato de senador pelo PSD do Rio Grande do Sul.

Horácio Lafer	SP	PSD	Deputado
José João Abdala	SP	PSD	Deputado
José Lopes Ferraz Neto	SP	PSD	Deputado
Ataliba Nogueira	SP	PSD	Deputado
Joaquim Sampaio Vidal	SP	PSD	Deputado
José Alves Palma	SP	PSD	Deputado
Machado Coelho (suplente)	SP	PSD	Deputado
Mário Masagão	SP	UDN	Deputado
Paulo Nogueira Filho	SP	UDN	Deputado
Romeu Lourenção	SP	UDN	Deputado
Plínio Barreto	SP	UDN	Deputado
Altino Arantes	SP	PR	Deputado
Aureliano Leite	SP	UDN	Deputado
Toledo Piza	SP	UDN	Deputado
Getúlio Vargas	SP	PTB	Deputado
Hugo Borghi	SP	PTB	Deputado
Guaraci Silveira	SP	PTB	Deputado
Pedroso Júnior	SP	PTB	Deputado
Romeu José Fiori	SP	PTB	Deputado
Berto Condé	SP	PTB	Deputado
José Maria Crispim	SP	PCB	Deputado
Osvaldo Pacheco	SP	PCB	Deputado
Jorge Amado	SP	PCB	Deputado
Mário Scott	SP	PCB	Deputado
Campos Vergal	SP	PRP	Deputado
Manoel Vítor de Azevedo	SP	PDC	Deputado

PARANÁ

Flávio Guimarães	PR	PSD	Senador
Roberto Glasser	PR	PSD	Senador
Fernando Flores	PR	PSD	Deputado
Munhoz de Melo	PR	PSD	Deputado
Lauro Lopes	PR	PSD	Deputado
João Aguiar	PR	PSD	Deputado
Aramis Ataíde	PR	PSD	Deputado
Gomi Júnior	PR	PSD	Deputado
Munhoz da Rocha	PR	UDN	Deputado
Erasto Gaertner	PR	UDN	Deputado
Getúlio Vargas*	PR	PTB	Deputado

* Optou pelo mandato de senador pelo PSD do Rio Grande do Sul.

SANTA CATARINA

Nereu Ramos	SC	PSD	Senador
Ivo de Aquino	SC	PSD	Senador
Nereu Ramos	SC	PSD	Deputado
Aderbal Ramos da Silva	SC	PSD	Deputado
Ivo de Aquino	SC	PSD	Deputado
Altamiro Lobo	SC	PSD	Deputado
Otacílio Vieira da Costa	SC	PSD	Deputado
Orlando Brasil	SC	PSD	Deputado
Roberto Grossenbacker	SC	PSD	Deputado
Max d' Amaral	SC	UDN	Deputado
Tomas da Silva Fontes	SC	UDN	Deputado

RIO GRANDE DO SUL

Getúlio Vargas	RS	PSD	Senador
Ernesto Dorneles	RS	PSD	Senador
Gaston Englert	RS	PSD	Deputado
Adroaldo Mesquita	RS	PSD	Deputado
Brochado da Rocha	RS	PSD	Deputado
Elói José da Rocha	RS	PSD	Deputado
Teodomiro Fonseca	RS	PSD	Deputado
Damaso da Rocha	RS	PSD	Deputado
Daniel Faraco	RS	PSD	Deputado
Batista Luzardo	RS	PSD	Deputado
João Neves	RS	PSD	Deputado
Antero Leivas	RS	PSD	Deputado
Manoel Duarte	RS	PSD	Deputado
Souza Costa	RS	PSD	Deputado
Bitencourt Azambuja	RS	PSD	Deputado
Glicério Alves de Oliveira	RS	PSD	Deputado
Nicolau de Araújo Vergueiro	RS	PSD	Deputado
Mércio Teixeira	RS	PSD	Deputado
Pedro Vergara	RS	PSD	Deputado
Heróphilo Azambuja (suplente)	RS	PSD	Deputado
Bayard Lucas de Lima (suplente)	RS	PSD	Deputado
Flores da Cunha	RS	UDN	Deputado
Osório Tuiuti	RS	UDN	Deputado
Raul Pila	RS	PL	Deputado
Artur Fischer (subs. Getúlio)	RS	PTB	Deputado
Luís Carlos Prestes	RS	PCB	Deputado

MINAS GERAIS

Levindo Coelho	MG	PSD	Senador
Fernando de Melo Viana	MG	PSD	Senador
Benedito Valadares	MG	PSD	Deputado
Luís Martins Soares	MG	PSD	Deputado
Juscelino Kubitschek	MG	PSD	Deputado
Carlos Luz	MG	PSD	Deputado
José Seabra	MG	PSD	Deputado
Pedro Dutra	MG	PSD	Deputado
Bias Fortes	MG	PSD	Deputado
Francisco Duque de Mesquita	MG	PSD	Deputado
Israel Pinheiro	MG	PSD	Deputado
João Henrique	MG	PSD	Deputado
Cristiano Machado	MG	PSD	Deputado
Wellington Brandão	MG	PSD	Deputado
Joaquim Libânio	MG	PSD	Deputado
José Maria Alckmin	MG	PSD	Deputado
Augusto Viegas	MG	PSD	Deputado
Gustavo Capanema	MG	PSD	Deputado
Francisco Rodrigues Júnior	MG	PSD	Deputado
Noraldino Lima	MG	PSD	Deputado
Celso Porfírio	MG	PSD	Deputado
Olinto Fonseca	MG	PSD	Deputado
Monteiro de Castro	MG	UDN	Deputado
José Bonifácio	MG	UDN	Deputado
Magalhães Pinto	MG	UDN	Deputado
Gabriel Passos	MG	UDN	Deputado
Milton Campos	MG	UDN	Deputado
Lopes Cançado	MG	UDN	Deputado
Licurgo Leite	MG	UDN	Deputado
Jaci de Figueiredo	MG	PR	Deputado
Daniel de Carvalho	MG	PR	Deputado
Bernardes Filho	MG	PR	Deputado
Mário Brant	MG	PR	Deputado
Felipe Balbi	MG	PR	Deputado
Artur Bernardes	MG	PR	Deputado
Getúlio Vargas	MG	PTB	Deputado
Leri Santos	MG	PTB	Deputado

GOIÁS

Pedro Ludovico	GO	PSD	Senador
Dario Cardoso	GO	PSD	Senador
Domingos Velasco	GO	UDN	Deputado
Jales Machado	GO	UDN	Deputado
Diógenes Magalhães	GO	PSD	Deputado
João de Abreu	GO	PSD	Deputado
Caiado de Godói	GO	PSD	Deputado
Galeno Paranhos	GO	PSD	Deputado
Guilherme Xavier	GO	PSD	Deputado

MATO GROSSO

Vespasiano Martins	MT	PSD	Senador
João Vilasboas	MT	PSD	Senador
Ponce de Arruda	MT	PSD	Deputado
Argemiro Fialho	MT	PSD	Deputado
Gabriel Martiniano de Araújo	MT	PSD	Deputado
Dolor de Andrade	MT	UDN	Deputado
Agrícola de Barros	MT	UDN	Deputado

Fonte: *Dados estatísticos*, Tribunal Superior Eleitoral, Brasília, 1964, v. 1.

Anexo 5

Quadro comparativo: Projeto da Comissão Constitucional, Substitutivo da Comissão, com emendas do plenário e texto da Constituição

PROJETO DA COMISSÃO	SUBSTITUTIVO DA COMISSÃO COM EMENDAS DO PLENÁRIO	CONSTITUIÇÃO
PREÂMBULO	**PREÂMBULO**	**PREÂMBULO**
Nós, os representantes do povo brasileiro, reunidos, sob a proteção de Deus, em Assembléia Constituinte para organizar um regime democrático, decretamos e promulgamos a seguinte	Nós, os representantes do povo brasileiro, reunidos, sob a proteção de Deus, em Assembléia Constituinte para organizar um regime democrático, decretamos e promulgamos a seguinte	Nós, os representantes do povo brasileiro, reunidos, sob a proteção de Deus, em Assembléia Constituinte para organizar um regime democrático, decretamos e promulgamos a seguinte
CONSTITUIÇÃO DOS ESTADOS UNIDOS DO BRASIL TÍTULO I Da Federação e da República	CONSTITUIÇÃO DOS ESTADOS UNIDOS DO BRASIL TÍTULO I Da Federação e da República	CONSTITUIÇÃO DOS ESTADOS UNIDOS DO BRASIL TÍTULO I Da Organização Federal CAPÍTULO I Disposições Preliminares
FORMA DE ESTADO E GOVERNO	**FORMA DE ESTADO E GOVERNO**	**FORMA DE ESTADO E GOVERNO**
Art. 2º Os Estados Unidos do Brasil mantém, como forma de governo, a república. Todo o poder emana do povo e em seu nome é exercido.	Art. 1º Os Estados Unidos do Brasil mantém, sob o regime representativo, a Federação e a República.	Art. 1º Os Estados Unidos do Brasil mantém, sob o regime representativo, a Federação e a República. Todo poder emana do povo e em seu nome será exercido.
UNIÃO	**UNIÃO**	**UNIÃO**
§ 1º Integram a União, além dos Estados, o Distrito Federal e os Territórios.	§ 1º A União compreende, além dos Estados, o Distrito Federal e os Territórios.	§ 1º A União compreende, além dos Estados, o Distrito Federal e os Territórios.
CAPITAL	**CAPITAL**	**CAPITAL**
§ 2º O Distrito Federal é a Capital da União.	§ 2º O Distrito Federal é a Capital da União.	§ 2º O Distrito Federal é a Capital da União.

DENOMINAÇÃO		
Art. 1º A Nação Brasileira pela união perpétua e indissolúvel de seus Estados, constitui uma federação, sob a denominação de Estados Unidos do Brasil.		
ESTADOS/FUSÃO INCORPORAÇÃO	**ESTADOS/FUSÃO INCORPORAÇÃO**	**ESTADOS/FUSÃO INCORPORAÇÃO**
Art. 115. Os Estados podem incorporar-se entre si, subdividir-se ou desmembrar-se, para se anexar a outros, ou formar novos Estados, mediante voto das respectivas Assembléias Legislativas em duas sessões legislativas sucessivas, e aprovação do Congresso Nacional.	Art. 2º Os Estados podem incorporar-se entre si, subdividir-se ou desmembrar-se para se anexarem a outros ou formarem novos Estados, mediante voto das respectivas Assembléias Legislativas, plebiscito das populações diretamente interessadas e aprovação do Congresso Nacional.	Art. 2º Os Estados podem incorporar-se entre si, subdividir-se ou desmembrar-se para se anexarem a outros ou formarem novos Estados, mediante voto das respectivas Assembléias Legislativas, plebiscito das populações diretamente interessadas e aprovação do Congresso Nacional.
TERRITÓRIOS/FUSÃO INCORPORAÇÃO	**TERRITÓRIOS/FUSÃO INCORPORAÇÃO**	**TERRITÓRIOS/FUSÃO INCORPORAÇÃO**
Art. 123. Cada Território poderá ser, por lei especial, erigido em Estado, subdividido em novos Territórios, ou anexado a um ou mais Estados ou a outro ou outros Territórios. Parágrafo único. Quando o Território tiver provindo de desmembramento de um ou mais Estados, recompor-se-á, no caso de anexação, a situação anterior.	Art. 3º Os Territórios poderão, mediante lei especial, constituir-se em Estado, subdividir-se em novos Territórios ou volver a participar dos Estados de que forem desmembrados.	Art. 3º Os Territórios poderão, mediante lei especial, constituir-se em Estados, subdividir-se em novos Territórios ou volver a participar dos Estados de que tenham sido desmembrados.
	CONFLITOS INTERNACIONAIS	**CONFLITOS INTERNACIONAIS**
	Art. 4º O Brasil só recorrerá à guerra se não couber ou se malograr o recurso de arbitramento ou os meios pacíficos de solução do conflito, regulados por órgão internacional de segurança, de que participe; e em caso nenhum se empenhará em guerra de conquista, direta ou indiretamente por si ou em aliança com outro Estado.	Art. 4º O Brasil só recorrerá à guerra, se não couber ou se malograr o recurso ao arbitramento ou aos meios pacíficos de solução do conflito, regulados por órgão internacional de segurança, de que participe; e em caso nenhum se empenhará em guerra de conquista, direta ou indiretamente, por si ou em aliança com outro Estado.

COMPETÊNCIA DA UNIÃO	COMPETÊNCIA DA UNIÃO	COMPETÊNCIA DA UNIÃO
TÍTULO II Da União CAPÍTULO I Das Atribuições e Poderes SEÇÃO I Das atribuições Art. 3º Compete privativamente à União: I – manter relações com as nações estrangeiras e com elas celebrar tratados e convenções; II – declarar a guerra e fazer a paz; III – resolver definitivamente sobre os limites dos Estados, do Distrito Federal e dos Territórios, e sobre os do território nacional com outras nações; IV – organizar a segurança das fronteiras e a defesa externa; V – permitir que forças estrangeiras transitem pelo território do país, ou nele permaneçam; VI – organizar as foças armadas; VII – autorizar a produção e fiscalizar o comércio de material de guerra; VIII – prover, sem prejuízo dos serviços locais, aos de polícia marítima, aérea e das fronteiras; IX – fixar o sistema monetário, cunhar e emitir moeda e instituir banco de emissão; X – criar e manter alfândegas e entrepostos aduaneiros;	Art. 5º Compete à União: I – manter relações com os Estados estrangeiros e com eles celebrar tratados e convenções; II – declarar guerra e fazer a paz; III – decretar, prorrogar, e suspender o estado de sítio; IV – organizar as forças armadas, a segurança das fronteiras e a defesa externa; V – permitir que forças estrangeiras transitem pelo território nacional, ou, por motivo de guerra, nele permaneçam temporariamente; VI – autorizar a produção e fiscalizar o comércio de material de guerra; VII – superintender, em todo o território nacional, aos serviços de polícia marítima, aérea e de fronteiras; VIII – cunhar e emitir moeda e instituir bancos de emissão; IX – fiscalizar as operações de estabelecimentos de crédito, de capitalização e de seguro; X – estabelecer o plano nacional de viação; XI – manter o serviço postal e o correio aéreo nacional; XII – explorar, conceder ou autorizar a exploração dos serviços de telégrafos, de radiocomunicação, de telefones interestaduais e internacionais, de navegação aérea e de vias férreas que liguem portos marítimos a fronteiras nacionais ou transponham os limites interestaduais;	Art. 5º Compete à União: I – manter relações com os Estados estrangeiros e com eles celebrar tratados e convenções; II – declarar guerra e fazer a paz; III – decretar, prorrogar e suspender o estado de sítio; IV – organizar as forças armadas, a segurança das fronteiras e a defesa externa; V – permitir que forças estrangeiras transitem pelo território nacional ou, por motivo de guerra, nele permaneçam temporariamente; VI – autorizar a produção e fiscalizar o comércio de material bélico; VII – superintender, em todo o território nacional, os serviços de polícia marítima, aérea e de fronteiras; VIII – cunhar e emitir moeda e instituir bancos de emissão; IX – fiscalizar as operações de estabelecimentos de crédito, de capitalização e de seguro; X – estabelecer o plano nacional de viação; XI – manter o serviço postal e o Correio Aéreo Nacional; XII – explorar, diretamente ou mediante autorização ou concessão, os serviços de telégrafos, de radiocomunicação, de radiodifusão, de telefones interestaduais e internacionais, de navegação aérea e de vias férreas que liguem portos

XI – fiscalizar as operações dos institutos de créditos particulares, e de bancos e seguros;
XII – estabelecer o plano nacional de viação;
XIII – manter o serviço de correios;
XIV – explorar ou dar em concessão os serviços de telégrafos, de radiocomunicação e de navegação aérea, assim como os de vias férreas que liguem portos marítimos a fronteiras nacionais, ou transponham os limites de algum Estado;
XV – organizar defesa permanente contra os efeitos da seca, na região nordeste, e, em todo o país, contra os efeitos das inundações;
XVI – organizar e executar o plano de valorização econômica da Amazônia;
XVII – fazer o recenseamento geral da população;
XVIII – conceder anistia;
XIX – organizar a administração do Distrito Federal e dos Territórios;

XIII – organizar defesa permanente contra os efeitos da seca, das endemias rurais e das inundações;
XIV – conceder anistia;

marítimos a fronteiras nacionais ou transponham os limites de um Estado;
XIII – organizar defesa permanente contra os efeitos da seca, das endemias rurais e das inundações;
XIV – conceder anistia;

COMPETÊNCIA LEGISLATIVA DA UNIÃO

Art. 4º Compete privativamente à União legislar sobre:
I – direito privado, e bem assim direito penal, eleitoral e processual;
II – registros públicos e juntas comerciais;
III – organização judiciária da União, assim como do Distrito Federal e dos Territórios;
IV – organização, instrução, justiça e garantias das polícias militares, e condições de sua utilização pelo Governo Federal em caso de mobilização ou de guerra;

COMPETÊNCIA LEGISLATIVA DA UNIÃO

XV – legislar sobre:
a) direito civil, comercial, penal, processual, eleitoral, aeronáutico e do trabalho;
b) normas gerais de direito financeiro; de seguro social: de defesa e proteção da saúde;
c) produção e consumo;
d) diretrizes e bases da educação nacional;
e) registros públicos e juntas comerciais;
f) organização, instrução, justiça e garantias das polícias militares e condições gerais da sua

COMPETÊNCIA LEGISLATIVA DA UNIÃO

XV – legislar sobre:
a) direito civil, comercial, penal, processual, eleitoral, aeronáutico e do trabalho;
b) normas gerais de direito financeiro; de seguro e previdência social; de defesa e proteção da saúde; e de regime penitenciário;
c) produção e consumo;
d) diretrizes e bases da educação nacional;
e) registros públicos e juntas comerciais;
f) organização, instrução, justiça e garantias

V – bens do domínio federal;

VI – desapropriações;

VII – requisições civis e militares;

VIII – regime dos portos e navegação de cabotagem;

IX – tráfego rodoviário interestadual;

X – comércio exterior e interior; instituições de crédito; câmbio e transferência de valores para fora do país;

XI – trabalho, produção e consumo;

XII – riquezas do subsolo, mineração e metalurgia; águas e energia hidroelétrica; florestas; caça e pesca;

XIII – sistema de medidas; título e garantias dos metais;

XIV – entrada e expulsão de estrangeiros; extradição; emigração e imigração; naturalização;

XV – diretrizes da educação;

XVI – ensino secundário e superior;

XVII – condições de capacidade para o exercício das profissões liberais e técnico-científicas, assim como do jornalismo;

XVIII – forma e apresentação dos símbolos nacionais;

XIX – incorporação dos silvícolas à comunhão nacional.

utilização pelo Governo Federal nos casos de mobilização ou de guerra;

g) desapropriação;

h) requisições civis e militares em tempo de guerra;

i) regime dos portos e da navegação de cabotagem;

j) tráfego interestadual;

k) comércio exterior e interestadual; instituições de crédito, câmbio e transferência de valores para fora do país;

l) riquezas do subsolo, mineração, metalurgia, águas, energia hidroelétrica, florestas, caça e pesca;

m) sistema monetário, de medidas; títulos e garantia dos metais;

n) naturalização, entrada e expulsão de estrangeiros;

o) emigração e imigração;

p) condições de capacidade para o exercício das profissões técnico-científicas e liberais;

q) uso dos símbolos nacionais;

r) incorporação dos silvícolas à comunhão nacional.

das polícias militares e condições gerais da sua utilização pelo Governo Federal nos casos de mobilização ou de guerra;

g) desapropriação;

h) requisições civis e militares em tempo de guerra;

i) regime dos portos e da navegação de cabotagem;

j) tráfego interestadual;

k) comércio exterior e interestadual; instituições de crédito, câmbio e transferência de valores para fora do País;

l) riquezas do subsolo, mineração, metalurgia, águas, energia elétrica, florestas, caça e pesca;

m) sistema monetário e de medidas; títulos e garantia dos metais;

n) naturalização, entrada, extradição e expulsão de estrangeiros;

o) emigração e imigração;

p) condições de capacidade para o exercício das profissões técnico-científicas e liberais;

q) uso dos símbolos nacionais;

r) incorporação dos silvícolas à comunhão nacional.

COMPETÊNCIA LEGISLATIVA CONCORRENTE	COMPETÊNCIA LEGISLATIVA CONCORRENTE	COMPETÊNCIA LEGISLATIVA CONCORRENTE
Art. 5º Compete à União, mas não privativamente, velar na guarda da Constituição e das leis, e ainda o seguinte: I – desenvolver a colonização; II – animar a agricultura, a indústria e comércio; III – promover a execução de obras de saneamento; IV – cuidar da saúde pública e da assistência social; V – fiscalizar a aplicação das leis sociais; VI – difundir o ensino; VII – amparar as ciências, as letras e as artes; VIII – proteger as belezas naturais e as obras e monumentos de valor histórico e artístico.	Art. 6º A competência federal para legislar sobre as matérias do art. 5º, número XV, letras b, c, d, e, g, h, j, k, l, o, e r não exclui a legislação estadual supletiva ou complementar.	Art. 6º A competência federal para legislar sobre as matérias do art. 5º, nº XV, letras b, c, d, f, h, j, l, o e r não exclui a legislação estadual supletiva ou complementar.
INTERVENÇÃO NOS ESTADOS	INTERVENÇÃO NOS ESTADOS	INTERVENÇÃO NOS ESTADOS
TÍTULO III **Dos Estados, do Distrito Federal, dos Territórios e dos Municípios** **CAPÍTULO I** **Dos Estados** **SEÇÃO III** **Da intervenção federal** Art. 117. O Governo Federal não poderá intervir em negócios peculiares aos Estados, salvo: I – para assegurar a observância dos seguintes princípios constitucionais: a) forma federativa; b) forma republicana representativa; c) harmonia e independência dos poderes legislativo, executivo e judiciário;	Art. 7º O Governo Federal não intervirá nos Estados, salvo: I – para manter a integridade nacional; II – para repelir invasão estrangeira ou a de um Estado em outro; III – para pôr termo à guerra civil; IV – para garantir o livre exercício de qualquer dos poderes estaduais; V – para assegurar a execução de ordem ou decisão judicial; VI – para reorganizar as finanças do Estado que, sem motivo de força maior, suspender por mais de dois anos consecutivos o serviço da sua dívida externa fundada; VII – para assegurar a observância dos seguintes princípios:	Art. 7º O Governo Federal não intervirá nos Estados salvo para: I – manter a integridade nacional; II – repelir invasão estrangeira ou a de um Estado em outro; III – pôr termo à guerra civil; IV – garantir o livre exercício de qualquer dos poderes estaduais; V – assegurar a execução de ordem ou decisão judiciária; VI – reorganizar as finanças do Estado que, sem motivo de força maior, suspender, por mais de dois anos consecutivos, o serviço da sua dívida externa fundada; VII – assegurar a observância dos seguintes princípios:

d) temporariedade das funções eletivas, limitada a sua duração à das funções federais correspondentes;

e) proibição da reeleição dos governadores e prefeitos para o período imediato;

f) autonomia municipal;

g) prestação de contas da administração;

h) garantias do poder judiciário;

i) possibilidade de reforma constitucional a qualquer tempo e competência do poder legislativo para estatuí-la;

II – para manter a integridade nacional;

III – para repelir invasão estrangeira, ou de um Estado em outro;

IV – para pôr termo à guerra civil;

V – para assegurar a execução de ordem ou decisão judicial;

VI – para garantir o livre exercício de qualquer dos poderes estaduais;

VII – para reorganizar as finanças do Estado que, sem motivo de força maior, suspender, por mais de dois anos consecutivos, o serviço da sua dívida fundada.

Parágrafo único. Entre os motivos que, no caso do nº VI, podem dar lugar à intervenção, se incluem:

I – obstáculo à execução de lei votada pela assembléia legislativa estadual;

II – a falta não justificada de pagamento, por mais de três meses, no mesmo exercício financeiro, dos vencimentos de qualquer magistrado estadual.

Art. 118. A intervenção será determinada por lei federal, nos casos dos ns. I e VII do artigo anterior.

a) forma republicana representativa;

b) independência e harmonia dos poderes;

c) temporariedade das funções eletivas, limitada a duração destas à das funções federais correspondentes;

d) proibição da reeleição de governadores e prefeitos para o período imediato;

e) autonomia municipal;

f) prestação de contas da administração;

g) garantias do poder judiciário;

h) possibilidade de reforma constitucional em qualquer tempo e competência do poder legislativo para decretá-la.

Art. 8º A intervenção será decretada por lei federal nos casos dos números VI e VII do artigo anterior.

Parágrafo único. No caso do número VII, o ato argüido de inconstitucionalidade será submetido pelo Procurador Geral da República à apreciação do Supremo Tribunal Federal, e, se este declarar a inconstitucionalidade, decretar-se-á a intervenção.

Art. 9º Compete ao Presidente da República decretar a intervenção nos casos dos números I a V do artigo 7º.

§ 1º A decretação dependerá:

I – no caso do nº V, de requisição do Supremo Tribunal Federal, ou se a ordem ou decisão for da justiça eleitoral, de requisição do Tribunal Superior Eleitoral;

II – no caso do nº IV, de solicitação do Poder Legislativo ou do Executivo, coacto ou impedido, ou de requisição do Supremo

a) forma republicana representativa;

b) independência e harmonia dos Poderes;

c) temporariedade das funções eletivas, limitada a duração destas à das funções federais correspondentes;

d) proibição da reeleição de Governadores e Prefeitos, para o período imediato;

e) autonomia municipal;

f) prestação de contas da administração;

g) garantias do Poder Judiciário;

Art. 8º A intervenção será decretada por lei federal nos casos dos nºs VI e VII do artigo anterior.

Parágrafo único. No caso do nº VII, o ato argüido de inconstitucionalidade será submetido pelo Procurador-Geral da República ao exame do Supremo Tribunal Federal, e, se este a declarar, será decretada a intervenção.

Art. 9º Compete ao Presidente da República decretar a intervenção nos casos dos nºs I a V do artigo 7º.

§ 1º A decretação dependerá:

I – no caso do nº V, de requisição do Supremo Tribunal Federal ou, se a ordem ou decisão for da Justiça Eleitoral, de requisição do Tribunal Superior Eleitoral;

II – no caso do nº IV, de solicitação do Poder Legislativo ou do Executivo, coacto ou impedido, ou de requisição do Supremo Tribunal Federal, se a coação for exercida contra o Poder Judiciário.

§ 2º No segundo caso previsto pelo art. 7º, nº II, só no Estado invasor será decretada a intervenção.

Parágrafo único. No primeiro caso de que trata o presente artigo, não se votará a lei de intervenção, sem que submetida a matéria pelo Procurador Geral da República ao Supremo Tribunal Federal, este declare a ocorrência da violação constitucional.

Art. 119. Compete ao Presidente da República decretar a intervenção nos casos dos ns. II a VI do art. 117.

§ 1º A decretação dependerá:

I – no caso do nº IV, de prévia autorização do Senado Federal;

II – no caso do nº V, de requisição do Supremo Tribunal Federal, ou, se a ordem ou decisão for da justiça eleitoral, de requisição do Tribunal Superior Eleitoral;

III – no caso do nº VI, de solicitação do poder coagido se a coação se exercer contra o poder legislativo ou o poder executivo, ou de requisição do Supremo Tribunal Federal, se a coação se exercer contra o poder judiciário. Nas duas primeiras hipóteses, a solicitação será acompanhada de prova da legitimidade do exercício, ministrada pelo Tribunal Superior Eleitoral.

§ 2º Decretada a intervenção, exceto em caso de requisição do Supremo Tribunal Federal, o Presidente da República a submeterá desde logo, sem prejuízo da sua imediata execução, à aprovação do Congresso Nacional, para o que o convocará extraordinariamente, se não estiver reunido.

Art. 120. A lei ou decreto de intervenção fixar-lhe-á a amplitude e a duração, estabelecendo os termos em que deverá se executada.

Tribunal Federal, se a coação for exercida contra o Poder Judiciário.

§ 2º No segundo caso previsto pelo artigo 7º, número II, só no Estado invasor será decretada a intervenção.

Art. 10. A não ser nos casos de requisição do Supremo Tribunal Federal ou do Tribunal Superior Eleitoral, o Presidente da República decretará a intervenção e submeté-la-á, sem prejuízo da sua imediata execução, à aprovação do Congresso Nacional, que, se não estiver funcionando, será convocado extraordinariamente.

Art. 11. A lei ou o decreto de intervenção fixar-lhe-á a amplitude, a duração e as condições em que deverá ser executada.

Art. 12. Compete ao Presidente da República tornar efetiva intervenção e, sendo necessário, nomear o Interventor.

§ 1º Não se nomeará Interventor quando, para resolver o caso, bastar emprego de força federal.

§ 2º Sendo o caso de conflito interestadual, motivado por questões de limites, o Governo Federal mandará ocupar e administrar a zona contestada, até que seja decidido o litígio.

Art. 13. Nos casos enumerados no art. 7º, nº VII, observando o disposto no art. 8º parágrafo único, o Congresso Nacional se limitará a suspender a execução do ato argüido de inconstitucionalidade, sempre que bastar essa medida para o restabelecimento da normalidade no Estado.

Art. 14. Cessados os motivos que houverem determinado a intervenção, tornarão ao exercício

Art. 10. A não ser nos casos de requisição do Supremo Tribunal Federal ou do Tribunal Superior Eleitoral, o Presidente da República decretará a intervenção e submeté-la-á, sem prejuízo da sua imediata execução, à aprovação do Congresso Nacional, que, se não estiver funcionando, será convocado extraordinariamente para esse fim.

Art. 11. A lei ou o decreto de intervenção fixar-lhe-á a amplitude, a duração e as condições em que deverá ser executada.

Art. 12. Compete ao Presidente da República tornar efetiva a intervenção e, sendo necessário, nomear o Interventor.

Art. 13. Nos casos do art. 7º, nº VII, observando o disposto no art. 8º, parágrafo único, o Congresso Nacional se limitará a suspender a execução do ato argüido de inconstitucionalidade, se essa medida bastar para o restabelecimento da normalidade no Estado.

Art. 14. Cessados os motivos que houverem determinado a intervenção, tornarão ao exercício dos seus cargos as autoridades estaduais afastadas em consequência dela.

COMPETÊNCIA TRIBUTÁRIA DA UNIÃO	COMPETÊNCIA TRIBUTÁRIA DA UNIÃO	COMPETÊNCIA TRIBUTÁRIA DA UNIÃO
TÍTULO IV Da Organização Financeira Federal, Estadual e Municipal CAPÍTULO I Das Rendas Públicas SEÇÃO II Das rendas provenientes de impostos Art. 128. É da competência privativa da União criar impostos sobre: I – a importação de mercadorias de procedência estrangeira; II – o consumo de mercadorias e de energia elétrica; III – a produção, o comércio, a distribuição e o consumo, e bem assim a importação e a exportação, de lubrificantes, e de combustíveis líquidos ou gasosos, de qualquer origem ou natureza, estendendo-se esse regime, no que lhe for aplicável, ao carvão mineral nacional; IV – a renda e proventos de qualquer natureza;	Art. 15. Compete também à União decretar impostos sobre: I – importação de mercadorias de procedência estrangeira; II – consumo de mercadorias; III – produção, comércio, distribuição e consumo, e bem assim importação e exportação de lubrificantes e de combustíveis líquidos ou gasosos de qualquer origem ou natureza, estendendo-se esse regime, no que for aplicável, aos minerais do país e à energia elétrica; IV – renda e proventos de qualquer natureza; V – transferência de fundos para o exterior; VI – negócios de sua economia, atos e instrumentos regulados por lei federal. § 1º São isentos do imposto de consumo os artigos que a lei classificar como o mínimo indispensável à habitação, vestuário, alimentação e tratamento médico das pessoas de restrita capacidade econômica. § 2º A tributação de que trata o inciso III terá a forma de imposto único, que incidirá sobre cada espécie de produto. Da renda resultante ca-	Art. 15. Compete à União decretar impostos sobre: I – importação de mercadorias de procedência estrangeira; II – consumo de mercadorias; III – produção, comércio, distribuição e consumo, e bem assim importação e exportação de lubrificantes e de combustíveis líquidos ou gasosos de qualquer origem ou natureza, estendendo-se esse regime, no que for aplicável, aos minerais do país e à energia elétrica; IV – renda e proventos de qualquer natureza; V – transferência de fundos para o exterior; VI – negócios de sua economia, atos e instrumentos regulados por lei federal. § 1º São isentos do imposto de consumo os artigos que a lei classificar como o mínimo indispensável à habitação, vestuário, alimentação e tratamento médico das pessoas de restrita capacidade econômica. § 2º A tributação de que trata o nº III terá a forma de imposto único, que incidirá sobre cada

§ 1º Compete ao Presidente da República, em todos os casos, executar a intervenção.

§ 2º Havendo necessidade de interventor federal, será este designado pelo Senado Federal, nos casos de que trata o art. 118, ou nomeado pelo Presidente da República, nos referidos no art. 119.

dos seus cargos as autoridades estaduais que foram afastadas em consequência dela.

V – a transferência de fundos para o exterior;

VI – os instrumentos ou atos, regulados na substância ou na forma por lei federal, exceto a compra e venda, a troca, a doação, e a dação em pagamento, e bem assim aqueles em que forem parte a União, os Estados, o Distrito Federal ou os Municípios, ou suas entidades autárquicas.

§ 1º São isentos do imposto de consumo os artigos que a lei classificar como o mínimo indispensável à habitação, vestuário, alimentação e tratamento médico das pessoas de menor capacidade econômica.

§ 2º A tributação de que trata o nº III terá a forma de imposto único, incidindo sobre cada espécie de produto. Da renda dele resultante caberá aos Estados, ao Distrito Federal e aos Municípios uma quota parte proporcional ao consumo nos respectivos territórios.

§ 3º A União não poderá tributar as obrigações da dívida pública estadual ou municipal, e os proventos dos agentes dos Estados, do Distrito Federal e dos Municípios, em limites superiores aos que fixar para as suas próprias obrigações, e para os proventos dos seus próprios agentes.

§ 4º A União entregará aos Municípios de cada Estado ou de cada Território dez por cento do que num ou noutro arrecadar pelo imposto de que trata o nº IV. Da distribuição, feita em partes iguais, se exclui o Município da capital

§ 5º Entre os instrumentos referidos no n. VI não se incluem os que tenham por objeto ato cuja tributação seja da competência privativa dos Estados.

berá aos Estados, ao Distrito Federal e aos municípios uma cota parte proporcional à superfície, população e ao consumo ou produção, nos termos e para os fins consignados em lei federal.

§ 3º A União não poderá tributar as obrigações da dívida pública estadual ou municipal nem os proventos dos agentes dos Estados e dos municípios, em limites superiores aos que fixar para as suas próprias obrigações e para os proventos dos seus próprios agentes.

§ 4º A União entregará, em partes iguais, aos Estado e aos Territórios dez por cento da arrecadação do imposto previsto no inciso IV, a fim de que a cota respectiva seja rateada, também em partes iguais pelos seus municípios, excluídos os das capitais.

§ 5º Não se compreende nas disposições do inciso IV os atos jurídicos em que forem partes a União, os Estados ou os municípios, nem os instrumentos a que forem reduzidos esses atos ou aqueles cuja tributação seja da competência estabelecida nos arts. 19 e 29.

§ 6º Na iminência ou no caso de guerra externa, é lícito à União criar impostos extraordinários, que se não partilharão na forma do art. 21, e que deverão ser supressos gradualmente, dentro em cinco anos, contados da data da assinatura da paz.

Art. 16. Compete ainda à União decretar os impostos previstos no art. 19 que deverão ser cobrados pelos Territórios.

Art. 17. À União é vedado criar tributos que não sejam uniformes em todo o território nacio-

espécie de produto. Da renda resultante, sessenta por cento no mínimo serão entregues aos Estados, ao Distrito Federal e aos Municípios, proporcionalmente à sua superfície, população, consumo e produção, nos termos e para os fins estabelecidos em lei federal.

§ 3º A União poderá tributar a renda das obrigações da dívida pública estadual ou municipal e os proventos dos agentes dos Estados e dos Municípios; mas não poderá fazê-lo em limites superiores aos que fixar para as suas próprias obrigações e para os proventos dos seus próprios agentes.

§ 4º A União entregará aos Municípios, excluídos os das Capitais, dez por cento do total que arrecadar do imposto de que trata o nº IV, feita a distribuição em partes iguais e aplicando-se, pelo menos, metade da importância em benefícios de ordem rural.

§ 5º Não se compreende nas disposições do nº VI os atos jurídicos ou os seus instrumentos, quando forem partes a União, os Estados ou os Municípios, ou quando incluídos na competência tributária estabelecida nos arts. 19 e 29.

§ 6º Na iminência ou no caso de guerra externa, é facultado à União decretar impostos extraordinários, que não serão partilhados na forma do art. 21 e que deverão suprimir-se gradualmente, dentro em cinco anos, contados da data da assinatura da paz

Art. 16. Compete ainda à União decretar os impostos previstos no art. 19, que devam ser cobrados pelos Territórios.

Art. 129. É ainda da competência privativa da União criar, nos Territórios, os impostos de que trata o artigo seguinte.

nal, ou que importem distinção ou preferência para este ou aquele porto, em detrimento de outro de qualquer Estado.

Art. 17. À União é vedado decretar tributos que não sejam uniformes em todo o território nacional, ou que importem distinção ou preferência para este ou aquele porto, em detrimento de outro de qualquer Estado.

DOS ESTADOS	DOS ESTADOS	DOS ESTADOS
TÍTULO III Dos Estados, do Distrito Federal, dos Territórios e dos Municípios CAPÍTULO I Dos Estados SEÇÃO I Disposições Gerais Art. 112. Cada Estado reger-se-á pela Constituição e pelas leis que adotar, respeitada a Constituição Federal, assim como os princípios constitucionais que dela decorrem. Art. 113. É facultado aos Estados todo e qualquer poder ou direito, que lhes não seja negado explícita ou implicitamente por cláusula expressa desta Constituição. Art. 114. Os Estados proverão, a expensas próprias, as necessidades de seu governo e administração. § 1º Aos Estados se concederá, de modo equitativo e mediante acordo, o auxílio federal, nos casos e condições que a lei estabelecer. § 2º Em caso de calamidade pública, a União prestará socorros ao Estado que os solicitar.	Art. 18. Cada Estado se regerá pela Constituição e pelas leis que adotar, respeitados os princípios estabelecidos nesta Constituição. § 1º Aos Estados se reservam todos os poderes que, implícita ou explicitamente, não lhes sejam vedados por esta Constituição. § 2º Os Estados proverão às necessidades do seu governo e da sua administração; mas, em caso de calamidade pública, a União prestar-lhes-á socorros. § 3º Mediante acordo com a União, os Estados poderão encarregar funcionários federais da execução de leis e serviços estaduais ou de atos e decisões das suas autoridades; e, reciprocamente, a União poderá, em matéria da sua competência, cometer a funcionários estaduais encargos análogos, provendo às necessárias despesas.	Art. 18. Cada Estado se regerá pela Constituição e pelas leis que adotar, observados os princípios estabelecidos nesta Constituição. § 1º Aos Estados se reservam todos os poderes que, implícita ou explicitamente, não lhes sejam vedados por esta Constituição. § 2º Os Estados proverão às necessidades do seu Governo e da sua administração, cabendo à União prestar-lhes socorro, em caso de calamidade pública. § 3º Mediante acordo com a União, os Estados poderão encarregar funcionários federais da execução de leis e serviços estaduais ou de atos e decisões das suas autoridades; e, reciprocamente, a União poderá, em matéria da sua competência, cometer a funcionários estaduais encargos análogos, provendo às necessárias despesas.

COMPETÊNCIA TRIBUTÁRIA DOS ESTADOS	COMPETÊNCIA TRIBUTÁRIA DOS ESTADOS	COMPETÊNCIA TRIBUTÁRIA DOS ESTADOS
Art. 130. Pertencem privativamente aos Estados, além da renda que lhes é atribuída por força do § 2º do art. 128, os impostos sobre: I – propriedade territorial, exceto a urbana; II – transmissão de propriedade *causa mortis*; III – transmissão de propriedade imobiliária inter vivos, inclusive a sua incorporação ao capital das sociedades; IV – vendas e consignações efetuadas por quaisquer comerciantes e industriais; V – exportação das mercadorias de sua produção até o máximo de cinco por cento *ad valorem*, vedados quaisquer adicionais ou, sendo excedido o limite de meio por cento, taxas de qualquer natureza; VI – atos e negócios da sua economia, ou dos serviços cuja organização lhes caiba, e os regulados por lei estadual. § 1º O imposto sobre transmissão de bens corpóreos cabe ao Estado em cujo território se achem situados. § 2º O imposto sobre transmissão *causa mortis* de bens incorpóreos, inclusive títulos e créditos, cabe ao Estado onde se tiver aberto a sucessão. Quando esta se haja aberto no exterior, o imposto será devido ao Estado em cujo território os valores da herança forem liquidados ou transferidos aos herdeiros. § 3º Os Estados não poderão tributar títulos da dívida pública emitidos por outras pessoas jurídicas de direito público, em limites superiores aos estabelecidos para as suas próprias obrigações.	Art. 19. Compete aos Estados sem prejuízo da participação estabelecida no § 2º do art. 15 decretar impostos sobre: I – propriedade territorial, exceto a urbana; II – transmissão de propriedade *causa mortis*; III – transmissão de propriedade imobiliária inter vivos, e sua incorporação ao capital das sociedades; IV – vendas e consignações efetuadas por comerciantes e produtores, inclusive industriais, isenta, porém, a primeira operação do pequeno produtor, conforme o determinar a lei estadual; V – exportação de mercadorias de sua produção para o estrangeiro, até o máximo de 5% *ad valorem*, vedados quaisquer adicionais; VI – os atos regulados por lei estadual, os do serviço de sua justiça e os negócios da sua economia. § 1º Os impostos sobre transmissão de bens corpóreos (II e III) cabem ao Estado em cujo território se acham situados. § 2º O imposto sobre transmissão *causa mortis* de bens incorpóreos, inclusive títulos e créditos, cabe ao Estado onde se tenha aberto a sucessão. Quando esta se abrir no estrangeiro, o imposto será devido ao Estado em cujo território os valores da herança forem liquidados ou transferidos aos herdeiros. § 3º Os Estados não poderão tributar títulos da dívida pública emitidos por outras pessoas jurídicas de direito público, em limites superiores aos estabelecidos para as suas próprias obrigações.	Art. 19. Compete aos Estados decretar impostos sobre: I – propriedade territorial, exceto a urbana; II – transmissão de propriedade *causa mortis*; III – transmissão de propriedade imobiliária inter vivos, e sua incorporação ao capital das sociedades; IV – vendas e consignações efetuadas por comerciantes e produtores, inclusive industriais, isenta, porém, a primeira operação do pequeno produtor, conforme o definir a lei estadual; V – exportação de mercadorias de sua produção para o estrangeiro, até o máximo de cinco por cento *ad valorem*, vedados quaisquer adicionais; VI – os atos regulados por lei estadual, os do serviço de sua justiça e os negócios de sua economia. § 1º O imposto territorial não incidirá sobre sítios de áreas não excedentes a vinte hectares, quando os cultive, só ou com sua família, proprietário que não possua outro imóvel. § 2º Os impostos sobre transmissão de bens corpóreos (nºs II e III) cabem ao Estado em cujo território estes se achem situados. § 3º O imposto sobre transmissão *causa mortis* de bens incorpóreos, inclusive títulos e créditos, pertence, ainda quando a sucessão se tenha aberto no estrangeiro, ao Estado em cujo território os valores da herança forem liquidados ou transferidos aos herdeiros. § 4º Os Estados não poderão tributar títulos da dívida pública emitidos por outras pessoas jurídi-

§ 4º Os Estados entregarão aos Municípios, à proporção que a arrecadação for sendo feita, cinquenta por cento da renda resultante do imposto sobre transmissão de propriedade *causa mortis*, observando, no que for aplicável, o disposto no § 2º.

§ 5º O imposto sobre vendas e consignações será uniforme, sem distinção de procedência ou destino.

§ 6º Em casos excepcionais, o Senado Federal poderá autorizar, por determinado tempo, o aumento do imposto sobre exportação, até o máximo de dez por cento *ad valorem*.

§ 7º É vedado aos Estados estabelecer discriminação quanto ao destino das mercadorias, relativamente ao imposto sobre exportação, salvo se o autorizar lei federal.

FISCALIZAÇÃO FINANCEIRA

CAPÍTULO III
Da Fiscalização da
Administração Financeira

Art. 141. A administração financeira, especialmente a execução do orçamento, será fiscalizada, na União, pelo Congresso Nacional, por intermédio do Tribunal de Contas, e, nos Estados, pelas Assembléias Legislativas, por intermédio dos tribunais estaduais de contas.

§ 4º O imposto sobre vendas e consignações será uniforme, sem distinção de procedência ou destino.

§ 5º Em casos excepcionais, o Senado poderá autorizar, por determinado tempo, o aumento do imposto sobre a exportação até o máximo de dez por cento *ad valorem*.

Art. 20. Quando a arrecadação estadual de impostos, exceto a do imposto de exportação, exceder, em municípios que não o da capital, o total das rendas locais de qualquer natureza, os Estados são obrigados a dar-lhes, anualmente, metade do excesso arrecadado.

Art. 21. A União e os Estados poderão criar outros tributos que não os que lhes são atribuídos por esta Constituição, mas o imposto federal excluirá o estadual idêntico. Os Estados farão a arrecadação de tais impostos e, à medida que eles forem feitos, serão entregues 20% à União e 40% aos municípios.

FISCALIZAÇÃO FINANCEIRA

Art. 22. A administração financeira, especialmente a execução do orçamento, será fiscalizada na União pelo Congresso Nacional, com o auxílio do Tribunal de Contas, e nos Estados pela forma que for estabelecida nas suas Constituições.

Parágrafo único – Na elaboração orçamentária se observará o disposto nos artigos 73 a 75.

cas de direito público interno, em limite superior ao estabelecido para as suas próprias obrigações.

§ 5º O imposto sobre vendas e consignações será uniforme, sem distinção de procedência ou destino.

§ 6º Em casos excepcionais, o Senado Federal poderá autorizar o aumento, por determinado tempo, do imposto de exportação até o máximo de dez por cento *ad valorem*.

§ 6º Em casos excepcionais, o Senado Federal poderá autorizar o aumento, por determinado tempo, do imposto de exportação até o máximo de dez por cento *ad valorem*.

Art. 20. Quando a arrecadação estadual de impostos, salvo a do imposto de exportação, exceder, em Municípios que não seja o da Capital, o total das rendas locais de qualquer natureza, o Estado dar-lhe-á anualmente trinta por cento do excesso arrecadado.

Art. 21. A União e os Estados poderão decretar outros tributos além dos que lhes são atribuídos por esta Constituição, mas o imposto federal excluirá o estadual idêntico. Os Estados farão a arrecadação de tais impostos e, à medida que ela se efetuar, entregarão vinte por cento do produto à União e quarenta por cento aos Municípios onde se tiver realizado a cobrança.

FISCALIZAÇÃO FINANCEIRA

Art. 22. A administração financeira, especialmente a execução do orçamento, será fiscalizada na União pelo Congresso Nacional, com o auxílio do Tribunal de Contas, e nos Estados e Municípios pela forma que for estabelecida nas Constituições estaduais.

Parágrafo único. Na elaboração orçamentária se observará o disposto nos arts. 73 a 75.

INTERVENÇÃO NOS MUNICÍPIOS	INTERVENÇÃO NOS MUNICÍPIOS
	Art. 23. Os Estados não intervirão nos municípios, salvo: I – para assegurar a execução de lei federal, estadual ou municipal; II – para lhes regularizar as finanças: a) quando se verificar a impontualidade no serviço de empréstimo garantido pelo Estado; b) quando o município deixar de pagar, por dois anos consecutivos, a sua dívida fundada. Art. 24. É permitida ao Estado a criação de órgão de assistência técnica aos municípios.	Art. 23. Os Estados não intervirão nos Municípios, senão para lhes regularizar as finanças, quando; I – se verificar a impontualidade no serviço de empréstimo garantido pelo Estado; II – deixarem de pagar, por dois anos consecutivos, a sua dívida fundada. Art. 24. É permitida ao Estado a criação de órgão de assistência técnica aos Municípios.
ADMINISTRAÇÃO DO DF E TERRITÓRIOS	**ADMINISTRAÇÃO DO DF E TERRITÓRIOS**
Art. 25. A organização administrativa e judiciária do Distrito Federal e dos Territórios regular-se-á por lei federal, observado o disposto no artigo 124. Parágrafo único. O Distrito Federal será administrado por Prefeito nomeado pelo Presidente da República, com prévia aprovação do Senado Federal e demissível *ad nutum* e por Câmara eleita pelo povo, a qual exercerá funções legislativas. Os desembargadores do Tribunal de Justiça terão vencimentos não inferiores à maior remuneração atribuída aos magistrados de igual categoria nos Estados. Art. 26. Ao Distrito Federal cabem os mesmos impostos atribuídos por esta Constituição aos Estados e aos municípios.	Art. 25. A organização administrativa e a judiciária do Distrito Federal e dos Territórios regular-se-ão por lei federal, observado o disposto no artigo 124. Art. 26. O Distrito Federal será administrado por Prefeito de nomeação do Presidente da República, e terá Câmara eleita pelo povo, com funções legislativas. § 1º Far-se-á a nomeação depois que o Senado Federal houver dado assentimento ao nome proposto pelo Presidente da República. § 2º O Prefeito será demissível *ad nutum*. § 3º Os Desembargadores do Tribunal de Justiça terão vencimentos não inferiores à mais alta remuneração dos magistrados de igual categoria nos Estados.
ADMINISTRAÇÃO DO DF E TERRITÓRIOS	
CAPÍTULO II **Do Distrito Federal e dos Territórios** Art. 121. A administração do Distrito Federal, assim como a de cada Território, regular-se-á por lei especial. Art. 122. O Distrito Federal será administrado por um prefeito, nomeado pelo Presidente da República, com aprovação do Senado Federal, e demissível *ad nutum*, e por uma Câmara eleita pelo povo, à qual caberão funções legislativas. Art. 124. A justiça do Distrito Federal e a dos Territórios serão organizadas por lei federal, observados, no que lhes for aplicável, os princípios estabelecidos no art. 116. Parágrafo único. Os vencimentos de desem-	

bargadores no Distrito Federal não serão inferiores à maior remuneração atribuída aos magistrados de igual categoria nos Estados.

Art. 132. Ao Distrito Federal cabem os mesmos impostos atribuídos por esta Constituição aos Estados e Municípios.

§ 4º Ao Distrito Federal cabem os mesmos impostos atribuídos por esta Constituição aos Estados e aos Municípios.

LIMITAÇÃO AO DIREITO DE TRIBUTAR

Art. 27. É vedado à União, aos Estados e ao Distrito Federal estabelecer limitações ao tráfego de qualquer natureza por meio de impostos interestaduais ou intermunicipais, ressalvada a cobrança de pedágio ou de taxas destinadas exclusivamente à indenização das despesas feitas com a construção, e para a conservação e o melhoramento de obras de viação.

LIMITAÇÃO AO DIREITO DE TRIBUTAR

Art. 27. É vedado à União, aos Estados, ao Distrito Federal e aos Municípios estabelecer limitações ao tráfego de qualquer natureza por meio de tributos interestaduais ou intermunicipais, ressalvada a cobrança de taxas, inclusive pedágios, destinadas exclusivamente à indenização das despesas de construção, conservação e melhoramento de estradas.

AUTONOMIA MUNICIPAL

CAPÍTULO III
Dos Municípios

Art. 125. Os Estados, assim como os Territórios, organizar-se-ão sob o regime municipal.

Art. 126. Aos Municípios será assegurada a autonomia:

I – pela eletividade do prefeito e dos vereadores da câmara municipal;

II – pela administração própria do que respeita ao seu peculiar interesse, e especialmente quanto:

a) à criação dos tributos da sua competência e à arrecadação e aplicação das suas rendas;

AUTONOMIA MUNICIPAL

Art. 28. A autonomia dos municípios será assegurada:

I – pela eleição do Prefeito e dos vereadores da Câmara Municipal;

II – pela administração própria, no que concerne ao seu peculiar interesse e, especialmente:

a) à decretação e arrecadação dos tributos da sua competência e à aplicação das suas rendas;

b) à organização dos serviços públicos locais.

§ 1º Poderão ser nomeados pelos Governadores dos Estados ou dos Territórios os prefeitos das capitais, e dos municípios onde houver estâncias hidrominerais naturais, quando beneficiados pelo Estado ou pela União.

AUTONOMIA MUNICIPAL

Art. 28. A autonomia dos Municípios será assegurada:

I – pela eleição do Prefeito e dos Vereadores;

II – pela administração própria, no que concerne ao seu peculiar interesse e, especialmente:

a) à decretação e arrecadação dos tributos de sua competência e à aplicação das suas rendas;

b) à organização dos serviços públicos locais.

§ 1º Poderão ser nomeados pelos Governadores dos Estados ou dos Territórios os Prefeitos das Capitais, bem como os dos Municípios onde houver estâncias hidrominerais naturais, quando beneficiadas pelo Estado ou pela União.

b) à organização dos serviços públicos locais. Parágrafo único. O prefeito poderá ser de nomeação do governador do Estado ou Território, no município da capital, nos de águas minerais naturais, quando beneficiados pela administração estadual ou federal, e nos em que se situe base ou porto de importância militar.

§ 2º Serão nomeados pelos Governadores dos Estados ou dos Territórios os prefeitos dos municípios que a lei federal, mediante parecer do Conselho de Segurança Nacional, declarar bases ou portos militares de excepcional importância para a defesa externa do País.

§ 2º Serão nomeados pelos Governadores dos Estados ou dos Territórios os Prefeitos dos municípios que a lei federal, mediante parecer do Conselho de Segurança Nacional, declarar bases ou portos militares de excepcional importância para a defesa externa do País.

COMPETÊNCIA TRIBUTÁRIA MUNICIPAL	COMPETÊNCIA TRIBUTÁRIA MUNICIPAL	COMPETÊNCIA TRIBUTÁRIA MUNICIPAL
Art. 131. Além da renda que lhes é atribuída por força do § 2º e § 4º do art. 128, e do § 4º do art. 130, e dos impostos que, no todo ou em parte, lhes forem transferidos pelo Estado, pertencem privativamente aos Municípios: I – o imposto de licenças; II – os impostos predial e territorial urbanos; III – o imposto sobre diversões públicas; IV – o imposto de indústrias e profissões.	Art. 29. Além da renda que lhes é atribuída por força dos parágrafos 2º e 4º do artigo 15, e dos impostos que, no todo ou em parte, lhes forem transferidos pelo Estado, pertencem privativamente aos municípios os impostos: I – predial e territorial; II – de licença; III – de indústrias e profissões; IV – sobre diversões públicas; V – sobre atos da sua economia ou assuntos da sua competência. Art. 30. Compete à União, aos Estados, ao Distrito Federal e aos municípios exigir: I – contribuição de melhoria, quando se verificar valorização do imóvel, em conseqüência de obras públicas; II – taxas; III – quaisquer outras rendas que possam provir do exercício das suas atribuições e da utilização dos seus bens e do seu serviço. Parágrafo único. A contribuição de melhoria não poderá ser exigida em limites superiores à despesa realizada nem ao acréscimo de valor que da obra decorrer para o imóvel beneficiado.	Art. 29. Além da renda que lhes é atribuída por força dos §§ 2º e 4º do artigo 15, e dos impostos que, no todo ou em parte, lhes forem transferidos pelo Estado, pertencem aos Municípios os impostos: I – predial e territorial urbano; II – de licença; III – de indústrias e profissões; IV – sobre diversões públicas; V – sobre atos de sua economia ou assuntos da sua competência.

COMPETÊNCIA TRIBUTÁRIA CONCORRENTE	COMPETÊNCIA TRIBUTÁRIA CONCORRENTE
SEÇÃO III **Das Rendas Não Provenientes de Impostos** Art. 133. Compete à União, assim como aos Estados, Distrito Federal e aos Municípios, cobrar: I – contribuição de melhoria, em conseqüência de suas obras públicas; II – taxas pelos seus serviços especiais e divisíveis; III – quaisquer outras rendas que possam provir do exercício das suas atribuições e a utilização dos seus bens e serviços. Parágrafo único. Cobrar-se-á contribuição de melhoria sempre que se verificar valorização de imóvel, em conseqüência de obras públicas. Este tributo não poderá ser exigido em limites superiores, quer à despesa realizada, quer ao acréscimo de valor que da obra pública decorrer para a propriedade beneficiada. A lei federal fixará, para todo o país, normas uniformes relativamente à incidência e à cobrança da contribuição de melhoria.	Art. 30. Compete à União, aos Estados, ao Distrito Federal e aos Municípios, cobrar: I – contribuição de melhoria, quando se verificar valorização do imóvel, em conseqüência de obras públicas; II – taxas; III – quaisquer outras rendas que possam provir do exercício de suas atribuições e da utilização de seus bens e serviços. Parágrafo único. A contribuição de melhoria não poderá ser exigida em limites superiores à despesa realizada, nem ao acréscimo de valor que da obra decorrer para o imóvel beneficiado.
LIMITAÇÕES CONCORRENTES AO DIREITO DE TRIBUTAR	**LIMITAÇÕES CONCORRENTES AO DIREITO DE TRIBUTAR**
TÍTULO IV **Da Organização Financeira Federal, Estadual e Municipal** **CAPÍTULO I** **Das Rendas Públicas** **SEÇÃO I** **Disposições Gerais** Art. 127. A organização financeira federal, estadual e municipal será regida pelos seguintes preceitos gerais:	Art. 31. À União, aos Estados, ao Distrito Federal e aos Municípios é vedado: I – criar distinções entre brasileiros ou preferências em favor de uns contra outros Estados ou Municípios; II – estabelecer ou subvencionar cultos religiosos, ou embaraçar-lhes o exercício; III – ter relação de aliança ou dependência com qualquer culto ou igreja, sem prejuízo da colaboração recíproca em prol do interesse coletivo;
LIMITAÇÕES CONCORRENTES AO DIREITO DE TRIBUTAR Art. 31. À União, aos Estados, aos Municípios e ao Distrito Federal é vedado: I – criar distinções entre brasileiros, ou preferências em favor de uns contra outros Estados ou Municípios; II – estabelecer, subvencionar ou embaraçar o exercício de cultos religiosos; III – ter relação de aliança ou dependência com qualquer culto ou igreja, sem prejuízo da colaboração recíproca em prol do interesse coletivo;	

I – os tributos somente poderão ser cobrados no exercício em que o determinar a lei de orçamento, ressalvada a tarifa aduaneira e a tributação de guerra; II – é vedado à União criar tributos que não sejam uniformes em todo o território nacional; III – a União e os Estados poderão criar outros impostos, além dos que lhes são atribuídos por esta Constituição. Esses impostos serão arrecadados pelos Estados, que da renda resultante, à proporção que a arrecadação se fizer, entregarão vinte por cento à União e quarenta por cento aos Municípios; IV – é vedada a bi-tributação, prevalecendo o imposto criado pela União quando a competência for concorrente. Sem prejuízo do recurso judicial, que couber, incumbe ao Senado Federal *ex officio* ou a requerimento de qualquer contribuinte declarar a existência da bi-tributação e determinar qual dos dois tributos deve prevalecer; V – é proibido tanto à União, como a qualquer Estado ou Município e ao Distrito Federal, aplicar tributos, seja qual for a forma ou denominação: a) sobre bens, rendas e serviços um do outro; b) sobre efeitos produzidos por atos jurídicos perfeitos e acabados; c) sobre bens, serviços ou atos vinculados às instituições religiosas e às de educação, de propaganda política e humanitária e de assistência social, assim como a importação e produção de livros, de periódicos e de papel de impressão ressalvado, em todos os casos, o imposto sobre a renda; VI – os Estados, o Distrito Federal e os Municípios não poderão estabelecer diferença tributária, em razão da procedência, entre bens de qualquer natureza;	IV – recusar fé aos documentos públicos; V – lançar imposto sobre: a) bens, rendas e serviços um do outro, sem prejuízo, todavia, da tributação dos serviços públicos concedidos, observado o disposto no parágrafo fo único deste artigo; b) templos de qualquer culto, bens e serviços de partidos políticos, instituições de educação e de assistência social, desde que as suas rendas sejam aplicadas integralmente no país para os devidos fins; c) papel destinado exclusivamente à impressão de jornal e periódicos. Parágrafo único. Os serviços públicos concedidos não gozam de isenção tributária, salvo quando o dispuser o poder competente, ou quando, sendo federal, a União a conceder em lei especial, tendo em vista o interesse comum. Art. 32. Os Estados, o Distrito Federal e os municípios não poderão estabelecer diferença tributária, em razão da procedência entre bens de qualquer natureza. Art. 33. É defeso aos Estados e aos Municípios contrair empréstimo externo sem prévia autorização do Estado Federal.	IV – recusar fé aos documentos públicos; V – lançar imposto sobre: a) bens, rendas e serviços uns dos outros, sem prejuízo da tributação dos serviços públicos concedidos, observado o disposto no parágrafo único deste artigo; b) templos de qualquer culto, bens e serviços de partidos políticos, instituições de educação e de assistência social, desde que as suas rendas sejam aplicadas integralmente no país para os respectivos fins; c) papel destinado exclusivamente à impressão de jornais, periódicos e livros. Parágrafo único. Os serviços públicos concedidos não gozam de isenção tributária, salvo quando estabelecida pelo Poder competente ou quando a União a instituir em lei especial, relativamente aos próprios serviços, tendo em vista o interesse comum. Art. 32. Os Estados, o Distrito Federal e os municípios não poderão estabelecer diferença tributária, em razão da procedência, entre bens de qualquer natureza. Art. 33. É defeso aos Estados e aos Municípios contrair empréstimo externo sem prévia autorização do Senado Federal.

VII – é vedado à União, aos Estados, ao Distrito Federal e aos Municípios estabelecer barreiras alfandegárias ou outras limitações ao tráfego por meio de impostos interestaduais ou intermunicipais, de trânsito, de viação de transporte, ou outros que gravem ou perturbem a circulação dos bens e das pessoas, ou dos veículos que os transportarem;

VIII – os Estados darão anualmente a cada Município metade do que a arrecadação tributária estadual, feita no respectivo território, exceder a renda municipal;

IX – nenhuma quota sob qualquer forma ou denominação poderá o Estado exigir dos Municípios;

X – os serviços públicos concedidos não gozam de isenção tributária, salvo a outorgada por lei especial do governo tributante;

XI – a multa de mora, por falta de pagamento de tributo, não poderá exceder a dez por cento da importância devida;

XII – o produto das multas não poderá ser atribuído, no todo ou em parte, aos funcionários que as impuserem ou confirmarem;

XIII – é defeso aos Estados, ao Distrito Federal e aos Municípios contrair empréstimo externo sem autorização do Senado Federal.

Art. 193. É vedado à União, aos Estados, ao Distrito Federal e aos Municípios:

I – criar distinções entre brasileiros natos, ou preferências em favor de uns contra outros Estados ou Municípios;

II – estabelecer, subvencionar ou embaraçar o exercício de cultos religiosos;

III – ter relação de aliança ou dependência com qualquer culto ou igreja, sem prejuízo da colaboração recíproca em prol dos interesses coletivos;

IV – recusar fé aos documentos públicos.

Art. 194. É defeso às autoridades denegar a extradição de criminosos, reclamada de acordo com a lei federal pelas justiças locais.

BENS DA UNIÃO

CAPÍTULO VII
Dos Bens Públicos da União e dos Estados

Art. 187. Incluem-se entre os bens do domínio da União:

I – os lagos e rios em terrenos de seu domínio, ou que banhem mais de um Estado, sirvam de limite com outras nações ou se estendam a território estrangeiro;

II – as ilhas lacustres e fluviais em zona limítrofe com outros países;

III – a porção de terras devolutas que seja indispensável de um modo geral à defesa das fronteiras e bem assim à construção de fortificações e outras obras militares, e de estradas de ferro federais.

BENS DA UNIÃO

Art. 34. Pertencem à União:

I – os lagos e quaisquer correntes de água, em terrenos do seu domínio ou que banhem mais de um Estado, sirvam de limite com outros países ou se estendam a territórios estrangeiros;

II – as ilhas existentes em águas públicas da União e as margens dessas quando, por qualquer título, não pertençam ao domínio estadual, municipal ou particular;

III – a porção de terras devolutas que for indispensável para defesa das fronteiras, às fortificações, construções militares, e estradas de ferro.

BENS DA UNIÃO

Art. 34. Incluem-se entre os bens da União:

I – os lagos e quaisquer correntes de água em terrenos do seu domínio ou que banhem mais de um Estado, sirvam de limite com outros países ou se estendam a território estrangeiro e bem assim as ilhas fluviais e lacustres nas zonas limítrofes com outros países;

II – a porção de terras devolutas indispensável à defesa das fronteiras, às fortificações, construções militares e estradas de ferro.

BENS DOS ESTADOS

Art. 188. Incluem-se entre os bens do domínio dos Estados:

I – as terras devolutas, situadas em seus respectivos territórios;

II – as margens dos lagos e rios navegáveis destinadas ao uso público e as ilhas situadas nos rios que banhem mais de um Estado, se tais bens, por qualquer título especial, não forem do domínio federal, municipal ou particular.

BENS DOS ESTADOS

Art. 35. Pertencem aos Estados:

I – os lagos e rios em terrenos do domínio estadual e os que têm a sua nascente e foz dentro das fronteiras do Estado;

II – as ilhas existentes em águas públicas da União e as margens dessas águas, quando, por qualquer título, não sejam de domínio federal, municipal ou particular.

BENS DOS ESTADOS

Art. 35. Incluem-se entre os bens do Estado os lagos e rios em terrenos do seu domínio e os que têm nascente e foz no território estadual.

PODERES DO ESTADO	PODERES DO ESTADO	PODERES DO ESTADO
SEÇÃO II Dos Poderes Art. 6º São poderes da União o Legislativo, o Executivo e o Judiciário, harmônicos e independentes entre si. § 1º O cidadão investido na função de um dos poderes não poderá exercer a de outro, salvo nos casos previstos na Constituição. § 2º É vedado aos poderes delegar as suas atribuições.	Art. 36. São poderes da União o Legislativo, o Executivo e o Judiciário, independentes e harmônicos entre si. Parágrafo único. O cidadão investido na função de um deles não poderá exercer a de outro, salvo as exceções consignadas nesta Constituição.	Art. 36. São poderes da União o Legislativo, o Executivo e o Judiciário, independentes e harmônicos entre si. § 1º O cidadão investido na função de um deles não poderá exercer a de outro, salvo as exceções previstas nesta Constituição. § 2º É vedado a qualquer dos Poderes delegar atribuições.
PODER LEGISLATIVO	PODER LEGISLATIVO	PODER LEGISLATIVO
CAPÍTULO II Do Poder Legislativo SEÇÃO I Disposições Gerais Art. 7º O Poder Legislativo é exercido pelo Congresso Nacional, que se compõe de dois ramos: a Câmara dos Deputados e o Senado Federal. Art. 8º A eleição para deputados e senadores far-se-á simultaneamente em todo o país. Parágrafo único – São condições de elegibilidade para o Congresso Nacional: I – ser brasileiro nato; II – estar no exercício dos direitos políticos; III – ser maior de vinte e cinco anos, para a Câmara dos Deputados, e maior de trinta e cinco anos, para o Senado Federal. Art. 9º O Congresso Nacional reunir-se-á na Capital Federal, anualmente, a 7 de abril, e funcionará até 31 de dezembro.	CAPÍTULO II Do Poder Legislativo SEÇÃO I Disposições Preliminares Art. 37. O Poder Legislativo é exercido pelo Congresso Nacional, que se compõe da Câmara dos Deputados e do Senado Federal. Art. 38. A eleição para deputados e senadores far-se-á simultaneamente em todo o país. Parágrafo único. São condições de elegibilidade para o Congresso Nacional: I – ser brasileiro (art. 129, incs. I e II), e estar no exercício dos seus direitos políticos; II – ser maior de vinte e cinco anos, para a Câmara dos Deputados, e maior de trinta e cinco anos, para o Senado Federal. Art. 39. O Congresso Nacional reunir-se-á na Capital da República, a 15 de março de cada ano, e funcionará até 15 de dezembro.	CAPÍTULO II Do Poder Legislativo SEÇÃO I Disposições Preliminares Art. 37. O Poder Legislativo é exercido pelo Congresso Nacional, que se compõe da Câmara dos Deputados e do Senado Federal. Art. 38. A eleição para Deputados e Senadores far-se-á simultaneamente em todo o País. Parágrafo único. São condições de elegibilidade para o Congresso Nacional: I – ser brasileiro (art. 129, n.ºs I e II); II – estar no exercício dos direitos políticos; III – ser maior de vinte e um anos para a Câmara dos Deputados e de trinta e cinco para o Senado Federal. Art. 39. O Congresso Nacional reunir-se-á na Capital da República, a 15 de março de cada ano, e funcionará até 15 de dezembro.

§ 1º No intervalo das sessões legislativas, funcionará a Comissão Permanente.

§ 2º O Congresso Nacional pode ser convocado extraordinariamente, por iniciativa conjunta de um terço de cada uma de suas câmaras, assim como pela Comissão Permanente ou pelo Presidente da República.

Art. 10. Os membros do Congresso Nacional contrairão, em sessão pública, antes de tomar assento, compromisso formal de bem cumprir os seus deveres.

Art. 11. A cada uma das câmaras compete dispor em regimento interno sobre a sua própria organização.

§ 1º Incluem-se entre as atribuições de cada uma delas:

I – eleger a sua mesa;

II – organizar a sua secretaria e prover, na forma da lei, os respectivos cargos e funções;

III – regular a sua polícia.

§ 2º Na constituição das comissões, assegurar-se-á, tanto quanto possível, a representação proporcional dos partidos nacionais que participem da respectiva câmara.

Art. 12. A Câmara dos Deputados e o Senado Federal, sob a direção da mesa deste, reunir-se-ão em sessão conjunta:

I – para inaugurar sessão legislativa;

II – para elaborar o regimento comum;

III – para receber o compromisso do Presidente e do Vice-Presidente da República.

Art. 13. A Câmara dos Deputados e o Senado Federal, salvo nos casos do artigo anterior, trabalharão separadamente.

Parágrafo único. O Congresso Nacional só poderá ser convocado extraordinariamente, pelo presidente da República ou por iniciativa conjunta de um terço de cada uma das câmaras.

Art. 40. A cada uma das câmaras compete dispor, em Regimento Interno, sobre a sua própria organização e polícia, e sobre a criação e provimento de cargos.

Parágrafo único. Na constituição das comissões, assegurar-se-á, tanto quanto possível, a representação proporcional dos partidos nacionais que participem da respectiva câmara.

Art. 41. A Câmara dos Deputados e o Senado Federal, sob a direção da mesa deste, reunir-se-ão em sessão conjunta para:

I – inaugurar a sessão legislativa;

II – elaborar o regimento comum;

III – receber o compromisso do Presidente e do Vice-Presidente da República;

IV – deliberar sobre o veto.

Art. 42. Em cada uma das Câmaras, salvo disposição constitucional em contrário, as deliberações serão tomadas por maioria absoluta dos seus membros.

Art. 43. O voto será secreto nas eleições e nos casos estabelecidos nos artigos 70, § 2º, 66, IX, 45, 205 e 208.

Art. 44. Os deputados e senadores são invioláveis, no exercício do seu mandato, por suas opiniões, palavras e votos.

Art. 45. Desde a expedição do diploma, até a inauguração da legislatura seguinte, os membros do Congresso Nacional não poderão ser presos,

Parágrafo único. O Congresso Nacional só poderá ser convocado extraordinariamente pelo Presidente da República ou por iniciativa do terço de uma das Câmaras.

Art. 40. A cada uma das câmaras compete dispor, em Regimento Interno, sobre a sua organização, polícia, criação e provimento de cargos.

Parágrafo único. Na constituição das Comissões, assegurar-se-á, tanto quanto possível, a representação proporcional dos partidos nacionais que participem da respectiva Câmara.

Art. 41. A Câmara dos Deputados e o Senado Federal, sob a direção da mesa deste, reunir-se-ão em sessão conjunta para:

I – inaugurar a sessão legislativa;

II – elaborar o regimento comum;

III – receber o compromisso do Presidente e do Vice-Presidente da República;

IV – deliberar sobre o veto.

Art. 42. Em cada uma das Câmaras, salvo disposição constitucional em contrário, as deliberações serão tomadas por maioria de votos, presente a maioria dos seus membros.

Art. 43. O voto será secreto nas eleições e nos casos estabelecidos nos arts. 45, § 2º, 63, nº I, 66, nº VIII, 70, § 3º, 211 e 213.

Art. 44. Os Deputados e Senadores são invioláveis no exercício do mandato, por suas opiniões, palavras e votos.

Art. 45. Desde a expedição do diploma, até a inauguração da Legislatura seguinte, os membros do Congresso Nacional não poderão ser presos, salvo em flagrante de crime inafiançável, nem

§ 1º Quando não se deliberar o contrário, as sessões, numa e noutra câmara, serão públicas.

§ 2º Em cada uma das câmaras, salvo disposição constitucional em contrário, as deliberações serão tomadas por maioria de votos, presente a maioria absoluta dos seus membros.

§ 3º O voto será secreto nas eleições e nas deliberações sobre vetos e contas do Presidente da República.

Art. 14. Os deputados e senadores são invioláveis por suas opiniões, palavras e votos, no exercício do mandato.

Art. 15. Os membros do Congresso Nacional, desde que tenham recebido diploma até a expedição dos diplomas para o período seguinte, não podem ser presos, nem processados criminalmente, sem prévia licença de sua câmara, salvo caso de flagrância em crime inafiançável. Neste caso, a autoridade processante remeterá os autos à câmara interessada, para que resolva sobre a prisão e autorize ou não a formação da culpa.

Art. 16. Em tempo de guerra, os deputados e senadores, civis ou militares, só poderão ser incorporados às forças armadas mediante licença da sua câmara, ficando, em tal caso, sujeitos à legislação militar.

Art. 17. Os deputados e senadores vencerão anualmente, além de igual ajuda de custo, subsídio pecuniário igual, dividido em duas partes, uma fixa, que se pagará todo o ano, e outra variável, correspondente ao comparecimento.

Parágrafo único. O subsídio será estipulado, no fim de cada legislatura, para a seguinte.

nem processados criminalmente, sem prévia licença de sua Câmara, salvo em flagrante de crime inafiançável. Nesse caso, a autoridade processante remeterá os autos, dentro de 48 horas, à Câmara interessada, para que resolva sobre a prisão e autorize, ou não, a formação da culpa.

Art. 46. Os deputados e senadores, quer civis, quer militares, não poderão ser incorporados às forças armadas senão em tempo de guerra, mediante licença da sua câmara, depois do que ficarão sujeitos à legislação militar.

Art. 47. Os deputados e senadores vencerão, anualmente subsídio igual e terão igual ajuda de custo.

§ 1º O subsídio será dividido em duas partes: uma fixa, que se pagará no decurso do ano, e outra variável, correspondente ao comparecimento.

§ 2º A ajuda de custo e o subsídio serão fixados no fim de cada legislatura.

Art. 48. Nenhum deputado ou senador poderá:

I – desde a expedição do seu diploma:

a) celebrar contrato com pessoa jurídica de direito público, inclusive entidade autárquica ou sociedade de economia mista, salvo quando o contrato obedecer a normas uniformes;

b) aceitar nem exercer comissão ou emprego remunerado de pessoa jurídica de direito público, inclusive entidade autárquica, sociedade de economia mista ou empresa concessionária de serviços públicos;

II – desde a posse:

a) exercer função remunerada nem ser proprietário ou diretor de empresa que goze de fa-

processados criminalmente, sem prévia licença de sua Câmara.

§ 1º No caso de flagrante de crime inafiançável, os autos serão remetidos, dentro de quarenta e oito horas, à Câmara respectiva, para que resolva sobre a prisão e autorize, ou não, a formação da culpa.

§ 2º A Câmara interessada deliberará sempre pelo voto da maioria dos seus membros.

Art. 46. Os Deputados e Senadores, quer civis, quer militares, não poderão ser incorporados às forças armadas senão em tempo de guerra e mediante licença de sua Câmara, ficando então sujeitos à legislação militar.

Art. 47. Os Deputados e Senadores vencerão anualmente subsídio igual e terão igual ajuda de custo.

§ 1º O subsídio será dividido em duas partes: uma fixa, que se pagará no decurso do ano, e outra variável, correspondente ao comparecimento.

§ 2º A ajuda de custo e o subsídio serão fixados no fim de cada Legislatura.

Art. 48. Os Deputado e Senadores não poderão:

I – desde a expedição do diploma:

a) celebrar contrato com pessoa jurídica de direito público, entidade autárquica ou sociedade de economia mista, salvo quando o contrato obedecer a normas uniformes;

b) aceitar nem exercer comissão ou emprego remunerado de pessoa jurídica de direito público, entidade autárquica, sociedade de economia mista ou empresa concessionária de serviços públicos;

Art. 18. Nenhum deputado ou senador poderá:

I – desde que diplomado:

a) celebrar contrato com pessoa jurídica de direito público, inclusive com entidade autárquica;

b) aceitar de pessoas jurídicas de direito público, inclusive entidade autárquica, de sociedade de economia mista ou de empresa concessionária de serviços públicos comissão ou emprego remunerados, ou exercê-los.

II – desde que empossado:

a) ser proprietário ou diretor, ou exercer função remunerada de empresa que goze de favor decorrente de contrato com pessoa jurídica de direito público;

b) ocupar cargo público de que seja demissível *ad nutum*, em mandato legislativo, federal, estadual ou municipal;

c) exercer outro mandato legislativo, federal, estadual ou municipal;

d) patrocinar causa contra qualquer pessoa jurídica de direito público.

Parágrafo único. A infração do disposto neste artigo importa perda de mandato, declarada pela câmara a que pertencer o deputado ou senador, mediante provocação de qualquer de seus membros, ou representação documentada de partido político ou do Ministério Público Federal.

Art. 19. É permitido ao deputado e ao senador, com prévia licença da sua câmara, desempenhar missão diplomática.

Art. 20. Enquanto durar o mandato, o funcionário público, civil ou militar, ficará afastado das funções do seu cargo ou posto, contando-se-lhe vor decorrente de contrato com pessoa jurídica de direito público;

b) ocupar cargo público do qual possa ser demitido *ad nutum*;

c) exercer outro mandato legislativo, seja federal, estadual ou municipal;

d) patrocinar causa contra pessoa jurídica de direito público.

§ 1º A infração do disposto neste artigo, assim como a falta, sem licença, às sessões, por mais de seis meses consecutivos, importam perda do mandato, declarada pela Câmara a que pertencer o deputado ou senador, mediante provocação de qualquer dos seus membros, ou representação documentada de partido político ou do Procurador Geral da República.

§ 2º Perderá igualmente o mandato o deputado ou senador cujo procedimento for reputado, pelo voto de dois terços dos seus membros, incompatível com o decoro da Câmara a que pertencer.

Art. 49. É permitido ao deputado ou senador, com prévia licença da Câmara a que pertencer, desempenhar missão diplomática de caráter transitório, bem como participar, no estrangeiro, de congressos, conferências e missões culturais.

Art. 50. Enquanto durar o mandato, o funcionário, quer civil, quer militar, ficará afastado das funções do seu cargo ou posto, contando-se-lhe tempo de serviço apenas para promoção por antiguidade, aposentadoria, reserva ou reforma.

Art. 51. O deputado ou senador não perderá o mandato por investir-se no cargo de Ministro de Estado.

II – desde a posse:

a) ser proprietário ou diretor de empresa que goze de favor decorrente de contrato com pessoa jurídica de direito público, ou nela exercer função remunerada;

b) ocupar cargo público do qual possa ser demitido *ad nutum*;

c) exercer outro mandato legislativo, seja federal, estadual ou municipal;

d) patrocinar causa contra pessoa jurídica de direito público.

§ 1º A infração do disposto neste artigo, ou a falta, sem licença, às sessões, por mais de seis meses consecutivos, importa perda do mandato, declarada pela Câmara a que pertença o Deputado ou Senador, mediante provocação de qualquer dos seus membros, ou representação documentada de partido político ou do Procurador Geral da República.

§ 2º Perderá igualmente o mandato o Deputado ou Senador cujo procedimento seja reputado, pelo voto de dois terços dos membros de sua Câmara, incompatível com o decoro parlamentar.

Art. 49. É permitido ao Deputado ou Senador, com prévia licença da sua Câmara, desempenhar missão diplomática de caráter transitório, ou participar, no estrangeiro, de congressos, conferências e missões culturais.

Art. 50. Enquanto durar o mandato, o funcionário público ficará afastado do exercício do cargo, contando-se-lhe tempo de serviço apenas para promoção por antiguidade e aposentadoria.

Art. 51. O Deputado ou Senador investido na função de Ministro de Estado, interventor fe-

tempo de serviço somente para efeito de aposentadoria ou reforma.

Art. 21. O deputado ou senador, investido na função de Ministro de Estado, não perde o mandato.

Art. 22. No caso do artigo antecedente, e no de vaga de deputado ou senador, será convocado o suplente respectivo.

Parágrafo único. Se o caso for de vaga, e não houver suplente, o presidente da câmara interessada comunicará o fato ao Tribunal Superior Eleitoral para que determine a eleição, salvo se faltarem menos de nove meses para o termo do período. O deputado ou senador, eleito para a vaga, exercerá o mandato pelo tempo que restava ao substituído.

Art. 23. As condições de elegibilidade e os casos de incompatibilidade eleitoral, não determinados na Constituição, serão estabelecidos em lei.

Art. 24. A Câmara dos Deputados e o Senado Federal criarão comissões de inquérito sobre fato determinado, sempre que o requerer um terço dos seus membros.

Parágrafo único. Observar-se-á, na formação dessas comissões, o critério estabelecido no § 2º do art. 11.

Art. 52. No caso do artigo antecedente e no de vaga de deputado ou senador, será convocado o respectivo suplente.

Parágrafo único. Se o caso for de vaga e não houver suplente, o presidente da câmara interessada comunicará o fato ao Tribunal Superior Eleitoral para providenciar a eleição, salvo se faltarem menos de nove meses para o termo do período. O deputado ou senador eleito para a vaga exercerá o mandato pelo tempo que ao substituído faltava para completar o seu.

Art. 53. A Câmara dos Deputados e o Senado Federal criarão comissões de inquérito sobre fato determinado, sempre que o requerer um terço dos seus membros.

Parágrafo único. Na organização dessas comissões observar-se-á o critério estabelecido no parágrafo único do art. 40.

Art. 54. Os Ministros de Estado são obrigados a comparecer perante a Câmara dos Deputados, o Senado ou qualquer das suas comissões, quando uma ou outra Câmara o convocar para, pessoalmente, prestar informações acerca de assunto da sua pasta.

Parágrafo único. A falta de comparecimento do Ministro, sem justificação, importa crime de responsabilidade.

Art. 55. A Câmara dos Deputados e o Senado Federal, assim como as suas Comissões, designarão dia e hora para ouvir o Ministro de Estado sobre esclarecimentos que lhes queira prestar ou providências legislativas que deseje solicitar.

deral ou Secretário de Estado não perde o mandato.

Art. 52. No caso do artigo antecedente e no de licença, conforme estabelecer o Regimento Interno, ou de vaga de Deputado ou Senador, será convocado o respectivo suplente.

Parágrafo único. Não havendo suplente para preencher a vaga, o Presidente da Câmara interessada comunicará o fato ao Tribunal Superior Eleitoral para providenciar a eleição, salvo se faltarem menos de nove meses para o termo do período. O Deputado ou Senador eleito para a vaga exercerá o mandato pelo tempo restante.

Art. 53. A Câmara dos Deputados e o Senado Federal criarão Comissões de Inquérito sobre fato determinado, sempre que o requerer um terço dos seus membros.

Parágrafo único. Na organização dessas Comissões observará o critério estabelecido no parágrafo único do art. 40.

Art. 54. Os Ministros de Estado são obrigados a comparecer perante a Câmara do Deputados, o Senado Federal ou qualquer das suas comissões, quando uma ou outra Câmara os convocar para, pessoalmente, prestar informações acerca de assunto previamente determinado.

Parágrafo único. A falta do comparecimento, sem justificação, importa crime de responsabilidade.

Art. 55. A Câmara dos Deputados e o Senado Federal, assim como as suas Comissões, designarão dia e hora para ouvir o Ministro de Estado que lhes queira prestar esclarecimentos ou solicitar providências legislativas.

CÂMARA DOS DEPUTADOS	CÂMARA DOS DEPUTADOS	CÂMARA DOS DEPUTADOS
SEÇÃO II **Da Câmara dos Deputados** Art. 25. A Câmara dos Deputados compõe-se de representantes do povo, eleitos, segundo o sistema de representação proporcional, pelos Estados, pelo Distrito Federal e pelos Territórios. Art. 26. Cada legislatura durará quatro anos. Art. 27. O número dos deputados será fixado por lei, em proporção que não exceda a um para cada cento e cinquenta mil habitantes, até vinte deputados, e, além desse limite, a um para cada duzentos e cinquenta mil habitantes. § 1º O número mínimo dos deputados será de sete por Estado e pelo Distrito Federal, e de um por Território. § 2º A representação, que já houver sido fixada em lei, não poderá ser reduzida. Art. 28. Compete privativamente à Câmara dos Deputados: I – a declaração da procedência ou improcedência da acusação contra o Presidente da República, nos termos do art. 61 e contra os ministros de Estado, nos crimes conexos com os do Presidente da República; II – a iniciativa da tomada de contas do Presidente da República, mediante a designação de comissão especial, caso não sejam elas apresentadas ao Congresso Nacional dentro de sessenta dias da data da abertura da sessão legislativa.	**SEÇÃO II** **Da Câmara dos Deputados** Art. 56. A Câmara dos Deputados compõe-se de representantes do povo, eleitos, segundo o sistema de representação proporcional pelos Estados, pelo Distrito Federal e pelos Territórios. Art. 57. Cada legislatura durará quatro anos. Art. 58. O número de deputados será fixado por lei, em proporção que não exceda a um para cada cento e cinquenta mil habitantes, até vinte deputados, e, além desse limite, a um para cada duzentos e cinquenta mil habitantes. § 1º O número mínimo de deputados será de sete por Estado e pelo Distrito Federal e de um por Território. § 2º A representação que já houver sido fixada não poderá ser reduzida. Art. 59. Compete privativamente à Câmara dos Deputados: I – a declaração, pelo voto da maioria absoluta dos seus membros, da procedência ou improcedência da acusação contra o Presidente da República, nos termos do art. 88, e contra os ministros de Estado nos crimes conexos com os do Presidente da República; II – a iniciativa da tomada de contas do Presidente da República, mediante a designação de comissão especial, quando não forem elas apresentadas ao Congresso Nacional dentro de sessenta dias da abertura da sessão legislativa.	**SEÇÃO II** **Da Câmara dos Deputados** Art. 56. A Câmara dos Deputados compõe-se de representantes do povo, eleitos segundo o sistema de representação proporcional pelos Estados, pelo Distrito Federal e pelos Territórios. Art. 57. Cada Legislatura durará quatro anos. Art. 58. O número de deputados será fixado por lei, em proporção que não exceda um para cada cento e cinquenta mil habitantes até vinte deputados, e, além desse limite, um para cada duzentos e cinquenta mil habitantes. § 1º Cada Território terá um Deputado, e será de sete Deputados o número mínimo por Estado e pelo Distrito Federal. § 2º Não poderá se reduzida a representação já fixada. Art. 59. Compete privativamente à Câmara dos Deputados: I – a declaração, pelo voto da maioria absoluta dos seus membros, da procedência ou improcedência da acusação contra o Presidente da República, nos termos do art. 88, e contra os Ministros de Estado, nos crimes conexos com os do Presidente da República; II – a iniciativa da tomada de contas do Presidente da República, mediante designação de Comissão Especial, quando não forem apresentadas ao Congresso Nacional dentro de sessenta dias após a abertura da sessão legislativa.

SENADO FEDERAL

SEÇÃO III
Do Senado Federal

Art. 29. O Senado Federal compõe-se de representantes dos Estados e do Distrito Federal, eleitos segundo o princípio majoritário.

§ 1º Cada Estado, assim como o Distrito Federal, elegerá três senadores.

§ 2º O mandato dos senadores será de oito anos.

§ 3º A representação de cada Estado e do Distrito Federal renovar-á, de quatro em quatro anos, alternativamente, por um e por dois terços.

§ 4º Os senadores serão substituídos nos casos de vaga ou impedimento pelo suplente com eles eleito. Cada Estado elegerá um suplente.

Art. 30. O Vice-Presidente da República é o Presidente do Senado Federal, onde só terá voto de qualidade. Substituí-lo-á, nas ausências e impedimentos, o Vice-Presidente daquela câmara do Congresso Nacional.

Art. 31. Compete privativamente ao Senado Federal julgar o Presidente da República, assim como as demais autoridades federais indicadas por esta Constituição.

Parágrafo único. Quando funcionar como tribunal de justiça, o Senado Federal será presidido pelo Presidente do Supremo Tribunal Federal.

Art. 32. Compete ainda privativamente ao Senado Federal:

I – aprovar, mediante voto secreto, nomeação de magistrados, nos casos indicados na Constituição, e bem assim a do Procurador Geral da Re-

SENADO FEDERAL

SEÇÃO III
Do Senado Federal

Art. 60. O Senado Federal compõe-se de representantes de Estados e do Distrito Federal, eleitos segundo o princípio majoritário.

§ 1º Cada Estado, e bem assim o Distrito Federal, elegerá três senadores.

§ 2º O mandato de senador será de oito anos.

§ 3º A representação de cada Estado e do Distrito Federal renovar-se-á de quatro em quatro anos, alternativamente, por um e por dois terços.

§ 4º Substituirá o senador ou suceder-lhe-á, nos termos do art. 52, o seu suplente com ele eleito.

Art. 61. O Vice-Presidente da República é o Presidente do Senado Federal, onde terá voto de qualidade.

Art. 62. Compete privativamente ao Senado Federal julgar o Presidente da República nos crimes de responsabilidade, bem como os Ministros de Estado nos crimes de responsabilidade conexos com os do Presidente da República, e bem assim processar e julgar os Ministros do Supremo Tribunal Federal e o Procurador Geral da República nos crimes de responsabilidade.

§ 1º Quando funcionar como Tribunal de Justiça, o Senado Federal será dirigido pelo Presidente do Supremo Tribunal Federal.

§ 2º O Senado Federal só proferirá sentença por dois terços de votos.

§ 3º Não poderá o Senado Federal impor outras penas que não sejam a da perda do cargo e

SENADO FEDERAL

SEÇÃO III
Do Senado Federal

Art. 60. O Senado Federal compõe-se de representantes dos Estados e do Distrito Federal, eleitos segundo o princípio majoritário.

§ 1º Cada Estado, e bem assim o Distrito Federal, elegerá três Senadores.

§ 2º O mandato de Senador será de oito anos.

§ 3º A representação de cada Estado e a do Distrito Federal renovar-se-ão de quatro em quatro anos, alternadamente, por um e por dois terços.

§ 4º Substituirá o Senador, ou suceder-lhe-á nos termos do art. 52, o suplente com ele eleito.

Art. 61. O Vice-Presidente da República exercerá as funções de Presidente do Senado Federal, onde só terá voto de qualidade.

Art. 62. Compete privativamente ao Senado Federal:

I – julgar o Presidente da República nos crimes de responsabilidade e os Ministros de Estado nos crimes da mesma natureza conexos com os daquele;

II – processar e julgar os Ministros do Supremo Tribunal Federal e o Procurador-Geral da República, nos crimes de responsabilidade.

§ 1º Nos casos deste artigo, funcionará como Presidente do Senado e do Supremo Tribunal Federal.

§ 2º O Senado Federal só proferirá sentença condenatória pelo voto de dois terços dos seus membros.

§ 3º Não poderá o Senado Federal impor outra pena que não seja a da perda do cargo com ina-

pública, dos Ministros do Tribunal de Contas, do Prefeito do Distrito Federal e dos chefes de missão diplomática;

II – autorizar a intervenção federal nos Estados, no caso do nº IV do art. 117, e os empréstimos externos dos Estados, do Distrito Federal e dos Municípios.

Art. 33. Compete ainda ao Senado Federal suspender a execução, no todo ou em parte, de lei, decreto ou ato, declarados inconstitucionais pelo órgão competente.

da incapacidade para exercer outro, sem prejuízo da ação da justiça ordinária contra o condenado.

Art. 63. Também compete privativamente ao Senado Federal:

I – aprovar, mediante voto secreto, a nomeação de magistrados nos casos estabelecidos pela Constituição, e bem assim a do Procurador Geral da República, dos Ministros do Tribunal de Contas, do Prefeito do Distrito Federal e dos chefes de missão diplomática de caráter permanente;

II – autorizar os empréstimos externos dos Estados, do Distrito Federal e dos Municípios.

Art. 64. Incumbe ao Senado Federal suspender a execução, no todo ou em parte, de lei ou decreto declarados inconstitucionais por decisão definitiva do Supremo Tribunal Federal.

bilitação, até cinco anos, para o exercício de qualquer função pública, sem prejuízo da ação da justiça ordinária.

Art. 63. Também compete privativamente ao Senado Federal:

I – aprovar, mediante voto secreto, a escolha de magistrados, nos casos estabelecidos por esta Constituição, do Procurador-Geral da República, dos Ministros do Tribunal de Contas, do Prefeito do Distrito Federal, dos membros do Conselho Nacional de Economia e dos chefes de missão diplomática de caráter permanente;

II – autorizar os empréstimos externos dos Estados, do Distrito Federal e dos Municípios.

Art. 64. Incumbe ao Senado Federal suspender a execução, no todo ou em parte, de lei ou decreto declarados inconstitucionais por decisão definitiva do Supremo Tribunal Federal.

ATRIBUIÇÕES DO LEGISLATIVO	ATRIBUIÇÕES DO LEGISLATIVO	ATRIBUIÇÕES DO LEGISLATIVO

SEÇÃO IV
Das Atribuições do Congresso Nacional

Art. 34. Compete privativamente ao Congresso Nacional, com a sanção do Presidente da República:

I – votar anualmente o orçamento da receita e despesa;

II – autorizar a abertura de créditos, a realização de operações de crédito e as emissões de curso forçado;

III. – votar os tributos próprios da União, regular a arrecadação e distribuição de suas rendas;

IV – dispor sobre a dívida pública federal e os meios de pagá-las;

SEÇÃO IV
Das Atribuições do Poder Legislativo

Art. 65. Compete privativamente ao Congresso Nacional:

I – votar o orçamento;

II – votar os tributos próprios da União e regular a arrecadação e a distribuição de suas rendas;

III – dispor sobre a dívida pública federal e os meios de solvê-la;

IV – criar, por lei especial, cargos públicos e fixar os respectivos vencimentos, assim como extingui-los;

SEÇÃO IV
Das Atribuições do Poder Legislativo

Art. 65. Compete ao Congresso Nacional, com a sanção do Presidente da República:

I – votar o orçamento;

II – votar os tributos próprios da União e regular a arrecadação e a distribuição das suas rendas;

III – dispor sobre a dívida pública federal e os meios de solvê-la;

IV – criar e extinguir cargos públicos e fixar-lhes os vencimentos, sempre por lei especial;

V – votar a lei de fixação das forças armadas para o tempo de paz;

V – criar e extinguir cargos públicos federais, e fixar-lhes os vencimentos, sempre por lei especial;

VI – resolver sobre a execução de obras e manutenção de serviços da competência da União;

VII – votar, no início de cada legislatura, a lei de fixação das forças armadas;

VIII – transferir temporariamente a sede do Governo Federal;

IX – legislar sobre todas as matérias de competência da União (arts. 3º, 4º e 5º), ressalvado o disposto no artigo seguinte, assim como sobre as dependentes de lei federal, por força desta Constituição.

Art. 35. É da competência exclusiva do Congresso Nacional:

I – resolver definitivamente sobre os tratados e convenções celebrados com as nações estrangeiras pelo Presidente da República;

II – autorizar o Presidente da República a declarar a guerra e a fazer a paz;

III – autorizar o Presidente da República a conceder permissão para que forças estrangeiras transitem pelo território do país, ou nele permaneçam;

IV – autorizar a decretação do estado de sítio, e a sua prorrogação, e bem assim aprovar ou suspender o estado de sítio decretado, ou prorrogado, no intervalo das sessões legislativas;

V – aprovar ou suspender a intervenção federal, quando decretada pelo Presidente da República;

VI – conceder anistia;

VII – aprovar as resoluções das assembléias legislativas estaduais sobre a incorporação, subdivisão ou desmembramento dos Estados;

V – votar a lei de fixação das forças armadas para o tempo de paz;

VI – transferir temporariamente a sede do Governo Federal;

VII – resolver sobre limites do território nacional com Estados estrangeiros;

VIII – legislar, ressalvado o disposto no artigo seguinte, sobre bens do domínio federal e sobre todas as matérias da competência da União;

Art. 66. É da competência exclusiva do Congresso Nacional:

I – resolver definitivamente sobre os tratados e convenções celebradas com os Estados estrangeiros pelo Presidente da República;

II – autorizar o Presidente da República a declarar a guerra e a fazer a paz;

III – autorizar o Presidente da República a permitir que forças estrangeiras transitem pelo território do País ou, por motivo de guerra, nele permaneçam temporariamente;

IV – aprovar ou suspender a intervenção federal, quando decretada pelo Presidente da República;

V – conceder anistia;

VI – aprovar as resoluções das assembléias legislativas estaduais sobre a incorporação, subdivisão ou desmembramento dos Estados;

VII – autorizar o Presidente e o Vice-Presidente da República a se ausentarem do país;

VIII – autorizar a abertura de crédito, a realização das suas operações e as emissões de curso forçado;

VI – autorizar abertura e operações de crédito e emissões de curso forçado;

VII – transferir temporariamente a sede do Governo Federal;

VIII – resolver sobre limites do território nacional;

IX – legislar sobre bens do domínio federal e sobre todas as matérias da competência da União, ressalvado o disposto no artigo seguinte.

Art. 66 – É da competência exclusiva do Congresso Nacional:

I – resolver definitivamente sobre os tratados e convenções celebradas com os Estados estrangeiros pelo Presidente da República;

II – autorizar o Presidente da República a declarar a guerra e a fazer a paz;

III – autorizar o Presidente da República a permitir que forças estrangeiras transitem pelo território nacional ou, por motivo de guerra, nele permaneçam temporariamente;

IV – aprovar ou suspender a intervenção federal, quando decretada pelo Presidente da República;

V – conceder anistia;

VI – aprovar as resoluções das Assembléias Legislativas estaduais sobre incorporação, subdivisão ou desmembramento de Estados;

VII – autorizar o Presidente e o Vice-Presidente da República a se ausentarem do País;

VIII – julgar as contas do Presidente da República;

IX – fixar a ajuda de custo dos membros do

VIII – autorizar o Presidente da República a ausentar-se do país; IX – julgar as contas do Presidente da República; X – fixar a ajuda de custo e o subsídio dos membros do Congresso Nacional e o subsídio do Presidente e do Vice-Presidente da República; XI – mudar temporariamente a sua sede.	IX – julgar as contas do Presidente da República; X – fixar a ajuda de custo e o subsídio dos membros do Congresso Nacional, bem como os do Presidente e do Vice-Presidente da República; XI – mudar temporariamente a sua sede.	Congresso Nacional, bem como o subsídio destes e os do Presidente e do Vice-Presidente da República; X – mudar temporariamente a sua sede.
LEIS	LEIS	LEIS
SEÇÃO V Das Leis	SEÇÃO V Das Leis	SEÇÃO V Das Leis
Art. 36. A iniciativa das leis, ressalvados os casos de competência exclusiva, cabe ao Presidente da República e a qualquer membro ou Comissão da Câmara dos Deputados e do Senado Federal. § 1º Pertence exclusivamente à Câmara dos Deputados e ao Presidente da República a iniciativa da lei de fixação das forças armadas e de todas as leis sobre a matéria financeira. § 2º Guardada a competência da Câmara dos Deputados e do Senado Federal, assim como a dos tribunais federais, no que concerne aos respectivos serviços administrativos, compete exclusivamente ao Presidente da República a iniciativa das leis que criem empregos em serviços existentes, aumentem vencimentos, ou modifiquem, no decurso de cada legislatura, a lei de fixação das forças armadas. § 3º A discussão dos projetos de lei de iniciativa do Presidente da República começará na Câmara dos Deputados.	Art. 67. A iniciativa das leis, ressalvados os casos de competência exclusiva, cabe ao Presidente da República e a qualquer membro ou comissão da Câmara dos Deputados e do Senado Federal. § 1º Cabe à Câmara dos Deputados e ao Presidente da República a iniciativa da lei de fixação das forças armadas e de todas as leis sobre a matéria financeira. § 2º Ressalvada a competência da Câmara dos Deputados e do Senado, assim como a dos tribunais federais, no que concerne aos respectivos serviços administrativos, compete exclusivamente ao Presidente da República a iniciativa das leis que criem empregos em serviços existentes, aumentem vencimentos ou modifiquem, no decurso de cada legislatura, a lei de fixação das forças armadas. § 3º A discussão dos projetos de lei de iniciativa do Presidente da República terá início na Câmara dos Deputados.	Art. 67. A iniciativa das leis, ressalvados os casos de competência exclusiva, cabe ao Presidente da República e a qualquer membro ou Comissão da Câmara dos Deputados e do Senado Federal. § 1º Cabe à Câmara dos Deputados e ao Presidente da República a iniciativa da lei de fixação das forças armadas e de todas as leis sobre matéria financeira. § 2º Ressalvada a competência da Câmara dos Deputados, do Senado e dos tribunais federais, no que concerne aos respectivos serviços administrativos, compete exclusivamente ao Presidente da República a iniciativa das leis que criem empregos em serviços existentes, aumentem vencimentos ou modifiquem, no decurso de cada Legislatura, a lei de fixação das forças armadas. § 3º A discussão dos projetos de lei de iniciativa do Presidente da República começará na Câmara dos Deputados.

Art. 37. O projeto de lei, adotado numa das câmaras, será revisto na outra. Esta, se o aprovar, enviá-lo-á à sanção ou promulgação.

Parágrafo único. A revisão será discutida e votada num só turno, se a câmara revisora for o Senado Federal; se for a Câmara dos Deputados, em dois turnos no máximo.

Art. 38. O projeto de uma câmara, emendado na outra, volverá à primeira, que se pronunciará sobre a modificação, aceitando-a ou rejeitando-a.

§ 1º No caso de rejeição, voltará o projeto à câmara revisora. Se a modificação obtiver o voto da maioria absoluta dos seus membros, se considerará aprovada, sendo então, com o projeto, remetida à câmara iniciadora, que só poderá recusá-la pela mesma maioria.

§ 2º Nos termos da votação final, será o projeto mandado à sanção ou promulgação.

Art. 39. Nos casos do art. 34, a câmara, onde se concluir a votação de um projeto, enviá-lo-á ao Presidente da República, que, aquiescendo, o sancionará.

§ 1º Se o Presidente da República julgar o projeto, no todo ou em parte, inconstitucional ou contrário aos interesses nacionais, o vetará, total ou parcialmente, dentro de dez dias úteis daquele em que o receber, comunicando, neste mesmo prazo, à câmara onde ele houver iniciado, os motivos do veto.

§ 2º No intervalo das sessões legislativas o veto será comunicado à Comissão Permanente, que de tudo dará publicidade, convocando extraordinariamente o Congresso Nacional para deliberar sobre

Art. 68. O projeto de lei adotado numa das câmaras, será revisto pela outra, que, aprovando-o, o enviará à sanção ou à promulgação.

Parágrafo único. A revisão será discutida e votada num só turno, se a Câmara revisora for o Senado Federal; se for a Câmara dos Deputados, em um ou dois turnos.

Art. 69. Se o projeto de uma câmara for emendado na outra, volverá à primeira, a fim de se pronunciar acerca da modificação, aceitando-a ou rejeitando-a.

§ 1º No caso de rejeição, volverá o projeto à Câmara revisora. Se a modificação obtiver o voto da maioria absoluta dos seus membros, considerar-se-á aprovado, sendo, então, remetida com o projeto à câmara iniciadora, que só poderá recusá-la por igual maioria.

§ 2º Nos termos da votação final, será o projeto mandado à sanção ou promulgação.

Art. 70. Nos casos do art. 65, a câmara, onde se concluir a votação de um projeto, enviá-lo-á ao Presidente da República, que, aquiescendo, o sancionará.

§ 1º Se o Presidente da República julgar o projeto, no todo ou em parte, inconstitucional ou contrário aos interesses nacionais, vetá-lo-á, total ou parcialmente, dentro de dez dias úteis, contados do em que o receber, e comunicará, nesse mesmo prazo, à Câmara onde ele se houver iniciado, os motivos do veto. Negada a sanção quando estiver finda a sessão legislativa, o Presidente da República dará publicidade às suas razões.

Art. 68. O projeto de lei adotado numa das Câmaras, será revisto pela outra, que, aprovando-o, o enviará à sanção ou à promulgação (arts. 70 e 71).

Parágrafo único. A revisão será discutida e votada num só turno.

Art. 69. Se o projeto de uma Câmara for emendado na outra, volverá à primeira para que se pronuncie acerca da modificação, aprovando-a ou não.

Parágrafo único. Nos termos da votação final, será o projeto enviado à sanção.

Art. 70. Nos casos do art. 65, a Câmara onde se concluir a votação de um projeto enviá-lo-á ao Presidente da República, que, aquiescendo, o sancionará.

§ 1º Se o Presidente da República julgar o projeto, no todo ou em parte, inconstitucional ou contrário aos interesses nacionais, vetá-lo-á, total ou parcialmente, dentro de dez dias úteis, contados daquele em que o receber, e comunicará no mesmo prazo, ao Presidente do Senado Federal, os motivos do veto. Se a sanção for negada quando estiver finda a sessão legislativa, o Presidente da República publicará o veto.

§ 2º Decorrido o decêndio, o silêncio do Presidente da República importará sanção.

§ 3º Comunicado o veto ao Presidente do Senado Federal, este conhecerá as duas Câmaras para, em sessão conjunta, dele conhecerem, considerando-se aprovado o projeto que obtiver o voto de dois terços dos Deputados e Senadores presentes. Neste caso, será o projeto enviado para promulgação ao Presidente da República.

a matéria, sempre que assim considerar necessário aos interesses nacionais.

§ 3º Comunicado o veto à câmara iniciadora, aí se sujeitará o projeto a uma discussão e votação, considerando-se aprovado, se obtiver o voto da maioria absoluta dos seus membros. Neste caso, será remetido à outra câmara, que, se o aprovar pelo mesmo trâmite, e pela mesma maioria, o enviará ao Presidente da República, para a promulgação.

§ 4º O silêncio do Presidente da República, no decêndio, importa sanção.

§ 5º Se a lei não for promulgada, dentro de quarenta e oito horas, pelo Presidente da República, nos casos do § 3º e do § 4º deste artigo, o presidente da câmara iniciadora a promulgará.

Art. 40. Nos casos do art. 35, considerar-se-á, com a votação final, encerrada a elaboração da lei, que será promulgada pelo presidente da câmara iniciadora.

Art. 41. Os projetos de lei rejeitados ou não sancionados, só se poderão renovar na mesma sessão legislativa mediante proposta da maioria absoluta dos membros de qualquer das câmaras.

Art. 42. Serão mandados publicar, pelo presidente da câmara iniciadora, as leis da competência exclusiva do Congresso Nacional, e as que, não sancionadas ou não promulgadas pelo Presidente da República, vierem a ser promulgadas pelo presidente de uma das duas câmaras.

§ 2º Comunicado o veto ao Presidente do Senado Federal, este convocará as duas Câmaras para, em sessão conjunta, dele conhecerem, considerando-se aprovado o projeto que obtiver o voto de dois terços dos representantes presentes. Neste caso, será o projeto enviado, para promulgação, ao Presidente da República.

§ 3º O silêncio do Presidente da República, depois do decêndio, importa sanção.

§ 4º Se a lei não for promulgada dentro de 48 horas pelo Presidente da República, nos casos dos parágrafos 2º e 3º, o Presidente do Senado a promulgará; e se este não o fizer em igual prazo, fá-lo-á o Vice-Presidente do Senado.

Art. 71. Nos casos do art. 66, considerar-se-á, com a votação final, encerrada a elaboração da lei, que será promulgada pelo presidente do Senado.

Art. 72. Os projetos de lei rejeitados ou não sancionados só se poderão renovar na mesma sessão legislativa mediante proposta da maioria absoluta dos membros de qualquer das Câmaras.

§ 4º Se a lei não for promulgada dentro de 48 horas pelo Presidente da República, nos casos dos §§ 2º e 3º, o Presidente do Senado a promulgará; e, se este não o fizer em igual prazo, fá-lo-á o Vice-Presidente do Senado.

Art. 71. Nos casos do art. 66, considerar-se-á, com a votação final, encerrada a elaboração da lei, que será promulgada pelo Presidente do Senado.

Art. 72. Os projetos de lei rejeitados ou não sancionados só se poderão renovar na mesma sessão legislativa mediante proposta da maioria absoluta dos membros de qualquer das Câmaras.

ORÇAMENTO

CAPÍTULO II
Da Elaboração dos Orçamentos e da Abertura de Créditos Extra-Orçamentários

SEÇÃO I
Disposições Gerais

Art. 134. O orçamento será uno, incorporando-se obrigatoriamente à receita todas as rendas e suprimentos de fundos, e incluindo-se discriminadamente na despesa as dotações necessárias ao custeio de todos os serviços públicos.

§ 1º A lei de orçamento não conterá dispositivo estranho à receita prevista e à despesa fixada para os serviços anteriormente criados. Não se incluem nesta proibição:

I – a autorização para abertura de créditos suplementares e operações de crédito por antecipação de receita;

II – a aplicação de saldo, ou o modo de cobrir o déficit.

§ 2º O orçamento da despesa dividir-se-á em duas partes: uma fixa que não poderá ser alterada senão em virtude de lei anterior; outra variável, que obedecerá à rigorosa especialização.

Art. 135. Prorrogar-se-á o orçamento vigente, se até 15 de dezembro o vindouro não tiver sido enviado à sanção.

Art. 136. Os padrões orçamentários fixados mediante convenção entre a União e os Estados serão obrigatórios em todo o país.

Art. 137. São vedados os atos seguintes:

I – estorno de verbas;

ORÇAMENTO

SEÇÃO VI
Da Elaboração dos Orçamentos

Art. 73. O orçamento será uno, incorporando-se à receita, obrigatoriamente, todas as rendas e suprimentos de fundos, e incluindo-se discriminadamente na despesa as dotações necessárias ao custeio de todos os serviços públicos.

§ 1º A lei de orçamento não conterá dispositivo estranho à previsão da receita e à fixação da despesa para os serviços anteriormente criados. Não se incluem nessa proibição:

I – a autorização para abertura de créditos suplementares e operações de crédito por antecipação da receita;

II – a aplicação de saldo e o modo de cobrir o déficit.

§ 2º O orçamento da despesa dividir-se-á em duas partes: uma fixa, que não poderá ser alterada senão em virtude de lei anterior; outra variável, que obedecerá à rigorosa especialização.

Art. 74. Prorrogar-se-á o orçamento vigente, se até 30 de novembro vindouro não tiver sido enviado à sanção.

Art. 75. São vedados os atos seguintes:

I – estorno de verbas;

II – concessão de créditos ilimitados;

III – abertura de crédito adicional sem autorização legislativa.

Parágrafo único. A abertura de crédito extraordinário só será admitida por necessidade urgente e imprevista, em caso de calamidade pública, comoção intestina ou guerra.

ORÇAMENTO

SEÇÃO VI
Do Orçamento

Art. 73. O orçamento será uno, incorporando-se à receita, obrigatoriamente, todas as rendas e suprimentos de fundos, e incluindo-se discriminadamente na despesa as dotações necessárias ao custeio de todos os serviços públicos.

§ 1º A lei de orçamento não conterá dispositivo estranho à previsão da receita e à fixação da despesa para os serviços anteriormente criados. Não se incluem nessa proibição:

I – a autorização para abertura de créditos suplementares e operações de crédito por antecipação da receita;

II – a aplicação do saldo e o modo de cobrir o déficit.

§ 2º O orçamento da despesa dividir-se-á em duas partes: uma fixa, que não poderá ser alterada senão em virtude de lei anterior; outra variável, que obedecerá à rigorosa especialização.

Art. 74. Se o orçamento não tiver sido enviado à sanção até 30 de novembro, prorrogar-se-á para o exercício seguinte o que estiver em vigor.

Art. 75. São vedados o estorno de verbas, a concessão de créditos ilimitados e a abertura, sem autorização legislativa, de crédito especial.

Parágrafo único. A abertura de crédito extraordinário só será admitida por necessidade urgente ou imprevista, em caso de guerra, comoção intestina ou calamidade pública.

	TRIBUNAL DE CONTAS	TRIBUNAL DE CONTAS
II – concessão de créditos ilimitados; III – abertura de crédito especial ou suplementar sem expressa autorização legislativa. Parágrafo único. A abertura de crédito extraordinário só será admitida por necessidade urgente, e imprevista, em caso de calamidade pública, comoção intestina ou guerra.	Art. 142. O Tribunal de Contas tem sede na Capital da República e jurisdição em todo o território nacional. A sua organização será regulada pela lei. § 1º As condições de investidura dos Ministros do Tribunal de Contas são as mesmas das dos juízes dos Tribunais Federais de Recursos. § 2º Aos Ministros do Tribunal de Contas são assegurados os mesmos direitos, garantias e prerrogativas, assim como os mesmos vencimentos dos juízes dos Tribunais Federais de Recursos. § 3º Ao Tribunal de Contas se estenderá, no que lhe for aplicável, o disposto no art. 73. Art. 143. Compete ao Tribunal de Contas: I – acompanhar e fiscalizar, diretamente ou por delegados seus, a execução orçamentária; II – julgar privativamente as contas ou outros bens públicos, inclusive as dos administradores das entidades autárquicas e paraestatais; III – julgar da legalidade dos contratos e das aposentadorias, reformas e pensões. § 1º Os contratos que, por qualquer modo, interessem à receita ou à despesa só se reputarão perfeitos e acabados depois de registrados pelo Tribunal de Contas. A recusa do registro suspen-	Art. 76. O Tribunal de Contas tem a sua sede na Capital da República e jurisdição em todo o território nacional. § 1º Os Ministros do Tribunal de Contas serão nomeados pelo Presidente da República, com prévia aprovação do Senado Federal, e terão os mesmos direitos, garantias, prerrogativas e vencimentos dos juízes dos Tribunais Federais de Recursos. § 2º Tribunal de Contas terá as mesmas atribuições dos tribunais judiciários constantes do art. 97, bem como terá quadro próprio para o seu pessoal. Art. 77. Compete ao Tribunal de Contas: I – acompanhar e fiscalizar diretamente, ou por delegações criadas em lei, a execução do orçamento; II – julgar as contas dos responsáveis por dinheiros e outros bens públicos, e as dos administradores das entidades autárquicas; III – julgar da legalidade dos contratos e das aposentadorias, reformas e pensões. § 1º Os contratos que, por qualquer modo, interessarem à receita ou à despesa só se reputa-	Art. 76. O Tribunal de Contas tem a sua sede na Capital da República e jurisdição em todo o território nacional. § 1º Os Ministros do Tribunal de Contas serão nomeados pelo Presidente da República, depois de aprovada a escolha pelo Senado Federal, e terão os mesmos direitos, garantias, prerrogativas e vencimentos dos Juízes do Tribunal Federal de Recursos. § 2º O Tribunal de Contas exercerá, no que lhe diz respeito, as atribuições constantes do art. 97, e terá quadro próprio para o seu pessoal. Art. 77. Compete ao Tribunal de Contas: I – acompanhar e fiscalizar diretamente, ou por delegações criadas por lei, a execução do orçamento; II – julgar privativamente as contas dos responsáveis por dinheiros e outros bens públicos, assim como as dos administradores das entidades autárquicas; III – julgar da legalidade dos contratos e das aposentadorias, reformas e pensões. § 1º Os contratos que, por qualquer modo, interessarem à receita ou à despesa só se reputa-

de a execução do contrato até o pronunciamento do Congresso Nacional.

§ 2º Será sujeito ao registro do Tribunal de Contas, prévio ou posterior, conforme a lei determinar, qualquer ato de administração pública, de que resulte obrigação de pagamento pelo Tesouro Nacional, ou por conta deste.

§ 3º Em todos os casos, a recusa do registro, por falta de saldo no crédito ou por imputação a crédito impróprio, tem caráter proibitivo. Quando a recusa tiver outro fundamento, a despesa poderá efetuar-se após o despacho do Presidente da República, registro sob reserva do Tribunal de Contas e recurso *ex-offício* para o Congresso Nacional.

§ 4º O Tribunal de contas dará parecer prévio, no prazo de sessenta dias, sobre as contas que o Presidente da República deve anualmente prestar ao Congresso Nacional. Se estas não lhe forem enviadas no prazo legal, comunicará o fato ao Congresso Nacional para os fins de direito, apresentando-lhe, num ou noutro caso, minucioso relatório do exercício financeiro terminado.

Art. 144. A lei estadual organizará os tribunais estaduais de contas.

Parágrafo único. A nomeação dos membros desses tribunais dependerá de aprovação das assembléias legislativas, mediante voto da maioria absoluta dos seus membros.

Art. 145. A organização do Tribunal de Contas do Distrito Federal será regulada por lei federal.

Art. 146. A fiscalização da administração financeira em cada município cabe à sua câmara municipal, mediante julgamento das contas do prefeito.

rão perfeitos depois de registrados pelo Tribunal de Contas. A recusa do registro suspenderá a execução do contrato até que se pronuncie o Congresso Nacional.

§ 2º Será sujeito a registro no Tribunal de Contas, prévio ou posterior, conforme a lei o determinar, qualquer ato de administração pública de que resulte obrigação de pagamento pelo Tesouro nacional ou por conta deste.

§ 3º Em qualquer caso, a recusa do registro por falta de saldo no crédito ou por imputação a crédito impróprio terá caráter proibitivo. Quando a recusa tiver outro fundamento, a despesa poderá efetuar-se após despacho do Presidente da República, registro sob reserva do Tribunal de Contas e recurso *ex-offício* para o Congresso Nacional.

§ 4º O Tribunal de contas dará parecer prévio, no prazo de sessenta dias, sobre as contas que o Presidente da República deverá prestar anualmente ao Congresso Nacional. Se elas não lhe forem enviadas no prazo da lei, comunicará o fato ao Congresso Nacional para os fins de direito, apresentando-lhe, num ou noutro caso, minucioso relatório do exercício financeiro terminado.

rão perfeitos depois de registrados pelo Tribunal de Contas. A recusa do registro suspenderá a execução do contrato até que se pronuncie o Congresso Nacional.

§ 2º Será sujeito ao registro no Tribunal de Contas, prévio ou posterior, conforme a lei o determinar, qualquer ato de administração pública de que resulte obrigação de pagamento pelo Tesouro Nacional ou por conta deste.

§ 3º Em qualquer caso, a recusa do registro, por falta de saldo de crédito ou por imputação a crédito impróprio, tem caráter proibitivo. Quando a recusa tiver outro fundamento, a despesa poderá efetuar-se após despacho do Presidente da República, registro sob reserva do Tribunal de Contas e recurso *ex-offício* para o Congresso Nacional.

§ 4º O Tribunal de contas dará parecer prévio, no prazo de sessenta dias, sobre as contas que o Presidente da República deverá prestar anualmente ao Congresso Nacional. Se elas não lhe forem enviadas no prazo da lei, comunicará o fato ao Congresso Nacional para os fins de direito, apresentando-lhe, num ou noutro caso, minucioso relatório do exercício financeiro encerrado.

§ 1º Sempre que ocorrer abuso na gestão dos dinheiros ou outros bens públicos municipais, poderá qualquer vereador, nos termos da constituição estadual, recorrer do julgamento das contas do prefeito para o tribunal estadual de contas, que apurará devidamente as responsabilidades.

§ 2º Se julgar procedente o recurso, o tribunal estadual de contas solicitará ao governo do Estado que intervenha no município, exclusivamente com o fim de regularizar as suas finanças.

COMISSÃO PERMANENTE

SEÇÃO VI
Da Comissão Permanente do Congresso Nacional

Art. 43. A Comissão Permanente do Congresso Nacional compor-se-á de vinte e dois deputados e onze senadores, escolhidos pela respectiva câmara, no final de cada sessão legislativa, observado o critério estabelecido pelo § 2º do art. 11.

Art. 44. Compete à Comissão Permanente:

I – velar na observância da Constituição, no que respeita às prerrogativas do Congresso Nacional;

II – providenciar sobre os vetos presidenciais, na forma do § 2º do art. 39;

III – autorizar o Presidente da República a declarar a guerra, em caso de invasão ou agressão estrangeira;

IV – autorizar, *ad referendum* do Congresso Nacional, a decretação e a prorrogação do estado de sítio;

V – autorizar o Presidente da República a ausentar-se do país;

VI – resolver sobre a prisão do deputado ou senador, *ad referendum* da sua câmara;

VII – criar comissões especiais de inquérito sobre fato determinado, com observância do disposto no § 2º do art. 11;

VIII – convocar extraordinariamente o Congresso Nacional.

Art. 45. Na abertura da sessão legislativa, a Comissão Permanente apresentará à Câmara dos Deputados e ao Senado Federal relatório dos seus trabalhos.

Art. 46. Os membros da Comissão Permanente terão, no exercício das suas funções, direito à parte do subsidio, correspondente ao comparecimento.

SEÇÃO VII
Do Comparecimento dos Ministros de Estado

Art. 47. A Câmara dos Deputados e o Senado Federal podem convocar qualquer Ministro de Estado para lhes prestar informações sobre questões previamente indicadas, atinentes ao seu Ministério.

Parágrafo único. A falta de comparecimento, sem justificação, importa crime de responsabilidade.

Art. 48. A faculdade de que trata o artigo anterior cabe, nos mesmos termos, às comissões das duas câmaras.

Art. 49. A Câmara dos Deputados e o Senado Federal, assim como as suas comissões, designarão dia e hora para ouvir o Ministro de Estado que lhes queira prestar esclarecimentos ou solicitar providências legislativas.

PRESIDENTE E VICE-PRESIDENTE DA REPÚBLICA	PRESIDENTE E VICE-PRESIDENTE DA REPÚBLICA	PRESIDENTE E VICE-PRESIDENTE DA REPÚBLICA
CAPÍTULO III Do Poder Executivo SEÇÃO I Do Presidente e do Vice-Presidente da República Art. 50. O Poder Executivo é exercido pelo Presidente da República. Art. 51. Substitui o Presidente, no caso de impedimento, e sucede-lhe, no de vaga, o Vice-Presidente da República. Art. 52. São condições de elegibilidade para Presidente e Vice-Presidente da República: I – ser brasileiro nato; II – estar no exercício dos direitos políticos; III – ser maior de trinta e cinco anos. Art. 53. O Presidente e o Vice-Presidente da República serão eleitos simultaneamente, em todo o país, por maioria de votos, cento e vinte dias antes do término do período presidencial. Parágrafo único. Vagando o cargo de Presidente e também o de Vice-Presidente da República, far-se-á nova eleição para ambos, sessenta dias depois de aberta a última vaga. Art. 54. O Presidente e o Vice-Presidente da República exercerão o cargo por seis anos. Art. 55. O Presidente e o Vice-Presidente da República tomarão posse em sessão do Congresso Nacional ou, se este não estiver reunido, perante o Supremo Tribunal Federal.	**CAPÍTULO III** Do Poder Executivo SEÇÃO I Do Presidente e do Vice-Presidente da República Art. 78. O Poder Executivo é exercido pelo Presidente da República. Art. 79. Substitui o Presidente, no caso de impedimento, e sucede-lhe, no de vaga, o Vice-Presidente da República. § 1º Em caso de impedimento ou vaga do Presidente e do Vice-Presidente da República, serão sucessivamente chamados ao exercício da presidência o Presidente da Câmara dos Deputados, o Vice-Presidente do Senado Federal e o Presidente do Supremo Tribunal Federal. § 2º Vagando o cargo de Presidente e Vice-Presidente da República, far-se-á nova eleição sessenta dias depois de aberta a última vaga. Se as vagas ocorrerem na segunda metade do período governamental, a eleição para ambos os cargos será feita trinta dias depois da última vaga pelo Congresso Nacional, na forma prescrita em lei, devendo os eleitos completar o período dos seus antecessores. Art. 80. São condições de elegibilidade para Presidente e Vice-Presidente da República: I – ser brasileiro nato (Art. 129, I e II); II – estar no exercício dos direitos políticos; III – ser maior de trinta e cinco anos.	**CAPÍTULO III** Do Poder Executivo SEÇÃO I Do Presidente e do Vice-Presidente da República Art. 78. O Poder Executivo é exercido pelo Presidente da República. Art. 79. Substitui o Presidente, em caso de impedimento, e sucede-lhe, no de vaga, o Vice-Presidente da República. § 1º Em caso de impedimento ou vaga do Presidente e do Vice-Presidente da República, serão sucessivamente chamados ao exercício da presidência o Presidente da Câmara dos Deputados, o Vice-Presidente do Senado Federal e o Presidente do Supremo Tribunal Federal. § 2º Vagando os cargos de Presidente e Vice-Presidente da República, far-se-á eleição sessenta dias depois de aberta a última vaga. Se as vagas ocorrerem na segunda metade do período presidencial, a eleição para ambos os cargos será feita, trinta dias depois da última vaga, pelo Congresso Nacional, na forma estabelecida em lei. Em qualquer dos casos, os eleitos deverão completar o período dos seus antecessores. Art. 80. São condições de elegibilidade para Presidente e Vice-Presidente da República: I – ser brasileiro (art. 129, I e II); II – estar no exercício dos direitos políticos; III – ser maior de trinta e cinco anos.

Parágrafo único. O Presidente da República, ou quem lhe suceder, pronunciará, no ato da posse, esse compromisso: "Prometo manter e cumprir com lealdade a Constituição Federal, promover o bem geral da República, observar as suas leis, sustentar-lhe a união, a integridade e a independência".

Art. 56. Se, decorridos trinta dias, da data fixada para a posse, o Presidente ou Vice-Presidente da República não tiver, salvo por motivo de doença, assumido o cargo, declará-lo-á vago o Tribunal Superior Eleitoral.

Art. 57. Em caso de impedimento ou vaga do Presidente e do Vice-Presidente da República, serão sucessivamente chamados ao exercício da presidência o Presidente da Câmara dos Deputados, o Vice-Presidente do Senado Federal e o Presidente do Supremo Tribunal Federal.

Art. 58. O Presidente e o Vice-Presidente da República não podem sair do país, sob pena de perda do cargo, sem permissão do Congresso Nacional, ou, não estando este reunido, da Comissão Permanente.

Art. 59. O Presidente e o Vice-Presidente da República perceberão subsídio que será fixado pelo Congresso Nacional, no último ano da legislatura anterior à sua eleição.

Art. 81. O Presidente e o Vice-Presidente da República serão eleitos simultaneamente, em todo o País, cento e vinte dias antes do término do período do mandato governamental.

Art. 82. O Presidente e o Vice-Presidente da República exercerão o cargo por cinco anos.

Art. 83. O Presidente e o Vice-Presidente da República tomarão posse em sessão do Congresso Nacional ou, se este não estiver reunido, perante o Supremo Tribunal Federal.

Parágrafo único. O Presidente da República, prestará compromisso no ato da posse, nestes termos: "Prometo manter e cumprir com lealdade a Constituição Federal, promover o bem geral da República, observar as suas leis, sustentar-lhe a união, a integridade e a independência."

Art. 84. Se, decorridos trinta dias da data fixada para a posse, o Presidente ou o Vice-Presidente da República não tiver, salvo por motivo de doença, assumido o cargo, este será declarado vago pelo Tribunal Superior Eleitoral.

Art. 85. O Presidente e o Vice-Presidente da República não poderão sair do país, sob pena de perda do cargo, sem permissão do Congresso Nacional.

Art. 86. No último ano da legislatura anterior à eleição para Presidente e Vice-Presidente da República, serão fixados os seus subsídios pelo Congresso Nacional.

Art. 81. O Presidente e o Vice-Presidente da República serão eleitos simultaneamente, em todo o País, cento e vinte dias antes do término do período presidencial.

Art. 82. O Presidente e o Vice-Presidente da República exercerão o cargo por cinco anos.

Art. 83. O Presidente e o Vice-Presidente da República tomarão posse em sessão do Congresso Nacional ou, se este não estiver reunido, perante o Supremo Tribunal Federal.

Parágrafo único. O Presidente da República prestará, no ato da posse, este compromisso: "Prometo manter, defender e cumprir a Constituição da República, observar as suas leis, promover o bem geral do Brasil, sustentar-lhe a união, a integridade e a independência."

Art. 84. Se, decorridos trinta dias da data fixada para a posse, o Presidente ou o Vice-Presidente da República não tiver, salvo por motivo de doença, assumido o cargo, este será declarado vago pelo Tribunal Superior Eleitoral.

Art. 85. O Presidente e o Vice-Presidente da República não poderão ausentar-se do País sem permissão do Congresso Nacional, sob pena de perda do cargo.

Art. 86. No último ano da legislatura anterior à eleição para Presidente e Vice-Presidente da República, serão fixados os seus subsídios pelo Congresso Nacional.

ATRIBUIÇÕES DO PRESIDENTE	ATRIBUIÇÕES DO PRESIDENTE	ATRIBUIÇÕES DO PRESIDENTE
SEÇÃO II Das Atribuições do Presidente da República Art. 60. Compete privativamente ao Presidente da República: I – sancionar, promulgar e fazer publicar as leis e expedir decretos para a sua fiel execução; II – vetar projetos de lei votados pelo Congresso Nacional; III – nomear e demitir livremente os Ministros de Estado; IV – nomear, com aprovação do Senado Federal, e livremente demitir o Prefeito do Distrito Federal; V – prover, com as ressalvas da Constituição, e na forma da lei, os cargos públicos federais; VI – manter relações com as nações estrangeiras; VII – celebrar tratados e convenções internacionais, *ad referendum* do Congresso Nacional; VIII – declarar a guerra, depois de autorizado pelo Congresso Nacional, ou, em caso de invasão ou agressão estrangeira, verificada no intervalo das sessões legislativas, mediante autorização da Comissão Permanente; IX – dirigir a política da guerra e nomear os comandantes-chefes das forças armadas em operações; X – fazer a paz, mediante autorização e *ad referendum* do Congresso Nacional; XI – permitir, com autorização do Congresso Nacional, que forças estrangeiras transitem pelo território do país, ou nele permaneçam;	**SEÇÃO II** Das Atribuições do Presidente da República Art. 87. Compete privativamente ao Presidente da República: I – sancionar, promulgar e fazer publicar as leis e expedir decretos para a sua fiel execução; II – vetar, nos termos do art. 70, § 1º, os Projetos de lei; III – nomear e demitir os Ministros de Estado; IV – nomear, com prévia aprovação do Senado Federal, e demitir o Prefeito do Distrito Federal; V – prover, na forma da lei, e com as ressalvas estatuídas pela Constituição, os cargos públicos federais; VI – manter relações com Estados estrangeiros; VII – celebrar tratados e convenções internacionais *ad referendum* do Congresso Nacional; VIII – declarar guerra, depois de autorizado pelo Congresso Nacional, e sem essa autorização no caso de invasão ou agressão estrangeira, quando verificada no intervalo das sessões legislativas; IX – fazer a paz, com autorização e *ad referendum* do Congresso Nacional. X – permitir, depois de autorizado pelo Congresso Nacional, e, sem essa autorização, no intervalo das sessões legislativas, que forças estrangeiras transitem pelo território do País ou, por motivo de guerra, nele permaneçam temporariamente; XI – exercer o comando supremo das forças armadas, administrando-as por intermédio dos órgãos competentes;	**SEÇÃO II** Das Atribuições do Presidente da República Art. 87. Compete privativamente ao Presidente da República: I – sancionar, promulgar e fazer publicar as leis e expedir decretos e regulamentos para a sua fiel execução; II – vetar, nos termos do art. 70, § 1º, os projetos de lei; III – nomear e demitir os Ministros de Estado; IV – nomear e demitir o Prefeito do Distrito Federal (art. 26, §§ 1º e 2º) e os membros do Conselho Nacional de Economia (art. 205, § 1º); V – prover, na forma da lei, e com as ressalvas estatuídas por esta Constituição, os cargos públicos federais; VI – manter relações com Estados estrangeiros; VII – celebrar tratados e convenções internacionais *ad referendum* do Congresso Nacional; VIII – declarar guerra, depois de autorização pelo Congresso Nacional, ou sem essa autorização no caso de agressão estrangeira, quando verificada no intervalo das sessões legislativas; IX – fazer a paz, com autorização e *ad referendum* do Congresso Nacional; X – permitir, depois de autorizado pelo Congresso Nacional, ou sem essa autorização, no intervalo das sessões legislativas, que forças estrangeiras transitem pelo território do país ou, por motivo de guerra, nele permaneçam temporariamente;

XII – exercer a chefia suprema das forças armadas, administrando-as por intermédio dos órgãos do alto comando; XIII – decretar a mobilização das forças armadas; XIV – decretar o estado de sítio, nos termos desta Constituição; XV – intervir nos Estados, e neles executar a intervenção federal, nos termos dos arts. 119 e 120; XVI – exercer o direito de graça, nos crimes políticos e militares, nos que atentarem contra o patrimônio da União, e nos funcionais os servidores federais, salvo no caso de que trata o art. 66; XVII – autorizar cidadãos brasileiros a aceitar pensão, emprego ou comissão de governo estrangeiro; XVIII – convocar extraordinariamente o Congresso Nacional; XIX – enviar à Câmara dos Deputados, dentro do primeiro mês da sessão legislativa, a proposta de orçamento; XX – prestar anualmente ao Congresso Nacional, dentro de sessenta dias da abertura da sessão legislativa, as contas relativas ao exercício anterior; XXI – remeter anualmente, por ocasião da abertura da sessão legislativa, mensagem ao Congresso Nacional, dando-lhe conta da situação do país e solicitando-lhe as providências que julgue necessárias.	XII – decretar a mobilização total ou parcial das forças armadas; XIII – decretar o estado de sítio, nos termos desta Constituição; XIV – decretar e executar a intervenção federal, nos termos dos arts. 7º a 14; XV – autorizar brasileiros a aceitarem pensão, emprego ou comissão de governo estrangeiro; XVI – enviar à Câmara dos Deputados, dentro dos primeiros dois meses da sessão legislativa, a proposta de orçamento; XVII – prestar anualmente ao Congresso Nacional, dentro de sessenta dias após a abertura da sessão legislativa, as contas relativas ao exercício anterior; XVIII – remeter mensagem ao Congresso Nacional, por ocasião da abertura da sessão legislativa, dando-lhe conta da situação do País e solicitando-lhe as providências que julgar necessárias; XIX – conceder indulto e comutar penas, com audiência dos órgãos instituídos em lei.	XI – exercer o comando supremo das forças armadas, administrando-as por intermédio dos órgãos competentes; XII – decretar a mobilização total ou parcial das forças armadas; XIII – decretar o estado de sítio nos termos desta Constituição; XIV – decretar e executar a intervenção federal nos termos dos arts. 7º a 14; XV – autorizar brasileiros a aceitarem pensão, emprego ou comissão de governo estrangeiro; XVI – enviar à Câmara dos Deputados, dentro dos primeiros dois meses da sessão legislativa, a proposta de orçamento; XVII – prestar anualmente ao Congresso Nacional, dentro de sessenta dias após a abertura da sessão legislativa, as contas relativas ao exercício anterior; XVIII – remeter mensagem ao Congresso Nacional por ocasião da abertura da sessão legislativa, dando conta da situação do país e solicitando as providências que julgar necessárias; XIX – conceder indulto e comutar penas, com audiência dos órgãos instituídos em lei.

RESPONSABILIDADE DO PRESIDENTE	RESPONSABILIDADE DO PRESIDENTE	RESPONSABILIDADE DO PRESIDENTE
SEÇÃO III Da Responsabilidade do Presidente da República	**SEÇÃO III** Da Responsabilidade do Presidente da República	**SEÇÃO III** Da Responsabilidade do Presidente da República
Art. 61. O Presidente da República será submetido a processo e julgamento, depois que a Câmara dos Deputados declarar procedente a acusação, perante o Supremo Tribunal Federal, nos crimes comuns, e, nos de responsabilidade, perante o Senado Federal. Parágrafo único. Declarada a procedência da acusação, ficará o Presidente da República suspenso das suas funções. Art. 62. São crimes de responsabilidades os atos do Presidente da República que atentarem contra: I – a constituição Federal; II – o Regime democrático; III – a existência da União; IV – o livre exercício do Poder Legislativo e do Poder Judiciário, assim como dos poderes constitucionais dos Estados; V – o exercício dos direitos políticos, individuais e sociais; VI – a segurança interna do país; VII – a probidade da administração; VIII – a lei orçamentária; IX – a guarda e o legal emprego dos dinheiros públicos; X – o cumprimento das decisões judiciárias. Parágrafo único. Esses crimes serão definidos em lei especial, que lhes regulará a acusação, o processo e o julgamento.	Art. 88. O Presidente da República, depois que a Câmara dos Deputados, por dois terços de votos, declarar procedente a acusação, será submetido a julgamento perante o Supremo Tribunal Federal, nos crimes comuns, ou perante o Senado Federal nos de responsabilidade. Parágrafo único. Declarada a procedência da acusação, ficará o Presidente da República suspenso das suas funções. Art. 89. São crimes de responsabilidades os atos do Presidente da República que atentarem contra a Constituição Federal e especialmente contra: I – a existência da União; II – o livre exercício do Poder Legislativo e do Poder Judiciário, assim como dos poderes constitucionais dos Estados; III – o exercício dos direitos políticos, individuais e sociais; IV – a segurança interna do País; V – a probidade na administração; VI – a lei orçamentária; VII – a guarda e o legal emprego dos dinheiros públicos; VIII – o cumprimento das decisões judiciárias. § 1º Esses crimes serão definidos em lei especial, que estabelecerá as normas do respectivo processo e julgamento. § 2º O Senado aplicará somente a pena de perda do cargo com inabilitação, até cinco anos, para exercer função pública, sem prejuízo de ações cíveis e criminais cabíveis na espécie.	Art. 88. O Presidente da República, depois que a Câmara dos Deputados, pelo voto da maioria absoluta dos seus membros, declarar procedente a acusação, será submetido a julgamento perante o Supremo Tribunal Federal nos crimes comuns, ou perante o Senado Federal nos de responsabilidade. Parágrafo único. Declarada a procedência da acusação, ficará o Presidente da República suspenso das suas funções. Art. 89. São crimes de responsabilidade os atos do Presidente da República que atentarem contra a Constituição federal e, especialmente, contra: I – a existência da União; II – o livre exercício do Poder Legislativo, do Poder Judiciário e dos Poderes constitucionais dos Estados; III – o exercício dos direitos políticos, individuais e sociais; IV – a segurança interna do País; V – a probidade na administração; VI – a lei orçamentária; VII – a guarda e o legal emprego dos dinheiros públicos; VIII – o cumprimento das decisões judiciárias. Parágrafo único. Esses crimes serão definidos em lei especial, que estabelecerá as normas de processo e julgamento.

MINISTROS	MINISTROS	MINISTROS
SEÇÃO IV **Dos Ministros de Estado** Art. 63. O Presidente da República é auxiliado pelos Ministros de sua escolha. Parágrafo único. São condições essenciais para a investidura no cargo de Ministro de Estado: I – ser brasileiro nato; II – estar no exercício dos direitos políticos; III – estar maior de vinte e cinco anos. Art. 64. Além das atribuições que a lei fixar, compete aos Ministros de Estado: I – subscrever as leis e decretos, assinados pelo Presidente da República; II – expedir instruções para a boa execução das leis e decretos; III – apresentar ao Presidente da República relatório dos serviços do respectivo Ministério no ano anterior; IV – comparecer à Câmara dos Deputados e ao Senado Federal nos casos e para os fins indicados na Constituição. Parágrafo único. Ao Ministro da Fazenda compete ainda: I – organizar a proposta geral do orçamento da receita e despesa, para o que os demais Ministros de Estado lhe enviarão os elementos indispensáveis; II – apresentar ao Presidente da República, no primeiro trimestre de cada ano, acompanhado de parecer do Tribunal de Contas, o balanço definitivo da receita e despesa do último exercício.	**SEÇÃO IV** **Dos Ministros de Estado** Art. 90. O Presidente da República é auxiliado pelos Ministros de Estado. Parágrafo único. São condições essenciais para a investidura no cargo de Ministro de Estado: I – ser brasileiro (art. 129, I e II); II – estar no exercício dos direitos políticos; III – ser maior de vinte e cinco anos. Art. 91. Além das atribuições que a lei fixar, compete aos Ministros de Estado: I – subscrever as leis e decretos, assinados pelo Presidente da República; II – expedir instruções para a boa execução das leis e decretos; III – apresentar ao Presidente da República relatório dos serviços do ano anterior realizados no Ministério; IV – comparecer à Câmara dos Deputados e ao Senado Federal nos casos e para os fins indicados nesta Constituição. Parágrafo único. Compete ao Ministro da Fazenda superintender a organização da proposta geral do orçamento. Art. 92. Os Ministros de Estado serão, nos crimes comuns e nos casos de responsabilidade, processados e julgados pelo Supremo Tribunal Federal, e, nos conexos com os do Presidente da República, pelos órgãos competentes para o processo e julgamento deste. Art. 93. São crimes de responsabilidade, além do previsto no art. 54, § único, os atos definidos	**SEÇÃO IV** **Dos Ministros de Estado** Art. 90. O Presidente da República é auxiliado pelos Ministros de Estado. Parágrafo único. São condições essenciais para a investidura no cargo de Ministro de Estado: I – ser brasileiro (art. 129, n^{os} I e II); II – estar no exercício dos direitos políticos; III – ser maior de vinte e cinco anos. Art. 91. Além das atribuições que a lei fixar, compete aos Ministros de Estado: I – referendar os atos assinados pelo Presidente da República; II – expedir instruções para a boa execução das leis, decretos e regulamentos; III – apresentar ao Presidente da República relatório dos serviços de cada ano realizados no Ministério; IV – comparecer à Câmara dos Deputados e ao Senado Federal nos casos e para os fins indicados nesta Constituição. Art. 92. Os Ministros de Estado serão, nos crimes comuns e nos casos de responsabilidade, processados e julgados pelo Supremo Tribunal Federal, e, nos conexos com os do Presidente da República, pelos órgãos competentes para o processo e julgamento deste. Art. 93. São crimes de responsabilidade, além do previsto no art. 54, parágrafo único, os atos definidos em lei (art. 89), quando praticados ou ordenados pelos Ministros de Estado.

Art. 65. Os Ministros de Estado serão processados e julgados, nos crimes comuns e nos casos de responsabilidade, pelo Supremo Tribunal Federal e, nos conexos com os do Presidente da República, pelos órgãos competentes para o processo e julgamento deste.

Art. 66. São crimes de responsabilidade, além do previsto no art. 47, os atos definidos em lei, nos termos do art. 62, que os Ministros de Estado praticarem ou ordenarem.

§ 1º Os Ministros de Estado são responsáveis pelos atos que subscreverem conjuntamente com o Presidente da República ou realizarem por ordem deste.

§ 2º No tocante à lei orçamentária, cada Ministro de Estado responderá pelas despesas do seu Ministério, e o Ministro da Fazenda, além disso, pela arrecadação da receita.

em lei, nos termos do art. 89, praticados ou ordenados pelos Ministros de Estado.

Parágrafo único. Os Ministros de Estado são responsáveis pelos atos que subscreverem, ainda que juntamente com o Presidente da República, ou que realizarem por ordem deste.

Parágrafo único. Os Ministros de Estado são responsáveis pelos atos que assinarem, ainda que juntamente com o Presidente da República, ou que praticarem por ordem deste.

PODER JUDICIÁRIO	PODER JUDICIÁRIO	PODER JUDICIÁRIO
CAPÍTULO IV Do Poder Judiciário SEÇÃO I Disposições Gerais Art. 67. O Poder Judiciário é exercido pelos seguintes órgãos: I – Supremo Tribunal Federal; II – Tribunais Federais de Recursos; III – Juízes e tribunais militares; IV – Juízes e tribunais eleitorais; V – Juízes e tribunais do trabalho; VI – Outros juízes e tribunais que a lei criar.	CAPÍTULO IV Do Poder Judiciário SEÇÃO I Disposições Preliminares Art. 94. O Poder Judiciário é exercido pelos seguintes órgãos: I – Supremo Tribunal Federal; II – Tribunal Federal de Recursos; III – Juízes e tribunais militares; IV – Juízes e tribunais eleitorais; V – Juízes e tribunais do trabalho. Art. 95. Salvo as restrições expressas nesta Constituição, os juízes gozarão das seguintes garantias:	CAPÍTULO IV Do Poder Judiciário SEÇÃO I Disposições Preliminares Art. 94. O Poder Judiciário é exercido pelos seguintes órgãos: I – Supremo Tribunal Federal; II – Tribunal Federal de Recursos; III – Juízes e tribunais militares; IV – Juízes e tribunais eleitorais; V – Juízes e tribunais do trabalho. Art. 95. Salvo as restrições expressas nesta Constituição, os juízes gozarão das garantias seguintes:

Art. 68. Salvo as restrições expressas nesta Constituição, os juízes gozarão das garantias seguintes:

I – vitaliciedade, não podendo perder o cargo senão por sentença judicial, exoneração a pedido ou aposentadoria;

II – inamovibilidade, exceto promoção aceita, ou remoção, que se fará a pedido ou quando ocorrer motivo de interesse público, reconhecido pelo voto de dois terços dos juízes efetivos do tribunal superior competente;

III – irredutibilidade dos vencimentos, os quais ficam, todavia, sujeitos aos impostos gerais.

§ 1º A aposentadoria será compulsória, aos setenta e dois anos de idade, ou por invalidez comprovada, e facultativa após trinta anos de serviço público, contados na forma da lei. O serviço público federal e o estadual computar-se-ão integralmente.

§ 2º A aposentadoria compulsória, assim como a facultativa, será decretada com os vencimentos da atividade.

§ 3º a vitaliciedade não se estenderá obrigatoriamente aos juízes com funções limitadas ao preparo dos processos e à substituição de juízes julgadores.

Art. 69. Os juízes, ainda que em disponibilidade, não podem exercer qualquer outra função pública, salvo os casos previstos nesta Constituição. A violação deste preceito importa perda do cargo judiciário e de todas as vantagens correspondentes.

Art. 70. Nenhuma percentagem será distribuída a magistrado em virtude de cobrança de dívida.

I – vitaliciedade, não podendo perder o cargo senão por sentença judicial ou por exoneração a pedido.

II – inamovibilidade, exceto se aceitar promoção ou remoção, que se fará a pedido ou quando ocorrer motivo de interesse público, reconhecido pelo voto de dois terços dos juízes efetivos do tribunal superior competente.

III – irredutibilidade dos vencimentos, que, todavia, ficarão sujeitos aos impostos gerais.

§ 1º A aposentadoria será compulsória aos setenta anos de idade ou por invalidez comprovada, e facultativa após trinta anos de serviço público, contados na forma da lei.

§ 2º A aposentadoria, em qualquer caso, será decretada com vencimentos integrais.

§ 3º A vitaliciedade não se estenderá obrigatoriamente aos juízes com funções limitadas ao preparo dos processos nem a substituição de juízes julgadores. Ser-lhes-á assegurada, entretanto, após dez anos de contínuo exercício no cargo.

Art. 96. É vedado ao juiz:

I – exercer, ainda que em disponibilidade, qualquer outra função pública, salvo o magistério secundário e superior, bem como as funções previstas nesta Constituição, sob pena de perda do cargo judiciário;

II – receber percentagens, sob qualquer pretexto, nas causas sujeitas a seu despacho e julgamento;

III – exercer atividade político-partidária.

Art. 97. Compete aos tribunais:

I – eleger os seus presidentes e demais órgãos de direção;

I – vitaliciedade, não podendo perder o cargo senão por sentença judiciária;

II – inamovibilidade, salvo quando ocorrer motivo de interesse público, reconhecido pelo voto de dois terços dos membros efetivos do Tribunal superior competente;

III – irredutibilidade dos vencimentos, que, todavia, ficarão sujeitos aos impostos gerais.

§ 1º A aposentadoria será compulsória aos setenta anos de idade ou por invalidez comprovada, e facultativa após trinta anos de serviço público, contados na forma da lei.

§ 2º A aposentadoria, em qualquer desses casos, será decretada com vencimentos integrais.

§ 3º A vitaliciedade não se estenderá obrigatoriamente aos Juízes com atribuições limitadas ao preparo dos processos e à substituição de Juízes julgadores, salvo após dez anos de contínuo exercício no cargo.

Art. 96. É vedado ao Juiz:

I – exercer, ainda que em disponibilidade, qualquer outra função pública, salvo o magistério secundário e superior e os casos previstos nesta Constituição, sob pena de perda do cargo judiciário;

II – receber, sob qualquer pretexto, percentagens, nas causas sujeitas a seu despacho e julgamento;

III – exercer atividade político-partidária.

Art. 97. Compete aos Tribunais:

I – eleger seus presidentes e demais órgãos de direção;

II – elaborar seus Regimentos Internos e organizar os serviços auxiliares, provendo-lhes os

Art. 71. Não pode ser nomeado juiz quem tiver mais de sessenta anos de idade.

Art. 72. É vedada ao juiz atividade na política partidária.

Art. 73. Compete aos tribunais:

I – eleger, anualmente, dentre os próprios membros, seus presidentes e demais órgãos de direção;

II – elaborar seus regimentos internos, organizar os serviços de suas secretarias, seus cartórios e demais serviços auxiliares, bem como propor ao Congresso Nacional a criação ou suspensão de cargos e a fixação dos respectivos vencimentos;

III – conceder licença e férias, nos termos da lei, aos seus membros, e aos juízes e serventuários que lhes são imediatamente subordinados;

IV – prover os cargos e funções das suas secretarias, cartórios e demais serviços auxiliares, na forma da lei.

SUPREMO TRIBUNAL FEDERAL

SEÇÃO II
Do Supremo Tribunal Federal

Art. 74. O Supremo Tribunal Federal, com sede na Capital da República e jurisdição em todo o território nacional, compor-se-á de onze ministros. Esse número não será reduzido, mas precedendo proposta do próprio Supremo Tribunal Federal, poderá ser elevado por lei até quinze.

Art. 75. Os Ministros do Supremo Tribunal Federal serão nomeados pelo Presidente da República, com aprovação da maioria absoluta do Sena-

II – elaborar os seus regimentos internos e organizar os serviços das suas secretarias, dos seus cartórios e os demais serviços auxiliares, provendo-lhes os cargos na forma da lei: e bem assim propor ao Poder Legislativo competente a supressão de cargos ou a criação deles e a fixação dos vencimentos que lhe são inerentes;

III – conceder licença e férias, nos termos da lei, aos seus membros e aos juízes e serventuários que lhes forem imediatamente subordinados.

SUPREMO TRIBUNAL FEDERAL

SEÇÃO II
Do Supremo Tribunal Federal

Art. 98. O Supremo Tribunal Federal, com sede na Capital da República e jurisdição em todo o território nacional, compor-se-á de onze ministros. Esse número, precedendo proposta do próprio Supremo Tribunal Federal, poderá ser elevado por lei.

Art. 99. Os Ministros do Supremo Tribunal Federal serão nomeados pelo Presidente da República, com prévia aprovação do Senado Federal,

cargos na forma da lei: e bem assim propor ao Poder Legislativo competente a criação ou a extinção de cargos e a fixação dos respectivos vencimentos;

III – conceder licença e férias, nos termos da lei, aos seus membros e aos juízes e serventuários que lhes forem imediatamente subordinados.

SUPREMO TRIBUNAL FEDERAL

SEÇÃO II
Do Supremo Tribunal Federal

Art. 98. O Supremo Tribunal Federal, com sede na Capital da República e jurisdição em todo o território nacional, compor-se-á de onze Ministros. Esse número, mediante proposta do próprio Tribunal, poderá ser elevado por lei.

Art. 99. Os Ministros do Supremo Tribunal Federal serão nomeados pelo Presidente da República, depois de aprovada a escolha pelo Senado Federal, dentre brasileiros (art. 129, n.ºs I e II), maio-

do Federal, dentre brasileiros natos, alistados eleitores, de notável saber jurídico e reputação ilibada, não podendo ter menos de trinta e cinco, e, salvo os magistrados em atividade, mais de sessenta anos de idade.

Art. 76. Os Ministros do Supremo Tribunal Federal serão julgados, nos crimes comuns e nos de responsabilidade, pelo Senado Federal.

Art. 77. Ao Supremo Tribunal Federal compete:

I – processar e julgar originariamente:

a) o Presidente da República, nos crimes comuns;

b) os Ministros de Estado, os juízes dos Tribunais Federais de Recursos e dos demais tribunais superiores federais, os Juízes dos Tribunais de Justiça dos Estados, do Distrito Federal e dos Territórios, os Ministros do Tribunal de Contas e os chefes de missão diplomática, nos crimes comuns e nos de responsabilidade, ressalvado, quanto aos Ministros de Estado, o disposto no final do artigo 65;

c) os litígios entre nação estrangeira e a União, os Estados ou os Municípios;

d) as causas e conflitos entre União e os Estados, ou entre estes;

e) os conflitos de jurisdição entre juízes ou tribunais da União, entre estes e os dos Estados, e entre juízes ou tribunais de Estados diferentes, incluídos, nos dois últimos casos, os do Distrito Federal e os dos Territórios;

f) os conflitos de atribuição entre autoridades judiciárias e administrativas federais, ou entre autoridades judiciárias locais e as administrativas da União, de outro Estado ou Território e do Distrito Federal;

dentre brasileiros (art. 129, I e II) de notável saber jurídico e reputação ilibada e que não tenham menos de trinta e cinco anos de idade.

Art. 100. Os Ministros do Supremo Tribunal Federal serão, nos crimes de responsabilidade, processados e julgados pelo Senado Federal.

Art. 101. Ao Supremo Tribunal Federal compete:

I – processar e julgar originariamente:

a) o Presidente da República nos crimes comuns;

b) os seus próprios Ministros e o Procurador Geral da República nos crimes comuns;

c) os Ministros de Estado, os juízes dos tribunais superiores federais, os desembargadores dos Tribunais de Justiça dos Estados, do Distrito Federal e dos Territórios, os Ministros do Tribunal de Contas e os chefes de missão diplomática de caráter permanente, assim nos crimes comuns como nos de responsabilidade, ressalvado, quanto aos Ministros de Estado, o disposto no final do artigo 92;

d) os litígios entre Estados estrangeiros e a União, os Estados, o Distrito Federal e os municípios;

e) as causas e conflitos entre União e os Estados ou entre estes;

f) os conflitos de jurisdição entre os tribunais federais, entre estes e os dos Estados e entre juízes ou tribunais de Estados diferentes, inclusive os do Distrito Federal e os dos Territórios;

g) a extradição dos criminosos, requisitada por Estados estrangeiros, e a homologação das sentenças estrangeiras;

h) o habeas-corpus, quando o coator ou paciente for tribunal, funcionário ou autoridade cujos atos de trinta e cinco anos, de notável saber jurídico e reputação ilibada.

Art. 100. Os Ministros do Supremo Tribunal Federal serão, nos crimes de responsabilidade, processados e julgados pelo Senado Federal.

Art. 101. Ao Supremo Tribunal Federal compete:

I – processar e julgar originariamente:

a) o Presidente da República nos crimes comuns;

b) os seus próprios Ministros e o Procurador Geral da República nos crimes comuns;

c) os Ministros de Estado, os juízes dos Tribunais superiores federais, os Desembargadores dos Tribunais de Justiça dos Estados, do Distrito Federal e dos Territórios, os Ministros do Tribunal de Contas e os chefes de Missão Diplomática em caráter permanente, assim nos crimes comuns como nos de responsabilidade, ressalvado, quanto aos Ministros de Estado, o disposto no final do artigo 92;

d) os litígios entre Estados estrangeiros e a União, os Estados, o Distrito Federal ou os Municípios;

e) as causas e conflitos entre União e os Estados ou entre estes;

f) os conflitos de jurisdição entre juízes ou Tribunais federais de Justiças diversas, entre quaisquer Juízes ou Tribunais Federais e os dos Estados, e entre Juízes ou Tribunais de Estados diferentes, inclusive os do Distrito Federal e os dos Territórios;

g) a extradição dos criminosos, requisitada por Estados estrangeiros, e a homologação das sentenças estrangeiras;

g) a extradição de criminosos, requisitada por outras nações, e a homologação de sentenças estrangeiras;

h) o habeas-corpus, quando for paciente ou coator, tribunal, funcionário ou autoridade cujos atos estejam sujeitos imediatamente à jurisdição do Supremo Tribunal Federal; ou quando se tratar de crime sujeito a essa mesma jurisdição em única instância; e ainda se houver perigo de consumar a violência antes que outro juiz ou tribunal possa conhecer do pedido;

i) os mandados de segurança contra ato do Presidente da República, da Mesa da Câmara ou do Senado e do Presidente do próprio Supremo Tribunal Federal;

j) a execução das sentenças, nas causas da sua competência originária, facultada a delegação de atos processuais a juiz inferior ou a outro tribunal;

k) as ações rescisórias de seus acórdãos;

II – julgar, em recurso ordinário:

a) as decisões de única ou última instância dos tribunais locais ou federais sobre mandado de segurança e habeas-corpus, quando denegatórias;

b) as causas decididas pela justiça local, nas quais o fundamento for contrato ou tratado entre nação estrangeira e a União, ou em que as partes forem nação estrangeira e pessoa domiciliada no país;

c) os crimes políticos;

III – julgar, em recurso extraordinário, as causas decididas em única ou última instância:

a) quando a decisão for contrária a qualquer dispositivo da Constituição Federal;

b) quando se discutir a vigência ou a validade de lei federal em face da Constituição e a decisão recorrida negar aplicação à lei impugnada;

atos estejam sujeitos imediatamente à jurisdição do Supremo Tribunal Federal; se se tratar de crime sujeito a essa mesma jurisdição em única instância; quando se argüir a inconstitucionalidade da lei que decretar ou prorrogar o estado de sítio e, ainda, quando houver perigo de se consumar a violência, antes que outro juiz ou tribunal possa conhecer do pedido;

i) os mandados de segurança contra ato do Presidente da República, da Mesa da Câmara ou do Senado e do Presidente do próprio Supremo Tribunal Federal;

j) a execução das sentenças, nas causas da sua competência originária, sendo facultada a delegação de atos processuais a juiz inferior ou a outro tribunal;

k) as ações rescisórias de seus acórdãos.

II – julgar em recurso ordinário:

a) os processos decididos em última instância dos tribunais locais ou federais sobre mandado de segurança e habeas-corpus, quando denegatórias as decisões;

b) as causas decididas por juízes locais, fundadas em contrato ou tratado entre Estado estrangeiro e a União, assim como as em que forem partes um Estado estrangeiro e pessoa domiciliada no País;

c) os crimes políticos;

III – julgar em recurso extraordinário as causas decididas em única ou última instância por outros tribunais ou juízes:

a) quando a decisão for contrária a dispositivo da Constituição, ou a letra de tratado ou lei federal;

b) quando se questionar sobre a validade da lei federal em face da Constituição, e a decisão recorrida negar aplicação à lei impugnada;

h) o habeas-corpus, quando o coator ou paciente for Tribunal, funcionário ou autoridade cujos atos estejam diretamente sujeitos à jurisdição do Supremo Tribunal Federal; quando se tratar de crime sujeito a essa mesma jurisdição em única instância; e quando houver perigo de se consumar a violência, antes que outro juiz ou Tribunal possa conhecer do pedido;

i) os mandados de segurança contra ato do Presidente da República, da Mesa da Câmara ou do Senado e do Presidente do próprio Supremo Tribunal Federal;

j) a execução das sentenças, nas causas da sua competência originária, sendo facultada a delegação de atos processuais a Juiz inferior ou a outro Tribunal;

k) as ações rescisórias de seus acórdãos.

II – julgar em recurso ordinário:

a) os mandados de segurança e os habeas-corpus, decididos em última instância pelos tribunais locais ou federais, quando denegatórias as decisões;

b) as causas decididas por Juízes locais, fundadas em tratado ou contrato da União com Estado estrangeiro, assim como as em que forem partes um Estado estrangeiro e pessoa domiciliada no País;

c) os crimes políticos;

III – julgar em recurso extraordinário as causas decididas em única ou última instância por outros Tribunais ou Juízes:

a) quando a decisão for contrária a dispositivo desta Constituição ou à letra de tratado ou lei federal;

c) quando se contestar a validade de lei ou ato dos governos locais em face da Constituição, e a decisão do tribunal local julgar válida essa lei ou ato;

d) quando ocorrer diversidade de interpretação definitiva de lei federal entre os Tribunais Federais de Recursos ou entre qualquer deles e o Supremo Tribunal Federal;

IV – rever, em benefício dos condenados, as suas decisões, e os processos findos, em matéria criminal, quando julgados pelos Tribunais Federais de Recursos, pelo Tribunal Superior Eleitoral ou pelo Superior Tribunal Militar.

Parágrafo único. No caso da alínea d, do nº III, o recurso poderá ser também interposto pelo Ministério Público Federal.

Art. 78. Com recurso voluntário para o Supremo Tribunal Federal, é da competência de seu Presidente conceder *exequatur* às cartas rogatórias das justiças estrangeiras.

TRIBUNAL FEDERAL DE RECURSOS

SEÇÃO III
Dos Tribunais Federais de Recursos

Art. 79. Os Tribunais Federais de Recursos são três, e têm sede no Distrito Federal, em São Paulo e no Recife. A lei determinará a jurisdição territorial de cada um.

Art. 80. Cada Tribunal Federal de Recursos compor-se-á de seis juízes, nomeados pelo Presidente da República, com aprovação da maioria absoluta do Senado Federal, dentre juristas com os requisitos indicados no art. 75, sendo dois terços

c) quando se contestar a validade de lei ou ato de governo local em face desta Constituição ou de lei federal, e a decisão recorrida julgar válida a lei ou o ato;

d) quando na decisão recorrida a interpretação da lei federal invocada for diversa da que lhe haja dado qualquer dos outros Tribunais Judiciários ou o próprio Supremo Tribunal Federal;

IV – rever, em benefício dos condenados, as suas decisões criminais em processos findos.

Art. 102. Com recurso voluntário para o Supremo Tribunal Federal, é da competência de seu Presidente conceder *exequatur* às cartas rogatórias dos tribunais estrangeiros.

TRIBUNAL FEDERAL DE RECURSOS

SEÇÃO III
Do Tribunal Federal de Recursos

Art. 103. O Tribunal Federal de Recursos, com sede na Capital Federal, compor-se-á de nove juízes, nomeados pelo Presidente da República, com prévia aprovação do Senado Federal, dentre juristas que tenham os requisitos indicados no art. 99.

Art. 104. Compete ao Tribunal Federal de Recursos:

I – processar e julgar originariamente:

a) as ações rescisórias de seus acórdãos;

b) quando se questionar sobre a validade da lei federal em face desta Constituição, e a decisão recorrida negar aplicação à lei impugnada;

c) quando se contestar a validade de lei ou ato de governo local em face desta Constituição ou de lei federal, e a decisão recorrida julgar válida a lei ou o ato;

d) quando na decisão recorrida a interpretação da lei federal invocada for diversa da que lhe haja dado qualquer dos outros Tribunais ou o próprio Supremo Tribunal Federal;

IV – rever, em benefício dos condenados, as suas decisões criminais em processos findos.

Art. 102. Com recurso voluntário para o Supremo Tribunal Federal, é da competência de seu Presidente conceder *exequatur* às cartas rogatórias dos tribunais estrangeiros.

TRIBUNAL FEDERAL DE RECURSOS

SEÇÃO III
Do Tribunal Federal de Recursos

Art. 103. O Tribunal Federal de Recursos, com sede na Capital Federal, compor-se-á de nove juízes, nomeados pelo Presidente da República, depois de aprovada a escolha pelo Senado Federal, sendo dois terços entre magistrados e um terço entre advogados e membros do Ministério Público, com os requisitos do art. 99

Parágrafo único. O Tribunal poderá dividir-se em Câmaras ou Turmas.

escolhidos dentre juízes e desembargadores, um terço dentre advogados e membros do Ministério Público Federal ou dos ministérios públicos locais.

Art. 81. Compete aos Tribunais Federais de Recursos, dentro da sua jurisdição territorial:

I – processar e julgar as ações rescisórias de seus acórdãos;

II – julgar, em recurso ordinário:

a) as causas decididas em primeira instância pelas justiças locais, quando a União for interessada como autora ou ré, assistente ou oponente; ou quando se tratar de crimes praticados em prejuízos de bens, serviços ou interesses da União, ressalvada a competência da justiça eleitoral e da militar;

b) as decisões de juízes locais, denegatórias de habeas-corpus, se for federal a autoridade apontada como coatora;

III – julgar, em recurso extraordinário, as causas decididas em única ou última instância pelas justiças locais:

a) quando a decisão for contra literal disposição de lei federal, sobre cuja aplicação se haja questionado;

b) quando ocorrer diversidade de interpretação definitiva de lei federal entre dois tribunais locais, ou entre um deles e o próprio Tribunal Federal de Recursos;

c) quando se contestar a validade de lei ou ato dos governos locais em face da lei federal e a decisão do tribunal local julgar válida essa lei ou ato;

IV – rever, em benefício dos condenados, nos casos e pela forma que a lei determinar, os processos findos em matéria julgada pelas justiças locais.

b) os mandados de segurança, quando a autoridade coatora for Ministro de Estado, o próprio Tribunal ou o seu Presidente;

II – julgar em recurso ordinário:

a) as causas decididas em primeira instância, quando a União for interessada como autora ou ré, assistente ou oponente, salvo em se tratando de falência; e quando se tratar de crimes praticados em prejuízo de bens, serviços ou interesses da União, ressalvada a competência da justiça eleitoral e da militar;

b) as decisões de juízes locais quando denegatórias de habeas-corpus, e as proferidas em mandados de segurança, sendo federal a autoridade apontada como coatora;

III – rever, em benefício dos condenados, as suas decisões criminais em processos findos.

Art. 105. O Tribunal Federal de Recursos poderá dividir-se em câmaras ou turmas. Precedendo proposta do próprio Tribunal, aprovada pelo Superior Tribunal Federal, poderão ser criados por lei outros Tribunais de Recursos em diferentes regiões do País, sendo-lhes fixadas a sede e a jurisdição territorial, observados os preceitos dos arts. 103 e 104.

Art. 104. Compete ao Tribunal Federal de Recursos:

I – processar e julgar originariamente:

a) as ações rescisórias de seus acórdãos;

b) os mandados de Segurança, quando a autoridade coatora for Ministro de Estado, o próprio Tribunal ou o seu Presidente;

II – julgar em grau de recurso:

a) as causas decididas em primeira instância, quando a União for interessada como autora, ré, assistente ou oponente, exceto as de falência; ou quando se tratar de crimes praticados em detrimento de bens, serviços ou interesses da União, ressalvada a competência da Justiça Eleitoral e da Justiça Militar;

b) as decisões de Juízes locais, denegatórias de habeas-corpus, e as proferidas em mandados de segurança, se federal a autoridade apontada como coatora;

III – rever, em benefício dos condenados, as suas decisões criminais em processos findos.

Art. 105. A lei poderá criar, em diferentes regiões do País, outros Tribunais Federais de Recursos, mediante proposta do próprio Tribunal Federal e aprovação do Supremo Tribunal Federal, fixando-lhes sede e jurisdição territorial e observados os preceitos dos arts. 103 e 104.

Art. 82. Os juízes dos Tribunais Federais de Recursos vencerão no mínimo quatro quintos dos vencimentos dos Ministros do Supremo Tribunal Federal. Art. 83. Mediante proposta do Supremo Tribunal Federal, e observados os preceitos dos arts. 80 e 81, poderá a lei criar outros Tribunais Federais de Recursos, fixando-lhes a sede e a jurisdição territorial.		
JUSTIÇA MILITAR **SEÇÃO IV** **Dos Juízes e Tribunais Militares** Art. 84. São órgãos da justiça militar o Superior Tribunal Militar e os tribunais e juízes inferiores que a lei instituir. Art. 85. A lei disporá sobre o número e a forma da escolha dos juízes do Superior Tribunal Militar. Art. 86. As vagas de juízes togados do Superior Tribunal Militar se preencherão com a seguinte seqüência de critérios: I – a primeira, pelo auditor de guerra mais antigo; II – a segunda, por auditor de guerra escolhido em lista tríplice organizada segundo o princípio de merecimento; III – a terceira, por advogado ou membro do Ministério Público Militar, com dez anos pelo menos de prática forense, escolhido em lista tríplice; IV – a quarta, por jurista com os requisitos indicados no art. 75, nomeado com aprovação do Senado Federal.	**JUSTIÇA MILITAR** **SEÇÃO IV** **Dos Juízes e Tribunais Militares** Art. 106. São órgãos da justiça militar o Superior Tribunal Militar e os tribunais e juízes inferiores que a lei instituir. Parágrafo único. A lei disporá sobre o número e a forma da escolha dos juízes militares e togados do Superior Tribunal Militar, os quais terão vencimentos iguais aos dos juízes do Tribunal Federal de Recursos, e determinará a forma de acesso dos auditores. Art. 107. A inamovibilidade assegurada aos membros da Justiça Militar não os exime da obrigação de acompanhar as forças junto às quais tenham de servir. Art. 108. À justiça militar compete processar e julgar, nos crimes militares definidos em lei, os militares e as pessoas que lhes são assemelhadas. § 1º Esse foro especial poderá estender-se aos civis em casos expressos na lei, tendo em vista a repressão de crimes contra a segurança externa do País ou contra as instituições militares.	**JUSTIÇA MILITAR** **SEÇÃO IV** **Dos Juízes e Tribunais Militares** Art. 106. São órgãos da Justiça Militar o Superior Tribunal Militar e os Tribunais e Juízes inferiores que a lei instituir. Parágrafo único. A lei disporá sobre o número e a forma de escolha dos Juízes militares e togados do Superior Tribunal Militar, os quais terão vencimentos iguais aos dos Juízes do Tribunal Federal de Recursos, e estabelecerá as condições de acesso dos auditores. Art. 107. A inamovibilidade assegurada aos membros da Justiça Militar não os exime da obrigação de acompanhar as forças junto às quais tenham de servir. Art. 108. À Justiça Militar compete processar e julgar, nos crimes militares definidos em lei, os militares e as pessoas que lhes são assemelhadas. § 1º Esse foro especial poderá estender-se aos civis, nos casos expressos em lei, para a repressão de crimes contra a segurança externa do País ou as instituições militares.

Parágrafo único. O Superior Tribunal Militar, no caso do nº I, fará a indicação com observância do critério estabelecido no nº IV do art. 116, e, nos casos dos ns. II e III, organizará as listas tríplices mediante voto secreto. Art. 87. Os juízes do Superior Tribunal Militar, civis e militares, perceberão vencimentos iguais aos dos juízes dos Tribunais Federais de Recursos. Art. 88. A inamovibilidade assegurada aos juízes militares não os exime da obrigação de acompanhar as forças junto às quais tenham que servir. Parágrafo único. Cabe ao Superior Tribunal Militar determinar a remoção de juízes inferiores, de conformidade com o nº II do art. 68. Art. 89. Compete à justiça militar processar e julgar os militares, e as pessoas que lhes são assemelhadas, nos crimes militares. § 1º Esse foro especial poderá estender-se aos civis, em casos expressos na lei, para a repressão de crimes contra a segurança externa do país ou contra as instituições militares. § 2º A lei regulará a aplicação das penas da legislação militar em tempo de guerra.	§ 2º A lei regulará a aplicação das penas da legislação militar em tempo de guerra.
JUSTIÇA ELEITORAL **SEÇÃO V** **Dos Juízes e Tribunais Eleitorais** Art. 90. Os órgãos da justiça eleitoral são os seguintes: I – Tribunal Superior Eleitoral; II – Tribunais Regionais Eleitorais; III – Juntas Eleitorais; IV – Juízes eleitorais.	**JUSTIÇA ELEITORAL** **SEÇÃO V** **Dos Juízes e Tribunais Eleitorais** Art. 109. Os órgãos da justiça eleitoral são os seguintes: I – Tribunal Superior Eleitoral; II – Tribunais Regionais Eleitorais; III – Juntas Eleitorais; IV – Juízes eleitorais.	**JUSTIÇA ELEITORAL** **SEÇÃO V** **Dos Juízes e Tribunais Eleitorais** Art. 109. Os órgãos da Justiça Eleitoral são os seguintes: I – Tribunal Superior Eleitoral; II – Tribunais Regionais Eleitorais; III – Juntas Eleitorais; IV – Juízes Eleitorais.

Art. 91. O Tribunal Superior Eleitoral, com sede na Capital da República, será composto de juízes escolhidos entre Ministros do Supremo Tribunal Federal, os membros do Tribunal Federal de Recursos e do Tribunal de Justiça do Distrito Federal, e entre juristas de notável saber e reputação ilibada.

Parágrafo único. Recairá em Ministro do Supremo Tribunal Federal, escolhido para o Tribunal Superior Eleitoral, a eleição para presidente e vice-presidente deste.

Art. 92. Haverá um Tribunal Regional Eleitoral na Capital de cada Estado e no Distrito Federal.

Parágrafo único. Mediante proposta do Tribunal Superior Eleitoral, a lei poderá criar, na capital de qualquer Território, um Tribunal Regional Eleitoral.

Art. 93. Os Tribunais Regionais Eleitorais comporse-ão de juízes escolhidos entre desembargadores do Tribunal de Justiça e os juízes de direito do respectivo Estado ou Território e do Distrito Federal, e entre juristas de notável saber e reputação ilibada.

Parágrafo único. Recairá em desembargador do Tribunal de Justiça escolhido para cada Tribunal Regional Eleitoral a eleição para presidente e vice-presidente deste.

Art. 94. A lei disporá sobre o número e o processo de escolha dos juízes tanto do Tribunal Superior Eleitoral como dos Tribunais Regionais Eleitorais, garantida, na composição dos mesmos, maioria de magistrados.

Parágrafo único. O número dos juízes dos tribunais eleitorais, uma vez fixado em lei, não será

Art. 110. O Tribunal Superior Eleitoral, com sede na Capital da República, será composto de juízes escolhidos:

I – mediante eleição em escrutínio secreto:

a) dois pelo Supremo Tribunal Federal, dentre os seus Ministros;

b) dois pelo Tribunal Federal de Recursos, dentre os seus juízes;

c) um pelo Tribunal de Apelação do Distrito Federal, dentre os seus desembargadores;

II – por nomeação do Presidente da República: dois dentre seis cidadãos de notável saber jurídico e reputação ilibada, que não sejam incompatíveis por lei, indicados pelo Supremo Tribunal Federal.

Parágrafo único. O Tribunal Superior elegerá presidente um dos Ministros do Supremo Tribunal Federal, cabendo ao outro a Vice-Presidência.

Art. 111. Haverá um Tribunal Regional Eleitoral na Capital de cada Estado e no Distrito Federal.

Parágrafo único. Mediante proposta do Tribunal Superior Eleitoral, poderá criar-se por lei um Tribunal Regional Eleitoral na capital de qualquer Território.

Art. 112. Os Tribunais Regionais Eleitorais compor-se-ão de juízes escolhidos:

I – mediante eleição em escrutínio secreto:

a) três pelo Tribunal de Justiça, dentre os seus membros;

b) dois pelo Tribunal de Justiça, dentre os juízes de direito;

II – por nomeação do Presidente da República: dois dentre seis cidadãos de notável saber e reputação ilibada, que não sejam incompatíveis por lei, indicados pelo Tribunal de Justiça.

Art. 110. O Tribunal Superior Eleitoral, com sede na Capital da República, compor-se-á,

I – mediante eleição em escrutínio secreto:

a) de dois juízes escolhidos pelo Supremo Tribunal Federal dentre os seu Ministros;

b) de dois juízes escolhidos pelo Tribunal Federal de Recursos dentre os seus juízes;

c) de um juiz escolhido pelo Tribunal de justiça do Distrito Federal dentre os seus desembargadores;

II – por nomeação do Presidente da República, de dois dentre seis cidadãos de notável saber jurídico e reputação ilibada, que não sejam incompatíveis por lei, indicados pelo Supremo Tribunal Federal.

Parágrafo único. O Tribunal Superior Eleitoral elegerá para seu Presidente um dos dois Ministros do Supremo Tribunal Federal, cabendo ao outro a Vice-Presidência.

Art. 111. Haverá um Tribunal Regional Eleitoral na Capital de cada Estado e no Distrito Federal.

Parágrafo único. Mediante proposta do Tribunal Superior Eleitoral, poderá criar-se por lei um Tribunal Regional Eleitoral na capital de qualquer Território.

Art. 112. Os Tribunais Regionais Eleitorais compor-se-ão:

I – mediante eleição em escrutínio secreto:

a) de três juízes escolhidos pelo Tribunal de Justiça dentre os seus membros;

b) de dois juízes escolhidos pelo Tribunal de Justiça dentre os juízes de Direito;

II – por nomeação do Presidente da República, de dois dentre seis cidadãos de notável saber

reduzido, e só será elevado, até o limite de nove e mediante proposta do Tribunal Superior Eleitoral.

Art. 95. Os juízes dos tribunais eleitorais, se não ocorrer motivo justificado, servirão obrigatoriamente por dois anos. Não poderão servir por mais de dois biênios consecutivos.

Art. 96. Em caso de impedimento e não havendo número equivalente ao quórum, o juiz de um tribunal eleitoral será substituído por outro da mesma categoria, designado pelo seu presidente.

Art. 97. A lei regulará a organização das juntas eleitorais.

Parágrafo único. Presidirá às juntas eleitorais o juiz de direito, e os seus membros serão nomeados pelo presidente do Tribunal Regional Eleitoral, com aprovação deste.

Art. 98. Cabe aos juízes de direito exercer, com jurisdição plena e na forma da lei, as funções de juízes eleitorais.

Parágrafo único. A lei poderá atribuir a outros juízes competência para funções não decisórias.

Art. 99. Enquanto servirem, os magistrados eleitorais gozarão, no que lhes for aplicável, as garantias estabelecidas nos ns. I e II do art. 68, e, nessa qualidade, não terão outras incompatibilidades senão as declaradas na lei.

Art. 100. A lei regulará a privativa competência dos juízes e tribunais eleitorais. Incluem-se entre atribuições da justiça eleitoral:

I – o registro e a cassação de registro dos partidos políticos;

II – a divisão eleitoral em todo o país;

III – o alistamento eleitoral;

Parágrafo único. O Presidente e o Vice-Presidente do Tribunal Regional Eleitoral serão escolhidos entre os três desembargadores do Tribunal de Justiça.

Art. 113. O número dos juízes dos tribunais eleitorais não será reduzido, mas poderá ser elevado, até nove, mediante proposta do Tribunal Superior Eleitoral e na forma por ele sugerida.

Art. 114. Os juízes dos tribunais eleitorais, a menos que ocorra motivo justificado, servirão obrigatoriamente por dois anos e não poderão servir por mais de dois biênios consecutivos.

Art. 115. Os substitutos dos membros efetivos dos Tribunais Eleitorais serão escolhidos, na mesma ocasião e pelo mesmo processo, em número igual para cada categoria.

Art. 116. Será regulada por lei a organização das juntas Eleitorais, a que presidirá um juiz de Direito, e os seus membros serão nomeados, depois de aprovação do Tribunal Regional Eleitoral, pelo presidente deste.

Art. 117. Compete aos juízes de direito exercer, com jurisdição plena e na forma da lei, as funções de juízes eleitorais.

Parágrafo único. A lei poderá outorgar a outros juízes competência para funções não decisórias.

Art. 118. Enquanto servirem, os magistrados eleitorais gozarão, no que lhes for aplicável, das garantias estabelecidas nos números I e II do art. 95, e, como tais, não terão outras incompatibilidades senão as declaradas por lei.

Art. 119. A lei regulará a competência dos juízes jurídico e reputação ilibada, que não sejam incompatíveis por lei, indicados pelo Tribunal de Justiça.

Parágrafo único. O Presidente e o Vice-Presidente do Tribunal Regional Eleitoral serão escolhidos dentre os três Desembargadores do Tribunal de Justiça.

Art. 113. O número dos juízes dos Tribunais Eleitorais não será reduzido, mas poderá ser elevado, até nove, mediante proposta do Tribunal Superior Eleitoral e na forma por ele sugerida.

Art. 114. Os Juízes dos Tribunais Eleitorais, salvo motivo justificado, servirão obrigatoriamente por dois anos, e nunca por mais de dois biênios consecutivos.

Art. 115. Os substitutos dos membros efetivos dos Tribunais Eleitorais serão escolhidos, na mesma ocasião e pelo mesmo processo, em número igual para cada categoria.

Art. 116. Será regulada por lei a organização das Juntas Eleitorais, a que presidirá um juiz de Direito, e os seus membros serão nomeados, depois de aprovação do Tribunal Regional Eleitoral, pelo Presidente deste.

Art. 117. Compete aos juízes de Direito exercer, com jurisdição plena e na forma da lei, as funções de juízes eleitorais.

Parágrafo único. A lei poderá outorgar a outros juízes competência para funções não decisórias.

Art. 118. Enquanto servirem, os magistrados eleitorais gozarão, no que lhes for aplicável, das garantias estabelecidas no art. 95, n^{os} I e II, e, como tais, não terão outras incompatibilidades senão as declaradas por lei.

IV – a fixação da data das eleições, quando não determinar por disposição constitucional ou legal;

V – o processo eleitoral, a apuração das eleições e a diplomação dos eleitos;

VI – o conhecimento e decisão das argüições de inelegibilidade;

VII – o processo e julgamento dos crimes eleitorais, e dos comuns que lhes forem conexos, e bem assim de habeas-corpus e mandado de segurança em matéria eleitoral.

Art. 101. São irrecorríveis as decisões do Tribunal Superior Eleitoral, salvo as que pronunciarem a invalidez de lei ou ato em face da Constituição Federal, e as denegatórias de habeas-corpus ou mandado de segurança. Caberá, nestes casos, recurso para o Supremo Tribunal Federal.

Art. 102. São definitivas as decisões dos Tribunais Regionais Eleitorais. Delas somente caberá recurso, para o Tribunal Superior Eleitoral, nos seguintes casos:

I – quando forem tomadas contra literal disposição da lei;

II – quando ocorrer diversidade de interpretação da lei por dois ou mais tribunais eleitorais;

III – quando versarem sobre expedição de diploma nas eleições federais e estaduais.

zes e tribunais eleitorais. Entre as atribuições da justiça eleitoral inclui-se:

I – o registro e a cassação de registro dos partidos políticos;

II – a divisão eleitoral em todo o País;

III – o alistamento eleitoral;

IV – a fixação da data das eleições, quando não determinada por disposição constitucional ou legal;

V – o processo eleitoral, a apuração das eleições e a expedição do diploma aos eleitos;

VI – o conhecimento e a decisão das argüições de inelegibilidade;

VII – o conhecimento e o julgamento dos crimes eleitorais e dos comuns que lhes forem conexos, e bem assim de habeas-corpus e mandado de segurança em matéria eleitoral;

VIII – o conhecimento de reclamações relativas a obrigações impostas por lei aos partidos políticos, quanto à sua contabilidade e à apuração da origem dos seus recursos.

Art. 120. São irrecorríveis as decisões do Tribunal Superior Eleitoral, salvo as que declararem a invalidade de lei ou ato contrário à Constituição Federal, e as denegatórias de habeas-corpus ou mandado de segurança, cabendo, nestes casos, recurso para o Supremo Tribunal Federal.

Art. 121. São definitivas as decisões dos Tribunais Regionais Eleitorais. Delas caberá recurso para o Tribunal Superior Eleitoral somente quando:

I – forem tomadas contra expressa disposição da lei;

II – ocorrer divergência na interpretação de lei por dois ou mais tribunais eleitorais;

Art. 119. A lei regulará a competência dos Juízes e Tribunais Eleitorais. Entre as atribuições da Justiça Eleitoral, inclui-se:

I – o registro e a cassação de registro dos partidos políticos;

II – a divisão eleitoral do País;

III – o alistamento eleitoral;

IV – a fixação da data das eleições, quando não determinada por disposição constitucional ou legal;

V – o processo eleitoral, a apuração das eleições e a expedição de diploma aos eleitos;

VI – o conhecimento e a decisão das argüições de inelegibilidade;

VII – o processo e julgamento dos crimes eleitorais e dos comuns que lhes forem conexos, e bem assim o de habeas-corpus e mandado de segurança em matéria eleitoral;

VIII – o conhecimento de reclamações relativas a obrigações impostas por lei aos partidos políticos, quanto à sua contabilidade e à apuração da origem dos seus recursos.

Art. 120. São irrecorríveis as decisões do Tribunal Superior Eleitoral, salvo as que declararem a invalidade de lei ou ato contrário a esta Constituição e as denegatórias de habeas-corpus ou mandado de segurança, das quais caberá recurso para o Supremo Tribunal Federal.

Art. 121. Das decisões dos Tribunais Regionais Eleitorais somente caberá recurso para o Tribunal Superior Eleitoral quando:

I – forem proferidas contra expressa disposição da lei;

JUSTIÇA DO TRABALHO	JUSTIÇA DO TRABALHO	JUSTIÇA DO TRABALHO
	III – versarem sobre expedição de diplomas nas eleições federais e estaduais.	II – ocorrer divergência na interpretação de lei entre dois ou mais Tribunais Eleitorais; III – versarem sobre expedição de diploma nas eleições federais e estaduais. IV – denegarem habeas-corpus ou mandado de segurança.

JUSTIÇA DO TRABALHO	JUSTIÇA DO TRABALHO	JUSTIÇA DO TRABALHO
SEÇÃO VI Dos Juízes e Tribunais do Trabalho	SEÇÃO VI Dos Juízes e Tribunais do Trabalho	SEÇÃO VI Dos Juízes e Tribunais do Trabalho
Art. 103. Os órgãos da justiça do trabalho são os seguintes: I – Tribunal Superior do Trabalho; II – Tribunais Regionais do Trabalho; III – Juntas ou juízes de conciliação e julgamento. § 1º O Tribunal Superior do Trabalho tem sede na Capital Federal. § 2º Haverá, na capital de cada Estado ou Território e no Distrito Federal, um Tribunal Regional do Trabalho § 3º A lei instituirá as juntas de conciliação e julgamento, e, nas comarcas onde elas não forem instituídas, poderá atribuir aos juízes de direito as suas funções. Art. 104. Poderão ser criados por lei outros órgãos de administração da justiça do trabalho. Art. 105. A constituição, jurisdição, competência e condições de exercício dos órgãos da justiça do trabalho serão reguladas pela lei. Parágrafo único. As decisões, nos dissídios coletivos, poderão estabelecer normas e condições de trabalho.	Art. 122. Os órgãos da justiça do trabalho são os seguintes: I – Tribunal Superior do Trabalho; II – Tribunais Regionais do Trabalho; III – Juntas ou juízes de conciliação e julgamento. § 1º O Tribunal Superior do Trabalho tem a sua sede na Capital Federal. § 2º A lei fixará o número dos Tribunais Regionais do Trabalho e as suas sedes. § 3º A lei instituirá as juntas de conciliação e julgamento e, nas comarcas onde elas não forem instituídas, poderá atribuir as suas funções aos juízes de direito. § 4º Poderão ser criados por lei outros órgãos da justiça do trabalho. § 5º A constituição, investidura, jurisdição, competência, garantias e condições de exercício dos órgãos da justiça do trabalho serão reguladas por lei, assegurada a paridade de representação de empregados e empregadores. Art. 123. Compete à justiça do trabalho conciliar e julgar os dissídios individuais e coletivos en-	Art. 122. Os órgãos da Justiça do Trabalho são os seguintes: I – Tribunal Superior do Trabalho; II – Tribunais Regionais do Trabalho; III – Juntas ou Juízes de conciliação e julgamento. § 1º O Tribunal Superior do Trabalho tem sede na Capital Federal. § 2º A lei fixará o número dos Tribunais Regionais do Trabalho e respectivas sedes. § 3º A lei instituirá as Juntas de Conciliação e Julgamento, podendo, nas Comarcas onde elas não forem instituídas, atribuir as suas funções aos Juízes de Direito. § 4º Poderão ser criados por lei outros órgãos da Justiça do Trabalho. § 5º A constituição, investidura, jurisdição, competência, garantias e condições de exercício dos órgãos da Justiça do Trabalho serão reguladas por lei, ficando assegurada a paridade de representação de empregados e empregadores. Art. 123. Compete à Justiça do Trabalho conciliar e julgar os dissídios individuais e coletivos

Art. 106. Compete à justiça do trabalho conciliar e julgar os dissídios individuais e coletivos entre empregados e empregadores e demais controvérsias oriundas de relações de trabalho regidas pela justiça social.	tre empregados e empregadores, e as demais controvérsias oriundas de relações do trabalho regidas por legislação especial Parágrafo único. A lei determinará os casos em que as decisões, nos dissídios coletivos, poderão estabelecer normas e condições de trabalho.	entre empregados e empregadores, e as demais controvérsias oriundas de relações do trabalho regidas por legislação especial. § 1º Os dissídios relativos a acidentes do trabalho são da competência da justiça ordinária. § 2º A lei especificará os casos em que as decisões, nos dissídios coletivos, poderão estabelecer normas e condições de trabalho.
JUSTIÇA DOS ESTADOS	**JUSTIÇA DOS ESTADOS**	**JUSTIÇA DOS ESTADOS**
SEÇÃO II **Da Justiça dos Estados**	**TÍTULO II** **Da Justiça dos Estados**	**TÍTULO II** **Da Justiça dos Estados**
Art. 116. Os Estados organizarão a sua justiça com observância dos princípios gerais que regem o Poder Judiciário (arts. 68 a 73), e ainda dos seguintes: I – serão inalteráveis a divisão e a organização judiciárias, dentro de cinco anos da data da lei que as estabelecer, salvo mediante proposta motivada do Tribunal de Justiça; II – a investidura na magistratura vitalícia dependerá de concurso de provas, organizado pelo Tribunal de Justiça com a colaboração do órgão seccional da Ordem dos Advogados do Brasil, fazendo-se a classificação dos candidatos, sempre que possível, em lista tríplice; III – far-se-á a promoção dos juízes à segunda da entrância, por antiguidade; terceira, por antiguidade e por merecimento, alternadamente; e às demais por merecimento; IV – a investidura no Tribunal de Justiça, salvo no caso do número seguinte, dar-se-á mediante promoção de juízes da entrância mais elevada,	Art. 124. Os Estados organizarão a sua justiça com observância dos arts. 95 a 97 e, ainda, dos seguintes princípios: I – serão inalteráveis a divisão e a organização judiciária, dentro de cinco anos da data da lei que as estabelecer, salvo proposta motivada do Tribunal de Justiça; II – poderão ser criados tribunais de alçada inferior à dos Tribunais de Justiça; III – o ingresso na magistratura vitalícia dependerá de concurso de provas, organizado pelo Tribunal de Justiça com a colaboração do Conselho Seccional da Ordem dos Advogados do Brasil, e far-se-á a indicação dos candidatos, sempre que for possível, em lista tríplice; IV – a promoção dos juízes de entrância para entrância far-se-á obedecendo ao critério de dois por merecimento, mediante lista tríplice, organizada pelo Tribunal de Justiça para cada vaga, e um por antiguidade. Igual proporção se observará no acesso ao Tribunal de Justiça, ressalvado o	Art. 124. Os Estados organizarão a sua justiça com observância dos arts. 95 a 97 e também dos seguintes princípios: I – serão inalteráveis a divisão e a organização judiciárias, dentro de cinco anos da data da lei que as estabelecer, salvo proposta motivada do Tribunal de Justiça; II – poderão ser criados Tribunais de Alçada inferior à dos Tribunais de Justiça; III – o ingresso na magistratura vitalícia dependerá de concurso de provas, organizado pelo Tribunal de Justiça com a colaboração do Conselho Seccional da Ordem dos Advogados do Brasil, e far-se-á a indicação dos candidatos, sempre que for possível, em lista tríplice; IV – a promoção dos Juízes far-se-á de entrância para entrância por antiguidade e por merecimento, alternadamente, e, no segundo caso, dependerá de lista tríplice organizada pelo Tribunal de Justiça. Igual proporção se observará no acesso ao Tribunal, ressalvado o disposto no nº V

preenchendo-se duas vagas por merecimento e uma por antiguidade. Quando o critério for de merecimento, o Tribunal de Justiça, para cada vaga, organizará lista tríplice. Quando for de antiguidade, decidirá, por maioria de votos, se deve ser proposto o juiz mais antigo; não sendo este aceito, proceder-se-á à votação relativamente ao imediato em antiguidade; e se este for recusado, preencher-se-á a vaga segundo o critério de merecimento. Num e noutro caso, as votações se farão em escrutínio secreto;

V – na composição de qualquer tribunal superior, um terço dos lugares será preenchido por advogados e membros do ministério público estadual de notório merecimento e reputação ilibada, com dez anos pelo menos de prática forense. Para cada vaga, votará o tribunal, em escrutínio secreto, lista tríplice. Escolhido um membro do ministério público estadual, far-se-á por advogado o provimento das duas vagas seguintes;

VI – serão fixados os vencimentos dos desembargadores em quantia não inferior à dos quintos do que percebem os Ministros do Supremo Tribunal Federal; e os dos demais juízes vitalícios com diferença não excedente a trinta por cento de uma para outra entrância, atribuindo-se aos da entrância mais elevada não menos de dois terços dos vencimentos dos desembargadores;

VII – em caso de mudança da sede do juízo, é facultado ao juiz remover-se com ela ou pedir disponibilidade com vencimentos integrais;

VIII – só por proposta do Tribunal de Justiça pode ser alterado o número dos seus desembargadores;

disposto no inciso V, deste artigo; nos casos de merecimento, a lista tríplice será organizada com os nomes escolhidos dentre os de todos os juízes de qualquer entrância. Nos de antigüidade que será computada na última entrância, o Tribunal decidirá preliminarmente se convirá ser proposto o juiz mais antigo; não sendo aprovada essa condição por três quartos dos desembargadores, se procederá à votação relativamente ao imediato, e assim por diante, até se fixar a indicação.

V – na composição de qualquer tribunal, será ressalvado certo número e lugares, não inferior a 1/5 nem superior a 1/3, para serem preenchidos por advogados e membros do ministério público, de notório merecimento e reputação ilibada, com dez anos, pelo menos, de prática forense. Para cada vaga, votará o tribunal, em sessão e escrutínio secretos, lista tríplice. Escolhido um membro do ministério público, será preenchida por advogado a vaga seguinte;

VI – serão fixados os vencimentos dos desembargadores em quantia não inferior à que recebem, a qualquer título, os secretários de Estado; e os dos demais juízes vitalícios, com diferença não excedente a trinta por cento de uma para outra entrância, atribuindo-se aos de entrância mais elevada não menos de dois terços dos vencimentos dos desembargadores;

VII – em caso de mudança da sede do juízo, é facultado ao juiz remover-se para a nova sede ou pedir disponibilidade com vencimentos integrais;

VIII – só por proposta do Tribunal de Justiça poderá ser alterado o número dos seus membros e dos de qualquer outro tribunal estadual;

deste artigo. Para isso, nos casos de merecimento, a lista tríplice se comporá de nomes escolhidos dentre os dos Juízes de qualquer entrância. Em se tratando de antigüidade, que se apurará na última entrância, o Tribunal resolverá preliminarmente se deve ser indicado o juiz mais antigo; e, se este for recusado por três quartos dos Desembargadores, repetirá a votação em relação ao imediato, e assim por diante, até se fixar a indicação. Somente após dois anos de efetivo exercício na respectiva entrância poderá o juiz ser promovido;

V – na composição de qualquer Tribunal, um quinto dos lugares será preenchido por advogados e membros do Ministério Público, de notório merecimento e reputação ilibada, com dez anos, pelo menos, de prática forense. Para cada vaga, o Tribunal, em sessão e escrutínio secretos, votará lista tríplice. Escolhido um membro do Ministério Público, a vaga seguinte será preenchida por advogado;

VI – os vencimentos dos desembargadores serão fixados em quantia não inferior à que recebem, a qualquer título, os Secretários de Estado, e os dos demais Juízes vitalícios, com diferença não excedente a trinta por cento de uma para outra entrância, atribuindo-se aos de entrância mais elevada não menos de dois terços dos vencimentos dos desembargadores;

VII – em caso de mudança de sede do juízo, é facultado ao juiz remover-se para a nova sede ou para Comarca de igual entrância, ou pedir disponibilidade com vencimentos integrais;

VIII – só por proposta do Tribunal de Justiça poderá ser alterado o número dos seus membros e dos de qualquer outro Tribunal;

IX – é da competência privativa do Tribunal de Justiça processar e julgar os juízes inferiores, nos crimes comuns e nos de responsabilidade; X – poderá ser instituída a justiça de paz eletiva, com atribuição judiciária de substituição, exceto para julgamentos finais ou recorríveis e com competência para a habilitação e celebração de casamento e outros atos que a lei indicar. XI – é mantida a instituição do júri; XII – poderão ser criados juízes com investidura limitada a certo tempo e competência para julgamento das causas de pequeno valor, preparo das excedentes da sua alçada e substituição dos juízes vitalícios; XIII – a justiça militar estadual, organizadora com observância dos preceitos gerais da lei federal (art. 4, nº IV), terá como órgãos de primeira instância os conselhos de justiça e, como órgão de segunda instância, um tribunal especial ou o Tribunal de Justiça; XIV – aos membros do ministério público se assegurará acesso na carreira; XV – instituir-se-ão órgãos de correição e jurisdição disciplinar, para todos os graus da hierarquia judiciária estadual, observado o disposto no parágrafo único do art. 111.	IX – é da competência privativa do Tribunal de Justiça processar e julgar os juízes inferiores, nos crimes comuns e nos de responsabilidade; X – poderá ser instituída a justiça de paz temporária, com atribuição judiciária de substituição, exceto para julgamentos finais ou recorríveis, e competência para a habilitação e celebração de casamentos e outros atos que a lei indicar; XI – poderão ser criados juízes togados com investidura limitada a certo tempo e competência para julgamentos das causas de pequeno valor. Esses juízes poderão substituir os juízes vitalícios; XII – a Justiça Militar estadual, organizada com observância dos preceitos da lei federal (art. 5, nº XVI), terá como órgãos de primeira instância os conselhos de justiça e como órgão de segunda instância um tribunal especial ou o Tribunal de Justiça.	IX – é da competência privativa do Tribunal de Justiça processar e julgar os juízes de inferior instância nos crimes comuns e de responsabilidade; X – poderá ser instituída a Justiça de Paz temporária, com atribuição judiciária de substituição, exceto para julgamentos finais ou recorríveis, e competência para a habilitação e celebração de casamentos e outros atos previstos em lei; XI – poderão ser criados cargos de juízes togados com investidura limitada a certo tempo e competência para julgamento das causas de pequeno valor. Esses juízes poderão substituir os juízes vitalícios; XII – a Justiça Militar estadual, organizada com observância dos preceitos gerais da lei federal (art. 5º, nº XV, letra f), terá como órgãos de primeira instância os Conselhos de Justiça e como órgão de segunda instância um Tribunal especial ou o Tribunal de Justiça.
MINISTÉRIO PÚBLICO **SEÇÃO VII** **Do Ministério Público da União**	**MINISTÉRIO PÚBLICO** **TÍTULO III** **Do Ministério Público**	**MINISTÉRIO PÚBLICO** **TÍTULO III** **Do Ministério Público**
Art. 107. O Ministério Público da União compreende: I – Na justiça comum, o Ministério Público Federal;	Art. 125. A lei organizará o Ministério Público da União perante a Justiça comum, a Militar, a Eleitoral e a do Trabalho, instituindo também os demais órgãos que se tornarem necessários.	Art. 125. A lei organizará o Ministério Público da União junto à Justiça Comum, à Militar, à Eleitoral e à do Trabalho. Art. 126. O Ministério Público federal tem por

II – na Justiça Militar e na do trabalho, respectivamente, o Ministério Público Militar e o Ministério Público do Trabalho.

Parágrafo único. A lei disporá sobre o Ministério Público da Justiça Eleitoral.

Art. 108. O Ministério Público Federal tem por chefe o Procurador Geral da República, nomeado pelo Presidente da República, com aprovação do Senado Federal, dentre os cidadãos com os requisitos indicados no art. 75.

Art. 109. A lei regulará a organização do Ministério Público da União.

§ 1º Nos Estados, a União será representada em juízo pelos procuradores da República, podendo a lei cometer essa representação, nas comarcas do interior, ao ministério público local.

§ 2º O Procurador Geral da Justiça Militar terá os mesmos vencimentos dos ministros do Superior Tribunal Militar.

SEÇÃO VIII
Disposições Finais

Art. 110. As justiças locais não podem intervir em questões submetidas aos juízes e tribunais federais, nem anular, alterar ou suspender as suas sentenças ou ordens. E, reciprocamente, a justiça federal, salvo nos casos expressos nesta Constitui-

Art. 126. O Ministério Público Federal tem por chefe o Procurador Geral da República, nomeado pelo Presidente da República, com prévia aprovação do Senado Federal, dentre cidadãos que tenham os requisitos indicados no art. 99, e será demissível *ad nutum*.

Parágrafo único. Nos Estados, a União será representada em juízo pelos Procuradores da República, podendo a lei cometer essa representação, nas comarcas do interior, ao Ministério Público local.

Art. 127. Os membros do Ministério Público da União, do Distrito Federal e dos Territórios ingressarão nos cargos iniciais mediante concurso e a lei lhes assegurará estabilidade depois de dois anos de exercício. Só por sentença judicial ou processo administrativo, facultada a mais ampla defesa, se lhes poderá decretar a exoneração.

Art. 128. Nos Estados, o Ministério Público será organizado pelas leis locais, observados os preceitos do artigo anterior, e mais o de promoção, de entrância a entrância, a fim de que fique assegurada a carreira.

chefe o Procurador Geral da República. O Procurador, nomeado pelo Presidente da República, depois de aprovada a escolha pelo Senado Federal, dentre os cidadãos com os requisitos indicados no art. 99, é demissível *ad nutum*.

Parágrafo único. A União será representada em juízo pelos Procuradores da República, podendo a lei cometer esse encargo, nas comarcas do interior, ao Ministério Público local.

Art. 127. Os membros do Ministério Público da União, do Distrito Federal e dos Territórios ingressarão nos cargos iniciais da carreira mediante concurso. Após dois anos de exercício, não poderão ser demitidos senão por sentença judiciária ou mediante processo administrativo em que se lhes faculte ampla defesa; nem removidos a não ser mediante representação motivada do Chefe do Ministério Público, com fundamento em conveniência do serviço.

Art. 128. Nos Estados, o Ministério Público será também organizado em carreira, observados os preceitos do artigo anterior e mais o princípio de promoção de entrância a entrância.

ção, não pode, nos mesmos termos, intervir nas justiças locais.

Art. 111. A lei disporá sobre a instituição de órgãos de correição e jurisdição disciplinar, para todos os graus da hierarquia federal.

Parágrafo único. Do órgão de mais elevada categoria participarão um advogado e um membro do Ministério Público da União, ambos com os requisitos indicados no art. 75.

NACIONALIDADE E CIDADANIA	NACIONALIDADE E CIDADANIA	NACIONALIDADE E CIDADANIA
TÍTULO V Dos Direitos Fundamentais CAPÍTULO I Dos Direitos Políticos SEÇÃO I Da Nacionalidade e da Cidadania Art. 147. São cidadãos brasileiros: I – os nascidos no Brasil, ainda que de pai estrangeiro, não residindo este a serviço do governo de seu país; II – os filhos de brasileiro, ou brasileira, nascidos em país estrangeiro, estando os seus pais a serviço do Brasil, e, fora deste caso, se, atingida a maioridade política, optarem pela nacionalidade brasileira; III – os estrangeiros naturalizados pela forma que a lei estabelecer. Art. 148. Perde a nacionalidade o brasileiro: I – que, por naturalização voluntária, adquirir outra nacionalidade;	TÍTULO IV Da Declaração de Direitos CAPÍTULO I Da Nacionalidade e da Cidadania Art. 129. São brasileiros: I – os nascidos no Brasil, ainda que de pai estrangeiro, não residindo este a serviço do governo do seu país; II – os filhos de brasileiro ou brasileira, nascidos em país estrangeiro: a) quando os pais estiverem a serviço do governo do Brasil; b) se fixarem residência no Brasil e, até quatro anos após a maioridade política, optarem pela nacionalidade brasileira; III – os que adquirirem a nacionalidade brasileira, nos termos do art. 69, n.ºs IV e V da Constituição de 24 de fevereiro de 1891; IV – os estrangeiros naturalizados por outra forma. Art. 130. Perde a nacionalidade o brasileiro:	TÍTULO IV Da Declaração de Direitos CAPÍTULO I Da Nacionalidade e da Cidadania Art. 129. São brasileiros: I – os nascidos no Brasil, ainda que de pais estrangeiros, não residindo estes a serviço do seu país; II – os filhos de brasileiro ou brasileira, nascidos no estrangeiro, se os pais estiverem a serviço do Brasil, ou, não estando, se vierem residir no país. Neste caso, atingida a maioridade, deverão, para conservar a nacionalidade brasileira, optar por ela, dentro em quatro anos; III – os que adquiriram a nacionalidade brasileira nos termos do art. 69, n.ºs IV e V, da Constituição de 24 de fevereiro de 1891; IV – os naturalizados pela forma que a lei estabelecer, exigidas aos portugueses apenas residência no País por um ano ininterrupto, idoneidade moral e sanidade física.

II – que aceitar de governo estrangeiro comissão, emprego ou pensão sem licença do Presidente da República;

III – que, mediante o processo que a lei estabelecer, tiver cancelada a sua naturalização por exercer atividade nociva ao interesse nacional.

SEÇÃO II
Do Eleitor e do Voto

Art. 149. São eleitores os cidadãos de um e outro sexo, maiores de dezoito anos, que se alistarem na forma da lei.

Art. 150. Não podem alistar-se eleitores:

I – os que não saibam ler e escrever;

II – os que não falem a língua nacional;

III – os que estejam, temporária ou definitivamente, privados dos direitos políticos.

Parágrafo único. Também não podem alistar-se eleitores os militares em serviço ativo, salvo os oficiais, os aspirantes a oficial e os alunos das escolas militares de ensino superior.

Art. 151. O alistamento e o voto são obrigatórios, para homens e mulheres, com as exceções e sanções prescritas em lei.

Art. 152. O sufrágio é universal e direto; o voto é secreto; e é assegurada a representação proporcional das correntes de opinião, na forma que a lei estabelecer.

SEÇÃO III
Da Suspensão e da Perda dos Direitos Políticos

Art. 153. Os direitos políticos só se suspendem ou perdem nos casos aqui particularizados.

I – que, por naturalização voluntária, adquirir outra nacionalidade;

II – que, sem licença do Presidente da República, aceitar de governo estrangeiro comissão, emprego ou pensão;

III – que, por sentença judicial, em processo que a lei estabelecer, tiver cancelada a sua naturalização, por exercer atividade nociva ao interesse nacional.

Art. 131. São eleitores os brasileiros maiores de dezoito anos que se alistarem na forma da lei.

Art. 132. Não podem alistar-se eleitores:

I – os que não se exprimam na língua nacional;

II – os que não se exprimam na língua nacional;

III – os que estejam privados, temporária ou definitivamente, dos direitos políticos.

Parágrafo único. Também não podem alistar-se eleitores as praças de pré, salvo os aspirantes a oficial, os sargentos e os alunos das escolas militares de ensino superior.

Art. 133. O alistamento e o voto são obrigatórios para os brasileiros de ambos os sexos, tendo-se em vista as exceções e sanções estabelecidas em lei.

Art. 134. O sufrágio é universal e direto; o voto é secreto e fica assegurada a representação proporcional dos partidos políticos nacionais pela forma que a lei prescrever.

Art. 135. Só se suspendem ou se perdem os direitos políticos nos casos aqui particularizados.

§ 1º Suspendem-se:

I – por incapacidade civil absoluta;

II – por condenação criminal, enquanto durarem os seus efeitos;

Art. 130. Perde a nacionalidade o brasileiro:

I – que, por naturalização voluntária, adquirir outra nacionalidade;

II – que, sem licença do Presidente da República, aceitar de governo estrangeiro comissão, emprego ou pensão;

III – que, por sentença judicial, em processo que a lei estabelecer, tiver cancelada a sua naturalização, por exercer atividade nociva ao interesse nacional.

Art. 131. São eleitores os brasileiros maiores de dezoito anos que se alistarem na forma da lei.

Art. 132. Não podem alistar-se eleitores:

I – os analfabetos;

II – os que não saibam exprimir-se na língua nacional;

III – os que estejam privados, temporária ou definitivamente, dos direitos políticos.

Parágrafo único. Também não podem alistar-se eleitores as praças de pré, salvo os aspirantes a-oficial, os suboficiais, os subtenentes, os sargentos e os alunos das escolas militares de ensino superior.

Art. 133. O alistamento e o voto são obrigatórios para os brasileiros de ambos os sexos, salvo as exceções previstas em lei.

Art. 134. O sufrágio é universal e direto; o voto é secreto; e fica assegurada a representação proporcional dos partidos políticos nacionais, na forma que a lei estabelecer.

Art. 135. Só se suspendem ou perdem os direitos políticos nos casos deste artigo.

§ 1º Suspendem-se:

I – por incapacidade civil absoluta;

§ 1º Suspendem-se:

I – por incapacidade civil absoluta;

II – por condenação criminal, enquanto durarem os seus efeitos.

§ 2º Perdem-se:

I – nos casos do art. 148;

II – pela recusa, motivada em convicção religiosa, filosófica ou política, de obrigação, encargo ou serviço que a lei imponha aos brasileiros;

III – pela aceitação de título nobiliárquico, ou condecoração estrangeira, que importe restrição de direitos ou deveres perante a nação.

Art. 154. A perda dos direitos políticos acarreta, simultaneamente, a do cargo ou função pública.

Art. 155. A lei estabelecerá as condições de reaquisição dos direitos políticos.

SEÇÃO IV
Da Inelegibilidade

Art. 156. São inelegíveis os inalistáveis.

Art. 157. São também inelegíveis:

I – para presidente e vice-presidente da República:

a) o presidente eleito para o período imediatamente anterior e o vice-presidente que lhe tenha sucedido ou que até seis meses antes do pleito o haja substituído;

b) até seis meses depois de afastados definitivamente das suas funções, os governadores, os interventores federais, nomeados de acordo com o § 2º do art. 120, os ministros de Estado e o prefeito do Distrito Federal;

§ 2º Perdem-se:

I – nos casos estabelecidos no art. 130;

II – pela recusa prevista no artigo 141, § 8º;

III – pela aceitação de título nobiliárquico, ou condecoração estrangeira que importe restrição de direitos ou deveres perante o Estado.

Art. 136. A perda dos direitos políticos acarreta, simultaneamente, a do cargo ou função pública.

Art. 137. A lei estabelecerá as condições de reaquisição dos direitos políticos e da nacionalidade.

Art. 138. São inelegíveis os inalistáveis e os referidos no parágrafo único do art. 132.

Art. 139. São também inelegíveis:

I – para Presidente e Vice-Presidente da República:

a) O presidente que tenha exercido o cargo em qualquer espaço de tempo do período imediatamente anterior, e bem o Vice-Presidente que lhe tenha sucedido ou quem, dentro dos seis meses anteriores ao pleito, o haja substituído;

b) até seis meses depois de afastados definitivamente das funções, os governadores, os interventores federais, nomeados de acordo com o artigo 12, os ministros de Estado e o Prefeito do Distrito Federal;

c) até três meses depois de cessadas definitivamente as suas funções, os ministros do Supremo Tribunal Federal e o Procurador Geral da República, os chefes de estado-maior, os juízes, o procurador-geral e os procuradores regionais da justiça eleitoral e os secretários de Estado e os chefes de polícia;

II – por condenação criminal, enquanto durarem os seus efeitos;

§ 2º Perdem-se:

I – nos casos estabelecidos no art. 130;

II – pela recusa prevista no art. 141, § 8º;

III – pela aceitação de título nobiliárquico ou condecoração estrangeira que importe restrição de direito ou dever perante o Estado.

Art. 136. A perda dos direitos políticos acarreta simultaneamente a do cargo ou função pública.

Art. 137. A lei estabelecerá as condições de reaquisição dos direitos políticos e da nacionalidade.

Art. 138. São inelegíveis os inalistáveis e os mencionados no parágrafo único do art. 132.

Art. 139. São também inelegíveis:

I – para presidente e vice-presidente da República:

a) O Presidente que tenha exercido o cargo, por qualquer tempo, no período imediatamente anterior, e bem o Vice-Presidente que lhe tenha sucedido ou quem, dentro dos seis meses anteriores ao pleito, o haja substituído;

b) até seis meses depois de afastados definitivamente das funções, os governadores, os interventores federais, nomeados de acordo com o artigo 12, os Ministros de Estado e o Prefeito do Distrito Federal;

c) até três meses depois de cessadas definitivamente as funções, os Ministros do Supremo Tribunal Federal e o Procurador-Geral da República, os Chefes de estado-maior, os juízes, o procurador-geral e os procuradores regionais da Justiça Eleitoral, os secretários de Estado e os chefes de Polícia;

c) até três meses depois de cessadas definitivamente as suas funções, os ministros do Supremo Tribunal Federal e o procurador geral da República; os juízes, o procurador geral e os procuradores regionais da justiça eleitoral; os chefes e subchefes dos estados-maiores do Exército, da Armada e da Aeronáutica; os secretários de Estado e os chefes de polícia;

II – para governador:

a) no respectivo Estado, o Governador eleito para o período imediatamente anterior, ou quem lhe haja sucedido, ou, até seis meses antes do pleito, o tenha substituído; e o interventor federal nomeado na forma do § 2º do art. 120, que tenha exercido as suas funções, em qualquer tempo do período governamental imediatamente anterior;

b) até um ano depois de afastados definitivamente das suas funções, o vice-presidente da República que haja assumido a presidência;

c) até seis meses depois e cessadas definitivamente as suas funções, os secretários de estado, os chefes de polícia, os magistrados federais e estaduais e o chefe do ministério público local, no respectivo Estado;

d) até três meses depois de cessadas definitivamente as suas funções, os que forem inelegíveis para Presidente da República, salvo os referidos nas alíneas a e b deste número;

III – para prefeito, o que houver sido eleito para o período imediatamente anterior e bem assim o que lhe tenha sucedido, ou, até seis meses antes do pleito, o tenha substituído;

IV – para a Câmara dos Deputados e o Senado Federal, as autoridades referidas, nos ns. I

II – para governador:

a) no respectivo Estado, o governo que haja exercido o cargo em qualquer espaço de tempo do período imediatamente anterior ou quem lhe haja sucedido ou, dentro dos seis meses anteriores ao pleito, o tenha substituído; e o interventor federal nomeado na forma do art. 12, que tenha exercido as suas funções em qualquer espaço de tempo do período governamental imediatamente anterior;

b) até um ano depois de afastados definitivamente das suas funções, o Presidente e Vice-Presidente da República o os substitutos que hajam assumido a presidência;

c) no respectivo Estado e até três meses depois de cessadas definitivamente as suas funções, os secretários de Estado, os comandantes das regiões militares, os chefes e os comandantes de polícia, os magistrados federais e estaduais e o chefe do Ministério Público;

d) até três meses depois de cessadas definitivamente as funções, os que forem inelegíveis para Presidente da República, salvo os referidos nas alíneas a e b deste número;

III – para Prefeito, o que houver exercido o cargo no período imediatamente anterior, e bem assim o que lhe tenha sucedido ou, dentro dos seis meses anteriores ao pleito, o haja substituído; e, igualmente, pelo mesmo prazo, as autoridades policiais com jurisdição no município;

IV – para a Câmara dos Deputados e o Senado Federal, as autoridades referidas, nos números I e II, nas mesmas condições em um e outro estabelecidas, se em exercício nos três meses anteriores ao pleito;

II – para Governador:

a) em cada Estado, o governador que haja exercido o cargo por qualquer tempo no período imediatamente anterior ou quem lhe haja sucedido, ou, dentro dos seis meses anteriores ao pleito, o tenha substituído; e o interventor federal nomeado na forma do art. 12, que tenha exercido as funções, por qualquer tempo, no período governamental imediatamente anterior;

b) até um ano depois de afastados definitivamente das funções, o Presidente, o Vice-Presidente da República e os substitutos que hajam assumido a Presidência;

c) em cada Estado, até três meses depois de cessadas definitivamente as funções, os secretários de Estado, os comandantes das regiões militares, os chefes e os comandantes de polícia, os magistrados federais e estaduais e o chefe do Ministério Público;

d) até três meses depois de cessadas definitivamente as funções, os que forem inelegíveis para Presidente da República, salvo os mencionados nas letras a e b deste número;

III – para prefeito, o que houver exercido o cargo por qualquer tempo, no período imediatamente anterior, e bem assim o que lhe tenha sucedido ou, dentro dos seis meses anteriores ao pleito, o haja substituído; e, igualmente, pelo mesmo prazo, as autoridades policiais com jurisdição no município;

IV – para a Câmara dos Deputados e o Senado Federal, as autoridades mencionadas em os n^{os} I e II, nas mesmas condições em ambos estabelecidas, se em exercício nos três meses anteriores ao pleito;

e II, nas mesmas condições em um e outro estabelecidas. V – para as Assembléias Legislativas, até dois meses depois de cessadas definitivamente as suas funções, os governadores e secretários de estado, nos respectivos Estados. Parágrafo único. Os preceitos deste artigo se aplicam aos titulares tanto efetivos como interinos dos cargos mencionados. Art. 158. São ainda inelegíveis, nas mesmas condições do artigo anterior, os parentes e os afins, até o terceiro grau: I – do presidente, e do vice-presidente da República que assumir a presidência: a) para presidente da Republica; b) para governador; c) para deputado ou senador, salvo se já tiverem exercido o mandato ou forem eleitos simultaneamente com o presidente e o vice-presidente da República; II – do governador ou interventor federal, nomeado de acordo com o § 2º do art. 120, no respectivo Estado: a) para governador; b) para deputado ou senador, salvo se já tiverem exercido o mandato ou forem eleitos simultaneamente com o governador; III – do prefeito: a) para prefeito; b) para vereador.	V – para as Assembléias Legislativas até dois meses depois de cessadas definitivamente as suas funções, os governadores e secretários de Estado. Parágrafo único. Os preceitos deste artigo aplicam-se aos titulares, assim efetivos como interinos, dos cargos mencionados. Art. 140. São ainda inelegíveis, nas mesmas condições exaradas do artigo anterior, o cônjuge e os parentes ou afins, até o segundo grau: I – do Presidente e do Vice-Presidente da República ou do substituto que assumir a presidência: a) para Presidente da República; b) para Governador; c) para Deputado ou Senador, salvo se já tiverem exercido o mandato ou forem eleitos simultaneamente com o Presidente e o Vice-Presidente da República; II – do Governador ou Interventor Federal, nomeado de acordo com o art. 12, no respectivo Estado: a) para Governador; b) para Deputado ou Senador, salvo se já tiverem exercido o mandato ou forem eleitos simultaneamente com o Governador; III – do Prefeito, para Prefeito.	V – para as Assembléias Legislativas, governadores, secretários de Estado e chefes de Polícia, até dois meses depois de cessadas definitivamente as funções. Parágrafo único. Os preceitos deste artigo aplicam-se aos titulares, assim efetivos como interinos, dos cargos mencionados. Art. 140. São ainda inelegíveis, nas mesmas condições do artigo anterior, o cônjuge e os parentes consangüíneos ou afins, até o segundo grau: I – do Presidente e do Vice-Presidente da República ou do substituto que assumir a presidência: a) para Presidente e Vice-Presidente da República; b) para Governador; c) para Deputado ou Senador, salvo se já tiverem exercido o mandato ou forem eleitos simultaneamente com o Presidente e o Vice-Presidente da República; II – do Governador ou Interventor federal, nomeado e de acordo com o art. 12, em cada Estado: a) para Governador; b) para Deputado ou Senador, salvo se já tiverem exercido o mandato ou forem eleitos simultaneamente com o Governador; III – do Prefeito, para o mesmo cargo.

DIREITOS INDIVIDUAIS	DIREITOS INDIVIDUAIS	DIREITOS INDIVIDUAIS
CAPÍTULO II Dos Direitos Individuais Art. 159. A Constituição assegura aos brasileiros e estrangeiros a inviolabilidade dos direitos concernentes à vida, à liberdade, à segurança individual e à propriedade, nos termos seguintes: § 1º Todos são iguais perante a lei. § 2º Ninguém pode ser obrigado a fazer ou deixar de fazer alguma coisa, senão em virtude de lei. § 3º A lei não prejudicará o direito adquirido, o ato jurídico perfeito e a coisa julgada. § 4º Nenhuma violação de direito poderá ser excluída da apreciação do Poder Judiciário. § 5º É livre a manifestação do pensamento, sem dependência de censura, salvo, por motivo de moralidade e bons costumes, quanto a diversões públicas. Cada um responderá pelos abusos que cometer, nos casos e pela forma que a lei determinar. Não é permitido o anonimato. É assegurado o direito de resposta. § 6º É garantida a liberdade de cátedra. § 7º É inviolável o sigilo da correspondência. O funcionário, encarregado de sua guarda ou vigilância, responderá pela infração do preceito, com a perda do cargo ou função. § 8º A publicação de livros e periódicos independe de licença do poder público. Não será porém tolerada propaganda de guerra ou de processos violentos para subverter a ordem política ou social, nem o comércio de gravuras ou textos ofensivos ao pudor.	**CAPÍTULO II** Dos Direitos e das Garantias Individuais Art. 141. A Constituição assegura aos brasileiros e aos estrangeiros residentes no País a inviolabilidade dos direitos concernentes à vida, à liberdade, à segurança individual e à propriedade nos termos seguintes: § 1º Todos são iguais perante a lei. § 2º Ninguém pode ser obrigado a fazer ou deixar de fazer alguma coisa senão em virtude de lei. § 3º A lei não prejudicará o direito adquirido, o ato jurídico perfeito e a coisa julgada. § 4º A lei não poderá excluir da apreciação do poder judiciário qualquer lesão de direito individual. § 5º É livre a manifestação do pensamento sem que dependa de censura salvo quanto a espetáculos e diversões públicas, respondendo cada um, nos casos e pela forma que a lei preceituar, pelos abusos que cometerem. Não é permitido o anonimato. É assegurado o direito da resposta. A publicação de livros e periódicos não dependerá de licença do poder público. Não será tolerada, porém, propaganda de guerra ou de processos violentos para subverter a ordem pública e social, ou de idéias que visem a estabelecer distinções por motivo de raça ou de classe. § 6º É inviolável o sigilo da correspondência. § 7º É inviolável a liberdade de consciência e de crença, e assegurado o livre exercício dos cul-	**CAPÍTULO II** Dos Direitos e das Garantias Individuais Art. 141. A Constituição assegura aos brasileiros e aos estrangeiros residentes no País a inviolabilidade dos direitos concernentes à vida, à liberdade, à segurança individual e à propriedade, nos termos seguintes: § 1º Todos são iguais perante a lei. § 2º Ninguém pode ser obrigado a fazer ou deixar de fazer alguma coisa senão em virtude de lei. § 3º A lei não prejudicará o direito adquirido, o ato jurídico perfeito e a coisa julgada. § 4º A lei não poderá excluir da apreciação do Poder Judiciário qualquer lesão de direito individual. § 5º É livre a manifestação do pensamento, sem que dependa de censura, salvo quanto a espetáculos e diversões públicas, respondendo cada um, nos casos e na forma que a lei preceituar, pelos abusos que cometer. Não é permitido o anonimato. É assegurado o direito da resposta. A publicação de livros e periódicos não dependerá de licença do poder público. Não será, porém, tolerada propaganda de guerra, de processos violentos para subverter a ordem política e social, ou de preconceitos de raça ou de classe. § 6º É inviolável o sigilo da correspondência. § 7º É inviolável a liberdade de consciência e de crença e assegurado o livre exercício dos cul-

§ 9º É inviolável a liberdade de consciência e de crença, e garantido o livre exercício dos cultos religiosos, desde que não contravenham à ordem pública ou aos bons costumes. As associações religiosas adquirirão personalidade jurídica na forma da lei civil.

§ 10. Por motivo de convicção religiosa, filosófica ou política, ninguém será privado de qualquer de seus direitos, salvo se a invocar para eximir-se de obrigação, encargo ou serviço, imposto pela lei aos brasileiros.

§ 11. O casamento será civil, e gratuita a sua celebração. O casamento religioso equivalerá ao casamento civil, desde que se observem os impedimentos legais deste, e seja, a requerimento dos assistidos, a quem a solicitar. A assistência religiosa às forças armadas será exercida por brasileiro nato. O registro civil é gratuito e obrigatório.

§ 12. Será prestada assistência religiosa às forças armadas, e bem assim, nos estabelecimentos de internação coletiva, sem constrangimento dos assistidos, a quem a solicitar. A assistência religiosa às forças armadas será exercida por brasileiro nato.

§ 13. O ensino religioso, nas escolas oficiais, constituirá matéria dos seus horários, será de freqüência facultativa, e ministrar-se-á de acordo com a confissão religiosa do aluno, manifestada por ele, se o puder fazer, ou pelo pai ou responsável.

§ 14. Os cemitérios terão caráter secular e serão administrados pela autoridade municipal. É livre a todas as confissões religiosas praticar neles os seus ritos. As associações religiosas poderão manter cemitérios particulares, na forma da lei.

§ 15. A todos é lícito reunir-se sem armas, não podendo intervir a polícia senão para manter a ordem pública, salvo o dos que contrariem a ordem pública ou os bons costumes. As associações religiosas adquirirão personalidade jurídica na forma da lei civil.

§ 8º Por motivo de convicção religiosa, filosófica ou política, ninguém será privado de nenhum dos seus direitos, salvo se a invocar para se eximir de obrigação, encargo ou serviço imposto pela lei aos brasileiros em geral, ou para recusar os que a mesma lei estabelecer em substituição daqueles deveres para atender a escusa de consciência.

§ 9º Será prestada assistência religiosa às forças armadas, bem como será, quando solicitada, nos estabelecimentos de internação coletiva, contanto que não haja constrangimento dos favorecidos. A assistência religiosa às forças armadas será prestada por brasileiro nato.

§ 10. Os cemitérios terão caráter secular e serão administrados pela autoridade municipal. É permitido a todas as confissões religiosas praticarem neles os seus ritos. As associações religiosas poderão, na forma da lei, manter cemitérios particulares.

§ 11. A todos é lícito reunir-se sem armas, e não poderá intervir a polícia senão para assegurar ou restabelecer a ordem pública. Com este intuito, poderá a polícia designar o local para a reunião, contanto que, assim procedendo, não a impossibilite ou frustre.

§ 12. É garantida a liberdade de associação para fins lícitos.

Nenhuma associação poderá ser compulsoriamente dissolvida senão em virtude de sentença judicial.

tos religiosos, salvo o dos que contrariem a ordem pública ou os bons costumes. As associações religiosas adquirirão personalidade jurídica na forma da lei civil.

§ 8º Por motivo de convicção religiosa, filosófica ou política, ninguém será privado de nenhum dos seus direitos, salvo se a invocar para se eximir de obrigação, encargo ou serviço impostos pela lei aos brasileiros em geral, ou recusar os que ela estabelecer em substituição daqueles deveres, a fim de atender escusa de consciência.

§ 9º Sem constrangimento dos favorecidos, será prestada por brasileiro (art. 129, nºs I e II) assistência religiosa às forças armadas e, quando solicitada pelos interessados ou seus representantes legais, também nos estabelecimentos de internação coletiva.

§ 10. Os cemitérios terão caráter secular e serão administrados pela autoridade municipal. É permitido a todas as confissões religiosas praticar neles os seus ritos. As associações religiosas poderão, na forma da lei, manter cemitérios particulares.

§ 11. Todos podem reunir-se, sem armas, não intervindo a polícia senão para assegurar a ordem pública. Com este intuito, poderá a polícia designar o local para a reunião, contanto que, assim procedendo, não a frustre ou impossibilite.

§ 12. É garantida a liberdade de associação para fins lícitos. Nenhuma associação poderá ser compulsoriamente dissolvida senão em virtude de sentença judiciária.

§ 13. É vedada a organização, o registro ou o funcionamento de qualquer partido político ou as-

ordem pública. Para este fim, poderá a polícia designar o local da reunião, desde que, com isso, não a impossibilite ou frustre.

§ 16. É assegurada a liberdade de associação para fins lícitos. Nenhuma associação poderá ser compulsoriamente dissolvida senão em virtude de sentença judicial.

§ 17. É livre o exercício de qualquer profissão, observadas as condições de capacidade técnica que a lei estabelecer.

§ 18. Em tempo de paz, qualquer pessoa pode entrar no território nacional, nele permanecer ou dele sair, com os seus bens, observadas as prescrições da lei.

§ 19. Os poderes públicos não poderão impedir ou embaraçar, em tempo de paz, o livre trânsito de pessoas ou mercadorias em qualquer ponto do território nacional, salvo por motivo de saúde pública.

§ 20. A casa é o asilo inviolável do indivíduo. Ninguém poderá aí penetrar de noite, senão com o consentimento do morador, senão para acudir a vítima de crime ou desastre, nem de dia, a não ser nos casos e pela forma que a lei prescrever.

§ 21. É garantido o direito de propriedade, salvo a desapropriação por necessidade ou utilidade pública, mediante prévia e justa indenização em dinheiro. Em caso de perigo iminente, como guerra ou comoção intestina, as autoridades competentes poderão usar da propriedade particular, até onde o bem público o exija, ressalvado o direito a indenização ulterior.

§ 13. É vedada a organização, o registro ou funcionamento de qualquer partido político ou associação, cujo programa ou ação contrarie o regime democrático, ou os direitos fundamentais do homem.

§ 14. É livre o exercício de qualquer profissão, observadas as condições de capacidade que a lei estabelecer.

§ 15. A casa é o asilo inviolável do indivíduo. Ninguém poderá nela penetrar à noite, sem consentimento do morador, a não ser para acudir a vítima de crime ou desastre, nem durante o dia, fora dos casos e pela forma que a lei estabelecer.

§ 16. É garantido o direito de propriedade, excetuado o caso de desapropriação por necessidade ou utilidade pública ou por interesse social, mediante prévia e justa indenização. Em caso de perigo iminente, como guerra ou comoção intestina, as autoridades competentes poderão usar da propriedade particular, se assim o exigir o bem público, ficando, porém, assegurado o direito a indenização ulterior.

§ 17. Os inventos industriais pertencem aos seus autores, aos quais a lei garantirá privilégio temporário ou, se a vulgarização convier à coletividade, concederá justo prêmio.

§ 18. É assegurada a propriedade das marcas de indústria e comércio, bem como a exclusividade de uso do nome comercial.

§ 19. Aos autores de obras literárias, artísticas ou científicas pertence o direito exclusivo de reproduzi-las. Os herdeiros dos autores gozarão desse direito pelo tempo que a lei determinar.

§ 13. É vedada a organização, o registro ou funcionamento de qualquer partido político ou associação, cujo programa ou ação contrarie o regime democrático, baseado na pluralidade dos partidos e na garantia dos direitos fundamentais do homem.

§ 14. É livre o exercício de qualquer profissão, observadas as condições de capacidade que a lei estabelecer.

§ 15. A casa é o asilo inviolável do indivíduo. Ninguém poderá nela penetrar à noite, sem consentimento do morador, a não ser para acudir a vítima de crime ou desastre, nem durante o dia, fora dos casos e pela forma que a lei estabelecer.

§ 16. É garantido o direito de propriedade, salvo o caso de desapropriação por necessidade ou utilidade pública, ou por interesse social, mediante prévia e justa indenização em dinheiro. Em caso de perigo iminente, como guerra ou comoção intestina, as autoridades competentes poderão usar da propriedade particular, se assim o exigir o bem público, ficando, todavia, assegurado o direito a indenização ulterior.

§ 17. Os inventos industriais pertencem aos seus autores, aos quais a lei garantirá privilégio temporário ou, se a vulgarização convier à coletividade, concederá justo prêmio.

§ 18. É assegurada a propriedade das marcas de indústria e comércio, bem como a exclusividade do uso do nome comercial.

§ 19. Aos autores de obras literárias, artísticas ou científicas pertence o direito exclusivo de reproduzi-las. Os herdeiros dos autores gozarão desse direito pelo tempo que a lei fixar.

§ 22. Os inventos industriais pertencem aos seus autores, aos quais a lei garantirá privilégio temporário. Conceder-lhes-á a lei justo prêmio se a vulgarização convier à coletividade.

§ 23. É assegurada a propriedade das marcas de indústria e comércio e a exclusividade de uso do nome comercial.

§ 24. Aos autores de obras literárias, artísticas ou científicas pertence o direito exclusivo de reproduzi-las pela imprensa ou por qualquer outro processo mecânico. Os herdeiros dos autores gozarão desse direito pelo tempo que a lei determinar.

§ 25. Ninguém será preso senão em flagrante delito, ou, por ordem escrita da autoridade competente, nos casos expressos em lei, nem revistado em público, sob pretexto de busca ou apreensão de armas, salvo em ato de captura de criminoso. Fora desses casos, aquele que ordenar ou executar a prisão ou busca perderá o posto, cargo ou função, com inabilitação, por cinco anos, para o serviço público. Se a infração se praticar contra o exercício do alistamento ou do voto, aplicar-se-ão, além das penas mencionadas, as prescritas na lei eleitoral.

§ 26. Ninguém será levado à prisão ou nela detido, se prestar fiança idônea, quando a lei a admite, nem poderá ser conservado em prisão senão nos casos especificados na lei.

§ 27. A prisão ou detenção de qualquer pessoa será imediatamente comunicada ao juiz competente, que a relaxará, se não for legal, promovendo, sempre que de direito, a responsabilidade da autoridade coatora.

§ 20. Ninguém será preso senão em flagrante delito ou, por ordem escrita da autoridade competente, nos casos expressos em lei.

§ 21. Ninguém será levado à prisão ou nela detido se, permitindo a lei, prestar fiança idônea, nem poderá ser conservado na prisão a não ser nos casos especificados em lei.

§ 22. A prisão ou detenção de qualquer pessoa será imediatamente comunicada ao juiz competente, que se não for legal, a relaxará e, nos casos previstos em lei, promoverá a responsabilidade da autoridade coatora.

§ 23. Dar-se-á habeas-corpus sempre que alguém sofrer ou se achar ameaçado de sofrer violência ou coação em sua liberdade de locomoção, por ilegalidade ou abuso de poder. Nas transgressões disciplinares, não terá lugar o habeas-corpus.

§ 24. Para a proteção de direito líquido e certo não amparado por habeas-corpus, conceder-se-á mandado de segurança seja qual for a autoridade responsável pela ilegalidade ou abuso de poder.

§ 25. É assegurada aos acusados plena defesa, com todos os meios e recursos essenciais a ela, desde a nota de culpa, que, assinada pela autoridade competente, com os nomes do acusador e das testemunhas, será entregue ao preso dentro em vinte e quatro horas.

§ 26. Não haverá foro privilegiado nem juízes e tribunais de exceção.

§ 27. Ninguém será processado nem sentenciado senão pela autoridade competente e em conformidade com a lei anterior.

§ 20. Ninguém será preso senão em flagrante delito ou, por ordem escrita da autoridade competente, nos casos expressos em lei.

§ 21. Ninguém será levado à prisão ou nela detido se prestar fiança permitida em lei.

§ 22. A prisão ou detenção de qualquer pessoa será imediatamente comunicada ao Juiz competente, que a relaxará se não for legal, e, nos casos previstos em lei, promoverá a responsabilidade da autoridade coatora.

§ 23. Dar-se-á habeas-corpus sempre que alguém sofrer ou se achar ameaçado de sofrer violência ou coação em sua liberdade de locomoção, por ilegalidade ou abuso de poder. Nas transgressões disciplinares, não cabe o habeas-corpus.

§ 24. Para proteger direito líquido e certo não amparado por habeas-corpus, conceder-se-á mandado de segurança, seja qual for a autoridade responsável pela ilegalidade ou abuso de poder.

§ 25. É assegurada aos acusados plena defesa, com todos os meios e recursos essenciais a ela, desde a nota de culpa, que, assinada pela autoridade competente, com os nomes do acusador e das testemunhas, será entregue ao preso dentro em vinte e quatro horas. A instrução criminal será contraditória.

§ 26. Não haverá foro privilegiado nem juízes e tribunais de exceção.

§ 27. Ninguém será processado nem sentenciado senão pela autoridade competente e na forma de lei anterior.

§ 28. É mantida a instituição do júri, com a organização que lhe der a lei, contanto que seja sem-

§ 28. Dar-se-á habeas-corpus sempre que alguém for preso, ou se achar ameaçado de sofrer violência ou coação em sua liberdade de locomoção, por ilegalidade ou abuso de poder.

§ 29. Para proteção dos direitos líquidos e certos, que não consistam na privação, ou ameaça de privação da liberdade de ir e vir, conceder-se-á mandado de segurança, seja qual for o responsável pela ilegalidade ou abuso de poder. Nos mesmos termos, poder-se-á conceder mandado de segurança contra ato de pessoas com funções de poder público, em virtude de delegação ou concessão legais.

§ 30. É assegurada aos acusados plena defesa, com todos os meios e recursos essenciais a ela, desde a nota de culpa, que, assinada pela autoridade competente, com os nomes do acusador e das testemunhas, será, em vinte e quatro horas, entregue ao preso.

§ 31. Não haverá foro privilegiado nem juízes e tribunais de exceção; admitem-se porém juízos especiais, em razão da natureza da causa.

§ 32. Ninguém será processado, nem sentenciado, senão pela autoridade competente, em virtude de lei anterior e na forma por ela prescrita.

§ 33. A lei penal só retroagirá quando beneficiar o réu.

§ 34. Nenhuma pena passará da pessoa do delinqüente.

§ 35. Não haverá pena de morte, banimento, confisco, ou de caráter perpétuo. São ressalvadas, quanto à pena de morte, as disposições da legislação militar em tempo de guerra com país estran-

§ 28. A lei penal regulará a individualização da pena e só retroagirá quando beneficiar o réu.

§ 29. Nenhuma pena passará da pessoa do delinqüente.

§ 30. Não haverá pena de morte, de banimento, de confisco nem de caráter perpétuo. São ressalvadas, à pena de morte, as disposições da legislação militar em tempo de guerra com país estrangeiro.

§ 31. Não haverá prisão por dívidas, multas ou custas, exceturadas, na forma de lei, a do depositário infiel e a proveniente de obrigação alimentar.

§ 32. Não será concedida a extradição, por crimes políticos ou de opinião, de súdito estrangeiro e, em caso nenhum, a de brasileiro.

§ 33. Nenhum tributo será exigido nem aumentado sem que a lei o estabeleça e não se efetuará sua cobrança, em cada exercício, sem prévia autorização orçamentária, ressalvada, porém, a tarifa aduaneira e o imposto lançado por motivo de guerra.

§ 34. O poder público, na forma que a lei estabelecer, concederá assistência judiciária aos necessitados.

§ 35. A lei assegurará:
a) o rápido andamento dos processos nas repartições públicas;
b) a ciência aos interessados dos despachos e das informações a que eles se refiram;
c) a expedição das certidões requeridas para a defesa de direitos;
d) a expedição das certidões requeridas para esclarecimentos de negócios administrativos, salvo se, a bem do interesse público, se impuser sigilo.

pre ímpar o número dos seus membros e garantido o sigilo das votações, a plenitude da defesa do réu e a soberania dos veredictos. Será obrigatoriamente da sua competência o julgamento dos crimes dolosos contra a vida.

§ 29. A lei penal regulará a individualização da pena e só retroagirá quando beneficiar o réu.

§ 30. Nenhuma pena passará da pessoa do delinqüente.

§ 31. Não haverá pena de morte, de banimento, de confisco nem de caráter perpétuo. São ressalvadas, quanto à pena de morte, as disposições da legislação militar em tempo de guerra com país estrangeiro. A lei disporá sobre o seqüestro e o perdimento de bens, no caso de enriquecimento ilícito, por influência ou com abuso de cargo ou função pública, ou de emprego em entidade autárquica.

§ 32. Não haverá prisão civil por dívida, multa ou custas, salvo o caso do depositário infiel e o de inadimplemento de obrigação alimentar, na forma da lei.

§ 33. Não será concedida a extradição de estrangeiro por crime político ou de opinião e, em caso nenhum, a de brasileiro.

§ 34. Nenhum tributo será exigido ou aumentado sem que a lei o estabeleça; nenhum será cobrado em cada exercício sem prévia autorização orçamentária, ressalvada, porém, a tarifa aduaneira e o imposto lançado por motivo de guerra.

§ 35. O Poder Público, na forma que a lei estabelecer, concederá assistência judiciária aos necessitados.

geiro. É admitido o confisco em caso de enriquecimento ilícito, por influência ou com abuso de cargo ou função pública, ou de emprego em entidade autárquica ou paraestadual, nos termos e pela forma que a lei prescrever.

§ 36. Não haverá prisão por dívidas, multas ou custas, salvo a do depositário infiel e a proveniente de obrigação alimentar, na forma da lei.

§ 37. Nenhum tributo poderá ser cobrado sem prévia lei que o institua.

§ 38. Nenhum tributo, em cada exercício, poderá ser criado, nem multa alguma imposta, de modo que a sua cobrança impossibilite o uso regular da propriedade ou a prática de qualquer atividade lícita.

§ 39. Não será concedida a nação estrangeira extradição por crime político ou de opinião, nem, em caso nenhum, a de brasileiro.

§ 40. O poder público concederá aos necessitados assistência judiciária, na forma que a lei estabelecer.

§ 41. A lei assegurará o rápido andamento dos processos nas repartições públicas, a comunicação, aos interessados, dos despachos proferidos, e das informações que a eles se refiram, e a expedição das certidões requeridas a bem de interesses individuais, ou para esclarecimento acerca de negócios públicos, salvo, quanto às ultimas, quando o interesse nacional imponha reserva.

§ 42. É permitido a qualquer do povo representar, mediante petição aos poderes públicos, assim como denunciar abuso das autoridades e promover-lhes a responsabilidade.

§ 36. É concedido a quem quer que seja o direito de representar, mediante petição dirigida aos poderes públicos, contra abusos de autoridades e promover a responsabilidade delas.

§ 37. Qualquer cidadão será parte legítima para pleitear a anulação ou a declaração de nulidade de atos lesivos do patrimônio da União, dos Estados ou dos municípios, e bem assim das entidades autárquicas e de economia mista.

Art. 142. Em tempo de paz qualquer pessoa poderá, com os seus bens, entrar no território nacional, nele permanecer ou dele sair, respeitadas as prescrições da lei.

Art. 143. O Governo Federal poderá expulsar do território nacional o estrangeiro nocivo à ordem pública.

Art. 144. A especificação dos direitos e garantias expressas nesta Constituição não exclui outros direitos e garantias decorrentes do regime e os princípios que ela adota.

§ 36. A lei assegurará:

I – o rápido andamento dos processos nas repartições públicas;

II – a ciência aos interessados dos despachos e das informações a que eles se refiram;

III – a expedição das certidões requeridas para defesa de direito;

IV – a expedição das certidões requeridas para esclarecimento de negócios administrativos, salvo se o interesse público impuser sigilo.

§ 37. É assegurado a quem quer que seja o direito de representar, mediante petição dirigida aos Poderes Públicos, contra abusos de autoridades, e promover a responsabilidade delas.

§ 38. Qualquer cidadão será parte legítima para pleitear a anulação ou a declaração de nulidade de atos lesivos do patrimônio da União, dos Estados, dos Municípios, das entidades autárquicas e das sociedades de economia mista.

Art. 142. Em tempo de paz, qualquer pessoa poderá com os seus bens entrar no território nacional, nele permanecer ou dele sair, respeitados os preceitos da lei.

Art. 143. O Governo Federal poderá expulsar do território nacional o estrangeiro nocivo à ordem pública, salvo se o seu cônjuge for brasileiro, e se tiver filho brasileiro (art. 129, n^{os} I e II) dependente da economia paterna.

Art. 144. A especificação dos direitos e garantias expressas nesta Constituição não exclui outros direitos e garantias decorrentes do regime e dos princípios que ela adota.

§ 43. Qualquer cidadão será parte legítima para pleitear a declaração de nulidade ou a anulação dos atos lesivos ao patrimônio da União, dos Estados e dos Municípios e das entidades autárquicas.

§ 44. Nenhum juiz deixará de sentenciar por motivo de omissão na lei. Em tal caso, decidirá por analogia, pelos princípios gerais de direito ou por eqüidade.

§ 45. O juiz negará aplicação às leis que, implícita ou explicitamente, contrariarem a Constituição ou os princípios nela consagrados.

Art. 160. Os direitos individuais e as suas garantias, quanto aos estrangeiros, sofrerão as restrições que a lei estabelecer, por motivo de ordem pública ou segurança nacional.

Parágrafo único. O Governo Federal poderá expulsar do território nacional o estrangeiro perigoso à ordem pública ou nocivo aos interesses nacionais, salvo se, casado com brasileira, tenha filho, brasileiro nato, na dependência da economia paterna.

Art. 161. Perderá o cargo ou função a autoridade, ou funcionário, que impedir o livre exercício dos direitos individuais assegurados pela constituição.

Art. 162. Os direitos individuais e as suas garantias, estabelecidos nesta constituição, serão protegidos contra qualquer propaganda ou processo, tendente a suprimi-los ou a instaurar regime incompatível com a sua existência.

Art. 163. A especificação dos direitos e garantias, expressos nesta Constituição, não exclui outros direitos e garantias decorrentes do regime e dos princípios que ela adota.

DIREITOS SOCIAIS	ORDEM ECONÔMICA E SOCIAL	ORDEM ECONÔMICA E SOCIAL
CAPÍTULO III Dos Direitos Sociais	**TÍTULO V** Da Ordem Econômica e Social	**TÍTULO V** Da Ordem Econômica e Social
Art. 164. A Constituição assegura a plenitude dos seguintes direitos: § 1º A ordem econômica tem por base os princípios da justiça social, conciliando a liberdade de iniciativa ou de empresa com a valorização humana do trabalho. § 2º A lei que regular o trabalho, a produção e o consumo poderá estabelecer as limitações exigidas pelo bem público. § 3º A faculdade reconhecida à União de intervir no domínio econômico e de monopolizar, mediante lei especial, determinada indústria ou atividade, terá por base o interesse público e por limites os direitos fundamentais assegurados nesta Constituição. § 4º O uso da propriedade será condicionado ao bem-estar social, de modo que permita a justa distribuição dela, com iguais oportunidades para todos. § 5º Os trustes, cartéis, entendimentos ou ajustes de qualquer organização, grupo, empresa ou indivíduo, sejam de que natureza forem, para dominar os mercados internos, eliminar os concorrentes e explorar os consumidores pelos preços ou qualquer outra forma de opressão, serão reprimidos, nos termos de lei especial. § 6º A lei regulará a nacionalização progressiva dos bancos de depósito, das empresas de seguro e de capitalização, e de outras de fins análogos, em todas as suas modalidades.	Art. 145. A ordem econômica tem por base os princípios da justiça social conciliando a liberdade de iniciativa com a valorização humana do trabalho. Parágrafo único. É assegurado a todos trabalho que possibilite existência digna. O trabalho é dever social. Art. 146. À União é reconhecida a faculdade, mediante lei especial, de intervir no domínio econômico e de monopolizar determinada indústria ou atividade. A intervenção terá por base o interesse público e por limite os direitos fundamentais assegurados nesta Constituição. Parágrafo único. A lei que regular o trabalho, a produção e o consumo poderá estabelecer as limitações exigidas pelo bem público. Art. 147. O uso da propriedade será condicionado ao bem-estar social. A lei poderá, com observância do disposto no artigo 141, § 16, promover a justa distribuição da propriedade com igual oportunidade para todos. Art. 148. A lei reprimirá toda e qualquer forma de abuso do poder econômico, inclusive as uniões ou agrupamentos de empresas individuais ou sociais, sejam de que natureza forem, com o intuito de dominar os mercados nacionais, eliminar a concorrência e aumentar arbitrariamente os lucros. Art. 149. A lei disporá sobre o regime dos bancos de depósitos, das empresas de seguro, de capitalização e de fins análogos.	Art. 145. A ordem econômica deve ser organizada conforme os princípios da justiça social, conciliando a liberdade de iniciativa com a valorização do trabalho humano. Parágrafo único. A todos é assegurado trabalho que possibilite existência digna. O trabalho é obrigação social. Art. 146. A União poderá, mediante lei especial, intervir no domínio econômico e monopolizar determinada indústria ou atividade. A intervenção terá por base o interesse público e por limite os direitos fundamentais assegurados nesta Constituição. Art. 147. O uso da propriedade será condicionado ao bem-estar social. A lei poderá, com observância do disposto no artigo 141, § 16, promover a justa distribuição da propriedade, com igual oportunidade para todos. Art. 148. A lei reprimirá toda e qualquer forma de abuso do poder econômico, inclusive as uniões ou agrupamentos de empresas individuais ou sociais, seja qual for a sua natureza, que tenham por fim dominar os mercados nacionais, eliminar a concorrência e aumentar arbitrariamente os lucros. Art. 149. A lei disporá sobre o regime dos bancos de depósito, das empresas de seguro, de capitalização e de fins análogos. Art. 150. A lei criará estabelecimentos de crédito especializado de amparo à lavoura e à pecuária.

§ 7º A lei regulará a nacionalização das empresas concessionárias de serviços públicos federais, estaduais e municipais. Será determinada a fiscalização e a revisão das tarifas dos serviços explorados por concessão, a fim de que, calculadas com base no custo histórico, os lucros dos concessionários não excedendo a justa remuneração do capital, lhes permitam atender às necessidades de melhoramento e expansão desses serviços. A lei se aplicará as concessões feitas no regime anterior de tarifas estipuladas para todo o tempo de duração do contrato.

§ 8º As minas e demais riquezas do subsolo, bem como as quedas-d'água, constituem propriedade distinta da do solo para o efeito de exploração ou aproveitamento industrial.

§ 9º O aproveitamento industrial das minas e das jazidas minerais, assim como das águas e da energia hidráulica, ainda que de propriedade privada, depende de autorização ou concessão federal, na forma da lei, e nos termos seguintes:

I – As autorizações ou concessões serão conferidas exclusivamente a brasileiros ou a empresas organizadas no país, assegurada ao proprietário preferência à exploração ou co-participação nos lucros;

II – O aproveitamento de energia hidráulica, de potência reduzida, e para uso exclusivo do proprietário, prescinde de autorização ou concessão;

III – Satisfeitas as condições da lei, entre as quais a de possuírem os necessários serviços técnicos e administrativos, os Estados passarão a exercer, dentro dos respectivos territórios, a atribuição constante deste artigo;

Art. 150. A lei disporá acerca do regime das empresas concessionárias de serviços públicos federais, estaduais e municipais.

Será determinada a fiscalização e a revisão das tarifas dos serviços explorados por concessão, a fim de que os lucros dos concessionários, não excedendo a justa remuneração do capital, lhes permitam atender às necessidades de melhoramentos e a expansão desses serviços. Aplicar-se-á a lei às concessões feitas no regime anterior de tarifas estipuladas para todo o tempo de duração do contrato.

Art. 151. As minas e demais riquezas do subsolo, bem como as quedas de água, constituem propriedades distintas das do solo para o efeito de exploração ou aproveitamento industrial.

Art. 152. O aproveitamento dos recursos minerais e de energia hidráulica depende de autorização ou concessão federal na forma da lei.

§ 1º As autorizações ou concessões serão conferidas exclusivamente a pessoas físicas ou jurídicas brasileiras, garantida ao proprietário do solo indenização pelo dano ou pela ocupação de suas terras.

§ 2º Prescindirá de autorização ou concessão o aproveitamento de energia hidráulica de potência reduzida para uso exclusivo do proprietário da fonte de energia.

§ 3º Satisfeitas as condições exigidas pela lei, entre as quais a de possuírem os necessários serviços técnicos e administrativos, os Estados passarão a exercer dentro dos respectivos territórios a atribuição constante deste artigo.

§ 4º A União, nos casos indicados na lei, tendo em mira o interesse geral, auxiliará os Estados

Art. 151. A lei disporá sobre o regime das empresas concessionárias de serviços públicos federais, estaduais e municipais.

Parágrafo único. Será determinada a fiscalização e a revisão das tarifas dos serviços explorados por concessão, a fim de que os lucros dos concessionários, não excedendo a justa remuneração do capital, lhes permitam atender à necessidade de melhoramentos e expansão desses serviços. Aplicar-se-á a lei às concessões feitas no regime anterior, de tarifas estipuladas para todo o tempo de duração do contrato.

Art. 152. As minas e demais riquezas do subsolo, bem com as quedas-d'água, constituem propriedade distinta da do solo para o efeito de exploração ou aproveitamento industrial.

Art. 153. O aproveitamento dos recursos minerais e de energia hidráulica depende de autorização ou concessão federal na forma da lei.

§ 1º As autorizações ou concessões serão conferidas exclusivamente a brasileiros ou a sociedades organizadas no País, assegurada ao proprietário do solo preferência para a exploração. Os direitos de preferência do proprietário do solo, quanto às minas e jazidas, serão regulados de acordo com a natureza delas.

§ 2º Não dependerá de autorização ou concessão o aproveitamento de energia hidráulica de potência reduzida.

§ 3º Satisfeitas as condições exigidas pela lei, entre as quais a de possuírem os necessários serviços técnicos e administrativos, os Estados passarão a exercer nos seus territórios a atribuição constante deste artigo.

IV – A União, nos casos indicados na lei, e tendo em mira o interesse geral, auxiliará os Estados nos estudos referentes às suas águas minero-medicinais, assim como no aparelhamento das estâncias destinadas ao uso delas.

§ 10. Nenhum ramo da produção nacional poderá receber proteção alfandegária por mais de trinta anos.

§ 11. A usura, sob todas as modalidades, será punida, na forma da lei.

§ 12. A lei promoverá o fomento da economia popular pelos meios indicados na lei, inclusive pelo desenvolvimento do crédito e do cooperativismo.

§ 13. A lei promoverá a prioridade nas vias marítimas, terrestres, fluviais e aéreas, dentro do território nacional, quanto ao tráfego das mercadorias mais necessárias ao consumo popular, prescrevendo pena contra os infratores.

§ 14. A navegação de cabotagem, quanto ao transporte de mercadorias, é privativa dos navios nacionais.

§ 15. O poder público tem a obrigação de assistir e amparar as empresas na sua função social.

§ 16. A imigração poderá ser limitada ou proibida em razão da procedência. A entrada de imigrantes estará condicionada à sua capacidade física e civil, assim como à garantia da sua assimilação. Incumbe à União, por intermédio de especial órgão administrativo, coordenar serviços referentes à seleção, entrada, distribuição, colocação e assimilação de imigrantes uns com os outros, e bem assim os serviços de colonização e imigração interna com os de naturalização de estrangeiros.

nos estudos referentes às suas águas termo-minerais de aplicação medicinal, e no aparelhamento das estâncias destinadas ao uso delas.

Art. 153. A usura, em todas as suas modalidades, será punida na forma da lei.

Art. 154. A navegação de cabotagem para o transporte de mercadorias é privativa dos navios nacionais.

Parágrafo único. Os proprietários, armadores e comandantes de navios nacionais, bem como dois terços, pelo menos, dos seus tripulantes, devem ser brasileiros natos.

Art. 155. A lei facilitará a fixação do homem no campo, estabelecendo planos de colonização e de aproveitamento das terras públicas. Para esse fim, serão preferidos os nacionais, os habitantes das zonas empobrecidas, e os desempregados.

§ 1º Nas concessões de terras devolutas, os Estados assegurarão aos posseiros, que nelas têm morada habitual, a preferência para aquisição delas até vinte e cinco hectares.

§ 2º Nenhuma alienação ou concessão de terras públicas, de área superior a dez mil hectares, será feita sem prévia autorização do Senado Federal.

§ 3º Todo aquele que, não sendo proprietário rural nem urbano, ocupar por dez anos ininterruptos, sem oposição nem reconhecimento de domínio alheio, trecho de terra até vinte e cinco hectares, tornando-o produtivo por seu trabalho e tendo nele sua morada, adquirir-lhe-á a propriedade mediante sentença declaratória devidamente transcrita.

Art. 156. A legislação do trabalho obedecerá aos seguintes preceitos, além de outros que visem a melhoria da condição dos trabalhadores:

§ 4º A União, nos casos de interesse geral indicados em lei, auxiliará os Estados nos estudos referentes às águas termominerais de aplicação medicinal e no aparelhamento das estâncias destinadas ao uso delas.

Art. 154. A usura, em todas as suas modalidades, será punida na forma da lei.

Art. 155. A navegação de cabotagem para o transporte de mercadorias é privativa dos navios nacionais, salvo caso de necessidade pública.

Parágrafo único. Os proprietários, armadores e comandantes de navios nacionais, bem como dois terços, pelo menos, dos seus tripulantes, devem ser brasileiros (art. 129, nos I e II).

Art. 156. A lei facilitará a fixação do homem no campo, estabelecendo planos de colonização e de aproveitamento das terras públicas. Para esse fim, serão preferidos os nacionais e, dentre eles, os habitantes das zonas empobrecidas e os desempregados.

§ 1º Os Estados assegurarão aos posseiros de terras devolutas, que nelas tenham morada habitual, preferência para aquisição até vinte e cinco hectares.

§ 2º Sem prévia autorização do Senado Federal, não se fará qualquer alienação ou concessão de terras públicas com área superior a dez mil hectares.

§ 3º Todo aquele que, não sendo proprietário rural nem urbano, ocupar, por dez anos ininterruptos, sem oposição nem reconhecimento de domínio alheio, trecho de terra não superior a vinte e cinco hectares, tornando-o produtivo por seu trabalho e tendo nele sua morada, adquirir-

§ 17. A lei facilitará a fixação do homem no campo, estabelecendo planos de colonização e de aproveitamento das terras públicas. Para esse fim terão preferência os nacionais, os habitantes das zonas empobrecidas e os sem trabalho.

§ 18. As terras aproveitáveis, para exploração agrícola ou pecuária, e não aproveitadas, nas zonas de maior densidade demográfica, bem como as terras beneficiadas por obras de irrigação ou de saneamento, poderão, mediante lei especial, ser desapropriadas, para o fim de sua divisão, nos termos que as condições dessa exploração aconselharem. Precedendo a desapropriação será estabelecido pelo prazo de cinco anos o imposto territorial progressivo.

§ 19. Nas concessões de terras devolutas, os Estados assegurarão aos posseiros, de nacionalidade brasileira, e com morada habitual nelas, a preferência para aquisição, até dez hectares, pelo menos.

§ 20. Nenhuma alienação ou concessão de terras públicas, de área superior a dez mil hectares, será feita sem prévia autorização do Senado Federal.

§ 21. Todo brasileiro que, não sendo proprietário rural ou urbano, ocupar, por dez anos contínuos, sem oposição nem reconhecimento de domínio alheio, trecho de terra até dez hectares, tornando-o produtivo por seu trabalho e tendo nele a sua morada, adquirir-lhe-á a propriedade, mediante sentença declaratória devidamente transcrita. Para a defesa desse direito, o poder público proporcionará assistência judiciária gratuita.

§ 22. Serão reduzidos de cinquenta por cento os impostos que recaiam sobre imóvel rural, de

I – proibição de diferença de salário para um mesmo trabalho, por motivo de idade, sexo, nacionalidade ou estado civil;

II – salário mínimo capaz de satisfazer, conforme as condições de cada região, as necessidades normais do trabalhador e sua família;

III – participação obrigatória do trabalhador nos lucros das empresas, direta ou indiretamente, nos termos e pela forma que a lei determinar;

IV – trabalho diário que não exceda oito horas, exceto nos casos e nas condições previstos em lei;

V – proibição de trabalho a menores nos cassos e condições estabelecidas em lei; e a mulheres e menores de dezoito anos quando noturno ou executado em indústrias insalubres;

VI – repouso semanal com remuneração, preferentemente aos domingos e, no limite das exigências técnicas das empresas, nos feriados civis e religiosos, de acordo com a tradição local;

VII – férias anuais com remuneração;

VIII – estabilidade na empresa ou nas explorações rurais, bem como indenização ao trabalhador despedido, nos casos e nas condições que a lei estatuir;

IX – assistência médica preventiva, sanitária e hospitalar ao trabalhador, assim como à gestante, que terá direito ao descanso antes e depois do parto, sem prejuízo do emprego nem do salário;

X – previdência, mediante contribuição da União, do empregador e do empregado, em favor da maternidade e contra as consequências da velhice, da invalidez, da doença e da morte. Obrigatoriedade da instituição do seguro pelo empregador contra os acidentes do trabalho;

lhe-á a propriedade, mediante sentença declaratória devidamente transcrita.

Art. 157. A legislação do trabalho e a da previdência social obedecerão aos seguintes preceitos, além de outros que visem à melhoria da condição dos trabalhadores:

I – salário mínimo capaz de satisfazer, conforme as condições de cada região, as necessidades normais do trabalhador e de sua família;

II – proibição de diferença de salário para um mesmo trabalho por motivo de idade, sexo, nacionalidade ou estado civil;

III – salário do trabalho noturno superior ao do diurno;

IV – participação obrigatória e direta do trabalhador nos lucros das empresas, nos termos e pela forma que a lei determinar;

V – duração diária do trabalho não excedente a oito horas, exceto nos casos e condições previstos em lei;

VI – repouso semanal remunerado, preferentemente aos domingos e, no limite das exigências técnicas das empresas, nos feriados civis e religiosos, de acordo com a tradição local;

VII – férias anuais remuneradas;

VIII – higiene e segurança do trabalho;

IX – proibição de trabalho a menores de quatorze anos; em indústrias insalubres, a mulheres e a menores de dezoito anos; e de trabalho noturno a menores de dezoito anos, respeitadas, em qualquer caso, as condições estabelecidas em lei e as exceções admitidas pelo Juiz competente;

área não superior a cinqüenta hectares, instituído em bem de família.

§ 23. A todos é assegurado trabalho que possibilite existência digna.

§ 24. A legislação do trabalho observará os seguintes preceitos, além de outros que visem a melhorar a condição dos trabalhadores:

I – proibição de diferenças de salários para um mesmo trabalho, por motivo de idade, sexo, nacionalidade ou estado civil;

II – salário mínimo, capaz de satisfazer, conforme as condições de cada região, as necessidades normais do trabalhador e sua família;

III – participação obrigatória de todo trabalhador nos lucros das empresas;

IV – trabalho diário não excedente a oito horas, reduzíveis, mas só prorrogáveis nos casos previstos em lei;

V – proibição de trabalho a menores de quatorze anos, salvo, em casos excepcionais, mediante licença especial de juiz competente; de trabalho noturno a menores de dezesseis anos; e, em indústrias insalubres, a menores de dezoito anos e a mulheres;

VI – repouso semanal remunerado aos domingos e, nos limites das exigências técnicas das empresas, aos feriados civis e religiosos, de acordo com a tradição local;

VII – férias anuais remuneradas;

VIII – indenização ao trabalhador dispensado e estabilidade no emprego, nos casos e condições que a lei estabelecer;

IX – assistência médica, sanitária e hospitalar ao trabalhador, assim como à gestante, que terá

XI – assistência aos desempregados;

XII – reconhecimento das convenções coletivas de trabalho;

XIII – fixação das porcentagens de empregados brasileiros que devam ser mantidos obrigatoriamente nos serviços públicos dados em concessão e nos estabelecimentos de determinados ramos de comércio e indústria;

Parágrafo único. A legislação do trabalho não admitirá distinção entre o trabalho manual ou técnico e o trabalho intelectual nem entre os profissionais respectivos, no que concerne às garantias e aos benefícios dessa legislação.

Art. 157. É reconhecido o direito de greve, cujo exercício a lei regulará.

Art. 158. É livre a associação profissional ou sindical; ser-lhe-á regulada por lei a forma de constituição, a representação legal nos contratos coletivos de trabalho e o exercício de funções delegadas pelo poder público.

Art. 159. É vedada a propriedade de empresas jornalísticas, sejam políticas ou simplesmente noticiosas, assim como a de radiodifusão, a sociedades anônimas por ações ao portador e a estrangeiros. Nem estes, nem as pessoas jurídicas, exceutuados os partidos políticos nacionais, poderão ser acionistas das sociedades anônimas que são proprietárias dessas empresas. A brasileiros natos caberá, exclusivamente, a responsabilidade principal e a orientação intelectual e administrativa em relação a elas.

Art. 160. Só brasileiros poderão exercer profissões liberais, e só a eles se permitirá a revalidação de diploma expedido por estabelecimentos estrangeiros de ensino.

X – direito da gestante a descanso antes e depois do parto, sem prejuízo do emprego nem do salário;

XI – fixação das percentagens de empregados brasileiros nos serviços públicos dados em concessão e nos estabelecimentos de determinados ramos de comércio e da indústria;

XII – estabilidade, na empresa ou na exploração rural, e indenização ao trabalhador despedido, nos casos e nas condições que a lei estatuir;

XIII – reconhecimento das convenções coletivas de trabalho;

XIV – assistência sanitária, inclusive hospitalar e médica preventiva, ao trabalhador e à gestante;

XV – assistência aos desempregados;

XVI – previdência, mediante contribuição da União, do empregador e do empregado, em favor da maternidade e contra as conseqüências da doença, da velhice, da invalidez, e da morte;

XVII – obrigatoriedade da instituição do seguro pelo empregador contra os acidentes do trabalho.

Parágrafo único. Não se admitirá distinção entre o trabalho manual ou técnico e o trabalho intelectual, nem entre os profissionais respectivos, no que concerne a direitos, garantias e benefícios.

Art. 158. É reconhecido o direito de greve, cujo exercício a lei regulará.

Art. 159. É livre a associação profissional ou sindical, sendo reguladas por lei a forma de sua constituição, a sua representação legal nas convenções coletivas de trabalho e o exercício de funções delegadas pelo poder público.

assegurado descanso antes e depois do parto, sem prejuízo do emprego e do salário;

X – previdência, mediante contribuição igual da União, do empregador e do empregado, em favor da maternidade, e contra as conseqüências dos acidentes de trabalho, da velhice, da invalidez, da doença e da morte;

XI – assistência aos desempregados;

XII – defesa das profissões, pela regulamentação do seu exercício;

XIII – reconhecimento das convenções coletivas de trabalho;

XIV – fixação da percentagem de empregados brasileiros que devem ser mantidos obrigatoriamente nos serviços públicos dados em concessão, e nos estabelecimentos de determinados ramos de comércio e indústria.

§ 25. A legislação do trabalho não admitirá distinção entre trabalho manual ou técnico e o trabalho intelectual, nem entre os profissionais respectivos. No que concerne às garantias e aos benefícios da legislação do trabalho, equiparam-se todas as categorias de trabalhadores.

§ 26. É reconhecido o direito de greve, com as limitações impostas pelo bem público.

§ 27. A associação profissional ou sindical é livre. A lei regular-lhes-á a forma de constituição, a representação legal nos contratos coletivos de trabalho e o exercício de funções delegadas pelo poder público.

§ 28. É vedada a propriedade de empresas jornalísticas, sejam políticas ou noticiosas e de radiodifusão, a sociedades anônimas por ações ao

Parágrafo único. Na falta de técnicos nacionais e consoantes as necessidades ocorrentes, a lei regulará a admissão de especialistas estrangeiros nos serviços públicos e nas atividades particulares.

Art. 161. A seleção, entrada, distribuição e fixação de imigrantes ficarão sujeitas, na forma da lei, às exigências e condições determinadas pelo interesse nacional.

Parágrafo único. Um mesmo órgão da administração federal coordenará aqueles serviços, os de naturalização e os de colonização, com aproveitamento de nacionais.

Art. 160. É vedada a propriedade de empresas jornalísticas, sejam políticas ou simplesmente noticiosas, assim como a de radiodifusão, a sociedades anônimas por ações ao portador e a estrangeiros. Nem estes, nem pessoas jurídicas, excetuados os Partidos Políticos nacionais, poderão ser acionistas de sociedades anônimas proprietárias dessas empresas. A brasileiros (art. 129, n^{os} I e II) caberá, exclusivamente, a responsabilidade principal delas e a sua orientação intelectual e administrativa.

Art. 161. A lei regulará o exercício das profissões liberais e a revalidação de diploma expedido por estabelecimento estrangeiro de ensino.

Art. 162. A seleção, entrada, distribuição e fixação de imigrantes ficarão sujeitas, na forma da lei, às exigências do interesse nacional.

Parágrafo único. Caberá a um órgão federal orientar esses serviços e coordená-los com os de naturalização e de colonização, devendo nesta aproveitar nacionais.

portador, e a estrangeiros. Estes e as pessoas jurídicas não podem ser acionistas das sociedades anônimas proprietárias dessas empresas. Nelas, a responsabilidade principal e a de orientação intelectual ou administrativa somente podem caber a brasileiros natos.

§ 29. Os proprietários, armadores e comandantes de navios nacionais, bem como os seus tripulantes, na proporção de dois terços pelo menos, devem ser brasileiros natos. A estes se reserva também a praticagem das barras, portos, rios e lagos.

§ 30. Salvo nos casos de reciprocidade internacional admitidos em lei, somente poderão exercer profissões liberais os brasileiros natos e os naturalizados que tenham prestado serviço militar ao país.

FAMÍLIA	FAMÍLIA	FAMÍLIA
§ 37. A família, constituída pelo casamento indissolúvel, tem direito a amparo especial dos poderes públicos. § 38. Haverá sempre recurso *ex-officio*, com efeito suspensivo, da sentença que declarar o desquite ou a anulação do casamento. § 39. Incumbe à União, aos Estados e aos Municípios, nos termos das leis respectivas, socorrer as famílias de prole numerosa.	**TÍTULO VI** Da Família, da Educação e da Cultura **CAPÍTULO I** Da Família Art. 162. A família é constituída pelo casamento de vínculo indissolúvel e tem direito à proteção especial do Estado. Parágrafo único. O casamento será civil, e gratuita a sua celebração. O casamento religioso equivalerá ao casamento civil se, observados os impedimentos estabelecidos em lei e de conformidade com as prescrições dela, assim o requerer o celebrante ou qualquer interessado, contanto que seja o ato inscrito no registro civil.	**TÍTULO VI** Da Família, da Educação e da Cultura **CAPÍTULO I** Da Família Art. 163. A família é constituída pelo casamento de vínculo indissolúvel e terá direito à proteção especial do Estado. § 1º O casamento será civil, e gratuita a sua celebração. O casamento religioso equivalerá ao civil se, observados os impedimentos e as prescrições da lei, assim o requerer o celebrante ou qualquer interessado, contanto que seja o ato inscrito no Registro Público. § 2º O casamento religioso, celebrado sem as formalidades deste artigo, terá efeitos civis, se, a

EDUCAÇÃO E CULTURA	EDUCAÇÃO E CULTURA	EDUCAÇÃO E CULTURA
	Art. 163. A lei assegurará assistência à maternidade, à infância e à adolescência, e amparará as famílias de prole numerosa. Art. 164. A vocação para suceder os bens de estrangeiros existentes no Brasil será regulada pela lei brasileira e em benefício do cônjuge ou de filhos brasileiros sempre que lhes não seja mais favorável a lei nacional do *de cujus*.	requerimento do casal, for inscrito no Registro Público, mediante prévia habilitação perante a autoridade competente. Art. 164. É obrigatória, em todo o território nacional, a assistência à maternidade, à infância e à adolescência. A lei instituirá o amparo às famílias de prole numerosa. Art. 165. A vocação para suceder em bens de estrangeiros existentes no Brasil será regulada pela lei brasileira e em benefício do cônjuge ou de filhos brasileiros, sempre que lhes não seja mais favorável a lei nacional do *de cujus*.
EDUCAÇÃO E CULTURA	EDUCAÇÃO E CULTURA	EDUCAÇÃO E CULTURA
CAPÍTULO II Da Educação e da Cultura	CAPÍTULO II Da Educação e da Cultura	CAPÍTULO II Da Educação e da Cultura
§ 31. A educação é direito de todos e será ministrada pela família e pelos poderes públicos. § 32. O ensino é livre à iniciativa particular, respeitadas as leis que o regulam. § 33. As empresas industriais, comerciais e agrícolas, em que trabalham mais de cem pessoas, são obrigadas a manter ensino primário gratuito para os seus servidores e os filhos destes, se não houver na localidade ensino primário oficial suficiente. As empresas industriais são obrigadas a ministrar ensino profissional aos seus trabalhadores menores, respeitados aos professores os seus direitos, tudo pela forma que a lei determinar. § 34. Somente a brasileiro nato é permitida a revalidação de diploma expedido por estabelecimento estrangeiro de ensino. § 35. As obras e monumentos de valor histórico e artístico, assim como os monumentos naturais, ou as paisagens e os locais dotados de parti-	Art. 165. A educação é direito de todos e será ministrada pela família e pelos poderes públicos. Art. 166. O ensino, em todos os graus, é livre à iniciativa particular, respeitadas as leis que o regulem, sendo o primário ministrado obrigatoriamente por meio do idioma nacional. Art. 167. As empresas industriais, comerciais e agrícolas em que trabalharem mais de cem pessoas são obrigadas a manter ensino primário gratuito para os seus servidores e os filhos destes. As empresas industriais e comerciais são obrigadas a ministrar, em cooperação, ensino profissional aos seus trabalhadores menores, pela forma que a lei estabelecer, respeitados os direitos dos professores. Art. 168. A freqüência ao ensino primário será, na forma da lei, obrigatória.	Art. 166. A educação é direito de todos e será dada no lar e na escola. Deve inspirar-se nos princípios de liberdade e nos ideais de solidariedade humana. Art. 167. O ensino dos diferentes ramos será ministrado pelos poderes públicos e é livre à iniciativa particular, respeitadas as leis que o regulem. Art. 168. A legislação do ensino adotará os seguintes princípios: I – o ensino primário é obrigatório e só será dado na língua nacional; II – o ensino primário oficial é gratuito para todos; o ensino oficial ulterior ao primário sê-lo-á para quantos provarem falta ou insuficiência de recursos; III – as empresas industriais, comerciais e agrícolas, em que trabalhem mais de cem pes-

cular beleza, ficam sob a proteção especial da União, dos Estados e dos Municípios. Os atentados cometidos contra eles serão equiparados aos perpetrados contra o patrimônio nacional.

§ 36. Poderá ser impedida a evasão de obras de valor histórico e artístico, nos termos que a lei estabelecer.

Art. 138. Anualmente, a União aplicará nunca menos de dez por cento, e os Estados, o Distrito Federal e os Municípios nunca menos de vinte por cento da renda resultante dos impostos na manutenção e desenvolvimento do ensino.

Art. 169. É garantida a liberdade de cátedra.

Art. 170. O ensino religioso nas escolas oficiais constituirá matéria dos seus horários, será de matrícula facultativa, e ministrar-se-á de acordo com a confissão religiosa do aluno, manifestada por ele, se for capaz, ou pelo seu representante legal ou responsável.

Art. 171. A União aplicará nunca menos de dez por cento, e os Estados, o Distrito Federal e os Municípios nunca menos de vinte por cento da renda anual resultante dos impostos na manutenção e desenvolvimento do ensino.

Art. 172. O provimento efetivo das cátedras nos estabelecimentos públicos de ensino secundário e superior far-se-á mediante concurso de provas e de títulos.

Art. 173. As obras, monumentos e documentos de valor histórico e artístico, bem como os monumentos naturais, as paisagens e os locais dotados de beleza, ficam sob a proteção especial do poder público.

soas, são obrigadas a manter ensino primário gratuito para os seus servidores e os filhos destes;

IV – as empresas industriais e comerciais são obrigadas a ministrar, em cooperação, aprendizagem aos seus trabalhadores menores, pela forma que a lei estabelecer, respeitados os direitos dos professores;

V – o ensino religioso constitui disciplina dos horários das escolas oficiais, é de matrícula facultativa e será ministrado de acordo com a confissão religiosa do aluno, manifestada por ele, se for capaz, ou pelo seu representante legal ou responsável;

VI – para o provimento das cátedras, no ensino secundário oficial e no superior oficial ou livre, exigir-se-á concurso de títulos e provas. Aos professores, admitidos por concurso de títulos e provas, será assegurada a vitaliciedade;

VII – é garantida a liberdade de cátedra.

Art. 169. Anualmente, a União aplicará nunca menos de dez por cento, e os Estados, o Distrito Federal e os Municípios nunca menos de vinte por cento da renda resultante dos impostos na manutenção e desenvolvimento do ensino.

Art. 170. A União organizará o sistema federal de ensino e o dos Territórios.

Parágrafo único. O sistema federal de ensino terá caráter supletivo, estendendo-se a todo o país nos estritos limites das deficiências locais.

Art. 171. Os Estados e o Distrito Federal organizarão os seus sistemas de ensino.

Parágrafo único. Para o desenvolvimento desses sistemas a União cooperará com auxílio pecuniário, o qual, em relação ao ensino primário, provirá do respectivo Fundo Nacional.

Art. 172. Cada sistema de ensino terá obrigatoriamente serviços de assistência educacional que assegurem aos alunos necessitados condições de eficiência escolar.

Art. 173. As ciências, as letras e as artes são livres.

Art. 174. O amparo à cultura é dever do Estado.

Parágrafo único. A lei promoverá a criação de institutos de pesquisas, de preferência junto aos estabelecimentos de ensino superior.

Art. 175. As obras, monumentos e documentos de valor histórico e artístico, bem como os monumentos naturais, as paisagens e os locais dotados de particular beleza ficam sob a proteção do Poder Público.

POLÍTICA EXTERNA

TÍTULO VI
Disposições Gerais

CAPÍTULO I
Da Política Exterior

Art. 165. A União poderá participar:

I – de órgão que represente a vontade e os interesses da comunidade internacional, e não os de seus membros em particular, e que seja capaz de pôr em prática as suas próprias decisões;

II – de órgão regional de potências, formado por vínculos naturais de solidariedade e de interesses comuns.

FORÇAS ARMADAS	FORÇAS ARMADAS	FORÇAS ARMADAS
CAPÍTULO II Das Forças Armadas	**TÍTULO VII** Das Forças Armadas	**TÍTULO VII** Das Forças Armadas
Art. 167. As forças armadas, constituídas essencialmente pelo Exército, Marinha e Aeronáutica, são instituições nacionais permanentes, organizadas com base na hierarquia e na disciplina dentro dos limites da lei, e sob a autoridade suprema do Presidente da República. Art. 168. As forças armadas destinam-se a defender a pátria e a garantir os poderes constitucionais assim como a lei e a ordem.	Art. 174. As forças armadas, constituídas essencialmente pelo Exército, Marinha e Aeronáutica, são instituições nacionais permanentes, organizadas com base na hierarquia e na disciplina sob a autoridade suprema do Presidente da República e dentro dos limites da lei. Art. 175. As forças armadas destinam-se a defender a Pátria e garantir os poderes constitucionais, bem como a lei e a ordem.	Art. 176. As forças armadas, constituídas essencialmente pelo Exército, Marinha e Aeronáutica, são instituições nacionais permanentes, organizadas com base na hierarquia e na disciplina, sob a autoridade suprema do Presidente da República e dentro dos limites da lei. Art. 177. Destinam-se as forças armadas a defender a Pátria e a garantir os poderes constitucionais, a lei e a ordem.

§ 1º A independência e a liberdade da nação são inalienáveis.

§ 2º A União observará as normas universais de direito internacional. Os tratados e convenções, que celebrar na forma desta Constituição, passarão a fazer parte da legislação interna.

§ 3º A União só recorrerá à guerra, se não couber ou se malograr o recurso do arbitramento, ou se não tiverem lugar os meios pacíficos de solução do conflito, regulados por órgão internacional de segurança, de que participe; e, em caso nenhum, se empenhará em guerra de conquista, direta ou indiretamente, por si ou em aliança com outra nação.

Art. 166. A União poderá entrar em entendimento com as demais nações vinculadas ao sistema hidrográfico da Amazônia, para a organização e execução de planos de valorização econômica dessa região continental.

Art. 169. Todos os problemas relativos à segurança nacional serão estudados pelo Conselho de Segurança Nacional e pelos órgãos especiais das forças armadas destinados à preparação delas para a mobilização e as operações militares.

§ 1º O Conselho de Segurança Nacional será presidido pelo Presidente da República, e dele participarão, como membros efetivos, os ministros de Estado e os chefes de estado-maior que a lei determinar. O Presidente indicará quem o deva substituir, nos seus impedimentos.

§ 2º A lei regulará a organização, a competência e o funcionamento do Conselho de Segurança Nacional.

Art. 170. Nas zonas consideradas imprescindíveis à defesa nacional, não se permitirá, sem prévio assentimento do Conselho de Segurança Nacional:

I – qualquer ato referente à concessão de terras, ou abertura de vias de comunicação e instalação de meios de transmissão;

II – a construção de pontes e estradas de ferro internacionais;

III – o estabelecimento ou exploração de quaisquer indústrias que interessem à segurança do país.

§ 1º A lei especificará as zonas consideradas imprescindíveis à defesa nacional, regulará a sua utilização e providenciará para que, nas indústrias nelas situadas, predominem capitais e trabalhadores brasileiros.

§ 2º As autorizações, de que tratam os ns. I, II e III deste artigo, poderão em qualquer tempo, ser

Art. 176. Cabe ao Presidente da República a direção política da guerra e a escolha dos comandantes-chefes das forças em operação.

Art. 177. Os problemas relativos à defesa do País serão estudados pelo Conselho de Segurança Nacional e pelos órgãos especiais das forças armadas, destinados à preparação delas para a mobilização e as operações militares.

§ 1º O Conselho de Segurança Nacional será dirigido pelo Presidente da República, e dele participarão, na qualidade de membros efetivos, os ministros de Estado e os chefes de estado-maior que a lei determinar. O Presidente da República indicará quem o deva substituir nos seus impedimentos.

§ 2º A lei regulará a organização, a competência e o funcionamento do Conselho de Segurança Nacional.

Art. 178. Nas zonas indispensáveis à defesa do País, não se permitirá, sem prévio assentimento do Conselho de Segurança Nacional:

I – qualquer ato referente à concessão de terras, à abertura de vias de comunicação e à instalação de meios de transmissão;

II – a construção de pontes e estradas internacionais;

III – o estabelecimento ou exploração de quaisquer indústrias que interessem à segurança do País.

§ 1º A lei especificará as zonas indispensáveis à defesa nacional, regulará a sua utilização e providenciará para que, nas indústrias nelas situadas, predominem capitais e trabalhadores brasileiros.

§ 2º As autorizações de que tratam os ns. I, II e III poderão, em qualquer tempo, ser modifi-

Art. 178. Cabe ao Presidente da República a direção política da guerra e a escolha dos Comandantes-Chefes das forças em operação.

Art. 179. Os problemas relativos à defesa do País serão estudados pelo Conselho de Segurança Nacional e pelos órgãos especiais das forças armadas, incumbidos de prepará-las para a mobilização e as operações militares.

§ 1º O Conselho de Segurança Nacional será dirigido pelo Presidente da República, e dele participarão, no caráter de membros efetivos, os Ministros de Estado e os Chefes de Estado-Maior que a lei determinar. Nos impedimentos, indicará o Presidente da República o seu substituto.

§ 2º A lei regulará a organização, a competência e o funcionamento do Conselho de Segurança Nacional.

Art. 180. Nas zonas indispensáveis à defesa do País, não se permitirá, sem prévio assentimento do Conselho de Segurança Nacional:

I – qualquer ato referente a concessão de terras, a abertura de vias de comunicação e a instalação de meios de transmissão;

II – a construção de pontes e estradas internacionais;

III – o estabelecimento ou exploração de quaisquer indústrias que interessem à segurança do País.

§ 1º A lei especificará as zonas indispensáveis à defesa nacional, regulará a sua utilização e assegurará, nas indústrias nelas situadas, predominância de capitais e trabalhadores brasileiros.

§ 2º As autorizações de que tratam os nºs I, II e III poderão, em qualquer tempo, ser modi-

revistas, modificadas ou cassadas pelo Conselho Superior de Segurança Nacional.

Art. 171. Cabe ao Presidente da República a direção política da guerra e a escolha dos comandantes-chefes das forças em operações.

Art. 172. Todos os brasileiros são obrigados ao serviço militar ou a outros encargos necessários à defesa da pátria, nos termos e sob as penas da lei.

§ 1º As mulheres ficam isentas do serviço militar, mas sujeitas aos encargos que a lei estabelecer.

§ 2º A obrigação militar dos eclesiásticos será cumprida nos serviços das Forças Armadas, sob a forma de assistência espiritual a estas.

§ 3º Nenhum brasileiro poderá exercer função pública, inclusive em entidades autárquicas, completada a idade de dezoito anos, sem provar o seu alistamento militar, e, depois de atingida a idade de vinte e dois, das obrigações estabelecidas neste artigo ou sem a isenção legal.

§ 4º É admitida a instituição de tiros de guerra.

Art. 173. As patentes, com as vantagens, regalias e prerrogativas a elas inerentes, serão garantidas, em toda a plenitude, aos oficiais da ativa, da reserva ou reformados.

§ 1º Os títulos, postos e uniformes militares são privativos do militar em atividade, da reserva ou reformado.

§ 2º Ressalvado o princípio de antigüidade para a promoção do aspirante a guarda-marinha até capitão e capitão-tenente, as promoções nas forças armadas, em todos os graus da hierarquia, obedecerão ao critério de merecimento e de antigüidade. Em tempo de guerra ou insurreição ar-

cadas ou cassadas pelo Conselho de Segurança Nacional.

Art. 179. Todos os brasileiros são obrigados ao serviço militar ou a outros encargos necessários à defesa da Pátria, nos termos e sob as penas da lei.

§ 1º As mulheres ficam isentas do serviço militar, mas sujeitas aos encargos que a lei estabelecer.

§ 2º A obrigação militar dos eclesiásticos será cumprida nos serviços das forças armadas ou mediante assistência espiritual prestada a estas.

§ 3º Nenhum brasileiro poderá, depois de cumprir dezoito anos de idade, exercer função pública ou ocupar emprego em instituição autárquica, sociedade de economia mista ou empresa concessionária de serviços públicos sem a prova do alistamento militar, ou completados os vinte e dois anos, sem o cumprimento das obrigações estabelecidas neste artigo ou sem a isenção legal.

§ 4º Para favorecer o cumprimento das obrigações militares, são admitidas as escolas de instrução militar.

Art. 180. As patentes, com as vantagens, regalias e prerrogativas a elas inerentes, serão garantidas, em toda a plenitude, aos oficiais da ativa e da reserva assim como aos reformados.

§ 1º Os títulos, postos e uniformes militares são privativos do militar em atividades ou da reserva e do reformado.

§ 2º Ressalvado o princípio de antigüidade para a promoção de segundo-tenente até capitão e capitão-tenente, as promoções nas forças armadas, em todos os graus de hierarquia, obedecerão

ficadas ou cassadas pelo Conselho de Segurança Nacional.

Art. 181. Todos os brasileiros são obrigados ao serviço militar ou a outros encargos necessários à defesa da Pátria, nos termos e sob as penas da lei.

§ 1º As mulheres ficam isentas do serviço militar, mas sujeitas aos encargos que a lei estabelecer.

§ 2º A obrigação militar dos eclesiásticos será cumprida nos serviços das forças armadas ou na sua assistência espiritual.

§ 3º Nenhum brasileiro poderá, a partir da idade inicial, fixada em lei, para prestação do serviço militar, exercer função pública ou ocupar emprego em entidade autárquica, sociedade de economia mista ou empresa concessionária de serviço público, sem a prova de ter-se alistado, ser reservista ou gozar de isenção.

§ 4º Para favorecer o cumprimento das obrigações militares, são permitidos os tiros de guerra e outros órgãos de formação de reservistas.

Art. 182. As patentes, com as vantagens, regalias e prerrogativas a elas inerentes, são garantidas em toda a plenitude, assim aos oficiais da ativa e da reserva como aos reformados.

§ 1º Os títulos, postos e uniformes militares são privativos do militar da ativa ou da reserva e do reformado.

§ 2º O oficial das forças armadas só perderá o posto e patente por sentença condenatória passada em julgado, cuja pena restritiva da liberdade individual ultrapasse dois anos; ou, nos casos previstos em lei, se for declarado indigno do oficiala-

mada, são permitidos os comissionamentos por serviços distintos.

§ 3º A todo oficial que conte mais de três anos no quadro de acesso é facultado, mediante pedido e a juízo do Governo Federal, ser transferido para a reserva, no posto imediato, com todas as vantagens, prerrogativas e regalias correspondentes.

§ 4º O oficial das forças armadas só perderá o posto e patente por condenação passada em julgado, a pena restritiva da liberdade por tempo superior a dois anos, ou quando, por tribunal militar competente e de caráter permanente, for, nos casos definidos aos em lei, declarado indigno do oficialato ou com ele incompatível.

§ 5º O militar que, em serviço ativo das forças armadas, aceitar cargo público permanente estranho à sua carreira, será transferido para a reserva, com as vantagens asseguradas em lei.

§ 6º O militar em atividade que aceitar cargo temporário, de eleição ou não, será agregado ao respectivo quadro, contando tempo de serviço para reforma.

§ 7º O militar da ativa, da reserva ou reformada do só não terá direito aos vencimentos ou proventos militares enquanto receber o subsídio ou os vencimentos do cargo permanente ou temporário que ocupar. Em caso nenhum, o militar, em funções estranhas às forças armadas, poderá optar pelos vencimentos ou proventos militares.

Art. 174. As polícias militares, constituídas para a segurança interna e manutenção da ordem nos Estados e Territórios e no Distrito Federal, quando mobilizadas ou a serviço da União, o seu pessoal gozará das vantagens atribuídas ao pessoal do Exército.

ao critério do merecimento e da antiguidade. Em tempo de guerra externa ou insurreição armada, são permitidas as comissões e as promoções por serviços assinalados.

§ 3º O oficial das forças armadas só perderá o posto e patente por condenação passada em julgado a pena restritiva da liberdade individual por mais de dois anos, ou se for, nos casos previstos em lei, declarado indigno do oficialato ou com ele incompatível conforme decisão de tribunal militar de caráter permanente em tempo de paz ou de tribunal especial em tempo de guerra, quer externa, quer civil.

§ 4º O militar que, estando em serviço ativo das forças armadas, aceitar cargo público permanente estranho à sua carreira, será transferido para a reserva, com os direitos e deveres definidos em lei.

§ 5º O militar em atividade que aceitar cargo público temporário, eletivo ou não, será agregado ao respectivo quadro e somente por antiguidade contará tempo de serviço para a promoção, transferência para a reserva ou reforma. Depois de oito anos de afastamento, contínuos ou não, será, na forma estatuída por lei, transferido para a reserva e contará tempo para a reforma.

§ 6º O militar que estiver em atividade, ou na reserva, ou reformado, enquanto receber o subsídio ou os vencimentos de cargo permanente ou temporário que ocupar, não terá direito aos vencimentos ou proventos militares. Em caso nenhum poderá o militar, quando exercer funções estranhas às forças armadas, optar pelos vencimentos ou proventos militares.

to ou com ele incompatível, conforme decisão de tribunal militar de caráter permanente em tempo de paz, ou de Tribunal especial em tempo de guerra externa ou civil.

§ 3º O militar em atividade que aceitar cargo público permanente, estranho à sua carreira, será transferido para a reserva, com os direitos e deveres definidos em lei.

§ 4º O militar em atividade que aceitar cargo público temporário, eletivo ou não, será agregado ao respectivo quadro e somente contará tempo de serviço para a promoção por antiguidade, transferência para a reserva ou reforma. Depois de oito anos de afastamento, contínuos ou não, será transferido, na forma da lei, para a reserva, sem prejuízo da contagem de tempo para a reforma.

§ 5º Enquanto perceber remuneração de cargo permanente ou temporário, não terá direito o militar aos proventos do seu posto, quer esteja em atividade, na reserva ou reformado.

§ 6º Aos militares se aplica o disposto nos arts. 192 e 193.

Art. 183. As polícias militares, instituídas para a segurança interna e a manutenção da ordem nos Estados, nos Territórios e no Distrito Federal, são consideradas, como forças auxiliares, reservas do Exército.

Parágrafo único. Quando mobilizado a serviço da União em tempo de guerra externa ou civil, o seu pessoal gozará das mesmas vantagens atribuídas ao pessoal do Exército.

FUNCIONÁRIOS PÚBLICOS	FUNCIONÁRIOS PÚBLICOS	FUNCIONÁRIOS PÚBLICOS
CAPÍTULO III Dos Funcionários Públicos Civis Art. 175. Os cargos públicos são acessíveis a todos os brasileiros, observados os requisitos que a lei prescrever. Art. 176. É vedada a acumulação de quaisquer cargos, exceto o de magistério, que poderá ser exercido juntamente com cargo técnico ou científico, havendo correlação de matérias e compatibilidade de horários. Art. 177. São vitalícios os magistrados, os serventuários de ofícios de justiça e os professores catedráticos. Parágrafo único. O provimento das cátedras, no ensino secundário e no superior, far-se-á mediante concurso de títulos e de provas. Art. 178. São estáveis: I – desde a posse, os funcionários nomeados por concurso, e os membros do ministério público; II – depois de dois anos de exercício, os nomeados sem concurso.	Art. 181. As polícias militares, instituídas para a segurança interna e manutenção da ordem nos Estados, nos Territórios e no Distrito Federal, são consideradas, como forças auxiliares, reservas do Exército. Parágrafo único. Quando elas forem mobilizadas para o serviço da União, em tempo de guerra externa ou civil, gozará o seu pessoal das vantagens atribuídas ao pessoal do Exército. **TÍTULO VIII** Dos Funcionários Públicos Art. 182. Os cargos públicos são acessíveis a todos os brasileiros, observados os requisitos que a lei prescrever. Art. 183. É vedada a acumulação de quaisquer cargos, exceto a de dois cargos de magistério, ou a de um destes com outro técnico ou científico, contanto que haja correlação de matérias e compatibilidade de horários. Art. 184. A primeira investidura em cargo de carreira e nos que a lei determinar far-se-á mediante concurso e com a prévia exigência de inspeção de saúde. Art. 185. São vitalícios os magistrados, os serventuários de ofícios da justiça e os professores catedráticos. Parágrafo único. O provimento das cátedras no ensino secundário e no superior far-se-á mediante concurso de títulos e de provas. Art. 186. São estáveis:	**TÍTULO VIII** Dos Funcionários Públicos Art. 184. Os cargos públicos são acessíveis a todos os brasileiros, observados os requisitos que a lei estabelecer. Art. 185. É vedada a acumulação de quaisquer cargos, exceto a prevista no art. 96, nº I, e a de dois cargos de magistério ou a de um destes com outro técnico ou científico, contanto que haja correlação de matérias e compatibilidade de horário. Art. 186. A primeira investidura em cargo de carreira e em outros que a lei determinar efetuar-se-á mediante concurso, precedendo inspeção de saúde. Art. 187. São vitalícios somente os magistrados, os Ministros de Tribunal de Contas, os titulares de Ofício de Justiça e os professores catedráticos. Art. 188. São estáveis: I – depois de dois anos de exercício, os funcionários efetivos nomeados por concurso; II – depois de cinco anos de exercício, os funcionários efetivos nomeados sem concurso.

Parágrafo único. As garantias deste artigo não se aplicam se o cargo for de confiança, ou quando a lei o declare de livre nomeação e demissão.

Art. 179. Somente perderão o cargo:

I – os funcionários vitalícios, em virtude de sentença judiciária;

II – os funcionários estáveis, no caso do número anterior, no de se extinguir o cargo, ou quando demitidos mediante processo administrativo em que se lhes assegure ampla defesa.

Parágrafo único. Extinguindo-se o cargo, o funcionário estável será obrigatoriamente aproveitado em outro análogo, que venha a vagar. Se esse funcionário contar dez anos de exercício pelo menos, ficará em disponibilidade remunerada, até o seu aproveitamento.

Art. 180. Invalidada por sentença a demissão de qualquer funcionário, será ele reintegrado. O que lhe houver ocupado o lugar ficará destituído de plano, ou será reconduzido ao cargo anterior, sempre sem direito a qualquer indenização.

Art. 181. As pessoas jurídicas de direito público são civilmente responsáveis pelos danos que seus funcionários, nessa qualidade, causem a terceiro.

Parágrafo único. Cabe-lhes-á ação regressiva contra os funcionários causadores do dano, quando tiver havido culpa destes.

I – depois de dois anos de exercício, os funcionários nomeados por concurso;

II – depois de cinco anos de exercício, os funcionários efetivos nomeados sem concurso.

Parágrafo único. As garantias estabelecidas neste artigo não abrangem os cargos de confiança nem os que a lei declare de livre nomeação e demissão.

Art. 187. Os funcionários públicos perderão o cargo:

I – quando vitalícios, somente em virtude de sentença judiciária;

II – quando estáveis, não só no caso do número anterior, senão também no de se extinguir o cargo ou no de serem demitidos depois de processados administrativamente, em que se lhes tenha assegurado a mais ampla defesa.

Parágrafo único. Extinguindo-se o cargo, o funcionário estável será aproveitado em outro análogo, que esteja vago ou venha a vagar. Se esse funcionário contar pelo menos dez anos de exercício, ficará em disponibilidade remunerada, até que se dê o seu aproveitamento.

Art. 188. Invalidada por sentença a demissão de qualquer funcionário, será ele reintegrado. O que lhe houver ocupado o lugar ficará destituído de plano ou será reconduzido ao cargo anterior, mas sem direito a qualquer indenização.

Art. 189. Os funcionários serão aposentados:

a) compulsoriamente, aos 70 anos de idade, mas a lei, atendendo à natureza especial do serviço, poderá reduzir esse limite em relação aos de determinadas categorias;

Parágrafo único. O disposto neste artigo não se aplica aos cargos de confiança nem aos que a lei declare de livre nomeação e demissão.

Art. 189. Os funcionários públicos perderão o cargo:

I – quando vitalícios, somente em virtude de sentença judiciária;

II – quando estáveis, no caso do número anterior, no de se extinguir o cargo ou no de serem demitidos mediante processo administrativo em que se lhes tenha assegurado ampla defesa.

Parágrafo único. Extinguindo-se o cargo, o funcionário estável ficará em disponibilidade remunerada até o seu obrigatório aproveitamento em outro cargo de natureza e vencimentos compatíveis com o que ocupava.

Art. 190 – Invalidada por sentença a demissão de qualquer funcionário, será ele reintegrado; e quem lhe houver ocupado o lugar ficará destituído de plano ou será reconduzido ao cargo anterior, mas sem direito a indenização.

Art. 191 – O funcionário será aposentado:

I – por invalidez;

II – compulsoriamente, aos 70 anos de idade;

§ 1º Será aposentado, se o requerer, o funcionário que contar 35 anos de serviço.

§ 2º Os vencimentos da aposentadoria serão integrais, se o funcionário contar 30 anos de serviço; e proporcionais, se contar tempo menor.

§ 3º Serão integrais os vencimentos da aposentadoria, quando o funcionário se invalidar por acidente ocorrido no serviço, por moléstia profissional ou por doença grave contagiosa ou incurável, especificada em lei.

	b) por invalidez, a qual se presumirá quando contarem mais de 35 anos de serviço efetivo. § 1º Conceder-se-á aposentadoria com vencimentos integrais ao funcionário que contar 30 anos de serviço efetivo e com vencimentos proporcionais ao que tiver menos tempo. § 2º Serão integrais os vencimentos de aposentadoria quando o funcionário: a) se invalidar por causa de acidente ocorrido no serviço ou de moléstia profissional; b) se invalidar, contando mais de cinco anos de serviço efetivo, em razão de moléstia grave e incurável, especificada em lei. Art. 190. As pessoas jurídicas de direito público são civilmente responsáveis pelos danos que os seus funcionários, como tais, causarem a terceiro. Parágrafo único. Cabe-lhes-á ação regressiva contra os funcionários causadores do dano, quando tiver havido culpa deste.	§ 4º Atendendo à natureza especial do serviço, poderá a lei reduzir os limites referidos em o nº II e no § 2º deste artigo. Art. 192. O tempo de serviço público federal, estadual ou municipal, computar-se-á integralmente para efeitos de disponibilidade e aposentadoria. Art. 193. Os proventos da inatividade serão revistos sempre que, por motivo de alteração do poder aquisitivo da moeda, se modificarem os vencimentos dos funcionários em atividade. Art. 194. As pessoas jurídicas de direito público interno são civilmente responsáveis pelos danos que os seus funcionários, nessa qualidade, causem a terceiro. Parágrafo único. Cabe-lhes-á ação regressiva contra os funcionários causadores do dano, quando tiver havido culpa destes.
DISPOSIÇÕES GERAIS	**DISPOSIÇÕES GERAIS**
CAPÍTULO VIII **Disposições Diversas**	
Art. 189. A bandeira, o hino, o selo e as armas nacionais serão usadas em todo o território do país, nos termos que a lei determinar.	
DISPOSIÇÕES GERAIS	**DISPOSIÇÕES GERAIS**
TÍTULO IX **Disposições Gerais**	**TÍTULO IX** **Disposições Gerais**
Art. 191. São símbolos nacionais a bandeira, o hino, o selo e as armas vigorantes na data da promulgação desta Constituição. Parágrafo único. O disposto neste artigo impede que os Estados e municípios possuam símbolos. Art. 192. É mantida a representação diplomática junto à Santa Sé.	Art. 195. São símbolos nacionais a bandeira, o hino, o selo e as armas vigorantes na data da promulgação desta Constituição. Parágrafo único. Os Estados e os Municípios podem ter símbolos próprios. Art. 196. É mantida a representação diplomática junto à Santa Sé. Art. 197. As incompatibilidades declaradas no art. 48 estendem-se, no que for aplicável, ao Presidente e ao Vice-Presidente da República, aos Ministros de Estado e aos membros do Poder Judiciário.

POLÍGONO DAS SECAS	POLÍGONO DAS SECAS	POLÍGONO DAS SECAS
SEÇÃO II **Disposições Especiais** Art. 139. Na execução do plano de defesa da região nordeste contra os efeitos da seca, a União aplicará, anualmente, com as obras e com os serviços de assistência econômica e social, quantia nunca inferior a três por cento da sua renda tributária. § 1º Um terço dessa quantia será depositada em caixa especial destinado ao socorro das populações atingidas pela calamidade, podendo essa reserva, ou parte dela, ser aplicada a juros módicos, em empréstimos a agricultores e industriais, estabelecidos na área da seca, conforme determinar a lei. § 2º Os Estados compreendidos na área da seca aplicarão três por cento de sua renda tributária na construção de açudes, pelo regime da cooperação, e noutros serviços necessários à assistência das suas populações.	Art. 193. Na execução do plano de defesa da região Nordeste contra os efeitos da seca, a União despenderá, anualmente, com as obras e com os serviços de assistência econômica e social quantia nunca inferior a três por cento da sua renda tributária. § 1º Um terço dessa quantia será depositado em caixa especial destinado ao socorro das populações atingidas pela calamidade, podendo essa reserva, ou parte dela, ser aplicada à juro módico, consoante as determinações legais, em empréstimos a agricultores e industriais estabelecidos na área abrangida pela seca. § 2º Os Estados compreendidos na área da seca deverão aplicar três por cento da sua renda tributária na construção de açudes, pelo regime de cooperação, e noutros serviços necessários à assistência das suas populações.	Art. 198. Na execução do plano de defesa contra os efeitos de denominada seca do Nordeste, a União despenderá, anualmente, com as obras e os serviços de assistência econômica e social, quantia nunca inferior a três por cento da sua renda tributária. § 1º Um terço dessa quantia será depositado em caixa especial, destinada ao socorro das populações atingidas pela calamidade, podendo essa reserva, ou parte dela, ser aplicada a juro módico, consoante as determinações legais, em empréstimos a agricultores e industriais estabelecidos na área abrangida pela seca. § 2º Os Estados compreendidos na área da seca deverão aplicar três por cento da sua renda tributária na construção de açudes pelo regime de cooperação, e noutros serviços necessários à assistência das suas populações.
VALORIZAÇÃO DA AMAZÔNIA Art. 140. Para a execução do plano de valorização econômica da Amazônia, a União aplicará, anualmente, quantia não inferior a quatro por cento da sua renda tributária. § 1º No primeiro semestre de cada exercício, o Presidente da República submeterá ao Congresso Nacional relatório dos trabalhos realizados e das despesas efetuadas, indicando os trabalhos e despesas relativos ao exercício subseqüente. § 2º Os Estados compreendidos naquela região, assim como os seus Municípios, reservarão anualmente, para o mesmo fim, quatro por cento	**VALORIZAÇÃO DA AMAZÔNIA** Art. 194. Na execução do plano de valorização econômica da Amazônia, a União aplicará, anualmente, quantia não inferior a quatro por cento da sua renda tributária. Parágrafo único. Os Estados compreendidos naquela região, bem como os seus municípios, reservarão para o mesmo fim, anualmente, quatro por cento das suas rendas tributárias. Proceder-se-á da mesma forma em relação aos orçamentos dos Territórios e dos seus municípios. Os recursos estaduais e municipais de que trata este parágrafo serão aplicados por intermédio do Governo Federal.	**VALORIZAÇÃO DA AMAZÔNIA** Art. 199. Na execução do plano de valorização econômica daquela região, a União aplicará, durante pelo menos vinte anos consecutivos, quantia não inferior a três por cento da sua renda tributária. Parágrafo único. Os Estados e os Territórios daquela região, bem como os respectivos Municípios, reservarão para o mesmo fim, anualmente, três por cento das suas rendas tributárias. Os recursos de que trata este parágrafo serão aplicados por intermédio do Governo federal.

das suas rendas tributárias. Proceder-se-á do mesmo modo com relação aos orçamentos dos Territórios e dos municípios. Os recursos estaduais e municipais, de que trata este parágrafo, serão aplicados por intermédio do Governo Federal.

DECLARAÇÃO DE INCONSTITUCIONALIDADE	DECLARAÇÃO DE INCONSTITUCIONALIDADE	DECLARAÇÃO DE INCONSTITUCIONALIDADE
Art. 190. Só pelo voto da maioria absoluta dos seus membros podem os tribunais declarar a inconstitucionalidade da lei. Verificada a declaração definitiva no Supremo Tribunal Federal, o presidente deste fará a devida comunicação ao Senado Federal, para os fins do art. 33. Art. 191. As leis e decretos federais, assim como os atos e decisões das autoridades federais da União, serão executados em todo o país por funcionários federais, ou, em casos especiais, pelos dos Estados, mediante anuência dos respectivos governos.	Art. 195. Qualquer tribunal poderá, nos feitos de seu julgamento, submeter ao Supremo Tribunal Federal, na forma estabelecida por lei, as questões de direito constitucional cuja solução for necessária à decisão definitiva da causa. Art. 196. Só pelo voto da maioria absoluta dos seus membros podem os tribunais declarar a inconstitucionalidade de lei ou de ato de poder público.	Art. 200. Só pelo voto da maioria absoluta dos seus membros poderão os Tribunais declarar a inconstitucionalidade de lei ou de ato do Poder Público.
CAUSAS DE INTERESSE DA UNIÃO	**CAUSAS DE INTERESSE DA UNIÃO**	**CAUSAS DE INTERESSE DA UNIÃO**
Art. 192. As causas em que a União for autora serão aforadas em um dos juízos da capital do Estado em que tiver domicílio a outra parte. Nas que forem intentadas contra a União, poderá o autor propô-las no referido juízo ou no da capital do Estado onde se tiver verificado o ato ou fato lesivo. § 1º As causas propostas perante outros juízes, se a União nelas intervier como assistente ou oponente, passarão a ser da competência de um dos juízes da capital. § 2º Nas causas fiscais, a lei poderá permitir que a ação seja proposta noutro foro e cometer ao	Art. 197. As causas em que a União for autora serão aforadas, no Estado em que tiver domicílio a outra parte, perante o juízo da capital, que tiver competência para conhecer dos feitos contra a Fazenda Estadual; e as que forem intentadas contra a União poderá o autor propô-las no referido Juízo, na Vara especializada do Distrito Federal ou no da capital do Estado onde se tiver verificado o ato ou fato lesivo. § 1º As causas propostas perante outros juízes, se a União nelas intervier como assistente ou oponente, passarão a ser da competência de um dos juízos da Capital.	Art. 201. As causas em que a União for autora serão aforadas na Capital do Estado ou Território em que tiver domicílio a outra parte. As intentadas contra a União poderão ser aforadas na Capital do Estado ou Território em que for domiciliado o autor; na Capital do Estado em que se verificou o ato ou fato originador da demanda ou esteja situada a coisa; ou ainda no Distrito Federal. § 1º As causas propostas perante outros Juízes, se a União nelas intervier como assistente ou oponente, passarão a ser da competência de um dos juízos da Capital.

Ministério Público estadual a representação judicial da fazenda nacional.	§ 2º Nas causas fiscais a lei poderá permitir que a ação seja proposta noutro foro, cometendo ao Ministério Público estadual a representação judicial da Fazenda Nacional.	§ 2º A lei poderá permitir que a ação seja proposta noutro foro, cometendo ao Ministério Público estadual a representação judicial da União.
	GRADUAÇÃO TRIBUTÁRIA	**GRADUAÇÃO TRIBUTÁRIA**
	Art. 198. Os tributos terão caráter pessoal, sempre que isso for possível, e serão graduados segundo a capacidade econômica do contribuinte.	Art. 202. Os tributos terão caráter pessoal, sempre que isso for possível, e serão graduados conforme a capacidade econômica do contribuinte.
		ISENÇÃO TRIBUTÁRIA
		Art. 203. Nenhum imposto gravará diretamente os direitos de autor, nem a remuneração de professores e jornalistas.
	PARTICIPAÇÃO NAS MULTAS	
	Art. 199. O produto das multas não poderá ser atribuído, no todo ou em parte, aos funcionários que as impuserem ou confirmarem.	
PRECATÓRIOS	**PRECATÓRIOS**	**PRECATÓRIOS**
CAPÍTULO IV **Dos Pagamentos Devidos** **pela Fazenda Pública** Art. 186. Os pagamentos devidos pela fazenda federal, estadual ou municipal, em virtude de sentença judiciária, far-se-ão na ordem de apresentação dos precatórios e à conta dos créditos respectivos, sendo vedada a designação de casos ou pessoas nas dotações orçamentárias ou nos créditos extra-orçamentários abertos para esse fim.	Art. 200. Os pagamentos devidos pela Fazenda federal, estadual ou municipal, em virtude de sentença judiciária, far-se-ão na ordem de apresentação dos precatórios e à conta dos créditos respectivos, sendo proibida a designação de casos ou pessoas nas dotações orçamentárias e nos créditos extra-orçamentários abertos para esse fim. Parágrafo único. As dotações orçamentárias e os créditos abertos serão consignados ao poder judiciário, recolhendo-se as importâncias à repartição competente. Cabe ao presidente do Tribunal	Art. 204. Os pagamentos devidos pela Fazenda federal, estadual ou municipal, em virtude de sentença judiciária, far-se-ão na ordem de apresentação dos precatórios e à conta dos créditos respectivos, sendo proibida a designação de casos ou de pessoas nas dotações orçamentárias e nos créditos extra-orçamentários abertos para esse fim. Parágrafo único. As dotações orçamentárias e os créditos abertos serão consignados ao Poder Judiciário, recolhendo-se as importâncias à repartição competente. Cabe ao Presidente do Tribunal

§ 1º Mediante requisição da autoridade judiciária, serão consignadas em orçamento as dotações necessárias aos pagamentos determinados por sentença. Se o orçamento que se elaborar em seguida à requisição não consignar as dotações necessárias, a autoridade judiciária comunicará a omissão ao poder competente, para os efeitos deste artigo. § 2º As dotações orçamentárias e os créditos abertos serão consignados ao poder judiciário, recolhendo as importâncias à repartição competente. Cabe ao presidente do Supremo Tribunal Federal ou dos tribunais competentes, conforme o caso, expedir as ordens de pagamento dentro das forças do depósito, e autorizar, a requerimento do credor preterido no seu direito de precedência, o seqüestro da quantia necessária à satisfação do débito, depois de ouvido o chefe do ministério público. § 3º Os preceitos deste artigo serão observados, no que for aplicável, aos pagamentos devidos pelas entidades autárquicas.	Federal de Recursos ou, conforme o caso, ao presidente do Tribunal de Justiça expedir as ordens de pagamento dentro das possibilidades do depósito e autorizar, a requerimento do credor preterido no seu direito de precedência, e depois de ouvido o chefe do Ministério Público, o seqüestro da quantia necessária para satisfazer o débito.	Federal de Recursos ou, conforme o caso, ao Presidente do Tribunal de Justiça expedir as ordens de pagamento, segundo as possibilidades do depósito, e autorizar, a requerimento do credor preterido no seu direito de precedência, e depois de ouvido o chefe do Ministério Público, o seqüestro da quantia necessária para satisfazer o débito.

CONSELHO NACIONAL DE ECONOMIA

Art. 205. É instituído o Conselho Nacional de Economia, cuja organização será regulada em lei.

§ 1º Os seus membros serão nomeados pelo Presidente da República, depois de aprovada a escolha pelo Senado Federal, dentre cidadãos de notória competência em assuntos econômicos.

§ 2º Incumbe ao Conselho estudar a vida econômica do País e sugerir ao poder competente as medidas que considerar necessárias.

ESTADO DE SÍTIO	ESTADO DE SÍTIO	ESTADO DE SÍTIO
CAPÍTULO IV **Do Estado de Sítio** Art. 182. O Congresso Nacional, no caso de agressão estrangeira, ou de comoção intestina, poderá autorizar o Presidente da República a declarar em estado de sítio qualquer parte do território nacional. § 1º Durante o estado de sítio, o Presidente da República, nas medidas de repressão contra as pessoas, se restringirá: I – à obrigatoriedade de permanência em certa localidade; II – ao desterro para outro ponto do Território nacional. O desterro só se executará em lugar povoado e salubre, e que diste, no máximo, mil quilômetros daquele em que se achar a pessoa atingida pela providência. § 2º Poderá ainda o Presidente da República, no estado de sítio, determinar: I – censura de correspondência e de publicidade de opiniões e de notícias; II – suspensão da liberdade de opinião e de manifestação do pensamento; III – busca e apreensão em domicílio; IV – detenção em lugar não destinado a réu de crime comum. § 3º O estado de sítio não poderá ser decretado por mais de noventa dias, prorrogáveis por períodos iguais. § 4º Decretado o estado de sítio, o Presidente da República designará as autoridades que te-	Art. 201. O congresso Nacional poderá decretar o estado de sítio: I – o caso de comoção intestina grave ou de fatos que evidenciem estar a mesma a irromper; II – no caso de guerra externa. Art. 202. A lei que decretar o estado de sítio, no caso de guerra externa ou no de comoção intestina grave com o caráter de guerra civil, estabelecerá as normas a que deverá obedecer a sua execução, indicando as garantias constitucionais que continuarão em vigor; bem como os casos em que os crimes contra a segurança da Nação ou das suas instituições políticas e sociais ficarão sujeitos à jurisdição e à legislação militares, ainda quando cometidos por civis, mas fora das zonas de operação somente quando com elas se relacionarem e influírem no seu curso. Parágrafo único. Publicada a lei, o Presidente da República designará, por decreto, as pessoas a quem é cometida a execução de estado de sítio e indicará as zonas de operação que, de acordo com a mesma lei, ficarão submetidas à jurisdição e legislação militares. Art. 203. No intervalo das sessões legislativas, será da competência exclusiva do Presidente da República a decretação ou prorrogação do estado de sítio, observados os preceitos do artigo anterior. Parágrafo único. Decretado o estado de sítio, o Presidente do Senado Federal convocará imediatamente o Congresso Nacional para que se reúna dentro do prazo de quinze dias, a fim de ser aprovado ou não.	Art. 206. O Congresso Nacional poderá decretar o estado de sítio nos casos: I – de comoção intestina grave ou de fatos que evidenciem estar a mesma a irromper; II – de guerra externa. Art. 207. A lei que decretar o estado de sítio, no caso de guerra externa ou no de comoção intestina grave com o caráter de guerra civil, estabelecerá as normas a que deverá obedecer a sua execução e indicará as garantias constitucionais que continuarão em vigor. Especificará também os casos em que os crimes contra a segurança da Nação ou das suas instituições políticas e sociais devam ficar sujeitos à jurisdição e à legislação militares, ainda quando cometidos por civis, mas fora das zonas de operação, somente quando com elas se relacionarem e influírem no seu curso. Parágrafo único. Publicada a lei, o Presidente da República designará por decreto as pessoas a quem é cometida a execução do estado de sítio e as zonas de operação que, de acordo com a referida lei, ficarão submetidas à jurisdição e à legislação militares. Art. 208. No intervalo das sessões legislativas, será da competência exclusiva do Presidente da República a decretação ou prorrogação do estado de sítio, observados os preceitos do artigo anterior. Parágrafo único. Decretado o estado de sítio, o Presidente do Senado Federal convocará imediatamente o Congresso Nacional para se reunir dentro em quinze dias, a fim de o aprovar ou não.

nham de executar as medidas de exceção, estabelecerá as normas necessárias à perfeita execução das mesmas, e designará, por ato público, magistrado, ou magistrados, que as fiscalizem.

§ 5º A autoridade que, na vigência do estado de sítio, decretar, ou executar, qualquer medida restritiva da liberdade de locomoção, fará dentro de cinco dias, a contar da mesma medida, conduzir a pessoa por ela alcançada à presença do magistrado competente, nos termos do parágrafo anterior, dando-lhe sumariamente as razões do seu ato, que serão reduzidas a escrito, com as declarações do conduzido.

§ 6º As medidas adotadas com a decretação do estado de sítio, mesmo em caso de guerra, não atingem os deputados e senadores, os ministros do Supremo Tribunal Federal, do Superior Tribunal Militar e do Tribunal de Contas, os juízes dos Tribunais Federais de Recursos e os magistrados da justiça eleitoral, bem como, no território das respectivas circunscrições, os governadores dos Estados, os membros das assembléias legislativas, os desembargadores e os demais membros da magistratura local, e os membros dos tribunais locais de contas, no exercício de suas funções.

§ 7º A violação das normas deste artigo constitui abuso de poder, de que o poder judiciário poderá tomar conhecimento, por iniciativa de qualquer prejudicado.

Art. 183. Não estando reunido o Congresso Nacional, poderá o estado de sítio ser decretado ou prorrogado pelo Presidente da República, com aquiescência prévia da Comissão Permanente.

Art. 204. Durante o estado de sítio decretado com fundamento no número I do artigo 201, não se poderão tomar contra as pessoas senão as seguintes medidas:

a) obrigação de permanência em localidade determinada;

b) detenção em lugar não destinado a réus de crimes comuns;

c) desterro para qualquer ponto povoado e salubre do território nacional.

I – poderá, ainda, o Presidente da República determinar:

a) censura de correspondência ou de publicidade, inclusive da radiodifusão, cinema e teatro.

b) suspensão da liberdade de reunião, inclusive a exercida no seio das associações;

c) busca e apreensão em domicílio;

d) suspensão do funcionário público ou empregado de autarquia, de entidade de economia mista ou de empresa concessionária de serviço público ou do exercício do seu cargo ou função;

e) intervenção nas empresas de serviços públicos.

Art. 205. O estado de sítio, no caso do número I do artigo 201, não poderá ser decretado por mais de 30 dias nem poderá ser prorrogado por prazos maiores do que esse. No caso do número II, poderá ser decretado por todo tempo em que perdurar a guerra externa ou a comoção intestina grave com caráter de guerra civil.

Art. 206. Quando o estado de sítio for decretado pelo Presidente da República, logo que se reúna o Congresso Nacional, relatará ele, em mensa-

Art. 209. Durante o estado de sítio decretado com fundamento em o nº I do art. 206, só se poderão tomar contra as pessoas as seguintes medidas:

I – obrigação de permanência em localidade determinada;

II – detenção em edifício não destinado a réus de crimes comuns;

III – desterro para qualquer localidade, povoada e salubre, do território nacional.

Parágrafo único. O Presidente da República poderá, outrossim, determinar:

I – a censura de correspondência ou de publicidade, inclusive a de radiodifusão, cinema e teatro;

II – a suspensão da liberdade de reunião, inclusive a exercida no seio das associações;

III – a busca e apreensão em domicílio;

IV – a suspensão do exercício do cargo ou função a funcionário público ou empregado de autarquia, de entidade de economia mista ou de empresa concessionária de serviço público;

V – a intervenção nas empresas de serviços públicos.

Art. 210. O estado de sítio, no caso do nº I do artigo 206, não poderá ser decretado por mais de trinta dias nem prorrogado, de cada vez, por prazo superior a esse. No caso do nº II, poderá ser decretado por todo tempo em que perdurar a guerra externa.

Art. 211. Quando o estado de sítio for decretado pelo Presidente da República (art. 208), este, logo que se reunir o Congresso Nacional, relatará em mensagem especial, os motivos deter-

§ 1º Instalada a sessão legislativa, o Presidente da República relatará, em mensagem especial, os motivos determinantes do estado de sítio ou de sua prorrogação, e justificará as medidas adotadas, apresentando os documentos necessários e obrigatoriamente, as declarações referidas no § 5º do artigo anterior. O Congresso Nacional deliberará sobre o decreto, ou decretos expedidos, revogando-os ou não, podendo também apreciar as providências trazidas ao seu conhecimento, e autorizar a prorrogação do estado de sítio.

Art. 184. Expirado o estado de sítio, cessam desde logo todos os seus efeitos.

§ 1º As medidas executadas durante o estado de sítio, logo que ele termine, serão relatadas pelo Presidente da República, em mensagem ao Congresso Nacional, com as declarações das pessoas detidas e os outros documentos necessários à sua apreciação.

§ 2º O Presidente da República e as demais autoridades executoras do estado de sítio serão responsabilizadas, civil e criminalmente, pelos abusos que cometerem.

gem especial, os motivos determinantes da decretação e justificará as medidas que forem adotadas. O Congresso Nacional passará então, em sessão secreta, a deliberar sobre o decreto expedido, revogando-o ou mantendo-o, podendo também apreciar as providências do Governo que lhe chegarem ao conhecimento e, sendo necessário, autorizar a prorrogação da medida.

Art. 207. O decreto do estado de sítio designará sempre as regiões que ele abrangerá.

Art. 208. Durante o estado de sítio poderão os tribunais conhecer dos atos praticados em consequência dele, não podendo, entretanto, invalidar a lei ou o decreto que o houver estabelecido.

Art. 209. As imunidades dos membros do Congresso Nacional subsistirão durante o estado de sítio. Mediante maioria absoluta de votos da Câmara ou do Senado poderão, todavia, ser suspensas as de deputados ou senadores determinados, cuja liberdade se torne manifestamente incompatível com a defesa da nação ou com a segurança das instituições políticas ou sociais.

Parágrafo único. No intervalo das sessões legislativas, a autorização será dada pelo Presidente da Câmara dos Deputados ou pelo Vice-Presidente do Senado Federal, conforme se trate de membros de uma ou de outra Câmara, mas *ad referendum* da Câmara competente que deverá ser imediatamente convocada para se reunir em 15 dias.

Art. 210. Expirado o estado de sítio, concomitantemente cessarão os seus efeitos.

Parágrafo único. As medidas aplicadas na vigência do estado de sítio serão relatadas, assim

minantes da decretação e justificará as medidas que tiverem sido adotadas. O Congresso Nacional passará, em sessão secreta, a deliberar sobre o decreto expedido, para revogá-lo ou mantê-lo, podendo também apreciar as providências do Governo que lhe chegarem ao conhecimento, e, quando necessário, autorizar a prorrogação da medida.

Art. 212. O decreto do estado de sítio especificará sempre as regiões que deva abranger.

Art. 213. As imunidades dos membros do Congresso Nacional subsistirão durante o estado de sítio; todavia, poderão ser suspensas, mediante o voto de dois terços dos membros da Câmara ou do Senado, as de determinados deputados ou senadores cuja liberdade se torne manifestamente incompatível com a defesa da Nação ou com a segurança das instituições políticas ou sociais.

Parágrafo único. No intervalo das sessões legislativas, a autorização será dada pelo Presidente da Câmara dos Deputados ou pelo Vice-Presidente do Senado Federal, conforme se trate de membro de uma ou de outra Câmara, mas *ad referendum* da Câmara competente, que deverá ser imediatamente convocada para se reunir dentro em quinze dias.

Art. 214. Expirado o estado de sítio, com ele cessarão os seus efeitos.

Parágrafo único. As medidas aplicadas na vigência do estado de sítio serão, logo que ele termine, relatadas pelo Presidente da República, em mensagem ao Congresso Nacional, com especificação e justificação das providências adotadas.

TERRAS DOS SILVÍCOLAS

Art. 195. Será respeitada aos silvícolas a posse das terras que já lhes tenham sido reservadas ou daquelas em que se achem localizados e sejam necessárias à sua manutenção, de acordo com a condição ou estado social em que se encontrem, sendo-lhes, porém, vedada, em qualquer caso, a alienação das mesmas.

EMENDAS À CONSTITUIÇÃO

CAPÍTULO V
Das Emendas à Constituição

Art. 185. A Constituição pode ser emendada por iniciativa do Congresso Nacional.

§ 1º Considera-se proposta a emenda, quando, apresentada pela quarta parte, pelo menos, dos membros de qualquer das câmaras do Congresso Nacional, for considerada objeto de deliberação, em três discussões, pelo voto de dois terços dos membros presentes, numa e noutra câmara.

§ 2º A proposição se dará por aprovada, se for aceita, no decurso do ano seguinte, por dois terços dos Estados, representado cada um deles pela maioria absoluta dos membros da sua assembléia legislativa.

§ 3º Aprovada a proposição será a emenda promulgada e publicada com a assinatura dos presidentes e secretários das duas câmaras.

que ele termine, pelo Presidente da República, em mensagem ao Congresso Nacional, com especificação e justificação das providências adotadas.

TERRAS DOS SILVÍCOLAS

Art. 211. Será respeitada a posse de terras de silvícolas que nelas se achem permanentemente localizados, sob a condição, porém, de as não alienar.

EMENDAS À CONSTITUIÇÃO

Art. 212. A Constituição pode ser emendada, quando as alterações propostas não modificarem:
a) a estrutura política do Estado (artigos 1 a 24, 27 a 33); b) a organização ou competência dos poderes da soberania (capítulo II, III e IV do título I; os títulos II e III); c) os arts. 201 a 210 e esse mesmo artigo; 212; e revista no caso contrário.

§ 1º Na primeira hipótese, a proposta será formulada de modo preciso, com indicação dos dispositivos que deverão ser emendados, e, neste caso, será de iniciativa:

a) da quarta parte, pelo menos, dos membros da Câmara dos Deputados ou do Senado Federal;
b) de mais da metade dos Estados, no decurso de dois anos, manifestando-se cada uma das unidades federativas pela maioria de suas Assembléias.

§ 2º Dar-se-á por aprovada a emenda que for aceita, após duas discussões, pela maioria absolu-

Art. 215. A inobservância de qualquer das prescrições dos arts. 206 a 214 tornará ilegal a coação e permitirá aos pacientes recorrer ao Poder Judiciário.

TERRAS DOS SILVÍCOLAS

Art. 216. Será respeitada aos silvícolas a posse das terras onde se achem permanentemente localizados, com a condição de não a transferirem.

EMENDAS À CONSTITUIÇÃO

Art. 217. A Constituição poderá ser emendada.

§ 1º Considerar-se-á proposta a emenda, se for apresentada pela quarta parte, no mínimo, dos membros da Câmara dos Deputados ou do Senado Federal, ou por mais da metade das Assembléias Legislativas dos Estados no decurso de dois anos, manifestando-se cada uma delas pela maioria dos seus membros.

§ 2º Dar-se-á por aceita a emenda que for aprovada em duas discussões pela maioria absoluta da Câmara dos Deputados e do Senado Federal, em duas sessões legislativas ordinárias e consecutivas.

§ 3º Se a emenda obtiver numa das Câmaras, em duas discussões, o voto de dois terços dos seus membros, será logo submetida a outra; e, sendo nesta aprovada pelo mesmo trâmite e por igual maioria, dar-se-á por aceita.

§ 4º A Constituição não poderá ser emendada na vigência do estado de sítio.

---

ta da Câmara dos Deputados e do Senado Federal em dois anos consecutivos.

§ 3º Se a emenda obtiver o voto de dois terços dos membros componentes de um desses órgãos, deverá ser imediatamente submetida ao voto do outro, se estiver reunido, ou, se o não estiver, na sessão legislativa imediata, considerando-se aprovada se lograr a referida maioria.

§ 4º Na segunda hipótese, a proposta de revisão será apresentada na Câmara dos Deputados ou no Senado Federal, e apoiada, pelo menos, por dois quintos dos seus membros, podendo também ser submetida a qualquer desses órgãos por dois terços das Assembléias Legislativas, após deliberação da maioria absoluta de cada uma destas. Se ambos, por maioria de votos, aceitarem revisão, proceder-se-á, pela forma que determinarem, à elaboração do anteprojeto. Este será submetido na legislativa seguinte, numa e noutra Casa, a três discussões e votações em duas sessões legislativas.

§ 5º A revisão ou emenda será promulgada pelas Mesas da Câmara dos Deputados e do Senado Federal. A primeira será incorporada e a segunda anexada, com o respectivo número de ordem, ao texto constitucional, que deverá ser publicado com as assinaturas dos membros das duas Mesas.

§ 6º Não se procederá à reforma da Constituição na vigência do estado de sítio.

§ 7º Não serão admitidos como objeto de deliberação projetos tendentes a abolir a forma republicana federativa.

---

§ 4º A emenda será promulgada pelas Mesas da Câmara dos Deputados e do Senado Federal. Publicada com a assinatura dos membros das duas Mesas, será anexada, com o respectivo número de ordem, ao texto da Constituição.

§ 5º Não se reformará a Constituição na vigência do estado de sítio.

§ 6º Não serão admitidos como objeto de deliberação projetos tendentes a abolir a Federação ou a República.

PROMULGAÇÃO E VIGÊNCIA	PROMULGAÇÃO E VIGÊNCIA	PROMULGAÇÃO E VIGÊNCIA
Art. 2º Esta Constituição, promulgada pela Assembléia Constituinte, com a assinatura dos representantes presentes, entrará em vigor na data de sua publicação.	Art. 213. Esta Constituição, bem como o ato das disposições constitucionais transitórias, depois de assinados pelos deputados e senadores presentes, serão promulgados simultaneamente pela Mesa da Assembléia Constituinte e entrarão em vigor na data da sua publicação.	Art. 218. Esta Constituição e o Ato das Disposições Constitucionais Transitórias, depois de assinados pelos Deputados e Senadores presentes, serão promulgados simultaneamente pela Mesa da Assembléia Constituinte e entrarão em vigor na data da sua publicação.
PARTIDOS POLÍTICOS		
Art. 196. Os partidos políticos e órgãos de propaganda eleitoral são obrigados a manter contabilidade organizada de acordo com a lei, de modo que possam ser apuradas minuciosamente as origens dos seus recursos.		
DISPOSIÇÃO FINAL		
CAPÍTULO X Disposição Final		
Art. 197. Continuam em vigor, enquanto não revogadas, as leis que, explícita ou implicitamente, não contrariarem as disposições desta Constituição.		
DISPOSIÇÕES TRANSITÓRIAS TÍTULO ESPECIAL	**DISPOSIÇÕES TRANSITÓRIAS** ELEIÇÃO DO VICE-PRESIDENTE E DURAÇÃO DOS MANDATOS	**DISPOSIÇÕES TRANSITÓRIAS** ELEIÇÃO DO VICE-PRESIDENTE E DURAÇÃO DOS MANDATOS
Art. 1º São estatuídas as seguintes disposições transitórias para execução da Constituição: I – a lei destinada a definir os crimes de responsabilidade do Presidente da República e a regular-lhes a acusação, o processo e o julgamento (art. 62, parágrafo único, da Constituição) se-	Art. 1º A Assembléia Constituinte elegerá, no dia que se seguir ao da promulgação deste Ato, o Vice-Presidente da República para o primeiro período constitucional. § 1º Essa eleição far-se-á por escrutínio secreto, e será em primeira votação por maioria abso-	Art. 1º A Assembléia Constituinte elegerá, no dia que se seguir ao da promulgação deste Ato, o Vice-Presidente da República para o primeiro período constitucional. § 1º Essa eleição, para a qual não haverá inelegibilidades, far-se-á por escrutínio secreto e, em

rá feita imediatamente depois de promulgada a Constituição;

II – incorporar-se-á ao domínio da União, no planalto central do país, uma zona de quatorze mil e quatro centros quilômetros quadrados, que será oportunamente demarcada para nela estabelecer-se o Distrito Federal. Efetuada a mudança, o atual Distrito Federal passará a constituir um Estado;

III – a intervenção federal, no caso do nº VII do art. 177, da Constituição, ainda quanto aos Estados já em atraso no pagamento da sua dívida fundada, não se poderá efetuar antes de decorridos dois anos, contados da data da Constituição;

IV – os Estados que ora estejam cobrando imposto sobre a exportação, em limite superior a cinco por cento *ad valorem*, diminuí-lo-ão de um por cento ao ano, a partir de 1948, até que atinja o limite constitucional;

V – o regime de paridade de arrecadação, entre cada Estado e os seus Municípios, nos termos do nº VIII do art. 27 da Constituição, será estabelecido gradativamente, no prazo de dez anos, a partir do exercício de 1948;

VI – não depende de concessão ou autorização o aproveitamento das quedas-d'água, já utilizadas industrialmente a 16 de julho de 1934, e, nestes mesmos termos, a exploração das minas em lavra, ainda que transitoriamente suspensas;

VII – são considerados brasileiros os que já adquiriram a nacionalidade brasileira, nos termos do art. 69 ns 2º, 4º e 5º, da Constituição de 24 de fevereiro de 1891;

luta de votos e, se nenhum dos votados a obtiver, por maioria relativa ao segundo turno.

§ 2º Para essa eleição não haverá inelegibilidades.

§ 3º O Vice-Presidente eleito tomará posse perante a Assembléia, na mesma data, ou perante o Senado Federal.

§ 4º O mandato do Vice-Presidente terminará simultaneamente com o do atual Presidente da República.

Art. 2º O mandato do atual Presidente da República (art. 82 da Constituição) será contado a partir da posse.

§ 1º Os mandatos dos atuais deputados e os dos senadores federais que forem eleitos para completar o número de que trata o § 1º do art. 60 da Constituição, coincidirão com o do Presidente da República.

§ 2º Os mandatos dos demais senadores terminarão a 31 de janeiro de 1955.

§ 3º Os mandatos dos governadores e dos deputados às Assembléias Legislativas, a serem eleitos na forma do art. 3º deste Ato, terminarão na mesma data em que findar o do Presidente da República.

primeiro turno, por maioria absoluta de votos, ou, em segundo turno, por maioria relativa.

§ 2º O Vice-Presidente eleito tomará posse perante a Assembléia, na mesma data, ou perante o Senado Federal.

§ 3º O mandato do Vice-Presidente terminará simultaneamente com o do primeiro período presidencial.

Art. 2º O mandato do atual Presidente da República (art. 82 da Constituição) será contado a partir da posse.

§ 1º Os mandatos dos atuais Deputados e os dos Senadores federais que forem eleitos para completar o número de que trata o § 1º do art. 60 da Constituição, coincidirão com o do Presidente da República.

§ 2º Os mandatos dos demais Senadores terminarão a 31 de janeiro de 1955.

§ 3º Os mandatos dos Governadores e dos Deputados às Assembléias Legislativas e dos Vereadores do Distrito Federal, eleitos na forma do art. 11 deste Ato, terminarão na data em que findar o do Presidente da República.

VIII – não são atingidas pela disposição do § 30 do art. 164 da Constituição os que já exerciam legitimamente profissão liberal a 16 de julho de 1934; IX – a privatividade dos títulos, postos e uniformes militares não prejudica de modo nenhum as concessões honoríficas efetuadas em ato anterior à Constituição.		
	SUBSÍDIOS E LEGISLATURA ORDINÁRIA	**SUBSÍDIOS E LEGISLATURA ORDINÁRIA**
	Art. 3º A Assembléia Constituinte, depois de fixar o subsídio do Presidente e do Vice-Presidente da República para o primeiro período constitucional (Constituição, art. 86), dará por terminada a sua missão e separar-se-á em Câmara e Senado, os quais encetarão, decorridos quinze dias, o exercício da função legislativa.	Art. 3º A Assembléia Constituinte, depois de fixar o subsídio do Presidente e do Vice-Presidente da República para o primeiro período constitucional (Constituição, art. 86), dará por terminada a sua missão e separar-se-á em Câmara e Senado, os quais encetarão o exercício da função legislativa.
	TRANSFERÊNCIA DA CAPITAL	**TRANSFERÊNCIA DA CAPITAL**
	Art. 4º A Capital da União será transferida para a região central do país compreendida entre o rio Paranaíba e o Rio Grande. § 1º Promulgado este Ato, o Presidente da República, dentro em sessenta dias, nomeará uma comissão a fim de proceder ao estudo da localização topográfica da nova capital. § 2º Realizado o estudo previsto no parágrafo antecedente, será ele encaminhado ao Congresso Nacional, que deliberará a respeito, em lei especial, e estabelecerá o prazo para o início da delimitação da área a ser incorporada ao domínio da União. § 3º Findos os trabalhos demarcatórios, o Congresso Nacional resolverá sobre a data em que se efetue a mudança da Capital.	Art. 4º A Capital da União será transferida para o planalto central do País. § 1º Promulgado este Ato, o Presidente da República, dentro em sessenta dias, nomeará uma Comissão de técnicos de reconhecimento valor para proceder ao estudo da localização da nova capital. § 2º O estudo previsto no parágrafo antecedente será encaminhado ao Congresso Nacional, que deliberará a respeito, em lei especial, e estabelecerá o prazo para o início da delimitação da área a ser incorporada ao domínio da União. § 3º Findos os trabalhos demarcatórios, o Congresso Nacional resolverá sobre a data da mudança da Capital.

§ 4º Efetuada a transferência, o atual Distrito Federal passará a constituir o Estado da Guanabara.

DÍVIDAS DOS ESTADOS

Art. 5º A intervenção federal, no caso do nº VI do art. 7º da Constituição, ainda quanto aos Estados já em atraso no pagamento da sua dívida fundada, não se poderá efetuar antes de decorridos dois anos, contados da promulgação deste Ato.

LIMITES ESTADUAIS

Art. 6º Os Estados deverão, no prazo de três anos, a contar da promulgação deste Ato, promover, por acordo, a demarcação de suas linhas de fronteira, podendo, para isso, fazer alterações e compensações de áreas, que atendam aos acidentes naturais do terreno, às conveniências administrativas e à comodidade das populações fronteiriças.

§ 1º Se o solicitarem os Estados interessados, o Governo da União deverá encarregar dos trabalhos demarcatórios o Serviço Geográfico do Exército.

§ 2º Não se cumprindo, pelos Estados a que for aplicável, o disposto neste artigo, o Senado Federal deliberará a respeito, sem prejuízo da competência estabelecida no art. 101, "e" da Constituição.

REVERSÃO DE FAZENDAS AO PIAUÍ

Art. 7º Passam à propriedade do Estado do Piauí as fazendas de gado do domínio da União, situadas no território daquele Estado e remanescentes do confisco aos jesuítas no período colonial.

§ 4º Efetuada a transferência, o atual Distrito Federal passará a constituir o Estado da Guanabara.

DÍVIDAS DOS ESTADOS

Art. 5º A intervenção federal, no caso do nº VI do art. 7º da Constituição, quanto aos Estados já em atraso no pagamento da sua dívida fundada, não se poderá efetuar antes de dois anos, contados da promulgação deste Ato.

LIMITES ESTADUAIS

Art. 6º Os Estados deverão, no prazo de três anos, a contar da promulgação deste Ato, promover, por acordo, a demarcação de suas linhas de fronteira, podendo, para isso, fazer alterações e compensações de áreas, que atendam aos acidentes naturais do terreno, às conveniências administrativas e à comodidade das populações fronteiriças.

§ 1º Se o solicitarem os Estados interessados, o Governo da União deverá encarregar dos trabalhos demarcatórios o Serviço Geográfico do Exército.

§ 2º Se não cumprirem tais Estados o disposto neste artigo, o Senado Federal deliberará a respeito, sem prejuízo da competência estabelecida no art. 101, nº I, letra e, da Constituição.

REVERSÃO DE FAZENDAS AO PIAUÍ

Art. 7º Passam à propriedade do Estado do Piauí as fazendas de gado do domínio da União, situadas no território daquele Estado e remanescentes do confisco aos jesuítas no período colonial.

TERRITÓRIOS FEDERAIS	TERRITÓRIOS FEDERAIS
Art. 8º Ficam extintos os atuais Territórios de Iguaçu e Ponta Porã, cujas áreas volverão aos Estados de onde foram destacadas. Art. 9º O Território do Acre será elevado à categoria de Estado, com a denominação de Estado do Acre, tão logo as suas rendas se tornem iguais às do Estado atualmente de menor arrecadação. Art. 10. O disposto no art. 56 da Constituição não se aplica ao Território de Fernando de Noronha. Art. 11. No primeiro domingo após cento e vinte dias contados da promulgação deste Ato, proceder-se-á, em cada Estado, às eleições de Governador e de deputados às Assembléias Legislativas, os quais terão função constituinte. § 1º O número dos deputados às Assembléias estaduais será, na primeira eleição, o dos deputados eleitos por sufrágio popular para as Assembléias dissolvidas em 10 de novembro de 1937, com o acréscimo de um quinto deste número. § 2º Na mesma data se realizarão, nos Estados e no Distrito Federal, eleições para o terceiro lugar de Senador e seu suplente (Const. artigo 60, §§ 3º e 4º), e bem assim para as suplentes partidários dos senadores eleitos em 2 de dezembro de 1945, se, em relação a estes, não tiver ocorrido vaga; nos Estados onde o número dos representantes à Câmara dos Deputados não corresponda ao estabelecido na Constituição; nos Territórios, exceto os do Acre e de Fernando de Noronha, para um deputado federal; no Distrito Federal, para 50 vereadores; e, nas circunscrições eleitorais res-	Art. 8º Ficam extintos os atuais Territórios de Iguaçu e Ponta Porã, cujas áreas volverão aos Estados de onde foram desmembradas. Parágrafo único. Os Juízes e, quando estáveis, os membros do Ministério Público dos Territórios extintos ficarão em disponibilidade remunerada, até que sejam aproveitados em cargos federais ou estaduais, de natureza e vencimentos compatíveis com os dos que estiverem ocupando na data da promulgação deste Ato. Art. 9º O Território do Acre será elevado à categoria de Estado, com a denominação de Estado do Acre, logo que as suas rendas se tornem iguais às do Estado atualmente de menor arrecadação. Art. 10. O disposto no art. 56 da Constituição não se aplica ao Território de Fernando de Noronha. Art. 11. No primeiro domingo após cento e vinte dias contados da promulgação deste Ato, proceder-se-á, em cada Estado, às eleições de Governador e de Deputados às Assembléias Legislativas, as quais terão inicialmente função constituinte. § 1º O número de deputados às Assembléias estaduais será, na primeira eleição, o seguinte: Amazonas, trinta; Pará, trinta e sete; Maranhão, trinta e seis; Piauí, trinta e dois; Ceará, quarenta e cinco; Rio Grande do Norte, trinta e dois; Paraíba, trinta e sete; Pernambuco, cinqüenta e cinco; Alagoas, trinta e cinco; Sergipe, trinta e dois; Bahia, sessenta; Espírito Santo, trinta e dois; Rio de Janeiro, cinqüenta e quatro; São Paulo, setenta e cinco; Paraná, trinta e sete; Santa Catarina, trinta e sete;

pectivas, para preenchimento das vagas existentes ou que vierem a ocorrer até 30 dias antes do pleito, assim como para eleição dos respectivos suplentes, se se tratar de senadores.

§ 3º Os partidos poderão inscrever, em cada Estado, para a Câmara Federal, nas eleições referidas neste artigo, mais dois candidatos além do número de deputados a eleger. Os suplentes que resultarem dessa eleição substituirão, nos casos mencionados na Constituição e na lei, os que forem eleitos nos termos deste parágrafo e os da mesma legenda cuja lista de suplentes se tenha esgotado.

§ 4º Não será permitida a inscrição de um mesmo candidato por mais de um estado.

§ 5º O Tribunal Superior Eleitoral providenciará para o cumprimento deste artigo e dos parágrafos precedentes.

§ 6º O mandato do terceiro senador será o de menor duração. Se, por um mesmo Estado ou pelo Distrito Federal, for eleito mais de um senador, o mandato do mais votado será o de maior duração.

§ 7º Nas eleições de que trata este artigo só prevalecerão as seguintes inelegibilidades:

I – para Governador:

a) os Ministros de Estado que estiverem em exercício nos três meses anteriores à eleição;

b) no respectivo Estado, os que, até dezoito meses antes da eleição, houverem exercido, mesmo interinamente, a função de Presidente da República, ou de Governador ou Interventor; e bem assim os secretários de Estado, os comandantes de regiões militares, os chefes e os comandantes de polícia, os magistrados e o chefe do Ministério Público Rio Grande do Sul, cinqüenta e cinco; Minas Gerais, setenta e dois; Goiás, trinta dois; e Mato Grosso, trinta.

§ 2º Na mesma data se realizarão eleições:

I – nos Estados e no Distrito Federal:

a) para o terceiro lugar de Senador e seus suplentes (Constituição, art. 60, §§ 1º, 3º e 4º);

b) para os suplentes partidários dos Senadores eleitos em 2 de dezembro de 1945, se, em relação a estes, não tiver ocorrido vaga;

II – nos Estados onde o número dos representantes à Câmara dos Deputados não corresponda ao estabelecido na Constituição; na base da última estimativa oficial do Instituto de Geografia e Estatística, para os deputados federais que devem completar esse número;

III – nos Territórios, exceto os do Acre e de Fernando de Noronha, para um deputado federal;

IV – no Distrito Federal, para cinqüenta Vereadores;

V – nas Circunscrições Eleitorais respectivas, para preenchimento das vagas existentes ou que vierem a ocorrer até trinta dias antes do pleito, e para os próprios suplentes, se se tratar de senadores.

§ 3º Os Partidos poderão inscrever, em cada Estado, para a Câmara federal, nas eleições referidas neste artigo, mais dois candidatos além do número de Deputados a eleger. Os suplentes que resultarem dessa eleição substituirão, nos casos mencionados na Constituição e na lei, os que forem eleitos nos termos do § 2º e os da mesma legenda cuja lista de suplentes se tenha esgotado.

blico, que estiverem no exercício dos cargos nos dois meses anteriores à eleição;

II – para Senadores e Deputados Federais e respectivos suplentes, os que, até seis meses antes da eleição, houverem exercido o cargo de Governador ou Interventor, no respectivo Estado, e as demais autoridades referidas no inciso I, que estiverem nos exercícios dos cargos nos dois meses anteriores à eleição;

III – para Deputados às Assembléias estaduais as autoridades referidas no inciso I, a e b, segunda parte, que estiverem no exercício dos cargos nos dois meses anteriores à eleição;

IV – para Vereadores à Câmara do Distrito Federal, o Prefeito e as autoridades referidas no inciso I, a e b, segunda parte, que estiverem no exercício dos cargos nos dois meses anteriores à eleição.

§ 8º Diplomados os Deputados às Assembléias Estaduais, reunir-se-ão dentro de dez dias, sob a presidência do Presidente do Tribunal Regional Eleitoral, por convocação deste, que promoverá a eleição da Mesa.

§ 9º O Estado que, até quatro meses após a instalação de sua Assembléia, não houver decretado a Constituição, será submetido, por deliberação do Congresso Nacional, à de um dos outros que parecer mais conveniente, até que a reforme pelo processo nela determinado.

§ 4º Não será permitida a inscrição do mesmo candidato por mais de um Estado.

§ 5º O Tribunal Superior Eleitoral providenciará o cumprimento deste artigo e dos parágrafos precedentes. No exercício dessa competência, o mesmo Tribunal fixará, à vista de dados estatísticos oficiais, o número de novos lugares na representação federal, consoante o critério estabelecido no art. 58 e §§ 1º e 2º da Constituição.

§ 6º O mandato do terceiro senador será o de menor duração. Se, pelo mesmo Estado ou pelo Distrito Federal, for eleito mais de um Senador, o mandato do mais votado será o de maior duração.

§ 7º Nas eleições de que trata este artigo só prevalecerão as seguintes inelegibilidades:

I – para Governador:

a) os Ministros de Estado que estiverem em exercício nos três meses anteriores à eleição;

b) os que, até dezoito meses antes da eleição, houverem exercido a função de Presidente da República ou, no respectivo Estado, embora interinamente, a função de Governador ou Interventor; e bem assim os Secretários de Estado, os comandantes de Regiões Militares, os Chefes e os Comandantes de Polícia, os Magistrados e o Chefe do Ministério Público, que estiverem no exercício dos cargos nos dois meses anteriores à eleição;

II – para Senadores e Deputados federais e respectivos suplentes, os que, até seis meses antes da eleição, houverem exercido o cargo de Governador ou Interventor, no respectivo Estado, e as demais autoridades referidas no nº I, que estiverem nos exercícios dos cargos nos dois meses anterio-

III – para Deputados às Assembléias estaduais as autoridades referidas no n.º I, letras a e b, segunda parte, que estiverem no exercício dos cargos nos dois meses anteriores à eleição;

IV – para Vereadores à Câmara do Distrito Federal, o Prefeito e as autoridades referidas no n° I, letras a e b, segunda parte, que estiverem no exercício dos cargos nos dois meses anteriores à eleição.

§ 8º Diplomados, os Deputados às Assembléias estaduais reunir-se-ão dentro de dez dias, sob a Presidência do Presidente do Tribunal Regional Eleitoral, por convocação deste, que promoverá a eleição da Mesa.

§ 9º O Estado que, até quatro meses após a instalação de sua Assembléia, não houver decretado a Constituição será submetido, por deliberação do Congresso Nacional, à de um dos outros que parecer mais conveniente, até que a reforme pelo processo nela determinado.

ADMINISTRAÇÃO DE ESTADOS E MUNICÍPIOS

Art. 12. Os Estados e os Municípios, enquanto não se promulgarem as Constituições estaduais, e o Distrito Federal, até ser decretada a sua lei orgânica, serão administrados de conformidade com a legislação vigente na data da promulgação deste Ato.

Parágrafo único. Dos atos dos Interventores caberá, dentro de dez dias, a contar da publicação oficial, recurso de qualquer cidadão para o Presidente da República; e, nos mesmos termos, recurso, para o Interventor, dos atos dos Prefeitos municipais.

ADMINISTRAÇÃO DE ESTADOS E MUNICÍPIOS

Art. 12. Os Interventores Federais nos Estados, até a posse dos respectivos Governadores, e estes até a promulgação das Constituições respectivas, exercerão as funções dos poderes executivos e legislativos previstas nas Constituições vigentes até 10 de novembro de 1937, no que não contrariarem a Constituição Federal; e nomearão os Prefeitos municipais cuja competência será a prevista na antiga legislação aplicável.

Parágrafo único. Dos atos dos Interventores caberá, dentro de dez dias, recurso de qualquer cidadão para o Presidente da República; e, nos mesmos termos, recurso, para o Interventor, dos atos dos Prefeitos municipais.

TRANSIÇÃO TRIBUTÁRIA	TRANSIÇÃO TRIBUTÁRIA
Art. 13. A discriminação de rendas estabelecidas nos arts. 15, 19 a 21 e 29 da Constituição Federal entrará em vigor a 1º de janeiro de 1948, na parte em que modifica o regime anterior. § 1º Os Estados que cobrarem impostos de exportação acima do limite previsto no art. 19, nº V, reduzirão gradativamente o excesso, dentro do prazo de quatro anos, salvo o disposto no § 5º daquele dispositivo. § 2º Será cumprido gradativamente, no curso de quatro anos, a partir de 1948, sendo 2% no primeiro ano, 5% no segundo, 7% no terceiro, até atingir 10% no quarto ano, o disposto no art. 15, § 4º, assim como a extinção ou transferência dos impostos que, por esta Constituição, não se contém na competência dos governos que atualmente os arrecadam. § 3º Será cumprido, gradativamente, no curso de dez anos a partir de 1948, o disposto no art. 20 da Constituição. § 4º A lei federal ou estadual, conforme o caso, poderá estabelecer prazo mais breve para o cumprimento dos dispositivos indicados nos parágrafos anteriores.	Art. 13. A discriminação de rendas estabelecidas nos arts. 19 a 21 e 29 da Constituição federal entrará em vigor a 1º de janeiro de 1948, na parte em que modifica o regime anterior. § 1º Os Estados que cobrarem impostos de exportação acima do limite previsto no art. 19, nº V, reduzirão gradativamente o excesso dentro do prazo de quatro anos, salvo o disposto no § 6º daquele dispositivo. § 2º A partir de 1948 se cumprirá gradativamente: I – no curso de dois anos, o disposto no art. 15, § 4º, entregando a União aos Municípios a metade da cota no primeiro ano e a totalidade dela no segundo; II – no curso de quatro anos, a extinção dos impostos que, pela Constituição, se não incluam na competência dos Governos que atualmente os arrecadam; III – no curso de dez anos, o disposto no art. 20 da Constituição. § 3º A lei federal ou estadual, conforme o caso, poderá estabelecer prazo mais breve para o cumprimento dos dispositivos indicados nos parágrafos anteriores.

INCOMPATIBILIDADE PARLAMENTAR	
Art. 14. Os atuais Senadores e Deputados terão o prazo de seis meses, a contar da promulgação deste Ato, para cumprirem o preceito do art. 48, II, a, segunda parte da Constituição Federal.	

TRIBUNAL FEDERAL DE RECURSOS	TRIBUNAL FEDERAL DE RECURSOS
Art. 15. Para cada composição do Tribunal Superior de Recursos, na parte constituída de magistrados, o Supremo Tribunal Federal indicará, a fim de serem nomeados pelo Presidente da República, até três antigos juízes seccionais, se satisfizerem os requisitos do art. 99 da Constituição. A indicação será feita, sempre que possível, em lista dupla para cada caso. § 1º Logo após o prazo designado no art. 3º, o Congresso Nacional fixará em lei os vencimentos dos Juízes do Tribunal Federal de Recursos; e, dentro de trinta dias a contar da sanção ou promulgação da mesma lei, o Presidente da República efetuará as nomeações para os respectivos cargos. § 2º Instalado o Tribunal, elaborará ele o seu Regimento Interno e disporá sobre a organização de sua secretaria, cartórios e demais serviços, propondo, em conseqüência, ao Congresso Nacional a criação dos cargos administrativos e a fixação dos vencimentos que lhes são inerentes (Constituição, art. 97, II). § 3º Enquanto não funcionar o Tribunal Federal de Recursos, o Supremo Tribunal Federal continuará a julgar todos os processos de sua competência, nos termos da legislação anterior.	Art. 14. Para composição do Tribunal Federal de Recursos, na parte constituída de magistrados, o Supremo Tribunal Federal indicará, a fim de serem nomeados pelo Presidente da República, até três dos juízes seccionais e substitutos da extinta Justiça Federal, se satisfizerem os requisitos do art. 99 da Constituição. A indicação será feita, sempre que possível, em lista dupla para cada caso. § 1º Logo após o prazo designado no art. 3º, o Congresso Nacional fixará em lei os vencimentos dos juízes do Tribunal Federal de Recursos; e, dentro de trinta dias a contar da sanção ou promulgação da mesma lei, o Presidente da República efetuará as nomeações para os respectivos cargos. § 2º Instalado o Tribunal, elaborará ele o seu Regimento Interno e disporá sobre a organização de sua secretaria, cartórios e demais serviços, propondo, em conseqüência, ao Congresso Nacional a criação dos cargos administrativos e a fixação dos respectivos vencimentos (Constituição, art. 97, nº II). § 3º Enquanto não funcionar o Tribunal Federal de Recursos, o Supremo Tribunal Federal continuará a julgar todos os processos de sua competência, nos termos da legislação anterior.

§ 4º Votada a lei prevista no § 1º, o Supremo Tribunal Federal remeterá ao Tribunal Federal de Recursos os processos de competência deste que não tenham o visto do respectivo relator. § 5º Os embargos aos acórdãos proferidos pelo Supremo Tribunal Federal continuarão a ser por ele processados e julgados.	§ 4º Votada a lei prevista no § 1º, o Supremo Tribunal Federal remeterá ao Tribunal Federal de Recursos os processos de competência deste que não tenham o visto do respectivo relator. § 5º Os embargos aos acórdãos proferidos pelo Supremo Tribunal Federal continuarão a ser por ele processados e julgados.
JUSTIÇA ELEITORAL	**JUSTIÇA ELEITORAL**
Art. 16. Dentro de dez dias contados da promulgação deste Ato será organizada a Justiça Eleitoral, nos termos da Seção V da Constituição. § 1º Para composição do Tribunal Superior Eleitoral, o Tribunal de Justiça do Distrito Federal elegerá, em escrutínio secreto, dentre os seus Desembargadores, um membro efetivo, e bem assim dois interinos, que funcionarão até que o Tribunal Federal de Recursos cumpra o disposto no artigo 110, I b, da Constituição. § 2º Instalados os Tribunais Eleitorais, procederão na forma do § 1º do art. 14 deste Ato. § 3º No provimento dos cargos das Secretarias do Tribunal Superior Eleitoral e dos Tribunais Regionais Eleitorais, serão aproveitados os funcionários efetivos dos Tribunais extintos em 10 de novembro de 1937, se ainda estiverem em serviço ativo da União, e o requererem, e, para completar os respectivos quadros, o pessoal que atualmente integra as Secretarias dos mesmos Tribunais. § 4º Enquanto não se organizarem definitivamente as Secretarias dos mesmos Tribunais, continuará em exercício o pessoal a que alude o final do § 2º deste artigo.	Art. 15. Dentro de dez dias, contados da promulgação deste Ato, será organizada a Justiça Eleitoral, nos termos do título I, capítulo IV, da Seção V da Constituição. § 1º Para composição do Tribunal Superior Eleitoral, o Tribunal de Justiça do Distrito Federal elegerá, em escrutínio secreto, dentre os seus Desembargadores, um membro efetivo, e, bem assim, dois interinos, que funcionarão até que o Tribunal Federal de Recursos cumpra o disposto no artigo 110, nº I, letra b, da Constituição. § 2º Instalados os Tribunais Eleitorais, procederão na forma do § 2º do art. 14 deste Ato. § 3º No provimento dos cargos das Secretarias do Tribunal Superior Eleitoral e dos Tribunais Regionais Eleitorais, serão aproveitados os funcionários efetivos dos Tribunais extintos em 10 de novembro de 1937, se ainda estiverem em serviço ativo da União e o requererem, e, para completar os respectivos quadros, o pessoal que atualmente integra as Secretarias dos mesmos Tribunais. § 4º Enquanto não se organizarem definitivamente as Secretarias dos mesmos Tribunais, continuará em exercício o pessoal a que alude o final do § 3º deste artigo.

MAGISTRADOS DO DF E TERRITÓRIOS	MAGISTRADOS DO DF E TERRITÓRIOS
Art. 17. A começar de 1 de janeiro de 1947, os magistrados do Distrito Federal e dos Estados passarão a perceber os vencimentos fixados com observância do estabelecido na Constituição. Art. 18. Os magistrados que se aposentam antes de 31 de dezembro de 1945, terão os mesmos vencimentos que atualmente recebem os que se acham em atividade, respeitada a categoria de cada um e o tempo de serviço. Não terão, porém, direito a adicionais, exceto o abono de família. Esta equiparação começará a vigorar em 1 de janeiro de 1947. Art. 19. A proibição do item I do art. 96 da Constituição somente entrará em vigor nos Estados após a promulgação as respectivas constituições. Art. 20. Os juízes sencionais e substitutos da extinta Justiça Federal, que ainda não forem aproveitados em cargos da magistratura vitalícia, poderão requerer a disponibilidade com os vencimentos dos atuais juízes de direito do Distrito Federal.	Art. 16. A começar de 1º de janeiro de 1947, os magistrados do Distrito Federal e dos Estados passarão a perceber os vencimentos fixados com observância do estabelecido na Constituição.
TRIBUNAL MARÍTIMO	**TRIBUNAL MARÍTIMO**
Art. 21. O atual Tribunal Marítimo continuará com a organização e competência que lhe atribui a legislação vigente, até que a lei federal disponha a respeito, de acordo com as normas desta Constituição.	Art. 17. O atual Tribunal Marítimo continuará com a organização e competência que lhe atribui a legislação vigente, até que a lei federal disponha a respeito, de acordo com as normas desta Constituição.
EX-COMBATENTES	**EX-COMBATENTES**
Art. 22. Não perderão a nacionalidade os brasileiros que, na última guerra, prestaram serviço militar às Nações aliadas, embora sem licença do governo brasileiro, bem como os menores que, nas mesmas condições, os tenham prestado a outras Nações.	Art. 18. Não perderão a nacionalidade os brasileiros que, na última guerra, prestaram serviço militar às Nações aliadas, embora sem licença do Governo brasileiro, nem os menores que, nas mesmas condições, os tenham prestado a outras nações.

Parágrafo único. São considerados estáveis os atuais servidores da União, dos Estados e Municípios que tenham participado das forças expedicionárias brasileiras.	Parágrafo único. São considerados estáveis os atuais servidores da União, dos Estados e dos Municípios que tenham participado das forças expedicionárias brasileiras.
ELEGIBILIDADE DOS NATURALIZADOS	**ELEGIBILIDADE DOS NATURALIZADOS**
Art. 23. São elegíveis para cargos de representação popular, salvo os de Presidente e Vice-Presidente da República e o de Governador, os que, tendo adquirido a nacionalidade brasileira na vigência de Constituições anteriores, hajam exercido qualquer mandato eletivo.	Art. 19. São elegíveis para cargos de representação popular, salvo os de Presidente e Vice-Presidente da República e o de Governador, os que, tendo adquirido a nacionalidade brasileira na vigência de Constituições anteriores, hajam exercido qualquer mandato eletivo.
TRIPULAÇÃO DE NATURALIZADOS	**TRIPULAÇÃO DE NATURALIZADOS**
Art. 24. O preceito do parágrafo único do art. 154 da Constituição Federal não se aplica aos brasileiros naturalizados que, na data deste Ato, estiverem exercendo as profissões a que o mesmo dispositivo se refere.	Art. 20. O preceito do parágrafo único do art. 155 da Constituição não se aplica aos brasileiros naturalizados que, na data deste Ato, estiverem exercendo as profissões a que o mesmo dispositivo se refere.
MINERAÇÃO E ENERGIA	**MINERAÇÃO E ENERGIA**
Art. 25. Não depende de concessão ou autorização o aproveitamento das quedas-d'água, já utilizadas industrialmente a 16 de julho de 1934, e, nestes mesmos termos, a exploração das minas em lavra, ainda que transitoriamente suspensa; mas tais aproveitamentos e explorações ficam sujeitos às normas de regulamentação e revisão de contratos, na forma da lei.	Art. 21. Não depende de concessão ou autorização o aproveitamento das quedas-d'água já utilizadas industrialmente a 16 de julho de 1934, e, nestes mesmos termos, a exploração das minas em lavra, ainda que transitoriamente suspensa; mas tais aproveitamentos e explorações ficam sujeitos às normas de regulamentação e revisão de contratos, na forma da lei.
CONCESSÕES HONORÍFICAS	**CONCESSÕES HONORÍFICAS**
Art. 26. O disposto no art. 180, § 1º da Constituição não prejudicará as concessões honoríficas efetuadas antes deste Ato e que ficam mantidas ou restabelecidas.	Art. 22. O disposto no art. 182, § 1º da Constituição, não prejudica as concessões honoríficas anteriores a este Ato e que ficam mantidas ou restabelecidas.

EFETIVAÇÃO DE INTERINOS	EFETIVAÇÃO DE INTERINOS
Art. 27. Os atuais funcionários interinos da União, dos Estados e Municípios, que contem, pelo menos, cinco anos de exercício, serão automaticamente efetivados na data da promulgação deste Ato; e, a partir dela, os atuais extranumerários, que exerçam função de caráter permanente há mais de cinco anos, ou em virtude de concurso de habilitação, serão equiparados aos funcionários, para efeito de estabilidade, aposentadoria, licença, disponibilidade e férias. Parágrafo único. O disposto neste artigo não se aplica aos que exerçam interinamente cargos vitalícios, como tais considerados na Constituição.	Art. 23. Os atuais funcionários interinos da União, dos Estados e Municípios, que contem, pelo menos, cinco anos de exercício, serão automaticamente efetivados na data da promulgação deste Ato; e os atuais extranumerários que exerçam função de caráter permanente há mais de cinco anos ou em virtude de concurso ou prova de habilitação serão equiparados aos funcionários, para efeito de estabilidade, aposentadoria, licença, disponibilidade e férias. Parágrafo único. O disposto neste artigo não se aplica: I – aos que exerçam interinamente cargos vitalícios como tais considerados na Constituição; II – aos que exerçam cargos para cujo provimento se tenha aberto concurso, com inscrições encerradas na data da promulgação deste Ato; III – aos que tenham sido inabilitados em concurso para o cargo exercido.
ACUMULAÇÃO DE FUNÇÕES	**ACUMULAÇÃO DE FUNÇÕES**
Art. 28. Os funcionários, conforme a legislação então vigente, acumulavam funções de magistério, técnicas ou científicas e que, pela desacumulação ordenada pela Carta de 10 de novembro de 1937 e Decreto-lei nº 24, de 1 de dezembro do mesmo ano, perderam cargo vitalício, são nele considerados em disponibilidade remunerada até que sejam reaproveitados, sem direito a vencimentos em atraso. Parágrafo único. Ficam restabelecidas as vantagens da aposentadoria aos que as perderam por	Art. 24. Os funcionários que, conforme a legislação então vigente, acumulavam funções de magistério, técnicas ou científicas e que, pela desacumulação ordenada pela Carta de 10 de novembro de 1937 e Decreto-Lei nº 24, de 1º de dezembro do mesmo ano, perderam cargo efetivo, são nele considerados em disponibilidade remunerada até que sejam reaproveitados, sem direito aos vencimentos anteriores à data da promulgação deste Ato. Parágrafo único. Ficam restabelecidas as vantagens da aposentadoria aos que as perderam por

força do mencionado decreto, sem direito igualmente à percepção de vencimentos em atraso

força do mencionado decreto, sem direito igualmente à percepção de vencimentos anteriores à data da promulgação deste Ato.

FUNCIONÁRIOS DO LEGISLATIVO

Art. 29. Fica assegurado aos funcionários das Secretarias das Casas do Poder Legislativo o direito à percepção de gratificações adicionais, por tempo de serviço.

Art. 30. A Mesa da Assembléia Constituinte expedirá títulos de nomeação efetiva aos funcionários interinos das Secretarias do Senado e da Câmara dos Deputados, ocupantes de cargos vagos, que até 3 de setembro de 1946 prestaram serviços durante os trabalhos da elaboração da Constituição.

Parágrafo único. Nos cargos iniciais, que vierem a vagar, serão aproveitados os interinos em exercício até a mesma data, não beneficiados por este artigo.

SERVIDORES DO DEPARTAMENTO NACIONAL DO CAFÉ

Art. 31. Ficam assegurados aos servidores do Departamento Nacional do Café os direitos que por lei já gozavam ao tempo da extinção daquela autarquia.

Parágrafo único. Nos órgãos existentes e que venham a ser criados, relativos à economia cafeeira, os servidores do Departamento Nacional de Café terão direito à prioridade de aproveitamento pelo critério de capacidade.

FUNCIONÁRIOS DO LEGISLATIVO

Art. 25. Fica assegurado aos funcionários das Secretarias das Casas do Poder Legislativo o direito à percepção de gratificações adicionais, por tempo de serviço público.

Art. 26. A Mesa da Assembléia Constituinte expedirá títulos de nomeação efetiva aos funcionários interinos das Secretarias do Senado Federal e da Câmara dos Deputados, ocupantes de cargos vagos, que até 3 de setembro de 1946 prestaram serviços durante os trabalhos da elaboração da Constituição.

Parágrafo único. Nos cargos iniciais, que vierem a vagar, serão aproveitados os interinos em exercício até a mesma data, não beneficiados por este artigo.

ISENÇÃO DE IPTU PARA JORNALISTAS	ISENÇÃO DE IPTU PARA JORNALISTAS
Art. 32. Durante o prazo de 15 anos, a contar da data da instalação da Assembléia Constituinte, o imóvel de propriedade e destinado a residência de jornalista, que não possua outro imóvel, será isento dos impostos de transmissão e predial. Parágrafo único. Será considerado jornalista, para benefício deste artigo, aquele que comprovar estar no exercício da profissão, de acordo com a legislação vigente, ou nela houver sido aposentado.	Art. 27. Durante o prazo de quinze anos, a contar da instalação da Assembléia Constituinte, o imóvel adquirido, para sua residência, por jornalista que outro não possua, será isento do imposto de transmissão e, enquanto servir ao fim previsto neste artigo, do respectivo imposto predial. Parágrafo único. Será considerado jornalista, para os efeitos deste artigo, aquele que comprovar estar no exercício da profissão de acordo com a legislação vigente, ou nela houver sido aposentado.
ANISTIA	**ANISTIA**
Art. 33. É concedida anistia a todos os cidadãos considerados insubmissos ou desertores até a dada da promulgação deste Ato. Art. 34. Ficam abolidas todas as restrições, ainda subsistentes, das anistias concedidas, até a data desta Constituição, a todos quantos hajam cometido crimes políticos, exceto no que respeita a vencimentos atrasados, indenizações ou outras vantagens pecuniárias. § 1º Os militares e funcionários civis da União e dos Estados ficarão agregados aos respectivos quadros, nos postos que ocupavam ao ser reformados, aposentados, excluídos ou demitidos, com todas as vantagens e prerrogativas a eles inerentes, até que se pronunciem, sobre a conveniência do seu aproveitamento definitivo, as comissões de que tratam os arts. 2º e 3º do Decreto-lei nº 7.474, de 18 de abril de 1945. § 2º Somente após *veredictum* favorável de tais comissões, em cada caso, aprovado pelo Poder Exe-	Art. 28. É concedida anistia a todos os cidadãos considerados insubmissos ou desertores até a dada da promulgação deste Ato e igualmente aos trabalhadores que tenham sofrido penas disciplinares, em conseqüência de greves ou dissídios do trabalho.

cutivo, terão eles exercício das suas funções e direito de acesso aos postos superiores que lhes couberem por antigüidade.

§ 3º Os que, em contrário, não devam ser aproveitados voltarão definitivamente às situações anteriores de reformados, aposentados, demitidos ou excluídos, sem mais direito algum.

Art. 35. O Governo fará examinar, caso por caso, a situação dos militares, magistrados, serventuários e funcionários públicos da União e dos Estados, que hajam sido afastados dos seus cargos, a contar de 24 de outubro e 1930, por motivo político, conveniência do regime ou outro qualquer que não seja sentença judiciária ou processo administrativo regular, com o fim de reintegrá-los nos respectivos quadros e funções.

Parágrafo único. Serão criadas comissões nos diferentes Ministérios e nos Estados, que darão seus pareceres, dentro de três meses, propondo as medidas de justiça ou de eqüidade que visem à reparação das iniqüidades porventura praticadas.

VALORIZAÇÃO DO VALE DO RIO SÃO FRANCISCO

Art. 29. O Governo Federal fica obrigado, dentro do prazo de vinte anos, a contar da data da promulgação desta Constituição, a traçar e executar um plano de aproveitamento total das possibilidades econômicas do rio São Francisco e seus afluentes, no qual aplicará, anualmente, quantia não inferior a um por cento de suas rendas tributárias.

RECONHECIMENTO DE DIREITOS	RECONHECIMENTO DE DIREITOS
Art. 36. Fica assegurado a todos aqueles que se prevaleceram do direito de reclamação instituído pelo parágrafo único do art. 13, da Constituição de 16 de julho de 1934, a faculdade de pleitear perante o Poder Judiciário o reconhecimento de seus direitos, salvo quanto aos vencimentos atrasados, revelados, destarte, quaisquer prescrições, desde que sejam preenchidos os seguintes requisitos: a) terem obtido, nos respectivos processos, parecer favorável, e definitivo, da Comissão Revisora, a que se refere o Decreto nº 254, de 1º de agosto de 1935, e b) não ter o Poder Executivo providenciado para dar execução ao parecer da Comissão Revisora, a fim de reparar os direitos dos reclamantes.	Art. 30. Fica assegurada, aos que se valeram do direito de reclamação instituído pelo parágrafo único do art. 18, das Disposições Transitórias da Constituição de 16 de julho de 1934, a faculdade de pleitear perante o Poder Judiciário o reconhecimento de seus direitos, salvo quanto aos vencimentos atrasados, reveladas, destarte, quaisquer prescrições, desde que sejam preenchidos os seguintes requisitos: I – terem obtido, nos respectivos processos, parecer favorável e definitivo da Comissão Revisora, a que se refere o Decreto nº 254, de 1º de agosto de 1935; II – não ter o Poder Executivo providenciado, na conformidade do parecer da Comissão Revisora, a fim de reparar os direitos dos reclamantes.
PENHOR AGRÍCOLA	PENHOR AGRÍCOLA
Art. 41. É insuscetível de apreciação judicial a incorporação ao patrimônio da União dos bens dados em penhor pelos beneficiados do financiamento das safras algodoeiras, desde a de 1942 até as de 1945 e 1946.	Art. 31. É insuscetível de apreciação judicial a incorporação ao patrimônio da União dos bens dados em penhor pelos beneficiados do financiamento das safras algodoeiras, desde a de 1942 até as de 1945 e 1946.
BENEFÍCIOS DIVERSOS	
Art. 37. Aos magistrados, membros do Ministério Público, e funcionários civis e militares, que tenham sido demitidos, aposentados, reformados, ou afastados do exercício dos seus cargos, após a promulgação da Constituição de 1934, com inobservância dos dispositivos e garantias então em vigor, fica assegurada, qualquer que seja a sua atual situação jurídica, a faculdade de pleitear ju-	

dicialmente a reparação de seus direitos, excetuado o da percepção de vencimentos atrasados.

Art. 38. Aos brasileiros que, em conseqüência dos sucessos políticos de 1930, 1932 e 1937, estiveram presos, ou deportados, ou impedidos de regressar ao país por prazo não menor de um ano, são relevados os impostos diretos em atraso, desde que satisfaçam, dentro de 180 dias, os correspondentes ao corrente exercício.

Parágrafo único. São igualmente cancelados os executivos ficais contra os mesmos iniciados, ou processados, ou terminados durante a sua ausência e restituídos os impostos e multas por conta deles pagos ou depositados em juízo.

Art. 39. Os crimes cometidos por civilizados contra índios, e reciprocamente, enquanto não incorporados os últimos à civilização, serão processados e julgados na Capital do Estado em cujo território houver incorrido.

RODOVIA RIO–NORDESTE

Art. 32. Dentro de dois anos, a contar da promulgação deste Ato, a União deverá concluir a rodovia Rio–Nordeste.

MONUMENTO A RUI BARBOSA

Art. 33. O Governo mandará erigir na Capital da República um monumento a Rui Barbosa, em consagração dos seus serviços à Pátria, à liberdade e à Justiça.

MASCARENHAS DE MORAIS

Art. 40. São concedidas honras de Marechal do Exército brasileiro ao General Mascarenhas de Morais, Comandante das Forças Expedicionárias Brasileiras, na última guerra.

REVISÃO CONSTITUCIONAL

Art. 42. Quatro anos, no máximo, depois de promulgada, será a Constituição revista pelo Congresso Nacional, que, para esse efeito, nomeará uma comissão especial.

PROMULGAÇÃO DO ADCT

Art. 43. Este Ato será promulgado pela Mesa da Assembléia Constituinte, na forma do art. 213 da Constituição.

MASCARENHAS DE MORAIS

Art. 34. São concedidas honras de Marechal do Exército brasileiro ao General de Divisão João Batista Mascarenhas de Morais, Comandante das Forças Expedicionárias Brasileiras na última guerra.

IDIOMA NACIONAL

Art. 35. O Governo nomeará comissão de professores, escritores e jornalistas, que opine sobre a denominação do idioma nacional.

PROMULGAÇÃO DO ADCT

Art. 36. Este Ato será promulgado pela Mesa da Assembléia Constituinte, na forma do art. 218 da Constituição.

Bibliografia

Fontes primárias

BRASIL. Assembléia Constituinte. *Anais da Assembléia Constituinte de 1946.* Rio de Janeiro, Imprensa Nacional, 1946-1951. 26 v.

BRASIL. Congresso Nacional. *Diário da Assembléia Constituinte.* Rio de Janeiro, Imprensa Nacional, 2 fev. a 19 set. 1946.

BRASIL. Senado Federal. *Anais do Senado.* Brasília, [s.d.]. Edição em CD-ROM, 53 v. publicados pela Secretaria Especial de Editoração e Publicações em 1999. Os textos referentes à Constituinte encontram-se nos v. 19 e 20.

A edição em CD-ROM, que poderia ser o mais útil e moderno instrumento de pesquisa sobre o Parlamento brasileiro e a história parlamentar do país, é um rematado exemplo do desperdício de dinheiro público, das deficiências da burocracia em matéria cultural e de falta de qualificação para empreendimentos dessa natureza. Embora os *Anais* relativos aos sessenta e três anos de atividades do Senado do Império estejam completos, faltam quinze anos relativos à República (1919, 1920, 1927 a 1930, 1936, 1937, 1949 a 1952, 1963, 1964 e 1966). A falha é tanto mais incompreensível quanto se sabe que os textos respectivos constam do *Diário do Congresso Nacional, Seção II – Senado Federal,* disponíveis em ambas as Casas do Congresso. Com relação às Constituintes brasileiras, as deficiências são ainda mais clamorosas. Em primeiro lugar, não constam os Anais da Constituinte de 1823, dos quais existem três edições impressas, sendo, pelo menos uma, fac-similar, editada pelo próprio Senado. Da mesma forma, não há qualquer referência à Constituinte de 1934. Os anais da de 1946, embora constem do índice integralmente, como se figurassem os 26 volumes, estão incompletos, pois faltam os v. 25 e 26. Dos 24 volumes publicados, faltam nada menos de 97 páginas, que só podem ser consultadas na coleção impressa. Por fim, a Constituinte de 1987-88 aparece dividida por ano, como se fossem duas Constituintes diferentes. Os índices onomásticos são deficientes, incompletos e incorretos.

Obras de referência

BELLOCH, Israel e ABREU, Alzira Alves de (coord.) *Dicionário histórico-biográfico brasileiro. 1930-1983.* Rio de Janeiro, Forense Universitária, FGV, CPDOC, 1984, 4 v. A 2ª edição, em 5 volumes, foi publicada em 2001.
Indispensável para quem pretenda consultar biografias exaustivas sobre os constituintes, em especial os que tiveram protagonismo político depois de encerrados os trabalhos da Assembléia.

BRAGA, Sérgio Soares. *Quem foi quem na Assembléia Constituinte de 1946. Um perfil socioeconômico e regional da Constituinte de 1946.* Brasília, Câmara dos Deputados, 1988, 2 v.
Trata-se de obra de referência essencial. Contém o mais amplo e exaustivo painel já levantado sobre os membros da Assembléia, além de dispor de elementos essenciais, como a atuação individual de cada constituinte, distribuídos em seis anexos ao cap. 3, além de 25 tabelas. É uma radiografia completa dos constituintes, com informações sintéticas e objetivas sobre os partidos e suas bancadas.

Memórias: testemunhos e depoimentos

ALBUQUERQUE, Ulisses Lins. *Um sertanejo e o sertão.* Rio de Janeiro, José Olympio, 2ª ed., 1978.

AMADO, Jorge. *Homens e coisas do Partido Comunista.* Rio de Janeiro, Horizonte, 1946.

————. *Navegação de cabotagem: apontamentos para um livro de memórias que jamais escreverei.* Rio de Janeiro, Record, 1992, 638 pp.

BALEEIRO, Aliomar. *Alguns andaimes da Constituição.* Rio de Janeiro, Aloísio Maria de Oliveira, 1950.

BEZERRA, Gregório. *Memórias.* Rio de Janeiro, Civilização Brasileira, 1979, 2 v. Coleção "Retratos do Brasil", v. 127.
Interessa o segundo volume, que abrange o período a partir de 1946. Ver, também, sobre o autor: BRASIL, Congresso. Câmara dos Deputados. *Atuação parlamentar do ex-deputado Gregório Bezerra*, de Ângela Mancuso. Coordenação de Estudos Legislativos, Seção de Documentação Parlamentar, 1985, 55 pp.

CAFÉ FILHO, João. *Do sindicato ao Catete. Memórias políticas e confissões humanas.* Rio de Janeiro, Livraria José Olympio Editora, 1966, 2 v., ed. il. Coleção "Documentos Brasileiros", v. 125.

CAMARGO, Aspásia de Alcântara *et al. Artes da política. Diálogo com Amaral Peixoto.* Rio de Janeiro, Nova Fronteira, 1986, 588 pp.

FREIRE, Vitorino. *A laje da raposa. Memória.* Rio de Janeiro, Ed. Guavira, 1978, 299 pp., ed. il.

LEITE, Aureliano. *Páginas de uma longa vida.* São Paulo, Martins Editora, [s.d.], 552 pp.

LIMA, Hermes. *Travessia. Memórias*. Rio de Janeiro, José Olympio, 1974, 297 pp.
MAGALHÃES, Juraci. *Minhas memórias provisórias*. Alzira Alves de Abreu (coord.). Rio de Janeiro, Civilização Brasileira, 1982, 337 pp., ed. il.
Sobre a Constituinte, o depoimento não tem qualquer interesse. Há apenas um testemunho pessoal (pp. 122-123), rigorosamente inverídico, sobre a cassação do registro do PCB e dos mandatos de seus parlamentares que, segundo o autor, teria sido provocado por ele, o que não tem qualquer procedência.
TÁVORA, Manuel do Nascimento Fernandes. *Algo de minha vida. Cumprindo uma velha promessa*. Fortaleza, Imprensa Universitária do Ceará, 1961, 319 pp.
TEIXEIRA, Pedro Ludovico. *Memórias*. Goiânia, Ed. Cultura Goiana, 2ª ed., 1973, 319 p.
VALADARES, Benedito. *Tempos idos e vividos. Memórias*. Rio de Janeiro, Civilização Brasileira, 1966, 283 pp. Coleção "Documentos da História Contemporânea", v. 24.
Não há no livro referências à Constituinte de 1946, na qual o autor teve, a despeito da importância do desempenho como interventor em Minas, irrelevante papel e praticamente nenhum protagonismo. O testemunho serve apenas para os episódios da fundação do PSD e do golpe de 29 de outubro.

Crônica política e parlamentar (exclusivamente livros)

CHAGAS, Carlos. *O Brasil sem retoque. 1808-1964. A História contada por jornais e jornalistas*. Rio de Janeiro, Record, 2001, 2 v.
Para o período da redemocratização e da Constituinte, interessa o vol. 1, que abrange o período de 1808, a chegada da família real ao Brasil, até o suicídio de Getúlio, em 1954. É útil para consulta a parte 5, pp. 517 a 626, que tem início com o governo Linhares, depois da deposição de Getúlio.
CHATEAUBRIAND, Assis. *O pensamento de Assis Chateaubriand. Artigos publicados em 1946*, v. 23. Brasília, Fundação Assis Chateaubriand, 1999, 1.102 pp.
São inúmeros os artigos referentes à Constituinte, a alguns dos temas ali discutidos, notadamente a questão do "custo histórico" do patrimônio das concessionárias de serviço público, já que Chateaubriand tinha interesse pessoal no caso da Light, e aos fatos políticos do ano. Aos que não conhecem suas posições políticas, seu engajamento ideológico, seu poder e influência e seus métodos, é recomendável, antes de ler seus artigos, conhecer sua biografia, de autoria do jornalista e escritor Fernando de Morais.
LACERDA, Carlos. *Na Tribuna da Imprensa. Crônicas sobre a Constituinte de 1946*. Sérgio Braga (org.). Rio de Janeiro, Nova Fronteira, 2000, 542 pp.
As crônicas cobrem o período de 2/2/46 a 6/7/46. Os artigos subseqüentes, datados de 3 e 4/9/46, não se referem à Constituinte. Foram mandados de Paris e Londres, para onde o jornalista foi enviado pelo *Correio da Manhã*, jornal em que publicava as suas crônicas. É indispensável ler os seus textos, tendo-se em conta que Lacerda não era um jornalista como os demais que cobriam a Constituinte, mas um político politicamente engajado na UDN, um militante anticomunista e um implacável adversário de Getúlio.
LINS, Álvaro. *A glória de César e o punhal de Brutus. Ensaios e estudos (1939-1959)*. Rio de Janeiro, Civilização Brasileira, 1963, 2ª ed. Coleção "Vera Cruz" (Literatura Brasileira), v. 42.

O autor, um dos mais prestigiosos críticos literários de sua época, era editorialista do *Correio da Manhã*, onde mantinha uma coluna, "Jornal de Crítica". Em julho de 1946, depois de divulgado o projeto da Comissão da Constituição da Assembléia, publicou uma série de três artigos que constam do livro com os títulos: "Análise estrutural e estudo dos problemas políticosociais da Constituição" (pp. 234 a 247); "Teoria e prática do parlamentarismo e do presidencialismo em duas Constituições" (pp. 248 a 260) e "Problemas da socialização na Carta constitucional de 1946". Os artigos estão comentados no "Epílogo" desse livro e são de interesse não só por se tratar de notas, comentários e opiniões sobre o projeto que não provêm da pena de um jurista, mas também porque fazem contraponto com os pontos de vista e a posição de Carlos Lacerda, cronista do jornal da Constituinte.

Historiografia parlamentar

ALMINO, João. *Os democratas autoritários. Liberdades individuais, de associação política e sindical na Constituinte de 1946*. São Paulo, Brasiliense, 1980, 371 pp.
Vide comentário sobre a obra no prólogo deste livro.

———. *Era uma vez uma Constituinte. Lições de 1946 e as questões de hoje*. São Paulo, Brasiliense, 1985.
Embora se trate de obra preparada com vistas à Constituinte de 1987-88, antes portanto de sua convocação, é extremamente útil como análise em sua perspectiva histórica, quase quarenta anos depois da aprovação do texto constitucional de 1946.

IGLÉSIAS, Francisco. *Constituintes e Constituições brasileiras*. São Paulo, Brasiliense, 1985. Coleção "Tudo é História".

JOFILLY, José. *A Constituinte de 1946*. Recife, Fundação Joaquim Nabuco, 1985.

LEAL, Hamilton. *História das instituições políticas do Brasil*. Rio de Janeiro, Departamento de Imprensa Nacional, 1962.

MIRANDA, Yvone R. de. *Homens e fatos da Constituinte de 1946. Memórias de uma repórter política*. Rio de Janeiro, Argus, 1982, 191 pp.

SILVA, Hélio. *1945. Por que depuseram Vargas*. Com a colaboração de Maria Cecília Ribas Carneiro. Rio de Janeiro, Civilização Brasileira, 1976, ed. il. Coleção "O ciclo de Vargas", v. XV.
O livro não é um trabalho específico sobre a Constituição de 1946, mas sua quarta parte, sob o título "A grande tarefa" (pp. 323 a 350), contém três capítulos sobre a Constituinte, a bancada comunista na Constituinte e a Constituinte por dentro. São textos tópicos, com transcrição de alguns discursos. Há também, na segunda parte do livro, referências sumárias sobre os novos partidos que tomaram parte na Constituinte, UDN, PSD, PTB, PDC, PRP e PCB. A obra é útil para a documentação política da transição de 1945, como o Manifesto dos Mineiros, a entrevista de José Américo de Almeida ao *Correio da Manhã* e a conferência do embaixador Adolf Berle em Petrópolis, entre outros.

Nominata e repertório biográfico

BRASIL. Congresso Nacional. Câmara dos Deputados. *Deputados brasileiros. Repertório biográfico dos membros da sexta legislatura (1967-1971)*. Brasília, Biblioteca da Câmara dos Deputados, 1968, 761 pp., ed. il.
Trata-se da primeira publicação do repertório biográfico dos deputados brasileiros depois da Constituinte de 1946. A partir daí tornou-se publicação sistemática e oficial, renovada a cada nova legislatura. É útil, no caso dos membros da Assembléia, para se acompanhar a vida parlamentar dos constituintes que se mantiveram ativos na política. Para os que ocuparam mandatos legislativos entre 1946 e 1967, vide referência abaixo, de David Verge Fleischer.

BRASIL. Congresso Nacional Senado Federal. *Catálogo biográfico dos Senadores brasileiros, de 1826 a 1986*. Leonardo Leite Neto (coord.). Brasília, Centro Gráfico, 1986, 4 v.

BRASIL. Congresso Nacional. Senado Federal. *Dados biográficos dos Senadores. Período 1946 a 1970. (Documento preliminar)*. Brasília, 1981, 271 pp.
Tal como a Câmara, o Senado também publicou, a partir de 1971, repertórios relativos a cada legislatura. Essa obra lista os que exerceram mandatos entre 1946 e 1970. Para os períodos anteriores e posteriores, ver a referência seguinte.

CYSNEIROS, Amador. *Parlamentares brasileiros*. Rio de Janeiro, Ed. Batista de Souza, 1953.

FLEISCHER, David Verge. *Repertório biográfico dos Senhores Deputados, abrangendo o período de 1946-1967*. Brasília, Câmara dos Deputados, Coordenação de Publicações, 1981, 858 pp.
Esse volume complementa os repertórios dos deputados editados sistematicamente a partir de 1967. Nele estão listados os deputados que exerceram seus mandatos a partir de 1946, incluindo em relação a cada um os mandatos anteriores.

SILVA, Gastão Pereira da. *Constituintes de 1946. Dados biográficos*. Rio de Janeiro, Spinoza, 1947, 331 pp.

Análise constitucional (não inclui comentários à Constituição)

BALEEIRO, Aliomar. *Alguns andaimes da Constituição*. Rio de Janeiro, Livraria Principal, 1950, 199 pp.

DUARTE, José. *A Constituição brasileira de 1946. Exegese dos textos à luz dos trabalhos da Assembléia Constituinte*. Rio de Janeiro, Imprensa Nacional, 1947, 3 v.

Ação partidária na Constituinte

BENEVIDES, Maria Victoria de Mesquita. *A UDN e o udenismo. Ambigüidades do liberalismo brasileiro (1945-1965)*. Rio de Janeiro, Paz e Terra, 1981.
É de particular interesse o cap. II, "A UDN no governo Dutra: A oposição cordial" (pp. 61-76).

———. *O PTB e o trabalhismo: partidos e sindicatos em São Paulo. 1945-1964*. São Paulo, Brasiliense, 1989, 171 pp.

NETO, Evaristo Giovannetti. *O PCB na Assembléia Constituinte de 1946*. São Paulo, Novos Rumos, 1986, 210 pp.

PARTIDO COMUNISTA DO BRASIL. *A bancada comunista na Constituinte de 1946*. Rio de Janeiro, Horizonte, 1947.

Eleições de 2 de dezembro de 1945

BRASIL. Tribunal Superior Eleitoral. *Dados Estatísticos. Eleições federal, estadual e municipal, realizadas no Brasil, a partir de 1945*. Brasília, Departamento de Imprensa Nacional, 1964, 227 pp.

Há inúmeros erros, falhas e omissões. Trata-se do resultado oficial das eleições de 2/12/45 e de 19/1/47. No que tange ao pleito para a Constituinte, os dois senadores de Pernambuco que aparecem (p. 29) como eleitos pela legenda da UDN na realidade foram eleitos pelo PSD. Na bancada de senadores da Bahia, aparece o nome de Antônio Manuel de Carvalho Neto com 1.241 votos, que é repetição do deputado do mesmo nome, registrado na mesma p. 33, como suplente do PSD. Na p. 41, os deputados Hugo Carneiro e Hermelindo Castelo Branco, ambos do PSD, aparecem com o mesmo número de votos, que é a soma dos sufrágios obtidos pelo PSD no Território. Na p. 42, aparece como senador apenas um dos candidatos do PTB, Alexandre Marcondes Filho. Faltou o nome do outro candidato, Getúlio Vargas, e a quantidade de seus votos, 414.943, cf. dados do TRE-SP obtidos pelo ministro Valter Costa Porto, do TSE. Na p. 55, os senadores Vespasiano Barbosa Martins e João Vilasboas aparecem como eleitos pelo PSD, quando na realidade concorreram pela UDN.

Cromosete
Gráfica e editora Ltda.

Impressão e acabamento
Rua Uhland, 307 - Vila Ema
03283-000 - São Paulo - SP
Tel/Fax: (011) 6104-1176
Email: adm@cromosete.com.br